瀋陽年鑑

SHENYANG YEARBOOK

（总第二十七卷）

2011

沈阳市统计局　编

中国统计出版社
China Statistics Press

(京)新登字 041 号

图书在版编目(CIP)数据

沈阳年鉴. 2011 / 沈阳市统计局编 . —北京：中国统计出版社，2011 . 9
ISBN 978-7-5037-6356-4/Z.38

Ⅰ. ①沈…　Ⅱ. ①沈…　Ⅲ. ①沈阳市—2011—年鉴
Ⅳ. ①Z523.11

中国版本图书馆 CIP 数据核字(2011)第 182032 号

沈阳年鉴—2011

作　　者 / 沈阳市统计局
责任编辑 / 陈越月
责任校对 / 梁家平　阎　力
出版发行 / 中国统计出版社
通信地址 / 北京市西城区月坛南街 57 号
邮　　编 / 100826
办公地址 / 北京市丰台区西三环南路甲 6 号
电　　话 / (010)63376907
E-mail / yearbook@gj.stats.cn
经　　销 / 新华书店
开　　本 / 890 × 1240 毫米　1/16
字　　数 / 1300 千字
印　　张 / 36.75
印　　数 / 1000 册
版　　别 / 2011 年 8 月第 1 版
版　　次 / 2011 年 8 月第 1 次印刷
书　　号 / ISBN 978-7-5037-6356-4/Z·38
定　　价 / 200.00 元

瀋陽·数字

2010

国土面积	12860	平方公里
户籍人口	719.6	万人
地区生产总值	5017.5	亿元
第一产业增加值	232.7	亿元
第二产业增加值	2529.9	亿元
第三产业增加值	2254.9	亿元
地方财政一般预算收入	465.3	亿元
地方财政一般预算支出	516.6	亿元
全社会固定资产投资额	4139.1	亿元
社会消费品零售总额	2105.6	亿元
外贸进出口总额	78.6	亿美元
新签利用外资项目	473	个
实际利用外资额	50.5	亿美元
接待国际旅游者	55.0	万人次
城市居民人均可支配收入	20541	元
农村居民人均纯收入	10022	元
城市居民人均住房建筑面积	32.84	平方米
城镇非私营单位在岗职工平均工资	41899	元 / 人

青年大街百联门前彩色栅栏

工人在青年大街安装围栅

新立堡立交桥施工现场

青年大街

南顺城路

和平大街两侧鲜花装饰

市政桥梁维护人员对护栏进行水洗

水洗街路

洗刷刷

城市居民生活（人均可支配收入、人均消费支出）

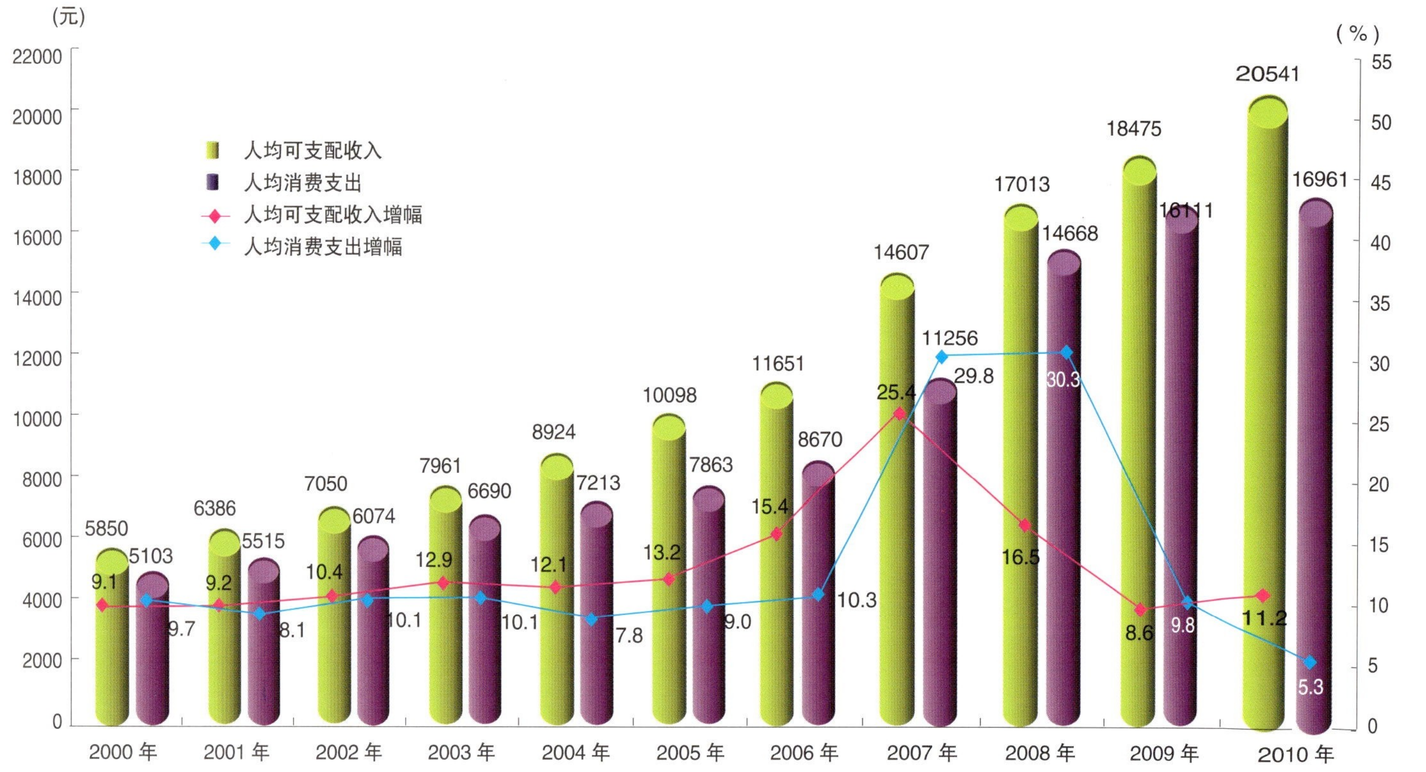

农村居民生活（人均纯收入、人均消费支出）

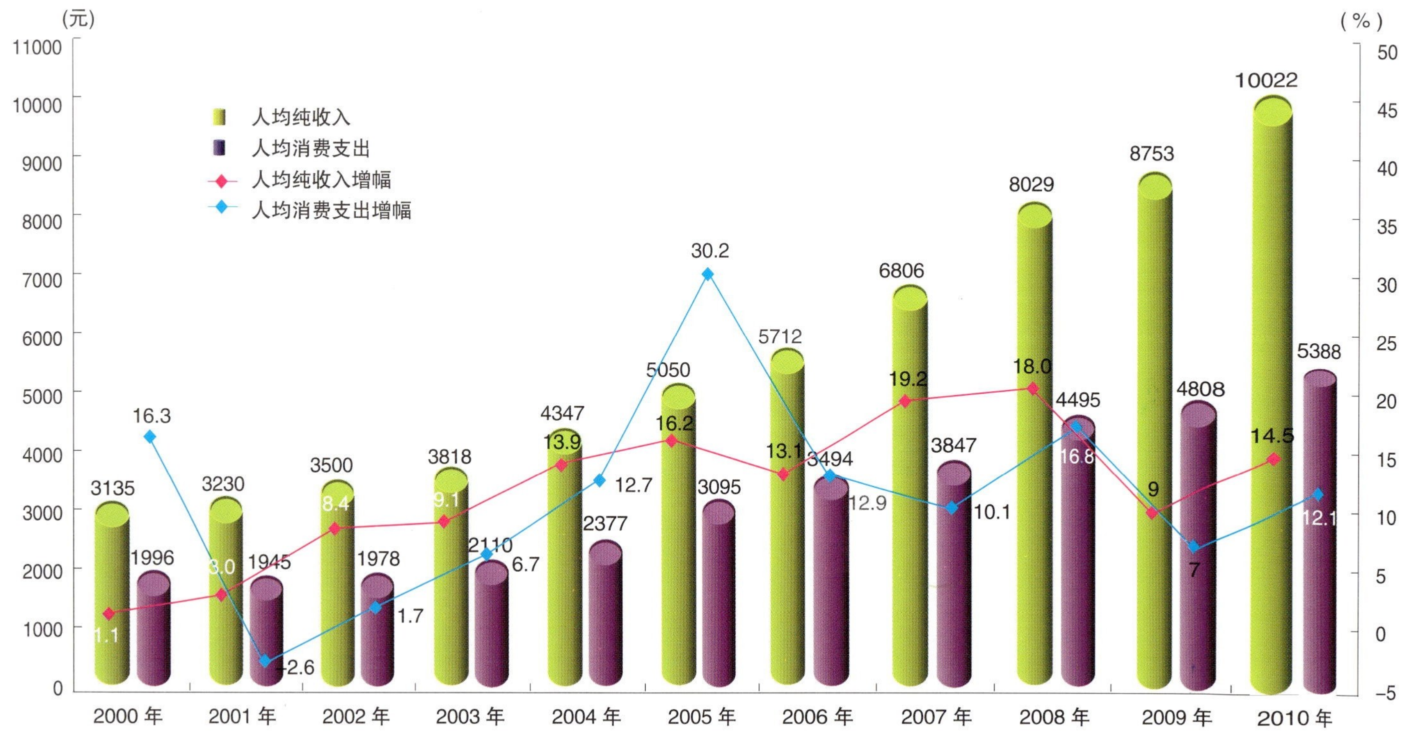

《沈阳年鉴》编纂委员会

《沈阳年鉴》编辑部

《沈阳年鉴》编辑部

地址：沈阳市沈河区奉天街305号

邮编：110013　电话：(024)22739160

E—mail：nj. sy@163. com

编辑说明

一、《沈阳年鉴》是沈阳市人民政府主办的综合性地方年鉴。自1985年创刊以来，已连续出版27卷。是国内外公开发行的集知识、信息、资料为一体的具有公报性、资料性、权威性的工具书。

二、《沈阳年鉴－2011》旨在全面、系统、翔实地记载2010年沈阳市社会经济和社会发展的基本情况和基本资料，为海内外各界人士了解沈阳、研究沈阳和建设沈阳提供翔实的资料和信息，为“让沈阳走向世界，让世界了解沈阳”提供窗口，发挥桥梁作用。

三、《沈阳年鉴－2011》，在编纂体例上基本保持了类目的相对稳定。全书共设30个部类：(1)特辑；(2)沈阳概貌；(3)党政机关；(4)群众团体；(5)地方军事；(6)政法；(7)开发区建设；(8)工业；(9)民营经济；(10)交通·邮政；(11)城乡建设；(12)建筑·房地产；(13)国内贸易；(14)旅游；(15)对外经济贸易；(16)农村经济；(17)经济管理；(18)财政·税收；(19)金融；(20)科学技术；(21)教育；(22)文化；(23)卫生·体育；(24)社会·民生；(25)区、县(市)概况；(26)人物；(27)统计资料；(28)文献·法规选编；(29)沈阳大事记；(30)附录。

四、《沈阳年鉴》统计资料版采用中英文对照，为海外各界人士了解沈阳经济和社会发展提供方便。

五、《沈阳年鉴》采用分类编辑法，以条目为主体。体例分一、二、三级目。一级目为大类，二级目为分目，三级目为条目，用黑体字加【】号作标题。

六、《沈阳年鉴》采用的稿件均由各有关部门和行业专人撰写，并经撰稿单位领导审定。统计资料由沈阳市统计局提供。因统计口径等原因，有关部门所用的个别数据与“统计资料”中的不尽一致，采用时请予注意。凡涉及沈阳市地区国民经济和社会发展的全局性数据，概以沈阳市统计局提供的资料为准。

七、《沈阳年鉴》的编撰工作得到了沈阳市各级领导和社会各界的大力支持，在此谨表谢意。并恳祈各界人士继续给年鉴工作以更多的支持和帮助，对书中错漏之处给予批评指正，以期不断完善提高。

目　录

特　　辑

沈阳概貌

党政机关

·中共沈阳市委·

统 战

政策研究

对台工作

信 访

老干部工作

·纪检监察·

·市人大常委会·

市人大常委会会议

·沈阳市人民政府·

外 事

政 法

·政府法制·

·社会治安综合治理·

·公 安·

·检 察·

·审 判·

·司法行政·

开发区建设

·沈阳经济技术开发区·

·沈阳棋盘山国际风景旅游开发区·

·沈阳金融商贸开发区·

·沈阳蒲河新城·

工　业

·综　　述·

·重大项目·

·信息产业·

·轻　工　业·

·装备制造业·

·医药制造业·

·化学工业·

·建材工业·

·煤　炭　业·

·航空航天器制造业·

民营经济

·综　　述·

·服务体系建设·

·企业发展及项目建设·

交通·邮政

·铁路运输·

·道路水运客货运输·

·城市公共交通·

·航空运输·

·邮　　政·

城乡建设

·综　　述·

·城乡规则·

·城市管理·

·市政建设·

·市容环卫·

·爱国卫生运动·

·园林绿化·

·地铁工程建设·

·城管行政执法·

·公用事业·

建筑·房地产

·建　筑·

·房　地　产·

国内贸易

·综　述·

·会 展 业·

·行政管理·

·供销社商业·

·粮食市场·

粮油工业

粮食储存

执法监督检查

粮油检测

·烟草专卖·

·商品交易市场·

旅 游

·规划发展·

·宣传促销·

·行政管理·

·节庆活动·

·景区建设·

对外经济贸易

·对外贸易·

·利用外资·

·口　岸·

·出入境检验检疫·

·海　关·

农村经济

·综　述·

科学技术

·科学研究与发展·

·科学普及·

·科技成果·

·气　　象·

·地　　震·

教　　育

·综　　述·

·学前教育·

·素质教育·

·义务教育·

·普通高中教育·

·中等职业教育·

·高等教育·

·民办教育·

·终身教育·

·民族教育·

·特殊教育·

文　化

·群众文化·

·文艺创作与表演·

区、县(市)概况

·光　荣　榜·

·“感动沈阳”人物·

统计资料

·综合平衡·

·人口与就业·

·工业、能源、物资、交通、邮电·

·农村经济·

·固定资产投资·

·国内贸易·

·外经外贸、旅游业·

·财政、金融·

CONTENTS

SPECIAL ARTICLES

GENERAL SURVEY OF SHENYANG

POLITICS

SOCIAL ORGANIZATION

LOCAL MILITARY AFFAIRS

LEGAL SYSTEM

DEVELOPMENT ZONE CONSTRUCTION

INDUSTRY

PRIVATELY MANAGED ECONOMY

TRANSPORTAION AND POSTAL SERVICES

CITY AND VILLAGE CONSTRUCTION

CONSTRUCTION AND REAL ESTATE

DOMESTIC TRADE

TOURISM

FOREIGN ECONOMY TRADE

RURAL ECONOMY

ECONOMY MANAGEMENT

FINANCE AND TAX

BANKING AND INSURANCE

SCIENCE RESEARCH AND COMPREHENSIVE TECHNOLOGY SERVICE

EDUCATION

CULTURE

特　辑

党和国家领导人来沈视察

【李克强同志来沈阳考察】 2010年4月14日至17日上午，中共中央政治局常委、国务院副总理李克强来到辽宁大连、营口、沈阳、抚顺等地考察，途中专程察看了支援青海玉树地震灾区物资抢运情况。他强调，要认真贯彻落实党中央、国务院关于抗震救灾的决策部署，按照统一要求，发挥对口支援优势，保障前方救人救灾急需物资供应；及时抢救受伤人员，精心做好医疗救治和卫生防疫工作，为战胜地震灾害作出贡献。在考察中，李克强指出，要创新发展理念，深化改革开放，加快经济发展方式转变和经济结构调整，努力实现东北老工业基地全面振兴。在沈期间，李克强同志先后视察了辽宁能发伟业集团（节能服务展室和设计院）、沈阳中外运物流有限公司（轮胎成品库和橡胶原料库）、特变电工沈阳变压器集团有限公司（大型设备展厅和超大型变压设备组装车间）。

（吴　扬）

【回良玉同志来沈阳考察】 2010年5月21日至22日中共中央政治局委员、国务院副总理回良玉来辽宁考察农业生产并主持召开东北地区粮食生产工作座谈会。他强调，东北粮食生产产量高，商品粮调出多，在全国具有举足轻重的地位。东北地区要充分发挥自身优势，加强农业基础设施建设，不断改善农业生产条件，全面完成今年春耕生产任务，努力扩大粮食特别是粳稻等紧缺品种的生产，进一步提高粮食生产和加工水平，为稳定市场供给、保障国家粮食安全作出更大贡献。

回良玉深入辽阳、辽中等县考察农业生产。在开始出苗的高产玉米田，他详细询问春播进度，仔细查看玉米出苗情况。他还到农民专业合作社了解水稻种植合作、农机合作情况，指出要积极支持农民专业合作社发展，大力开展多种形式的农业社会化服务，不断提高农业机械化水平。在水田整地、泡田和插秧现场，他向农业技术人员了解水稻大棚集中育秧和机械化插秧情况，与农民算水稻种植的产量账、效益账。他说，东北是我国粳稻重点产区，资源条件好，稻米品质优，市场需求大，要加强基本农田建设，加快中低产稻田改造，鼓励农民多种水稻，全面提高稻米生产能力。

（吴　扬）

【王兆国同志来沈阳考察】 2010年7月7日至11日，中共中央政治局委员、全国人大常委会副委员长、中华全国总工会主席王兆国到辽宁考察工作并调研。

王兆国先后来到沈阳、营口、大连等地，考察工厂企业、港口工地，走访产业基地、开发区和困难职工帮扶中心，看望一线职工和劳动模范，慰问困难职工和农民工，并与当地干部和职工群众深入交流，给为实现东北老工业基地全面振兴而努力奋斗的辽宁广大职工群众带去了党中央的关怀与问候，进一步坚定了大家在新起点上创造新辉煌的决心和信心。

7月8日上午，王兆国来到华晨汽车集团控股有限公司，考察了中华汽车生产线。在了解企业发展战略、生产销售和利润情况后，王兆国又详细询问了职工的收入水平、福利待遇和队伍状况。企业负责人介绍，扣除社保、住房公积金等之外，职工实拿到手的年工资人均3.2万元，公司还要进行集体协商，准备再次调高工资，并向一线职工倾斜。他特别汇报说，企业有市级以上的劳模190多位，职工队伍很优秀、很有战斗力。王兆国听了十分高兴。

在中华轿车生产线旁，王兆国亲切会见了企业劳模代表。全国劳模王桂荣2004年不幸患上癌症，但她以过人的毅力始终坚守岗位，搞出几十项科技发明，为企业创效达1200多万元。王兆国与她紧紧握手，连声称赞："你很坚强、很了不起，不愧为全国劳模，我们都要向你学习。"临别时，王兆国一再叮嘱王桂荣，注意保重身体，保持良好的精神状态，战胜病魔，书写新的人生。

在特变电工沈阳变压器集团有限公司王兆国一边听取企业负责人关于企业生产经营情况的介绍，一边与大家探讨破解长距离特高压输变电"瓶颈"的路径。企业负责人汇报说，沈变集团领导班子本身就是一个劳模团队，因此对劳模也就特别关心关爱，除了为劳模创造良好的工作环境，还开展组织劳模疗休养等活动，在企业营造当劳模最光荣的氛围。

（吴　扬）

【李源潮同志来沈阳考察】 2010年7月24日至26日，中共中央政治局委员、中央书记处书记、中组部部长李源潮在辽宁调研创先争优活动时指出，各级党委都要按照胡锦涛总书记党组织争先进、党员干部作表率、人民群众得实惠的要求，广泛推广普及先进典型经验，调动和激发基层党组织和党员的积极性，全面深入推进创先争优活动。

沈阳远大集团是个民营企业，多年来"坚持党性、尊重人性、民企党管、科学发展"，充分发挥党组织的政治核心作用和党员的先锋模范作用，远大幕墙产品产销量居世界第一。李源潮勉励他们以创先争优活动为契机，积极探索加强民企党建的动力机制，努力创造更加优秀的业绩，争做全国民营企业党建的一面旗帜。在沈阳机床厂和莱茵河畔社区，李源潮仔细了解创先争优活动开展情况，要求当地党委和组织部门把点上的好经验、好做法推广普及到面上去。

李源潮还召开座谈会，听取辽宁省委和基层同志对搞好创先争优活动的意见。他说，创先争优活动在基层党组织和党员中开展，但这绝不只是基层的事。各级党委都要认真开展创先争优活动，各级领导机关和领导干部要带头创先争优，上行下效，才能蔚然成风。要组织基层党组织和党员围绕中心工作、立足本职岗位争当先进、争创优秀。要让党员把身份亮出来，通过公开承诺，接受群众监督，多为群众做好事实事。李源潮说，辽宁是一个先进人物辈出的地方。雷锋就是一个创先争优、无私奉献的典范。要在新的时代条件下把雷锋精神发扬光大，使创先争优成为全社会的共同追求。

（吴　扬）

【王刚同志来沈阳考察】　2010年8月23日至28日，中共中央政治局委员、全国政协副主席王刚先后来到辽宁省大连、营口、鞍山、沈阳等地，就贯彻落实中央重大决策部署、加快转变经济发展方式、推动经济社会又好又快发展进行调研。

在沈阳机床（集团）有限责任公司，王刚走进工人们中间，与大家一起攀谈，了解企业生产和发展情况。据公司党委书记张伟明介绍，近年来，公司坚持走自主创新路径，在国内和海外都建立了多个研发中心，产品结构调整步伐明显加快，自主开发中高档数控机床产品360余种，自主研究技术70余项，中高档数控机床批量进入国家重点行业的核心制造领域。王刚边听边点头说，“产业还是这个产业，‘机床’前面多了‘数控’二字，科技含量大不一样。”“销售情况如何？”王刚紧接着问。“产品覆盖全国并出口80多个国家和地区，订单多得干不过来。”“技术水平怎么样？”“我们研制出的五轴联动数控机床被视为数控机床技术制高点标志之一，并掌握了数控系统装置等世界领先技术。”

听到这里，王刚频频点头，他对车间围拢过来的工作人员说，传统产业也有高科技，企业的科研力量非常重要。你们企业的实践说明，只有用先进技术改造传统产业，才能适应市场需求的变化，才能立于不败之地。

8月27日，王刚来到沈阳市铁西新区，考察沈阳经济区一体化发展情况。王刚在调研中了解到，目前铁西新区产业布局不断优化，产业集群继续扩大，以产业项目为载体，带动产业连接和城市连接效果明显，推进沈阳经济区一体化建设进度加快。王刚说，近年来，辽宁在促进区域经济协调发展上下足功夫，取得了显著成效。铁西的调整改造就是一个缩影。要继续坚持这些好的做法，既鼓励和扶持有条件的地区实现率先发展，又注重突破全省经济发展的“短板”，努力实现区域协调发展。要在加快沿海经济带、沈阳经济区一体化发展的同时，进一步推动辽西北地区经济社会发展取得新突破，加快产业梯度转移，积极推动沿海与腹地优势互补、互动发展，逐步缩小区域差距。

（吴　扬）

【桑国卫同志来沈考察】　2010年4月12日，全国人大常委会副委员会桑国卫来沈参观考察，省委常委、市委书记曾维，市委常委、秘书长马占春，市人大常委会副主任连加诚陪同考察。当日下午，桑国卫考察了以崇政殿为核心、大清门——清宁宫为中轴线的沈阳故宫建筑群。桑国卫对沈阳市重视保护文化遗产的理念和对故宫文物的保护所作出的贡献表示肯定，希望沈阳市在挖掘历史文化名城深厚文化积淀方面继续努力。

（胡士俊）

【张梅颖同志来沈考察】　2010年9月1日，全国政协副主席、民盟中央第一副主席张梅颖出席在沈阳国际展览中心举办的第九届中国国际装备制造业博览会暨国家能源技术装备展开幕式并宣布博览会开幕。开幕式结束后，张梅颖来到沈阳机床的展位参观，她走到多台展品前仔细观看，详细询问了企业自主创新、产品水平、世界排名等情况。沈阳机床董事长关锡友作了详细介绍。张梅颖对沈阳机床坚持自主创新，打造民族品牌的工作成果给予充分肯定。

（朱佳音）

专　文

满怀发展激情
坚定必胜信心
为全面完成今年
各项任务而努力奋斗

——曾维同志在中共
沈阳市第十一届九次
全体（扩大）会议上的报告
（2010年7月14日）

各位委员、同志们：

现在，我受市委常委会的委托向全会报告工作。

一、关于上半年工作的总结

年初以来，在省委的正确领导下，全市各级党政组织团结带领广大党员、干部和群众，深入贯彻落实科学发展观，按照市委十一届八次全会暨经济工作会议的部署，紧紧围绕完成“五大任务”和实现“三大目标”，奋力拼搏，锐意进取，扎实推进调结构、优环境、惠民生和加强党的建设等重点工作，经济社会继续保持了平稳较快发展的良好势头。预计上半年，全市实现地区生产总值2401.1亿元，同比增长14.5%；规模以上工业增加值1134亿元，增长21.3%；固定资产投资1940亿元，增长40.2%；地方财政一般预算收入189.9亿元，增长23.4%；社会消费品零售总额979.4亿元，增长17.8%；城市居民人均可支配收入10050元，增长10.9%，农民人均现金收入7361元，增长13.1%。与此同时，政治建设、文化建设、社会建设以及生态文明建设和党的建设进一步加强。

上半年，市委主要抓了以下几个方面工作：

1. 切实加强对经济工作的领导，经济继续保持快速增长的良好态势。面对今年调结构、促发展，实现“两个5000亿”的奋斗目标，我们积极强化对经济工作的领导，不断加大工作抓实力度，有力推动了经济又好又快发展。市委坚持抢前抓早，打破常规，创新举措，及时召开全面完成全年经济工作任务动员誓师大会，成立由市主要领导牵头负责的重点工作推进组，实行市委常委和市人大、市政协主要领导包区县，定期听取全市重点工作和经济运行情况的汇报，及时协调解决经济发展中存在的突出问题，牢牢把握了经济发展的主动权。经济发展方式转变取得明显成效，产业结构进一步优化，工业继续保持快速增长，装备制造业的支撑作用更加突出，高新技术产业和新兴产业发展步伐不断加快，重点企业经济效益大幅提升；服务业特别是现代服务业平稳较快发展，聚集区建设加快推进，金融、物流、会展业不断壮大；县域经济保持强劲发展势头，主要经济指标增幅高于全市平均水平，对全市经济增长的贡献率不断攀升；财政税收稳定增长，财税结构趋于合理，税收收入占财政收入的比重明显提高，经济运行质量显著提升。市领导带队赴国内外招商活动取得圆满成功，重大项目引进呈现出体量大、质量高的喜人势头，一批世界500强和国家重点企业强势入驻沈阳，一些重点产业发展空间的项目建设呈现集群化开工的可喜局面，为增强经济发展后劲奠定了坚实基础。

2. 科学实施行政区划局部调整，发展空间进一步优化。我们从沈阳振兴发展的实际出发，高效率、大规模地实施了全市行政区划的局部调整，沈河、和平、大东、皇姑四个中心城区共增加面积130多平方公里，扩容将近一倍，使城市功能分区更趋合理，各空间发展定位更加清晰，经济发展的潜能得到充分释放，地域交叉、同质竞争、发展失衡等突出问题得到有效解决。特别是实施东陵区、浑南新区和航高基地"三区"合署办公，掀起了建设大浑南、迎接全运会的新热潮，开启了建设创新、绿色、和谐的第三代城市的序幕，为沈阳振兴发展增添了新的动力。这次行政区划调整，必将对推进沈阳经济区建设、迎接全运会召开、促进沈阳全面振兴产生重大而深远的影响。按照高起点、高标准、高水平的要求，城市总体规划的修编工作进展顺利，铁西装备制造业聚集区、东部汽车产业聚集区、沈北新区、棋盘山开发区、金融商贸开发区等重点空间以及现代建筑产业园、航高基地、泗水科技城等新的产业空间的发展规划进一步完善，建设步伐进一步加快，产业集聚度明显提高，影响力和竞争力日益增强。

3. 大力加强环境建设，城市发展环境、生态环境和人居环境进一步改善。我们坚持以打造北方最佳投资环境为目标，以筹备第十二届全运会为契机，进一步加大城市软硬环境建设的力度，为加快发展创造了良好的条件。"信用沈阳"建设扎实推进，全社会的信用环境进一步优化，各级干部的服务意识进一步增强，服务水平和办事效率进一步提高。生态市创建工作取得重要进展，环境建设样板城创建工作稳步推进，蒲河流域生态廊道建设进展迅速，"南有浑河、北有蒲河，两条生态景观河遥相呼应"的格局一定会成为现实。地铁一、二号线和哈大铁路客运专线沈阳段以及沈阜、沈彰开发大道等重大基础设施建设工程顺利实施，展览中心等公共服务设施建设步伐加快。城乡植树绿化、环境卫生整治、道路建设维护、交通秩序整顿"四大战役"取得重大阶段性成果，城市建设和管理中存在的突出问题得到有效缓解。"迎全运文明沈阳行动"深入开展，市民文明素质和城市文明程度进一步提升。

4. 深入实施各项民生工程，社会和谐稳定的局面进一步巩固。我们坚持把保障和改善民生作为一切工作的出发点和落脚点，着眼于解决人民群众最关心、最直接、最现实的利益问题，深入实施各项民生工程。积极推行工资集体协商，加大促进就业和扶持创业的工作力度，城镇登记失业率控制在3.1%。社会保障体系不断完善，最低工资标准、医疗救助标准和农村低保标准得到提高，全市老旧弃管小区维修工程开始实施。200所接收外来务工人员子女学校改造工程开始启动，6所万人职业学校投入使用。国家基本药物制度在全国副省级城市中率先实施，基层医药卫生体制综合改革全面推进。文化事业进一步繁荣，大型现代评剧《我那呼兰河》荣获国家舞台艺术最高奖项——文华大奖。信访稳定工作"沈阳模式"得到进一步完善，群众权益保障的投诉渠道进一步畅通，打击刑事犯罪取得突出成果，社会治安管理特别是学校、幼儿园安全保卫工作得到加强，人民群众的安全感进一步增强。

5. 全面加强党的建设，各级党组织的执政能力和领导水平进一步提高。根据中央和省委的要求，对在全市基层党组织和党员中深入开展创先争优活动进行了认真部署。扎实开展了"双争双创"活动，市委中心组率先垂范，坚持每月集中学习一次，各级党组织和党员干部中"崇尚学习、自觉学习"的浓厚氛围正在形成。坚持正确用人导向，加大干部调整交流力度，一批德才兼备、勇于攻坚克难的领导干部得到提拔重用。村级党组织和村委会的换届工作基本完成，农村基层组织的战斗力进一步增强。进一步完善富有沈阳特色的惩治和预防腐败体系，深入开展建筑领域突出问题专项整治活动，严肃查处了一批违法违纪案件，党风廉政建设和反腐败斗争取得明显成效。着眼于加强和改善党对人大和政协工作的领导，认真筹备市委人大工作会议，召开了市委政协工作会议，出台了关于加强人民政协工作的意见，为政协组织更好地发挥职能作用提供了可靠保证。

上半年之所以取得这些成绩，最根本的在于近年来我们从沈阳振兴发展的实践出发，创造性地贯彻落实科学发展观，坚持走科学发展、创新发展、和谐发展的道路不动摇，坚持好中求快、快中求好、又好又快的原则不放松，在推进全面振兴的伟大进程中，更加注重提高经济增长质量和效益，更加注重推动经济发展方式转变和经济结构调整，更加注重推进改革开放和自主创新，更加注重改善民生和保持社会和谐稳定，始终坚持正确处理做大经济总量与调整经济结构的关系，正确处理立足当前与着眼长远的关系，正确处理以经济建设为中心与统筹推进政治建设、文化建设、社会建设以及生态文明建设和党的建设的关系，不断增强经济社会发展的稳定性、协调性和可持续性。这些业已形成的发展理念、发展思路，已经在全市上下形成广泛共识并转化为实际行动，在下半年乃至今后的工作中，必须一以贯之、毫不动摇地坚持下去。

在看到取得成绩的同时，我们也必须清醒地认识到存在的问题和不足，主要是：具有牵动力和影响力的重大项目相对较少，完成全社会固定资产投资目标压力较大；城市建设和管理需要加强，特别是行车难、停车难、出行难的状况有待改善；影响和谐稳定的因素依然较多，维护社会稳定的任务仍很繁重；个别地区和部门主动服务意识不强、办事效率不高，投资环境仍需进一步优化；少数领导干部责任感、紧迫感不强，精神状态和工作作风亟待改进。这些问题必须引起我们的高度重视，并采取有效措施认真加以解决。

二、全力做好下半年各项工作

做好下半年工作，必须对面临的形势有一个正确分析和全面把握。首先应该看到，外部经济环境变化依然极其复杂，世界经济正在缓慢复苏，但基础并不牢固。国内经济继续回升向好，宏观经济政策继续保持相对稳定，但随着人民币汇率升值的压力增加、存款准备金率的陆续提高、房地产业调控政策的相继出台和监管地方融资平台的力度加大，已经明显释放出适度宽松货币政策收紧的信号，这是我们面临的严峻挑战和考验。同时我们还必须看到，沈阳目前正处于重要战略机遇期和经济良性增长期，振兴东北等老工业基地战略的深入实施，为我们提供了长期、稳定的战略机遇；沈阳经济区建设上升为国家战略，为加快建设具有国际竞争力的先进装备制造业基地又注入了新的动力；筹办第十二届全运会，为提升城市建设水平、加快大浑南建设、做大中心城市提供了有利契机，全市继续保持强劲发展势头具备了很多有利条件。特别是经过全市上下的共同努力，中心城区发展空间有了新的拓展，项目建设中遇到的限高问题取得突破，第一批申报的土地指标已经获批，制约全年各项任务完成的要素性问题已经得到有效解决。如果我们把握不住这些难得机遇、利用不好这些有利条件，就会愧对中央和省委的重托，就会愧对全市人民的期望。

下半年全市工作的总体要求是：认真贯彻党的十七大和十七届三中、四中全会及省委十届十次全会精神，深入贯彻落实科学发展观，牢固树立又好又快的发展理念，紧紧围绕年初确定的调结构、优环境、惠民生和加强党的建设各项任务，抢抓发展机遇，保持发展激情，转变工作作风，提高工作效率，为确保全面完成今年各项任务、实现“十一五”各项目标而顽强奋斗。为此，下半年要重点抓好以下几项工作：

1. 咬定“两个5000亿”目标不动摇。实现“两个5000亿”目标，是省委、省政府对沈阳寄予的期望和重托，对于全面完成“十一五”各项任务、实现“十二五”高起点开局至关重要。全市上下一定要咬定目标，一鼓作气，一抓到底，确保如期完成。要按照走新型工业化道路的要求，全面抓好“优化、突破、提升”工作，加快转变经济发展方式，积极调整经济结构，促进工业、服务业和农业快速协调发展，在不断做大经济总量的基础上，大力提高增长质量和效益，推动经济又好又快发展。实现“两个5000亿”目标，重点和难点在固定资产投资。要充分利用筹备第十二届全运会和加快沈阳经济区建设的重大契机，积极搞好与中央、省有关部门的沟通和衔接，在切实做到土地占补平衡的基础上，抓紧做好下半年乃至明年的土地指标组卷申报工作，加大土地一级整理和闲置土地清理力度，为项目早日开工建设创造条件。切实加大资金筹措力度，搞好银企对接，拓宽多元化融资渠道，激发社会资本投资热情，确保城建项目和重点产业项目顺利实施。充分利用好第三季度项目建设的黄金季节，全面加强跟踪调度和督促检查，抓紧破解各种制约瓶颈，务求签约项目加快落地、落地项目加快开工、开复工项目加快进度、建成项目加快达产。要瞄准世界500强和中央所属大型企业，加大招商引资力度，创新招商理念，改进招商方式，大力实施园区招商、产业集群招商、产业链招商、产业配套招商，抓紧包装、储备和引进一批增长潜力大、牵动作用强的先进装备制造业、现代服务业和新兴产业重大项目，形成新的固定资产投资，为完成全年目标奠定坚实基础。各地区、各部门和各单位要进一步优化投资环境，增强服务意识，创新工作举措，及时协调解决经济发展特别是固定资产投资中遇到的各种难题，确保既定目标如期实现。特别是县域地区，要继续保持强劲发展势头，坚持以工业化为主导，以农业产业化为基础，以城镇化为支撑，不断做强县域经济，努力为完成“两个5000亿”目标做出更大贡献。

2. 加快推进沈阳经济区建设。沈阳经济区上升为国家战略，是沈阳发展史上具有里程碑意义的一件大事，对全面振兴沈阳老工业基地意义极其深远。我们一定要紧紧抓住这一难得机遇，切实发挥好中心城市的带动作用，努力在走新型工业化道路、加快发展方式转变、推进区域协调发展等方面率先实现新突破。要以开展国家创新型城市试点为契机，紧紧围绕新型工业化综合配套改革试验这一主题，尽快组织专门力量，充分借鉴外地成功经验，从全面振兴沈阳老工业基地的战略高度，加快完善《沈阳市国家新型工业化综合配套改革试验方案》，千方百计从国家和省级层面争取更多的“先行先试”政策支持。着眼于消除制约经济社会一体化发展的体制机制障碍，抓紧研究制定加快推进我市新型工业化综合配套改革的政策意见，大力加强空间优化、产业升级、企业重组、金融试验等体制机制创新，努力在探索新型工业化发展模式上取得新突破、创造新经验。沈抚同城化是加快沈阳经济区建设的重点和突破口，省委、省政府对此高度重视并寄予厚望。要强化工作推进机制，完善工作组织体系，加大工作推进力度，推动沈抚同城化取得突破性进展，以此带动沈阳经济区一体化建设步伐。特别是要高标准、高水平编制好沈抚新城建设规划，积极创新体制机制，加强基础设施建设，完善交通等功能配套及公共服务设施，推动沈抚新城率先隆起，成为带动沈阳经济区建设的新引擎。

3. 加快大浑南等重点空间建设。开发建设大浑南，是市委、市政府作出的重大战略决策，也是关乎沈阳未来发展和城市形象的一件大事。大浑南地区要立足当前、着眼长远，重点抓好发展规划、基础设施、环境建设和服务全运等各项工作。要在高水平、高标准编制和完善好总体规划的基础上，完成道路交通和市政基础设施专项规划，完成各功能区及绿化水系景观工程的方案设计，抓紧启动全运会场馆和运动员村、媒体村及相关配套服务设施建设工程，启动道路交通等基础设施建设。要以迎接第十二届全运会为契机，以低碳生态为理念，努力把浑南新城建设成第三代城市典范，建设成沈阳未来的行政中心、科技中心和文化中心。与此同时，大浑南产业园区也要同步推进、协调发展；铁西装备制造业聚集区要紧紧抓住产业发展规划得到国家发改委批准的大好机遇，不断加快具有国际竞争力的先进装备制造业基地建设步伐，现代建筑产业园项目建设要有实质性突破；沈北新区要充分发挥综合配套改革先导区和示范区的作用，率先走出一条具有沈阳特色的新型产业化道路；金融商贸开发区要加大金融业态聚集和金融生态建设力度，加快建设东北区域性金融中心；东部汽车产业聚集区、棋盘山开发区，要做大做强主导产业，抓好产业结构优化升级，推动经济发展方式转变，更好地发挥重点空间对沈阳经济发展的支撑作用。

4. 全面提升城市建设和管理水平。认真做好城市总体规划的修编工作，并完善相关地方性法规，切实维护规划的权威性和严肃性。要按照加快建设新城区、改造提升老城区的要求，高标准推进城市重大基础设施和地下管网建设，加快沈阳南站、桃仙机场改扩建和南北二干线快速路等重点工程建设，确保地铁一号线10月份试运营，二号线年底贯通，全面启动二环、三环改造和四环、五环路建设，形成大六环快速交通体系，科学规划和全力构建系统化、快速化、立体化的城市交通新格局。在认真搞好道路整修、确保工程质量的同时，整合交通资源，改善交通设施，整顿交通秩序，着力解决中心城区交通拥堵问题。改革城市建设投融资体制，引进市场机制，多渠道筹措资金，确保重点城建项目和城市管理资金的投入。进一步理顺城市管理体制，整合城市管理资源，尽快形成指挥有力、运转协调、高效快捷的现代城市管理系统。进一步推动城乡环境综合整治向纵深发展，深入开展好“清洁沈阳”活动，认真落实道路扫保责任制，切实提高城市环境卫生整体质量。加强城市管理的地方性法规建设，完善各项管理制度，彻底解决“重建轻管”的问题，实现城市管理的科学化、制度化、常态化。动员全社会参与城市管理，形成人人都是建设者、人人都是管理者的浓厚氛围。深入开展“迎全运文明沈阳行动”，进一步提高市民文明素质和城市文明程度，全面展示沈阳人民的风采。

5. 着力抓好民生和稳定工作。要牢固树立老百姓的事比天大的群众观、老百姓利益无小事的服务观、老百姓满意最重要的政绩观，认真办好年初确定的10件实事，如期兑现市政府向全市人民作出的承诺。落实各项就业扶持政策，加大劳动关系协调力度，进一步扩大社会保障覆盖面，探索建立城乡一体化的社会救助体系，构建更加完善的社会保障安全网。推进义务教育均衡发展，深入开展教育强区县和国家职业教育试验区创建活动，大力支持在沈高校发展。完善基本药物制度，健全城乡医疗卫生服务体系。积极推进公益性文化事业和经营性文化产业发展，努力在文化强市建设上取得新突破。扎实推进全国环境建设样板城创建工作，加快环保产业示范基地及重点示范项目建设。改善城市生态环境，突出抓好辽河治理和蒲河生态廊道建设，大力实施农村环境综合整治，为全市人民打造更加优美的人居环境。认真贯彻落实中央、省委的决策部署，全力以赴做好对口援疆各项工作。切实做好信访稳定工作，落实信访稳定风险评估制度，健全维护社会稳定的长效机制，全面开展矛盾纠纷化解专项工作，把矛盾化解在基层，把问题消除在萌芽状态，保证矛盾不积累、问题不上行。大力加强社会管理创新，狠抓影响社会稳定的源头性、根本性、基础性问题，进一步构建打防管控一体化动态社会治安防控体系，高度重视公共安全和安全生产工作，加大食品药品安全监管力度，强化校园、大型卖场等人群聚集场所的安全防范，不断增强人民群众的安全感和满意度。

6. 认真做好“十二五”规划编制工作。科学制定“十二五”规划，对于正确指导和推动今后五年的经济社会发展，意义重大而深远。要在认真总结“十一五”规划执行情况、准确分析“十二五”面临形势的基础上，按照立足新起点、谋求新发展、实现新跨越的要求，顺应我市发展的新趋势和区划调整后的新格局，从加快推进沈阳经济区建设的战略高度，高标准组织好“十二五”规划建议的起草和“十二五”规划纲要的编制工作，广泛征求社会各方面意见，切实提高规划的前瞻性和可操作性，确保形成一个既能鼓舞士气又切实可行的“十二五”规划。

三、为全面完成今年各项工作任务提供坚强保证

实现年初确立的工作目标，任务艰巨，责任重大。我们没有半点松懈的理由，更没有丝毫退缩的余地。必须进一步加强领导，狠抓落实，以前所未有的决心和气魄，全面打好打赢完成今年经济社会发展任务的攻坚战。

1. 切实提高领导科学发展的能力和水平。全市各级领导班子和领导干部要着眼于完成全年目标任务，科学研判面临的形势，准确把握国内外发展大势，密切跟踪国家宏观经济政策走向，以更高的站位抢抓机遇，以更宽的视野创新举措，不断增强工作的预见性、针对性和创造性。要牢固树立又好又快的发展理念，善于用科学方法指导工作，坚持突出重点、统筹兼顾，既要咬定“两个5000亿”目标不放松，又要确保调结构、优环境、惠民生、加强党的建设各项工作协调推进，努力做到总量增长与结构优化相统一、发展速度与质量效益相统一、经济发展与社会和谐相统一，牢牢把握领导科学发展的主动权。

2. 深入开展“创先争优”活动。要坚持以科学发展观为指导，以“完成五大任务、加快全面振兴”为主题，以“创建先进基层党组织、争当优秀共产党员”为主要内容，紧紧围绕全市中心工作特别是实现“两个5000亿”奋斗目标，突出实践特色，创新活动载体，把“创先争优”活动与建设学习型党组织“双争双创”活动有机结合起来，充分激发基层党组织的主动性和创造性，引导广大党员在振兴发展中当先锋、作表率，切实用完成全年各项任务的实践成果检验“创先争优”活动的实际效果，真正把

党的政治优势和组织优势转化为推动沈阳振兴发展的强大力量。

3. 进一步加大各项工作抓实力度。抓落实，凝聚责任和心血，考验作风和意志，反映能力和水平。要继续加大工作推进力度，四个重点工作推进组和包区县的市级领导同志，要勤调度、善指导、解难题，确保各项工作按时、保质、有序推进。严格实行目标管理责任制和行政问责制，各地区、各部门、各单位要围绕年初分解的目标任务，强化倒逼机制，定期分析排查，进一步找差距、挖潜力，绝不允许弄虚作假、虚报浮夸，更不允许推诿扯皮、贻误战机。市委督查组要加强跟踪督查，组织部门要强化政绩考核，切实在重大任务、重要工作中考察和识别干部。纪检监察机关要依纪依法查处各种违纪违法行为，积极营造风清气正、干事创业的良好环境。各级领导干部要进一步增强政治意识、大局意识和责任意识，带头作求真务实、雷厉风行、清正廉洁的表率，带头开短会、说短话、发短文，带头出实招、干实事、求实效，把全部时间和精力用到谋求发展上来，推动各项工作真正落实到位。

4. 构筑共谋发展的强大合力。各级党委要总揽全局、协调各方，把全市各方面的智慧和力量都凝聚起来，努力形成共谋振兴发展的强大合力。政府有关部门要积极创新工作举措，提高服务质量和效率，确保重大项目顺利推进、重大任务如期完成。支持人大及其常委会紧紧围绕全市工作大局，依法履行好各项职能，努力在推动振兴发展中发挥更加重要的作用。支持人民政协不断提高政治协商、民主监督、参政议政水平，充分发挥自身优势和独特作用。加强同各民主党派和工商联的联系，充分发挥工会、共青团、妇联等人民团体的桥梁纽带和国家政权重要社会支柱作用，最大限度地调动方方面面的积极性、主动性和创造性，努力在全社会营造齐心协力谋发展、聚精会神促振兴的浓厚氛围。

同志们，下半年的工作任务艰巨而繁重，使命催人奋进，发展任重道远。让我们更加紧密地团结在以胡锦涛同志为总书记的党中央周围，在省委的坚强领导下，团结带领全市人民，满怀发展激情，坚定必胜信心，以更加昂扬的斗志、更加顽强的作风、更加扎实的工作，为全面完成今年各项任务，推动沈阳在科学发展道路上加快全面振兴而努力奋斗！

站在新起点 施展新作为 为全面完成“十二五”开局之年各项任务而奋斗

——曾维同志在中共沈阳市委十一届十次全会暨经济工作会议上的报告

（2010年12月15日通过）

各位委员、同志们：

现在，我受市委常委会委托，向全会报告工作。

一、认真总结2010年工作，进一步增强全面振兴老工业基地的信心和决心

年初以来，在省委的正确领导下，全市深入贯彻落实科学发展观，按照“立足新起点，谋求新发展，实现新跨越”的要求，紧紧咬住“双五千亿”的目标，奋力拼搏，开拓进取，扎实推进调结构、优环境、惠民生和加强党的建设等重点工作，经济社会继续保持了又好又快发展的良好势头。预计全市地区生产总值实现5013亿元，比上年增长14%，是2005年的2.13倍；固定资产投资5006亿元，增长36.2%，是2005年的3.67倍；利用外商直接投资50亿美元，是2005年的2.36倍；地方财政一般预算收入464.7亿元，增长17.5%，是2005年的2.6倍；社会消费品零售总额2058亿元，增长18%，是2005年的2.29倍；城市居民人均可支配收入20540元，农民人均纯收入10005元，分别增长11.2%和14.3%，是2005年的2.1倍和1.98倍，圆满完成了“十一五”规划提出的各项目标和任务。与此同时，政治建设、文化建设、社会建设以及生态文明建设和党的建设全面加强，沈阳老工业基地在科学发展道路上迈出了新的步伐。

1. 坚定不移调结构，经济发展方式加快转变。我们坚持以增量带动结构优化、以创新促进产业升级，不断加大“优化、突破、提升”的工作力度，积极强化对经济工作的领导，成立由市主要领导牵头负责的重点工作推进组，实行市委常委和市人大、市政协主要领导包区县，聚焦工作重点，合力攻坚克难，有力推动了经济结构调整和发展方式转变。精心组织实施全市行政区划局部调整，城市资源要素实现科学配置，发展空间得到拓展和优化，各区域功能定位更加清晰，发展势能充分释放，建设改造全面提速，特别是实施“三区”合署办公，掀起了迎接全运会、建设大浑南的热潮。沈阳经济区改革发展上升为国家战略，为沈阳振兴发展增添了新的活力与动力。城市总体规划修编工作进展顺利，各区域及重点产业空间发展规划基本形成，为实现科学发展提供了有力支撑。重点项目建设加速推进，“金廊”建设步伐明显加快，重大项目引进实现了新突破，一些重点产业发展空间的项目集群化开工，产业集群的聚集效应进一步增强。财税结构发生积极变化，利用外资结构更趋合理。工业经济效益持续提升，综合指数达到历史最好水平，装备制造业支撑作用更加突出，现代建筑产业发展势头强劲，高新技术产业和新兴产业发展步伐不断加快，我市成为国家创新型试点城市，服务业特别是现代服务业快速发展，县域经济主要指标增幅明显高于全市平均水平，非公有制经济健康发展，对全市经济的支撑作用进一步增强。

2. 全力以赴优环境，城市建设和管理工作明显加强。我们以打造北方最佳投资环境为目标，坚持一手抓硬环境提升，一手抓软环境改善，使城市发展环境、生态环境和人居环境不断优化。市委、市政府召开全市优化发展环境工作会议，深入开展软环境建设“四个一”活动，总结推广“现场办公”、“出门就上班”等行之有效的工作方法，全市整体环境明显改观，为实现科学发展、创新发展、和谐发展提供了环境保障。高标准推进城市重大基础设施建设，国际展览中心建成使用，艺术中心全面开工，沈丹客运专线、沈阳站等重点工程建设进展迅速，沈阜、沈彰等一批重点公路建成通车，二环、三环改扩建和四环新建工程开始启动，城市功能进一步提升。特别是东北首条地铁线路沈阳地铁一号线正式

运营，标志着沈阳开始迈入地铁时代，这在城市发展史上具有里程碑意义。城市规划展示馆在展厅面积、展示技术等方面创造了7项全国第一，得到了国内外的广泛好评。按照加快建设新城区、改造提升老城区的要求，加强城市环境综合整治，“四大战役”成效显著，造林绿化行动全面实施，城市建设和管理中存在的突出问题得到一定程度的缓解。第十二届全运会筹备工作全面启动，“迎全运文明沈阳行动”深入开展，市民文明素质和城市文明程度进一步提升。重点耗能企业节能管理切实加强，单位地区生产总值能耗下降4.5%，“十一五”节能减排目标全面完成。环境建设样板城规划通过国家论证，沈北新区、辽中县等5个区县通过国家生态区县的核查验收，蒲河治理规划编制工作顺利完成，蒲河生态廊道建设全面展开，“南有浑河、北有蒲河”的生态城市新格局正在形成。

3. 千方百计惠民生，和谐稳定社会局面得到巩固。我们坚持把保障和改善民生作为一切工作的出发点和落脚点，着眼于解决人民群众最关心、最直接、最现实的利益问题，深入实施各项重点民生工程，确保社会和谐稳定。积极推行工资集体协商，努力构建和谐劳动关系，加大促进就业和扶持创业的工作力度，城镇登记失业率控制在3.2%，解决了近10万大学生就业，我市促进大学生就业经验在全国推广。社会保障体系不断完善，保障水平稳步提升，市就业和社会保险服务中心投入使用，社会保险费征缴力度加大，最低工资、失业保险、医疗救助和城乡低保的标准得到提高。保障性住房工作取得进展，弃管住宅小区综合改造工程成效显著。大伙房水库输水配套一期工程竣工，将为沈城百姓提供完全符合国家新标准的优质饮用水。城乡义务教育均衡发展，学校办学条件明显改善，200所接收外来务工人员子女学校改造工程完工，我市成为国家装备制造业职业教育试验区，终身教育体系建设步伐不断加快。新型农村合作医疗制度进一步完善，国家基本药物制度全面落实，公共卫生服务均等化加快推进。文化事业进一步繁荣，艺术惠民“双百万”工程扎实推进，大型现代评剧《我那呼兰河》荣获国家舞台艺术最高奖项——文华大奖。“省运会”成功举办，我市获得金牌、奖牌和总分第一名。对口支援新疆、西藏、青海、阜新工作进展顺利，重点援建项目有效落实。用群众工作统揽信访工作的“沈阳模式”进一步完善，信访稳定工作继续在全省保持最好水平，打击刑事犯罪取得突出成果，社会治安综合治理效果明显，重点领域和重点行业的安全监管力度加大，人民群众的安全感和对社会治安环境的满意度显著提升。

4. 聚精会神抓党建，执政能力和领导水平不断提高。我们坚持以建设学习型党组织为抓手，扎实开展“双争双创”活动，市委理论学习中心组率先垂范，确保平均每月集中学习一次，使全市上下崇尚学习、自觉学习的浓厚氛围进一步形成。坚持正确用人导向，加大干部调整交流力度，提高选人用人的透明度和公信度，一批德才兼备、勇于攻坚克难的领导干部得到提拔重用。沈北新区干部人事制度改革的经验得到中组部充分肯定并在全国推广。深入开展“创先争优”活动，村级党组织和村委会的换届工作圆满完成，非公有制企业党建工作得到加强，基层党组织的战斗力进一步增强，广大党员推动振兴发展的工作激情得到充分激发。高度重视人才工作，在北京举办招才引智系列活动成效显著。认真贯彻落实《廉政准则》，进一步完善富有沈阳特色的惩治和预防腐败体系，深入开展重点领域突出问题专项整治活动，严肃查处了一批违法违纪案件，党风廉政建设和反腐败斗争取得明显成效。着眼于加强和改善党对人大和政协工作的领导，召开了市委人大工作会议和市委政协工作会议，为更好地发挥人大、政协的职能作用提供了可靠保证。

在看到成绩的同时，我们也必须清醒地看到存在的差距和不足：经济增长的质量和效益有待进一步提高，具有牵动力和影响力的重大项目相对较少，项目储备仍显不足；城乡环境面貌亟待改善，发展的软环境有待进一步优化；物价上涨压力加大，影响社会稳定的热点和难点问题仍然存在；少数领导干部责任感、紧迫感不强，精神状态和工作作风需要进一步改进。这些问题需要我们在今后工作中认真加以解决。

二、以党的十七届五中全会精神为指导，科学制定和实施第十二个五年规划

制定和实施好“十二五”规划，对于推动沈阳老工业基地在科学发展道路上加快全面振兴具有重大意义。市委认真贯彻落实党的十七届五中全会和省委十届十一次全会精神，组织专门力量，深入调查研究，广泛征求意见，历经多次修改完善，形成了《中共沈阳市委关于制定全市国民经济和社会发展第十二个五年规划的建议（讨论稿）》（以下简称《规划建议》），经过市委常委会讨论决定，提交本次全会审议。《规划建议》经本次全会审议通过后，将成为制定和实施我市“十二五”发展规划的指导性文件。

制定和实施“十二五”规划，把握“十二五”时期工作的主动权，必须对面临的形势有一个清醒的认识。《规划建议》对此进行了深入分析。总体上看，“十二五”时期，沈阳振兴发展面临前所未有的机遇和挑战，我们必须紧紧抓住国家振兴东北地区等老工业基地战略深入实施、沈阳经济区改革发展上升为国家战略、第十二届全运会主会场设在沈阳的三大机遇，进一步增强使命感、责任感和紧迫感，主动适应环境变化，积极应对各种挑战，加快老工业基地全面振兴。

《规划建议》根据面临的形势和工作基础，对我市“十二五”时期经济社会发展作出了全面部署。指导思想是：以邓小平理论和“三个代表”重要思想为指导，深入贯彻落实科学发展观，解放思想，抢抓机遇，以科学发展为主题，以加快转变经济发展方式为主线，以改革开放为动力，深入推进做优发展空间、做大中心城市、做强县域经济、加强生态建设和着力改善民生“五大任务”，继续保持经济社会又好又快发展的强劲势头，推动沈阳老工业基地在科学发展道路上实现全面振兴，建成更高水平的小康社会。

《规划建议》提出了未来五年必须坚持的五条基本原则，即坚持加快发展与优化结构、提高效益相结合，坚持科技创新与社会创新、管理创新相促进，坚持经济建设与社会发展、改善民生相协调，坚持经济效益与社会效益、生态效益相统一，坚持改革开放与经济发展、社会稳

定相一致。这五条基本原则完全符合党的十七届五中全会和省委十届十一次全会的基本要求,必须贯穿于经济社会发展的全过程和各领域,提高发展的全面性、协调性、可持续性。

《规划建议》着眼于继承与创新相结合,考虑既要保持思路的稳定性和工作的连续性,又要体现中央的新要求、形势的新变化和发展的新趋势,提出“十二五”时期,要围绕实现“三大目标”,深入推进“五大任务”,并赋予其新的内涵。“三大目标”,即建设国家中心城市、先进装备制造业基地、生态宜居之都,进而率先实现老工业基地的全面振兴。“五大任务”,即做优发展空间,就是以走新型工业化道路和调整经济结构为主要内容,加快转变经济发展方式,实施主体功能区战略,进一步优化空间布局,完善区域功能特色,提升产业层次和水平,切实将空间优势转化为产业优势和竞争优势,实现创新发展;做大中心城市,就是以承办第十二届全运会为契机,以建设国家中心城市为目标,加快建设新城区,改造提升老城区,大力发展现代服务业,不断完善城市功能,切实增强中心城市的承载力、集聚力和辐射力,实现率先发展;做强县域经济,就是坚持工业反哺农业、城市支持农村和多予少取放活方针,以富民强县为目标,以工业化为主导,以农业产业化为基础,以城镇化为支撑,加快发展县域经济,努力形成城乡经济社会一体化新格局,实现统筹发展;加强生态建设,就是以创建国家生态市和全国环境建设样板城为载体,全面加强生态环境保护与治理,提升全社会生态文明理念,努力建设资源节约型和环境友好型城市,实现可持续发展;着力改善民生,就是完善符合市情、比较完整、覆盖城乡、可持续的基本公共服务体系,深入实施各项民生工程,增加政府支出用于改善民生和社会事业的比重,着力解决人民群众最关心、最直接、最现实的利益问题,不断提高人民群众的福祉指数,使振兴发展成果更多地惠及全市人民,实现和谐发展。

制定和实施“十二五”规划是事关我市经济社会发展全局的一件大事。《规划建议》主要体现的是思想性、原则性、方向性和指导性,为《规划纲要》的编制提供了依据,为具体指标的确立留下了空间。市政府要根据《规划建议》的要求,抓紧细化、修改和完善好《规划纲要》,适时提交市十四届人大第四次会议审议。

三、全面做好“十二五”开局之年的各项工作,在新起点上实现新突破

明年是实施“十二五”规划的开局之年。站在新起点,施展新作为,全面做好明年的各项工作,对于增强全市人民的凝聚力,加快沈阳老工业基地全面振兴,具有十分重要的意义。明年工作的总体要求是:全面贯彻党的十七届五中全会、中央经济工作会议和省委十届十一次全会精神,以邓小平理论和“三个代表”重要思想为指导,深入贯彻落实科学发展观,以科学发展为主题,以加快转变经济发展方式为主线,深入推进“五大任务”,突出做好“抓项目促调整、抓环境促提升、抓民生促和谐”三项重点工作,继续保持经济社会又好又快发展的良好势头,为顺利实施“十二五”规划开好局、起好步。

(一)抓项目促调整

项目建设是转变发展方式、调整产业结构、加快经济发展的重要载体。必须坚持发展项目经济不动摇,大力推进工业、农业和服务业项目建设,努力在做大总量中优化产业结构、通过优化产业结构来扩大增量,继续保持经济又好又快发展的良好势头。

1. 全力做好项目开发建设工作。要瞄准世界500强、大型央企及国内重点地区,精心策划、包装一批新项目和大项目,切实增加项目储备,认真搞好项目推介,不断增强招商引资的针对性和有效性。要紧紧围绕优势产业发展和重点地区、重要园区建设,拓宽开放领域,创新招商方式,加大选资力度,优化利用外资结构,引导更多资金投向有利于结构调整的重大产业项目,不断提高利用外资的质量和水平。严格执行土地政策,加强土地集约利用,切实提高投资强度和产出效益。加强项目分类指导,搞好全程跟踪服务,对事关全局的重大项目要制定线路图、明确时间表、落实责任人,千方百计化解资金、土地等瓶颈制约,确保项目顺利推进,不断扩大固定资产投资规模,以项目投资和建设的提速增效带动产业转型升级和经济结构调整。

2. 切实推动工业经济持续快速发展。充分利用国务院赋予的先行先试权,率先推进新型工业化综合配套改革,认真搞好专项改革试验,积极争取国家和省里的更多支持,在全国率先建立新型工业化发展模式。全力推进华晨宝马新工厂、米其林新工厂、机床产业园等重点项目建设,加强装备制造业聚集区、现代建筑产业园、汽车城、航高基地等重点产业园区建设。加快推进体制机制创新,加大产品结构调整力度,做大做强特色产业集群,不断增强成套配套能力,为建设具有国际竞争力的先进装备制造业基地奠定坚实基础。集中推进康泰斯电子极多晶硅、中恒高性能碳纤维、方大半导体绿色照明等新兴产业项目,大力发展战略性新兴产业,为转方式、调结构奠定坚实基础。提高自主创新能力,加快建立以企业为主体的技术创新体系,积极构建产业技术创新战略联盟,加强院士工作站建设,加速形成一批具有自主知识产权的技术和产品,切实发挥好科技创新对转变经济发展方式的引领和支撑作用。支持企业积极开拓国际国内市场,不断提高企业的竞争力。大力实施节能减排,积极引导企业采用有利于节能环保的新设备、新工艺、新技术,加快淘汰落后产能,实现节约发展、清洁发展、安全发展。

3. 不断壮大县域经济规模。认真落实扶持县域发展的政策措施,保持县域经济发展强劲势头,支持新民市、辽中县冲刺全国百强县,推动法库县进入全省第一集团,确保康平县主要经济指标在全省位次前移。加快县域工业化步伐,高标准推进新民包装印刷、辽中装备配套、法库陶瓷和康平塑编等产业园区建设,引导市区工业企业有序向县域梯度转移,做大做强县域特色主导产业,力争每个县(市)都要形成1—2个超百亿元产业集群。促进农业经济转型升级,大力发展“一乡一业”乃至“一县一业”,扶持壮大龙头企业,加强农业基础设施建设,提升设施农业、高效特色农业发展水平,提高农业生产力。切实加快农村城镇化进程,抓好县城和中心镇的规划建设,完善新城、新市镇的基础设施和配套服务功能,促进人口、资源和产业向县城

和中心镇集中，走出一条富有沈阳特色的城乡一体化发展新路子。

4. 大力发展现代服务业。坚持把发展服务业特别是现代服务业作为产业优化升级的重要支撑，精心策划一批重大项目和高端项目，改造提升传统服务业，加快产业集群和产业带建设步伐，做大做强现代服务业。大力发展面向装备制造业改造升级的生产性服务业，加快近海东北亚国际物流中心、永安国际物流港、苏桃路物流产业集聚带等项目建设，推动装备制造业与生产性服务业深度融合。进一步加强东北区域金融中心建设，积极开展优化金融生态综合试验，丰富和完善金融业态，增强沈阳金融业辐射力。加快推进盛京皇城重点项目改造和重点文化产业园区建设。全力推进"金廊"沿线重大项目建设，对不能如期开工和没有实质性进展的项目，要依法加大处置力度，确保全运会前呈现崭新形象。

（二）抓环境促提升

环境状况直接关系到城市的形象和竞争力。要以承办第十二届全运会为契机，切实把优化发展环境摆上重要位置，适时召开全市动员大会，深入开展"迎全运文明沈阳行动"，动员全市力量，打一场优化发展环境的翻身仗，进一步提升城市功能，提升城市品位，提升市民文明素质。

1. 加快推进重点地区和重大基础设施建设。以城市总体规划、分区规划以及专项规划为指导，统筹安排、突出重点，全面加强重大基础设施建设。高标准、高水平推进大浑南建设，以浑南新城建设为龙头，千方百计做好征地、拆迁、融资等各项基础性工作，确保高质量、高效率推进全运会比赛场馆及相关配套设施建设。加快沈阳西站综合枢纽、京哈高铁沈阳新北站、桃仙机场改扩建、铁路新南站等重点工程的施工进度，搞好地下管网以及重点街路改造，实施南北二干线以及二环、三环改扩建和四环新建工程，加快启动3座跨浑河大桥改造和建设，全力争取地铁二号线明年年底前试运营，启动地铁一号、二号延长线建设，做好地铁四号、十号线建设前期工作，力争早日开工建设，加速构建现代化、立体化的城市交通体系。加快推进艺术中心、中国工业博物馆等标志性建筑的建设，全面实施"金廊"沿线景观提升工程，进一步改善城市形象。推进沈阳经济区城际连接带新城、新市镇建设，加快经济区一体化进程。

2. 切实提高城市管理水平。科学整合管理资源，不断完善管理体制机制，建立起"市级为主导、区级为主体、街道为基础、社区为前沿"的管理模式。大力整顿交通秩序，加强交通管理，完善交通设施，建设现代化指挥调度体系，着力解决中心城区交通拥堵和停车难问题。加强行政执法队伍建设，切实将科学执法、文明执法与严格管理结合起来，依法拆除违章建筑，取缔占道经营，不断改善市容市貌。积极推进城市数字化管理，搞好重点街路的景观美化以及市政设施维护更新，完善公共安全应急机制，切实提高城市的现代化管理水平。

3. 着力改善城乡生态环境。扎实推进植树绿化、水系建设和大气治理工作，突出抓好浑河、百里环城水系以及辽河治理和蒲河生态廊道建设。以"清洁沈阳"活动为载体，大力实施环境综合整治，突出抓好郊区和城乡结合部等薄弱环节以及城市出入口、火车站、客运站、商业街区等重点部位的环境整治，并不断向小街小巷、农村地区延伸，切实让沈阳的每个角落都美起来、靓起来。强化环境监督检查，坚决依法惩处污染物的违规排放，认真做好节能减排工作，让我们的城市天更蓝、水更清、树更绿、空气更清新，加快向国家生态市和全国环境建设样板城的目标迈进。

4. 不断优化发展软环境。以打造北方最佳投资环境为目标，加快建设服务型政府，全面推进新一轮行政审批项目清理，严肃处理乱收费、乱罚款、乱摊派、乱检查等问题。在全市机关中继续深化"四个一"活动，切实增强服务意识，为经济社会发展提供优质服务。建立优化环境的长效机制，加强监督检查，强化责任追究，坚持依法行政，推进政务公开，促进社会公平，建设诚信沈阳。积极选树先进典型，大力弘扬社会正气，努力争创全国文明城市。

（三）抓民生促和谐

民生是振兴之要、和谐之本。必须牢固树立"为人民服务、让人民满意"理念，始终把保障和改善民生作为科学发展的基本要求，作为党和政府全部工作的出发点和落脚点，作为各级领导干部的最大政绩，深入实施各项民生工程，认真办好惠民实事，下大力量解决好人民群众最关心、最直接、最现实的利益问题，让人民群众共享振兴发展成果。

1. 千方百计扩大就业。要把促进充分就业作为经济社会发展的优先目标，认真落实促进就业的各项政策，多渠道开发就业岗位，增加公益性岗位，重点保障高校毕业生、农村转移劳动力和城镇就业困难人员就业。坚持以创业带动就业，积极营造有利于创业的环境和氛围，鼓励和支持自主创业和自谋职业。健全就业援助体系、创业服务体系、普惠制培训体系和失业预警监测体系，支持群团组织开展促进就业联合行动，提高就业服务质量和效率，保持就业形势总体稳定。

2. 提高社会保障水平。要继续扩大养老保险覆盖范围，巩固新农保试点成果，提高新农合人均筹资标准，加快形成覆盖城乡的社会保障体系。逐步提高最低工资标准和城乡居民工资性收入水平。建立健全工资集体协商机制，提高集体合同质量，加强农民工工作，发展和谐稳定的劳动关系。进一步加大政策性保障住房建设力度。积极推进养老服务社会化体系建设，大力发展社会福利、慈善救助和残疾人事业。进一步做好价格调控监管工作，努力稳定以农产品为主的生活必需品市场价格，切实保障群众基本生活。

3. 加快发展社会事业。要始终把教育放在优先发展位置，适时召开教育工作会议，深化教育强区县（市）创建活动，充分发挥在沈高校作用，促进教育事业科学发展，加快建设教育强市。认真落实国家医改各项政策，深化医药卫生体制改革，加快筹建市公共卫生服务中心，全面提高医疗卫生服务水平。继续巩固和扩大文化体制改革成果，大力繁荣发展文化事业和文化产业，积极打造城市文化品牌，全面展示沈阳历史文化名城的独特魅力。继续搞好双拥共建，实现双拥模范城"七连冠"。认真做好民族宗教工作。大力发展体育事业，培育壮大体育产业，开展全民健身运动，启动健康城市促进行动，提高全民身体素质。

4. 确保社会和谐稳定。要继续完善用群众工作统揽信访工作的“沈阳模式”，严格落实信访稳定风险评估机制，深入开展矛盾纠纷“大排查”活动，认真化解涉法涉诉信访积案。完善突发事件应急管理体制，提高应急管理能力水平。积极推进社会管理创新，加强城乡社区建设，提高自治和服务功能，加强重点人群服务管理，强化社会公共安全管理和防灾减灾工作，尤其要时刻绷紧安全生产这根弦，高度重视食品药品安全，警钟长鸣，常抓不懈，坚决防止重特大安全事故发生。深入开展“平安沈阳”创建活动，严厉打击各种刑事犯罪，积极推进社会治安防控体系建设，努力为经济社会发展营造良好的社会治安环境。

四、全面加强党的建设，为完成明年各项工作任务提供坚强保证

做好明年各项工作、实现“十二五”高起点开局，关键在党、关键在人。要坚持以加强执政能力建设和先进性建设为主线，以改革创新精神全面推进党的建设新的伟大工程，不断提高党的建设科学化水平。

1. 认真做好市、县、乡三级党委换届工作，大力加强领导班子和干部队伍建设。明年我市党委换届任务十分繁重，乡镇党委、区县（市）委和市委换届都将在上半年相继进行。我们必须按照中央和省委的要求，站在讲政治、讲大局的高度，精心组织，周密部署，严格程序，确保圆满完成换届任务。要坚持德才兼备、以德为先的用人标准，进一步完善干部选拔任用机制和综合考评体系，真正把那些政治上靠得住、工作上有本事、作风上过得硬、群众信得过的优秀干部选拔到领导岗位，切实提高选人用人公信度。坚持把新一轮大规模干部培训工作与学习党的十七届五中全会精神和开展“双争双创”活动紧密结合起来，不断强化干部的教育培训，注重多岗位锻炼干部，努力提升各级领导班子和干部队伍推动科学发展、创新发展、和谐发展的能力。

2. 深入开展“创先争优”活动，切实增强基层党组织的创造力、凝聚力和战斗力。要在已经取得阶段性成果的基础上，进一步抓实关键环节，丰富活动内容，突出实践特色，不断深化“办实事解民忧惠民生”、“弘扬雷锋精神，争当振兴先锋”、“一学三提”等活动，引导基层党组织和广大党员争科学发展之先、创社会和谐之优。继续扩大基层党组织覆盖面，推进基层党组织工作创新，不断激发党员队伍的生机与活力，切实把创先争优活动打造成党员岗位建功工程、助推振兴工程和群众满意工程。

3. 建立健全惩治和预防腐败体系，不断推进反腐倡廉建设。要进一步强化党性党风党纪教育，有针对性地开展示范教育和警示教育，切实增强领导干部廉洁自律意识。更加注重反腐倡廉制度创新，针对腐败问题易发多发的重点领域和关键环节，加强行政权力运行制度建设，努力形成凭制度用权、靠制度办事、用制度管人的工作格局。继续加大纠风治乱和案件查办力度，严肃查处跑官要官、买官卖官、拉票贿选等问题以及领导干部滥用职权、以权谋私、收送钱财等违纪违法案件，始终保持风清气正的良好环境。

4. 坚持党管人才原则，深入实施人才强市战略。实现全面振兴、推动发展方式转变，最有力的支撑在人才，最可持续利用的资源是人才。要在优化人才结构上下功夫，通过实施“凤来雁归”等工程，统筹抓好各类人才队伍，切实以人才总量的迅速扩张和人才结构的不断优化促进沈阳吸纳能力、辐射作用的全面增强。要在激活人才潜能上下功夫，制定好相关政策，搭建产学研一体化平台，使沈阳成为一切有创业意愿、创新潜力、创造激情的人才都能实现梦想的沃土。要在用好人才上下功夫，为人才发展架设一条只有路标、没有路障的“绿色通道”。要牢固树立“人才是第一资源”的理念，坚持人才资源优先开发、人才结构优先调整、人才投资优先保证、人才制度优先创新，努力使沈阳成为全国高技能人才培养基地、东北区域性高端人才成果转化基地、沈阳经济区人才交流合作基地，加快进入全国人才强市“第一方阵”。

5. 坚持真抓实干，积极营造迎接市党代会召开的浓厚氛围。明年我市将召开第十二次党代会，这是全市政治生活中的一件大事。各级党政组织和广大党员干部一定要大力弘扬求真务实、艰苦奋斗之风，始终保持昂扬向上、奋发有为的发展激情，聚精会神谋发展、一心一意促振兴，以优异成绩迎接市第十二次党代会的召开。继续实行市委常委包区县，充分发挥人大、政协的职能作用，进一步调动各民主党派、工商联、无党派人士和工会、共青团、妇联等人民团体的积极性，形成共促振兴的强大合力。加强对民主党派市级组织换届工作的领导，支持其搞好政治交接。紧密结合庆祝建党90周年，广泛开展“实现新跨越，迎接党代会”主题宣传活动，大力宣传各条战线推进科学发展、促进社会和谐的新成就，努力为市党代会召开营造良好的舆论环境。

同志们，在新的起点上推动沈阳全面振兴，任务艰巨、责任重大、使命光荣。让我们更加紧密地团结在以胡锦涛同志为总书记的党中央周围，高举中国特色社会主义伟大旗帜，以邓小平理论和“三个代表”重要思想为指导，深入贯彻落实科学发展观，在省委的正确领导下，团结带领全市人民，进一步解放思想、开拓创新、扎实工作，为全面完成明年各项任务、谱写“十二五”振兴发展新篇章而努力奋斗！

沈阳市人民代表大会常务委员会工作报告

——2011年1月11日沈阳市第十四届人民代表大会第四次会议通过

赵长义

各位代表：

我受市人民代表大会常务委员会委托，向大会报告工作，请予审议。

2010年的主要工作

2010年是全面完成“十一五”规划、实现经济社会平稳较快发展的一年，也是市人大常委会工作取得重要进展的一年。一年来，在市委的正确领导下，市人大常委会全面落实市十四届人大三次会议确定的各项任务，坚持依法履行职责，扎实开展工作，为推进我市社会主义民主法制建设，保障和促进经济社会又好又快发展作出了积极贡献。

一、突出特色，注重管用，地方立法工作得到扎实推进

常委会认真行使地方立法权，全年共完成8件立法项目，其中制定3件，修订4件，修正1件，发挥了地方立法在全市经济社会发展中的保障和促进作用。针对群众反映强烈、矛盾突出的物业管理问题，制定了《沈阳市物业管理条例》，为维护业主及物业企业合法权益，规范物业管理行为提供了法律保障；针对城市养犬扰民问题，制定了《沈阳市养犬管理条例》，对加强养犬管理，规范养犬行为，维护社会公共秩序和市容环境，做出了明确规定；针对我市水环境建设上存在的突出问题，在《沈阳市水污染防治条例》的修订中，增加了饮用水水源保护和农村水污染防治等方面内容，为保障群众喝上干净水、放心水制定了更加明确的法律规定；针对城乡规划管理上存在的实际问题，对《沈阳市城乡规划管理条例》进行了初审。为推动资源节约和环境友好型社会建设，促进经济社会协调可持续发展，对《沈阳市城市绿化条例》、《沈阳市节约能源条例》进行了修订。同时，对《沈阳市机动车维修市场管理条例》、《沈阳市社会保险费征缴条例》做了修订或修正，开展了地方性法规清理工作，体现了地方立法的与时俱进，维护了法制统一。

在地方立法工作中，常委会坚持推进科学立法和民主立法，不断拓宽代表和公众有序参与地方立法的渠道，通过公开征集立法项目、向社会公布法规草案、邀请代表参与相关调研、召开相关利益群体座谈会等方式，广泛吸纳社会各界意见，努力使制定的法规充分体现民意，符合地方实际；通过发挥人大各专门委员会以及立法顾问、立法顾问单位、立法咨询委员的作用，听取专家学者意见建议，加强调研论证，保证了立法决策的科学性和实效性。开展了地方立法理论研究活动，对把握立法规律，提高立法质量进行了有益探索。

二、围绕中心，助推发展，各项监督工作更加富有成效

常委会按照依法监督、注重实效的原则，把经济社会发展中的重大问题作为监督工作重点，先后就加快装备制造业发展、提升现代服务业发展水平、重点城建项目和发展空间建设、“十二运”筹备工作等重大事项进行了调研视察和监督推进。听取了我市装备制造业“三大聚集区和两大配套区”建设情况的汇报，从沈阳装备制造业的结构调整、技术和产品创新、核心骨干企业做大做强、产业链条延伸等方面提出了意见建议，特别是帮助沈阳机床集团通过采取代工生产方式，形成社会化制造体系，打造机床配套产业集群，为我市装备制造业的加快发展提供了良好示范。围绕推动城市基础设施建设，听取了城建重点项目安排情况汇报，听取审议了我市2010年城建计划执行及重点项目完成情况报告，建议政府科学安排和精心组织城建项目的实施，推进重点城建任务如期完成。听取了浑南新城总体规划方案编制情况汇报，促进大浑南地区的开发建设。

常委会高度重视我市“十二五”规划编制工作，选择重点领域和相关专题进行了深入调研，形成了一批专项调研报告，在此基础上听取审议了我市“十二五”规划编制情况报告，就未来五年事关我市经济社会发展的重点问题提出了具体意见建议。同时，认真组织全市人大代表积极为规划编制建言献策，广大代表对规划纲要草案以及相关分规划草案提出了许多有价值的意见建议，得到了重视与采纳，使“十二五”规划编制工作更加体现民意，集中民智，为审查批准我市“十二五”规划做了充分准备。

围绕推动和促进经济社会平稳较快发展，常委会听取审议了2010年上半年国民经济和社会发展计划执行情况的报告、上半年计划和预算执行情况报告、2009年决算和审计工作报告，批准了2009年市本级决算。开展了对重大资金使用和预算外资金的监督工作，对重点产业项目进行了跟踪监督，促进政府加强预算管理，充分发挥财政在加快经济增长中的有效作用。听取审议了审计问题整改情况报告，提出针对屡审屡犯的问题，切实形成加强财政监管的长效机制。听取审议了我市贯彻实施企业国有资产法情况的报告，督促政府尽快建立国有资本经营预算制度，完善国有资产监管体系。为推进解决“三农”问题，常委会听取审议了我市县域经济发展情况报告，从县域重大项目建设、加快农业产业化步伐、提升县域工业化水平、推进城镇化进程等方面提出了意见建议。听取了我市农业科技服务体系建设情况的汇报，督促政府为农业科技发展提供有力保障。对我市贯彻实施农民专业合作社法的情况进行了连续检查，就示范社创建、领办人培训以及工作推进机制等问题提出意见建议，推动农民专业合作社快速健康发展。对农田水利基础设施建设情况进行了视察，建议政府加大对农田水利基础设施建设扶持力度，建立和完善农田水利设施的长效管护机制，增强农业抵御灾害能力，为农业增效、农民增收奠定基础。

三、关注民生，维护民利，切实推动解决人民群众最关心、最现实的利益问题

常委会为了保障人民群众喝上干净水，继续对水污染防治法贯彻实施情况进行了执法检查，听取了市政府有关情况的报告，促进政府加快自来水老旧管网和二次加压泵站改造，推进农村饮用水改造工程建设，切实保障城乡百姓的饮用水安全。积极组织和不断深化八城市人大依法推进辽河流域水污染治理“协调行动”，结合我市实际，对农村面源污染治理、城市雨污分流、污泥无害化处理等重点问题进行了连续视察检查和跟踪推进，并开展了“保护农村环境、建设优美家园”的环保世纪行宣传活动。为保障人民群众吃上安全放心食品，对我市贯彻实施食品安全法情况开展了执法检查，听取了政府相关情况汇报，利用调研视察、集中检查、明察暗访等多种形式，对部分食品生产经营企业、食品安全检测机构进行了实地检查，推动监管责任落实，不断增强食品安全监管能力。

为推动全民健身活动的深入开展，依法保障人民群众参与全民健身的合法权益，听取审议了我市贯彻实施体育法

和全民健身条例情况报告，针对我市各级全民健身中心建设、城市公园拓展健身功能、浑河两岸城市段和居民住宅区健身活动场地建设等问题提出意见建议。为维护和保障散居少数民族权益，听取审议了我市贯彻实施省散居少数民族权益保障条例情况的报告，促进我市认真落实少数民族政策法规，加大对少数民族地区的扶持力度，推动和保障民族地区经济社会事业的发展。听取了我市贯彻实施台湾同胞投资保护法情况的汇报，并配合全国和省人大常委会对该法在我市的贯彻实施进行了执法检查。召开了全市规范性文件备案审查工作会议，促进了法律监督工作。

围绕推进解决群众关心的热点难点问题，常委会听取了我市义务教育均衡发展、基层医疗卫生服务体系建设、加强老旧小区煤水气管网维护改造、道路交通综合整治等情况的汇报，对养老院改扩建工程和在建项目进行了工作视察，促进政府认真落实惠民举措，加快推进各项民生工程。常委会听取审议了检察机关开展诉讼监督情况的报告，进行了专题视察，提出要抓住人民群众反映强烈的执法不严、司法不公和司法腐败问题，进一步加大诉讼监督力度，努力维护司法公正。听取了市法院关于解决“执行难”问题的情况汇报，推动市法院改进执行工作，依法维护和保障当事人合法权益。听取了我市村民委员会换届选举情况汇报，推进农村基层民主法制和基层政权建设。发挥人大信访的窗口功能，加强了对重点信访事项的跟踪督办，促进社会和谐稳定。

四、完善制度，强化服务，进一步加强和改进了代表工作

为了深化代表“三深入”活动，常委会集中开展了“代表联系人民群众见面日”和专题调研，代表们踊跃参加活动，共有400多名省、市人大代表在深入基层、广泛了解社情民意基础上，提出151件代表建议，形成了38篇调研报告。为切实提高代表自身素质和依法履职能力，组织200多名市人大代表进行了预算审查监督的专题学习，组织60余名代表小组组长、履职优秀代表进行了综合培训学习，为代表依法履职、发挥作用提供了有利条件。加强了对代表闭会期间活动的服务和指导，进一步完善了活动制度，使代表小组活动更加活跃、更加规范。认真落实保障代表知情知政的各项举措，坚持向代表通报常委会重要工作、重大活动和经济社会发展情况。认真组织代表依法履职，扩大代表对常委会各项工作的参与，全年共有70名省、市人大代表列席常委会会议，670多人次全国、省、市人大代表参与了常委会组织的执法检查、工作视察和调研活动。

加强和改进了代表议案建议办理工作，围绕市十四届人大三次会议主席团交付的三方面7件议案，分别听取审议了专门委员会议案审议结果和市政府关于议案办理情况的报告，并就议案办理组织了调研视察和专项检查，进行了全程跟踪和推动落实，取得了阶段性成果。通过对改造公安派出所议案的办理，促进了我市基层派出所建设，为提高人民群众见警率创造了有利条件；通过对维修农业万亩大桥议案的办理，推进农田水利基础设施加快改善，为增强农业抵御自然灾害能力奠定了有利基础；通过对污泥无害化处理议案的办理，推进我市污泥处理工程建设方案的加快实施，对保护生态环境发挥了积极促进作用。对代表提出的转“一府两院”办理的868件建议，实行主任会议组成人员重点督办与跟踪督办相结合，并通过办理工作现场会、领衔代表参加督办、实地视察检查、通报办理情况等多种形式，不断推进办理工作。目前，有692件代表建议已经解决或基本解决，占79.7%；列入计划解决的122件，占14.1%；因政策或客观条件所限暂不能解决、并已向代表说明的54件，占6.2%。

五、求真务实，创新机制，常委会依法履职水平不断提高

去年，市委人大工作会议的召开，进一步加强和改善了党对人大工作的领导，为全市人大工作的创新发展指明了方向，提供了新的动力，对做好新形势下的人大工作具有深远意义。常委会积极贯彻落实市委人大工作会议精神，在加强预算审查监督、讨论决定重大事项以及自身建设等方面取得了新的进展。进一步完善了学习培训制度，深入打造“学习型”机关，结合常委会审议议题，先后就人大工作理论、食品安全法等内容，多次举办专题讲座和业务培训，提高了组成人员、机关干部的理论业务素质和依法履职能力。加强了调查研究工作，形成了一批高质量的调研成果，尤其是结合市委人大工作会议筹备，对五年来人大工作基本情况、基本经验和需要解决的主要问题进行了认真调研，为市委决策提供了依据。去年是沈阳市人大设立常委会30周年，常委会通过召开专题座谈会、编印《光辉历程》、纪念专刊及图片展览等多种形式，回顾总结人大工作的实践经验，展示人大工作的新成就，研究人大工作新思路，有力推动了全市人大工作。

常委会修订了《沈阳市人民代表大会常务委员会讨论决定重大事项的规定》，更加明确了重大事项范围，规范和完善了工作程序，健全了对决议决定落实的监督机制，解决了在一些重点问题上的监督缺位问题，推进了重大事项的科学和民主决策。修订完善了《沈阳市人民代表大会常务委员会议事规则》，使常委会工作更加规范有序，协调运转。各专门委员会、工作机构围绕常委会工作重点，主动积极开展工作，为常委会充分行使各项职权提供了有力保证。

常委会坚持依法审议和表决人事任免事项，全年共任免146名国家机关工作人员，为我市地方国家机关的有效运转提供了组织保证。加强了对区县(市)人大常委会的联系与指导，对乡镇人大主席进行了培训，通过工作联动、例会制度、信息沟通、业务交流等方式，增强了全市人大工作的合力。加强了同兄弟城市人大的相互学习交流，为推动常委会工作提供了有益借鉴。开展了与外国城市议会的友好交往，促进了友城之间的交流合作。

各位代表：在市委的正确领导下，在全体代表、组成人员、各专门委员会以及

工作机构的共同努力下，在“一府两院”的积极配合下，在各区县（市）人大常委会的大力支持下，以及在广大人民群众和社会各界的关心帮助下，我们圆满完成了2010年的各项工作任务。在这里，我代表市人大常委会向大家表示衷心的感谢！

回顾过去一年的工作，我们也清醒地认识到，市人大常委会的工作还存在一些差距和不足，如对地方性法规制定后的实施检查工作还应加强；在促进“一府两院”依法行政、公正司法的方式方法上，还要进一步探索实践；在保障代表依法履职和加强常委会自身建设方面，有些工作还需要改进和深化；在代表议案建议的督促落实上还要做更大努力。我们将在新的一年里，认真解决这些问题和不足，努力把市人大常委会工作提高到新的水平。

2011年的主要任务

今年是实施“十二五”规划的开局之年，也是我市加快全面振兴的关键之年。2011年市人大常委会工作的指导思想是：以邓小平理论和“三个代表”重要思想为指导，以科学发展观为统领，认真贯彻党的十七届五中全会精神，全面落实市委十一届十次全会部署和市委人大工作会议精神，坚持党的领导、人民当家做主、依法治国有机统一，突出科学发展主题和加快转变经济发展方式的主线，围绕深入推进“五大任务”和“抓项目促调整、抓环境促提升、抓民生促和谐”三项重点工作，认真履行法定职责，努力在服务保障全市工作大局中施展新作为，为推动沈阳在科学发展道路上加快全面振兴创造良好的民主法制环境。

一、突出地方立法的针对性和实效性，不断提高立法质量和立法工作水平。要按照助推科学发展、关注民生改善的总体要求，继续坚持针对问题立法、立法解决问题的思路和“法为民所立”的工作理念，优先安排与广大人民群众利益密切相关的立法项目，把关系我市改革发展稳定大局、关系加快经济发展方式转变以及社会普遍关注的问题作为立法选项重点。今年将根据我市经济社会发展实际需要，制定地方性法规5件，修订1件。为进一步解决“择校热”问题，维护教育公平，推动义务教育均衡发展，制定《沈阳市义务教育条例》；为改善我市中小企业的发展环境，促进和保障中小企业的快速健康发展，制定《沈阳市促进中小企业发展条例》；为保障和促进绿色经济、低碳经济和循环经济的加快发展，推动资源节约型社会建设，制定《沈阳市再生资源回收利用管理条例》；为进一步规范城市供热运行秩序，维护和保障供热企业和用户的合法权益，制定《沈阳市城市供热管理条例》。继续做好《沈阳市城乡规划管理条例》的审议，修订《沈阳市城市市容和环境卫生管理条例》，开展地方性法规清理工作，使地方性法规更加符合我市经济社会发展的需要。

要坚持多年来在立法实践中积累的有益经验和做法，进一步改进立法方式，完善立法机制，拓宽公民有序参与立法的途径，保护和调动社会各界参与地方立法的积极性，将科学立法、民主立法贯穿到立法工作全过程。要开展立法后评估工作，选择群众关注、社会影响大的地方性法规，对其内容的针对性、条款的可操作性、制度设计的合理性以及法规实施的实效性进行客观评估，不断提高立法质量。加强立法中的工作沟通，保证立法工作各环节协调有序。要发挥法制委员会统一审议与各专门委员会专业审议的优势，共同为常委会审议法规草案打好基础，提高法规审议质量。

二、有效履行法定监督职能，全力助推经济社会的又好又快发展。要继续加强对经济社会发展重大问题的有效监督，针对产业结构调整、沈阳经济区建设、城市生态环境建设、重点民生工程、“十二运”筹备工作、重大项目推进等内容，适时进行调研视察。要发挥计划和预算监督对保障和促进经济社会发展的重要作用，听取审议2010年市本级财政决算报告、预算执行及其他财政收支的审计工作报告，审查批准2010年市本级财政决算。听取审议2011年上半年国民经济和社会发展计划和预算执行情况的报告，听取审议我市城市总体规划2010－2020年修编情况的报告。要开展对政府编报财政投资重大项目计划的审查工作，加强对政府性基金预算、专项资金预算、部门预算编制的监督，促进政府进一步完善财政预算监督体系，不断提高预算编制的完整性。加大对预算执行和财政重大投资项目的监督力度，深入开展专项资金使用和绩效审计监督，选择社会关注、群众关心的重点项目，适时进行专题视察检查。继续加强对审计发现问题整改的监督，不断提高财政资金的使用效率。

要综合运用多种监督方式，重点围绕解决“垃圾围城”、“垃圾围村”以及地下水资源保护问题，继续对水污染防治法贯彻实施情况进行跟踪检查，对污泥无害化处理、雨污分流、中水回用等代表议案落实情况进行跟踪问效。听取我市生态市建设总体情况的汇报，对城市河流湖泊的污染治理工作进行视察，推动生态宜居城市的加快建设。继续开展环保世纪行宣传活动，积极组织以水资源保护和百姓饮用水安全为主要内容的辽河流域水污染治理“协调行动”。要更加关注解决“三农”问题，听取审议我市农田基础设施建设情况的报告，推动加强农业生产保障能力建设；听取农业结构调整情况的汇报，推进农业发展方式加快转变；对农民专业合作社法贯彻实施情况进行跟踪检查，加快提高农民的组织化程度。听取审议我市旅游产业发展情况的报告，推进全市旅游产业快速发展。听取沈阳市国际友好城市交往情况汇报，促进我市不断扩大对外开放。继续做好规范性文件备案审查工作，维护国家法制统一和社会公平正义，保证法律法规的正确实施。

三、坚持履职为民，关注和促进解决好民生问题。针对食用农产品生产批发及食品批发等环节存在的突出问题，继续开展食品安全法执法检查工作，促进政府抓好食品安全的源头治理，不断提高人民群众对食品消费的安全感。针对社会普遍关注的“入园难”、“入园贵”问题，听取我市学前教育发展情况的汇报，促进我市学前教育事业发展。听取审议市法院关于民事执行工作情况的专项报告，组织开展相关调研视察，对解决“执行难”问题实施连续监督推动。对我市6所市属医院及儿童医院、老旧和弃管小区综合改造等民生工程进行视察，督促政府确保承诺兑现。听取我市和谐社区示范创建活动、丰富群众文化生活、规范发展我市家庭服务业等工作情况汇报，推动相关工作开展。进一步加强对执法、司法工作的监督，促进“一府两院”依法行政、公正司法。继续做好人大信访工作，努力化解矛盾和不稳定因素，促进社会和谐。

四、充分发挥代表主体作用，努力提高为代表服务水平。要进一步优化代表履职环境，不断改进代表工作，围绕经济社会发展大局，继续深化“三深入”活动。要认真组织好代表专题学习，切实提高学习培训的针对性。要围绕落实代表知情权，不断丰富代表知情知政的方式方法，完善代表与“一府两院”的联系制度，畅通代表与政府相关部门的对话渠道，帮助代表及时了解我市社情政情的最新动态。精心组织代表视察调研活动，邀请更多代表参加常委会及专门委员会的立法、监督等工作，适时组织代表对重点工程、重大项目建设开展调研视察。在议案建议办理过程中，要继续邀请代表参与现场督办、联合督办，组织召开市人大代表建议办理工作会议，督促政府及承办部门及时认真办理好代表议案建议。对跨年度办理的议案建议要继续跟踪督办，努力把代表议案建议落到实处。积极探索代表建议办理工作绩效评估，扎实推进代表建议办理工作。要加大对代表的宣传力度，努力营造尊重代表权利、支持代表依法履职的良好氛围。

五、适应新形势和新要求，进一步增强常委会依法履职能力。要深入贯彻市委人大工作会议精神，着力加强常委会各项建设，推进人大常委会工作的创新发展。要继续深化“学习型机关”建设，适时安排常委会专题学习和辅导讲座，进一步提高组成人员和机关干部的政治和业务素质。要从全市经济社会发展的需要出发，及时讨论决定重大事项。要依法做好人事任免工作，加强对选举和任命人员的监督。要密切联系群众，大兴调查研究之风，围绕常委会中心工作和各项议题，强化工作调研，不断提高常委会的审议质量和水平。要发挥《沈阳人大》刊物的平台和窗口作用，充分利用社会新闻媒体，增强人大宣传工作实效。要充分发挥各专门委员会的作用，不断提高常委会的整体工作水平。要继续坚持市与区县（市）人大常委会主任联席会制度，加强对区县（市）人大常委会工作的联系指导，共同推进全市人大工作发展。继续加强与兄弟城市人大的工作交流，开展与外国友好城市议会和国际友好组织的交往。

各位代表：沈阳的振兴发展正处在新的历史起点上，前景鼓舞人心，机遇催人奋进。让我们高举中国特色社会主义伟大旗帜，紧密团结在以胡锦涛同志为总书记的党中央周围，在市委的正确领导下，认真履职、扎实工作，不断开创人大工作新局面，为加速实现沈阳老工业基地的全面振兴作出新的更大贡献！

政府工作报告

2011年1月11日沈阳市
第十四届人民代表
大会第四次会议通过
陈海波

各位代表：

现在，我代表市人民政府向大会报告工作，请予审议，并请市政协委员提出意见和建议。

一、2010年及“十一五”时期主要工作回顾

过去一年，在省委、省政府和市委的正确领导下，市政府带领全市人民，深入贯彻落实科学发展观，扎实推进以“调结构、优环境、惠民生”为重点的各项工作，圆满完成了市十四届人大三次会议确定的各项任务。

预计全市地区生产总值实现5015亿元，比上年增长14.0%；全社会固定资产投资完成5007.4亿元，增长36.2%；社会消费品零售总额实现2062.5亿元，增长18.3%；地方财政一般预算收入完成465.4亿元，增长17.6%；城市居民人均可支配收入达到20540元，增长11.2%；农民人均纯收入达到10005元，增长14.3%。全市经济社会实现又好又快发展。

（一）经济综合实力进一步提升

工业结构调整步伐加快。规模以上工业增加值实现2361.4亿元，增长19.1%；实现利税660亿元，增长29.5%；规模以上装备制造业增加值占工业比重达到50.3%。机床、北方重工、远大等骨干企业不断发展壮大，沈鼓等国有企业改制重组取得新进展，宝马新工厂、米其林搬迁扩产等一批重大项目开工建设。编制完成七大战略性新兴产业发展专项规划，现代建筑产业园、泗水科技城等产业园区建设加快，我市成为国家节能与新能源汽车示范推广试点城市。

农业和农村经济快速增长。全面落实强农惠农政策，投入“三农”资金104.7亿元，增长13.7%。克服了洪涝等多重自然灾害影响，粮食总产量达到32.5亿公斤，其他主要农产品产量稳步增长。新增设施农业和高效特色农业面积44.4万亩，开工建设投资1000万元以上农事项目90个。县域产业集群不断发展壮大，县城和新城、新市镇建设步伐加快。县域特别是四县（市）经济增长速度明显高于全市平均水平。

服务业特别是现代服务业稳步发展。服务业增加值实现2242.2亿元，增长13.2%，现代服务业增加值占服务业比重达到52.8%。区域金融中心建设步伐加快，新增金融机构6家、小额贷款和融资担保机构25家。会展交易额实现1600亿元，旅游总收入实现528亿元，房地产业保持平稳健康发展。金廊核心段29个重点项目和东北总部基地等重大服务业项目加快推进。

自主创新能力和对外开放水平不断提高。全市规模以上高新技术产品增加值完成1006亿元，增长19.5%。并购国内外高科技企业10家，引进51个海外研发团队，东软集团软件架构新技术实验室和北方重工全断面掘进机实验室成为国家重点实验室，我市跻身国家创新型城市试点行列。4个世界500强企业和一批大型跨国公司投资项目签约落地,当年调资超千万美元项目84个,全市实际利用外商直接投资50.5亿美元。调入内资910亿元,增长68.1%。外贸出口实现42亿美元,增长20.0%。

(二)城市建设和管理得到加强

空间资源要素实现优化配置。全面修编城市总体规划,调整完善了区域发展规划和专项规划。实施行政区划调整和中心城区扩容,东陵区、浑南新区和航高基地"三区"实行合署办公。完善土地储备制度,严格实行净地出让,土地集中统一管理进一步加强。

"四大战役"取得明显成效。大力实施植树绿化工程,整修改造了一批道路桥梁。强化建筑市场监管,25家市政园林企业因施工质量、资质等问题被清出沈阳市场。开展"清洁沈阳"活动,城乡环境面貌进一步改善。加强道路交通综合治理,交通拥堵问题得到缓解。

浑南新城建设全面启动。编制完成新城总体规划和专项规划,启动道路、电力等基础设施建设,全面实施水系改造和绿化工程,农民回迁房建设加快推进,沈阳南站等重点项目开工建设,"十二运"比赛场馆及配套设施建设有序展开。

重大基础设施建设扎实推进。地铁1号线通车试运营,2号线建设进展顺利。启动南北二干线、二环、三环、四环等改造建设工程,沈阜、沈彰开发大道(一期)建成通车。沈阳站、沈阳北站改造和沈丹客运专线建设加快推进。大伙房水库输水配套工程(一期)竣工。沈、抚、铁三市共享024电信区号并网工程启动实施。

生态环境建设取得新进展。全国环境建设样板城首批27个示范工程项目加快推进,沈北新区、棋盘山开发区通过国家生态区验收。蒲河生态廊道建设取得阶段性成果,144公里景观路建成通车。实施重点企业节能技术改造和脱硫改造工程,建成5座污水处理厂,年度节能减排任务圆满完成。

(三)重点民生工程扎实推进

就业形势保持总体稳定。全市实名制就业20.7万人,以创业带动就业工作体系不断完善,就业困难家庭至少一人实现稳定就业,困难家庭大学生就业率达到100%,城镇登记失业率控制在3.2%。上调最低工资标准,稳步推进工资集体协商,劳动关系进一步和谐稳定。

社会保障体系日趋完善。出台了城镇职工基本养老保险关系转移接续办法。康平县新型农村社会养老保险改革试点稳步推进,有3.3万名农民领取了养老金。全市有10.8万被征地农民参加了养老保障。提高退休职工养老金标准、城乡低保标准和医疗保险待遇水平,新型农村合作医疗人均筹资标准达到165元。新建100个社区老年人日间照料站,市养老服务中心(一期)和市儿童福利院投入使用。市就业和社会保险综合服务平台正式运行。

城乡居民生活条件进一步改善。为4.67万户低保家庭和低收入家庭提供了住房保障,完成了389个弃管住宅区综合改造,实施了供暖热源建设和管网改造工程。加大扶贫开发力度,25个重点贫困乡(镇)农民人均纯收入增加810元,贫困人口减少3.7万人。新建农村饮水工程127处,解决了21.3万农民饮水安全问题。

(四)社会事业和民主法制建设取得积极进展

社会事业全面发展。完成200所接收外来务工人员子女学校改造,扎实推进城乡义务教育均衡发展,普通高中标准化建设不断推进,全民终身教育体系进一步完善,我市成为国家装备制造业职业教育试验区。医药卫生体制改革稳步推进,国家基本药物制度全面落实,市骨科医院、妇婴医院、儿童医院(一期)改扩建工程即将投入使用,市第一医院、精神卫生中心改扩建工程主体完工。沈阳艺术中心开工建设,大型现代评剧《我那呼兰河》荣获"文华奖",艺术惠民"双百万"工程被评为国家文化创新工程。圆满完成"省运会"承办任务,并获得金牌、奖牌和总分三项第一。

社会管理水平不断提高。坚持用群众工作统揽新形势下信访工作,信访工作"沈阳模式"不断完善。加大社会稳定风险评估力度,最大限度防止侵害群众利益的行为发生。积极化解信访积案,坚决纠正侵害群众利益的行为。大力加强社区建设,社区综合服务功能进一步增强。深入开展食品药品和安全生产专项整治,严厉打击刑事犯罪,"平安沈阳"建设取得新进展。

民主法制建设进一步加强。依法行政深入推进,市政府提请市人大常委会审议了8件地方性法规草案,发布实施了8件政府规章。认真落实市人大及其常委会的决议、决定,自觉向市人大常委会报告工作、向市政协通报工作,主动接受市人大及其常委会的依法监督和市政协的民主监督。全年办理市人大代表建议848件、市政协提案570件,办复率达到100%。

国防动员教育、人防和民兵预备役工作进一步加强,双拥共建工作扎实推进。民族团结进步事业不断发展,对口支援工作成效显著。人口与计划生育、统计、监察、审计、参事、宗教、侨务、广播电视、新闻出版、税务、工商行政管理、气象、防灾减灾、档案、修志、文史、红十字会、慈善、残疾人事业和老龄工作等都取得了新成绩。

各位代表,2010年全市工作取得的成绩,标志着我们圆满完成了"十一五"规划确定的各项目标任务。回首"十一五",沈阳老工业基地向全面振兴迈出了坚实步伐。

经济持续快速发展。地区生产总值、全社会固定资产投资和地方财政一般预算收入分别是2005年的2.1倍、3.7倍和2.6倍,地区生产总值和全社会固定资产投资双双突破五千亿元。

产业升级进程加快。装备制造等八大优势产业支撑作用进一步增强,增加值占工业比重达到80.3%。现代服务业加快发展,占服务业比重达到52.8%。现代农业发展迅速,设施农业和高效特色农业面积占耕地比重达到44.9%,畜牧业产值占农业比重达到50.3%。

发展空间不断优化。"东南西北中"五大发展空间格局基本形成,城市功能分区更趋合理,沈阳经济区一体化进程不断加快,发展空间进一步拓展。

城市面貌变化显著。城乡基础设施不断完善,综合服务功能明显提升。3个区(开发区)通过国家生态区验收,3个区(县)通过国家生态区(县)技术核查,生态市建设取得了积极进展。

改革开放迈出新步伐。沈阳经济区建设上升为国家战略,我市新型工业化综合配套改革全面启动。国有企业改革成效显著。非公有制经济加快发展,增加值占全市比重达到65.5%。新增世界500强投资企业30家,实际利用外商直接投资245.5亿美元。

和谐沈阳建设取得新成就。城乡居民收入分别是2005年的2.0倍和1.98

倍,就业形势平稳,社会保障体系不断健全,社会事业全面发展。

各位代表,过去五年沈阳取得的可喜成绩,是省委、省政府和市委正确领导的结果,是全市人民齐心协力、拼搏奋斗的结果。在此,我代表市政府,向全市各族人民致以崇高的敬意!向人大代表、政协委员,向各民主党派、工商联、无党派人士和各人民团体,向驻沈人民解放军、武警部队官兵和中、省直单位,向所有关心、支持沈阳的港澳台同胞、海外侨胞和国际友人表示衷心感谢!

在肯定成绩的同时,我们也清醒地看到,当前我市经济社会发展中还存在一些问题。主要是经济运行质量和效益还不够高,具有牵动力的重大项目还不够多,城市建设和管理水平需要进一步提升,一些关系人民群众切身利益的问题亟待解决,经济发展环境有待进一步改善,政府自身建设还需进一步加强。对此,我们要在今后工作中着力加以解决。

二、"十二五"时期目标任务和2011年重点工作

各位代表,"十二五"时期是沈阳老工业基地实现全面振兴的关键期,也是难得的多重历史发展机遇的叠加期,我们必须进一步增强使命感,抢抓机遇,加快发展。根据《中共沈阳市委关于制定全市国民经济和社会发展第十二个五年规划的建议》,市政府组织编制了《沈阳市国民经济和社会发展第十二个五年规划纲要(草案)》,提请本次大会审议。

"十二五"时期,我市经济社会发展的指导思想是:以邓小平理论和"三个代表"重要思想为指导,深入贯彻落实科学发展观,解放思想,抢抓机遇,以科学发展为主题,以加快转变经济发展方式为主线,以改革开放为动力,深入推进做优发展空间、做大中心城市、做强县域经济、加强生态建设和着力改善民生"五大任务",继续保持经济社会又好又快发展的强劲势头,推动沈阳老工业基地在科学发展道路上实现全面振兴,建成更高水平的小康社会。

总体目标是:建设国家中心城市、先进装备制造业基地、生态宜居之都,进而率先实现老工业基地的全面振兴。

主要预期目标是:全市地区生产总值年均增长12%以上,全社会固定资产投资年均增长10%以上,社会消费品零售总额年均增长13%以上,地方财政一般预算收入年均增长13%以上,城市居民人均可支配收入年均增长12%以上,农民人均纯收入年均增长13%以上,单位地区生产总值能耗和主要污染物排放总量按国家规定持续下降。

重点任务是:做优发展空间,切实将空间优势转化为产业优势和竞争优势;做大中心城市,不断增强中心城市的承载力、聚集力和辐射力;做强县域经济,加速城乡一体化发展;加强生态建设,建成国家生态市和全国环境建设样板城;着力改善民生,全面提高城乡人民生活水平。

各位代表,今年是"十二五"开局之年。我们要全面贯彻落实市委十一届十次全会精神,突出做好"抓项目促调整、抓环境促提升、抓民生促和谐"等重点工作,以增量带动结构优化,以创新促进产业升级,以发展保障民生改善,为实现"十二五"规划目标奠定基础。

今年全市经济社会发展主要预期目标是:地区生产总值增长12%,全社会固定资产投资增长15%,社会消费品零售总额增长15%,地方财政一般预算收入增长13%,城市居民人均可支配收入增长12%,农民人均纯收入增长13%,城镇登记失业率控制在4%以内,全市单位地区生产总值能耗下降2%,主要污染物排放总量均下降1.5%。

今年,我们要重点抓好以下八个方面工作。

(一)突出抓好重大项目建设

充分发挥项目建设对经济增长的拉动作用,以存量吸引增量,以增量促进结构优化和发展方式转变。

加大项目引进建设力度。着眼于积累发展后劲,下大气力引进投资规模大、增长潜力大、带动产业结构优化、支撑经济社会发展的重大项目。强化项目推进责任制,突出抓好一批新的重点项目开工,继续推进续建项目加快建设。

切实保障要素供给。努力提高土地集约节约利用水平,稳步推进城乡建设用地"增减挂钩",做好土地储备和土地整理工作,确保重大项目用地需求。加强政企、银企对接,探索多种融资方式,吸引社会资本参与重点工程建设。

(二)着力提升工业发展水平

以"五项工程"为抓手,加快推进工业化与信息化融合,进一步提升工业整体水平和竞争力。全市规模以上工业增加值增长16%。

实施企业提升工程。加快西部装备制造、南部高新技术、东部汽车、北部通讯等四大产业聚集区发展,推进特种机床、机泵阀及模具等配套园区建设,积极培育知名品牌,支持重点骨干企业加快发展,建设具有工程总承包和系统集成能力的大型企业集团,争取新增4户产值超百亿企业。

实施项目工程。大力推进宝马新工厂、米其林搬迁扩产、机床产业园等重点项目建设,启动建设海尔工业园、沃得工程机械产业园等一批重大项目,推动在谈项目尽快落地。

实施并购工程。启动并购国内外项目40个、完成15个,力争在并购规模和掌控核心技术上取得突破,加快培育拥有关键核心技术、在国际国内市场具有较强竞争力的骨干企业。

实施产业集群工程。加快培育汽车及零部件、机床及功能部件、电气及配件、软件及电子信息、农产品精深加工、手机(光电)、通用及专用机械、医药化工、现代建筑和民用航空等10个千亿产业集群和22个百亿产业集群。今年,力争汽车及零部件产业集群产值突破1000亿,3个产业集群进入百亿产出行列。

实施节能与淘汰落后工程。启动50项重点节能工程,推广应用20项重点节能新技术、新产品,支持企业升级改造,加快淘汰落后产能,万元工业增加值能耗要降至1吨标准煤以下。

加快国家创新型城市建设。强化企业在技术创新中的主体地位,加强重点企业院士工作站建设,充分发挥驻沈高校和科研院所优势,促进产学研紧密结合,推动国家重大科技专项在关键技术和产业化上取得新突破。启动建设沈阳国家大学科技城。培养、引进和用好各类人才。支持新兴产业发展,加快现代建筑产业园、泗水科技城、航高基地、通航产业基地、康泰斯电子级多晶硅等重点园区和重点项目建设,积极推进节能与新能源汽车产业化。

(三)大力发展县域经济

认真落实强农惠农政策,努力做好"三农"工作,不断壮大县域经济,协调推进工业化、城镇化和农业现代化。

大力发展现代农业。加大农田水利

设施建设力度，修建120座农用万亩桥，改造30万亩中低产田，努力提高粮食单产水平。抓好“菜篮子”工程，确保农产品有效供给。加快“一乡一业”、“一县一业”发展步伐，开工建设投资500万元以上农事项目120个，新增设施农业10万亩、高效特色农业20万亩、水产养殖小区40个、畜牧养殖小区100个。大力发展专业合作社和农民技术协会，加强农业技术推广和动植物疫病防控，推进农业标准化生产，支持农产品冷链物流发展，加强农产品出口基地建设，培育名牌产品和地理标志产品。加快光辉、九龙河现代农业示范园区发展，启动沈北新区国家种业研发基地建设。

加快推进县域工业化和城镇化。以产业园区为依托，以重大项目为牵动，加快产业集群建设，力争新民包印产业集群、辽中铸锻机加产业集群产出超百亿。突出抓好县城、新城、新市镇和重点中心镇规划建设，加强道路、电网等基础设施建设，推进农村环境综合整治，推广使用沼气等新型能源，改善农村生产生活条件。支持新民、辽中冲刺全国百强县，法库、康平在全省县域综合经济实力排名中位次前移。

进一步拓宽农民增收渠道。全面落实粮食直补等惠农政策，进一步优化种养结构，增加农民生产经营收入。大力发展农产品加工业和非农产业，加快农村剩余劳动力转移，增加农民工资性收入。加大农村扶贫开发力度，不断增加贫困地区农民收入。

（四）加快发展服务业

进一步壮大服务业规模，全面提高服务业特别是现代服务业发展水平，不断完善中心城市功能。服务业增加值增长12%。

着力推动产业集聚。推进重点服务业集聚区建设，力争北站金融集聚区、和平金融街、大中街商贸文化集聚区、太原街都市商贸中心、北一路钢材物流产业带等5个集聚区营业收入突破50亿元。进一步提升太原街、中街、东中街、长江街等商业街区集聚发展水平。

努力促进业态提升。大力发展现代服务业，注重发展生产性服务业。推进金融机构集聚和金融要素市场建设，加快建设东北区域金融中心。壮大重点物流园区和重点物流企业规模，加强商务会展设施建设和大型会展营销策划，铁西区全国服务业综合改革试点要取得积极进展。加快建设高力汽车博览城、雨润农副产品全球采购中心、五洲国际商贸城、永安国际物流港等一批服务业重大项目。金廊项目建设要全面提速。

积极实施品牌塑造。努力打造特色街区、专业市场和商贸品牌，进一步提升西塔、北市、中山路、沈阳路等民俗和特色商业街区发展水平，扩大五爱、南塔等专业市场的影响力，力争新增驰名商标5件、省市著名商标95件，扶持沈阳“老字号”品牌做优做大。

大力发展文化产业。不断壮大出版发行、娱乐演出、动漫制作等主导产业，积极培育创意设计、影视传媒、广告会展等新兴产业。注重发展生态旅游、乡村旅游、温泉旅游、工业旅游和特色文化旅游。加快浑南动漫产业基地、棋盘山国家文化产业示范区等重点园区建设。做大做强沈阳出版发行集团等大型文化骨干企业。支持辽宁广播电视传媒中心建设。启动建设工业博物馆，改造新乐遗址博物馆，加快沈阳艺术中心建设，华强文化科技产业基地（一期）投入运营。

（五）进一步加大城市建设和管理力度

以承办“十二运”为契机，加快新城建设和老城改造步伐，进一步改善城乡环境面貌。

加快“十二运”比赛场馆和配套设施建设。全面启动比赛（备用）场馆、训练场馆的新建和改扩建工程，加快运行中心、接待中心、新闻中心、媒体村、技术官员村和运动员村建设，确保“十二运”建设项目如期投入运行。

全力推进浑南新城建设。高标准建设主干路网、地下管廊以及水、电、气、热等基础设施和配套设施。支持桃仙机场T3航站楼、沈阳南站和省博物馆、科技馆、图书馆、档案馆等重点项目建设。开工建设同方联合商业综合体、宝龙商业综合体等一批重大项目。加快大浑南地区全域城市化步伐。

加快老城区改造提升。支持京沈、沈丹客运专线和沈阳新北站建设，加快南北二干线、二环快速路、三环高速路、四环快速路和一批跨浑河桥改造建设，推进地铁1、2号线延长线建设，争取2号线年底前通车，力争开工建设4号线、10号线。加快故宫方城等重点地区和零星棚户区改造，综合整治18个城市出入口地区，改造北站南广场和沈阳站广场，做好北站北出口广场建设前期工作。加快给排水设施和地下管网综合改造，实施雨污分流。进一步规划和开发利用好地下空间。

提高城市精细化管理水平。进一步调整完善城市建设管理的体制机制，强化区级主体责任，倡导“出门就上班”的工作作风，加强数字化城市管理。整修改造100条道路和17座桥梁，实施主要街路沿线绿地景观和重点公园改造提升。继续开展“清洁沈阳”活动，拆除违章建筑，规范户外广告和各种牌匾，进一步改善市容环境。大力发展智能交通，实施公交优先发展战略，调整增加公交线路和车辆，在主要街路和繁华商业街区建设一批过街天桥、地下通道和停车场。深入开展“迎全运文明沈阳行动”，提高城市文明程度和市民文明素质，为承办“十二运”创造良好的社会氛围。

扎实推进生态环境建设。大力发展循环经济和环保产业，加快建设全国环境建设样板城，力争苏家屯区、于洪区、辽中县通过国家生态区（县）验收。继续推进蒲河生态廊道建设，实施辽河、浑河、百里环城水系综合改造。大力推进城乡绿化和沈西北防沙治沙工程，全市植树造林58.3万亩。加快沈化、东药等高排放企业整体搬迁改造，加大企业脱硫改造力度，建设南部污水处理厂和西部污泥处置厂，扩建西部污水处理厂，积极推进中水回用。

（六）不断深化改革开放

充分发挥沈阳经济区建设上升为国家战略的政策优势，进一步深化改革、扩大开放，为经济社会发展注入新的动力。

加快综合配套改革。全面实施《沈阳市国家新型工业化综合配套改革试验方案》，深化沈北新区先导示范区、铁西区生产性服务业、金融商贸开发区优化金融生态、大浑南地区工业化与信息化融合、苏家屯区城乡统筹发展、辽中县现代综合保税物流创新等专项改革。携手其他兄弟城市共同促进沈阳经济区一体化发展，推进沈本、沈阜、沈彰开发大道（二期）和环经济区高速公路建设，加大沈阳经济区城际连接带19个新城、新市镇建设力度，加快李相新城、浑河新城、芝布特拉国际小镇和蒲河温泉小镇等重点项目建设。

深化重点领域改革。推动国有企业

产权多元化、资本证券化,完成红梅集团重组,推进盛京银行等10户企业上市,争取我市成为首批“新三板”扩容试点城市。继续深化行政审批制度改革,推广“批管分离”。放大高新区体制机制优势,带动大浑南地区改革发展。积极推进公立医院改革试点,全面实现医药卫生体制改革三年目标。加强公共资源交易管理,进一步规范交易行为。

继续推进农村改革。规范农村土地承包经营权流转市场,逐步扩大林权抵押贷款范围和规模。继续深化供销合作社改革。支持农村投资担保公司发展,加快组建农村商业银行。

支持非公有制经济加快发展。鼓励民间资本进入金融服务、基础设施、社会事业等领域。积极帮助中小企业融资,支持中小企业技术改造,扶持本地企业发展壮大。

努力提高对外开放水平。进一步优化引资结构,更加注重引进高端装备制造业、高新技术产业、战略性新兴产业和现代服务业项目,以及世界500强、知名跨国公司、大型央企和行业领军企业项目,鼓励外资企业在沈设立地区总部和研发中心,实际利用外商直接投资增长5%,调入内资增长10%。支持优势产品、高新技术产品和自主品牌产品出口,推动加工贸易转型升级,出口总额增长10%。鼓励有实力的企业“走出去”,开展对外投资、工程承包和劳务合作。继续办好制博会等重大国际活动。

(七)全面加强社会建设

在实现经济又好又快发展的同时,着力保障和改善民生,大力发展社会事业,让全市人民共享经济社会发展成果。

切实做好就业和社会保障工作。加快国家创业型城市建设,鼓励、支持自主创业和自谋职业,加大就业培训和就业援助力度,帮助就业困难人员特别是零就业家庭人员实现就业,全市实名制就业20万人。继续推进集体合同“彩虹计划”,广泛开展工资集体协商,维护农民工合法权益,促进劳动关系更加和谐稳定。扩大社会保险覆盖面,提高社会保险待遇水平,实行城镇职工基本医疗保险门诊统筹,提高新型农村合作医疗人均筹资标准。建立和完善低保标准调整联动机制。加快建设区域性养老中心和社区老年人日间照料站。改造建设一批区域性残疾人托养、康复中心,争创“全国残疾人工作示范城市”。新建5000套公共租赁住房,进一步完善住房保障体系。继续实施弃管住宅区综合改造。加快推进城市供水二次加压系统改造和农村饮水工程建设,让城乡群众吃上放心水。

推进社会事业全面发展。实施优质教育资源共享工程,提高义务教育均衡发展水平,推进普通高中标准化、特色化发展,加快国家职业教育试验区建设,扩大普惠幼儿园比例,鼓励连锁办园,继续推进“校安工程”建设。筹建市公共卫生服务中心,加大社区卫生服务人员培训力度,加快农村三级医疗卫生机构标准化建设。推进艺术惠民工程和精品创作工程,进一步丰富人民群众的文化生活。改造建设市区两级全民健身中心和沿河健身带、公园广场健身场地,在行政村增设户外体育设施,为城乡群众提供更多的休闲健身场所。

切实维护社会和谐稳定。坚持依法治市,切实加强社会管理。进一步健全群众投诉受理和权益保障机制,落实和完善重大事项社会稳定风险评估机制。加强社会治安综合治理和动态管控,深入开展“平安沈阳”创建活动。加强重点行业领域安全生产监管和专项整治,消除重点地区和重点部位的火灾隐患,有效防范重特大事故发生。加强食品药品安全监管,切实保障食品药品安全。完善市场供应保障体系,稳定市场价格,保障市场供应。做好第八届社区居民委员会换届工作,完善社区服务功能,提高社区服务水平。大力支持军队和民兵预备役部队建设,争创全国双拥模范城“七连冠”。

(八)切实加强政府自身建设

围绕进一步优化发展环境,强化依法行政,提高行政效能,努力建设人民满意的服务型政府。

切实提高执行力和公信力。坚持决策的科学化、民主化,使各项决策更加符合实际。各地区、各部门要进一步增强大局意识,各司其职,注重配合,不断提高政府的执行力。要强化监督考核和行政问责,确保政府各项工作得到全面落实,兑现承诺,取信于民。

进一步改进工作作风。各级领导干部要以身作则、率先垂范,敢于面对矛盾、善于解决问题,进一步增强加快发展的责任感、紧迫感和使命感,把心思放在抓事业上、把精力投在抓工作上、把本事用在抓发展上、把能力和水平体现在抓落实上,全心全意为企业服务、为基层服务、为百姓服务。

大力加强勤政廉政建设。不断提高公务员综合素质和业务能力,努力建设勤勉尽责、廉洁自律的公务员队伍。建立健全惩治和预防腐败体系的各项制度,加强对行政权力运行的监督,塑造风清气正的政务环境。

各位代表,沈阳的发展已经站在新的历史起点上。让我们在省委、省政府和市委的正确领导下,求真务实,锐意创新,开拓进取,埋头苦干,为实现“十二五”宏伟目标、加速沈阳老工业基地全面振兴而努力奋斗!

中国人民政治协商会议沈阳市第十三届委员会常务委员会工作报告

——2011年1月10日

政协沈阳市第十三届

委员会第四次会议

刘雅琴

各位委员:

我代表政协沈阳市第十三届委员会常务委员会,向大会作工作报告,请予审议。

一、2009年工作回顾

2010年是全面实现“十一五”目标、科学谋划“十二五”发展的关键之年,也是加速推进沈阳全面振兴的攻坚之年。伴随着充满激情的奋斗旋律,市政协认真贯彻市委政协工作会议精神,坚持团结和民主两大主题,积极开展政治协商、民主监督和参政议政,为推进沈阳经济社会发展发挥了重要的作用。

(一)服务大局,科学建言,政治协商更加注重质量。按照市委十一届八次、九次全会的部署,市政协发挥优势,坚持多方联合、上下联动,围绕全市调结构、优环境、惠民生等重点工作开展协商议政,为沈阳科学发展献计出力。

根据市委推进全市重点工作的总体安排,市政协就加快我市现代服务业发展问题,组织各民主党派、工商联、区县(市)政协和300多名政协委员、专家学者,重点针对金融、商贸、物流、信息、会展等产业的发展情况，深入我市城区和郊县，访企业、摸情况、搞调研、思对策；考察学习外地先进经验和最新动态；与在沈大专院校和科研单位开展软科学研究；形成近40万字的建言成果。在此基础上，市政协常委会召开第17次会议进行协商讨论，形成《建议》，从完善规划体系、建设区域金融中心、发展现代物流业、做强信息服务业、发展农村服务业等九个方面，为市委、市政府及相关部门提供了50余条具体意见和建议，得到了充分肯定和积极的采纳。

针对创建国家环境建设样板城工作，组织部分民主党派、工商联和区县政协进行深入调研，学习考察国内外先进经验，重点从制定完善创建规划、健全配套政策和法规、优化调整产业结构和布局、搭建国际交流平台、加大宣传力度等七个方面提出建议，为政府及其相关部门提供了决策参考，许多建议被纳入到样板城建设实施方案当中。

围绕制定完善我市“十二五”发展规划，通过组织委员广泛讨论和主席会议专题协商等形式，对中共沈阳市委关于制定规划的建议和市政府制定的规划纲要草案以及相关分规划草案提出了百余条建议，为我市“十二五”发展规划的制定提供了重要参考，充分展示了广大委员关注沈阳振兴的政治热情和政协组织的智力优势。

（二）拓宽渠道，创新方法，民主监督更加体现特色。一年来，市政协民主监督工作的社会影响力不断增强，长效机制正在逐步形成。

围绕社会关注度比较集中的职业教育工作开展民主评议。组织政协委员、民进会员、教育界专家和学者进行专题视察，深入了解我市职业教育发展现状。采取进课堂、搞座谈、问卷调查等多种形式，广泛听取不同层面的意见。通过重点剖析、专项评议，提出的评议意见和建议被市政府及相关部门充分采纳，进一步营造了全社会支持职业教育事业发展的良好环境。

围绕法院立案工作开展民主评议。组织委员对全市两级法院立案大厅进行明察暗访，旁听庭审工作；对群众反映的问题进行走访调查。评议意见针对性强，得到被评议单位的高度重视。目前，全市两级法院立案工作得到改进，诉讼服务中心功能得到增强，推进了我市“阳光司法窗口”建设。

这两项民主评议活动把创新探索与传统做法相结合，既充分肯定成绩、客观评价，又针对存在问题直言献策，真正体现了政协民主监督的特色。

注重发挥民主监督员作用。召开民主监督员工作会议，认真总结工作经验，通过表彰先进、树立典型、完善工作细则，进一步调动了聘用单位和监督员的双重积极性。目前，共有279名委员担任24个政府部门和“两院”系统的民主监督员，活跃在“窗口”单位，积极推进行风建设，成为履行民主监督职能的骨干力量。

（三）紧扣发展，献计出力，参政议政更加富有成效。主动选择经济社会发展中的综合性、全局性课题，深入开展咨询论证，为科学决策建言，为经济建设献策。

围绕加强和完善城市管理工作资政建言。市政协组织委员深入街道、社区和各相关部门进行实地走访，征求各方意见，借鉴外地城市管理的先进经验，向市委、市政府报送了《关于进一步加强我市城市管理的建议》。市委主要领导对改革城市管理体制、完善市场化运作机制等建议给予高度评价，批转政府相关部门认真研究吸纳，做好落实。

推动沈阳经济区建设上升为国家战略。市政协与鞍山、抚顺等七城市政协连续七年围绕沈阳经济区一体化建设等问题开展论坛活动，形成大量调研材料与建议报告上报省委、省政府。近两年沈阳市政协还积极联络驻辽全国政协委员，形成联名提案向全国政协和国家有关部委建言，在沈阳经济区获批成为国家新型工业化综合配套改革试验区过程中发挥了积极作用。《人民日报》评价，这一令人瞩目的重大改革举措，凝结着沈阳经济区各市政协以及政协委员连续7年不懈建言的心血和智慧。

高度重视提案在政协履职中的重要作用。注重提案质量，强化督办工作，运用提案关注发展与民生等社会热点问题。关于调整经济结构、做强我市会展业、城市道路建设和交通管理、加强老旧小区改造等提案得到及时有效办理，取得了良好效果，产生了较强的社会影响力。

参与重大项目决策实施的咨询论证。围绕浑南大开发，组织在沈的省政协委员和市区两级政协委员开展视察活动，针对新城建设方案、全运会场馆建设、重点投资项目等关键问题，提出了许多既具前瞻性又有操作性的建议，促进大浑南建设科学化启动、高水平运作。

（四）发挥优势，凝心聚力，委员履职更加贴近民生。坚持以人为本，协调各方力量，倾听民声、了解民情、反映民意，彰显委员在促进社会和谐中的重要作用。

建立反映社情民意的工作机制。先后组织百余名委员走进广播电台直播间，参与“委员在线”节目，为群众排忧解难。定期召开反映社情民意的座谈会，听取委员反映的群众呼声。先后将改善城市环境、加强文物保护、注重食品安全、强化社会治安、促进宗教和谐、关注少数民族地区发展等数百条意见建议，通过《沈阳政协信息》报送党政领导，构建了人民群众反映利益诉求的“绿色通道”。

组织涉及民生领域的专题视察。多次组织委员对扩大就业、完善养老事业、沈阳鸟岛开发建设、公立医院财政投入以及居民供水等情况进行了专题视察。认真开展了地方法规立法前协商工作，对我市酝酿出台的法规草案提出了修改完善建议。

开展形式丰富多彩的界别活动。各民主党派、人民团体和政协专委会有计划地组织界别活动，开展了对《沈阳市妇女发展规划》、《沈阳市儿童发展规划》实施情况的视察，推动宗教界教职人员医疗保险的落实，助推民族团结进步进社区工作的开展，充分体现界别特色，进一步扩大了界别团结面。

汇聚服务沈阳发展的各方力量。组织港澳委员开展“走近沈阳”活动，亲身感受沈阳各方面的发展变化。协调澳门委员在我市捐资助学，为教育事业发展贡献力量。积极开展对外交流和联谊活动，组织部分政协委员出国（境）考察。加强与台湾各界人士的联系，推进台商在沈投资，推动现代服务业合作项目，积极为在沈台资企业排忧解难。组织海归学子系列活动，进一步加强了“五侨”联系工作。

向贫困群体奉献厚爱真情。持续开展“关爱女孩”活动，为农村贫困家庭女孩捐资助学；在青海玉树遭受严重地震灾害之际，全市广大政协委员积极捐款捐物价值达800多万元，展示出救灾解难的真挚爱心。

（五）健全制度，完善机制，政协组织更加充满活力。市委政协工作会议的召开，进一步加强和改善了党对政协工作的领导，更好地形成了党委主导、政府支持、政协主动的民主协商格局；市委《关于进一步加强人民政协工作的意见》和《关于积极支持人民政协履行职能的细则（试行）》的出台，对于进一步完善政治协商程序、发挥民主监督作用、增强参政议政实效，促进政协履行职能的制度化、规范化、程序化建设，做好新形势下人民政协工作具有深远意义。

在市委的高度重视和市政府的大力支持下，市政协积极协调各相关部门和区县（市）党委政府切实解决了政协组织在机构设置、人员编制、委员活动经费等方面存在的实际问题，为政协机关自身建设注入了生机与活力，为政协组织履职提供了坚强保障，为政协委员更好地尽责创造了条件，进一步开创了我市人民政协事业发展的新局面。

注重搞好思想理论建设和政协学习宣传工作。组织委员对中共十七届四中、五中全会精神进行专题学习培训，邀请著名专家作"现代服务业与城市经济发展"专题报告。成功举办了中国世界遗产地政协主席联席会第十六次会议，以文化遗产的依法保护、科学管理和永续利用为主题进行深入交流，并有效展示和推介了沈阳。建立了沈阳文史资料数据库，整理编辑了《沈城纪事》、《委员撰志》等书稿。出版了文史资料《闯世界的沈阳人》一书。人民政协理论与实践研讨活动取得丰硕成果，征集论文100余篇。政协新闻宣传工作更加贴近履职实践，共发表700余篇新闻报道，全方位、多角度地形成了宣传政协工作的舆论氛围，展示了人民政协的良好形象。

努力营造团结民主的和谐气氛。一年来，市政协从坚持我国基本政治制度，促进民主政治发展的高度，不断加强与各民主党派、工商联、各人民团体的团结合作，加强与区县（市）政协的联系并给予指导，凝聚更多力量致力于沈阳老工业基地全面振兴。

政协工作制度化、规范化、程序化建设得到进一步加强。常委会议和主席会议先后审议通过了《政协沈阳市委员会全体会议工作规则》、《委员活动管理办法》、《委员守则》等10项规章制度；修订了118项政协机关工作制度，政协工作制度体系进一步形成。

加强了委员服务管理工作。市政协成立了委员工作委员会，组织委员开展学习培训、市情通报、市情大视察和低碳环保健身行等主题活动，为委员知情明政、履行职能创造条件。完善了委员履职数据库，定期通报情况，实行动态管理，加强了委员队伍建设。

政协机关的思想建设、组织建设和作风建设得到了加强。通过竞争上岗、岗位交流等方式，注重在实际工作中培养选拔优秀干部；广大党员干部的大局意识和服务意识得到进一步增强，服务保障能力和综合协调能力得到明显提高。

各位委员，一年来市政协工作取得的成绩，得益于中共沈阳市委的正确领导和市政府的大力支持；得益于各民主党派、工商联、各人民团体和全体委员的团结合作；得益于上级政协的关心指导和区县（市）政协的通力配合；也得益于各级党政部门和社会各界的密切协作。在这里，我代表市政协常委会向同志们表示诚挚的感谢！向全体政协委员表示崇高的敬意！

在总结成绩的同时也应看到，在加强人民政协理论研究、充分发挥委员主体作用、创新开展界别活动等方面，我们的工作还存在一定的差距和不足。对此，常委会将在新的一年里，切实采取措施，有效加以解决。

二、2011年工作任务

2011年是实施"十二五"规划的开局之年。市政协工作的总体要求是：全面贯彻中共十七届五中全会精神，以邓小平理论和"三个代表"重要思想为指导，深入贯彻落实科学发展观，按照中共沈阳市委十一届十次全会的部署，围绕抓项目促调整，抓环境促提升，抓民生促和谐等中心工作，认真履行政协职能，协调关系、汇聚力量、建言献策、服务大局，为加快沈阳全面振兴作出新的贡献。

（一）加强理论学习，着力推进思想政治建设。要深入学习贯彻中共十七届五中全会精神，深刻认识"十二五"时期的发展主题、主线、目标任务和重大举措，明确政协工作方向，始终把推进科学发展作为政协履职的第一要务，把关注民情、保障和改善民生作为政协工作的出发点和落脚点。要深入学习贯彻中共沈阳市委十一届十次全会精神，深刻认识加快发展面临的形势和任务，明确政协服务大局的重点，为实现我市"十二五"发展的良好开局献计出力。要深入学习贯彻中共沈阳市委政协工作会议精神，深刻认识人民政协工作面临的新形势、新任务，切实把党对政协工作的新要求落到实处。

进一步加强政协理论学习，突出学习重点，丰富学习内容，创新学习形式，使政协成为学习型组织。要通过加强人民政协理论研究、组织专题讲座、学习培训、中心组学习，集中开展形势政策宣传教育，进一步拓宽眼界，增加学识，提高思想理论素养。要努力把学习成果转化为建设中国特色社会主义的坚定信念，转化为运用科学理论谋划科学发展的实际能力，转化为更加自觉地履行好委员职责的具体行动。要真正把思想统一到中央和省市委对形势的分析判断上来，把劲头凝聚到完成各项任务上来。团结动员社会各界力量，满怀激情促发展、万众一心谋振兴，为完成和实现"十二五"规划的发展目标贡献力量。

（二）发挥政协优势，着力促进沈阳科学发展。紧扣全市发展目标和工作主线，认真履行职能，积极建言献策，切实发挥人才智力优势，为完成全年工作任务贡献力量。

要召开常委会议和专题主席会议进行协商议政。重点研究推进产业结构优化升级、促进我市中小企业又好又快发展；关注社会协调发展、推动我市老龄事业；加强重点提案办理、发挥政协提案对促进我市经济社会发展的积极作用；整合沈阳经济区旅游资源、调整旅游产业结构等议题。

围绕促进经济社会又好又快发展，继续开展对政府工作的民主评议，重点评议城市管理工作和农村基本医疗卫生服务体系建设工作，促进相关部门完善措施、改进工作。

关注设施农业、现代畜牧业生产基地建设、林业经济等现代农业发展；关注工业重点产业集聚区建设、战略性新兴产业发展和东北地区金融中心、物流中心、商贸及会展中心建设等情况，组织跟踪视察，促进各项政策措施落实到位。

围绕推进我市创建国家环境建设样板城工作、数字化城市建设工作、知识产权示范城市建设工作、辽河(沈阳段)治理保护工作等情况开展专题视察,并对驻沈高校在我市振兴发展中进一步发挥作用问题进行调研,激发高校推动沈阳社会进步的潜力和活力。

积极推进沈阳经济区新型工业化综合配套改革试验区工作,为推动体制机制创新建言献策。加强与兄弟城市政协联系与合作,协作开好经济区政协论坛第八次会议,研究经济区全局性、综合性的重大问题,为搞好经济区新型工业化综合配套改革、实现协调发展提供智力支持。

(三)高度关注民生,着力促进和谐社会建设。坚持以人为本、履职为民,积极协助党和政府解决群众普遍关心的民生问题和社会问题。

要高度关注人民群众的切身利益,组织视察与居民健康饮食相关的食品安全和少数民族用品生产流通情况、全民健身设施和公共文化基础设施建设情况、社会治安综合治理情况、发展学龄前教育情况、文物保护情况、人口计生工作、改造提升传统服务业情况等。

坚持深入基层,深入群众,拓宽建言渠道,积极利用政协提案、政协信息、"委员信箱"、"委员在线"等行之有效的形式,针对扩大就业、完善社会保障、推进医药卫生体制改革、推动义务教育公平均衡发展等问题反映社情民意,化解社会矛盾,积极协助党委政府把惠民利民的实事办好。

要充分发挥少数民族界别和委员的作用,促进少数民族地区发展民族特色经济,促进民族和睦。充分发挥宗教界委员作用,协助政府妥善处理宗教事务,团结信教群众,促进宗教和顺。

要关爱困难群体,动员组织广大政协委员和社会各界人士积极参与慈善、扶贫、帮困、济危等活动,促进做好贫困人群生产生活保障工作,努力促进全社会各族各界群众共享改革发展成果。

(四)积极探索创新,着力做好具有政协自身特色的工作。坚持中国共产党领导的多党合作和政治协商制度,加强与各民主党派合作共事,完善联合建言机制,进一步发挥民主党派和无党派人士在政协组织中的重要作用,充分发挥政协作为中国人民爱国统一战线组织的重要作用。

进一步加强政协提案工作,强化提案全局意识和责任意识,在培育精品提案上下工夫。积极运用提案建言献策,注重提案初审和重点提案督办工作,推动提案成果的科学转化。

要建立健全有利于发挥委员主体作用的长效机制,完善委员履职考核机制,切实保障和尊重政协委员依照宪法、法律和政协章程履行职责的各项民主权利。不断完善委员知情机制,丰富界别活动的载体和形式,努力打造具有特色的"政协品牌"。

进一步强化专委会工作,加强与党政部门的对口联系,提高工作组织化程度。认真做好政协新闻宣传工作,努力为政协履职营造良好的舆论环境。认真做好文史资料工作,发挥"存史、资政、团结、育人"的社会功能,扩大人民政协的社会影响。

要积极推动开展人民政协的对外友好交流活动,广泛开展与港澳台同胞、海外侨胞的联谊工作,为他们在沈阳发展事业、投建项目创造有利条件。完善发挥港澳侨委员作用的工作机制,鼓励他们为港澳地区的繁荣稳定、为沈阳经济社会发展作出新的贡献。

以庆祝中国共产党建党90周年、纪念辛亥革命100周年为契机,组织相关民主党派、人民团体等各界代表及有关专家学者,举办学术研讨会、书画展等活动,重点宣传中国共产党领导的多党合作和政治协商制度,大力弘扬中华民族的爱国主义精神。

要在全国政协和省政协指导下,与大连市政协共同承办好全国副省级市政协第二十六次工作交流会议,促进城市间政协工作的交流与协作。

积极推进政协机关建设,完善机关各项制度,强化机关干部业务培训,不断提高服务保障能力和统筹协调能力,努力把政协机关建设成学习型、服务型机关。切实加强对各区县(市)政协工作的联系指导,强化与区县(市)政协工作的联动机制,总结交流开展区县(市)政协工作的好经验、好做法,共同推动人民政协事业向前发展。

各位委员,新的一年承载着新的任务与挑战,更充满机遇和希望。让我们更加紧密地团结在以胡锦涛同志为总书记的中共中央周围,在中共沈阳市委的正确领导下,深入贯彻落实科学发展观,解放思想、开拓创新、团结前进,不断开创政协工作新局面,为完成我市经济社会发展各项任务,实现沈阳老工业基地的全面振兴而努力奋斗!

重大活动

【中国沈阳韩国周暨全球韩商大会】 由沈阳市人民政府、大韩民国驻沈阳总领事馆、中国韩国商会共同主办,辽宁省人民政府、韩国驻中国大使馆和世界韩人商工人总联合会为支持单位的2010中国沈阳韩国周暨全球韩商大会,于7月9日圆满地落下了帷幕。在各方积极努力、精诚协作、大力支持下,韩国周和全球韩商大会的26项主要活动获得了圆满成功,并取得了丰硕成果。

一、来宾数量多、层次高。参加韩国周暨全球韩商大会的韩国政要、世界各地韩商以及其他各界韩国来宾共1200余人。其中包括:韩国驻中国大使柳佑益、青瓦台总统特别辅佐官金德龙、韩国国会议员赵源震、李秉锡、朴宣映等韩国政要;韩中交流协会会长具天书、韩国在外同胞财团理事长权宁建、韩国外交通商部次官李俊揆、中国韩国商会会长朴根太、世界海外韩人贸易协会会长高锡化等行业协会负责人;韩国百强企业、跨国公司、大财团负责人;来自美国、欧州、东南亚、南美等地区的韩人商工人总联合会的会长;韩国地方自治团体和主要媒体记者等,创历年韩国周重要韩国来宾数量之最。

二、经贸交流与合作成果显著。韩国周暨韩商大会期间重点围绕中韩各行业、企业的需求开展了多项经贸交流与合作活动。如中韩百强企业家交流会、韩国投融资说明会、沈阳服务外包项目推介会、中韩商品展和浑南新区发展推介说明会、铁西新区重点产业招商说明会等,沈阳市共举办13项主要经贸活动,占韩国周暨全球韩商大会活动总数的50%。从取得的经贸成果来看,活动在质量和务实性上较往年都有较大的提高。截至7月8日,此次韩商大会全市共洽谈推进项目43个,分布在全市11个县区。投资总额20.73亿美元,外资额15.72亿美元。其中,第一产业项目

1个，第二产业项目16个，第三产业项目26个，在第三产业项目中，地产项目5个，商业项目9个，现代服务业项目12个。满融新村项目、泗水科技城—国际健康园项目、汽车内饰材料生产项目、轨道车辆配件项目、沈乐电影投资管理有限公司合作项目签约等成为了此次韩国周期间的招商引资亮点。

三、文化交流活动盛况空前。韩国周暨全球韩商大会期间除韩国留学博览会是首次在沈阳举办以外，韩国电影周、韩国餐饮文化节和中韩高尔夫友谊赛、东北三省跆拳道大赛、中韩网球大赛、中韩铁人三项友谊赛的规模都超过以往，韩国KBS演唱会更是韩国的顶级演出，现场观众3.6万人，演唱会将奥体中心变成了一片欢乐的海洋，全场歌迷如痴如醉，尽情享受了一顿中国沈阳韩国周带来的饕餮盛宴。

一个个精彩中韩文化、体育活动的举办，一次次中韩两国文化的交流，使沈阳市民深切感受到了韩国周带来的变化，广大市民对韩国社会和文化的了解日渐加深，对韩国商品的青睐程度与日俱增。与此同时，广大韩商也看到了在沈投资的巨大商机，韩流涌动沈城的画面再次呈现在世人面前。

四、韩商大会的成功举办，谱写了沈阳对韩开放工作的新篇章，沈阳的国际影响力明显提高。在沈阳市人民政府、韩国驻沈阳总领事馆和中国韩国商会的共同努力下，全球韩商大会首次离开韩国本土，并选择沈阳市与中国沈阳韩国周同期举行，这在中国各省、市举办的韩国周活动中尚属首次，是沈阳市多年来改革开放以来硕果累累的集中体现。在韩商大会期间，世界韩商精英在沈阳共商韩国企业如何协同发展，共谋开拓国际市场大计，很多韩商都是第一次来到沈阳，借韩商大会之机全方位考察了沈阳的投资环境和发展潜力，为今后投资中国市场奠定了良好的基础。在沈阳举办的全球韩商大会真正成为了世界韩商的一次盛典，对世界韩资企业的长远发展具有里程碑意义，沈阳的国际影响力得到了前所未有的提升。

五、中韩媒体参与报道韩国周活动热情空前高涨。共有40家中外媒体的记者参与报道了韩国周和全球韩商大会。其中包括中央级重点媒体新华社、韩国KBS电视台、每日经济新闻、《人民日报》、《光明日报》及香港《文汇报》、《大公报》、《香港商报》等。辽宁电视台、《辽宁日报》、沈阳电视台、《沈阳日报》等省市媒体更是全方位参与了韩国周的宣传报道。韩国周期间分别开辟专栏、制作专题节目进行跟踪报道，圆满完成了宣传报道任务，营造了浓厚的舆论氛围。

此外，韩国周对相关产业产生了极大拉动作用，使沈阳的旅游、商贸、餐饮、娱乐和酒店服务业的人气大增。西塔街、中兴、商业城等商家以及各星级宾馆的营业额大幅攀升。韩国周各项活动组织的井然有序，安全顺畅，反映出沈阳举办大型活动的经验已趋成熟。尤其是广大市民的参与热情和文明素养，更让韩国来宾感受到沈阳在城市文明上所取得的巨大进步。

（赵建光）

【第九届中国国际装备制造业博览会】

由商务部、国家发改委、中国贸促会、辽宁省政府主办，沈阳市政府承办的以“高新技术与装备制造”为主题的第九届中国国际装备制造业博览会暨国家能源技术装备展（简称：制博会），于9月5日在沈阳国际展览中心圆满落幕。

本届制博会首次在新落成的沈阳国际展览中心举行，并与国家能源技术装备展同期举办，全面提高了制博会的知名度，更加有力的促进了制博会的长远发展。在主、承办单位和协办单位的精诚合作与共同努力下，本届制博会取得了丰硕成果，充分展示了代表当今国际先进水平的装备制造业产品，充分展现了沈阳作为中国装备制造业之都的风采，获得了圆满成功。

一、展会规模盛况空前，参展企业的数量和档次明显好于往届。本届展会展出面积10万平方米，比上届增加4万平方米，增长66%。其中，室内8万平方米、室外2万平方米；展区展位4113个，比上届增加1311个，增长46.8%。其中，室内展位3324个，室外展位789个，外商投资企业和境外企业展位1193个，占展位总数29%；参展企业718家，比上届增加120家，增长20%。其中，国内企业582家，来自23个省、直辖市、自治区的外商投资企业和境外企业136家，占19%。本届制博会是自2002年以来举办的规模最大、内容最丰富的一届。

在本届制博会期间举办的国家能源技术装备展展出面积为3.3万平方米，占展会室内展出面积的41%。参展企业127家，占展会参展企业总数的18%。展位1470个，占大会室内展位总数的44%，成为了本次展会的最大亮点。

参展的国内外知名企业主要有：美国哈挺、日本马扎克、日本山善、瑞典海克思康，以及能源领域的国家电网集团、中国石油等14家央企。无论从展会的规模、参展企业数量和国家重点央企的参展数量均创历史新高。参观制博会的专业观众人数达到9.7万人次。

二、国家部委及兄弟省市领导及新闻媒体高度关注制博会。制博会期间，全国政协副主席、民盟中央第一副主席张梅颖；国家发改委副主任、国家能源局局长张国宝；原国家商务部副部长孙广相等国家、部、委领导出席开幕式并参观制博会现场，对制博会给予了充分肯定。山西、青海、宁夏、内蒙古、厦门、苏州等省市也分别派出了代表团参观考察制博会，厦门市政府还在制博会期间举办了大型的推介活动。制博会不仅发挥着参展企业展示、交流和贸易平台作用，而且正在成为全国各省、市政府开展装备制造业招商引资的有效载体。

国内外新闻界对本届制博会也倾注了极大的热情。《中国机械报》、《中国工业报》、《中国能源报》、《国际商报》、《装备制造》、《环球电气》、《风能设备》、《中国传动》、《中国自动化》、《制造技术与机床》、《数控机床市场》等70余家专业媒体及辽宁、吉林、黑龙江省日报、辽宁省14个市日报对制博会进行了宣传和推广。制博会期间，新华社、人民日报、中央电视台、中新社、中国日报、经济日报、中国冶金报、香港文汇报、凤凰卫视、辽宁日报、辽宁电视台、沈阳日报、沈阳电视台、新浪、搜狐、中国企业新闻网、东北新闻网、沈阳网等94家媒体对制博会进行了全方位、多角度、深层次的报道。参加报道的记者达400余人次，共发表和转载文章近1200篇。

三、展会首次由沈阳市政府独立承办,并实现突破。从2010年开始,制博会由沈阳市政府独立承办,省贸促会等单位作为重要的协办单位。沈阳市政府加大了办会力度,经沈阳市政府的积极努力,国家能源局在制博会同期举办了国家能源技术装备展,这是建国以来,我国能源工业和能源装备制造业规模最大的一次展览。国家电网公司、中国南方电网有限责任公司、华能集团、中国国电集团、中国核工业集团公司、中国广东核电集团有限公司、中国石油、中国石化、中国海洋石油总公司、中国船舶工业集团等重量级央企和著名大型企业共同亮相制博会,这不仅在制博会历史上是第一次,而且在全国各种展会中也是极其少见的。

四、展会经贸洽谈踊跃,成果丰硕。第九届制博会期间,沈阳市分别与日本、美国、韩国、新加坡、德国、瑞士、香港和台湾等国家和地区签约洽谈项目共计28个,其中工业项目27个,工业服务业项目1个。投资总额6.89亿美元,外资额4.08亿美元。在制博会开幕当天,中联重科工程起重机分公司与沈阳市金龙吊装有限公司和辽宁睿横吊装有限公司就签定了2辆大型起重机的销售合同,并于制博会现场举行了签约交付仪式,总成交额近4000万元。

(李颂东)

【举办2010东北亚发展论坛】 以“新经济、新合作、新发展”为主题的2010东北亚发展论坛于8月29日至9月1日在沈阳市成功举办。论坛由中国民间组织国际交流促进会、中国人民对外友好协会、中国人民外交学会、中国国际问题研究基金会、辽宁省人民政府共同主办,由沈阳市人民政府、辽宁省外事办公室承办。论坛期间,国内外与会嘉宾紧扣合作、发展等普遍关注的问题,围绕区域合作、新兴产业发展、生态城市建设等方面进行了深入探讨和广泛交流,并举办了展览展示、文化交流、经贸洽谈等系列活动。论坛内容丰富,成效明显,引起各界广泛关注,取得了圆满成功。

来自25个国家和地区的国(境)外嘉宾参加了论坛开幕式、分会、博览会等各项主体活动。全国人大副委员长严隽琪、韩国前总理韩升洙、日本自民党前干事长武部勤等重要嘉宾出席论坛并发表讲话。22个国外城市代表团、7个外国驻华使节代表团、54个世界知名跨国企业、商会和社会团体代表团,以及包括德国宝马、美国IBM、摩根大通(中国)有限公司等一大批跨国企业高管、著名专家学者出席了论坛活动。

论坛紧扣时代主题,致力于促进东北亚地区开展多领域合作,举办了开幕式暨区域合作高层会议,并在涉及东北亚各国共同关注而又可实现优势互补的新兴产业发展、生态城市建设等方面设立了分会。同时还举办了沈阳——札幌建立友好城市关系30周年纪念交流活动、沈阳华商项目对接会,以及专项考察与重点项目对接、2010东北亚发展论坛专场交响音乐会等丰富多彩的活动。

论坛期间,举办了中国沈阳——白俄罗斯布列斯特州经贸洽谈会,有利地推动了中国向白俄罗斯提供150亿美元贷款框架下沈阳与布列斯特州的合作项目,为沈阳市在白俄罗斯的农业合作项目——“中白农业”的发展发挥了积极作用;出席本次论坛的韩国光阳市对辽宁沿海经济带建设战略表达了强烈和合作愿望,与沈阳市有关方面就构筑东北亚物流黄金通道开展了深入交流,并进行了项目签约。

来自美国、西班牙、泰国、菲律宾、香港、澳门等11个国家和地区的50余位侨商企业家和港澳地区代表通过洽谈,促成4个项目初步在沈阳市落地,意向总额约为3.6亿人民币。

(何 刚)

【2010法库陶瓷博览交易会】 2010年9月20日——22日,由中国建筑材料联合会、中国陶瓷工业协会、中国建筑卫生陶瓷协会、沈阳市委宣传部主办,法库县委、县政府承办的“2010法库陶瓷博览交易会”在法库国际会展中心隆重举行。省市县领导邴志刚、陈海波、鞠秀礼、王凤波、温贵纯、韩晓言、关志鸥、冯守权、张振权、张福志,中国陶瓷工业协会和中国建筑卫生陶瓷协会领导以及中外客商、上千名陶瓷企业家出席了展会开幕式。

本届展会是在法库本土举办的首届“陶博会”,也是法库建县以来举办的规模最大的一次活动,创造了在县级城市举办大规模陶瓷展会的先例。展会期间,成功举办了开幕式、项目推介会、“瓷都之光”文艺(焰火)晚会、成果和陶瓷新产品发布会等陶瓷产品展洽、文化交流等活动,取得了丰硕成果和喜人成绩。

确立了“东北瓷都”品牌化地位。通过本届展会,中国陶瓷工业协会和中国建筑卫生陶瓷协会分别授予法库“东北瓷都”、“东北建筑陶瓷产业基地”称号,确立了法库陶瓷产业在东北地区的主导地位,“东北瓷都”称号实至名归,为进一步发展壮大陶瓷产业、吸引更多的国内外投资者、扩大对外开放创造了良好的平台。

促进了“东北瓷都”实施品牌战略进程。随着陶瓷产业规模的不断发展壮大,法库把发展自主品牌、“告别贴牌创品牌”、打造地产名牌作为做强做优陶瓷产业的突破口。各陶瓷企业把争创名优产品和著名商标工作摆到了重要位置。法库已有40余家陶瓷企业打造名优品牌70多个,促进了“东北瓷都”自主品牌、“告别贴牌创品牌”、打造地产名牌的实施品牌战略进程。

提升了“东北瓷都”国际化水平。省、市领导亲临展会并参加了开幕式、项目推介会等活动,特别是陈政高省长来法库调研陶瓷产业发展情况,在会展中心主展厅详细了解和观看陶瓷展品,对法库陶瓷产业给予了很大的关注和支持。日本伊奈陶瓷、深圳永丰源国瓷、广东科达机电、广东新中源陶瓷等国内外知名品牌陶瓷企业的参与,使产品档次和展会水平特别是产业对外知名度和美誉度都得到了很大程度的提高,进一步提升了“法库陶博会”的国际化影响和水平。

展示了“东北瓷都”陶瓷产业发展水平。参会国内外嘉宾十余万人次,其中,作为主体专业观众的经销商、建材商、物流商、地产商等不仅参会观产品,还能够亲自到生产厂家了解生产质量情况,收获颇丰。通过本届展会,让国内外陶瓷经销商充分了解了法库陶瓷企业的管理水平、营销策略,了解了陶瓷产品的优良质量,得到了参展企业、经销商和消费者的充分认可,展示了法库陶瓷产业发展水平。

推进了“东北瓷都”打造陶瓷文化进程。本届展会把产业发展与文化活动相结合，异彩纷呈的文化活动不仅提升了地区文化品位、促进了城市管理和服务接待水平，更是进一步促进了创意陶瓷文化产业的发展。同时，本着节约能源和原材料、促进产业科学可持续发展的理念，与多家企业签订意向投资合同4个，投资总额18亿元，现场交易额和销售意向额20亿元。设施农业产品签定协议及订单16笔，交易量17.5万吨。通过本届展会，进一步明确了高附加值、低碳绿色环保产品将成为法库陶瓷产业未来发展的方向和目标。

【2010中国沈阳国际旅游节】 由国家旅游局、辽宁省人民政府主办，沈阳市人民政府、辽宁省旅游局承办，鞍山、抚顺、本溪、营口、辽阳、铁岭、阜新市人民政府协办，由沈阳市雄洲食品工业有限公司总冠名的“雄洲食品·2010中国沈阳国际旅游节”于2010年7月16日—8月5日举办，并取得了圆满成功。

本届旅游节以“清风千章韵、盛世沈阳情”为主题，开展的主体活动：2010中国沈阳国际旅游节开幕式暨“璀璨盛京”大型演出、国际旅游联展、国际旅游交流日、台湾风味美食节、欢乐时尚购物节、啤酒美食节、零碳消夏游、关东民俗文化游、生态农业观光·采摘游、工业观光游、皇家礼仪展演、沈阳世博赏花游；各区、县(市)结合当地旅游资源举办了多项活动。

开幕式上，国家旅游局副局长王志发、辽宁省委常委、沈阳市委书记曾维，副省长陈超英、省政协副主席刘政奎，市人大常委会主任赵长义、沈阳市市长陈海波，省旅游局局长武虹剑，市委常委、常务副市长顾春明，市领导李继安、王凤波、宋铁瑜、张秀华、李卓然、沙波涛等和日本、韩国、朝鲜、美国、俄罗斯驻沈领事馆总领事及官员、日本长崎市政府副市长智多正信；还有马来西亚、韩国、捷克、泰国、澳大利亚、新加坡、拉脱维亚、法国、荷兰、意大利等23个国家和地区的旅游机构、旅游企业代表及国内26个城市(含省、自治区、直辖市)旅游机构、旅游企业代表及3000多名现场观众，出席并观看了“璀璨盛京”大型演出。沈阳市市长陈海波、辽宁省副省长陈超英、国家旅游局副局长王志发先后致辞，辽宁省委常委、沈阳市委书记曾维宣布开幕。

本届旅游节充分展示了沈阳旅游产业和经济社会发展成果，架起了一座沈阳与世界交流的桥梁，受到了国际友人及中外游客的高度评价。

本届旅游节呈现出以下特点：一是“清风神韵、盛世沈阳”，彰显浓郁历史文化与现代城市活力。二是注重国际性，搭建国内外旅游交流的平台。三是与相关行业融合发展，推动旅游业成为国民经济战略性支柱产业。四是刺激消费，促进发展，拉动内需增长。五是政府引导，市场化运作，创新办节模式。六是渲染氛围，扩大宣传，全方位报道旅游节盛况。七是领导重视，团结协作，是旅游节成功举办的坚强保障。八是多年打造，精心培育，树立知名旅游节会品牌。

(佟胜富)

【2010中国沈阳国际冰雪节】 2010中国沈阳国际冰雪节由沈阳市人民政府、辽宁省旅游局主办，沈阳市旅游局、沈阳棋盘山国际风景旅游开发区管委会、沈阳市服务业委员会承办，鞍山、抚顺、本溪、营口、辽阳、铁岭、阜新七城市旅游局协办。冰雪节期间，游客数量和旅游收入稳步增长。冰雪节设一个主会场——棋盘山冰雪大世界，两个分会场——东北亚滑雪场、白清寨滑雪场。举办了高山滑雪、雪雕(冰雕)观赏、冰上(雪上)娱乐、趣味竞技、盛京灯会、关东庙会等活动。本届冰雪节滑雪场规模较比往年有了大规模增加，共有滑雪道16条，滑雪用具1.3万套，雪场面积36万平方米。棋盘山冰雪大世界作为冰雪节主会场，将雪场进行了整体改造，滑雪道数量增加到5条，面积扩大了1.5倍，雪具总量突破6000套。对综合服务大厅管理软件升级、服务流程布局合理，提高了售票速度，提供了人性化、个性化的优质服务。引进7条最先进的现代化的雪上运输工具“魔毯”，全长1800米，成为全国首个全方位采用现代化“魔毯”运输的旅游滑雪场。引进猫跳滑雪挑战障碍道、单板U型槽滑雪道，进一步满足滑雪发烧友的高标准、高要求需要。沈阳国际冰雪节有效地整合了全市冰雪旅游资源，已成为国内外知名的冬季旅游节庆品牌，实现了“东北冰雪旅游第一站”的目标。

(佟胜富)

【纪念沈阳——札幌建立友好城市关系30周年】 2010年8月29日至9月1日，沈阳——札幌建立友好城市关系30周年纪念活动在沈阳举办。札幌市市长上田文雄率政府代表团、札幌市议会副议长宫村素子率议会代表团，以及由札幌商工会议所等组成的经济代表团、由札幌国际交流中心、札幌市劳连、文艺团体、市和学生代表组成的市民代表团共约280人赴沈，分别与沈阳市各界在政府、经济、教育等领域开展了丰富的交流活动，全方位地促进了两市的友好关系，密切了两市的经贸联系与合作。

活动期间，先后举办了沈阳——札幌建立友好城市关系30周年纪念招待会、沈阳——札幌经贸合作洽谈会、札幌观光物产展、两市人大(议会)交流、沈阳——札幌建立友好城市关系30周年纪念植树活动、两市友好学校交流、沈阳——札幌大学生与市民交流、札幌市民看沈阳、沈阳——札幌专业领域交流等9项活动。

上田文雄对沈阳市的城市发展表示钦佩，充分肯定了两市结好30年来友好交流的成果，希望两市在发展友谊的基础上，发展密切的经济合作、加强中小企业合作，在建筑产业、文化艺术、装备制造、环保、IT等领域实现优势互补，共同发展。会谈中，双方赞同松本盛雄总领事提出的分别以对方城市命名一条商业街作为友好象征的建议，商定积极推进友好街道的建设。两市在沈阳世博园内建立了沈阳——札幌建立友好城市30周年友谊林，在园内种植了札幌市赠送的象征友谊的100株丁香树苗。札幌市议会副议长宫村素子是首次访问沈阳，对沈阳市经济社会的快速发展表示赞许，认为人大(议会)的交流是两市友好交往的重要组成部分，今后将加强交流，共同推动两市的友谊和繁荣。

(何　刚)

【中国国际种业博览会暨中国沈阳国际农业博览会】 2010年9月16日至18日，由国家农业部、辽宁省人民政府支持的，农业部农业贸易促进中心、辽宁省农村经济委员会、沈阳市人民政府联合主办的“2010 年中国国际种业博览会暨中国沈阳国际农业博览会”在辽宁工业展览馆隆重举行。开幕式由沈阳市人民政府副市长王翔坤主持，沈阳市人民政府市长陈海波致开幕词、辽宁省副省长邴志刚致词，国家农业部副部长牛盾讲话。出席会议的还有农业部国际合作司司长王鹰、农业部农业贸易促进中心主任倪洪兴，中国农业国际交流协会副会长杨新华、辽宁省人大农业与农村委员会主任万福民、市政协主席刘雅琴等领导、外国驻沈使节、境内外嘉宾也将一同出席。

本届展会得到了国家农业部和省、市领导的亲切关怀，得到了社会各界的鼎力支持，在组委会成员单位及省、市各有关部门的共同努力下，展会取得了丰硕成果，受到了社会各界和广大市民的高度赞誉，引起了国内外的广泛关注，真正成为一次备受关注、最具特色、富有成效的农业盛会。

本届展会沿承了以展示推动贸易、以交流促进发展的办展思路，展会期间安排了参观考察良种示范基地、国际种业高峰论坛等主体活动。展会同期举办的中国国际种业高峰论坛，汇集了国内外知名种子企业、科研机构及协会代表，围绕“科技进步与种业发展”这一主题展开深入探讨与交流。9 月 16 日，农业部副部长牛盾、辽宁省副省长邴志刚、辽宁省农委刘长江主任，沈阳市政府王翔坤副市长等领导亲自为沈阳光辉现代农业示范区和沈阳市农业良种示范展示基地揭牌。9 月 17 日在沈阳皇朝万豪酒店皇朝殿举行的国际种业高峰论坛，汇集了国内外种子企业、科研机构及协会代表，围绕“科技进步与种业发展”主题展开深入探讨与交流，为促进沈阳农业产业结构的优化升级，拓展沈阳农业的对外交流与合作提供了非常难得的机遇。

本届农博会首次与中国国际种业博览会联合举办，突出了绿色、和谐、创新、发展的主题，体现了展示成果、扩大开放、促进交流、加快发展的宗旨，汇聚了国内外农业发展的新产品、新技术、新成果。本届展会展出面积达 12000 平方米，设标准展位 530 个，参展企业 667 家，其中种业和相关肥料、农机企业 336 家来自 15 个国家和地区，名优新特农产品企业 331 家来自 18 个国家和地区。

本届展会是近年来辽沈地区规模最大的一次农产品展示交易和种业洽谈合作的国际盛会。共有来自美国、英国、巴西、日本、以色列等 17 个国家和地区的 55 家境外企业和国内 23 个省市自治区的 302 家企业参展。展馆设计分为国际种业展区、序厅大型种业展区、国内种业展区、沈阳综合展区、沈阳经济区各市展区及名优新特农产品展区等 6 个展区。特装面积达 8880 平方米，占展区总面积的 95%。展会期间，各参展单位组织了以有机、绿色、无公害农产品为主的丰富货源，并进行了多种形式的展示促销活动，吸引了广大市民前来参观选购，整个展馆人头攒动，吸引了国内外客商云集沈阳洽谈合作。为期三天的展会，参观群众络绎不绝，累计达 40 万人次，其中专业合作社、龙头企业、种养大户代表，农业技术推广部门人员等专业观众突破 2.3 万人。现场交易场面十分火爆，据不完全统计，交易额突破了 6000 万元人民币，签约额 24 亿元人民币，取得了丰硕成果。

展会期间农博会成为媒体关注的焦点。展会宣传工作得到了市委宣传部、新闻媒体、民政局等有关部门的大力支持。从 9 月 5 日起在沈阳日报头版设置了倒计时栏、沈阳电视台晚间新闻栏目插播了宣传广告，在主要街路悬挂路灯旗、在社区张贴宣传海报宣传以及刊登 LED 大屏幕多媒体广告和出租车广告，特别是展会期间，沈阳电视台、沈阳日报、沈阳电台三家主流媒体对展会相关情况进行全程跟踪报道，国家、省、市 30 多家新闻媒体对展会展开了全方位、多层次、多角度的宣传报道，进一步扩大了展会的社会影响，营造了浓厚的舆论氛围，赢得了社会各界的关注和支持。

（邓　奇）

【第十一届中国美食节暨第九届国际美食博览会】　第十一届中国美食节暨第九届国际美食博览会于 2010 年 8 月 26 日至 9 月 3 日在沈阳市隆重举办。商务部副部长姜增伟、国际饭店与餐馆协会主席艾迪、韩国观光饭店业协会会长李相宛、中国饭店协会会长韩明等重要领导和外宾出席了本届美食节。市长陈海波、市委常委宣传部长王凤波，市人大常委会副主任温贵纯，市政协副主席韩晓言、市政府副秘书长刘祥等领导出席开幕酒会，祁鸣副市长致辞。本届美食节被国家商务部列入 2010 年商务部内贸领域引导支持展会，由商务部、国际饭店与餐馆协会支持，中国饭店协会与沈阳市人民政府联合主办。本次盛会取得累累硕果，突出呈现四个特点：

第一，本届美食节是一次体现文化、绿色和品牌亮点的盛会。美食节期间，通过名宴展示、名厨大会、名厨盛宴、原辅材料展等一系列活动，进一步弘扬中华餐饮文化，全力打造绿色餐饮理念，树立餐饮时尚风向标，推出餐饮知名品牌。如鹿鸣春满汉全席、沈阳宝发园帅府家宴、沈阳城市酒楼红楼宴、北京便宜坊三国宴、云南鲜花宴等突出了中华餐饮文化深远内涵和绿色健康饮食理念，辽菜品牌得到突出彰显，原辅材料展推介了孕育东北黑土地的丰富食材资源。

第二，本届美食节是一次规模宏大，各项指标均创新高的盛会。主要体现在“四个之最”：一是专业展规模创历届之最。名宴展览面积达 1 万平方米，设置专业展台 74 个，特装展位占总数 50% 以上。二是签约额创历届之最。40 余家餐饮企业与供应商签约，意向合同额达到 1.2 亿元。三是小吃展品种、档次创历届之最。来自俄罗斯、西班牙等十余个国家及国内的著名企业向参观者推出上千种、数百个规格的美食。四是专业观众和市民参与人数创历届之最。来自各地的 3 万余专业观众参加了主展场相关活动，名小吃广场吸引消费者超过 20 万人次。

第三，本届美食节是一次餐饮行业和相关产业相互促进、相互推动的盛会。在本届美食节期间举办了高峰论坛、专业演讲和交流互动活动，共同研讨餐饮行业发展趋势，为沈阳市乃至全国餐饮业的发展指明了方向，注入了新的活力。美食节揭晓行业大奖“金鼎奖”、2010 年度“中国名厨奖”等 100 多个奖项，获奖企业和厨师由此增进了相互交流和了解，促进烹饪技术和管理方法的提升，扩大了各自在业内的影响和知名度。本地餐饮企业借机趁势而上，纷纷开辟美食广场、美食晚会、美食体验等主题销售活动。媒体开辟美食专刊、美食广场等栏目,共同壮大美食消费声势。展场周边宾馆爆满,入住率均超过95%,会展经济的强势带动作用很好地显现出来。

第四,本届美食节是一次经济效益和社会效益双丰收的盛会。政府搭台,市场化运作使本届美食节在经济效益和社会效益上都取得了丰硕成果,彰显出沈阳市在沈阳经济区的中心城市作用。美食节倡导的餐饮业品质提升、行业发展,都最终落实到服务民生这个宗旨上。本届美食节从国内到国外,从南到北,从大餐到小吃,可以说样样齐全,琳琅满目,让市民流连忘返,垂涎欲滴。普通百姓借此机会品尝天下美食,大开眼界。这些都对拉动消费,促进经济社会发展,提升沈阳知名度和影响力起到了积极的推动作用。

(王清林)

沈城美誉

【沈阳市荣获"中国地方政府创新奖"】 2010年1月17日,"政府创新奖"全国专家委员会在北京集中听取入围项目单位现场陈述,并现场评选30个优胜奖。沈阳信访工作新机制项目成为"2009-2010年度第五届中国地方政府创新奖"。受市领导委托,市委陈国强副秘书长率队到北京参加"政府创新奖"评选大会,现场陈述和回答评选委员会专家提问,获得了现场50多位专家和入围单位的一致认同,夺得了"第五届中国地方政府创新优胜奖",实现了辽宁乃至整个东北地区获此殊荣的零的突破。

(李文录)

【沈阳市荣获2010中国城市信息化卓越成就奖】 2010年9月28日,"2010中国城市信息化发展论坛暨成果评选"活动在苏州市举行,北京、上海、沈阳等五个城市喜获"2010中国城市信息化卓越成就奖。"

2010中国城市信息化发展论坛由中国信息协会主办、国家工信部等单位支持,以"信息技术革新与城市发展"为主题,吸引了各省市信息化部门负责人以及媒体、信息技术厂商代表等200余人参加会议。

中国城市信息化发展论坛自举办以来已形成品牌效应。根据国务院九部委《关于公布行政系统中央单位评比达标表彰活动保留项目的通告》,中国信息协会负责主办"中国信息化成果评选"项目。评选通过信息发布、推选申报、确定候选、网络公示、颁奖发布等环节,在全国655个城市以及致力于推进城市信息化发展的信息技术厂商范围展开,其目的是树立城市信息化应用标杆,宣传城市信息化应用典型,推介城市信息化应用成果,鼓励城市信息化应用创新,促进城市信息化经验交流,展示城市信息化新技术。

(鉴 闻)

【沈阳市荣获2010年度中国十大影响力城市】 2010年底,经过全国会展办、行业协会、知名专家、权威机构共同推选,联合全国会展城市、新闻媒体、组委会调查问卷等历时3个月的严格评议,沈阳市凭借较高的知名度、影响力和卓越的评价,在"新世纪十年中国会展业大奖——2010年度中国会展业年度大奖"评选活动中,与北京、上海、广州等城市共同获得"2010年度中国十大影响力会展城市"殊荣,标志着沈阳市2010年全年展会完美收官,全市会展业实现了跨越式发展。

2010年,是沈阳会展业把握机遇实现跨越的一年。在市委、市政府的坚强领导下,全市会展业坚决实施"品牌化、专业化、国际化"发展战略,借助沈阳国际展览中心投入使用和沈阳经济区建设上升为国家战略的良好契机,积极发挥会展经济在现代服务业的核心和引擎作用,在会展经济规模、拉动作用、产业知名度等方面均创历史新高,全年举办各类展会活动227项,同比增长16.4%;展览面积165万平方米,同比增长26%;实现会展经济交易额1600亿元,同比增长27%。实现了会展业又好又快发展,呈现出展会多、规模大、亮点新、效果好、人气旺的局面。特别是"第64届中国国际医疗器械博览会",展览面积达到11万平方米,吸引了美国、德国等20多个国家或地区的2100多家企业参展,专业观众12万人,实际参观人数累计达到30.5万人次,是沈阳市有史以来承接规模最大的专业展会,为促进沈阳市现代服务业快速发展,提升城市知名度作出了应有的贡献。

(吕晓波)

【沈阳市荣获全国流通领域现代物流示范城市】 为加快我国流通领域现代物流发展,更好地发挥现代流通业保增长、保民生、保稳定的先导性作用,2009年国家商务部决定用3~5年时间,在全国范围内组织开展示范城市、示范园区、示范企业和示范技术在内的流通领域现代物流示范工作。近年来,在市委、市政府的领导下,在《物流业调整和振兴规划》指导下,促进现代物流大发展、快发展的前提下,全市物流产业规模不断扩大、第三方物流快速发展、信息化程度不断增强,形成了较为完善的物流集聚区、物流中心(物流园区)、物流配送中心协调发展的物流保障体系;仓单质押、物流加工、网络服务等;医药物流、绿色物流、冷链物流等特色物流方兴未艾。在国家商务部率先开展的流通领域现代物流示范城市的创建工作中,沈阳市集中力量,对流通领域现代物流业发展状况及趋势进行认真梳理,积极组织申报,得到了国家商务部的充分肯定。商务部经过对申报材料审核、专家评审、实地考察和网上公示等多项步骤的严格审查,沈阳市荣获了全国流通领域现代物流示范城市的称号。

(张延军)

沈　阳　概　貌

自然概况

【位置与地貌】 沈阳位于中国东北地区的南部，辽宁省的中部，在东经122度25分9秒—123度48分24秒、北纬41度11分51秒—43度2分13秒之间。东西长115公里，南北宽205公里。

沈阳市国土总面积为12860平方公里，其中建成区面积395平方公里。沈阳地区以平原为主，地势平坦，平均海拔50米左右，山地丘陵集中在东北、东南部，属辽东丘陵的延伸部分。西部是辽河、浑河冲积平原，地势由东向西缓缓倾斜。全市最高海拔高度为447.2米，在法库县境内；最低海拔高底为5.3米，在辽中县于家房镇。

沈阳市现有林木面积44万公顷，林木绿化率为33%，水资源总量为41.33亿立方米，地下水资源量为28.86亿立方米，地表水资源量为23.76亿立方米，沈阳的周围有风景秀丽的辉山、天柱山和碧波荡漾的浑河、辽河、北沙河、新开河、南运河等。

（鉴　闻）

【历史沿革】 沈阳市位于浑河北岸，浑河古称沈水，因古代以水北为阳，故称沈阳。沈阳历史悠久，远在7200年前，先民们便在这里农耕渔猎，繁衍生息，创造出新乐文化，经测定属新石器时期。春秋战国时期，秽貊、肃慎、东胡、华夏等各族共同开发着这块土地，据郑家洼子出土的青铜短剑等文物表明，那时沈阳已进入青铜文化时代。公元前300年（燕昭王十二年），燕国名将秦开在此屯兵戍边，设立候城，为沈阳建城之始。秦始皇统一六国后，分天下为36郡，沈阳属辽东郡境。西汉时沈阳是东北的军事重镇，为中部都尉治所，已初具县邑规模。公元前108年（汉武帝元封三年）设玄菟郡。经魏晋至隋唐，沈阳地区部分属辽东郡，部分为玄菟郡所辖。公元668年（唐总章元年）后，隶安东都护府。公元921年（辽神册六年），在沈阳境内设置沈州，筑有土城。1116年金太祖完颜旻攻克沈州后，在境内设驿站多处，扼守交通，并发展了瓷器、铜镜等手工业。13世纪初元金交兵时，沈州土城被毁。1296年（元元贞二年），元改沈州为沈阳路，至此沈阳见于史册，并重筑土城，沈阳已成为关内外交通要冲、商品交易集散地和文化联系纽带，是东北重镇之一。1372年（明洪武五年）明军攻克沈阳，1386年改沈阳路为沈阳中卫。为加强防御，1388年在元代土城基础上新建砖城，设东南西北4门，并在城内修“十”字街通向各门。此时，在沈阳附近有开原、广宁、抚顺3大马市，促进了沈阳商业、手工业发展。1621年（清天命六年），后金汗王努尔哈赤领兵攻占沈阳，1625年把都城从辽阳迁至沈阳，将明代砖城加宽加高，改4门为8门，将城内“十”字街改为“井”字街，并大兴土木，修建了融汉、满、蒙、藏等各族文化艺术特色的宫殿及寺塔。1634年（清天聪八年），皇太极改沈阳为盛京（汉文为天眷盛京、满文音为谋克敦、英译MUKDEN）。1644年（清顺治元年）迁都北京后，清以沈阳为陪都，并于1657年（清顺治十四年）以“奉天承运”之意在沈阳古城区设奉天府，这便是沈阳又名奉天的由来。19世纪中后期，沈阳城内民族手工业和工商业迅速发展，关内外交往规模不断扩大，沈阳逐渐成为关外政治、经济、文化中心。1911年辛亥革命后，沈阳成为奉系军阀首领张作霖统治东北的中心，修铁路、开矿山、办工厂、建银号，使沈阳近代工业得到长足发展。1923年8月，奉天省划沈阳县城区及商埠地一带为市区，正式设立奉天市政公所，沈阳首次出现市的建制。1928年6月3日，张作霖被日军炸死于皇姑屯三洞桥后，张学良执政，于同年12月29日在沈阳宣布“东北易帜”，并于1929年4月2日将奉天市改名为沈阳市。1931年日本帝国主义发动“九一八”事变并侵占沈阳，将沈阳市改为奉天市。1945年8月，抗日战争胜利，八路军进驻沈阳，奉天市恢复沈阳市名称。10月10日，沈阳市民主联合政府成立，白希清任市长，焦若愚任副市长。1946年3月，国民党军队进驻沈阳并发起内战。1948年11月2日，沈阳获得解放。11月3日，沈阳特别市政府成立，隶属东北行政委员会，朱其文任市长，焦若愚任副市长兼秘书长。同月20日，市政府决定将市内22个区合并为沈河、大东、北关、北市、南市、铁西、皇姑、和平8个区。1949年5月1日，沈阳特别市政府改为沈阳市人民政府，同年8月沈阳市隶属东北人民政府领导。1953年2月，苏家屯镇改为苏家屯区，沈阳市辖区增至9个。1953年3月12日，沈阳市改为中央直辖市。1954年8月11日，沈阳市改为辽宁省辖市。1955年1月21日，沈阳市人民政府改称沈阳市人民委员会。1959年1月1日，辽宁省人民政府决定将原铁岭地区的铁岭、法库、康平、开原、昌图、西丰和原辽阳专区的沈阳、辽中、新民、台安10个县划归沈阳市领导，沈阳市共辖9个市区、10个县。同年2月24日，市人民委员会撤销北市、南市、北关3个区的建制，并入和平、沈河、大东等区。同年12月31日，撤销沈阳县建制，其所辖地区分别划入市内邻近各区，并设立新城子区。1964年3月16日，中共辽宁省委决定设立沈阳专区，将沈阳市所辖的铁岭、法库、康平、昌图、开原、西丰、新民、辽中、台安9县划归沈阳专区领导。1964年3月24日，市人民委员会决定设立东陵、于洪两个郊区。1968年5月10日，沈阳市革命委员会成立。1969年12月26日、1970年1月1日，辽中县、新民县分别划归沈阳市领导。1980年4月19日，沈阳市革命委员会改为沈阳市人民政府。1993年1月1日经国务院批准，原铁岭市的法库、康平县划归沈阳管辖。同年经国务院批准，新民县撤县设市。至2004年末，沈阳市辖和平、沈河、大东、皇姑、铁西、于洪、苏家屯、东陵、新城子九个市区以及新民、辽中、法库、康平四个县(市)。2006年10月8日，经国务院批准将新城子区和辉山农业高新技术开发区合并，成立沈北新区。

(鉴　闻)

【经济地理位置】　沈阳地处东北地区的南部，辽宁省的中心。她背倚长白山麓，面向渤海之滨，是辽东半岛的腹地。在以沈阳为中心的150公里半径内，有中国著名的钢都鞍山、煤都抚顺、煤铁之城本溪、煤电之城阜新、石油之城盘锦、轻纺之城丹东、化纤之城辽阳和粮食煤炭基地铁岭，这些资源丰富、实力雄厚的辽宁中部工业城市形成了世界上罕见的城市群。沟通世界各大港口的大连港，正在开发的营口新港和锦州港、距沈阳不超过400公里。

沈阳作为中国东北地区最大的经济中心城市和通往中国长城以南地区必经之路，长期的经济发展，形成了密如蛛网的航空、铁路、公路运输网络。

中国南方航空股份有限公司北方分公司(以下简称南航北方分公司)前身系原中国北方航空公司。2004年底，经国家有关部门批准，北方航空公司正式将航空主业资产注入中国南方航空股份公司。作为中国南方航空股份公司在沈阳设立的分支机构，南航北方分公司从2005年1月1日起，正式按照分公司模式运营，该分公司位于沈阳东塔机场，以沈阳桃仙国际机场为基地机场，主要经营沈阳出港至国内外大中城市的航线。2010年底，北方分公司经营沈阳始发航线57条，国际航线连通日本、韩国、新加坡等多个国家。

沈阳的铁路是东北地区最大的铁路枢纽，沈山线、沈吉线、长大线、沈丹线、苏抚线等铁路干线，沟海线、辽溪线、开本线、溪田线、铁法线、丹大线等支线都交汇在沈阳。

沈阳的公路四通八达。不仅农村实现了村村通公路，而且与大连、本溪、抚顺、铁岭、锦州等省内城市全部实现高速公路化，形成了全国少有的高速公路网络。

(鉴　闻)

【气候】　2010年沈阳市气候概况为：年平均气温偏低、日照偏少、降水偏多，年降水量创历史极值。热量：年平均气温偏低，热量条件较差。年平均气温为7.2℃，比常年偏低1.3℃。春季气温持续偏低。平均气温为7.1℃，比常年同期低2.7℃。夏季气温偏低，平均气温为23.4℃，比常年同期偏低0.1℃。秋季气温偏低，平均气温为9.0℃，比常年同期低0.3℃。初冬，12月份气温持续偏低。月平均气温较常年低1.8℃。

全年极端最低气温－29.5℃，出现在12月14日；极端最高气温34.8℃，出现在6月25日。日平均气温稳定通过0℃的日期为3月28日，较常年晚12天。稳定通过10℃的日期为5月1日，比常年晚12天；10℃以上活动积温为3325.3℃，比常年同期少133.3℃。稳定通过20℃的日期为6月2日，比常年早12天；20℃以上活动积温为2459.8℃，比常年多462.5℃。无霜期182天，比常年同期偏多27天。

降水：2010年全市平均降水量为977.7毫米，比常年多353.4毫米，创历史极值，东陵、沈北、苏家屯和新民四个区、市年降水量大于1000毫米。全市平均降水量是常年同期的2倍。5月5日苏家屯和沈北新区出现暴雨，创下两地首场暴雨出现最早纪录。夏季降水频繁，全市平均降水量为常年同期的1.5倍，降水日数达44天，暴雨过程4次。秋季降水正常偏多，全市平均降水量为151.1毫米，是常年同期的1.4倍。初冬降水偏多，12月全市平均降水量为15.6毫米，比常年多9.0毫米，是常年同期的1.7倍，降雪次数较多。

日照：2010年日照时数为2275.2小时，比常年少114.5小时。作物生长季光照不足，特别是7月份日照时数达到历史同期的最低值，对粮食作物生长不利。9月份月日照时数为历史同期第二低值，不利于作物的后期生长成熟。

(张　菁)

【人口】　2010年，沈阳市总户数为251.3万户，户籍人口为719.6万人，比2009年分别增加3.7万户和3.1万人。其中市辖区户数为182.3万户，占全市总户数72.6%，人口为515.4万人，占全市总人口的71.6%。在全市十三个区、县(市)中，铁西区人口最多，为85.8万人，东陵区人口最少，为25.8万人。

在总人口中，男性人口为358.4万人，占总人口的49.8%，女性人口为361.2万人，占总人口的50.2%，性别比为99.2。出生人口中，男性人口28251人，女性人口26127人，性别比为108.1。

2010年，全市出生人口54378人，出生率为7.57‰，比上年提高个0.27千分点，死亡人口58637人，死亡率为8.17‰，比上年提高1.04个千分点，自然增长率为－0.59‰。

全市共迁入人口7.0万人，比上年增加0.3万人。其中，省内迁入人口3.1万人，省外迁入人口3.9万人；迁出人口3.7万人，比上年增加0.2万人。其中，迁往省内人口1.2万人，迁往省外人口2.5万人。全年人口机械增加3.3万人，比上年增加0.1万人。

人口年龄结构与上年相比变化不大，18岁及18岁以下人口91.8万人，比上年减少1.0万人，占总人口的12.8%，比重下降0.2个百分点；19—35岁人口182.1万人，减少0.6万人，占总人口的25.3%，比重下降0.2个百分点；36—60岁人口322.9万人，减少1.1万人，占总人口的44.9%，比重下降0.3个百分点；60岁以上人口122.7万人，比上年增加

5.6万人，占总人口的17.1%，比重比上年提高0.8个百分点，人口老龄化程度愈发严重。

（赵艳霞）

【行政区划】 2010年2月4日，经省人民政府批准，调整沈阳市和平区等城区行政区划：撤销苏家屯区姚千户屯镇、陈相屯镇、沙河铺镇、十里河镇、林盛堡镇、红菱镇、八一镇，分别设立姚千、陈相、沙河、十里河、林盛、红菱、八一街道办事处，街道办事处办公地点和所辖区域面积不变，实行街道管村体制。

2010年4月19日，经省人民政府批准，将东陵区浑河站西街道整建制划归和平区；将于洪区翟家、西三环、大青中朝友谊、大潘街道，彰驿站镇整建制划归铁西区；将于洪区城东湖、南阳湖街道沈辽路以北区域，于洪街道沈新路以南、三环高速路以东区域以及京沈高速路以南、三环高速路以西区域划归铁西区西三环街道；将于洪区沙岭街道部分区域划归铁西区大青中朝友谊街道（铁西区现行政管辖范围）。

2010年4月28日，经省人民政府批准，调整沈阳市沈河区等城区行政区划。沈河区：将东陵区丰乐街道、泉园街道整建制划归沈河区；将东陵区南塔街道浑河以北区域划归沈河区，保留南塔街道建制，办公驻地不变；将东陵区东陵街道浑河以北、东茂路以南区域（除东陵街道联盛南巷至凌云街以西，凌云街以西至新开河，东陵街道新开河以南、凌云街以西，凌云街以南、方陵路以西区域）划归沈河区，保留东陵街道建制，办公驻地不变；将东陵区马官桥街道三环高速路以西区域划归沈河区，保留马官桥街道建制，办公驻地不变；将大东区大北街道、小北街道北顺城路以南，万泉街道、津桥街道东顺城街以西区域划归沈河区皇城街道；将大东区长安街道东塔机场东南边界以南部分区域划归沈河区东陵街道。

大东区：将沈河区万莲街道万泉街以东、万柳塘路以北区域划归大东区万泉街道；将东陵区前进街道长大铁路线以东区域划归大东区，保留前进街道建制，办公驻地不变；将东陵区英达街道三环高速路以西区域划归大东区前进街道；将东陵区东陵街道东茂路以北、高官台街以西区域划归大东区东站街道；将东陵区东陵街道联盛南巷至凌云街以西，凌云街以西至新开河，新开河以南、凌云街以西区域划归大东区新东街道；将东陵区东陵街道凌云街以南、方凌路以西区域划归大东区长安街道；将沈北新区虎石台街道、辉山街道平望路以南、虎石台大街（203国道）以东、黄泥河以西区域划归大东区文官街道。

皇姑区：将于洪区北塔街道整建制划归皇姑区；将于洪区陵东街道黄河北大街以东区域划归皇姑区，保留陵东街道建制，办公驻地不变；将于洪区陵东街道黄河北大街以西的四台子村、方溪湖村部分区域划归皇姑区三台子街道；将于洪区陵西街道新开河以北、怒江北街以东、水源地南墙以南区域划归皇姑区新乐街道；将于洪区北陵街道向工街以东区域划归皇姑区明廉街道，香炉山路以南、西江街以西区域划归皇姑区舍利塔街道；将东陵区前进街道长大铁路线以西区域划归皇姑区陵东街道。

铁西区：将于洪区高花镇整建制划归铁西区。

东陵区：将南塔街道浑河南岸区域划归李相街道；将东陵街道浑河南岸区域划归深井子街道；将马官桥街道三环高速路以东区域划归英达街道，保留英达街道建制，办公驻地不变。

于洪区：将皇姑区舍利塔街道白山路以北区域划归于洪区造化街道；将方溪湖村保留区域划归北陵街道。

2010年5月17日，经市政府批准，东陵区增设营城子、汪家两个街道办事处，并调整李相、深井子街道管辖范围。营城子街道办事处下辖9个社区、4个村，区域面积48.3平方公里，办公驻地设在营城子村，实行街道管村体制；汪家街道办事处下辖14个社区、1个村，区域面积39.57平方公里，办公驻地设在原汪家镇政府驻地，实行街道管村体制。李相街道办事处下辖8个社区，区域面积71.12平方公里；深井子街道办事处下辖16个社区，区域面积67.44平方公里。两个街道办事处办公驻地不变。

2010年6月13日，经省人民政府批准，将法库镇陶屯、西门、南门、周地沟、石岗子5个社区，五台子乡四台子、秋皮沟、罗泉沟3个村和大孤家子镇大二道房、李贝堡2个村划归十间房乡管辖，并撤销十间房乡设立十间房镇，镇政府驻地不变；撤销孟家乡、依牛堡子乡、冯贝堡乡，设立孟家镇、依牛堡子镇、冯贝堡镇，所辖行政区域和政府驻地不变。

2010年6月13日，经省人民政府批准，撤销苏家屯区王纲堡乡、大沟乡、佟沟乡、永乐乡、白清寨乡，分别设立王纲、大沟、佟沟、永乐、白清街道办事处。调整后街道办事处的办公地点和所辖行政区域不变，实行街道管村体制。

2010年6月23日，经省人民政府批准，撤销辽中县老大房乡、牛心坨乡、大黑岗子乡，设立老大房镇、牛心坨镇、大黑岗子镇，所辖行政区域和政府驻地不变。

2010年7月21日，经省人民政府批准，撤销东陵区王滨沟乡，设立王滨街道办事处，所辖区域面积和办公驻地不变，实行街道管村体制。

2010年7月27日，经市政府批准，撤销大东区珠林街道办事处、小北街道办事处，设立小东街道办事处、上园街道办事处，将辽沈街道办事处更名为北海街道办事处。

2010年12月15日，经省人民政府批准，撤销沈北新区新城子乡、马刚乡、石佛寺朝鲜族锡伯族乡、黄家锡伯族乡、尹家乡、兴隆台锡伯族镇和清水台镇，分别设立沈北、马刚、石佛寺、黄家、尹家、兴隆台、清泉街道办事处，所辖区域面积和办公驻地不变，实行街道管村体制。

截至2010年12月底，沈阳市辖：和平区、沈河区、大东区、皇姑区、铁西区、苏家屯区、东陵区、沈北新区、于洪区9个区，新民市1个市，辽中县、康平县、法库3个县。区、县（市）下设街道办事处134个，乡政府28个，镇政府52个。

和平区设13个街道办事处：西塔、南湖、马路湾、新华、集贤、北市场、八经、长白、太原街、南市场、浑河湾、沈水湾、浑河站西。

沈河区设15个街道办事处：大西、大南、滨河、万莲、朱剪炉、风雨坛、山东庙、新北站、五里河、皇城、丰乐、泉园、马官桥、南塔、东陵。

大东区设14个街道办事处：万泉、长安、东塔、新东、北海、津桥、大北、上园、小东、洮昌、东站、二台子、文官、前进。

皇姑区设12个街道办事处：辽河、舍利塔、寿泉、三台子、明廉、塔湾、黄河、新乐、华山、三洞桥、北塔、陵东。

铁西区设18个街道办事处，2个镇：凌空、卫工、七路、兴工、启工、霁虹、重工、兴华、工人村、贵和、兴顺、艳粉、笃工、保工、翟家、大青中朝友谊、西三环、大潘；镇政府：彰驿站、高花。

苏家屯区17个街道办事处：解放、临湖、中兴、湖西、民主、陈相、十里河、红菱、林盛、八一、姚千、沙河、王纲、永乐、白清、佟沟、大沟。

东陵区设14个街道办事处：英达、桃仙、深井子、白塔、祝家、李相；东湖、五三、浑河站东、满堂、营城子、汪家、高坎、王滨。

沈北新区设14个街道办事处：新城子、清水台、道义、虎石台、财落、辉山、望滨、尹家、沈北、马刚、黄家、石佛寺、清泉、兴隆台。

于洪区设11个街道办事处、1个乡政府：街道办事处：迎宾路、城东湖、陵西、于洪、南阳湖、北陵、沙岭、大兴、马三家、平罗、造化；乡政府：光辉

新民市设5个街道办事处、13个乡政府、11个镇政府。街道办事处：东城、西城、辽滨、新柳、新城；乡政府：高台子、金五台子、红旗、卢家屯、姚堡、周坨子、于家窝堡、新农村、东蛇山子、陶家屯、罗家房、三道岗子、张家屯；镇政府：大红旗、梁山、大柳屯、公主屯、兴隆、兴隆堡 、胡台、法哈牛、前当堡 、大民屯、柳河沟。

辽中县设20个镇政府：潘家堡、老观坨、城郊、六间房、养士堡、辽中、茨榆坨、老大房、大黑岗子、牛心坨、朱家房、于家房、满都户、肖寨门、杨士岗子、冷子堡 、刘二堡、新民屯、长滩、四方台。

康平县设1个街道办事处、7个乡政府、7个镇政府：街道办事处：北三家子街道办事处；乡政府：两家子、北四家子、海洲窝堡、沙金台蒙古族满族、柳树屯蒙古族满族、东升满族蒙古族、西关屯蒙古族满族；镇政府：康平、东关屯、张强、小城子、方家屯、郝官屯、二牛所口。

法库县设7个乡政府、12个镇政府：乡政府：慈恩寺、双台子、卧牛石、和平、五台子、包家屯、四家子蒙古族；镇政府：法库、秀水河子、登仕堡子、叶茂台、柏家沟、大孤家子、三面船、丁家房、冯贝堡、孟家、依牛堡子、十间房。

（蒋志刚）

【民族】 据2000年全国第五次人口普查，沈阳有41个少数民族成份。即：满族、朝鲜族、蒙古族、回族、锡伯族、土家族、壮族、彝族、苗族、维吾尔族、藏族、达斡尔族、布依族、侗族、白族、黎族、畲族、瑶族、土族、高山族、羌族、鄂温克族、哈尼族、仡佬族、俄罗斯族、赫哲族、傣族、哈萨克族、仫佬族、鄂伦春族、水族、纳西族、珞巴族、毛南族、景颇族、撒拉族、柯尔克孜族、京族、拉祜族、塔吉克族、东乡族。

全市少数民族人口为70.5万人，占全市总人口的9.79%。其中，满族38.34万人，占全市少数民族总数的54.38%；朝鲜族94600人，占13.42%；蒙古族94530人，占13.41%；回族72811人，占10.33%；锡伯族54628人，占7.75%；其他36个少数民族5099人，占少数民族总数的0.72%。全市有10个少数民族相对聚居的街道、5个民族乡（镇）和256个民族村。

（关艳萍　包玉蓉）

【宗教】 沈阳市有佛教、道教、伊斯兰教、天主教、基督教5种宗教，7个市级爱国宗教团体，依法登记的宗教活动场所297处，另有2处外国人临时基督教活动点，全市信教群众约40万人，宗教教职人员474人。

佛教于魏晋时传入沈阳。现有一个市级爱国宗教团体，即沈阳市佛教协会，有寺庙及固定处所51处，宗教教职人员192名，信教群众约15万人。

道教于唐代传入沈阳。现有一个市级爱国宗教团体，即沈阳市道教协会，有宫观及固定处所10处，全真派乾、坤道41人，信教群众约1万人。

伊斯兰教传入沈阳的最早文字记载始于1352年。现有一个市级爱国宗教团体，即沈阳市伊斯兰教协会，有清真寺23座，阿訇38人，全市穆斯林约8万人。

天主教于1696年传入沈阳。现有2个市级爱国宗教团体，即沈阳市天主教爱国会和沈阳市天主教教务委员会，有教堂14处，天主教教职人员16人，信教群众约1.5万人。

基督教于鸦片战争后传入沈阳。现有2个市级爱国宗教团体，即沈阳市基督教协会和沈阳市基督教三自爱国运动委员会，有教堂及活动点199处，基督教教职人员187人，信教群众约15万人。

（关艳萍　包玉蓉）

国民经济与社会发展

【经济总量】 全市实现地区生产总值（GDP）5017亿元，比上年增长14.1%。其中，第一产业增加值232.4亿元，增长6.0%；第二产业增加值2542.4亿元，增长15.6%；第三产业增加值2242.2亿元，增长13.2%。三次产业结构为4.6:50.7:44.7。三次产业对经济增长的贡献率分别为1.8%、55.1%和43.1%。按常住人口计算，人均GDP为63667元，增长13.1%。

非公有制经济实现增加值3286.3亿元，比上年增长14.6%。其中，第一产业增加值增长6.1%，第二产业增加值增长15.8%，第三产业增加值增长14.0%。实现规模以上工业增加值1639.1亿元，增长19.8%；全社会固定资产投资增长37.9%；社会消费品零售额1878.8亿元，增长19.3%。

县域经济实现生产总值2115.3亿元，比上年增长21.1%。其中，第一产业

增加值增长7.1%，第二产业增加值增长23.2%，第三产业增加值增长22.0%。实现规模以上工业增加值1379.4亿元，增长23.4%；全社会固定资产投资增长44.7%；社会消费品零售额420.3亿元，增长16.2%；地方财政一般预算收入159.2亿元，增长31.0%；实际利用外商直接投资18.7亿美元，下降17.8%。

（赵　红）

【农业】 全年农林牧渔业总产值444.9亿元，比上年增长6.5%。其中，种植业产值174.3亿元，林业产值7.7亿元，畜牧业产值225.2亿元，渔业产值19.9亿元，农林牧渔服务业产值17.8亿元。

全市农作物播种面积65.5万公顷，其中粮食作物播种面积50.7万公顷，粮食总产量325.1万吨。水果产量17.6万吨，增长1.4%。蔬菜产量421.8万吨，下降0.1%。完成造林面积3.25万公顷，增长10.7%。肉类总产量86.6万吨，增长8.6%，其中猪、牛、羊肉分别增长2.8%、14.2%和13.1%。禽蛋产量60.6万吨，增长5.3%。牛奶产量39.2万吨，增长5.6%。

全年农业机械总动力295.8万千瓦，比上年增长2.3%。农用化肥施用量（折纯）19.5万吨，地膜覆盖面积5.7万公顷。

现代农业发展和社会主义新农村建设。全市市级以上现代农业示范基地102个，其中省级示范基地44个。规模以上农业产业化龙头企业817个，其中省级以上重点龙头企业37个。农民专业合作社达到2417个，入社农户25.6万户。实施中低产田改造面积2.1万公顷；新增设施农业面积1.6万公顷，累计达到10.3万公顷；新增高效特色农业面积1.4万公顷，累计达到20.3万公顷。全市耕地全部通过环境质量检测，无公害产地认证面积40.1万公顷。绿化中心村500个，累计达到1500个。到2010年末，36个乡镇达到“一乡一业”标准，“一村一业”专业村发展到920个。

（赵　红）

【工业】 全市规模以上工业增加值2361.4亿元，比上年增长19.1%。其中，重工业增加值1740.2亿元，增长19.6%；轻工业增加值621.2亿元，增长17.9%。股份制企业实现增加值1402.4亿元，增长19.2%；外商及港澳台商投资企业实现增加值514.5亿元，增长18.2%。机械装备、汽车及零部件、医药化工、农副产品加工、航空航天器制造业等八大优势产业实现增加值1852.9亿元，增长18.9%。装备制造业实现增加值1187.6亿元，增长20.1%，占全市规模以上工业增加值的50.3%。规模以上工业实现高新技术产品产值3890亿元，增长21.0%。工业出口产品交货值238亿元，下降1.6%。

全市规模以上工业企业实现利税总额725.1亿元，比上年增长38.8%；利润总额483.1亿元，增长47.2%。工业经济效益综合指数302.31%，比上年提高40.44个百分点；工业产品产销率98.3%，提高0.1个百分点。

（赵　红）

【建筑业及固定资产投资】 建筑业实现增加值246.4亿元，比上年增长17.2%。全市资质等级以上企业完成建筑业总产值1050.2亿元，增长56.5%；按建筑业总产值计算的全员劳动生产率18.7万元/人，比上年提高6.4%。

全社会固定资产投资比上年增长36.2%。其中，城镇固定资产投资增长36.0%；农村固定资产投资增长39.9%。从投资主体看，国有经济投资增长30.6%；外商及港澳台经济投资增长28.2%；民间投资增长40.1%。从产业分布看，第一产业投资增长29.5%；第二产业投资增长35.9%，其中工业投资增长36.5%；第三产业投资增长36.8%。全年新增固定资产增长81.9%。

全年计划总投资3000万元以上项目完成投资比上年增长30.1%，占全社会完成投资的68.4%，其中10亿元以上项目完成投资占28.5%。十二运比赛场馆及配套设施规划建设迅速展开，全运村主体工程开工；铁西装备制造业聚集区宝马新工厂、米其林轮胎、东药集团整体搬迁二期等重大项目开工；华强文化科技产业园、恒隆城市广场、新世界会展中心项目加快建设。航高基地C系列飞机项目装配厂房主体完工、东部汽车产业聚集区的宝马F18新产品、宝钢二期等项目投产。

全年房地产开发投资比上年增长31.9%。其中商品住宅投资增长34.1%，占房地产开发投资的68.6%。房屋施工面积8858.7万平方米，增长29.4%；房屋竣工面积1393.2万平方米，增长7.7%。商品房销售面积1746.5万平方米，增长13.9%，其中商品住宅销售面积1516.1万平方米，增长10.7%；商品房销售额945亿元，增长38.1%，其中商品住宅销售额774.5亿元，增长34.8%。

（赵　红）

【国内贸易】 全年社会消费品零售总额2065.9亿元，比上年增长18.5%。按地区分，城镇零售额2020.3亿元，增长18.5%；乡村零售额45.6亿元，增长17.8%。

限额以上贸易企业实现零售额937.9亿元，增长26.3%。其中，汽车类零售额296.2亿元，增长37.0%；中西药品类零售额87.3亿元，增长32.2%；家用电器和音像器材类零售额63.3亿元，增长21.5%；服装、鞋帽、针纺织品类零售额134.7亿元，增长16.6%。

限额以上企业中，处于营业状态的5000平方米以上大型综合超市、专业店和专卖店86家，其中10000平方米以上超市14家；连锁店铺2167个。全年成交额超亿元的商品交易市场64个，交易额1478.5亿元。

（赵　红）

【对外经济贸易与旅游】 全年进出口总额78.6亿美元，比上年增长19.5%。其中，进口总额37.8亿美元，增长24.0%；出口总额40.8亿美元，增长15.7%。出口商品供货值213.1亿元，增长7.0%。

全年新签外商直接投资合同项目473个，合同外资额81.2亿美元，实际利用外商直接投资额50.5亿美元。全年新签对外承包工程与劳务合同金额14亿美元，增长29.6%；实现营业额6.2亿美元，增长2.5%；外派人员1.98万人次，增长56.1%。

加强旅游环境建设，强化区域合作。进一步扩大沈阳国际冰雪节规模，创新筹办沈阳国际旅游节。加快建设棋盘山旅游产业聚集区和铁西工业旅游聚集区,大力推进乡村、工业、红色、生态特色旅游发展,积极发展温泉等新兴旅游业态,全面推动华强文化科技基地等旅游大项目建设。全年接待国内外旅游者5717万人次,增长7.1%,其中,接待国内旅游者5662万人次,增长7.0%;接待入境旅游者55万人次,增长11.1%。旅游总收入528.3亿元,增长16.6%,其中,国内旅游收入502亿元,增长17.3%;旅游外汇收入4亿美元,增长8.2%。全市旅行社185家,星级饭店108家,国家A级旅游景区34家,国家工农业旅游示范点11家。

(赵　红)

【财政、金融及保险业】 全年地方财政一般预算收入465.4亿元,比上年增长17.6%。地方财政一般预算支出516.8亿元,增长8.6%。其中,环境保护支出增长32.0%,教育支出增长15.8%,科学技术支出增长12.5%,社会保障和就业支出增长11.7%。

全市银行机构营业网点1100余个,金融机构本外币存款余额8254.2亿元,比年初增长21.2%,其中城乡居民储蓄存款余额3394.9亿元,增长12.7%;本外币贷款余额6068.4亿元,比年初增长17.4%。银行现金收入11005.7亿元,现金支出10657.9亿元,收支相抵,货币回笼347.9亿元,比上年增长18.9%。

全市证券营业部74个。全年证券交易额11915.6亿元,比上年下降7.1%。其中,股票交易额11373.9亿元,下降3.0%;基金交易额133.5亿元,增长40.6%。

全市保险机构及网点250余家。全年实现保费收入147.1亿元,比上年增长32.4%。其中,国内财产险保费收入37.7亿元,增长35.5%;人身险保费收入108.5亿元,增长32.2%。支付各类保险赔款总额32.9亿元,下降17.7%。其中,国内财产险赔款金额16.2亿元,下降1.7%;人身险赔付金额15.6亿元,下降31.2%。

(赵　红)

【交通运输、邮政和信息传输业】 全年货物运输总量17347.5万吨,比上年增长14.4%。其中,铁路538万吨,增长24.9%;公路16804万吨,增长14.1%;民用航空5.5万吨,增长9.3%。全年旅客发送量30658.3万人次,增长10.8%。其中,铁路3979.3万人次,下降0.1%;公路26285万人次,增长12.7%;民用航空394万人次,增长8.0%。

年末全市民用汽车保有量83.2万辆,比上年末增长17.8%。其中,载客汽车65.3万辆,载货汽车14万辆。年末私人汽车保有量56.2万辆,增长22.4%。

沈阳与国际15个城市、国内52个城市(地区)通航。沈阳机场航线达到106条,其中,国际航线15条,国内航线91条。运输飞机起降6.97万架次,增长5.2%;机场旅客吞吐量862万人次,增长14.9%。

全年邮电业务总量280亿元,比上年增长19.0%。其中,邮政业务总量6.4亿元,电信业务总量273.6亿元。年末固定电话交换机总容量539.4万门。城乡固定电话用户322.6万户,其中住宅电话用户214.6万户。移动电话交换机总容量1272万户,新增191万户;移动电话用户855.3万户,新增108.3万户。国际互联网络登记注册用户135.9万户,增长5.9%,其中宽带接入用户132万户,增长7.3%。固定电话普及率45部/百人,移动电话普及率118.9部/百人。

(赵　红)

【城市建设】 2010年城建投资400亿元,比上年增长11%。地铁1号线投入运营,2号线实现洞通。三环高速公路改建和四环快速路新建工程启动,南北二干线和二环快速路改造工程开工。大伙房水库输水配套一期工程竣工,城市规划展示馆竣工开馆。实施行政区划局部调整,中心城区扩容130平方公里。城区完成绿化植树333.5万株,整修主次干道38条,改造弃管住宅区389个,改造面积1635万平方米。

城市公交运营线路202条,其中新开、调整城市公交线路30条;公交运营线路长度达到3784.8公里。年内新增、更新公交车辆28辆,公交标准运营车辆6470标台,比上年增长0.6%。全年公共交通客运总量达到12亿人次,增长3.4%。年末全市出租汽车20686辆,其中市区17200辆。

年末市区铺装道路总长度2895公里,总面积5706万平方米。路灯21.32万盏,永久性桥梁296座。全年新增供水管网174公里,供水管道总长度2815公里,供水量5.25亿立方米。改造供热管网350公里,新增供热能力3900万平方米,全市供热面积达到2.25亿平方米。天然气供气管道总长度2625公里。

全年植树5000余万株,建成区绿化覆盖率42.01%,城区人均公园绿地面积12.72平方米。

(赵　红)

【环境保护】 完成金山热电等4座燃煤电厂和66台35吨以上非电燃煤锅炉脱硫工程,改造机组总容量120兆瓦,锅炉总吨位4000余吨。道义、康平、法库等5座污水处理厂建成投入运行,城市污水处理率达到83%,所有独立工业园区污水处理率达100%,郊区县政府所在地的污水处理率将达到100%。年度环境空气优良天数达329天。机动车尾气达标率达到95%,水源地水质达标率继续保持100%,危险废物处置利用率100%,医疗废物无害化处置率100%。

全国环境建设样板城规划通过国家论证,沈北新区、棋盘山开发区通过国家生态区验收,苏家屯区、于洪区、辽中县通过国家生态区技术核查,全市62.5%的涉农区(县)达到了国家生态区县的标准,86.9%的乡镇达到国家环境优美乡镇标准。沈阳市成为全国农村环境综合整治6个试点城市之一,启动了100个村的环境综合整治,生态市创建指标达标率达到80%。

(赵　红)

【人口与就业】 年末,全市户籍人口719.6万人,比上年末增长0.43%。其中,市区人口515.4万人,县(市)人口204.2万人;男性人口358.4万人,女性人口361.2万人。人口出生率7.57‰,比上年提高0.27个千分点,出生人口性别比108.1;人口死亡率8.17‰,提高1.04个千分点。人口自然增长率-0.59‰,比上年下降0.76个千分点。计划生育率

97.59%。

全市城镇非私营单位从业人员110.4万人,比上年增长4.9%,其中在岗职工103.8万人,增长4.2%。在岗职工中,国有经济单位57.9万人,增加0.7万人;集体经济单位5.6万人,减少0.2万人;其他经济单位40.4万人,增加3.7万人。在岗职工产业分布,第一产业0.48万人,下降33.6%;第二产业39.6万人,下降0.9%;第三产业63.3万人,增加7.4%。年末离岗职工10.9万人,减少0.9万人。

全年实现实名制就业20.7万人。10.5万名高校毕业生实现就业。援助就业困难群体就业2.7万人,农村劳动力转移输出6.9万人。年末,城镇登记失业人员7.72万人,城镇登记失业率3.10%。

(赵　红)

【人民生活和社会保障】 2010年,城镇非私营单位职工平均工资38553元,比上年增长12.5%,其中在岗职工平均工资41899元,增长8.6%。城市居民人均可支配收入20541元,增长11.2%;人均消费支出16961元,增长8.2%。农民人均纯收入10022元,增长14.5%;人均生活消费支出5388元,增长12.1%。

全年城镇住宅建设投资比上年增长32.8%,新建成住宅1113.7万平方米,其中商品住宅1107.7万平方米。全年投入经济适用房货币补贴资金2.5亿元,开工建设经济适用房85.28万平方米。

2010年,全市参加城镇基本养老保险293.1万人,其中职工198.3万人,分别比上年末增加13.6万人和9.2万人;参加城镇职工基本医疗保险324万人,增加16.5万人;失业保险125万人,增加1.5万人;工伤保险165.4万人,增加2.3万人;生育保险245.6万人,增加19.3万人。新型农村合作医疗参合人数238.12万人,参合率99.38%,人均筹资标准提高到165元。新型农村社会养老保险试点在康平稳步推进,参保农民12.2万人。被征地农民养老保障参保人数11.12万人。

全年发放最低生活保障金3.8亿元。其中,城市发放最低生活保障金2.9亿元,有6.7万户、12.5万人享受城市居民最低生活保障;农村发放最低生活保障金8934万元,有4.8万户、9.7万人享受了农村居民最低生活保障。6456户、1.5万人享受城市低保边缘户救助;4207户、9751人享受农村低保边缘户救助。对城乡低保户、农村五保户发放临时物价补贴3013万元。城市医疗救助0.66万人次,累计救助金额113万元;农村医疗救助9.9万人次,累计救助金额2093万元。

企业离退休人员基本养老金人均每月1241元,比上年提高146元。失业保险金人均支出标准为每月667元,提高161元。职工月最低工资标准:市区和开发区900元,四县(市)750元。城镇居民最低生活保障标准:各区每人每月380元,四县(市)每人每月310元。农村最低生活保障标准:各区每人每年2600元,四县(市)每人每年2000元。

(赵　红)

【社会事业】 2010年,全市拥有市及市以上独立科学研究与技术开发机构107个;省级以上工程(技术)研究中心173个,其中国家级14个;省级以上重点实验室196个,其中国家级13个。全年市以上登记认定的科技成果184项,其中应用技术成果162项。应用技术成果中,达到国际水平85项(国际领先7项,国际先进78项);达到国内水平77项(国内领先62项,国内先进15项)。软科学成果及基础理论成果22项。各类技贸机构技术贸易成交额73.9亿元。专利申请10056件,其中发明专利申请3879件;专利授权5165件,其中发明专利授权1010件。

完成200所接收外来务工人员子女学校改造和145栋学校校舍维修改造,普通高中标准化建设深入推进。到2010年末,全市普通高等院校41所(含独立学院8所)。招收本、专科学生9.9万人,在校生34.9万人,本、专科毕业生8.7万人。普通高等院校和科研机构招收研究生1.4万人,在校研究生3.8万人,毕业研究生1.08万人。高等教育毛入学率50%。普通中学321所,在校生30.2万人;普通中专41所,在校生7.5万人;职业高中47所,在校生2.2万人;技工学校37所,在校生2.4万人。初中毕业生升学率99.8%,高中阶段毛入学率93%。小学415所,在校生33.8万人。小学学龄人口入学率100%。全市学前三年幼儿入园率91%。

到2010年末,全市卫生机构1756个(不含村级卫生组织)。其中,医院180个;卫生院114个;社区卫生服务机构337个,其中社区卫生服务中心86个、社区卫生服务站251个;疾病预防控制中心(防疫站)19个;妇幼卫生保健机构15个;专科疾病防治机构24个;卫生监督所14个。年末实有病床42822张,各类卫生技术人员52327人,其中执业医师19301人,执业助理医师1558人,注册护士21391人。

成功举办2010世界女子9球锦标赛。圆满完成辽宁省第十一届运动会承办任务,并获得金牌、奖牌、团体总分三项第一,创造了在省运会上连续两届夺得三个第一的历史性纪录。

(赵　红)

精神文明建设

【迎全运文明沈阳行动】 2010年,在全市组织开展了重点组织开展四次“体验行动”:“的士体验行动”——为的士司机送上一个寓意平安的“苹果”;“环卫体验行动”——与每一位环卫工人握手,送一个寓意诚敬的“橙子”;“玫瑰行动”——10万枝市花玫瑰花送给文明市民,在全市百万市民中开展文明传递活动。组织开展评选文明出行好市民活动。7月初全面启动了评选文明出行好市民活动,先后在市公安系统、市交通系统,市内五城区举办了7场专场晚会,评选产生了参加全市总评选的14名候选人。为把这项活动做出内容,做出效果,做出影响,联合新闻媒体开展了迎全运“文明的力量”主题宣传教育活动。沈阳日报连续推出7个整版的专题报道,使文明出行理念深植市民心中。9月28

日，在浑南奥体中心隆重举办了“文明，让城市之花绽放”上海通用杯迎全运文明沈阳行动主题颁奖晚会，傅长君、王靖昊、李栓良等14名文明出行好市民标兵受到表彰。广大市民自觉走文明路、开文明车、做文明人的良好社会氛围日益形成。多措并举，促进影响城市文明形象的相关问题切实得到有效解决。组织近千名城市观察员重点围绕出租车拒载并客，建筑垃圾沿途洒落、市民乱穿马路、交通拥堵等问题进行有针对性的调查，全方位、多角度分析查摆问题成因，推进相关问题解决。

（杨建学）

【第二届沈阳全民读书月】 2010年4月23日至5月23日，沈阳市成功举办了第二届沈阳全民读书月活动。共开展17项重点活动，46项主体活动。举办首届沈阳市民“晒书”大会，依托全市各区广场组织广大市民展示家中藏书，鼓励旧书交易、交换，上万名市民参与图书交换，共展出图书5万多册。举办第三十届沈阳书市，精选3万种新书参展，吸引了广大市民的积极参与。在全市中小学开展第六届古诗文大赛，组织中小学生积极参与古诗文背诵等比赛。开展图书捐赠活动，发动全市各级机关、学校、企事业单位和各级文明单位开展为农家书屋图书捐赠，共捐献图书百万册。组织读书微博大赛，组织广大读者用网络微博的形式，以报纸和网络为平台，发表自己的读书心得、体会，并评出优秀微博集结成书。读书月期间，专门邀请了纪连海、傅佩荣、周海宏等知名学者来沈讲学，为沈阳市民呈现经典文化盛宴，沈阳读书月名家讲坛活动已经成为一项融“大众性、时代性、经典性”于一体的品牌活动。5月23日，在辽宁大剧院举办第二届沈阳全民读书月闭幕式暨中外经典诗文音乐朗诵会。邀请了方明、姚锡娟、濮存昕、凯丽等播音表演名家，现场朗诵传统经典名篇和时代美文佳作。名人名篇的助力，提升了沈阳全民读书月的活动层次，增强了市民对经典阅读的吸引力。中央文明办《精神文明建设》刊登沈阳市举办第二届全民读书月经验材料。此项活动同时被评为沈阳市全民终身学习精品活动，也被评为沈阳市2010年文化发展十件盛事之一。

（杨建学）

【感动沈阳人物评选】 2010年6月份开始启动了“2010年度“感动沈阳”人物评选暨“我推荐，我评议身边好人”活动，用身边的事感动身边的人，大力弘扬道德模范人物的先进事迹和崇高精神。通过层层推荐和媒体宣传，继年初评选后，又推出一大批感动沈阳的先进典型，典型事迹广受社会关注，感动故事在沈城百姓中口口相传。11月26日举办了“2010年度感动沈阳评选活动事迹演讲会；12月28日启动了2010年度感动沈阳人物的市民评选，截至年底，对2010年度感动人物进行了全方位的事迹挖掘和全面宣传，辽宁日报专门刊发专栏，报道沈阳市推选出的感动人物。2011年1月21日在辽宁大剧院举办2010年度感动沈阳人物评选颁奖典礼。

（杨建学）

【“迎全运盛会，建秩序沈阳”细节文明主题创建活动】 2010年11月开始，沈阳市在全市深入开展“迎全运盛会，建秩序沈阳”细节文明创建活——文明排队大雁行动。此次活动以全市五城区公交中途站点、地铁扶梯为重点，并以此带动广大市民在车站、机场、医院、商场、银行、电影院、风景区、学校、公共餐饮点等各类公共场所自觉排队，主动礼让。通过活动的开展，普及秩序文明推广，由乘客乘车排队延展到各个主体和领域的排队，让绝大多数市民能够了解并践行自动扶梯“左行右立”的国际惯例。

一是创新活动载体，养成文明习惯。组织开展文明排队征文、摄影大赛活动。在日报、晚报等媒体开设文明排队摄影、征文大赛专栏、专版，号召广大市民用手中相机（手机）拍摄公交站点、地铁售票口、检票口、窗口服务单位等地点的排队情况图片；撰写有关文明排队的文章，择优刊登，并设立相关奖项。促进文明排队的互动和交流氛围。通过号召、动员、组织文明出行好市民标兵、文艺明星、电视电台主持人等公众人物定期走上街头、公共场所，宣传组织引导市民文明排队乘车、就医、购物、购票。完善公交车站点排队护栏、窗口单位一米线、提示语、指示牌等排队硬件设施，为广大市民养成文明排队习惯提供方便条件。组织志愿者队伍，在城区沿线各公交车站、地铁站及商业网点等公共场所维持秩序，引导文明排队、文明乘梯，对市民不遵守公共秩序的行为进行劝阻。

二是弘扬大雁精神，倡导秩序文明。组织召开细节文明创建活动—文明排队大雁行动专题座谈会，共同研讨文明排队对城市文明的推动作用，推出倡导市民讲文明、讲秩序、讲礼让的大雁精神，形成自觉排队光荣的雁阵效应，鼓励市民争做组织排队的头雁。开展文明排队志愿服务行动，组织文明排队“大雁使者”在全市公交站点、地铁，商场、医院等公共场所，开展文明排队引导服务，宣传文明排队理念，规范文明排队秩序，使市民对秩序文明有了更深刻的认识。组织开展文明排队体验行动，近百名城市文明观察员和省市媒体记者观察员深入全市公交站点、地铁、车站、机场、商场等重点领域的上百个排队点位开展体验活动，向市民发放文明卡，进行问卷调查，拍摄文明排队照片，查摆问题成因，推进相关问题解决。

三是营造舆论氛围，扩大社会影响。专门推出《和你在一起》大雁行动主题歌MTV，《因为有你》文明排队诗歌，制作文明排队宣传卡片，系列宣传片、公交站亭文明排队宣传画等社会公益宣传，在全社会广泛宣传，使文明排队家喻户晓。在新闻媒体刊发消息，号召市民在公交站台、医院、商场及各类文化场所出行、办事要自觉排队、文明礼让。各市属媒体开设专版、专栏，以图片、视频对比等方式表扬进步、揭露不足。制作文明排队徽章、吉祥物、宣传卡片等功能宣传品，向坚持排队的群众赠送，鼓励群众自觉排队；制作文明排队公益海报，在全市重要街道、路口、社区宣传栏、窗口单位张贴；向全市市民发出“文明排队”的提示短信；拍摄文明排队公益宣传片，制作文明排队主题歌MTV在新闻媒体和全市主要广场、街路大屏幕，公共汽车移动电视，车体、楼宇电视等滚动播放。设计制作文明乘梯“左行右立”创意指示牌、标示等在地铁站、商场、医院等公共场所自动扶梯附近放置、张贴。

（孙婧婧）

【实施社区网站建设工程】 实施社区网站建设工程，把精神文明建设工作向网络拓展。在皇姑区辽河街道晨报社区等119个社区为试点，经过一年的试运行，2010年5月召开沈阳市社区网站建设工程启动仪式暨现场经验交流会。“十一”前夕，全市127个街道（乡镇）、806个社区（村屯）网站全部开通，是全国15个副省级城市第一家，新华社作了采访报道。社区网站已经成为党和政府沟通百姓情感的“连心桥”，展示社区工作成果的新窗口，便民信息发布的新平台，被市直机关工委评为“市直机关第三季度最佳实事”。

（倪 锋）

【迎全运文明沈阳志愿服务行动】 坚持广泛动员、有效整合、营造氛围的工作思路，组织开展三大志愿服务活动，推动志愿服务的科学化、制度化、常态化发展。一是开展社区和谐志愿服务。成立200多个“社区文明行动志愿服务队”，组织万名文明行动志愿者深入社区，定期开展心理疏导，传播文明等志愿服务活动。12月5日，组织万名志愿者走进社区、敬老院、儿童福利院、商业街、主要街路、广场，以形式多样的志愿服务活动，弘扬志愿者精神，为5000多名空巢老人、孤残儿童和社区居民提供了志愿服务。新华社对外部面向港澳台及海外宣传报道了沈阳以及上海等地开展志愿服务情况。二是开展公共秩序志愿服务。启动文明交通协勤志愿服务行动，在市内五区的228个灯岗，组织志愿者在早晚交通高峰时段，开展交通协勤志愿服务，累计参与服务人数达20万人次，同时，组织50余名市民巡访团成员对交通协勤志愿者进行考核，并将考核情况对各地区进行通报。三是开展心理健康志愿服务。组织心理志愿者开展“五进”活动，进机关、进学校、进企业、进社区、进军营，在10月10日世界心理卫生日来临之际，组织22个心理医疗机构、咨询机构志愿服务团队的200多名心理志愿者，在中山公园主会场和辽宁省儿童发展中心等5个分会场，为市民开展心理咨询、心理测量等服务，发放市民心理健康宣传手册和总价值6万元的免费心理咨询卡，受到市民欢迎。新华社以“沈阳心理志愿者免费为各类人群服务30万人次”为题宣传报道。

（倪 锋）

经济协作

【概况】 按照市委十一届八次全会部署，紧紧围绕促进发展方式转变，着力调整优化经济结构，大力推进改革开放和自主创新，立足经济协作工作重心和任务，全方位开展经济协作，以招商引资为核心，创新方法、注重实效，加快了区域内和地区间的经济联合与协作。2010年成功举办沈阳市县域招商洽谈会和环渤海区域合作市长联席会第十四次市长会议两次大型活动，签订17个重大合作项目，招商签约总额为272.26亿元；全年共参加沈阳经济区、环渤海经济区和其他跨地区大型经济合作活动10余次；启动援建新疆塔城市4个重点项目，并向新疆塔城市捐赠先期启动资金2000万元。

（王 磊）

【“请进来”县域招商活动】 2010年5月17－18日，沈阳市首次以县域为主体开展的“2010年沈阳市县域招商洽谈会”在沈阳市黎明国际酒店召开。来自国内500强行业龙头企业的200余位代表应邀参加本次招商洽谈会。17日晚，市政府王翔坤副市长主持了项目推介会，市委副书记苏宏章出席项目推介会并致辞，8个区、县（市）进行了项目推介。18日陈海波市长会见了出席招商洽谈会的部分企业家，洽谈推进了20个重点项目，并出席了签约仪式。当天共有总投资50亿元的中国智能港基础设施建设和总投资20亿元的苏泊尔产业园以及康平县的风力发电厂建设等16个重大项目与有关县区进行了签约，总签约额为222.26亿元。其中，新型材料制造业项目4个，总投资额71.4亿元；风力发电项目1个，总投资额20亿元；先进装备制造业项目3个，总投资额76亿元；工业地产项目3个，总投资额32亿元；房地产开发项目2个，总投资额20亿元；农产品深加工项目3个，总投资额2.86亿元。

（王 磊）

【环渤海区域合作】 2010年8月4日至6日，在内蒙古自治区鄂尔多斯市召开2010年环渤海区域合作市长联席会第一次特派员集中办公会扩大会议。环渤海区域合作市长联席会37个成员市的特派员及山西省长治市、内蒙古自治区鄂尔多斯市的代表参加了会议。会议主要议题是2010年市长联席会上半年工作总结及部署下半年重点工作任务；研究讨论拟提交到2010年9月20日在沈阳市即将召开的环渤海区域合作市长联席会第十四次会议上的四个提案及《环渤海区域合作（沈阳）》。市经济合作局巡视员胡青山作为市长特派员参加了会议，并作为环渤海区域合作市长联席会副主任城市主持了这次会议。

9月21日，环渤海区域合作市长联席会第十四次市长会议在沈阳召开。来自国家发改委领导、联席会40个成员城市市长、国内有关区域经合组织以及理论界、新闻界、企业界共300余人出席了会议。围绕“合作、发展、共赢”的主题，共商区域交流合作，推动经济协调发展。天津市副市长任学锋参加会议。会议发出《环渤海区域合作沈阳倡议》，通过了关于成立环渤海区域高新技术产业联盟、成立环渤海区域金融合作联席会、成立环渤海中小企业发展联盟，以及签订《加快环渤海装备制造业基地建设的合作框架协议》四个提案。决定吸纳长治市、鄂尔多斯市、赤峰市为市长联席会新成员，至此，市长联席会成员市的数量已达到40个。并确定第十五次会议2011年在天津市召开。会议还承办了市长论坛环节分会，副市长王英代表沈阳市进行了主旨发言。会议期间举行了环渤海区域重点合作项目签约仪式，集中签约了15个项目，合作金额达197.65亿元。其中，沈阳蒲河新城管理委员会与青岛海尔投资发展有限公司签约的在沈建设的海尔沈阳工业园项目，合作金额达50亿元。

12月8日，在天津市召开环渤海区域合作市长联席会主任城市市长特派员工作交流会议。沈阳、大连、青岛、济南、石家庄、呼和浩特等城市市长特派员出席了会议。会议根据主要内容：一是会议根据市长联席会章程讨论完善各项制度；二是通报召开2011年特派员会议有关情况；三是讨论研究2011年环渤海区域合作重点工作和总体思路；四是讨论2011年拟在天津召开环渤海区域合作市长联席会第十五次会议的有关事项、议程；最后由联席会办公室主任孙虎军同志宣读本次会议形成的纪要。

（王　磊）

【沈阳经济区合作】 2010年以沈阳、阜新两市的经济合作为代表的沈阳经济区的合作，有了实质性进展。两市在铸锻造、机加等产业上，多个项目合作取得了突破，阜新市广厦钢结构公司、力达钢铁铸造公司、北辰液压气动公司等近20户企业为沈阳市北方重工集团、沈阳机床集团、华晨汽车集团等大型企业配套供货，资金额突破10亿元；10月29日，沈阳市组织7家外埠政府驻沈办事处、6家外埠驻沈商会及30余家企业赴铁岭参加"首届榛子节"，共同寻求沈阳、铁岭两市经济合作契机。

（王　磊）

【跨地区经济合作】 2010年4月29日市政府陈惠仁副秘书长率领由市政府办公厅、市经合局组成的沈阳市政府代表团参加了山东省人民政府等部门主办、青岛市政府等部门承办的2010中国·青岛国际新能源论坛暨中德企业合作发展峰会；6月10日－13日参加在西宁市召开的"2010中国青海绿色经济投资贸易洽谈会"，沈阳消防电子设备厂、辽宁天一重工有限公司、沈阳联诚数字科技发展有限公司、沈阳石油仪器研究所有限公司、老龙口酒业有限公司、沈阳魔芋食品有限公司等6户沈阳企业参展；11月22日－25日参加在成都举行的"第十一届中国西部国际博览会"，不老林食品、华彩门业、双兴金属软管、金晨伟业冷暖设备、萃华金店等5家沈阳企业参展；11月2日，四平市委书记刘喜杰，市委副书记、代市长石国祥率四平市党政代表团一行来沈，考察沈阳市重点企业。

（王　磊）

【对口支援工作】 2010年6月18日，沈阳市召开对口支援新疆工作会议。省委常委、市委书记曾维出席会议并讲话；6月26日，辽宁省沈阳市政府副秘书长田家一行9人组成沈阳对口援建先遣团来塔城市衔接对口支援工作；第三季度，市委、市政府先后组织召开10余次推进援疆工作调度会和工作汇报会；7月22—25日，塔城地委书记彭家瑞率领的新疆塔城地区党政代表团一行来沈参观考察。7月22日，市长陈海波会见由塔城地委书记彭家瑞率领的新疆塔城地区党政代表团。7月23日，沈阳市与来沈参观考察的新疆塔城市党政代表团召开项目对接座谈会。确定三大类40个重点项目援助建设计划，其中民生重大项目16项，智力援助项目4项，双方协作实现互利共赢项目20项。7月24号，在沈阳市委常委、铁西区委书记李继安，沈阳市政府副秘书长田家的陪同下，地区人大工委副主任、市委书记李世玉率领的塔城市党政代表团在沈阳市装备制造企业进行学习考察。塔城市邹义伟、史志新、姚峰等参加了学习考察活动。7月25日，塔城地区人大工委副主任，塔城市市委书记李世玉率领塔城市党政代表团一行20人到沈北新区参观考察，沈北新区人大常委会主任陈航、沈北新区区委副书记李英华陪同考察。7月26日上午10:30在沈阳宾馆沈阳厅举办了新疆塔城市招商项目推介会暨农产品加工项目签约仪式。沈阳和塔城两市领导、政府有关部门、企业、外埠商会和新闻单位大约80余人参加了推介会，6家沈阳企业与塔城市进行了签约，签约额4.3亿元；8月11日，市政府副秘书长田家一行6人组成沈阳党政代表团先遣团来塔城市衔接对口支援工作的前期工作。8月12—16日，省委常委、市委书记曾维率沈阳市党政代表团，赴新疆维吾尔自治区塔城地区塔城市，全面推进对口援疆工作。期间，在塔城市启动了4个重点援建项目，捐赠了2000万元启动资金。在察布查尔锡伯自治县种植了象征两地人民友谊长存的友谊树并捐赠了100万元帮扶资金；10月中旬，援疆办先后组织市农委、市外经贸局等有关部门和企业与塔城方面积极开展支柱产业项目经济合作工作。其中，投资3亿元，年产100万吨水泥的塔城市水泥厂建设项目已基本完成了前期准备工作，将于明年春季破土动工。11月2日，市教育局率先启动"三百"培训工程，承办了首期"沈阳市对口支援塔城市教育人才培训班"，来自新疆塔城市19名中小学校长、幼儿园园长在沈阳大学教育学院进行了为期1个月的培训。11月26日市教育局在沈设立包括沈阳市回民中学、第51中学、回民初中、第82中学、实验学校、回民小学、朝阳一校、文艺路二小、浑南一小、浑南二小等10个学校在内的"沈阳市对口支援新疆塔城市教育人才基地"。

（王　磊）

党 政 机 关

中共沈阳市委

【市委十一届九次全会】 中共沈阳市第十一届委员会第九次全体(扩大)会议于2010年7月14日举行。省委常委、市委书记曾维代表市委常委会作题为《满怀发展激情,坚定必胜信心,为全面完成今年各项任务而努力奋斗》的工作报告。市委副书记、市长陈海波就做好下半年经济工作进行部署。市人大常委会主任赵长义、市政协主席刘雅琴出席会议。部分区、县和市直部门主要负责人作大会发言。市委副书记苏宏章主持会议并就贯彻落实这次会议精神提出要求。

会议认为,年初以来,在省委的正确领导下,全市各级党政组织团结带领广大党员、干部和群众,深入贯彻落实科学发展观,按照市委十一届八次全会暨经济工作会议的部署,紧紧围绕完成"五大任务"和实现"三大目标",奋力拼搏,锐意进取,扎实推进调结构、优环境、惠民生和加强党的建设等重点工作,经济社会继续保持了平稳较快发展的良好势头,政治建设、文化建设、社会建设以及生态文明建设和党的建设进一步加强。

会议指出,上半年成绩的取得,最根本的在于从沈阳振兴发展的实践出发,创造性地贯彻落实科学发展观,坚持走科学发展、创新发展、和谐发展的道路不动摇,坚持好中求快、快中求好、又好又快的原则不放松,在推进全面振兴的伟大进程中,更加注重提高经济增长质量和效益,更加注重推动经济发展方式转变和经济结构调整,更加注重推进改革开放和自主创新,更加注重改善民生和保持社会和谐稳定,始终坚持正确处理做大经济总量与调整经济结构的关系,正确处理立足当前与着眼长远的关系,正确处理以经济建设为中心与统筹推进政治建设、文化建设、社会建设以及生态文明建设和党的建设的关系,不断增强经济社会发展的稳定性、协调性和可持续性。这些业已形成的发展理念、发展思路,必须一以贯之、毫不动摇地坚持下去。

会议深入分析了全市经济社会发展所面临的形势,提出下半年全市工作的总体要求是:认真贯彻党的十七大和十七届三中、四中全会及省委十届十次全会精神,深入贯彻落实科学发展观,牢固树立又好又快的发展理念,紧紧围绕年初确定的调结构、优环境、惠民生和加强党的建设各项任务,抢抓发展机遇,保持发展激情,转变工作作风,提高工作效率,为确保全面完成今年各项任务、实现"十一五"各项目标而顽强奋斗。

会议部署了下半年要重点抓好的几项工作。第一,咬定"两个5000亿"目标不动摇。全面抓好"优化、突破、提升"工作,加快转变经济发展方式,积极调整经济结构,促进工业、服务业和农业快速协调发展,在不断做大经济总量的基础上,大力提高增长质量和效益,推动经济又好又快发展。要加强生产要素供给,加大招商引资力度,抓紧包装、储备和引进一批重大项目。进一步优化投资环境,及时协调解决经济发展特别是固定资产投资中遇到的各种难题,确保既定目标如期实现。

第二,加快推进沈阳经济区建设。要紧紧抓住沈阳经济区建设上升为国家战略这一难得机遇,以开展国家创新型城市试点为契机,加快完善《沈阳市国家新型工业化综合配套改革试验方案》,抓紧研究制定加快推进全市新型工业化综合配套改革的政策意见,努力在探索新型工业化发展模式上取得新突破、创造新经验。推动沈抚同城化取得突破性进展,以此带动沈阳经济区一体化建设步伐。

第三,加快大浑南等重点空间建设。要立足当前、着眼长远,重点抓好大浑南地区发展规划、基础设施、环境建设和服务全运等各项工作,努力把浑南新城建设成第三代城市典范,建设成沈阳未来的行政中心、科技中心和文化中心。同步推进产业园区建设,确保大浑南地区协调发展。要加快铁西装备制造业聚集区、沈北新区、金融商贸开发区、东部汽车产业聚集区、棋盘山开发区等其他重点发展空间开发建设步伐,更好地发挥重点空间对沈阳经济发展的支撑作用。

第四,全面提升城市建设和管理水平。要按照加快建设新城区、改造提升老城区的要求,高标准推进城市重大基础设施和地下管网建设,科学规划和全力构建系统化、快速化、立体化的城市交通新格局,着力解决中心城区交通拥堵问题。改革城市建设投融资体制,进一步理顺城市管理体制,整合城市管理资源,动员全社会参与城市管理,实现城市管理的科学化、制度化、常态化。

第五,着力抓好民生和稳定工作。要认真办好年初确定的10件实事,如期兑现市政府向全市人民作出的承诺。落实各项就业扶持政策,进一步扩大社会保障覆盖面,探索建立城乡一体化的社会救助体系。推进义务教育均衡发展,健全城乡医疗卫生服务体系,大力发展公益性文化事业和经营性文化产业。扎实推进全国环境建设样板城创建工作,为全市人民打造更加优美的人居环境。健全维护社会稳定的长效机制,大力加强社会管理创新,高度重视公共安全和安全生产工作,不断增强人民群众的安全感和满意度。

第六,认真做好"十二五"规划编制工作。要按照立足新起点、谋求新发展、实现新跨越的要求,顺应全市发展的新趋势和区划调整后的新格局,高标准组织好《"十二五"规划建议》起草和《"十二五"规划纲要》编制工作,广泛征求社会各方面意见,切实提高规划的前瞻性和可操作性,确保形成一个既能鼓舞士气又切实可行的"十二五"规划。

会议要求,全市各级领导班子和领

导干部，要切实提高领导科学发展的能力和水平，科学研判面临的形势，善于用科学方法指导工作，做到突出重点，统筹兼顾。要深入开展“创先争优”活动，充分激发基层党组织的主动性和创造性，引导广大党员在振兴发展中当先锋、做表率，真正把党的政治优势和组织优势转化为推动沈阳振兴发展的强大力量。要进一步加大工作抓实力度，严格实行目标管理责任制和行政问责制，加强跟踪督察，强化政绩考核，严肃查处各种违纪违法行为，推动各项工作真正落实到位。各级党委要总揽全局、协调各方，把全市各个方面的智慧和力量都凝聚起来，努力形成共谋振兴发展的强大合力。

（吴　扬）

【市委十一届十次全会暨经济工作会议】　2010年12月15日，中共沈阳市委举行十一届十次全会暨经济工作会议。会议由市委常委会主持。省委常委、市委书记曾维代表市委常委会作了题为《站在新起点，施展新作为，为全面完成“十二五”开局之年各项任务而奋斗》的工作报告，市委副书记、市长陈海波就2011年经济工作作出部署。会议审议并表决通过了常委会工作报告、《中共沈阳市委关于制定全市国民经济和社会发展第十二个五年规划的建议》以及《关于市委候补委员王健、宋世涛、李超、陈惠仁递补为市委委员的决定》。会议期间，曾维代表市委常委会作了《中共沈阳市委2010年度干部选拔任用工作专题报告》，对2010年度干部选拔任用工作和选拔任用的市管正职干部进行了无记名书面民主评议。

会议高度评价了“十一五”时期全市经济社会发展取得的重大成就，充分肯定了2010年以来市委常委会的工作。即将过去的五年，全市各级党委、政府坚持以科学发展观为指导，团结带领广大干部群众，抢抓难得机遇，积极应对挑战，圆满完成了“十一五”确定的各项目标任务，在沈阳发展史上书写了崭新的篇章。特别是2010年以来，在省委的正确领导下，全市深入贯彻落实科学发展观，按照“立足新起点，谋求新发展，实现新跨越”的要求，奋力拼搏，开拓进取，扎实推进调结构、优环境、惠民生和加强党的建设等重点工作，使沈阳继续保持了经济社会又好又快发展的良好势头，政治建设、文化建设、社会建设以及生态文明建设和党的建设全面加强，在科学发展道路上迈出了加快全面振兴的新步伐。

会议深入分析了全市“十二五”时期经济社会发展面临的形势，提出了“十二五”时期经济社会发展的总体要求。“十二五”时期，是沈阳发展的重要机遇期。国家振兴东北地区等老工业基地战略深入实施，沈阳经济区改革发展上升为国家战略，第十二届全运会主会场设在沈阳，必将为沈阳市加快全面振兴注入强大动力。要以邓小平理论和“三个代表”重要思想为指导，深入贯彻落实科学发展观，解放思想，抢抓机遇，以科学发展为主题，以加快转变经济发展方式为主线，以改革开放为动力，深入推进做优发展空间、做大中心城市、做强县域经济、加强生态建设和着力改善民生“五大任务”，建设国家中心城市、先进装备制造业基地、生态宜居之都，进而率先实现老工业基地的全面振兴。

会议强调，“十二五”时期，推动沈阳在科学发展道路上加快全面振兴，必须坚持加快发展与优化结构、提高效益相结合，必须坚持科技创新与社会创新、管理创新相促进，必须坚持经济建设与社会发展、改善民生相协调，必须坚持经济效益与社会效益、生态效益相统一，必须坚持改革开放与经济发展、社会稳定相一致，切实提高发展的全面性、协调性和可持续性。

会议强调，“十二五”时期，在深入推进“五大任务”的过程中，围绕进一步做优发展空间，要以走新型工业化道路和调整经济结构为主要内容，加快转变经济发展方式，实施主体功能区战略，完善区域功能特色，提升产业层次和水平，切实将空间优势转化为产业优势和竞争优势，实现创新发展；围绕进一步做大中心城市，要以承办第十二届全运会为契机，加快建设新城区，改造提升老城区，大力发展现代服务业，不断完善城市功能，切实增强中心城市的承载力、集聚力和辐射力，实现率先发展；围绕进一步做强县域经济，要以富民强县为目标，以工业化为主导，以农业产业化为基础，以城镇化为支撑，加快发展县域经济，努力形成城乡经济社会一体化新格局，实现统筹发展；围绕进一步加强生态建设，要以创建国家生态市和全国环境建设样板城为载体，全面加强生态环境保护与治理，提升全社会生态文明理念，努力建设资源节约型和环境友好型城市，实现可持续发展；围绕进一步着力改善民生，要完善符合市情、比较完整、覆盖城乡、可持续的基本公共服务体系，深入实施各项民生工程，增加政府支出用于改善民生和社会事业的比重，着力解决人民群众最关心、最直接、最现实的利益问题，使振兴发展成果更多地惠及全市人民，实现和谐发展。

会议指出，要全面激发经济社会又好又快发展的生机与活力，努力为完成“十二五”各项目标任务提供坚强保障。要不断深化改革开放，加快推进体制机制创新，提高利用外资质量与水平。要加快科技创新步伐，进一步完善以企业为主体、市场为导向、发展高新技术为引领的科技创新体系。要加快建设人才强市，为振兴发展建设数量充足、结构优化、布局合理、素质优良的人才队伍。要切实加强政治文明建设，充分调动各方面投身振兴发展的积极性、主动性和创造性。

会议强调，2011年是“十二五”开局之年。全市上下必须继续围绕推进“五大任务”，突出做好“抓项目促调整、抓环境促提升、抓民生促和谐”三项重点工作，确保实现“十二五”高起点开局。在抓项目促调整上，要瞄准世界500强、大型央企及国内重点地区，着眼于优势产业发展和重点地区、重点园区建设，创新招商方式，加大选资力度，积极推进项目建设，努力在做大总量中优化产业结构，通过优化产业结构来扩大增量。在抓环境促提升上，要加快推进重点地区和重大基础设施建设，高标准、高水平推进大浑南建设，推进沈阳经济区城际连接带新城、新市镇建设，切实提高城市管理水平，着力改善城乡生态环境，不断优化发展软环境，进一步提升城市形象，增强沈阳的吸引力和竞争力。在抓民生促和谐上，要深入实施各项民生工程，千方百计扩大就业，提高社会保障水平，加快发展社会事业，推进社会管理创新，真正让人民群众共享振兴发展成果。

会议强调，做好2011年的经济工作，要大力推进项目建设，全力保障要素供给，确保工业、服务业、农业和农村基础设施、民生及社会事业、生态环境等领域重点项目建设取得新进展。要深入实施企业提升、项目、并购、产业集群、节能与淘汰落后产能“五项工程”，加快国家创新型试点城市建设，充分发挥工业对经济增长的支撑作用。要大力发展现代农业，进一步做大做强县域经济，拓宽农民增收渠道，协调推进工业化、城镇化和农业产业化。要全面推进服务业聚集区建设，做大做强金融保险、现代物流、信息软件、科技研发、商务会展、商贸流通、文化旅游、房地产等服务业优势产业，着力打造一批民俗和特色商业街区以及会展、文化品牌。要全力推进浑南新城建设，加大老城区改造力度，全面提升城市管理水平，扎实推进生态环境建设。要着力推进新型工业化综合配套改革，不断加大国有企业改革力度，积极创新行政管理体制，大力推进农村综合改革，促进非公有制经济和中小企业发展，努力提高对外开放水平，积极推进沈阳经济区一体化。要坚持把保障和改善民生作为一切工作的出发点和落脚点，进一步提高群众的生活质量。

会议强调，做好2011年各项工作、实现“十二五”高起点开局，关键在党、关键在人，必须以改革创新精神全面推进党的建设新的伟大工程，不断提高党的建设科学化水平。要认真做好市、县、乡三级党委换届工作，大力加强领导班子和干部队伍建设。要深入开展创先争优活动，切实增强基层党组织的创造力、凝聚力和战斗力。要建立健全惩治和预防腐败体系，不断推进反腐倡廉建设。要坚持党管人才原则，统筹抓好各类人才队伍建设，为沈阳加快全面振兴提供有力的人才支撑。

会议要求，各地区、各部门、各单位要迅速贯彻落实好会议精神，抓好年末收尾和2011年开局工作，精心筹备和开好人大、政协“两会”，安排好“两节”期间的群众生活，全力做好安全生产工作，切实维护社会稳定。特别是要进一步加大工作抓实力度，夺取2011年一季度开门红，为实现“十二五”高起点开局奠定坚实基础。

（吴　扬）

·市委常委会议·

【听取市“两会”筹备情况汇报】 2010年1月6日，市委召开常委扩大会议，听取市“两会”筹备情况汇报，研究讨论市人大常委会工作报告、市政府工作报告、市政协常委会工作报告（送审稿）等。省委常委、市委书记曾维主持会议并讲话，他强调，要全面贯彻落实中央经济工作会议、省委十届九次全会和市委十一届八次全会精神，坚持以科学发展观为统领，以成功召开“两会”为动力，满怀发展激情，狠抓工作落实，全面完成2010年经济工作任务，推动沈阳在科学发展道路上加快全面振兴。

会议认为，刚刚过去的一年，面对国际金融危机带来的不利影响，全市各级党政组织和广大干部群众，紧密围绕完成“五大任务”、实现“三大目标”，开拓进取，攻坚克难，全力做好保增长、促和谐、抓党建各项工作，使沈阳继续保持了经济社会平稳较快的发展势头，迈出了加快全面振兴的新步伐。这些成绩来之不易，是全市上下通力合作、奋力拼搏的结果，是继续推动沈阳又好又快发展的基础所在、信心所在、动力所在。

会议指出，2010年是完成“十一五”规划、谋划“十二五”发展的关键一年。全市各级党政组织和领导干部，一定要认清形势，明确任务，着力在调结构、优环境、惠民生上下功夫，推动发展方式转变，保持经济社会平稳较快发展，全面完成“十一五”各项任务。要突出做好“优化、突破、提升”工作，坚持以增量调结构，在调整中扩增量，不断做大经济总量，切实提高增长质量和效益。要紧紧抓住筹备第十二届全运会的有利时机，进一步加强城市建设和管理，加快推进生态建设，健全完善社会信用体系，努力打造中国北方一流的发展环境、生态环境和人居环境。要深入实施以办实事为重点的各项民生工程，着力解决关系群众切身利益的热点难点问题，真正让振兴发展成果越来越多惠及全市人民。

会议强调，做好全年各项工作，关键在于进一步转变工作作风，狠抓工作落实。各级干部要以更加强烈的危机感、紧迫感和责任感投身振兴一线，保持发展激情，埋头苦干实干，努力创造推动沈阳科学发展、创新发展、和谐发展的崭新业绩。要着力突破影响和制约振兴发展的瓶颈，着力形成推动发展的合力，建立严格的责任制和责任追究制，把保障土地供给、加大资金筹措、加快重大项目建设等重点工作落到实处，为全市实现高起点开局提供有力支撑。要筹备好、召开好“两会”，进一步把各方面的智慧和力量凝聚到共谋科学发展、共促全面振兴上来，切实把“两会”开成一个团结的大会、鼓劲的大会、奋进的大会。

（吴　扬）

【巩固军政军民关系】 2010年2月3日，市委常委召开议军会议，听取沈阳警备区、辽宁陆军预备役高炮一师工作情况汇报，研究部署加强国防动员和后备力量建设工作。省委常委、市委书记曾维主持会议并讲话。他强调，要深入贯彻落实科学发展观，不断提高国防动员和后备力量建设水平，着力推动经济建设和国防建设协调发展，进一步巩固和发展军政军民团结的大好局面。

曾维在讲话中首先代表市委、市政府，向沈阳警备区和辽宁陆军预备役高炮一师全体官兵和民兵预备役人员及其家属，表示诚挚的慰问和崇高的敬意。他指出，过去的一年，沈阳加快全面振兴迈出了新步伐，国防动员和后备力量建设也取得了新成绩。沈阳警备区和辽宁陆军预备役高炮一师深入贯彻落实科学发展观，以学习实践活动为契机，以军事斗争准备为龙头，扎实推进部队各项建设，思想政治工作有了新加强，战备训练工作迈上新台阶，国防动员工作实现新进展，后勤装备工作取得新突破，参建共建工作结出新硕果，为沈阳应对国际金融危机挑战、实现又好又快发展作出了重要贡献。

曾维强调，2010年是收官“十一五”、谋划“十二五”的关键之年。在决胜“十一五”、再创新辉煌的重要时刻，我们必须坚持以科学发展观为统领，推动经济建设和国防建设协调发展，进一步形成军民团结一心、攻坚克难的强大合力。沈阳警备区和辽宁陆军预备役高炮一师要坚持把思想政治建设摆在各项建设首位，大力培育当代革命军人核心价值观，积极创建学习型党委班子和党员队伍，牢牢把握部队建设正确方向。要抓好军事斗争准备，提高后勤装备综合保障能力，大力加强应急力量建设，确保关键时刻拉得出、冲得上、打得赢。要积极动员民兵预备役人员投身沈阳振兴发展实践，在加快结构调整、建设重点工程、改善生态环境、促进和谐稳定等方面大显身手。

会议指出，围绕区划调整和规划修编、装备制造业发展、现代服务业发展、县域经济发展，市委决定成立由几大班子主要领导牵头、分管领导和各有关方面负责同志参加的重点工作推进组，是着眼于完成“五大任务”、实现“三大目标”，进一步加强对经济工作领导的具体体现；是提高工作效率，整合各方力量解决影响全面振兴突出问题的有效手段；是狠抓关键环节，促进产业结构优化升级、加快经济发展方式转变的重要举措，对于全面完成“十一五”各项任务、科学谋划“十二五”发展，开创沈阳科学发展、创新发展、和谐发展的崭新局面，具有十分重要的意义。

（吴 扬）

【传达全国“两会”精神】 2010年3月16日，市委召开常委扩大会议，传达全国“两会”精神，研究部署贯彻落实意见。省委常委、市委书记曾维主持会议并作重要讲话。他强调，要认真学习贯彻落实全国“两会”精神，坚持以科学发展观为指导，紧密结合沈阳实际，着力做好调结构、优环境、惠民生和大力加强党的建设等重点工作，努力推动加快全面振兴迈出新步伐。市委副书记、市长陈海波出席会议，市人大常委会主任赵长义、市政协主席刘雅琴传达十一届全国人大三次会议、全国政协十一届三次会议精神。

会议指出，刚刚闭幕的全国“两会”，是一次集思广益商国是、聚精会神谋发展，增强信心和决心、增进共识和团结的大会，对于进一步动员全党全国各族人民继续积极应对国际金融危机、努力保持经济平稳较快发展、加快转变经济发展方式，全面实现“十一五”规划目标，为“十二五”发展打好基础，具有非常重要的意义。全市各级党政组织和领导干部，一定要把学习好、贯彻好、落实好全国“两会”精神作为一项重要任务，切实把思想和行动统一到中央对形势的分析判断上来，统一到中央的决策部署上来，以更加坚定的信心、决心和强烈的责任感、紧迫感，积极抢抓难得机遇，主动应对各种挑战，不断开创沈阳科学发展、创新发展、和谐发展的崭新局面。

会议强调，学习贯彻全国“两会”精神，必须紧密结合沈阳实际，突出重点抓好落实。要牢牢咬定发展目标，确保实现首季“开门红”，上半年时间过半、任务过半，全面完成全年各项任务。要加快结构调整步伐，按照走新型工业化道路的要求，在大力发展先进装备制造业、培育壮大新兴产业、推进现代服务业发展、增强自主创新能力上下功夫，推动沈阳步入创新驱动、内生增长的发展轨道。要着力做优发展空间，结合谋划“十二五”发展以及行政区划局部调整后的空间布局，抓好完善发展规划、解决瓶颈制约、建设重大项目等工作，切实把空间优势转化为发展优势、竞争优势。要加强城市建设管理，抓住筹备第十二届全运会的有利时机，在完善城市功能、抓好环境整治、提升生态质量上取得更大突破，努力把沈阳城市品位、城市形象提高到一个新水平。要积极关注改善民生，千方百计扩大就业，加快构建更加完善的社会保障体系，大力发展教育、医疗卫生、文化等各项社会事业，全力营造和谐稳定的社会环境，让振兴发展成果不断惠及广大人民群众。

（吴 扬）

【促进文化大发展大繁荣】 2010年3月30日，市委召开常委会议，听取深化文化体制改革、大力发展文化事业和文化产业的情况汇报，就进一步加强文化建设进行研究部署。省委常委、市委书记曾维主持会议并讲话。他强调，要深入贯彻落实科学发展观，坚持立足当前、着眼长远，切实把加强文化建设、促进文化大发展大繁荣，作为加快全面振兴的重要任务抓紧抓好，不断开创沈阳又好又快发展的崭新局面。

会议指出，近年来，全市上下抓住沈阳被确定为全国文化体制改革试点城市的重大机遇，积极推进文化创新，大力加强文化建设，为增强城市综合实力提供了有力支撑。当前，沈阳正处在加快全面振兴的关键时期，继续深化文化体制改革，进一步繁荣文化事业、发展文化产业，是转变经济发展方式、加快结构调整步伐的内在要求，是不断完善城市功能、切实做大中心城市的有效途径，是满足群众文化需求、提高群众生活质量的重要举措，对于沈阳保持又好又快发展的良好势头意义重大。各级党政组织和领导干部一定要从全局的、战略的高度出发，更加自觉、更加主动地投身文化建设，努力在打造文化强市、促进文化大发展大繁荣上取得新的突破。

会议要求，加强文化建设，促进文化大发展大繁荣，必须加强领导，精心组织，为各项工作的顺利推进提供坚强保障。要切实把文化建设纳入全市经济社会发展总体布局，抓紧制定完善规划，不断提高文化建设的科学化、规范化水平。要不断加大财政对发展文化事业的投入力度，并加快建立多元化的投融资体制，积极吸引各方面力量参与到文化建设中来。要壮大人才队伍，大力培养和引进各类人才特别是文化领军人物，努力形成文化人才和精品成果不断涌现的生动局面。要认真总结经验，结合新形势、新任务，出台更具针对性的政策措施，为加强文化建设创造良好的外部环境。

（吴 扬）

【听取一季度全市经济运行情况汇报】 2010年4月7日，省委常委、市委书记曾维主持召开市委常委会，听取和分析一季度全市经济运行情况，研究部署二季度全市经济工作。曾维强调，要正确估价一季度经济工作，切实增强完成全年任务的信心，突出重点，抓住关键，继续保持经济良好发展势头，确保“时间过半，任务过半”，为圆满完成全年任务奠定坚实基础。

会议认为，年初以来，全市上下深入贯彻落实科学发展观，按照“立足新起点，谋求新发展，实现新跨越”的要求，突出做好“调结构、优环境、惠民生”工作，继续保持经济又好又快发展的良好势头，实现了首季“开门红”，呈现出经济运行实现良好开局，主要指标保持高位运行；行政区划调整工作顺利实施，城市空间布局得到进一步优化；各项民生工程扎实推进，全市实现社会总体稳定的显著特点。我们一定要深入贯彻落实科学发展观，积极转变经济发展方式，突出重点，抓住关键，狠抓落实，努力将这种良好的势头保持和发展下去。

会议对二季度全市经济工作提出明确要求。一要抓规划，从加快推进沈阳经济区建设的战略高度，深入推进城市总体规划修编工作，涉及区划调整的地区，抓紧修改和完善各个空间的总体规划、产业规划和控详规划，以高水平的规划推动各空间的高起点开局和高速度发展。二要抓筹备，全力做好省运会和全运会筹备工作，高水平做好比赛场馆的新建、改建、扩建工作，高强度推进城市管理、完善城市功能，高起点探索做大做强体育产业的有效途径。三要抓项目，全面加强跟踪和调度，切实解决好资金、土地指标、配套设施等“瓶颈”问题，大力推进工业、农业和服务业项目特别是重大项目建设,组成专门小组一包到底,提供全程、全方位的服务,确保重大项目建设全面提速。四要抓开放,把利用内外资的重点转到提升传统产业、做强新兴产业、增强经济竞争力上来,努力在引进重大项目上取得实质性突破。五要抓税收,认真学习研究国家新出台的统计核算方法,强化税收征管,优化办税服务,培植和发展税源经济,努力实现既增加税收,又确保增加值持续增长。六要抓环境,推进重大基础设施和公益设施建设,抓好绿化、美化、亮化工程和水系建设等生态建设,组织开展好城乡绿化、环境卫生、道路整修、交通秩序"四大战役",彻底解决城市建设和管理的突出问题,提高城市管理水平,改善城市环境。七要抓民生,落实好市政府承诺的10件实事,积极实施各项民生工程,严格依法办事,全面加强安全生产,全力维护社会稳定,为沈阳又好又快发展创造秩序井然、安定和谐的良好环境。

会议强调,要进一步增强责任感和紧迫感,咬住发展目标,保持发展激情,加强领导,强化责任,转变作风,深入实际,现场办公,提高效率,确保全市各项工作不断取得新突破,实现经济社会又好又快发展。

(*吴　扬*)

【听取沈阳代表团出访加拿大美国的情况汇报】 2010年5月4日,省委常委、市委书记曾维主持召开市委常委会议,听取沈阳代表团在加拿大、美国进行友好访问和经贸交流活动的情况汇报。他强调,要紧紧抓住新一轮国际产业转移的有利契机,进一步加大招商引资力度,以扩大开放推进产业结构调整和发展方式转变,为沈阳加快全面振兴步伐注入强大动力。

曾维在讲话中强调,要抢抓难得机遇,形成聚精会神谋发展、一心一意促振兴的强大气势。2010年,是完成"十一五"规划、谋划"十二五"发展的关键之年。全面做好各项工作,继续保持又好又快发展的强劲势头,对于沈阳加快全面振兴进程意义重大、影响深远。当前,沈阳仍处于重要的战略机遇期,特别是随着沈阳经济区建设上升为国家战略,第十二届全运会将在沈阳举办,发达国家对外投资的愿望日益强烈,沈阳加快振兴发展面临的有利因素相互叠加、不断增多。全市上下一定要认清形势,以时不我待的紧迫感和重任在肩的使命感,抢抓难得机遇,咬定目标不放松,把全部精力用在抓发展、促振兴上,扎实推进做优发展空间、做强重大项目、开发建设大浑南、筹备第十二届全运会等重点工作,在实现一季度"开门红"的基础上,确保上半年时间过半、完成任务过半,为实现全年确定的各项工作目标奠定更加坚实的基础。

曾维指出,要坚定不移地实施开放第一战略,着眼于优化产业结构,在着力引进建设质量高、效益好的重大项目上取得新的突破。要坚持把世界500强企业作为主攻方向,围绕大力发展先进装备制造业、现代服务业和新兴产业,进一步转变招商方式,善于利用沈阳存量优势明显、市场空间广阔等有利条件,加快与战略投资者进行实质性对接。针对那些牵动全局的重大项目,必须举全市之力,由主要领导挂帅,亲自研究,亲自推进,确保项目早见形象、早出效益。要鼓励有条件的企业加快"走出去"步伐,积极兼并收购国外优势企业,迅速提升自身的核心竞争力,努力在国际产业分工中抢占一席之地。要把招商引资与招才引智有机结合起来,通过加大政策扶持力度等有效措施,吸引更多的海外人才到沈阳发展创业。

(*吴　扬*)

【确保完成各项目标任务】 2010年6月13日,市委召开常委会议,听取重点工作推进组工作情况汇报。省委常委、市委书记曾维主持会议并讲话。他强调,要坚持以科学发展观为指导,强化责任落实,加大工作力度,确保完成全年各项目标任务,努力开创加快沈阳老工业基地全面振兴的崭新局面。

会议指出,2010年是完成"十一五"规划、谋划"十二五"发展的关键之年。全市上下必须深入贯彻落实科学发展观,紧密围绕完成"五大任务"、实现"三大目标",始终坚持好中求快、快中求好、又好又快,切实把做好当前工作与推动长远发展结合起来,把做大总量规模与转变发展方式结合起来,扎实推进"调结构、优环境、惠民生"等各项工作,使沈阳全面协调可持续发展的基础更加坚实。

会议强调,要深入分析研判形势,进一步增强做好工作的责任感和紧迫感。当前,影响经济社会发展的不确定因素较多,制约发展的瓶颈问题突出,调整优化结构的任务十分繁重,完成今年各项目标任务的压力很大、挑战严峻。但是也要看到,沈阳正处于重要战略机遇期,具备一系列非常难得的有利因素。全市上下一定要进一步认清形势、统一思想,开拓进取、攻坚克难,确保"时间过半、任务过半",确保完成今年各项目标任务,为沈阳实现科学发展、创新发展、和谐发展提供有力支撑。

会议要求,巩固扩大来之不易的成绩,保持又好又快发展的势头,必须更加强化责任,狠抓工作落实。要继续坚持从市级领导做起,从各重点工作推进组做起,进一步明确责任、细化措施,切实做到一级抓一级、层层抓落实。各地区、各部门、各单位要进一步转变作风、真抓实干,坚持用改革的办法解难题,用创新的举措求发展,确保各项工作全面提高效能、实现重大突破,在助推沈阳加快全面振兴的征程上作出新的更大的贡献。

(*吴　扬*)

【着力构筑体制机制新优势】 2010年12月6日,省委常委、市委书记曾维主持召开常委会议,听取东陵区(浑南新区)管理体制改革有关情况汇报。他强调,要鼓足干事创业激情,强化改革创新精神,着力在构筑体制机制新优势上下功夫,为又好又快推进大浑南开发建设提供坚强保障。

会议认为,实施东陵区、浑南新区、航高基地"三区"合署办公以来,东陵区(浑南新区)认真贯彻落实市委、市政府的决策部署,创造性地开展工作,取得了显著成绩,实现了良好开局。当前,大浑南开发建设已经步入深入实施阶段,各项任务十分繁重,需要我们付出更大的努力去推进、去落实。在这一过程中,创新体制机制具有先导性、全局性、决定性的作用,是充分激活区域发展潜能的关键环节,是全面构筑区域发展优势的重要举措,是不断优化区域发展环境的迫切要求。东陵区(浑南新区)一定要高举改革创新的大旗,进一步解放思想、开拓进取,切实以发展的眼光、改革的思维和创新的办法,在构建充满活力、富有效率、更加开放的体制机制上取得实质性突破,努力闯出一条具有沈阳特色的新区开发建设新路子,真正成为全市科学发展、创新发展、和谐发展的先导区、示范区。

会议强调，推进大浑南体制机制创新，关乎当前、影响长远。东陵区（浑南新区）一定要强化责任感和使命感，坚持整体谋划、突出重点、积极稳妥的原则，大胆先行先试，勇于探索实践。要着眼于做优发展空间，加快消除影响区域内生产要素流动的各种障碍，切实把产业优势、政策优势、空间优势转化为全域的发展优势、竞争优势，真正实现资源的有效整合、优化配置。要着眼于做强主导产业，以高新技术产业为主攻方向，整合各方力量，完善机构设置，创新管理方式，切实形成有利于项目加快聚集、产业迅速提升、区域跨越发展的工作格局。要着眼于促进协调发展，进一步转变政府职能，大力推进社会管理和公共服务创新，加快构建覆盖城乡的新型社会保障和社会事业发展体系，为整体提高城市化水平创造有利条件。要着眼于打造过硬队伍，建立健全选贤任能的用人机制、奖优汰劣的激励机制和严格规范的管理机制，进一步把广大干部干事创业的积极性、主动性和创造性调动起来、激发出来。

（吴 扬）

【研究部署市“两会”筹备有关工作】 2010年12月30日，市委召开常委会议，听取市十四届人大四次会议和市政协十三届四次会议筹备工作以及相关报告准备情况汇报，研究部署相关事宜。省委常委、市委书记曾维主持会议并讲话，他强调，要认真贯彻落实市委十一届十次全会暨经济工作会议精神，紧密围绕完成“五大任务”、实现“三大目标”，把市“两会”开成团结、务实、鼓劲、奋进的大会，进一步形成推动又好又快发展的强大气势，确保沈阳实现“十二五”高起点开局。

会议指出，即将召开的市“两会”，是全市人民政治生活中的一件大事，对于市人大常委会、市政府、市政协做好明年工作，切实把各方面智慧和力量凝聚到深入推进“五大任务”、加快实现“三大目标”上来，具有十分重大的意义和极其深远的影响。要认真细致做好市“两会”筹备工作，进一步修改完善提请市“两会”审议的相关报告，细化完善各项工作方案，切实开好市“两会”。

会议强调，2011年是实施“十二五”规划的起始之年，各项任务十分繁重。全市上下特别是各级领导干部，必须进一步增强党性观念、强化大局意识，形成立足新起点、施展新作为、实现新跨越的强大合力。要坚持服从和服务于全市中心任务，把自身工作摆在振兴大局中去思考、去谋划、去推进，创造性地贯彻落实市委、市政府的各项决策部署，切实把“抓项目促调整、抓环境促提升、抓民生促和谐”三项重点工作落到实处。要牢固树立“一盘棋”思想，坚持既各司其职，又紧密协作，努力形成和衷共济、团结奋进的生动局面。要坚定理想信念，注重加强党性修养，牢固树立正确的世界观、权力观和事业观，特别是始终保持清正廉洁的政治本色、艰苦奋斗的优良传统，真正把全部精力都用到干事创业上来，用到推动沈阳率先实现全面振兴上来。

必须进一步增强务实精神、强化责任意识，努力创造经得起实践、人民、历史检验的崭新业绩。要切实以重任在肩的使命感和时不我待的紧迫感，以对沈阳未来、群众福祉高度负责的态度，保持发展激情，大胆开拓创新，狠抓工作落实。要始终保持坚韧不拔的拼劲和攻坚克难的闯劲，敢于负责，敢于担当，敢于碰硬，全力突破制约振兴发展的各种瓶颈，及时解决影响工作推进的各种问题。要坚持工作下移、重心下沉，切实做到在深入一线、走进基层中了解实情、查找问题，在项目现场、建设工地研究对策、解决问题，扎扎实实推动重点环节和全局工作取得突破性进展。

（吴 扬）

·组 织·

【扎实推进干部人事制度改革】 市委组织部认真贯彻落实《2010－2020年深化干部人事制度改革规划纲要》，根据中央、省委要求，坚持试点先行、逐步展开的原则，努力发挥好试点的探索、检验、示范和引导作用，扎实推进全市干部人事制度改革工作。市委组织部成立了干部人事制度改革工作领导小组，印发了《市委组织部推进干部人事制度改革试点项目工作方案》和《全市组织系统推进干部人事制度改革试点项目工作方案》，按照“统一部署、市县联动、整体推进”的总体要求，对各区县（市）开展改革项目试点工作进行专门部署，指导全市各区县（市）委组织部认真研究、积极探讨。4月，召开全市深化干部人事制度改革座谈会，对深化干部人事制度改革工作进行了重点研究部署。同时，选择和平区、于洪区和辽中县作为区、县（市）首批规范初始提名权工作的试点单位，开展规范干部选任初始提名程序试点工作，取得了初步成果。

（贾 佳）

【创新干部年度考核新机制】 沈阳市在总结多年考核实践的基础上，根据中央印发的干部考核评价机制“一个意见、三个办法”，研究制定了《关于市委管理的党政领导班子和领导干部年度综合考核评价办法（试行）》和《关于在完成重大任务、应对重大事件中加强干部考察工作的意见》，逐步形成适合沈阳市情的干部考核新机制。主要是突出以科学发展观为指导，采取内部评价、上级评价和社会评价相结合的立体考核方法，联动市政府绩效评估、民主评议政风行风、维护社会稳定和社会治安综合治理责任目标考核、信访工作目标管理年度考核、机关党建等专项考核部门，把专项考评结果与年度考核情况综合应用，相互印证，引导党政领导班子和领导干部在发挥职能和履行职责中，努力创造经得起实践、群众和历史考验的政绩，树立科学发展的政绩观。同时将干部在重大事件、关键时刻的表现情况，也作为年度考核综合评价领导班子和领导干部的重要依据。注重在发展前沿深入了解干部，在振兴一线全面检验干部、考察班子，突出以实绩论英雄，用实绩评价领导班子和干部。2010年底，沈阳市委组织部运用全新的考核机制对171个市管领导班子和1407名市管领导干部进行了年度考核，并依据年度考核结果对40个市管领导班子进行了补充调整，对7名年度考核优秀的领导干部予以了提拔或重用，对34名市管干部进行了组织交流调整，对1名干部由领导职务改任非领导职务。《中国人事报》以《沈阳：干部考核成引领科学发展“指挥棒”》为题予以了宣传报道。

（贾 佳）

【完成第六批援藏干部选派工作】 根据全国第五次对口支援西藏干部工作座谈会和中组部有关文件精神，沈阳市第六批对口援藏地区仍是那曲地区安多县。选派人员除要求继续选派包括安多县县委书记、县委常委常务副县长、常委县委办公室主任、县城建局局长、县司法局局长、县检察院副检察长和县卫生局局长外,同时还新增要求选派2名医生。按照省委组织部《关于做好我省第六批援藏干部选派工作有关问题的通知》,市委组织部认真研究制定了选派方案,在选拔原则上,坚持组织需要、岗位需求、个人意愿相融合,充分考虑选派干部的政治素质、业务能力和身体条件等综合因素,把优秀的、有发展潜力的年轻干部作为选派赴藏工作的人选。在选拔方式上,运用考察比选方式,择优选派,对组织推荐的45名同志进行了专项体检,对符合条件人选在考核时按1比2比例(部分岗位为1比4比例)进行差额比选。人选考察工作结束后,在市委组织部部务会研究,经报市委主要领导同意和省委组织部批准后,确定了以王欢苗同志为领队的9名同志作为沈阳市第六批援藏干部(2名医生),平均年龄38.3岁,全部具有大学以上学历,其中具有研究生学历的4人,为历次选派干部(医生)平均年纪最轻、学历最高的一批。6月28日援藏干部赴藏工作前,市委常委、组织部部长姜宏同志与援藏干部进行了集体谈话,鼓励大家发扬传统,再创佳绩,并代表市委为第六批援藏干部举行了隆重的欢送会。6月30日,第六批援藏干部赴藏工作。

(贾 佳)

【完成第三批援疆干部和人才选派工作】 根据中央新疆工作座谈会、全国对口支援新疆工作会议和《中共中央、国务院关于推进新疆跨越式发展和长治久安的意见》,从2010年开始沈阳市对口支援新疆地区由新疆克州阿图什市调整为塔城地区塔城市。同时按照省委《关于做好我省新一轮援疆干部和人才选派工作有关问题的通知》要求,沈阳市顺利完成第三批援疆干部和人才选派工作。2010年11月30日,沈阳市委组织部组织召开了第三批援疆干部和人才选派工作部署会议,要求从全局和战略的高度,深刻认识中央对开展对口支援新疆重大战略调整的重要意义,要把选派优秀干部和人才到对口援疆地区工作作为培养年轻干部的有效途径。在人选推荐过程中,注重把政治上强、有综合协调能力、有奉献精神、能干实事或有专业特长、符合专业职位需求的优秀干部与人才作为选派推荐人选,既坚持以人为本、个人自愿原则,又严格标准和程序,切实把好选人关,全力保障新疆地区急需优秀干部和人才。通过个人申请、组织推荐、差额考察、体检等环节,经市委组织部部务会研究并报市委主要领导同意及省委组织部批准后,确定了以邱立全同志(6月份因工作需要已提前选派赴塔城市开展筹备工作)为领队的17名同志为沈阳市第三批援疆干部和人才,其中6名党政干部和11名专业技术人才,涉及12个职位,期限为3年。12月28日正式赴疆工作。

(贾 佳)

【调整因公出国(境)人员审批单位名列】 近年来,伴随着沈阳市"大部制"改革中部分政府机构撤并、市政区划调整、大型国有及国有控股企业重组与管理体制变更等,原有的因公出国(境)人员审批单位已经与现实的经济社会发展形势不相适应。2010年6月,根据工作需要,经沈阳市委组织部研究并报请辽宁省委组织部批准,对沈阳市因公出国(境)人员审批单位名列进行了调整,共取消11个单位的审批权限,新增9个审批权限单位,新调整后全市共有41个单位列入因公出国(境)人员审批单位名列。通过调整,各具有审批权限单位加强了对因公出国(境)人员审批工作的领导,进一步增强了责任意识,在坚持审批工作原则认真执行审批工作政策的同时,建立健全了相关制度,严格按照规定的权限进行审批,确保了沈阳市因公出国(境)人员圆满完成对外开放和招商引资等工作。

(贾 佳)

【选派市管后备干部驻市信访大厅挂职锻炼】 2010年7月15日,市委组织部联动市信访局召开了关于进一步做好第三批市管副职后备干部驻市信访大厅挂职锻炼干部的选派工作部署会,市委中省直工委、市经信委、市教育局、市公安局、市民政局、市人社局、市规划和国土局、市城建局、市行政执法局、市房产局、市交通局、市农经委、市卫生局、市国资委、市法院、市环保局、市建委、市工商局18个驻市信访大厅单位相关领导参加了会议。市政府副秘书长、市信访局局长陈国强同志在总结第二批驻信访大厅挂职锻炼干部的工作时,对挂职锻炼干部的表现予以了充分肯定。市委组织部常务副部长聂洪升同志作了工作部署讲话,强调在提高对做好选派优秀后备干部到信访工作一线挂职锻炼工作重要性认识的同时,进一步明确了要认真按照《派驻沈阳市信访大厅挂职锻炼市管后备干部管理办法(试行)》规定的选派标准与程序,并依据市处理信访突出问题及群体性事件联席会议办公室《关于驻市信访大厅干部调整的意见》提出的调换原则,切实把本单位市管近期副职后备干部,且在本单位排名首位的优秀中青年干部推荐和选派到信访稳定工作一线培养锻炼。遵照会议部署,经驻市信访大厅市直部门党委(党组)推荐、市委组织部考察和部务会讨论,提出了对市委中省直工委、市民政局、市规划和国土局、市国资委、市建委、市工商局等6名到驻市信访大厅办公室主任岗位上挂职锻炼市管副职后备干部的调换建议人选,以及市经信委等10名在驻市信访大厅挂职锻炼市管副职后备干部继续选派的意见。因工作特殊需要,同意市房产局、市法院另行选派非市管副职后备干部到市信访大厅办公室主任岗位上挂职锻炼的人选。经报市委有关领导批准后,2010年10月,市委组织部会同各选派单位组织人事部门负责同志一同将选派的挂职锻炼干部派送到市信访大厅,开始为期一年的挂职锻炼生活。

(贾 佳)

【票决正职领导干部】 根据《中国共产党地方委员会工作条例(试行)》、《中共沈阳市委全委会对区、县(市)及市属正局级单位党政正职拟任人选和推荐人选表决的实施意见》和《关于深入整治用人上不正之风,进一步提高选人用人公信度的意见》,2010年,中共沈阳市第十一届委员会召开专题全会审议决定干部任命事项1次,涉及干部8人次;市委常委会决定干部任命事项前,征求市委全会成员意见14次,涉及干部40人次,进一步扩大了党内民主,提高选人用人公信度。

(贾 佳)

【集中调整市管党政领导班子后备干部】 2010年3月-6月,根据中央和省委的统一安排部署,沈阳市完成对市管党政领导班子后备干部的集中调整工作。3月8日,市委组织部召开了沈阳市市管领导班子和领导干部2009年度考核暨市管党政领导班子后备干部集中调整工作动员部署会议,市委常委、组织部部长姜宏同志在会上作动员部署讲话,对2010年市管后备干部集中调整工作进行了具体部署。在这次后备干部集中调整中,经过提名推荐、民主测评、确定考察人选、廉政征询、内部公示、组织考察、研究认定等程序,经市委组织部研究,确定948名市管领导班子后备干部人选名单。其中,市管正职后备干部124名,列入近期培养的人选57名,占46.0%;副职后备干部668名,列入近期培养的人选245名,占36.7%。为探索后备干部来源多元化,把后备干部人选选拔延伸到市管企业,并从中筛选了89名优秀中青年人才,作为企业领导班子后备人才,同时纳入市管党政领导班子后备人才培养。结合市委统战部、市妇联、市民委的工作职责和后备人才培养工作需要,为进一步扩大选人视野,拓宽选人渠道,三部门还分别从驻沈的中省直单位选拔推荐了67名优秀年轻干部纳入市管副职后备干部培养。经过此次集中调整,市管后备干部结构得到进一步优化:一是年龄结构更加合理,正副职后备干部平均年龄分别为45.6岁和42.2岁;二是文化程度相对较高,正副职后备干部中具有全日制大学本科及以上学历学位的分别达到65.3%和61.2%;三是女、少数民族和非中共党员后备干部达到甚至超过了15%、10%和10%的比例要求。

(贾　佳)

【完善综合考评体系】 按照市委统一部署,针对区、县(市)和开发区的不同特点,从年初开始,提早准备、积极部署、周密安排,确保了2009年年度考核工作的圆满完成。通过述职述廉、民主测评、民主评议、民意调查、统计结果、客观分析、逐一反馈等程序,对13个区、县(市)及4个开发区内44个领导班子和489名市管领导干部进行了年度考核及结果反馈,确定了8个优秀市管领导班子及155名优秀市管干部。在引导领导班子和领导干部集中精力求发展,树立科学的发展观和正确的政绩观起到了较好的促进作用。

按照市委工作安排部署做好"规定动作"的同时,根据区、县(市)及开发区实际,还积极探索开展好年度考核工作的"自选动作"。一是将政府目标绩效考核、信访工作评价、政风行风评议、民意调查、维稳和治安治理目标考核结果等专项考评结果引入到年度考核综合评价中,在整合多种考评资源中分析区、县(市)及开发区领导班子和评价领导干部;二是注重谈话考核环节,面对面地了解市管领导班子整体运行、效能发挥和领导干部工作表现、工作作风、工作实绩,做到既注重听其言、观其事、察其行,又注重多方听取意见;三是将重点工作跟踪考察与年度考核相结合,对各区、县(市)及开发区在完成"双5000亿"和环境年建设工作中的表现情况作为一项重要的考核内容;四是进一步完善考核结果的反馈机制,通过绘制曲线图为领导干部画像,使考评结果更加清晰易懂。通过一对一、面对面的反馈,帮助分析查找原因和不足,促进提高工作水平和能力;五是强化考核结果的运用,通过年度考核增进对干部性格、能力和特长的了解,在干部使用过程中提出合理的安排建议,以充分利用和发挥干部特点。

本次年度考核注重在发展前沿深入了解干部、考核干部,在振兴一线全面检验干部,进一步健全完善体现科学观要求的干部考核评价机制,对加强领导班子建设和干部管理,促进干部健康成长,起到了积极的促进作用。

(贾　佳)

【后备干部队伍建设】 按照《关于做好市管党政领导班子后备干部集中调整工作的通知》要求,在市委统一安排部署下,利用1个月时间,对15个区、县(市)及开发区市管领导班子的党政正职及副职后备干部进行了集中调整和考察工作。通过会议推荐、个别谈话推荐、民主测评、组织考察、廉政征询、组织鉴定等程序对后备干部人选进行了综合评定,并结合班子建设的实际需要,从240余名符合正职后备条件和1000余名符合副职后备条件人选中最终确定了61名市管党政正职和288名市管副职后备干部。

此次市管后备干部的调整工作,特别是党政副职后备干部的调整具有重要现实意义,直接影响到2011年区、县(市)党委换届工作的整体安排和人选的质量。在考察过程中,注意把握三个重点环节:一是精心组织、严把条件"入口关",制定详细的工作方案和流程,明确考察对象和主要任务,并细化为六个工作步骤,同时严格把握学历和年龄条件,确保后备干部推荐人选的质量;二是加强沟通,严把考察"程序关",考察过程主要采取差额推荐、差额考核的方式进行,同时注重把握延伸考核环节,采取点面相结合,侧重在干部的工作一线了解考察干部实际;三是优中选优,严把审核"评价关",对每名后备干部特别是近期副职后备干部的考察,在程序与方法上基本与新提拔的市管干部相同,力求做到对考察对象的全面、深入、客观、细致地了解和掌握,为党委换届工作和干部队伍建设工作奠定坚实基础。

(贾　佳)

【"完成双五千亿和四项重点任务"跟踪考察工作】 为确保2010年度全市重点工作的顺利推进,根据市委十一届八次全会暨全市经济工作会议精神和市委领导指示,按照《关于在完成双五千亿和四项重点推进工作任务中加强干部跟踪考察的实施方案》要求,成立由市委组织部副部长安俊辉同志任组长的区、县(市)和开发区重点推进工作跟踪考察组,每个季度集中开展一次,采取听取情况汇报、查阅有关资料、考核谈话和实地调研,以及列席参加项目调度会和经济工作会议等方式,对全市各区、县(市)和开发区在完成双五千亿和四项重点推进工作中,市管领导班子和领导干部发挥作用情况进行了跟踪考察。在跟踪考察过程中,对照全市246个重点项目工作任务分解表,对各区、县(市)和开发区及时进行督促检查,同时做好项目协调服务工作。针对在跟踪考察过程中发现的问题,对区、县(市)和开发区的市管领导班子和领导干部进行了谈话。在肯定成绩、鼓舞信心的同时,也对执行力相对较弱的领导班子和个别领导干部提出了整改建议。

各区、县(市)和开发区普遍反映,跟踪考察工作对进一步加强领导班子和干部队伍建设起到了积极作用,为双五千亿和四项重点推进工作任务的顺利完成提供了坚实的组织保证。针对跟踪考察工作的情况,分三次向市委进行了书面报告,报告中客观反映问题,并且针对部分地区领导班子执行力弱、年龄偏大,专业知识结构不合理等问题提出相应对策,为市委决策提供参考,跟踪考察工作得到市委主要领导的充分肯定。

(贾　佳)

【深化干部人事制度改革】 为认真贯彻落实中共中央《2010－2020年深化干部人事制度改革规划纲要》精神，深化干部人事制度改革和组织制度创新，结合各区、县（市）及开发区干部队伍建设的实际情况，选择和平区、于洪区和辽中县作为首批规范初始提名权工作试点单位，开展规范干部选任初始提名程序试点工作。

一是抓制度体系建设。按照《试点工作实施方案》的要求，重点开展提名范围、提名程序和提名监督三个环节的配套制度建设，以座谈研讨的形式对已经出台的改革措施进行总结完善，形成《区县（市）及开发区选拔任用领导干部初始提名办法（试行）》，努力建成一套适应沈阳市干部队伍建设实际需要的工作制度体系。二是抓探索创新发展。在巩固和完善现有制度基础上，明确三项重点任务。第一，坚持党委领导和民主集中的制度要求，深入研究试行选任干部初始提名权的必要性。第二，针对干部选任过程中初始提名环节容易出现问题的方面，进一步完善选人用人的规则和程序。第三，研究和建立区、县（市）及开发区选拔任用领导干部初始提名办法。三是抓归纳总结应用。这次试点工作共分四个阶段，即：调查研究阶段、试行完善阶段、建章立制阶段和推广应用阶段。通过调研和考察，全面了解各区、县（市）及开发区选任干部初始提名环节的现状及存在的问题，借鉴调查研究和试行完善阶段的成果，提出对策建议，制定工作细则，健全监督措施，努力探索形成关于规范干部初始提名权的相关规章制度，同时，对一些比较成功的做法，及时进行总结和推广。

（贯　佳）

【“两会”筹备及大会选举工作】 2010年初，市十四届人大三次会议和市政协十三届三次会议相继召开。根据市十四届人大三次会议的议程安排，将选举产生市政府市长和1名市人大常委会副主任，这是全市人民政治生活中的一件大事，为全市人民所瞩目。为确保“两会”顺利召开并圆满完成大会选举工作，市委组织部精心部署，全力做好有关大会选举的各项筹备工作，为“两会”成功召开奠定了坚实基础。为充分发扬民主，更广泛地听取各方面的意见，做好大会人事选举工作，1月7日，市委组织召开了民主协商会议，邀请市各民主党派、工商联主要负责人和无党派代表人士，就市十四届人大三次会议的有关人事安排事项进行了民主协商，并形成了《联合建议书》，建议将有关人选分别提请沈阳市第十四届人民代表大会第三次会议和政协沈阳市第十三届委员会第三次会议审议、协商。在会议筹备工作中，提出了大会组织机构名单并提交市委常委会审议通过；起草并印制了候选人名单、人选登记表及主要表现材料，起草了市委主要领导在党员代表大会、党组会议上的讲话提纲、“两会”有关人事安排说明等材料。经过扎实细致工作，圆满完成大会组织组的各项任务，特别是顺利完成大会选举工作，市长和市人大常委会副主任均高票当选。

（贯　佳）

【开展市级班子年度考核和省管后备干部队伍调整工作】 2010年5月份，省委考察组来沈，对市级班子、省管干部进行年度考核，并对市级党政领导班子后备干部进行推荐考察。组织完成了方案制定、会场落实、起草通知、印制述职述廉报告和《干部姓名代码名册》、制作测评票和推荐票、起草省管干部现实表现等方面工作，并安排相关领导参加分组谈话及做好考察组后勤保障、服务工作。5月25日，组织召开了全市领导干部大会和市委全委扩大会议，对市级班子和省管干部开展测评，下发并回收了《省委管理干部年度考核登记表》和《党员领导干部个人有关事项报告表》。同时，对副市级后备干部人选进行了民主推荐和考察。根据工作需要，又配合省委考察组对考察人选进行了民主测评、实地考察、廉政征询和集体面谈，对考察对象名单进行了公示，最终产生17名市级党政副职后备干部人选，圆满完成此次市级班子年度考核和省管后备干部队伍调整工作，得到省委考察组的充分肯定。

（贯　佳）

【市管领导班子和市管干部年度考核工作】 按照部内统一部署，根据《关于市委管理的党政领导班子和领导干部年度综合考核评价办法（试行）》和《关于做好市委管理的领导班子和领导干部2009年度考核工作的通知》要求，全处集中力量组成6个考核组，通过民主测评、个别谈话等方式，对市直部门市管领导班子和市管干部进行了2009年度考核。共考核市直部门67个（不含驻外办），市直部门所属的二级机构（单位）48个，考核市管领导干部570人。根据考核测评结果，结合对市管班子和市管干部的日常考核，形成了市管班子和市管干部考核报告，并进行了等次评定。从7月初开始，结合年度考核测评（评议）结果及综合评价意见，考核组对市直各单位领导班子和领导干部进行了集中反馈，重点指出工作中存在的不足和差距，为加强市直部门市管领导班子和市管干部队伍建设起到了重要的推动作用。

在开展年度考核工作的同时，根据部内统一安排部署，对市直部门市管正、副职后备干部人选进行了集中调整。此次市管后备干部集中调整工作，共组织召开推荐大会57个，分发民主推荐票3677张，谈话1452人。经过会议民主推荐、个别谈话推荐、征求意见、民主测评、谈话考察、酝酿沟通、廉政征询、人选公示等环节，并经部务会讨论通过，最终确定市直部门市管党政正职后备干部人选69人、市管党政副职后备干部人选237人。

（贯　佳）

【“名家讲堂”获评全民终身学习精品活动】 2010年，“名家讲堂”被沈阳市学习型城市建设指导委员会办公室评选为“沈阳市全民终身学习精品活动”。10月16日，全民终身学习活动周全国总开幕式在沈阳举行。国家教育部、中国成人教育协会及省市有关领导出席大会，并对“名家讲堂”等精品活动进行了表彰。

多年来，市委组织部始终坚持围绕全市中心工作，举办专题大讲座活动，积极做好市管干部的重点培训。“名家讲堂”由“星期六大讲座”活动发展而来，历时7年，先后对“振兴东北老工业基地”、“三观教育”、“加强执政能力教育”、“学习实践科学发展观”、“学习贯彻十七大、十七届四中全会精神”等重点专题，举办了50余场大讲座，直接培训市管干部4万多人次。特别是2010年初按照市委的要求，“名家讲堂”活动进一步成为宣讲科学理论的重要品牌，举办了8场大讲座，分别邀请到市委副书记苏宏章及清华大学、人民大学、国家行政学院的著名专家做专题报告。

“名家讲堂”为完成好“大规模培训干部、大幅度提高干部素质”的战略任务,不断推进学习型党组织、学习型城市建设工作起到了重要作用。

(贾 佳)

【实施“五大教育”】 2010年,按照中央《2010—2020年干部教育培训改革纲要》的新要求,在市管干部理论进修班中,以突出党性教育为重点,实施了“五大教育”(即信仰教育、忠诚教育、敬畏教育、廉耻教育、智慧教育),着力加强市管领导干部的党性修养,提高了培训的针对性和实效性。为保证“五大教育”的实施,市委党校进行了教学机构的重组,设立了“五大教育”教学领导小组和教学指导办公室,成立了“信仰教育”、“忠诚教育”、“敬畏教育”、“廉耻教育”和“智慧教育”五个教研组。此外,在教学内容和教学方式上也进行了全面地调整、改进和创新,设置了三大板块,五大单元(三大板块是“五大教育”板块、市情研究板块和热点问题研究板块,五大单元则分别对应“五大教育”),特别是开展了以增强党性修养为主题的“五个一”系列实践活动,即上一次党课、组织一次党性现场教学活动、开展一次党性专题大讨论、召开一次专题民主生活会、组织一次党性教育体会交流研讨会,取得了较好的效果。全年共举办六期市管领导干部理论进修班,培训市管干部477人。

(贾 佳)

【创新推出双循环定制培训】 2010年,针对市管后备干部培训工作,进行了积极地探索和创新,确定了用三年时间,分期分批完成全员市委党校和著名高校双循环定制培训的培训模式。在市委党校培训阶段,进行了个性化定制的探索实践,按照干部类别开展归口培训,组织部相关处室派专人进行全程的跟踪管理,取得了较好的成效。在教学内容上,针对后备干部的特点和需求,开设了政治理论、领导科学与执行力、人文修养与党性锻炼和现实问题研究四大单元课程。安排了警示教育基地参观教学和井冈山革命理想信念教育现场教学,设置了1场辩论比赛和3次专题讨论,组织了破冰、才艺展示和素质拓展训练活动,进行了英语、计算机和基础知识测试。在教学方式上,采取了案例式教学、情景模拟式教学、研究式教学、项目制教学等多种教学形式。在教学管理上,实现了民主管理上的突破,充分发挥支委会、班委会的组织作用,创造了民主宽松的学习氛围。全年共培训市管后备干部431人,其中,在市委党校举办培训班2期,每期学制2个月,共培训88人;在著名高校举办培训班7期,每期学制1周,共培训343人。

(贾 佳)

【扎实做好党性专题教育】 2010年,市委组织部分类别分层次开展党性专题教育,科学组织相关干部前往井冈山、延安和西柏坡进行培训。一是,重点组织全市组工系统干部前往西柏坡开展革命传统、党性修养教育。2010年是“讲党性、重品行、做表率,树组工干部新形象”活动的“巩固提高年”。市委组织部按照“树组工干部新形象”活动的整体部署,先后组织了123名组工干部、分4期进行专题培训。二是,重点组织市管后备干部和中青年骨干力量前往井冈山开展理想信念教育。以上半年市管后备干部集中调整为契机,先后调训优秀中青年干部199名、分3期前往井冈山学习。三是,积极组织市直机关系统优秀干部前往延安接受党性锻炼。与市直机关工委共同组织了2期延安专题班,共培训干部73名。

全年市委组织部开展革命圣地党性专题教育共培训395人次,培训规模进一步扩大,培训的针对性和实效性进一步提高。

(贾 佳)

【贯彻落实“四项监督制度”活动】 2010年3月中央下发《党政领导干部选拔任用工作责任追究办法(试行)》等干部选拔任用工作四项监督制度。为抓好宣传和落实,按照市委部署,市委组织部会同市纪委召开视频会议,向全市转发了中央关于认真贯彻实施干部选拔任用工作四项监督制度的通知,并对学习宣传和贯彻落实进行部署。全市各宣传媒体报道100余次,其中市级媒体播出两集电视专题片、报道20余次,党(干)校对2000余名干部进行培训,下发学习材料5000余套,万余名干部参加网络答题和自我测试。各市管班子召开专题学习会议,并制定多项落实措施,干部选拔任用工作得到进一步规范。

(贾 佳)

【开展市直单位党(工)委(党组)干部选拔任用工作】 按照《市直单位党(工)委(党组)干部选拔任用工作“一述双评”暂行办法》的规定,自2010年3月开始,在省内率先对市直单位2009年度干部选拔任用工作进行“一报告两评议”,共涉及64个单位和388名新提拔的处级领导干部,共计5000余人参加民主测评。“一报告两评议”工作的有效实施,加强了监督工作力度,强化了干部群众的知情权、参与权和监督权,促进了干部选拔任用工作的规范化。

(贾 佳)

【市管领导干部经济责任审计】 为更加明确市管党政正职领导干部所承担的经济责任,从2010年度开始,在市管领导干部经济责任审计中,实行对党政正职领导干部同步审计。本年度分别对大东区、东陵区、苏家屯区、康平县等五个区、县的区、县委书记与区、县长进行了同步审计,对东药集团的董事长、总经理也进行了同步审计。

(贾 佳)

【开通沈阳市委组织部“12380”举报网站】 2010年12月14日,沈阳市委组织部建成并开通了“12380”专用举报网站,网址为“http://shenyang.ln12380.gov.cn”,主要受理全市各级领导班子和领导干部违反选人用人制度法规问题的举报。网站的建立,在沈阳市形成了组织系统电话、信访、网络“三位一体”的举报平台,畅通了监督渠道。

(贾 佳)

【“三建三送”活动】 市委常委、组织部部长姜宏先后深入非公有制企业开展调查研究,召开座谈会,了解非公有制企业党组织发挥作用情况。同时,市委组织部还先后在6家非公有制企业举行了“三建三送”活动赠送仪式。全市各级党组织积极采取“财政拨款、党费补贴、社会筹集”的方式加大投入力度,已累计投入资金1133万元,新建改建党组织活动场所1128个,帮助1276户企业规范了党建工作制度。

(贾 佳)

【选派党建工作指导员】 为进一步扩大党在非公有制企业的组织覆盖面和工作覆盖面,市委组织部从市直党政机关、国有企业中抽调100名政治素质高、工作责任心强、精通党务工作的处级干部,到100户未建党组织的非公有制企业担任党建工作指导员,指导和帮助非公有制企业组建党组织和开展党建工作。通过市、区两级党委选派党建工作指导员，加大党组织组建工作力度，截至2010年底，全市新组建党组织的非公有制企业792个，已建立党组织的企业达到3395户，覆盖率为27%；新组建党组织的新社会组织27个，已建立党组织的新社会组织达到317个，党组织覆盖率为31.6%。

（贾 佳）

【命名首批非公有制企业党建工作示范点】 按照领导班子好、党员队伍好、工作机制好、发展业绩好、阵地建设好，群众反映好的标准，市委组织部在全市非公有制企业党组织中大力开展争创“六个好”党建工作示范点活动。10月，市委组织部命名了首批沈阳市非公有制企业党建工作示范点20个，并于11月在沈阳振浩集团举办了隆重的揭牌仪式，奖励每户企业1万元。其中，沈阳远大集团等7家企业还被中共辽宁省委组织部确定为全省非公有制经济组织党建工作示范点。

（贾 佳）

【举办非公有制企业经营者和党务工作者培训示范班】 12月6日至10日，市委组织部在北京大学举办了全市非公有制企业党务工作者和经营者培训示范班，共组织100人进行集中培训，专题学习企业团队建设、企业变革与创新、十七届五中全会精神、非公有制企业党建、传统文化与现代管理、提升领导力等课程。通过聘请全国知名专家学者授课，组织学员研讨等形式，调动参训人员的思维主动性、积极性，增强了企业经营者和党务工作者创先争优的意识，提高了非公有制企业党务工作者队伍的业务能力和水平。

（贾 佳）

【开展春节走访慰问生活困难党员和老党员活动】 2010年春节前夕，市委组织部在全市开展了走访慰问生活困难党员和老党员活动。市委、市人大、市政府、市政协领导班子成员中的党员领导干部带头进行了走访慰问。据统计，全市各级党组织走访慰问资金累计达270万元，走访慰问老党员和生活困难党员1万余名。

（贾 佳）

【开展第十一个“共产党员社区奉献日”活动】 2010年4月10日是沈阳市第十一个“共产党员社区奉献日”。根据全市绿化和环境综合整治“四大战役”的工作安排，将活动主题确定为“绿化、净化、美化，共建美好家园”，全市共有23.3万余名社区党员和在职党员参加了活动，共植树8000多株，清理垃圾杂物1.6万余吨。

（贾 佳）

【基层党组织和党员深入开展创先争优活动启动】 按照中央、省委的部署和要求，5月7日，市委在全市启动创先争优活动，召开在全市基层党组织和党员中深入开展创先争优活动动员部署会议，下发了《关于在全市基层党组织和党员中深入开展创先争优活动的实施意见》，全市2.7万个基层党组织、56.6万名共产党员围绕“完成五大任务，加快全面振兴”的主题，按照“推动科学发展、促进社会和谐、服务人民群众、加强基层组织”的目标要求，以创建“五个好”先进基层党组织、“五带头”优秀共产党员、“五个强”优秀党务工作者为主要内容开展创先争优活动。市委成立了由市委副书记苏宏章任组长，市委常委、组织部部长姜宏和市委常委、宣传部部长王凤波，以及市政协副主席、统战部部长赵晓川任副组长的市委创先争优活动领导小组，并从市委组织部、市委宣传部等8个市直部门抽调了22名工作骨干组建了活动办公室。同时，市委成立了非公有制经济组织、社会组织、机关、农村基层组织、教育系统、卫生系统、国资系统、中省直企业系统以及工会、共青团、妇联、科协、残联等13个分系统指导小组，加强对全市各行业各领域和群团组织开展创先争优活动的指导。

（贾 佳）

【召开纪念建党89周年座谈会】 6月29日，市委召开纪念建党89周年先进基层党组织、优秀共产党员和优秀党务工作者代表座谈会。省委常委、市委书记曾维出席会议并讲话，号召全市各级党组织和广大共产党员要深入贯彻落实科学发展观，紧密结合实际，深入开展创先争优活动，为沈阳完成全年目标任务、加快全面振兴做出更大贡献。会议由市委副书记苏宏章主持，市委常委、组织部部长姜宏，市委常委、宣传部部长王凤波出席会议。座谈会上，市国税局第二稽查局党支部书记许石，辽中县冷子堡镇社甲村、说理村党支部书记李春江，沈阳机床集团齿轮分公司维修钳工陈新海，铁西区兴工街道九委社区党委书记杨丽华，皇姑区委组织部副部长袁洁等五位同志先后发言，表达了再接再厉、再创佳绩的信心决心。部分受到省委、市委表彰的“一先两优”代表参加了座谈会。

（贾 佳）

【举办街道党工委书记和社区党组织书记培训班】 11月1日至5日，市委组织部组织全市100名街道党工委书记和100名社区党组织书记居委会主任在青岛进行集中培训，并实地考察了青岛市街道社区党建“三有一化”工作情况，通过专家学者集中授课和实地考察学习经验做法，进一步拓宽了参训学员的工作视野和思路，有力促进了全市街道社区党组织带头人队伍建设。

（贾 佳）

【开展“四进四建”活动】 从2010年6月开始，市委组织全市在职党员在居住地深入开展“四进四建”活动，即：组织在职党员“进社区，建立双向联动机制；进支部，建立双向管理机制；进楼院，建立双向监督机制；进责任区，建立双向服务机制”。全市22万名在职党员领取了“在职党员居住地活动证”。通过持“证”到居住地党组织报到，引导在职党员亮出身份、发挥作用，加强对在职党员“八小时”之外的管理和监督。截至2010年底，全市建立在职党员责任区近13万个，10万余名党员在居住地亮出了党员身份，成立各类在职党员义工服务队3100余支，有4万余名在职党员累计为群众办好事实事9.4万件次。新华通讯社《国内动态清样》、《人民日报》、《辽宁日报》、《组工信息》分别对活动进行报导。中组部部长李源潮在辽宁调研期间对这项活动给予充分肯定，指出：“‘四进四建’活动是党员八小时以外发挥作用的有效途径，沈阳在这方面进行有益探索，值得借鉴”。

（贾 佳）

【实施《关于建立健全乡镇党委抓村党组织建设责任的意见》】 2010年7月，市委出台了《关于建立健全乡镇党委抓村党组织建设责任制的意见》，进一步明确和强化了乡镇党委抓村党组织建设工作责任。把乡镇党委抓村党组织建设工作责任归纳概括为选好配强班子、培养后备力量、完善工作机制、加强党员教育、壮大党员队伍、创新活动方式、落实物质保障、实施目标管理、强化分类指导、加强组织领导等十大项任务和要求。提出建立“双述双评一排名”制度,即每年底乡镇党委书记要召开村党组织书记和部分党员代表会议,就乡镇党委抓村党组织建设责任落实情况进行述职,由村党组织书记和部分党员代表对乡镇党委抓村党组织建设责任落实情况进行评议;每年底各区、县(市)委书记要主持召开由区、县(市)直有关部门负责人和乡镇党委书记参加的会议,由乡镇党委书记述职后,就乡镇党委抓村党组织建设责任落实情况对其进行评议;区、县(市)委每年对各乡镇党委抓村党组织建设责任落实情况进行综合排名,以此加强对乡镇党委抓村党组织建设责任制落实情况的管理考核。

(贾 佳)

【推行“四议、一审、两公开”工作法】 2010年4月,市委组织部组织涉农区、县(市)委部分管组织工作的副部长、部分乡镇党委书记,到河南省郑州市、邓州市等地考察,学习河南省开展“四议两公开”工作好的经验和做法。在借鉴河南省经验的基础上,结合沈阳市实际,采取试点先行、全面铺开的方式,在全市农村推行“四议、一审、两公开”工作法,即对于村级重大事项按照“村党组织提议,村两委会商议,乡镇党委政府审核,村党员大会审议,村民代表会议或村民会议决议,决议公开,实施结果公开”的程序进行民主决策。2010年12月,市委组织部与市民政局联合印发了《关于在全市农村普遍实行“四议一审两公开”制度的意见》,对“四议一审两公开”制度作进一步完善和规范。截至2010年底,全市农村已经全面推行“四议一审两公开”工作法,有力地推进了全市农村基层民主政治建设,取得较好的工作效果。

(贾 佳)

【在农民专业合作社建立党组织】 根据农民专业合作社迅速发展壮大的实际,积极探索在农民专业合作社中建立党组织,开展党建工作,充分发挥农民专业合作社党员带头致富、带领致富的先锋模范作用。2010年7月,市委组织部与市农委联合印发了《关于认真做好“一建三有一培养”工作 切实加强农民专业合作社党组织建设的意见》,要求在具备条件的农民专业合作社中建立党组织,实现有阵地、有活动、有制度,在农民专业合作社中培养发展党员,把农民专业合作社党建工作纳入到农民专业合作社规范化建设的重要内容,促进全市农民专业合作社的健康发展。年内,市委组织部组织全市38名优秀农民专业合作社党组织书记赴江苏省对当地的农民专业合作社先进典型进行了学习考察。截至2010年底,全市已成立农民专业合作社党组织267家。

(贾 佳)

【圆满完成村“两委”换届选举工作】 2010年2月,全市村“两委”开始集中换届。在这次村“两委”换届选举工作中,全市上下充分发扬民主,严格依法办事,创新工作方式,使村“两委”换届选举工作亮点频现,成效明显,呈现出崭新气象。特别是注重从致富能手、大学生“村官”和女“村官”中提名候选人的做法,《人民日报》做了专题报道。全市1186个村党组织和1240个村委会均顺利完成换届任务,村“两委”换届选举工作取得圆满成功。

(贾 佳)

【开展“大组工同网”建设】 为贯彻落实党的十七届四中全会精神,按照中组部《关于印发〈2010年“大组工网”网络建设方案〉的通知》文件要求和全省“大组工网”网络建设工作会议的具体部署,5月13日,市委组织部召开了全市“大组工网”网络建设工作会议,并下发了《沈阳市“大组工网”网络建设方案》,确定建设以市委组织部为中心节点,连接各区、县(市)委组织部和市委各部委、市直各党(工)委(党组)、市属企业和高等院校组织人事部门的全市组织系统专网。5月14日—5月31日,率先完成了市委组织部及区、县(市)委组织部的单点接入工作。6月1日—11月15日,市委组织部“大组工网”中心节点建成,市委组织部实现整网接入全国组织系统专网。11月25日-12月31日,区、县(市)委组织部实现整网或部分点接入全国组织系统专网。“大组工网”的建设,是适应信息化社会发展的新形势,探索运用信息网络技术服务于党建工作,提高党的建设科学化水平的新尝试,它对于畅通组织部门上下互通渠道、提高工作效率、促进信息资源的全面共享具有重要意义。

(贾 佳)

【“讲党性、重品行、作表率”活动】 2010年是组织系统“讲党性、重品行、作表率”活动“巩固提高年”,全市各级组织部门不断创新载体,完善机制,通过开展“三比”活动,使“巩固提高年”各项工作取得显著成效。一是比学习,讲修养,在提升素质上创先争优。以创建“学习型”机关为目标,通过开辟“组工讲坛”、举办专题讲座、规范工作流程、开展业务竞赛、拓展培训渠道等有效方式,努力建设一支眼界宽、思路宽、胸襟宽的高素质组工干部队伍。二是比工作,增才干,在开拓创新上创先争优。围绕组织工作的热点难点问题开展岗位练兵、专项调研和课题攻关,深化“全部都搞大调研,人人都当指导员”等主题活动,不断创新和完善科学的干部选拔任用、评价考核、监督管理体系,研究和探索党的基层组织建设、组织制度建设、各类人才建设等方面的新方式、新方法,推动组织工作科学发展。三是比奉献,树形象,在转变作风上创先争优。开展“进组织部为了什么、到组织部干了什么、在组织部和人家比什么”思想大讨论,扬正气、比奉献,倡导“严、细、深、实”的工作作风,增强服务意识,提高工作质量和工作效率,使组工干部恪守职业操守,保持公道正派、淡泊名利、廉洁勤政的政治本色,树立可信、可靠、可敬、可亲的良好形象。

(贾 佳)

【从选聘到农村任职高校毕业生和优秀村党组织书记中定向招录县乡机关公务员】 2010年,按照省委组织部的工作部署和要求,首次启动了从选聘到村任职的高校毕业生和优秀村党组织书记中定向招录县乡机关公务员工作。市委组织部、市人社局对此项工作十分重视,先后两次召开会议,部署相关工作。在招录过程中,重点抓好四个环节:一是编制计划。按照省里分配的招录指标,编制招录计划,确定拟招录职位49个。二是组织报名。于10月19日开始,依据省里确定的报考条件组织考生报名,同时进行资格审查,全市共有38名“村官”、73名村组织书记报考。三是组织笔试。11月7日,在沈阳市外语中学组织了沈阳考区的笔试工作,沈阳、抚顺、本溪、丹东、辽阳、铁岭等6市考生共计300余人参加了笔试。四是组织面试。11月19日,60名“村官”和村组织书记在市委党校分3个考场进行了面试,面试工作井然有序。通过这次考试,共录用选聘生到农村任职的高校毕业生38人,优秀村党组织书记11名。

(贾 佳)

【召开第二次全市人才工作会议】 7月23日,市委、市政府在沈阳宾馆召开全市人才工作会议。省委常委、市委书记、市人才工作领导小组组长曾维同志结合贯彻落实全国、省人才工作会议精神作重要讲话,市委副书记、市长陈海波主持会议并讲话,他在讲话中强调要站在全局战略高度,进一步增强建设人才强市的责任感和紧迫感,要牢牢坚持以用为本,进一步推动人才资源向人才资本转化,要加大改革创新力度,进一步营造人才干事创业的良好环境,要落实党管人才责任,进一步强化做好人才工作的组织保证。市人大常委会主任赵长义、市政协主席刘雅琴出席会议。会上印发了《沈阳市2010—2020年人才发展规划》,市委副书记苏宏章作《规划》说明。市领导顾春明、姜宏、邢凯、李继安、马占春、鞠秀礼、王凤波、李宝权、王玲、王英、王翔坤、祁鸣、杨亚洲、李楷,市法院院长卞富学出席会议,市人才工作领导小组成员,各区、县(市)开发区、市直各部门、市属大专院校和驻沈高等院校、科研设计单位、大型企业负责人参加会议。

(贾 佳)

【编制《沈阳市2010—2020年人才发展规划》】 7月22日,印发了《中共沈阳市委沈阳市人民政府关于印发〈沈阳市2010—2020年人才发展规划〉的通知》,按照中组部、省委组织部有关要求,沈阳市于2009年上半年启动了《沈阳市2010—2020年人才发展规划》(以下简称《规划》)编制工作。《规划》编制过程中,以全国人才工作会议和《国家中长期人才发展规划纲要(2010—2020)》有关精神和要求为指导,紧紧围绕了全市经济社会各项事业发展现状和预期,经过了课题组调查研究、征求市人才工作领导小组成员单位尤其是重点经济部门和人才工作部门意见、市人才办及市委政研室逐行、逐句研讨修改和市领导审阅等过程。该《规划》是全省最早、全国副省级城市中较早推出的,包含了六大部分内容,创新地提出了10项人才工作政策、16项人才工作工程,既体现了国家、省人才工作的总体战略,又结合了沈阳实际,注重了规划的可操作性,为未来十年全市人才工作指明了方向。

(贾 佳)

【建立"沈阳市人才工作目标责任制"】 11月24日,印发了《市委办公厅 市政府办公厅关于印发〈沈阳市人才工作目标责任制〉的通知》,人才工作目标责任制正式出台。按照国家、省、市人才工作会议有关要求,为保证各项人才工作目标顺利实现,以《沈阳市2010—2020年人才发展规划》为基础,对今后一段时期的人才工作进行任务分解,制订了《沈阳市人才工作目标责任制》及《落实〈沈阳市人才工作目标责任制〉任务分解表》。《沈阳市人才工作目标责任制》首次把人才工作纳入领导干部绩效考核体系,对未来10年人才工作目标任务进行了详细分解,进一步明确了各地区和部门的人才工作职责、内容和要求,为推动全市形成重视人才的工作局面提供了责任和约束机制。在中组部领导来沈调研时,沈阳市建立《沈阳市人才工作目标责任制》的做法得到了中组部人才局领导的认可和好评。

(贾 佳)

【建立沈阳市高层次人才储备基地】 为保证高层次人才储备基地规范运行,印发《关于建立沈阳市高层次人才储备基地的方案》。11月16日,举行沈阳市—清华大学人才合作签字仪式暨沈阳市高层次人才储备基地揭牌仪式。仪式上,省委常委、市委书记曾维与清华大学党委书记胡和平共同为储备基地揭牌,市委常委、组织部长姜宏主持,副市长王玲与清华大学副校长邱勇签署市、校合作协议。基地揭牌后,积极发挥人才吸纳和储备作用,邀请清华大学13位出站博士后来沈参观考察,待考核通过后纳入储备基地人才库。

(贾 佳)

【资助引进创新的高端、高层次人才】 3月中旬到年底,沈阳市人才资源开发专项资金执行年度总预算3000万元,经过项目申报、初审、复核、预审、评审、审批和资金拨付,累计资助高端、高层次人才引进、创新项目和人才基础建设项目281个,资助资金2962万元,其中新增院士1人,资助科研启动资金500万元;人才引进和现有人才创新项目256个,资助资金1795万元;人才基础建设类项目24项,资助资金667万元。累计资助管理创新项目17项,高层次经营管理人才30人,资助资金130万元。资助专业技术人才创新项目239项,其中院士项目14项,院士14人,资助资金157万元;其他高层次专业技术人才466人,资助资金1508万元。累计资助市以上重点项目110项,企业重点项目110项,农业产业化和农产品加工项目36项。累计资助团队106个,人才510名,其中引进团队40个,引进人才182名,创新团队66个,创新人才328名。资助基础建设类项目24个,资助资金667万元。专项资金的资助为引进和创新高端、高层次人才及团队解决了工作和生活中的难题,充分体现了市委、市政府对他们的人文关怀,极大地鼓舞了他们创新创业热情。

(贾 佳)

【组织选聘生参加主题教育及村官业务培训】 4月24日—30日,组织2009届选聘生39人赴井冈山参加了主题为"继承革命传统、坚定理想信念"的革命传统教育和村官业务培训活动。通过参与专题讲座、形势教育、集体讨论、情景教学及体验式学习等教育活动,选聘生在逐步深入的教育情境中,深刻理解了井冈山精神的实质,心灵深处受到了震撼,为选聘生进一步坚定扎根基层、奉献农村的理想信念起到了很大的推动作用。同时,菖蒲古村敢创新路的发展模式也对选聘生开展农村工作提供了新的思路。

(贾 佳)

【开展人才工作责任制目标考核试点工作】 探索出人才评价理论,建立具有沈阳特色和普遍指导意义的人才评价体系,研究制定一整套规范的人才评价标准,引入现代评价技术,多渠道、多角度开展人才评价工作,完成《应用胜任素质模型构建人才评价指标体系研究》。在确定和平区、市卫生局、东药集团作为试点单位的基础上,组织召开企事业单位人才工作责任制目标考核座谈会,提出《关于市管单位人才工作责任制目标考核的工作思路》和《关于市管企事业单位人才工作责任制目标考核的工作思路》。召开全市人才工作责任制目标考核座谈会,编印《沈阳市人才工作目标责任制考核座谈会资料汇编》,进一步梳理试点工作,全面总结工作经验,充分征求意见和建议,完善工作思路,为继续推进人才工作责任制目标考核工作奠定基础。

（贾　佳）

【组团参加“2010 中国（大连）海外学子创业周”】　6 月 29 日—7 月 1 日，沈阳市组织部分海归人才及相关部门参加了“2010 中国（大连）海外学子创业周”。按照省委组织部的统一部署，详细总结了 2008 年以来全市引进海外人才的工作情况；挖掘了 12 位“海归”典型，认真梳理和总结了他们的典型事迹；归纳整理了十六条引进海外人才的工作政策，在“海创周”显著位置进行了宣传；与多名海外学子进行了接触，与 50 多名海外学子签订了来沈工作意向。“海创周”结束后，整理了“海归”学子信息，并与部分海外学子进行了进一步沟通，为其提供了更详细的政策服务，搭建创业平台。与市委统战部、市人社局（外专局）、市科技局、市外办等部门联合建立海外人才引进工作联络处，积极拓展海外高层次人才引进的途径和渠道，并加强相关信息的收集工作。

（贾　佳）

【建立推荐体制外优秀后备人才工作机制】　为深入贯彻落实人才强市战略，为市委选人用人随时提供数量充足、素质优良、结构合理的体制外优秀后备人才，在原有市管后备干部工作基础上，打破体制束缚，充分发挥沈阳老工业基地对人才的吸附效应，面向中省直驻沈单位、非公经济组织及海内外开发选拔优秀人才充实市管后备干部队伍，建立推荐体制外优秀后备人才工作机制。起草了《推荐体制外优秀后备人才的建议》及《关于建立推荐体制外优秀后备人才机制的预案》，拓展选人视野，广开选人渠道，经多方推荐，初步遴选了 140 名优秀体制外人才。在此基础上，经资格审查、审议、考察筛选，优中选优 20 人，按近期、中选期类别分别列入市管后备干部人才库。同时，对体制外后备人才实行动态管理，随时把新发现的更优秀人才替补到后备干部库。

（贾　佳）

【召开首届创新型领军人才和第五届优秀专家理论培训开班典礼暨颁奖仪式】　6 月 7 日，举办沈阳市首届创新型领军人才和第五届优秀专家表彰活动并启动了专家理论培训班。在开班典礼暨颁奖仪式上，市委副书记苏宏章同志作重要讲话，市委常委、组织部长姜宏同志出席并主持会议，市政协副主席李楷同志出席会议，市委组织部部务会成员、市人才办专职副主任都向辉同志、市人社局局长冯连旗同志分别介绍了评审工作有关情况，宣读了市委、市政府表彰通报，与会领导为创新型领军人才、第五届优秀专家代表颁发了证书、奖杯、奖牌和津贴。

（贾　佳）

【开展党员干部现代远程教育“学用年”活动和党员教育电视片观摩评比活动】　2 月 4 日，市委组织部印发《关于开展党员干部现代远程教育“学用年”活动的通知》和《关于举办沈阳市第三届党员干部现代远程教育教学资源暨沈阳市第十二届党员教育电视片观摩评比活动的通知》，要求全市各级党组织认真抓好“学用年”活动，重点要完成“八个百”的工作任务；各单位至少要选送党员教育电视片或课件 2 部。在“学用年”活动中，全市共创建市级学用工作示范站点 183 个，新建扩展型站点 109 个，建立远程教育实践基地 113 个，培训远程教育工作骨干 195 人，培养远程教育学用积极分子 129 名，培育远程教育致富标兵 103 名，推荐基层党组织学用工作经验做法 137 个，开发远程教育课件 108 个。在观摩评比活动中，经评审会认真评选，共评选出一等奖 15 部，二等奖 30 部，三等奖 45 部，优秀奖 18 部，其中 9 部优秀参赛片被推荐参加辽宁省第五届党员教育电视片“小花奖”观摩评比。

（贾　佳）

【举办农村党员干部现代远程教育首届管理员大专班毕业典礼】　3 月 23 日，为总结远程教育管理员大专学历教育工作，进一步推动党员干部现代远程教育工作健康深入发展，市委组织部和沈阳广播电视大学联合举办了首届管理员大专班毕业典礼。市委常委、组织部部长、市农村党员干部现代远程教育工作领导小组副组长兼办公室主任姜宏同志出席毕业典礼并讲话。14 名优秀毕业学员和 9 个优秀组织管理单位受到了表彰。

（贾　佳）

【开展“建设学习型政党党建知识网上答题活动”】　5 月 10 日—6 月 20 日，为巩固深入学习实践科学发展观活动成果，促进学习型党组织建设，增强各级党组织的创造力、凝聚力和战斗力，提高广大党员的思想政治素质和党性修养，市委组织部开展了“建设学习型政党党建知识网上答题”活动。根据各单位组织本地区、本系统党员参与答题的情况，评选出优秀组织奖 20 个，并随机产生优秀答题奖 300 名。在全市各级党组织的高度重视和积极组织下，广大党员和入党积极分子加强学习、踊跃参与，使本次网上答题活动取得了良好效果。本次活动注册答题人数达到了 48.1 万余人次，占全市党员总数的 85%；满分人数达到了 13.4 万余人次，占注册答题人数的 27.9%。注册答题人数和满分人数均创历史新高。

（贾　佳）

【召开全市党员干部现代远程教育工作会议】　10 月 29 日，市委组织部召开沈阳市党员干部现代远程教育（电化教育）工作会议，贯彻落实中央和省、市委关于党员干部现代远程教育（电化教育）工作的部署，表彰了党员干部现代远程教育（电化教育）工作先进单位和优秀工作者，表彰了沈阳市第三届党员干部现代远程教育教学资源暨沈阳市第十二届党员教育电视片观摩评比活动获奖单位。会上，和平区、于洪区、新民市、市卫生局、机床集团等 5 家单位作了经验交流。市委常委、市委组织部部长姜宏出席会议，并总结部署工作。

（贾　佳）

·宣　传·

【扎实推进学习型党组织建设】　根据党的十七届四中全会关于建设学习型党组织的要求，市委宣传部以学习型党组织建设示范点为抓手，以建设学习型领导班子、塑造学习型党员干部为目标，扎实推进学习型党组织建设。领导干部率先垂范。市委中心组结合“保持发展激情，加速全面振兴”新的实践，全年集中学习 12 次。沈阳宣传网开设“中心组学习”专栏，刊登中心组学习资讯。5 月 13 日，市委宣传部与市直机关工委联合举办了以“读书学习之我见”为主题的“学习论坛”，邀请市委组织部、市林业局、市统计局、市食品药品监督管理局、团市委五个单位的领导干部畅谈读书学习体会。5—12 月，开展了“建设学习型党组织百本阅读书目”推荐工作和以“学习·感悟·进步”主题的征文活动，并编印了《学思集—沈阳市党员干部群众谈读书》。为了发扬中华文化的国学精粹，提升领导干部的人文素养、精神境界和领导智慧，7月30日，“沈阳国学智慧学习会”召开创建会议，宏章书记出席会议并作重要讲话。11月，学习会会员参加了为期6天的国学培训。示范点先行先试。按照“试点先行、分类指导”的原则，市林业局和法库县孟家镇被省委宣传部确定为省级学习型党组织建设示范点，沈河区山东堡社区等18个单位被确立为市级示范点。各示范点高度重视，创新性地开展学习型党组织建设工作。11月10日，市委宣传部在法库县孟家镇召开沈阳市学习型党组织建设示范点工作推进会，对法库县孟家镇党委和法库县广电站党委的创建做法和经验进行了总结，对继续推进全市学习型党组织示范点建设工作进行了部署。《光明日报》等重要媒体相继报道了法库县孟家镇学习型党组织建设示范点的成功做法。《沈阳日报》先后宣传报道了市林业局等单位的学习型党组织创建经验。

（曹金萍）

【重要主题宣传】 2010年，市委宣传部围绕全市中心工作，开展了一系列主题宣传，有效引导了社会舆论。一是“保持发展激情，加速全面振兴”主题宣传，紧紧围绕全市确保实现“两个5000亿”这一中心任务，组织市属主要新闻媒体在重要版面开设了“保持发展激情，加速全面振兴”专栏，并在专栏下相继开展了“首月开门红”、“确保首季开门红”、“首季开门红”、“半年双过半”、“决战第四季度，完成‘双五千亿’”、“全市重点项目建设巡礼”、“全市百亿产业集群成果展示”等主题宣传，通过开辟专栏、策划专题、组织专访、加强评论等多种形式，强力推出了措施和成果系列报道、典型和措施系列报道等一系列宣传战役和专题报道，为全市上下满怀发展激情，坚定必胜信心，推动沈阳在科学发展道路上加快全面振兴提供了强大的舆论支持，营造了良好的舆论环境。二是“创先争优”主题宣传。按照中组部、中宣部的统一部署和市委的要求，先后制定了《关于在全市基层党组织和党员中深入开展创先争优活动的宣传工作实施方案》和《关于开展“与时俱进学雷锋创先争优促振兴”大讨论宣传工作方案》，在市属主要新闻媒体重要版面和新闻栏目中统一开设“开展创先争优、推动科学发展”专栏，并通过专版、专题、专访、系列报道、系列评论、系列综述及理论宣传等多种形式，持续不断地推出了一系列大篇幅、高质量、有特色的报道，形成了强大的舆论推动力和影响力，为创先争优活动的深入开展创造了有利的舆论环境。三是“回顾十一五、展望十二五”主题宣传。为进一步回顾“十一五”期间全市经济社会发展取得的辉煌成就，宣传五年来改革开放和现代化建设的宝贵经验，展望“十二五”发展的美好前景，组织市属新闻媒体在全市开展“回顾十一五、展望十二五”主题宣传。超前谋划宣传思路，设计宣传载体，确定宣传方式，制定并以正式文件下发了《沈阳市回顾“十一五”、展望“十二五”宣传报道方案》，通过媒体联动、栏目互动、整体推动的方式，有步骤、分阶段地推出了一系列多角度、深层次、大剂量的报道，形成了持续不断、特色鲜明、高潮迭起的宣传局面。进一步统一了思想、凝聚了力量、振奋了精神、鼓舞了士气。全年重要主题的宣传，为全市中心工作的开展和重点任务的完成营造了良好氛围。

（隋鸿刚）

【重点会议宣传】 2010年，紧紧围绕市委十一届九次全会，市十四届人大三次会议和市政协十三届三次会议，全国、全省人大、政协“两会”，2010年沈阳经济区书记市长联席会议等一系列重点会议，按照会前、会中、会后三个阶段，精心组织编采力量，准确定位报道角度，细致策划报道内容，合理安排版面时段，统筹程序性报道和特色性报道，统筹领导活动报道和代表委员报道，统筹会内报道和会外报道，统筹市内报道和市外报道，统筹传统媒体和新兴媒体，强力推出了一批系列综述、专题报道、深度解读和理论文章，为各个会议的胜利召开和圆满成功营造了浓厚的舆论氛围，实现了“零差错、无纰漏、高质量、有创新”的目标。市人大、市政协领导对“两会”宣传工作均给予了很高评价。

（隋鸿刚）

【重大活动宣传】 2010年，市委宣传部相继精心策划了辽宁省第十一届运动会、2010世界女子9球锦标赛、2010中国沈阳（第二届）动漫电玩博览会、第六届“振兴杯”全国青年职业技能大赛、第二届沈阳市全民读书月、艺术惠民“双百万”工程、“红诗沈阳”、沈阳市科技活动周、第十一届中国美食节等活动的宣传报道，并利用各种宣传载体，整合资源，集中力量，强力造势，为各项活动的成功举办营造良好的舆论氛围。

此外，还围绕沈阳现代建筑产业园、扶贫开发、沈阳市推进公共文化服务体系建设、加快文化产业发展，沈阳铁西装备制造业聚集区产业发展规划发布、推广“沈北经验”等重点工作和重大项目，策划推出了一系列战役报道，在辽沈地区产生广泛影响。

（隋鸿刚）

【记者节“六个一”庆祝活动】 2010年，市委宣传部遵循“三项学习教育活动”和记者节庆祝活动相结合的思路，与市记协联合组织开展了“六个一”活动，即编辑一套书籍、组织一次评选、举办一台晚会、进行一次采访、开展一次培训、拍摄一部电视专题片。组织编写出版了《见证振兴》一书，该书将2000年以来全市新闻工作者荣获省以上重要新闻奖的作品及新闻工作者在省以上新闻媒体、期刊杂志发表的新闻学术论文进行了收录；组织拍摄了《为改革振兴鼓与呼》这一电视专题片，集中展现了新闻出版战线近两年来在围绕中心、服务大局方面开展的宣传工作，充分记录了新闻出版战线在新闻改革等方面发挥的重大作用和取得的突出成就；在新闻出版战线组织开展了“六个十佳”的评选，对近两年来在全市新闻出版战线工作中涌现出来的先进典型进行褒奖；举办了全市新闻战线“三项学习教育活动”培训班，邀请了中国人民大学新闻学院副院长喻国明、《环球时报》总编辑胡锡进为全市新闻战线人员作了两场专题讲座，进一步开阔了全市新闻战线人员的眼界，增强了业务能力；组织市属媒体开展“走进沈阳经济区”系列报道，围绕沈阳经济区各城市经济社会和文化事业发展的总体情况，以及沈阳经济区各城市在推进新型工业化中的创新举措和主要成果进行宣传，在全市乃至全省产生了强烈反响。

（隋鸿刚）

【沈阳经济区国家新型工业化综合配套改革形势报告会】 为宣传沈阳经济区作为国家新型工业化综合配套改革试验

区后对促进沈阳全面振兴的重大意义和作用,进一步提振广大干部群众精神、凝心聚力、拼搏进取、创新工作,全面完成全年的各项任务,4 月 15 日上午,特邀辽宁社科院省情研究所所长梁启东在市委党校报告厅作沈阳经济区国家新型工业化综合配套改革形势报告。报告会由市委常委、宣传部长王凤波主持。市委、市人大、市政府、市政协领导出席了报告会。市直各委办局主管领导、相关部门负责人,各区县(市)主管领导、宣传部长,重点企业负责人,有关单位负责人等 700 人参加了报告会。

(张君胜)

【决战“两个 5000 亿”目标先进典型事迹报告会】 为充分发挥先进典型的示范作用,激励和鼓舞全市广大干部群众为实现“两个 5000 亿”任务而不懈奋斗,在全市上下大力营造学习先进,崇尚先进和赶超先进的浓厚氛围,7 月 27 日,在辽宁会堂举办“坚定必胜信心决战‘两个 5000 亿’目标”先进典型事迹报告会。铁西区、法库县、浑南新区、沈北新区、沈阳远大企业集团先进典型作报告。各区、县(市)委常委宣传部长和主管经济的区领导,各开发区党委宣传部长和主管经济的领导;各区、县(市)、开发区发改、服务、外经和招商部门领导;市相关委办局主管领导、党委工作部部长(宣传部长)、干部代表;市属企业主管领导和党委工作部部长(宣传部长);企业干部职工代表、市直机关干部代表和各界群众代表,共计 1500 人参加了报告会。沈阳日报专版刊登了先进事迹和评论,沈阳广播电视台录播了报告会实况,报告会在社会上产生了强烈反响。

(张君胜)

【沈阳地铁元年·首乘体验行动】 为配合沈阳地铁一号线的开通运营,在全社会普及安全乘坐地铁常识,倡导文明乘坐地铁行为,大力宣传沈阳地铁时代的到来以及地铁对沈阳城市建设、城市文化和城市经济的巨大提升、推动和加速作用,由宣传处统领,策划组织了“沈阳地铁元年·首乘体验行动”。此次活动于 9 月 27 日下午启动,28 日、29 日、30 日连续三天半,持续推进。对于体验行动,中央、省、市媒体给予了高度关注。中央人民广播电台、中央电视台、辽宁日报、辽宁电视台等多家省级以上媒体予以了及时报道。一些媒体还在组织首乘体验的同时策划开展了具有影响力的特色活动,如:地铁集体婚礼等。此次活动各媒体报道数量百余篇。

(张君胜)

【沈阳市代表队在辽宁省社会主义核心价值体系知识竞赛上获得第一名】 2010 年 9 月份开始,沈阳市派队参加了由省委宣传部等四部门组织开始的全省社会主义核心价值体系知识竞赛活动。在党校选派经验丰富的教师,对选手们进行了二个多月的封闭集训,从理论知识、竞赛经验到抢答技巧等进行全面的培训。最终,沈阳市代表队在全省 14 个市、2 个高校和 2 个重点企业共 18 支队伍参加的比赛中脱颖而出,获得第一名,极大地促进了全市干部群众普及和推广社会主义核心价值体系理论的学习。

(张君胜)

【命名沈阳市第四批爱国主义教育基地】 根据沈阳市城市规划展示馆、沈阳军区后勤史馆的请示,经实地考核和领导批示,决定命名沈阳市城市规划展示馆、沈阳军区后勤史馆为沈阳市第四批爱国主义教育基地。命名挂牌仪式在沈阳市城市规划展示馆举行。各区、县(市)宣传部主管爱国主义教育基地建设的副部长、各爱国主义教育基地负责人、新闻媒体参加仪式,并进行了座谈。

(张君胜)

【宣传文化系统暨沈阳市国学培训班】 2010 年 12 月 5 日—12 月 9 日,在中国人民大学举办了首届“沈阳市宣传文化系统暨沈阳市国学会培训班”。市委常委、宣传部长王凤波,市委组织部副部长赵阳,市委宣传部副部长唐明参加了开班仪式。市国学会成员,各区、县(市)常委宣传部长等 50 余人参加了培训。通过 5 天的学习,进一步拓宽参训人员视野,提高了领导水平,提升个人工作理念,取得了良好的培训成就。

(李春晓)

【成立“沈阳市互联网信息办公室”】 2010 年 12 月 9 日,根据沈编办发([2010]158 号)《关于调整市委宣传部部分机构编制事项的批复》意见,市新闻中心正式更名为沈阳市互联网信息办公室。该机构为参照公务员管理事业单位,经费由财政列支,机构规格为副局级,编制为 20 人。

(李春晓)

【举办“文化中国—中国名城摄影展”】 2010 年 3 月 25 日—30 日,沈阳市委外宣办在韩国开展“文化中国—中国名城摄影展”对外宣传系列活动,得到国务院新闻办的高度重视并被定为国家级活动。本次摄影展具有层次高、观众多、领域宽、宣传效果好的特点,共有 35 个城市参加,展出摄影作品 589 幅,在韩国各界产生了强烈反响。出访团由沈阳、太原、西安、厦门、朝阳外宣办和五洲的 14 位外宣干部组成。韩国民族和谐委员会委员长高健(韩国前总理)出席了开幕式。出访团与韩国 24 个国家级的协会会长和社会团体的负责人进行了广泛的交流,拜会了韩国国会议员金钟环、罗在岩,与韩国外交部中国课课长崔泳杉就中韩城市文化交流与合作进行了会谈,举行了大型中国城市新闻推介会和韩国媒体联谊会,举行了中国城市摄影作品赠送仪式,与韩国 KBS 电视台进行座谈并就双方业务交流达成了合作意向,考察了韩国三星企业集团并就两国城市文化产业的交流与合作进行了座谈。韩国联通社、KBS、首尔文化今报等约 10 家知名媒体对活动进行了报道,人民网、新华网等数十家知名网站进行了活动跟踪报道。本次摄影展扩大了中韩文化交流,增进双方友谊和了解,让更多的韩国友人了解、认识沈阳等中国城市,增进交流与合作,进一步树立沈阳等中国城市品牌在国外的新形象。

(徐增军)

【第二届沈阳市中外朋友同乐会】 2010 年 6 月 10 日,沈阳市委外宣办组织举办了“粽香端午·情系沈阳—第二届沈阳市中外朋友同乐会”,省、市领导、外国驻沈领事馆官员、在沈外企 CEO、专家学者、留学生等近 400 余人参加活动。浓厚的节日氛围,以外国人为主表演的精彩节目和互动节目,让与会的外国嘉宾产生了强烈共鸣。在演出过程中,插播了外国朋友在沈阳的生活、工作、学习场景,感动了所有出席活动的中外人士。这次活动进一步加强了与在沈工作、生活、学习的外国友人的交流,增强沈阳城市的吸引力和凝聚力,增强外商在沈投资、创业的信心,优化沈阳发展环境,拓展城市发展空间,做强对外文化交流活动品牌,展示沈阳城市新形象。节目由沈阳电视台进行录制,并于 6 月 16 日端午节以专题形式播放。

(徐增军)

【拍摄《沈阳·我可爱的家乡》广告片】

根据陈政高省长来沈现场办公提出的"提高城市知名度和影响力"的工作要求和市委常委、宣传部长王凤波同志的批示意见,2010年10月,沈阳市委外宣办结合沈阳实际情况,以郎朗为沈阳形象代言人,组织拍摄了《沈阳·我可爱的家乡》广告片,时间为10秒钟。于2010年11月2日—12月31日,在央视"朝闻天下"栏目播放,在沈阳市主要街路LED大屏幕、沈阳地铁全天循环播放,进一步提高沈阳城市知名度和影响力。

(徐增军)

【召开《E海拾贝—沈阳市优秀原创网络博文集》赠书仪式】 2010年3月23日,市委宣传部召开了《E海拾贝—沈阳市优秀原创网络博文集》赠书仪式,参加会议的有市委宣传部、市委外宣办的领导,各单位主管网络宣传工作的领导及入选作者代表。

《E海拾贝—沈阳市优秀原创网络博文集》按时事点评、祖国颂歌、感情人生、写意心情、休闲一刻、网上杂谈六个篇目,共收录64名同志的120篇文章。专集文章主题鲜明,坚持弘扬主旋律,歌颂祖国、歌颂党,赞扬沈阳改革发展成果,受到广大网民的认可。此次专集的出版,对推动网民参与博文创作,营造良好的网上舆论环境起到了积极的推动作用。

(张 辉)

【沈阳市网络发展工作座谈会】 2010年4月27日上午,"沈阳市网络发展工作座谈会"在沈阳皇城酒店召开。来自北京和省内的知名专家、学者和全市各网站的领导,一起审视网络工作现状,共同探讨网络事业的发展。座谈会上,沈阳报业集团公司副总经理刘亚军、沈阳电台副台长廉杨、沈阳电视台副台长李依群、市委群工部(市信访局)副部长石敏等分别代表沈阳网、沈阳广播网、沈视网和市委群众权益保障和投诉受理工作部网站发言。人民网舆情监测室(人民日报社网络中心舆情监测室)副秘书长、舆情分析师单学刚和原省委宣传部副部长、省委外宣办主任张佐库分别对沈阳市的网络工作现状和未来发展趋势做了分析和指导。

座谈会由市委外宣办主任许建民主持。市属新闻网站、市属网络媒体单位主管领导、中国沈阳政府门户网、各区、县(市)委办局部门网站、部分知名商业网站的领导等50余人参加了座谈会。

(张 辉)

【成立"东北三省七城市网络协作体"】

2010年5月27日,协作体在沈阳召开首届会议,由沈阳倡议发起,长春、哈尔滨、大连、鞍山、吉林、齐齐哈尔各城市共同参与的"东北三省七城市网络协作体"正式成立。会上,七城市代表共同签署了协议书,确立了七城市间网络发展成果和网络资源共享机制,各城市网站相互链接、互派采访、互开专栏制度,以及协作体轮值制度、年会制度,定期开展学习、培训和对外交流活动等。市委常委、宣传部长王凤波到会并讲话。七城市宣传及网络管理部门负责人和各市网络媒体领导参加了会议。

(张 辉)

【企业文化建设现场经验交流会】

2010年7月27日,市政研会在沈鼓集团组织召开了沈阳市企业文化建设现场经验交流会,全市500余家企业参加了经验交流会,是近年来系统内参加企业最多的一次,会上授予沈鼓集团、东药集团等10家企业沈阳市企业文化建设示范基地荣誉称号,会后组织各企业分批实地参观学习示范基地的建设情况,邀请专家对示范基地企业文化进行点评,有力推动了全市企业文化建设的全面发展。

(林纯杰)

【政工职称工作领导小组会议】 沈阳市2010年度政工职评工作领导小组会议于12月23日在市委西楼701会议室召开。2010年,市政工职评办已经圆满地完成了申报人员的报名、资格审查和初、中、高级申报人员的培训、考试、答辩等工作。全市共有820名政工人员申报政工职称,有690名政工干部获得思想政治工作专业职务任职资格,其中,高级政工师218人、政工师249人、助理政工师和政工员223人。

(林纯杰)

【对外宣传实现新跨越】 2010年,沈阳市新闻中心围绕市委、市政府中心工作,积极协调相关新闻媒体对重大项目、重点工作、重要成果及顺利推进"十一五"规划所取得成就进行重点宣传报道。在宣传报道促进发展方式转变,调整优化经济结构,特别是在公共文化服务体系建设、调整产业结构、沈阳经济区建设、地铁一号线开通试运营、大浑南区域建设、现代农业示范区建设以及保障和改善民生等方面,积极协调组织中央、省和外省市媒体深入实地进行调研考察、座谈采访,采写了大量有深度、有影响的好文章,全年共刊播新闻报道5200余篇(条)。其中新华社刊发的"沈阳探索新农合与农村医疗救助无缝衔接新模式"(国内动态清样3382期)、"沈阳探索在职党员八小时之外管理监督机制"(国内动态清样3628期)和光明日报(内参)刊发的"沈阳市艺术惠民'双百万'工程暖人心"、"市公安局新思维解开维而不稳怪圈"等稿件得到中央领导的批示表扬,取得了很好的政治和社会效果。

(侯月彬)

【全国"两会"宣传】 2010年全国"两会"在京召开,按照部领导的要求,沈阳市新闻中心派专人提前进京做好准备工作。协调人民日报、新华社、中央电台、中央电视台、光明日报、经济日报等中央主要媒体大力宣传沈阳和沈阳代表、委员。3月5日,在十一届全国人大三次会议开幕式上,市人大常委会主任赵长义镜头一次;当晚在《新闻联播》全国政协分组协商讨论政府工作报告中市政协主席刘雅琴同期声镜头;《光明日报》第七版头题刊发刘雅琴主席提案"将沈阳市经济区设立为国家新型工业化综合配套改革试验区",刊发题目为《区域综合配套需破"楚河汉界"》。3月6日,在《新闻联播》李克强参加辽宁代表团审议政府工作报告中赵长义主任镜头一次。仅半个月时间,在国家新闻媒体刊播发稿件76篇(条),省市媒体开辟两会专刊、专栏发送稿件201篇(条),为沈阳营造了和谐稳定的舆论氛围。

(侯月彬)

【新闻发布工作】 为了进一步推进党务、政务公开,增加党委、政府及其工作部门的透明度和公信度,对社会舆论进行引导,构筑党、政府与社会和民众的良性互动关系,营造和谐稳定的舆论环境。市委宣传部起草并以沈政办明电[2010]10号文件《关于建立健全新闻发言人队伍的意见》和沈委办发[2010]51号文件《关于建立党委新闻发言人制度的实施意见》进行下发,通过召开全市新闻发言人助理工作会议,印发了《2010沈阳市新闻发布工作文件资料汇编》,

进一步加强新闻发言人队伍建设，规范新闻发布工作。全年共审批备案新闻发布会150余场次。

（侯月彬）

·统　　战·

【统战宣传工作】 全年统战宣传工作重点加强了自办的"沈阳同舟网"和《沈阳统一战线》两个宣传媒体的建设，同时在利用大众传媒宣传统战工作方面取得了新进展。开展网络宣传工作，突出加强同舟网自身建设。在信息及时更新上，强调放眼中央、关注省委、抓实全市；在网站改版上，立足现实、逐步修改，改建四家同舟网二级网站，取消其它四家二级网站，实现与其单位网站链接；在宣传态势上，注重抓好时机，集中宣传。以市政协十三届三次会议、十七届五中全会、创先争优活动为契机，宣传政策、传递活动信息。积极利用省委统战部网站。全年被省委统战部网站采用稿件116篇。开展新闻宣传工作，认真组织开展在人民政协报等平面媒体宣传。全年，人民政协报采用稿件31篇，辽宁日报报道沈阳市统一战线领域工作35篇，沈阳日报采用稿件234篇。在全省统一战线新闻宣传工作评比中，沈阳市委统战部被授予统一战线新闻宣传优秀组织奖。加强宣传阵地建设，做好12期《沈阳统一战线》编辑出版发行工作。

（吕　丹）

【统战理论研究】 2010年，全市统战理论研究工作按照中央和省委统战部相关文件部署，以科学发展观为统领，以在统一战线大力推进马克思主义中国化、时代化、大众化为战略目标，围绕统一战线服务科学发展和实现自身科学发展两大方面，着眼解决问题、推动工作、创新理论、提出举措的工作思路，深入开展研究，取得了一定的成绩。年初制定下发了《关于印发＜沈阳市统战理论研究工作安排意见＞的通知》，对全市统战理论研究工作作出了安排和部署。坚持和改进重点课题招标立项制，从实际情况出发，确定了立项适度放宽，结项课题数量适度增加，结项课题统一纳入年度评审程序等工作原则。全年共批准40项课题作为市委统战部立项课题，并在9月份召开了立项课题研讨会，推动立项课题研究工作。年底给予34项课题结项，并给予其中20项课题4.5万元研究经费资助。全年统战理论研究工作成果显著，被省委统战部授予统战理论研究优秀组织奖，1篇文章被中央统战部评为三等奖，1篇文章被省委统战部评为一等奖，多篇文章获省委统战部二、三等奖。全年共收到基层择优上报的研究成果129篇，组织评选出优秀研究成果61篇，评选出10家统战理论研究先进单位和10个统战理论研究优秀组织奖，22人被授予年度先进个人称号。

（李明国）

【海外统战工作】 积极拓展海外统战工作领域。全年共接待海外、港、澳、台朋友100余人次。积极为来沈考察洽谈的侨商及外企服务。接待美国新桥证券东北考察团一行，协调安排了考察团与市金融办领导会谈，双方就为沈阳大中型企业提供金融服务和海外上市服务及在沈阳设立办事处等问题进行了探讨磋商。与美国新桥证券集团、市金融办联合举办"沈阳市中小企业美国上市融资研讨会"。研讨会上，新桥证券合伙人北方首席代表、美国北美投资控股集团董事局主席、留美博士毛克强先生等专家就中国企业在美国上市的相关问题进行了讲解。近百位企业代表、媒体记者参加了研讨会。新桥集团在东北首个派驻机构—沈阳代表处正在积极筹备中。

积极组织在沈侨商开展活动。与市侨商联合会联合举办"迎新春、优环境、做贡献—2010年沈阳侨商年度盛典"活动，市政协副主席、市委统战部部长、沈阳海外联谊会会长赵晓川，市委统战部常务副部长、沈阳海外联谊会常务副会长王晓明出席并致辞，省侨联主席王之峰、省侨联驻会副主席王曲娜和在沈侨商代表、留学人员代表150余人参加活动。活动中还进行了爱心拍卖，由侨商捐助和拍卖所得12万元善款将用于帮扶沈阳市特困归侨侨眷。组织部分在沈侨商开展庆"双节"（中秋、国庆）联谊活动。

积极开展留学海外人员工作。出席沈阳经济区海归人才发展论坛。统战部编印的宣传沈阳优秀留学人员的书籍《留学岁月与人生》被作为会议材料发放给与会的沈阳经济区八城市代表，受到广泛好评。参加了"沈阳市第六次人才工作信息发布会"，就吸引优秀留学人才来沈工作等问题回答了记者的提问。

全力做好归国留学人员和侨商的优秀代表宣传工作。搜集整理了大量候选人的资料，为每位候选人选取了宣传重点，征求了候选人相关的民主党派、台办、外办、区委统战部以及所在单位的意见，确保候选人的代表性、先进性，报市委苏宏章副书记批准后，积极协调宣传部、沈阳广播电视台组织得力记者，经过近两个月采访、录制，于7月在沈阳广播电视台新闻频道黄金时段《沈阳新闻》节目中，分两期对7位留学人员代表、2位侨商代表的先进事迹进行了集中宣传，并组织全市统战系统进行了收看，收到了较好的效果。

积极为基层服务。组织统战系统海外统战干部参加中央社会主义学院副院长黄易宇关于海外统战工作的讲座。落实"和谐辽宁爱心行"活动，落实省委统战部为康平县贫困乡村援建卫生室的任务，2010年有西关屯村、富裕村、姜家沟村等三个卫生室获得批准。

（邢　涛）

【协助民主党派加强领导班子建设】 一是圆满完成了部分党派领导班子的届中调整工作。二是做好8个党派班子成员届中述职、民主测评的汇总建档工作和测评结果反馈工作，为党派市委换届奠定基础。三是认真贯彻辽统发[2009]14号文件精神，加强民主党派领导班子后备干部队伍建设。四是向党派班子成员传达中央统战部3号文件精神，协助党派建立健全了领导班子谈心会制度。按照中央文件的要求明确了各党派谈心会制度的范围、内容和要求。五是通过会议交流、学习考察等有效形式，进一步协助各党派加强领导班子建设。组织召开了各民主党派2010年工作安排情况交流会、党派驻会主副委上半年工作情况交流会议、季度工作情况交流会、各党派参政议政建言献策工作情况交流会等会议。

（赵廷志）

【协助民主党派加强组织建设】 一是以党派基层组织换届工作为契机，支持各民主党派加强组织建设。结合党派基层组织换届年工作，组织召开了高校统战部长会议、城区统战部长会议、民主党派组织部长会议，通过三个会议明确了党派基层组织换届把握的原则和统战部门应履行的职责及应把握的重点。全市共有227个基层总支和支部进行了换届和调整。二是召开了民主党派组织部长工作情况交流会，研究探讨党派组织发展中存在的问题，提出解决的对策。对重要问题形成共识，协调动作。三是运用会议、走访等形式，协调县区统战部、高校统战部支持党派做好党派基层组织工作，并及时解决了相关问题。如协调合并致公党东陵支部与沈河支部等。

（赵廷志）

【协助民主党派加强机关建设】 一是做好党派机关管委会换届工作。按照党派管委会主任一年一换届的原则，确定了新一届管委会主任。积极协助新一届管委会开展迎新春联欢会、庆祝国庆节等大型活动，进一步增强党派机关凝聚力。二是积极帮助民主党派机关解决办公困难问题，并以市委、市政府建设规划大浑南为契机，将8个党派起草的《关于在浑南行政中心建设中为民主党派新建办公楼的请示》及规划方案报送市规划办，建议市委、市政府给予统筹考虑。同时，组织党派驻会负责人赴合肥参观了合肥党派机关办公大楼。

（赵廷志）

【推动光彩事业各项活动深入开展】 一是广泛开展弘扬“光彩精神”活动。2010年，市委统战部与市工商联联合开展了评选2009年光彩事业先进个人、先进工作者和先进单位系列活动，并对57名非公有制经济人士、31名基层统战工作者、15个单位进行了表彰。与此同时，还充分利用省统战月刊、沈阳商会杂志等载体广泛宣传先进典型事迹，用典型引路。通过开展“光彩事业”评比表彰和典型事迹宣传等活动，进一步提升了非公有制经济人士的良好形象和社会影响力，教育和引导了广大非公有制经济人士树立致富思源、富而思进、扶贫济困、乐善好施、义利兼顾、德行并重、发展企业、回馈社会的“光彩精神”，增强了承担社会责任的使命感和责任感。二是深入开展了“九个一”系列活动。2010年初，市委统战部在充分总结多年开展光彩事业经验的基础上，创新工作载体，结合沈阳的实际，在全市开展了以促和谐发展为重点，引导广大非公有制经济代表人士深入开展修一条路、建一座桥、吸纳安置一批下岗职工、援建一所光彩小学、捐助一批贫困学生、开发一个龙头带动项目、帮扶一批贫困户、帮扶一批重点优抚对象、引进一个招商项目等“九个一”系列活动。活动的开展得到了各基层单位和广大非公有制经济人士充分肯定和积极响应，全市非公有制企业已为其对接村镇修建38条路，投入资金2.2亿元；修建18座桥，投入资金309.8万元；开发35个龙头带动项目，投入资金43亿元；引进88个招商项目，引进资金105.1亿元；吸纳安置1.9万余名下岗职工，发放资金1.6亿元；援建12所光彩小学，投入资金384.8万元；捐助3068名贫困学生，捐助资金443万元；帮扶4128名贫困户，投入资金304万元；帮扶2789个重点优抚对象，投入资金365.7万元。三是积极开展促进就业再就业工作。市工商联共组织举办招聘会3次，共有近300家企业参加招聘会，提供岗位4000多个，初步达成就业意向2500多个。同时，以“民生援助行动”为平台，部分非公有制企业与高校直接签订了合作协议书，高校大学生可以直接到企业实习或到企业参加工作，实现就业，为企业招工及高校毕业生就业提供了一种便利高效的招聘及就业模式。四是广泛开展慈善、赈灾工作。市工商联以“千人复明工程”活动为载体，积极开展“千人复明工程”双走进活动，即“千人复明工程”走进会员企业，为企业员工免费进行眼科检查；捐款企业家走进“千人复明工程”，为患者揭眼罩，回访受益患者。截至2010年底，已开展了14次活动，共筛查1000余人，收到慈善捐款7.8万元。在青海玉树发生强震后，市工商联组织各区、县（市）工商联以及各行业商会、异地商会、直属商会等338个会员单位和个人参与了捐款活动，捐款总额共计86.6万元。五是积极组织引导全市非公有制经济人士回报社会感恩行动。自全国开展引导非公有制经济人士回报社会感恩行动以来，市委统战部领导高度重视，召开部务会，专题研究此项工作。市委统战部结合沈阳的实际，确立了工作重点、工作原则和具体工作方法。即明确重点，选好对象；统筹推进，合理布局；制定标准，科学引导；注重结合，突出特色；加强领导，广泛发动。并以市委统战部和市工商联两家的名义制发了文件，召开了动员会。全市共有132名非公有制经济代表人士积极参与到此项活动中，帮扶了156名较困难的“三老人员”，资助金额34.4万元。中央统战部调研组在来沈调研时，对沈阳市开展回报社会感恩行动所取得的成绩给予了充分肯定，并希望沈阳市在引导非公有制经济人士回报社会方面做出更多的探索和实践。

（郑知易）

【深入开展非公有制经济人士思想政治工作】 一是深入一线进行思想对接。2010年以来，市委统战部将走访非公有制企业和非公有制经济代表人士列入全年经济统战工作的重点内容之一。通过走访调研，一方面推动各基层单位有针对性的开展各项工作；另一方面，有计划的对一些重点企业和代表人士，特别是对已做政治安排的代表人士和受到表彰的优秀建设者及企业走访调研，了解意见建议，深入做好思想政治工作。在实际工作中，市委统战部提出要做好“三员”。即做好宣传员，积极宣传党的统战政策和统战工作；做好指导员，积极指导各基层单位认真贯彻文件精神，深入开展非公有制经济代表人士思想政治工作；做好调研员，认真收集了解非公有制经济代表人士的发展变化情况，并认真研究一些带有普遍性的新情况、新特点，为进一步做好相关工作奠定基础。大走访活动的开展，得到了各基层单位和广大非公有制经济代表人士的广泛认同和赞誉。一个市、区两级统战部门齐抓共促的良好局面正在形成，为非公有制经济发展营造良好环境、提供优质服务已成为统战干部的自觉行动。与此同时，市委统战部还把培养和选拔一批有较高综合素质的非公有制经济代表人士作为走访工作中的一项重要内容，在走访中发现人才，在走访中发现和培养典型，为充实和壮大非公有制经济代表人士队伍及工商联、人大、政协换届做好组织和人才准备。二是充分发挥典型引领作用。各区、县（市）采取多种方式先后组织开展了优秀建设者“现身说法”活动，教育引导广大非公有制经济代表人士争做优秀中国特色社会主义事业建设者。与此同时，结合全市各高校开设的创业教育课程，组织优秀企业家到高校讲述个人创业经历，在引导大学生增强自主创业信心的同时，彰显企业家的社会责任和价值。市工商联已组织了辽宁禾丰牧业有限公司总经理王凤久、沈阳振浩集团董事长宋宝全、沈阳利林企业集团董事长赵海林等8名企业家先后到东北大学、沈阳工业大学、沈阳农业大学、沈阳金融学校、沈阳装备制造业学校、沈阳职业技术学院等多所高校实地演讲，受众达2000多人次。三是切实做好非公有制经济人士培训工作。2010年，市、区两级统战部、工商联采取走出去、请进来等多种方式，加大了对非公有制经济代表人士的培训力度。1月9日，市委统战部与相关单位配合，组织举办了参加清华大学学习的第一期和第二期学员迎新春联谊会，与会的30多位企业家畅所欲言，交流应对金融危机的经验和今后企业发展的设想和打算，并达成了互动发展，合作共赢的基本共识。1月18日，又组织全市40余位非公有制经济代表人士参加了辽宁省新的社会阶层人士学习实践科学发展观报告会，现场聆听了清华大学教授关于企业资本运作管理的专题讲座，得到了企业家的普遍欢迎。10月9日，市委统战部又组织15名担任各级政协委员、人大代表的非公有制经济代表人士参加了辽宁省非公有制经济代表人士井冈山研修班，得到全体学员的一致好评。各区、县(市)也通过召开座谈会、交流会、联谊会的方式，先后培训非公有制经济代表人士达21次，共计1600余人。

(郑知易)

【扎实有序开展非公有制经济组织创先争优活动】　自市委部署在非公有制经济组织党组织和党员中开展创先争优活动以来，市委统战部高度重视，迅速行动起来，扎实推进非公有制企业创先争优活动深入开展。一是精心组织、深入指导，积极推动创争活动科学有序开展。针对沈阳市非公有制经济组织量大、面广、点多，具有广泛性、多样性、复杂性的特点，市委统战部建立了行之有效的工作机制，采取了组建机构、制定方案、摸清底数、调查研究等一系列措施，推动创先争优活动有序开展。市委统战部和创先争优活动指导小组深入非公有制企业调查研究，共走访了8个区、县(市)的42家非公有制企业，对其党组织和党员情况有了初步了解。同时，先后组织召开了各区、县(市)指导小组联络员工作汇报会和全市非公有制经济组织创先争优活动工作推动会，听取了各区、县(市)创先争优活动的进展情况，并对下步指导工作提出了具体要求，进一步推动了创先争优活动的有序开展。二是采取措施，注重"双覆盖"。以创先争优活动推动非公企业党组织建设，并把创先争优活动作为提升新建党组织党建工作水平的重要抓手，强化指导，示范带动，逐步扩大了非公企业党组织的覆盖面。沈河区从强化党建指导员作用，强化党员引导，创新党组织组建形式三方面入手，着力推动非公有制经济组织"双覆盖"工作。全区街道社区共选派党建指导员497名，指导企业1406户。先后建立党组织12个，引导80余名党员先后亮出身份，敲开了75户过去拒绝谈党建的非公企业大门，并在其中新吸收入党申请人89人，培育积极分子21名。大东区通过立足高标准、高质量选派指导员，采取"五不"的工作思路，向非公企业选派185人次，指导非公企业自主权680家，高效率用好指导员，充分发挥他们的作用，有效地推动了全区非公企业创先争优活动向纵深发展。三是以开展活动为抓手，积极引领基层党组织和党员发挥示范辐射作用。积极推动各非公有制经济组织党组织以"在实现新发展新跨越中比贡献、争先锋、创佳绩"为主题，深入开展系列活动，为非公有制企业开展创先争优活动搭建有效平台。大东区以发挥党员先锋模范作用为轴心，通过"思想上带、技能上帮"等有效方式，关心和爱护普通员工，引导广大党员争做模范好党员，带领职工群众"学先进、赶先进、比贡献、当表率"，不断提高职工队伍建设水平，激发加快发展积极性。沈河区创新并形成了具有沈河特色的"四深入四服务"和"四争创四提升"基本载体，在全区非公有制经济组织中深入开展了"提升党建活力，争创非公党建工作示范单位"活动。依托中街商业步行街等特色商业景观街和五爱商贸物流区等重要商贸区，深入开展了打造"党建金街"、"党建银区"品牌活动。通过发挥党组织的带动引领和党员的示范辐射作用，使创先争优活动成为促进非公有制经济健康发展和引导非公有制经济人士健康成长的重要手段之一。

(郑知易)

【引导非公有制经济人士走科学发展之路】　市委统战部在全面把握当前经济发展形势，深入领会市委全会及市委工作会议精神的基础上，把促进非公有制经济人士健康成长，作为推动非公有制经济快速发展的切入点，积极引导广大非公有制经济人士自觉践行科学发展观，充分发挥各自优势，不断更新发展观念，创新发展模式，提高发展质量，真正做到在加快发展上下功夫，在转变发展方式上动真格，在发展成果上见实效。为了全面推动此项工作的开展，市委统战部积极引导各区、县(市)及有关统战团体，以开展"巩固经济回升基础，推进结构调整，提高发展质量"实践活动为载体，通过举办市情、区情通报会、经验交流会、融资洽谈会和企业家联谊会等多种方式，不断引导广大非公有制经济人士积极转变企业发展方式，加快结构调整步伐，挖掘内需潜力，不断增强企业的核心竞争力和自主创新能力，促进非公有制经济科学发展。截至年底，市委统战部已组织了4场市情通报会；市工商联已举办银企对接会10次，有近400多家企业参加了银企对接会，实地考察了40多家，为企业直接融资额近2亿元。

(郑知易)

【加强两支干部队伍建设】　2010年，市委统战部坚持以科学发展观为指导，在推进统一战线服务科学发展同时，从统一战线两支干部队伍建设着手，努力让自身科学发展的理念一步一步付诸实践，把加强干部队伍建设作为破解困扰统一战线自身科学发展的突出问题和难点问题摆上议事日程，认真研究、科学分析、逐步落实，在全市两支干部队伍建设上实现了新跨越、新突破、新发展。一是照顾同盟者利益，实现新跨越。根据省委有关文件精神，积极向市委建议参照沈阳市市管正职干部的选拔任用相关办法，对在各民主党派市委会任职十年以上，且符合干部任职条件的驻会副主委，比照党政机关领导干部晋升正局级领导职务。民主党派机关中，两位任职十年以上的驻会副主委按沈阳市正局级解决了待遇。同时，参照中共干部任职做法，为三位任职多年的副主委在退休前解决了正局级待遇。全年一共提拔安排了11位党外局级干部，实现了党外干部安排使用的新跨越。二是摆上重要位置，实现新突破。市委统战部把干部队伍建设摆在重要位置，把它看成是制约统一战线自身发展的主要瓶颈，通过积极向市委领导反映，加强与组织部沟通，全力推荐市管领导干部任用人选。解决了一位任职十年以上副职领导干部担任了市工商联党组书记职务。市管后备干部被推荐担任沈阳市广播电视大学党委副书记兼纪委书记。这不但解决了处级领导岗位任职十年以上中层干部的“出口”问题,而且为统战干部跨系统安排使用闯出了一条出口,实现了新突破。同时,争取一个即晋即退指数,为一位正职处级干部解决了副局级待遇问题。三是立足工作大局,实现新发展。市委统战部坚持正确用人导向,把加强统战系统干部队伍建设,作为突破口,统战系统干部的成长上实现新发展。解决了党派机关、统战团体机关4名同志晋升为处级实职,3名同志晋升为调研员。2010年,共提拔正副处长6人,晋升副调研员1人。两支干部队伍建设的加强,激发了全市统战干部工作的热情,推动了全市统一战线工作迈上新台阶。

(*刘朋 史彦斌*)

【统战保密】 2010年,中共沈阳市委统战部认真学习贯彻中央、省、市保密委关于切实加强保密工作的部署要求,认真学习贯彻国家新保密法,强力推进保密工作机制的建立和运行。

领导重视,严密组织。及时调整充实部机关保密工作领导小组,由市政协副主席、统战部长赵晓川担任组长。强化保密工作就是“保国家安全,保单位和谐,保家庭幸福,保个人前途”的观念。要求各级领导干部和工作人员,必须从战略和全局的高度认清敌情险情,强化忧患意识,时刻保持清醒头脑,切实增强作好保密工作的责任感和使命感。

严格制度,杜绝隐患。根据形势发展,修改完善了涉密文件和资料的传阅、复印和销毁管理办法,将计算机网络管理、手机、复印件、传真机、U盘、移动硬盘等使用规定汇编发至每个工作人员。全员签订了“保密责任状”,按照“谁主管、谁负责,谁使用,谁负责”的原则,确保不发生泄密事件,杜绝泄密隐患。

加强教育,警钟长鸣。坚持教育防范为主,查处问题为辅,开展多渠道、多层次、多角度的《保密法》的宣传普及活动,积极组织在职工作人员全员参加全市保密知识竞赛活动,参加率和优秀率均达到100%;先后两次举办“计算机办公自动化设备使用中的保密管理”专题讲座,使机关干部和全市统战系统的同志进一步提高了保密意识,了解、掌握计算机应用过程中的保密技术手段;购买新修订的《中华人民共和国保守国家秘密法》手册、《中华人民共和国保守国家秘密法释义》和续订了《保密工作》期刊,人手一册。

加大投入,加强防范。近年来,投入资金10余万元,统一安装监控软件、隔离卡和刻录机,为重点涉密人员配备了保密U盘,有关处室增设了保密专用机,用于处理涉密文件传递。配备中间机,用于接收和转换基层单位送来的文件材料。对涉密信息,坚持通过保密渠道上报。

迎接国检,深受好评。按照中央、省、市保密委的要求,认真组织开展涉密载体清理工作,逐处(室)、逐人、逐机进行拉网式检查,不走过场,不漏一人一机。清理收回涉密文件385份,清理内部文件、工作资料近万余份;销毁涉密硬盘39个、光盘48张、软盘30个、录音带2盘、录像带4盘。同时,提请市保密局技术人员对个人及工作用移动硬盘和U盘进行技术检测和文件清理。关闭了部机关内部办公自动化系统,依规收回退休干部使用的办公用U盘,并对纸质文件等进行了核对与确认。因此获得国家保密局检查组的评价:基础工作实,领导重视,制度健全,介质网络管理比较规范,无明显违规问题。

2010年,中共沈阳市委统战部被评为“辽宁省保密工作先进集体。”

(*刘任飞*)

【统战信息】 年初,制定了《中共沈阳市委统一战线工作部关于2010年统战信息工作安排意见》,根据意见安排,进一步完善全市统战信息工作机制,建立统战信息员网络,举办信息员培训班,定期召开信息工作通报会、重点信息研讨会,定期印发信息采集要点。部领导高度重视信息工作,市政协副主席、市委统战部部长赵晓川多次批示,经常指导。全年及时、准确地向上级报送了沈阳市统一战线成员开展“树立和践行社会主义核心价值体系”学习教育活动、回报社会感恩行动、维护社会稳定、服务科学发展与实现自身科学发展方面的重要信息,使之在服务领导决策、交流工作经验、推动工作落实等方面发挥了应有作用。共计上报信息376条,被中央统战部采用30条,省委统战部采用130条,市委办公厅采用14条,省委办公厅采用6条,荣获全国统战信息工作先进单位三等奖,省委统战部信息工作特殊贡献奖,市委办公厅信息工作先进单位。3条信息被中央统战部《零讯》增刊采用,其中《建议港澳台同胞在大陆住宿不宜称“涉外”》、《建议加强对“上海世博会”国外展馆外来植物管理》的信息分别得到中央领导批示。还有3条信息得到省政协副主席、省委统战部部长高鹏的批示,1条信息得到沈阳市市长陈海波的批示。

(*刘 钢*)

【基层统战工作】 组织基层积极参与全省“争创重视统战工作先进党委、统战工作先进集体,评选重视统战工作优秀领导干部、先进统战工作者”活动。协调部机关各处室对被评审单位进行打分排序,确定先进单位和个人名单。2010年度,经市委统战部推荐申报,省委统战部授予铁西区委、辽中县委、沈北新区区委,辽宁大学党委、鼓风机集团党委为“全省重视统战工作先进党委”称号;东北大学党委副书记田梦平、东陵区委副书记白风华、新民市委副书记孙长福、中省直工委副巡视员童汝军、沈河区教育党委书记杨永安为“全省重视统战工作优秀领导干部”;和平区、皇姑区委统战部、辽宁中医药大学和沈阳农业大学、沈阳黎明航发集团党委统战部等为“全省统战工作先进集体”;沈阳师范大学张艳伟、药科大学罗颖、机床集团白莹、法库县委统战部白鸿雁、于洪区委统战部党策、大东区文官街道张晔、教科工委曹晓波为“全省先进统战工作者”。

(*张 凯*)

【筹备市委政协工作会议】 按照市委常委会关于贯彻省委政协工作会议精神,认真筹备好市委政协工作会议的工作部署,受市委委托,由市委统战部牵头,会同市委政研室、市政协办公厅组成联合调研组,于2009年12月至2010年3月就全市贯彻省委政协工作会议精神、全面落实《中共中央关于加强人民政协工作的意见》(〔2006〕5号)、《中共沈阳市委关于贯彻落实〈中共中央关于加强人民政协工作的意见〉的实施意见》(〔2006〕18号)文件的情况进行了专题调研。调研组对市、区、县(市)两级政协2006年以来的履职情况和机构、人员、经费等基本情况作了全面的调查摸底;通过召开区、县(市)联系政协工作的党委、政府负责同志座谈会，政协主席和统战部长座谈会，两级政协委员及市直有关部门座谈会，广泛认真地听取各方面意见、建议；赴广州、杭州和武汉三市，就人民政协工作的经验做法进行了实地学习考察。调研结束后，形成了《关于深入贯彻落实中发〔2006〕5号和沈委发〔2006〕18号文件精神的调研报告》，认真分析了市区两级政协工作的现状，指出存在的问题和困难，提出解决的意见及建议；起草了《中共沈阳市委关于进一步加强人民政协工作的意见》及《关于积极支持人民政协履行职能的细则》。这个《细则》使政协履行职能进一步规范化、制度化，是辽沈地区的首创。

（潘建宁）

【深化中国特色社会主义主题教育活动】 市委统战部紧密结合沈阳实际，借市党外知识分子联谊会一届二次理事会议召开之际，启动了全市无党派人士、党外知识分子深化中国特色社会主义主题教育活动。确定每年的5月和10月为全市无党派人士、党外知识分子主题教育集中活动月，形成长效机制。转发中央统战部《关于建立健全无党派人士政治引导长效机制的意见》和《关于深化无党派人士、党外知识分子中国特色社会主义主题教育活动的指导意见》，推动指导以学习实践社会主义核心价值体系为主要内容的主题教育活动深入开展。积极与有关方面沟通协调，组织引进了《袁隆平》影片拷贝，联合市直机关工委、中省直企业工委、教科工委下发通知，在全市组织开展无党派人士、党外知识分子观看《袁隆平》影片、学传统、学典型活动。举办了以学习和践行社会主义核心价值体系为鲜明主题的报告会，邀请辽宁大学马列主义学院张素华教授和辽宁省社科院辽宁省情研究所梁启东研究员分别作了“学习和践行社会主义核心价值体系”和“沈阳经济区发展战略”的报告，并举行了《袁隆平》影片观赏学习会。11月末，市委统战部又举办无党派人士社会主义核心价值体系学习座谈会。市委统战部付刚副部长出席座谈会并讲话。市、区党外知识分子联谊会负责人及会员代表和参加辽宁省第三期无党派人士理论培训班的学员代表近20人参加了座谈会。与会的无党派代表人士结合自身实际，纷纷畅谈了在社会主义核心价值体系学与行活动中的学习体会和认识。

（朱立保）

【举办党外知识分子工作培训交流研讨会】 2010年5月下旬，市委统战部举办了党外知识分子工作理论与实践培训交流研讨会，来自各区、县、高校、科研院所、国有大型企业、市直单位及有关协会的统战工作负责同志80多人参加会议，市委统战部付刚副部长到会并就做好无党派人士、党外知识分子工作提出要求。针对基层统战干部新人多和党外知识分子工作领域拓宽、构成复杂等情况，就无党派人士工作、党外知识分子工作和自由择业知识分子统战工作的有关理论、方针政策、工作任务和范围、工作方法和内容等，为与会基层统战干部作了专题培训辅导。辽宁中医药大学、沈阳师范大学、和平区委统战部、沈河区委统战部、东陵区委统战部、沈阳机床集团、沈飞工业集团党委统战部、沈阳市律师协会的代表在会上作了发言，分别从队伍建设、工作载体搭建、工作途径创新和工作机制探索等方面，交流了无党派人士、党外知识分子工作的实践经验和理论认识。会上，还汇编印发了参会单位上报的调研报告、理论文章、经验介绍等书面交流材料30余篇。

（朱立保）

【党外知识分子联谊会建设】 2010年是沈阳市党外知识分子联谊会成立的第二年。全年，党外知识分子联谊会工作以邓小平理论和“三个代表”重要思想为指导，深入贯彻落实科学发展观，在市委统战部的领导下，紧紧团结和依靠广大会员，按照“立足新起点、谋求新发展、实现新跨越”的要求，以巩固共同思想政治基础为核心，加强联谊会自身建设，落实和完善各项制度，扩展联谊会载体网络，围绕服务科学发展，凝智聚力，发挥优势，为促进全市经济社会科学发展、和谐发展作出了新的贡献。年初，相继召开了联谊会会长扩大会议和会长会议，总结回顾了2009年工作，确定了下一步工作安排思路，研究决定召开联谊会一届二次理事会议，并讨论了理事会议拟通过的有关事项。5月末，成功召开了联谊会一届二次理事会议，74名理事参加了会议，会议通过了张振忠会长作的工作报告，对联谊会成立一年来的工作进行了总结，对下一阶段工作作出了安排。决定设立参政咨询委员会和联谊活动策划部等内设机构，通过了内设机构组成人员名单，通过了联谊会工作规则，吸纳7个基层党外知识分子联谊会为分会或团体会员，增补10名个人会员。推进基层联谊会建设，扩展联谊会载体网络。指导和协助辽中县、沈河区、大东区、机床集团和辽宁大学统战部召开党外知识分子联谊会成立大会，同时，积极协调指导市直机关工委、东陵区、东药集团等开展联谊会筹建工作。全市已有6个区、县、4所高校和1家国有企业成立了党外知识分子联谊会。

（朱立保）

【民族宗教】 2010年，全市认真贯彻落实党和政府的有关政策法规，依托各级党委、政府的重视和支持，依靠广大专兼职民族、宗教工作干部的共同努力，民族宗教工作实现了稳定发展。

加强对民族宗教工作的牵头协调。按照上级的有关指示精神，为加强基层民族宗教工作指导，会同有关部门制发了《沈阳市民族团结进步模范社区创建活动指导意见（试行）》，《沈阳市关于做好“圣诞节、元旦、春节”期间宗教场所安保工作的紧急通知》、《关于深入开展文明和谐宗教场所　争做文明信教公民的通知》。

协助市委、市政府认真做好接待国家民委副主任吴仕民率联合督察组11月9日来沈的督查工作。督查组先后到和平区西塔街道安图社区、沈河区朱剪炉街道回民社区、沈阳市回族中学和沈飞公司进行实地抽查。督查组对沈阳市的民族工作给予了充分的肯定和很高的评价。

协助市委、市政府认真做好接待省委督导组来沈督导贯彻落实省委办〔2009〕25号文件执行情况的实地检查工作。省委督导组通过调研、座谈和实地检查，认为沈阳市在贯彻落实辽委办发〔2009〕25号文件方面，领导重视，措施得力，工作扎实，成效显著。

认真做好上级要求的沈阳市民族宗教基本数据统计工作和沈阳市民族和宗教两个方面的调研课题。《反渗透背景下高校宗教工作对策及研究》，获得省委统战部调研课题一等奖。

协助市委、市政府妥善解决了北塔法轮寺地产纠纷问题、天主教修女院房产遗留问题、基督教二经街义安里6号房产遗留问题和市基督教1594平方米房产租金问题，依法维护了爱国宗教团体的正当利益，保持了地区的社会稳定。

针对境外敌对势力不断加大向高校渗透的特点，按照属地管理原则，建立沈北新区与高校之间的联席会制度，理顺关系，明晰职责，加强合作。协助指导各高校加大马克思主义宗教观的宣讲力度，不断探索高校抵御境外利用宗教进行渗透的有效措施，完善高校党委统战部牵头，校内相关部门参加的联席会工作机制，确保校园和全市社会的和谐稳定。协助市宗教局顺利完成了沈阳市天主教爱国会第十二届、教务委员会第七届代表大会换届，组成新一届天主教“两会”班子。协调有关部门相互配合，严厉制止和依法取缔10余起非法宗教活动，查处一起无证生产经营的假冒清真标识产品案件。

加强对民族宗教工作干部的培训。为提高宗教工作干部依法管理宗教事务的能力，切实解决宗教依法行政工作中存在的问题和不足，推进宗教事务的规范化管理，市委统战部、市宗教局于3月12日在沈河区东盛大厦联合举办宗教工作依法行政专业人员培训班。6月1日在沈阳市社会主义学院联合举办全市宗教工作研讨会，各区、县(市)委统战部，公安国保支队，高校党委统战部负责同志参加了研讨会议。10月9日在沈阳市社会主义学院举办了全市民族宗教工作政策理论及业务培训班，全市各街道(乡镇)公安国保大队、高校党委统战部负责同志参加了培训。

配合省委统战部组织在省委党校学习的第24期全省统战干部培训班学员140人在沈参观考察了张氏帅府、金融博物馆和小南天主教堂等场所。

加强与全市宗教代表人士的联系。以市委、市政府名义举办了宗教界代表人士迎新春座谈会。市委副书记苏宏章同与会的宗教界朋友亲切交谈，并向全市信教群众致以新春的诚挚问候和美好祝福。副市长王翔坤通报了2009年全市经济社会发展、2010年市政府工作安排和有关宗教工作情况。组织全市宗教界代表人士100人参观试乘了沈阳地铁，使宗教界代表人士亲身体会到近年来沈阳市发生的巨大变化。

热忱做好沈阳市出席中国天主教第八次代表大会全体代表的关心服务工作，鼓励他们正确履行好自己的职责，为爱国爱教事业做出应有奉献。天主教两会主任裴军民当选中国天主教主教团副团长、副主任兼秘书长邱文廷当选天主教爱国会常委、副主任付小岩当选天主教爱国会委员。

圣诞节和春节期间，市委统战部领导同志一起走访慰问了五大宗教七个爱国团体和部分上层宗教界代表人士，给他们送去慰问金和礼品，表达市委、市委统战部对宗教团体和宗教界代表人士的新春良好祝愿。

(*范世生*)

·政策研究·

【起草《第十二个五年规划的建议》】《中共沈阳市委关于制定全市国民经济和社会发展第十二个五年规划的建议》是沈阳“十二五”时期经济社会发展的指导性文件，市委对《规划建议》起草工作高度重视，常委会多次提出明确要求，省委常委、市委书记曾维亲自主持。3月末，市委责成市委政研室就事关“十二五”发展的重大课题，面向省内外进行了公开招标。同时，组织有关部门分专题开展深入调研，并组织起草小组到广州、武汉、宁波等地进行了学习考察，形成了一批比较有分量的调研成果。在此基础上，8月中旬形成了《规划建议》初稿。《规划建议》在起草过程中，始终坚持一定要符合科学发展观、十七届五中全会、省委十届十一次全会精神的要求，符合沈阳的实际情况，力求《规划建议》高标准、有特色、易理解、好操作。期间，曾维同志多次听取汇报并提出具体意见，起草小组经过反复修改，于10月下旬形成了征求意见稿，广泛征求了市委常委，市人大、市政协主要领导，市委委员、候补委员和各区、县(市)、市直各部门以及社会各方面的意见。12月初，市委又分别召开了民主党派，副市级以上老同志和部分党代表、人大代表、政协委员、咨询委员三个座谈会，再次征求意见，最终完善定稿。《规划建议》共八个部分30条，约1.1万字。第一个大的方面是第一和第二部分，共6条，主要是“十一五”主要成就、基本经验、“十二五”面临形势、指导思想、总体目标和基本原则；第二个大的方面是第三到第七部分，共19条，主要是“十二五”期间的主要任务；第三个大的方面是第八部分，共5条，主要是保障措施。《规划建议》着眼于继承与创新相结合，考虑既要保持思路的稳定性和工作的连续性，又要体现中央的新要求、形势的新变化和发展的新趋势，提出“十二五”时期，要继续围绕实现“三大目标”，深入推进“五大任务”，并赋予其新的内涵。“三大目标”是：加快建设国家中心城市、基本建成先进制造基地、倾力打造生态宜居之都，进而率先实现老工业基地的全面振兴。这“三大目标”力求点面结合，互为依托，各有侧重，构成一个有机整体。“五大任务”是：做优发展空间，以走新型工业化道路和调整经济结构为主要内容，加快转变经济发展方式，实施主体功能区战略，进一步优化空间布局，完善区域功能特色，提升产业层次和水平，切实将空间优势转化为产业优势和竞争优势，实现创新发展；做大中心城市，以承办第十二届全运会为契机，以建设国家中心城市为目标，加快建设新城区，大力改造老城区，大力发展现代服务业，不断完善城市功能，切实增强中心城市的承载力、集聚力和辐射力，实现率先发展；做强县域经济，坚持工业反哺农业、城市支持农村和多予少取放活方针，以富民强县为目标，以工业化为主导，以农业产业化为基础，以城镇化为支撑，加快发展县域经济，努力形成城乡经济社会一体化新格局，实现统筹发展；加强生态建设，以创建国家生态市和全国环境建设样板城为载体，全面加强生态环境保护与治理，提升全社会生态文明理念，努力建设资源节约型和环境友好型城市，实现可持续发展；着力改善民生，完善符合市情、比较完整、覆盖城乡、可持续的基本公共服务体系，深入实施各项民生工程，增加政府支出用于改善民生和社会事业的比重，着力解决人民群众最关心、最直接、最现实的利益问题，不断提高人民群众的福祉指数，使振兴发展成果更多地惠及全市人民，实现和谐发展。

(*寇今宇*)

【重要会议筹备和重要文稿起草】 市委政研室始终坚持超前思考、科学谋划，集中骨干力量，开展深入的调查研究，精心组织起草了市委主要领导在十一届九次、十次全会上的报告和《中共沈阳市委关于制定全市国民经济和社会发展第十二个五年规划的建议》,较好地完成了会议其他文稿的起草任务。还先后参与了“三区”合署办公动员大会、一季度和三季度全市经济形势分析会、市委人大工作会议、市委政协工作会议和全市人才、文化建设、党史等工作会议的筹备工作,起草了市委领导在会议上的讲话和《中共沈阳市委关于进一步加强人大工作的若干意见》、《沈阳市2010—2020年人才发展规划》、《中共沈阳市委关于加强和改进新形势下党史工作的实施意见》等重要文件,全年共完成30余篇市委领导讲话和市委重要文件的起草工作。2010来,政研室服务市委决策的时效性、影响力明显增强,市委领导的采纳率、满意度显著提升,全会报告、规划建议等一些以文辅政的代表作,不仅准确体现了市委决策意图,有力地推进了事关全局的重点工作,得到了市委主要领导的充分肯定,而且产生了积极而广泛的社会影响和思想共鸣,《人民日报》的“声音”栏目多次摘要发表了市委主要领导的言论,为宣传沈阳市创造性地贯彻落实中央精神、展示老工业基地全面振兴的实践成果作出了积极贡献。

(寇令宇)

【深入开展调查研究】 2010年,市委政研室坚持围绕全市中心工作,全面加强调查研究这一基本职能,形成了一大批有深度、有针对性、可操作性强的调查报告,调研成果向市委决策的转化率明显提高。紧紧围绕完成“五大任务”、实现“三大目标”,围绕调结构、优环境、惠民生和加强党的建设等重点工作确定调研题目,开展深入的调查研究,形成了36篇调研报告,其中《关于沈阳与大连经济社会发展的比较研究》、《沈阳推行低碳经济促进科学发展的思考与建议》、《关于全市农村土地承包经营权流转情况的调查》、《关于创建学习型机关问题的调研》等11篇调研报告,得到市委主要领导和有关市领导的充分肯定和批示,为全市经济社会继续保持又好又快发展的良好势头提供了决策依据。《关于破解我市中心城区“停车难”问题的调研报告》、《关于进一步完善管理体制和运行机制,加速推进沈阳金融商贸开发区建设的研究报告》、《关于我市农村现代物流业发展情况的调查》等调研报告,经市委主要领导批示后,迅速转化为市委、市政府决策,措施建议得到很好落实,调查研究在服务市委决策、推动科学发展、加快全面振兴中发挥了积极作用。在做好自身调查研究工作的同时,市委政研室组织开展了市委“十二五”规划建议重大课题公开招标活动,动员社会各方面力量共谋沈阳未来发展大计,围绕沈阳市“十二五”时期经济社会发展目标、建设国家中心城市、打造生态宜居之都和转变经济发展方式等事关沈阳发展的战略性、全局性重大课题,面向省内外公开招标,国家发改委经济研究所等11个单位上报了投标书,省内外高等院校、科研院所和市委、市政府决策咨询委员会的专家学者以及市直有关部门的同志,都以强烈的事业心和责任感,积极踊跃地参与课题研究,形成了一批高质量的研究成果,集结成《科学发展的沈阳》一书,为科学谋划“十二五”、推动沈阳新一轮振兴发展贡献了智慧和力量。发挥协调全市调查研究工作的职能作用,围绕市委“十二五”规划建议的起草,组织开展了全市性专题调研活动,形成了16篇调研成果,为筹备好市委十一届十次全会、起草好《规划建议》奠定了良好基础。

(寇令宇)

【决策咨询和信息编研】 市委政研室不断完善决策咨询工作机制,积极组织咨询委员紧紧围绕完成“五大任务”、实现“三大目标”,特别是推动沈阳实现科学发展、创新发展、和谐发展,多建有用之言、多谋发展之计、多献务实之策,使决策咨询工作的针对性和可操作性都有显著提高,为推动科学民主决策作出了积极贡献。2010年共编发《决策咨询》30期,其中《关于做好我市村委会换届选举工作的措施建议》等4期获得市委主要领导的肯定性批示,《努力把沈阳打造成儿童最具幸福感城市的对策建议》等3期获得了市政府相关副市长的肯定性批示,部分咨询建议进入市委、市政府决策,充分发挥了决策咨询在助推沈阳振兴发展中的积极作用。紧跟市委主要领导的关注点和事关全局的重大问题,加大了综合性资料信息的编研工作力度,围绕“十二五”发展思路、各地经济社会发展和改善民生等方面的重大举措,形成了信息量较大、实效性较强的41篇综合性信息,其中《国内外治理交通堵塞的主要做法》获得市委主要领导的批示,《浙江农民收入“领跑”全国的启示》得到市政府主管副市长的批示。同时,认真做好资料分析工作,围绕国内经济形势和房地产市场的变化,撰写了《专家研判下半年我国房地产市场形势》和《专家解读下半年我国经济形势》2篇资料分析报告,为更好地掌握中央精神,系统了解和把握这些热点问题,发挥了应有的作用。

(寇令宇)

·对台工作·

【对台经济】 加大招商引资力度,推动对台招商引资有新增长。一是积极推进市领导带队入岛招商。2010年先后有8位副市级以上领导赴台考察,在台期间开展了项目推介会、对接会、参观企业、项目洽谈等经贸活动。4月,由市政协刘雅琴主席、祁鸣副市长带队,8家单位组成的现代服务业考察团,受到岛内知名企业的高度关注,企业积极与考察团接触,洽谈了一批合作项目;7月,由常务副市长顾春明带队的沈阳市经贸考察团,通过周密组织、积极推进,共洽谈签约项目24个;9月,由市人大主任赵长义、市政府副市级干部沙波涛带队,10家单位组成的装备制造业经贸考察团,重点围绕推进沈阳市装备制造业领域合资合作进行深入务实洽谈,推进签约项目共30个,取得了丰硕成果。二是结合县、区特点开展针对性招商。组织区、县结合装备制造业、现代建筑业、现代农业、现代服务业、汽车及零配件等产业,采取随市领导带队赴台、单独组团赴台对接、接待岛内经贸团组洽谈等方式,开展系列招商,跟踪洽谈了一批项目。通过积极推进,台湾联电集团在沈北新区的联诚数字科技、台湾六和集团在沈北新区汽车零部件、台湾润泰集团在沈北新区投资建设物流中心和康师傅(沈阳)食品有限公司在铁西新区增资新建8条生产线等在建项目都有大幅调资、增资;台湾乡林集团在沈河区建设高端酒店、全国台企联等在沈河区建设台商总部大厦、台湾东元电机在沈北新区建厂、台湾中华科产集团在沈北新区投资兴建工业孵化器产业园、台湾中亚集团生物制药和电动汽车等一批重点项目得到积极推进。三是组织大型涉台活动搭建招商平台。9月,在第九届辽宁台湾周期间，沈阳市举办分市活动，邀请了台湾工商建设研究会等四个行业团组，就房地产开发、中医药生技研发、环保节能设备、LED灯具等项目与相关县、区进行了深入交流。10月，经过积极争取、认真筹备和缜密组织，成功承办了“2010年全国台资企业协会会长座谈会”及“全国台企联第二届第二次全体理监事会议”。会议共邀请国台办、国家有关部委、各省、市台办主任、全国各地台协会长、重点台商等近300余位嘉宾参会，省、市主要领导、相关领导出席相关活动，区、县积极配合，对接项目200余个，取得积极成果。这是沈阳市历年来承办的层次最高、规模最大、影响力最强的涉台活动，得到国台办、省、市领导充分肯定，全国台企联给市委发专函致谢。四是努力营造了台商投资环境。沈阳市承办了国台办“2009年涉台法律委托调研成果交流会议”，市人大常委会专题听取贯彻实施《台湾同胞投资保护法》情况汇报。省人大、市政协、市台盟、市台联分别开展了贯彻《台湾同胞投资保护法》和台资企业发展情况调研。以此为契机，进一步完善台商投诉协调机制，加大了协调工作力度，加强与重点台商的沟通联络，逐步营造台商投资环境，促进投诉协调工作的有效开展。同时还积极配合相关部门参与举办“中国（沈阳）装备制造业博览会”、“中国（沈阳）食品博览会”等大型活动，取得了较好效果。

（刘宁华）

【对台交流交往】　加大文化交流力度，促进沈、台交流交往有新领域。一是立足历史文化开展特色交流。8月至10月，台湾森磊观博物馆在沈阳故宫博物院举办了《灵山胜会大展》，展出了近代艺术品共97件（套）。此次是沈阳故宫近几十年来规模最大的一次艺术品展览，参观人数达10万人次；10月，沈阳张氏帅府博物馆、西安事变纪念馆、台湾新竹张学良故居在沈阳举办了首届“两岸三馆馆长年会”，共同商定了合作机制，此举开启了两岸三馆合作、交流、共赢的新篇章，增添了两岸共同的历史记忆。二是积极拓宽深化对口交流领域。5月，市体育局赴台与台中市体育协会签署了对口交流协议，积极探索交流合作的新形式；6月，市妇联考察团赴台进行了为期8天的考察，先后与台北市妇女会、台北市工商妇女会等开展广泛交流；8月，市总工会组织沈阳职工摄影家协会一行16人赴台采风，并与台中市总工会在沈举办了“祖国宝岛—两地职工摄影展”；8月1日至3日，台湾致理技术学院院长尚世昌率团来沈阳市考察了市职业技术学院和金融学校，并与市职业技术学院签署了对口交流协议；10月，接待了以理事长陈瑞为团长的台中市总工会代表团一行16人来沈阳市交流访问，再次开展沈台工会间对口交流活动；11月，市职业技术学院赴台到致理学院进行回访，双方就教学、学者互访等实质性内容进行磋商。三是推动上层互访拓展交流空间。市政协主席刘雅琴、副市长祁鸣率现代服务业考察团，市总工会主席鞠秀礼率市总工会交流团，副市长王玲率市文教体卫交流团，市政协副主席赵秋风率市妇联代表团，成功赴台开展考察交流活动。特别是刘雅琴主席在台拜会了连战先生及夫人、宋楚瑜先生及民意代表和地方议会议员等政界人士；副市长王玲与台方文教体卫等领域上层人士进行广泛接触，搭建文教体卫等领域的交流合作平台。此外，台南议会及基层里长代表团、台湾“立法委员”杨琼缨、台北县长周锡伟代表团、新竹县副县长章仁香代表团来沈阳市参访。通过来沈参观、考察和与有关县、区对口交流，岛内来访团组对沈阳有了更加直观的了解和深层的认识。

（刘宁华）

【对台宣传教育】　加大入岛宣传力度，提升沈阳在岛内有新影响。一是扎实开展涉台宣传教育。以国台办宣传局与沈阳市51中学开展党日活动为契机，积极开展涉台教育进基层活动；成功完成以“九一八”纪念馆和张氏帅府的涉台教育基地试点工作；通过《两岸关系》、《台湾工作通讯》和自办《沈阳对台工作》等刊物的订阅和刊发，有力指导全市涉台宣传教育的开展，进一步提升了工作的针对性和实效性，营造了全社会支持和参与对台工作的良好氛围。二是出色完成入岛宣传专案。经过积极争取和不懈努力，沈阳被台湾中时旺旺传媒集团确定为重点宣传大陆24个魅力城市之一。8月，中时旺旺传媒集团的“中国电视”等多家岛内电视、报刊和网络知名媒体来沈，对沈阳市的经济发展、历史文化和城市形象进行了全面深入的采访和拍摄，专访了市政府有关领导，分别以全版、特刊、特色专区等形式及时在岛内刊登、播出。三是准确把握涉台新闻宣传。邀请中天电视、工商时报等12家岛内主流媒体，采取专访、系列报道等方式，对沈阳市赴台团组进行积极宣传报道；邀请台湾东森电视、中天电视、中国时报等10个岛内主流媒体团近40人来沈，对“2010年全国台协会长座谈会”等大型涉台活动进行专题采访报道，通过积极沟通、认真把握新闻导向，进一步扩大了沈阳在岛内的影响。依托“华夏经纬网”的“沈阳与台湾”城市网页，全方位报道沈阳市发展情况，并及时向省台办“辽台往来”栏目供稿，发稿数继续保持全省第一。

（刘宁华）

·信　　访·

【用群众工作统揽信访工作】　继2009年沈阳信访工作“三个一”（一站式接待、一条龙办理、一揽子解决）经验向全国推广后，2010年，市委批准成立了“群众投诉受理和权益保障工作部”。在“三个一”沈阳模式基础上，又创新开展了稳定风险评估、信访救助和社情民意收集处理等多项工作，形成了独具特色的“沈阳六大平台”，即“执政为民的党性锤炼平台、利民优先的预警防范平台、知民所需的诉求表达平台、为民排忧的解决问题平台、便民周到的基层服务平台、安民顺气的教育帮扶平台”，确保了市委、市政府赋予的“用群众工作统揽信访工作”各项任务落实，得到了中央领导同志和中央联席会议的充分肯定。5月21日和11月22日，沈阳先后两次在中央联席会议——“用群众工作统揽信访工作座谈会议”、“全国用群众工作统揽信访工作经验交流会议”上介绍了经验，中央电视台《新闻联播》和《焦点访谈》栏目进行了报道。

（李文录）

【促进政府民心工程】　积极发挥两级信访大厅优势，成立疑难复杂信访事项调处办公室，协调有关地区、部门组建专案组，倾力调处问题，攻克了一大批“骨头”积案和疑难信访诉求。全年完成中央、省交办全市信访积案546件，到期应结494件，已办结457件，结案率93%；息访445件，息访率90%。中纪委交办积案209件，结案178件，结案率85%。市交办积案1025件，息访922件，息访率90%。全市利用中央和省信访救助专项资金1300万元，解决“骨头案”76件。

各专案组工作取得了突破性进展：“房产追责组”为1.5万户业主办理了房屋产权证，累计追回资金6000多万元；“华克寿”棚改解遗工作31户回迁企业得到了妥善安置，1.1万余户办理了房屋产权证，1.1万户居民用上管道煤气，2011户超期补偿款489万元发放完毕，3000户居民用上正式电，c4号商品楼150户业主全部入住。第三电器开关厂信访事项已经终结，彻底查清了企业历史问题，对组织职工无理上访的相关人员移交公安机关进行了责任追究。“木兰”专案，对安置人员进行了甄别，对解决资金进行了预算，追回和拍卖了部分房产，完成了市内的资产追缴工作，外阜资产的追缴正在工作中。“裕腾”专案，已开始对集团资产和帐务进行全面审计。“三利和平湾”解遗工作已清理出3栋回迁楼、4栋商品楼办理产权公示。“金信”和“刘经鹏”信访事项也有了重大突破。

通过疑难信访事项的大力化解，全市信访形势持续保持了好转。全年进京访同比下降了29%，到省访同比下降了16%，没有发生信访极端滋事行为，保持了全市党政机关和大型政治活动的良好秩序，基本上形成了逐级信访、依法信访、和谐信访的正确导向和良好氛围。

（李文录）

【保障群众的话语权】 在充分发挥原有诉求渠道作用的基础上，又开辟了短信诉求平台和“三级终结信访事项评议”，为群众增加了表达诉求的机会。全年接待群众来访3.9万案次4.2万人次，90%的初访案件得到了化解；受理群众电话投诉11.6万件次，办结率达到99%；收到群众来信1万余件，转办7629件、立案交办104件；处理网上投诉776件，结案率96%；处理市民短信投诉1802条，99%得到办结。群众满意率超过90%。

（李文录）

【社会稳定风险评估】 按照市《关于开展重大事项信访稳定风险评估工作的实施细则》要求，积极组织有关专家抓实落实社会稳定风险评估工作，全市对应上工程、项目可能存在的社会矛盾提前预防、提前化解，超前预防有损群众利益的事件发生。全年已实施风险评估项目167个，其中整改36项，暂缓实施4项。

（李文录）

【信访稳定】 周密组织部署，圆满完成了驻京信访维稳工作任务。在省、市“两会”期间，采取切实措施确保了会议期间秩序良好；全国“两会”和中央全会期间做到了进京集体访、进京非正常访、进京滋事、进京访倒流、“蚁力神”养殖户进京和驻京工作人员违纪“六个为零”；“上海世博会”和“广州亚运会”期间，派出力量，加强沈沪、沈粤联动，做好控访工作，确保了非涉沪到沪上访、非涉粤到粤上访都为零，受到中联办和省信访局的表扬。同时，积极做好沈阳地区党政机关门前和副市级以上领导干部公开活动的现场控访工作。124次到市内重大活动现场控访，271次到省、市党政机关门前开展非正常访的劝返工作，确保了党政机关正常的办公秩序。

（李文录）

【信访文化建设】 在扎实开展维护群众权益工作实践的同时，积极开展信访文化建设。协助省委宣传部拍摄的电影《潘作良》在中美电影节上，获得《杰出社会贡献电影金天使奖》；宣传树立了邓长辉等一批真情服务群众的新典型；组织全市信访系统开展“唱红歌”竞赛，成功举办了“唱红歌汇报晚会”；编辑出版了《信访心理研究》、《电话信函网络视频接访经验汇编》、《社会风险评估》、《信访大厅管理智慧》系列丛书，在信访心理研究方面填补了国内空白。同时，举办各类培训班38期1535人次，干部综合素质有了进一步提高。市信访大厅市民诉求专线荣获“全国三八红旗集体”称号，这是全国信访系统惟一获此殊荣的单位。“人民天使”代表沈阳市参加全省社会主义核心价值体系知识竞赛荣获第一名，实现了近十年来沈阳市在省委组织的知识竞赛中金牌零的突破。全年市信访大厅接收锦旗206面。

（李文录）

·老干部工作·

【概述】 2010年，全市各级老干部工作部门共组织老干部参观考察602次/1.2万人次；召开形势报告会941场/5万余人次；走访慰问1186次/1.7万人次；举办大型文体活动605次/2.5万人次；组织健康疗养117批/3912人次；投入3917.9万元，新解决2700名老干部住房分配货币化补贴；投入887万元建立困难离休干部帮扶机制；为离休干部办实事488件次；投入1311.98万元，改善老干部活动中心和老干部大学等阵地建设。

（林　琳）

【政治待遇】 组织老干部代表参观沈飞集团、沈北新区、大浑南、沈阳城市规划展示馆。组织副市级老领导赴盘锦、葫芦岛市进行考察。举办离退休干部党支部书记培训班、地专级离休干部读书班和副市级老领导读书班。为126名市属年满90周岁离休干部赠送彩电。与《晚晴报》联合开展了“小诗歌、小散文、小杂谈”征文活动，为老干部发挥余热打造平台。全市各单位均采取多种形式组织开展符合老干部精神文化需求的文体活动。市老干部活动中心坚持举办球类和棋牌等比赛活动，丰富日常文体生活。市老干部大学围绕建校25周年，召开庆祝大会暨文艺汇演，举办了书画、摄影作品展，编辑了校庆25周年系列丛书。市老干部疗养院不断强化优质服务意识，采取“一对一”的跟进服务方式，满足老干部的各类需求。市干休所采取与老干部结“亲情对子”的方式为空巢老人提供全方位的家政服务。市关工委以编纂《沈阳“五老”德育讲座汇编》等多种形式，深入开展关心教育下一代工作，收到良好的社会效果。

（林　琳）

【生活待遇】 离休干部住房分配货币化补贴取得突破性进展。市财政投入1000万元，彻底解决了市直机关和全额拨款事业单位1100余名离休干部的住房分配货币化补贴问题。全市各区普遍建立了解决离休干部住房分配货币化补贴的机制，共投入资金2917.9万元，解决了1499名企业离休干部住房货币化补贴问题。及时解决离休干部生活待遇方面出现的新问题。“三个机制”继续得到巩固和完善，坚持做到了离休费按月足额发放，不拖不欠；医疗统筹全覆盖，应保尽保，医药费季度内报销。在离休干部医疗上，实现市财政支持6000万元、和平等13个区、县（市）财政支持1

亿多元的保障效果。为125个单位1222名离休干部办理了医疗统筹费减免,减免额1526万元。将22名特困企业离休干部在2009年度发生的43万元医药费全部发放到位。解决了40余名1981年军队移交地方的离休干部购买现有住房和发放维修补助金等遗留问题。解决了40余名无上级主管单位的离休干部医药费报销和减免采暖费问题。走访易地安置离休干部20余名。在为全市老红军、抗战离休干部免费安装"一键通"的基础上,进入常态审批程序,为提出需求的541名解放战争时期离休干部安装了"一键通"。热情接待来信来访,认真做好释疑解惑工作,促进了老干部队伍的和谐稳定。全年共接待来信来访725人次,比上年下降30%。

(林　琳)

【开展就近延伸服务】 积极协调市民政局等有关部门联合印发了《关于利用社区资源做好离休干部服务工作的实施意见》,召开利用社区资源做好离休干部服务工作推进会,在全市普遍开展了利用社区资源为老干部提供就近学习、就近活动、就近得到关心照顾、就近发挥作用的各项服务工作。和平区所属82个社区全部建立了离退休干部服务中心,并组建了政治学习组、文体组、关心照顾组、发挥作用组,成立了社区党校等。沈河区在所属24个社区启动了"十项服务进家庭"活动,重点解决体弱多病、不能出户活动老干部的服务问题。大东区连续几年坚持以社区为阵地,深入开展"十进家庭"活动,切实为老干部解决许多实际问题。

(林　琳)

【队伍建设】 结合工作实际深入开展创先争优活动,营造创先进、争优秀、做贡献的良好风气。把工作中的一些重点、难点问题作为共产党员工程的攻关项目,进一步激发了工作者队伍攻坚克难的积极性和创造力。以开展老干部工作政策业务知识竞赛活动为载体,对全系统老干部工作者进行了一次政策业务知识的普遍学习和培训。并在此基础上,举办了知识竞赛活动,收到好的效果。此项活动,获得省局和中组部老干部局的奖励和表彰。制定并实行了《对各区、县(市)和市直单位老干部工作进行年度考核的办法》,促进了工作重心下移、上下联动、齐抓共管工作格局的形成。及时将重要工作、重大活动通过沈阳日报、沈阳电视台、晚晴报、辽宁老年报、省局网站等新闻媒体向全社会进行宣传;对全系统老干部工作动态、活动情况、做法和经验等及时通过《老干部工作动态》和《老干部之窗》进行系统内的通报和交流。全市上报宣传信息被省局采用300多篇;向省局和中组部老干部局上报"做好新形势下老干部工作"征文28篇;在省局开展的全省老干部工作"十大新闻"、"十大新闻人物"和"新闻好作品"评选活动中,沈阳市上报的《认真落实老干部'两个待遇',上半年为老干部办实事21件》、《做好老干部工作是积德——记和平区委书记汪涛》、《三下江南理后事,70余万遗产有归宿》和《用生命撰写奉献乐章——记离休干部俞守朴的一生》等4篇新闻报道分别被评为全省老干部工作"十大新闻"、"十大新闻人物"、"新闻好作品"和"新闻人物特别奖"。

(林　琳)

纪检监察

【市纪委十一届五次全会】 中共沈阳市第十一届纪律检查委员会第五次全体会议于2010年2月5日举行。全会传达了中纪委十七届五次全会、省纪委十届五次全会精神,回顾总结了2009年全市党风廉政建设和反腐败工作,对2010年反腐倡廉工作进行了全面部署。全会审议通过了市委常委、市纪委书记陈雍代表市纪委常委会所作的题为《以改革创新精神推进反腐倡廉建设,为推动沈阳在科学发展道路上加快全面振兴提供有力保证》的工作报告。

全会认为,在过去的一年里,全市各级纪检监察机关坚持围绕发展反腐败、反对腐败促发展,反腐倡廉各项任务得到有效落实,为沈阳改革发展稳定提供了有力保证。保证和促进科学发展重大决策贯彻落实的工作力度不断强化,加强了对中央新增沈阳市4批总投资为82.6亿元的288个投资项目的监管,确保了中央投资项目建设的顺利实施;着重对违法用地问题和房地产开发中违规变更规划、调整容积率问题以及落实安全生产责任制等开展了专项检查。对党员干部特别是各级领导干部的教育与监督的作用进一步体现,全市因公出国(境)团组比上年下降21%,公务接待开支比上年下降14%,购置公务用车比上年下降20%;认真落实《关于领导干部报告个人重大事项的规定》和《关于实行党政领导干部问责的暂行规定》,357名市管干部向组织报告了个人重大事项,198名领导干部受到责任追究。查办违纪违法案件、惩治腐败的力度与震慑力不断加大,全市各级纪检监察机关新立案701件,涉及729人,给予党政纪处分604人,移送司法机关91人,查办大要案357件,其中:涉及市管干部7人,处级干部113人。通过办案挽回经济损失1.66亿元。损害群众利益的突出问题及不正之风得到进一步解决。查处乱办班、乱补课问题31起,给予责任追究36人,取缔非法办学机构12家;实行药品集中招标采购,149家医疗机构节省资金1.77亿元;查处涉农乱收费、乱罚款、乱摊派案件120余起,为农民挽回经济损失1800余万元,配合开展了清理拖欠农民工工资专项活动,解决欠薪9116万元;建立了统一的96123沈阳市民服务热线,受理群众诉求80余万件,办结率96.37%,制止和纠正违纪违法行为2.3万余件。同时,以深化改革与制度创新为重点的预防腐败工作得到更加扎实的拓展。

全会提出,2010年全市党风廉政建设和反腐败工作要以邓小平理论和"三个代表"重要思想为指导,认真贯彻党的十七大和十七届四中全会精神,深入贯彻落实科学发展观,坚持标本兼治、综合治理、惩防并举、注重预防,坚持围绕中心、服务大局,坚持改革创新,加强以保持党同人民群众血肉联系为重点的作风建设,加强以完善惩治和预防腐败体系为重点的反腐倡廉建设,着力解决反腐倡廉建设中人民群众反映强烈的突出问题,在坚决惩治腐败的同时,加大教育、监督、改革和制度创新力度,为中央和省纪委提出的反腐倡廉各项任务的落实,为市委提出的"调结构、优环境、惠民生"要求和"两个5000亿"目标的实现,提供坚强有力的保证。

全会要求,各级纪检监察机关要围绕中央及省、市重大决策部署的贯彻落实情况开展监督检查,进一步推动和保证科学发展各项任务的落实。要深化教育、加强管理，切实加强作风建设，严格执行廉洁自律各项规定，促进领导干部廉洁从政。要严肃党纪、依法办案，继续加大对腐败分子的惩治力度，重点查办阻碍全市经济发展、领导干部滥用职权、失职渎职的案件，在工程建设中规避招标、虚假招标及违法转包分包的案件，利用行政审批权索贿受贿的案件，在征地拆迁中骗取补偿款以及在国有企业改制中侵吞国有资产的案件。要关注民生、突出重点，深入解决损害群众利益的不正之风，重点解决群众反映强烈的征地拆迁、环境保护、安全生产等方面的突出问题，抓好教育、医疗、食品药品安全、涉农利益等重点难点问题的专项治理。要强化监督、规范运作，促进领导干部正确行使权力，落实党内监督各项制度，加强对权力运行的制约监督，进一步畅通监督渠道。要深化改革、创新机制，抓好预防腐败各项改革措施的落实，切实解决工程建设、房地产开发、土地管理和矿产资源开发、金融、司法等领域中的突出问题。要重心下移、夯实基础，扎实推进农村、国企、学校党风廉政建设。全会同时提出，要以反腐倡廉制度建设为重点，不断深化惩治和预防腐败体系建设；要认真执行党风廉政建设责任制，形成推进反腐倡廉建设的整体合力；要深入开展主题教育活动，大力加强纪检监察机关自身建设。

全会期间，市纪委还对2009年全市查处的10起违纪违法典型案件进行了通报。

（陆晓东）

【全市纪检监察工作座谈会】 全市纪检监察工作座谈会于2010年8月6日召开，会议传达贯彻了中央纪委监察部东北华北地区查办案件工作座谈会和省纪委纪检监察工作座谈会精神，市委常委、市纪委书记陈雍在会上对党风廉政建设和反腐败工作进行了总结和部署。

会议认为，年初以来，全市各级党政组织和纪检监察机关按照中、省纪委的部署和市委、市政府的要求，紧紧围绕市委提出的“调结构、优环境、惠民生”三项重点工作任务和“两个5000亿”目标，坚持标本兼治、综合治理、惩防并举、注重预防的方针，扎实工作，努力创新，锐意进取，各项工作都取得了长足的进展，为全市改革发展稳定提供了有力保证。1－7月份，全市共查处各类违纪违法案件478件，给予党政纪处分471人，其中大要案209件，涉案211人。通过查办案件，挽回经济损失4342万元。

会议在充分肯定工作成绩的同时，就如何贯彻落实中纪委、省纪委会议和市委全会精神提出的各项任务，做好后几个月党风廉政建设和反腐败工作提出了要求。指出，要进一步加深对当前经济社会发展形势的认识，找准纪检监察机关在沈阳经济社会发展中的准确定位，认真履行党章赋予的职责，更好地发挥纪检监察机关在推动社会经济发展中的重要作用。要切实强化围绕中心、服务大局的能力，加强对中央扩大内需促进经济增长政策落实情况的监督检查，深入开展工程建设领域突出问题专项治理工作。要把反腐倡廉创新工作摆上重要位置，认真解剖当前反腐倡廉工作中存在的新情况、新问题、新矛盾，研究具体的创新思路和解决问题的办法，不断提高工作水平。要更加扎实有效地推进惩防体系建设，紧紧把握行政权力运行监控机制建设这个重点，抓好清权确权、查找廉政风险点、优化权力结构、完善制度等工作，并在此基础上，建立重大典型案件剖析、具体行政行为评估和综合预警分析防范机制，进一步提升预防腐败工作的整体水平。要继续保持查办案件的力度与势头，坚决查处失职渎职、违反财经纪律、侵害群众利益的案件，不断提高发现和研判案件线索的能力，充分发挥查办案件的治本功能。要进一步强化对党员干部的教育与监督，扎实开展党性党风党纪教育，继续推进廉政文化建设，抓好党内监督各项制度的落实。要继续深入治理侵害群众利益的不正之风，着力抓好教育、医疗卫生、食品药品安全等领域的专项治理，进一步加强部门和行业作风建设。要高度重视纪检监察队伍的自身建设，加强学习型机关建设，落实好相关制度，并通过加大培训力度，把队伍建设提高到一个新水平。

各区、县（市）、开发区、市直单位、市直企业、市属大专院校纪检监察机关负责同志共100余人参加了这次会议。

（陆晓东）

【工程建设领域突出问题专项治理】 2010年初，市监察局组织全市各地区、各单位和行业监管部门，排查政府投资和使用国有资金500万元以上项目711个，总投资854亿元。发现有问题的项目684个，占94.2%，排查非政府投资和未使用国有资金3000万元以上项目966个，总投资2947亿元，发现有问题的项目558个，占57.8%。截至年底，684个存在问题的政府投资项目，已有586个完成整改，整改率85.7%；558个存在问题的非政府投资项目，已有480个完成整改，整改率86%；全市收回非法占用和未报即用土地78.73公顷，拆除建筑物面积80.9万平方米，没收27万平方米，追回拖欠土地出让金、配套费、滞纳金3.6亿元。对379个存在违法违规建设问题的政府和非政府投资项目予以行政处罚，累计罚款2.3亿元。全市共查办工程建设领域违纪违法案件57件，给予党政纪处分70人，移送司法机关25人。在严肃查处违纪违规问题的同时，为规范工程建设行为，还成立了沈阳市招投标管理委员会，出台了《关于加强我市招投标管理的若干意见》。在整改期间，督促监管部门制定各类规章制度41个，制定公开和信用信息目录85个，公开各类信息5562条，初步建立了治理工程建设领域突出问题的长效机制。

（陆晓东）

【积极推进廉政文化建设】 为深入推进廉政文化建设工作，着力打造廉政文化精品工程，使廉政文化建设科学规范发展，沈阳市纪委以弘扬清风正气为主题，创新开展廉政文化示范单位建设活动，有力提升了全市廉政文化建设水平。年初，市纪委会同市委宣传部、市直机关工委、市民政局、市委教科工委、市农委、中省直企业工委、市国资委、市妇联等九部门联合出台了《关于开展廉政文化示范单位创建活动的实施方案》，进一步明确了廉政文化进机关、进家庭、进学校、进社区、进农村、进企业示范单位创建标准。同时，建立完善廉政文化示范单位考核淘汰机制，使示范单位建设始终处于动态评选中，有效促进廉政文化建设的有序规范。为充分发挥廉政文化示范单位的标杆带动作用，市纪委统一部署，在市直各部门、各企业和各县、区积极开展廉政文化示范单位评选工作。通过层层申报，全市共上报300余家廉政文化建设示范单位，市纪委会同市直机关工委、市民政局、市委教科工委、市农委、中省直企业工委、市国资委、市妇联等廉政文化创建牵头部门，组成联合考核组，深入13个区、县（市），通过召开座谈会、查阅资料、实地查看等形式，对申报的廉政文化示范单位进行实地考察、综合评审，并提出具体的审核意见，选出60家廉政文化示范单位。通过开展廉政文化示范单位创建活动，市直机关各部门、各企业和各县、区以此为契机，以廉政文化六进创建标准为努力方向，结合实际，创新载体，积极开展廉政文化建设。先后在沈河区岸英小学召开了廉洁文化进学校现场经验交流会，在东陵区工商局召开了廉政文化进机关现场经验会，同时，在全市积极推广新民市开展廉政文化进农村的经验，掀起了廉政文化建设的新高潮。沈阳市开展的廉洁文化进企业工作引起了中省纪委领导的关注。8月份，全省企业廉洁文化现场经验交流会在沈阳召开，中纪委宣教室主任崔少鹏，省委常委、省纪委书记王俊莲，省委常委、市委书记曾维，省纪委副书记刘大民出席廉洁文化进企业现场交流会，对沈阳市廉洁文化进企业工作给予高度评价。会上，还播放了沈阳市企业廉洁文化建设专题片《廉风劲舞助腾飞》，沈阳鼓风机集团、沈阳机床、水务集团和蒙牛公司四家单位在会上介绍经验，有力彰显了沈阳市廉洁文化进企业的质量和水平。

（陆晓东）

【认真贯彻《廉政准则》】 2010年1月，中共中央印发了《中国共产党党员领导干部廉洁从政若干准则》。为深入贯彻《廉政准则》，促进领导干部廉洁从政，市纪委以学习贯彻《廉政准则》为抓手，坚持多措并举，把握关键环节，扎实开展工作。在组织领导方面，召开了全市学习贯彻《廉政准则》专题会议，曾维书记亲自进行部署，要求从各级领导班子和领导干部做起，市委常委带头，切实做学习的表率、落实的表率、接受监督的表率；先后印发《关于认真学习贯彻〈廉政准则〉的通知》、《关于学习贯彻两项法规制度的通知》、《关于加强机关作风建设的通知》和《关于进一步贯彻落实厉行节约有关要求的通知》等一系列文件，及时指导各单位结合实际，按照党风廉政建设责任制的规定，明确主要领导和相关部门职责，完善相关配套制度，构建用制度管权、管事、管人的长效机制，促进了全市学习贯彻《廉政准则》工作不断深入。在教育培训方面，组织全市各级党委（党组）理论学习中心组，安排专门时间集中学习《廉政准则》，120余名各级领导干部通过举办辅导报告、讲党课等形式，对全体党员干部进行专题教育；协调各级党校开展《廉政准则》学习培训相关教学的研究，将《廉政准则》纳入各类干部的培训安排；在市属新闻媒体和单位局域网、宣传栏等开辟学习贯彻《廉政准则》专栏，层层撰写和刊发了一批学习体会文章；采取下发辅导材料、制发廉政台历、发送廉政短信等形式，对党员干部进行经常性的提醒和提示，积极营造学习贯彻《廉政准则》的浓厚社会氛围。在专项治理方面，为落实《廉政准则》提出的“八个禁止”，集中开展了对三个方面突出问题的专项治理。协调有关部门研究制定了《制止公款出国（境）旅游专项工作意见》、《党政机关和事业单位公务用车专项治理工作实施方案》、《党政机关、事业单位、社会团体和国有企业“小金库”治理工作实施方案》，纠正处理各类违规公务用车1200余台；查处“小金库”问题38个，涉案金额1700余万元；公务接待、因公出国（境）、公车购置、庆典节会等方面经费，分别比2009年下降10.3%、12%、23.9%和51%。在监督检查方面，组织全市党员干部围绕《廉政准则》的有关要求开展廉政承诺和签订责任书；3月份由市级四大班子领导带队，组织对全市学习贯彻《廉政准则》情况进行了专项检查；9月份又组织全市各级领导班子召开了专题民主生活会，对照《廉政准则》开展批评和自我批评；结合年度责任制检查考核和述职述廉，组织全市科处以上领导干部填报《廉政信息采集表》，对个人事项进行集中报告，督促448人次的市管干部对个人婚丧嫁娶、房产变动、因公出国（境）等方面的个人事项进行适时报告，并在本单位公示，接受群众监督和评议；组织有关部门参加的检查组，采取专题调研、问卷调查、明查暗访等形式，对36个单位贯彻《廉政准则》和加强作风建设情况进行了检查，对发现的倾向性问题，及时进行提示提醒和批评教育，帮助抓好整改工作，对14件群众举报领导干部违反《廉政准则》有关规定的问题开展了调查，对64件各类典型案件进行了查处，对283名科以上干部实施了党政纪处分。中国纪检监察报对沈阳市贯彻落实《廉政准则》的情况进行了报道。

（陆晓东）

【市民服务热线诉求受理机制日益完善】 2009年，沈阳市通过整合300多个服务市民的公开电话、相关网站和信箱，建立了统一的96123沈阳市民服务热线。为确保服务热线整合后的科学合理运转，全市确立了由市政府统一领导，监察局和纠风办组织协调，部门和行业各负其责，社会各界共同参与的领导体制和统一受理、分头办理、直接反馈、公开监督的工作机制。在实际运作中，按照“谁主管、谁负责”的原则，将统一受理的群众诉求，根据不同性质和内容，分别转送相关单位办理。这种相关职能部门各负其责、分头办理，监察部门统一组织协调、监督检查的工作运行方式，既避免出现服务热线职责不清、处理不及时、工作不到位等问题，又防止纪检监察机关和纠风部门超越职权大包大揽。为完善监管机制，还先后建立了诉求分类办理、诉求办理监督和诉求办理追究制度，特别是根据诉求办理情况实行“红黄绿灯催办制”、“五星评价制”、“九项指标考核评价制”、“日常与年终民主评议制”等制度，进一步强化了解决群众诉求的工作力度。2010年，全市通过96123沈阳市民服务热线等渠道共受理群众诉求261万件，制止和纠正违纪违法行为6.2万件，5496人被追究了相关责任，收缴违纪违规资金6100余万元。

（陆晓东）

【通报史超等10起违纪违法案件】 2010年2月，中共沈阳市纪律检查委员会对市公安局原副局长史超徇私枉法、贪污、受贿案，市公安局于洪分局原局长袁长占受贿案，市科技局孙晓春等人系列受贿案，市粮食局第一粮库原总经理刘恩友等人贪污、受贿、违反财经纪律案，东北金城房地产开发总公司国有资产流失案等10起违纪违法案件进行了通报。

通报指出，史超等人违纪违法案件的发生，反映出当前沈阳市反腐败斗争形势依然严峻，一些腐败现象和不正之风仍然比较突出。史超等人之所以走上违纪违法的道路，其主要原因是由于他们放松世界观改造，理想信念动摇，思想蜕化变质，面对复杂的社会环境和各种消极腐败因素的影响，丢掉了艰苦奋斗、廉洁奉公的政治本色，把党和人民赋予的权力当成了为个人谋取私利的工具，未能经受住金钱和个人利益的考验。同时，一些单位的党组织对反腐倡廉工作抓得不紧，对党员干部疏于教育、疏于管理、监督乏力，反腐倡廉制度严重缺失或者落实不够，致使权力失控，行为失范，违纪违法行为得不到及时警示和制约，从而使一些党员干部一步步滑入腐败的泥潭。全市各级党政组织和广大党员干部一定要从史超等人违纪违法案件中汲取教训，引以为戒。要切实加强政治理论学习和世界观改造，牢记党的根本宗旨，加强党性修养，时刻保持共产党员的先进性和纯洁性。要认真贯彻党员领导干部廉洁从政的各项规定，切实加强对党员干部的教育、管理和监督，努力提高党员干部特别是党员领导干部廉洁自律意识和廉洁从政的自觉性。要在不断加强和完善以制约和监督权力为核心的反腐倡廉制度建设的基础上，切实提高制度的执行力，着力在党员干部特别是党员领导干部中树立法律面前人人平等、制度面前没有特权、制度约束没有例外的意识，教育引导领导干部带头学习制度，严格执行制度，自觉维护制度。全市各级党政组织和纪检监察机关要以更加坚定的信心、更加坚决的态度、更加有力的措施、更加扎实的工作，坚定不移地把党风廉政建设和反腐败斗争推向前进。

（陆晓东）

【加强行政权力运行监控机制建设】 2010年，市纪委把规范政府部门用权行为作为深化源头治理、改善发展环境的重大举措，狠抓行政权力运行监控机制建设。年初，市纪委在和平区率先开展了“一项权力一项制度”的试点，该项工作获得全省创新成果奖，并为全面启动行政权力制度建设提供了有益的借鉴。省委行政权力制度建设工作动员大会后，市纪委立即以市委文件形式印发了具体落实意见；设计召开了全市惩防体系建设工作会议，交流了23个单位的经验，市委、市政府主要领导分别做了重要部署。在此基础上，为保证工作质量，市纪委制定“清权确权”工作规程等11份指导性文件，采取以市带区方式，督促市区两级试点部门从权力设定入手，全面排查行政权力事项；组织法制、编制等部门对试点单位清理申报的权力进行6轮审核，市直部门共清理出权力事项2477项，确认1783项，区、县（市）试点部门累计清理出2.2万项，确认2.1万项。与此同时，组织试点部门按照合法、廉洁、高效的要求，重新编制了行政权力运行流程图，结合对市科技局等单位的典型案件剖析，督促各单位围绕具有“自由裁量空间、运行不够公开、案件易发多发”的权力运行关键环节，查出风险点2600多个，制定制度措施1700多项，并形成了廉政风险防范图示1800多张。通过加强行政权力运行监控机制建设，取消调整行政权力事项1006项，初步解决权力配置过多过滥问题；通过优化流程，市直试点部门共压缩权力运行环节1982个，进一步提高了工作效率。

（陆晓东）

【从源头上防治腐败工作深入开展】 2010年，全市体制机制创新步伐进一步加快，源头治理工作不断深化。在行政审批制度改革方面，积极推进行政审批电子监察系统建设，对市行政审批服务中心办理的10万余件审批事项进行实时监督，审批事项办结率达99%，即办率为67.1%。在财政管理体制改革方面，全市968家预算单位纳入集中支付编制，市本级预算单位全面启动了公务卡制度改革，60个主管部门、464家执收单位纳入非税收入收缴改革编制。在干部人事制度改革方面，加大了对干部选拔任用的监督力度，先后43次列席区、县（市）委研究干部任用的常委会，参与讨论研究干部1263人次。对76名干部进行了任前公示，对17名公示干部进行了调查。在投资体制改革方面，进一步完善了政府投资项目建设的集体决策、项目监管、动态检查以及代建制等相关制度规定，公共资源交易中心对58个建设项目的开标、评标环节进行了现场监督，标的额涉及12亿元。

（陆晓东）

市人大常委会

【市十四届人大第四次会议】 沈阳市第十四届人民代表大会第四次会议于2011年1月11日召开，1月14日闭幕。会议应出席市人大代表507名，实际出席464名。沈阳市委、市政府、市政协领导，市法院和市检察院主要负责人，市委、市人大常委会、市政府有关部门负责同志和有关机关、企事业单位、人民团体及金融机构负责人，市委、市政府决策委员会委员，市政府参事室参事，外地驻沈办事机构和有关外埠商会负责人列席了会议。出席市政协十三届四次会议的全体政协委员列席了本次会议的开幕式。30名公民旁听了本次大会的三次全体会议。

会议的主要议程是：听取和审议沈阳市人民政府市长陈海波关于沈阳市人民政府工作报告；审查和批准沈阳市国民经济和社会发展第十二个五年规划纲要（草案）；审查和批准沈阳市2010年国民经济和社会发展计划执行情况与2011年国民经济和社会发展计划（草案）的报告；批准沈阳市2011年国民经济和社会发展计划；审查和批准沈阳市2010年预算执行情况和2011年预算（草案）的报告；批准沈阳市2011年市本级预算；听取和审议沈阳市人民代表大会常务委员会主任赵长义关于沈阳市人民代表大会常务委员会工作报告；听取和审议沈阳市中级人民法院院长卞富学关于沈阳市中级人民法院工作报告；听取和审议沈阳市人民检察院检察长李丰关于沈阳市人民检察院工作报告。

1月10日下午，召开了党员大会和举行预备会议。预备会议选举了大会主席团和秘书长，通过了会议议程。正式会议四天，共举行3次全体会议，4次主席团会议，大体分为三个阶段。

第一阶段，听取市政府工作报告和“十二五”规划纲要（草案）的说明。11日上午，市长陈海波作了政府工作报告、常务副市长顾春明作“十二五”规划纲要（草案）的说明。11日下午和12日全天全团或分组审议政府各项报告，审查“十二五”规划纲要（草案）、计划报告和预算报告。

第二阶段，听取市人大常委会、市法院、市检察院工作报告。13日上午，举行第二次全体会议，市人大常委会主任赵长义作《沈阳市人民代表大会常务委员会工作报告》、市中级人民法院院长卞富学作《沈阳市中级人民法院工作报告》、市人民检察院检察长李丰作《沈阳市人民检察院工作报告》。13日下午和14日上午全团或分组审议市人大常委会和“两院”工作报告。

第三阶段，举行第三次全体会议，表

决大会各项决议(草案)。14日下午,举行第三次全体会议,通过各项决议。通过了《关于政府工作报告的决议》、《关于沈阳市国民经济和社会发展第十二个五年规划纲要的决议》、《关于沈阳市2010年国民经济和社会发展计划执行情况及2011年国民经济和社会发展计划的决议》、《关于沈阳市2010年预算执行情况和2011年预算的决议》、《关于沈阳市人民代表大会常务委员会工作报告的决议》、《关于沈阳市中级人民法院工作报告的决议》、《关于沈阳市人民检察院工作报告的决议》。

14日下午,沈阳市第十四届人民代表大会第四次会议圆满完成各项议程,胜利闭幕。

(胡士俊)

·市人大常委会会议·

【第十八次会议】 市十四届人大常委会第十八次会议于2010年1月6日举行。(一)审议通过了关于接受李英杰辞去沈阳市人民政府市长职务的决定,并报沈阳市第十四届人民代表大会第三次会议备案。(二)审议通过了关于陈海波任沈阳市人民政府副市长并决定其为代理市长的决定。(三)听取审议了市人大常委会副主任连加诚作的关于市十四届人大常委会代表资格审查委员会关于补选代表的代表资格审查报告,会议通过了这个报告。经审查,沈河区补选的陈海波代表资格有效,现在沈阳市第十四届人民代表大会实有代表508名。(四)补选李英杰为沈阳市出席辽宁省第十一届人民代表大会代表,选举结果将报省人大常委会代表资格审查委员会审查。

(胡士俊)

【第十九次会议】 市十四届人大常委会第十九次会议于2010年2月5日举行。(一)审议了《沈阳市机动车维修市场管理条例(修订草案)》(以下简称《条例(修订草案)》)(一审)。常委会组成人员认为,根据近年来国家和省颁布实施的有关法律法规,以及沈阳市机动车维修市场发展情况,对1999年12月实施的《沈阳市机动车维修市场管理条例》进行修订是必要的。组成人员对《条例(修订草案)》提出了许多意见和建议,会后,市人大法制委员会、市人大常委会法制工作委员会和有关专门委员会,要会同市政府相关部门对《条例(草案)》进行修改和完善,为提请下一次常委会会议审议做好充分准备。(二)审议并原则通过了沈阳市第十四届人大常委会2010年工作要点。常委会组成人员认为,工作要点任务明确、重点突出、具体可行,对主要工作和议题的安排科学合理、符合实际。同时,针对地方立法、讨论决定重大事项等工作也提出了一些意见和建议。

(胡士俊)

【第二十次会议】 市十四届人大常委会第二十次会议于2010年4月27日举行。(一)审议通过了《沈阳市机动车维修市场管理条例(修订草案)》。常委会组成人员在审议过程中,提出了进一步修改和完善的意见、建议,修改后,按程序报省人大常委会批准。(二)审议了《沈阳市物业管理条例》、《沈阳市养犬管理条例》、《沈阳市节约能源条例(修订草案)》。常委会组成人员认为,这三部条例都是以加强和改善民生为重点的社会领域立法项目,直接关系到广大人民群众的切身利益,关系到沈阳的可持续发展和社会的和谐稳定,本着"针对问题立法,立法解决问题"的原则,制定和修订这三部法规是必要的。组成人员对这三部条例草案和修订草案提出了许多意见和建议。(三)听取、审议并通过了市政府副市长邢凯作的关于《中华人民共和国水污染防治法》执法检查意见整改情况的报告。常委会组成人员认为,市政府对市人大常委会执法检查报告和常委会审议意见高度重视,进一步加强了组织领导,明确工作责任,及时调整工作思路,制订具体整改措施,逐项研究整改办法,大家对市政府所作工作给予肯定,对执法检查报告和审议意见的落实整改情况表示满意。常委会组成人员指出,水污染防治是一项长期工作,要完成《执法检查意见整改情况的报告》所确定的目标,还面临不少困难和问题,工作任务艰巨而繁重。市政府及相关部门要抓住重点和难点问题,进一步细化和落实各项有效举措,对自来水管网改造、二次加压泵站改造、污泥无害化处置、雨污分流、河道截污清淤、农村面源污染治理、中水回用等工作,科学组织,加快推进,确保按期完成;继续拓展融资渠道,完善投资体制,保障水污染防治和水环境改造的各项资金投入;加大监督检查力度,建立健全污染水环境、危害饮用水安全的惩处机制,用铁的手腕查处超标排放企业,坚决杜绝"边治理、边污染"的现象;要建立相应的推进机制,定期调度,及时了解工作目标完成情况,研究解决工作中遇到的问题,推动规划目标按期完成。(四)听取、审议并通过了市政府副市长王翔坤作的关于沈阳市县域经济发展情况的报告。常委会组成人员在审议中提出如下意见和建议:一是进一步完善县域经济发展规划。要将县域经济发展规划与全市总体规划结合起来,制定和完善从资源利用到产业发展、从城镇开发到区域发展等方面的完整规划。二是努力提高县域工业的规模化经营和集群化发展水平。深入研究制定县域中小企业给本市大型企业配套的扶持政策,帮助县域中小企业与大中型企业搞好产业对接,进一步做大优势产业。三是继续坚定不移地推动农业产业化发展。注重发挥县域的比较优势,努力发展特色农业,进一步提高农业产业化水平,保持农民收入稳定增长。四是积极实施城镇化带动战略。把推进城镇化作为发展县域经济的重要举措,统筹做好城镇化发展的科学规划,不断提高城乡统筹发展水平。五是加大对县域经济发展的政策扶持力度。努力改善县域金融环境,积极引导和带动社会资金、金融资金的投入,破解县域经济发展的资金瓶颈问题。(五)听取、审议并通过了市人大内务司法委员会委员会副主任委员罗大明作的关于市十四届人大三次会议主席团交付审议的《关于改造沈阳市公安派出所的议案》、《关于加强全市公安派出所建设的议案》审议结果的报告,市人大农业与农村委员会副主任委员冯振和作的关于市十四届人大三次会议主席团交付审议的《关于维修新民等县(市)农业万亩大桥的议案》审议结果的报告,市人大环境与资源保护城乡建设委员会副主任委员陈苏玉作的关于市十四届人大三次会议主席团交付审议的《关于尽快把污水处理厂的污泥无害化,让沈城居民喝上干净水的议案》、《关于加大污泥处理方面投资的议案》、《关于推进沈阳市污水处理厂污泥处理工作的议案》、《关于积极采取有效措施,对污泥进行无害化处理,防止污泥二次污染的议案》审议结果的报告。常委会组成人员认为，这些议案所涉及的内容，都是事关沈阳经济社会发展、事关民生改善的重要问题，人大代表和人民群众非常关注。办理好这些议案，对于保障城市可持续发展、建设生态城市和环保样板城，推动农村经济发展和农民持续增收，推进平安沈阳建设、促进社会和谐，具有十分重要的意义。常委会组成人员建议，市政府及其有关部门，要按照审议过程中提出的意见建议，统筹规划，加强协调，明确目标，扎实推进，高标准办好这些议案。市人大有关专门委员会要通过多种形式加强督办工作，坚持督办与支持相结合，加强沟通协调，及时掌握议案办理进程情况。市人大常委会决定把这几件议案列入常委会会议议程，交由市政府办理，将在下半年适时听取议案办理情况的报告。(六)进行了人事任免事项。决定免去：王健的沈阳市规划和国土资源局局长职务、秦文军的沈阳市城乡建设委员会主任职务、于沈光的沈阳市城市建设管理局局长职务、石其金的沈阳市交通局局长职务、李鹏宇的沈阳市对外贸易经济合作局局长职务、刘兴烈的沈阳市卫生局局长职务。任命刘晓先为沈阳市第十四届人民代表大会财政经济委员会委员。决定任命：阎秉哲为沈阳市规划和国土资源局局长、林强为沈阳市城市建设管理局局长、于沈光为沈阳市交通局局长、顾少清为沈阳市对外贸易经济合作局局长、王一兵为沈阳市卫生局局长。还任免了一批审判人员。决定任命许艺伟为沈阳市城乡建设委员会主任的任职表决事项赞成票未超过半数，未获通过。

(胡士俊)

【第二十一次会议】 市十四届人大常委会第二十一次会议于2010年6月11日举行。(一)审议通过了《沈阳市节约能源条例(修订草案)》。常委会组成人员在审议过程中，提出了进一步修改和完善的意见、建议，市人大法制委员会修改并经主任会议同意，提请会议表决通过。会后，按程序报省人大常委会批准。(二)审议了《沈阳市城市绿化条例(修订草案)》、《沈阳市水染污防治条例(修订草案)》、《沈阳市物业管理条例(草案)》、《沈阳市犬类管理条例(草案)》。常委会组成人员认为，这四部条例事关民生，事关沈阳振兴发展，社会普遍关注，对于有效规范城市绿化的规划建设、加强水污染防治、维护业主和物业服务企业合法权益以及加强养犬管理，具有重要的现实意义。组成人员对这四部条例草案和修订草案提出了许多意见和建议。(三)听取、审议并通过了市政府副秘书长田家作的关于贯彻实施《中华人民共和国企业国有资产法》(以下简称《企业国有资产法》)情况的报告。常委会组成人员建议：一是深入贯彻实施《企业国有资产法》。要按照《企业国有资产法》要求，切实加强对企业国有资产监管工作的组织领导，全面加强国有资产监管体系建设，努力把国有资产及权益保护好、维护好，依法履行好出资人职责。二是加快推进国有企业改革发展创新。因企施策，加快推进沈鼓集团、北方重工、沈阳机床等一批重点优势企业的改革重组，大力实施制度创新、技术创新、产品创新，加快结构的全面升级，进一步提高企业经营效益。三是进一步规范国有企业改制和国有资产转让。国有企业改制和国有资产转让要有利于国民经济布局和结构的战略性调整，关系国计民生的重要企业转制或国有资产转让，应征求社会各界的意见，遵循等价有偿和公开、公平、公正的原则，确保国有资产出资人权益。四是尽快建立国有资本经营预算制度。按照《企业国有资产法》和国务院的有关要求，尽快建立国有资本经营预算制度，对取得的国有资本经营收入及其支出实行预算管理。国有资本经营预算要按年度单独编制，纳入政府预算，报人民代表大会批准。(四)听取、审议并通过了市政府副市长王玲作的关于贯彻实施《中华人民共和国体育法》、《全民健身条例》(以下简称“一法一例”)，开展全民健身活动情况的报告。常委会组成人员建议：一是加强对全民健身工作的领导。要站在落实科学发展观和构建和谐社会的高度，将全民健身工作列入重要议事日程，加强领导，落实责任，认真履行政府的体育公共服务职能，努力提高保障群众健身需求的水平。二是加大体育健身设施建设和管理力度。统筹规划全市各级全民健身中心建设，尽快启动沈阳市全民健身中心的建设项目，大力拓展城市公园、广场的健身功能，研究制定浑河两岸城市段全民健身活动场地建设整体规划，为市民健身提供方便。三是促进社会各类健身场馆的健康发展。明确体育健身行业行政主管部门的责任，切实履行对体育健身场馆的监管职责，充分发挥行业协会的作用，促进社会健身场馆守法经营和规范服务。研究制定相关扶持政策，鼓励和支持各种社会力量投资兴办各类健身场馆，满足群众多层次的体育健身需求。四是增加对全民健身的投入。将全民健身工作所需经费作为专项资金列入财政预算，并随着国民经济的发展逐步增加，以满足全民健身工作需要。切实保证体育彩票公益金及时足额用于全民健身活动。五是完善全民健身服务网络建设。加强社会体育指导员队伍建设，扩大队伍数量，提高人员素质，保持队伍稳定，充分发挥其在开展全民健身活动中作用。进一步推进国民体质监测网络建设，积极开展国民体质监测工作，为群众提供科学健身依据。六是认真落实《市人大常委会关于筹备十二届全运会有关工作情况的视察意见》。以承办十二届全运会为契机，深入贯彻实施“一法一例”，认真落实市人大常委会的有关视察意见，推动全民健身活动的大力开展，努力把全民健身活动提高到一个新的水平。(五)会议听取了市中级人民法院副院长孙义祥作的关于提请确定人民陪审员名额和人事任免的说明。根据全国人民代表大会常务委员会《关于完善人民陪审员制度的决定》和最高人民法院《关于人民陪审员管理办法(试行)》，会议决定，沈阳经济技术开发区人民法院第三批人民陪审员名额为13名，沈阳高新技术产业开发区人民法院第三批人民陪审员名额为11名。(六)进行了人事任免事项。任免了一批审判人员。

(胡士俊)

【第二十二次会议】 市十四届人大常委会第二十二次会议于2010年7月22日举行。(一)听取、审议了市发展和改革委员会主任彭林作的关于沈阳市2010年上半年国民经济和社会发展计划执行情况的报告。会议同意这个报告。常委会组成人员建议：一是加强对经济形势的研究和把握。要清醒地认识和把握宏观经济发展的复杂性、不确定性，密切关注国内外经济形势的发展变化，关注国家宏观调控政策走向以及经济运行中的新情况和新问题，及时有效地采取应对措施，千方百计确保全年国民经济和社会发展计划目标完成。二是大力推进招商引资工作。充分利用筹备十二运、特别是国家新型工业化综合配套改革试验区建设的重大契机,加大招商引资力度,创新招商理念,改进招商方式,优化招商环境,不断提高招商的针对性和有效性。三是加强对新型工业化发展模式的探索。紧紧围绕新型工业化综合配套改革试验这一主题,把沈阳市国家新型工业化综合配套改革试验方案设计好、完善好,使之成为国家方案的重要组成部分。充分利用"先行先试"的政策优势,率先走出新型工业化路子。四是着力推进经济发展方式转变。认真落实加快结构调整、促进工业增长的各项举措,充分发挥装备制造业的引领和带动作用,提升全市工业经济贡献率。促进工业、服务业和农业的快速协调发展,着力提高经济增长质量与效益。五是加快推进大浑南开发建设。坚持远近结合,高起点、高水平、高质量编制和完善大浑南开发建设规划。六是全面加强城市基础设施和生态建设。严格按照规划进行城市建设,不断提高科学管理水平。加大交通设施建设的投入,搞好供水、供暖、煤气等基础设施规划,尽快改变开发区建设中存在的供电、交通和通讯等基础设施和生活服务设施配套严重滞后状态。七是扎实推进各项民生工程。办好年初确定的十件实事,如期兑现向全市人民做出的承诺。(二)听取、审议了市财政局局长陈勇作的关于沈阳市2009年市本级决算和2010年上半年全市预算执行情况的报告。会议同意这个报告。为进一步做好财政工作,常委会组成人员建议:一是加强税源建设,确保财政收入稳定增长。大力发展经济,加快形成新的经济和税源增长点,增强财政增收的可持续性。二是优化支出结构,化解收支矛盾。加大公共财政投入力度,逐步增强公共财政的保障能力,努力化解收支矛盾。区分轻重缓急,合理安排财政支出顺序,严格控制一般性支出增长,确保财政收支实现平衡。三是加强预算管理,严格预算执行。严格执行《预算法》,维护预算管理的严肃性。加强专项资金的管理和监督,切实管好用好各种专项资金。严格执行市人代会批准的预算,强化预算执行的刚性约束,严格控制预算追加,杜绝随意性。四是加强政府债务管理,防范政府债务风险。认真贯彻落实国务院有关要求,加强对政府债务资金使用以及政府融资平台公司的管理和监督,合理确定债务规模,制定政府债务举借规划,规范政府举债行为,提高政府债务资金使用效益。(三)听取、审议了市审计局局长毕华峰作的关于2009年度沈阳市本级预算执行和其他财政收支的审计工作报告。会议同意这个报告。为了进一步做好市本级预算执行和其他财政收支的审计工作,不断提高财政资金的使用效益,常委会组成人员建议:一是充分发挥审计监督作用,强化预算执行审计监督。市政府要高度重视审计工作,全力支持审计机关依法独立履行监督职责,充分发挥审计监督职能,促进政府依法、科学、有效理财。二是突出审计重点,提高资金使用效益。加大对重点领域、重点部门、重大投资项目审计监督力度,加强对市本级三个开发区、涉及群众切身利益的民生类项目资金和政府债务资金的审计监督,认真查处截留、挤占、挪用资金等违法违规行为,确保资金的安全和有效使用。三是高度重视审计查出的问题,切实做好整改工作。市政府要高度重视审计查出问题的整改工作,逐项研究分析原因,积极落实整改措施,能够马上落实的要尽快加以解决和纠正。对屡查屡犯问题,除依法依规惩处之外,还要注重从体制机制上研究治本之策。(四)会议通过审议审计工作报告和对《沈阳市2009年市本级决算(草案)》及市本级决算的报告进行审查,同意市人大财政经济委员会提出的《关于2009年市本级决算的审查报告》,决定批准《沈阳市2009年市本级决算》。(五)听取、审议了市政府副秘书长田家和市法院院长卞富学分别作的关于市十四届人大三次会议以来代表建议、批评和意见办理情况的报告。会议同意这两个报告。常委会组成人员指出,办理好人大代表建议,既是国家机关的法定职责,也是支持代表依法履职、保证人民当家作主的具体体现。市政府和市法院要从全面落实科学发展观的工作实际出发,充分认识办理代表建议工作的重要性,进一步增强对代表建议办理工作的责任感和使命感;抓紧做好尚未办复建议的办理工作,确保在法律规定的时限内办复;继续做好对列入计划解决建议的跟踪督办工作,确保代表建议办理取得实效;坚持突出重点,狠抓薄弱环节,多方协调配合,切实做好难度较大代表建议的办理工作;针对办理工作存在的问题,进一步完善各项工作举措,提高办理工作的质量和水平,让群众受益,让代表满意。

（胡士俊）

【第二十三次会议】 市十四届人大常委会第二十三次会议于2010年8月30日举行。(一)会议审议通过了《沈阳市物业管理条例》、《沈阳市养犬管理条例》、《沈阳市城市绿化条例(修订)》和《沈阳市水污染防治条例(修订)》。围绕这四部条例的制定和修订,各有关专门委员会和工作机构从调研、立项到起草、修改,做了大量深入细致的工作。审议过程中,常委会组成人员提出了许多很好的意见、建议,会议充分吸纳了这些意见建议,对四部条例作了进一步修改和完善。会后,将按程序提报省人大常委会批准。(二)会议审议通过了《沈阳市人民代表大会常务委员会议事规则(修订)》、《沈阳市人民代表大会常务委员会讨论决定重大事项的规定(修订)》。《沈阳市人民代表大会常务委员会议事规则(修订)》(以下简称《议事规则》)和《沈阳市人民代表大会常务委员会讨论决定重大事项的规定(修订)》(以下简称《讨论决定重大事项规定》),分别是1997年和2001年制定的,其中有些内容与相关法律已不相符,及时予以修订是必要的。修订后的《议事规则》和《讨论决定重大事项规定》充分采纳了常委会组成人员在审议过程中提出的意见建议,对原有的规定作了补充和完善,更好地适应了新形势、新任务的要求,更好地体现了沈阳的特点,更具可行性和操作性。(三)审议通过了副市级干部沙波涛作的关于沈阳市贯彻实施《辽宁省散居少数民族权益保障条例》(以下简称《条例》)情况的报告。常委会组成人员建议:一是深入学习宣传好《条例》。把《条例》等党的民族政策法律法规的学习作为领导干部培训的重要内容,提高各级领导干部依法管理民族事务的能力。二是推动少数民族和民族地区经济及各项社会事业的发展。把少数民族和民族地区经济及社会各项事业的发展,纳入全市及各区、县(市)正在编制的"十二五"规划之中。三是做好对外来少数民族人口的管理和服务工作。针对沈阳市外来少数民族人口大幅度增长的趋势,尽快开展摸底调查,完善动态管理制度,及时做好相关法律法规宣传教育工作。四是加强基层民族工作和少数民族干部队伍的建设。强化基层民族工作部门和干部队伍建设,确保各区、县(市)民族工作有健全的、具备执法主体资格的机构,有适应工作需要的人员编制和单列的专项经费。

(胡士俊)

【第二十四次会议】 市十四届人大常委会第二十四次会议于2010年10月27日举行。(一)审议了《沈阳城乡规划管理条例(草案)》。常委会组成人员认为,加强城乡规划管理,为新一轮城市总体规划提供强有力的法律保障,制定《沈阳城乡规划管理条例》是必要的。审议过程中,组成人员对条例草案提出了许多意见和建议。会后,市人大法制委员会、市人大常委会法制工作委员会和有关专门委员会,要会同市政府相关部门对条例草案进行修改和完善,切实保证法规草案的合法性、规范性和可操作性,为提请下一次常委会会议审议做好准备。(二)审议通过了《沈阳市社会保险费征缴条例修正案》。审议过程中,常委会组成人员提出了许多很好的意见、建议,会议充分吸纳了这些意见建议,对条例作了进一步修改和完善。会后,将按程序提报省人大常委会批准。(三)听取审议并通过了副市级干部、市公安局局长许文有作的《关于加强全市公安派出所建设的议案》、《关于改造沈阳市公安派出所的议案》办理情况的报告。常委会组成人员建议市政府要保证如期实现三年建设规划。一是进一步做好规划选址工作。按照有利于震慑犯罪,有利于接警出警,有利于方便群众、服务群众的原则,保证新建公安派出所选址在市区一、二级马路上,形成区域相接、点面相连、多警联动的治安防范体系。二是确保建设质量和标准。提早筹划明、后两年开工项目的准备工作,加快项目审批,加紧资金筹措,保证按时开工建设。三是加强公安派出所干警队伍建设。在全面加强派出所基础设施建设的同时,要大力加强派出所正规化、执法规范化、和谐警民关系建设,努力造就一支政治坚定、业务精通、作风优良、执法公正的派出所干警队伍。(四)听取审议并通过了市政府副秘书长陈荣礼作的《关于维修新民等市(县)农业万亩大桥的议案》办理情况的报告。常委会组成人员建议市政府继续抓好以下工作:一是认真落实三年维修改造计划。进一步加强万亩大桥维修改造工程的组织领导,强化项目管理,落实所需资金,确保如期完成全市万亩大桥维修改造任务。二是科学安排工程进度,确保工程建设质量。从实际情况出发,进一步加强施工质量监管,严格落实工程监理、验收规定,加强对施工过程的检查监督,切实保证万亩大桥维修改造工程质量。三是加强维修改造后的万亩大桥管护工作。不断完善万亩大桥及其他农田水利设施管护工作机制,落实管护责任,加强检查监督,保证维修改造后的万亩大桥和其他水利设施保持良好状态,长久发挥作用。(五)听取审议并通过了市政府副秘书长公维伦作的《关于积极采取有效措施,对污泥进行无害化处理,防止污泥二次污染的议案》、《关于尽快把污水处理厂的污泥无害化,让沈城居民喝上干净水的议案》、《关于推进沈阳市污水处理厂污泥处理工作的议案》、《关于加大污泥处理方面投资的议案》办理情况的报告。为保证污泥无害化处置工作的顺利进行,常委会组成人员提出以下建议:一是加强组织,扎实推进。切实加强组织领导,细化责任分工,按照污泥无害化处置工程的建设方案,扎实推进建设工作,确保生物处置技术项目在2011年10月建成并投入运行。二是重质量、保安全,避免新生污染源。进一步提高质量意识和安全意识,加强质量、安全监督工作,充分考虑处置技术的稳定性和设施运行的可靠性,保证污泥无害化处置工程质量,确保生产过程安全可靠,防止产生新的污染源。三是完善规章制度,健全监管体系。完善政策法规,明确监管职责,及时研究解决污泥处置设施运营后出现的新情况、新问题,杜绝污泥在运输和处置过程中对环境造成二次污染。(六)听取审议并通过了市政府副秘书长陈荣礼作的关于2010年城建重点项目完成情况的报告。常委会组成人员提出以下意见和建议:一是进一步加强计划执行力度,保证建设资金投入。科学安排建设计划,对已列入城建计划的建设项目,要加大计划执行力度,确保有效落实。加大融资工作力度,拓宽融资渠道,保证建设资金投入。二是科学组织,全面推进工程建设实施进度。加强对城建计划项目和重点工程项目的组织协调,倒排进度,分解任务,落实责任。三是强化质量意识,确保工程质量。牢固树立质量第一的观念,建立健全质量管理体系,完善质量检测手段,加强工程质量监管,层层落实质量责任,把各项工程建成优质工程、精品工程。(七)听取审议了市发展和改革委员会主任彭林作的关于国民经济和社会发展"十二五"规划编制情况的报告。常委会组成人员建议:一是坚持走新型工业化道路。围绕传统产业改组改造、优化升级,进一步加大产业结构调整力度,促进工业化和信息化加速融合,推进重点企业战略性重组。大力发展IC装备、数字医疗、高档机床、航空航天等优势产业和战略性新兴产业。二是高度重视"三农"问题。完善农业基础设施,加强农村电网改造、水利设施、道路和饮水安全工程建设,积极推进农业科技创新,大力发展现代农业。三是科学定位发展空间。根据行政区划调整,进一步明晰产业布局和空间发展功能定位,避免区县间无序竞争。四是发挥在沈阳经济区建设中的引领作用。用足用好国家赋予沈阳经济区的优惠政策,深化体制机制创新,率先在产业结构优化、自主创新等重点领域破题。五是加强城市建设和管理。明确国家中心城市的概念、内涵、建设任务和保障措施。在城市基础设施建设上,统筹规划建设好道路、交通、供水、供电、供气、环保等基础设施和相关配套服务设施。加快城市快速干道和立体交通体系建设,着力解决城市交通拥堵问题。(八)听取审议并通过了市人大常委会秘书长张宁作的市人大常委会执法检查组关于贯彻实施《中华人民共和国食品安全法》情况的报告。为深入贯彻《食品安全法》,常委会组成人员建议:一是完善食品安全工作的领导体制和工作机制。切实加强对食品安全工作的领导,把统筹协调与分工负责、专项整治与长效监管、行政监督与舆论监督相结合,明确职责,齐抓共管,形成合力。二是加大《食品安全法》的宣传培训力度。广泛深入开展《食品安全法》学习宣传活动,使食品安全法律法规和食品安全知识家喻户晓,增强自我保护意识。发挥新闻媒体作用,公开曝光违法违规行为。三是切实加大食品安全监管力度。严厉打击和取缔食品黑加工点,坚决堵住不安全食品的源头。

加强对学校、居民聚集区等重点区域的食品安全整治工作,加强对地沟油等突出问题的监督检查,加强对小作坊、小摊点、小餐饮和流动商贩的常态化监管。四是加强食用农产品市场体系的规划和建设。制定各级各类食用农产品市场规划,合理布局食用农产品批发市场和农贸市场,加快建设一批规范化、标准化的食用农产品批发市场。五是加强食品安全监管能力建设。适应食品安全监管工作需要,科学设置工作机构和人员编制,加大资金投入,配备先进的检测设备。建立检测设施和监督信息共享平台。(九)进行了人事任免事项。任命王莉为市十四届人民代表大会民族华侨外事委员会委员,免去袁野的市十四届人民代表大会民族华侨外事委员会委员职务;任免了一批审判人员和检察人员。

(胡士俊)

【第二十五次会议】 市十四届人大常委会第二十五次会议于2010年11月5日举行。会议审议通过了人事任免事项。决定任命:吴汉圣、许文有为沈阳市人民政府副市长;阎秉哲为沈阳市人民政府秘书长;佟晶石为沈阳市城乡建设委员会主任、关志鸥为沈阳市规划和国土资源局局长。决定免去:王英、邹大挺的沈阳市人民政府副市长职务;张景辉的沈阳市人民政府秘书长职务;阎秉哲的沈阳市规划和国土资源局局长职务。

(胡士俊)

【第二十六次会议】 市十四届人大常委会第二十六次会议于2010年12月8日举行。(一)审议通过了沈阳市人民代表大会常务委员会关于召开沈阳市第十四届人民代表大会第四次会议的决定。会议决定,沈阳市第十四届人民代表大会第四次会议于2011年1月11日召开。建议会议审议的主要议程是:(1)听取和审议沈阳市人民政府工作报告;(2)审查和批准沈阳市国民经济和社会发展第十二个五年规划纲要(草案);(3)审查和批准沈阳市2010年国民经济和社会发展计划执行情况与2011年国民经济和社会发展计划(草案)的报告;批准沈阳市2011年国民经济和社会发展计划;(4)审查和批准沈阳市2010年预算执行情况和2011年预算(草案)的报告;批准沈阳市2011年市本级预算;(5)听取和审议沈阳市人民代表大会常务委员会工作报告;(6)听取和审议沈阳市中级人民法院工作报告;(7)听取和审议沈阳市人民检察院工作报告;(8)其他。(二)审议并原则通过了市人大常委会向市十四届人大四次会议所作的工作报告(草)(以下简称《工作报告(草)》)。常委会组成人员认为,《工作报告(草)》比较客观、全面地反映了市人大常委会一年来的工作,对明年工作安排也切实可行。报告起草组要根据组成人员对《工作报告(草)》提出的意见和建议,对《工作报告(草)》作进一步修改,然后印发市人大代表征求意见。(三)听取审议了市人大常委会副主任连加诚作的市十四届人大常委会代表资格审查委员会关于代表变动和补选代表的代表资格审查报告。沈阳市第十四届人民代表大会代表名额为509名,2010年1月召开第三次代表大会时实有代表508名。第三次会议以来,由于调离沈阳等原因代表出缺20名。有关区(县)和沈阳驻军分别补选李国孝、陈松生、王中印、张传东、刘杰、刘迪、赵玉全、杨亚洲、李鹏宇、张景辉、姜宏、杨树、王黎宁、李跃、田东泉、高士范、张智杰17名同志为沈阳市第十四届人民代表大会代表。沈阳市人民代表大会常务委员会同意代表资格审查委员会的审查报告,确认李国孝等17人代表资格有效。沈阳市第十四届人民代表大会实有代表505名。(四)听取审议了市政府、市法院和市检察院关于市十四届人大三次会议以来代表建议、批评和意见办理情况的报告。常委会组成人员认为,“一府两院”及相关承办部门对代表建议办理工作高度重视,切实加强领导,坚持跟踪督办,建议办理质量和效率明显提高。组成人员对此给予肯定。常委会组成人员指出,办理好人大代表建议,既是国家机关的法定职责,也是支持代表依法履职、保证人民当家作主的具体体现。(五)听取审议了市人大常委会秘书长张宁作的市人大常委会执法检查组关于检查全市贯彻实施《中华人民共和国水污染防治法》(以下简称《水污染防治法》)情况的报告。(六)听取审议并通过了市检察院检察长李丰作的关于开展诉讼监督工作情况的报告。为不断加强诉讼监督工作,常委会组成人员建议:一是增强责任意识与使命感。充分认识做好诉讼监督工作,对遏制司法腐败、维护公平正义、促进社会和谐稳定的重要意义,增强责任意识和使命感,敢于监督,善于监督,为沈阳的经济发展提供强有力的司法保障。二是突出诉讼监督的工作重点。紧紧围绕人民群众反映强烈的执法不严、司法不公和司法腐败问题,加强立案监督和侦查活动的监督。坚决查办执法不严、司法不公背后隐藏的司法人员职务犯罪案件。三是不断拓宽诉讼监督工作渠道。重视人民群众的举报、申诉和控告,拓宽诉讼监督案件的来源和渠道,完善检察机关内部各部门之间的衔接配合机制,加强与公安机关、审判机关、刑罚执行机关等部门的沟通与联系,建立相互配合协调的工作机制。四是侦查、审判、刑罚执行和监管机关应当自觉接受并积极配合检察机关的法律监督。认真履行各自在诉讼活动中接受法律监督的义务,建立完善内部制约机制,加强与检察机关的工作联系,认真研究落实检察机关提出的监督事项,促进司法公正。(七)审议了市政府关于《2009年度沈阳市本级预算执行和其他财政收支的审计工作报告》提出问题整改情况的报告(书面)。为进一步加强审计监督工作,提高财政财务管理水平,组成人员建议:一是加强审计工作领导,提高审计监督水平。市政府要高度重视审计工作,积极支持审计部门依法开展审计,充分发挥审计监督职能。审计部门要加大对重点领域、重点部门和政府重大投资项目以及关系民生项目的审计监督力度,促进财政资金使用效益的提高。二是充分运用审计结果,提高财政财务管理水平。建立完善财政监管、审计与监察工作有效结合的长效机制,规范财政财务管理,增强预算约束力,提高财政财务管理水平,杜绝和减少屡审屡犯的现象。三是巩固扩大整改成果,全面完成整改任务。坚持跟踪落实,对部分行政事业单位固定资产尚未完成入账管理的相关手续、部分债务资金闲置、部分项目不能按期还本付息、挪用项目资金未归还等尚未整改到位的问题,要进一步采取措施,尽快完成整改。(八)审议通过了关于补充调整沈阳市第十四届人民代表大会常务委员会代表资格审查委员会组成人员的决定。会议决定,增补邢鹏、赵春平同志为沈阳市第十四届人民代表大会常务委员会代表资格审查委员会委员。(九)审议通过了接受关志鸥、刘凤海、沙波涛、黄凯4名同志辞去辽宁省第十一届人民代表大会代表职务请求的决定。(十)补选田东泉、冯守权、曲宝丽、张景辉、孟军5名同志为沈阳市出席辽宁省第十一届人民代表大会代表,选举结果报省人大常委会代表资格审查委员会审查。

(胡士俊)

【第二十七次会议】 沈阳市第十四届人民代表大会常务委员会第二十七次会议于2010年12月23日举行,会期半天。(一)审议通过了沈阳市第十四届人民代表大会第四次会议议程(草案)和日程(草案)。会议议程(草案):(1)听取和审议沈阳市人民政府工作报告;(2)审查和批准沈阳市国民经济和社会发展第十二个五年规划纲要(草案);(3)审查和批准沈阳市2010年国民经济和社会发展计划执行情况与2011年国民经济和社会发展计划(草案)的报告;批准沈阳市2011年国民经济和社会发展计划;(4)审查和批准沈阳市2010年预算执行情况和2011年预算(草案)的报告;批准沈阳市2011年市本级预算;(5)听取和审议沈阳市人民代表大会常务委员会工作报告;(6)听取和审议沈阳市中级人民法院工作报告;(7)听取和审议沈阳市人民检察院工作报告;(8)其他。会议日程(草案)根据会议议程(草案),对会议各项任务作出了具体时间安排。会议议程(草案)和日程(草案),将按程序提请市十四届人大四次会议预备会议和主席团第一次会议通过。(二)听取了市人大常委会副秘书长、办公厅主任李志伟作的关于沈阳市第十四届人民代表大会第四次会议筹备工作情况的报告。(三)听取审议了市十四届人大常委会代表资格审查委员会关于代表变动和补选代表的代表资格审查报告。沈阳市第十四届人民代表大会实有代表507名。(四)审议通过了沈阳市第十四届人民代表大会第四次会议主席团和秘书长、主席团常务主席、副秘书长及列席人员建议名单。市十四届人大四次会议主席团和秘书长、主席团常务主席、副秘书长建议名单,将按程序提请市十四届人大四次会议预备会议和主席团第一次会议选举、推选和决定。(五)审议通过了关于接受张晨、徐宝华2名同志辞去辽宁省第十一届人民代表大会代表职务请求的决定。(六)补选庞洪波、高航2名同志为沈阳市出席辽宁省第十一届人民代表大会代表,选举结果报省人大常委会代表资格审查委员会审查。

(胡士俊)

【地方立法】 2010年,常委会认真行使地方立法权,全年共完成8件立法项目,其中:制定3件,修订4件,修正1件,发挥了地方立法在全市经济社会发展中的保障和促进作用。针对群众反映强烈、矛盾突出的物业管理问题,制定了《沈阳市物业管理条例》,为维护业主及物业企业合法权益,规范物业管理行为提供了法律保障;针对城市养犬扰民问题,制定了《沈阳市养犬管理条例》,对加强养犬管理,规范养犬行为,维护社会公共秩序和市容环境,做出了明确规定;针对水环境建设上存在的突出问题,在《沈阳市水污染防治条例》的修订中,增加了饮用水水源保护和农村水污染防治等方面内容,为保障群众喝上干净水、放心水制定了更加明确的法律规定;针对城乡规划管理上存在的实际问题,对《沈阳市城乡规划管理条例》进行了初审。为推动资源节约和环境友好型社会建设,促进经济社会协调可持续发展,对《沈阳市城市绿化条例》、《沈阳市节约能源条例》进行了修订。同时,对《沈阳市机动车维修市场管理条例》、《沈阳市社会保险费征缴条例》做了修订或修正,开展了地方性法规清理工作,体现了地方立法的与时俱进,维护了法制统一。

在地方立法工作中,常委会坚持推进科学立法和民主立法,不断拓宽代表和公众有序参与地方立法的渠道,通过公开征集立法项目、向社会公布法规草案、邀请代表参与相关调研、召开相关利益群体座谈会等方式,广泛吸纳社会各界意见,努力使制定的法规充分体现民意,符合地方实际;通过发挥人大各专门委员会以及立法顾问、立法顾问单位、立法咨询委员的作用,听取专家学者意见建议,加强调研论证,保证了立法决策的科学性和实效性。开展了地方立法理论研究活动,对把握立法规律,提高立法质量进行了有益探索。

(胡士俊)

【履行监督职能】 2010年,常委会按照依法监督、注重实效的原则,把经济社会发展中的重大问题作为监督工作重点,先后就加快装备制造业发展、提升现代服务业发展水平、重点城建项目和发展空间建设、"十二运"筹备工作等重大事项进行了调研视察和监督推进。听取了装备制造业"三大聚集区和两大配套区"建设情况的汇报,从沈阳装备制造业的结构调整、技术和产品创新、核心骨干企业做大做强、产业链条延伸等方面提出了意见建议,特别是帮助沈阳机床集团通过采取代工生产方式,形成社会化制造体系,打造机床配套产业集群,为装备制造业的加快发展提供了良好示范。围绕推动城市基础设施建设,听取了城建重点项目安排情况汇报,听取审议了2010年城建计划执行及重点项目完成情况报告,建议政府科学安排和精心组织城建项目的实施,推进重点城建任务如期完成。听取了浑南新城总体规划方案编制情况汇报,促进大浑南地区的开发建设。

常委会高度重视"十二五"规划编制工作,选择重点领域和相关专题进行了深入调研,形成了一批专项调研报告,在此基础上听取审议了"十二五"规划编制情况报告,就未来五年事关全市经济社会发展的重点问题提出了具体意见建议。同时,认真组织全市人大代表积极为规划编制建言献策,广大代表对规划纲要草案以及相关分规划草案提出了许多有价值的意见建议,得到了重视与采纳,使"十二五"规划编制工作更加体现民意,集中民智,为审查批准"十二五"规划做了充分准备。

围绕推动和促进经济社会平稳较快发展,常委会听取审议了2010年上半年国民经济和社会发展计划执行情况的报告、上半年计划和预算执行情况报告、2009年决算和审计工作报告,批准了2009年市本级决算。开展了对重大资金使用和预算外资金的监督工作,对重点产业项目进行了跟踪监督,促进政府加强预算管理,充分发挥财政在加快经济增长中的有效作用。听取审议了审计问题整改情况报告,提出针对屡审屡犯的问题,切实形成加强财政监管的长效机制。听取审议了贯彻实施企业国有资产法情况的报告,督促政府尽快建立国有资本经营预算制度,完善国有资产监管体系。为推进解决"三农"问题,常委会听取审议了县域经济发展情况报告,从县域重大项目建设、加快农业产业化步伐、提升县域工业化水平、推进城镇化进程等方面提出了意见建议。听取了农业科技服务体系建设情况的汇报,督促政府为农业科技发展提供有力保障。对贯彻实施农民专业合作社法的情况进行了连续检查，就示范社创建、领办人培训以及工作推进机制等问题提出意见建议，推动农民专业合作社快速健康发展。对农田水利基础设施建设情况进行了视察，建议政府加大对农田水利基础设施建设扶持力度，建立和完善农田水利设施的长效管护机制，增强农业抵御灾害能力，为农业增效、农民增收奠定基础。

（胡士俊）

【推动解决人民群众切身利益问题】 2010年，常委会为了保障人民群众喝上干净水，继续对水污染防治法贯彻实施情况进行了执法检查，听取了市政府有关情况的报告，促进政府加快自来水老旧管网和二次加压泵站改造，推进农村饮用水改造工程建设，切实保障城乡百姓的饮用水安全。积极组织和不断深化八城市人大依法推进辽河流域水污染治理“协调行动”，对农村面源污染治理、城市雨污分流、污泥无害化处理等重点问题进行了连续视察检查和跟踪推进，并开展了“保护农村环境、建设优美家园”的环保世纪行宣传活动。为保障人民群众吃上安全放心食品，对贯彻实施食品安全法情况开展了执法检查，听取了政府相关情况汇报，利用调研视察、集中检查、明察暗访等多种形式，对部分食品生产经营企业、食品安全检测机构进行了实地检查，推动监管责任落实，不断增强食品安全监管能力。

为推动全民健身活动的深入开展，依法保障人民群众参与全民健身的合法权益，听取审议了贯彻实施体育法和全民健身条例情况报告，针对各级全民健身中心建设、城市公园拓展健身功能、浑河两岸城市段和居民住宅区健身活动场地建设等问题提出意见建议。为维护和保障散居少数民族权益，听取审议了贯彻实施省散居少数民族权益保障条例情况的报告，促进认真落实少数民族政策法规，加大对少数民族地区的扶持力度，推动和保障民族地区经济社会事业的发展。听取了贯彻实施台湾同胞投资保护法情况的汇报，并配合全国和省人大常委会对该法在沈阳市的贯彻实施进行了执法检查。召开了全市规范性文件备案审查工作会议，促进了法律监督工作。

围绕推进解决群众关心的热点难点问题，常委会听取了义务教育均衡发展、基层医疗卫生服务体系建设、加强老旧小区煤水气管网维护改造、道路交通综合整治等情况的汇报，对养老院改扩建工程和在建项目进行了工作视察，促进政府认真落实惠民举措，加快推进各项民生工程。常委会听取审议了检察机关开展诉讼监督情况的报告，进行了专题视察，提出要抓住人民群众反映强烈的执法不严、司法不公和司法腐败问题，进一步加大诉讼监督力度，努力维护司法公正。听取了市法院关于解决“执行难”问题的情况汇报，推动市法院改进执行工作，依法维护和保障当事人合法权益。听取了村民委员会换届选举情况汇报，推进农村基层民主法制和基层政权建设。发挥人大信访的窗口功能，加强了对重点信访事项的跟踪督办，促进社会和谐稳定。

（胡士俊）

【加强和改进代表工作】 2010年，为了深化代表“三深入”活动，常委会集中开展了“代表联系人民群众见面日”和专题调研，代表们踊跃参加活动，共有400多名省、市人大代表在深入基层、广泛了解社情民意基础上，提出151件代表建议，形成了38篇调研报告。为切实提高代表自身素质和依法履职能力，组织200多名市人大代表进行了预算审查监督的专题学习，组织60余名代表小组组长、履职优秀代表进行了综合培训学习，为代表依法履职、发挥作用提供了有利条件。加强了对代表闭会期间活动的服务和指导，进一步完善了活动制度，使代表小组活动更加活跃、更加规范。认真落实保障代表知情知政的各项举措，坚持向代表通报常委会重要工作、重大活动和经济社会发展情况。认真组织代表依法履职，扩大代表对常委会各项工作的参与，全年共有70名省、市人大代表列席常委会会议，670多人次全国、省、市人大代表参与了常委会组织的执法检查、工作视察和调研活动。

加强和改进了代表议案建议办理工作，围绕市十四届人大三次会议主席团交付的三方面7件议案，分别听取审议了专门委员会议案审议结果和市政府关于议案办理情况的报告，并就议案办理组织了调研视察和专项检查，进行了全程跟踪和推动落实，取得了阶段性成果。通过对改造公安派出所议案的办理，促进了基层派出所建设，为提高人民群众见警率创造了有利条件；通过对维修农业万亩大桥议案的办理，推进农田水利基础设施加快改善，为增强农业抵御自然灾害能力奠定了有利基础；通过对污泥无害化处理议案的办理，推进污泥处理工程建设方案的加快实施，对保护生态环境发挥了积极促进作用。对代表提出的转“一府两院”办理的868件建议，实行主任会议组成人员重点督办与跟踪督办相结合，并通过办理工作现场会、领衔代表参加督办、实地视察检查、通报办理情况等多种形式，不断推进办理工作。有692件代表建议已经解决或基本解决，占79.7%；列入计划解决的122件，占14.1%；因政策或客观条件所限暂不能解决、并已向代表说明的54件，占6.2%。

（胡士俊）

【不断提高依法履职水平】 2010年，市委人大工作会议的召开，进一步加强和改善了党对人大工作的领导，为全市人大工作的创新发展指明了方向，提供了新的动力，对做好新形势下的人大工作具有深远意义。常委会积极贯彻落实市委人大工作会议精神，在加强预算审查监督、讨论决定重大事项以及自身建设等方面取得了新的进展。进一步完善了学习培训制度，深入打造“学习型”机关，结合常委会审议议题，先后就人大工作理论、食品安全法等内容，多次举办专题讲座和业务培训，提高了组成人员、机关干部的理论业务素质和依法履职能力。加强了调查研究工作，形成了一批高质量的调研成果，尤其是结合市委人大工作会议筹备，对五年来人大工作基本情况、基本经验和需要解决的主要问题进行了认真调研，为市委决策提供了依据。为纪念沈阳市人大设立常委会30周年，常委会通过召开专题座谈会、编印《光辉历程》、纪念专刊及图片展览等多种形式，回顾总结人大工作的实践经验，展示人大工作的新成就，研究人大工作新思路，有力推动了全市人大工作。

常委会修订了《沈阳市人民代表大会常务委员会讨论决定重大事项的规定》，更加明确了重大事项范围，规范和完善了工作程序，健全了对决议决定落实的监督机制，解决了在一些重点问题上的监督缺位问题，推进了重大事项的科学和民主决策。修订完善了《沈阳市人民代表大会常务委员会议事规则》，使常委会工作更加规范有序，协调运转。各专门委员会、工作机构围绕常委会工作重点，主动积极开展工作，为常委会充分行使各项职权提供了有力保证。

常委会坚持依法审议和表决人事任免事项，全年共任免146名国家机关工作人员，为地方国家机关的有效运转提供了组织保证。加强了对区、县(市)人大常委会的联系与指导，对乡(镇)人大主席进行了培训，通过工作联动、例会制度、信息沟通、业务交流等方式，增强了全市人大工作的合力。加强了同兄弟城市人大的相互学习交流，为推动常委会工作提供了有益借鉴。开展了与外国城市议会的友好交往，促进了友城之间的交流合作。

(胡士俊)

【纪念地方人大设立常委会30周年】 2010年11月11日，沈阳市召开纪念沈阳市人大设立常委会30周年座谈会。省委常委、市委书记曾维，市人大常委会主任赵长义出席会议并讲话。市政协主席刘雅琴，原市人大常委会主任崔文信、张荣茂出席会议。市委常委、常务副市长顾春明讲话，市人大常委会副主任李宝权主持会议。

座谈会上，崔文信、张荣茂、刘金增、周荣生分别代表市人大常委会老领导和区、县(市)人大常委会负责人发言，回顾了30年来沈阳市人大常委会走过的光辉历程以及沈阳市振兴发展取得的可喜成果，展望了全市人大工作和民主法制建设的美好前景。

曾维在讲话中说，30年来，历届市人大常委会在市委的领导下，全面贯彻落实党的路线方针政策，认真履行宪法和法律规定的职责，在推进沈阳市改革开放和现代化建设事业中发挥了不可替代的作用。特别是近年来，各级人大常委会始终将人大工作置于全市大局中去谋划、去推进，为沈阳加快全面振兴作出了突出贡献。30年探索和实践使我们认识到，做好地方人大工作，必须坚持把党的领导作为根本保证，把服务大局作为重要职责，把代表人民根本利益作为本质要求，把民主集中作为基本准则，把开拓创新作为不竭动力，确保人大工作始终保持旺盛的生机和活力。

曾维强调，要把市人大常委会设立30周年作为新的起点，以更高的站位、更新的举措，推动人大工作实现新发展、迈上新台阶。要切实深化认识，进一步认清人大的性质、地位和作用，始终不渝地坚持和完善人民代表大会制度，更加自觉地坚持党的领导、人民当家做主和依法治国的有机统一。要紧密围绕中心，积极主动履行好各项职责，特别是审议好、完善好“十二五”发展规划，为推动沈阳在科学发展道路上加快全面振兴提供有力支撑。要着力强本固基，坚持不懈抓好人大及其常委会自身建设，进一步提高依法履职的能力和水平。

曾维要求，全市各级党委要进一步加强和改进对人大工作的领导，不折不扣抓好《中共沈阳市委关于进一步加强人大工作的若干意见》的贯彻落实，为人大及其常委会依法履行职能提供有力支持。要紧跟形势发展需要，注重分析研究、积极推进解决人大工作中出现的新情况、新问题，做到更加善于通过人大及其常委会领导地方国家事务和社会事务。要进一步加强对宪法、法律和人大制度的宣传，加强对人大及其常委会履职成果的宣传，大力营造重视和支持人大工作的良好氛围。

赵长义在回顾了市人大常委会30年来的辉煌历程后说，当前，沈阳正处于加快全面振兴的关键时期，即将踏上“十二五”奋斗征程。面对新形势、新任务，全市各级人大及其常委会要主动围绕中心，自觉服务大局，一如既往地认真履行各项法定职责，更加出色地发挥好地方国家权力机关的职能作用，为推动沈阳的振兴发展和社会主义民主法制建设作出新的更大的贡献。

(胡士俊)

沈阳市人民政府

【市政府十八届四次全体(扩大)会议】 2010年1月6日，市政府召开十八届四次全体(扩大)会议。市委常委、常务副市长顾春明作了《关于〈政府工作报告〉的起草说明》的报告。在报告起草过程中，市政府组织有关部门认真学习领会党的十七大、十七届三中、四中全会、中央经济工作会议以及省委、市委全会精神，充分发扬民主，广泛征求意见，形成的文稿经市委常委会讨论通过。市长陈海波就贯彻落实市委十一届八次全会暨经济工作会议精神，做好当前和今后一个时期工作作重要讲话。

(王炜日韦)

【市政府十八届五次全体(扩大)会议】 2010年7月9日，市政府召开十八届五次全体(扩大)会议。会议认真总结了2010年上半年全市经济运行情况，并安排部署下半年各项工作。市委常委、常务副市长顾春明代表市政府对上半年工作情况进行了通报，要求各地区各部门按要求认真抓好贯彻落实。市长陈海波就进一步加大工作力度，确保完成全年各项任务，实现“双五千亿”目标做了重要讲话。

(王炜日韦)

【市政府十八届六次全体(扩大)会议】 2010年12月13日，市政府召开十八届六次全体(扩大)会议。会议讨论通过了即将提交市十四届人大四次会议审议的《政府工作报告》，安排部署2011年年初的各项工作，确保全市一季度经济发展“开门红”，实现“十二五”时期的良好开局。市委常委、常务副市长顾春明作了《关于〈政府工作报告〉的起草说明》报告。

(王炜日韦)

【督查工作】 2010年，市政府督查室共立项督查各类事项960余项，制发《督查专报》112期、《督查通报》5期，汇编市长批示件月报12期，起草各类调查报告42篇；专题向市长办公会议汇报工作5次，参与四大战役等市政府重大活动联合督查3次。

一、紧紧围绕市政府“调结构、优环境、惠民生”为内容的中心工作开展督查，助推全市经济持续平稳较快发展。一是督查“双五千亿”工作目标落实情况。按照首季“开门红”、《政府工作报告》主要任务“半年双过半”，“年终总收口”的时间节点开展不间断的跟踪督查，有效促进了660余项重点任务的按期或阶段性完成，完成率达98%以上。二是督查重大项目开工建设。先后对246个全市重点项目、市政府10次境内外招商推进的260余个项目以及20个20亿元以上新城新市镇项目的开(竣)工、落地建设情况进行了多轮督查，紧盯项目建设所需的要素保障，加大协调、反馈力度和频度，为加快项目落地建设创造了有利条件。三是督查市政府会议纪要的贯彻落实。对全年13次市政府常务会、150余次市长办公会议进行任务分解、逐项落实，在保证政令畅通、提高政府执行力等方面发挥了显著作用。

二、督查和调研相结合，丰富拓展督查职能，提升以督辅政水平。完成了“双休日便民服务窗口设立及运行情况”、“缓解交通拥堵试行错时上下班制度”、“奉天医院门诊楼改扩建”、“市房产局优环境惠民生经验做法”、“沈阳市出租车时距并举实行情况”等数十项调研报告，在积极推进各项重点工作的基础上，开展深入调查研究，提出多项论据充分、切实可行的意见建议，被市政府决策所吸纳。

三、抓好“三落实”，兑现10件实事。一是责任落实，实事确定后，对实事事项进行实名制分解，责任分别具体到相关单位和个人；二是计划工期落实，对每项实事开、竣工时限、各阶段工程工期全部细化量化，确保各项实事指标按计划保质保量推进；三是督办落实，督查室实行月督查、季通报制度，每月巡查项目现场、查看办理进度，全年共开展实地督查30余次，走访现场50余处，推动10件实事全部圆满完成。

（孙振山）

【为城乡群众办10件实事】 从2001年开始，市政府每年都在充分征求民意的基础上，选择与人民群众生活联系最密切、人民群众要求最强烈的热点难点工作，作为当年市政府必须完成的具体实事，公开向市民承诺，接受社会各界监督。10年来，已累计办实事197件420余项，得到了广大市民群众的肯定和好评，办实事已成为市政府保障和改善民生的一项标志性工程。

2010年，市政府为确定好办实事事项，在广泛征集民意，倾听人大代表、政协委员意见，汇总各地区、各部门建议的基础上，经过反复论证筛选，并报请市长办公会议审议确定，决定为城乡群众办好10件实事。经过全市上下一年来的共同努力，到2010年底，10件实事已全部如期完成。

一、大力加强城市道路建设和交通管理，全面改善交通环境，地铁一号线全面开通。开工建设南北二干线、二环路等快速路，维修改造38条主次干道，提高道路通行能力，缓解道路交通拥堵状况。

公安部门投资3.24亿元，新增电子警察991处、固定监控系统190处、号牌识别系统124处、测速仪199台，新建和维修信号灯岗161处、综合整治道路安全隐患点段195处。加强重点区域、重点路段及易堵点位的管控与疏导，查处各类交通违法行为213万余件。地铁一号线全面开通，截止12月31日，共开行列车1.7万列，运送乘客1300万人次，日均14万人次。南北二干线五爱互通立交节点开工建设，二环快速路丰乐二街、长安路、明星路、档案馆路、佳和新城5处节点开工建设，38条主次干道改造工程全部竣工。

二、全面开展市容环境综合治理，显著提升城市管理水平和环境卫生质量。取消城区垃圾点、垃圾箱、垃圾房，采取进楼收集垃圾和密闭储存的方式，实行生活垃圾不落地处理，改造北陵公园等8座老旧公园、建设沈河区民悦广场等6个广场。

城建部门已在全市2635个非物业小区全面推行环卫一体化作业新体制，共招聘专业清扫工8430名、取消垃圾箱（房）3372个、垃圾点2347个、建设集中垃圾倒运点282个；北陵、东陵、南湖、鲁迅、鲁迅儿童、百鸟、南塔、沈海8座公园改造工程基本完工；建设了和平区鲁园、铁西区重型、沈河区保利及民悦，和平区长白岛、皇姑区舍利塔北6处广场。

三、实施旧住宅区物业管理及房屋改造，改善群众居住环境。年内出台《沈阳市物业管理条例》和《旧住宅区管理办法》，规范住宅小区物业监管；完成老旧小区弃管房屋改造面积1600万平方米。

《沈阳市物业管理条例》、《沈阳市旧住宅区管理指导意见》均已发布实施；完成改造弃管小区389个、房屋建筑面积1635万平方米，共粉饰外墙面积为592万平方米、处理屋顶防水面积为267万平方米；更换电线电缆118万延长米、下水管线79万延长米、楼梯间窗户4.3万扇；安装单元门8313个、电子监控系统749套。

四、进一步落实扩大就业、鼓励创业政策，全年新增实名制就业20万人，城镇登记失业率控制在4%以内；确保零就业家庭人员就业动态为“零”，确保困难家庭中有就业愿望、登记失业的应届高校毕业生就业率达100%；普惠制就业培训6万人；推进国家级创业型城市建设。

全市新增实名制就业20.7万人，城镇登记失业率为3.2%，低于目标0.8个百分点；经人社部门监测，全市零就业家庭动态为零；1039名登记失业的困难家庭大学毕业生已全部安排就业；各级人社部门共完成普惠制就业培训8.6万人。

五、加大农村扶贫开发力度，加强农业基础设施建设。确保三县一市25个重点贫困乡（镇）38万贫困人口人均纯收入增加750元，解决21万农村人口的饮水安全问题；新增设施农业6666.7公顷、改造中低产田2万公顷，完成6.67万公顷以上农田排涝干渠过道桥的维修改造。

加大农村扶贫开发力度，建设扶贫温室小区584个、沼气池2000个，移民扶贫110户，培训转移劳动力988人，发放扶贫贴息贷款4000万元，25个重点贫困乡（镇）农民人均增收810元，超计划60元。新建设施农业面积1.56万公顷，其中温室1.15万公顷，冷棚4133公顷；改造中低产田2.41万公顷，其中设施农业1.21万公顷，特色农业种植（栽植）1.2万公顷。新建农村人口的饮水安全工程127处，受益人口21.3万人，100座万亩以上农田排涝干渠过道桥的维修改造工程全部竣工。

六、依法严厉打击严重刑事犯罪，增强市民群众安全感；强化社会治安综合治理，深入推进“打黑除恶”专项斗争，命案现案侦破率力争达到100%；依法打击“黄赌毒”等违法犯罪活动，发现查处率达到100%。

公安部门开展了“2010严打整治行动”、“打黑除恶”等专项行动，侦破涉黑性质犯罪案件10起，打掉恶势力犯罪团伙106个，破获命案现案189起，破案率95.94%；严厉打击“黄赌毒”等违法犯罪行为，坚决做到发现一起，查处一起，全年共破获“黄赌娼”案件2696起，逮捕379人，劳动教养113人，行政拘留5261人，罚款1919人；取缔三黑共864家，收缴赌博机292台。

七、进一步提升医疗卫生及食品安全管理水平。在政府举办的社区卫生服务机构和乡镇卫生院全部配备使用国家基本药物，并实现零差率销售；加强食品安全管理，开展食品安全专项整治活动，严厉打击掺杂使假等违法生产经营行为。

市政府举办的312个社区卫生服务机构和99个乡镇卫生院全部配备使用了国家基本药物，并实现零差率销售。全市全年基层卫生服务机构共采购药品5608万元，涉及总品规数2670个，全市基层医疗卫生机构就诊患者人均药费支出下降13%。加强食品安全管理，组织开展了整治“三小”（小作坊、小摊点、小餐饮）亮剑行动、严打“地沟油”天网行动和清理“露天烧烤”飓风行动等联合执法行动，严厉打击各类违法生产经营行为，检查各类小作坊、小摊点、小餐饮16.48万家，取缔4550家，限期整改2.38万余家，罚款110.07万元。

八、积极推进社区基础设施建设，完善社区就业、养老助残、文体活动等服务功能，为百姓日常生活提供优质便捷服务。将新建住宅区的社区用房纳入规划设计标准，新建社区不低于400－600平方米；改建一批老旧小区的社区用房；新建100个社区养老日间照料站。

市政府印发了《关于加强社区公共用房建设和管理工作的意见》，规定新建城市住宅小区按照使用面积15平方米/100户标准建设社区用房，或提供同等地区门市用房同等面积的资金，专项用于调整、整合社区用房。维修改造的50处社区用房、新建的100个社区养老日间照料站已全部竣工交付使用。

九、扎扎实实推进“均衡教育”，努力提高教育质量。着力改善200所接受农民工子女就学学校软硬环境，改造、完善专用教室200间，全部实现“班班通”教学，培训校长300名、骨干教师600名，切实保障农民工子女在沈就学政策落实。

在200所学校建设了55个塑胶操场，维修改造了258栋校舍。200间专用教室改造工程全部完成，713间教室的班班通设备全部安装到位，300名校长、600名骨干教师完成五期培训。

十、切实转变政府机关工作作风，在市、区审批大厅以及证照办理、生活缴费等涉及政府公共审批和服务的单位设立“双休日”服务窗口，方便企业和市民办事。

“双休日”便民服务窗口已于2010年4月开通，各窗口服务规范，运行有序，极大地方便了企业和市民办事。全年双休日（不含法定节假日），市、区两级行政审批大厅受理行政审批业务4043件；公安部门办理居民身份证2.3万张、驾驶证6061个、新车上牌及机动车过户等业务6.7万件、各类出入境证件2.3万份；环保部门办理车辆尾气检测2.9万台，公积金中心办理公积金业务1972笔，养老中心办理保险业务822笔，医保中心办理保险8500笔，房产交易中心登记房产交易4433件。

（孙振山）

【文电工作】 2010年，市政府文电工作以为领导服务为主线，准确把握领导思路，充分发挥以文辅政的功能，主动对公文处理内容和流程进行调整，共办理各类文件9651件，回复省领导批示件127件，办理陈海波市长批示件3176件；制发各类文件486件，其中上行文183件，下行文219件；登记录入扫描1.5万件次，整理归档文件112盒，取送文件、信件、刊物3.8万件次，查阅文件989件次，向文件中心移交文件107件，用印9350枚（次），文件整理1.2万件次。投递、发送机要文件10万余件，其中急件4200余件，分装、分发各类文件5万余份，机要安全行车1万余公里；通过政府门户网站发布各类文字信息3.4万条、图片信息6237张、视频信息743条。

将历年来中央、省、市关于公文处理方面的21大类、214个文件汇编成3册《公文处理文件资料汇编》，供大家平时学习研究、用时快速查阅；先后对27个单位的2000余人次进行了培训，提高了全市公文处理工作者的整体素质。

注重做好与省政府办公厅文电处、各基层部门办公室之间的上下协调，与兄弟处室之间的横向配合，坚持做到收发文件不论早晚、文件查阅随叫随到、机要发行顺畅有序，实现了各项工作的高效衔接和零差错。

全年工作文电凸现了9大特色：主动求变，办文工作有新突破；质效并重，领导批示件办理有新成效；大胆创新，发文工作有新亮点；做深做细，保密工作有新成果；迎难而上，档案管理有新举措；以民为本，政务公开有新成绩；注重挖潜，基础工作有新提高；展示形象，服务工作有新面貌；砥砺团队，队伍建设有新发展。从而确保了中枢运转流畅和政令通达，实现了“领导放心、基层满意”的目标，并获得了省公文处理工作先进单位、省保密工作先进单位殊荣。

（薛春毅）

【建议提案办理】 2010年，市政府收到市人大代表建议848件、政协提案570件，共计1418件。这些建议提案，按照“分级负责，归口办理”的原则，分别落实到78个承办单位进行办理。截至12月上旬，所有建议提案均在规定时限内办复，见面率、办复率、满意率实现了百分之百的目标，尤其是代表委员最为关注的建议提案解决率达到83.9%，创历史新高。12月上旬，市人大、市政协常委会分别听取审议了市政府本年度建议和提案办理工作情况的报告和通报，对市政府办理工作给予充分肯定。

一、加强领导，层层落实，严格办理工作责任制。2010年市“两会”闭幕当天，陈海波市长主持召开市政府第32次常务会议，就贯彻落实“两会”精神，高起点、高标准、高质量办理建议提案进行部署，并将建议提案办理工作纳入市长重要工作日程，制定相关规章和具体措施，加强领导，层层落实，开创了办理工作的新局面。一是建立了从市长到基层主要行政领导的办理责任制。二是建立了“最终结案制”。三是建立了市长领办建议提案制度。

二、规范程序，严格标准，建立完善长效办理机制。办理建议提案是市政府一项长期性的重点工作，近年来，为提高办理质量，把握办理标准，严格执行办理程序，建立健全了办理规章。一是针对建议提案办理的特殊性建立了“二次办理”机制。二是针对需要多部门共同办理的复杂问题建立联合办理机制。三是将建议提案办理工作纳入全市政府系统绩效考评体系。四是建立办理工作培训机制。

三、突出重点,有序推进,全力破解热点难点问题。伴随民主化法治化进程的不断深入,人大代表政协委员的建议提案水平不断提高,揭示和反映了事关全市经济发展、政府转变职能及民生工程的许多热点难点问题。为认真解决好这些重要问题,坚持把办理建议提案与推动政府工作有机结合起来,力争办好一件建议提案,解决一类问题,推动一项事业,造福一方百姓。比如在办理代表委员提出的"关于对餐饮服务行业'泔水油'现象进行严厉打击的提案"等建议提案中,市政府没有局限于打击提案中反映的这类违法现象,而是实施对全市各类市场的大规模综合整治。陈海波市长亲自研究部署,将打击整治"地沟油"纳入市政府为群众所办的10件实事之一。几位分管副市长多次研究落实整治工作,并组织市食安委、公安局等十多个部门,相继开展了严打"地沟油"的"天网行动"、整治"三小"(小作坊、小摊点、小餐饮)的"亮剑行动"、清理"露天烧烤"的"飓风行动"。全市共计出动执法人员11.7万人次,检查整治单位10.6万家,取缔3080家,处罚1474家,取得了显著的阶段性成果,得到了代表委员的一致好评。

(荣国府)

【市政府常务会议】 2010年市政府共召开14次市政府常务会议。

市政府第十八届32次常务会议

1月16日下午,市长陈海波主持召开市政府第十八届32次常务会议,就贯彻落实市十四届人大三次会议和市政协十三届三次会议精神,认真办理好人大代表建议和政协提案,高起点谋划开局工作,确保实现首季经济发展"开门红"作出部署。

市政府第十八届33次常务会议

2月8日上午,市长陈海波主持召开市政府第十八届33次常务会议,分析1月份经济运行和重大项目建设情况,部署下一步重点工作。

市政府第十八届34次常务会议

3月22日上午,市长陈海波主持召开市政府第十八届34次常务会议,听取并原则通过市政府副秘书长、办公厅主任徐大地《关于政高省长来沈现场办公提出工作要求及省直部门提出意见建议任务分解情况的汇报》,并对贯彻落实工作提出具体要求。

市政府第十八届35次常务会议

4月2日下午,市长陈海波主持召开市政府第十八届35次常务会议,分析一季度经济形势,对下一步工作作出部署。

市政府第十八届36次常务会议

4月21日上午,市长陈海波主持召开市政府第十八届36次常务会议,讨论研究进一步加强全市经营性土地储备出让和收益管理工作,审议并原则通过《关于加快沈阳金融业发展的意见》,贯彻落实政高省长在全省一季度经济形势通报会议上的讲话精神,讨论并原则通过《沈阳市物业管理条例(草案)》等三部地方性法规,研究通过对违纪干部的处分决定。

市政府第十八届37次常务会议

5月12日下午,市长陈海波主持召开市政府第十八届37次常务会议,分析1-4月份经济形势,部署下一步重点工作;审议并原则通过《沈阳市现代建筑产业发展规划》、《沈阳装备制造业产业发展规划纲要(2009-2020年)》和《关于2009年度政府绩效评估结果及2010年评估方案》。

市政府第十八届38次常务会议

6月9日上午,市长陈海波主持召开市政府第十八届38次常务会议,听取并原则通过市经合办主任、中小企业局局长陈弘《关于沈阳市对口支援新疆塔城市有关情况的汇报》,讨论并原则通过《沈阳市绿化条例(修订草案)》和《沈阳市水污染防治条例(修订草案)》,审议并原则通过《沈阳市事业单位登记管理办法(草案)》和《沈阳市建设市场准入与违规处理规定(草案)》。

市政府第十八届39次常务会议

6月18日下午,市长陈海波主持召开市政府第十八届39次常务会议,讨论并原则通过《沈阳市建设国家创新型城市的意见》(送审稿),审议并原则通过《沈阳市创建国家创新型城市总体规划》(2010-2015年)和《沈阳市人民政府关于调整市对区县财政管理体制的决定》(讨论稿),并研究部署2010年防汛工作。

市政府第十八届40次常务会议

7月5日下午,市长陈海波主持召开市政府第十八届40次常务会议,分析上半年经济运行形势,通报各区、县(市)和开发区主要经济指标完成情况,安排部署下半年重点工作。

市政府第十八届41次常务会议

7月21日上午,市长陈海波主持召开市政府第十八届41次常务会议,研究部署工程建设领域突出问题专项治理工作,研究通过对违纪干部的处分决定。

市政府第十八届42次常务会议

8月13日上午,市长陈海波主持召开市政府第十八届42次常务会议,讨论并原则通过《沈阳市加速发展现代建筑产业若干政策》、《沈阳市进一步促进软件服务业发展若干政策措施》和《沈阳市促进服务业加快发展若干补充政策措施》。

市政府第十八届43次常务会议

10月9日上午,市长陈海波主持召开市政府第十八届43次常务会议,分析前三季度经济运行情况,部署下一步重点工作。

市政府第十八届44次常务会议

11月24日下午,市长陈海波主持召开市政府第十八届44次常务会议,研究部署全市安全生产工作;审议并原则通过《沈阳市人民政府关于稳定消费价格总水平保障群众基本生活的通知》、《沈阳市人民政府关于加快供销合作社改革发展的实施意见》、《沈阳市企业信用信息归集和使用管理办法(草案)》、《沈阳市机动车停车场管理办法(草案)》、《沈阳市人民政府废止和失效部分政府规章的决定》、《沈阳市建筑工程安全防护文明施工费用管理实施办法(试行)》。

市政府第十八届45次常务会议

12月24日下午,市长陈海波主持召开市政府第十八届45次常务会议,讨论并原则通过即将提请市十四届人大四次会议审议的《政府工作报告》(讨论稿)、《关于沈阳市2010年国民经济和社会发展计划执行情况及2011年国民经济和社会发展计划(草案)的报告》(书面)、《关于沈阳市2010年预算执行情况和2011年预算(草案)的报告》(书面)和《沈阳市国民经济和社会发展第十二个五年规划纲要》（送审稿），以及《关于今年以来代表建议政协提案办理工作情况的汇报》，研究通过对违纪干部的处分决定。

（伊光云）

【应急管理】 应急值守工作。应急办公室加强了信息分析研判，进一步完善了信息报送机制、信息通报制度和信息报送责任制，提高了信息报告的时效。全年，共承办省政府、市公安局及各区、县（市）应急信息1600余期；向省政府报送《沈阳市重要情况报告》40期；向市政府领导报送《值班要情快报》303期；重大节假日期间制作《应急专报》14期；通过短信平台发布预警信息12次650余条，接听受理电话2.8万余次，参与协调处置各类突发事件150余起，在保证市政府正常运转和维护社会稳定方面发挥了重要作用。

预案体系建设。应急办公室把建立健全应急预案体系作为应急管理工作的重中之重，制订出了具体工作方案，分类指导，分步实施，强力推进，确保全市完善“横向到边、纵向到底”的应急预案体系。2010年，着重编制和修订了森林火灾、网络与信息安全等方面的专项预案，完善了教育系统和重点企业的应急预案，进一步强化各类预案之间的协调性和可操作性。全年共开展各类预案演练500余次。从演练规模、涉及范围、装备调动及演练效果看都达到较高水平。8—9月，参加了省政府和省军区组织的“辽宁—2010军地联合演习”和省国防动员委员会组织的SY－2010区域协同演练，分别获得省政府、省军区颁发的军演纪念奖和市国动委的“优秀组织奖”。

应急队伍建设。2月份，以市政府办公厅名义下发了《关于依托公安消防部队组建综合性应急救援队伍的通知》，明确了应急救援队伍组建要求、工作职责、经费保障。5月30日前，完成以公安消防部队为核心的综合性应急救援支队和大队组建工作。同时，对各专业应急队伍进行了整合，配置对讲手台100余部，确保在紧急情况下快速集结到位。目前全市共有各类专业应急救援队伍19支。

应急宣传培训。先后举办了2期基层应急管理干部培训班，在市委党校中青干部培训班举办了3期“增强公共危机意识，提高应对突发事件能力”的专题讲座，组织30余名应急管理干部参加清华大学“应急管理高级研修班”学习，不断提高综合应对能力；10月份，开展了以“全面贯彻《应对条例》，提高全民防灾减灾意识”为主题的应急管理宣传周活动，配合省、市新闻媒体，多角度、全方位地向公众宣传和普及应急知识，现场受众达80余万人。

（马仁舜）

【政务信息】 2010年，市政府办公厅编报《昨日要情》249期，《沈阳政讯》32期，《信息参考》96期，《市领导专报》10期，报送上级机关信息逾千条、60余万字；为激发基层信息报送单位的工作积极性，对全市39个单位和179名个人进行表彰。

一是加强《市领导专报》对重大事件报告的及时性和准确性。《市领导专报》更加突出时效性，突出反映经济社会重要领域中有重大突破的事件和存在的急难险重问题。2月24日的一场冻雨，给沈阳市林木造成重大损失，信息处在第一时间统计全市林木受灾情况，以“专报”形式报送市领导，市领导及时作出批示，要求相关部门抓好后续工作。用3个月时间，跟踪沈阳LG集团重大引资项目，并以第一时间向海波市长报道签约内容，获得陈海波市长等4位市领导的批示，并引起多位市领导的关注和进一步调研。

二是《信息参考》获市领导35条批示。《信息参考》的思路更加清晰，重点更加明确。围绕市政府的重点工作和市领导关注的热点问题，更加关注民生。针对市领导特别关注其他副省级城市的信息，在十五个副省级城市中，率先创办了《信息参考——副省级城市信息专版》。

三是调整优势资源，把为决策服务放在第一位，以专刊形式完成了《沈阳政讯》的转型工作。为切实发挥信息工作的参谋助手作用，为市领导科学决策提供完整可靠依据，信息处坚持把“创新精品，跟进服务”作为工作主线，自加担子，超前工作。结合落实全国春季农业生产工作会议精神，为更好地指导全市春耕备耕工作，组织撰写了《春耕备耕·专刊》，及时地反映全市春耕生产情况，王翔坤副市长专门就此作出批示，要求农委、水利、林业等相关部门以此为依据，跟进做好调查研究。

四是深入基层调研，加强多方合作。为掌握第一手资料，扩大信息源，转变工作作风，深入基层一线开展调研工作，直接面对基层，提高了信息服务的针对性和及时性。

五是强化创新意识，注重经验交流。为了把市领导的工作思路、市政府的工作重点准确地传达下去，创新部分栏目，有“领导思路”、“特别关注”、“十二五展望”、“体制创新”等。结合热点问题，编写了系列短论，如《建设大浑南实现大发展》、《我市“四大战役”初战告捷》等。

为促进全市信息工作有新突破，信息处撰写了《加强组织领导提高队伍素质高标准做好政务信息工作》一文，起到了示范和推动作用。还开展了一对一的检查和辅导，帮助有关区、县（市）、局、委、办总结信息工作经验，查找差距，改进工作，在《政讯》上刊登信息工作先进单位的经验交流文章，使全市信息工作培训有了新特点和新内容。

（杨奇志）

【行政审批】 2010年，全市行政审批系统共受理各类行政审批事项217.7万件，办结216.7万件，办结率达99%。其中，市行政审批中心受理各类审批事项10.6万件，办结10.5万件（共完成新设立企业审批1137户，注册资本186.8亿元；完成基本建设项目审批815项，投资总额1499.2亿元；完成其它类审批共计4.2万项）。

1.审批项目清理稳步推进。为进一步规范政府部门的行政审批权力设置，市审批办开展了全市第七轮行政审批项目清理工作，首次将行政审批项目划分为审批、初审、备案、前置、年检五种类型，并对原有及省新下放的审批项目进行逐项梳理。共承接项目23项、取消30项、下放5项，最终保留行政审批服务事项330项，实现了依法设置、科学分类。

2.“应进必进”基本实现。全市保留的330项市级行政审批服务事项经过梳理，共确认280项属于“应进必进”项目。其中，已有278项纳入行政审批中心并实现集中公开办理,进厅办理率达到84.2%。市审批办督促个别单位对授权不到位等问题进行了整改,确保所有审批环节在厅内封闭式完成。各审批职能部门均按照"权随事进"原则,对窗口充分授权,"两头受理"、"体外循环"等现象得到有效解决。

3. 审批机构设置基本完成。全市35个具有行政审批职能的部门全部成立了审批机构,并整建制进驻行政审批中心开展工作。其中,市发改委等12个部门设置了独立审批机构,市教育局等23个部门设置了合署审批机构。经过审查和清理,共有413名符合条件的审批人员进厅从事行政审批工作,"两集中"得到有效落实。

4. 建设项目审批效率大幅提高。通过优化流程、并联办理、合并环节等措施,全市基本建设项目审批从立项到开工,审批时限由原来的151个工作日压缩至在30个工作日。其中,规划阶段办理审批手续由原来的43个工作日压缩至19个工作日,居全国首位。

5. 审批方式和服务手段不断创新。市、区两级行政审批服务中心建立了集中登记工作机制,对进厅审批项目实行"先登记再审批"的规范流程,严格控制政府部门的审批时限;全市行政审批系统实行"双休日不休息"工作制度,累计受理审批事项1687件,受到了群众的欢迎;针对市政府确定的246个重点项目,市审批办建立了"一对一"项目承包服务机制,全年召开协调和联席会议231次,为128户企业提供了代办服务,助推了169个超亿元项目顺利落地。

(张俊周)

【政务公开】 1. 政府信息公开取得新成果。2010年,全市各部门在沈阳政务公开服务网主动公开和更新政府信息8.7万条(其中,公开信息3.9万条,同比增长19.7%;更新信息4.8万条,同比增长21.3%),累计公开政务、便民和生活信息81万余条,政府信息的公开率和更新率实现了100%。制发了《关于进一步做好政府信息依申请公开工作的意见》,加强对各地区各部门依申请公开工作的具体指导。全市共受理依申请公开政府信息464件,数量比上年增加一倍,群众对各部门的答复基本满意。在部分区县、乡镇和事业单位开展财务公开试点,受到了试点地区群众的好评。

2. 公开载体建设取得新进展。一是增强沈阳政务公开服务网功能,扩充便民生活信息20余万条,网站已形成集信息发布、办事服务、咨询投诉为一体的综合服务平台,年点击量达279万人次;二是电台《连心桥政务公开热线》节目累计播出1108期,被市委宣传部评为"群众十分关注和喜爱的节目";三是拓展"114热线"功能,增加便民服务信息查询内容,变"政务咨询热线"为"政务服务热线",年接听400余万人次,接听率达96.2%;四是沈阳日报《政务公开专栏》累计刊发128期,解答群众问题711件,被辽宁省新闻界评为"一等奖"。

3. 行政决策公开初见成效。市政务公开办围绕出租车运营价和燃气价格调整、地铁票价制定等热点问题,组织听证会、论证会12次,并及时发布政府信息,为政府平稳顺利实施调价提供了保障。

4. 基层政务服务逐步规范。市政务公开办对全市街道(乡镇)、社区(村)的便民服务事项进行全面梳理,建立了全市统一便民服务事项标准。梳理后,街道(乡镇)便民服务事项由原来98项归并为60项,社区(村)便民服务事项由原来104项归并为65项,并编制了《沈阳市街道办事处(乡、镇政府)便民服务指南》和《沈阳市社区(村)便民服务指南》。

5. 群众诉求得到有效解决。市政务公开办利用"民心网"搭建网络诉求平台,全年为群众办理省政策咨询投诉件895件。其中,评为星级的有886件,"五星"级以上有14件,办结率、按时反馈率、优秀率和群众满意率全部达到100%,位居全省第一。省政务公开办对沈阳市政务公开办"视群众利益无小事"的工作作风充分肯定,并发专报给予表扬。

(张俊周)

·外 事·

【市领导出访】 2010年,市级领导出访42人次,重点出访了日本、韩国、美国、加拿大、香港等25个国家和地区,与国外政界、工商界人士进行广泛接触,举办了沈阳现代建筑产业投资说明会、沈阳国际软件园招商说明会等内容丰富的项目推介活动,在现代建筑产业、装备制造业、现代服务业、新兴产业等领域推进了一大批合资合作项目。市领导还出席了在美国芝加哥举办的全球城市论坛等国际交流活动,扩大了沈阳的国际影响,促进了与日本、韩国、美国、香港等国家和地区的经贸交流,推进了与日本札幌市、美国芝加哥市等国外城市和政府、企业、友好组织的友好关系。

(何 刚)

【市领导会见外国重要团组】 外国政要和前政要等重要团组纷纷访沈,推进了沈阳市与相关国家和企业的合作。高层交往有以下特点:人数众多。市级领导出席会见、宴请、签字仪式等外事活动880余批次,共计9200余人。层次高。朝鲜劳动党总书记金正日、拉脱维亚总统扎特列尔斯、朝鲜内阁总理崔英林、韩国前总理韩升洙等外国政要和前政要纷纷访问沈阳市,省部级以上外宾来访20批,157人次,扩大了沈阳市对外影响。以跨国公司为代表的经贸团组比例较高。日本鹿岛株式会社、三井住友银行、丰田、精工株式会社,德国宝马、西门子,韩国韩亚航空、乐天、LG,加拿大庞巴迪集团,以及英国、美国、法国和香港的世界知名跨国公司也纷纷来沈,推进了浑南新区、和平生态城等重大项目。

(何 刚)

【举办15次国际友好活动日】 以务实合作交流为主题,与韩国、瑞典、日本等国家的城市和企业界举办了15次国际友好交流日活动,推进了多领域合作。加强了与日本的友好交流,与札幌市在结为友城30周年之际举办了"沈阳—札幌日"暨沈阳札幌建立友好城市关系30周年纪念活动,加深了两市的友谊和合作关系,与滨松市举办了"沈阳滨松友好合作日",签署了友好合作关系城市协议书,全面推进了两市的友好合作。邀请捷克兹林州政府访沈,举办了"捷克兹林州友好交流日系列活动",全面推进了与兹林州的合作。此外,还举办了"华商项目对接活动日"、"日本国会议员沈阳行日"活动、"沈阳—城南友好城市青少年交流日"、"沈阳—春川日"、"沈阳物流投资环境说明会暨沈阳韩国物流产业活动日"、"沈阳—澳门日"、

“沈阳—瑞典环保领域专项交流日”、“沈阳—日本二手车销售流通领域专项交流日”、组织驻沈领馆“聚焦铁西发展,加强经贸合作铁西新区日”和“经贸活动日”活动,还举办了“深入贯彻落实侨法,积极推进政务公开—市外侨办‘5·15政务公开日暨侨法宣传日’”活动,深入宣传了侨法。

(何 刚)

【美国民主党全国委员会前主席访沈】 2010年5月18日,美国民主党全国委员会前主席、克林顿基金会主席、GTA汽车公司董事长泰瑞·马可利夫访沈,寻求与沈阳开展商业合作。

马可利夫赞赏沈阳经济社会发展所取得的成就,表示愿意全面推进沈阳与美国的合作。美国GTA汽车公司正在进行新一代节能环保汽车的开发,并致力于推动绿色环保产业的发展,该公司将于近期派团到沈阳调研,将沈阳作为在中国的生产基地。马可利夫还表示将全力推动沈阳动力集团与美国弗吉尼亚州在风电领域的合作,帮助沈河区进行大型游乐场、主题公园等综合娱乐项目的引进与开发。

马可利夫是美国知名政治家、企业家和金融家,曾为美国前总统克林顿、现任美国国务卿希拉里募捐竞选资金,并先后担任过美国电信服务公司、联邦城市国家银行以及多家资本管理公司主席。

(何 刚)

【武部勤被聘为浑南新区顾问】 2010年8月31日,日本自民党前干事长、沈阳市荣誉市民武部勤先生被聘为浑南新区顾问,杨亚洲副市长向他颁发了证书。

武部勤率日本国会议员代表团一行9人参加了2010东北亚发展论坛系列活动,并参加了“日本国会议员沈阳行”活动日,对浑南新区进行了参观考察。武部勤对浑南新区的未来发展感到振奋,提出希望担任新区顾问,为沈阳和浑南的发展出谋划策,带动更多的日本企业在浑南安家落户。

武部勤对2010东北亚发展论坛“新经济、新合作、新发展”的主题给予高度评价,表示将一如既往地关注和支持沈阳对日友好和经贸关系发展,并建议加强沈阳与日本年轻领导人之间的交流交往,增进相互理解,共同推动双方面向未来的实质性合作关系的发展。

随同来访的5位日本国会议员曾担任过日本内阁大臣或副大臣,表示将在更高层面宣传和推介沈阳,介绍更多的友好人士和企业、团体来沈考察,寻求合作机会,推动共同繁荣与发展。

(何 刚)

【札幌市荣获“对华友好城市交流合作奖”】 沈阳市友好城市日本札幌市荣获“对华友好城市交流合作奖”。该奖由中国人民对外友好协会、中国国际友好城市联合会主办,是为了表彰长期以来在对华友好城市交流合作中做出突出贡献的外国省州和城市,以推动我国国际友好城市工作的全面发展,促进友好城市之间的实质性交流与合作。颁奖仪式于9月10日在上海举行的“中国国际友好城市大会”闭幕式上举行。

沈阳市与札幌市建立友好城市关系30年来,在经济、文化、城建、科技、教育、体育、卫生、青少年交流等领域开展了全方位和富有成效的交流与合作,实现了互利共赢,促进了共同发展。

(何 刚)

【与日本滨松市结为友好合作关系城市】 2010年8月28日,日本滨松市市长铃木康友率滨松市企业家代表团一行44人访问沈阳,出席2010东北亚发展论坛活动,并与沈阳市正式签署友好合作关系城市协议书,商定通过开展高层交往和企业对接等方式,扎实推动两市友好和经贸合作关系的发展。

铃木康友认为中国将牵引世界经济发展,沈阳将在中国经济发展中扮演越来越重要的角色,滨松市将重点发展与沈阳市在经贸等领域的合作,推动两市全方位多领域实质性的合作关系。

滨松市企业代表团涵盖了近40家滨松市产业界和观光界的代表性企业,分别考察了经济技术开发区和浑南新区,详细了解了沈阳市高新技术产业和装备制造业的发展,双方企业还开展了具体的经贸洽谈和企业对接活动。

滨松市是日本著名的工业城市,被称为日本的“制造业之都”,有雅马哈、本田、铃木等一批世界知名企业和数量众多、拥有高新技术的中小企业。滨松市于2004年成功举办了滨名湖世界园艺博览会,2009年成功举办了滨松世界立体花坛博览会,沈阳市参展作品“祈福门”获“最佳结构奖”。

(何 刚)

【举办第十四届沈阳日语演讲大赛】 2010年4月25日,第十四届沈阳日语演讲大赛在沈举办。辽宁省的45名大学生和高中生参加决赛。本届日本语辩论大赛得到社会各界关注,参赛范围更广,选手水平更高,活动内容更加丰富。日本驻沈阳总领事松本盛雄及辽宁省、沈阳市有关领导出席了大赛。

沈阳日语演讲大赛由沈阳日本人会、辽宁省教育厅、辽宁省人民对外友好协会和沈阳市外办主办,每年举办一届。

(何 刚)

【举办沈阳——春川日活动】 2010年4月28日至30日,韩国春川市世界休闲大会组委会率团访沈,与沈阳市共同举办2010春川世界休闲大会说明会暨“沈阳——春川日”活动。

春川市于2010年8月28日至9月5日举办第十一届春川世界休闲大会及竞技大赛。韩国总统李明博、国务总理郑云灿等出席有关活动,约有50余个国家的1.5万人参加。春川市邀请沈阳市有关方面积极参与大会,并以此为契机加强两市在休闲产业、体育、旅游等领域的友好合作和交流。

世界休闲大会由联合国下属的国际非政府组织——世界休闲组织与世界各城市共同主办,始办于1988年,每2年举办一次,我国杭州市曾于2006年举办了第十届休闲博览会。

春川市是韩国江原道政府所在地,位于韩国中部,北汉江中游,湖畔旅游城市,人口30万,面积1116平方公里,距首尔80公里,公共、教育和金融等服务产业发达。

(何 刚)

【举办2010年沈阳日语文化节】 2010年5月23日,“2010沈阳日语文化节”在沈阳师范大学圆满结束。本届日语文化节吸引了来自辽宁大学、沈阳师范大学、沈阳医科大学、沈阳航空工业学院、沈阳大学等多所高校的日语专业学生500余人参加,规模和范围为历届之最。

本届日语文化节由沈阳日本人教师会主办,沈阳市外办、沈阳日本人会、日本驻沈阳总领事馆协办。沈阳日语文化节每年举办一次,本届是第七届。

(何 刚)

【日本地方政府驻沈阳交流平台正式启动】 2010年5月28日,经过近一年的筹备,在沈阳市外办和日本驻沈总领事馆的共同推动下，日本地方政府驻沈阳交流平台正式启动。沈阳市有关领导和部门、日本驻沈阳总领事松本盛雄以及参加日中经济合作会议的100多位日本嘉宾出席了平台启动仪式。

交流平台位于北方传媒4楼，展厅面积210平方米，设有视频、音频和可移动展览展示设备。交流平台用于发布沈阳市、辽宁省及日本各地的企业、经贸、物产、旅游等信息。交流平台适应了沈阳市对日友好和经贸交流深入发展的需要，建立了沈阳市对日交流的常态机制，是推动沈阳市与日本有关方面加强了解和交流合作的重要窗口。

（何 刚）

【加拿大驻东北贸易代表处在沈成立】 2010年6月7日，加拿大驻东北贸易代表处在沈阳成立，加拿大驻华大使马大维、加拿大卑诗省驻京首席代表徐伟伦、辽宁省和沈阳市有关领导以及中加知名企业出席成立仪式。

马大维大使表示愿意与沈阳一道为推进双方在各领域的交流与合作不懈努力。他说，沈阳的城市变化日新月异，已经成为加拿大很多驻外机构活动的中心地区，也是加拿大开展商业合作的中心。加拿大愿意与沈阳分享在制造业、城市规划建设、教育和农业等方面的经验。

加拿大已经在深圳、成都、武汉、南京和青岛设立了贸易代表处。加拿大驻东北贸易代表处是加拿大联邦政府在中国东北地区设立的贸易、科技和投资促进机构，受加拿大外交贸易部和驻华大使馆的直接领导，负责促进所有加拿大在东北三省的经贸投资活动，并担负加拿大驻华大使馆与中国东北地区政府、企事业单位间的沟通联络。

（何 刚）

【与使、领馆交流】 2010年，沈阳市先后邀请接待了8个国家驻华使馆官员访问沈阳市，其中驻华大使3人。促成加拿大在沈阳市设立驻东北贸易代表处，推进了与白俄罗斯相关项目的合作。瑞典大使馆多次派员访沈，推荐其环保领域的先进城市与沈阳市结为友好合作关系城市，推进了双方在环保领域的合作。

充分发挥领事工作的优势，积极妥善安排各类领馆活动，共安排各类领馆活动133次。先后组织领事官员参观了沈阳市大型企业，促进了沈阳市特变电工、三一重工等企业的对外合作。通过日本驻沈总领事馆，推进了与札幌市和川崎市的友好关系，建立了对日交流常态机制。协调解决了俄罗斯苏军纪念碑迁移事宜，俄罗斯驻沈阳总领事对此高度评价，认为“沈阳市的苏军纪念碑迁移工作在中国是做得最好的。沈阳市与俄罗斯的友好合作将成为其它国家处理此类问题的典范。”

（何 刚）

【谭森就任美国驻沈阳第十一任总领事】 2010年8月，谭森接替魏思文就任美国驻沈阳总领事馆第十一任总领事。谭森生于1968年，1994年进入美国国务院开始外交官生涯，曾在华盛顿任职，负责东南亚事务，也曾在尼日利亚、印度尼西亚、东帝汶以及美国驻成都总领馆任职，就任美国驻沈阳总领事前任美国驻印度尼西亚棉兰总领事。

（何 刚）

【加强因公出国（境）管理和服务水平】 2010年，沈阳市外办加强因公出国（境）管理，坚持控制非实质性交流团组出访，全力保证沈阳市重点招商团组和重大合资合作项目团组“走出去”，建立完善了以计划管理、任务管理、经费管理、责任管理为主要内容的“四项管理”制度，共审批各类因公出访团组618批1823人次，办理护照1020本，办理港澳通行证及签注127批次，338人次。调整清退不合理团组23个75人次，节省经费225万元。其中，党政因公出国（境）团组366批1208人次，批次和人次分别比2009年同期下降了20.4%和10.7%，实现了上级关于“党政机关2010年因公出国（境）人数要在2009年的基础上压缩10%”的要求。

（何 刚）

·侨　　务·

【与海外华侨华人交流】 沈阳市对海外华侨华人交流着眼搭建平台、加强联络、协调服务、整合资源，培育新的引进外资增长点，2010年共接待来自30多个国家和地区的华侨华人和港澳同胞26批650多人次，同近200位海外有影响的重点人物建立了密切联系。

沈阳市领导出访香港和东南亚三国期间，与当地商会和侨商进行了广泛交流，通过举办各类洽谈会和推介活动，促成一大批项目落地沈阳。举办“百名华商沈阳行活动日”，邀请29个国家的近百名华商访沈，扩大了沈阳的知名度，新结识了南美洲和非洲6国的侨界朋友，华商重点考察了棋盘山开发区、浑水科技城和沈北新区，近10家企业与沈北新区、科技局等部门建立了合作关系，达成了有关项目的合作意向。“华商项目对接活动日”上，11个国家和地区的52名侨商与沈阳市有关部门和企业进行项目对接，共洽谈11个合作项目，达成合作意向的5项，意向总额为3.7亿元人民币。

加强对侨资企业服务，走访在沈侨资企业18家，了解对沈阳市投资环境的意见和建议，掌握企业生产现状和经营困难，及时采取措施协调解决，受到在沈侨资企业家的广泛赞誉。

（何 刚）

【保障归侨侨眷权益】 沈阳市积极落实侨法，妥善保障归侨侨眷权益。全面推进了“侨爱工程—万侨助万村”活动，先后组织50多位侨界企业家到区、县调研，与中国人寿、福康农业、吉星农业等企业签署了共建新农村的合作协议，促成了加拿大华侨阎伟对康平县东窑小学的捐助项目。积极开展归侨侨眷合法权益保障工作，在全市开展了宣传《归侨侨眷权益保护法》活动，在皇姑区举办了“侨法宣传日”。先后走访慰问归侨侨眷80余人，接待侨务信访93人次，办理“三侨学生”升学加分59人，办理归侨身份证91人，积极帮助归国华侨解决落户困难问题，为89户109人办理了回沈落户手续，受到归侨的广泛赞誉。

（何 刚）

【举办沈阳·澳门日活动】 2010年4月24日至25日，澳门特区政府行政法务司司长陈丽敏女士一行17人访沈，双方举办了“区域互动·合作共赢——沈阳·澳门日”。中联办、国务院港澳办、全国人大有关领导及沈阳市有关领导和部门参加了活动。

代表团实地考察了沈抚同城化连接带和棋盘山开发区，介绍了澳门在回归祖国后的发展趋势、特点和现状以及澳门同沈阳合作的切入点和发展空间。沈阳市向代表团详细介绍了沈阳经济区发展的良好前景、棋盘山开发区在沈阳经济区域一体化发展进程中的地位和对其他城市的重要辐射和带动作用。

沈阳之行给澳门代表团留下了非常深刻的印象，澳门特区政府希望今后同沈阳进一步加强密切联系，共同促进沈阳与澳门在经贸、科技、文化、旅游等领域的交流与合作，成为沈阳经济区在进行新型工业化综合配套改革试验中的友好合作伙伴。双方商定今后着力加强经贸与环保合作，为沈阳经济区与澳门特别行政区的合作交流打下坚实基础。

（何　刚）

【举办“百名华商沈阳行活动”】 2010年5月11日至12日，沈阳市举办“百名华商沈阳行活动”，29个国家的98位华商应邀访沈考察，推动了来访华商的对沈投资。此次来访的华商，是应国家有关部门邀请参加上海世博会开幕式的具有世界影响力的华商精英。

来访华商重点考察了棋盘山开发区、泗水科技城和沈北新区，在有关部门和县、区举办的“沈阳经济区新城、新市镇项目推介会”和“沈北新区推介会”上，华商对沈阳市振兴发展的重要举措、良好投资环境和重点招商项目产生了浓厚兴趣，机床、现代建筑、汽车及零部件等产业集群项目吸引了华商的广泛关注。瑞士华商与沈阳科技局的医疗科技项目、比利时华商与沈北新区菌种养殖项目、德国亿达公司与辽宁中稻集团粮谷深加工项目达成了初步合作意向。许多华商纷纷咨询相关政策，并表示一定会再来沈阳进行深入考察，部分华商取消了去其它城市的行程，与有关部门进行深入洽谈，商讨具体合作细节。

大多数华商都是初次来沈，对沈阳市优美的人居环境、优惠的投资政策印象深刻。泰国知名侨领、泰国潮州会馆主席陈汉士说：“沈阳之行，给我留下了非常深刻的印象。没想到沈阳的发展速度如此迅速，看到沈阳近些年的巨大变化和取得的崭新成果，感到非常高兴。我会把沈阳潜在的巨大商机告诉侨界朋友，让他们也来沈阳看看，投资兴业。”沈阳的老朋友，加拿大洪门达权总社社长陈德光说：“看到沈阳经济区成为国家战略感到很高兴，沈阳又步入了新的快速发展轨道。我会一直关注沈阳的发展，成为沈阳对外合作的友好伙伴。”西班牙中国和平统一促进会会长徐松华说：“这是我第5次来沈阳，同2003年相比，沈阳又有了飞跃式的发展。现在沈阳正打造东北的金融中心、贸易中心，非常有潜力，让人深切地感受到这是一个充满生机的城市。我回到西班牙后将开个推介会，让更多华人华侨到沈阳投资兴业。”巴西、瑞士、德国、西班牙、缅甸等地华商还表示，将来沈阳市官方团组出访，他们一定尽全力安排接待并协助开展招商工作。

此次活动，巩固了与海外侨界老朋友的关系，并填补了与有关国家侨界联系的空白，新结识了巴西、秘鲁、法属大溪地、肯尼亚、圭亚那、危地马拉等国家的侨界朋友。

（何　刚）

【启动“侨爱工程——万侨助万村活动”】 2010年8月12日，沈阳市“侨爱工程——万侨助万村暨‘侨农心连心，百侨助百村’活动”在苏家屯区启动，沈阳市首个活动示范基地也同时揭牌。

“侨爱工程——万侨助万村”活动是国务院侨办和农业部贯彻落实党的十七大关于统筹城乡发展、推进社会主义新农村建设举措，联合在全国推广的“侨爱工程”品牌活动。通过海内外侨胞引进资金、人才、技术、管理等，帮助农村改善基础设施，推进村庄建设，繁荣农村经济。

根据活动要求，沈阳市开展了“村侨对接”、“文化下乡”“评先创优”等一系列活动，采取捐赠公益、投资合作、科技助推、拓展市场等措施解决部分贫困村镇基础设施建设、产业结构调整以及农产品销售网络等方面的问题，进一步增强造血机能，增加农民收入，同时缓解部分村镇看病难、就学难以及文化生活匮乏等问题，进一步加强新农村精神文明建设，促进乡风文明。同时，通过媒体宣传重塑侨胞爱国形象，扩大社会影响，增加社会效益，激励更多的海内外侨胞归国创业，报效祖国。

（何　刚）

【加拿大华侨阎伟捐赠康平县东窑小学】 2010年10月21日至22日，市侨办举办“侨爱工程－万侨助万村活动”捐资助学活动日，加拿大华侨阎伟先生正式对康平县东窑小学进行捐赠，并举办了捐赠仪式。

捐赠仪式上，阎伟先生与市侨办和康平县沙金乡九年一贯制学校签订了捐赠协议，阎伟先生被授予康平县沙金乡九年一贯制学校名誉校长。第一期捐资约10万元，用于更换东窑小学所有教学设备，并为学校新添置15台电脑，建立计算机培训室和图书阅览室。阎伟先生表示，今后将把慈善捐赠活动当作自己事业来做，尽自己最大的努力全身心地投入到改善贫困农村教育环境中来，保证孩子们有一个明亮、舒适、安全的学习生活环境。他还表示，如果将来条件允许，可以免费送学生们赴国外留学深造。

阎伟还考察了康平县职业培训学校，表示将尽快推动高尔夫球童培训学校在康平落地，并与康平县有关部门达成初步议项，近期将就高尔夫球童培训学校筹建方案进行草拟和报批。

（何　刚）

·机构编制·

【党政群机关机构编制】 截至2010年12月31日，沈阳市，区、县（市），街道、乡镇党政群机关机构总数840个，编制总数24756名（国家核拨行政编制21079名，地方自定事业编制2249名，机关工勤人员编制1428名），实有在职人数20782人（不含政法系统专项编制和在职人员，以下同）。其中：中共党委机关编制4023名（国家核拨行政编制3670名，机关工勤人员编制353名），实有在职人数3653；人大常委会机关编制568名（国家核拨行政编制468名，机关工勤人员编制100名），实有在职人数564人；人民政府机关编制18801名（国家核拨行政编制15925名，地方自定事业编制2034名，机关工勤人员编制842名），实有在职人数15319人；政协机关编制345名（国家核拨行政编制285名，机关工勤人员编制60名），实有在职人数336人；民主党派机关国家核拨行政编制123名，实有在职人数101人；人民团体组织机关编制896名（国家核拨行政编制608名，地方自定事业编制215名，机关工勤人员编制73名），实有在职人数809人。

1. 市级机关机构编制。市级党政群机关机构总数112个，其中：中共党委工作机构总数12个（含部门管理机构1个），人大常委会工作机构4个，人民政府工作机构44个（含部门管理机构2个），政府派出机构26个，政协工作机构2个，人民法院机构1个，人民检察院机构1个，民主党派机构8个，人民团体组织 14 个。

市级党政群机关编制总数 8830 名（国家核拨行政编制 6671 名，地方自定事业编制 1355 名，机关工勤人员编制 804 名），实有在职人数为 7251 人。其中：中共党委机关编制 976 名（国家核拨行政编制 797 名，机关工勤人员编制 179 名），实有在职人数 875 人；人大常委会机关编制 181 名（国家核拨行政编制 136 名，机关工勤人员编制 45 名），实有在职人数 171 人；人民政府机关编制 6964 名（国家核拨行政编制 5273 名，地方自定事业编制 1175 名，机关工勤人员编制 516 名），实有在职人数 5571 人；政协机关编制 105 名（国家核拨行政编制 80 名，机关工勤人员编制 25 名），实有在职人数 105 人；民主党派机关国家核拨行政编制 123 名，实有在职人数 101 人；人民团体组织机关编制 481 名（国家核拨行政编制 262 名，地方自定事业编制 180 名，机关工勤人员编制 39 名），实有在职人数 428 人。

2. 区级机关机构编制。沈阳市辖 9 个区级党政群机关机构总数 359 个。其中：中共党委工作机构 68 个，人大常委会工作机构 9 个，人民政府工作机构 203 个，政协工作机构 9 个，人民法院机构 9 个，人民检察院机构 9 个，人民团体组织 52 个。

沈阳市辖 9 个区级党政群机关编制总数 6757 名（国家核拨行政编制 5485 名，地方自定事业编制 873 名，机关工勤人员编制 399 名），实有在职人数 5901 人。其中：中共党委机关编制 1170 名（国家核拨行政编制 1056 名，机关工勤人员编制 114 名），实有在职人数 1042 人；人大常委会机关编制 258 名（国家核拨行政编制 217 名，机关工勤人员编制 41 名），实有在职人数 267 人；人民政府机关编制 4871 名（国家核拨行政编制 3831 名，地方自定事业编制 844 名，机关工勤人员编制 196 名），实有在职人数 4149 人；政协机关编制 172 名（国家核拨行政编制 147 名，机关工勤人员编制 25 名），实有在职人数 172 人；人民团体组织机关编制 286 名（国家核拨行政编制 234 名，地方自定事业编制 29 名，机关工勤人员编制 23 名），实有在职人数 271 人。

3. 县（市）级机关机构编制。县（市）级党政群机关机构总数 154 个。其中：中共党委工作机构 29 个，人大常委会工作机构 4 个，人民政府工作机构 90 个，政协工作机构 4 个，人民法院机构 4 个，人民检察院机构 4 个，人民团体组织 19 个。

县（市）级党政群机关编制总数 2640 名（国家核拨行政编制 2422 名，地方自定事业编制 21 名，机关工勤人员编制 197 名），实有在职人数 2250 人。其中：中共党委机关编制 587 名（国家核拨行政编制 527 名，机关工勤人员编制 60 名），实有在职人数 535 人；人大常委会机关编制 97 名（国家核拨行政编制 83 名，机关工勤人员编制 14 名），实有在职人数 94 人；人民政府机关编制 1787 名（国家核拨行政编制 1670 名，地方自定事业编制 15 名，机关工勤人员编制 102 名），实有在职人数 1474 人；政协机关编制 68 名（国家核拨行政编制 58 名，机关工勤人员编制 10 名），实有在职人数 59 人；人民团体组织机关编制 101 名（国家核拨行政编制 84 名，地方自定事业编制 6 名，机关工勤人员编制 11 名），实有在职人数 88 人。

4. 沈阳市所辖街道机构编制。沈阳市 13 个区、县（市）所辖街道 127 个。沈阳市街道办事处机关编制 3787 名（国家核拨行政编制 3759 名，机关工勤人员编制 28 名），实有在职人数 3390 人。

5. 沈阳市所辖乡镇机构编制。沈阳市 13 个区、县（市）所辖乡镇 88 个。沈阳市乡镇机关国家核拨行政编制 2742 名，实有在职人数 1990 人。

（*杨绍伟*）

【事业单位机构编制】 截至 2010 年 12 月 31 日，沈阳市、区、县（市）、街道、乡镇事业单位机构总数 5019 个（全额拨款事业单位机构 3170 个，差额补贴事业单位机构 535 个，经费自理事业单位机构 1314 个），编制总数 194551 名（全额拨款事业编制 104372 名，差额补贴事业编制 50161 名，经费自理事业编制 40018 名），实有在职人数 164479 人（全额拨款在职人数 94312 人，差额补贴在职人数 40759 人，经费自理在职人数 29408 人）。

1. 市级事业单位机构编制。市级事业单位机构总数 1008 个（全额拨款事业单位机构 514 个，差额补贴事业单位机构 86 个，经费自理事业单位机构 408 个），编制总数 62306 名（全额拨款事业编制 26714 名，差额补贴事业编制 19124 名，经费自理事业编制 16468 名），实有在职人数 44985 人（全额拨款在职人数 20804 人，差额补贴在职人数 15926 人，经费自理在职人数 8255 人）。

2. 区级事业单位机构编制。区级事业单位机构总数 2078 个（全额拨款事业单位机构 1279 个，差额补贴事业单位机构 292 个，经费自理事业单位机构 507 个），编制总数 88829 名（全额拨款事业编制 49898 名，差额补贴事业编制 23686 名，经费自理事业编制 15245 名），实有在职人数 72754 人（全额拨款在职人数 45849 人，差额补贴在职人数 16464 人，经费自理在职人数 10441 人）。

3. 县（市）级事业单位机构编制。县（市）级事业单位机构总数 1303 个（全额拨款事业单位机构 877 个，差额补贴事业单位机构 104 个，经费自理事业单位机构 322 个），编制总数 38927 名（全额拨款事业编制 25002 名，差额补贴事业编制 6635 名，经费自理事业编制 7290 名），实有在职人数 42973 人（全额拨款在职人数 25133 人，差额补贴在职人数 7736 人，经费自理在职人数 10104 人）。

4. 沈阳市所辖街道事业单位机构编制。街道办事处事业单位机构总数 283 个（全额拨款事业单位机构 209 个，差额补贴事业单位机构 1 个，经费自理事业单位机构 73 个），编制总数 2481 名（全额拨款事业编制 1526 名，差额补贴事业编制 7 名，经费自理事业编制 948 名），实有在职人数 1821 人（全额拨款在职人数 1292 人，差额补贴在职人数 5 人，经费自理在职人数 524 人）。

5. 沈阳市所辖乡镇事业单位机构编制。沈阳市所辖乡镇事业单位机构总数 347 个（全额拨款事业单位机构 291 个，差额补贴事业单位机构 52 个，经费自理事业单位机构 4 个），编制总数 2008 名（全额拨款事业编制 1232 名，差额补贴事业编制 709 名，经费自理事业编制 67 名），实有在职人数 1946 人（全额拨款在职人数 1234 人，差额补贴在职人数 628 人，经费自理在职人数 84 人）。

（*杨绍伟*）

【行政体制改革】 着眼深耕细做，大部制改革得到深化。召开市政府机构改革评估工作动员部署大会，围绕落实政府机构改革“三定”规定要求，对 42 个政府工作部门、2个部门管理机构和13个区、县(市)政府机构改革情况进行检查评估,摸清了存在的矛盾和问题,有针对性地提出了推进和解决的方法途径。从检查评估的情况看,新组建的市经济和信息化委、市人力资源社会保障局、市文广局、市服务业委4个部门,主要职责、内设机构、人员和领导班子调整到位,机构融合快,运行质量好,政府其他部门执行"三定"规定落实到位;各区、县(市)把机构编制评估纳入政府绩效考核,有力推动了"三定"工作的对接和落位。市卫生局、市食品药品监管局体制调整和人员划转的做法得到了中编办、国家卫生部、国家食品药品监管局联合检查组的高度肯定。同时,制定下发了《关于深化乡镇机构改革的指导意见》,认真开展了复查复核工作,科学核定了乡镇行政事业编制和党政领导职数,顺利完成了乡镇机构改革任务,使乡镇政权建设得到了明显加强。强力推进行政审批制度改革,逐项梳理行政审批项目,规范办事流程,减少前置要件,简化审批程序,确定审批时限,重点对公安、卫生、食品药品监管等部门审批职能进行了优化和梳理,优化了全市软环境建设。

(*杨绍伟*)

【事业单位改革】　着眼统筹跟进,事业单位改革稳步实施。稳步实施事业单位机构改革,采取拉网式、全覆盖的方式,对全市5000余家事业单位开展了摸底清查和分类规范;对经济和信息化委、教育、人力资源社会保障、交通、文广等部门所属事业单位进行了调整和编制划转,对职能弱化的机构进行了合并和优化。在全国首先实现人才市场和劳动力市场机构整合的做法,受到了中编办和国家人力资源社会保障部的肯定。顺利推进医药卫生体制改革,进一步明确基层医疗卫生单位机构设置和编制配置标准,重新核定全市基层医疗卫生单位人员编制7627名,其中87个新区卫生服务中心4415名,118个乡镇卫生院2555名,67个防保站657名,初步形成了基层卫生单位与医院优势互补的网络格局。

(*杨绍伟*)

【机构编制调整】　着眼特别关注,体制机制不断创新。根据市委、市政府关于"三区"合署办公的决策精神,会同组织部、市人力资源社会保障局在无方案征求意见的基础上,提出了《关于理顺东陵区(浑南新区)体制机制和人事管理有关问题的调查与建议》,经市委常委会议审议通过,为浑南新区、东陵区融合发展创造了条件。按照省创新新城、新市镇建设的相关要求,提出了《关于创新沈阳经济区城际连接带新城、新市镇管理体制的意见》,得到了市领导的高度认定,确保了此项工作按时间节点有序推进。适应经济发展的体制要求,调整沈阳经济技术开发区机构设置,组建沈阳综合保税区管理委员会,促进了区域经济的发展。成立市应对气候变化及节能减排工作领导小组,理顺职责关系并强化了部门责任。着力破解信访体制机制长期课题,会同市信访局调研论证,在借鉴和创新的基础上,提出了《关于成立沈阳市群众投诉受理和权益保障工作部的意见》,现已履行报批程序,较好地体现了市委、市政府的改革意愿和要求。

(*杨绍伟*)

【机构编制管理】　着眼多措并举,管理水平大幅攀升。在总结多年来事业单位登记管理经验的基础上,研究修订了《沈阳市事业单位登记管理办法》,并以市政府令的方式颁布实施,中编办、省编委办转发了沈阳市的经验;同时与市纪委联合印发了《沈阳市机构编制违纪案件移送管理办法》,以此规范和纠正机构编制管理中的违纪行为;强化各级从严控编的理念,坚持控制总量、盘活存量、此增彼减的原则,采取编制置换、内部调剂方法,在解决经济和社会发展急需的同时,又使机构和编制得到了有效控制。严格规范事业单位登记管理程序,加大对事业单位法人的监管,全市应参加年检的事业单位4495家,已参加年检的事业单位4257家,年检合格率为94.7%。其中,市直应参加年检的事业单位997家,已参加年检的事业单位958家,年检合格率为96.1%。通过网上提交年检申请并通过审核的事业单位695家,占已年检事业单位的70%。共办理市直变更登记316家、设立登记23家、注销登记8家、更换全市事业单位法人证书1031家。发布全市事业单位法人登记公告1050家,其中发布市直事业单位登记公告347家。严格机构编制监督检查,全年接听"12310"电话举报2件,接待来访2人次,受理省编办转办单2件,所受理的举报件,均做到了事实清楚、责任明确,并做出相应的结论。

(*杨绍伟*)

政协沈阳市委员会

【市政协十三届四次全体会议】　中国人民政治协商会议沈阳市第十三届委员会第四次会议,于2011年1月10日至13日举行。会议审议并通过了刘雅琴主席代表常务委员会所作的工作报告和李峰副主席代表常务委员会所作的提案工作情况报告。

会议对陈海波市长所作的政府工作报告、沈阳市国民经济和社会发展第十二个五年规划纲要(草案)、关于沈阳市2010年预算执行情况和2011年预算(草案)的报告、关于沈阳市2010年国民经济和社会发展计划执行情况及2011年国民经济和社会发展计划(草案)的报告、沈阳市中级人民法院工作报告和沈阳市人民检察院工作报告均表示赞同。会议增选聂洪升同志为市政协副主席。

会议认为,过去一年,在中共沈阳市委正确领导下,市政协常务委员会组织政协各界别和全体委员,围绕全市"调结构、优环境、惠民生"等中心工作,认真履行政治协商、民主监督、参政议政职能,在协助市委和市政府科学决策、推动工作、改善民生、促进社会和谐等方面贡献了智慧和力量。会议同意常务委员会提出的2011年工作任务,并对进一步做好政协工作提出了建议,希望常务委员会认真抓好落实。

会议要求,市政协各参加单位和全体委员,在新的一年里,要以邓小平理论和"三个代表"重要思想为指导,深入贯彻落实科学发展观,深入学习贯彻中共十七届五中全会精神,坚持团结和民主两大主题,按照中共沈阳市委十一届十次全会的部署,围绕全市"抓项目促调整、抓环境促提升、抓民生促和谐"等重点工作,推进"五大任务"、实现"三大目标",认真开展政治协商、民主监督、参政议政,积极反映社情民意,充分发挥协调关系、汇聚力量、建言献策、服务大局的作用,为完成沈阳市"十二五"开局之年的各项任务贡献力量。

（朱佳音）

【市政协常委会会议】 2010年，市政协共召开7次常委会议。

2010年1月12日，市政协召开十三届十二次常委会议。会议协商市长候选人预备人选和市人大常委会副主任候选人预备人选；审议政协沈阳市第十三届委员会第三次会议决议（草案）。

2010年1月13日，市政协召开十三届十三次常委会议。会议听取全会期间分组讨论综合情况的汇报、审议通过政协沈阳市第十三届委员会第三次会议决议（草案）。

2010年1月14日，市政协召开十三届十四次常委会议。会议讨论通过市政协2010年工作要点。

2010年3月22日，市政协召开十三届十五次常委会议。会议传达全国政协十一届三次会议精神；审议通过相关规章制度。

2010年9月9日，市政协召开十三届十六次常委会议。会议审议通过《关于积极推进沈阳市创建国家环境建设样板城工作的建议》。

2010年10月14日，市政协召开十三届十七次常委会议。会议审议通过《关于推动我市服务业加快发展的建议》。

2010年12月10日，市政协召开十三届十八次常委会议。会议听取市党群系统、市政府系统关于市政协十三届三次会议以来提案办理工作情况的通报；听取市法院、市检察院关于市政协十三届三次会议以来提案办理工作情况的通报（书面）；协商通过市政协设立专门委员会及相关人事事项；讨论通过市政协十三届四次会议相关事项。

（朱佳音）

【履行职能】 政治协商注重质量。围绕加快沈阳市现代服务业发展问题，市政协组织各民主党派、工商联、区、县（市）300多名政协委员、专家学者，对金融、商贸、物流、信息、会展等产业的发展情况开展调研，考察学习外地先进经验和最新动态，与在沈大专院校和科研单位开展软科学研究，形成近40万字的建言成果。在此基础上，召开市政协第17次常委会议进行协商讨论，形成《关于推动我市服务业加快发展的建议》，从完善规划体系、建设区域金融中心、发展现代物流业、做强信息服务业、发展农村服务业等9个方面，为市委、市政府及相关部门提供了50余条具体意见和建议。

针对创建国家环境建设样板城工作，组织部分民主党派、工商联和区、县政协进行深入调研，学习考察国内外先进经验，重点从制定完善创建规划、健全配套政策和法规、优化调整产业结构和布局、搭建国际交流平台、加大宣传力度等7个方面提出建议，为政府及其相关部门提供了决策参考，许多建议被纳入到沈阳市样板城建设实施方案当中。

围绕制定完善“十二五”发展规划，通过组织委员广泛讨论和主席会议专题协商等形式，对中共沈阳市委关于制定规划的建议和市政府制定的规划纲要草案以及相关分规划草案提出了百余条建议。

民主监督体现特色。围绕社会关注度比较集中的职业教育工作开展民主评议。组织政协委员、民进会员、教育界专家和学者进行专题视察，深入了解全市职业教育发展现状。采取进课堂、搞座谈、问卷调查等多种形式，广泛听取不同层面的意见。通过重点剖析、专项评议，提出的评议意见和建议被市政府及相关部门充分采纳。

围绕法院立案工作开展民主评议。组织委员对全市两级法院立案大厅进行明察暗访，旁听庭审工作；并对群众反映的问题进行走访调查，提出针对性强的评议意见。助推“阳光司法窗口”建设，全市两级法院立案工作得到改进，诉讼服务中心功能得到增强。

召开民主监督员工作会议，认真总结工作经验，通过表彰先进、树立典型、完善工作细则，进一步调动了聘用单位和监督员的双重积极性。市政协共有279名委员担任24个政府部门和“两院”系统的民主监督员，活跃在“窗口”单位，积极推进行风建设，成为履行民主监督职能的骨干力量。

参政议政富有成效。围绕加强和完善城市管理工作资政建言。组织委员深入街道、社区和各相关部门进行实地走访，征求各方意见，借鉴外地城市管理的先进经验，向市委、市政府报送了《关于进一步加强我市城市管理的建议》。

推动沈阳经济区上升为国家战略。市政协与鞍山、抚顺等七城市政协连续7年围绕沈阳经济区一体化建设等问题开展论坛活动，形成大量调研材料与建议报告上报省委、省政府。近两年沈阳市政协还积极联络驻辽全国政协委员，形成联名提案向全国政协和国家有关部委建言，在沈阳经济区获批成为国家新型工业化综合配套改革试验区过程中发挥了积极作用。

围绕浑南大开发，组织在沈的省政协委员和市、区两级政协委员开展视察活动，针对新城建设方案、全运会场馆建设、重点投资项目等关键问题，提出许多既具前瞻性又有操作性的建议。

委员履职贴近民生。定期召开反映社情民意座谈会，听取委员反映群众呼声，先后将涉及改善城市环境、加强文物保护、注重食品安全、强化社会治安、促进宗教和谐、关注少数民族地区发展等方面的数百条意见建议，通过《沈阳政协信息》报送党政领导，构建了人民群众反映利益诉求的“绿色通道”。

组织涉及民生领域的专题视察。先后组织委员对扩大就业、完善养老事业、沈阳鸟岛开发建设、公立医院财政投入以及居民供水等情况进行专题视察。认真开展地方法规立法前协商工作，对酝酿出台的法规草案提出修改完善建议。

开展形式丰富多彩的界别活动。各民主党派、人民团体和政协专委会有计划地组织界别活动，开展了对《沈阳市妇女发展规划》、《沈阳市儿童发展规划》实施情况的视察，推动宗教界教职人员医疗保险的落实，助推民族团结进步进社区工作的开展，进一步扩大界别团结面。

向贫困群体奉献厚爱真情。持续开展“关爱女孩”活动，为农村贫困家庭女孩捐资助学；在青海玉树遭受严重地震灾害之际，全市广大政协委员积极捐款捐物价值达800多万元。

组织建设充满活力。协助市委召开全市政协工作会议，进一步加强和改善党对政协工作的领导，更好地形成了党委主导、政府支持、政协主动的民主协商格局；会议出台《关于进一步加强人民政协工作的意见》和《关于积极支持人民政协履行职能的细则(试行)》,使政治协商程序更加完善、民主监督作用有效发挥、参政议政实效得到增强,促进了政协履行职能的制度化、规范化、程序化建设。

在市委的高度重视和市政府的大力支持下,市政协积极协调各相关部门和区、县(市)党委政府切实解决了市、区两级政协组织在机构设置、人员编制、委员活动经费等方面存在的实际问题。

不断加强与各民主党派、工商联、各人民团体的团结合作,加强与区、县(市)政协的联系并给予指导;常委会议和主席会议先后审议通过了《政协沈阳市委员会全体会议工作规则》、《委员活动管理办法》、《委员守则》等10项规章制度,修订了118项政协机关工作制度;成立了委员工作委员会,组织委员开展学习培训、市情通报、市情大视察和低碳环保健身行等主题活动,完善委员履职数据库,定期通报情况,实行动态管理,加强委员队伍建设。

(朱佳音)

【学习宣传文史】 先后开展了中共十七大和十七届三中、五中全会精神、现代服务业、生态城市建设等专题理论学习;辑印《学习参考资料》6期,发放3720多册;做好《人民政协报》、《友报》等报刊的订阅工作,全年共为委员订阅报刊1473份;邀请全国著名第三产业研究专家、中山大学第三产业研究中心主任李江帆教授来沈作"现代服务业与城市经济发展"专题报告,为建言推进沈阳现代服务业发展和建设国家中心城市提供了理论指导;与办公厅共同承担并圆满完成了中国世界遗产地政协主席联席会第十六次会议的筹备、接待、举办及宣传等工作。

组织做好全会宣传报道工作。会前,积极邀请有关新闻单位领导和记者召开座谈会,商讨确定宣传报道方案。会议期间,人民日报、辽宁日报、沈阳日报等近40家中央、省和市级新闻媒体全面报道了政协全体会议的盛况,共发稿件350余篇(条),图片50余幅。认真做好日常宣传报道工作,坚持"头版要多些、对委员报道多些、过程报道多些、综合性有分量报道多些"的工作思路,定期向媒体记者提供市政协工作要点、建议文本及适宜报道的提案和回复件等,便于记者策划选题,深入采访,开展专题报道。全年共发稿360余篇。精心打造宣传载体,与沈阳日报联合开办《政协园地》专版13期、与沈阳广播电视台联合开办《委员在线》节目40期,共有86名委员参与,为群众办实事40余件。积极参加省政协宣传政协好新闻评选活动和开展宣传市政协好新闻评选表彰活动,选送的5篇稿件分获辽宁新闻奖一、二、三等奖,其中《辉煌历程——纪念沈阳市政协成立60周年》获辽宁新闻奖一等奖。

先后开展了"我与人民政协"、"5.12汶川大地震"等史料的征集工作,发放征集函750余份,征集稿件78篇24万字,照片420幅;加强文史资料数字化管理工作,全年共扫描录入《沈阳市文史资料》19辑437万字,已初步建立了沈阳文史资料数据库,为编辑出版《沈阳文史资料精编》和制作电子出版物打下了良好的基础;出版文史资料《闯世界的沈阳人》一书,并将原来征集的一些稿件和新征集的稿件,整理编辑了《沈城纪事》、《委员撰志》两本书稿60余万字。

(朱佳音)

【政协提案】 市政协十三届三次会议以来,共征集提案637件,经审查立案594件,已全部办结。提案得到采纳或部分采纳的528件,列入计划解决的41件,留作工作参考的25件。其中,围绕调整产业结构、转变经济发展方式、科学编制"十二五"规划等方面提出提案63件;围绕资源节约和生态保护、加强城市综合管理、推进城乡重大基础设施建设等方面提出提案156件;围绕教育、文化、体育、卫生、民主法制等方面提出提案116件;围绕人民群众普遍关注的热点、难点等问题提出提案259件。

"关于进一步加大区域联合,构建沈阳经济区"、"关于将沈阳经济区设立为新型工业化配套改革实验区"等提案,为沈阳经济区上升为国家战略起到了积极的促进作用;"关于抓住当前经济结构调整机遇,加快完善现代服务业体系和格局"等提案,市委、市政府将其主要建议贯穿在"保增长、调结构、优环境"等重点工作中,为实现"双五千亿"目标起到了积极的推进作用;"关于创建有特色的生态城市与全国环境建设样板城市"等提案作为市政协常委会重要议题,市委、市政府将其主要内容纳入创建规划,推进了首批27个样板城示范项目加快实施;"关于完善城乡社会保障体系"、"关于确保城市医改成功实施及加大对基本医疗服务补偿和投入"等提案,助推了城乡卫生服务体系建设,扩大了医保覆盖面,社会保障水平稳步提高;"关于加强老旧小区改造"、"关于适度放宽廉租房准入条件"等提案,市委、市政府将其主要建议吸纳到"2010年沈阳市委市政府为城乡群众办10件实事"中,加大资金投入改造部分老旧小区,为两万多户低保家庭提供廉租房补贴。

一年来,市政协提案工作以强化重点提案工作为突破口,积极引导提案者在提高提案质量上下功夫。一是做好提案题目的征集和初审工作,二是严格执行立案标准,三是科学确定重点提案;针对提案办理工作中出现的新情况、新问题,常委会不断创新工作思路,积极探索多种督办形式。采取了重点提案重点办理,民生提案集中办理,省、市、区关注的提案联合办理并逐件复查办理情况的工作形式;注重提案基础建设,服务意识进一步提升。完善了规章制度,加强了提案工作队伍建设,加大了提案工作宣传力度。

(朱佳音)

【海外联谊】 三次全会期间,邀请六国驻沈总领事旁听政协沈阳市十三届三次会议开幕大会。组织召开港澳委员座谈会,向委员们介绍沈阳市近年来的发展历程,针对委员们提出的意见和建议,与会政府领导进行了详细解答。

组织委员分别视察港澳企业、市法院、市公安局情报中心和指挥中心;应港澳委员要求和朝鲜"阿里郎"对外邀请委员会的邀请,组织部分港澳委员赴朝鲜访问;针对旅游业发展情况,组织30余名委员对苏家屯区马耳山生态旅游环境、农家院等进行视察;邀请部分委员召开以"推进旅游业健康发展,提高旅游业服务水平"为主题的反映社情民意座谈会,围绕推进旅游业健康发展,提高旅游业服务水平发表意见和建议,指出了旅游业发展的缺点和不足并提出了改进意见和办法；认真贯彻落实中央对台工作方针，加强与台湾各界人士的联系，先后组织两个团组分别就台湾现代服务业发展和妇女儿童福利事业发展情况赴台湾地区进行访问考察；全年共组织8个团组、27人赴境外考察访问，形成考察报告7份，共接待海外团组、海外朋友、海外客商67人次；先后参加“五侨”工作联席会议、沈阳市第七次归侨归眷代表大会、沈阳市侨青联成立大会、沈阳市侨界青年纪念“五四”运动联欢会等会议；加强与兄弟城市政协联系，赴阜新参加沈阳经济区政协港澳台侨外事委员会联席会议，赴葫芦岛参加辽宁省政协港澳台侨外事工作经验交流会议；组织委员捐资助学，奉献爱心，举行澳门委员向沈北新区虎石台镇中心小学捐赠电脑仪式；完成辽宁中部城市群政协港澳台侨和外事委员会工作网络平台的信息收录和处理工作。

开展对台资企业发展状况的调研活动。活动中，组织18位委员分别视察了沈阳金亚汽车传动轴有限公司和沈阳冠品木器有限公司两家台资企业；召开由部分委员、部分台资企业代表参加的台情通报会，市台办主要领导在情况通报中介绍了沈阳市台资企业发展的概况和利用台资的特点，并提出可促进台资企业发展的意见和建议；召开有9家台资企业代表参加的座谈会，与会企业代表分别介绍了各自的经营情况以及在经营中遇到的各种问题。经过历时3个多月的精心调研，形成调研报告报送政府相关部门，得到了市领导的高度重视。

（朱佳音）

民主党派和工商联

【中国国民党革命委员会沈阳市委员会】 参政议政。民革沈阳市委领导积极参加中共沈阳市委、市政府、市政协召开的各种协商会、座谈会、情况通报会、征求意见会，并在曾维书记主持的市委“十二五”规划征求建议座谈会上，提出可行性建议。参加了中共辽宁省委督察组来沈阳市检查指导多党合作制度建设工作座谈会、省委统战部调研党派代表人士队伍建设座谈会、沈阳市政协理论中心学习组就沈阳“十二五”规划的学习讨论会，在市政府领导关于城市建设卫生事业改革与发展及大浑南发展规划的通报座谈会上，民革市委领导提出了切实可行的建议。

民革沈阳市委紧密结合全市“十二五”规划的重点议题，全面开展议政调研，形成了一批有针对性，专业性较强的提案。其中，陈长兰执笔的《加强农村面源污染治理推进生态农业发展》，被确定为市政协全会的大会发言材料。王吉发执笔的《支持我市经济建设快速发展的融资体系的调研报告》，刘子江执笔的《我市应大力开发低碳肥料保护自然资源利用的建议》均已转化为政协会议提案。全年共完成了26篇调研报告，内容涉及城市管理、生态环境建设、农村经济发展、文化保护等方面。向市政协十三届三次会议提交集体提案15件，大会书面发言6件，其中《关于进一步加强我市城市规划管理工作的建议》作为大会发言。2件提案被列为市政协主席督办的重点提案。

社会服务。由民革沈阳市委推介的秸秆生物反应堆技术，为沈阳设施农业、高效农业增产增收，为沈阳市民更多地吃上生态绿色蔬菜发挥了应有的作用。民革沈阳音乐学院支部8位教授音乐送教下乡，采取集体授课与个别辅导相结合的方式，对法库县中小学音乐老师进行专业指导，提高了当地基层中小学音乐教师的教学水平和能力。民革皇姑区支部开展的支援新农村建设三下乡扶贫帮困活动也取得新的进展，为修铺公主屯镇沙石路捐赠1.2万元。为公主屯镇敬老院及何屯村村民共捐赠价值5000元的药品。

民革沈阳市委社会法制委员会自4月份成立以来，开展了多项调研与社会服务活动。考察了苏家屯区白清寨乡和辽中县杨士岗镇司法所。召开了以中小企业法律风险防范为主题的研讨会。青海玉树地震后，民革沈阳市委举行援助灾区捐款活动仪式。全市民革党员共计捐款19.13万元。

自身建设。民革沈阳市委坚持把思想建设放在首位，印发《民革沈阳市委关于落实民革中央关于开展深入学习和践行社会主义核心价值体系的通知》，对学习和践行社会主义核心价值体系活动进行部署。组织民革党员和机关干部开展学习“社会主义核心价值体系”活动。会同台盟、台联共同举办社会主义核心价值体系建设报告会，请市委党校教授进行专题辅导。全年共举行3次理论研讨。通过扎实有效地理论学习和研讨，使党员、干部深刻领会社会主义核心价值体系重大意义、科学内涵，增强了党员、干部学习和践行社会主义核心价值体系的自觉性和坚定性。全年举行理论研讨会3次，征文21篇，并在《沈阳民革》上刊载。

为纪念抗日战争胜利65周年，民革沈阳市委在全市民革党员中开展撰写纪念文章的征文活动，共征集文章20余篇，在《沈阳民革》杂志上刊载。在纪念抗美援朝作战60周年之际，组织机关干部到丹东市抗美援朝纪念馆参观学习。围绕2010年中心工作，突出主题，全面做好各项重点工作的宣传和报道，撰写各类信息报道稿件70余篇，其中被《团结报》采用7篇，《沈阳日报》采用5篇，《沈阳政协》采用13篇，《辽宁民革》采用35篇，《友报》采用3篇。

一年来，民革沈阳市委以夯实基层组织建设为重点，完成了于洪区支部、苏家屯区支部、沈阳音乐学院支部、沈阳铝镁设计研究院支部、机关支部、市红十字会医院支部、政府机关支部、沈阳师范大学支部8个支部的换届及和平区支部的届中调整工作。换届调整后的支部班子成员在年龄结构、届别、特色、代表性、参政能力等方面均有了不同程度提升，整体素质得到了加强。

全年发展新党员50人，100%具有大学及以上学历，其中博士学位3人、硕士学位13人，具有中级及以上职称占总人数64%（32）人，平均年龄39岁。通过举办民革新党员培训班，开展民革与中共合作史。学习践行社会主义核心价值观，公共礼仪及统战理论知识等讲座。进一步加强新党员和联系人士政治理论和思想素质。

对市级后备干部进行动态管理，加强了对后备干部吸纳、调整和推荐工作，年内民革沈阳市委新增补委员5名，其中常委3名，驻会副主委1名，为民革沈阳市委的届中调整和民革沈阳市委后备干部的推荐做了积极的组织准备。

在民革中央的表彰会议上，沈河区支部王丽萍获得全国优秀女党员荣誉称号，沈阳音乐学院支部获得全国先进基层组织荣誉称号，苏家屯区支部主委关英获得全国基层先进个人荣誉称号。在民革辽宁省委先进基层组织、基层工作先进个人的表彰会议上，沈河区支部等6个基层组织被授予“民革辽宁省委先进基层组织”，马妍等14位同志被授予“民革辽宁省委基层工作先进个人”。

祖国统一工作。民革沈阳市委始终坚决贯彻中共中央对台工作大政方针，把握大局、发挥优势、积极作为，使祖统工作呈现良好发展态势。民革沈阳市委坚持从自身特点和优势出发，加强对台交流交往工作，组织部分党员赴台湾进行考察交流，受到台湾华侨救国联合会、中华文化艺术发展促进会等多家单位的热情接待，进一步增强了对台湾的实地了解，增进了感情。民革沈阳市委主要领导先后接待了台湾中华全国理事长、中华海峡两岸企业交流协会理事长黄建雄和台湾花莲高等职业学院主管王秀梅女士，组织相关人员走访了永大制药等在沈台商企业，并着手开展在沈台商、台生的调研工作，产生了良好效果。为做好对台民间交流工作起到了积极的促进作用。

（蔡金峰）

【中国民主同盟沈阳市委员会】 思想建设。民盟市委继续开展树立和践行社会主义核心价值体系活动。下发辅导读本，在“沈阳民盟网”开设相关“学习专栏”，邀请中共市委党校教授作专题讲座。各基层组织和专委会分别组织盟员观看《宣讲报告光盘》、举行座谈会、交流会。通过学习，全体盟员更加深刻领会了社会主义核心价值体系的科学内涵与精神实质。全市盟组织通过认真学习中共十七届五中全会精神，了解掌握了我国“十二五”经济社会发展的主题、主线和目标任务，明确了民盟工作的方向和重点，坚持把促进科学发展作为参政议政的第一要务，围绕中心、服务大局的责任意识进一步增强。全市盟组织以陈温福院士为榜样，掀起学习热潮。举行多党合作大型历史题材电视剧《民主之澜》观后感座谈会，“重温民盟光荣历史，追怀先辈贤达精神”，使树立和践行活动既有先进理论引领，又有前辈风范激励和身边优秀盟员事迹启迪，广大盟员为多党合作事业奋斗的信念更加坚定。

组织建设。民盟市委注重加强领导班子建设，领导班子开拓进取，率先垂范，讲政治、讲学习、讲大局，坚持主委会专题学习制度，坚持民主集中制，坚持联系基层，坚持深入调研，班子整体合力和凝聚力进一步增强。2010年，是民盟市委基层组织换届年。民盟市委首次制定操作性较强的实施方案指导基层换届工作。邀请全市各区党委统战部部长进行座谈。主委会对基层组织推荐人选逐个研究。市盟组织部及时与每个基层及所在单位党委协商沟通、精心指导，一批有代表性的素质好、德才兼备、年富力强的盟务工作骨干充实到各基层领导班子，全市基层组织换届任务圆满完成。这次换届圆满解决了新形势下基层组织建设与发展活力的许多问题。因转轨转制多年停止活动的3个企业支部重组后呈现生机，东北制药集团盟支部吸收新鲜血液后恢复活动，规模较大的2个综合支部重组为6个综合支部更具活力，新组建了沈阳体育学院盟支部和市第七医院盟支部筹委会。全市基层盟组织已达到54个，基层组织建设与发展步入了一个新阶段。民盟市委坚持“人才兴盟”战略。全年，共发展新盟员200人，年发展总数继续保持全省民盟第一。年发展率7.1%，同比高1个百分点，净增率为4.9%。高、中级职称占62.4%，同比高1.6个百分点。硕士以上学历占21%，同比高2.5个百分点。截至2010年底，全市盟员达到2936人，盟员总体素质稳中有升。

参政议政。民盟市委恪尽职守，积极参与政治协商，咨政建言。市、区、高校各级盟组织围绕全市“调结构、优环境、惠民生”的中心任务，继续在民主协商中发挥重要作用。市盟领导参加中共市委、市政府举行的民主协商、情况通报、专题座谈、人事推荐会及市政协各种会议和活动20余次，分别就制定沈阳市“十二五”规划的建议和规划纲要，经济社会发展、关注民生、深化医疗卫生改革、保障食品药品安全、城市重大项目建设等方面建诤言、献良策，为市委、市政府科学决策提供了重要参考。严把提案质量关，在市政协十三届三次全会上，民盟市委提交高质量提案15件，向省政协全会提交提案1件。《关于促进我市农村土地承包经营权流转的建议》等5项市政协大会发言转为提案，其中有3件被列为重点提案，受到政府及主管部门的高度重视和积极承办。《关于促进我市生产性服务业发展的对策建议》被评为年度优秀提案；21名盟员市政协委员，提交大会书面发言和提案35份。其中《关于构建综合交通信息平台，解决我市交通拥堵问题的建议》在市委、市政府《决策咨询》上刊登，中共市委曾维书记批示有关领导阅研。发挥联合调研优势，与市政协人资环委、经济委就中共市委、市政府提出的“创建沈阳市环境建设样板城”和“大力发展沈阳市现代服务业”两大课题，组织盟员到大连开发区调研，盟员专家参与市政协赴日本和南方考察，撰写出《关于我市生态工业园建设及主导产业发展》和《关于加快发展现代金融服务业》专题调研报告，分别在两次市政协常委会上作大会发言。民盟市委与人资环委共同撰写了《对我市“十二五”期间城市规划的建议》，被相关部门纳入实施方案。民盟市委充分发挥监督作用，积极支持省、市、区盟员人大代表、政协委员对议案、提案办理单位落实情况进行跟踪考察。担任各级特邀监督员的盟员，认真参加特邀部门和窗口服务单位的民主监督工作，明察暗访，客观评议，用实际行动促进了行风、政风的好转。3名盟员市政协委员被评为年度优秀民主监督员。

社会服务。民盟市委与康平县人民政府“共建服务社会主义新农村活动基地”，开创了服务新农村建设的新模式。市盟先后5次赴康平开展医疗义诊、举行农业科技讲座、高考辅导讲座及考前心理辅导活动和建立流动图书站。协调省民委领导对康平县沙金台4个少数民族乡实地考察，给予资金扶持。为庆祝新中国成立61周年，举办了“喜迎国庆——沈阳民盟走进康平”的大型文艺演出，深受康平县委、县政府和广大群众的欢迎和称赞。全市各级民盟组织发挥专业特色优势，继续深入开展“四个一”和“烛光行动”活动，全年十余次进农村、进社区开展社会服务活动。民盟市委与本溪民盟市委联合，赴本溪张琪寨乡为当地群众义诊。中国医大一院盟支部、辽宁省肿瘤医院盟支部分别赴西丰县、义县农村开展义诊。沈阳农业大学盟委会到本溪、开原举办“送农业科技知识下乡活动”。辽宁省图书馆盟支部先后携带图书和期刊，到清河、灯塔、宽甸县等乡设立图书流动站，进行赠书活动。沈阳药科大学盟委会继续将市儿童福利院作为“四个一”活动基地。辽宁中医药大学盟支部走进皇姑区克俭社区为居民义诊。于洪区盟委会实施“四个一百”计划，资助贫困学生41名，救助贫困家庭46户，解决失业人员156人，安排下岗再就业人员102人。众多盟员艺术家积极参加沈阳市艺术惠民常态公益演出。沈河区盟委会深入开展“农村教育烛光行动”，组织市第七中学及文艺一校与辽中县杨士岗学校“手拉手结对子”，举行多项教学工作展示，上述活动进一步扩大了民盟的社会影响。

（白艳立）

【中国民主建国会沈阳市委员会】 自身建设。2010年，民建沈阳市委以纪念民建成立65周年，市委会成立55周年为契机，组织民建全市各级组织开展了“弘扬民建优良传统，努力践行社会主义核心价值体系”与追思、学习民建老一辈创始人相结合的系列学习教育活动。

首次组织拍摄了纪念专题片《弘扬与传承》，在召开的民建成立65周年暨民建沈阳市委会成立55周年纪念大会上播出，同时举办了纪念图片展。市委会加强了理论研究工作，向民建中央报送自身建设理论研究课题5篇；向民建省委会和中共沈阳市委统战部报送理论研究课题7篇，其中《统一战线工作科学化问题研究》一文，荣获全市统战理论研究重点课题优秀成果二等奖。

市委会加强了宣传力度，《沈阳民建》会刊实行直接邮寄给会员的方式，使发放量比过去增加了近一倍。市委会报送的稿件先后被民建中央网站采用13篇，《辽宁民建》采用12篇，中共沈阳市委统战部同舟网采用27篇，报送民建辽宁省委网站22篇。

市委会加强了组织工作的制度化和规范化，制发了《民建沈阳市委关于加强组织工作管理的通知》、《民建沈阳市委各级组织、专委会换届工作实施意见》。对支部进行了调整，由54个调整为85个。全年共发展79名会员，会员人数已达1925人。会员中各级人大代表41人、政协委员187人。有2个民建支部被民建中央授予全国先进基层组织光荣称号；有6名会员被授予全国优秀会员光荣称号。有8个基层组织和18名会员被民建辽宁省委评为“辽宁省基层组织建设工作先进集体”和“基层组织建设优秀会员”。民建沈阳市委和6个基层组织被民建辽宁省委评为2002－2009年“三农”和“四个一”活动先进集体，18名会员被评为“三农”和“四个一”活动先进个人。

市委会建立了会员服务平台，创刊印发了民建市委《工作动态》，建立了会员之家QQ群，网站新设立会员专区和民建市委社会服务品牌工程专区。开展了与省内外各兄弟市民建机关的交流活动。8月，首次参加了在乌鲁木齐举办的2010年民建地方组织交流协作年会，并成为正式成员单位。

参政议政。市委会的参政议政工作达到了新水平。12月1日，民建市委主要领导亲自参加了中共沈阳市委召开的党外人士座谈会，代表市民建就中共沈阳市委“十二五”规划征求意见稿提出了相关意见和建议。

全年，市委会共收到34件意见和建议，其中6件整理为市委会的集体提案。各基层组织共撰写提案、建议、意见160余件。整理报送社情民意信息75篇，其中9篇被民建中央、省政协、省委统战部采用。市委会的《关于推行沈阳市公交一卡通的建议》和《关于完善廉租住房准入标准的建议》被市政协列为重点提案，受到市委、市政府的重视。《关于完善廉租住房准入标准的建议》被做为市政协主席督办提案，促进和推动了新实施细则修订和出台。

市委会有4篇论文在民建中央举办的2010’中国（陕西）非公有制经济发展论坛获奖，二等奖一名、优秀奖三名。市委会撰写的“关于提升我国非公有制企业跨国并购效率的对策探析”的建议被民建中央采纳并被推荐为全国政协十一届三次会议大会发言，这是近年来全省唯一被选为民建中央参加全国政协会议大会发言的建议。首次参加了民建全国参政议政会议。

文明建设服务工作。民建市委首次启动以“保护地球、守卫家园”为主题的社会服务品牌工程。经十二届五次常委会研究决定，参与省级重点工程“引辽济湖”河道规划部分造林工程。此项活动得到了民建省委和中共沈阳市委的充分肯定和高度评价，《人民政协报》、民建中央网站和市委统战部同舟网等做了专门报道。市委会班子带头，基层组织和广大会员积极响应。已有500多人参与捐款40多万元。会员郑广文捐款10.1万元，周广军、黎明、王贵虹、王静波各捐2万元，李宏、白冰、赵准林各捐款1万元。

市委会领导出面协调，成功促成了金廊工程——世贸广场项目的收购。2月，市委会领导赴温州协助法库县政府开展招商引资活动。3月市委会协办法库东湖新城项目推介活动，组织会员企业家进行有针对性的考察。

7月、11月先后两次召开了“营口银行沈阳分行与沈阳民建企业家会员座谈会”，有近60名会员参加了座谈，部分会员企业已成功办理了项目贷款。

协助会员企业新大地集团举办“中国（沈阳）首届国际树莓节”。成功地促成了北京新奥顿科技发展公司投资5000万元与该集团合资建厂、促成了黑龙江尚志绿野浆果有限责任公司与该集团易货和品牌共享的合作协议。

积极回报社会，为灾区同胞奉献爱心。市委会领导班子带头，机关全体同志和广大会员积极响应，踊跃为青海玉树大地震、甘肃舟曲特大泥石流灾害受灾同胞捐款捐物。5月7日，市委会组织会员为在沈阳翔宇中学就读的玉树灾区学生提供资助。

（祁　瑶）

【中国民主促进会沈阳市委员会】 思想建设为先导，打造学习型参政党地方组织。

2010年，民进沈阳市委把开展社会主义核心价值体系主题教育活动作为打牢思想基础、加强自身建设的重要内容，积极开展学习型参政党地方组织建设，不断强化会员的政治意识和责任意识，思想建设扎实有效。

一是深入开展社会主义核心价值体系“学与行”活动。认真贯彻落实民进中央《关于树立和践行社会主义核心价值体系，推进学习型参政党建设的意见》和中共辽宁省委统战部《关于统一战线深入开展“社会主义核心价值体系学与行”活动的意见》，制订了《民进沈阳市委关于深入开展社会主义核心价值体系学习教育活动方案》和《民进沈阳市委关于深入开展“社会主义核心价值体系学与行”活动的方案》，编印了《社会主义核心价值体系学习读本》、《会员知识学习问答简明读本》，积极推进社会主义核心价值体系学习教育活动的开展。二是将社会主义核心价值体系“学与行”融入活动之中。通过开展向霍懋征、沈浩同志学习，参加《六个为什么》知识问答，举办经济形势报告会、庆祝教师节、知识竞赛、演讲等活动，进一步将社会主义核心价值体系学习教育活动引向深入；以庆祝中国民主促进会成立65周年为契机，开展“爱岗敬业、争先创优”和“纪念民进成立65周年”征文活动，征集文章75篇，进一步激发了广大会员热爱民进、立足本职、争创一流工作业绩的进取精神。和平区工委等基层组织举办了社会主义核心价值体系学习会、座谈会，并结合基层工作贯彻落实。三是宣传信息工作再上新台阶。出版《沈阳民进》4期、《沈阳民进信息简报》6期，及时宣传报道各级组织和会员的工作动态和先进事迹，得到基层会员肯定。在《人民政协报》、《沈阳日报》、《沈阳政协》、民进中央网站、沈阳同舟网等媒体发表文章47篇，向各级部门报送信息279条，实现了历史性突破。在2010年度沈阳市统战系统宣传工作评比中遥遥领先。四是会史撰写工作取得阶段性成果。结合纪念民进成立65周年，启动了《沈阳民进六十年》第二卷风采篇编撰工作，沈阳民进会史部分已完成文革前的资料整理，各工委基本完成，33个基层支部完成会史沿革框架的撰写，415名会员完成风采篇的撰写。

以基层组织换届为契机，争创全国先进地方组织。一是开展争创先进活动，推动组织建设再上新台阶。认真贯彻落实民进中央关于创建全国先进地方组织和基层组织活动的部署，制订了《民进沈阳市委争创全国先进基层组织活动实施方案》，广泛动员各基层组织和广大会员，把基层组织换届工作与争创工作结合起来，优化基层组织结构，加强基层组织建设，并取得可喜的成绩。民进沈阳市委荣获全国先进地方组织称号，这是沈阳民进首次获得全国先进地方组织殊荣。民进辽宁中医药大学支部荣获全国先进基层组织称号。二是大力表彰先进，以典型推动基层组织建设。通过2008－2009年度“一先一优”总结评比，树立典型、鼓励先进，对22个先进基层组织和188名优秀会员进行了表彰，首次授予王健等10名同志为“十佳会员”称号。并向民进省委推荐23个民进辽宁省2008－2009年度先进支部、42名优秀会员。三是加强培训学习，提高会员整体素质。为贯彻落实民进中央“树立和践行社会主义核心价值体系、建设学习型参政党”活动的意见，全面提高各级领导班子整体素质，切实加强沈阳民进各项工作，举办了市委委员培训班、会友培训班，结合树立和践行社会主义核心价值体系活动进行专题讲座。举办基层干部培训班，就换届后基层组织如何开展工作进行系统的会务知识培训。举办会友培训班，组织会友系统学习会章、会史和统战理论知识，提高新成员的政治素质，为他们在今后的学习、工作中发挥民进会员作用奠定基础。四是抓好换届调整，推进基层组织建设。已完成81个基层组织换届工作，占应进行换届基层组织的73.6%。结合工作实际，合理调整基层组织，为会员发挥作用，打造良好平台。成立了民进沈河区少年宫、沈阳市培英中学、市委直属第七、第八、第九、第十联合支部。结合基层组织建设实际，撤消了民进沈阳市电力学校、政法学校、沈阳市第160中学支部，对民进沈阳市行政联合等7个支部进行了人员调整和更名，将民进东陵区联合支部划分为民进东陵区第一、第二联合支部。截至2010年底，全市共有支部124个。五是稳妥发展会员，为组织补充新鲜血液。进一步完善会员发展工作，按照民进市委发展会员工作实施细则的要求，坚持入会前谈话、考核、培训、考试等工作程序，严把入口关，确保会员的整体素质。全年发展会员109人，平均年龄36岁，大学以上学历107人，占总数的98%；中级以上职称83人，占总数的90%；从界别构成来看，教育界占74%，文化艺术界占5%，其他占21%。截至2010年底，全市会员总数已达到2158人。六是强化制度建设，使基层组织建设规范化。为进一步规范基层支部开展会务工作，市委会要求各基层支部建立相关工作制度，并将其作为评选先进的硬性标准。经过一年的努力，各个支部基本建立健全了相关工作制度，如议事制度、学习制度、联系制度、档案管理制度等，并在执行过程中不断完善，确保了各项会务工作有章可循、有据可依，步入制度化、规范化的轨道。七是继承光荣传统，加强对离退休会员的关爱。将离退休会员优抚慰问工作纳入了重要日程，先后走访探望了老领导、老会员10余人。通过举办老同志团拜会、教师节中秋节采摘等一系列活动，加大对老会员的关爱力度。各基层组织也都按照市委会要求，在重要节日前夕慰问、问候老会员，使老会员感到组织的温暖和关怀。

以注重实效为着力点，提升建言献策质量和水平。一是积极参与政治协商。民进市委领导高度重视并积极参与中共市委、市政府、市政协以及统战部等方面组织的情况通报、座谈、协商和视察、考察等活动。在中共市委召开的座谈会上，市委会领导就如何扶助中小企业、科学招商引资、城市道路快速交通系统建设、社区建设等方面提出了建议；在市法院廉政建设工作座谈会上，市委会领导围绕加强法院廉政建设等方面进行发言，就立案工作如何便民等问题提出建议，促进了相关工作的开展。在政协全会联组讨论和专题协商过程中，民进市委领导积极鼓励会员中的政协委员，认真把握与市领导直接对话的机会，贡献真知灼见，反映社情民意，并给予具体指导。担任市政协委员的民进会员也积极参与协商活动。田力和王健在市政协召开的市公安局提案二次办理集中答复协商会上，积极发言，提出了改进工作的意见建议。二是民主监督扎实有效。民进市委联合市政协教科文卫体委员会开展了沈阳市职业教育民主评议工作,这不仅是民进市委履行民主监督职能的一种新尝试,也增强了民主监督工作的实效性。通过听取市教育部门关于职业教育工作情况通报,多次组织召开座谈会,听取对职校教师队伍建设、教材编制与使用、办学条件、就业与创业等评价意见建议,实地视察市旅游学校和化工学校,组织政协委员及民进会员走进课堂试听等活动,征求不同层面人群的意见,最终形成了《民主评议我市职业教育工作情况报告》及出版了《沈阳市职业教育工作研究》,报送市政府及相关部门。

民进市委推荐的13名从事职业教育工作的民进会员全程参与评议活动;时洪和赵海千2名会员执笔了4个评议方面中2个评议报告;王蔚等9名会员积极参与投稿,其稿件被收录在《沈阳市职业教育工作研究》文集中。三是深入开展重点课题调研。首先以《沈阳市职业教育发展情况调研》为重点调研课题,采取外学内看的方式,听取各方意见,先后赴南京、无锡两市调研考察,形成了较为翔实的调研报告,受到有关部门的肯定。同时还完成了《加大投入,强化管理,促进城乡学前教育科学发展》的调研报告。两份报告均整理为政协大会发言材料和提案。为迎接十二届全运会的召开,民进市委将沈阳市体育产业发展纳入专项调研,为进一步推动全市体育产业发展提出科学、合理的建议。四是认真抓好提案工作。在市政协十三届三次会议上,市委会提交大会发言9篇,提案16件,转为政协委员提案9件,提交民进省委提案素材2件。同时,全面落实《民进沈阳市委关于开展提案征集工作的通知》精神,进行广泛动员,积极报送提案素材。议政调研部组织人力对所征集到的提案素材进行整理,筹备提交2011年初召开的市政协全会的大会发言及提案。召开参政议政表彰大会,对70名在参政议政工作中表现突出的会员进行表彰,获奖代表作了参政议政工作经验交流。五是社情民意信息工作有突破。全年上报社情民意信息100件,其中《进一步加强对失地农民职业技术培训》、《限制超时工作,增加就业机会》、《关于对儿童消费品实行限价的建议》和《倡导中小学生祭扫烈士墓》等已被《人民政协报》登载,在民进省委反映社情民意信息采用情况中,民进沈阳市委位居全省前列。

以服务社会为宗旨,做强做大社会服务工作。一是"三下乡"活动持续开展。为提升全市农村中小学教育教学水平,组织新民市柳河沟中心校教师到相关学校听课学习,受到该校教师的好评。市第七中学、朝阳一校等支部参与接待工作;组织会内医务界专家分别为沈阳市回民幼儿园的小朋友和苏家屯区当地农民进行义诊咨询。辽宁中医药大学、苏家屯区等支部参加了这次活动;"六一"前夕,民进市委分别在地一大道鞋城和鲁园古玩市场举办庆"六一"主题活动。与沈阳市福利院的儿童联欢,来自不同学校的少年儿童书画爱好者在百米长卷的画布上抒发热爱祖国、热爱生活的真挚情感。市教研室、市经济联合等支部参与承办了此次活动。二是扶贫助学活动蓬勃开展。积极参与"大手牵小手,爱心1+1"扶贫助学活动,制订了6年扶助规划,扶助5040名小学生。现有18个基层组织和47名会员报名参加此项活动,并捐款捐物,第一阶段募集资金2.43万元,筹集衣物、书籍、学习用品、保险费折合人民币81万元,与新民市柳河沟中心学校的50名贫困学生结成帮扶对子。青海玉树地震发生后,民进沈阳市委各基层组织、广大会员和机关干部对灾情极为关注,积极行动,慷慨解囊,为地震灾区捐款18万余元。三是招商引资工作又有新突破。民进市委广开渠道,群策群力,建立了以代锡奇、姜丽萍、袁庆伟、王秀绣等会员为骨干的招商引资队伍,引进项目2个,资金达6500万元人民币和3000万美元。沈河、大东、和平、皇姑、铁西5区及职教等工委,妇女儿童、文化艺术委员会及外事服务学校、汽车工程学校等支部也分别开展了慰问演出、中高考咨询、捐贫助学、送教下乡等活动。

以制度建设为保障,切实提高机关服务水平。一是修订完善制度。修订完善了机关各项规章制度,制订了个人岗位责任制,加强制度化、规范化建设,不断改进机关作风,提高机关工作效率,促进机关工作创新。将各部室所发文件资料汇编成册,进一步促进机关工作有序化开展。二是加强理论学习。通过参加全省民进机关干部培训和每周三的学习,不断提高机关干部的理论素养和业务能力,努力打造学习型机关,形成了务实高效、团结和谐的机关工作氛围。三是开展调研、交流活动。结合参政议政有关课题,组织机关干部到外地进行调研考察,了解兄弟省、市城市建设情况,有力地推动了调研课题的完成。与哈尔滨、长春、大连等市民进组织进行横向交流,互相取长补短,共同进步。

(刘庆国)

【中国农工民主党沈阳市委员会】 2010年,农工党沈阳市委主要领导积极参加中共沈阳市委、市政府、市政协举行的民主协商会、座谈会、情况通报会,就全市大政方针及重大决策讨论协商,针对"十二五"规划的制定提出了意见和建议,其中对急救医疗服务体系建设提出具体意见取得了很好的效果。年初下发《关于表彰2008——2009年度调研和提案工作先进个人的决定》,对李铁男等17名参政议政工作成绩突出党员给予表彰。

创新工作模式,开展建议出台社会急救医疗服务管理地方法规的立法调研工作。农工党市委积极与市人大常委会沟通联系,并在市人大法制委员会的大力支持和帮助下,充分发挥农工党优势,在赵午主委和王莉副主委的带领下,多次组织相关专家学者参与《沈阳市社会急救医疗服务管理条例》的立法调研工作,提出立法建议,并报到市有关部门。此项工作不但为完善沈阳市急救医疗保障体系建设做出了贡献,同时也是创新丰富民主党派工作内容的一次有益尝试。

充分发挥在人民政协中的作用。出席政协沈阳市第十三届委员会第三次会议的农工党政协委员肩负全市农工党员的重托,以饱满的政治热情、高度的责任感和强烈的使命感,认真履行政治协商、民主监督、参政议政职能,赵午主委代表农工党市委作了题为《新医改应对涉及百姓的基本医疗服务加大投入和补偿》的大会发言。农工党市委向大会提交了《关于如何确保城市医改成功实施及加大对基本医疗服务补偿和投入的建议》、《关于加大公务用车制度改革力度的建议》、《关于控制我市农村面源污染的建议》、《关于在我市建立农产品无害化处理场所的建议》、《关于加强我市未成年人心理健康工作的建议》、《关于建立沈阳市公共安全教育馆的建议》、《关于加强职业病防治工作的几点建议》、《关于完善医疗纠纷解决机制的建议》、《关于加大政府实施出生缺陷干预工程力度的建议》等9件提案。其中,《关于加大政府实施出生缺陷干预工程力度的建议》,是与市政协教科文卫体委员会的联合提案;《关于确保城市医改成功实施及加大对基本医疗服务补偿和投入的建议》、《关于加大政府实施出生缺陷干预工程力度的建议》两件提案,被确定为市政协重点提案。除《新医改应对涉及百姓的基本医疗服务加大投入和补偿》的大会发言外,另有5篇作为市委会向大会提交的书面发言,并选入《大会发言汇编》。农工党市委提交的《关于加强农村饮水卫生安全,保障农民群众身体健康的建议》和《关于搞好沈阳地铁运营规划的建议》两件提案,被沈阳市政协评为2008——2009年度优秀提案,受到了表彰。

积极开展专题调研,为"十二五"规划建言献策。根据《中共中央办公厅关于对中央制定"十二五"规划建议问题进行调研的通知》要求,中央调研组于4月20日至21日来辽宁省就中央制定"十二五"规划建议问题进行调研,期间陈政高省长邀请全市工人、农民、教师、卫生和文化工作者5位代表参加会议,听取沈阳市有关方面对中共中央制定"十二五"规划的意见和建议,李铁男副主委作为全市卫生系统代表参加会议,并作了精彩的发言,受到了中央调研组的充分肯定和高度评价,这也是沈阳市农工党员参加的谋划"十二五"发展的最高规格的会议。同时,与市政协教科文卫体委员会联合举行"如何加大沈阳市基本医疗服务暨公立医院财政投入"专题研讨会,组织部分医药卫生界政协委员和农工党员视察药品、医疗器械市场发展情况。积极参加市政协现代服务业发展调研,党员赵永会和刘华英分别撰写了《强化品牌战略,壮大龙头企业,完善质量安全体系——沈阳市农副产品流通体系建设的调研及几点思考》和《关于加快推进我市现代服务业发展的建议》,并被收入《市政协十三届十七次常委会议协商讨论文集》中。

开展"两个一"活动,积极反映社情民意。2010年,各基层支部及广大党员积极响应"人人提出一条有价值的信息,人人提出一件高质量的提案或建议"为主题的"两个一"活动的号召,全年先后收到33个支部、60名党员报送的95条信息、12条建议和13件提案。其中,有5篇社情民意信息被农工党中央和省政协采用。被农工党中央社情民意信息专报采用的是,赵午提出的《关于加强职业病防治工作的几点建议》、郭书海提出的《"十二五"期间国家应加强钢铁冶金城市多环芳烃污染的防治工作》、李悦提出的《在全国范围内加快推行"银发事业"的建议》和陆啸提出的《广播电台虚假药品广告泛滥应当规范》等4篇社情民意信息;被辽宁省政协信息专报采用的是,张麓曾副主委提出的《关于对我省医保部门特病规定的意见》。

以纪念中国农工民主党建党80周年为契机,积极开展树立和践行社会主义核心价值体系学习教育活动。一是把思想建设作为政治交接和自身建设的核心,制订下发《关于树立和践行社会主义核心价值体系三年工作规划》、《关于深入开展树立和践行社会主义核心价值体系学习教育活动的通知》,在《沈阳农工》开辟"纪念建党80周年"和"学习践行社会主义核心价值观"专栏,着力建设政治交接的长效机制。二是隆重召开纪念建党80周年座谈会。与会人员观看了肝胆铸春秋——风雨同舟向前进的党史资料片,不断增强发展中国特色社会主义的政治共识。三是举行树立和践行社会主义核心价值体系知识竞赛和基层干部培训班。把树立和践行社会主义核心价值体系作为中国特色社会主义主题学习教育活动的深化和延伸,周密组织全市各基层支部积极踊跃参加纪念建党80周年知识竞赛,请省委会副主委、辽宁社会科学院社会学研究所所长沈殿忠做了《在民主党派自身建设中进一步学习践行社会主义核心价值体系》的报告。四是加强时事任务教育。与省委会联合举行学习传达贯彻全国"两会"精神报告会,金国生主委传达了十一届全国人大三次会议和全国政协十一届三次会议精神。社会服务工作委员会组织全体委员赴南京祭扫农工党革命先烈——邓演达烈士墓,进行爱国主义教育和农工党传统教育。为纪念抗日战争胜利65周年,赵午主委带领机关干部和部分农工党员参观"九一八"历史博物馆,进行爱国主义教育。五是在省委会举行的纪念建党80周年大会上,市委会领导班子和全体机关同志表演的诗朗诵《乘风破浪的航船》博得全场阵阵掌声。农工党沈阳市委荣获"农工党辽宁省宣传思想工作先进市委会"称号;农工党沈阳药科大学支部等9个集体、张麓曾等14名个人,荣获"农工党辽宁省宣传思想工作先进集体"和"农工党辽宁省宣传思想工作先进个人"称号。六是不断加大新闻宣传工作力度。动员社会力量创作讴歌农工党的诗朗诵作品,收到良好的社会效果。加强与新闻媒体的沟通联系,沈阳日报和沈阳电视台等主流媒体16次报道农工党的会议和活动情况,扩大了农工党的社会影响。创新工作思路,在党派机关中率先制作农工党活动风采大型展板。党员张麓曾、胡胜、赵春杰,在《前进论坛》发表了多篇文章;年内,《辽宁农工》刊载党员撰写文章20篇,刊载数量居全省各市委会之首。

以领导班子建设为主线,全面推进组织建设。一是圆满完成了驻会副主委调整的任务,顺利实现了领导班子的政治交接,充分体现了农工党沈阳市委领导班子的团结和谐。二是认真贯彻民主集中制原则和《各民主党派关于加强地方组织领导班子建设座谈会纪要》精神,建立了集体领导和分工负责制、会议通报制度、领导干部述职和民主评议制度。三是以支部换届为契机,切实加强基层组织建设。年内,完成了辽宁省人民医院、鲁迅美术学院、辽宁省食品药品监督管理局、沈阳医学院奉天医院、沈阳市第四人民医院和沈阳市第六人民医院等6个支部换届工作,对大东区、铁西区、科教等3个支部进行了届中调整。四是坚持标准,认真做好组织发展工作。全年,新发展党员55名,一批政治素质高、业务能力强、学术水平较高的代表人士加入农工党。举办了新党员学习班，组织观看农工党党史和多党合作优良传统教育的多媒体宣教片，增强党员对农工党奋斗历程和优良传统了解和认识。

发挥医药卫生界别优势，大力开展社会服务工作。按照“发挥优势，量力而行，尽力而为”的原则，积极开展社会服务活动，农工党市委被农工党中央授予“社会服务工作先进市级组织”，邵永新副主委被农工党中央授予“全国社会服务先进个人”。农工党市委与省委会共同组织苏家屯区等5个支部的17名党员医疗专家，在苏家屯区湖西街道举办了第三届“中国环境与健康宣传周”大型义诊和健康咨询服务活动，服务群众200多人次。第二十二届“国际科学与和平周”期间，与省委会在沈阳市兴隆大家庭商业广场举办绿色食品蔬菜检测咨询及健康义诊活动，组织10名党员医疗专家，邀请沈阳市绿色食品管理办公室专家，服务群众500多人次，向群众赠送“健康生活与饮食知识”读物手册500余份，受到群众欢迎。一年来，发挥在医药方面智力优势，大力开展扶贫助学、送医送药、三下乡等社会服务活动，捐赠药品和医疗器械价值2万多元，服务群众近200人。积极支持玉树抗震救灾，为灾区共捐款4.48万元。

以新任驻会副主委上任为契机，推动和谐机关建设。创建学习型、服务型党派机关，建立了理论学习演讲制度，新任驻会副主委王莉亲自带头演讲，为机关营造了努力学习政治理论、提高自身素质、积极奋进的工作氛围。结合机关实际，完善工作规章制度，制定了《农工党沈阳市委公章使用管理规定》、《农工党沈阳市委文件制发规定》、《农工党沈阳市委固定资产及办公用品管理规定》及《农工党沈阳市委机关工作人员联系基层组织管理办法》，并征求意见修改后实施，有力保障了机关各项工作的顺利开展。

推动广大党员爱国敬业，建功立业。农工党沈阳市委副主委、市第七医院院长李铁男，荣膺第七届“中国医师奖”，是沈阳医师协会选送、惟一获得第七届“中国医师奖”的沈阳医师。在2010年9月召开的第五次全国卫生援藏工作座谈会上，农工党员张巍然被评为“全国卫生援藏工作先进个人”，卫生部党组书记张茅亲自为其颁奖。农工党沈阳市委委员、中国科学院沈阳应用生态研究所环境中心主任、研究员郭书海，入选“新世纪百千万人才工程”国家级人选。沈北新区招商局局长穆卫东，被市人民政府授予“沈阳市劳动模范”称号。中国医科大学物理与生物物理教研室副主任俞航副教授和沈阳市精神卫生中心科教科科长刘长辉，荣获2010年度沈阳“五一”劳动奖章。农工党沈阳市委副主委、辽宁中沈医药新产品有限公司董事长夏云梅，被授予沈阳市“三八红旗手”荣誉称号。中国医科大学附属第一医院乳腺外科副主任、肿瘤研究所第一研究室副主任，教授，主任医师，博士生导师郑新宇，入选辽宁省百千万人才工程百人层次。沈阳大学教授齐淑艳主持的“牛膝菊入侵过程的分子生态机制研究”项目，获得国家自然科学基金。中国医科大学副教授刘红波，也获国家自然科学基金一项。中国医科大学教授庞灏，获2010年国家教育部博士点基金一项。辽宁卫生职工职业技术学院教授张军的科研项目“小儿驱铅技术性研究”，荣获辽宁省科技进步二等奖。

（王　勇）

【中国致公党沈阳市委员会】　参政议政。2010年，在市政协十三届三次全会上，致公市委及22名市政协委员提交提案58件，其中市委会集体提案11件。5件集体提案作为市委大会发言，其中《关于创建有特色的生态城市与全国环境建设样板城市的意见和建议》在大会上发表；《关于创建有特色生态城市与全国环境建设样板城市的意见和建议》、《关于将我市建设成“低碳型城市”的建议》、《关于发展沈阳区域资本市场，助推东北金融中心建设的建议》等3件被市政协评为重点提案；《关于发展沈阳区域资本市场，助推东北金融中心建设的建议》提交全国政协十一届三次会议；9件集体提案报送本党省委。在市人大十四届三次会议上，6名市人大代表提出建议16件。2010年，致公市委参与市政协组织的民主评议法院立案工作的调研活动。尉建新副主委任第一调研组长，合作完成《关于我市法院立案工作专题调研报告》；参与市政协组织的“关于现代服务业与城市经济发展”的调研，提交《发挥沈阳地域优势，加速东北“物流信息中心”建设》的调研报告；完成中共市委政策研究室安排的关于《学习川崎经验，创建有特色的生态城市与全国环境建设样板城市的思考》的调研报告；参与推动人民政协理论创新、制度创新、工作创新为主题的理论研究，完成《开展政协民主监督工作关键在创新》、《锐意创新是人民政协事业发展的不竭动力》、《试论民主党派在人民政协中的作用与地位》等3篇理论文章。

民主监督。2010年，市委领导参加中共市委、市政府、市政协、市委统战部召开的协商会、座谈会、通报会20多次，就重大事项、重要人事安排、重要工作提出意见和建议，为党委和政府科学决策提供了参考。本党党员中的特邀监察员、社会监督员认真履行职责，积极参与民主监督活动并提出了许多好的意见和建议。

自身建设。一是围绕开展社会主义核心价值体系学习实践，推动基层组织建设年活动的开展。全年召开2次主副委会、1次常委会、2次全委会议。学习传达本党中央和省委《关于树立和践行社会主义核心价值体系，推进本党基层组织建设的通知》。下发“关于开展本党基层组织建设年和树立践行社会主义核心价值体系活动的通知及实施意见”。为班子成员、机关干部及23个基层组织发放《社会主义核心价值体系学习读本》。举办基层组织建设工作经验交流研讨班，市委直属二支部等6个支部做大会发言，其他支部做书面交流。与民进市委、省美协、沈阳鲁园古玩城等9家单位联合举办第三届“为了孩子快乐成长”书画义卖，善款捐赠给高明实验学校的贫困学生。参政议政委员会举办2010年度参政议政表彰会暨新春联欢会。妇女工作委员会举办“优雅地生活，快乐地工作”“三八”妇女节联谊会。老年工作委员会组织老党员参观沈阳市春晖学校、铁西工人村生活馆和铸造博物馆。二是立足基层组织建设年，不断完善基层组织建设。制定基层组织换届标准程序，在皇姑支部换届中首次采用新程序，完成辽宁中医药大学、沈阳体育学院、皇姑区等支部换届，将市委直属第二支部调整划分为3个支部，市委直属第二支部提前换届，新组建市委直属四支部、市委直属五支部。辽宁歌剧院支部建制撤销，成立市委直属艺术支部。根据行政区划的调整，撤销东陵区支部建制，更名为辽宁省糖尿病治疗中心支部。完成辽宁大学支部届中增补。铁西区及中国医科大学支部开始换届协商。截至12月底，市委所属基层组织增加到25个，全年发展党员22名，其中男党员14名，女党员8名，博士4人，硕士5人，具有高级职称的9人，在册党员551人。三是为党员发展搭建平台，做好后备干部队伍建设。致公市委积极配合中共市委统战部及市妇联做好本党派界别及统战系统女后备干部的推荐工作，本党有5名女党员参加了市委组织部与市妇联联合举办的女后备干部培训班学习。年底前，市委按照统战部的要求，召开全委扩大会议，对市委班子后备人选进行了民主推荐。四是宣传思想工作及时高效，展示本党市委各项工作。致公市委认真贯彻本党省委和中共市委统战部对宣传工作的要求，结合树立和践行社会主义核心价值体系教育及基层组织建设年活动开展宣传工作。对市委在政协全会上的集体提案及党员中的各级人大代表、政协委员的优秀提案及时进行宣传，其中《致公党沈阳市委建议从速建立和完善失地农民权益保障机制》《全国政协委员冯世良建议调整高考时间》等20余篇相关报道在《人民政协报》、《友报》、《辽宁日报》、《沈阳日报》、《沈阳电视台》、《辽宁致公网》、《沈阳同舟网》及《沈阳政协》等媒体上发表。对市委开展的各项活动及党员中的先进人物及时进行宣传，对本党派中代表性人物对国内外发生重大事件的反应、建议及时进行采编报送，全年报送各类党务活动信息、党外人士建议、党员风采介绍计80余件。正式开通致公党沈阳市委员会网站。全年出版《沈阳致公》4期、《致公简报》10期。致公市委荣获2010年沈阳市统战信息工作二等奖。市委直属第二支部、和平区支部被致公党辽宁省委授予省级示范基层组织，刘哲丽、应其元、陈志峰、李红实、郑滨、祝乘风、陈文华等7名支部负责人被评为基层组织建设先进个人。在本党中央开展的树立和践行社会主义核心价值体系，推进基层组织建设活动中，市委直属二支部被致公党中央授予先进集体称号，应其元被授予先进个人称号。

为"三个文明"建设服务。一是对外联络拓展新领域。与市侨联共同举办海外华人、华侨留学生联谊和侨商会活动，在市委网站上建立对外交流平台。参加市"五侨"工作联席会议，共同举办、参与对侨务工作的调研、走访及赴广东侨乡等调研考察等系列活动。接待加拿大温哥华华人商会名誉会长李明德先生等一行3人，接待澳洲致公会馆主席骆汉豪太平绅士等一行4人。接待美国亚特兰大中国统一促进会总顾问、美国洪门致公堂元老、海外致公联谊会主席刘文优先生。二是社会服务做出新贡献。组织党员向四川玉树地震灾区捐款，共计人民币1.94万元，将捐款寄致公党中央。组织中国医科大学支部赴苏家屯区第一敬老院为100多位孤寡老人进行健康检查，免费赠送价值1500元的药品。春节前，对本党部分老归侨、老党员进行走访慰问。三是爱岗敬业不断创佳绩。年内党员完成各类科技项目58项，提出各类学科建议156条，受到省级表彰的25人次，市级36人次，本单位近60人次。陈洪铎教授在世界实验皮肤科学会(SID)年会上，被授予SID海外荣誉会员、被沈阳市授予"荣誉优秀专家"称号。胡筱敏获中国发明专利2项，并通过辽宁省科技厅科技成果认定，获第八届中国环境科学学会优秀环境科技工作者称号。李帼昌入选国家百千万人才工程"百人"层次，获得发明专利3项，新申请专利12项。张志毅被国家民政部聘为中国儿童福利示范项目专家组专家，完成国际计划儿童保护组织在沈阳市开展的儿童保护项目的实施。李潞、王辉荣获"第五届沈阳市优秀专家"称号。冯世良与市糖尿病研究所共同进行骨髓间充质干细胞体外培养扩增至N代及定向诱导转化为胰岛素分泌细胞研究，在国内属首创，这一科研成果被卫生部陈竺部长称为"国家之宝"，此成果已先后获得沈阳市、辽宁省科技进步奖。张延年主持完成的研究成果获得辽宁省科技进步二等奖。宫丽鸿主持完成国家科研课题2项、省级课题2项、获得专利1项，获得省科技进步二等奖一项。张霓出版个人学术专著2部，撰写本科教材1部，发表论文28篇，其中在国家级刊物上发表10篇。谷学军参加国家自然科学基金及省重点实验室等多项科研课题的研究，获辽宁省科技成果转化项目认定1项，申报专利3项，在沈北新区政协全会上提出的《生态环境治理重在建立长效机制》提案被采纳，获财政拨款2413万元。刘芳、郑滨被本党辽宁省委授予"十佳女党员"称号，受到表彰。陈松蒲入选全国十佳敬老孝亲楷模60人提名奖，入选2010年"感动沈阳"人物20名候选名单。

（马　今）

【中国九三学社沈阳市委员会】 参政议政。2010年，社沈阳市委领导班子成员六次参加中共沈阳市委、市政府和市政协召开的政治协商会、情况通报会和座谈会，每次都在调研的基础上，认真就全市的经济建设和社会发展、重大人事安排、政策法规的制定等重大问题，提出具有较高参考价值的意见和建议。卢柯主委在中共沈阳市委召开的沈阳市"十二五"规划征求意见座谈会上提出了6点建议，得到曾维书记的肯定。社市委和基层组织紧紧围绕全市的中心工作以及人民群众普遍关心的热点问题，从不同层面开展了20余次调研活动，形成调研报告、提案材料、信息等共计80余篇。从中精选出7篇作为市政协十三届四次全会的党派提案，其中由社员潘海龙主笔的"农村公共文化服务体系建设不容忽视"的提案作为市政协大会发言。在2010年社省委的参政议政课题招投标中，社市委提出的"辽宁省县域经济倍增发展战略研究"课题中标，获得了社省委给予的经费支持。召开参政议政（信息）工作总结暨表彰会。对9个先进基层组织和72名个人予以表彰，促进了参政议政工作的开展。辽宁大学基层委员会的赵桂芝、果艺两位社员荣获九三学社中央2010年全国参政议政先进个人称号。举办了2期参政议政（信息）工作骨干培训班，来自30个基层组织的110余名成员参加了培训，扩大了参政议政工作的参与度。及时下发了社市委编辑出版的《提案(信息)工作知识手册》。2010 年共上报信息 100 余条,被各个层面采纳总计 54 条,其中,社中央 3 条、九三省委 44 条、省政协 1 条、省委统战部 2 条、市委统战部 4 条。社市委获九三学社辽宁省信息工作一等奖。

自身建设。以纪念建社 65 周年为契机,全面加强自身建设。2010 年是九三学社成立 65 周年,社市委以此为契机,通过开展"我与九三学社"、"仰望先贤"和社史工程等系列活动全面加强自身建设。

一是以践行社会主义核心价值体系活动为载体,加强思想建设。社市委根据社中央和社省委的通知精神,将树立和践行社会主义核心价值体系活动确定为 2010 年思想建设的首要任务,并于 4 月向各个基层组织下发《关于开展学习实践社会主义核心价值体系活动的通知》,整理印刷《社会主义核心价值体系学习读本》发送给基层组织。在《沈阳九三社讯》开设学习园地专栏,介绍基本内容、交流学习体会,对社员进行学习辅导,并对涌现出的先进人物和事迹进行报道。在社员中开展"我与九三学社"、"仰望先贤"征文活动,收到征文 10 余篇。其中重点对市九三学社的前辈李薰、葛庭燧、关邵宗、曾繁礽等重点人物在仰望先贤栏目中进行了宣传报导。充分发挥网站和社讯的作用。全年共登载网站信息 200 余条,编印《沈阳九三社讯》四期。发挥参政党理论思想建设研究会的作用。7 月,社市委召开统战理论思想建设研究会年会,共收到统战理论论文 18 篇。在中共沈阳市委统战理论研究优秀成果表彰中,杨丽等 5 名社员获奖,社市委获沈阳市统战理论研究工作优秀组织奖,社市委专委办主任李大伟被评为先进个人。在社省委参政党理论及思想建设年会上,有 19 名社员获优秀成果奖。获奖论文居全省市级组织第一位。在九三学社中央召开的理论研究与社史研究暨纪念建社 65 周年理论研讨会上,社员李世雁的论文《浅谈九三学社在建设社会主义核心价值体系中的作用》获社中央二等奖。在 2010 年沈阳市统战理论课题招标中,周实等社员的 4 篇论文中标,位居 8 个民主党派之首。在九三学社中央 2011 年参政党理论研究 35 个中标课题中,中标 2 个,位列全国副省级城市之首。

二是以纪念建社 65 周年活动为契机,加强组织建设。主委办公会议始终把学习放在首位,在各项工作部署安排上,思路创新,工作务实,得到了社省委民主集中制执行情况调研组的肯定与好评;班子成员除积极参加所在基层组织和所负责的片区活动外,在各自所负责的专委会工作中发挥了有效的组织领导作用,进而推进了全市社务工作的健康发展。2010 年的委员活动日组织全体市委委员参观考察了孔府、孔庙,了解中国传统文化的博大精深,在接受传统文化教育的同时也增强了爱国之情。将抢救社史资料,完善组织沿革作为基层组织建设的重要内容。全市大部分基层组织年内完成社史沿革的初稿撰写工作。通过资料收集,座谈专访,挖掘了一批珍贵资料,也是一次很好的社史教育过程。重视后备干部培养。组织 15 名正处级以上省后备干部参加中共辽宁省委党校举办的培训班。举办实职副处干部学习班,与中共市委统战部部长进行互动交流。动态管理调整后备干部库。上报省后备干部 137 名。举行纪念九三学社成立 65 周年活动。在九三学社中央建社 65 周年全国先进基层组织和优秀社员评选活动中,皇姑基层委员会获全国"先进基层组织"称号;石元亮等 9 名社员获全国"优秀社员"称号。隆重召开"一先两优"表彰大会。共有 8 个基层组织获先进集体称号,106 名社员获优秀个人称号。先进基层组织和省、市优秀个人代表在会上做了经验交流。2010 年共完成 5 个基层组织的换届和 2 个基层组织的届中调整工作,完成了沈阳工业大学改建基层委员会的工作。举办新社员培训班,强化入社后的教育。通过社章社史学习,弘扬爱国、民主、科学的优良传统,增强了新社员的政党意识,实现从组织入社到思想入社的过程。全年共发展成员 75 名。其中:具有高级职称的占 60%;具有硕士学位的 29 名,具有博士学位的 26 名;平均年龄 38.3 岁。截至 2010 年底共有社员 1694 名,基层组织 34 个,其中基层委员会 7 个,支社 27 个。

三是以提高机关干部素质为着眼点,加强机关建设。组织全体机关干部参加社省委举办的"九三学社 2010 年全省机关干部培训班",社市委机关秘书长陈焕以"浅论党派机关建设"为题在会上进行了发言,并与其它社市委研讨机关建设的经验、体会,对机关建设工作具有一定借鉴作用。在全国副省级城市联席会上,社市委副主委庄严做了《基层组织建设中存在的问题和应对措施》的发言,就组织工作的现状和存在的问题进行了交流。组织机关干部参加市委组织部、市人社局联合举办的"讲学习、重创新、提高执政能力"主题培训活动。在沈阳市争做"人民满意公务员"表彰大会上,马佳作为计算机一等奖获得者受到表彰。

发挥专委会作用,带动社务工作全面开展。为拓展社会服务工作渠道,创新社会服务方式,举办了"律师赶大集、法律进乡村"活动。社市委组织 10 名律师赴铁岭天德镇进行现场法律咨询和提供法律服务工作。增强了农民群众的法律意识和法制观念。妇女工作委员会为迎接"三八"国际妇女节 100 周年,召开了联欢会,特邀了美容专家南征为女社员做美容保健讲座,之后社员们表演了精彩的文艺节目,展现了新时代女性的风采。在"六一"儿童节到来前夕,妇委会组织部分女成员赴新民市柳河沟乡继续开展捐资助学活动。通过座谈,详细了解了受助学生一年来的学习、生活情况,并向他们捐赠了体育用品。妇女工作委员会因工作出色获得了"沈阳市妇联系统先进集体"荣誉称号。联络工作委员会本年度组织 20 余名成员赴沈北新区对沈阳特色产业集群进行调研。听取了开发区光电信息产业、农产品精深加工产业和文化创意产业三大特色产业集群的发展现状和前景介绍,参观了龙湖地产股份有限公司和中稻股份有限公司,并与开发区有关领导进行了座谈交流,形成了《关于我市产业集群发展情况》的调研报告。联络工作委员会的同志们立足于招商交友,在各自岗位上做出了一定贡献。在 2010 年度的招商引资工作中,共引进中国石油天然气运输公司东北化工分公司(世界 500 强企业)等项目 32 个,合同金额达人民币 20.5 亿元,到位资金人民币 7.6 亿元,邀请国内外客商136人次。老社员工作委员会组织50余名老社员参加了中共沈阳市委老干部局主办的"永远跟党走"文艺演出。同全市900多名老干部一道，共同庆祝中国共产党建党89周年。

立足本职，爱岗敬业。2010年，九三学社社员在本职岗位上取得了许多骄人的业绩。获国家级奖项3项，省、部级奖项30余项。其中，卢柯主委的"纳米孪晶纯铜极值强度的形成机制"入选2009年度中国基础研究十大新闻；王国栋院士的研究项目获冶金科学技术一等奖2项，省科技进步一等奖1项；成会明副主委荣获美国碳学会 CharlesE. Pettinos 奖，此奖授予近期在碳科学与技术领域做出杰出成就的个人，也是第一次授予中国科学家；王福会的"纳米材料的化学稳定性研究"获辽宁省自然科学一等奖；宋晓宇的《数据集成与应用集成》获辽宁省自然科学学术成果一等奖；王强的"强磁场材料科学的基础研究"获辽宁省自然科学二等奖。黄瑞冬、段玉玺被遴选为"十二五"国家技术体系岗位科学家；任文涛被评为农业部农业机械专家组副组长；罗海波获第七届辽宁省先进科技工作者称号。张颖获沈阳市"三八"红旗手标兵荣誉称号。

创新基层组织活动方式。根据社市委2010年片区活动安排，三个片区如期完成了任务，并收到良好的效果。南片区在主办方浑南支社的精心组织和策划下，介绍了建设开发大浑南的规划和前景，参观了新松公司、东软高科技和动漫企业。使更多社员了解新区高新技术产业发展现状，为更好地发挥九三学社高技术人才聚集优势，有效地为新区高新技术产业发展献计献策搭建了平台。东片区由沈阳农业大学主办，参观了关东影视城，领略东北民俗和关东文化活动。通过活动，大家切身感受到了沈阳的巨大变化，激发了大家为沈阳经济发展做贡献的热情。中部片区由和平基层委员会主办，邀请中共市委党校戴文柏教授，围绕"中国特色政治发展道路趋势研究"做主题报告，增强了社员走中国特色社会主义政治发展道路的信心和决心。与此同时，各基层组织积极开展了各类具有党派特点的活动。辽宁大学基层委员会组织社员赴营口经济开发区考察调研，韩毅主委就辽宁省"五点一线"沿海经济带开放战略做主题报告。与会社员畅谈辽宁的发展变化。大东综合支社组织社员到阜新雅头营子村蒙古族小学开展扶贫助学活动。向贫困学生捐献书包、文具等学习用品。沈阳师范大学支社举办了特色党派日活动，他们以"新课改对教师素质要求与师范教育培养目标定位"为主题，组织社员听取有关"新课改情况及对教师素质要求"的报告，到沈阳一中现场感受新课改公开课。进一步增强了教学改革的信心。农科院支社与民盟支部则联合举办了北镇梨花节游览活动，增进了党派间的团结、交流。

（*邢占文*）

【台盟沈阳市委员会】 参政议政。参与协商议政活动。盟市委的主要领导代表盟市委、盟省委参加中共省委、沈阳市委，省、市政府，省、市政协召开的座谈会、协商会、通报会50余次，就其工作报告、政协工作、"十二五规划"等提出意见建议。

参加省、市政协会议。一是在市政协十三届三次全会上，台盟市委所作的《激发沈阳科技"源动力"，构筑"大三好"创新平台》的大会发言，被确定为市政协副主席督办的重点提案，市领导黄凯作了批示，全部建议均被采纳。盟市委递交的《建议全市统一管理餐厨垃圾，将其变废为宝》、《乘两岸交流之大势，促沈台职业教育交流》、《规划开发"西运河"，建设沈阳生态城》、《关于提升城市文化品位，保护历史文化资源》被确定为大会书面发言。其中，盟市委提出的《建议全市统一管理餐厨垃圾将其变废为宝》的建议，得到市政府11个部门联合推进落实，获市政协优秀提案。会上，递交集体提案6件；递交个人提案5件，内容涉及经济、城建、教育、旅游、物流等方面问题，多数得到较好的评价和答复。

部署参政议政工作。盟市委召开2010年参政议政工作会议，总结工作，提出了2010年调研选题方向，拟定了调研课题，落实了责任人，制订了调研计划；盟市委召开2010年提案工作会议，传达了全国政协主席贾庆林同志在会见全国政协第六次提案工作座谈会代表时的重要讲话精神，对全年课题进展情况进行汇总，撰写提案，为市政协十三届四次全会做准备。

开展专题调研。盟市委主要领导随中共沈阳市委统战部赴康平县调研；台盟市委委员和部分机关干部赴河北、山西就文化创意产业课题调研；部分机关干部随中共沈阳市委政研室赴福建省调研。盟市委调研组赴华东地区就轻轨交通建设开展调研；分别形成了《挖掘沈阳文化底蕴，振兴文化创意产业》、《推行农、超结合，平抑粮、菜价格》、《勿忘"九一八"，提升青少年爱国情怀》、《构建社区民族之家，促进社会和谐稳定》、《关于优化教育资源，破解入园难、入园贵的建议》等提案或调研报告11篇，为2011年市政协全会做准备。

参与民主监督活动。在全市担任各级部门特约监察员和社会监督员的盟员有13人次，分别在监察、医疗、旅游、民政、公安等部门参加各种民主监督活动，就医德医风、科技强警，促进社会稳定等提出意见建议。

做好信息工作。一是盟市委召开了2010年信息工作会议暨信息员培训班。会上，中共沈阳市委统战部办公室主任张凯就如何做好统战信息工作进行了专题讲座；传达了相关部门及领导对做好2010年信息工作的安排意见和要求；进一步明确了盟市委信息工作的总体思路。二是结合《台盟沈阳市委员会信息工作条例》，在信息工作规范化、制度化基础上，加强信息工作领导，强化了信息的数量和质量。三是针对重大事件积极上报信息。就"两会"、沈阳经济发展、对台工作、公共安全、社情民意等上报信息，全年上报了21条信息，其中一条信息国务院领导批示，得到有关部门的重视。全年15条信息被采纳。

两岸交流，促进合作。一是台盟市委副主委赵文江、市台联副会长、盟员杨晓健随盟中央"访台医学交流团"赴岛内进行了9天的交流考察。二是盟市委原主委吴庆元随盟中央"农业考察团"赴岛内进行13天的交流考察。三是台盟市委委员吴利薇、黄春丽随盟中央"妇女交流考察团"赴岛内进行10天的交流考察。四是盟市委会同沈阳市台联,共同举办了“沈台职业教育交流活动”,以好永斌为团长一行21位来自台湾云林科技大学、修平科技学院、台中岭东科技大学和环球技术学院等的校方主管和师生,到沈阳职业技术学院进行了职业教育交流活动,还到市教育局、东北大学及辽宁石油化工大学进行了教育交流活动。

接待台胞,扩大交流。9月1日,台湾著名书法家张炳煌先生“书画暨e笔书画作品展”在沈阳鲁迅美术馆举行,盟市委领导及部分盟员和机关干部参观了书画展,并与张炳煌先生进行了沟通交流。盟市委全年接待台胞5批27人次。

自身建设。以深入学习“社会主义核心价值体系”活动为主题,加强学习:首先,坚持以市委会委员和机关中层干部参加的中心组学习制度,紧跟形势,自觉学习;其次,参加省政协、盟省委、市委统战部、市政协举办的报告会、专职干部培训班、中心组学习等全年召开盟市委(扩大)会4次。

思想建设和组织建设。一是盟市委组织盟员和机关干部参加了台盟中央在沈举办的《台湾民主自治同盟创建初期若干问题》专题报告会,听取了台盟中央常务副主席汪毅夫的专题报告,并作为盟市委开展树立和践行社会主义核心价值体系活动的一项重要内容,为全体盟员刻制、发放了“专题报告”光盘,为在职盟员购买了《树立和践行社会主义核心价值体系学习读本》一书。盟市委还与省台盟、省、市台联共同举办了中秋联欢会。二是围绕加强自身建设,举办系列活动。举办了第23期盟员学习班,盟市委与民革市委、市台联共同举办了“树立和践行社会主义核心价值体系”报告会,请中共沈阳市委党校戴文柏教授作了报告,使广大盟员了解了树立和践行社会主义核心价值体系的重要性和必要性;组织盟员进行了台盟中央《社会主义核心价值体系专题学习问卷》答题,引导盟员自觉地树立正确的世界观、人生观和价值观,检验和总结了盟市委开展“学与行”活动阶段成果;组织盟员参加“忆盟史、话传统”专题座谈会,回顾了盟市委创建近30年的光辉历程,讲述老盟员爱国爱乡、爱岗敬业、拥护中共、团结合作、无私奉献的诸多感人至深的事迹,为盟市委开展树立和践行社会主义核心价值体系活动营造了氛围。三是注重后备干部培养。盟市委把做好盟员的思想教育,提高盟员的思想素质作为自身建设的首要任务。推荐报送后备干部材料,选派到中央社院学习。四是做好妇女工作。以树“三观”、积“三德”、做“四有”、“四自”现代新女性为题,盟市委同市台联举办了纪念“三.八”国际劳动妇女节100周年座谈会,盟市委妇联主任陈倩莉赴上海参加了妇联工作培训班,参加了沈阳市妇女第十二次代表大会。五是配合自身建设,做好宣传工作。全年出刊《沈阳台盟》4期、《台盟周报》40期、《台情参考》12期;加强同舟网平台建设,丰富台盟网页内容,整理撰写宣传老台胞事迹3篇,策划编辑制作《沈阳台盟简介》,宣传报道稿件被各宣传媒体采用20余篇。

心系灾区,奉献爱心。4月份,青海省玉树地区发生地震,使当地人民和财产遭受重大损失,盟市委机关干部响应号召开展了赈灾捐款、捐物活动,机关干部8人援款2400元,并捐献了图书。

(董　宇)

【沈阳市工商业联合会】 2010年,市工商联继续开展了企业家进校园活动,先后组织了宋宝全、曹文悦、孙小明、赵文馨、刘新年等5位企业家、职业经理人围绕就业创业、人生价值理念、预防青少年犯罪等主题,走进沈阳工业大学、沈阳大学科技工程学院等4所大学校园进行了6场生动的主题演讲,引起了几千名师生的强烈共鸣。与沈阳铭万公司共同举办了主题为“中国中小企业竞争力提升工程”财金讲坛活动,有400多位企业界人士参与,沈阳日报、时代商报等媒体分别以“市工商联为中小企业发展‘支招’”和“财经讲坛帮企业家用人”为题进行了深入报道。总结上报的“沈阳市工商联牵手‘千人复明’引导非公经济人士履行社会责任”和“沈阳市总商会倡议‘九一八’勿忘国耻,不搞庆典活动”两个案例,被全国工商联编入《全国非公有制思想政治工作优秀案例汇编》。加强和改进非公有制经济人士思想政治工作的经验做法,在全省民营企业思想政治工作研讨会上作了经验介绍。经市工商联评选推荐,法库县工商联主席刘少文获得全国国土绿化突出贡献奖,沈阳五金机电行业商会副会长段龙财被评为沈阳市劳动模范,陈向前、许航军、王水林、冯建明等4位企业家获得团市委“五四”青年奖章。

参政议政。全市工商联系统在人大、政协组织中所提出的建议、提案达308件。市工商联在深入企业调研的基础上,先后完成了《推动民营企业自主创新的十六条建议》、《要重视和发挥乡镇商会作用,大力推进新农村建设》、《关于大力扶持沈阳市民营企业产业转型升级的建议》等3篇市政协十三届三次会议发言材料。会同省工商联、省城乡经济与社会发展研究中心、市政府研究室、市政协等部门分别完成了“关于进一步优化我市民营经济发展环境”、“关于进一步优化我市民营经济发展法制环境”、“关于政府促进就业对策”、“辽宁省异地商会发展情况”、“加快发展沈阳现代物流业,建设东北地区物流中心”等多项调研活动。还先后独立完成了“《国务院关于鼓励支持和引导个体私营等非公有制经济发展的若干意见》颁布五年来落实情况”、“沈阳市总商会异地商会发展情况”等专题调研活动。“加快发展沈阳现代物流业,建设东北地区物流中心”的专题调研报告,被编入市政协十三届十七次常委会材料汇编中。《人民政协报》、《中华工商时报》、《中国企业报》、《沈阳统一战线》、《沈阳政协》、《人民日报作品定制网》等报刊、网站分别以“活水穿花暗护田”、“参政有实效、助力有回声”、“发挥参政优势,助推民营经济发展”为题对市工商联近年来的参政议政工作给予了深入报道。市工商联荣获省工商联“民营经济软环境调研先进单位”称号。

会员服务。市工商联先后共组织400多家企业参加了银企对接会,实地考察了40多家企业;组织九星集团、天久集团、欧亚集团等会员企业参与了建银国投的集合票据融资活动;协调浦发银行、兴业银行等金融机构举办了银企对接沙龙,并与兴业银行签署战略合作协议;积极向会员企业宣传出口信保相关政策,帮助远大博林特电梯有限公司投保签约了1000万美元的保单,为防范出口风险实现了零的突破。全市工商联系统共帮助98家企业直接融资3.02亿元，有力地支持了中小企业的发展。积极开展维权工作，市工商联先后处理了“沈阳万德裘革服装有限公司强拆案”、“每之购特许加盟管理有限公司合同纠纷案”、“沈阳玉满运输有限公司经济纠纷案”等多起维权案件，会同省工商联举办了“民营企业防范法律风险讲座”，开展了送法下乡活动。全年市工商联系统共办理维权案件53件，为企业挽回经济损失1737万元；开展法律咨询6557次，法律培训124次，培训人员达7855人；向政府提供维权建议45条，被政府采纳42条，有效地维护了企业的合法权益。在“三方五面”劳动关系协调工作中，市工商联与市总工会合作，有效推进了区域行业商会建立工会和签订集体合同工作，并结合会员企业实际有针对性地提出意见建议，得到各方面的重视和肯定。市工商联获得省工商联“经济服务工作先进集体”称号。

组织建设。2010年，市民政局下发《关于市政府授权市工商联作为全市性社会团体业务主管单位有关问题的通知》后，经市工商联多次协调沟通，目前行业及异地商会的法人登记工作与市民政部门初步达成了共识。通过制作《商会基本情况调查表》对行业商会和异地商会进行了情况摸底，并将商会基本情况报给市民政局，积极为商会办理社团法人登记做好了相关准备工作。市工商联还制定了《市工商联行业商会、异地商会重大事项报告制度》；完成了会员数据库的升级和统计报表的报送工作；按照《商会组建程序》，成立了沈阳市总商会园林行业商会；指导闽南商会、广东商会、家纺商会、庆典商会、五金商会完成了换届工作。市工商联还先后指导五金商会、美容美发商会、古玩商会分别成功举办了“2010中国东北第十三届国际五金机电展览会”、“春秋两季全国美博会”和“辽宁沈阳古玩精品展销会”等大型活动。特别是与会员企业世星国际集团等单位继2009年第一次成功举办“2009世界女子九球锦标赛”后，于2010年9月份，再次成功举办“2010世界女子九球锦标赛”。这些大型活动的举办，为工商联组织赢得了社会的广泛赞誉。

光彩和慈善事业。2010年，市工商联为把“千人复明工程”树为工商联的品牌活动，在开展“千人复明工程”双走进活动的基础上，积极主动地向全国工商联汇报了“千人复明工程”自开展以来的总体情况，得到了全国工商联相关部门和全国总商会美容化妆品业商会的大力支持，并与全国美容化妆品业商会签署了战略合作协议，共同在北京启动了“珍草萃·光彩复明健康美丽万里行”大型公益活动之“光彩复明工程”仪式，也将此项目正式列入中国光彩事业基金，开辟了地方工商联组织的慈善项目向全国工商联系统推广的先河。在北京、上海、广州、武汉等城市举办了巡回募捐活动，募集善款达400多万元，可为近7000名白内障患者实施免费手术。继续推进“民生援助行动”，联合省教育厅毕业办、市就业局等单位共同组织300多家民营企业举办了3次大学生、农民工专场招聘会，提供就业岗位4000多个，达成就业意向2500多个。共有30个单位在156家企业建立了246个基地，实现服务人数1.83万人次，就业人数1万余人，实习人数3171人，培训人数4759人，创业人数147人。在“民生援助行动”中涌现了禾丰牧业、何氏眼科、雄州食品、和佳道桥、蒲兴禽业、阿美莉卡、宁波方太、中富容器、伊仕特汽车配件、宏信现代物流等一批积极参与、主动工作、全力支持，在保稳定、促就业工作中表现突出的民营企业。在弘扬光彩精神，扎实开展“九个一”活动中，全市各级工商联组织引导非公有制企业在对口帮扶村镇修建了38条道路、18座桥梁，援建光彩小学12所，共投入资金2.3亿元；开发龙头项目35个，投入资金43亿元；引进招商项目88个，吸引资金105亿元，安置下岗就业人数达2万人；捐助、帮扶贫困学生和困难户达7196名，捐助资金747万元；帮扶重点优抚对象2789个，投入资金365.69万元。全市工商联系统为青海玉树地震灾区捐款86.64万元。在开展“回报社会感恩行动”中，共有132名非公有制经济代表人士，主动帮扶了156名有困难的“老革命、老党员、老模范”，资助金额达34.35万元。这一系列义举和活动的开展，充分展现了新时期非公有制经济人士“致富思源、回馈社会”的精神风貌，为促进沈阳经济发展，构建和谐社会作出了贡献。市工商联被市政府评为沈阳市2010年扶贫工作标兵单位。

对外联络和招商引资。市工商联先后组织企业参加了哈尔滨战略项目投资推介会、福建漳州市名优产品展洽会、韩国贸易协会—经济洽谈会、“立足香港、迈向国际”香港投资环境介绍会、中德北威州企业项目洽谈会等重大对外交流活动；走访了抚顺、鞍山、营口等市工商联，加强了与沈阳经济区城市间商会的联系；与漳州、鞍山、烟台等8个省内、外城市工商联建立了友好商会；市工商联主要领导应邀参加了沈阳美国领事馆举办的“建国234周年国庆招待会”，有力促进了对外交流的合作关系。在招商引资活动中，市工商联协助新民市政府赴长春招商取得了重要成果，修正药业集团在新民市的投资项目由原来的3个增加到10个，项目签约额由原来的5亿元增加到30.4亿元。市联张建华副主席联系的香港远东集团投资新民市40亿元房地产项目，已正式签约。全年市工商联系统招商引资实现签约项目67个，投资协议额达463.83亿元，实际到位资金206.19亿元。沈阳电视台新闻频道在“辉煌十一五”节目中，对市工商联以招商引资为依托，促进县域经济发展、推动开发式扶贫所取得的成果进行了专题报道。市工商联获得市委统战部“2010年招商引资工作突出贡献奖”。

（朱小江）

群 众 团 体

市总工会

【振兴竞赛】 2010年,全市广大职工积极投身"为'双五千'立业、为新跨越建功"主题竞赛活动。此次竞赛涵盖全市工矿企业、机关单位、个体劳动者以及广大农村,共有5884个单位、4.6万个班组、56万名职工踊跃参加,围绕生产经营、技术创新、节能减排、招商引资、项目建设、改善服务和优化环境,开展了丰富多彩的六大系列竞赛活动。主要包括:以创造新记录为目标的效率效益型竞赛,以突破重大技术关键为目标的技术攻关竞赛,以创造自主知识产权为目标的技术创新竞赛,以征集和采纳合理化建议、提高企业管理水平为目标的智力智慧型竞赛,以提高职工队伍整体素质和打造高技能人才队伍为目标的职业技能竞赛,以"五型班组"建设为目标的优秀团队竞赛。经过一年的艰苦努力,参加竞赛的单位引进亿元以上的内资项目125个,500万美元以上的外资项目38个,实现技术创新成果1874项,攻克重大技术难题1571项,实施合理化建议2.1万余条,创造和节约价值53.8亿元。

(李靖天)

【职工素质工程】 继续开展"百千万技能人才培育工程"和职工职业技能竞赛活动,全年市级竞赛工种35个,共有9380余人报名参加培训和竞赛。评出"技术大王"35名,"技术标兵"350名,"技术能手"692名,评选优秀选手548名,"首席职工"、"明星员工"、"工人专家"等1600余名。按照政策规定,可晋升职业技术资格等级的共993名,通过职业资格鉴定的人数是2005年的近4倍,提前一年完成了培养百名技术大王、千名技术标兵、万名技术能手的目标。

(李靖天)

【职工技协】 恢复建设了覆盖全市的三级技协网络。全市有15个区、县(市)及开发区恢复重建了技协委员会,210个企业恢复建立了技协组织,建立专业技协队2567个,发展会员2.2万余名。市级成立了车工、钳工、铆焊、铣工、电工、热处理、计算机辅助设计、数控、陈新海高精设备维修等9个专业技术协会,各专业技协委员会在活动阵地开展了73场多样性的技术攻关和创新活动。"沈阳技术难题白皮书"共征集技术难题53项,共解决47项,技协组织的动能作用开始显现。

(李靖天)

【劳模评选】 发现、培养和选树一大批劳模先进人物和团队,全市有26人获得全国劳动模范称号,评选推荐辽宁"五一"奖状5个,辽宁"五一"奖章31人,荣获省创新能手1人、省节约环保标兵1人,创新成果3项,优秀班组11个,优秀班组长12人。评选出沈阳市劳动模范497人,沈阳市先进单位(集体)181个,并于4月26日在辽宁人民会堂召开表彰大会。为确保荣誉评授的先进性,在全国率先建立了评先选模社会责任审查制度,成立了由市委领导牵头、相关部门负责同志组成的社会责任审查委员会,重点对先进集体候选单位和劳动模范候选人中的企业单位和企业投资经营者进行社会责任审查,对于不符合条件的企业及负责人,取消其评选资格。

(李靖天)

【集体合同】 大力推进集体合同制度,强化劳动关系三方协调机制,加大劳动监察力度,深入开展创建劳动关系和谐企业及工业园区活动,使集体合同的覆盖面不断扩大。全市累计签订集体合同2.23万份,覆盖面达93.7%,涉及职工87.3万人,其中签订区域性行业性集体合同1044份。会同人社部门和企业代表组织,在全市开展集体合同大检查,重点解决了工资条款量化和增长幅度具体的问题。在总结机械轻化工会经验的基础上,下发了《关于建立集体合同预审制度的指导意见》,形成了有效的监督约束机制。实行"维权上提一级",用半年时间,力促沈阳肯德基依法签订了在中国的首个集体合同,引起海内外强烈反响,互联网显示的支持率达到93.9%。

(李靖天)

【民主管理】 对全市开展厂务公开民主管理情况进行调研,总结了沈阳黎明航发集团、沈阳振浩集团、沈阳华润三洋压缩机公司等不同所有制性质企业开展厂务公开的经验,指导全市厂务公开工作的开展。沈阳华润三洋压缩机公司以其建立厂务公开长效机制、推动实现企业与员工双赢的经验,被授予全国厂务公开先进单位。9月,全国厂务公开民主管理调研检查组到沈检查指导工作,对沈阳市的厂务公开民主管理工作和沈阳黎明航发集团、沈阳振浩集团的工作经验给予高度评价。

(李靖天)

【帮扶救助】 设立"职工帮扶救急110",在职工遭遇意外灾害的第一时间深入到灾害现场进行即时帮扶。实施"冬季援助行动"采暖帮扶项目,共帮扶困难职工和困难劳模2002人,支出帮扶资金97.51万元。积极推动了"工会圆你大学梦"助学项目,对考入二本以上大学的困难职工子女每年帮扶2000元,直至大学毕业;为365名困难家庭大学生发放第一学期助学资金73万元。开展形式多样的送温暖活动,发放帮扶款物1520万元,受益职工3.67万。着力加强"区、县星级帮扶中心"创建和街道帮扶站规范化建设，建立了四级帮扶服务联动信息网，基本实现了帮扶、审批网络化。组建了3717人的实名制工会帮扶服务志愿者队伍，扩大了工会组织的影响力、辐射力。

（李靖天）

【职工慈善】 在全市企事业单位和广大职工中，广泛开展"职工一元捐"、"工会干部百元捐"、"企业万元捐"爱心慈善大行动，全年共募集善款1610.1万元。开展"爱心大病捐助"活动，更好地发挥慈善基金扶贫济困的效能和作用。推出"爱心房屋维修"慈善服务活动，为困难劳模、特殊困难职工排忧解难。"爱心午餐"项目被评为国家"最具影响力的慈善项目"，荣获"中华慈善奖"。全年通过各种慈善活动共捐助1120万元，使1万多名职工群众受益。

（李靖天）

【就业再就业】 市总工会与团市委、市妇联、市科协、市残联联合，继续深入开展"牵手同行"联合行动，共为高校毕业生、困难家庭失业人员、农民工提供就业岗位5.6万个，达成就业意向1.8万余人。举办创业劳模进校园活动，同时面向高校毕业生招生，免费提供数控机械、旅游和酒店管理、动漫等培训服务。开展"民营企业招聘周"等活动，举办专场招聘洽谈会，有958人达成职业技能培训意向，1万余人达成就业意向，其中高校毕业生3770人。在重点抓好职工大学、文化宫等十大培训基地的同时，鼓励县、区工会自办、联办一批培训基地，着力开展家政服务等就业前景好的技能培训，打造具有较强竞争力的工会家政服务品牌。开展小额担保贷款，共为81名下岗失业人员（其中创业带头人36人）发放小额借款356万元，开发再就业项目67个，安置下岗失业人员3000余人。

（李靖天）

【农民工维权】 为从源头上制约建筑行业拖欠农民工工资行为，解决前清后欠问题，抓住建会、签约、监管"三个环节"，在全国首创建筑行业农民工集体合同"1+N"模式，有效维护了农民工的工资分配权益。深入开展"9·25"农民工维权日系列活动，评选表彰了"沈阳市十佳新市民"、"沈阳市十大维护农民工权益标兵"和"沈阳市十大关爱农民工投资经营者"；举办了农民工维权日大型文艺晚会；对586名新生代农民工进行了创业或就业技能培训，并设立96333创业就业咨询热线；招聘了20名心理咨询志愿者，开通了"23239977"农民工心理咨询热线；选送100名青年农民工和农民工子女进入学制三年的"绿色成才班"接受学历和技能教育；建立了农民工鹊桥网站，举办了青年农民工专场鹊桥联谊会和集体婚礼；举办了农民工艺术人才选拔赛，职工文化大篷车为农民工演出56场，农民工流动影院放映电影78次。通过系列活动，进一步营造了关爱、维护、涵养农民工的社会氛围。

（李靖天）

【劳动保护】 深入开展"安康杯"竞赛活动，把职工培训教育、创建安全合格班组、企业安全文化建设等活动逐步纳入到"安康杯"竞赛活动中来，全市共有26万名职工和1656家企事业单位参赛，在全国互检中受到好评。动员全市广大职工开展大规模"从我做起查找危害，确保安康设立警示标志"活动。共设立"警示标志"5万个，查找各类事故和安全隐患1.9万项，提出整改建议2万条。督促企业搞好有毒有害作业场所的治理，配合省总工会对全市机械、医药、化工、煤气、铸造以及军工产品加工等6个行业17家规模以上企业职业危害状况进行了调查，维护职工生命和健康合法权益。

（李靖天）

【工会文化建设】 成立了沈阳市职工文学艺术工作者联合会，完成了职工美术家、摄影家、书法家、作家、音乐家、舞蹈家、戏剧家、曲艺家、收藏家、集邮、灯谜、艺术教育等12个职工文学艺术工作者协会的整建工作。举办沈阳市首届职工才艺大赛，丰富了广大职工的业余文化生活。举办"共架彩虹"——2010沈阳市农民工维权日美术书法摄影作品展、"祖国宝岛"——海峡两岸职工摄影家作品展、第16届广州亚运会开幕式摄影作品展，充分展示了沈阳市职工美术书法摄影工作者的艺术造诣和职工文化建设的丰硕成果。建设职工书屋，推动"创争"活动深入开展。全年新建职工书屋55个，其中全国示范点5个；3年累计建职工书屋165个，其中全国示范点15个。

（李靖天）

【基层组织建设】 为解决好工会机关与企业工会之间的断档问题，积极推进区、县级产业工会建设，加快实施"二次覆盖"。全市共建立和完善产业工会74个，涵盖企事业单位6016户，覆盖职工24.9万人。并随即在全市区、县产业工会中开展了达标创优活动，推动区、县产业工会加强规范化建设。认真落实市委关于加强街道（乡镇）工会建设意见，下发了《关于开展创建六好街道（乡镇）工会活动的实施意见》，广泛开展六好街道（乡镇）工会创建活动。积极推进街道（乡镇）工会规范化建设，发展街道乡镇总工会65个，健全街道（乡镇）工会73个，职业工会干部达到183人，街道（乡镇）工会服务大局、服务基层、服务职工的作用明显增强。继续开展职工之家建设工作，全市合格职工之家已达到70%，先进职工之家达到20%。围绕发挥工会会员的主体作用，改革了基层工会干部产生机制，总结沈阳黎明航空发动机公司工会分（支）会主席直选经验，起草了《国有企业工会分（支）会主席直选工作的实施意见（征求意见稿）》，在各产业充分试点的基础上，形成了直选工作指导意见，在全市国有企业逐步推广，21家国企工会的216个分（支）会主席由会员大会直接选举产生。

（李靖天）

【工会干部培训】 按照"以工会干部大培训，推动工会工作大发展"的要求，与中国劳动关系学院合办了两期工会干部高级培训班，培训区、县和产业工会干部230人。市工会培训继续依托工会干校进行，采取根据对象调整内容，增加教师调研机会，聘请课座教师等办法，不断提高教学质量。各区、县（市）总工会、各产业工会的培训方式灵活多样。全市共举办各类培训班178期，培训干部1

万余人，其中工会干校培训2200人。

（李靖天）

团市委

【青年创业大会暨第二届青年创业周】 2010年12月6日下午，由共青团沈阳市委、市人力资源和社会保障局、市中小企业局联合主办的沈阳市青年创业大会暨第二届青年创业周开幕式在辽宁大厦一楼多功能厅隆重举行。

开幕式上，为20名获奖青年、20名优秀青年创业导师颁发证书，为15家沈阳市青年创业基地、39家市YBC创业服务站授牌，并向获得创业资助的16名创业青年发放创业扶持金74万元，获奖青年代表与创业基地代表分别作了发言。

在创业周期间，开展了七项主体活动，沈阳市青年创业奖提名奖评选表彰活动、"创业东北，活力沈阳"沈阳青年创业项目与青年创业（孵化）基地两项推介会、"振兴杯"沈阳市青年创业大赛，沈阳市青年创业校园示范店启动与青年创业培训社区班开班仪式、沈阳市青年创业导师年会暨"创业成就梦想"青年创业沙龙活动。

（王　全）

【派选聘生创业培训班】 2010年8月9日，由共青团沈阳市委员会、沈阳市人才工作办公室联合开展的沈阳市省派选聘生创业培训在沈阳市青少年宫青创职业培训学校拉开帷幕。

本次创业培训是为推动沈阳市省派选聘生在社会主义新农村建设中建功立业、锻炼成长，确保"下得去、待得住、干得好、流得动"，激发沈阳市省派选聘生创业活力、提高创业能力，促进立足农村创业、带动农民致富而举办的。

参加首届沈阳市省派选聘生创业培训的学员近百人，沈阳市青少年宫青创职业培训学校分三批完成全员培训。培训内容除讲授国际劳工组织编著的SYB（创办你的企业）教材外，还将增设与创业有关的经济知识、法律知识、税收政策、市场环境、项目选择等培训内容。同时依托沈阳市青年创业导师俱乐部，根据创业的行业，为其选配导师，结成一对一帮扶对子，提供三年伴随式的创业指导，帮助其成功创业。

（王　全）

【新生代农民工创业培训班】 2010年8月26日，由沈阳市总工会、共青团沈阳市委员会联合开展的沈阳市新生代农民工创业培训班在沈阳市青少年宫青年创业职业培训学校拉开帷幕。

本次创业培训是为切实加强新生代农民工创业培训工作，增强新生代农民工创业意识，提高农民工创业能力，培养农民创业者和现代农民企业家。首期培训班由沈阳市青年创业导师——辽宁百特物业管理有限公司总经理兰涛、沈阳大班圣海科技有限公司总经理冉定国、辽宁天润律师事务所合伙人张从国授课，他们分别结合自身经历，现身说法，从如何解决创业青年在生产、经营、管理等过程中遇到的困难以及创业应掌握的法律知识，如何准确把握市场发展的方向，应对创业风险，提高创业能力等进行了讲解，并与青年农民工学员互动交流。

（王　全）

【青年创业校园示范店启动】 2010年12月5日，沈阳市青年创业校园示范店启动仪式在沈阳师范大学举行。团市委与辽宁和佳共翔电脑有限公司联合推出沈阳市青年创业校园示范店，目的就是帮助青年自主创业，降低创业风险，提高创业成功率，为青年提供创业实训平台，提高青年创业技能，不断激励青年奋发有为，鼓励和带动更多的青年通过自主创业实现就业。

和佳共翔青年创业实训基地是由省教委、团市委共同大力发起并共同指定授权的青年创业实训基地。在团市委给予政策和资金的双重支持下，辽宁和佳共翔计算机有限公司以现有平台为基础，在三好街赛博数码广场重金打造了一个1200平方米的大学生创业实训基地，大学生，可以在一个完全真实的市场环境中进行创业锻炼，走完一个从初步设想到成功创业的完整过程。

创业实训基地成立以来，已对六个批次近120个不同院校的大学生进行培训，其中部分学生已被企业预定，在此基础上，和佳共翔青年创业就业实训基地将实施校园店建设策略，给大学生提供一个更广阔、更独立的创业空间。

（王　全）

【青年创业项目推介会】 2010年12月9日，共青团沈阳市委员会、沈阳市人力资源和社会保障局、沈阳市青年创业促进会共同主办的"创业东北 活力沈阳"第二届沈阳市青年创业项目推介会在沈阳市就业和人才服务局举行。80余家热心公益事业的连锁企业及创业孵化基地以及400余名有志创业的青年参加了推介会。

来自北京、长春、大连和沈阳等地的40余家企业详细介绍了企业概况，推出380余个创业项目，总援助资金达4600万元，同时，YBC沈阳青年创业导师通过现场讲解，与青年充分交流，为青年答疑解难、进行创业指导。

活动当日，创业青年与参会企业达成项目意向50个，与创业孵化基地达成进驻意向70个。

（王　全）

【青年创业沙龙】 2010年12月13日，由共青团沈阳市委员会、沈阳市青年创业促进会、沈阳市青年创业导师俱乐部举办的沈阳市青年创业导师年会暨"创业成就梦想"青年创业沙龙在辽宁大厦举行。

昊诚集团董事长李文东、沈阳黎民百姓商贸有限责任公司董事长黎明以"创业成就梦想"为主题做了创业经验分享。举行了新导师聘任仪式，为4位新聘任的导师颁发导师聘书。创业青年代表韩泰、超级管家服务公司经理秦宇、沈阳力尔环保科技有限公司总经理谢紫达针对自己的项目作了分享，并由导师对他们的项目进行了会诊。与会的创业青年和导师又针对创业中所遇的问题经行了讨论。最后，进行了青年创业导师与青年签约仪式，有三位创业青年与导师结成了"一对一"帮扶对子。

（王　全）

【预防青少年违法犯罪工作研讨会】 2010年5月19日，"2010年沈阳市预防青少年违法犯罪工作研讨会"召开。市综治办、市公安局、市法院、市检察院、市文化执法总队、皇姑团区委、东陵团区委等16家相关责任部门参加会议,省社会科学院专家受邀参与研讨。与会人员围绕青少年法制教育、重点青少年群体的教育、管理和服务等热点问题进行了深入探讨。皇姑团区委书记张雪琴介绍了预防工作"六抓六落实,五带五走进"的总体工作思路。市中级人民法院少年庭庭长张海军详细介绍了市中法针对青少年犯罪审判采取的两项新制度——圆桌审判制度和社会调查制度。市检察院侦查监督处副处长张淑红就市检察院将在全市进行推广普及的少年捕诉合一制、风险评估制、考察帮教制等一系列新举措作了说明。市文化执法总队大队长曲堃分析总结了青少年生活和娱乐环境的现状,提出了创造适宜的网吧环境,让青年健康上网的意见。最后,市政法委副书记董开德针对预防青少年违法犯罪工作提出五点意见。

(傅　蕾)

【青少年维权月主题实践活动】 2010年5月5日,团市委在沈阳市青少年服务中心大东分中心举行了沈阳市第四个青少年维权服务月主题实践活动启动仪式。仪式上,宣读了"畅通青少年诉求渠道、维护青少年合法权益"沈阳市青少年维权月主题实践活动方案,播放了沈阳市青少年服务中心建立以来工作情况的DV片,举行了"牵益"青年生活卡首发仪式,大东区青联委员现场向大东区青少年服务中心捐赠电脑等办公用品,为沈阳市青少年生活服务网的开通揭幕。

仪式结束后,与会人员共同参加了"天使之翼,青春有约"大东区青少年交友联谊现场活动。来自企业、医院的30对青年男女通过游戏等互动节目彼此相识,最后自由选择心中理想伴侣。市、区两级青年文明号为配合本次活动,现场进行煤气、水电、婚庆、维权等义务咨询活动。

青少年维权月期间开展了六项主体活动。一是团市委联合其他22个单位共同开展第七届"沈阳市杰出(优秀)青年卫士"评选活动。做好自己的本职工作。二是开展了"我最关注的十大青少年权益问题"征集活动。三是开展了共青团关爱农民工子女志愿服务行动。通过开展"健康生活,快乐成长"教育引导活动、"欢乐城市行"体验活动、"爱心学堂"助学活动、"沈阳一家亲"结对活动、营造关注、帮助农民工子女的生活、学习、心理和生理状况的良好氛围。四是开展了以"绿色上网,健康成长"为主题的绿色网络校园行活动。邀请大中专院校计算机专业的志愿者深入学校普及计算机知识,让广大青少年在轻松愉快的氛围中,掌握最受他们欢迎喜爱的动画制作、编程以及PHOTOSHOP等计算机技术。五是开展了以"青春自护、你我同行"为主题的青少年实践教育行动。通过专家讲座、录像观摩、模拟训练等形式,向未成年人宣传自护知识,传授遭遇意外伤害时的自救技能,提高了未成年人的自护意识。六是深化优秀青少年维权岗创建活动。

(李　巍)

【"牵手同行"生活服务网开通】 2010年9月27日,沈阳市群团组织"牵手同行"生活服务网(http://www.qstx2999.com/)开通仪式在沈阳市文化宫举行。各群团组织负责人、各界群众代表、合作企业代表及全国、省、市主流媒体代表参加了开通仪式。市委常委、市总工会主席鞠秀礼同志亲自点击开通"牵手同行"生活服务网。

"牵手同行"生活服务网是由沈阳市群团组织联合行动领导小组办公室规划创办,由沈阳市总工会、共青团沈阳市委、沈阳市妇女联合会、沈阳市科技工作者协会、沈阳市残疾人联合会共同建设维护的全国首家群团组织综合民生服务网。

"牵手同行"生活服务网以"服务群众生产生活,服务社会和谐发展"为宗旨,以"服务职能整合化、服务群体覆盖化、服务项目需求化、服务效益最大化"为目标,项目和功能设计紧密围绕广大人民群众实际需求,面向全市人民群众和所有来沈人员提供就业创业、诉需解难、婚恋交友、优惠消费、文化生活五大领域68项无偿服务。

(王宇峰)

【"牵手同行 欢聚中秋"慰问活动】 2010年9月15日,共青团沈阳市委员会联合沈阳阿美莉卡食品工业有限公司在沈阳地铁2号线SG9标段开展了"牵手同行 欢聚中秋"关爱地铁工人慰问活动,为地铁工人朋友送去中秋佳节的祝福。

团市委向地铁工人代表赠送了价值3万余元的"阿美莉卡"月饼。此次活动时逢沈阳市第五个农民工维权日和中国传统节日中秋佳节到来之际,进一步营造出了关爱、维护、涵养地铁工人的社会氛围。

(宋肖雄)

【"振兴杯"全国青年职业技能大赛】 2010年10月25日至12月29日,第六届"振兴杯"全国青年职业技能大赛决赛在沈阳举行。大赛定级为国家一类竞赛,决赛包括机修钳工、机械设备安装工、计算机网络管理员三个(职业)工种,分团体赛和单项赛。来自全国各省、市及中直企业30支参赛队的232名选手参加了大赛。经过5天的激烈技能比拼,沈阳选手摘得了三个工种中的两个单项冠军(机修钳工、机械设备安装工),且9名参赛选手都进入前20名,辽宁代表团也连续第六年赢得振兴杯。

(肖　浩)

【全国青年高技能人才培养示范基地】

2010年是沈阳被团中央命名为全国青年高技能人才培养示范基地的第五年,团市委、基地办创新开展了全国青年高技能人才"双证"培训班、沈阳青年职业技能大赛、青工普训等工作。一是"双证"学历班:来自金杯、沈飞、沈鼓等各大国有及私营企业共计135名优秀青工报名参加了考前辅导并参加统一的成人高考,有118人被工业大学录取,其中:本科88人,专科30人。几年来"双证"学历班共选拔450名优秀一线青工上了大学,并且已有164名学员已经毕业,拿到了大学毕业证书。二是"双证"技能班:开办了数控车床工技能班,共有来自沈阳沈阳师范大学、沈阳装备制造工程学校的30名学员参加学习。根据市场需求,动漫设计专业技能班扩大了规模,面向全社会招生30人,学员已经顺利毕业,通过了相关认证考试,并且全部实现推荐就业。三是沈阳青年职业技能大赛。2010年度大赛以"提高青年就业能力、促进沈阳全面振兴"为主题,以

“引导青年苦练职业技能、提高持续就业能力”为切入点，设计了机修钳工、动漫设计、企业财务诊断等20个工种的比赛，超过1万名青年参与比赛。四是青工普训工作。团市委、基地办在机床集团、沈鼓集团、沈飞公司等单位以最贴近青工实际工作的方式，开展镗工、钳工、焊工等基础培训，普训青工5000余人次，为企业工人提高技能水平提供高效便捷的平台。五年来，全市累计普训青年技工5万余人次，通过鉴定，共有4000人晋升为高级工、1091人晋升为技师、200人晋升为高级技师，为老工业基地振兴培养了一大批青年技能人才。

（肖　浩）

【青年农民工鹊桥联谊会】　2010年9月10日，由市农民工工作领导小组办公室主办、团市委承办的沈阳市青年农民工鹊桥联谊会在市文化宫举行。本次青年农民工鹊桥联谊会以“相约沈城、梦圆金秋”为主题，从关注青年民生入手，关心青年农民工成长，关爱农民工生活，免费为青年农民工择偶“牵线搭桥”。中建钢结构公司、沈阳博宇金属公司等20余家单位的120名外来务工青年朋友参加了活动。

活动现场，活动通过自我表白、互动游戏、才艺展示、有奖猜谜、抽奖活动和真情速配等环节，为青年农民工朋友搭建了一个交友和自我展示的平台。

（孙　路）

【关爱农民工子女志愿服务行动】　沈阳市农民工子女分布在全市115所中小学学校，在校的农民工子女2万人，其中市内五区和四个近郊的城乡结合部1.79万人，占到全市农民工子女总量的90%。2010年，为解决农民工群体的后顾之忧，团市委在全市组织引导3万余名志愿者，150余家企事业单位，近20所高等院校参与到关爱农民工子女的志愿服务活动中来，设立了志愿者服务站71个；成立了“助苗”行动志愿者服务队206支，发放志愿服务行动联系卡9120张；命名了“农民工子女科普教育基地”、“农民工子女自护教育基地”、“农民工子女体验教育基地”、“农民工子女文化活动阵地”和“共青团关爱农民工子女志愿服务行动示范基地”等26家；与农民工子女结成互助对子1.23万对。

获得爱心服务的农民工子女近1.56万人。有效地为沈阳农民工子女创造一个和谐、健康的生活环境和学习环境。“志愿服务行动”荣获市直机关最佳实事之一。

（孙　路）

【青年报告团巡回报告会】　2010年5月4日，共青团沈阳市委举行沈阳市纪念“五四运动”91周年大会暨“创新、创效、创业、创优”青年报告团首场报告会。社会各界代表近1200人出席会议。大会授予于凤琴等30名同志“沈阳市‘五四’荣誉奖章”，授予于水鹏等102名同志“沈阳市‘五四’奖章”，授予共青团沈河区委员会等30个集体“沈阳市‘五四’奖状”。与会领导为“沈阳市‘五四’荣誉奖章”、“沈阳市‘五四’奖章”和“沈阳市‘五四’奖状”获得者代表颁奖。全国十大创业人物、禾丰牧业集团董事长金卫东，沈阳市“五四”奖章获得者、市地税局稽查局主查员王军，沈阳市“五四”奖章获得者、中航工业沈阳飞机工业（集团）有限公司铣工实习教师徐陆，沈阳市“五四”奖状获得者、市环境监测中心站副站长刘鹏，全国青年文明号、市消防支队启工中队中队长谢立峰分别就各自工作领域和先进经验作了精彩的报告。

（刘　明）

【百万青少年擦亮沈阳大行动】　从2010年3月份开始，团市委以迎全运文明沈阳行动为契机，广泛开展百万青少年擦亮沈阳大行动。组织广大青少年开展了“擦亮市容、擦亮心灵、擦亮窗口”志愿服务活动。在市内五区共选择100条重点街路（路段），组织全市广大青少年走上街头，擦洗街路护栏、公交站牌、候车廊等；在沈阳北站、中街、故宫等全市重要交通枢纽、商业街区、旅游景点、休闲广场选择20个重点区域，进行文明宣传，发放文明宣传手帕，劝诫、纠正不走斑马线、乱扔垃圾等不文明行为；组织全市窗口单位的1686家青年文明号开展服务提升行动，规范使用服务标识，优化服务环境，提升服务质量。开展了6次集中统一行动日，共清洁重要街路护栏68.7公里、公交候车廊325个、公交站牌238个、交通警示牌187个、广告牌145个，共征集青少年自创的文明宣传用语1215条，印制发放文明宣传手帕1万余条，对全市105个交通乱点堵点进行了实地调研体验，向行人和司机发放5000份玫瑰及宣传卡，拍摄现场照片310张，提出合理化建议675条。开展百万青少年擦亮沈阳大行动期间共有50余万名青少年参与到“擦亮沈阳”大行动中来，共提供志愿服务100万余小时。

（刘　明）

【青少年关爱民警行动】　为对沈阳市公安干警的无私奉献表示亲切慰问，引导广大青少年以感恩的心态积极参与和谐沈阳建设，从2010年6月13日起持续三周，团市委开展了“我把清凉送给你”青少年关爱民警集中统一行动。组织广大青少年为公安干警送去酸梅汤、绿豆汤、防晒霜、清凉油等消暑用品、粽子等节日礼物以及青少年自制的小礼物，同时还组织青少年自编自演小节目，在为公安干警送清凉的同时送欢乐。活动期间与市公安局协调沟通，确定了450个慰问点位，在三周内慰问公安干警2000余名。

（刘　明）

【援助塞拉利昂志愿者圆满完成志愿服务任务】　2009年10月，根据团中央的安排，沈阳团市委承办了中国青年志愿者海外服务计划——援助塞拉利昂志愿服务项目。沈阳赴塞拉利昂的14名志愿者开展了中文教学、武术教学和医疗服务，赢得了当地政府和居民的一致赞誉，有效传播了中华文化，大力促进了中非交流。由于塞拉利昂经济发展极为落后，且志愿者生活地点处于弗里敦郊区，志愿者工作生活环境极艰苦，市区经常停水停电，最严重的一次是停水1个月；而且当地生活用品极为昂贵，其生活用品的价格平均为国内价格的3倍，蔬菜类价格要达到国内的10倍左右。志愿者们克服困难，在生活经费紧张的情况下，自发组织为邻居阿布（家境非常贫困）先后捐款达一百多万利昂（合260美元）为其妻子看病及修缮房屋，并通过使馆向玉树地区赈灾捐款300美元。为表彰全体援塞志愿者所做出的突出贡献，团中央决定授予全体志愿者中国青年志愿者海外服务计划金质奖章，团市委决定授予沈阳市全体志愿者“沈阳市杰出志愿者”称号。2010年10月，沈阳援助塞拉利昂志愿者圆满完成志愿服务任务回国。团市委召开了沈阳援助塞拉利昂项目表彰座谈会，隆重表彰在援塞项目中表现优异的先进个人和先进集体。

（姜旸杨）

【组织志愿者服务亚运会】 2010年，沈阳团市委积极组织开展亚运会志愿者招募工作。志愿者招募工作按照公开招募、自愿报名、组织选拔、集中培训、统一上岗的方式进行，严格审核程序，体现专业性和参与性相统一，选拔出10名志愿者为第十六届广州亚运会田径项目的比赛提供志愿服务，亚运会沈阳志愿者代表团抵穗后，根据亚组委统一安排，进行了两次实战演练的专业化场馆培训，10名志愿者按照姓氏字母排序，被分配到观众看台、主席台、新闻媒体、运动员观看台等不同的工作岗位，为前来观看比赛的持票观众提供了观众引导、信息咨询、失物招领、票务查验、坐席服务、观众互动、轮椅服务、陪同特殊人群前往指定地点服务、婴儿车与轮椅寄存等多项服务，累计服务2400小时。亚运会沈阳志愿者代表团成立之初就建立了严格的团队管理制度，以队长为核心，建立队长负责制，每日例会制，交流服务经验并及时反馈志愿者每天的服务情况、遇到问题，确保各项亚运会志愿服务工作圆满完成。

（姜旸杨）

【组织志愿者服务省运会】 为确保第十一届省运会各项赛事安全、有序进行，团市委开展了辽宁省第十一届省运会赛会志愿者的选拔、培训、服务工作。

在8月8日至16日的运动会期间，8个部门19个不同岗位者共提供信息传递、媒体运行、安保协调、引导服务、竞赛服务、对口接待等志愿服务10余万次，累计服务2.5万小时，按照第十一届省运会组委会总体安排，团市委于5月29日在沈阳奥体中心五里河体育场举行第十一届全省运动会赛会志愿者招募工作启动仪式，正式拉开省运会志愿者招募等工作的序幕，按照公开招募、自愿报名、组织选拔、集中培训、统一上岗的方式，面向全社会招募志愿者为省运会提供专业志愿服务。根据不同岗位所需志愿者要求，服务岗位与学校就近对接原则，面向东北大学、辽宁大学、中国医科大学、沈阳建筑大学、沈阳农业大学、沈阳航空学院、沈阳体育学院、沈阳医学院、辽宁交专等9所学校招募289名志愿者参与辽宁省运会各项赛事服务。志愿者人选确定后，省运会各岗位志愿服务负责人于比赛前对不同岗位的志愿者进行了关于体育知识、赛事内容、礼仪服务、沟通技巧、安全防护等方面的相关培训，提升了志愿者服务的专业水平。正式比赛期间，志愿者服务热情周到，从7月15日起陆续上岗，289名志愿者在为赛事的顺利进行提供了有利保障。

（姜旸杨）

【全国优秀中职毕业生报告团】 在团中央“我的青春故事”全国优秀中职毕业生报告团成员选拔过程中，沈阳团市委推荐的中航工业沈飞职业技术学院铣工实习教师徐陆脱颖而出，入选报告团。4月15日，报告团全体成员受到了中共中央政治局委员、全国人大常委会副委员长、中华全国总工会主席王兆国的亲切接见。4月26日，团省委、团市委在沈阳化工学校举行“我的青春故事”全国优秀中职毕业生报告团辽宁首场报告会。来自沈阳市化工学校、沈阳市汽车工程学校、沈阳医学院附属卫校的500余名师生参加了首场报告会。4月27日，报告团部分成员走进沈阳医学院附属卫校和沈阳市旅游学校，与两校学生面对面交流工作及学习体会，报告团成员的典型事迹深深感染着参加座谈会的学生。

（孙含欣）

【选派高校团干部赴县、区团委挂职锻炼】 按照共青团中央、教育部《关于从全国高等学校中选派共青团干部到县级团委挂职工作的通知》要求和共青团辽宁省委、辽宁省教育厅的具体部署，团市委选派驻沈高校37名团干部到省内县（市、区）团委挂职锻炼一年，其中：14名团干部到沈阳市的县（区）团委挂职锻炼，23名团干部到鞍山、抚顺、本溪、铁岭、朝阳等市的县（市、区）团委挂职锻炼。

（孙含欣）

【大学生诗歌咏诵活动】 按照“红诗沈阳”群众性诗歌咏诵活动的统一部署，团市委5月份在全市大学生中开展了“红诗诵青春”沈阳高校大学生诗歌咏诵活动。全市各高校团组织积极行动起来，广泛动员、精心组织、突出原创、创新咏诵形式，一大批歌颂党和祖国、歌颂人民、歌颂时代的诗歌作品在校园里被大学生们传诵。为促进校园红诗咏诵活动向更高水平发展，加大校际交流，团市委开展了沈阳大学生红色诗歌咏诵比赛，共有21所学校的30支队伍会师决赛。最终，东北大学的《矢志报国从军志・无悔青春献国防》、沈阳师范大学的《你是我的传说》获得一等奖，辽宁大学的《红色情韵》等4所学校的作品获得二等奖，鲁迅美术学院的《鲁艺情系共和国》等6所学校的作品获得三等奖。沈阳建筑大学的《中华中华》等8所学校的作品获得优秀奖。沈阳大学的《毕业》等5所学校的作品获得诗歌创作奖。

（孙含欣）

【成人节宣誓仪式】 2010年4月16日上午，以“文明沈阳迎全运，我为沈阳添光彩”为主题的沈阳市第十一届18岁成人节宣誓仪式在沈阳市信息工程学校隆重举行。市委常委、市总工会主席鞠秀礼、副市长王玲出席仪式并讲话。庄严的升旗仪式后，2000名年满18岁的学生面对国旗郑重宣誓，团市委书记邢鹏发表成人节祝词，家长和学生代表分别表达了心声，与会领导给学生代表佩戴“成人纪念章”、颁发《成人纪念册》，并向沈阳市青少年文明沈阳行动服务队授志愿服务旗。最后，学生代表宣读了《沈阳市青少年文明公约》，倡议全市青年学生身体力行，争做文明沈阳的使者。

（孙含欣）

【帮扶救助】 2010年1月4日，沈阳市贫困大学生寒假返乡车费发放活动全面启动，为全市高校2500名贫困大学生送去寒假返乡、返校车费补助金共计50万元。1月初，团市委、市大学生服务中心面向市属高校贫困大学生发放市政府奖、助学金共计240万元，面向全市26所高校的100名本、专科学生每人发放市长奖学金6000元。1月下旬，团市委、市大学生服务中心与沈阳八方客运集团联合为在沈阳就读的300名外地贫困大学生提供免费乘车服务，目的地分别为朝阳、阜新、葫芦岛三市。7月16日，2010年首批青少年重大疾病救助金发放活动全面启动，为118名患病青少年发放重大疾病救助金共计92万元。8

月15日，团市委、市大学生服务中心在东北大学汉卿会堂举行青春圆梦行动启动仪式，团市委、市大学生服务中心出资114万元，为380名圆梦贫困学子发放助学金每人3000元。11月，团市委、市大学生服务中心将8万元重大大病救助金向患重大疾病青少年发放。12月，为了应对物价上涨给贫困大学生带来的生活压力，团市委、市大学生服务中心决定提前发放2010－2011学年度政府奖、助学金，面向市属高校贫困大学生发放市政府奖、助学金共计240万元，面向全市26所高校的100名本、专科学生每人发放市长奖学金6000元。

（孙含欣）

【成立沈阳市红领巾大队长学校】 2010年11月27日，沈阳团市委、市少工委在市青少年宫召开了“沈阳市红领巾大队长学校成立仪式”。市少先队大队长代表、辅导员代表及新闻媒体约150余人参加了成立仪式。团市委少年部副部长、市少工委办公室主任孙莹在成立仪式上致贺词，团市委副书记、市少工委主任张鹏为红领巾大队长学校揭牌。仪式后，红领巾大队长学校顾问团成员、少先队工作专家沈兆平老师，为大队长代表讲授了建校后的第一堂课——《热爱少先队组织，活跃我们的组织生活》。

红领巾大队长学校面向全市所有少先队大队长进行培训，旨在提高全市广大少先队小干部综合能力和素质，强化少先队小干部队伍建设，增强少先队组织的凝聚力，为推进市基层少先队事业全面发展输送人才。红领巾大队长学校首期培训学生人数达到了367人，涵盖了市各区、县（市）及市直属学校。

（李午阳）

【少年队建队61周年庆祝活动】 2010年10月13日，为纪念少先队建队61周年，团市委、市教育局、市少工委在铁西区工人会堂联合举办了“沈阳市暨铁西区纪念中国少年先锋队建队六十一周年‘阳光下我们茁壮成长’主题大队会”。

会上，全场1400名少先队员和大队辅导员们举行庄严隆重的大队会仪式。铁西区少工委及少先队代表通过舞蹈、联唱、诗朗诵、儿童剧等多种文艺形式，奉献了一场精彩的文艺汇演，并作为节日礼物献给全市的少先队员们。在主题大队会活动当天，全市另有400余所学校、共计32万少先队员开展了各式各样的主题纪念活动。

（李午阳）

【“优秀少先队员”评选】 11月19日，由团市委、市教育局、市少工委联合开展的“十佳（优秀）少先队员”、“十佳（优秀）少先队辅导员”、“十佳志愿辅导员”、“优秀英雄中队”评选活动揭晓。经评审委员会统一评审，全市共评选出优秀少先队员100名、优秀少先队辅导员60名、优秀少先队志愿辅导员8名、优秀少先队英雄中队30支。

（张晓飞）

【庆“六一”欢乐行动】 2010年5月27日，在沈阳市皇姑区和信朝鲜族小学，团市委、市教育局、市少工委、市民族事务委员会、市慈善总会联合开展了“心连心、手拉手，各族儿童共成长”——沈阳市少先队员庆“六一”欢乐行动。活动现场，各族少年儿童穿上富有民族特色的节日盛装，观看了由各学校自编自演的歌舞、乐器、诗朗诵等丰富多彩的文艺节目。活动中，爱心企业向儿童代表们赠送了节日礼物。

（李午阳）

【非公企业团建“百日会战”活动】 2010年3月中旬至7月底，团市委按照团省委《关于推进全省规模以上非公有制经济组织团建工作的方案》要求，下发了《关于在全市规模以上非公企业中开展团建“百日会战”活动的通知》，在全市广泛开展了规模以上非公企业团建“百日会战”活动。期间，选树了2家省级示范点，10家市级示范点，县、区级示范点、联系点各140家，向各县、区发放《非公团建指导手册》1500本、《非公团建示范单位》牌匾160个，为新建团非公企业送去了1000面团旗，广泛开展了“三建三送”活动及非公团干部培训工作，并召开了三次县、区工作调度会，形成了信息报送、台账录入、督查指导等制度，有力推动了“百日会战”活动的整体推进。2010年新建了720家，超额完成团省委确定的任务指标。

（高　鑫）

【团市委十四届三次全会】 2010年2月2日，团市委在辽宁大厦隆重召开了共青团沈阳市十四届三次全委（扩大）会议，市委常委鞠秀礼出席会议，并代表市委、市政府作了重要讲话。全会客观总结了2009年工作，全面部署了2010年工作，传达了团中央十六届三中全会、团省委十二届三次全会、沈阳市群团组织为全面完成2010年经济工作任务建功立业动员大会有关精神，审议通过了《关于在全市广大团员青年中开展“青年投身主战场、青春创造新业绩”主题实践活动的决议》（草案），表彰了2009年度沈阳市“五四”红旗团委标兵、沈阳市“五四”红旗团委、“特色工作项目”、“重点活动项目”获奖单位，确认了委员、候补委员的卸免递补。

（高　鑫）

市妇女联合会

【纪念“三八”国际劳动妇女节100周年和市妇联建会60周年】 3月5日，市妇联与沈阳市电视台共同举办“辉煌半边天”——庆祝“三八”国际劳动妇女节100周年暨沈阳市妇联建会60周年电视文艺晚会。晚会运用VCR及歌舞、诗歌、小品等形式，全面展现了百年世界妇女运动的辉煌历程和市妇联建会60年的巨大成就，营造了尊重女性、关心妇女事业的良好社会氛围。大力宣传巾帼模范好典型，借助电视、报纸等主流新闻媒体，集中宣传报道“三八”红旗手、十大巾帼执法标兵、优秀城市美容师等一批先进妇女典型的突出业绩，为全市妇女树立了可学、可比的巾帼楷模。举办异彩纷呈的纪念活动，开展“三八”妇女维权周活动，联合商家、医院推出优惠、促销活动，为广大妇女送上了真诚的节日关爱。各区、县（市）妇联，市直、党派妇委会及团体会员也结合自身实际，开展形式各异、隆重热烈的“三八”节庆祝活动，形成了共庆“三八”节日的浓郁氛围。

（王　硕）

【深化和谐家庭创建活动】 开展十大杰出母亲、优秀母亲评选活动，举办“弘扬母爱，传承美德”——十大杰出母亲、单亲母亲座谈会，推动全社会孝老爱亲社会风尚的进一步形成。与市纪委共同开展廉洁文明家庭评选活动，进一步推进廉政文化进家庭活动向纵深开展。评选出市廉洁文明家庭标兵10户、廉洁文明家庭71户，廉政文化进家庭先进单位10个。开展和谐家庭示范社区（村）、家庭志愿服务示范基地创建工作，全市共创建省和谐家庭示范社区20个、省和谐家庭示范村11个、省家庭志愿服务示范基地1个。

（王 硕）

【开展“做合格女性，建和谐家庭，创文明沈阳”主题活动】 在全市启动“美化家庭，扮靓社区，擦亮沈阳”家庭志愿者服务月活动，组织全市465个社区，10万余名家庭志愿者参与环境清洁活动，清除街路残雪、捡拾白色垃圾、擦洗公共设施，绿化庭院、美化小区。参与文明交通行动，在全市90个社区成立“母亲劝说团”，招募1100余名巾帼家庭志愿者走上街头，参与维护交通秩序，倡导文明出行，劝说不文明行为。与市总工会、团市委、市科协、市残联等五家单位联合开展“迎全运文明沈阳”群团组织联合行动——文明行车志愿者招募活动，招募文明行车志愿者1034人，为推动全市形成文明驾车、安全礼让的交通环境作出了贡献。

（王 硕）

【开展“巾帼创新功，岗位争优秀”活动】 以学习培训、岗位练兵、典型示范、“岗区联创”、“岗村共建”等举措，引导文明岗女职工争当“五优”新女性（理想信念优、自身素质优、社会公德优、职业道德优、家庭美德优），优化“巾帼文明岗”品牌，在更高层次、更广领域为沈阳市各项事业的发展建功立业。大东、铁西、皇姑等9个区、县（市）妇联组织辖区内的巾帼文明岗进行了点钞、大幅剪纸、基础急救等专业的职业技能比赛，受到在岗女职工的欢迎。全年共表彰“巾帼建功”活动先进集体90个，先进个人101名。

（王 硕）

【深化“双学双比”活动】 争取政府支持，将“双学双比”经费由7万元增加到100万元，并以以奖代补资金的方式支援了基层妇联的农村妇女工作。完善“妇女需要、妇联牵头、多方支持”的农业技术培训机制，举办农业技能培训班627期，培训农村妇女6万余人。做好村庄、庭院的绿化美化工作，组织11万名妇女种植树木944.3万株，创建“绿色庭院”示范户1976户。加强女经纪人队伍建设，新建农村妇女经济合作组织35个，在推广技术、联结农户、开拓市场等方面发挥了重要作用。

（王 硕）

【实施“妇女就业创业促进行动”】 女性创业小额贷款在规范放贷流程、增加贷款额度、延长贷款期限等方面取得新突破，放贷总量由400万元增加至700万元，贷款审核首次纳入人社部门官方认证程序，全年共为70名创业女性解决了融资难题；女性创业孵化基地培训有创业意向的妇女498人，指导226人成功创业；新建省、市级女大学生就业创业见习基地156家，提供见习岗位1500个，发放见习补贴7.5万元；各级女性就业专场招聘会累计达成求职意向8712人次，签订就业合同4680人次。

（王 硕）

【依法维护妇女儿童合法权益】 做好女性人才推荐工作，向市委组织部推荐女后备干部20名。抓住村“两委”换届契机，组建“女村官宣讲团”，推广单设女委员选票的成功经验，使换届后全市村“两委”中有女委员的比例达到95.4%，比上届提高5.9个百分点。编制《沈阳市妇女儿童维权服务优秀案例汇编》，为基层妇联依法履行维权职能提供了指导。在市及农村四县开通“12338”妇女维权公益服务热线，搭建了快速维权新平台。积极做好妇女群众信访工作，全年市妇联共接待来电来信来访978件，结案率达99%。

（王 硕）

【为妇女儿童办好事、办实事】 实施“母亲子女助学”和“单亲贫困母亲安居工程”项目，向单亲贫困母亲子女资助13.6万元助学金，为农村单亲贫困母亲援建住房55套。开展2010“关爱女性健康阳光行动”和农村妇女“两癌”检查项目，为20余万沈城妇女提供免费“两癌”检查。深化“大手牵小手，爱心1+1”扶贫助学活动，发动社会力量筹集助学资金60万元，资助贫困儿童2000余名。实施中国儿基会·沈阳“让我玩”体育公益项目，惠及全市16所中小学、5000余名流动儿童。市儿童活动中心坚持公益原则，为贫困儿童提供免费艺术培训2000余人次。

（王 硕）

【创建妇女儿童维权服务暨社会治安综合治理示范工作站】 市妇联积极推进妇女儿童维权服务暨社会治安综合治理示范工作站建设，为基层妇联建立“两站”争取资金、协调政策、提供指导，8月底之前共推动全市社区建成示范工作站40个。至2010年底，40个示范站累计接待上访案件717件，避免群体访24件、越级访25件，通过协调服务，化解诉讼案件290件，处理历史问题14件，使广大妇女儿童真正感受到了维权服务在基层、利益维护在身边。沈河凯旋社区的“两站”成为全省第一个示范站，为全省的创建工作打下了样板，接待了省内、市内众多地区的学习参观，并迎来了全国妇联副主席宋秀岩的调研视察。

（王 硕）

【创建社区、村屯“妇女之家”】 针对当前离岗、失业和贫困妇女大量积淀于基层，社区、村屯妇联难以满足妇女所需的现实情况，市妇联于2010年10月全面启动“妇女之家创建”工作，打造基层妇联组织的品牌服务阵地。及时下发了《沈阳市妇联关于创建“妇女之家”的指导意见》，与各区、县（市）妇联签订《目标责任状》，成立创建“妇女之家”推动组，落实机关干部包点包片责任制，指导各区、县（市）妇联的建“家”工作。使沈阳市2344个社区、村屯在短短一个月之内全部建立了符合“四有”（有固定的活动场所，有开展活动的必要设备，有健全的管理制度，有丰富多彩的活动）标准的“妇女之家”，为基层妇联搭建了排查化解矛盾、开展普法宣传、接待群众信访、报送舆情信息和提供民生服务的一体化工作平台。由于启动早、措施实，沈阳市的“建家”工作走在了全省前列，并在省妇联年终召开的执委会议上介绍了经验。

（王 硕）

【实施家庭教育“十一五”规划】 制订沈阳市家庭教育“十一五”规划评估方案，指导各相关部门及各区、县（市）全面落实家庭教育“十一五”规划。创新建立家庭教育指导阵地，成立社区家庭教育指导基地13个，集中组织开展家庭教育系列活动，组建家庭教育报告团，入校举办家教报告会100场。探索家庭教育与学校教育相结合的有效途径，在中小学和职业高中建立首批“双合格”家庭教育示范基地10个，制定基地5年发展规划。强化家教知识的宣传普及力度，开展家教宣传道德实践月活动，依托社区（村）母亲课堂和“辽海讲坛”，面向家庭教育志愿者和家长进行家教知识培训3000余场，受益人数近30万人次。

（王 硕）

【开展小公民道德实践活动】 结合全市“迎全运文明沈阳行动”中心工作，开展“小手牵大手·文明驻我家”沈阳市百万儿童争做“文明小使者”活动，在全市评选表彰10名“文明小标兵”，举办“文明小使者”征文、绘画展示，引导广大少年儿童养成良好的道德品质，以实际行动促进城市文明。开展“做一个有道德的人”主题活动，依托社区（村）家长学校、儿童活动中心、双合格家庭教育基地、儿童之家等活动阵地，广泛开展“孝敬父母、体验亲情”、“爱心奉献”等主题活动，使未成年人在体验亲情中净化心灵、在互助友爱中提升境界、在奉献社会中陶冶情操。优化青少年网络环境，与文明办等部门联合开展青少年“网奥赛”，实施青少年文明上网推进工程，促进未成年人文明上网、健康成长。

（王　硕）

【召开沈阳市妇女第十二次代表大会】 2010年9月8日—10日，沈阳市妇女第十二次代表大会隆重召开，来自全市各行各业的452名妇女代表以高度的政治责任感和历史使命感，认真履行职责，审议并通过了大会报告，选举产生了新一届市妇联领导机构，圆满地完成了各项预定会议任务。初立华当选为市妇联第十二届执委会主席，赵月英、闫凤霞、杨利群当选为副主席，段阳、韩燕子、高峰当选为兼职副主席，于春梅等79名代表当选为执委会委员。大会向全市妇女号召：“争当中国特色社会主义的坚定拥护者、沈阳又好又快发展的有力推动者、创建和谐沈阳的踊跃参与者、自身发展进步的执着追求者，与全市人民一道，共谋科学发展，共促社会和谐，共助沈阳振兴，共创美好生活。”这次大会进一步夯实了全市广大妇女助推沈阳全面振兴的共同理想，对促进妇女事业健康发展产生了深远影响。

（王　硕）

【加强组织建设】 指导3个区、县（市）妇联按照《章程》成功换届。推动村妇代会与村委会同步换届，指导村妇代会换届选举工作，使全市94.7%的村妇代会主任进入新一届村“两委”班子。拓宽组织领域，推动市信访大厅、市人社局成立妇委会。加大培训力度，先后在北京大学、井冈山培训基地、上海市妇女干部学校举办女干部培训班，累计培训女后备干部、妇联干部92人。举办基层妇联干部培训班37期，培训干部4102人。编辑《沈阳市妇联组织工作手册》，为妇联干部提升业务水平提供了参考。加强市妇联机关自身建设，圆满完成市妇联机关党委换届工作，开展“一学三提”主题活动，深化“三新”大讨论，派遣年轻干部到事业单位和社区接受锻炼，有效提升了机关干部服务大局、服务妇女的工作能力。

（王　硕）

市科学技术协会

【“院士工作站”引进高端智力】 为促进高新区、开发区、经济开发区的人才智力支持，扩大院士工作站的辐射面和影响力，2010年10月20日，第七届沈阳科学学术年会开幕式上，成立了沈阳国家高新技术产业开发区院士专家工作基地，是全国首家院士专家工作基地，市委副书记苏宏章为沈阳国家高新技术产业开发区院士专家工作基地授牌。浑南高新区将依托院士专家工作基地，面向驻区企业，广泛开展技术咨询、项目研发、项目论证和人才培养等工作，促进浑南新区高新技术产业发展。为充分发挥“两院”院士在促进企业自主创新，增强企业核心竞争力方面的特殊作用，10月21日，沈阳航天新星机电有限责任公司成立院士专家工作站。市委常委、市总工会主席鞠秀礼，中国科学院院士、南京航空航天大学陈达教授，中国科学院院士、南京大学都有为教授，全国劳动模范、“毛主席的好工人”尉凤英出席了揭牌仪式。作为驻沈央企和军工企业，沈阳航天新星公司是航天航空产业领域的知名企业，也是具有重要影响的行业领军企业。沈阳航天新星机电有限责任公司院士工作站的成立，在发挥央企优势，用好地方资源，加强区域合作，促进军品与民品结合，大力发展航天科技产业，确保国防安全等方面，有着重要的特殊意义。鞠秀礼代表市委、市政府向进站院士颁发了聘书，并发表了讲话。沈阳航天新星公司党委书记、总经理朱开信在仪式上致辞。截至2010年底，全市共有院士工作站44家，引进两院院士171位。

（姜素文）

【第七届沈阳科学学术年会】 2010年10月20日上午，“第七届沈阳科学学术年会暨浑南高新技术产业发展论坛”在浑南新区21世纪大厦国际会议厅隆重开幕。年会由市委、市政府主办，市科协、市社科联和浑南新区区委、区政府，沈阳高新技术产业开发区管委会共同承办。年会的主题是：科技创新与浑南高新技术产业发展。

中国科协副主席、中国科学院院士赵忠贤，辽宁省科协党组书记、副主席康捷，辽宁社会科学院党组书记、院长鲍振东，市委副书记苏宏章，市人大常委会副主任宋铁瑜，市政府副市长杨亚洲，市政协副主席李楷，市委副秘书长李建国，以及32位中国科学院院士和中国工程院院士，6位国内外知名专家学者出席开幕式。各区、县（市）、市直有关部门、群团组织、高等院校、科研院所、重点骨干企业的有关负责同志，浑南新区领导及有关部门负责同志，市科协、市社科联主席、副主席、常委，各区县（市）科协负责人，市级协会、学会、研究会负责同志，科技工作者代表共计300多人参加了开幕式。开幕式由市政府副市长邹大挺主持。市委副书记苏宏章宣布“第七届沈阳科学学术年会暨浑南高新技术产业发展论坛”开幕，并为沈阳国家高新技术产业开发区院士专家工作基地授牌。市政府副市长、浑南新区区委书记杨亚洲致欢迎辞。

开幕式上，中国工程院院士、市科协主席孙铁珩宣读了《关于表彰第四届沈阳市科技英才的决定》，与会领导为获得第四届沈阳市科技英才称号的科技工作者颁发奖杯。浑南新区人民政府区长赵世宏在开幕式上介绍了浑南新区发展现状及浑南新城规划情况。中国科协副主席，中国科学院院士赵忠贤作了题为《科技进步服务于科学发展》的特邀报告。开幕式后，院士专家考察了东软集团CT生产车间，参观了沈阳市城市规划展示馆。

年会设立一个主会场、15个分会场和10场高端科普报告会。举办了科技创新与浑南高新技术产业发展论坛暨共谋新区发展院士专家恳谈会，邀请院士专家对浑南新区高新技术产业发展把脉问诊，出谋划策。举办了装备制造业聚集区发展战略高层论坛、生态城市与环境样板城建设学术研讨会、新材料新能源“十二五”发展趋势论坛、自然灾害预测及减灾对策高峰论坛等100多项配套学术活动。

（姜素文）

【国内外科技交流与合作】 2010年7月4日至5日，由辽宁省科协、上海市科协和台北市交通安全促进会主办，沈阳市科协、市交通局和市交通学会承办的“第十八届海峡两岸都市交通学术研讨会”隆重举行。省政府副省长滕卫平，省政协副主席刘政奎，台北市交通安全促进会理事长黄台生等领导和专家出席研讨会。研讨会的主题是：区域经济发展与交通运输。研讨会设立一个主会场、五个分会场。大会安排了四个主报告，分别是沈阳市发展和改革委员会交通运输发展处处长王珏的“沈阳经济区经济形势与交通一体化”报告，台北市交通局局长罗孝贤教授的“台北市敦化自行车道建置经验”报告，上海市交通工程学会理事长许培星的“低碳物流：城市新生活方式的革命”报告和台湾铁路改建工程局局长许俊逸的“台湾铁路未来发展的方向”报告。五个分会场的议题涉及广泛，包括沈阳经济区一体化交通发展战略、规划与实施，城际连接带、新城、新市镇交通规划与发展，铁路、航空、轨道交通与常规公交协调发展、管理运营与衔接策略，城市交通组织策略及解决拥堵对策优化方案，重大活动期间的交通保障策略与实施，土地利用与城市交通规划、管理的协调发展，区域物流规划与管理，多元化交通体系，交通安全、应急、节能、环保、生态和文化，城市交通的新技术应用，交通投融资效率与可持续发展，以及其他一些涉及区域经济和城市交通方面的相关问题。专家们结合自身专业和研究领域各抒己见，踊跃交流，各会场的气氛热烈、活跃而友好。“第十八届海峡两岸都市交通学术研讨会”的成功举办，为沈阳经济区交通规划、建设和管理等建言献策，有力地推动了沈阳经济区交通事业的大发展。本次研讨会征集论文181篇，收录138篇，会议交流61篇。

2010年7月21日，朝鲜国家科学院数控动力机械研究所室长李明虎、研究员两栋铁，朝鲜科技总联盟科协部部员车满百等机床代表团参观考察沈阳机床集团，进行机床工业技术交流。

2010年10月18—21日，由沈阳市科学技术协会、沈阳农业大学、沈阳市环境科学学会共同主办，中国科协中促会和以色列国驻华大使馆协办的“以色列水资源保护、管理与可持续利用培训班”在沈阳农业大学举办。以色列国家级的环境顾问、国际环境与农业项目协调人布伦纳博士和依斯哈雷利博士详细讲授了以色列水资源及开发利用概况和现代节水灌溉技术、节水灌溉设施的投入、产出、经济效益、灌溉中循环水利用、水质要求及处理、城市节水技术措施和水污染控制措施、城市污水资源化等课程，并与学生和部分教师开展了热烈的互动交流。以色列专家还实地考察了沈阳满堂河污水处理厂和沈阳北部污水处理厂、沈阳农业大学。来自沈阳农业大学水利学院、土环学院的青年教师、高年级研究生和沈阳市环境科学学会会员等80多人参加了培训。培训结束后，专家向学员颁发了以色列外交部国际合作中心和以色列农业部国际合作司的培训结业证书。为进一步引进以色列先进技术、促进国际学术交流，沈阳农业大学水利学院和以色列阿拉瓦环境研究院可持续发展研究中心还签署了“学术合作意向协议书”，双方就访问学者、交换研究生培养、交流学术信息和材料、开展联合研究项目等几个方面达成协议，沈阳农业大学聘请以色列两位专家为沈阳农业大学水利学院名誉教授。

2010年，市科协被中国科协评为“海智计划”先进单位。

（姜素文）

【产学研合作】 2010年，市科协组织市属学会、协会、研究会有计划、有重点地选择工作项目，依靠会员和广大专家学者，以技术和学科综合优势为依托，开展了多形式、多层次的项目合作和科技服务工作，取得丰硕成果。积极搭建校企协作、厂会协作平台，积极推动项目与成果的有机结合，在科技成果研究开发和转化应用中突出发挥桥梁纽带作用。沈阳工业大学科协在学校完全自主研发的国内首台1.5千瓦风力发电技术转让过程中，积极参与并就合同条款的法律问题给予指导，积极促成合同签订成功，全年促成签订“四技”合同18项，合同额5668万元。沈阳建筑大学科协组织开展《生态环境影响预测》项目、“合成树脂车间噪声综合治理”等120个开发与合作，搭建百名专家与各级政府和企业的技术合作洽谈平台。沈阳大学科协组织高性能超硬复合涂层刀具研究与开发，采用超硬复合涂层取代单一超硬反应涂层，对高速钢及硬质合金刀具综合改造，大幅度地改善了刀具综合使用性能，实现了涂层刀具的更新换代。市气象学会组织专家开展土壤墒情的监测预测能力研究，从水循环的角度为是否开展人工增雨作业的决策提供了科学依据，最大限度地发挥增雨作业的抗旱效益、生态效益、经济效益和社会效益。市环境学会承担了国家环保部《环境经济政策配套综合名录地方执行效果评估与建议研究》课题1项，省环保厅《餐饮娱乐行业环评审批技术规范》、《房地产行业环评审批技术规范》、《沈阳市节能减排技术及产品目录编制》课题3项，市环保局《冷却塔对环境敏感点影响及交通噪声对不同楼层影响研究》课题1项。开展石油化工企业环境应急预案技术评估工作2项。2010年，共计完成建设项目评估298项，为项目顺利实施和政府决策提供了技术依据。

（姜素文）

【“讲理想、比贡献”活动】 2010年，沈阳市企业科协以开展“讲比”活动、构筑“金桥工程”和发展厂会协作为抓手，广泛开展技术服务活动。全年“讲比”活动立项1851项，提合理化建议1243条，创经济效益2.06亿元。黎明公司立项862项，已全部完成。东药集团提合理化建议178条，被采纳84条，创经济效益3500万元。盐酸金刚烷胺是一种抗病毒类药物，是东北制药的主要产品之一。2010版中国药典颁布后，对该产品的杂质项有了严格的规定，按原工艺生产出的产品满足该标准的达标率较低，如不进行改进，将面临被淘汰的危险。企业通过“讲、比”活动进行专项攻关，从改进关键工艺着手，寻找突破点。采取降低重要中间体的反应温度、缩短反应时间等系列措施后，取得突破性进展，使杂质含量大幅降低，产品满足2010版中国药典的达标率由改进工艺前的5%提高到95%以上，使产品生产技术有了很大突破，质量水平明显提升，提高了产品的生命力和竞争力。

在全国“讲、比”活动表彰中，黎明公司获先进集体称号，东药集团科协副主席张海燕获得优秀组织者，沈鼓集团工艺部教授级高级工程师、优秀焊接专家张立获优秀科技工作者称号。在辽宁省2009—2010年度“讲、比”活动表彰中，沈阳市有8个先进集体、8个优秀组织者、15名科技标兵受到表彰，获奖数位居全省之首。

市科协会同市发改委、市经委、市科技局授予东北制药集团有限责任公司等10家企业沈阳市“讲理想、比贡献”活动先进集体称号，授予郭涛等30名同志沈阳市“讲理想、比贡献”活动科技标兵称号，授予张海燕等10名同志沈阳市“讲理想、比贡献”活动优秀组织者称号。企业“讲、比”活动有效地推动了产业调整和技术升级，为促进经济增长方式做出了贡献。

（姜素文）

【学会组织建设】 2010年，市科协通过建立学会评估指标体系，制发学会理事会换届管理办法，举办学术年会和开展建功行动等工作载体，加强对学会管理和指导，为学会搭建有效工作平台，激发学会的工作活力，增强对所属学会的凝聚力和影响力。各学会以建设适应市场经济体制、符合科技团体活动规律和充满生机与活力的科技团体为目标，加强理事会换届、发展会员、会籍管理、调整组织机构、改变活动方式、提高服务质量、增强经济实力等各种方式不断加强自身建设，提高自身的活动能力，使学会工作达到了新水平，迈上了新台阶。

沈阳医学院科协通过增加专业委员会、新增选理事（委员）、挂靠国家和省级4个专业委员会等方式扩大了科协的工作范围，一定程度上带动了学院科协的整体建设。沈阳建筑大学科协努力为科技工作者服务，帮助在校教师解决出版学术专著经费困难的问题，资助专著出版，给予获得发明专利的在校师生2000－10000元的奖励。沈阳市农村经济信息协会加强组织网络体系建设，发展会员，健全会议制度，协会组织不断发展壮大。市医学会紧紧抓住学会的服务环节，根据学会的特点，确立具有自身特点的管理原则和办法，在专科分会中建立重点联系制度，使学会同专家、联络秘书的关系进一步理顺，采取了调入及外聘骨干的形式，改善了学会人员的结构，有效地推动了学会各项工作的开展。市气象学会、市测绘学会年内成功换届，新成立了沈阳真空技术学会。沈阳大学、沈阳化工学院、沈阳工业大学等科协，市机械工程学会、市制冷学会、市心理学会从基础工作入手，通过建立岗位责任制、建立例会制度、确定工作考核目标、加强对会员的指导和考核，极大地提高了学会的工作力度，增强了学会的凝聚力、吸引力和向心力，为学会各项活动的开展，奠定了坚实的组织基础，提供了可靠的组织保障。

（姜素文）

【优秀科技工作者评选表彰】 大力开展评先选优工作，千方百计调动科技工作者的积极性和创造性。市科协会同市委组织部、市委宣传部、市委教科工委、市委中省直企业工委、市科技局、市财政局、市人力资源和社会保障局、市中小企业局等8家单位在全市开展了第四届沈阳市“十大科技英才”暨第九届沈阳市优秀科技工作者评选表彰活动。全市各地区、各部门、各单位的党政组织、科协组织和各有关学术团体按照《关于开展第四届沈阳市十大科技英才暨第九届沈阳市优秀科技工作者评选表彰活动的通知》（沈科协发［2010］2号）的要求，经过基层初选、组织审查、单位推荐、专家举荐、专家评审委员会评审、领导审定，评选出苏鹏程等12名同志为第四届“沈阳市科技英才”和160名第九届沈阳市优秀科技工作者。

（姜素文）

【自然科学学术成果评选】 市科协、市人才办和市人力资源与社会保障局于2010年3月在全市范围内开展了沈阳市自然科学学术成果奖评选工作。征集学术成果1050项，经组织专家评审，评选出沈阳市自然科学学术成果奖201项，其中“冷轧带钢连续退火模拟实验机的数学模型”等一等奖26项，“地下渗滤系统处理生活污水的技术难点及对策”等二等奖75项，“环境技术创新对产业生态管理的影响”等三等奖100项。向省科协推荐学术成果549项，其中385项获奖。

（姜素文）

【编印《青年科学》《沈阳科协》杂志】 2010年1月起，《青年科学》和《沈阳科协》合刊发行，市科协负责《青年科学》的“科普大观园”和“我爱发明”两个栏目。其中“科普大观园”包括科技纵横、英才趣事、科普画廊、名家讲堂等专栏。至2010年6月共出刊6期。2010年7月，市科协开始独立改版编印《沈阳科协》，《沈阳科协》秉承传播科学知识、弘扬科学精神、倡导科学生活的办刊宗旨。同时突出《沈阳科协》作为市科协工作刊物的特点。全年出刊4期。《沈阳科协》包括特别关注、工作动态、科技纵横、调查研究、名家讲堂、我爱发明、科技人物、科普画廊、科技文苑、大事记等10个栏目。

（姜素文）

市台湾同胞联谊会

【参政议政】 2010年12月27日，沈阳市台湾同胞第七次代表会议在金城宾馆召开。本次会议共有代表120名。会议圆满完成了各项议程，审议并通过了《沈阳市台联第六届理事会的工作报告》，通过了《沈阳市台湾同胞联谊会章程（修正案）》，选举产生了由13名理事组成的沈阳市台联第七届理事会，选举产生了新一届会领导班子，其中：会长1人，副会长4人。

2010年，市台联向沈阳市政协十三届三次会议提交团体提案2件，台联界别政协委员向政协提交个人提案12件。其中《关于加强体制、机制改革，做大做强我市展览业》的提案列为市政协主席督办的重点提案。市台联召开了在沈部分台商座谈会，与会台商就沈阳市的经济社会发展、投资环境、两岸经济框架协议签订及沈台两地的经济文化交流等相关议题进行了座谈。市台联认真听取了台商的意见与建议，形成团体提案。

（蔡鸿文）

【维护台胞合法权益】 2010年，市台联通过座谈会、报告会等方式，先后召开9次会议，向沈阳市台胞宣传党在新形势下的对台方针政策，介绍新时期两岸关系形势，传达市委、市政府等有关文件精神。

市台联以办实事为重点，热情为台胞服务。在春节前夕，走访慰问了老台胞、生活较困难台胞及台胞遗孀共计59户，送去慰问品价值5000余元。为台胞协调解决增加回迁面积、解决案件纠纷、办理签证延期、出具台籍考生证明、帮助解决采暖费、向台胞所在社区及统战部反映台胞困难情况、协调解决台胞工作问题等各类实事27件次。积极推进六部委文件的落实工作，按照市委统战部的要求，在前期工作的基础上，2010年底重新对全市台胞的生活情况进行了调查摸底，为进一步推进六部委文件的落实打下坚实的基础。2010年还配合市委组织部、市委统战部推荐出席辽宁省第八次台胞代表会议的21名代表和5名省台联理事候选人人选，推荐1名女台胞代表出席沈阳市妇女第十二次代表大会。

市台联以活动为载体，增强“台胞之家”的凝聚力。利用节日和重要纪念日，并结合形势，创新思路，开展一系列适应新时期要求的活动共3次。春节前夕，召开春节联欢活动，会上对在开展“爱沈阳，做贡献”活动中表现突出的台胞给予了表彰和奖励。在传统的中秋佳节到来之际，举办“迎中秋、话统一、盼团圆”沈阳市台胞中秋联欢会。在九九重阳节，市台联发扬中华民族尊老、敬老的传统美德，举办“度重阳、话养生”沈阳市老台胞健康知识讲座。

（蔡鸿文）

【对台交流交往】 市台联围绕市委、市政府中心工作，利用台商朋友资源，积极开展以商引商工作。邀请并接待以台湾佳贺洋行有限公司董事长林升德先生为团长的“台湾啤酒业投资考察团”先后2次来沈考察洽谈。经过市台联的努力，台湾佳贺有限公司投资102万人民币在沈成立沈阳台美亚商贸有限公司，该公司已正式开始运营并准备追加投资。

市台联营造良好的投资环境，积极为台商服务。一是为沈阳益生食品有限公司、沈阳大千专用汽车有限公司等台资企业及在沈台商协调解决土地纠纷案、基建投诉案等实事9件次。二是参加由市政协外事委员会牵头，与市台办、台盟市委联合组织的对台商投资企业情况进行调研活动。走访了沈阳诚品木器等2家台商投资企业，召开了台企协会、台湾统一集团、旺旺集团等8家台商投资企业参加的座谈会。三是先后两次召开在沈部分台商座谈会，听取了对沈阳市改善投资环境的意见与建议。

市台联以乡情为纽带，加强对台交流交往。全年，先后接待了“台湾中区教学资源中心职业教育交流团”、“台湾啤酒业投资考察团”、“南美台湾同胞联谊会国庆经贸访问团”以及台湾珍通公司和台北政治大学陈小红教授等5个团组，共计46人。参与接待了全国台联2010年台胞青年千人夏令营辽宁分营，来自台湾22所高校32名大学生参加了此次夏令营活动。在沈期间，组织广大营员参观了张氏帅府、“九一八”历史博物馆、清昭陵等名胜古迹，并与辽宁中医药大学部分大学生进行了座谈交流。向海外及台湾岛内、国内台商发出贺卡300余封。

（蔡鸿文）

市华侨联合会

【沈阳市第七次归侨侨眷代表大会】 沈阳市第七次归侨侨眷代表大会于2010年6月召开。大会审议通过了市侨联第六届委员会的工作报告，选举产生了主席王庆伟、副主席李天来、许志伟、吴景峰、张桂平、颜云辉、侯明晓、白文斌、荣伟东、秘书长傅晨松的市侨联新一届领导班子，聘请了市侨联第七届顾问和海外委员。中共中央候补委员、中国侨联党组书记、主席林军，省侨联党组书记、主席王之峰和市委副书记苏宏章、市人大副主任宋铁瑜、市政府副市长王玲、副市级干部黄凯、市政协副主席赵晓川等出席大会开幕式，并为市侨联第七届海外委员颁发聘书。市委副书记苏宏章、市政协副主席、市委统战部部长赵晓川在大会上作了重要讲话。

（傅晨松）

【发挥海外侨商的作用】 2010年，市侨联紧紧围绕市委、市政府的中心工作，立足市侨商会的特点和优势，充分发挥为侨商服务和为经济建设服务的作用，积极为促进沈阳经济发展搭建交流合作平台。一是拓展为经济建设服务的渠道。组织浙江籍侨商参加辽宁省政府在温州市举办的长三角地区经贸招商活动，联络当地侨商，协助县、区政府召开招商项目推介说明会，以侨引商、以商促商，成为此次招商活动的一大亮点，陈海波市长会见了侨商代表并对侨商会工作给予充分肯定。同时，市侨商会在温州设立2个办事处，建立了对外联络和招商引资的“侨头堡”。二是着力打造沈阳侨商的品牌。在法库县以经济开发区为依托，以开宝庆福集团投资兴建的大东北陶瓷城为主体，建立了“辽宁省华侨创业基地”，充分发挥侨商企业资源雄厚、智力密集和联系广泛的独特优势，为回国投资的侨商提供良好的创业条件和发展机遇。市侨代会期间，中国侨联党组书记、主席林军，市政府副市长王翔坤为创业基地揭牌并考察了大东北陶瓷城等侨资企业。三是加大对侨商企业的宣传力度。中国侨联副主席李祖沛、王永乐先后考察了沈阳市“归国留学人员基地”、沈阳国际软件园、侨商企业辽宁省欧罗巴食品有限公司和“全国侨联科技示范基地”沈阳格微软件有限责任公司，对沈阳市新侨科技人才建设、侨商企业发展给予充分肯定。四是开展“沈阳侨商牵手近海”主题活动。组织近百名侨商会员在辽中县召开近海经济区、沈阳保税区招商说明会，参观考察了近海工业新城、滨水新城、近海绿洲和沈阳保税物流中心等招商项目，洽谈签订了环保产业、工业地产投资合作意向。五是积极支持新农村建设。组织50余名侨商会员参加市侨办在苏家屯区举办的“侨爱工程——万侨助万村活动”暨沈阳市“侨农心连心百侨助百村”活动启动仪式，与市农委、沈阳市永乐农业经济区签署了共建互助协议。

（傅晨松）

【纪念侨法颁布实施20周年】 2010年是纪念《归侨侨眷权益保护法》颁布实施20周年，市侨联按照中国侨联、省侨联的要求做出工作部署，全市各级侨联结合本地区、本单位的实际情况，开展了内容丰富、形式多样的纪念活动。市侨联在会刊设立纪念专栏、发表纪念文章，扩大侨法宣传，市侨联开展信访工作经验在全国侨联系统信访工作会议进行了交流并获好评。辽宁大学、辽中县侨联召开纪念座谈会，进一步提高了在新形势下贯彻实施侨法重要性的认识，更加明确了推动侨法贯彻实施的要求，努力维护归侨侨眷的合法权益。皇姑区侨联以“侨法六进”为载体，举办侨法知识竞赛，深入机关、学校、企业、社区设立侨法宣传角、悬挂宣传标语，组织侨务干部在繁华街道发放宣传手册，与区内法律服务中心联合开展广场宣传等活动，让侨法走进了千家万户。沈阳师范大学侨联在校网站开设宣传侨法专栏，编印发侨法知识答题100多份，中国医科大学侨联印发侨法手册100多份，进一步提高了归侨侨眷学法、守法、用法、护法的自觉性和依法维护侨益的能力。通过开展侨法纪念活动，进一步推动全市形成了知侨法、懂侨情、维侨益的法制环境和社会环境，促进了侨联组织更好地主动维权、依法维权、科学维权，为维护侨界维定、构建和谐社会发挥了积极作用。

（傅晨松）

【加强侨联团队建设】 按照中国侨联提出国内和海外工作并重、老侨和新侨工作并重的要求，在已成立市侨商会、市老归侨联谊会的基础上，不断延伸侨联工作手臂，丰富联谊服务内涵。一是加大新侨工作的力度，成立了沈阳市侨联青年委员会，120名侨青组成第一届委员会。省侨联党组书记、主席王之峰，市政协副主席、市委统战部部长赵晓川为"沈阳市侨联青年委员会"揭牌，中国侨联青年委员会、辽宁省青年联合会和24个全国各兄弟省、市侨界青年组织发来贺信贺电，沈阳日报、沈阳电视台、华商晨报等新闻媒体进行相关报道，为促进新侨联谊、交流与合作的良好互动提供了新的活动空间和服务平台。先后组织开展了侨界青年纪念"五四"联欢会、弓长岭温泉之旅、"朋友一生一起走"圣诞朋友会等活动。二是进一步加强侨界文化宣传工作。为贯彻落实中国侨联和省侨联文化宣传工作会议精神，成立了沈阳市华侨文学艺术家协会，35名侨界艺术家组成第一届理事会，聘请市人大副主任、著名书法家李宝权为名誉会长，组建了沈阳市华侨艺术团、华侨书画家协会、华侨摄影家协会等分会。以"满足侨界群众文化需求，服务宣传推介沈阳发展"为目标，努力整合侨界文化资源，打造侨联文化品牌，充分发挥侨界艺术家的作用，展示艺术才华，促进对外交流，进一步传递"侨"声，扩大"侨"的影响。在浑河游船上举办了"月是故乡明"沈阳市侨联中秋联欢会，并配合侨界社团组织开展了文艺联欢活动。

（傅晨松）

【创建"和谐侨联"活动】 积极搭建平台，组织开展内容丰富、形式多样的侨界群众活动，以创建"和谐侨联"活动，进一步提升了侨联组织的凝聚力和影响力。一是开展侨界联谊活动。结合我国传统节日、纪念日，先后组织举办了2010年市侨联新春团拜会、2010年沈阳侨商盛典、纪念"三八"妇女节100周年联谊会、侨界青年纪念"五四"联欢会、"迎中秋、庆国庆"联欢会、"重阳节—乘地铁、看沈阳"等侨界大型联谊、庆祝活动。二是开展侨界"送温暖、献爱心"活动。中国侨联权益保障部部长姜凤岩、省侨联副主席王曲娜、市政府副巡视员齐法兹、市政府副秘书长顾少清、市委统战常务副部长王晓明、市侨联党组书记、主席王庆伟等走访了老归侨，慰问了特困归侨侨眷，市侨联和大东区、皇姑区、沈阳音乐学院等侨联组织走访慰问归侨侨眷60人多次。三是开展扶贫帮困活动。市侨联认真做好归侨侨眷特困群体的调查摸底工作，了解掌握归侨侨眷低保户和因病、因残致贫情况，在省侨联和侨商企业的大力支持下，积极筹建了市侨联扶贫帮困基金，全年共发放扶贫款2万多元。四是开展海外联谊活动。市侨联主席王庆伟参加省侨联代表团赴澳大利亚、新西兰、斐济、印尼进行了侨务经贸考察联谊活动，出席了澳洲中国东北同乡会成立大会，协助与新西兰农业部门、斐济中华总商会洽谈合作项目，与印尼总统大学签订缔结友好合作关系协议，进一步增进了与侨团、商会密切联系，促进了海外交流合作。五是开展侨联对台工作。根据"台中有侨、侨中有台"的特点，市老归侨联谊会组织赴台湾联谊考察，拜会了台湾华侨救国联合总会、国民党高市党部，建立了沈阳与台湾侨界联系，增进了两岸交流合作，进一步促进了侨务对台工作。

（傅晨松）

【加强侨联自身建设】 以开展创先争优活动和召开沈阳市第七次归侨侨眷代表大会为契机，积极探索符合侨联特点的组织模式和工作机制，加快推进侨联基层组织建设，不断强侨联干部队伍建设。一是大力推进基层侨联组织建设。在推动基层侨联换届工作的基础上，深入基层调研和指导工作，积极争取各级党委的支持，完成了辽宁大学、沈阳音乐学院、铁西区侨联的换届工作，完成了皇姑区侨商会成立和铁西区侨商会换届工作，全市6个区（县）和6个高校侨联已完成了换届任务，市五区已成立了侨商会，同时，还积极推进了市直机关和苏家屯区、沈北新区、新民市、法库县侨联组建筹备工作，不仅选拔推荐了基层侨联领导成员和侨商会代表人物充实到市侨联新一届委员会，而且健全了基层侨联和侨商会领导班子，扩大了侨联干部和侨商会员队伍，进一步促进侨联工作的持续和长远发展。二是市侨联机关建设取得新突破。市侨联换届后，市委对新一届侨联工作给予了高度重视，曾维书记、宏章副书记对市侨联机关增加内设机构、人员编制作出批示，成立了市侨联权益保障部，增加了机关编制2名，处级领导职数1名，进一步加强了维权工作职能，为更好地做好为侨服务创造有利条件。三是加强侨联机关干部队伍建设。以理论学习为先导，结合自身的工作需要，充分利用市有关部门举办的专题报告、先导论坛和理论进修等活动，组织机关干部参加了各种类型的理论学习和业务培训，拓宽了干部培训渠道，开阔了侨联干部视野。通过拓展干部基本功训练活动，增强了工作实践锻炼，不断提高了侨联干部能力素质。

（傅晨松）

市残疾人联合会

【残疾人就业】 2010年，为了统筹全市残疾人就业工作，起草并下发了《沈阳市千人创业就业工程实施方案》。截至年底，全市共安置残疾人就业1269人，完成辽宁省安置残疾人就业工作计划指标的78%。其中：分散按比例安置残疾人就业75人，福利企业集中安置残疾人就业90人，残疾人个体从业1050人，公益岗位安置54人；与有关单位联合举办了辽宁省就业援助月活动启动仪式——就业援助月专场招聘会、2010"牵手同行"就业创业联合行动启动仪式暨首季就业创业洽谈会、沈阳市中小企业局就业招聘会、残疾人专场招聘会等16场专场招聘会；共组织4517名残疾人参加失业登记；组织160余家企业提供就业岗位2488个，向用人单位推荐617名残疾人,帮助255名失业登记残疾人实现就业,77名残疾人与企业达成就业意向;落实2009年底开发的208个由特教学校提供名单的实名制保洁护绿公益岗位,截至年底,已上岗121人,待市劳动局审批35人,不符合条件的52人;继续贯彻落实《沈阳市人民政府关于稳定就业局势,促进残疾人就业创业工作的实施意见》精神,指导各区、县(市)残联就业服务所,补报2009年度福利企业、超比例安置残疾人就业单位社会保险补贴材料,经审核,报市财政局审批,共落实34家福利企业和超比例安置残疾人就业单位,完成申请社会保险补贴专项资金102.6万元,市级保障金专项支出58.3万元;与市地税局联合下发《关于做好2010年残疾人就业保障金地税代征工作的通知》,全市共完成对4.98万家单位保障金年审工作任务,入库额为1.45亿元;设计制作了全市盲人按摩统一标识,召开了盲人按摩协会第五次理事会、沈阳市盲人按摩院所统一标识挂牌启动仪式、《创建盲人按摩就业品牌 树立盲人按摩行业新形象座谈会》,与市盲人按摩学校联合举办了初级盲人保健按摩师培训班,组织了41名盲人按摩师参加了中国残联举办的全国盲人医疗按摩师资格考试,下发了省、市盲人按摩院所就业扶持工作的通知,有近80余个盲人按摩院所得到设备扶持。

(任　巍)

【残疾人康复】　全市残疾人康复工作紧紧围绕残疾人"人人享有康复服务"目标,以全面提升康复服务能力为重点,以"慈爱儿康行动"为契机,加大对贫困残疾人医疗康复保障和救助力度。启动了"慈爱儿康行动"定点康复机构16家,接受各类残疾儿童235名,上岗公益岗位人员44人,完成了贫困残疾儿童抢救性康复项目数据库的录入工作;开展了残疾人社区康复示范区和残疾人"人人享有康复服务"达标区创建工作,召开了社区康复经验交流暨培训工作会议,有150余名基层康复员和康复协调员参加了各类业务培训,康复活动站建档率达80%;上半年完成了中国残联贫困肢体残疾儿童抢救性康复项目20名、贫困聋儿抢救性康复救助项目12名和贫困智障儿童抢救性康复项目9名的任务,完成成人肢体康复训练96名,免费为154名贫困缺肢患者安装大腿假肢,为125名贫困缺肢患者安装小腿假肢,为397名贫困低视力患者免费发助视器,为贫困残疾人免费配发辅助器具710件,本级完成了1523件轮椅、助行器、拐杖及四脚拐辅助器具招标工作,为5名贫困脑瘫患儿接受免费手术治疗,为12名贫困聋儿发放助听器,为25名贫困高危聋人免费做致聋易感基因检测,对1567名贫困精神病患者实施免费服药,其中彩票公益金项目救助500名,自闭症儿童康复训练30名,实施白内障复明手术632例,盲人定向行走培训110名,为市盲校24名低视力儿童发放33件助视器,免费为在训的50名贫困残疾儿童进行眼科常规检查;充分发挥市残疾人康复医院服务职能,共为肢体残疾、智力、自闭症、视力残疾、心理康复与治疗提供了5万人次康复训练服务。

(任　巍)

【残疾人教育】　完成了沈阳广播电视大学残疾人学院2010年春、秋两季招生工作,其中:春季招收本科生3名、专科生15名,秋季招收本科生25名、专科生12名;举办了两期盲人计算机培训班,近60名盲人参加了培训;举办了13期农村残疾人种养殖培训,近1300名残疾人接受了培训;为参加省里计算机比赛做准备,举办了前期选拔赛,共选出4名盲人选手,10名听力、言语和肢体残疾人选手,并进行了为期一个月的赛前培训。

(任　巍)

【残疾人救助服务】　为进一步规范全市"阳光之家"的服务管理,强化为智障残疾人服务意识,提高服务水平和服务质量,起草并下发了《关于加强"阳光之家"服务管理工作的通知》、《关于推进市政府2010年建立10个街道"阳光之家"(阳光家园)项目的实施方案》和《关于招聘"阳光之家"(阳光家园)公益性岗位人员的通知》;为使全市20个"阳光之家"运转正常,先后进行了6次不定期的电话抽查运转情况及值班人员在位情况,并对抽查结果进行了全市通报;根据中国残联下发的《关于开展"阳光家园"示范创建活动的通知》,申报沈阳市为全国"阳光家园"示范区,申报和平区"阳光工场"、铁西区兴工街道"阳光之家"、苏家屯区湖西街道"阳光之家"为全国"阳光家园"示范机构;另外,制作了30个"阳光家园"牌匾,统一了20个"阳光之家"标识,组织有"阳光之家"的区、县(市)信息录入员对《阳光家园》软件进行了培训,并按时完成了信息录入工作。起草并下发了《沈阳市2010年残疾人托养照料服务工作实施方案》,加强和完善了"五位一体"残疾人托养服务体系建设;与市民政局、财政局联合会签下发了《关于调整农村低收入一级残疾人专项救助金标准的通知》;全面开展换发第二代新版残疾人证工作;开展了专项扶贫和康复扶贫贷款工作,给康平县下达专项扶贫贷款10万元资金和辽中县康复扶贫贷款200万元资金,共扶持农村贫困残疾人228人。"两节"期间,全市走访贫困残疾人2.7万户、2.9万人,慰问金和物品合人民币619.1万元。其中:残联系统走访慰问贫困残疾家庭2154户、2363人,送去慰问金51.1万元;各级党政及有关部门走访慰问贫困残疾人家庭2.4万户、2.5万人,送去慰问金和慰问品折合人民币535.2万元;社会各界走访贫困残疾人1461户、1572人,送去慰问品折合人民币33.0万元;做好"96113"服务热线工作,截至年底,共接听热线电话5108个,接发聋人短信271条。

(任　巍)

【残疾人婚姻家庭】　与团市委、沈阳市家庭婚姻服务中心联合举办了"沈阳市第四届残疾人交友联谊会"活动,有460多名残疾人朋友参加了择偶交友活动,近30多对残疾人朋友达成了进一步交往的意向。同时,利用网络平台和热线电话,开通为残疾人婚姻牵线搭桥的业务工作,已经有4对残疾人朋友成功地喜结良缘。

(任　巍)

【残疾人文化体育】　上半年全市各级新闻媒体共刊播各类宣传残疾人事业的稿件800余篇(条),其中:沈阳电台《残联之声》播发稿件39篇、时代商报《我的奋斗》专栏10篇、沈阳电视台《为爱向前冲》专题节目6期。在助残月期间,协调省、市主流媒体加大了宣传力度,共宣传报道40余项重点工作和活动;沈阳市选送代表辽宁省参加“全国2008年度残疾人事业好新闻评选活动”的优秀新闻作品在众多国家级、省级媒体新闻作品中脱颖而出,沈阳市召开了“沈阳市残疾人事业好新闻评选总结暨研讨会”。

成功举办三场“我的梦”——中国残疾人艺术团莅沈专场公益晚会;成功举办了沈阳市第二届残疾人文化艺术节,历时一个月,组织了30多项主题文化活动,各区、县(市)还举办了20多场大型文化广场表演,500多个社区举办了形式多样的活动,近百个单位和部门参与了80多项艺术节活动内容;选拔推荐3名特殊才艺人才参加海世博会生命阳光馆展示周活动;聘请专家为残疾人免费讲解古诗词创作;组织开展残疾人器乐培训班。

沈阳市唐氏综合症患者代表中国首次参加世界唐氏综合症患者田径运动会,共取得5枚奖牌;在广州亚残运会上,沈阳市体育健儿顽强拼搏,取得了2金1银2铜的优异成绩;圆满完成了省运会承办及参赛任务,沈阳市代表团在此次省运会上共夺得64金、25银、20铜,团体总分601分,继续保持金牌总数、奖牌总数、团体总分“三个第一”辉煌战绩;在全国第五届特殊奥林匹克运动会上,沈阳市共有21名特奥运动员参加了田径、滚球、游泳、足球四个项目的比赛,获得12枚金牌、15枚银牌、5枚铜牌以及足球C组银牌的成绩;沈阳市代表省参加全国首次盲人乒乓球锦标赛,获女子团体总分第一名、男子团体总分第三名、女子单打金牌3枚、铜牌1枚;沈阳市特奥运动员代表省在2009年第十八届城市田径邀请赛上取得5金、6银、4铜的好成绩;沈阳市运动员韩阳所在的男子听障接力队荣获2009CCTV体坛风云人物颁奖典礼“最佳残疾人体育精神奖”;沈阳市运动员张振被评为“2009年感动沈阳十大人物”。

(任　巍)

【信访维权】　全面做好信访安全工作,截至年底,共受理残疾人信访2596件,其中:解答各类残疾人咨询1179件次,办理残疾各类求解案件1035件,办结率95%以上;理事长接待99件,办理事长接待日交办案件6件,市领导批示的信访案3件,上述案件办结率100%;配合有关部门处理集体访2批次、172人,确保了“两会”及敏感期间残疾人队伍的稳定。

配合有关部门开展对肢残人机动三轮车运营的管理整顿工作,提出合理建议,保障了残疾人生产、生活权益;积极协调配合交通、公安、医疗等部门,落实公安部111号令,放宽对部分残疾人驾驶机动车的条件,报考C5驾照,联系交通驾校开展残疾人驾驶机动车培训、考核工作。

为了不断发挥义务法律顾问的作用,积极与市法律援助中心合作,举办了“惠民生、扶残助残、法律援助伴您行”签约仪式,仪式上5位义务法律顾问与5名残疾受援人签订了无偿法律援助协议;市法律援助中心分别为5个专门协会提供了法律顾问服务;组织100名残疾人开展“沈阳市残疾人普及知识产权法律教育培训”;市残联专职律师接待130人次,办理无偿法律援助案件40件次,12次出面协调公、检、法部门,解决残疾人的涉法案件。

(任　巍)

【无障碍建设】　按照国家创建无障碍城市标准,积极协调配合有关部门落实接受国家终期检查的各项任务指标;市残联和市建委配合共同开展了一系列宣传活动,在北站广场举办了以“残健同行,共创和谐”为主题的无障碍环境建设宣传活动,活动现场发放了2000余份沈阳市无障碍建设成果彩色图片宣传资料,制作展板12块;“全国助残日”当日,市建委、市残联、市水务集团、市煤气公司在铁西区中海社区,开展了“关爱残疾人,奉献爱心”主题活动。相关部门负责人及运营公司所属相关单位领导、党员、团员等200余人参加了“献爱心”活动;市建委、市残联和市交通局在沈阳广播电台《民生热线》栏目以“创建全国无障碍城市”为主题,制作了一期无障碍建设直播专题节目;举办了“无障碍进社区、进家庭现场经验交流会”;以无障碍领导小组的名义下发了《成立监督员队伍实施方案》、《加强无障碍设施维护养护使用管理工作的通知》、《开展创建检查工作的通知》等,进一步推动了无障碍建设工作的实施。

(任　巍)

【基础建设】　下发了《关于贯彻落实“市残联机关党委2010年加强自身建设开展党建活动的实施意见”的通知》,并召开了在党的组织中和党员中深入开展争先创优活动动员大会;举行了“迎新春,庆佳节,残健同行,共创和谐,欢乐2010系列活动”;86名职工为玉树灾区进行捐款,共募集现金1.7万元;形成了10个调研题目,并就每个题目落实了责任人;成功召开“沈阳市残疾人工作会议”;圆满完成中国残联理事长王新宪一行来沈视察工作;开展机关资产清查工作;联系协调省友谊医院残疾鉴定评定专家小组,到区、县为重度残疾人办证进行上门残检服务;举办“沈阳助残月”暨企业家“爱加你”助残行动启动仪式;整理审核汇总市残联本级残疾人人才库人员基本信息;完成了《沈阳市残联成立20周年专题片》的修改工作;共采集视频磁带资料108盘,采集照片4753幅;认真做好信息报送及残联网站的信息公开工作,共印发残联信息31期,在市残联网站发布信息443条,其中246条在省残联网站上发布,51条在中国残联网站上发布,主网站点击率9万次,子网站点击率1.3万次。

(任　巍)

【残疾人福利基金会】　全年基金会共接收社会慈善助残捐款115万元;年初,“我的梦”——中国残疾人艺术团莅沈公益晚会取得圆满成功,积极与市总工会、市信访局协调对接,落实向中国残疾人艺术团定向捐款60万元;积极参与“沈阳助残月”暨企业家“爱加你”助残行动,推荐了10位企业家作为沈阳市首批残疾人创业导师;协助落实了利林集团向残疾人艺术团捐赠价值16.5万元演出用车;完成了900辆轮椅车、340台语音听书机和1250根盲杖的捐赠工作;在兴隆大家庭联合举办了“冬日暖阳——为残疾儿童献爱心慈善义卖”活动,本次活动为“慈爱儿康”行动募集善款1.5万元;举行了常州中进医疗器具有限公司向沈阳市残疾人杂技艺术团捐赠价值6万元的杂技专用轮椅车的捐赠仪式。

5月中旬至6月中旬,市残联会同42

家残工委成员单位组织开展了“沈阳市第四个助残月活动”。助残月期间,市及各区、县(市)残联共设计了100多项扶残助残及展示残疾人风采的活动内容,有近10万名健全人和残疾人参加了各项活动,既为残疾人解决了实际需求,又提高了社会关注度。

(任 巍)

地方军事

沈阳警备区

【应急行动能力】 2010年，沈阳警备区按照“突出重点、优先重点、确保重点”的思想，积极调整编兵布局。认真落实省国动委要求，协调市财政投入资金340万元，为市级应急抢险队伍配齐了4类96种抢险救灾装备。在执行抗洪抢险任务中，出动民兵1.06万人次，围堵决口堤坝4处，处理滑坡险情17处，转移疏散群众5284人，认真落实省防汛指挥部赋予的防汛器材仓库备勤任务，使用500公斤TNT炸药对辽河新民险段套堤成功实施爆破，有效保护了人民群众的生命财产安全，市委、市政府授予警备区“突出贡献奖”。

（隋福先）

【兵员征集】 面对严峻征兵形势，切实加强组织领导，采取户籍摸底、核对筛选、定向联络、逐个谈话的方式开展预征，通过新闻发布会、专题宣传日、网页专栏、公益广告、媒体专访等多种形式广泛深入宣传发动。强化政府主导作用，协调出台政策，提高优待标准。狠抓廉洁征兵工作，签订监督卡，公布举报电话和信箱，进行明查暗访，实施有效监督。夏季直招专业士官数百余人，冬季征集男兵数千名，圆满完成了年度征兵任务。

（隋福先）

【支援地方经济建设】 以纪念志愿军入朝参战60周年为契机，广泛开展第十个全民国防教育日活动，深入宣传新修订的《国防动员法》，完成了学生的军训任务。组织驻军为沈阳市争创全国“双拥模范城”七连冠做贡献，协调市区驻军3000余名官兵参加“清洁沈阳”活动，清理垃圾3600余吨。积极开展助学兴教，与辽阳一中20名藏族学生结成帮扶对子。积极推进“百团帮百村”活动，组织广大民兵植树造林、整治农田，参与生态环境保护和新农村建设，举办科普和技能培训班15期，帮助近百名生活困难群众实现脱贫。

（隋福先）

【民兵军事训练】 2010年，是沈阳警备区实行大集中民兵军事训练三年规划最后一年。以使命任务为牵引，以组织和参加大项军事训练活动为载体，以按纲施训为主线，不断创新训练管理运行机制，使警备区民兵军事训练更加规范化，完成多样化军事任务能力得到有效提升。全年共组织集中训练8期，考核成绩优良率在95%以上。

按照《民兵军事训练与考核大纲》警备区结合自身实际，进一步制定了训练考评细则和先进人武部评比标准，细化了民兵训练中的奖惩制度，在民兵训练的作风纪律、日常养成、训练水平等方面进行了量化、细化。建立完善了领导责任制、岗位问责制、责任追究制等3类措施，实现了民兵训练在各个部位、各个环节都有章可循、有据可查的目标，使民兵训练更加科学，管理更加规范。

成立5个教学训练组，从全区教练员中择优确定教练员，规范任教课目及专业教学计划，同时注重加强训练器材和教学配套设施建设，扩建了军事训练器材（教材）库房，完善了教学配套措施，切实做到了课目教员、教材教案、场地设施和器材保障“四个配套”，实现教学保障规范化。

训练过程中，注重深化训练监察机制、考评机制、问责机制和教学机制。加强训练监督检查，强化了各级训练监察委员会职能作用，突出了对训练计划、组织实施、考核评估等环节的有效监管。严格落实军事训练“考核周”制度，在人武部普考基础上，每期训练都专门组织抽考，对参训热情不高、考核成绩不好、遵章守纪不严的单位和个人狠抓了训练问责。突出抓好按级任教、按专业教学、按标准考核、按责任奖惩，形成训练管理的长效机制。

（隋福先）

【干部使用】 针对警备区干部队伍的实际情况，警备区在干部调配，提职上采取新举措。加大内部调整力度。采取调入干部先分到“三县一市”的原则，先后对调入的14名干部做了安排。对市内人武部缺编的，全部从“三县一市”人武部优秀干部中调整，并作为一种奖励措施，先后调整9名干部进市区。还对机关占用的人武部干部进行了清理，同时，对郊区和“三县一市”人武部缺编科长职位，采取先从本单位符合条件的优秀干部中选配，无符合条件的，从城市中心区人武部非领导职务的正营职干部中选配。通过这些举措，不仅理顺了警备区干部队伍内循环的渠道，同时也激发了干部队伍的活力。走开“高走低留”渠道。在确定干部转业复员对象上，主要以团职干部为主，严格控制副营以下职务干部转业，2010年安排了干部转业，促进了干部队伍有序流动健康发展。坚持“优上劣下”制度。基层重要岗位选拔干部坚持“能够匹配、岗位对应”原则，克服论资排辈、迁就照顾、任人唯亲等问题，切实把一些综合素质好、工作能力强、发展潜力大的优秀干部调整到重要岗位。选调了优秀的基层人武部干部进警备区机关工作，把优秀的年轻干部提拔到重要岗位，对长期在教导队工作表现突出的干部给予了提前晋职。同时对干部因工作能力偏弱，素质不高调离重要工作岗位。

（隋福先）

【后勤保障】 按照《军区部队党委理财规定》和《军区旅团级单位党委理财指导意见》,坚持党委理财,严格执行审批权限,加强审计监督,不断提高了依法理财的能力。2010年11月,参加了军区组织的2010年度党委理财考评和会计业务评审活动,被省军区评为会计业务会审一类单位第三名,后勤部助理员赵伟强被军区评为"2010年度优秀审计人员"。

2010年,对民兵武器装备仓库进行了设施改造,维护升级了监控安防系统,统一规范了内部设施设备,进一步提升了民兵武器装备仓库的规范化管理水平。翻建了民兵训练基地食堂等生活保障设施,整治了营区环境,栽植绿化树种,并增设了篮球场等文体场所,使民兵训练基地的整体面貌发生了巨大变化,极大地调动了民兵的参训热情,提升了民兵整体训练水平。对警备区干部职工住宅小区进行了屋面维修改造,统一更换了彩钢板屋面,加设了飘窗保温,粉刷了楼道大白,极大地改善了干部职工居住环境,提升了干部职工的住房质量。

落实伙食管理规定,注重开源节流,充分发挥了农场作用,做到了淡季不淡,确保战士吃到了定量标准。建立了个人被装档案,保证官兵被装合体率达到100%。认真落实军区洗衣服办法,投资近2万余元,为干部战士办理了洗衣卡,并添置了洗烫设备。强化军车运行秩序,严格军车运行管理,树立了军车良好形象。严格油料管理,按照军区颁发的运输油料工作正规化建设实施细则,较好地保证了工作、训练和生活。认真做好卫生监督和疾病监控,积极开展爱国卫生月活动,保持了营区的卫生整洁。全年先后组织干部体检134人次,并结合民兵大集中训练,到训练场送医送药,先后为参训民兵看病267人次,投放药品1700余元。针对可能发生的公共突发卫生事件,及时协调成立军地联合防控领导小组,制定了周密的防控方法。2010年,储备更新了各种预防药品,加强职工队伍建设,协调地方有关部门,对无军籍退休退职职工移交了地方民政部门,解除了他们的后顾之忧。完成了警备区军人保障卡数据采集工作,并突出了部门审核、个人复检等重点环节,做到了人员不漏一个、信息不漏一项,层层审核,逐级把关,确保了采集数据的准确可靠。

突出年度重点工作,不断提高后勤建设水平。2010年,注重健全物资集中采购管理机制,规范采购行为,结合自身实际,不断将集中采购品种扩大到了105个,为更大地发挥集中采购的优势,采取招标的方式择优选择供货单位,同时通过竞争谈判,与供应商争取到了同种商品低于市场零售价8%的优惠,全年节约办公经费开支3万余元。

圆满地完成了省军区赋予警备区的5套师以下在职、离退和转业干部的住房清理工作,清房完成率达到了100%。认真做好第二次军用土地调查试点工作,较好地完成了先行试点任务。试点宗地已全部完成土地确权和坐落界址测绘工作,土地领证工作正在稳步推进之中。2010年,警备区与沈阳国土资源局联合出台了《沈阳市第二次军用土地调查文件》,并下发到军区驻沈团级以上单位,既开创了警备区系统工作先河,又为驻沈部队土地调查的顺利实施发挥了重要推动作用。警备区后勤部作为全军惟一的师以下单位后勤机关被总部评为"全军第二次军用土地调查先进单位",后勤部助理员韩云泰被军区评为"第二次军用土地调查工作先进个人"。

(隋福先)

【正规化建设】 2010年,3个人武部被评为先进达标单位,7个人武部评为达标单位。

警备区党委从确保安全发展、贯彻新条令要求出发,适应完成多样化军事任务需要,提高官兵能力素质的高度去认识和落实达标工作,摆上重要位置,列入重要议事日程。建立了党委统管、主官挂帅、分管主抓、机关合力的组织领导机构。警备区由司令、政委负总责,成立了分管首长任组长,部门领导任副组长,机关科室骨干参加的领导小组,全面负责、具体指导正规化建设达标落实。各人武部深入动员教育、认真学习《标准》、明确任务目标、细化责任分工、制定具体实施细则抓落实。为正规化建设工作提供了强有力的组织领导保证。

坚持标准抓。依据《辽宁省军区正规化建设标准》,结合自身实际,制定具体实施细则,将目标定实、标准细化、任务分工、责任到人,保证软硬件建设无漏项、无弱项。坚持常态促。警备区和人武部把正规化建设达标作为一项经常性工作,常讲、常议、常抓。警备区每月首长办公会和视频大交班专题部署,成立联合工作组先后3次组织全面检查;各人武部每季进行正规化建设形势分析,每月听取科室进展情况汇报。坚持持久管。结合"三法"教育和学习贯彻落实新条令活动,狠抓条令法规落实,强化条令法规意识,强化作风纪律养成、强化日常管理规范;结合重点安全隐患整治活动,狠抓人、车、枪、弹、密管理,形成群策群力、群防群治的互动局面;结合党委班子考帮建设活动,对正规化建设落实情况进行督导检查,有效推动正规化建设达标工作落实。

2010年,全区各人武部协调地方政府共投入200余万元,用于完善正规化建设库室设施维护,购买战备和军需物质器材。纳入社会保障体系。各人武部将人员就餐、营产营具维护、环境卫生保洁等纳入地方政府社会化保障范畴,既减轻了人员压力,又提高了保障质量和效益,带动和促进了办公和生活秩序正规化落实。

(隋福先)

【民兵整组】 辽宁省军区整组工作会议后,警备区首长立即向市委、市政府主管领导作了汇报,把整组思想、原则和标准统一到省军区的要求上来,形成了共识,并于2010年4月7日联合召开了整组工作会议,部署了整组任务。

由市领导、警备区和预备役部队主要领导亲自挂帅,三方共同组成强有力精干班子,明确职责分工,实施有力指导。在具体落实任务过程中,自上而下建立了党委统揽、主官主抓、常委分片包干的整组领导责任制,全程跟踪问效,全面检查验收,有力地推动了整组工作落实。

注重加强与预备役部队沟通和协

调,以“五联”原则统领整组工作,即:联合制定方案、联合召开会议、联合下发指示、联合组织实施、联合组织点验。警备区主动协商,认真研究队伍“纳入”问题,实行联合指挥、共同使用、分头训练、谁用谁管的运行机制。各人武部、预备役部队都在“联”字上下功夫,认真研究解决问题,促进了各项工作顺利开展。

由于沈阳市在年初实行区域规划调整,形成了涉及区域较广,调整范围较大,编兵单位和人员流动较多的特点,给2010年整组工作带来较大影响。面对这种情况,警备区、人武部两级党委主动迎接挑战,及早筹划整组工作。多次召开党委会、首长办公会专题研究,想方设法破解难题,采取走下去、请上来相结合的办法,全面做好整组各项准备。走下去调研摸底,做到了“四清”即:单位数量清、武装机构建设情况清、兵源底数清、存在问题原因清。请上来座谈研讨。组织由各人武部部长、相关基层武装部长参加的座谈会,共同分析形势,充分听取各单位对年度整组工作的思考和建议,探索和理清了工作路数,为科学合理部署整组任务奠定了坚实基础。

根据担负的任务,牢固树立整组要“编出战斗力”的思想,本着“突出重点、优先重点、确保重点”的思路,坚持“四个着眼”,建好“四支队伍”,在编实上狠下功夫。

着眼应急任务需要,重点突出民兵应急队伍建设。在人员选配上,把青壮年、退伍军人、民兵骨干作为重点,优先编入,整体素质得到较大提高和加强,具备了机动、应突和执行各种任务的能力。

着眼遂行任务,优先预备役部队编组。警备区党委、首长和各人武部始终把贯彻落实预备役部队优先原则放在首要位置,思想上想优先、行动上真优先、遇到矛盾保优先。严格贯彻落实预备役部队优先原则,主动让单位、让兵员,为预备役部队找出“空地”留出“空间”,创造条件,最大限度地优先了预备役部队需要。

着眼城市防空需要,重点抓好队伍建设。在整组中,控制规模,扩大布局,提高质量。严格控制出入转队人员数量,保证了专业训练骨干的比例。在编兵布局上,由原来10个单位,扩大到14个单位。

着眼保障部队需要,重点抓好保障分队建设。警备区认识到位、服务在先、保障靠前,积极主动与部队保持密切联系,采取打电话、发信函、面对面交流的方式进行沟通协调,严格按编兵单位提出的编组需求,克服各种困难,先后6次调整编组计划,较好地落实了保障分队的编组任务。

整组中积极探索新形势下民兵整组新途径的新办法,努力破解难题。在巩固主阵地的同时,紧紧盯住兵员流向,把编兵视角投向众多未编兵单位,纳入到整组工作中来,进一步拓展编兵范围,延伸编兵,吸纳了大量有较高文化水平的适龄后备兵员,取得较好效果。整组工作中不为求数量而降低标准,本着“精练、管用”和适应平时与战时需要的原则,按照勤务保障、应急和其他等3种队伍中相关类别分队的编制,结合特点,进行科学合理编组。在兵员选配上,挑选军政素质好、文化程度高、业务技术精的优秀青年编入民兵组织。

（*隋福先*）

【开展“读书学习”活动】 2010年4月开始,警备区上下开展了“读书学习”活动,机关及所属单位按照“读书学习”活动方案分别制定了活动具体实施方案。个人根据实际情况制定年度自学计划,对学习目标、阅读书目、时间要求等做出具体安排;分别结合政治教育、党委中心组理论学习等时机,采取读书演讲、讨论交流、征文比赛以及撰写点评、读后感等形式,广泛开展学习交流活动;对各单位、各部门及个人的学习动态、经验做法、学习计划、学习心得、体会文章进行汇总,每月投递到省军区政工网。共向省军区政工网“读书学习”专栏投递体会文章和活动稿件50余篇,军区政工网对警备区“读书学习”活动进行了报道;警备区政治部对各单位“读书学习”开展情况进行了两次专项检查,结合其它工作进行多次检查,通过查看学习资料、组织述职述学、进行成果展览等形式,对官兵学习情况进行综合考核评估。并为官兵建立学习档案,作为考核干部的基本依据;为营造学习氛围、提升活动效果,警备区政治部于8月20日、12月24日分别组织了“读书学习”演讲比赛和“读书学习”知识竞赛。法库县人武部和警备区政治部的经验做法被省军区政治部转发,康平县人武部经验做法在省军区党委书记座谈会上做了书面交流。新民市人武部政工科长陈俊峰被省军区评为“读书状元”。

（*隋福先*）

【征兵工作】 沈阳市政府主管征兵工作的祁鸣副市长和刘翔副秘书长专门听取了市征兵办公室今冬征兵工作形势及措施的汇报,代表市委、市政府对征兵问题做出重要批示,提出要从加强党的执政能力建设高度,采取超常措施,务必完成任务。先后2次组织召开征兵工作领导小组会议,统一思想认识,研究讨论了应对措施,确定大幅度提高农村义务兵优待安置标准。

警备区参谋长、市征兵办公室主任初庆华于2010年9月上旬深入所属13个区、县(市)开展征兵工作专题调研活动,掌握第一手资料。10月下旬又带领市征兵办人员深入沈阳市人才市场、大专院校、郊区县(市)蹲点并结合调查搞征兵宣传。通过召开座谈会、集体谈心会解答问题,利用各种形式,向广大院校毕业生和农村青年宣传征兵政策,各区县(市)人武部发动村干部和社区工作员,组成多个工作组,深入基层进行征兵宣传、动员,逐一联系适合青年,特别是外出务工人员,应届毕业生,取得良好效果,新增报名多人。

市征兵办上下协调,左右运作,先后3次召开协调会共同商讨征兵面临的各种问题。得到市委、市政府相关部门大力支持和积极配合。建立形势分析制度。每周三召开会议通报讲评,研究问题,及时采取措施;建立重点帮建制度。逐级制定帮建计划,明确奖惩办法;建立教育管征制度。市政府成立大学生征集组,全程指导大学生征集。通过积极有效协调和各项制度的落实,截至11月25日,全市男兵报名数量由原来人数增加到58%。

沈阳市政府出台了《关于义务兵家庭优待金发放标准的通知》的优待政策,优待标准大幅度提高。农村义务兵家庭优待金标准每人每年按户籍所在地区、县(市)上年农民家庭人均纯收入水平确定;低于上年全市平均水平的地区,按全市平均水平确定,优待标准随每年经济指数增长而增长,确保了政策的连续性和稳定性。

(隋福先)

【争创双拥模范城】 沈阳市双拥工作领导小组开展了双拥模范区(县、市)及双拥模范单位、模范个人的总结评比表彰活动。通过总结评比表彰,调动了全市军民创建双拥模范城(区、县)的积极性,进一步密切军政军民关系,促进了各项双拥政策法规的全面落实。市委、市政府、市双拥领导小组办公室、警备区等部门联合出台了《关于开展创建双拥模范城"七连冠"活动的实施方案》和《沈阳市双拥模范区、县(市)创建命名管理办法》等规范性文件。全市近100个爱国主义教育基地共接待青少年学生2500万人次。地方投入2800万元资金着力把抗美援朝烈士陵园打造成国家级"红色旅游景区",地方各级财政投资1000万元,完成了6个区、县烈士陵园改造和修缮,同时还营造了一批高质量的双拥路、双拥林、双拥景点和双拥标志化设施。在抓好双拥载体宣传和先进典型示范方面,推出100个双拥服务窗口示范典型和开展"双五佳实事"以及"感动军营人物"等主题系列活动。拥军优属活动落实。沈阳市各级、各部门支持部队建设和优待、抚恤、补助经费累计投入7亿元人民币。军嫂就业方面,共解决800名军嫂就业,培训1000余人。开展了拥军政策送军营活动,为驻军部队解决了50件实事和难题。在支持部队后勤保障方面,市政府在政策、资金上给予了大力支持,在划拨用地、简化审批程序、税费优惠、财政补贴等方面做了大量工作,为驻沈部队住房货币补贴以及为驻沈部队住房建设减免税费5000余万元。在科技拥军方面,依托院校为部队开展学历教育,持续开展科技、文化拥军活动,为基层部队援建流动图书馆(室)400余个,赠送图书50万余册、电脑1000多台,为基层部队举办文化进修班200批次,培训人才1.5万人。拥政爱民实现新提升。驻军部队官兵充分利用人力、物力和智力等资源优势,积极参加地方基础设施、生态环境、扶贫帮困和社会主义新农村活动,驻沈部队100个团级单位对口帮扶100个村屯,开展军民共建社会主义新农村建设活动。

(隋福先)

【国防政治演练拍摄】 2010年5月至8月,警备区政治部、市国教办联合制作了《沈阳市国防政治动员防空袭演练》录像片,此录像片全方位模拟了战时条件下国防政治动员行动,生动展现了战时政治动员的阶段划分,组织程序,动员内容。录像片共分13个部分,68个画面,拍摄长度25分钟。此片是辽宁省近年来第一次制作关于国防动员方面的录像片。填补了战时政治动员教学片空白,为战时实施政治动员奠定了基础。

(隋福先)

【宣传报道】 2010年,沈阳警备区新闻宣传工作,紧紧围绕警备区党委中心工作,深入报道了警备区重点工作和重要事件,采写和拍摄了一批优秀新闻作品,较好地完成了年度宣传报道任务,在省级以上媒体中稿200余篇,其中国家媒体30篇,警备区政治部被省军区评为新闻报道工作、电视宣传工作和订报订刊工作先进单位,征兵宣传工作,被辽宁省评为先进单位。康平县、沈北新区人武部被省军区评为新闻报道先进单位。

(隋福先)

【素质考核认证】 2010年5月4日至16日,沈阳市在辽宁省率先组织完成了专武干部军事素质考核认证工作。为此专门成立了由沈阳市委组织部、市人力资源社会保障局、沈阳警备区共同组成的考核认证委员会,联合制定《沈阳市开展乡镇、街道专职人民武装干部素质考核认证的意见》,共同拟制完善了《沈阳专职武装干部军事素质考核认证方案》。采取政府主导、警备区牵头、封闭式训练、联合考核的办法,分两个批次,对全市专武干部进行了军事素质考核认证。

(隋福先)

【参与"清洁沈阳"活动】 2010年6月12日,警备区认真贯彻落实市委、市政府《关于"清洁沈阳"活动实施方案》精神,改善沈阳市卫生环境,结合"沈阳市城乡绿化暨环境综合整治活动"和"迎接全运会文明沈阳活动",集中组织一次沿街卫生环境大清扫活动。这次活动共出动民兵2000余人,协调驻军3000余人,出动运输车辆100余台,主要清理青年大街(青年公园~市人大路段)的沿街卫生环境,清理垃圾2000余吨,有效解决城乡环境卫生中的薄弱环节,提升了城市形象,以最佳城市面貌迎接第十二届全运会在沈阳召开。

(隋福先)

【抗洪抢险救灾行动】 2010年,沈阳市主汛期持续了48天,创下了沈阳有气象记录以来历时最长和结束最晚记录。主汛期全市平均降水量516毫米,是历史同期的2.1倍,创历史极值,居1951年以来首位。

灾情发生后,警备区和各人武部积极组织广大民兵参加抗洪抢险救灾行动,先后出动民兵1.06万人次、车辆804台次,围堵决口堤坝4处,加固堤坝9600余延长米,组织转移疏散群众5284人;动用TNT炸药500公斤,安全顺利地对新民市兴隆镇新立屯险段的辽河套堤实施爆破;历时10天,组织干部、战士和民兵圆满完成了省防汛机动备勤任务,为保卫沈阳市人民生命财产安全做出了贡献。警备区获沈阳市政府授予"突出贡献奖",司令部副团职参谋王华被评为"突出贡献个人",新民市人武部被省军区评为抗洪抢险先进单位,辽中县人武部部长卜万成荣立三等功。

(隋福先)

陆军预备役部队

【冬季适应性野营拉练】 2010年1月9

日至14日，辽宁陆军预备役高射炮兵第一师组织部队在康平、法库地区进行了为期6天的冬季适应性训练。主要演练了摩托化行军、徒步行军、强行军、夜行军、冰雪路驾驶、基础战术、首长机关现地作业、通过沾染地带、设露营、构工伪装等10余个课目。训练期间，沈阳军区动员部、辽宁省军区首长机关先后到冬训现地进行了检查指导。

（丁立平）

【召开一届十四次全委扩大会议】 2010年1月28日，辽宁陆军预备役高射炮兵第一师召开一届十四次全委扩大会议，传达学习省军区党委全委扩大会议精神，总结2009年工作，部署2010年任务。孙汉友同志代表师党委常委作了题为《求真务实 开拓进取 高标准推进部队建设科学发展》的工作报告；于秋阳同志代表师纪委作了纪委工作报告；预任副政委、沈阳市委副书记苏宏章同志宣读了2009年度受到省军区以上表彰的先进单位和个人以及师2009年度先进单位和个人表彰通令；省委常委、沈阳市委书记、师党委第一书记曾维同志到会指导，并围绕如何把部队思想政治根基打得更牢，如何把军事斗争准备抓得更紧，如何把参建共建工作做得更实作了重要讲话。预任委员初立生、李继安、窦明洋、喻国伟，现役委员胡德山、艾民、陈勇、李忠山、邵恩祥等32名同志出席了会议。各编兵区主管武装副书记（副区长）及师后勤部和装备部的副部长、师机关科长、各团部门领导列席了会议。

（丁立平）

【军地联合扑火救灾应急演练】 为进一步检验和提高军地联合扑火救灾应急行动能力，经沈阳市政府批准，辽宁陆军预备役高射炮兵第一师在2010年3月25日，与棋盘山防火指挥部共同组织了由400余现役、预备役官兵组成的扑火救灾分队，在棋盘山风景区按照受领扑火任务、协调扑火行动、空中火情侦察、军地联合保障的程序进行了应急演练。辽宁省军区副司令员王静雨少将观摩了演练。辽宁电视台、《沈阳日报》、沈阳电视台、《前进报》、《东北后备军》做了报道。

（丁立平）

【“送温暖、献爱心”捐赠活动】 2010年3月30日，总参、总政《关于贯彻胡主席重要指示，全力支援地方打赢抗旱救灾这场硬仗的通知》下发后，辽宁陆军预备役高射炮兵第一师师党委高度重视，认真组织学习，坚决贯彻落实胡主席重要指示，积极配合地方党委政府抗旱救灾。开展了向灾区人民“送温暖、献爱心”活动，要求全师官兵迅速行动起来，发扬一方有难八方支援的中华民族传统美德，踊跃捐款，累计捐款人民币5.82万元，切实把高炮一师的深情厚谊送到了灾区人民的心坎上。该师还积极响应共青团中央号召，动员广大团员青年大力弘扬我军优良传统，向灾区群众伸出援助之手，以捐款方式每人捐助了一瓶饮用矿泉水。

（丁立平）

【防化、通信、防汛应急行动演练】 2010年5月24日，为提高预备役部队防化应急保障能力，辽宁陆军预备役高炮一师与大东区城市管理局和军威军训器材研究所在苏家屯区姚千户镇组织防化应急分队，进行了处置地铁站化学恐怖袭击、处置危险化学品运输泄漏、处置化工厂危险化学品泄漏三个科目的应急救援行动演练。此前，高炮一师还在沈阳浑南长白地区进行了通信、气象联合应急保障演练，先后演练了预备役官兵快速动员集结、特种车辆征用、应急指挥所搭建、无线传输设备抢修、区域信号干扰抢修、气象监测保障等科目。通过演练，使师应急预案得到进一步完善，作战指挥程序得到进一步熟悉，军地协同得到进一步加强，应急救援能力得到进一步提高。2010年7月16日，在沈阳市东陵区丰乐村组织了防汛救灾应急行动演练，省司法厅副厅长、师预任副师长于大力，省军区司令部动员处处长王广浩，沈阳市应急办协调保障处处长李会元到现场检查指导，师部门以上领导和机关同志参加。

（丁立平）

【晋升授予大校军衔仪式】 2010年6月28日，辽宁陆军预备役高射炮兵第一师参谋长艾民，预任副师长、省民政厅厅长徐铁南，预任副师长、沈阳市委常委、政府常务副市长顾春明，预任副师长、省司法厅副厅长于大力，预任副政委、省委副秘书长窦明洋，预任副政委兼四团第一政委、抚顺市委副书记喻国伟到辽宁省军区参加了晋升大校和授予预备役军官大校军衔仪式。

（丁立平）

【编兵整组工作】 辽宁陆军预备役高射炮兵第一师整组工作本着“全面建设、突出重点、合理布局、优化结构”的基本原则，按照3月组织计划、4月集中实施、5月检查验收的工作步骤有序开展。经军地双方的共同努力，圆满完成了沈、抚两市18个区（县、市），421家企事业单位的编兵任务。其中，沈阳市的编兵区域拓展到“九区四县（市）”，即：大东区、东陵区、沈河区、和平区、皇姑区、于洪区、铁西区、苏家屯区、沈北新区，四县为：康平县、法库县、辽中县、新民县（市）；抚顺市编兵区域拓展到望花区、新抚区、顺城区、东洲区、矿区。2010年5月18日，军区和省军区工作组对高炮一师编兵整组工作进行了检查验收，并给予充分肯定。全军政工网和《中国国防报》，分别对高炮一师的编兵整组工作予以报道。

（丁立平）

【全国人大调研组来师调研】 2010年7月29日，由全国人大常委会委员、法律委员会主任委员胡康生，全国人大常委会委员、法律委员会副主任委员胡彦林组成的全国人大《预备役军官法》修正案（草案）调研组一行16人，到辽宁陆军预备役高射炮兵第一师四团进行调研并视察。调研组听取了胡德山师长关于部队全面建设情况汇报，观看了应急行动演练录像片，观摩了四团应急分队演练。军区副政委马丙泰，省军区政委张林，市委书记、师第一政委曾维，市人大常委会主任赵长义以及军区政治部干部部部长张希元、副部长唐兴华等陪同调研。

（丁立平）

【联合建立应急值班联动机制】　为进一步提高部队应急抢险救灾能力，加强辽宁省范围内执行防汛排涝任务的联动合作，8月，辽宁省国动委赋予辽宁陆军预备役高射炮兵第一师与省水利厅联合遂行防汛排涝应急值班任务，成立了防汛排涝应急值班分队，联合建立了防汛排涝应急值班联动机制。8月中旬，根据上级通知，师先后从辽宁省水利厅组织接收了防汛排涝车5台，并开展了应急防汛排涝专业训练，已经达到了随时遂行任务的能力。防汛排涝车其功率为50千瓦，每台每小时可排水600立方米，可节约大量人力和物力。防汛排涝车的配备，大大提高了辽宁陆军预备役高射炮兵第一师的防汛救灾能力。

（丁立平）

【实弹射击暨基础训练考核】　2010年9月12日至16日，辽宁陆军预备役高射炮兵第一师牵头组织全省民兵预备役高炮分队完成了年度实弹射击暨基础训练考核活动。先后完成了示范教学科目、夜训示范科目，各炮种单兵、班协同、连长射击指挥考核和侦察员、近方标图员两个科目的演示和五个内容的考核。9月10日，沈阳市政府副秘书长刘祥率慰问团（沈阳市民政局副局长冯凯、沈阳市民政局优抚处处长胡有升）代表市委、市政府到师训练基地看望了赴大连参加实弹射击暨基础训练考核全体官兵。慰问团向官兵代表赠送了10万元慰问金。胡德山师长代表全师官兵作了表态发言。慰问仪式由孙汉友政委主持。

（丁立平）

【组织抗震救灾演练】　2010年10月20日，辽宁陆军预备役高射炮兵第一师200余名预备役官兵在沈阳市于洪区造化镇大方士村地域组织进行了抗震救灾应急演练。省军区首长机关，沈阳市委、市政府职能部门以及团所在和平、皇姑、于洪、法库等编兵区（县）分管武装的领导到现场进行了检查指导。与会人员首先观看了二团自行研制与购买的抗震救灾和水上救生等部分装备、器材，并重点观摩了该团运用大型机械实施救援行动、利用凿岩机横向钻孔和利用顶升器材救援受困人员三个科目的演示。通过演练，进一步提高了该团抗震救灾应急救援能力，基本上达到了上级提出的“立足沈阳周边、面向辽宁全省，反应快速、指挥高效、作用明显的应急拳头力量。”

（丁立平）

武警支队

【政治工作】　思想政治建设扎实有效。始终坚持把学习贯彻党的十七大和十七届五中全会精神作为首要政治任务，深入学习中国特色社会主义理论体系，突出抓好学习实践科学发展观活动，严密组织理论学习，深入进行课题研究，扎实开展主题教育和月课教育，认真组织“四会”等比武培训，毫不放松地坚持“红色”灌输，积极研讨任务中的思想政治工作，进一步坚定了广大官兵高举旗帜、听党指挥的政治信念。深入细致地做好经常性思想工作，注重加强人文关怀和心理疏导，灵活开展周末育才和文化励志活动，定期播放《军旅之路》警营专题节目，大力宣扬爱兵知兵育兵典型，确保了部队高度稳定和集中统一。精心抓好第三批学习实践活动整改落实，确保取得实效。进一步深化培育当代革命军人核心价值观主题教育，扎实开展“为辽宁总队荣誉而战”忠诚卫士实践活动，精心策划和组织系列配合活动。认真贯彻《军队思想政治教育大纲》，严格落实月课教育制度，突出教育效果。抓好“四会”能力的经常性培训，定期进行检查讲评，不断提高基层政工干部教学能力。发挥支队电视台的宣传鼓动作用，每周为基层播报新闻、放映红色影片，每季推出一部反映基层建设新风貌的专题片。按照“四有”要求，在基层中队普遍组建业余文艺演出队，抓好基层文艺骨干的选拔培训。组建篮球、足球、乒乓球、羽毛球和威风锣鼓等群众性文体队伍，定期开展活动。积极拓展“七室三场一廊”功能，扎实开展周末育才活动，确保复退老兵80%拿到一门实用技术证书，士官80%拿到大专或计算机等级证书。抓好以《人民武装警察法》为主的各类法规学习，努力提高各级组织开展任务中政治工作的能力。加强对警卫和重大临时勤务中政治工作的指导，严密组织重大任务、重要活动前的誓师动员和任务期间的宣传鼓动，健全完善各级各类任务中政治工作方案预案，搞好针对性实战性演练，不断提高政治工作应急反应能力。加强训练中政治工作内容、形式、方法和手段的研究，抓好专勤专教，深入开展“五小”练兵和争当训练尖子、执勤标兵、技术能手等群众性活动，评比表彰爱警精武标兵，为服务保障中心工作、激励官兵士气积极造势。

（高继阳）

【军事工作】　在年度军事工作中，紧紧围绕国庆安保任务，加强组织指挥，严密勤务部署，正规组勤模式，有效整合力量，确保了以执勤、处突为中心的各项任务的圆满完成。“议中心”、“议训”等制度有效落实，总队新大纲试点任务完成圆满。精心抓好机动大队战备力量建设，进一步规范了战备设施建设标准和战备力量紧急出动基本程序等内容，确保了遇有情况能够迅速到位、妥善处置。全年，圆满完成警卫、押运、押解、处置突发事件、国庆安保等重要任务。有5起突发事件，因官兵处置得当，得到武警总部首长的签批表扬。围绕实现部队秩序正规、纪律严明、内部和谐、安全稳定的目标，通过深化治理“五个重点问题”，规范部队“四个秩序”，不断完善和坚持党委统安全、经常议安全、全员抓安全、合力保安全的各项制度，及时分析研究，超前谋划预测，普遍排查隐患，有效解决问题，牢牢把握了工作的主动权。突出抓好“条令学习月”、经常性管理和事故案件预防工作。扎实开展“五个过一遍”、“学法规、用法规、守法规”、“深知兵、真爱兵”、思想骨干培训和专题教育整顿活动，认真抓好安全大检查、机关“两下两上”和个别人排查管控工作，部队安全发展基础进一步巩固。深入贯彻落实总队党委近几年抓基层建设的思路和举措，紧紧围绕打牢基础、提升层次，强化基层组织功能发挥，讲求经常性工作质量，认真研究动中抓、散中建、变中管的特点规律，严格依法抓建、持续开展“五个整治”活动和精心筹备总部管理教育工作现场会，基层规范化水平得到进一步提升。全年，依托教导队组织了单兵专业教练员和骨干培训，提高了教练员队伍的整体素质。坚持把安全工作作为经常性、综合性工作紧抓不放，通过深化治理“五个重点问题”，规范部队“四个秩序”，不断完善和坚持党委统安全、经常议安全、全员抓安全、合力保安全的各项制度，有效促进了部队安全稳定。突出抓好“条令学习月”、经常性管理和事故案件预防工作。扎实开展了“五个过一遍”、“深知兵、真爱兵”、思想骨干培训和“治三松、严纪律、保安全”教育整顿活动，严密组织武器弹药安全大排查、新兵“三查”、伤病残和外借人员清理等工作，认真抓好法律服务、心理工作和个别人排查管控，部队安全发展基础进一步巩固。支队连续6年实现了“三无”。

（高继阳）

【后勤保障】 坚持面向基层，服务中心，认真研究完善处突保障机制，整合优化后勤骨干力量和动态保障体系，加强后勤应急保障能力建设，圆满完成了驻训演习、涉日维稳等大型保障任务。坚持量力而行搞建设，规范节能强管理，全面推进干部住房和绿色、生态警营建设围绕“保中心、保生活”要求，认真研究完善了处突保障机制，整合优化了后勤骨干力量和动态保障体系，国庆安保背景下的后勤保障任务完成圆满。坚持量力而行搞建设，出台了《支队预算科目管理规定》，将四类经费管理工作纳入党委的议事日程，全支队经费收支平衡率和财务管理“三好五无”率分别达到了100%和98%以上，部队事业任务保障率达100%，官兵工资发放业务全部采用工资卡和网上银行系统进行发放。不断巩固和发展基础设施建设成果，以深化后勤规范化管理、抓好基层基础设施建设为着力点，完善了集中配菜制度和各类应急保障预案，依托三级网和支队“司务长之家”，先后参加和举办了卫生员、炊事员、军械员、驾驶员、司务长、四小工、种养植（殖）技术骨干等培训班7期238余人次，后勤队伍的政治素质、法规意识和管理能力有了较大的提高。加强“四配套”建设，对支队机关、大队、中队的营房进行了重建和装修改造；为全支队战斗班安装了冷暖变频空调；基层单位“四项设施”建设配套率达到98%。基层以小种植、小养殖、小作坊、小巡诊和小维修为主要内容的“五小”活动丰富扎实。狠抓了农副业生产规划的落实，帮助2个中队建猪舍、大棚，养猪37头、羊52只、家禽308只，新增种植面积1公顷多，全年投入农副业生产4万元，收益8.74万余元。发放新式服装76个品种，并积极做好跟踪服务，及时为官兵调整了不合体服装，官兵适体率达到98%。狠抓军械规范化管理，对全支队各中队的弹药进行清查、鉴定和核查。狠抓车辆运输的安全管理，现安全行驶300余万公里。完成了对车辆的改装和维修，完善了车场、门禁、指纹派遣系统等配套设施，组织了车辆四无检查，统一了派车命令、派车单、加油卡等17种登记簿、卡、表。对车辆号牌、档案进行清理。利用GPS车辆跟踪定位系统，对支队车辆、车速和行驶路线及驾驶员遵交守规情况进行全面检查监督。加强卫生建设，组织医疗小组对新兵进行了体格复检，开展了爱国卫生月和H1N1流感防病活动，组织参加了各项临时勤务的卫勤保障工作，为基层发放各类药品10万余元，为官兵会诊，收治住院病号160多人次，深入基层巡诊12次，组织官兵体检，为官兵注射H1N1流感、乙脑、流脑、乙肝、破伤风疫苗接种率达到95%以上。

（高继阳）

人民防空

【人防工程建设】 2010年，沈阳市人防工程建设以“规划、建设、维护”为关键环节，人防工程的国防效益得到充分保障。在城市规划编制制订过程中，人防部门主动会同规划部门制订详细的人防地下空间开发利用规划，使得城市地下空间开发利用规划、城市公共绿地、广场、地下交通干线其他重大基础设施的规划和建设，充分考虑到人民防空的需求，兼顾人民防空的功能。为适应市行政区划调整后开展人防工作的需要，组织有关区、县顺利地完成了人防工作和人防资产的交接工作。2010年，沈阳市人防结建审批工作，着眼经济增长方式转变给房地产业带来的新机遇与挑战来谋划运作，认真落实国家结建政策要求。全市共审批结建项目较上年增长2.3倍。按照国家“鼓励社会力量参与人民防空建设”的精神，在吸引1亿美元外资建设完成长江街人防工程基础上，依法依规陆续推出了正阳街等11处地下空间开发项目。在做好吸引社会投资建设人防工程的同时，积极筹措资金，自建平战结合式人防工程。铁西区“铁西广场人防工程”已开工建设，法库县望宝山人防工程改造项目，正在市财政局审核预算，做开工前准备。为加强指挥工程建设，提高应急战备能力，辽中县指挥所工程已竣工验收；沈河区指挥所已完成施工图设计，正在预算审核中；新民市指挥所工程已得到国家、省人防办的立项批复；铁西区、皇姑区人防指挥工程均在项目选址及方案论证中。同时，根据市政府指示，积极配合市地铁指挥部完成了沈阳地铁1号线人防工程的验收工作。为进一步确保老旧险危工程的安全，沈阳市人防办组织开展人防工程维护管理工作。制定了工程维修计划，安排737万元专项资金，用于险危工程加固改造。同时，结合城市建设，拆除早期人防工程。组织召开了全市人防专项工作会议，安排部署针对早期险危工程及防空地下室完工未验收工程的专项治理工作。安排300万元专项资金，完成对早期险危工程的加固改造及报废处理，完善对完工未验收防空地下室的验收及产权确定的规范化管理。全年共开展各类人防工程安全检查300余次。

（许建磊）

【人防指挥通信】 2010年，沈阳人防办从提高人防防化分队遂行应急救援任务的能力，解决防化骨干力量老化、流失，以及多年自训带来的专业水平下降等问题入手，聘请某集团军防化团专业技术骨干，对东药集团和沈阳化工集团抽调的30名防化专业队员进行了系统的培训。为检验提高人防专业队伍的实战能力，8月，组织全市9支专业队伍向汉卿体育场进行了大规模集结拉动和点验动员，共出动兵力300余人，各种装备车辆40余台，有效地提升了各专业队伍的战备意识和遂行任务能力。通过多种途径，进一步完善了软硬件建设，为部分区、县（市）配备机动通信警报车，形成了市、区两级机动指挥整体联动的配套，使市、区两级警报通信系统整体建设水平跃居全国领先地位。按照"十一五"通信警报建设规划，完成了20部电动警报器和100部手摇警报器的安装调试任务，进一步增强了警报覆盖率。在春秋季防空警报试鸣中，沈阳市首次使用机动警报车鸣放警报信号，解决了警报覆盖盲区，取得了预期效果。根据军区和省人防办的指导意见以及年度工作计划安排，10月15日，沈阳市人防办成功举行了"SY—2010人防机关区域协同演练"。沈阳军区副参谋长周汉江，辽宁省委常委、副省长许卫国，辽宁省军区司令员鲍铁印，沈阳市市委常委、副市长邢凯等相关领导参加了演习观摩。沈阳警备区，市城建局、市应急办等9个委办局，各区（县）人防办，市供电公司、水务集团等5家企业，以及抚顺、本溪、铁岭三市的人防机关和部分专业队伍总计700余人参与了此次演练，动用了90余台车辆以及指挥、通信、警报、救援等多种装备，此次演练达到了预期目的，进一步锤炼了人防机关抓主业的能力，并取得了一批理论和实践成果。

（许建磊）

【人防准军事化机关建设】 2010年，沈阳市人防办机关建设以"准军事化"建设为抓手，紧紧把握服务中心、建设队伍这一核心任务，以建设学习型党组织、抢抓发展机遇、保持发展激情、切实改进作风为主线，以创先争优活动为统揽，以深入开展"一学三提"、"四个一"等各种主题教育实践活动为载体，开展了以创先争优活动为主线的一系列活动，把倡导"学习型双争双创"活动、"认清形势、明确任务、增强信心、燃烧激情"主题教育活动和"激情工作促发展、奋力拼搏做贡献"的三项活动与人防机关"准军事化"建设紧密结合起来，不断推进人防机关创先争优工作深入开展。先后赴本溪、抚顺人防办参观学习两市人防办机关"准军事化"建设工作经验，使干部职工拓宽了思路，开阔了视野，提高了建设"准军事化"文明机关，立足本职岗位建功立业的自觉性。并以此为契机展开了"准军事化"机关建设活动，制定出符合沈阳市人防办实际的工作举措，于6月底组织了防空业务训练与考核。2010年8月，在市委、市政府和市委组织部的支持下，完成了市人防办领导班子的调整配备工作，新班子组建后，严格遵守廉洁自律有关规定，正确行使手中权力，以学习贯彻《廉政准则》为主线，严格落实"三会一课"制度，安排并组织由党组成员分别主讲的"理想信念"、"爱岗敬业"、"纪律作风"三大主题党课教育。坚持民主集中制原则，党组成员互相尊重、互相支持、积极配合，重大问题均召开党组会议或主任办公会集体讨论决定。

2010年10月26日，沈阳市被评为"全国人民防空先进城市"，王勇进同志荣获"全国人民防空先进个人"称号，与会代表受到胡锦涛等党和国家领导人的亲切接见。沈阳市人防办还获得市政府授予的地铁一号线建设"贡献奖"，王勇进等两名同志被评为突出贡献先进个人。

（许建磊）

【纪念沈阳人民防空60周年】 2010年3月19日，沈阳市人防办举行了纪念沈阳人民防空创立60周年庆典活动。沈阳军区作战部副部长王洪义、辽宁省军区副司令员王静雨、辽宁省人防办主任刘秉力等领导，以及来自总参谋部61研究所、54研究所、哈尔滨、长春、温州及全省13个市人防办领导参加了活动。此次活动受到社会的广泛关注，《中国人民防空》、《辽宁人防》、《沈阳日报》及沈阳电视台等新闻媒体先后给予了报导。为了进一步扩大沈阳市人防宣传的影响，沈阳市人防办与辽宁电视台《走近辽宁》栏目组共同摄制的"全民教育基地，人防教育课堂"、"热血忠魂，人防卫士"等两部各10分钟电视专题片，在黄金时段向全省播发，在社会上引起了广泛的反响。通过多种手段积极开展民防宣传活动，进一步提升人防地位和形象。投资300万元建设的1057平方米的人防教育馆，于3月19日揭牌并免费对社会开放，开馆以来共接待中小学师生、党政机关干部、兄弟省市同行等57批近3000人次，产生了良好的社会效益。全市中学生17.5万人、大专院校1.7万人、党政干部1680人、通过电视、报纸等方式接受了人防教育，初中"三防"知识教育开课率和学生受教育率均达到100%。人防宣传进机关、进院校、进企业、进社区、进媒体工作继续得到拓展，以各区、县为主体在社区举办了18次人防建设成果巡回展览。

（许建磊）

政　法

政府法制

【政府立法】 2010年,市政府共向市人大提报了《沈阳市机动车市场管理条例》(修订草案)等8件地方性法规草案,发布实施了《沈阳市学前教育管理规定》8件政府规章;发布实施了14件政府通告。其中:《沈阳市节约能源条例》的出台,对推动全社会节约能源,提高能源利用效率,发展低碳经济,保护和改善环境,促进经济社会全面协调可持续发展具有重要意义;《沈阳市物业管理条例》的出台,有效地规范了全市物业管理活动,维护了各方的合法权益,对维护社会稳定、构建和谐社会具有重要意义;《沈阳市犬类管理条例》的出台,使全市养犬管理逐步走上了科学化、人性化、有序化、法制化轨道。《沈阳市政府债务管理办法》的发布实施,对进一步提高全市政府债务管理水平,防范债务风险有重要的指导作用;《沈阳市企业信用管理归集和使用管理办法》的发布实施,对推进企业信用建设,加强企业信息公开和共享,推动全市社会信用体系建设都有重要的意义。2010年,市政府法制办组织人员对全市现行有效的146件政府规章和1200余件规范性文件进行了全面清理,提出拟废止的政府规章22件,失效的5件,需要修改的23件;拟废止规范性文件233件,失效的193件,并经市政府常务会通过,向社会发布《沈阳市人民政府废止和失效部分政府规章的决定》。2010年,市政府法制办对制定的8件政府规章均及时报国务院、省政府、省人大、市人大备案,无被提出修改意见或者撤销的情况。同时,严格规范性文件事先审查、事后备案制度,对区县政府和市政府部门送审的38件规范性文件均进行了严格审查和备案。

(*张春权*)

【行政执法监督】 一是开展了清权确权工作。开展了行政权力运行监控机制建设清权确权工作,对市直和县区申报的《行政权力目录》进行了初审、确认和指导,共完成市直12个试点单位2763项行政权力的审核,提出调整和修改意见504项。二是开展规范行政处罚自由裁量权工作。为规范行政处罚行为,优化发展环境,市政府在近年来开展规范行政处罚自由裁量权工作的基础上,2010年进一步加大了工作力度,下发了《关于进一步规范行政处罚自由裁量权工作的通知》,加强指导和检查。截至2010年9月30日,全市34个具有行政处罚权的部门全部制定或修订了本系统《行政处罚自由裁量权指导标准》,并发布实施。三是开展行政执法专项检查。为优化全市软环境,进一步规范行政执法行为,市政府于2010年9月16日至25日,对16个区、县(市)及开发区和42个市直行政执法部门开展行政处罚自由裁量基准制度落实情况,行政检查、行政处罚、行政强制等行政执法权实施情况,重大行政处罚决定备案及行政执法案卷情况进行了专项检查,并下发了检查情况通报。四是规范行政执法主体。共确认沈阳市供热管理办公室等20个单位的执法主体资格,向社会发布了2期公告。加强行政执法证件审检和管理,建立了全市行政执法证件管理数据库。五是开展了行政执法监督和行政执法人员培训。举办了两期执法监督业务培训班,共培训行政执法监督员321人。举办3期执法人员培训班,培训新从事行政执法工作人员1011人,并严格组织了考试,考试合格的发放行政执法证件。六是开展了依法行政考评。采取了集中时间、集中地点、集中人员、集中审查、集中评分的"五集中"方式,并抽调了市全面推进依法行政工作领导小组成员单位人员,组成了4个考评组,集中进行考评。

(*张春权*)

【行政复议应诉】 2010年,全市各级行政复议机关共受理行政复议案件3647件,其中市政府本级新收行政复议申请62件;全市发生行政应诉案件535件,其中市政府作为被告的行政应诉案件22件,经法院审结的11件行政应诉案件,市政府未发生败诉案件;答复不服市政府向省政府申请行政复议案件5件,省政府已审结2件,市政府未发生败诉案件。在具体工作中,一方面,加大通过调解和听证审查案件的力度,调解和听证率均超过了省依法行政考核规定比例,达到了案结事了的社会效果;另一方面,加强行政复议工作规范化建设,市政府法制办下发了《沈阳市行政复议人员工作规则》,统一了行政复议工作人员的着装,公示了行政复议各项工作制度。

(*张春权*)

【推进依法行政】 2010年,建立了由市长任组长,常务副市长、秘书长任副组长,市政府办公厅和市发改委、经信委、监察局、司法局、财政局、人社局、审计局、编委办、法制办主要领导为成员的沈阳市全面推进依法行政工作领导小组,领导小组办公室设在市法制办,负责日常工作。国务院《全面推进依法行政实施纲要》(以下简称《纲要》)、《国务院关于加强市县政府依法行政的决定》(以下简称《决定》)下发后,市政府及时下发了《实施意见》,并将具体工作任务分解到相关部门。2010年,《国务院关于加强法治政府建设的意见》(以下简称《意见》)下发后,市政府高度重视,责成法制办研究落实,已经完成了《沈阳市人民政府贯彻落实〈国务院关于加强法治政府建设的意见〉和〈辽宁省人民政府关于加强法治政府建设的实施意见〉任务分解表》起草工作,并拟以市政府文件形式下发。同时,市政府将推进依法行政,建设法治政府作为一项重点工作写入《政府工作报告》。共完成市直12个试点单位2763项行政权力的审核,提出调整和修改意见504项。全市

34个具有行政处罚权的部门全部制定或修订了本系统《行政处罚自由裁量权指导标准》，并发布实施。在政府立法方面，建立和完善了公开征求意见、专家论证、集体审办等工作制度，进一步完善立法工作程序；在行政执法监督方面，建立和完善了行政处罚自由裁量基准制度、重大行政处罚备案制度、案卷评查制度、行政执法主体资格确认制度、行政执法人员培训和证件管理等各项制度；在行政复议应诉方面，建立了行政复议和解调解、听证、“五公开”阳光办案和法定代表人出庭应诉等项制度。全市依法行政工作，在市委、市政府的高度重视和正确领导下，扎实推进，努力提升工作水平，取得了明显成效。

（张春权）

社会治安综合治理

【管理创新】 2010年，市委政法委与省社科院合作，抽调30多人开展历时两个多月的专题调研，完成了《创新社会管理，促进社会和谐——沈阳市社会管理创新对策研究》调研报告，得到了中央和省委领导的高度重视。8月，省委政法委、省综治委，把沈阳市确定为全省社会管理创新综合试点城市。10月，沈阳又成为全国35个综合试点城市之一。面对这样的机遇和挑战，沈阳市委、市政府把社会管理创新作为一项重大政治任务，作为一项全局性、战略性工作来抓。市委召开常委会，专题研究社会管理创新工作，确定了围绕一个目标、抓住三大环节、强化四项保障、树立五个理念、构建六大体系的总体工作思路。召开了全市社会管理创新推进大会，印发了《沈阳市深入推进社会管理创新指导意见》，成立了由书记、市长任组长的社会管理创新工作领导小组，建立了由副市级领导牵头负责的目标管理责任制。市综治委组织各部门把15个社会管理创新项目列入市相应的十二五专项规划（草案）之中，把工作分解为6大方面、28项重点工作，分别明确了牵头部门和责任单位。确定4个区县、23个基层单位为试点单位，向所有区县和责任部门分别下达了3到4个试点课题。召开了全市社会管理创新现场交流会，总结推广沈河区建立数字化城市社会管理平台等一批典型经验。

（吴 宪）

【社会治安排查整治】 全市深入开展了社会治安重点地区和突出治安问题排查整治工作。成立了工作领导小组，组成了7个分别由组织、公安、民政、安监、房产、行政司法和纪检监察部门牵头的工作指导小组，制定了工作方案，细化了工作措施。明确了7名市级综治委领导每人承包2个区县，督导整治工作。按照“属地、属人、属事”的原则，采取三种形式对全市的治安重点地区和突出治安问题进行了集中排查。一是组织工作组进行拉网式排查，做到不留死角、不留空当。二是通过发布通告、设置举报电话、信箱、建立奖励制度等形式，组织发动群众检举揭发违法犯罪行为，举报社会治安重点地区和突出治安问题。三是选派专人深入到群众反映强烈的重点地区和场所进行明察暗访，深层次了解和掌握治安重点地区和突出治安问题的现状。集中排查期间，全市共抽调干部9874名，组织3403个工作组，召开847次座谈会，进行1.3万次排查。通过梳理分析，市、区（县、市）两级共确定重点整治地区83个，其中42个地区被确定为市级重点整治地区。并逐一登记造册备案，逐一落实整治措施，限期整治解决。重点加大了省级重点整治地区和中央暗访组来沈检查反馈问题地区的整治力度，组织协调公安、铁路、交通、工商、行政执法等部门抽调了80名人员组成两个专项整治小组，对沈阳站、沈阳北站地区进行联合整治。增设治安岗亭、抽调专门整治车辆、增派警力组成便衣小组，进行24小时不间断整治。抓获举牌倒客、欺诈旅客钱财、倒卖火车票、盗窃等犯罪嫌疑人55人，刑事拘留17人，行政拘留38人，查处非法营运车辆11件。并对举牌倒客人员和非法营运车辆进行了全部拍照存档，有力地打击了违法行为，维护了沈阳站、沈阳北站地区的治安秩序。

（吴 宪）

【社会矛盾纠纷化解】 建立健全了对重大建设和改革项目实施稳定风险评估制度，全年实施风险评估项目167项，其中：整改36项，暂缓实施4项。开展机关干部下基层“大接访”、“大走访”等活动，各级政法机关领导干部定期接访、约访5500多人次。积极构建“党委政府领导，政法综治协调，司法行政负责，调解组织相关部门参与”的大调解工作体系，全市法院系统积极开展诉前调解，在市中级法院和15个基层法院设立了“人民调解室”；大东区检察院积极探索推行刑事和解工作，设立了人民调解室；市公安局依托全市264个派出所的问候室、1022个警务室对治安案件和轻微刑事案件开展调解工作；积极探索建立劳资纠纷、交通事故、消费权益、婚姻家庭、环境保护等行业性、专业性调解组织；市劳动人事争议仲裁院全年接待群众咨询16427人次，受理劳动人事争议3809件；在中街商业街建立了消费矛盾纠纷调解站；市环保局开通了“12369”群众投诉举报热线，在市区两级设立了投诉接待窗口，全年电话受理4.5万余件，立案调处4025件；建立了40个省级妇女儿童维权服务暨综治示范工作站和139个市级示范站，全年受理来电、来信、来访998件，调解990余件，调解率达99%以上。在街道（乡镇）、社区（村）及企事业单位推进“321”专职与义务相结合的调解组织建设，注重发展壮大民间调解组织、行业调解组织和专业性调解组织，形成了具有沈阳特色的点、线、面相结合的矛盾纠纷排查调处工作格局。全市现有各级、各类调处组织4213个，调解人员1.4万名。全市共发生各类矛盾纠纷1.16万件，同比减少6992件；调处1.13万件，调处率达98%；调处成功1.04万件，调处成功率为96.6%。

（吴 宪）

【社防体系建设】 加强了“五网”建设。一是覆盖全市的视频监控网。新增视频监控点位10万个，完成了“三级指挥平台”和“四级网络”建设。全年刑侦部门通过视频监控系统破获系列案件22串，案件241起。二是全警参与的公秘巡逻网。公安机关切实发挥主力军作用，采取“徒步”和“警务车”巡逻相结合、着装巡逻和便衣巡逻相结合、全面覆盖和重点控制相结合的巡逻防控模式，对全市重点街路、金融机构和商业网点聚集区、长途客运站及周边地区实行全天候、全方位的巡逻防控。三是群防队伍的社区防控网。组建了14.6万人的“平安志愿者”队伍，细化了群众性治安信息员、综治协管员、治安中心户长、家庭治安联系人工作责任，整合全市7000余名公益岗位社防力量，科学划定巡逻区域、巡逻路线和重点部位；在城市社区，每单元楼设立一名楼长，组建“看家守望网”；在农村借助治安保险，建立了每乡镇（街）6－8人的专职治安联防队，在村屯配齐配强了专职治保主任，按照小村2－3人，大村5－10人的标准配备民兵治安联防员，扩大了巡逻防控覆盖面。四是单位内部的安全保卫网。强化了重点部位、商业网点的防控部署，按照“谁经营、谁负责”的原则，动员和组织沿街商业网点及餐饮娱乐场所保安、迎宾员、服务员、保洁员等佩戴袖标开展门前治安巡逻守望，相邻5－10个商业网点组成一个联勤小组。涉及国计民生的水、电、气、油等重要设施，生产存储枪支、弹药、爆炸物品和有毒有害放射性危险品等单位建立巡逻队伍，进行24小时巡逻防控，并与属地公安机关和小区安全防范力量建立联勤配合机制，共同防范打击单位周边各种现行违法犯罪活动。五是虚拟社会的舆情监测网。完善了对网上舆情监控和分析研判机制、重大案件快速反映机制、网上舆情引导机制。建立了东北三省七市网络联盟和沈阳经济区八城市网络联席会议制度。全面推进“虚拟警察”网上公开执法建设，建立完善互联网动态管控、信息巡查、舆情监测等机制，强化网络安全防范、涉网犯罪打击和专业队伍建设，打掉各类网上违法犯罪团伙7个。

（吴　宪）

【平安校园建设】　按照500∶1的标准为全市中小学校配齐了专职保安人员，配备了金属检测仪、橡皮警棍、防割手套等必要装备。在学校和幼儿园主要进出口、教学楼、宿舍楼等重点部位全部安装视频监控设备。市公安局在25所高校和833所中小学校指定了1名民警担任法制副校长或法制辅导员。开展了2次校园周边治安秩序集中整治行动，为中小学校解决了277个问题，为高校解决了39个问题，破获校园周边刑事案件97件，治安案件119件，打掉了两个滋扰学校秩序和侵害师生人身安全的流氓犯罪团伙，刑事拘留12人。强化了校车管理，打掉了36台非法运营的黑校车。

（吴　宪）

【表彰见义勇为人员】　2009年12月27日下午1时许，沈北新区黄家乡大孤家子村村民汤秉贵听到养渔池边有小孩的呼救声，一边高喊“救命啊！有人掉水里了！”，一边脱掉大棉袄，不顾严寒，冒着生命危险跳入冰窟窿里，先将落水的一个小孩托送上冰面，又去寻找另一个小孩，将第二个孩子推上冰面，自己却精疲力尽上不来了，后被赶到的几名村民拖上岸。两个7岁男孩被送往医院抢救，其中一个得以生还，另一个抢救无效死亡。汤秉贵被沈北新区授予“见义勇为积极分子”称号，奖励1万元；被沈阳市政府授予见义勇为先进分子称号，奖励3万元，还被评为感动沈阳十大人物。

2009年1月11日20时许，和平区昆明北街26号1单元楼栋发生火情。正在家中看电视的刘宇听到居民呼救着火的喊声后，立即冲下楼去，看到一楼楼道内堆放的杂物着火，且起火点紧邻煤气管道，很容易引起更为严重的后果。刘宇见状迅速扑救，先是将邻近着火点的杂物清走，然后用衣服扑火、端水灭火，直至消防车赶来把火扑灭。刘宇在救火中多处被烧伤，经武警医院诊断，刘宇面部深二度烧伤，双上肢三度烧伤。刘宇被和平区政府授予见义勇为积极分子称号，奖励人民币1.5万元，被沈阳市政府授予见义勇为先进分子称号，奖励3万元。

2009年7月3日9时许，被害人孙秀杰乘坐523路公交车行至五经街车站时，犯罪分子母海山将孙的黄金项链（价值4900余元）拽下后逃跑。上班途径此地的张鹏（19岁，山东德州人）听到喊声，立即冲了上去，并用手中的滑板将其打倒在地，母海山爬起来继续逃跑，张鹏又勇敢地追上去将母海山的衣服抓住，母海山掏出一把约20厘米的尖刀刺向张鹏，被张鹏用滑板打落在地，并将其按倒在地将其制服。此时，云集派出所“110”民警赶到现场，将母海山带到派出所进行审查。现犯罪分子母海山已被判处有期徒刑四年。张鹏被和平区政府授予见义勇为积极分子称号，奖励人民币1万元；被沈阳市政府授予“见义勇为先进分子”称号，奖励3万元。

（吴　宪）

公　安

【公安信访】　2010年，沈阳市公安机关积极构建各级领导带头研办、条块结合处理、警种协同作战、上下联动攻坚的信访工作大格局，制定了一系列信访工作新制度，整合信访大厅与控申处接访职能，深化了领导视频接访工作，增设了公开投诉电话，开通了信访短信受理平台，进一步畅通了信访渠道，强化了源头治理工作。全局各级领导接访群众2806人次。全市进京到公安部上访登记数量同比下降91.5%，到省公安厅上访登记数量同比下降90.3%，涉公安进京非正常访登记为零。历史遗留的883件公安信访积案全部办结，实现了公安信访积案“清仓见底”。市公安局在2010年度全省公安机关信访工作考评中名列第一。

（杨　义）

【打击各类刑事违法犯罪】　2010年，全市刑事案件刑拘数、逮捕数、教养数同比分别提高16.4%、6.1%和196.4%。其中刑拘数、逮捕数分别占全省37%和38.7%。在“2010严打整治行动”中，市公安局总成绩始终排名全省第一。一是加大了打黑除恶工作力度。切实加强重点行业、重点地区的监控，广泛收集涉黑、涉恶线索，全面实行挂牌督办制度，采取异地调警、异地关押、异地起诉等超常手段，全年共打掉黑恶犯罪组织10个，确保了“除恶务尽”。二是加大了命案侦破力度。紧紧围绕“两降一升”的工作目标，建立健全“快速反应、合成指挥、专家会诊、奖惩激励、技术保障、信息作战、命案逃犯抓捕”等七项命案侦破机制，全市命案现案破案率达到95.97%，迈进了全国15个副省级市先进行列。破获命案积案35起，破案比值达到113.7%。三是加大了经济犯罪打击力度。严厉打击以非法集资、传销犯罪为代表的涉众型经济犯罪。积极开展打击银行卡犯罪、假币犯罪、假发票犯罪专项行动，取得了三个全省第一的优异成绩。四是加大了毒品犯罪打击力度。强化禁毒人民战争，全年共缴获毒品2.3万克海洛因当量，特别是成功破获了“9·19”特大跨国走私贩运毒品案等一大批大要案件。全市无毒社区创建率达到100%，达标率达到100%。五是加大了追逃和坦检工作力度。全面落实全警追逃岗位责任制，充分利用在线缉控平台，大力开展网上追逃工作，抓获了一大批网上逃犯，最大限度地消除了社会隐患。切实发挥打击犯罪第二战场的作用,全市监管场所通过开展坦检攻势,抓获犯罪嫌疑人 549 人,在全省深挖犯罪工作中排名第一。

(侯锦鹏)

【打击多发性侵财犯罪专项行动】 2010 年,沈阳市公安机关把严厉打击群众关注、反映强烈的抢劫、抢夺、盗窃、诈骗、敲诈勒索等五类侵财违法犯罪作为主攻目标,始终坚持"既要破大案,也要管小案"的指导思想,组织开展了砸车窗玻璃盗窃等一系列专项打击行动,全年共破获侵财案件 10021 起,在全省打击多发性侵财犯罪专项行动中总成绩排名全省第一。特别是元旦期间,全局上下放弃休息,连续奋战 6 昼夜,成功侦破了胡锦涛总书记等中央领导高度关注的"12·29 全省一号公案"。通过开展打击侵财犯罪专项行动,有力地打击了犯罪分子的嚣张气焰。全市刑事案件发案持续下降,全市五类侵财案件发案数量同比下降 10.83%,社会治安达到历史最好,人民群众的安全感和安居感普遍得到增强。

(张 磊)

【加大巡逻防控力度】 2010 年,沈阳市公安机关大力加强巡防体系建设,按照"点线联接、布局科学、覆盖重点、整体联动、打防一体"的工作原则,确定了"以动制动,集打击与防范双重功能于一体,突出打击实效"的巡逻防控机制。点上,在国省公路、42 个高速公路出入口、7 个火车站、客运站规划设置 11 个警务工作站和 7 个涉稳堵卡点、42 个临时堵卡点,实施动态布警。线上,在城区 86 条主要街路,以巡逻车为重点,实行巡逻车定点、夜间警灯闪烁,严密城区、县(市)以及跨区域防控。面上,以公安派出所辖区为块、以社区为基本面,实施弹性布警,初步实现了巡逻防控力量对全市城区 86 条主干道、5000 余条街巷、397 个警务区、891 个社区的全时空、全覆盖控制。全年整合巡防力量 9767 人,其中:民警 1497 人,社防力量 8270 人;整合巡逻车辆 846 台,其中:专业化巡逻车 64 台,专职巡逻车 126 台,110 巡逻车 184 台,交警巡逻车 346 台(含摩托车 146 台),四县巡逻车 110 台,流动警务室 16 台;配备警用制式自行车 1046 辆,组建了专业化巡逻队伍,使全市范围内常态巡控力量达到了 1000 台巡逻车,确保了全市社会面巡逻防控工作的全面启动和高效运转。2010 年,全市 110 刑事警情同比下降34.4%;刑事案件立案数同比下降20.3%;"两抢一盗"等多发性侵财案件、"三类可防性"案件和"八类主要刑事案件"分别下降18.7%、23.3%和11.1%,人民群众安全感达到97.2%,对公安机关的满意度达到95.5%。

(宫 魁)

【整治"三黑"、"黄赌毒"等社会治安热点问题】 2010 年,沈阳市公安机关在坚持"外症内治、辩证施治、标本兼治、综合整治"工作方针的基础上,全力加大对"三黑"、"黄赌毒"等社会治安热点问题的纵深整治力度,先后组织开展了"黄赌毒"、"三黑"、燃放烟花爆竹、犬类管理,棋牌(麻将)扰民、赌博等社会治安热点问题的专项治理行动,成功侦破了"6·3""可心可乐交友"网络组织、介绍卖淫案件、"6·21"开设"二八杠"地下赌场案件、"7·11"境内外勾结、台湾人网络赌博案件等一批有影响的涉娼、涉赌案件。全年共破获涉娼案件 1002 起,处理违法人员 2259 人;破获私彩案件 418 起,处理违法人员 806 人;破获赌博案件 1276 起,处理违法人员 4607 人;依法取缔黑足疗 175 家、黑游戏厅 161 家、"黑旅店"518 家,7 月 30 日,《人民公安报》专门刊发了题为"沈阳加大治安管理力度,查禁取缔黑旅店 43 家"的宣传文章,对市公安局整治查处公寓式"黑旅店"工作做法进行了宣传报道。起草制定了《沈阳市养犬管理条例》,组织开展了犬类管理专项整治行动和依法养犬宣传月活动,查处违规犬 1740 余条,涉犬举报核查率达到 100%;采取限时营业、加强查处等措施,妥善处置麻将社扰民问题 802 件,取缔麻将社 211 家,进一步净化了全市社会治安环境。

(李鸿美)

【启动流动警务室】 2010 年,沈阳市公安局与沈阳华晨金杯专用车有限公司联合研发了 16 台流动警务室,11 月 24 日在市公安局举行了"流动警务室交接启动仪式"。16 台流动警务室主要分布在沈阳中街、太原街繁华商业街区以及沈阳站、沈阳北站、故宫、北陵等旅游景点人员流动密集区域和治安复杂地区,承担着公民报警求助、警情前期处置、巡查执勤、协管交通、服务群众等多种职能。车内配备了红外摄像头、监控录像器、车内工作台、固定座椅和饮水杯具,可及时录入现场视频资料,方便民警掌握社情民意、现场调解民间矛盾纠纷。按照"一警多能"的要求,本着"实战、实用、实效"的原则,流动警务室按照市局和分局指挥中心的指挥调度,根据警情调整驻巡地点,随时接受出警指令。工作职责包括前移警务工作,近距离服务群众;延伸防控触角,近距离打击犯罪;拓展管理平台,第一时间化解矛盾纠纷等。

(宋振勇)

【道路交通秩序整治】 2010 年,沈阳市公安机关针对社会广泛关注的"行车难"、"停车难"问题,动员全警力量,采取一切措施,深入开展了以"压减事故、缓堵保畅"为目标的交通秩序整治战役,实现了城市道路"大修之年无大堵"。全市交通事故件、死、伤、损四项指标同比分别下降20.57%、12.27%、24.76%、12.26%,未发生群死群伤重特大交通安全事故。科学调整勤务制度,加强市内 21 处交通乱点、89 处交通堵点和市区主干道的疏导工作,在全市机动车保有量同比增加 15%、交通流量增加 20% 的情况下,全市路口延误时间同比减少了 30% 到 40%,车速同比提高了 25% 到 30%。加大对酒后驾驶等严重交通违法行为的处罚力度,全年共处罚各类交通违法行为 140 余万件,刑事拘留 277 人,行政拘留 4175 人。全市中心城区主干道机动车、非机动车、行人守法率分别达到98.6%、95.3%和90.5%,比年初提高了6.3%、7.6%和5.8%;在城区、沿街单位施划路内停车位24.3万个,主干道机动车停车入位率达到98.3%,比年初提高了3.7%。道路交通基础设施建设实现跨越式发展。市、区两级财政共投入资金3.24亿元用于道路交通安全设施和管理设施建设及维护,相当于前 8 年的总和。"公交优先"政策收效显著。在全市 20 条街路设置了99.6公里的公交专用车道及 161 处路口公交专用导向车道,全市的公交运营速度平均提高了17.5%,公交出行的比例达到了31.2%。全市人民群众出行安全畅通满意率达到93.6%。

(丛松涛)

【集中开展重点地区治安秩序整治】 2010 年,全市公安机关按照公安部、省公安厅统一部署,对沈阳 80 处重点地区治安秩序进行了全面整治。特别是对沈阳站、沈阳北站周边地区"黑车"非法营运、虚构客运线路骗取钱财、交通混乱等问题开展了集中整治,成功打掉了以崔奉革为首的非法黑车运营团伙。共出动警力2.99万人次,盘查各种可疑车辆4.12万台,查扣涉嫌非法营运车辆36台,处理各类违法犯罪人员24人。加强了对客运公交的安全防范,出动警力7500余人次,车辆1700余台次,检查内保单位410余家、长途客运站7个、公交车停车场210家、长途客车720辆、公交车1350辆、地铁站线路1条、地铁车辆23列,发现和整改了一批安全隐患。加强了对"三电"、供水、供油、供气等涉及国计民生的重点企事业单位的安全保卫,在201家治安保卫重点单位建立了24小时不间断巡防队伍,在三级治安保卫重点单位和重要部位新安装视频监控探头1289个,检查涉枪、涉爆、涉毒及放射源单位7413次,清理整顿企业周边从事非法收购、加工点及影响秩序等问题1.2万余个(次)。有效整治了自行车被盗问题,全市共查破盗窃自行车案件728起,收缴涉案车辆246台,抓捕处理犯罪嫌疑人241名,查获犯罪团伙6个,捣毁窝点15个,使全市重点地区治安秩序得到明显规范。市委督查室经暗访检查,对全市公安机关重点地区整治工作取得的成效给予高度评价。

（*李彦龙*）

【**确保中小学校园安全**】　2010年,沈阳市公安机关针对3月、4月及8月,福建南平、广东雷州、江苏泰兴、山东淄博等地连续发生侵害中小学生的特大治安伤害案件,按照公安部统一部署,切实把维护中小学校园安全作为一项重大政治任务,全面动员,全警参与,齐抓共管,扎实推进全市校园安全保卫工作。南平事件后,市公安局率先开展了校园及周边治安整治工作,会同市教育局迅速联合下发了《沈阳市关于维护校园及周边治安秩序加强"平安校园"建设的实施意见》,制定了《沈阳市公安局关于落实学校(幼儿园)安全保卫工作层级责任的规定》。市公安局平均每天出动警力3070人(次)、社防队员4614人(次),加强重点时段巡逻;全市833所中小学、705所幼儿园配备保安员3726人,配备了橡胶棒、喷雾辣椒水等防卫器械;833名法制辅导员上法制教育课3168堂(次);有针对性加大了55所中小学校及幼儿园门前道路交通管理力度,建立了定点、定时、定人、定责勤务制度;及时打掉了4伙滋扰学校秩序和侵害师生人身安全的流氓犯罪团伙,刑事拘留21人;排查校园周边出租房屋2.7万余家、流动人口2.9万余人;取缔网吧、场所特业14家;全市未发生有影响的涉校案(事)件,确保了广大在校师生的绝对安全。

（*杨　义*）

【**服务全市经济社会发展**】　2010年,全市公安机关以推进社会管理创新为突破口,努力为全市经济社会又好又快发展创造良好的社会软环境。研究制定了《关于服务经济社会发展加强"平安企业"建设的意见》,先后组织召开服务经济发展工作座谈会700余次,走访企业3.1万余家(次),发放《公安机关服务企业发展工作调查问卷》1000余份。加大涉企案件打击力度,全年破获涉企案件2147起,打击银行卡、假币、假发票犯罪工作名列全省第一。协助地铁、哈大客专、"金廊"沿线等建设工程制定消防服务计划152项,累计节约审批时间近3万小时。在全市1387家县(区)级以上治安保卫重点单位设立了警务工作站或确定了警企联络员,在各级人大代表、政协委员和企业领导中聘请100名公安监督员。市公安局100名领导联系全市100家纳税百强和大型骨干企业,帮助企业解决实际问题,受到了企业的一致好评。

（*杨　义*）

【**推行消防"管家式"服务**】　2010年,全市公安机关大力加强消防软环境建设,不断加大助推沈阳经济发展力度,组织消防部门开展"管家式"服务,实行"零距离"全程跟踪服务,开辟消防绿色通道,实行提前介入,对项目受理、审核、检测、验收等各个环节进行一站式办理,确保建设项目及时竣工投入使用,得到了社会各界的高度赞誉。全年公安消防部门共计审批项目188项,其中沈阳市政府重大投资项目24项,建立跟踪服务档案35册,组织召开现场办公协调会84次,解决消防难题87项,共计审批面积达826万平方米。实施快速审批,缩短审批时间,平均审批时间仅为7.2天,是法定时限的1/3。先后对中街商业广场、兴隆大天地、沈阳红药厂、如家城市酒店广场、沈阳坤博益群地产、吉宝商住、重庆龙湖商住综合体、东药集团异地搬迁、儿童医院、地铁一号线、康平国电、长峰龙之梦、米其林厂房及苏家屯中医院等项目提前介入,跟踪服务,与企业直接对接,采取技术答疑、现场办公、特事特办的原则,使企业在消防审批中所遇到的难题全部得到了解决。全年为企业节省资金逾3100万元,收到锦旗50余面,感谢信600余封,沈阳公安消防"管家式"服务被公安部向全国推广。

（*侯锦鹏*）

【**出台《沈阳市公安局2010年保平安、促发展、惠民生百项承诺》**】　2010年,为切实履行"人民公安为人民"的庄严承诺,沈阳市公安局在2008年推出了《便民利民惠民百项承诺》、在2009年推出了《保增长保民生保稳定百项新举措》的基础上,制定出台了《沈阳市公安局2010年保平安、促发展、惠民生百项承诺》。市公安局在前两年工作的基础上,组织全市公安机关从2009年11月开始,集中开展了为期3个月的大调研和"公安民警大走访"爱民主题实践活动,以人民满意为目标,制定出台了《沈阳市公安局2010年保平安、促发展、惠民生百项承诺》,共10个方面、100项措施,都是涉及人民群众最基本的民生问题。与前两年推出的"百项承诺"、"百项新举措"相比,其设定的标准更高,提升的幅度更大,采取的措施更实,距离老百姓的生活更近。市公安局于2010年1月31日专门召开了新闻发布会,正式向人民群众和社会各界进行公布,主动接受人民群众和社会各界的监督。在市公安局专门制定责任追究办法,督促全市公安机关切实做好践诺工作,确保取得实效。《沈阳市公安局2010年保平安、促发展、惠民生百项承诺》的制定出台,为全市经济社会发展进一步提高了良好的发展环境,受到了社会各界和广大市民的好评。省委常委、市委书记曾维专门在市公安局制定出台《沈阳市公安局2010年保平安促发展惠民生百项承诺》的情况报告上做出重要批示:"这个主题很好,体现了大局意识和为民宗旨,必将取得党和政府满意、人民群众称赞的优异成果。"在市直机关工委组织开展的2010"十大经典实事"评选活动中,市公安局申报的《沈阳市公安局2010年保平安、促发展、惠民生百项承诺》被评为"十大经典实事"。市公安局

“百项承诺”已连续两年获此殊荣。

（张　磊）

【深入开展“三项建设”】 2010年，沈阳市公安机关深入推进公安信息化建设。以加强全警高端应用培训和大力提升扁平化指挥整体作战效能为核心，市公安局警用地理信息平台一期建设通过了公安部评审验收，成为全国第一个高标准、一次性完成一期试点建设任务的城市。在公安部组织的两次全国情报平台三级联动应用测试中，市公安局高标准实现了在控率100%的工作目标。在2010年度全省公安信息化建设考核中，市公安局一举包揽了5个综合、21个单项考核的全部第一名，沈阳市及和平区、沈河区、辽中县公安“三基”工程建设领导小组，被省委、省政府授予“2010年全省公安信息化建设优秀单位”称号。深入推进执法规范化建设。制定下发了《执法办案回执、回告、回访工作规范》等50个规范性执法文件和适用法律的指导意见。深入推进和谐警民关系建设。制定出台了《沈阳市公安局2010年保平安、促发展、惠民生百项承诺》。深入开展公安民警进万家大走访活动。全年市区两级公安机关召开新闻发布会、警民恳谈会996场次，征求意见建议3265条，慰问困难家庭21572户，捐款捐物折合人民币达320万元。

（李鸿美）

【加强公安派出所建设】 2010年1月15日，沈阳市十四届人大三次会议主席团第三次会议通过《关于加强派出所建设的议案》后，市政府高度重视，1月16日，陈海波市长主持召开市政府第十八届32次常务会议，就贯彻落实市“两会”精神，认真办理好人大议案进行专题研究部署，明确加强派出所建设不打折扣，不讲条件，坚决确保完成。3月18日，市政府召开了全市加强派出所基础设施建设工作会议，市委常委、常务副市长顾春明代表市政府，就此项工作作出全面部署，提出明确刚性要求。市公安局作为责任牵头部门，积极发挥作用，协调有关部门，加大工作推进力度。在经过大量调研论证的基础上，组织制定了《关于加强全市派出所基础设施建设实施方案》，明确了建设的指导思想、工作原则和责任分工，提出了用3年时间在全市建设68个派出所的目标和任务。市政府与各区政府、开发区管委会签订了《派出所基础设施建设责任状》，并将派出所建设项目完成情况，纳入政府工作绩效考评体系。建设过程中，市政府紧密结合全市对现有街道规模调整的实际，综合考虑辖区面积、人口数量、治安状况和工作需要，原则上与乡镇、街道相对应，实行一街一所。同时，根据国家现行强制性标准，明确规定派出所的选址标准。2010年建设的22个派出所，全部建在一、二级马路上，为公安派出所更好地发挥打击刑事犯罪、维护社会治安的职能作用提供了有力保障。全年计划完成22个派出所建设任务，其中12个新建派出所项目全部开工建设。10个购置项目中，2个完工投入使用；4个完成装饰工程的招标，进入工程施工阶段；另外4个履行购置程序和装饰工程招标手续。全年，实际建设派出所建筑面积3.8万平方米，总投资1.2亿元，其中市财力基本建设投资4176万元。

（宋振勇）

【开展党风廉政建设】 2010年，沈阳市公安机关按照中央、省、市纪委的部署和要求，坚持标本兼治、综合治理、惩防并举、注重预防的方针，扎实推进惩防体系建设，深入开展党风廉政建设和反腐败工作取得显著成果：行风建设和审计工作均被市政府评为先进单位，民心网办理工作被省纠风办评为先进单位，民主监督员工作被市政协评为先进单位，“强化责任追究严明纪律‘零容忍’规定”被市纪委评为全市纪检监察工作创新成果奖。认真贯彻执行党风廉政建设责任制，共追究责任191人，其中：市管干部22人，处级干部67人，科级干部63人。落实领导干部廉洁自律有关规定，对19名处级以上领导干部进行了任期经济责任审计，对12名处级以上领导干部采取了免职、改任、劝退等组织措施。加大信访举报、案件查处、审理工作力度，共受理信访举报2985件次，其中领导批示要结果案件565件，查处以权谋私、徇私舞弊、玩忽职守以及领导干部严重违法违纪案件77起120人，其中移送司法或采取刑事强制措施31人。进一步深化纠风治乱工作，共受理群众投诉7585件，办结7469件，办结率98.47%，群众满意率99.8%。不断推进惩防体系建设，先后组织开展了廉政风险防范机制建设、“四查”活动、纪律作风教育整顿、拒腐防变专题教育、《纪律条令》系列宣传教育等教育活动，查找廉政风险1190个，制定防控措施656条，健全各类工作制度261项。

（李鸿美）

【开展公安“铁军”训练】 2010年，按照省公安厅关于“坚持从难从严训练，打造辽宁公安铁军”的工作部署，沈阳市公安局从全局16个机关单位挑选309名35周岁以下年青民警，分4期在沈阳武警指挥学院进行了公安“铁军”集中封闭训练。训练内容主要围绕锻造严明的纪律作风、锻造精湛的警务战术技能、牢固树立民警核心价值观、提升必备的业务水平等方面开展“铁军”训练，以增强民警的执法安全意识、执法规范意识、提高警务实战能力，熟练掌握日常执法活动中必备的技能和战术。训练期间，参训民警系统地学习了军事队列动作、擒敌拳、应急棍术、匕首操等军事警务技能，完成了各种复杂的军事训练任务，并全部以优异的成绩通过了部队教官的考试考核，圆满地实现了打造机关铁军的训练目标。

（杨　义）

【2010年十大刑事案件】 **一、“12·29”辽宁省一号公案。**2009年12月29日，沈阳市铁西区发生一起砸车窗玻璃盗窃案件，被盗物品中还有一份涉密文件，此案被辽宁省公安厅列为全省一号公案。市公安局对侦破工作高度重视，立即成立了“12·29”案件侦破专案组，在省公安厅和市委、市政府的领导下，迅速行动，全力以赴开展侦破工作。2010年1月5日16时，两男一女到新民市祥云手机店欲销售盗窃手机，手机店店主发现该手机与“12·29”案件被盗三星牌手机型号一致，于是在3人乘坐出租车离开后，立即向新民市局报警。专案组通过此线索将嫌疑人张向东（男，41岁，东陵区人）抓获。根据张向东提供线索，专案组又将丛辉（男，40岁，铁西区人）抓获。在证据面前，犯罪嫌疑人张向东交待了2009年12月29日17时，伙同犯罪嫌疑人丛辉窜至铁西区金泉宾馆正门处，用弹弓将一辆部队牌号的吉普车左侧后窗玻璃打坏，并盗窃车内物品及涉密文件的犯罪事实。

（侯锦鹏）

二、“10·26”绑架案。2010年10月26日9时40分，被害人洪辉（男，42

岁,浙江省人,抚顺飞龙塑胶日用品有限公司法人代表,住浑南新区河畔新城四期433号472室)在自家住处附近被两名身着警服、冒充警察的男子强行带上一台本田轿车,并给洪的家人打电话,勒索赎金200万元人民币。当日下午17时30分许,被害人的妻子蒋氏珠(女,42岁)将100万元赎金交给犯罪嫌疑人,洪辉即被放回。当晚21时许,洪辉向东陵(浑南)警方报案。市公安局党委高度重视此案,立即成立联合专案组,全力开展侦破工作,迅速排查出该案为田路平(男,40岁,黑龙江省方正县人)、张彤彤(男,31岁,沈阳市铁西区人)所为。专案组随即开展抓捕行动,于12月18日15时、21时分别将两名犯罪嫌疑人抓获。经审讯,两人如实交代了实施绑架犯罪的全部过程。

(张　磊)

三、"7·20"法库特大杀人案。2010年7月20日11时30分,沈阳市法库县柏家沟蒋家屯村发生一起特大杀人案,被害人杨百清(男,68岁,盲人)、杨复清(男,65岁,盲人)、杨桂英(女,57岁)三人被杀。市公安局经过现场勘察,分析犯罪嫌疑人应为当地人、男性、单独作案。专案组立即以案发地为中心开展排查,7月22日12时,发现在案发地附近居住的村民张凤学有重大作案嫌疑,专案组立即将张凤学抓捕归案。经审讯,张凤学对其持刀杀人的犯罪事实供认不讳。

(丛松涛)

四、"12·04"特大抢劫案。2009年12月4日15时许,被害人安丽娜(女、28岁)、张丽(女、23岁)在铁西区兴顺南街100号工商银行提取35万元人民币离开银行时,所取全部资金被4名男子抢走。案发后,沈阳市公安局立即组成联合专案组,全力开展侦破工作。专案组通过调取现场周围录像发现,从12月初开始就有两三名男子频繁在案发地周围出现,行迹十分可疑。经被害人辨认,确定了视频中出现的可疑男子就是实施抢劫的犯罪嫌疑人。经秘密侦查,专案组将其中一名犯罪嫌疑人孙大鹏在昌图县抓获。经突审,该人对实施抢劫的犯罪事实供认不违,同时交待了赃款下落及另外3名犯罪嫌疑人的落脚点。专案组迅速出击,将其余在逃的3名犯罪嫌疑人全部抓获归案。

(李彦龙)

五、"4·11"部督制贩枪支弹药案。2010年4月10日23时,沈阳市公安局获取一条特大制造、贩卖、持有枪支弹药案件线索。国务委员、公安部长孟建柱同志对此案高度重视,并做出重要批示,要求"继续深挖犯罪嫌疑人"。公安部五局领导先后两次来沈督导案件侦破工作,并将此案确定为"2010年全国治爆缉枪专项行动挂牌督办案件"。在省厅的直接领导下,市公安局专门成立了"4·11"联合专案组,历经几个月的缜密侦查,辗转上海、广州以及省内等地先后抓获非法制造、贩卖、持有枪支弹药违法嫌疑人29名、捣毁非法制造枪支弹药窝点3个,收缴各类枪支253支、半成品21支、子弹19.7万枚以及大量的制枪用具和零部件。

(杨　义)

六、"1·20"公安部督办毒品案件。2010年1月20日,沈阳市公安局刑警支队通过线索发现,无业人员姜洪波有重大贩毒嫌疑,曾多次从四川购买大量冰毒,运输至沈阳市贩卖牟利。市公安局立即组成"1·20"专案组,秘密开展侦查工作,后此案被列为公安部督办案件。经过7个月大量、细致的外围侦查和跟踪布控工作,专案组全面摸清了该贩毒网络涉案人员组成情况及活动规律。8月3日,专案指挥部召开统一抓捕行动战前动员部署会,制定详细、周密的抓捕计划,明确、细化抓捕措施和步骤。8月5日,成都抓捕组成功将犯罪嫌疑人姜洪波等6名犯罪嫌疑人抓捕归案。当日19时,市公安局抽调400余名警力,经过一昼夜的连续奋战,将该贩毒团伙8名主要成员及其下线100余人全部抓获,一举摧毁了以姜洪波为首的贩毒网络,缴获毒品冰毒2112克,麻古丸971粒,涉案车辆3台,毒资6万余元。

(侯锦鹏)

七、"12·29"绑架案。2010年12月29日23时14分,被害人曾庆天(女,22岁,大东区人)向铁西分局报警:12月29日10时许,其丈夫李蛊(男,23岁,沈河区人,沈阳铁发汽车电器养护中心经理)被绑架,勒索赎金400万元。市公安局领导高度重视,立即成立了由刑警支队、技侦支队、铁西分局组成的联合专案组,迅速开展侦查工作。12月30日,经过侦查,专案组确定被害人可能被藏匿于苏家屯区迎宾路幸福小区6号楼,即部署警力在楼下进行秘密蹲守。30日20时许,专案组首先将出来购买手机卡的犯罪嫌疑人王洪卫(男,31岁,黑龙江人)抓获。经突审,了解到被害人就被拘禁在该楼141室内,现屋内还有另一名犯罪嫌疑人吴铎(男,盘锦人,33岁)负责看守。专案组在详细了解了141室的结构以及犯罪嫌疑人作案工具等情况后,使用王洪卫身上的房门钥匙,迅速攻入141室,成功制服犯罪嫌疑人吴铎,在接报案后20个小时内安全解救被害人李蛊。随后,专案组又于当日22时许,在盘锦市大洼县宝源洗浴中心将本案主犯齐家宝(男,38岁,盘锦人)及同伙王洪涛(男,24岁,本溪人)抓获。

(张　磊)

八、"5·07"特大电信诈骗案。2010年5月7日,沈阳市沈河区发生一起冒充公安机关和检察院工作人员办案实施电信诈骗的案件,涉案金额高达25.5万元。案发后,市公安局迅速成立专案组,调查发现被骗款项在广东珠海市ATM机上被取走。专案组抵达珠海后,经过3天的周密调查,于5月22日,在珠海市拱北区先后将犯罪嫌疑人庄登贵、李万财(台湾人)抓获。经讯问,2名犯罪嫌疑人对犯罪事实供认不讳。

(杨　义)

九、毛春雷系列信用卡团伙诈骗案。2010年1月11日,沈阳市公安局经侦支队接到广东发展银行沈阳分行报案,称该行客户金某申领的信用卡被他人盗刷。接报案后,经侦支队组成专案组展开全面调查。专案组通过对沈阳市近期发生的此类案件进行摸排和串并发现,自2009年12月以来,沈阳市共发生7起同类案件,涉案金额达数十万元。并发现一个叫毛春雷的个人信用卡信息与此案有重大关联。2010年2月9日,专案组全体成员连续奋战,一举将犯罪嫌疑人毛春雷、杨楠抓捕归案,并在其租用的办公室内查获涉案信用卡110余张和多种作案工具,涉案金额高达100余万元。经审讯查明,自2008年以来,犯罪嫌疑人毛春雷伙同杨楠、李春生、杨维维等人先后在沈阳市皇姑区、铁西区等地租住房屋,采取招聘装修劳务人员的方式,骗取大量应聘人员信息,先后以沈阳卓越电子科技有限公司等5家单位名义在广发银行等多家银行假冒他人身份信息,申领信用卡110余张,在信用卡核发后将卡内资金套现并个人占有。此案被公安部评为全国仅有的5起“2010年银行卡精品案例”之一。

(李彦龙)

十、公安部督办“12·20”特大跨省集团制造、运输、贩卖毒品案件。2009年12月20日,沈阳市公安局大东分局禁毒大队获取线索,一个叫邵杰的嫌疑人向多人、多次、大量贩卖冰毒,毒品来源于南方。大东分局立即将此线索上报市局禁毒支队,禁毒支队经初步工作查明,该案有30余人经常从邵杰处购买毒品,日冰毒交易量达80余克,购销频繁,在这些购买毒品的人中多人又将所购毒品继续向他人转手贩卖,这是一起组织严密、分工明确、贩毒网络庞大复杂、危害程度巨大的重特大跨省贩毒案件,遂将此案上报省厅禁毒总队和公安部。鉴于案情特别重大,公安部将此案立为部督“12·20”案件专案侦办。专案组经过一个月的缜密侦查,2010年1月20日,在公安部禁毒局和省厅禁毒总队的指挥协调下,在广东警方的协助下,市局禁毒支队联合大东分局、技侦支队成功抓获违法犯罪嫌疑人120余人,缴获毒品冰毒3380余粒,缴获海洛因3000余克、K粉1000余克,缴获运输毒品车辆3台、毒资10余万元,在深圳摧毁冰毒加工窝点1个,缴获冰毒配方、压片机等制毒设备一批,经查本案共涉及毒品总量高达10公斤。

(丛松涛)

检　察

【依法惩治刑事犯罪】 2010年,沈阳市两级检察院共受理审查逮捕案件12764件16842人,受理审查起诉案件12615件17291人。批准逮捕9563件12403人,提起公诉11599件15848人。其中:批准逮捕危害国家安全犯罪、黑恶势力犯罪、严重暴力犯罪、毒品犯罪,以及多发性侵财犯罪的犯罪嫌疑人6494人,提起公诉7210人;批准逮捕金融诈骗、非法吸收公众存款、侵犯知识产权等破坏发展和稳定、危害民生的犯罪嫌疑人649人,提起公诉937人。加强与侦查机关的配合,对暴力犯罪以及其他重特大案件的侦查工作,依法适时介入,引导侦查取证,加快审查逮捕起诉。依法批捕了姜洪波等47人涉嫌贩卖、运输毒品2100余克的“1·20”毒品案,依法起诉了韩聪、刘长青绑架并杀害小学生案等有影响的重大案件,有力保障了全市社会治安稳定和经济发展。

贯彻宽严相济的刑事政策,全面实行逮捕条件证明制度,积极推进未成年犯罪嫌疑人审查逮捕、审查起诉一体化工作。对轻微刑事犯罪,特别是其中的初犯、偶犯、过失犯和未成年犯罪嫌疑人,依法适用轻缓刑事政策。对涉嫌犯罪但无逮捕必要的,依法不批准逮捕1813人;对犯罪情节轻微、社会危害较小的,依法不起诉509人;对未成年犯罪嫌疑人落实帮教措施310人。不断加强检察环节社会治安综合治理工作,就信用卡诈骗案件突增等问题开展专题调查研究,有针对性地提出预防对策,向有关单位发出整改检察建议。继续深入学校、社区和农村,举办多种形式的法律咨询和法制宣传教育,共开展送法进校园、进社区等活动400余次,受教育人数近11万人,促进了社会治安防控体系建设。

(冯茉莉)

【查办和预防职务犯罪】 2010年,沈阳市检察院积极开展重大责任事故介入调查工作,强化侦查一体化工作体系。共立案查办职务犯罪案件214件262人。其中:贪污贿赂犯罪案件164件208人,渎职侵权犯罪案件50件54人。重点查处犯罪数额巨大、危害严重的职务犯罪案件,立案查办贪污贿赂犯罪数额超过5万元、挪用公款犯罪数额超过10万元,滥用职权造成直接经济损失超过50万元、玩忽职守造成直接经济损失超过100万元等大案110件;副处级以上干部犯罪的要案37件。依法查办工程建设、土地资源等重点领域职务犯罪案件16件16人;依法查办劳动就业、社会保障、医疗、教育等民生领域职务犯罪案件80件95人;依法查办司法人员职务犯罪案件27件32人。工作中注重保护经济发展,维护正常的生产经营秩序,及时追缴赃款赃物,通过办案为国家和企业挽回直接经济损失1.1亿元。

强化预防职务犯罪工作。坚持标本兼治,惩防并举,重在预防。紧密结合市公共资金使用、公共项目实施等重点领域和环节,以及查办的职务犯罪案件,预防职务犯罪立项283件。一是强化专项预防工作。对地铁工程、全运会场馆建设工程等重要项目,实施同步专项预防23件,纳入预防范围的项目资金近274亿元,推动有关部门和单位加强监管,保障政府投资安全。市检察院荣获市政府沈阳地铁一号线工程建设集体贡献奖。二是完善侦防一体化机制。深入涉案单位,积极发现案件线索和管理缺陷,并督促其整改。形成《2009年度沈阳市职务犯罪研究报告》上报市委、市人大常委会和市政协。三是积极开展预防咨询和行贿犯罪档案查询工作。向有关单位提供预防职务犯罪法律咨询573件次,协助市地铁建设指挥部完善了《地铁工程招标工作管理规定》等规章制度,为市建委、市交通局、市水务集团等部门和单位进行了专项咨询服务。制定《行贿犯罪档案查询实施办法》,在市发改委、市建委等部门的招投标过程中,认真做好行贿犯罪档案查询工作,促进社会诚信体系建设。四是广泛开展预防警示教育。加强职务犯罪预防网站建设,围绕预防热点,发布预防信息1134条。发挥预防职务犯罪警示教育宣讲团作用,先后在税务、金融、粮食等系统开展警示教育和法制宣讲469次,受教育人数近5.1万人。继续与沈阳广播电视台共同办好《法治中国》专题节目,扩大预防职务犯罪宣传效果。

(冯茉莉)

【强化诉讼监督】 依法开展立案监督和侦查活动监督。将监督工作延伸到侦查机关提请逮捕前的立案和侦查活动,以及逮捕后的撤销案件、变更强制措施阶段,排除非法证据,依法监督纠正侦查机关违法取证、滥用强制措施等违法行为。对应当立案而不立案的,督促侦查机关立案272件;对应当逮捕而未提请逮捕、应当起诉而未移送起诉的,决定追加逮捕445人,追加起诉632人,防止有案不立、有罪不究。同时,对不应当立案而立案的,督促侦查机关及时撤销案件。对不应当追究刑事责任和证据不足的,决定不批准逮捕2192人,不起诉27人。对技术性证据进行文证审查,发现并纠正中介鉴定机构的错误鉴定和瑕疵鉴定23件。

依法加强审判监督。全市两级检察

院检察长列席审判委员会会议 80 次，派员出庭支持公诉和出席民事行政再审法庭 4995 件次。深化刑事审判监督。对刑事抗诉案件开展有针对性的复查，不断提高刑事抗诉案件质量和抗诉出庭水平。推进量刑建议制度改革，对全市近 37% 的公诉案件开展量刑建议工作，其中超过 80% 的量刑建议得到法院采纳。对符合抗诉条件的刑事判决、裁定，依法抗诉 31 件。推进民事审判和行政诉讼监督。拓宽受案渠道，方便当事人申诉。对虚假诉讼和涉及社会稳定的群体性诉讼加强监督。对认为确有错误的民事行政判决、裁定，依法抗诉 21 件，提请省检察院抗诉 30 件，提出再审检察建议 26 件。支持有关单位、当事人对侵害国家利益和公共利益的案件提起民事行政诉讼 233 件，切实维护国家、集体利益和人民群众的合法权益。

依法强化刑罚执行和监管活动监督。开展保外就医专项检查活动，对全市 210 名保外就医罪犯档案进行审查，对其中 83 名可能存在问题的罪犯重新体检鉴定，监督执行机关将不符合或已经丧失保外就医条件的 13 名罪犯重新收监。完善了对暂予监外执行（保外就医）工作的监督机制，进一步规范了保外就医审批工作。开展与看守所交付监狱服刑人员和刑满释放人员回访谈话活动 186 人次，深入调查监管活动中的违法违规行为和职务犯罪线索，立案查处刑罚执行和监管活动中的职务犯罪案件 2 件 2 人。与监管部门召开联席会议，对发现的违法行为予以通报，并监督监管场所做好整改工作。扎实抓好驻所检察室规范化建设，加强对监管场所的日常监督，依法监督纠正刑期计算错误 127 件次，监督纠正减刑、假释不当等问题 992 件次，有力促进了监管秩序的改善和对在押人员合法权益的保护。

依法妥善做好涉检信访化解工作。开展“化解积案攻坚战和万案评查”专项活动，积极探索涉检信访风险评估、预警和处理机制，严格执行首办责任制和责任倒查制。依法受理人民群众的控告、申诉和举报 1786 件，其中：直接审查、办理和答复 1659 件，按管辖权限移送其他机关办理 127 件。开通“12309”职务犯罪举报电话，进一步方便群众举报。坚持重点涉检信访案件的领导包案制度，全市两级检察院正副检察长接待来访 757 人次，批办案件 347 件，已办结 243 件。积极与相关部门沟通协调，对符合司法救助条件的不批准逮捕、不起诉案件的被害人开展司法救助，促进社会公正和谐。

不断强化内部监督。对基层检察院立案侦查的职务犯罪案件，由市检察院审查逮捕。对基层检察院拟作不起诉和撤销案件处理的职务犯罪案件，一律由市检察院审批决定。对基层检察院作出不批准逮捕、不起诉决定的 3118 件其他刑事案件，市检察院全部进行备案审查。对基层检察院起诉的职务犯罪案件的判决和裁定，市检察院和基层检察院进行同步审查 73 件，发现应予抗诉的及时抗诉。全市两级检察院召开检察委员会研究复杂疑难案件 603 件，确保检察机关自身执法公正。

（冯茉莉）

【加强检察队伍和基础建设】　一是落实市委和上级检察院部署，深入开展“恪守检察职业道德、促进公正廉洁执法”和“我的岗位我负责、我的工作请放心”两项主题实践活动，切实提升检察人员的职业道德素养。二是积极建设学习型领导班子和学习型检察院。市检察院领导班子以身作则，强化政治和业务学习，进一步提高对检察工作的科学决策能力。开展侦查监督十佳检察官竞赛和十佳公诉人评选，组织岗位练兵和培训活动 1763 人次，努力营造钻研业务、创先争优的良好氛围。三是不断强化纪律作风建设。市检察院认真贯彻落实《中国共产党领导干部廉洁从政若干准则》，建立领导干部廉政谈话制度，对中层正职领导干部开展了任期廉政谈话。按照上级检察院部署，开展“反特权思想、反霸道作风”专项教育活动。深入开展检务督察工作，对全市两级检察院落实党风廉政建设责任制和纪律作风情况进行经常性检查。开展岗位廉政教育活动，认真查找岗位风险点，进一步强化对各检察执法环节的监督，提升严格、公正、文明、廉洁执法水平。四是深入推进基层检察院建设。在调整部分基层检察院人员编制的同时，开展检察人员招录工作。主动与有关部门协调，加快基层检察院办公和办案用房建设，有 6 个基层检察院办公和办案用房正在建设和规划中。

（冯茉莉）

【自觉接受监督】　一是主动接受人大及其常委会和人大代表监督。认真向市人大常委会报告诉讼监督工作情况。积极办理代表建议和人大常委会督办案件，1 件代表建议、2 件市人大常委会督办案件已全部办结。将通知立案书、纠正违法通知书、抗诉书、检察建议等法律监督文书抄送同级人大常委会内务司法委员会。以诉讼监督为主题，邀请代表视察检察工作 615 人次，并根据代表提出的建议和意见，不断改进工作。二是自觉接受政协民主监督、人民群众和新闻舆论监督。认真向市政协通报工作，主动邀请政协委员视察和监督检察机关重大活动，积极听取、采纳政协委员及社会各界人士的建议、批评和意见，1 件委员提案已办结。深化检务公开，落实对当事人的告知制度。积极宣传检察工作职能，主动发布检察工作进展情况，在主要媒体播发检察工作新闻稿件 622 件，方便人民群众对检察工作的了解和监督。三是真诚接受人民监督员监督。完善工作机制，保障人民监督员行使职权。全市两级检察院立案侦查的职务犯罪案件中，不服逮捕决定和拟作撤销案件、不起诉处理等三类职务犯罪案件共 17 件，全部接受了人民监督员的评议监督。

（冯茉莉）

审　判

【概述】　2010 年，全市两级人民法院共受理各类案件 13.5 万件，审结 12.7 万件，结案率 93.7%。与上年同期相比，受理增加 3773 件，上升 2.9%；收案增加 2675 件，上升 2.2%；结案增加 4309 件，上升 3.5%，结案率上升 0.5 个百分点。其中市法院共受理各类案件 14512 件，收案 13105 件，结案 13519 件，结案率 90.7%。与上年同期相比，受理下降 1.3%，收案下降 0.6%，结案下降 1%，结案率上升 0.3 个百分点。市法院各项工作取得了新的跨越，在全省法院综合考评排序中位居第一，并且在审判质量效率考评和队伍建设考评中得分均为第一。

（贾俊兴）

【刑事审判】　2010 年，全市两级人民法院共受理刑事案件 12672 件，同比上升

24.6%；审结12374件，同比上升23.8%。其中市中级人民法院受理1254件，审结1193件。市法院认真贯彻宽严相济刑事政策，进一步落实量刑规范化要求，及时总结了和平法院量刑规范化的试点经验，并指导全市基层法院对15个罪名开展了量刑规范化工作，量刑规范化试点工作取得显著成果。刑事审判方面的另一个显著成果是积极稳妥地审理了一批大要案，刑一庭成功审理了涉及44名被告人的朝阳地区黑社会性质组织案，刑二庭稳妥审理了原天津市委常委皮某、原沈阳市公安局副局长史某、原抚顺市国土资源局顺城分局局长罗某等重大职务犯罪案件，得到了上级法院和省、市政法委的充分肯定。积极创新未成年审判工作，扎实推进审判方式探索和改革，多管齐下，教育挽救未成年罪犯。深入开展"法官进校园"活动，将其从中小学校拓展到大专院校，深入校园开展法制讲座376次，举办模拟法庭20余场，组织在校师生6360人次旁听庭审。市法院与沈阳电台联办的"法官之声"节目共播出51期。进一步调整增加了未成年审判社会调查员，150名调查员共参与案件审判347件。市法院设立了社会工作者站，2名社会工作者对66名未成年罪犯开展了专业帮教工作，有效地保护了未成年人合法权益，遏制了未成年人犯罪连年增长的势头，未成年犯罪人数同比下降7%。

（贾俊兴）

【民事审判】 2010年，全市两级人民法院共受理民事案件90099件，同比上升2.2%；审结83766件，同比上升2.7%。其中市法院共受理9594件，审结9048件。研究出台了《沈阳市中级人民法院民事调解工作规则（试行）》，积极推进民事调解的开展，进一步加大调解力度，成功调处了浑南大市场、沈阳特种环保设备厂等民事纠纷案，积极稳妥推进"木兰公司"破产案，参与处置"中辽国际"破产案，协调处理了"佳地园"、"万芳园"等一大批社会关注的疑难复杂案件。继续开展"千名法官进百企"活动，深入73家企业走访调研，帮助企业解决涉诉难题。创新审判机制，整合审判力量。市法院增设了民五庭，专门审理民商事金融案件。同时，把破产、解散、清算案件的审理调整到民四庭，并制定实施了《破产案件审理操作规程》和《破产管理人工作和监管规程》，加大了企业破产、解散、清算案件的调处力度，规范了企业破产案件审理工作程序。

（贾俊兴）

【行政审判】 2010年，全市两级人民法院共受理行政案件1347件，同比下降4%；审结1260件，同比下降2.7%。其中市中级人民法院共受理531件，审结488件。在行政案件审判中，始终坚持合法性审查原则，不断创新行政审判机制，注重加大协调力度，探索协调结案方式，力求最佳审判效果。注重与行政机关领导、上级行政机关、党委、政府以及上级法院形成合力，有效化解行政纠纷，维护社会管理秩序。依法、严肃审判国家赔偿案件，切实维护行政管理相对人合法权益。完善行政审判例会制度，加强对基层人民法院的业务指导和案例指导，提高行政审判的质量和效率。积极延伸审判职能，扎实开展"进机关"能动司法活动，及时提出司法建议，推进行政机关依法行政。

（贾俊兴）

【案件执行】 2010年，全市法院共受理执行案件30608件，执结28898件，执结率94.4%，实际执行率57.5%，同比分别上升1.0和6.6个百分点。其中市中级人民法院共受理1647件，执结1300件。在执行工作中，进一步规范执行行为，加大执行力度，大力推进执行联动新格局。进一步完善执行管理监督机制，充分发挥执行联动威慑机制作用，借助联席会议抗干涉，借助威慑机制促履行，借助司法救助保民生、保稳定，凝聚全社会力量合力解决执行难，提升社会诚信度和公信力。在巩固集中清理执行积案专项活动成果基础上，进一步清理执行积案1857件，对不履行义务的被执行人在新闻媒体上曝光493人次，依法对个人出入境、企业变更登记、房地产开发立项和金融借贷等采取限制措施共计323人次，促使121名被执行人自动履行了生效裁判，有效缓解了执行工作压力。市法院执行局执结了沈阳嘉濠商厦有限公司历史遗留案，协调启动了市老干部活动中心建设工程，成功追缴了吴某组织、领导黑社会性质组织案近亿元的涉案财物。

（贾俊兴）

【申诉信访与监督制约】 2010年，全市两级人民法院共受理申诉、申请再审案件733件，审结696件，其中市中级人民法院共受理602件，审结579件。加大对申诉和申请再审案件复查力度，防止因错误裁判不能及时纠正损害当事人合法权益和当事人积怨加深情况的出现。深入开展了"清理信访积案"、"化解积案攻坚战"和"万案评查"等活动，清理信访积案1177件，息访化解1020件，化解率达到86.7%；如期完成了对外地法院935件案件的评查任务。加强涉诉信访源头治理和驻京接访工作，程序访在最高法院登记的数量比上年减少了三分之一，越级访登记排名退出前50位，实现了"在最高法院程序访、越级访登记数量减量退位"的工作目标。认真落实领导接访制度，两级法院领导接待重点信访案件当事人2778人次，有效化解了大量涉诉信访案件。主动接受社会监督，邀请人大代表、政协委员480人次旁听庭审、听证会。积极办理代表建议和政协提案，对收到的28件代表建议、政协提案，期限内全部办结。认真审理检察机关抗诉案件，受理抗诉案件41件，审结19件，依法改判、发回重审7件。为方便群众诉讼，市法院投入180余万元，把原有的诉讼大厅改建为近1000平方米的诉讼服务中心和鉴定中心，为当事人提供了"一站式"全方位诉讼服务。诉讼服务中心自6月投入使用以来，共接待当事人45745人次，对外委托鉴定、评估、拍卖2303件。在《辽沈晚报》全民评选活动中，诉讼服务中心被广大市民评为2010沈阳十大"城变"之一。

（贾俊兴）

【审判管理】 新组建了审判管理办公室，实现了两级法院审判流程、司法统计、业绩考评、案件评查统一管理。建立了审判工作运行季通报、超审限案件预警催办等制度，修订完善了审判质量和工作业绩考评办法，全面实行了"扎口结案"程序，有效促进了审判质量和效率的提高。进一步加强对审判运行情况的研究和调度，加强对审判运行的动态监控和管理，严把审判质量关，及时掌握情况、发现问题、解决问题。认真开展案件质量评查，对二审和再审改判案件重点评查。进一步强化案件承办人、审判长、庭长和院领导的质量效率意识和各环节的工作责任，推进了审判质效的稳步提升。全市法院一审上诉率和二审改发率同比分别下降了0.8和0.7个百分点，未结案件同比下降了6%。

（贾俊兴）

【廉政建设】 创新廉政建设机制，加大监督检查力度。认真落实领导干部党风廉政建设责任制、领导干部任前廉政谈话、个人重大事项报告等各项廉政制度，完善《廉政建设、作风形象建设监督实施办法》、《兼职廉政监察员工作细则》等，实行廉政监督卡制度，用制度规范和保障队伍廉政建设。制定了《全面加强法院廉政文化建设的实施意见》，组织开展了"警示教育"、"岗位廉政风险点查找与防范"、学习"勤廉双优"模范等系列活动，强化了广大干警的廉政意识，做到了警钟长鸣。在全国法院首创设立两级法院执行局政委一职，专门负责执行队伍的思想政治建设和廉政建设。对违反"五个严禁"规定的违法违纪行为，特别是利用审判权、执行权索贿受贿、徇私舞弊、枉法裁判、违法执行的，坚决一查到底，严肃处理。继续完善新闻发言人制度，市法院先后召开了12次新闻发布会、通报会，并逐步推进生效司法文书上网公布，依法推进司法公开和接受外部监督。组织了100多人次以人大代表、政协委员为主体的作风形象监督员和廉政建设监督员，对全市法院廉政建设、审判执行、纪律作风进行全方位、全过程明查暗访，促进了公正、廉洁司法。

2010年，全市法院工作得到了各级组织的肯定和表彰，涌现出一大批先进集体和先进个人。法库法院被评为"全国优秀法院"，市法院被评为"全国集中清理执行积案活动先进集体、全国法院司法宣传工作先进单位、全国法院网络宣传先进单位"；市法院刑一庭等5个单位被省法院荣记集体二等功；东陵法院东陵法庭等2个单位被评为"沈阳市先进集体"。苏家屯法院黄丹凤被评为"全国优秀法官和辽宁省十佳法官"，市法院王文艳被评为"全国法院网络宣传先进个人"；市法院宋宁被评为"辽宁省十杰女法官、被授予沈阳市五一劳动奖章"，市法院夏婷婷、陈林被评为"辽宁省审判专家"；市法院杨悦、庞少华、皇姑法院周廷昌、大东法院刘鹏、东陵法院王玉书等5人被评为"沈阳市劳动模范"。另外，两级法院还有27个单位、46名个人获得"省级先进集体和先进个人称号"，92个单位、248名个人获得"市级先进集体和先进个人称号"。

（贾俊兴）

司法行政

【律师工作】 2010年，市司法局调整充实振兴老工业基地、民营经济、涉外经济、县域经济和政府法律顾问等"五个法律顾问团"，为全市2300多家企（事）业单位、政府机关担任法律顾问，出具法律意见书1000余份，代理各类诉讼和非诉讼案件5000余件，起草修改合同5000余份，减免服务收费500余万元，为政府、企业避免经济损失近90余亿元，涉案标的额超过百亿元。积极参与依法信访，律师累计参加信访值班2300余人次，接待涉法上访群众1万多批次，其中，集体访295批次，完成市委和政府交办的重大法律事务35件，介绍到法援中心案件218件，参与市级重大疑难案件论证会120余次。

组织律师开展法律体检、风险评估、职工培训、法制讲座等针对性较强的服务，全市已有50%的律师所在机械制造、能源、金融、国际贸易、知识产权和社会服务领域中占据法律服务主导地位。全市律师所已发展到187家，有执业律师2564人，服务领域已拓展至机械制造、能源、金融、国际贸易、知识产权和社会服务等诸多行业，代理各类案件2万余件，其中：刑事案件5001件，民事案件8790件，行政诉讼案件471件，非诉讼案件6781件，律师非诉讼业务收入已占总收入的55%以上。组织法律知识讲座800场，提供法律咨询2万余次；组织全市律师为玉树灾区捐款23.5万元，举行了"大手牵小手"捐资助学仪式，为206名贫困学生捐款6万余元。

（姜虹羽）

【公证工作】 为重点领域、重点工程、重点项目服务，积极探索公证主动参与预防、化解矛盾纠纷的方式方法，切实履行现场监督、证据保全等职责，办理土地挂牌出让、企业维权的现场监督和保全证据公证；积极为城市发展、新农村建设、城乡居民置产创业、财产处置、对外经济交往等提供周到细致的公证服务，维护合法权益；为种子、农药、化肥等农业生产资料的买卖合同和农村基层组织选举提供公证法律服务。2010年，全市共有公证机构15家，公证员82人，其中：公证一处公证员14人，公证二处公证员20人，全市公证系统连续四年实现无错证、无假证和无不合格卷的"三无"工作目标。

积极为老年人、残疾人申请办理的公证事项提供上门服务，全年办理各项公证近10万件，其中：办理国内民事公证49923件，办理国内经济公证7174件，办理涉外公证41288件，办理港澳台公证422件，共收费3075万元。提供上门服务1062件次，办理法律援助公证437件，减免收费115万元。

（姜虹羽）

【监狱、劳教】 2010年，以"管理年"活动为载体，围绕落实三项重点工作，出台《监狱劳教所管理年活动实施方案》、《加强监狱劳教所管理十条意见》等具体意见和工作措施，落实"三查"制度，强化"八项安全"措施，完善以"四项机制"和"三道防线"为主要内容的安全稳定长效机制，组织开展安全排查和"清查事故隐患，促进监管安全"等专项整治活动，做到狱情所情明晰，研判分析准确，整改补漏及时，规范措施到位。康家山监狱连续15年、东陵监狱连续14年实现"四无"目标。张士劳教所连续9年、沈新劳教所连续8年实现"四无"目标。

坚持把落实监管工作首要标准作为维护社会治安、促进社会稳定的根本任务，落实《教育改造工作规程》，不断丰富"三心"工作和"三课"教育内容，积极探索建立教育改造（矫治）评估体系，实行释解人员出监（所）评估制度，做好安置帮教衔接工作，教育改造工作正规化、系统化和社会化的特色日显突出。

深入推进公正廉洁执法，先后出台关于促进监狱、劳教所公正廉洁执法的执法质量监督考评体系和重大执法活动审批等制度，制定下发《关于进一步加强监狱劳教所规范管理，促进公正廉洁执法的实施意见》，深化狱（所）务公开，优化监所执法环境，规范干警执法行为，严格规范"减、假、保"等重要执法程序。

（姜虹羽）

【基层法律服务】 司法所建设更加规范。2010年，以"双优"活动为载体，积极开展"规范化建设年"活动。全市共有司法所195家，工作人员493人。达到省级规范化标准的司法所160个，占司法所总数的82%。全市有113个基层法律服务所通过了年检，546名基层法律服务工作者通过审查,办理了年度注册登记手续。

“双联”工作稳步推进。律师所与司法所、社区全部建立了联系制度,律师参加现场服务1541次,开展业务联系6336次,代理诉讼和非诉讼案件1264件,协助司法所调处重大疑难和久拖不决矛盾纠纷2300余件,调处成功率达到95%以上,参与处理信访事件650余件,处理重大和群体性信访案件256件。全市有1471个乡镇(街道)、村(社区)、企事业单位聘请对接律师担任常年法律顾问,对接律师开展义务法律咨询7916场,组织法律知识讲座1280场,受教育群众达7.6万人次。

正式启动社区矫正试点工作。下发了全市试行社区矫正工作实施意见,承担试点任务的和平区、于洪区司法局做到了组织领导、工作机构、人员编制、经费保障、制度建设和办公场所的“6个落实”。

司法鉴定工作取得积极进展。全市共有司法鉴定机构45家,司法鉴定人405人,全市鉴定机构办理鉴定业务13105件,司法鉴定意见采信率98%,鉴定质量和公信力进一步提高。

圆满完成第九次国家司法考试沈阳考区考务工作。沈阳考区参考人数7073人,占全省总数的56%,全市考生通过率19%,考务工作实现了“四最四严”的工作目标。

(姜虹羽)

【基层人民调解】 加强行业性、专业性人民调解组织建设。2010年,全市共有各类人民调解组织2708个,80%的调委会达到了“五有”、“四落实”标准。与市人力资源和社会保障局、市总工会等联合下发《沈阳市劳动人事争议基层调解组织建设实施方案》,并开展专项检查,在各区、县(市)设立26个劳动人事争议纠纷调解窗口。企事业单位调解组织由原来的240个上升到281个,区域性、行业性人民调解组织由原来的45个上升到64个。沈北新区、大东区和铁西区在整体推进司法行政工作、人民调解规范化和构建大调解格局等方面取得积极成果,在推进社会矛盾化解中发挥了重要作用。

强化人民调解员队伍建设。以开展矛盾纠纷排查化解为重点,认真组织广大基层人民调解组织和人民调解员,积极开展“抓源头、固防线,化解矛盾在基层”专项活动。全市普遍开展了人民调解员等级评定工作,极大地调动人民调解员的积极性。开展了形式多样的学习宣传《人民调解法》活动,队伍整体素质不断提高。

认真开展矛盾纠纷排查化解。全市共排查调处矛盾纠纷18249件,成功调处17529件,占调处纠纷总数的96%,为维护全市的社会稳定作出了积极的贡献。东陵区王滨沟乡调委会被司法部评为“全国模范人民调解委员会”,大东区洮昌街道北海社区调委会主任等3名同志被司法部授予“全国模范人民调解员”称号。

(姜虹羽)

【安置帮教】 进一步建立健全安置帮教组织机构。2010年,认真贯彻中办意见,起草《沈阳市关于落实新生计划进一步加强刑满释放解除劳教人员安置帮教工作的意见》,强化沈阳市安置帮教工作领导小组成员单位的职责,巩固区县、乡街两级安置帮教工作机构,完善工作制度,充实工作力量,健全信息管理系统,提高社会化管理水平,认真落实“两个纳入”政策,积极推进经费纳入各级财政预算、过渡性安置基地建设和刑释解教人员衔接管控等措施的落实。

加强释解人员的安置和帮扶。认真学习贯彻中办《关于进一步加强刑满释放解除劳教人员安置帮教工作的意见》精神,切实履行市刑释解教安置帮教工作领导小组办公室职能,起草《沈阳市社会治安综合治理委员会关于进一步加强刑满释放解除劳教人员安置帮教工作的实施意见》,积极抓好安置帮教机构与监狱、劳教所、看守所的工作衔接,实施教育改造与安置帮教“一体化”工程,形成全社会共同参与、联动管理的新格局,避免刑释解教人员出监所后没有同家庭和基层组织衔接就直接流入社会,成为人口管理的盲区。

开展对全市在教人员信息核查工作。对服刑在押在教人员基本信息进行了认真核查,进一步建立完善刑释解教人员信息库,建立监所与区县司法局、司法所沟通互动的信息反馈机制。

(姜虹羽)

【普法教育】 深入推进“法律六进”活动。切实抓好重点法律和重点对象的法制宣传教育,坚持开展“送法宝进千家万户”活动,印发“农民、市民、青少年、行政执法人员最关心的200个法律问题解答”40万册,已累计达150万册。全年举办法制宣传讲座1200余场次,开展专项法制宣传教育活动30余次,在全市司法所、村、社区张贴2000套《人民调解法》宣传挂图。

精心组织“12·4”法制宣传日活动。开展了以“弘扬法治精神,促进社会和谐”为主题的法制宣传和学习活动,通过在《沈阳日报》开辟专版、在五爱法治文化长廊设立专题展板、在社区张贴宣传挂图、在“中国沈阳普法网”上开辟专题等形式,全方位、多角度宣传沈阳市“五五”普法成果,营造了浓厚的法制宣传氛围。

切实加强普法载体建设。法治文化长廊、沈北新区法治诚信建设、苏家屯区法治文化建设、铁西区和谐大讲堂等在法制宣传教育中发挥了积极的示范和推动作用。辽宁省“五五”普法考核验收组对沈阳市法制宣传教育工作给予充分肯定和高度评价。

大力强化普法网络信息建设。充分发挥中国沈阳普法网和中国沈阳法律服务网的优势,有针对性地解答网民提出的法律问题175篇,回复电子邮件67个,进一步充实法律法规大全栏目,上传新颁布法律法规85部,收录文字达780余万字,制作网页1787个,图片1130余幅,日点击率达4万多人次。

(姜虹羽)

【法律援助】 积极服务民生。2010年,以提高服务水平为突破口,以开展“服务质量年”为载体,全年共受理法律援助案件4919件,同比增长33%,其中:诉讼法律援助案件2505件,非诉讼法律援助案件2414件;刑事法律援助案件852件,民事法律援助案件4044件,行政法律援助案件23件。“12348”热线解答咨询3.6万人次,接待来访1.5万人次。

开展便民活动。深化“法律援助便民服务”主题活动,认真落实10项便民措施,在全省率先打造“10分钟法律援助服务圈”,实行网上申请等服务新举措。市、区两级建立法律援助联络部130个、工作站(点)2200个。出台为大中专毕业生和军官、士官在沈直系亲属及义务兵提供法律援助的优惠政策。市法律援助中心与市残联联办“惠民生、扶残助残、法律援助伴您行”主题活动。

加强舆论宣传。与沈阳日报联办热线栏目86期,发稿120篇,印发宣传卡和维权手册10万余份,社会知晓率明显提高。

(姜虹羽)

开　发　区　建　设

沈阳经济技术开发区

【经济发展】　在“铁西老工业基地调整改造暨装备制造业发展示范区”的强力支撑下，围绕建设世界级先进装备制造业基地、挺进全国一流开发区的目标，按照“拉开格局向西拓展空间，外引内育迅速扩张规模”的发展思路，充分发挥沈西工业走廊的聚集作用，继续加大招商引资力度，将结构调整、环境建设、保障和改善民生贯穿始终，不断挖掘新潜力、拓展新空间、完善新功能，全力推动先进装备制造业聚集区、现代建筑产业核心区、服务业发展特色区建设，项目建设呈现出“核裂变”效应，形成新一轮大开发、大建设的浓郁氛围。

2010 年实现地区生产总值 632.16 亿元，同比增长 14.5%；规模以上工业总产值2210.11 亿元，同比增长 20.2%；规模以上工业增加值 558.97 亿元，同比增长 14.5%；固定资产投资 362.84 亿元，同比增长 36.85%；实际利用外资6.53亿美元，同比增长24.4%；一般预算收入29.87亿元，同比增长28.47%；社会消费品零售总额53.2亿元，同比增长14.4%。工业经济实现了速度、规模、效益的同步协调增长。工业发展对财政增长的拉动十分显著。装备制造业的主导地位继续得到巩固。工业投资不断加大，外资结构不断优化，直接利用外资中的70%以上为工业项目。2010 年，开发区被评为国家新型工业化示范基地、国家服务业综合改革试点区，入选中国十佳国家级经济技术开发区。

（涂　强）

【招商引资】　不断创新招商方式，按照市场化机制运作，建立与市场经济相适应的招商工作方式和机制，实现招商引资新突破。在对外招商上，主要瞄准世界500 强企业和跨国公司以及中央直属企业，在重大项目的引进上实现突破。在对内招商上，重点瞄准珠三角、长三角等重点地区，在基础配套产业集群项目的引进上实现突破。在产业链招商上，主要瞄准先进企业，在具有先进技术的项目引进上实现突破。同时，紧紧依托区域内优势企业，大力开展以企招商，在引进国外知名企业与区内企业合资合作上实现突破。

创新招商体制和方法，强化绩效考核，紧盯重点区域，全年组织外埠招商团组 76 批次，推进项目 400 余个。围绕龙头企业发展、产业链延伸、产业集群壮大，着力引进集约型、成长型、税源型项目，举办装备制造业、现代建筑产业、现代服务业及机床产业集群等主题招商活动 12 次，协议引进项目 126 个，协议投资额 230 亿元。投资 10 亿欧元的华晨宝马第二工厂项目带动 35 户国外配套企业跟进入驻，产业链效应明显。投资规模达 15 亿美元的米其林沈阳新工厂开工建设，成为沈阳投资最大的工业企业。投资 55 亿元的美国博尼斯电子级多晶硅项目正式奠基，填补沈阳市产业空白。远大集团幕墙、电梯、电机三大主业实现基地化发展。日本鹿岛建设、积水房屋、法国施耐德电气、圣戈班玻璃建材等世界知名企业，江苏沃得等国内建筑机械领军企业正式签约入驻。

（涂　强）

【产业集群】　2010 年，开发区按照外引内育迅速扩张规模的发展思路，对外引进国内外重大项目，通过异地搬迁改造扩大企业规模，提升企业核心竞争力；对内根据产业结构培育大批配套项目，延伸了产业链条，为装备制造业集群式发展提供了重要保障。现形成了以沈鼓、沈重、特变电工沈变等近 200 家企业为代表的装备制造业产业集群；以远大等 70 多家企业为代表的现代建筑产业集群；以广汽日野、华晨 E2 发动机等 150 多家企业为代表的汽车整车及零部件产业集群；以东药、石蜡化工等 60 多家企业为代表的医药化工产业集群；以可口可乐、中富包装等 30 多家企业为代表的食品饮料及包装产业集群；以天利摩托等企业为代表的摩托车及零部件产业集群。电气、机泵阀、冶金、铸锻、表面精饰及有色金属等产业集群也正在加速建设和培育发展中。

装备制造业聚集区建设不断走向高端，先进装备制造业聚集度继续提高，完成装备制造业产值 1531 亿元，同比增长 21%，对全区工业经济贡献率达 67%。千亿产业集群规划得到有效实施，已有 800 户企业聚集发展，总产值达到 1300 亿元，产业聚合效应继续显现。具有产业牵动性和地区辐射力的重大项目建设实现突破。全年开复工 3000 万元以上项目 233 个，其中亿元以上项目 73 个，均居全市之首。公共服务功能不断完善。铸锻等公共制造平台集中加工能力全面提升；辽宁工业职业学院开工建设，开发区职业教育联盟集团成立；公共研发促进中心正式揭牌，省级以上各类研发机构增至 110 家。

现代建筑产业成为助推经济发展的新兴产业。以“龙头企业发展基地化、建筑装备重大化、产品水平高端化、发展过程低碳化、制品功能部品化、产业配套集成化和二三产业融合联动化”为导向，加速发展现代建筑产业。总投资 128 亿元的 46 个重点项目开工建设。全年完成现代建筑产业产值 300 亿元，同比增长 25%；实现增加值 90 亿元，同比增长 18%，占全区规模以上工业增加值的 16.5%。现代建筑产业成为全区新的经济增长点。

重点企业的核心竞争力继续增强。企业生产经营效益进一步提高，产销率达 95.8%，实现利润 72.5 亿元，同比增长14.2%。沈鼓、沈化、东药3户企业实现产值超百亿元,全区百亿企业增至6户,机床集团跃居世界机床行业第二名。加大自主创新投入力度,重点企业投入研发资金18.8亿元,实现高新技术产值1165亿元。远大集团并购瑞士旭密林公司等12项海外并购项目顺利实施。特变沈变集团百万伏特高压变压器在国内特高压交流试验示范工程中投入运行。沈鼓集团百万千瓦核Ⅱ级泵填补国内空白。三一重装集团全硬岩掘进机、联合采煤机成为国内首台套产品。北方交通重工集团研发出近水平千米定向钻机,标志着重大煤矿技术装备实现了国产化。

（涂　强）

【区域环境】 紧紧围绕招商引资和项目建设工作,在高水平规划,高标准建设的同时,继续加大基础公用设施的投入力度,大力优化区域投资发展环境,进一步提升了区域环境建设的档次和水平,城区功能日趋完善,区域面貌日新月异。通过抓好铁路、道路、给排水、电力、绿化、标准厂房等十大基建工程,使道路更加宽敞通畅,环境更加优美舒适,水、电、汽等供应紧张局面得到有效缓解,公建设施得到极大改善;通过加大对区域环境的综合整治力度,区域生态环境和综合服务品位得到全面提升,为打造区域环境最美、生态环境最优、人居环境最佳的新型园区提供了保障。

2010年基础设施建设投资总计10.22亿元,建设完成道路总长达20公里,在建道路总长6公里,污雨水排水管线50公里,给水管线25公里,泵站3座。完成敷设10KV双回路公共电缆网架及其它电力线路27公里;电力配套项目18项,新建路灯14条街路17个路段,总长14公里,新装路灯634基。新增绿化面积70.25平方米,种植树木达6.1万株。完成了现代建筑产业园5.6万平方米、开发22路、沈盘线等几条重点街路的绿化及智园、慧园、界园、桃园等重点景观的绿化工程,工程的建设给人们提供更多休闲娱乐之余,也使区域整体景观环境上了一个新的台阶。

高度重视软环境建设。以为投资者提供最佳创业发展环境为目标,不断创新服务理念,增强服务意识,完善服务体系,改进服务方式,提升服务水平,开发区的服务环境得到进一步优化。成立了行政审批服务中心,驻区投资的企业,可以享受到一站式限时服务和全程跟踪代理制服务,“无顾虑投资、无干扰建设、无障碍发展”已经成为特色。

（涂　强）

沈阳棋盘山国际风景旅游开发区

【概况】 2010年,棋盘山开发区实现地区生产总值38.8亿元,同比增长16.5%;全社会固定资产投资50亿元;地方财政一般预算收入5.18亿元,同比增长31%。其中,税收收入4.7亿元,同比增长28.1%;服务业增加值30.9亿元,同比增长18.8%;规模以上工业总产值8.4亿元;实际利用外商直接投资4088万美元;实际到位内资20.26亿元,同比增长13%;农民人均纯收入11312元,同比增长14.5%;接待游客突破1000万人次。

（翟兴忠）

【区域规划】 按照市委、市政府做优东部发展空间的要求,棋盘山开发区以“生态、人文、和谐”为基本理念,通过编制全域规划,明确了坚持生态立区、高举生态保护与修复旗帜的核心理念,形成了“绿廊、银带、四园区”的空间布局和大“L”形发展骨架,确立了“四轮驱动”发展战略;通过编制“十二五”规划,进一步明确了未来五年的战略目标和发展重点,形成了全区上下共同奋斗的行动纲领;通过编制沈抚新城高坎生态经济区规划,引导全区上下,适时启动建设融商务会展、行政办公、文化休闲于一体的高端生态经济区;通过编制泗水科技城规划,锁定了生物医学工程的发展方向,以医疗器械、眼产业、健康服务产业为重点,全力打造三带六区八平台空间格局,努力建设生态城、科技城、健康城。

（翟兴忠）

【基础设施建设】 2010年完成基础设施投入2.85亿元。泗水科技城配套道路及桥梁工程全面竣工并通车;大夫村及首创琥珀湾项目北侧道路工程全面启动;中和村及湖心岛东侧道路工程进入招标阶段;阎家村800平方米道路建设全面完成;泗水科技城66KV高压线路、港中旅、欧陆地区一号路、仁望路10KV高压线路排迁顺利实施。泗水热源厂工程全面启动,确保按期投入使用。全面实施环保绿化及景观提升工程,日处理能力5000吨小河南污水处理厂除臭降噪工程竣工并投入试运行;对泗水河、泗水科技城中心路、棋高路等实施大面积绿化,栽植乔灌木2.5万余株。2010年6月25日,该区顺利通过国家环保部专家组考核验收。

（翟兴忠）

【大型活动】 2010年,棋盘山开发区先后成功举办了沈阳国际冰雪节、关东庙会、盛京灯会,9月3日到4日,棋盘山秀湖摇滚音乐节再次聚焦国内外的目光,14支顶级摇滚乐队为沈城人民和海内外游客奉献了一场精彩绝伦的音乐盛宴,吸引观众超过2万人次,社会反响热烈,媒体好评如潮。10月12日至15日,开发区连续举办了2010中国沈阳医疗器械产业发展高峰论坛和第六届世界多媒体与互联网峰会,并借助世界级展会平台,与一大批国际知名跨国公司和商界领袖进行洽谈,成功达成了一批合作意向,形成了丰富的项目储备,积累了发展后劲。

（翟兴忠）

【项目建设】 2010年开工建设投资3000万元以上项目14个,竣工项目9个,签约落地项目25个。泗水科技城建设实现新突破,总投资100亿元的香港新恒基集团干细胞组织工程产业基地项目已签署战略合作协议。投资20亿元的国际健康产业园、投资11亿元的国药医疗器械产业园、投资10亿元的中国眼产业基地、投资4亿元的东软健康服务产业园、投资2.5亿元的沈阳兴齐制药研发生产基地等一批重大项目正在加快推进;沈抚新城高坎生态经济区总投资预计达500亿元,与此同时,投资100亿元的中南卡通城,投资10亿元的出版传媒产业园,投资7.7亿元的家庭视频游戏机项目,年销量600万瓶葡萄酒、接待游客50万人次的万国酒堡等一批体量大、质量高的文化产业项目相继入驻,棋盘山开发区的文化品味和国际影响力明显提升。

(翟兴忠)

【社会事业】 高度重视教育事业,不断加大财政投入。投资720万元启动英达、高坎两所学校塑胶操场建设工程;投入38万元完成东陵路小学、满堂小学校舍加固维修工程;占地面积近3000平方米的区实验幼儿园建成并投入使用,可同时满足300名幼儿的入园需求。追加预算40万元,为全区中小学校安装了监控设施。全面启动基本药物制度,新型农村合作医疗扎实推进,高坎、满堂卫生院年底建成,望滨卫生院主体完工。文化事业不断发展,投资11万元建成5所农家书屋,全年累计为群众放映电影616场次,关东跤场等4个项目申报市级非物质文化遗产。进一步加大民生工程投入,全面完成撤村建社区工作,成立社区居民委员会52个。全年预计完成实名制就业4355人,完成率141.8%。全区养老保险参保人数达6400人,医疗保险参保人数达4000人。基本养老金、失业救济金社会化发放率实现100%。建筑面积26万平方米的旧站河西回迁楼主体工程全面完成,居民顺利回迁。

(翟兴忠)

沈阳金融商贸开发区

【招商引资】 2010年,开发区积极应对国际国内复杂的经济形势,进一步明确招商指导思想,着眼重点产业、重点国家和地区,整合招商力量,深化项目落实,注重引进企业质量,提高项目储备层次,强化服务意识,降低招商成本,进一步提高招商效率。截至2010年12月,开发区已聚集各类金融机构97家,其中包括中、外资银行34家,保险公司35家,证券、期货和基金公司28家,聚集了全球四大会计师事务所之一的美国毕马威等中介服务机构200余家,中石油东北公司等区域性公司总部44家。其中,分行分公司以上金融机构55家,在全市占比接近60%。开发区金融机构存、贷款余额已分别占沈阳市金融机构存贷款余额的1/2、辽宁省的1/6、东北地区的1/10。在省银监局、保监局已进驻在开发区基础上,中国人民银行沈阳分行、省证监局也即将入驻开发区,开发区已经成为全省乃至整个东北的金融管控中心。开发区金融辐射能力迅速扩大,已形成了以金融为主导,公司总部和中介机构为补充的商务平台,金融洼地效应加速显现。

(曹兴国)

【规划建设】 2010年,开发区规划建设以满足国家优化金融生态综合试验区和东北区域金融中心未来发展建设需要为核心,坚持以规划为引领,高起点、高标准推进东北区域金融中心核心区建设。一是区域发展规划体系进一步完善,美国科尔尼咨询有限公司为开发区制定了《沈阳金融商贸开发区发展战略规划》,重点研究东北区域金融中心核心区的定位及总体发展战略;阿特金斯顾问(中国)公司为开发区制定了《沈阳金融商贸开发区城市风貌控制及城市设计》,重点研究开发区综合交通体系和地下空间综合利用;沈阳市城市规划设计研究院为开发区编制了《开发区基础设施专项规划》,为开发区长远发展提供有力保障,确保在建项目顺利投入使用。二是开发区项目建设取得新进展,在建项目和即将开工建设项目14个,2010年竣工项目2个,分别是华晨中际大厦和东北大厦,总占地面积1.88万平方米,总建筑面积11.7万平方米,总投资额6亿元人民币;在建项目11个,分别是恒隆市府广场、华府天地二期、富丽华酒店、东北世贸广场、新华国际金融中心、东森商务广场二期、鑫汇大厦、东北金融大厦、省烟草公司综合楼、财富中心三期、环球国际二期,总占地面积32.5万平方米,总建筑面积269.86万平方米,总投资额295.7亿元人民币;即将开工项目3个,为沈阳国际金融中心、新千年地块、万德地块,总占地面积5.63万平方米,总建筑面积56.3万平方米,总投资额44亿元人民币。三是基础设施建设进一步完善,完成迎宾街绿地等7块绿地改造、惠工街和北站二路架空电力线入地、迎宾街渠化改造、北站路道路中间绿化带拆除改造等工程,进一步美化了开发区城市形象。

(曹兴国)

【优化投资环境】 2010年,为积极营造适宜建设国家优化金融生态综合试验区和东北区域金融中心的社会环境,开发区从多方面入手,不断优化区域环境。一是强力推进国家优化金融生态综合试验区和东北区域金融中心建设取得新进展。在省、市政府和国家有关部委及省市有关部门的大力支持下,以开发区为主体,开展国家优化金融生态综合试验相关内容被纳入《沈阳经济区新型工业化综合配套改革试验框架方案》。2010年4月6日,国务院正式批准设立沈阳经济区国家新型工业化综合配套改革试验区,在国务院批复的《沈阳经济区新型工业化综合配套改革试验框架方案》中明确提出,“以沈阳金融商贸开发区为主体,开展国家优化金融生态综合试验,加快建设区域性金融中心,带动整个东北地区金融生态环境优化”。标志着开发区建设国家优化金融生态综合试验区和东北区域金融中心正式上升为国家战略,开发区成为继上海浦东新区、滨海新区之后,中国第三个金融创新先行先试区。此外,市委、市政府将开发区作为全市新型工业化综合配套改革的先行先试区,率先予以启动。二是高标准承办了2010东北金融高层论坛,中国人民银行副行长马德伦、中国社科院金融研究所副所长王松奇、金融时报社社长汪洋以及来自俄罗斯、日本、韩国、台湾金融业专家学者共计200余人参加,进一步增强了开发区在国内外的影响力。三是不断完善金融服务合作平台。不断健全政府间、政府与金融监管机构间工作协调机制,为金融机构提供适宜的监管环境、完善的服务功能和广阔的发展空间,推动金融服务工作实现全面提升。丰富沈阳金融家俱乐部活动内容,为在沈的金融企业家相互交流与合作搭建了平台。

(曹兴国)

【经济发展】 2010年,开发区在经济发展上坚持以建设国家优化金融生态综合试验区和东北区域金融中心为统领,以发展现代服务业和楼宇经济为重点,以财税收入为核心，以税收服务为平台，加大税源建设力度，财税收入实现大幅增长，实现地区生产总值78.5亿元，同比增长14.9%；财政收入完成15.99亿元，按可比口径增长14.4%；固定资产投资完成43.2亿元，同比增长20%；实际利用外资8.07亿美元。开发区单位面积投资强度、利用外资密度、财政收入和安置就业人数继续保持东北领先地位，品牌带动和产业积聚效应日益明显。

（曹兴国）

沈阳蒲河新城

【概况】 2010年，蒲河新城实现地区生产总值325.4亿元，比上年增长12.6%；规模以上工业总产值1082.9亿元，增长25.5%；全社会固定资产投资448.4亿元，增长40.2%；财政一般预算收入22.2亿元，增长50.6%；税收收入19.6亿元，同比增长46.5%；实际到位内资112.8亿元，增长66.6%。

（柴晓文）

【招商引资】 新城紧紧围绕农产品精深加工及生物制药、光电信息、文化创意、商贸旅游服务业四大主导产业以及手机、家电、汽车零部件等新兴产业，积极开展各类招商活动。全年共引进3000万元以上项目166个，投资总额达1196亿元。其中，雨润农副产品全球采购交易中心、海尔家电产业园、苏泊尔卫浴生产基地、美的物流工业园、上航发沈阳工业园、上海尺度国际社区、江苏红太阳商贸城、北京首开商住等一大批行业龙头项目相继签约入区，为新城的发展提供了强劲动力。全年开工项目达到251个，建设面积达1086万平方米。其中，东北总部基地、沈阳华强文化科技产业基地、龙湖商业综合体、香港置地商业综合体、联东工业地产等特大项目相继开工，增强了蒲河新城的影响力和竞争力。

（柴晓文）

【生态城市建设】 在全市率先启动蒲河生态廊道建设工程，疏浚拓宽河道15公里，新建拦河闸、景观湖等各类工程24处，沿河景观路46公里，蒲河成为沈阳靓丽的风景线。高标准实施景观绿化，植树132万株，新增绿地167万平方米，新城绿化率达到46%。稳步推进“大交通”工程，梅江街、陵园街贯通工程沈北段基本完工，盛京大街改造工程全面启动，地铁2号线北延长线工程进场施工。进一步完善排水、供水、供热、供电等配套设施，铺设和排迁输油、燃气等各类管线148.5公里；歪树子配水厂、财落镇净水厂，辉山、北四家子变电所，以及相关配套管网工程全面开工建设；农高、孝信变电所，辉山热源厂，道义、虎石台南污水处理厂建成使用。节能减排任务全面达标，国家生态区创建工作顺利通过环保部考核验收。

（柴晓文）

【软环境建设】 深化体制机制创新，“档案封存、全员聘任、公开选拔、竞争上岗、绩效考评、奖优罚劣”的干部人事管理机制进一步放大；积极推行“大部制”改革，水务局与公用事业局、城管局与执法局实现职能合并；整合开发区与行政区的行政资源，由区政府抓社会事业、开发区管委会抓经济建设的管理体制日趋完善。全力打造“无费区”，制定出台《创建无费区取消行政事业性收费的意见》，全面取消24项行政事业性收费项目。提高审批服务效能，采取“并联审批”、“预先审批”、“一表制”、受理通知和办结告知制等方式，不断优化调整审批流程，精简审批事项和要件，平均审批时限从1.7个工作日缩减到1个工作日。落实企业包保责任制，设立重点企业服务“绿卡”，大力开展“企业服务日”活动，形成了开发区职能部门与企业“面对面、零距离”的金牌服务网络。建立企业帮扶机制，设立中小企业创业发展基金，引进大连银行、中信银行等金融机构，为企业融资20.7亿元。搭建企业服务平台，成功承办首届中国（沈阳）国际手机产业博览会和第二届中国（沈阳）国际动漫产业博览会。

（柴晓文）

【社会事业】 就业创业工作实现新突破，全年完成城乡实名制就业9685人，普惠制和外来务工人员培训1388人，扶持创业带头人82人，带动就业381人，城镇登记失业率控制在2.26%以下。完善社会保障，全年完成个体养老保险征缴5066万元，失业保险参保30079人，工伤保险参保38443人；参加养老保障4938人，缴费总额2.25亿元，退养人数1828人。着力解决涉农涉地、城市动拆迁、农民工维权、村屯改造等群众最关心、最直接、最现实的问题，有效化解了一大批信访案件，信访交办案件全部结案息访，信访稳定工作连续三年位居省市前列。

（柴晓文）

工　　业

综　　述

【工业经济继续保持较快增长】 2010年，全市工业经济保持了又好又快的发展势头，为全市“十一五”工业经济发展圆满收关和实现“双五千亿”目标做出了突出贡献。

1.工业生产平稳快速增长，工业经济总量迅速扩张。2010年，全市规模以上工业完成产值9601.8亿元，比上年增长26.1%，工业总产值是“十五”末期的4.3倍，年均增长33.7%；规模以上工业完成增加值2361.4亿元，比上年增长19.1%，分别高于全省和全国平均水平1.3和3.4个百分点，工业增加值是“十五”末期的3.5倍，年均增长28.8%。在全国15个副省级市中，规模以上工业增加值总量居第4位。沈阳工业圆满地完成了市委、市政府提出的“六年上两个台阶、进入副省级城市第一集团”的发展任务。

工业占GDP的比重显著提高，工业经济在全市国民经济中的主导作用进一步增强。2010年，全市规模以上工业增加值占GDP的比重为47.1%，比“十五”末期提高15.2个百分点，对全市GDP增长的贡献率达到61.1%，拉动全市GDP增长8.6个百分点。

2.工业经济发展方式实现根本性转变，工业经济效益和运行质量不断提高。2010年，全市规模以上工业经济效益综合指数达到302.31%，比上年提高40.44个百分点，为历年最好水平，经济效益综合指数比“十五”末期高出153.72个百分点。工业经济效益高速增长，并快于生产增长。2010年，全市规模以上工业实现主营业务收入9378.3亿元，比上年增长25.9%，主营业务收入是“十五”末期的7.3倍，年均增长48.8%；实现利税总额725.1亿元，比上年增长38.8%，实现利税是“十五”末期的5.9倍，年均增长42.8%；实现利润总额483.1亿元，比上年增长47.2%，实现利润是“十五”末期的10.2倍，年均增长59.2%。“十一五”期间，连续五年全市规模以上工业的主营业务收入、利税总额、利润总额的增幅高于工业增加值的增幅，工业经济呈现经济效益指标高于生产指标的可喜局面。

工业产品产销同步快速增长，产销衔接良好。2010年，全市规模以上工业实现销售产值9435.5亿元，比上年增长26.2%，与工业总产值保持同步增长；实现产销率98.3%，比上年提高0.1个百分点。

3.八大优势产业生产和效益协调快速增长。全市八个优势产业在工业经济中继续保持支撑作用，各项主要经济指标占全市的近八成。2010年，八个优势产业合计完成规模以上工业总产值7687.3亿元，比上年增长25.7%，占全市规模以上工业的比重（以下简称占全市的比重）为80.1%；完成工业增加值1852.9亿元，比上年增长18.9%，占全市的比重为78.5%；实现利税560.3亿元，比上年增长40.4%，占全市的比重为77.3%；实现利润377.5亿元，比上年增长47.5%，占全市的比重为78.1%；实现产销率98.1%，比上年提高0.1个百分点。

装备制造业生产和效益均保持较快增长，经济总量占全市工业的半壁江山。2010年，全市大口径装备制造业完成工业总产值4904.6亿元，比上年增长25.6%，占全市的比重为51.1%；完成工业增加值1187.6亿元，比上年增长20.1%，占全市的比重为50.3%；实现利税372.3亿元，比上年增长41.3%，占全市的比重为51.3%；实现利润241.6亿元，比上年增长46.0%，占全市的比重为50.0%。

从各优势产业生产情况看，呈现均衡较快增长。其中：机械装备制造业完成工业总产值3413.3亿元，比上年增长23.2%；汽车及零部件制造业完成工业总产值1004.5亿元，比上年增长34.9%；IT产品制造业完成工业总产值285.8亿元，比上年增长22.4%；航空航天器制造业完成工业总产值201亿元，比上年增长28.6%；医药化工业完成工业总产值593.7亿元，比上年增长28.6%；农副产品加工制造业完成工业总产值1725.5亿元，比上年增长26.7%；黑色和有色金属冶炼及压延业完成工业总产值463.4亿元，比上年增长20.1%。

从主要工业产品看，汽车产量66.6万辆，比上年增长38.1%，其中轿车产量41.7万辆，比上年增长60.1%；金属切削机床产量9.5万台，比上年增长31%，其中数控机床产量2.8万台，比上年增长52.1%；输送机械产量27.6万吨，比上年增长57.3%；采矿专用设备产量26.5万吨，比上年增长15.3%；水泥专用设备产量24.2万吨，比上年增长228.4%；风机产量5944台，比上年增长28.9%；电力电缆产量28万千米，比上年增长50.1%；钢材产量57.2万吨，比上年增长8.9%；啤酒产量89.8万千升，比上年增长3.2%；乳制品产量77.3万吨，比上年增长4.2%；化学原料药产量3.6万吨，比上年增长24.2%；原油加工量71.8万吨，比上年增长5.5%；发电量111.4亿千瓦小时，比上年增长38.1%。

从各优势产业效益情况看，除IT产品制造业外，其它产业利税和利润均实现较快增长。其中：机械装备制造业利税和利润分别增长30.3%和32.7%；汽车及零部件制造业利税和利润分别增长76.2%和128.1%；航空航天器制造业利税和利润分别增长28.5%和40.3%；医药化工业利税和利润分别增长34.6%和43.0%；农副产品加工制造业利税和利润分别增长42.2%和53.5%；五色和有色金属冶炼及压延业利税和利润分别增长23.9%和49.1%；IT产品制造业利税和利润分别下降13.0%和15.5%。

4. 公有制企业和非公有制企业生产和效益保持同步快速增长,公有制工业企业对财税的贡献占主导力量。2010年,全市公有制企业完成规模以上工业总产值2649.1亿元,比上年增长25.9%,占全市的比重为27.6%;实现利税464.6亿元,比上年增长34.7%,占全市的比重为64.1%;实现利润345.8亿元,比上年增长40.1%,占全市的比重为71.6%。虽然公有制工业企业在生产总量上占全市的不足两成,但是实现利税和利润却分别占全市的六成和七成以上,公有制工业企业对财税的贡献依然占主导力量。

2010年,全市非公有制企业完成规模以上工业总产值6952.6亿元,比上年增长26.2%,占全市的比重为72.4%;实现利税260.5亿元,比上年增长46.8%,占全市的比重为35.9%;实现利润137.3亿元,比上年增长68.6%,占全市的比重为28.4%。

5. 生产要素供应稳定,有效保障了工业经济的正常发展。2010年,全市工业用电量127.3亿千瓦时,比上年增长14.9%。工业用自来水售水量5507万吨,同比下降2.7%。工业用天然气销售量1.39亿立方米,比上年增长25.5%。货运总量1.74亿吨,比上年增长14.4%。其中:铁路运输538万吨,比上年增长24.9%;公路运输1.68亿吨,比上年增长14.1%。金融机构人民币贷款余额5970.1亿元,比上年增长17.4%。

6. 工业品出厂价格有所提高,原材料购进价格较快上涨。2010年,全市工业品出厂价格较上年上涨4.8%。其中生产资料价格上涨5.4%,生活资料价格上涨3.3%。在35个工业行业中,有七成行业的工业品出厂价格上涨。其中,纺织、家具制造、造纸及纸制品、石油加工、有色金属冶炼、工艺品制造等行业工业品价格上涨幅度超过10%。

2010年,全市原材料燃料动力购进价格累计比上年上涨11.5%,高于工业品出厂价格上涨幅度6.7个百分点。其中:有色金属材料和电线类上涨20.6%,化工原料类上涨18.8%,燃料动力类上涨15.9%,农副产品类上涨13.6%,建筑材料及非金属矿类上涨4.4%,黑色金属材料类上涨3.3%。

(李日松)

【产业集群化发展】 加快推进以沈鼓集团为核心的通用石化装备及产业集群建设。其中沈鼓集团百万吨级乙烯装置用压缩机已在天津石化、镇海炼化投入使用,长输管线压缩机项目正在进行机械运转试验和性能试验。同时,沈鼓集团私募工作取得阶段性成果,为整体上市奠定了坚实基础。

加快推进以北方重工等为核心的重矿机械及产业集群建设。其中北方重工别斯库都克煤矿半移动式破碎站等项目基本完成。同时,北方重工资产整理工作已展开,保持平稳发展态势。三一重装煤炭综采园项目采煤机生产厂房已完工投入试生产。

加快推进以沈阳华创风能、沈鼓集团等企业为代表的风电、核电装备及产业集群建设。其中:沈阳华创风能有限公司MW级风电机组技术改造及产业化项目等已开工建设;沈鼓集团研制的核主泵的部份零部件已投入生产,核Ⅱ、Ⅲ级泵样机通过专家评审。

加快推进以沈车公司、地铁装备企业等为核心的现代轨道交通装备及产业集群建设。其中:沈车公司正在建设沈阳铁路车辆装备产业基地;地铁二号线由沈阳市企业承担的设备合同额已达39.8%。

加快推进以沈阳机床集团等企业为核心的机床产业集群建设。沈阳机床重大型机床生产基地项目,重大型第二联合厂房主体施工基本完成,内部配套工程接近尾声,具备试生产条件。沈阳机床集团普通机床OEM项目暨机床产业集群招商发布会在沈阳隆重举行,220余家国内外机床企业参加。沈阳机床此次寻求OEM(即代工生产)是普通机床中的CA普通车床、CW普通车床、Z普通摇臂钻床三种产品,均为市场稳定、产品成熟的名牌产品,曾多次获国家质量金银奖项,市场占有率分别达35%、26%、75%。这是沈阳大型国有装备制造企业首次采取OEM形式招商,以此次招商为标志,沈阳机床集团从此将彻底改变全链条生产模式,转而向精加工和集成为主的新型制造模式升级。

加快推进以特变电工沈变集团等企业为核心的输变电产业集群建设。计划总投资40亿元的特变电工东北输变电科技产业园项目已开始进行项目的验收工作。特高压变电技术国家工程实验室升级改造项目、智能型电力变压器建设项目、物流基地项目正在进行项目设计工作。

此外,远大产业园高效节能电梯基地项目土建主体已全部完工,内部装修完工,已投入使用。

(常 淇)

【高端重大成套装备研制】 北方重工集团的埃塞俄比亚国家水泥厂3000t/d水泥生产线重大成套装备已交付;沈阳地铁装备自动售检票系统、通风环控系统等12个成套系统已初步具备集成制造能力并相继应用在沈阳地铁工程;沈鼓集团的LNG天然气液化装置压缩机组、北方重工集团的印度Rliance集团电厂输煤系统总包等已经交付;沈阳机床集团持续提高中高档数控机床构成,加快新产品的研发,在第六届中国数控机床展上,推出的"新五类"产品受到用户的高度评价;重型车削中心、落地式铣镗床通过鉴定;具有国际先进水平,即将开始小批量生产。三一重装自主研发的国内首套全自动刨煤机组正式下线,可实现远程自动控制,打破了国外厂商的垄断局面,填补国内空白,具有国际先进水平;特变沈变集团海外市场拓展以及工程总包取得历史性突破,已获得印度、巴基斯坦等国家工程总包合同。

(常 淇)

【装备制造业聚集区建设】 2010年,沈阳市发改委围绕"双五千亿"目标,较好地完成了产业发展规划编制、重大项目推进、上级资金争取等重点工作。

1. 编制印发沈阳市现代建筑产业发展规划。完成了沈阳现代建筑产业发展规划等两个规划,一个总体研究报告,三个专题研究报告以及七个行业研究报告。2月份,总体研究报告、产业发展规划通过中国建材协会组织的专家评审。5月份,市政府常务会议审议通过沈阳市现代建筑产业发展规划并予以印发。为增强规划的可操作性,编制了现代建筑产业发展指导目录,确定了鼓励类、限制类和禁止类产品;编制了国内外重点企业简介、推荐建设项目,为招商引资提供参考,为产业发展明确方向。印发沈阳铁西装备制造业聚集区产业发展规划。按照国家发改委要求，与铁西共同制订了年度实施方案，确保规划提出的思路、目标和任务落到实处。

2. 加快重大项目前期工作，推进重大项目开工建设。2010年2月26日，辽宁省发改委代国家发改委核准总投资56亿元的华晨宝马汽车有限公司新工厂建设项目。6月2日，宝马项目以及总投资50亿元的东北制药集团异地改造建设二期项目原料药生产基地开工建设。启动米其林沈阳轮胎有限公司高性能子午线轮胎环保搬迁改造及扩产项目前期工作，通过石油和化学工业规划院组织的专家评估。5月25日，中国橡胶工业协会出具同意项目建设的审查意见，加快项目核准、备案。总投资56亿元的华晨宝马汽车有限公司新工厂建设、总投资9.76亿元上海通用（沈阳）北盛汽车有限公司中级、中高级商务车及其变型车技术改造、总投资4.16亿元的上海通用（沈阳）北盛汽车有限公司填平补齐技术改造、总投资5.85亿元的华晨金杯公司新海狮H2产品四个项目通过辽宁省发改委核准和国家发改委备案。这四个汽车产业重大建设项目的总投资达到76亿元。韩国希杰公司玉米深加工年产10万吨赖氨酸、5万吨苏氨酸、3000吨核苷酸项目取得辽宁省发改委项目前期工作函，与沈北新区签约。完成了非金属矿加工制造设备产业基地、风力发电装备零部件产业园、新型墙体纤维增强硅酸钙板等3个项目说明书。

3. 做好项目储备，争取上级资金。深入县区、铁西装备制造业聚集区等重点区域和重点企业，指导帮助企业加快项目前期工作，在产业发展方向、项目环评、建设用地、资金等方面逐一落实，跟踪协调项目评审、计划下达等环节，全年38个项目争取中央预算内投资2.9亿元，超上年中央预算内投资6152万元。

在能源装备专项中，特变电工特高压变电技术国家工程实验室升级改造建设项目、沈鼓集团大型透平压缩机组研发（试验）中心项目分获中央预算内投资6194万元和4370万元。在国家重点产业振兴和技术改造专项中，辽宁成大等9个项目获中央预算内投资5745万元。在国家东北专项中，远大集团等11个项目获中央预算内投资1.12亿元，在中小企业技术改造专项中，16个项目获中央预算内投资1497万元。在辽宁省沿海经济带园区产业贴息项目宝马新工厂、北方重工、和平轮胎等7个项目通过省发改委评审，申请贴息资金5000万元。

4. 加强项目管理，加快中央预算内投资项目建设。一是做好项目竣工验收。指导企业做好环保、审计、消防、档案等各单项验收，在此基础上完成了远大集成式多功能墙体产品、仪表所传感器产业化等项目的验收。沈化集团50万吨/年催化热裂解（CPP）制乙烯及20万吨/年聚乙烯（PE）总体改造项目通过国家发改委的技术评审。二是加快在建项目建设。特变电工特高压交直流输变电设备产业技术升级项目、东药集团主导产品深加工建设项目、沈鼓集团核泵国产化研发生产基地建设项目、华利能源新型环保气体绝缘金属封闭开关设备建设项目进展顺利。三是沈阳市列入辽宁省重大工业项目建设超额完成了省下达的指标，按省考评办法，沈阳市得6.6分，超全省考核分1.6分。

（章永康）

【产业集群及园区建设】 沈阳航空产业发展新格局基本形成。以建设民用航空国家高技术产业基地为契机，大力整合现有航空资源，调整沈阳民用航空产业总体布局，确立了“大沈阳地区国家级航空产业基地”发展战略。即实施南部航高基地航空制造核心园区、北部航空零部件及通用航空产业园区建设，形成南北两翼协同发展的产业发展新格局。

航高基地重点项目进展顺利。南部航高区紧邻沈阳桃仙国际空港，可辐射整个东北及东北亚地区，拥有密集的人流、物流、资金流、商流和技术流的巨大优势，为南部航高区发展临空经济，发展航空制造业、维修业、现代物流业提供了独一无二的基础条件。园区主要基础设施建设初具规模，Q400涡桨飞机、C系列喷气飞机等一系列项目进展顺利。

通航基地建设取得重大进展。9月份，北部通航基地起降点建设获得中央军委空军批准，开创了东北地区第一个成功审批通航机场（起降场）的先例，使沈阳率先获取了进入通航市场的稀缺资源。该项目于4月20日破土动工，年内起降点跑道、景观路、高速公路出口等土方工程基本完工。通航基地的成功策划和推进，为沈阳大力发展通航产业抢得了先机、拓展了空间。

（安积平）

【工业节能】 2010年，沈阳市开展重点用能单位专项节能监察。节能中心对综合能耗5000吨以上的167户企业进行专项节能监察。对超限额值的企业存在的问题和超出限额的原因进行认真分析，累计提出整改意见350余条，指导和规范了企业用能行为。积极推进沈化、东药、沈煤等七户国家“千家企业”节能工作。根据“千家企业”自查，七户国家“千家企业”“十一五”期间累计完成节能量80.1万吨标准煤，超额完成了“十一五”78.02万吨标准煤的节能目标。推进东药、沈化、红梅味精等一批重点耗能工业企业的搬迁改造、资产重组，高耗能的老旧设备被淘汰更新，工艺流程再造，园区建设上的集中配套等措施，使能源流程更加合理、工业链条衔接更加紧密，物耗、能耗、水耗大幅降低。组织实施节能重点工程。加快建设沈西热电厂工程；推进沈阳炼焦煤气新建项目，淘汰陈旧落后设备；积极建设法库陶瓷城集中制供气工程。用政策引导企业开展节能技术改造。用政策引导重点企业实施电机系统变频改造、燃煤工业锅炉（窑炉）改造、余热利用、集中供热等节能工程建设。组织重点企业实施节能工程项目60余项，项目全部完成后，年可节约30余万吨标准煤。

大力推广应用节能技术与产品。大力推广使用助燃芯板与二次风无烟化燃烧技术、合同能源管理中的高压变频技术、智慧供暖节能管理系统、工业锅炉烟气中低温余热综合利用技术、高效节能环保无极荧光灯、地源热泵技术和高效照明产品。

大力开展资源综合利用。一是合理利用财税政策支持引导法库、康平等地区的资源综合利用。生产企业利用脱硫石膏、粉煤灰、煤矸石、陶瓷碎片等工业废弃物，大力开展资源综合利用，促进产品结构调整。二是积极推进沈阳环保产业示范基地建设。加快中钢集团北方金属资源有限公司汽车拆解及加工、辽宁人和创业投资有限公司进口废七类回收加工、沈阳宏晨工程材料有限公司新型工程材料以及辽宁近海怀义科技有限公司东北亚循环科技城辽宁省环保产业科技孵化中心和东北亚地区资源循环研究中心等项目建设,充分发挥其示范带动效应,全面提升全市资源综合利用水平。

(李庆涛)

【制造业概况】 沈阳市制造业门类齐全,基础雄厚,为沈阳市工业的主导产业。在国民经济行业分类30个制造行业大类中,沈阳市工业涉足了全部30个大类行业,行业覆盖面达100%。截至2010年底,沈阳市规模以上制造业企业户数为5110户。按登记注册类型分,内资企业4470户,占制造业企业总数的87.5%。其中:国有企业111户,占制造业企业总数的2.2%;集体企业263户,占5.1%;有限责任公司539户,占10.5%;股份有限公司117户,占2.3%;私营企业3314户,占64.9%;其他类型企业126户,占2.5%。港澳台及外商独资企业640户,占12.5%。按企业规模分,大型工业企业30户,占制造业企业总数的0.6%;中型企业222户,占4.3%;小型企业4858户,占95.1%。

近年来,沈阳市制造业规模不断发展壮大,资本实力不断增强,在全市工业的主导地位逐年提升。同时,工业运行质量和效益进入历史最好时期。工业经济整体呈现出又好又快的蓬勃发展态势。2010年,沈阳市制造业共实现主营业务收入8953.0亿元,比上年增长26.2%;拥有资产5292.4亿元,增长15.4%;从业人员年平均人数为79.7万人,增长0.1%。以上三项指标分别占沈阳市规模以上工业的93.3%、84.7%和92.6%。

从生产经营情况看,2010年,沈阳市制造业全年共完成工业总产值9163.2亿元,比上年增长25.9%。其中:轻工业完成2502.4亿元,增长27.2%;重工业完成6660.8亿元,增长25.4%。轻重工业总产值比例为27.3: 72.7,与2009年比,轻工业比重上升,重工业比重下降0.3个百分点。全年实现销售产值9036.2亿元,增长26.6%,工业产品产销率为98.6%。分行业看:30个大类行业中有28个行业生产实现正增长,占93.3%。其中交通运输设备制造业、农副食品加工业、电气机械及器材制造业、通用设备制造业对生产增长的贡献最多,贡献率分别达到17.6%、13.1%、11.7%、10.6%。有21个行业实现产值超百亿元,其中交通运输设备制造业和通用设备制造业实现产值超过千亿元。

从经济效益情况看,2010年,沈阳市制造业赢利能力大幅提升。全年共实现主营业务收入8953.0亿元,比上年增长26.2%;利润总额642.7亿元,增长77.9%;实现利税942.2亿元,增长43.9%。从赢利能力来看,2010年制造业收入利润率为7.2%,较上年提高2.1个百分点。分行业看:30个大类行业整体全部实现盈利。有17个行业实现利润在10亿元以上,其中交通运输设备制造业实现利润最多,达到87.2亿元,占制造业的13.6%。

机械装备制造业为沈阳市工业重点发展的支柱产业。2010年,沈阳市机械装备制造业完成工业总产值4915.5亿元,比2009年增长26.5%,高于制造业平均增幅0.6个百分点,比重占到制造业总量的53.6%。机械装备制造业所涵盖的七个大类行业中,除仪器仪表及文化、办公用机械制造业实现产值低于百亿元外,其他六个行业实现产值均达到百亿元以上。其中交通运输设备制造业实现产值最多,达到1293.4亿元,居制造业行业榜首,比重占制造业的14.1%;其次是通用设备制造业,实现产值1203.4亿元,占制造业的13.1%;电气机械及器材制造业实现产值976.9亿元,占制造业的10.7 %;专用设备制造业实现产值582.2亿元,占制造业的6.4%;金属制品业实现产值505.1亿元,占制造业的5.5%;通信设备、计算机及其他电子设备制造业实现产值299.4亿元,占制造业的3.3%。

从出口情况看,整体上沈阳市制造业产品出口较上年略有下降。2010年,沈阳市制造业实现出口交货值234.6亿元,比上年下降0.8%,出口交货值占销售产值的比重为2.6%,下降0.7个百分点。分行业看,出口主要集中在7个行业中:通信设备、计算机及其他电子设备制造业出口41.0亿元、专用设备制造业出口33.1亿元、金属制品业出口交货值32.1亿元、交通运输设备制造业出口31.9亿元、通用设备制造业出口29.3亿元、电气机械及器材制造业出口18.2亿元、医药制造业出口15.4亿元。以上7个行业全年共实现出口交货201.0亿元,占制造业出口总量的85.7%。

2010年,沈阳市制造业主要工业产品产量:汽车比上年增长38.1%、汽车发动机增长69.4%、金属切削机床增长31.0%、变压器下降11.5%、输送机械增长57.3%、泵下降21.6%;风机增长28.9%、采矿专用设备增长15.3%、电力电缆增长50.1%;光缆增长76.7%、铅酸蓄电池下降8.4%、维生素C增长25.5%、化学药品原药增长24.2%、中成药下降1.9%、食用植物油增长31.5%、方便面增长5.6%、乳制品增长4.2%、白酒增长19.8%、家具增长28.5%、机制纸及纸板品增长36.1%、服装增长21.8%等。

2010年,沈阳市制造业共有341户企业生产经营呈亏损状况,亏损面为6.7%,较上年下降1.9个百分点。亏损企业的亏损额14.7亿元,比上年减少1.1亿元,下降7.0%。分行业看,亏损额在亿元以上的有4个行业:交通运输设备制造业、通信设备、计算机及其他电子设备制造业、电气机械及器材制造业和农副食品加工业。以上4个行业共计亏损10.6亿元,占制造业亏损额的72.1%。

(贾 唯)

重大项目

【工业新开工项目】 2010年,全市完成工业固定资产投资1442.5亿元,同比增长19.1%,占全社会固定资产投资的34.8%。其中:西部县区累计完成工业固定资产投资532.8亿元,占全市的36.8%;北部县区完成399.2亿元,占27.7%;南部县区完成352.2亿元,占24.4%;东部县区完成158.3亿元,占11%。

2010年的工业投资中,装备制造业完成投资736.9亿元,占整个工业投资的

51.1%。其中：机械行业535.7亿元，占37.2%；汽车产业91.8亿元，占6.4%；电子信息105.9亿元，占7.3%；航空航天3.5亿元，占0.3%。

农产品加工行业完成投资168.2亿元，占11.6%；医药化工业88.3亿元，占6.1%；冶金行业41.9亿元，占2.9%；轻纺建材及水、电、煤、气等其它行业407.2亿元，占28.2%。

全市共组织落实新开工投资500万元以上工业项目1117个，计划总投资1269.7亿元，项目平均投资额为1.14亿元。其中：中海药业中药提取、通顺达设备制造、中顺通讯科技等投资千万元以上项目896个，双鹤药业大输液、法库通航产业园等投资1亿元以上项目170个，以及米其林搬迁、华晨宝马铁西新工厂、中恒碳纤维研制基地、沈鼓风电装备基地等投资10亿元以上项目15个。

工业新开工项目主要呈现以下突出特点：一是新开工项目向重点区域集中，体现区域布局方向。1117个项目中，西部县区462个，计划总投资583.8亿元，分别占全市的41.4%和46%；北部县区328个，总投资298.3亿元，占29.4%和23.5%；南部区域224个，总投资328.1亿元，占20.1%和25.8%；东部县区103个，总投资59.5亿元，占9.2%和4.7%。二是新开工项目向装备制造业集中，体现产业发展方向。这些项目中，装备制造业项目509个，计划总投资674.1亿元，分别占全市的45.6%和53.1%。其中：机械制造业项目371个，总投资183.3亿元；汽车及零部件业项目46个，总投资138.4亿元；电子信息业项目84个，总投资300亿元；航空制造业项目8个，总投资52.4亿元。医药化工业项目54个，总投资154亿元；食品、农产品等轻工业项目335个，总投资208.6亿元；钢铁及有色金属加工业项目50个，总投资38.4亿元；纺织、建材、能源及其它行业项目169个，总投资194.6亿元。

2010年，全市投资1亿元以上的开工、复工重点工业项目计划共243个，计划总投资4005亿元。其中：续建项目89个，计划总投资1576亿元；当年新开工项目154个，计划总投资2429亿元。

按产业划分，装备制造业（全口径）项目116个，计划总投资1870.6亿元，分别占全部的47.7%和46.7%（其中：机械装备49个，总投资615.6亿元；汽车产业23个，总投资263.8亿元；电子信息34个，总投资908.7亿元；航空制造10个，总投资82.5亿元）。此外，医化产业20个，总投资642.1亿元；冶金产业20个，总投资319.8亿元；轻工行业35个，总投资261亿元；建材、能源及其它产业52个，计划总投资911.5亿元。

在243个项目中，有79个列入全市246个重点建设项目计划，计划总投资1675亿元，当年计划完成投资298亿元。具体情况是：一是重点续建项目已全部实现复工建设。主要包括：华晨金杯15万辆A级车、沈飞公司C系列飞机转包、东方钢铁超大型无缝钢管中试基地、中恒碳纤维产业园、远大产业园高效节能电梯、三一重装煤炭设备综采基地一期、LCOS电视生产基地、先锋软件科技园、金新纸业、国电沈西热电厂等。二是新开工重点工业项目38个。主要包括：华晨宝马新工厂、上通北盛商务车升级改造、五洲龙混合动力大客车、华晨改装车生产基地、沈飞民机公司ARJ21飞机、和信（沈北）先进制造产业基地、益海嘉里沈阳食品产业园、红塔辽宁烟草公司搬迁改造、雪花啤酒二期扩建、浑南热电等项目。

（*闫学莹*）

【重点项目建设】　一、投资3000万元以上在建项目情况

2010年，全市实现在建项目1913个，增长3.5%，总投资1.08万亿元，增长3.9%，完成投资2333.4亿元，增长21%。其中：新开工项目1054个，占全市指标的105.4%，增长7.2%，总投资3501亿元，增长71.8%，完成投资932.3亿元，增长21.1%；续建项目859个，总投资7316.2亿元，完成投资1401.1亿元，增长20.9%。截至年底，完成竣工项目902个，占全市指标的112.8%，总投资1418.7亿元。

按投资规模分：在1913个3000万元以上在建项目中，亿元以上项目986个，增长17.8%，总投资10379.9亿元，占全部项目总投资的96%，完成投资2034.8亿元，增长25.6%，占项目完成投资的87.2%。其中：1—10亿元项目734个；10亿元以上项目252个，比上年增长4.6%。新建项目中，1－10亿元项目382个；10亿元以上项目60个，增长7.1%。

按产业性质分：工业类项目722个，占全部项目数的37.7%，完成投资593.1亿元，增长34.3%；服务业类项目967个（含房地产项目542个，比上年增长17.3%），占全部项目数的50.5%，完成投资1566.6亿元，增长36.2%；农业项目52个，占全部项目数的2.7%，完成投资18.9亿元；基础设施及城建类项目172个，占全部项目数的8.8%，完成投资154.7亿元。

亿元以上在建项目中，工业项目244个，比上年增长13.5%，总投资2152.7亿元，完成投资441.1亿元；服务业项目642个，比上年增长22.5%，总投资7599.4亿元，完成投资1463.3亿元；农业项目19个，总投资42亿元，完成投资9亿元；城建项目81个，总投资585.9亿元，完成投资121.3亿元。

按所属区域分：和平、沈河、大东、皇姑、铁西等五城区在建项目870个，占全部项目数的45.5%，完成投资1188.8亿元，占全部项目完成投资额的50.9%；东陵（浑南）、沈北、棋盘山等三个开发区在建项目492个，占全部项目数的25.7%，完成投资570.5亿元，占全部项目完成投资额的24.4%；于洪、苏家屯等两个城郊区在建项目229个，占全部项目数的12%，完成投资365.3亿元，占全部项目完成投资额的15.7%；新民、辽中、康平、法库等四个远郊县在建项目315个，占全部项目数的16.5%，完成投资182.2亿元，占全部项目完成投资额的7.8%。

二、重点建设项目

7月末和10月末，根据重点项目调度情况，对全市重点建设项目中年内不能启动的部分重点项目进行了两次调整。调整后，全市重点项目数量仍然为246个，总投资由7490.7亿元调整为6184.1亿元，全年计划投资由1337.8亿元调整为1173.4亿元。其中：新开工项目122个，续建项目124个。

截至12月末，已实现开（复）工的全市重点建设项目242个，占全年计划

的98.4%，完成投资1121.6亿元，占全年计划的95.6%。其中：新开工项目119个，占计划的97.5%；续建项目123个，占计划的99.2%。

在242个已实现开（复）工建设的项目中，按所在区域分：东陵区（浑南新区）35个，铁西区34个，沈北新区31个，和平区22个，苏家屯区17个，大东区15个，沈河区14个，于洪区14个，皇姑区10个，辽中县7个，棋盘山开发区7个，康平县5个，法库县3个，新民市2个，跨区域26个。

按所属产业分：工业项目75个，服务业项目97个，城建项目23个，农业项目12个，民生项目27个，节能减排项目8个。

三、投资3000万元以上前期项目

重大项目开发策划成效显著。全市共完成开发策划重大项目643个，其中：各区县（市）、开发区开发策划项目293个，市直有关部门开发策划项目188个，科研院所、大专院校开发策划项目162个。

项目签约落地取得显著成效。全市共实现签约落地项目736个，占全市指标的123%，总投资7040亿元。其中：内资项目536个，总投资5070亿元；外资项目200个，总投资297亿美元。其中：工业项目318个，投资额1607亿元；农业项目9个，投资额8亿元；现代服务业项目373个，投资额5293亿元；城建项目36个，投资额132亿元。

（范立刚）

【金杯客车第100万辆下线】 2010年10月27日，中国汽车产业历史又一里程碑式的事件在沈阳发生：伴随着一辆银白色的金杯大海狮徐徐驶出，在华晨金杯汽车有限公司总装车间，一个纪录诞生了——金杯客车第100万辆下线，这也意味着中国第一个生产了百万辆轻客的企业出现。

自从1991年正式投产至今，金杯客车成为中国轻客名副其实的第一品牌：第一个以技术引进形式成长起来的商用车自主品牌，连续13年蝉联中国轻客市场产销第一，国内市场保有量第一，第一个走出国门的轻客，累计出口排名第一轻客。

在金杯客车百万辆下线仪式上，华晨汽车又推出一款新品——金杯大海狮。这是在原有海狮H1和阁瑞斯两大平台基础上，历时3年、耗资近5亿元人民币打造的新平台——H2，为14座以上高端客车。全面升级的金杯大海狮，填补了中国轻客细分市场——商旅车的空白。此次推出金杯大海狮分为标准型、豪华型和旗舰型三种，价格分别为15.58万元、16.98万元和18.98万元。这样，金杯客车继海狮、阁瑞斯两大品牌之外，又创造了第三大品牌金杯大海狮。

（鉴 闻）

【沈阳第四橡胶有限公司新工厂奠基】 2010年6月23日，沈阳第四橡胶（厂）有限公司新工厂奠基开工仪式在沈阳经济技术开发区化学工业园举行，这也是铁西区第302家实施搬迁的企业。全国人大财政经济委员会副主任委员闻世震，省委常委、市委书记曾维，市委常委、铁西区委书记李继安出席开工仪式。

橡四新工厂总投资10亿元，总占地面积30万平方米，总建筑面积25.8万平方米，新工厂将在2011年建成，投产后年均销售收入约15亿元。新工厂将建成包括高压钢丝胶管及总成、胶布及制品、混炼胶、橡胶密封件、橡胶板棒型材、胶粘剂等六大系列工艺流程，并建设全国一流的测试保证中心和军品、民品技术研发中心，目标是建成全国橡胶制品行业龙头企业和军工配套橡胶制品研发生产基地。

沈阳第四橡胶厂是全国最大的橡胶制品制造企业之一，承担了“神舟”一号至七号飞船配套橡胶制品的研制及生产任务，多次荣获国家有关部门嘉奖。

（鉴 闻）

【EMC沈阳研发暨解决方案中心落户大浑南】 2010年12月8日，EMC沈阳研发暨解决方案中心正式落户位于大浑南的沈阳国际软件园。省委常委、市委书记曾维，美国EMC全球高级副总裁及亚太区总裁史蒂夫·雷纳德共同出席签约仪式，为EMC沈阳研发暨解决方案中心揭牌。

EMC是著名的世界500强企业，来到沈阳设立研发暨解决方案中心，这是沈阳软件业发展史上的一件大事，对于推进沈阳产业结构调整，提升产业形象和城市形象具有重要意义，沈阳市对此非常重视。浑南新区是沈阳的高新技术产业区，EMC的到来对于浑南高新技术产业特别是软件业的发展将起到很大的提升作用。同时，由于在全球的影响力，EMC必将带动一大批相关企业后续跟进。

EMC是全球虚拟化和云计算方面的核心供应商，而虚拟化和云计算是全球IT领域公认的下一个增长点。EMC沈阳研发暨解决方案中心在EMC全球领先的“虚拟数据中心”解决方案的基础上建立，具有世界领先的技术水平。主要从事高端存储设备、云计算、行业应用解决方案的测试和研发，其中还将包括对沈阳“两化融合”应用解决方案的研发，以及针对沈阳新型工业化建设开展的相关服务。此外，EMC沈阳研发暨解决方案中心可以提供全球先进的演示、测试、应用环境，沈阳本地软件企业可通过该中心进行产品测试和开发，从而有效提升企业的技术创新实力及信息技术人员的能力。

（鉴 闻）

【米其林轮胎项目搬迁改造工程获国务院批准】 9月27日，国务院常务会议讨论通过了米基林沈阳轮胎有限公司高性能子午线轮胎环保搬迁改造及扩产项目。米其林轮胎项目总投资15.2亿美元（折合约人民币104亿元），项目规划年产180万条卡车和客车子午轮胎、1000万条轿车子午线轮胎，建设全球工艺设备最先进、环保措施一流的轮胎企业。

（王向东）

【航空航天业重点项目】 1.沈飞民机公司Q400飞机大部件转包项目：总投资约11.6亿元人民币。全年交付前机身49架份，后机身49架份，尾段44架份，中机身12架份，中机身电缆41架份。全年实现交付额1.2亿美元。钣金生产线主体框架已完工，部分生产线已进场安装，力争尽快交付使用，为支线飞机总装项目落户沈阳奠定基础。

2.C系列商务飞机项目：于2010年9月完成联合设计，开始进入详细设计阶段。制造准备工作同步进行，确保按计划实现首架按期交付。总投资约1亿元人民币，建设了C系列飞机项目的工程设计环境，该环境与庞巴迪公司的Enovia系统联网，于10月份正式投入使用。C系列总装厂房建设于5月份全面启动，计划于2011年交付使用。

3. 沈飞民机公司ARJ21飞机装配项目：总投资4.6亿元，占地面积5.33公顷，主要承担ARJ21飞机的吊挂、尾段、方向舵、无线电架、电源中心、全机电缆等6部分的研制生产任务。项目于2010年11月份开工，已完成部分设备采购合同。

4. 沈飞民机公司原材料保税仓库项目：总投资5000万元，建筑面积1.75万平方米。为沈飞、沈飞民机等相关企业提供进口原材料的保税存放，并可在库房内完成原材料的简单下料、切割。项目于6月份开工，预计2011年下半年投入使用。

5. 赛斯纳轻型运动飞机总装项目：全年交付100架整机。这也是我国首次实现从零部件制造到整机出口交付飞机最多的一笔订单。

（安积平）

信息产业

【信息化建设】　“十一五”期间，沈阳市信息化建设较好地完成了预期的规划目标，取得了令人瞩目的成绩。信息基础设施实现跨越式发展，宽带、3G无线网络及有线电视数字化改造稳步推进。信息技术在经济和社会各领域得到广泛应用，沈阳市党政信息网核心平台的建成为各党政部门互联互通、资源共享打下坚实基础，数字城管系统、行政审批系统、“96123”市民服务热线等一批重点业务系统相继建成；一批骨干企业建成了集生产、销售、管理于一体的各类应用系统，企业信息化取得明显成效；通过扩大“城市一卡通”消费领域以及不断创新农业信息化发展模式等一系列信息化建设，社会公共服务水平和市民生活质量都得到了提高，信息化建设取得明显成效。在“2010中国（沈阳）城市信息化峰会”和“2010中国城市信息化发展论坛暨成果评选”活动中，先后荣获了“2010中国城市信息化十佳城市”和“2010中国城市信息化卓越成就奖”称号。

（任　阳）

【电子政务】　市党政信息网核心平台建设已初具规模。截至2010年末，沈阳市党政信息网核心平台二期工程顺利完成，并取得了良好的效果。沈阳市政务外网已与市相关委办局以及区县政府等50多个单位实现网络连接，地理信息共享平台和政务数据交换平台基本建成，为有使用需求的党政机关免费提供底层地理信息数据支持和不同结构数据信息的交换功能；同时，市党政信息网核心平台的中心机房网络成功接入沈阳市政务内网，内网的协同办公、安全审计、公务员邮箱和领导决策辅助支持等应用系统已开始筹备建设。电子政务项目技术审核工作质量不断提升。根据《关于加强我市电子政务建设项目管理的意见》精神，先后组织专家论证会审核建设项目52个，全年共审核资金7048万元，核减资金2400万元，核减资金率为34.03%，电子政务资源得到有效整合利用，资金使用效率取得明显提高。

（任　阳）

【信息系统建设】　截至2010年末，数字化城管系统已经完成了市级中心平台建设以及与和平、沈河、铁西、皇姑等8个区级平台的联网运行，覆盖面积达259平方公里。城市管理效率明显提高，城市应急管理水平得到了进一步提升，数字化城管系统已通过国家住建部专家组的验收。市行政审批系统进一步完善，省、市、区三级行政审批服务中心网络连接已经完成，市级行政审批系统已实现“1+16”（市级服务中心与16个区县级服务中心）和“1+38”（市服务中心与政府38个审批部门）的网络资源共享和联动办公，50%的审批项目实行网上申报，加强市区两级审批服务中心的同网办公，实现审批部门办公网络与监管部门办公网络的相互联动。同时，市政府绩效评估管理系统、干部信息综合管理服务平台、电子文件归档在线采集及共享平台、政务公开公众服务平台以及民政便民服务综合管理系统等重点业务信息系统的相继建设，有效地提高了政府的整体信息化管理和服务水平。

（任　阳）

【社会信息化】　启动“无线城市”建设项目。5月，沈阳市人民政府与中国移动辽宁公司签署了《全面战略合作协议》，同时启动“无线城市”建设项目。《全面战略合作协议》指出，未来5年内，辽宁省移动公司将在沈阳投入超过90亿元，建设“无线城市”、“惠农工程”以及TD产业集群等项目；沈阳市政府将给予大力支持，在加强TD－SCDMA网络建设和应用、促进工业化与信息化融合等领域与辽宁移动公司开展全面合作。

“城市一卡通”IC卡功能进一步完善。沈阳市“城市一卡通”发卡近400万张，在原有基础上增加了健身会馆、餐饮娱乐等24家小额消费合作伙伴，同时与华润万家大型超市签署合作协议，刷卡消费领域实现了新的突破；通过与沈阳经纬长途客运公司和沈阳市邮政局沟通合作，在30处客运网点和邮政网点新增了IC卡充值业务，为市民充值提供了更加便利的条件。

“数字校园”示范工程。沈阳大学作为“数字校园”试点单位，在建设过程中，将注重网络基础建设，消除校内信息孤岛，开发并建设了统一的数据资源中心等平台，为广大师生提供了便捷、先进的教学与生活环境。

（任　阳）

【企业信息化】　沈阳特变电工集团有限公司、沈阳远大压缩机制造有限公司、沈阳实业电机有限公司、沈阳博林特电梯有限公司等多家企业，推进信息化建设，建设重点已经从对计算机网络的简单应用上升到将信息化技术真正融入到企业的设计、生产、销售等整个产业链中，大大提高了企业的管理能力和核心竞争力。

（任　阳）

【农业信息化】　2010年，沈阳市农村的信息服务体系建设取得了较大的进展。市农业信息化试点单位苏家屯区建成了农业视讯服务平台，为农民提供网络医院、远程培训等网络服务；应用并推广“温室无线传感控制系统”；建立了6个LED大屏终端，用于发布农产品质量安全信息；开通“4001－012316惠农热线”，建立农业信息咨询专家队伍；完善了“农信通”短信发布系统等。

（任　阳）

【电子信息产品制造业】　“十一五”时期，沈阳市电子信息产品制造业由原先的视听产品和数字医疗产品两大类到初步形成了包括数字医疗、通信、视听、集成电路及装备、光电子、数字识别和传感、应用电子在内的七大类产业。各相关产业按空间功能分布，开始逐步向产业集群方向发展，凸现产业聚集效应。2010年，沈阳市电子信息产品制造业拥有企业超过160家，其中规模以上企业126家。2010年，电子信息产品制造业规模以上工业企业实现主营业务收入382亿元，同比增长26.9%；实现利润15亿元，同比增长29.6%；出口创汇7.8亿美元，同比增长7%，占全市出口创汇的19%。企业的从业人员达到了5万人。

电子信息产品制造业主要产品有电视机、手机、CT等。电视机的主要生产企业是LG电子（沈阳）有限公司和沈阳同方多媒体科技有限公司。LG电子（沈阳）有限公司生产CRT电视235.4万台，沈阳同方多媒体科技有限公司生产液晶电视83万台。手机的生产企业主要有沈阳新邮通信设备有限公司和德信科技（沈阳）有限公司。沈阳新邮通信设备有限公司生产手机15万部，德信科技（沈阳）有限公司生产手机20.4万部。CT的主要生产企业是东软飞利浦医疗设备系统有限责任公司，2010年产量为463台。

为加快产业发展，浑南新区、沈北新区大力加强产业园区建设，利用辖区优势发展特色园区，产业聚集效应开始显现。浑南新区主要建设集成电路装备为主的沈阳先进制造产业园、数字视听产品为主的视听产业园、数字医疗设备为主的数字医疗产业园。沈北新区主要建设以手机等通信设备为主的手机产业园。沈阳手机产业园总规划面积5平方公里，位于沈北新区的沈阳大学城内，是沈阳高新技术产业带的核心园区。园区主要围绕手机整机，打造集手机制造与生产、手机配件生产、手机软件开发与产品设计、手机芯片制造于一体的千亿元手机产业集群。园区已引进新邮通讯、晨讯科技、德信科技、中兴电子、爱国者、敏像科技等10余家重点手机制造企业以及一批配套企业，合同总投资超过100亿元。园区将利用5年左右的时间，引进手机及配套企业300家以上，实现年产手机1亿部，形成集手机研发设计、生产制造、零部件配套、芯片制造、软件开发于一体的手机产业集群，实现年产值1000亿元，成为中国重要的手机产业基地。

通过招商引资，一批新的项目落户沈阳。在这些新项目、大项目的带动下，沈阳市电子信息产品制造业发展的后劲更足。这些项目主要有LG电子的平板电视项目、爱国者公司的mp6项目、德信公司的泰克飞石户外运动手机项目等。LG电子的平板电视项目于2010年12月签约。

（房　超）

【通信设备、计算机制造业】　通信设备、计算机及其他电子设备制造业作为沈阳市支柱产业之一，在2010年实现稳健发展。该行业主要由通信设备制造业、广播电视设备制造业、电子计算机制造业、电子器件制造业、电子元件制造业、家用视听设备制造业和其他电子设备制造业7个中类行业组成。

截至2010年末，该行业拥有规模以上工业企业119户，与上年持平。从企业规模看，大型企业共2户，中型企业8户，小型企业109户；从登记注册类型来看，内资企业74户，港、澳、台商投资企业10户，外商投资企业35户。

2010年，全行业拥有资产总额181.0亿元，比上年增长5.9%。其中：固定资产37.1亿元，下降4.1个百分点，流动资产97.7亿元，增长1.0%；负债75.7亿元，增长5.9%；所有者权益103.7亿元，增长4.7%；从业人员27443人，比上年下降0.7个百分点。

在国际国内电子信息市场竞争日益激烈的形势下，沈阳市通信设备、计算机及其他电子设备制造业不断深化企业内部改革，转变经营观念，瞄准市场需求，扩大生产规模。2010年，该行业中完成工业总产值过亿元的企业达到60户，占全行业企业户数的50.4%。全年全行业累计完成工业总产值299.4亿元，比上年增长27.5%；实现工业销售产值295.5亿元，增长28.5%，实现出口交货值41.0亿元，增长8.7%，实现产销率98.7%；实现主营业务收入290.6亿元，增长23.9%；实现利润总额19.9亿元，实现1倍的增长。

（姚　铁）

【软件服务业】　沈阳软件服务业以重大项目建设和重点企业园区发展为中心，通过调整产业结构、项目集中布局、产业集群发展，使软件服务业得到了较快发展。2010年，全市规模以上软件企业完成软件业务收入555亿元，同比增长114%；出口创汇6.4亿美元，同比增长50%；实现利润总额66.6亿元，同比增长109%。

产业发展。全市从事软件和信息服务业企业超过2000家，通过工信部认定的软件企业累计达到485家，其中2010年新认定软件企业41家，同比增长8%；累计登记软件产品1413件，其中新登记产品240件，同比增长50%；软件服务业相关从业人员21万人。

随着软件服务业规模的不断壮大，涌现出了一大批优秀的软件企业，骨干企业的拉动作用明显。已有东软集团、新松机器人、奥维通讯等7个企业分别在主板和创业板上市。现在有LG CNS、IBM、AMD、Sun、EMC、法国索迪斯集团等多家世界500强企业和浙大网新、晨讯科技、神州数码、万国数据、上海晟峰等30余个国内知名软件企业及项目落户沈城。东软、先锋、东大自动化、天久、新松机器人5家企业入选“2010年中国软件业务收入前百强企业”，其中东软集团股份有限公司连续多年被列为国家规划布局内重点软件企业。

经过几年的快速发展，沈阳动漫产业基地的综合实力在东北地区已处于绝对领先地位，并已经进入全国第一集团。到2010年底，基地已入驻原创动漫企业150家，总注册资本金超过3亿元人民币，就业人数近6000人。制作完成原创动画作品27部，总片长25262分钟，是2009年的2.5倍，沈阳（国家）动漫产业基地的原创能力、产业规模以及产业环境建设等总体实力在全国动漫制作十大省份和十大城市中的排名从2009年的5位一跃上升到2010年的第3位。

坚持项目集中布局、产业集群发展、资源集约利用、功能集合构建的原则，依据不同特点，在明确各区产业定位、功能定位的基础上，确定了市内各区软件服务业发展重点和方向，努力打造产业关联性高、相互依存的发展网络，形成具有区域特色的软件服务业集聚区。

浑南新区集中了东软集团、沈阳动漫产业基地、昂立信息园、新松机器人、东大自动化等一批大型企业、产业园区和大量从业人员，在数字医疗、软件服务外包、动漫、系统集成、工业自动化等领域成绩显著。

和平区则依托全东北最大的电脑市场集散地三好街，成就了先锋、艾特斯、先科等一大批软件服务企业，与和平区众多的孵化器企业一起，构成了和平区独特的产业发展模式。

铁西新区以装备制造业为平台，走出了一条具有强劲竞争力的"两化融合"道路，尤其以天久集团、畅通数据等企业为核心的软件服务企业在生产流程控制、智能交通、智能建筑、系统集成、数据处理等领域成绩显著，并以前所未有的发展势头抢占沈阳老工业基地得天独厚的巨大市场。

沈河区以金融商贸开发区众多金融巨头为依托，吸引了浙大网新、亚洲商联等软件服务企业成功进驻，并与日立SAS建立金融开发中心，长期开展金融项目开发及服务等业务。未来沈河区将以沈阳打造东北区域金融中心为契机，全力发展金融服务外包业务。

沈北新区以系统集成和支持服务收入为主，软件业务收入相比其它行政区增长较快。沈北新区规划了16平方公里的土地建设光电信息产业园，其中3平方公里作为软件服务相关用地。

皇姑区软件园A、B、C座从建成使用，就以超常的发展速度吸引了多家知名软件企业入驻，在软件外包，特别是对日软件外包方面做出了巨大的贡献。

全市产业园区规划面积达到2030余万平方米，已建设完成300余万平方米。园区建设日趋规范，园区功能逐渐完善，特色鲜明，已形成差异化发展的产业格局。以软件和服务外包为核心的沈阳国际软件园、东软软件园、昂立信息园、沈阳软件出口基地，以工业自动化软件为重点的沈阳东大自动化产业园，以光电信息产业为主体的沈阳光电信息产业园等，已逐步深入工业软件、信息服务、嵌入式及应用软件开发、动漫等领域，为推动沈阳市经济发展做出积极贡献。

（*王　龙*）

【无线电管理】　2010年，沈阳市无线电管理以建立全市无线电管理长效机制为全年重点工作，全力打造沈阳市良好的无线电管理环境，无线电管理取得新成就。

制定了《无线电频率审批及管理制度》、《行政执法岗位责任制度》、《无线电干扰排查工作制度》等十五项工作制度。工作制度包涵了无线电管理、无线电监测及无线电保障全部内容。无线电管理长效机制和各项制度的建立，规范了工作程序，明确了工作责任，提高了工作效率，有效地促进了全市无线电管理工作的发展。全年共受理6个单位设台申请，其中基地台6部，移动台56部。批准双工频率4个/对，单工频率5个，办理（换发）电台执照286个。全年监测系统累计监测7804小时，其中移动监测车外出监测760小时。

无线电基础设施建设取得新的突破，由5个屏蔽分站和1台无线电信号屏蔽工程车组成的无线电信号屏蔽网建成并投入使用，塔湾无线电监测分站的建设全面展开。

全年共承担了高考、中考、研究生考试、公务员考试、司法考试、事业单位录用考试，卫生资格考试等的无线电保障任务，考生数量、考场数量都是近年来最多的一次。共出动人员300余次，出动车辆70余辆，启动了沈阳市无线电监控中心和市内五个监测站，启用无线电设备100余套。保障地区除沈阳市区外，还包含了康平、法库、新民、辽中4个郊区县（市），保障考点累计达140多个，被市招生考试委员会授予"中高考工作先进单位"。无线电保障工作得到了社会的广泛认可。

对辽宁省第十一届运动会开幕式大型灯光控制系统的无线电遥控技术、无线麦克等使用的无线电频率进行了严格的电磁环境监测，防止发生可能出现信号干扰。在辽宁省人民防空指挥机关区域协同演练活动中，启动了市无线电监控中心，市内5个固定监测站，出动了移动监测车、移动屏蔽车，使用了6套便携式无线电监测设备。经过全办人员的共同努力，圆满完成了无线电信号干扰排查任务。

与辽宁省无线电管理机构在沈阳8个大型广场和10所大学开展了为期一个月的无线电管理宣传、无线电科普知识普及活动。期间共出动车辆25台次，人员96人次，发放宣传册7600册、宣传单3.3万份、有奖问答卷8800份，并在各大学征集了大学生保护无线电频谱资源志愿者。

全年共举办了6次无线电专业知识学习，并针对可能发生的干扰、破坏广播、电视、无线电通信等活动，组织了5次实战演练，提高了应对无线电干扰突发事件的能力。

（*郝维仁*）

【中国移动通信集团辽宁有限公司沈阳分公司】　中国移动通信集团辽宁有限公司沈阳分公司主要负责中国移动通信集团在沈阳地区的移动通信网络建设、业务受理和综合管理。作为沈阳地区的移动通信运营商，主要经营移动话音、数据、IP电话和多媒体业务，拥有"全球通"、"神州行"、"动感地带"三大著名服务品牌，客户总数已达511.6万户，综合移动通信网络覆盖范围广、通信质量高、业务品种丰富、服务水平一流，国际漫游业务通达五大洲200多家移动通信运营公司。

公司始终秉承中国移动通信集团"正德厚生，臻于至善"的企业核心价值观、"追求客户满意服务"的企业宗旨和"沟通从心开始"的服务理念，以诚信为本，依法经营，向社会和客户提供高质量的移动通信服务，践行企业社会责任，创造和谐社会。

2010年，公司以客户需求为导向，面向全业务市场，以"保有、攻坚、抢夺、拓展"为主线，以品牌为依托，规模发展客户；坚持提高经营质量、强化客户感知，持续推进服务管理体系建设，不断提高企业服务能力；以"优质网络"为抓手，推进基础网络建设，提升全业务支撑能力；拓宽精细管理的深度和广度，提升企业运营管理效益；推进企业文化建设，构建和谐企业；以保持企业持续发展为目的，不断提升企业核心竞争力，将沈阳最好的移动通信网络和高质量的移动通信服务，奉献给沈阳的广大移动通信客户。全年新建34处营业厅,24个区域营销中心投入运作。完善渠道建设,实现社会渠道属地化管理。重点推广手机报、手机阅读、飞信、手机电视、手机导航、手机地图、手机支付、GPS车辆定位跟踪系统、移动搜索等新业务,规模发展短信、来电显示、移动互联网、彩铃、彩信等业务,加快推广无线音乐俱乐部、中央音乐下载、来电提醒、随e行、移动气象站、12580、139邮箱、手机游戏、手机证券、快讯、号簿管家、二维码应用、全曲下载等业务,满足广大移动客户个性化的需求。

2010年,中国移动通信集团辽宁有限公司与沈阳市政府正式签署了全面战略合作协议,双方将在TD-SCDMA建设和应用、促进工业化和信息化融合等领域开展全面合作,以"无线城市"为平台支撑公共安全、城市管理等信息化应用。中国移动通信集团辽宁有限公司沈阳分公司与沈阳市中小企业局签订了信息化发展合作协议,就"成长型中小企业信息化发展工程"、"中小企业百千万发展计划"、"中小企业信息服务畅通计划"等合作内容共同推进沈阳市中小企业信息化发展。

深入开展农信通业务,推动农村信息化建设。开展百村百点丰产示范田活动,以水稻种植和甜瓜种植为主,活动范围遍布各郊县地区。与辽宁万村农业专业合作社共同举办了"移动引领绿色生活,十万盆栽果树绿化沈城"大型活动,呼唤人们关心环保,关注绿色,让城市变得更加美好。为表彰沈阳移动公司在农村信息化建设中所做出的突出贡献,共青团沈阳市委员会授予沈阳移动公司"沈阳市农村青年信息化建设贡献奖"。

坚持"客户为根、服务为本"的服务理念,以"便捷服务 满意100"为主题,落实六项服务承诺及社会热点服务问题的整治举措,创建客户放心满意的消费环境,增强客户的服务感知,提升客户满意度。为VIP客户提供特色服务,拓展全球通VIP俱乐部服务范围及领域,全面启动汽车、健康、女性、理财、手机俱乐部,并以此为依托,组织滑雪、摄影、手机、时尚讲堂等活动。

全年新建传送网管道89管程公里,开展TD网、GSM网、WLAN网络建设,完成地铁一号线移动通信网络覆盖,网络支撑能力得到提高。全面排查影响客户感知的网络质量问题,深入定位网络及管理上的关键因素,持续优化2G和TD网络,向客户提供优质网络服务。各类通信应急预案完备,圆满完成了大面积冻雨灾害、大暴雨灾害的抢险救灾应急通信保障,确保了灾害期间网络安全稳定运行。公司被市委、市政府评为地铁一号线工程建设先进集体突出贡献奖。

(李静妮)

轻工业

【概况】 截至2010年末,沈阳市共有规模以上轻工业企业1589户,比上年增加58户,占全市规模以上工业企业总数的30.3%。按国民经济行业划分标准,沈阳市规模以上轻工业企业共涉足农副食品加工业、食品制造业、饮料制造业、烟草制品业、纺织业、纺织服装鞋帽制造业、皮革毛皮羽毛(绒)及其制品业、家具制造业、造纸及纸制品业、印刷业和记录媒介的复制、文教体育用品制造业和医药制造业等25个大类行业。但轻工业企业主要集中在农副食品加工业、食品制造业、纺织服装鞋帽制造业、家具制造业、造纸及纸制品业、医药制造业六大行业中,以上六大行业共聚集了962户企业,占轻工业企业总数的60.5%。

从登记注册类型看:60%以上的轻工业企业为私营经营企业。到2010年底,私营企业1047户,占全行业的65.9%;股份制企业208户,占13.1%;外资投资企业173户,占10.9%;港、澳、台商投资企业60户,占3.8%;集体企业48户,占3.0%;国有企业41户,占2.6%。从企业规模看:绝大多数企业为小型企业,共有1511户,占全行业的95.1%;中型企业71户,占4.5%;大型企业7户,占0.4%。

2010年末,沈阳市轻工业企业共拥有资产1140.8亿元,比上年增长9.2%,其中:流动资产463.2亿元,占全部资产的40.6%;固定资产535.7亿元,占47.0%。全部负债总额为403.7亿元,比上年下降1.0%,其中:流动负债314.7亿元,占全部负债的78.0%,长期负债60.8亿元,占19.3%。资产负债率为35.4%,比上年下降3.6个百分点。所有者权益为727.1亿元,比上年增长17.4%。全部从业人员年平均人数23.2万人,比上年增加0.3万人,增长1.3%。

从生产经营情况看,2010年,沈阳市轻工业呈现又好又快的发展态势。全年共完成工业总产值2510.5亿元,比上年增长27.2%,占全部规模以上工业的比重为26.1%,比重较上年略有上升,上升0.2个百分点。实现销售产值2482.4亿元,增长28.2%,工业产品产销率为98.9%。全年实现主营业务收入2509.6亿元,增长27.4%;实现利润总额217.9亿元,增长76.6%;实现利税总额289.3亿元,增长36.7%。

2010年,25个轻工大类行业中,有8个行业实现产值超百亿元:农副食品加工业实现产值898.6亿元,居轻工行业榜首,占全部轻工业的35.8%;食品制造业实现产值231.1亿元,占9.2%;医药制造业实现产值203.5亿元,占8.1%;家具制造业实现产值169.9亿元,占6.8%;饮料制造业实现产值153.2亿元,占6.1%;纺织服装、鞋、帽制造业实现产值143.0亿元,占5.7%;电气机械及器材制造业实现产值107.2亿元,占4.3%;造纸及纸制品业实现产值105.6亿元,占4.2%。以上8大行业实现产值占全部轻工业的80.1%。

2010年,轻工业主要产品产量:小麦粉(面粉)比上年增长9.6%、饲料下降6.7%、食用植物油增长31.5%、方便面增长5.6%、乳制品增长4.2%、味精下降12.6%、饮料酒增长7.3%、软饮料下降25.6%、无纺布下降8.2%、服装增长21.8%、人造板下降15.1%、家具增长28.5%、合成洗涤剂增长40.0%、化学药品原药增长24.2%、中成药下降1.9%。

2010年,沈阳市轻工业共有93户企业生产经营呈亏损状况,亏损面为5.9%,较上年下降2.6个百分点;亏损企业的亏损额为5.3亿元,较上年增加2.5亿元,增长89.3%。

(贾 唯)

【食品制造业】 2010年,沈阳市食品

制造业规模以上企业共有105家，比上年增加11家。从登记注册类型分组看，内资企业88家，其中：国有企业3家，比上年减少1家；集体企业1家，比上年减少1家；有限责任公司14家；股份有限公司6家；私营企业64家，比上年增加16家；港澳台商投资企业7家，比上年减少1家；外商投资企业10家，比上年减少3家。从行业分组看，焙烤食品制造业19家，比上年增加1家；糖果、巧克力及蜜饯制造业10家，比上年减少1家；方便面食品制造业19家，比上年减少1家；液体乳及乳制品制造业4家；罐头制造业6家，比上年增加1家；调味品、发酵制品制造业20家，比上年增加2家；其他食品制造业27家，比上年增加9家。从企业规模上看，大型企业1家；中型企业9家，比上年减少2家；小型企业95家，增加13家。

2010年，该行业年末资产总计达98.6亿元，其中：流动资产合计41.2亿元，固定资产净值50.1亿元；从业人员年平均人数达2.27万人。

2010年，该行业的生产和经济效益持续稳定增长，共计完成工业总产值231.1亿元，增长23.1%；工业销售产值230.3亿元，增长24.3%；实现产品销售收入达230.7亿元，增长23.2%；实现利润24.5亿元，增长89.9%。

2010年，内资企业在本行业占绝对优势，内资企业单位数占本行业的83.8%；完成工业总产值169.0亿元，所占比重高达73.1%；工业销售产值166.7亿元，比重达72.4%；实现产品销售收入达230.7亿元，比重达72.4%；实现利润24.5亿元，比重达72.4%；实现利税23.0亿元，比重达74.6%。

2010年，该行业中，液体乳及乳制品制造业全年实现工业总产值84.2亿元，排在第一位；其次为方便食品制造业，工业总产值47.0亿元；再次为焙烤食品制造业，工业总产值为31.6亿元。创造利税方面，第一位为液体乳及乳制品制造业，实现利税达12.1亿元；第二位为方便食品制造业，利税为6.2亿元；第三位为焙烤食品制造业，利税为4.4亿元。

2010年，食品制造业生产方便面19.6万吨，比上年增长5.6%；乳制品77.3万吨，增长4.2%；糕点1.4万吨，下降4.7%；糖果1.2万吨，下降34.4%；酱油3.0万吨，下降28.0%；味精3.5万吨，下降12.6%；冷冻饮品4.5万吨，下降29.0%；饼干1.2万吨，下降15.6%。

（刘　巍）

【饮料制造业】　饮料制造业是沈阳优势产业中农产品深加工业的一个重要组成部分，包括酒精制造业、酒的制造业、软饮料制造业、精制茶加工等4个行业中类和13个行业小类，主要产品为白酒、啤酒、碳酸饮料、茶饮料和瓶（罐）装饮用水等。

2010年末，行业共有规模以上工业企业69户，与上年相同；资产81.4亿元，其中：固定资产43.6亿元；从业人员年平均人数为1.5万人。

饮料制造业在沈阳市属于中等规模行业大类。2010年，实现工业总产值153.2亿元，同比增长18.9%。产值在全市37个行业大类中排名第19位。全行业经济效益良好，2010年，实现主营业务收入140.8亿元，同比增长16.7%；利税总额23.1亿元，同比增长13.2%；利润总额17.8亿元，同比增长36.9%。

2010年，在饮料制造业中，从事酒的制造的企业有33户，共实现产值74.1亿元，同比增长36.2%，占行业48.3%。实现主营业务收入66.9亿元，同比增长37.7%；利税总额12.6亿元，同比增长30.0%；利润总额10.2亿元，同比增长88.8%。在酒的制造行业中类中，白酒制造企业数量最多，共有28户；啤酒制造是本行业中类中产值最大、产品知名度最高的行业小类，共有3户企业，即华润雪花啤酒（辽宁）有限公司、沈阳燕京啤酒有限公司和哈尔滨啤酒（沈阳）有限公司，其中沈阳华润雪花啤酒有限公司生产的雪花牌啤酒，为中国名牌产品，“雪花”商标为辽宁省著名商标。

2010年，从事软饮料制造的企业有34户，共实现产值77.4亿元，同比增长0.8%，占行业50.5%。实现主营业收入72.2亿元，同比增长1.4%；实现利税总额10.5亿元，同比下降4.5%；利润总额7.6亿元，与上年持平。软饮料制造业汇集多个国际和本地区知名品牌，如生产碳酸饮料的沈阳可口可乐、沈阳百事可乐和沈阳八王寺实业有限公司等；生产瓶（罐）装饮用水的乐百氏（广东）桶装水、沈阳娃哈哈饮料、乐百氏（沈阳）食品饮料、沈阳市金海饮品和沈阳大清宝泉饮品等；生产果菜汁及果菜汁饮料的沈阳五龙山葡萄辣椒加工有限公司、辽宁新大地食品饮料和沈阳麦金利食品有限公司等；生产含乳饮料和植物蛋白饮料的辽宁黑牛食品和娃哈哈乳制品有限公司等；还有生产茶饮料及其他软饮料的康师傅（沈阳）饮品和东西实业沈阳有限公司等。

（张　晔）

【家用电力器具制造业】　以空调器制造业为主体的沈阳市日用电器制造业，到2010年底共有沈阳华润三洋压缩机有限公司、沈阳三洋空调有限公司、沈阳龙泉空调制冷设备有限公司等16户规模以上企业。从企业规模看，大型企业共1户，中型企业共1户，小型企业14户；从登记注册类型来看，内资企业10户，外商投资企业6户。

2010年末，该行业全部资产总计38.2亿元，比上年下降5.0%。其中固定资产12.4亿元，下降17.5%，流动资产23.9亿元，增长1.0%；负债16.0亿元，比上年下降11.7%；所有者权益22.1亿元，比上年增长0.7%。从业人员年平均人数为5497人，比上年减少1507人。

2010年，沈阳市日用电力器具制造业稳步发展。全年全行业共完成工业总产值42.5亿元，比上年增长13.0%；实现销售产值45.9亿元，增长26.6%，产销率为108.1%；完成出口交货值3.8亿元，比上年增长81.3%；实现主营业务收入45.7亿元，增长16.0%；实现利润3.9亿元；实现利税5.5亿元。

（姚　铁）

【纺织工业】　沈阳市纺织工业由棉、化纤纺织及印染精加工，毛纺织和染整精加工，纺织制成品制造，针织品、编织品及其制品制造，丝绢纺织及精加工5个中类行业，14个小类行业组成。

2010年，沈阳市纺织行业共有规模以上工业企业69户，比上年减少了6户。按登记注册类型分：内资企业57户，比上年减少了5户，其中：集体企业6户，股份制企业2户，有限责任公司10户，私营企业37户，其他类型企业2户；

港澳台商投资企业1户;外商投资企业11户。按企业控股情况分:国有控股企业2户,与上年持平;集体控股企业9户,比上年减少了5户;外商控股企业9户,比上年减少了1户;私人控股企业46户,比上年减少了2户;港澳台控股企业1户,与上年持平;其他控股企业2户。

2010年,沈阳市纺织行业生产稳步增长。全年共完成工业总产值62.3亿元,比上年增长了26.2%;实现销售产值60.1亿元,比上年增长了35.2%。工业产品产销率为96.5%,较上年上升了6.5个百分点。实现出口交货值1.9亿元,比上年下降了36.2%。

2010年,沈阳市纺织行业的全部资产总值21.2亿元,比上年增长了15.2%。其中:流动资产8.5亿元,占全部资产的40%;固定资产10亿元,占全部资产的47.2%。全部负债总额为7.6亿元,比上年下降了0.9%。实现主营业务收入60.0亿元,比上年增长了26.6%;主营业务成本为51.6亿元,比上年增长了22.5%;盈亏相抵后全行业共实现盈利3.5亿元,比上年增长了135.8%;实现利税总额5.0亿元,比上年增长了76.9%;其中应交增值税1.2亿元,比上年增长了9.2%。全行业从业人员年平均人数为8818人,比上年下降了11.1%。

2010年,沈阳市纺织行业共有3户企业生产经营呈现亏损状态,亏损面为4.3%,较上年下降了3.7%。亏损企业的亏损额为300万元,比上年下降了80%。

(孙侠飞)

【印刷业】 沈阳市印刷业包括印刷和装订及其他印刷服务2个行业中类,其中印刷中类中又含有书、报、刊印刷、本册印制和包装装潢及其他印刷等3个行业小类。

2010年末,沈阳印刷业共有规模以上工业企业77户,比上年减少2户,其中大中型企业有4户;资产总额32.0亿元,比上年增长19.9%,其中固定资产14.4亿元;全部从业人员年平均人数为7000人。沈阳印刷业主要由内资企业组成,港澳台商及外商投资企业仅有3户。

2010年,印刷业实现工业总产值50.5亿元,同比增长25.6%;实现主营业务收入51.6亿元,同比增长30.0%;利润总额3.0亿元,同比增长57.9%;利税总额4.3亿元,同比增长19.4%。印刷业在沈阳属于较小行业,企业数量在全市规模以上工业中的覆盖率仅为1.5%,产值占0.5%。

2010年,在印刷业全行业中,产值超亿元企业有9户;利税总额超过千万有11户;利润总额超千万的企业有10户。沈阳市新友印刷有限公司、沈阳港丰印业有限公司、沈阳新林安塑料彩印制品有限公司、新民市裕达旺纸制品包装厂、辽宁神州印业有限公司、沈阳强大包装有限公司、辽宁新闻印刷集团有限公司等骨干企业为行业的发展和兴旺做出了重要的贡献。

(张 晔)

装备制造业

【概况】 沈阳市装备制造业包括金属制品业,通用设备制造业,专业设备制造业,交通运输设备制造业,电气机械及器材制造业,仪器仪表及文化、办公用机械制造业等行业。

2010年末,沈阳市装备制造业共有规模以上工业企业2406户,其中:大型企业有24户,中型企业有99户。按登记注册类型看,装备制造业有内资企业2105户,其中:国有企业62户,集体企业146户,股份合作企业50户,联营企业3户,有限责任公司300户,股份有限公司60户,私营企业1479户;港澳台商投资企业61户,外商投资企业240户。资产总额3498.7亿元,比上年增长19.8%;负债合计2088.5亿元,比上年增长20.0%。全部从业人员年平均人数为42.4万人。

2010年,装备制造业实现工业总产值4915.5亿元,比上年增长26.5%;实现销售产值4838.5亿元,增长27.4%。产销率为98.4%。

2010年装备制造业实现主营业务收入4724.0亿元,比上年增长27.1%;利润总额308.7亿元,增长79.2%;利税总额476.7亿元,增长47.0%。在装备制造业企业中,2211户企业实现盈利。2010年,利润总额超10亿元的企业为沈阳远大铝业集团有限公司、上海通用(沈阳)北盛汽车有限公司、华晨宝马汽车有限公司。主营业务收入超百亿元的为华晨宝马汽车有限公司、上海通用(沈阳)北盛汽车有限公司、沈阳飞机工业(集团)有限公司、沈阳机床(集团)有限责任公司、北方重工集团有限公司。这些骨干企业为沈阳装备制造业的快速发展提供有力的支撑,为其持续兴旺做出了重要的贡献。

(毛英杰)

【有色金属冶炼及压延加工业】 沈阳市有色金属冶炼及压延加工业由常用有色金属冶炼、贵金属冶炼、稀有稀土金属冶炼、有色金属合金制造、有色金属压延加工5个中类行业、18个小类行业组成。

2010年,沈阳市有色金属冶炼及压延加工行业共有规模以上工业企业99户,比上年减少了3户。按登记注册类型分:内资企业85户,比上年减少了3户,其中:国有企业3户,集体企业7户,股份制企业2户,有限责任公司7户,私营企业66户;外商投资与港澳台商投资企业14户。按企业控股情况分:国有控股企业4户,集体控股企业9户,私人控股企业78户,外商控股企业5户,港澳台控股企业2户。

2010年,沈阳市有色金属冶炼及压延加工行业生产较上年有所提高。全年共完成工业总产值197.2亿元,比上年增长了25.6%;实现销售产值195.2亿元,比上年增长了27.1%。工业产品产销率为99%,比上年增长了1.2%。实现出口交货值5000万元,比上年下降了2.1%。

2010年,沈阳市有色金属冶炼及压延加工行业的资产总额74.8亿元,比上年增长了8.1%。其中:流动资产20.0亿元,占全部资产的26.8%;固定资产40.9亿元,占54.6%。负债总额为33.1亿元,比上年增长了11.5%。实现主营业务收入193.8亿元,比上年增长了25.1%。主营业务成本为172.5亿元,比上年增长了28.5%。盈亏相抵后全行业共实现盈利12.5亿元,比上年增长了155.6%。实现利税总额15.9亿元,比上年增长了71.8%。应交增值税2.2亿元,比上年下降了33.1%。全行业从业人员年平均人数为10864人,比上年减少了7%。

2010年,沈阳市有色金属冶炼及压延加工行业共有12户企业生产经营呈现亏损状态,亏损面为12.1%,较上年下降了5.5%。亏损企业的亏损额为2300万元,比上年下降了67.1%。

有色金属压延加工业为沈阳市有色金属冶炼及压延加工业的主导产业。2010年,有色金属压延加工业完成工业总产值155.2亿元,占全行业的78.7%;实现主营业务收入151.9亿元,占全行业的78.4%;实现利税12.4亿元,占全行业的78.3%。

(孙侠飞)

【黑色金属冶炼及压延加工业】 沈阳市黑色金属冶炼及压延加工业是沈阳市的优势产业之一,主要由炼铁业、炼钢业、钢压延加工业、铁合金冶炼业4个中类行业组成。

2010年,沈阳市黑色金属冶炼及压延加工行业共有规模以上工业企业83户,比上年减少了14户。按登记注册类型分:内资企业76户,比上年减少了11户,其中:集体企业8户,股份制企业2户,有限责任公司12户,私营企业54户;外商投资企业7户,比上年减少了3户,其中:中外合资企业6户,外资企业1户。按企业控股情况分:国有控股企业5户,比上年增加了1户;集体控股企业9户,比上年减少了3户;私人控股企业66户,比上年减少了9户;外商控股企业3户,比上年减少了1户。

2010年,沈阳市黑色金属冶炼及压延加工行业,全年共完成工业总产值248.9亿元,比上年下降了10.8%;实现销售产值242.5亿元,比上年下降了11%。工业产品产销率为97.4%,较上年下降了0.4%。实现出口交货值1.7亿元,比上年下降了54.4%。

2010年,沈阳市黑色金属冶炼及压延加工行业的资产总计99.7亿元,比上年下降了9.5%。其中:流动资产57.8亿元,占全部资产的57.9%;固定资产30.0亿元,占30.1%。负债总额为66.7亿元,比上年增长了1.4%。实现主营业务收入243.4亿元,比上年下降了13.5%;主营业务成本为219.5亿元,比上年下降15.8%。盈亏相抵后全行业共实现盈利6.1亿元,比上年增长了21.7%。实现利税总额11.6亿元,比上年增长了6.8%。其中应交增值税4.9亿元,比上年增长了21.2%。全行业从业人员年平均人数为8278人,比上年下降了33.2%。

2010年,沈阳市黑色金属冶炼及压延加工行业共有8户企业生产经营呈现亏损状态,亏损面为9.6%,较上年下降了4.8%。亏损企业的亏损额为4000万元,比上年下降了80.5%。

钢压延加工业为沈阳市黑色金属冶炼及压延加工业的主导产业。2010年,钢压延加工业完成工业总产值231.1亿元,占全行业的92.9%;实现主营业务收入225.7亿元,占全行业的92.7%;实现利税10.9亿元,占全行业的93.5%。

(孙侠飞)

【通用设备制造业】 通用设备制造业是沈阳市传统支柱行业,是装备制造业的重要组成部分。在全市37个行业大类中,通用设备制造业是企业户数最多,生产规模最大,吸纳就业人数最多的行业。

沈阳市通用设备制造业具有良好的行业基础和较为完备的行业和产品体系,全部拥有该行业的9个行业中类,并拥有全部33个行业小类中的31个。行业的主要产品为金属切削机床、内燃机、风机、泵、制冷空调设备和工业锅炉等。

2010年末,全市规模以上通用设备制造企业为836户,比上年减少44户,其中大中型企业25户,比上年减少3户;资产695.6亿元,同比增长11.7%;全部从业人员年平均人数11.0万人,比上年减少5000人。全年实现工业总产值1203.4亿元,同比增长20.0%;实现主营业务收入1139.1亿元,同比增长18.6%;利润总额62.6亿元,同比增长50.8%;利税总额94.3亿元,同比增长30.1%。

2010年,通用设备制造业主要产品产量情况:金属切削机床9.5万台,同比增长29.8%,其中数控机床2.8万台,同比增长52.1%;工业锅炉6303蒸发量吨,同比增长16.6%;减速机2.7万台,同比下降2.7%;泵6.6万台,同比下降3.8%;风机0.6万台,同比增长28.9%;输送机械27.6万吨,同比增长57.3%;气体压缩机1.3万台,同比下降11.1%。

沈阳通用设备制造业知名企业云集,沈阳机床(集团)有限责任公司、沈阳鼓风机集团有限公司、通用电气能源(沈阳)有限公司、沈阳三洋电梯有限公司和沈阳博林特电梯有限公司等企业享誉国内外。全行业年产值超亿元企业共有245户,比上年增加65户,其中:13户企业超过10亿元,2户企业超过100亿元。利税上千万企业206户,增加67户,其中5户企业利税超过1亿元;利润上千万企业158户,增加78户,其中4户企业利润超过1亿元。

2010年,通用制造业企业在全市工业的覆盖率为15.9%,同比下降0.9个百分点;产值占全市12.5%,同比下降0.6个百分点。

(张　晔)

【专用设备制造业】 2010年,沈阳市专用设备制造业规模以上企业共有345家,比上年减少22家。从登记注册类型分组看,内资企业305家,比上年减少19家,其中:国有企业13家,比上年减少2家;集体企业18家,比上年减少2家;股份合作企业5家,比上年减少1家;联营企业2家;有限责任公司43家,比上年减少6家;股份有限公司4家;私营企业220家,比上年减少8家;港澳台商投资企业7家;外商投资企业33家,比上年减少3家。从行业分布来看,矿山、冶金、建筑专用设备制造117家,化工、木材、非金属加工专用设备65家,环保、社会公共安全及其他专用设备制造51家,医疗仪器设备及器械制造23家,印刷、制药、日化生产专用设备制造17家,食品、饮料、烟草及饲料生产专用设备制造12家,电子和电工机械专用设备制造25家,农、林、牧、渔专用机械制造23家,纺织、服装和皮革工业专用设备制造12家。从工业企业大中小型分组看,大型企业5家,中型企业11家,小型企业329家。

2010年,该行业全部资产总计年末达530.8亿元,流动资产年合计达335.2亿元,固定资产净值达109.6亿元;从业人员年平均人数为61937人。

2010年,该行业的生产和经济效益持续稳定增长,共计完成工业总产值582.2亿元,比上年增长19.9%;工业销售产值583.0亿元,增长21.9%;实现产品销售收入560.8亿元,增长20.6%;实现利润为43.6亿元,增长2.1倍。

2010年,该行业中矿山、冶金、建筑专用设备制造业保持良好发展态势,并占绝对优势,共实现工业总产值达297.4

亿元,所占比重高达51.1%;销售产值为299.2亿元,比重为51.3%;资产总计达355.1亿元,比重为66.9%;产品销售收入达277.9亿元,比重为49.6%;实现利税达30.3亿元,比重为51.4%;实现利润达20.6亿元,比重为47.4%。

2010年,该行业中矿山、冶金、建筑专用设备制造业全年实现工业总产值297.4亿元,排在第一位;其次为化工、木材、非金属加工专用设备业,工业总产值89.2亿元;再次为环保、社会公共安全及其他专用设备制造业,工业总产值为52.6亿元。创造利税方面,第一位为矿山、冶金、建筑专用设备制造业,实现利税达30.3亿元;第二位为化工、木材、非金属加工专用设备业,利税为8.9亿元;第三位为环保、社会公共安全及其他专用设备制造业,利税为5.9亿元。

2010年,沈阳市的专用设备制造业生产的主要产品产量:采矿专用设备26.5万吨,比上年增长15.3%;水泥专用设备24.2万吨,增长2.3倍;金属冶炼设备1.5万吨,下降56.5%;金属轧制设备6677吨,下降13.1%;挖掘、铲土运输机械31台,下降16.2%。

(刘 巍)

【汽车制造业】 沈阳市汽车制造业主要由汽车整车制造、改装汽车制造、汽车车身、挂车的制造、汽车零部件及配件制造、汽车修理五个小类行业组成。其中:汽车整车制造、汽车零部件及配件制造为主导产业。2010年,汽车整车制造和汽车零部件及配件制造业企业单位数和实现工业总产值分别占到全行业的86.7%和93.2%。

2010年,沈阳市共有规模以上汽车制造企业210户,比上年减少2户。其中汽车整车制造11户,改装汽车制造12户,汽车车身、挂车的制造1户,汽车零部件及配件制造171户,汽车修理15户。从企业规模看:大型企业5户,中型企业20户,小型企业185户。从登记注册类型看:内资企业161户,占全行业的76.7%,其中:国有企业11户,集体企业8户,私营企业105户;其他类型企业37户。港澳台商投资企业15户,占全行业的7.1%;外商投资企业34户,占全行业的16.2%。

截至2010年末,沈阳市汽车制造业拥有资产783.9亿元,比上年增长33.1%,其中:流动资产536.4亿元,增长49.5%;固定资产160.7亿元,增长9.0%。全部负债总额为590.3亿元,比上年增长48.8%,其中:流动负债570.0亿元,占全部负债的96.6%,增长50.9%;长期负债14.1亿元,占全部负债的2.4%,增长10.2%。资产负债率为75.3%,比上年上升7.9个百分点。所有者权益为191.9亿元,增长0.7%。全部从业人员年平均人数5.1万人,增长6.3%。

2010年,沈阳市汽车产业呈现快速发展的势头。全行业共完成工业总产值1013.5亿元,较上年增长37.5%,增速比上年提高16.8个百分点;实现销售产值996.4亿元,增长36.6%,增速比上年提高23.6个百分点。全年共生产汽车66.6万辆,比上年增长38.1%;销售汽车65.8万辆,增长35.4%。分品种看,主要是轿车产量大幅增加。全年共生产轿车41.7万辆,比上年增长60.1%,轿车产量占到汽车总量的62.6%,比重较上年提高8.6个百分点;多功能乘用车(MPV)7.1万辆,增长29.0%;公路客车7.7万辆,增长9.6%;载货汽车10.0万辆,增长4.7%。全年共生产汽车发动机3636万千瓦,增长69.4%。

2010年,沈阳市汽车制造业实现主营业务收入1046.0亿元,比上年增长39.2%,增速比上年提高22.1个百分点。实现利税146.9亿元,增长76.6%。实现利润73.7亿元,增长1.4倍。应交增值税32.4亿元,增长30.7%。2010年,全行业共有23户企业生产经营呈亏损状况,亏损企业比上年减少11户,亏损面为11.0%。亏损企业的亏损额为5.1亿元,较上年增加5000万元,增长10.9%。

2010年,沈阳市汽车制造业完成工业总产值、实现主营业务收入、利税和利润总额分别占沈阳市规模以上工业的10.5%、11.1%、14.7%和11.0%。2010年,全行业有12户企业实现工业总产值超10亿元,其中上海通用(沈阳)北盛汽车有限公司和华晨宝马汽车有限公司为行业龙头企业。2010年,上海通用(沈阳)北盛汽车有限公司和华晨宝马汽车有限公司实现产值均超过200亿元,总量占到全行业的45.9%。

(贾 唯)

【电气机械及器材制造业】 沈阳市电气机械及器材制造业主要包括电机制造,输配电及控制设备制造,电线、电缆、光缆及电工器材制造,电池制造,家用电力器具制造,非电力家用器具制造,照明器具制造和其他电气机械及器材制造等8个中类行业和26个小类行业。其主要产品有电线电缆、变压器、压缩机、蓄电池、空调器、照明灯具等工业生产用品及居民日常生活用品,是与工业生产和人民生活密切相关的行业。

截至2010年底,全行业共有规模以上工业企业463户,比上年减少14户。其中大中型企业25户,比上年减少1户。

从行业构成上看,电机制造38户,输配电及控制设备制造230户,电线、电缆、光缆及电工器材制造117户,电池制造6户,家用电力器具制造16户,非电力家用器具制造13户,照明器具制造37户,其他电气机械及器材制造6户。

从经济类型分组看,内资企业406户,其中:国有企业8户,集体企业30户,股份合作企业13户,有限责任企业65户(国有独资公司3户,其他有限责任公司62户),股份有限公司18户,私营企业272户;港澳台投资企业14户;外资企业43户。

2010年,电气机械及器材制造业全行业实现工业总产值976.9亿元,比上年增长29.0%;实现工业销售产值960.1亿元,增长31.1%;实现利润总额47.7亿元,比上年增长55.4%,人均创利润6.3万元。

2010年,该行业实现主营业务收入947.8亿元,比上年增长29.7%,其中有15户企业全年主营业务收入超10亿元,实现主营业务收入364.9亿元,占全行业的38.5%。

2010年,全行业资产总计591.9亿元,比上年增长13.8%;固定资产186.7亿元,比上年增长3.1%;固定资产原值450.2亿元,增长42.8%;负债合计302.6亿元,比上年下降1.8%;全部从业人员年平均人数7.59万人,比上年增长0.8%。

(毛英杰)

【沈阳机床(集团)有限责任公司】 2010年是沈阳机床集团在战胜金融危机后实现大发展、快发展的一年。产品销售收入143亿元,同比增长19%。不仅稳居中国第一,而且跻身世界第二;实现工业总产值150亿元,同比增长

23%；产值数控化率57%，同比增加1个百分点；工业增加值47亿元，同比增长22%；机床产量9.2万台，同比增长31%；数控机床产量2.8万台，同比增长52%；利税总额9.5亿元，同比增长12%；利润总额4亿元，同比增长2%。

针对2010年的市场形势，在集团经理层年会上提出"抢市场仍为金融危机后期公司经营的首要任务"。并强调要重点做好"抢夺中国市场、布局国际市场、特色渠道模式建设和以服务树品牌"等工作。经过努力，在抢夺中国市场方面，全年新增合同131亿元，同比增长63%，其中数控机床合同83亿元，同比增长76%；在布局国际市场方面，美国、德国、土耳其、加拿大平台已投入运行，俄罗斯、巴西、印度、越南4个平台建设已完成准备工作；在特色渠道模式建设方面，2010年在厦门、西安又新开设两家4S店，使沈阳机床目前4S店总数达到8家。

2010年，集团完成数控机床产量2.8万台，比上年增长52%；实现数控机床销量2.6万台，比上年增长41%。全年完成数控机床产值86亿元，比上年增长25%；产值数控化率57%，比上年又有新的突破。同时，作为产品结构调整的重大举措之一，利用现有技术对传统普通机床产品进行全系列改版升级，新打造的五大类产品产业化取得良好市场效果，全年销量突破4000台，销售收入突破10亿元。

2010年，共完成新产品研发108项，完成关键技术攻关56项，申请专利42项，获得科技奖项23项。2010年，沈阳机床集团分别被工信部确定为高速复合加工中心及关键技术创新平台，被科技部和全国计算机协会授予全国信息化应用50佳先进单位，被沈阳市人民政府授予沈阳市产学研合作先进单位。另外，HTM125车铣复合机床荣获沈阳市科技进步一等奖，VMD850立式加工中心系列产品荣获沈阳市科技振兴奖等。

实施普通机床OEM转型取得积极进展，完成OEM机床3.3万台，实现销售收入17.9亿元。其中：普通车床2.2万台，实现销售收入11.8亿元；普通摇臂钻床1.1万台，实现销售收入6.1亿元。

（沈　机）

【北方重工（集团）有限公司】　北方重工（集团）有限公司（简称北方重工）是在沈阳重型机械集团有限责任公司和沈阳矿山机械（集团）有限责任公司合并重组基础上组建的国有独资公司。2007年并购德国维尔特控股公司/法国NFM公司后，成为跨国经营企业。2008年进入中国机械和世界机械500强。2009年跨进中国企业500强行列。

2010年，北方重工全体员工坚持以科学发展观为指导，满怀发展激情，实施"三大战略"、"四个结构调整"，以"重大装备，高端成套"为主攻方向，以打造具有核心竞争力的国际化企业为目标，发扬"细、严、实"的工作作风，锐意创新，开拓进取，实现了较好快速的发展。

全年实现销售收入126亿元，同比增长9%；实现工业增加值12.7亿元，同比增长29.6%；出口创汇（交货值）3.24亿美元，同比增长54.3%；实现利润2.4亿元，同比增长285%；上缴税金3.71亿元，同比增长41%。实现自营订货125亿元，同比增长26.7%。在矿山、电站、冶金设备等领域，保持了旺盛的增长势头。海外订货量连续增长，出口交货值不断攀升。2008年出口项目仅占当年订货总额的14.5%，2009年达到30%，2010年达到43.3%。不断拓宽市场领域，大型成套和总包项目快速提升。2008年北方重工成套项目仅占当年自营订货总额的14.6%，2009年达到35.7%，2010年达到48.1%。一批大项目顺利交货，NHI市场知名度不断扩大。积极抢占新领域，一批新产品快速进入市场。完全自主研发的1500吨/小时露天煤矿大型半移式破碎站与保利能源公司成功签约；φ3.04米土压平衡盾构机的推出；大型电厂输煤系统成套技术开发实现市场销售；MLN3750水泥熟料磨等又一批新产品快速进入市场。

在老产品的升级改造方面，完成了双进双出磨煤机、中速磨、EBZ160改进型掘进机、25×3.5M液压切分剪、输送机用高效率新型托辊组系列产品和2.7M定尺剪机组等产品的升级改造，进一步优化了产品性能，提高了产品的竞争力。

在新产品研制方面，开发出22项具有自主知识产权、科技含量高、竞争力强的拳头产品，同时申报专利38项，其中发明专利27项。同国外公司合作开发了大型排土机、履带运输车产品技术；实施了千万吨级大型露天煤矿半连续开采工艺技术和重大成套装备技术开发；开发出带宽2.4米、小时运量1.3万吨国内最大的大型输送机产品等重大新产品。

在成套技术方面，重点开发了大型火电输煤系统成套技术、1.422米大直径钢管轧机生产线、500MM板带轧制机组、1.725米不锈钢轧制准备机组等成套技术和装备，进一步提升了公司成套技术能力。

2010年是企业搬入新厂区进入实体运作的第一年，完成了企业资源整合、建章建制、职能转换和业务对接，建立了新的运行秩序。通过集中招标降低采购成本7.7个百分点，节约采购资金5235万元；实现了财务管理的"六统一"，全年节约财务费用支出2120万元；完成了北方重工质量、安全、环境和职业健康管理体系的一体化认证；经济运行质量明显提高，2010年，北方重工实现利润、上缴税金与2006年北方重工组建时比，分别增长了983%和236%。

（陆　璐）

医药制造业

【概况】　医药制造业是沈阳市的优势产业之一，主要由化学药品原药制造、化学药品制剂制造、中药饮片加工、中成药制造、兽用药品制造、生物、生化制品的制造和卫生材料及医药用品制造等7个中类行业组成。

2010年，医药制造业全行业拥有规模以上工业企业98户，比上年减少4户。按登记注册类型分：内资企业73户，比上年减少了1户，其中：国有企业2户，集体企业2户，股份制企业7户，有限责任公司13户，私营企业48户，其他类型企业1户；港、澳、台商投资企业10户，外商投资企业15户。按企业控股情况分：国有控股企业5户，比上年减少了1户；集体控股企业7户，比上年减少了1户；私人控股企业67户，比上年减少了2户；港澳台控股7户、外商控股企业11户和其他控股企业1户都与上年持平。

2010年，沈阳市医药制造业生产较上一年有所提高。全年共完成工业总产值203.5亿元,比上年增长了17.6%;实现销售产值197.8亿元,比上年增长了17.1%。工业产品产销率为97.2%,比上年下降了0.4%。实现出口交货值15.4亿元,比上年下降了3.9%。

2010年,沈阳市医药制造业的资产总额196.6亿元,比上年下降了0.6%。其中:流动资产109.6亿元,占全部资产的55.7%;固定资产50.1亿元,占25.5%。负债总额为100.1亿元,比上年下降了5.8%。实现主营业务收入255.7亿元,比上年增长了24.3%。主营业务成本为194.3亿元,比上年增长了29.7%。盈亏相抵后全行业共实现盈利20.7亿元,比上年增长了30%。实现利税总额29.3亿元,比上年增长了45.3%。应交增值税7.6亿元,比上年下降了2.1%。全行业从业人员年平均人数为2.4万人,比上年增长了5.2%。

2010年,沈阳市医药制造业共有12户企业生产经营呈现亏损状态,亏损面为12.2%,较上年上升了0.4%。亏损企业的亏损额为4000万元,比上年增长了111.1%。

(孙佚飞)

【东北制药集团有限责任公司】 2010年东药集团实现了集团班子2006年上任之初提出的"打造百亿集团,再创一个新东药"发展目标。"十一五"期间,东药集团累计实现销售收入326亿元,年均增长27.7%。累计实现工业增加值53亿元,年均增长12.2%。累计实现利税总额20亿元,年均增长25.7%。累计实现出口收入8.8亿美元,年均增长23.8%。

2010年,实现销售收入100.23亿元,同比增长33.5%;完成出口交货值2.2亿美元;实现利润1.12亿元;完成纳税3.77亿元,同比增长14.07%;从业人员劳动报酬同比增长8.03%。在国际市场低迷的形势下,完成了2.2亿美元的出口交货值。在部分产品销售价格下跌的趋势下,国内市场销售额实现了6%的增长。全年成功开发44个采购新品种,完成调剂收入2亿元。

整合后的东北制药集团销售有限公司正式成立。全年实现销售收入14.36亿,同比增长14%,全年资金回笼率100%。与赞比亚政府达成了抗艾药品出口的合作意向。

一期异地改造工程全面建成投入使用,二期工程和东药乌海化工有限公司、东北制药集团辽宁生物医药有限公司两地工程建设正式动工。

完成5个新产品的中放、试生产、工艺优化等工作。完成了2个重要技术创新。完成临床及临床前研究项目30余项,申报临床项目三个,十个制剂新产品项目完成中试研究,部分制剂新品种出口到美洲。与沈阳药科大学共同创建了"技术创新产学研战略联盟"。

以效益为中心,全面展开效益管控工作。建立财务总监派驻制度。推动质量变革进入第二阶段。通过了"四体系"年度审核、GMP认证审核、IP认证审核、BRC认证审核、COS认证审核、ISO9001、FAMI-QS换证审核等国内外权威认证。完成了以财务、物流、成本、全面预算及企业内控(一期ERP部分)为主体的信息化建设工作。6S管理工作从试点单位逐步全面展开。

原料药、制剂产品的生产组织以优质保供为中心,全面完成任务。成立专项攻关组,研究重点产品的工艺、质量、装备等方面瓶颈。在异地改造项目进行的同时,重视现有硬件水平的提升,年度技改投资总额超过6112万元。全年实现综合节能创效581万元。二氧化硫和COD减排工作,先后多次通过了国家环保部、国家发改委、市环保局、区环保分局的检查。

(范明岩)

化学工业

【化学原料及化学制品制造业】 2010年,沈阳市化学原料及化学制品制造业规模以上企业共有273家,比上年减少5家。从登记注册类型分组看,内资企业241家,比上年减少6家,其中:国有企业8家;集体企业24家,比上年减少1家;股份合作企业5家,比上年减少2家;有限责任公司34家,比上年增加2家;股份有限公司8家;私营企业161家,比上年减少7家;港澳台商投资企业6家;外商投资企业26家,比上年增加1家。从行业分布来看,基础化学原料制造44家,专用化学产品制造95家,涂料、油墨、颜料及类似产品制造69家,肥料制造26家,日用化学产品制造15家,农药制造11家,合成材料制造13家。从工业企业大中小型分组看,中型企业1家,小型企业272家。

2010年,该行业全部资产总计年末达115.9亿元,流动资产年合计达43.6亿元,固定资产净值达52.5亿元;从业人员年平均人数为23077人。

2010年,该行业的生产和经济效益持续稳定增长,共计完成工业总产值276.9亿元,比上年增长34.4%;工业销售产值273.9亿元,增长34.8%;实现产品销售收入272.8亿元,增长34.6%;实现利润为18.1亿元,增长1.2倍。

2010年,该行业中专用化学产品制造业保持良好发展态势,并占绝对优势。专用化学产品制造业实现工业总产值达87.1亿元,所占比重高达31.4%;销售产值为86.3亿元,比重为31.5%;资产总计达38.9亿元,比重为33.6%;产品销售收入达87.3亿元,比重为32.0%;实现利税达9.4亿元,比重为39.3%;实现利润达7.4亿元,比重为40.8%。

2010年,该行业中,专用化学产品制造业全年实现工业总产值87.1亿元,排在第一位;其次为涂料、油墨、颜料及类似产品制造业,工业总产值65.8亿元;再次为基础化学原料制造,工业总产值为37.5亿元。创造利税方面,第一位为专用化学产品制造业,实现利税达9.4亿元;第二位为涂料、油墨、颜料及类似产品制造业,利税为6.1亿元;第三位为基础化学原料制造,利税为3.2亿元。

2010年,沈阳市的化学原料及化学制品制造业生产的主要产品产量:合成洗涤剂4.7万吨,增长40.0%;烧碱18.4万吨,增长3.6%;染料0.4万吨,增长15.6%;涂料23.1万吨,增长3.7%;化学农药原药2987吨,增长44.5%;盐酸9.7万吨,增长1.1倍;化学肥料1.5万吨,下降29.4%。

(刘　巍)

【橡胶制品业】 2010年,沈阳市橡胶制品业规模以上企业共有84家,比上年减少3家。从登记注册类型分组看,内资企业73家,比上年减少3家,其中:国有企业3家;集体企业6家,比上年减少4家;股份合作企业7家;有限责任公司7家;股份有限公司1家;私营企业49家,比上年增加1家;港澳台商投资企业3家;外商投资企业8家。从行业分布来看,轮胎制造业9家,橡胶板管带制造业32家，橡胶零件制造业27家，再生橡胶制造业2家，橡胶靴鞋制造业3家，日用及医用橡胶制品业1家，其他橡胶制品业10家。从企业规模看，大型企业1家，中型企业9家，小型企业74家。

2010年，该行业全部资产总计年末达89.2亿元，流动资产合计达42.6亿元，固定资产净值达28.5亿元；从业人员年平均人数为14379人。全完成工业总产值110.4亿元，工业销售产值108.0亿元，实现产品销售收入111.4亿元，实现利润为6.8亿元，实现利税为10.3亿元。在该行业中，轮胎制造业排在第一位，工业总产值达46.5亿元；其次为橡胶板管带制造业，工业总产值为32.0亿元；再次为橡胶零件制造业，工业总产值为14.9亿元。从创造利润情况上看，第一位为橡胶板管带制造业，实现利润达3.1亿元；第二位为轮胎制造业，利润为2.0亿元；第三位为橡胶零件制造业，利润为1.0亿元。

（刘　巍）

建材工业

【概况】　沈阳市非金属矿物制品业主要包括水泥、石灰和石膏的制造，水泥及石膏制品制造，砖瓦、石材及其他建筑材料制造，玻璃及玻璃制品制造，陶瓷制品制造，耐火材料制品制造，石墨及其他非金属矿物制品制造等7个中类行业及27个小类行业。

2010年，沈阳市共有规模以上非金属矿物制品业工业企业384户，比上年增加27户，其中中型企业30户，与上年持平。30户企业与上年相比，发生变化的企业有5户，有5户企业由小型企业转为中型企业，有5户企业由中型企业降为小型企业。

2010年，该行业共有133户企业全年主营业务收入过亿元，其中排在前几位的分别是：沈阳冀东水泥有限公司、沈阳博士盖陶瓷有限公司、沈阳闽南实业有限公司、沈阳精品石材市场有限责任公司、沈阳浩松陶瓷有限公司、沈阳舞龙复合材料制品有限公司、辽宁金地阳陶瓷有限公司、沈阳茨榆坨鑫盛建材有限公司，133户企业共实现主营业务收入446.8亿元，占全行业的81%。

从登记注册类型看：内资企业342户，占89.1%，其中：国有企业5户，比上年减少6户；港澳台商投资企业12户，与上年持平；外商投资企业30户，比上年增加2户。

从行业构成上看，水泥、石灰和石膏的制造13户，水泥及石膏制品制造109户；砖瓦、石材及其他建筑材料制造169户；玻璃及玻璃制品制造51户，陶瓷制品制造6户，耐火材料制品制造19户，石墨及其他非金属矿物制品制造17户。

2010年，该行业有26户亏损企业，比上年减少1户；但亏损企业的亏损额由2008年的6103万元减少到3170万元，减少92.5%。2010年该行业实现利润总额49.2亿元，增长80.2%；实现利税总额74.6亿元，增长66.1%。

2010年，该行业拥有资产216.1亿元，比上年增长20.9%，其中：固定资产原值235.4亿元，增长36.8%；负债合计81.2亿元，比上年增长21.0%，其中流动负债61.0亿元，增长65.8%，长期负债9.8亿元，增长40.0%；所有者权益合计132.1亿元，比上年增长19.0%。2010年，该行业全部从业人员年平均人数为5.69万人，比上年增加4.2万人。

2010年，沈阳市的非金属矿物制品业全年实现工业总产值561.1亿元，比上年增长35.4%；实现销售产值557.5亿元，比上年增长35.6%；实现主营业务收入551.6亿元，增长34.3%。其中砖瓦、石材及其他建筑材料制造为主导产业，实现工业总产值315.5亿元，占全行业全部产值的56.2%；实现主营业务收入311.2亿元，占全行业的56.4%。另外水泥及石膏制品制造实现工业总产值111.0亿元，占全行业的19.8%；实现主营业务收入109.3亿元，占全行业的19.8%。

（毛英杰）

煤　炭　业

【沈阳煤业（集团）有限责任公司】　沈阳煤业（集团）有限责任公司，2001年由原沈阳矿务局改制而成。经过近十年的不懈努力，现已发展成为以煤炭生产为主，集煤炭、电力、建材、多元经营、物流贸易和房地产开发等为一体的多元化、多所有制、跨地区、跨行业经营的大型煤炭企业集团。沈煤集团现有沈阳、黑龙江、山西、内蒙古四个矿区，企业资产总值245亿元，职工4.8万人，企业年经营总收入超过210亿元，在全国煤炭企业排行中排名第32位，是全国最具活力500强企业之一。

2010年，沈煤集团紧紧抓住国家宏观经济总体向好的有利时机，突出安全保稳定，狠抓生产提总量，强化管理增效益，建设项目谋发展。通过扎实而卓有成效的工作，顺利实现了“十一五”规划目标。在打造百年老店、实现强企富民的道路上又迈出了坚实有力的一步。

主业生产再创新水平。2010年，沈煤集团在煤炭主业生产上，始终本着科学的态度和可持续发展的原则，在稳定发展沈阳矿区的同时，加快黑龙江矿区和山西矿区的发展步伐。通过一年的努力，集团公司实现商品煤产量1207万吨，比2009年增加108万吨，创出历史最好水平。

域外发展再获新突破。在保证黑龙江矿区和山西矿区健康发展的同时，2010年，沈煤集团在内蒙古自治区呼伦贝尔市成功收购了蒙西煤矿和呼盛煤矿，并与沈阳同联集团、沈阳首源公司和呼伦贝尔市政府共同组建了呼伦贝尔北方能源公司，拟开发建设700万千瓦电厂。至此，沈煤集团“一本三区”的煤炭主业四点布局正式形成。

多元发展再谱新篇章。2010年是沈煤集团非煤产业加速崛起的一年。沈南2×33万千瓦煤矸石坑口热电厂，于9月份顺利实现双机启动，当年实现发电7亿度，实现销售收入3亿元。同时，随着丹东交通粉磨站、辽阳中北粉磨站、建材总厂粉磨站的相继投产，使沈煤集团具备了440万吨/年的水泥生产能力。充分发挥现有资源优势，稳步发展物流贸易。2010年，沈煤集团实现物流收入105亿元，仅用一年时间便发展成为东北地区煤炭企业物流产业排头兵。

（付佩亮）

航空航天器制造业

【概况】　2010年，沈阳市航空航天器制造业共有沈阳飞机工业（集团）有限公司、沈阳黎明航空发动机(集团)有限公司和沈阳兴华电器有限制造公司等13家企业,比上年减少1户。从企业规模看,大型企业共2户,中型企业3户,小型企业8户;从登记注册类型来看,内资企业11户,港、澳、台商投资企业1户,外商投资企业1户。

2010年年末,全行业资产总额326.0亿元,比上年增长4.8%。其中:固定资产64.9亿元,下降15.5%,流动资产215.5亿元,比上年增长2.9%;负债232.5亿元,比上年增长1.6%;所有者权益93.5亿元,增长13.6%;从业人员31614人,比上年增加3212人。

2010年,沈阳市的航空航天器制造业生产形势已经逐步走出了低谷,各项经济指标都呈现上升趋势。全年全行业实现工业总产值213.3亿元,比上年增长28.1%;实现销售产值213.5亿元,增长28.7%,产销率达到100.1%;出口交货值为13.7亿元,增长49.8%;实现主营业务收入189.9亿元,增长29.1%;实现利润总额8.8亿元,增长81.6%。

该行业发展变化的走势主要由沈阳飞机工业(集团)有限公司、沈阳黎明航空发动机(集团)有限公司两户大型企业来左右。2010年这两户大型企业共实现产值195.6亿元,占全行业的比重为91.7%;实现销售产值196.2亿元,占91.9%。

(姚 铁)

【中航工业沈阳飞机工业(集团)有限公司】 2010年,中航工业沈阳飞机工业(集团)有限公司(简称沈飞公司)营业收入突破百亿大关,同比增长35.6%。工业总产值同比增长34.5%。工业增加值同比增长25.2%。出口额完成1.3亿美元,是年计划的129.4%,同比增长41.4%。实现利润同比增长36.3%。

民机项目走上快速发展道路。C系列飞机项目联合定义阶段工作基本完成,详细设计全面展开,并行开展了工艺准备。完成了沈阳沈飞国际商用飞机有限公司的组建。L162飞机全年生产100架,实现了批量交付。建立了拉动式生产线,达到了日产1架的能力。转包生产取得新进展,民机出口额首次突破1亿美元,实现1.2亿美元。以波音、空客和Q400项目为代表的转包产品,按客户需求顺利交付。ARJ项目交付尾段、无线电架、电源中心等零件10架份。C919大飞机项目完成了两项关键试验件的交付。

非航产业运营质量实现好转。全年实现营业收入6.9亿元,利润总额2198万元,同比增长一倍。民品公司、进出口公司、沈飞宾馆、二四二医院等4家控股公司扭亏为赢,建设置业公司盈利突破千万,物流装备公司营业收入大幅度增长,产品研发取得长足进步,军航运输、沈飞实业稳步发展,子公司的运营质量实现好转。

改革调整和管理创新取得新成效。一是梳理完善组织机构,调整了零件生产、军机管理、工装制造等机构设置,上下游供应关系和责任链条更加顺畅。二是完善激励机制,实施工资总额预算管理,通过加大科研生产奖励投入和设立总经理特别奖等办法,加强了即时奖励,提高了激励效果。三是完善了计划体系,加强了作业计划实施。四是纳入EVA考核的全面预算管理,涵盖了经营管理各个方面,初步起到引领经营管理作用。五是精益六西格玛通过了中航工业的达标现场测评。六是以"点线面"结合方式推进的基础管理改进取得明显成效。七是6S管理取得显著成果,全年投入资金2650余万元,公司整体面貌有了根本改观。

进一步增强技术创新能力。突破了C919大飞机后机身壁板制造等技术难关,掌握了大型民用飞机的关键制造技术,全面完成技术攻关166项。以厂所信息化平台建设为代表,信息化建设成果不断扩大,顺利通过集团信息化水平达标测评。科技创新成果显著增加,全年申请专利120项,同比增长30%。获得国防科学技术进步奖5项,中航工业科技进步奖8项。

"十一五"期间,沈飞公司以营业收入冲破百亿大关并荣获中航工业A级业绩优秀单位为标志,经营规模和经济运行质量实现了新跨越。五年来,主要经济指标连年增长,始终位于中航工业前列。营业收入累计实现448.6亿元,是"十五"的2倍,年均增长19.4%;工业总产值累计实现474.7亿元,是"十五"的2.1倍,年均增长26%;工业增加值累计实现76亿元,是"十五"的2.3倍,年均增长31.8%;出口额累计实现3.9亿美元,是"十五"的4.1倍,年均增长33%;利润累计实现15.9亿元,是"十五"的10倍,年均增长32.2%。公司经营规模不断扩大,经济运行质量进一步提高,连续三年在中航工业年度经营业绩考核中获A级单位,荣获"业绩优秀单位"称号。

始终坚持以军为本,保军第一。以获得国家科技进步特等奖为标志,军机研制生产实现了新跨越。沈飞公司始终将军机科研生产作为政治工程、生命工程、责任工程,将其作为维护国家安全、推进中华民族伟大复兴,践行"航空报国、强军富民"宗旨的重要载体,以及保证公司生存和发展的依托。始终把服务军队装备建设摆在优先确保的地位,全力以赴发展壮大军机产业。"十一五"末,公司营业收入和工业总产值突破百亿,发展规模、生产能力、科技水平大幅提升,整体面貌发生重大变化,主要受益于承担的军品项目。在坚持以军为本,不断提升军机产品的先进性的同时,不断提升了自身在军品领域的地位和竞争能力,巩固和争取到更多的军品订单,形成公司强劲发展的重要支撑。重点工程荣获国家科学技术进步特等奖。公司获得国家国防武器装备突出贡献奖,实现了军机发展新跨越。

民机发展实现了新跨越。五年来,以C系列飞机项目和L162飞机生产为代表,公司民机转包生产出口交付额年均增长36.6%,突破了1亿美元大关。实现了从小组合件向大部件以及整机转包的跃升,从转包生产向风险合作的跨越。按照集团战略安排,公司积极创新民机发展模式,在"两融"发展上迈出了实质性步伐。与沈阳市政府和庞巴迪公司风险合作的C系列飞机项目,以及与美国赛斯纳公司合作生产的L162轻型运动飞机,加快了公司融入世界航空产业链,融入区域发展经济圈的步伐。

始终坚持技术创新,科技引领,五年迈上了"两个新台阶"。"十一五"期间,沈飞公司按照"统筹兼顾技术创新能力提高与技术创新体系建设"的思路,加快技术创新步伐,推动企业快速发展。

一是依托型号研制走出了引进消化吸收再创新的成功道路，提升了技术能力，争取了发展机遇。通过大力开展技术攻关，积极推进自身技术进步，制造技术水平更加适应型号升级发展。二是在民机产业和转包项目发展中，通过引进智力，引进吸收设计制造技术，不仅增强了在民机国际风险合作领域的竞争能力，而且有效提升了公司的整体技术应用水平，使沈飞迈入了世界航空产业链的高端。三是信息化应用水平显著提高，以数字化研发平台的建设与应用为基础，以材料加工技术水平的提高为代表，沈飞公司的加工制造、装配集成能力不断增强，并达到国内领先水平。四是以做实技术中心为特征，沈飞公司的技术创新体系不断完善，各项激励政策发挥了作用。五年来，获国家级科技成果3项，省部级以上成果87项；获专利299项。完成科研课题771项，技术攻关727项。此外，广大科技工作者在不同的专业领域解决了大量技术难题，显著提升了沈飞公司技术创新能力和科技研发能力。

始终坚持管理创新，增强企业发展动力。五年来，通过不断引入新的管理理念，结合型号项目，推进由单一职能管理模式向流程与项目复合型管理模式转型；坚持拓宽管理方式方法，变革生产管理模式，建立上下游供应关系和责任链条，加快精益六西格玛、IBSC等先进管理创新工具的应用；坚持夯实管理创新基础，深入推进6S管理，强化制度体系和计划体系建设，不断向精细管理迈进。以管理创新促企业发展和重点型号任务完成。精益六西格玛推进由现场改进为主向系统改进为主转变，并在计划体系、全面预算管理和质量管理平台建设等方面取得实质性进展。基础管理不断改进，IBSC与EVA管理等新的管理理念研究进一步深入，为公司整体管理水平提升打下了坚实基础。公司管理课题《以提升企业系统能力为目标的关键要素管理》获国家级企业管理现代化创新成果二等奖，共获得省部级以上管理成果23项。

体制机制改革取得新进展。企业改制工作完美收官，产业结构更加清晰。以沈阳沈飞建设置业有限公司为代表的7家单位走上了市场经济的轨道，企业活力明显提升。公司航空主业更加突显，军机、民机、非航协调推进。机制改革上，人力资源开发管理体系更加完善，人才引进、培养、使用、激励、考核机制进一步深化；组织结构不断优化，更加适应公司科研生产组织和公司战略发展需要。

能力建设取得新进展。“十一五”期间，沈飞公司狠抓能力建设，全面加大研保条件和扩批项目的技改建设，累计投入资金26.6亿元，其中自筹资金11.6亿元。累计完成新增和改造厂房17个，建筑面积13.5万平方米；累计新增和改造设备1982台（套）。生产能力显著提高，保障了各项科研生产任务良好完成。人才队伍能力不断增强，结构不断优化，加大了技能、骨干人才的培养力度，五年共培训员工10万余人次，培养“三高人才”1229名，打造了一支技术过硬、管理过硬的人才队伍。

始终坚持以人为本，和谐发展。“十一五”期间，沈飞公司始终坚持以人为本的经营思想，关注广大员工的切身利益，始终与员工共享企业发展的成果。在各项工作中尊重员工、依靠员工、培养员工、激励员工，注重员工个人价值的实现，发挥每一名员工的智慧能力，努力创造员工生产生活发展的良好环境，增强了员工与企业共命运、同发展的凝聚力和向心力。五年来，和谐沈飞建设取得新进展。五年投入2.5亿元，改造生活区域、生产区域和厂区环境60余万平方米，改善了员工生产生活条件。

企业文化和精神文明建设成果丰硕。五年来，公司企业文化和精神文明建设与时俱进，构建了特色鲜明的企业文化框架体系，按照集团文化要素新“六统一”要求进行了规范统一。以物质文化建设为切入点，大力推进行为文化、制度文化和精神文化建设，积极打造型号文化、质量文化等子文化，广大员工精神面貌焕然一新。沈飞公司荣获“中国企业文化建设创新实践奖”、“全国企业文化建设优秀单位”、“全国学习型组织标兵单位”等多项荣誉称号。

（吴加舜）

【中航工业沈阳黎明航发（集团）公司】

2010年，公司完成销售收入100.57亿元，成功迈入百亿级企业俱乐部，销售收入两年翻一番，在公司史上创出快速发展的新奇迹。公司以482分顺利通过国家一级保密资格审查认证；公司获国防科技工业创新典范——管理创新范例奖；公司申报的“管理创新铸就精益‘太行’”被集团评为管理创新成果一等奖；公司获2010年度全国企业文化建设示范基地称号和首批中航工业集团文化建设示范单位荣誉称号，获中航工业“信息化B级达标单位”荣誉称号；公司创先争优载体活动“创先星辰映黎明，争优旗帜立潮头”获中航工业创先十大特色载体活动；原公司董事长、总经理庞为，现任公司董事长、总经理孟军获得全国企业文化建设先进工作者；谷文涛、王欣两位同志获2010年全国劳动模范称号。

国际业务系统主动出击，对外积极开展商务运作，拓展欧美客户与市场，对内从管理入手，在质量、交付成本和服务等各方面取得成绩，实现销售收入6226万美元。新开发意大利、德国、美国等新客户，争取到新的订单与市场份额。位于沈阳浑南的黎明国际动力工业公司正式成立，并启动运行。非航产业成绩斐然。全年完成销售收入20亿元，实现历史性突破。QD128燃机项目完成一台中热值发电机组的生产销售，实现公司第一台真正意义上的商业销售，谱写公司燃机产业发展史上新的篇章。青岛黎明云路直接面对市场、快速反应，建立珠海黎明云路公司，当年实现销售收入500万元；黎航化机的经营生产工作达到历史同期最好水平，逸盛集团的干燥机订货额创造历史单次订货的最高纪录，全年实现销售收入10亿元。物流产业成为经济发展新亮点。公司物流销售收入达22.79亿元，无可争议成为公司新的增长点。北京瑞泰、上海飞浦积极拓展国际业务，促进物流产业飞速发展。

2010年，共评聘和晋升技术、技能、教师专家386人。全年引进285名大学本科及以上毕业生。初步建立了基于岗位的员工培训体系，开展公司级、厂部级和工段级一般员工培训项目852项，员工队伍整体素质进一步增强。持续开展技术创新,增强公司核心技术优势。以技术带动生产,以技术改变内涵,全面推进技术进步和技术创新,有力地促进科技与生产经营的结合。航空发动机压气机叶片声激振研究项目,是国内第一家由企业作为牵头单位,以“产、学、研”模式申报成功的项目。以燃机磁激离子射流原理研究为基础,成功申报中国人民解放军总装备部装备预先研究项目。“发动机叶片真空电弧镀设备设计制造技术”、“高温合金的真空钎焊技术”两个项目申报集团“产、学、研对接项目”,成功将超声、射线、荧光和磁粉专业纳入实验室认可项目,使原来单纯的计量实验室建设成中航工业首家集计量、无损为一体的综合性国家实验室。公司完成专业技术创新项目205项,完成科研课题120项,课题应用138项、申报科技成果17项、申报专利137项,其中发明专利91项。实施以总经理工程为代表的技术创新,拓展核心技术专长,抢占行业技术制高点,促进公司制造技术水平的整体提升。

以项目拉动形式,开展创建黎明精益制造管理系统,共形成41个子项目,249个行动方案,涉及公司23个职能部门,全年实施精益改善项目3873项。2010年,在公司营业规模大幅度增长的情况下,原材料占用金额和在制品占用金额分别比2009年下降1.1亿元和1.6亿元,这表明公司在扩大企业规模的同时,盘活了沉默成本,降低了资产闲置造成的浪费。

信息化建设成果显著。公司完善基于协同模式PDM系统,大力推进某定型批工艺数据流程审签管理,实现某型号发动机EBOM和装配PBOM的生效与管理。优化ERP系统,实现生产周计划下达模式以及材料综合加工厂在ERP系统内的库存管理,完成全面预算系统及人力资源管理系统框架的搭建。

降低成本,挖潜增效。公司高度关注价值,全面推行组合家具和废旧工装的再应用,全年组合家具共计应用1231项,废旧工装共计应用2560项。继续控制外购刀具采购和工装派制,大力推进节能降耗工作,超额完成“十一五”国家和集团下达的节能降耗指标。关注航煤消耗,在保证发动机试车质量前提下,缩短发动机涉车时间,节约航煤消耗1949吨。关注废屑、废料和旧物的回收,可再利用物资价值1.02亿元,废品销售获得收益8560万元。

2010年是公司的文化升华年。公司制定并下发“文化升华活动指导方案”,举办千人参加的企业文化专题报告会,组织企业文化宣讲17场,企业文化内涵进一步深入人心。为报国有成的航空发动机专家吴大观、“航空金奖”获得者程华明等先进人物塑像,激励员工立足岗位、敬业奉献。在百天大干期间,公司工会组织文工团到基层慰问演出、发放慰问品、开展现场生活服务等活动,受到一线大干职工热烈欢迎。公司工会在2010年获得“全国模范职工之家”荣誉称号。

(高　菁)

【沈阳航天新光集团有限公司】 沈阳航天新光集团有限公司成立于1951年,是隶属于中国航天科工集团公司的国有大型独资企业。2010年,公司围绕“实现一个战略转型、完成三大任务”的工作思路,坚持“面向市场、眼睛向内、加速调整、改善管理”,实现了营业总收入8.3亿元,同比增长34%,利润总额85万元。

公司从以汽车发动机及其零部件业务为主业,转型为以军品配套、无人化智能装备、压力容器业务三大板块为主业的生产经营模式,并取得了一定的成效。军品产业市场开发取得突破性进展,在原有配套任务比例和配套任务种类增加的同时,新客户数量及产品种类同步增加。无人化智能装备产业重点开展了与国家测绘局的合作,主要在民用领域的遥感航测、数字化城市建设等方面进行对外合作,签订了国内民用无人机销售领域有史以来最大的一份订单。成功参加了“第九届重庆高新技术交易会暨第五届中国国际军民两用技术博览会”、“珠海航展”、“青海玉树地震”航拍服务、国家电网组织的多次现场实地飞行演示、全运会城市市政数字化航拍等试验活动,提升了知名度和影响力,巩固及拓展了无人机领域的销售及服务市场,全年收入同比增长510%。压力容器业务在配套工程项目领域实现了新的突破,承揽了多项压力容器产品制造订单,全年收入同比增长80%。汽车发动机及其零部件业务融入整车求发展,提高销量增实力,积蓄力量促调整,加强了与华晨金杯、北汽等整车厂家的联系,积极开展业务洽谈并建立战略伙伴合作关系,发动机产销量逐步上升,全年销售各类发动机4.87万台,同比增加6639台,全年发动机及零部件业务实现收入6.37亿元,同比增长17%。

全年通过强化产品质量责任,各项质量工作指标均达到或超过了质量工作目标。自筹资金970万元用于技术改造投入,基础硬件设施能力得到有效改善。深入开展开拓市场增收、改善管理增效、降低应收账款和存货工作,全年增效增收7300多万元。加大科技创新工作力度,申报并通过了5项发明专利。积极开展以技术骨干和重点培养新人为主体的“导师带徒”活动,为公司后续发展提供了人力资源储备。通过开展强有力的形势任务教育、干部作风整顿以及党内创先争优活动,坚定了企业最终实现良性、健康和可持续发展的信心。公司全年保持无火灾、无重伤以上事故、无重大交通事故、无刑事案件、连续27年无失泄密事件发生,为公司创造了良好的发展环境。

(张　帅)

民 营 经 济

综 述

【民营经济发展概况】 2010年,全市民营企业紧紧围绕市委、政府提出的“调结构、优环境、惠民生”和“双5000亿”的奋斗目标,全面落实科学发展观,实现增加值2946.2亿元,同比增长23.4%,比上年增幅高出6个百分点;出口交货值完成119.1亿元,同比增长22.1%,比上年增幅高出39.2个百分点;利润总额完成621.1亿元,同比增长33.4%,比上年增幅高出23.2个百分点;上交税金完成293.9亿元,同比增长11.9%,比上年增幅高出0.1个百分点;固定资产投资完成3024亿元,同比增长37.5%,比上年增幅高出17.2个百分点。民营经济持续、快速增长的趋势进一步巩固,其主要特点:

1.发展速度与经济效益同步增长,经济运行质量明显提高。2010年,多数产品价格呈上升趋势,特别是食品及农副产品加工、纺织服装、机械、矿业、化工等产品价格持续上升,使民营企业的利润空间比上年有了显著增加。全年,全市民营经济利润总额同比增长33.4%,高于民营经济增加值增幅10个百分点,高于上年同期19.3个白分点;上交税金同比增长11.9%,比上年高出0.1个百分点,扭转了上年民营经济效益大幅下滑,速度、效益严重失衡的状况,实现了速度、效益同步增长的良性运行。

2.固定资产投资继续保持高速增长,民营经济发展后劲不断增强。2010年,全年完成民营固定资产投资3024亿元,比上年净增824.5亿元,同比增长37.5%,比上年增加17.2个百分点,对全市固定资产投资的贡献率达到61.9%。全市共完成引进内资项目946个,到位资金910亿元,同比增长68.1%,高于全省平均水平。

3.出口企业生产强势反弹,恢复性增长态势明显。2010年民营经济实现出口交货值119.1亿元,完成出口交货值总量排在全省第4位(大连市、营口市、丹东市排在前三位),占全省民营经济出口交货值的7.9%,比上年提高了0.4个百分点;出口交货值同比增长22.1%,高于全省增幅6.6个百分点,高于上年增幅39.2个百分点。全市民营经济出口超亿元企业达到15户,比上年增加了4户。民营经济出口形势正在恢复中不断好转。

4.产业集群和经济园区建设步伐加快,民营经济产业聚集度不断提高。2010年全市产业集群(工业园区)新上1000万元以上项目320个,总投资额801亿元,平均每个项目2.5亿元,亿元以上项目108个,占引进项目的34%。完成产值4374.8亿元,同比增长38.2%;上缴税金80.6亿元,同比增长23%;入驻企业2085户,从业人员32.9万人。28个产业集群完成产值4374.8亿元,同比增长38.2%,每个集群平均产值156.2亿元,比上年平均数高了86.9亿元,50亿以上集群19个,比上年多了8个。超百亿集群13个,完成产值3244.6亿元,其中大东汽车及零部件产业集群已完成产值578.9亿元,列第一位。沈北农产品及生物制药产业集群已成为全国最大的农产品加工产业集群,法库陶瓷产业集群进入“全国县域产业集群‘百强’”。“东北瓷都”的品牌已经正式在全国及东北亚树立。24个工业园区完成产值3185亿元,同比增长38.5%;上缴税金42.7亿元,同比增长22.3%;入驻企业2343户,从业人员28万人。产业集群和经济园区已成为民营经济发展方式转变的重要途径。

5.主导产业和骨干企业继续做大做强,支撑作用更加突出。2010年,全市民营经济装备制造业完成增加值665.7亿元,同比增长41.9%,比全市GDP增幅高出27.8个百分点;医药化工业完成增加值105.6亿元,同比增长37.9%,比全市GDP增幅高出23.8个百分点;黑色金属冶炼及压延业完成增加值53亿元,与上年持平;有色金属冶炼及压延业完成增加值38.9亿元,同比增长47.3%,比全市GDP增幅高出33.2个百分点。随着主导产业的不断发展,民营企业也不断做大做强,2010年全市民营经济营业收入超亿元企业发展到了1503户,比上年净增435户,增幅40.7%;单个企业营业收入均值为3.58亿元,比上年净增2300万元,增幅6.9%。

(王 巍)

【非公有制经济发展】 2010年,全市非公有制经济实现地区生产总值3286.3亿元,比上年增长14.6%,占全市的65.5%,比上年提高0.4个百分点。其中:第一产业增加值160亿元,增长6.1%,占全市的68.9%;第二产业增加值1870.6亿元,增长15.8%,占全市的73.6%;第三产业增加值1255.6亿元,增长14%,占全市的56%。三次产业结构达到4.9:56.9:38.2。三次产业对非公有制经济增长的贡献率分别为5.5%、54.6%和39.9%。

2010年,非公经济地区生产总值实现3286.3亿元,是2006年的2.1倍,占全市比重由62%上升到65.5%;固定资产投资实现3830.5亿元,是2006年的3.2倍,年均增长33.3%,占全市比重由67.7%上升到76.5%;社会消费品零售总额完成1878.8亿元,是2006年的2.1倍,年均增长20%,占全市比重由86.5%上升到90.9%;出口总值完成30.6亿美元,是2006年的1.5倍,年均增长11.5%,占全市比重达到72.7%;税收总收入完成522亿元,是2006年的2.2倍,年均增长22.4%,占全市比重由72.6%上升到81.2%。非公经济已成为推动全市经济增长的主要力量。

完成“双五千亿”目标非公经济贡

献占七成。2010 年,非公经济地区生产总值对全市经济增长的贡献率为67.8%,拉动全市经济增长9.6个百分点;非公经济固定资产投资对全市全社会固定资产投资增长的贡献率达到79%,拉动全市固定资产投资增长28.6个百分点;非公经济地方级税收收入对全市地方税收的贡献率为83.3%,拉动全市地方级税收增长21.8个百分点。

税收实现恢复性增长,经济运行质量稳步提高。非公经济在全省财政体制改革的大背景下,克服税收统计口径调整带来的影响,营业税、企业所得税、个人所得税等主体税种均实现了两位数增长。全年非公有制经济实现税收总收入522亿元,比上年增长26.4%,占全市税收总收入的81.2%,比上年提高1.8个百分点;实现地方级税收收入302.7亿元,增长26.2%,占全市地方级税收收入的82.2%,比上年提高0.7个百分点。税收总收入和地方级税收收入占全市比重首次同时达到八成以上,占全市比重均创出历史新高。

工业生产快速增长,产销衔接良好。2010年沈阳市非公规模以上工业继续保持较快增长,但受基数和工业品出厂价格指数因素及规模工业增加值率指标变动等因素影响,工业增加值月度累计增长成"W"型走势。全年累计完成增加值1639.1亿元,增长19.8%,占全市的69.4%;完成总产值6952.6亿元,增长26.2%,增幅同比加快5.3个百分点,占全市的72.7%,拉动全市规模以上工业增长19.6个百分点。工业产销衔接状况良好,全年累计产销率为98.6%,同比提高0.4个百分点。

产业集聚水平不断提高。"十一五"末期,全市产业集群建设从初期的规模扩张发展到了"规模整合、内涵提升"阶段,公共服务平台建设稳步推进,产学研对接工作成果显著,新兴产业比重不断提升。2010年集群数量达到28个,实现总产值4374亿元,占全市规模工业总产值比重上升到45.6%。其中大东汽车产业集群、沈北农产品深精加工产业集群等14个产业集群实现了超百亿元产出。铁西机床及功能部件产业集群成为世界第二大机床产业集群,法库陶瓷产业集群进入"全国县域产业集群'百强'",沈北农产品精深加工产业基地和道义光电信息产业集聚区入选省新型工业化产业示范基地。

招商引资密度空前,固定资产投资高速增长。全年共完成引进内资项目946个,到位资金910亿元,同比增长68.1%。在密集的招商引资活动推动下,全市非公经济固定资产投资在一季度就表现出强劲增长的势头,全年始终保持高速增长,是推动全市经济保持平稳发展的主要动力。全年非公经济完成固定资产投资3830.5亿元,增长37.9%,占全市的76.5%,比上年提高0.9个百分点。其中房地产开发投资1408.5亿元,增长29.3%,占全市的89.8%。一批重大项目开工建设。米其林轮胎、美国睿能地源热泵项目、美国康泰斯电子级多晶硅项目、五洲龙汽车项目、金新林浆纸一体化项目均已开工。龙之梦亚太中心、总部基地、华强文化产业园、新世界会展中心等一批重大服务业项目加快建设。

对外开放取得突破,出口需求恢复性增长。全年非公外贸企业累计完成进出口总额61.9亿美元,增长22.7%,占全市的77.5%。其中进口额31.3亿美元,增长30.9%,占全市的82.9%;出口额30.6亿美元,增长15.2%,占全市的72.7%。改变了2009年外需大幅度下滑的局面。

全年引进实际到位内资910亿元,3户世界500强公司在沈投资了3家企业。成功引进日本精工、德国玛帕公司、澳大利亚斯泰克机械集团、瑞典阿特拉斯等一批世界著名装备制造企业。沈阳兆寰(日本)现代建筑产业园日本企业入园签约仪式举行,包括日本鹿岛建设株式会社、通世泰株式会社、东京铁钢株式会社等在内的12家日本现代建筑企业签约入园。辽宁东北亚高力国际汽车博览园项目、沈阳总部基地项目,雨润农副产品全球采购交易中心项目、光明食品集团项目等一批重大内资项目签约。韩国希杰集团在沈投资建玉米生产基地,美国通用电气(GE)公司在沈设立东北区总部,日本三井住友银行在沈设立分行,IBM公司在沈建产品和解决方案中心推广培训基地。

(陈　武)

服务体系建设

【完善信用担保体系】 为支持中小企业信用担保机构发展,沈阳市政府每年出资2000万元作为本年度全市中小企业信用担保机构贷款风险补偿金,并根据贷款担保额度的扩大适当增加,按其当年为中小企业贷款担保总额比上年新增部分2%予以补助,最高不超过200万元。

截至2010年底,沈阳市担保机构累计获得国家级风险补偿金280万元,获得省级风险补偿金1778万元,获得市级风险补偿金1414万元,担保机构免征营业税152.78万元。各项扶持政策的完善,增强了担保机构的抗风险能力,推动了担保机构的跨越式发展。

针对中小企业融资难问题,市中小企业信用担保机构在发展传统担保业务的同时,通过积极推动各担保机构努力创新业务,为中小企业提供更好的服务。2010年,担保机构业务量实现了倍增,全市有15家担保机构开展中小企业贷款担保业务,共有担保资金14.97亿元。共为2328家中小企业和个体工商户提供贷款担保,完成担保总额48.29亿元,同比增长117.13%,其中:新增中小企业和个体工商户贷款担保1017家,新增担保额31.01亿元,同比增长79.87%。在保责任余额41.25亿元。

(于海洋)

【银保企合作】 沈阳市中小企业局采取多种有效措施推进银保企合作,一是在成长型中小企业中筛选最具有发展潜力的中小企业给予重点支持,提供快捷、高效、低成本的融资服务,使其做精、做专、做强,成为拉动中小企业快速发展的新增长点。二是深入到产业集群(工业园区)现场办公,筛选出一批高成长性、资信良好的龙头企业和重点项目,作为重点扶持和服务的对象推荐给银行和担保机构,推动银行和担保机构根据企业的不同特点及不同需求,优先提供有针对性的金融服务,提高对中小企业的信贷规模。三是开展各种形式的银企对接活动。2010年,共组织开展银企对接活动30余次。分别会同建行、广发行、浦发行、华夏银行、兴业银行、中小企业信用担保中心等金融机构在全市范围内开展银企对接活动,其中为236家企业提供银行贷款39.175亿元。

(于海洋)

【优化中小企业发展环境】 为落实市委、市政府提出的"保增长、优环境、惠民生"的工作部署,2010年中小企业局不断创新工作思路,会同市法制办、市纠风办在全市联合下发了《关于确定沈阳市维护中小企业合法权益联络点的通知》。通过下发《企业接受检查缴付费登记卡》的方式,及时了解有关部门的收费情况,开展了"三乱"问题的治理整顿,维护了中小企业的合法权益。根据各区、县(市)开发区规模以上企业的分布情况及经济发展状况,确定了华晨金杯等1100家企业为维权联络点,这些企业涵盖了全市16个区、县(市)和开发区,为解决开发区内公交线路短缺这一问题,市中小企业局会同市交通局、开发区交通局与开发区内企业代表在开发区管委会召开了现场会,就如何延长公交线路基本达成共识。维权联络点的设立受到企业普遍欢迎和赞同。企业认为,此项工作反映出政府真正为企业着想,从企业实际出发。这些优化发展环境的有效举措,遏制了乱摊派、乱收费、乱罚款等"三乱"现象的行为,特别是《企业接受检查缴付费登记卡》的发放和应用,使中小企业发展环境有了明显改善。

(侯 英)

【经营管理人才开发】 2010年,中小企业局加大了人才政策宣传力度,为非公有制企业引进和培育人才营造氛围,创优环境。利用沈阳中小企业网、中小企业服务中心和政务公开日活动,大张旗鼓地宣传人才资助政策,让更多的人才、企业了解人才的引进、培育、使用、资助等方面的政策。

深入企业进行调研,采取实地调研、问卷调查、网上调查等方式,全面了解企业经营管理人才队伍的数量、层次、结构等现状,各行业、各领域的企业对经营管理人才的需求情况,针对经营管理人才队伍建设中存在的问题,提出建议和对策。并形成了《沈阳市非公有制企业经营管理人才队伍的现状与对策》调研报告。

2010年,按照市人才工作办公室《关于申报2010年度市人才资源开发专项资金资助项目的通知》和《沈阳市人才资源开发专项资金资助项目申报、审批工作指导手册》的要求,积极组织经营管理人才项目申报,协助市人才办做好人才资源开发专项资金资助项目的实地核查、项目审核和专家评审工作。全年共有18家企业申报18个人才项目,经核查、评审,华晨宝马汽车有限公司等17家企业的17个人才项目获得资助,资助金额130万元。

(王 柒)

【专业技术职称评审】 根据《关于重新组建中级专业技术职务任职资格评审委员会的通知》,对原评委会评审专业和专家评委成员进行了调整,重新组建了沈阳市中小企业建筑工程中级专业技术职务任职资格评审委员会。评审专业设有:建筑施工、建筑结构、建筑机械、建筑电气、给水排水、供热与通风、工程概预算、建筑装修装饰、道路与桥隧九个专业。

根据《转发省人力资源和社会保障厅关于印发2010年全省职称工作安排意见的通知》文件精神,在国外取得学士以上学位,并在国内进行过一年以上科学研究和学术交流的人员来辽宁工作需要评定专业技术资格的,可不受原专业技术资格和任职年限的限制;对急需的国内优秀人才,经用人单位和主管部门审核同意,可直接认定相应级别的专业技术资格;对省内特殊行业、有特殊贡献的特殊人才也可以直接认定相应的专业技术资格。新民市、辽中县、康平县、法库县民营企业专业技术人员申报职称,还享受免去相应级别的计算机应用能力考试合格的要求。经过市、区、县(市)层层审核,共有76人取得申报资格,经专家评审委员会对申报人员进行答辩评审,有56人取得相应的专业技术职称资格。按级别分:中级3人,初级53人;按专业分:给水排水2人,暖通空调1人,工程概预算2人,建筑装饰装修4人,建筑电气4人,建筑机械3人,建筑结构4人,建筑施工36人。

(王 柒)

【支持中小企业发展】 2010年是争取国家、省、市政府部门资金对沈阳市中小企业发展投入最多的一年,安排中小企业发展资金总计6800万元,其中国家中小企业专项资金2200万元,省中小企业专项资金600万元,市中小企业专项资金4000万元,涉及支持企业项目近百个,有效地缓解中小企业融资难问题。这些项目的实施,当年企业新增固定资产投入近10亿元,实现新增销售收入87亿元,实现企业新增税金9.2亿元,新增利润12亿元,新增就业岗位3500个。

2010年也是市政府安排使用中小企业发展专项资金的第一年。为此,市中小企业局制定了《沈阳市中小企业发展专项资金管理办法》,按照资金管理办法的要求,通过组织中小企业公开申报、专家评审、审核确认、市领导审批等程序,共计安排市级中小企业发展专项资金4000万元,其中有近2500万元作为中小企业贷款融资风险补偿金,1500万元作为引导和鼓励中小企业走"专精特新"之路,实现企业转型升级,促进企业又好又快地发展。 (钟 坚)

企业发展及项目建设

【对内开放和招商引资】 2010年,共完成引进内资项目946个,到位资金910亿元,超额完成省下达的600亿元任务指标,同比增长68.1%,高于全省平均水平,占沈阳市全年下达任务700亿元的130%。一是国内招商力度之大,规格之高,频率之密前所未有。2010年,参加省里组织的温州、宁波"走出去"招商活动和沈阳经济区"请进来"招商活动,沈阳市自己组织的市级国内招商活动达8次之多,基本上每月都有一位副市级以上领导"走出去"或"请进来"开展大型招商活动。全年共召开项目推介会20次,参会企业家1700多人;市领导共会见考察洽谈项目212个。二是项目建设规模突出,引资环境优势明显。2010年,由上海长峰集团投资的大东区龙之梦亚太商业中心项目,投资总额260亿元人民币,占地面积55.7万平方米,总建筑面积437万平方米,地上建筑商业占70%,住宅占30%。项目总体建设超高层办公楼、豪华酒店、一站式购物中心、专业商场、会议中心、娱乐中心、名品展示中心、餐饮总汇、剧院、公共交通枢纽、公寓、住宅、配套公建、地下货运系统、大型地下停车库等。项目开工建设面积达300多万平方米，到位资金90亿元。于洪区的中国·沈阳国际特种机床装备城项目政府配套投资了3478万元，修建了4条道路及排水、给水、电信及热力配套、路灯工程等。另外，为鼓励企业入驻机床城投资创业，于洪区政府对入驻机床城企业实施前两年免收租金、第三年减半收取租金的优惠政策；市科技局对符合条件的入驻企业和公共研发平台建设支持1000万科技经费，并积极向国家科技部积极争取国家特种机床产业化基地和国家特种机床特色化产业集群政策支持。三是国内招商引资工作招商目标明确方式新颖，产业园区建设势头空前。2010年，国内招商活动围绕重点项目，紧盯国内500强和中央直属企业，引进项目特点十分突出。一是装备制造业等工业项目大量涌入；二是房地产综合项目势头不减；三是现代服务业项目实现新突破；四是沈阳经济区建设项目积聚效应显现；五是大浑南地区开发开始升温。同时，推出了新兴产业招商、主题概念招商、产业链招商和产业配套招商等招商方式，招商目标也从单体项目向产业龙头项目、产业配套项目转移，对投资者产生了巨大的吸引力，铁西装备制造产业园区、大浑南产业园区、法库县陶瓷产业园区等一大批产业园区建设势头空前。四是现代服务业项目发展较快，“一市三县”内资助推县域经济发展作用明显。2010年，围绕完成沈阳市全年“双5000亿”工作目标，全市上下进一步加大对内开放和招商引资工作力度，引进内资保持了较高的增长速度，“一市三县”内资助推县域经济发展作用凸显。其中，工业项目322个，实际到位资金274.4亿元，同比增长45.2%；现代服务业项目612个，实际到位资金627.2亿元，同比增长81.5%。内资新建项目725个，实际到位资金526.8亿元，同比增长100.2%。续建项目221个，实际到位资金383.2亿元，同比增长40.5%；其中，超亿元项目209个，实际到位资金691.1亿元，同比增长84.6%。城区引进项目774个，实际到位资金741.6亿元，同比增长62.3%；县域引进项目172个，实际到位资金168.4亿元，同比增长100.3%。

（丁　飞）

【产业集群】 2010年，沈阳市产业集群建设紧紧围绕“规模整合和内涵提升”工作中心，坚持特色发展、突出区域特色、优化资源配置，实现了快速发展。全市产业集群进行了五次大的调整，撤消了11个，整合了6个，新设立和增加了8个产业集群。调整整合后，全市产业集群从35个缩减到28个，布局更趋合理。同时调整并重新修订了《沈阳市产业集群“十二五”发展规划》及“全市产业集群主要经济指标分年度实施计划”。

28个产业集群完成产值4374.8亿元，同比增长38.2%，其中超50亿元的19个；每个集群平均产值156.2亿元；入驻企业2085家，上缴税金80亿元，从业人员33万多人。新上1000万元以上项目326个，总投资额801.1亿元，亿元以上项目108个(其中10亿元以上16个，百亿元以上3个)。实现超百亿元的产业集群14个。沈北农产品及生物制药产业集群已成为全国最大的农产品加工产业集群。法库陶瓷产业集群进入“全国县域产业集群‘百强’”，“东北瓷都”的品牌已经正式在全国及东北亚树立。

（杨政权）

【工业园区】 2010年，全市24个工业园区完成产值3185亿元，同比增长38.5%；上缴税金42.7亿元，同比增长22.3%；入驻企业2343户，从业人员28万人。园区基础设施建设逐步完善，共完成基础设施投入22.9亿元，修路近80公里，其余投向为电网改造、上下水网、供暖及绿化等配套设施。新建设工业园区使用面积近10平方公里，沈北辉山和道义两个开发区因为有比较完善的基础设施和发展环境已被评为省级新型工业化示范区。进一步加强园区配套服务功能建设，已经建成使用的公共服务平台有7个，总投资2.2亿元。2010年开工建设的公共服务平台有11个，计划总投资28.1亿元。同时在仓储、物流、市场营销网络平台开发等公共服务功能建设方面也有了一定的发展，已经有十几个大型物流仓储和市场项目开工建设。引导推进园区开展有特色的小型专题招商活动，围绕产业扩展，延长产业链招商等方面开展工作，并取得了实效。铁西现代建筑，东陵软件园等十几个园区都开展了有针对性的小型专题招商活动，项目引进成功率非常高，效果明显。5月份沈阳市县域招商洽谈会园区签约项目12个，签约额132.26亿元。

（杨政权）

【中小企业品牌建设】 2010年，中小企业加大了品牌建设力度。为鼓励和引导中小企业自主创新、产学研联合创新、引进消化吸收国内外先进技术，开发专精特新产品，应用专精特新技术，提高产品档次、市场竞争力和企业整体素质，2010年首次开展了沈阳市中小企业“专精新特”产品的认定工作，积极争取政府资金向中小企业“专精新特”产品倾斜，在争取的国家、省和市中小企业发展专项资金中，有近3000万元资金用于鼓励引导中小企业走“专精特新”之路，提高了认定产品的知名度和市场影响力。全年获得辽宁省认定的“专精新特”产品28个，沈阳市认定的“专精新特”产品60个。获得辽宁省认定的名优产品26个。

（张宏斌）

【培育成长型中小企业发展】 为加速培育成长型中小企业，促进企业管理进步、自主创新、产品升级换代，沈阳市从2008年开始进行成长型中小企业的认定和培育工作，并以市政府名义认定第一批200户成长型中小企业。通过政策倾斜、组织各有关部门在技术、管理、金融、法律等方面的专业服务和积极主动地帮助协调解决企业生产、经营等方面的问题，到2010年，已经有196户成长型中小企业实现了销售收入倍增的发展目标。

（张宏斌）

交通·邮政

铁路运输

【铁路概况】 沈阳铁路局是铁道部直属特大型运输企业。全局管辖铁路范围跨越辽宁、吉林两省和内蒙古自治区东部,以及黑龙江省南部、河北省东北部。共辐射4省1自治区,32个地级市、盟、自治州,194个县、县级市、旗、县级区。经济吸引区占地面积60多万平方公里。

全局管辖线路营业里程9854公里,占全路营业里程的11.5%。其中:国家铁路9460公里,合资铁路394公里;双线里程3573公里,电气化里程2078公里,内燃牵引里程7.78万公里。分布在辽宁省境内4011公里,其中电气化铁路1655公里;分布在吉林省境内3877公里(含合资铁路317公里),其中电气化铁路396公里;分布在内蒙古自治区境内1679公里;分布在河北省境内174公里;分布在黑龙江省境内113公里。

全局线路延展长度1.95万公里。其中:国家铁路正线1.3万公里,站线4691.63公里,段管线652.7公里,岔线506.632公里,特殊用途线63.55公里。

管内干支线68条,大型铁路枢纽7个(沈阳、锦州、吉林、长春、本溪、大连、通辽)。全局配属机车1729台,其中:内燃机车1298台,电力机车431台。

全局配属客车4341辆,其中:硬座车1887辆,硬卧车1714辆,软座车66辆,软卧车348辆,餐车212辆,发电车99辆,其它车15辆,CRH5型动车组28组,CRH2型动车组2组。

全局共有车站654个,其中:特等站5个(长春、沈阳、苏家屯、沈阳西、山海关)、一等站8个、二等站48个、三等站110个、四等站446个、五等站21个。

全局管内有运输单位67个,其中独立车站13个,车务段15个,客运段3个,机务段5个,工务段15个,电务段5个,供电段4个,车辆段6个,通信段1个。2010年,全局职工总数28万人,其中:在岗职工26.27万人,非在岗职工1.73万人。

(崔志刚)

【货物运输】 2010年底,全局有货运办理站349个,专用线专用铁路1025条,其中:特等站4个,直属一等站6个,段管二等站48个,三等站106个,四等站185个;全局有货检站26个,其中:路网性货检站7个,区域性货检站19个。

2010年,全局完成货物发送量3.68亿吨,同比增幅8.7%,其中煤炭发送量完成1.56亿吨,同比增运2036万吨;石油发送量完成1919万吨,同比增运240万吨;钢材发送量完成3954万吨,同比增运34万吨;粮食发送量完成2784万吨,同比增运210万吨。日均装车完成1.67万车,同比增幅9%,日均卸空车完成1.9万车,同比增幅6.6%,日均工作量完成2.43万车,同比增幅6.3%。全局货物周转量完成2661.7亿吨公里,同比增幅10.5%。货运收入完成203.98亿元,增长23.9%;运输收入完成360.02亿元,增长21.8%。换算周转量完成3426亿吨公里,完成年计划的103.0%,比上年增长9.2%,增加287亿吨公里。

(崔志刚)

【旅客运输】 2010,全年完成客运收入93.08亿元,同比增攻11.2%;全年完成旅客发送量2.05亿人,完成年计划的100.4%,同比增幅达0.3%,增运68万人。

春节旅客运输。春运40天,全局旅客发送量完成2463.6万人,其中,直通旅客发送量完成412.6万人,同比增运4.9万人。春节前、中、后分别有3个单日发送旅客突破70万人。单日旅客发送量最高达75.1万人。客运收入完成9.88亿元,同比增收4909万元,增长5.2%,日均收入达到2471万元,为历年春运客运收入之最,实现了增运增收目标。

中秋、国庆假日运输。由于两节相距较近,旅客出行相对集中,主要以进京、旅游和管内短途客流为主,特别是进京方向客流比以往同期显著增加,10月1日全局客流达到81.1万人。为适应客流增长需要,及时增开临客、动车重联和扩编加挂,满足旅客出行需求。9月28日至10月7日,全局共发送旅客706.7万人,其中直通旅客118.7万人,日均11.9万人,同比增加1.7万人,增幅16.5%,创历史同期最好水平。完成客运收入2.6亿元,日均完成2616万元,同比增加130万元。

(崔志刚)

【沈阳市辖内铁路】 沈阳市辖内共有铁路单位15个,其中独立车站4个(沈阳、沈阳南、沈阳北、沈阳西),车务段1个(沈阳),机务段2个(沈阳、苏家屯),工务段1个(沈阳)、工务机械段1个(沈阳),客运段1个(沈阳),供电段1

个(沈阳),电务段1个(沈阳),车辆段2个(沈阳、苏家屯),通信段1个。

沈阳站、沈阳北站主要担当客运列车的接发及旅客的乘降工作。苏家屯站主要负责沈阳辖区内货物运输和旅客运输工作;沈阳西站主要承担沈阳枢纽货物列车的编组和解体任务;沈阳车务段主要负责沈阳市辖内15个车站(沈阳、沈阳北、沈阳南、沈阳西站除外)的客货运输以及铁岭、抚顺市辖内部分铁路的货运和客运任务。沈阳、苏家屯机务段主要负责客货列车的牵引运输和机车的维修和管理任务。沈阳工务段、沈阳工务机械段负责管内铁路线路的维修保养任务。沈阳客运段负责旅客列车的乘降服务任务。沈阳供电段负责铁路运输的供电和维护任务。沈阳电务段负责铁路信号、道岔等电气联锁的维修管理工作。沈阳车辆段负责全局大部分客车车辆的维修和管理任务,苏家屯车辆段承担货车车辆的维修和管理任务。沈阳通信段主要担负铁路通信信息工作。

(崔志刚)

【沈阳市铁路旅客运输】 2010年,沈阳市辖内22个承担客运任务的铁路车站共发送旅客4000.82万人,其中沈阳市内二大站(沈阳站、沈阳北站)共发送旅客3317.8万人。占全市旅客发送人数的83%。

沈阳客运段主要负责担当沈阳、锦州、丹东、本溪、通辽、赤峰、阜新至北京、广州、上海、深圳、福州、金华西、成都、青岛、承德、佳木斯、哈尔滨、齐齐哈尔、绥芬河、吉林、大连、山海关、呼和浩特等方向100对旅客列车的乘务工作。其中动车组列车15对、跨局特快列车3对、跨局快速列车5对、跨局普快列车20对、直通普通慢车1对,管内快速列车17.5对,管内普通快速列车21.5对,管内普通慢车17对,路内通勤列车2对。日均输送旅客33.4万人,高峰时达到43.6万人。运用车底131组车底,车辆1852辆。2010年,全年发送旅客1.04亿人次。完成运输收入1.79亿元,完成全年计划的118%。圆满完成36趟专运任务。完成军运39批2595辆。开行临客63对(直通22对、管内51对),加挂车辆1.16万辆次。

(崔志刚)

【沈阳站改造工程】 2010年3月17日,沈阳站哈大铁路客运专线改造工程正式开工。车站新建建筑面积5万平方米,有站房改造1.7万平方米。改造后沈阳站候车室旅客容量可容纳9000人。改造后新的沈阳站规模比现在扩大一倍,超过沈阳北站的规模,并且站台的数量也将由现在的5个增加至11个,其中6个为高速站台,可专供高速列车使用。4个为普速车场,1个为高普共用。改造后沈阳站将成为哈大铁路客运专线的枢纽,届时,该站也将成为动车主要停靠车站之一。

沈阳站的改造建设设计采用高架候车与线下出站的布局方式,旅客"上进下出"。旅客的进站通道是从两侧站房直接进入高架候车室,然后通过楼梯和电梯下到站台上车。到达的旅客在下车后,经过地下通道可直接进入站前地铁,实现零距离换乘。车站现在1.3米高的站台,也将提高到国际通常的高度1.8米,旅客登车时不用再上台阶,一步就可以迈进车厢。使用了数十年的钢筋混凝土式风雨棚,将撤掉水泥柱,改为圆弧形的跨站台钢架式风雨棚。

在2010年,哈大客专配套工程沈阳站货场搬迁工程完成路内投资500万元;沈阳站改造工程完成路内投资5亿元,路外投资1亿元。

2010年,车站有高架候车楼1座,内设候车室2个;软席候车室1个;军人候车室1个;贵宾室1个。站台3座,地道2座(其中通勤地道1座),出站口2处。车站设有2个售票大厅,其中售票一厅设有20个售票窗口,售票二厅设有13个售票窗口。固定资产原值5312.63万元,净值2457.99万元。

2010年车站运输效率实现了历史性突破,全年发送旅客1423.5万人,提前46天完成全年运输收入任务,完成计划的114%。日均办理旅客列车176列(始发28列、终到23列、中转89列、通过22列、客车底14列)。日均发送旅客3.9万余人,到达旅客3.7万余人,最高时日均乘降旅客达10余万人。

(崔志刚)

【沈阳北站改造工程】 沈阳北站从2010年3月22日开始进入哈大铁路客运专线改造施工工程。北站新建4.4万平方米,其中的3万平方米为高架候车室,1.4万平方米为站房。有站房改造1.3万平方米,规模为8台14线。高速场在车站南侧,设到发线8条,基本站台1座,中间站台4座,其中第5站台与普速车场共用;普速车场设到发线6条,基本站台1座,中间站台3座,其中第5站台与高速场共用。1-6站台维持既有,增建7、8站台。改造后的沈阳北站站台将由现在的6个增加到8个,现有的高架候车室将全部拆除,重建候车大楼三楼高架候车室,并在车站的北部新建子站房,扇形的新候车大楼,与现在的楼体形状相似,形成呼应,中间通过廊道连接。北部的候车大楼也将具备售票、出进站、候车等功能。北出口规划建设占地面积约1万平方米的站前广场,将实现公交、出租车、地铁、火车的零距离换乘。2010年,哈大客专沈阳北站改造工程完成路内投资4.5亿元。

2010年,车站日均办理旅客列车190列,其中始发33列,终到35列,中转122列,通过44列。全年发送旅客1894.3万人,日均乘降旅客5.19万人,最高峰达9.8万人。车站运输收入预算目标15.3亿元,实际完成15.7亿元,完成计划的102.9%,超收4403万元,与上年同期比较多1.26亿元,同比增长8.8%。

(崔志刚)

【铁路车站】 沈阳市辖内共有铁路车站33个,按铁路客货运量分:特等站3个(沈阳、沈阳西、苏家屯);一等站2个(沈阳北、大成);二等站1个(沈阳东);三等站9个;四等站17个;五等站1个。特、一等站为独立铁路单位(大成站归沈阳车务段),二至五等站分别归沈阳、锦州、本溪车务段和大官屯站管辖。

苏家屯站。位于沈大线380.2公里处,南、北分别与沈大线的林盛堡站、浑河站,东北与苏抚线的榆树台站,东南与沈丹线的吴家屯站相邻,为沈大、沈丹、苏抚3条铁路干线交汇点,相邻区间均为双线(其中与浑河站为四线)区间。苏家屯站是综合性车站,按业务性质为客货运站,按业务量为特等站,按技术作业性质为编组站。车站分为南北两部分,共有7个车场,南部为客场,担当沈大、沈丹上下行接发列车作业并办理部分旅客列车的旅客乘降、行包装卸业务;北部运转场为双向三级六场,担当沈大、沈丹、苏抚上下行直达、直通、区段、摘挂列车及沈阳枢纽小运转列车的编组、解体任务。站场内设有站线138条、简易驼峰1座、自动化驼峰2座,并配有2.0现在车信息管理系统,配有调车机车10台,站内设有南、北两个货场,货物站台3座。客运站舍占地2468平方米,总建筑面积6465平方米。

林盛堡站。地处位于辽宁省沈阳市苏家屯区林盛镇境内,本站中心里程位于沈大线自大连站起370公里812米处,南、北分别与沈大线的灯塔站、苏家屯站相邻,隶属于沈阳铁路局苏家屯站管辖。林盛堡站在技术作业上为中间站,在业务性质上为客货运站,按工作量为四等站。车站在路网中主要担负列车的通过会让和部分车辆中转任务,同时担负专用线取送车任务。林盛堡站场内设有站线8条,并配有web1.2现在车信息管理系统,站内设有一个货场。客运站舍占地49平方米。

灯塔站。地处本站位于辽宁省灯塔市境内,本站中心里程位于沈大线自大连站起353公里732米处,南、北分别与沈大线的林盛堡、张台子站相邻。灯塔站在技术作业上为中间站,在业务性质上为客货运站,按工作量为三等站。车站在路网中主要担负列车的通过会让和部分车辆中转任务,同时担负专用线取送车和专用铁路车辆交接任务。灯塔站场内设有站线12条,并配有web1.2现在车信息管理系统,站内设有一个货场,货物站台1座。客运站舍占地540平方米。2010年,全站共有职工1279人,固定资产净值5598.86万元。

2010年全站旅客发送人数完成191.6万人,货物发送完成410.8万吨,其中重点物资煤炭运输完成169.7万吨,非金属101.5万吨,金属矿石96.6万吨,粮食运输1.3万吨。车站日均办理辆数22201辆,一次作业时间实现11.1小时,中转车停留时间2.9小时。

沈阳西站位于沈阳市于洪区大兴乡,地处沈阳枢纽西部沈山线,上行方向与马三家站,下行方向与大成、转湾桥、于洪站相邻,站场为双向二级四场。站区占地3400亩,东西长7.4公里,南北宽1公里。按工作量为特等站;按技术作业性质为路网性编组站。主要担当京哈、沈大、沈山、高新、沈吉、苏抚线上下行直达、直通、区段、摘挂列车及沈阳枢纽小运转列车的编组、解体任务。2010年7月6日调图后,图定旅客列车47对,其中行包专列3对;货物列车上行方向到达74列、出发85列,下行方向到达79列、出发75列。

2010年,车站实际日均接车142列,发车135列。设有两座自动化驼峰(FTK-3型驼峰自动控制系统)、两座简易驼峰和相关牵出线,配属8台调车机车,设计改编能力12006辆。中转时间计划4.1小时,实际完成3.8小时;办理辆数计划13400辆。实际完成1.5万辆。安全生产实现无责任行车及以上事故1836天;无职工重伤以上事故5076天。

(崔志刚)

【铁路机车】 2010年,沈阳铁路地区共配属机车740台,其中SS9电力机车389台,和谐电3C型30台,内燃机车321台。沈阳市辖内铁路机车运用管理及维修工作由沈阳机务段和苏家屯机务段承担。

沈阳机务段以客运为主。2010年段担当163对旅客列车牵引任务,图定使用客运机车234台。段配属机车302台。其中,SS9型130台,东风11型53台,东风11G型6组12台,东风4D型65台,东风4B型4台,东风5型8台,和谐电3C型30台。有内燃机车辅(小)修台位5个,具有年承修1200台内燃机车小辅修能力。

苏家屯机务段以货运为主。担当区段交路覆盖黑、吉、辽三省,主要担当沈大、京哈、溪辽、沈丹、沟海等线的317.5对货运列车、21.5对客运列车,共计339对列车牵引任务。全段配属机车438台,其中电力机车259台、内燃机车179台。全段机车检修设备1335台,机车检修有10个中修台位,小辅修台位11个。固定资产49.43亿元。

(崔志刚)

【铁路线路】 沈阳铁路是中国铁路的重要枢纽地区,也是东北地区最大的铁路枢纽。(北)京哈(尔滨)线、沈(阳)大(连)线,沈(阳)山(海关)、沈(阳)吉(林)线,沈(阳)丹(东)线等多条铁路干线在此通过。其中京哈线在沈境内113公里,沈大线25公里,沈山线88公里,苏抚线31公里。沈吉线24公里,沈丹线29公里,联络线66公里,其他线路34公里。沈阳市辖内铁路总营业里程为410公里。辖内铁路全部为Ⅲ型轨枕,采用60公斤/米重型钢轨、无缝电气化铁路。其中京哈线是具备250公里/小时准高速铁路。

沈阳工务机械段是沈阳铁路局惟一一家使用大型养路机械从事线路设备大中修、综合维修及焊运长钢轨的专业化施工生产单位。主要担负沈阳铁路局管内的线路大修、线路中修、线路维修、长钢轨焊接、钢轨淬火、钢轨探伤、钢轨打磨、道岔捣固、道岔打磨、长轨运输等生产任务。段拥有各种大中型养路机械107台,配属7个大型清筛机组,2个中型清筛机组,7个线路维修机组,3个道岔维修机组,2个钢轨探伤队,2个钢轨打磨队,1个道岔打磨队,1个边坡清筛队,一个吹砟维修队,一个移动式钢轨焊接队;拥有长钢轨焊接生产线4条、长钢轨运输列车5列、轨排列车5列、旧钢轨整修线1条、10吨及以上起重设备62台;施工期间占用路用车辆500余辆、自备车辆98辆以及各种运输车辆、机加工设备、施工机具等,固定资产原值达12亿元。全段现有职工4433人,其中干部525人,工人3908人。具有各类专业技术职称402人,其中高级技术职称18人、中级技术职称140人。

2010年线路大修完成:道床清筛484.35公里;换轨合计完成733.33公里;更换轨枕完成312.18公里(完成新枕273.84公里、再用枕38.33公里)。线路中修:完成道床清筛344.81公里。线路维修:完成机捣9165.7公里,岔捣2669组,钢轨打磨2074.2公里,道岔打磨323组,钢轨探伤22673公里。完成厂焊焊轨2812.84公里。完成通霍线线路整治清筛225.16公里,换枕34.11公里,换轨31.99公里。线路大修验收优良率、线路维修大机捣验交优良率均达到100%。

(崔志刚)

【铁路车辆】 沈阳车辆段是沈阳铁路局惟一的客车、动车段。作业场所分为沈阳、沈阳北,大连3个客整所,沈阳北、沈阳、大连、山海关、丹东5个客列检所及1个动车运用所。主要担负着客车段修、辅修、临时日常检修整备,动车组Ⅰ、Ⅱ级检修,空调客车及发电车中修、小修,客车加装改造,车电机具的大、中修等检修任务。

段配属普通客车2845辆(含空调车1631辆,其中:沈阳北959辆、沈阳71辆、大连601辆),其中硬座车1170辆,硬卧车1042辆,软座车36辆,软卧车206辆,发电车63辆,餐车124辆,特种车59辆,待管行李车145辆。段现有动车30组(其中:CRH5型动车25组、CRH2型动车2组、长白山号2组、中华之星1组)。客车段修修车台位30个,空调车中修修车台位6个。

全段有主要机械动力设备1100台。其中金属切削机床81台,锻压剪冲设备63台,动力设备179台,电器设备157台,起重运输设备259台,工作炉、金属处理设备24台,木工、铸工设备41台,试验设备162台,工程机械3台,其它设备131台。

2010年完成客车段修1500辆,完成空调车中修947辆,完成客车辅修(A1修)4110辆,完成客车临修3163辆。站列检通过修9.99万列、164.9万辆;库列检入库列车检查5.14万列、65.2万辆;动车完成一级修4494列3.6万辆,动车二级修278列、2224辆;段修一次交验合格率98.0%,段修休车时间(特种:5.8天;一般7.9天);检修残车计划2.47万辆、完成2.47万辆。

电机大修84台,电机段修334台,蓄电池大修84组,蓄电池段修962组,电扇年修2800台,电水泵年修1460台,逆变器段修1.2万台。

(崔志刚)

道路水运客货运输

【概况】 2010年,沈阳市新增更新客运车辆679台,其中:客运班车223台(新增65台,更新158台),旅游包车456台(新增340台,更新116台),完成年度计划的136%。新增租赁车辆230台;新增更新农村校车186台,其中:新增33台,更新153台。新增更新道路营运货车2.1万台,完成年度计划的145%,全市道路营运货车达到10.8万台,其中新增更新危险品运输车辆347台;新增厢式货运车辆7342台,厢式化比率达到27.7%;新增多轴重载车辆1615台,多轴重载比率达到6%。

班车运输共发送旅客4927万人次,旅客周转量41.9亿人公里,比上年增长8%;完成货运量1.68亿吨,货物周转量256.1亿吨公里,分别增长14.1%和14.6%。

全年组织从业人员上岗考试2.9万人次,核发从业资格证23530个,组织在岗培训考试5.8万人次,收缴考试费314万元,完成年度计划的131%。

(陈千城)

【沈阳站客运枢纽站投入运营】 沈阳站客运枢纽站是沈阳公路主枢纽规划布局的中心枢纽站,是按交通部颁布标准设计的一级客运枢纽站,是客运站、商业和写字楼相结合的综合性建筑。工程于2007年开始建设,占地面积1.7万平方米,建筑面积2.8万平方米,工程计划总投资为2.41亿元,2008年完成主体工程封顶，2009年主要完成了内装修、钢结构、消防、人防工程、售票区吊顶及管网、设备安装和配套工程，完成投资8500万元，于2009年10月竣工。经过近一年的相关准备工作，2010年10月19日，沈阳站客运枢纽站正式启动运营。共有117台车辆进站运营，日发班次143个，日均客量4000人次。

（陈千城）

【行业诚信体系建设】 通过2009年度道路运输企业经营信誉考核，评定AAA级道路运输企业共115户，其中：客运企业14户，客运站1户，危货企业8户，普货企业36户，机动车维修企业46户，驾培机构10户。根据《辽宁省道路运输经营信誉监督考核办法》对全市道路运输行业开展2010年道路运输经营信誉监督考核工作，对13家客运企业、16家危货企业、30家驾培企业进行了定期考核。

（陈千城）

【行业运输安全】 开展安全生产专项整治，保证道路运输安全。按照省、市关于安全管理的相关要求，将安全检查变成对企业及行业常态化的日常监管手段。重点加强对长途客运、旅游包车、危货车辆、农村校车等方面的安全监管，共开展了10余次大规模安全生产检查工作，注重检查的深度和效果。共对15家客运企业、5家客运站、1家货运站下达了整改通知书，对存在严重安全隐患的营运车辆立即停运，严肃处理违规行为，保证车辆运营安全。

完善了道路运输灾害天气预警机制。针对年初及入冬以来雨、雪、雾、霾等灾害天气较多的情况，进一步完善了灾害天气预警机制，并与气象、公安、公路、新闻媒体等部门建立了联动机制。出现影响行车安全的恶劣天气时，及时将预警指令和调度信息向全市发布，启动了2次红色预警、4次橙色预警、6次黄色预警、8次蓝色预警，共向各级运管部门、各道路客运企业、客运站下达了运营调度指令或路况信息82次，对于灾害天气条件下的高速公路线路、山区线路以及长大客运线路及时采取停班措施，避免行车安全事故的发生。

完成长途客运车辆视频安装工作。为了加强社会治安防控体系建设，切实保障长途客运车辆安全、有序，6月起，市交通局会同公安部门对全市县际以上班车安装视频摄像头，共涉及13家企业的630台车辆，2010年7月末前全部安装完成。

（陈千城）

【客货行业管理】 开展道路运输市场环境综合整治活动。以“迎全运”为契机，按照市政府绿化和环境综合整治“四大战役”要求，开展了以“整治市场秩序促和谐，提升服务水平树形象”为主题的综合整治活动，并打响了具有本行业特点的“四大战役”：一是集中整治客运站场环境卫生。二是集中整治客运车辆车容车貌。三是规范从业人员的仪容仪表和服务行为。四是整顿客运站（场）周边地区环境秩序。实行了“抄报”制度，18台营运客车因为卫生或车容不整等问题被“抄告”，相关单位已经对这些车辆进行了整改。同时，积极参与“文明出行好市民”的评选活动。道路运输行业推荐的2名驾驶员获得了“文明出行好市民”荣誉称号，为全行业树立了先进的楷模。

强化包车市场监管手段，加大市场监管力度。定期走访包车企业，要求企业完善安全管理制度，建立健全从业人员安全生产操作规程、安全生产责任追究制度，建立和完善车辆技术档案，提高企业在车辆技术状况方面的管理水平，督促企业定期召开车主、从业人员安全教育例会，强化包车预约书管理工作，充分发挥GPS监管系统作用等行之有效的方式，实时掌握车辆的运营状态，切实提升旅游包车市场管理水平。同时，以品牌企业建设工作为契机，促进品牌企业做大做强。通过实际考核认定，并结合经营信誉考核工作结果，向省运管局推荐认定12户省、市际包车客运品牌企业。举办了包车客运行业驾驶员节油技能大赛，提高包车客运企业驾驶员节油驾驶技能，推动道路运输行业节能减排。

完成全市道路危险货物运输车辆集中审验工作。对全市1674台危货车辆进行了集中审验，采取了上线检测，市区两级运管部门共同实施外观检视、现场审核材料、当场办结年审事项的一站式工作方式，现场检查纠正安全设施不全的车辆126台次，杜绝了安全隐患。

成立防汛救援联络体系，确保指令通畅。组织220台的防汛救援车辆，其中：货车156台，自卸车27台，吊车23台，铲车20台，以备抢险救援。市交通局接到上级指令后，立即下达调度令，相关区县运管部门能够立即响应，及时组织相关车辆到指定地点待命，并按照要求完成了运输任务。

（陈千城）

【农村校车管理】 加强校车监督管理，强化校车安全技术状况检查。抓住源头管理和运营监管两个关键环节，4次对全市1765台校车的安全技术状况进行逐台检查，联合交警部门开展校车标识、标牌核发工作，切实做到现场检验见车见人，不留死角，排除安全隐患，进一步规范校车安全运营条件。督促有关县区逐步淘汰小型车，更新旧车，有计划地实现全部校车达到19座及以上标准，2010年共更新车辆170余台。

加强相关部门协作，完善校车安全管理体系。多次召开交通、公安、教育等相关部门参加的农村校车工作联席会议，对专用校车、非专用校车的外观标识、安全技术条件，校车从业人员考核制度等事宜进行研究确定。同时，实行校车安全监管调度会制度，及时掌握校车行业动态，听取相关部门、基层单位对校车工作的意见和建议，通报校车安全监管工作动态，对存在的问题及时发现、及时解决。

积极开展农村校车安全百日整治工作。一是深入开展校园交通安全教育，使学生掌握交通常识，养成良好的交通习惯。二是面向经营者、从业人员集中开展交通安全教育和培训，切实增强农村校车经营者和驾驶员的交通安全意识、责任意识和守法意识。三是核定校车经营资格，开展安全技术检查。四是全面排查农村校车行驶道路情况。五是加强对农村校车运行重点时段和路段的巡逻管控，严肃查处农村校车超员、超速等交通违法行为，坚决取缔非法营运车辆接送学生。

（陈千城）

【维修驾培行业管理】 宣贯维修条例，强化维修管理，提升维修行业形象。一是开展《沈阳市机动车维修市场管理条例》宣贯工作并对维修行业开展整顿。以宣贯《条例》为契机，组织各区、县（市）运管机构对全市机动车维修企业开展了整顿工作，全面落实《条例》各项要求，规范企业资质条件和经营行为，强化管理，建立长效管理机制。二是加强综合性能检测市场监管，维护行业健康稳定发展。进一步规范检测合格证的发放，根据各站检测能力，限量发放检测合格证。同时，对检测市场进行调研与检查，了解检测机构的资质情况及当前行业存在的问题。三是认真开展道路运输车辆燃料消耗量核查工作，推进道路运输行业节能减排工作。自7月1日起，组织开展了对道路运输车辆燃料消耗量检测工作。共对纳入核查范围的申请配发《道路运输证》的8860台车辆进行了核查，其中：合格8762台，不合格98台。对于不合格车辆一律不予配发《道路运输证》，推进了道路运输行业节能减排。

完善驾培机构资质，强化培训管理，提升驾培行业形象。一是强化驾培行业管理，确保驾培行业规范发展。强化驾培行业管理，开展了驾培行业整顿工作，通过加强企业资质、档案建立和培训质量管理，使行业管理得到了强化，企业资质条件得到了提升，企业经营管理得到了规范，培训质量得到了保障。全年共审核驾校开班登记学员16万人，新增更新教练车450台，新增教练员635人。二是加强行业调控，引导行业发展，推进行业规模化进程。在严格控制企业户数的基础上，积极推进企业充实培训车型，共有5户驾培机构申请增加培训车型，其中1户驾培机构由3级升级为2级驾培机构，另外4户新增加了B2、C5等车型。同时，按照修订后的《机动车驾驶证申领和使用规定》，确定交通经济驾校为残疾人C5驾驶证培训机构，解决了残疾人C5驾驶证的培训问题，得到社会好评。三是强化教练员管理，提升教练员素质，提高培训质量。组织召开机动车驾驶培训教练员从业资格培训考试，累计培训学员731人，合格635人。开展了教练员脱岗培训和教练员教学质量信誉考核工作，提高了教练员队伍的业务能力和水平，促进了培训质量的提高。

（陈千城）

【从业人员管理】 推行沈阳市道路运输从业人员诚信考核计分办法。完善了电子政务信息系统功能，在对从业人员诚信考核时，参照其计分考核的信息，评审该从业人员的等级；加强道路运政执法检查与计分考核相衔接，将道路运输从业人员违法行为的处罚与计分相结合，实现全市运政信息网计分系统的连接，增加对道路运输从业人员违法行为的处罚力度和诚信考核的跟踪评价。逐步建立和完善从业人员退出机制。

加强从业人员从业资质审查，提高从业资格准入门槛。坚决贯彻经营性道路旅客运输驾驶员具有三年以上无重大责任事故，危险货物运输驾驶员应具有旅客或货物运输从业资格两年以上等要求，杜绝不规范证件。同时，按照交通部新的考试大纲要求，更新了考试题库，题量有所增加，客运考题由原先的200多道题增加到516道，货车增加到502道，危险货车从业人员考题由原来的200多道增加到500道。

加强从业人员管理窗口建设，积极主动为基层服务。进一步完善了从业人员管理的工作流程和运行制度，提升工作效率，提高服务水平。更新考场硬件设备，增加便民服务设施，方便从业人员业务办理。同时，积极主动为企业和基层服务，为辽中客运公司、天兴客运等10家公司的1400多驾驶员提供上门培训服务，经考试核发从业资格证，沈阳烟草配送中心，可口可乐公司等24家企业的4100从业人员，提供了在岗继续教育培训，为企业和从业人员提供了方便。

（陈千城）

【水路运输管理】 开展水运企业核查，规范企业经营行为。对沈阳市6家水运企业进行了核查，指导企业规范经营行为，促进企业健康、有序发展。开展船舶检查，继续实行短期定期签证制度。对投入运营的73艘船舶进行了船检，1185个客位全部配备救生衣，并按规定保足客座险。深入开展水上交通安全专项整治工作。以旅游船舶为重点开展了水上交通安全专项整治活动，确保各项安全制度落实到位。节假日，在重点水域开展专项安全执法活动，发现并整改安全隐患2处。深入开展渡口渡船安全管理专项整治工作。层层签订责任状，对19处农村渡口整治情况进行了实地督查。积极协调市安委会将渡口渡船改造资金纳入2011年全市安全隐患整改基金。省运会开幕式水上安全保障共出动人力220人次，水上巡逻30船次，保证了活动的顺利进行。

（陈千城）

【编制“十二五”交通规划】 2010年，沈阳市交通行业按照市政府、省交通厅等上级部门的总体部署，从4月下旬组织启动了“十二五”各项规划的编制工作。沈阳交通“十二五”规划包括：《沈阳市公路水路交通运输发展第十二个五年规划》、《沈阳市普通公路“十二五”建设规划》、《沈阳市场站设施“十二五”建设规划》、《沈阳市道路运输行业“十二五”发展规划》、《沈阳市公共交通行业“十二五”发展规划》、《沈阳市出租汽车行业“十二五”发展规划》、《沈阳市交通科技“十二五”发展规划》共7个专项规划。6月份已完成规划初稿，正在开展完善和报批工作。

（胡 博）

【公路建设】 2010年沈阳市完成公路建设任务55项目，其中：路基改造159公里，黑色路面388公里，桥梁工程441延米，完成投资4.8亿元，其中省补贴投资3.4亿元，工程一次性验收合格率100%，优良率达52.3%。

2010年克服征拆压力、高危汛期等重重困难完成沈本大道续建工程、沈彰开发大道、沈阜开发大道新改建工程共计16.34公里，完成蒲河流域景观路建设任务143.5公里，共计完成建设投资8.93亿元。

完成迎国检路面维修工程175公里；创建300公里标准化养护示范路；日常养护完成路基整修1760公里；处治翻浆43万平方米，坑槽11万平方米，路面灌缝9万延米。清理垃圾6万立方米，修复沿线设施92处；投资408万元集中整治村屯100个，完善沿线附属设施。

投资477万元进行病险桥涵维修改造，改造桥涵48座/1558延米。新增、完善交通标志884套，投资203万元。施划路面标线27万平方米，投资569万元。

春季绿化里程811公里，其中新植里程210公里，补植602公里，投资900万元。栽植乔木20万株，灌木9.8万株，花卉24万株。

完成农村公路建设任务170公里，完成投资5485万元。

全市农村公路养护资金投入2112万元，安排农村公路中、小修里程合计860公里，维修改造桥梁30座。全市共完成路基整修533公里，清理边沟487公里；处治公路翻浆16万平米、处治路面坑槽24万平米；完成路面灌缝5050米；农村公路绿化新、补植988公里，栽植乔、灌木76万株。

全市结合农网工程改造及日常养护投入817万元，共创建农村公路养护示范路33条344公里，使沈阳市农村公路养护质量及整体形象得到较大提升。

（陈千城）

【交通设施建设】 2010年，沈阳市共有交通场站新建、续建工程11项，全年累计完成投资2.07亿元。项目分别为市级交通枢纽2项：沈阳西站综合交通枢纽、长客总站交通枢纽。县域级客运站3项：辽中客运站、苏家屯客运枢纽站和大潘乡级客运站。公交场站6项：沈南公交运营场、龙之梦公交枢纽以及虎石台职教园等4处公交停车场。

西站综合交通枢纽：该项目是列入省交通厅和市城建计划的项目，计划总投资1.39亿元。截至2010年底，项目完成了基坑工程和地下室施工，进行了地上一层建设和部分跨路钢结构安装及局部二层钢筋捆扎，共完成投资3300万元。

长客总站改造：该项目是列入沈阳市交通局的计划项目。改造内容4项，主要是对客运站房的外立面、供电、采暖及站区路面进行改造。已完成外立面、供电、采暖改造，累计完成投资300万元。

辽中客运站：列入2009年省交通厅计划的项目，位于辽中开发区的滨水新城1号路。占地面积2万平方米，建筑面积5000平方米，计划总投资1800万元，2010年内完成了土建、内外装饰工程及设备安装等工程，主体全部完工，完成投资1500万元。

苏家屯客运枢纽站：列入2010年省交通厅计划的项目，位于苏家屯区工商局南侧。占地面积4.6万平方米，建筑面积1.2万平方米，计划总投资4100万元，已完成投资2000万元，完成了项目前期、土地购置及部分拆动迁工程。

大潘农村客运站：列入2009年省交通厅计划的项目，位于铁西区大潘镇。按照交通部四级客运站标准建设，占地面积3000平方米，建筑面积350平方米，计划总投资120万元，2009年开工建设，2010年上半年工程已全部完工，完成投资80万元。

公交场站6项：共完成投资1.34亿元，其中：沈南公交运营场计划总投资560万元，已完成投资300万元，完成了土建主体与场内综合管网工程；虎石台职教园公交停车场完成投资100万元，完成了路面和部分土建主体施工；由社会力量投资建设的4处公交场站中，沈阳炮兵学院公交停车场、理想新城公交停车场、观音屯公交停车场均已完成，龙之梦公交枢纽已建成地下通廊、停车场路面、站台等设施，该4处公交场站共完成投资1.31亿元。

（陈千城）

【协调铁路建设】 2010年，沈阳市不断加大铁路建设项目征地拆迁的沟通协调力度。全市新建、续建铁路项目4项，哈大客运专线主体工程完工，沈丹客运专线征地拆迁工作全面推进,沈阳站西出口和沈阳北站北出口改造工程取得积极进展。同时,沈西工业走廊二期、京沈客运专线的工程前期准备工作基本就绪。

(陈千城)

【海峡两岸都市交通学术研讨会】 海峡两岸都市交通学术研讨会由上海市科协和台北市交通安全促进会联合发起创办,大陆连续举办两届,台湾举办一届,两岸城市交替承办,第十八届海峡两岸都市交通学术研讨会2010年7月4日至6日在沈阳举办。

第十八届海峡两岸都市交通学术研讨会主题为:区域经济发展与交通运输。主要议题包括:沈阳经济区一体化交通发展战略、规划与实施;城际连接带、新城、新市镇交通规划与发展;轨道交通与常规公交协调发展、管理运营与衔接策略;)城市交通组织策略及解决拥堵对策;重大活动期间的交通保障策略与实施;土地利用与城市交通规划、管理的协调发展;区域物流规划与管理;多元化交通体系;交通安全、应急、节能、环保、生态和文化;城市交通的新技术应用;其他涉及区域和城市交通的相关问题研究。

2010年7月4日,辽宁省副省长滕卫平出席开幕式。中国工程院院士、省科协主席王天然为大会主席。中国城市规划学会城市交通规划学术委员会副主任委员,北京交通发展研究中心原主任,教授级高工全永燊、上海市科学技术协会副主席曹振全、台北市交通安全促进会理事长黄台生、台北市交通安全促进会前理事长,(台湾)开南大学运输科技与管理学系教授陈武正等领导和专家出席。

沈阳市交通局作为承办单位与协办单位参加会议。沈阳市交通工程研究所高级工程师初允强与沈阳市交通局高级工程师陈千城做了关于公共交通诱导系统与自然灾害对交通运输影响的学术交流。期间沈阳市交通学会与台北市交通安全促进会代表签订了交通合作研究的协议。会议代表参观了即将开通的沈阳市地铁一号线和沈阳北方交通工程重工集团。

(陈千城)

【交通法规】 完成《沈阳市机动车维修市场管理条例》修订。修订后的条例于2010年7月1日起实施。本次修订,结合市场管理实际,强化了维修质量管理。完成了《沈阳市出租汽车市场管理办法(草案)》的提报工作。

完成《沈阳市轨道交通运营管理办法(草案)》提报。完成了年度地方性法规规章规范性文件清理工作。经过清理,现行有效的市级交通行政管理方面地方性法规4件,政府规章6件,管理内容涵盖公路、客、货、机动车维修、驾驶员培训、公交等多个交通子行业的行政管理。

(陈千城)

【执法监督】 完成执法主体类别变更。为进一步落实交通运输部关于公路质量与安全监督工作的要求,根据有关法规规定,积极与市法制办沟通,将沈阳市公路工程质量与安全监督处的执法主体资格由原"委托执法"变更为"授权执法",加强沈阳市公路质量监督执法力度。同时,制定了公路质量与安全监督法规的自由裁量权细化规定。

全系统执法证件年度审验工作。完成了交通系统1066名执法人员的执法证件年度审验工作,更新了市交通局执法人员数据库;完成了全市郊区县(市)执法大队执法人员证件换发工作,共换发新版证件125个。

执法监督检查。完成了执法案卷评查工作,共抽调执法案卷375件,下发了整改通知14份;组织各执法单位全体执法人员进行培训、考试;完成了对各单位2010年度执法责任制考核;对行政执法人员、车辆、档案、证件等进行全面清理和普查,并按规定上报了自查报告。

行政权力清理和确认工作。对市交通局行使的行政权力进行了详细梳理和确认,并组织编制了流程图和运行条件,截至年底,初步清理确认行政权利376项。清理后的行政权力目录、流程图、运行条件已按要求上报。

行政复议和应诉工作。截至年底,共受理法律法规咨询、行政复议咨询近600余人次,立案13件,审结12件,1件正在审理中;代表市交通局应诉1件,协助所属单位应诉案件8件。无错案和行政撤销案件发生。

交通行政执法。全面强化交通运输市场监管,组织开展"打击出租汽车拒载"等专项执法行动10余次,查处违章案件2.5万件,公开销毁非法营运"黑出租"172台;加大投诉举报案件办理力度,案件办理时限由15个工作日缩短至7个工作日;全年办理行政复议案件13件,无行政错案发生。

(陈千城)

城市公共交通

【概况】 2010年,沈阳市公交线路总数达202条,配车5013台;全年累计发车1705.78万次,比上年增加89.59万次,增幅5.5%;总行驶里程2.94亿公里,增加2222.19万公里,增幅8.2%;完成公交总客运量11.9亿人次,增加0.3亿人次,增幅2.6%;实现总收入9.7亿元,增加1亿元,增幅11.5%。

(陈千城)

【公交线网布局】 完成新开调整公交线路27条,其中正式开通公交线路3条,试运行公交线路2条,调整公交线路22条,填补了沈北、经济技术开发区等区域79.6公里的公交空白,公交线路总长度达到3784.8公里,比上年增加2.9%,方便了西湖俪景、世代书香、丽都新城等40余个小区4万余户居民的乘车出行。

(陈千城)

【行业文明出行】 开展“出行优先,服务优质”双优创建活动,组织48个组共197人的检查队伍,对行业服务质量进行互检互查,每周召开调度会通报情况。结合“玫瑰行动”、“大雁行动”等活动,创建“文明排队乘车示范街路”,文明出行效果显著。推选出市级文明出行好市民1名,树立了行业的良好形象。

(陈千城)

【公交专用道】 2010年9月1日起,沈阳市交通局与沈阳市公安局共同组织实施沈阳市一环路、黄河大街、南京街、市府大路等第一批城市道路的公交专用线,全市20条99.2公里的公交车道实现公交专用,20台公交车安装了电子警察,对占用公交专用线的车辆进行照排取证,全市104条公交线路的3037台公交车辆运行速度有了明显提高。

(陈千城)

【地铁验收监管】 开展了票价论证、地铁与公交接驳等工作,及时组织完成地铁一号线的综合验收,为科学决策提供参考。此外,及时掌握地铁开通后的运营信息,加强动态监管,协助完成了老年人优惠卡的办理工作,截至目前共办理老年人免费卡4万张,储值卡6000张。

(陈千城)

【线路运营调流】 为配合沈阳市道路整修,全年共制定公交调流方案30个,比上年增加11个,涉及公交线路111条(线路多次调整不重复计入),增加33条;根据市民出行特点,编制了夏冬两季及“元旦”、“平安夜”、“圣诞节”等10余个节日运营方案,开通了10条冬季早晚高峰“大站快”公交线路,为方便市民乘车提供了保障。此外,组织参加“制博会”、“药博会”等5项大型活动的公共交通服务,现场指挥调度240人次,完成发车1850余次,运送乘客10万人次。

(陈千城)

【行业培训管理】 完成了全市7297名公交驾驶员的岗位继续教育,创新教学模式,开展文明服务现场互动教学,增强了驾驶员的遵章守法观念。对246名安全管理人员进行岗位培训,使其全部获得了行业安全管理的上岗资质。

(陈千城)

【执法检查】 在常规执法检查的基础上,增加对运营方案、夜间开灯等情况的专项检查,全年共检查公交车辆9500余台次,查处线路203条次,立案223件,全面完成执法工作任务,行业监管力度得到进一步加强。

(陈千城)

【安全生产保障】 强化安全宣传,开展专项检查,保障安全生产。共检查公交运营场停车场50余处、变电所锅炉房等重点部位8处,隐患整改26处。2010年公交行业共发生死亡事故14起,比上年减少9起,下降39%。

(陈千城)

【公共交通行业安全生产监管】 组织开展公交车运营场站、维修作业场所、变电所以及双燃料公交车燃气装置、车辆安全技术状况的安全生产大检查活动,排查整治场站设施安全隐患,保证车辆发动机整洁,及时更换老旧电路和老化油路。组织开展公交车、出租车违章驾驶等不安全行为的专项整治活动。对全市5828名公交司乘人员进行轮训,对246名公交企业安全管理干部进行安全生产专项培训。鉴于我市公交车辆燃料的多样性,检修和保养技术不能适应现实需要的具体情况,下发《关于进一步加强冬季运营安全工作的紧急通知》,提出8条明确要求,公交部门召开行业安全生产会议,要求各运营公司立即开展车辆消防安全检查,同时市局成立3个检查小组,督促公交运营企业对全市5013台公交车辆进行逐一排查。

(陈千城)

【办理市民诉求】 2010年共办理人大建议、政协提案共计55件,其中:人大建议34件,政协提案21件,代表满意率98.18%。办理群众诉求1.1万件,其中:政风行风热线5200余件,交通服务热线(96123)5700余件,办结率100%,反馈率100%,星级率95%,群众满意率99.5%以上。

(陈千城)

【出租汽车运营】 2010年,沈阳市出租汽车行业完成出租汽车更新1720台,实现固定资产投资1.54亿元,完成年计划的172%。

调整出租汽车运价,实行时距并计模式。组织完成了出租汽车时距并计运价方案和油运价格联动机制的有关行业调研、征求意见、依法听证、报批以及组织实施等各项工作。运价调整实施效果显著,大大缓解了出租汽车供需矛盾,服务质量投诉问题明显减少。

强化行业管理手段,逐步提高管理效能。完成了出租汽车行业信息管理系统升级改造和全部出租汽车防伪电子标签安装,完善了出租汽车企业信誉考核制度和从业人员记分考核制度,规范了出租汽车驾驶员从业登记管理,实施了出租汽车企业车辆违章率定期通报,建立了从业驾驶员信誉查询系统,重新调整了县域出租汽车业务办理程序。

完善培训教育机制,提升从业人员水平。完善了出租汽车驾驶员从业培训和考试内容,调整了教学形式和培训重点,增加了考试题量和难度,提高了出租汽车驾驶员准入门槛。组织完成了出租汽车驾驶员从业考试和登记工作。全年完成出租汽车驾驶员从业考试6000多人次,办理从业资格登记1.3万多人次。

进一步加强了行业稳控体系建设，在稳定工作中充分发挥了出租汽车企业的经营主体作用，畅通了信息渠道，提高了稳控工作效率。同时，认真解决行业的合理诉求，组织实施了出租汽车行业国家燃油补贴数据采集工作，分两次共计组织发放出租汽车行业补贴资金1.37亿元，维护了行业稳定的良好形势。

积极完善电子政务，筹建便民网站、热线电话等政务公开载体和公共服务平台，进一步提高了行业管理透明度和办事效率。通过社会听证、公示及电话、互联网等公开载体，保障了群众的知情权。全年共受理市民各类咨询、建议2700余件次，受理政风行风举报投诉279件，办理人大代表建议、政协委员提案18件，案件回复率和群众满意率均达100%。

全市出租汽车行业组织开展了"迎全运文明沈阳的士先行"主题活动。活动期间，先后开展了出租汽车车辆净化、行业素质提升、市场整治和典型培树等工程，评选出12家文明诚信企业、4名文明驾驶员标兵、2570名星级驾驶员、500台模范出租汽车，并涌现出一大批见义勇为、帮困助人、拾金不昧的先进典型，收到表扬信、锦旗293件次，返还乘客失物价值高达1000余万元，初步形成了诚信经营、争先创优、文明服务的良好氛围。

此外，还组织完成了出租汽车服务"两会"、国家省市"两会"信访稳定、出租汽车服务中高考、服务城市文明指数调查、服务医博会等工作。

（陈千城）

航空运输

【概况】 中国南方航空股份有限公司北方分公司（以下简称南航北方分公司）前身系原中国北方航空公司。2004年底，经国家有关部门批准，北方航空公司正式将航空主业资产注入中国南方航空股份公司。作为中国南方航空股份公司在沈阳设立的分支机构，南航北方分公司从2005年1月1日起，正式按照分公司模式运营。该分公司位于沈阳东塔机场，以沈阳桃仙国际机场为基地机场，主要经营沈阳出港至国内外大中城市的航线。截至2010年底，北方分公司拥有各类大、中型运输飞机27架，经营沈阳始发航线57条，国际航线连通日本、韩国、新加坡等多个国家。

（李小伶）

【航空客货邮运输】 2010年，北方分公司完成运输总周转量7.0亿吨公里，同比增长8.3%；旅客运输量393.6万人次，同比增长6.4%；货邮运输量5.5万吨，同比增长2.5%；平均客座率80.5%，平均载运率72.1%，同比分别提高6.3和4.8个百分点。在册飞机日利用率9.51小时，同比提高0.29小时；全年出港航班正常率85.4%，同比下降0.7个百分点。全年实现运输收入43.09亿元，同比增长35.2%；实现经营盈利1.04亿元，同比减亏增盈5.61亿元。

（李小伶）

【航线网络建设】 2010年，北方分公司强势推进枢纽中转，初步建立起行之有效的中转营销模式，以狠抓澳洲中转为突破，从航班调配、产品谋划、宣传推介、渠道推广、客户走访等方面着手，深入代理人和旅行社进行走访宣讲，四次召开大规模产品推介会，在短时间内营造了市场轰动效应。全年澳洲中转销售收入同比增长377%、市场份额平均值从2009年的12%增至2010年43%。全面推进广州、北京、乌鲁木齐和重庆四大枢纽建设，实现广州枢纽中转销售收入同比增长179%、乌鲁木齐增长278%、重庆增长363%，特别是在沈阳－北京航线减少两个黄金时刻航班的情况下，北京国内中转销售同比增长了13%，国际增长了84%，总体市场份额提高了4.7个百分点，达到29.8%。截至2010年底，北方分公司拥有各类干线飞机27架，其中：A300飞机4架、MD90飞机9架、A320系列飞机14架。

（李小伶）

【市场营销体系】 2010年，北方分公司把握收益管理和渠道建设两个重要环节，将多级运价协调工作规范化、常态化，通过加强舱位精细化管理和提前营销，始发平均运价达到1020元，同比提高15%，经营业绩及营销能力得到显著提升。在渠道建设上，坚持深入市场定期走访，强化服务和目标考核，代理人南航销售比例达到48.6%，同比提高1.8个百分点。在旺季营销方面，把提高飞机利用率作为重点，密切监控市场变化，科学调配运力资源，建立起航班计划与资源保障间的协调机制。三季度，分公司飞机利用率平均达到10.11小时，创历史新高。在高端营销上，以南航高端经济舱推出为契机，坚持"走出去，请进来，强内训，广宣传"的工作思路，积极挖掘市场潜力。两舱客座率达到41.4%，同比提高8.6个百分点；高端经济舱客座率下半年达到平均89.2%。在拓展国际货运渠道方面，在南航内部首家开展腹货整板转运业务，腹货对接业务创收1300多万元，全年货运销售收入突破亿元，实现了40%的同比高增长。同时，致力于广州、北京等国际中转渠道建设，国际业务增长142%。

（李小伶）

【航空安全】 2010年，北方分公司安全工作实现历史性突破，完成了"两个杜绝、一个提升"的安全工作目标，创造了全年安全工作"零差错"的历史最好成绩。北方分公司以"安全快乐、快乐安全，安全幸福、幸福安全"的系统安全理念为指导，深入开展安全管理，细化安全责任，严格责任追究制度，对发生的问题坚决按照"四不放过"原则严肃查处。

在加强队伍建设方面，抓住“关键岗位、关键环节和重点人员”这个安全工作重心；加强“机长、乘务长、班组长”队伍建设，筑牢保证安全的第一道防线。在风险管理方面，针对风险点制定有针对性的防范措施，将安全关口有效前移。在完善过程控制方面，深挖飞行潜能，最大限度提高飞行效率，并强化四级检查，严格执行飞行准备和考试制度，开展舱门专项整治、航前准备会专项整治等工作。全年QAR监控重要事件航段率0.003，同比下降0.008；三级事件航段率0.008，同比下降0.001，飞行品质显著提升。此外，还通过“安全体系建设年”、“安全信息管理整顿”以及“勤思考、常教育、清隐患、打好收官战”等安全主题活动营造和谐安全氛围。全年对正确处置突发事件的12个机组进行了奖励，对3个机组进行了处罚。

2010年北方分公司实现安全飞行8.05万小时，同比增加5.8%，杜绝了飞行、空防和航空地面一般差错及以上问题，实现“零差错”目标。连续保证了90个月的飞行安全和204个月的空防安全。

（李小伶）

【品牌服务】 2010年，北方分公司以“品牌服务推广年”活动为主线，提升品质抓空中服务，精准定位抓地面服务，强化技能抓营销服务，全面加强服务品牌建设与推广。一年来，北方分公司以高端服务为重点，细分市场，推进CBD项目建设和SKYTRAX四星对标工作，健全要客保障机制，狠抓两舱个性化和差异化服务。在中转服务方面，全面开通四大枢纽中转一票到底业务。此外，通过举办“乘务员职业技能大赛”、“营销服务技能大赛”等活动，有效增强一线服务人员业务素质和服务技能，使分公司服务质量和能力得到显著提升。

全年北方分公司杜绝了服务质量有效投诉事件，运行正常性、客舱服务、地面服务指标综合完成率均达到100%，在股份公司服务质量检查中综合排名第一，三年内两夺桂冠。

（李小伶）

【新开通航线】 2010年，北方公司根据市场需求进一步优化航线网络，开辟或复飞了沈阳－郑州等7条沈阳始发航线（详见附表）。

（李小伶）

附表：

2010年新开（含复飞）航线

序号	航 线 名 称	开航(复飞)时间	班 次
1	沈阳－青岛－宁波	2010年3月28日	178
2	沈阳－杭州－桂林	2010年3月28日	200
3	沈阳－常州	2010年6月18日	49
4	沈阳－长白山	2010年6月21日	14
5	沈阳－烟台－长沙(黄花机场)	2010年7月3日	61
6	沈阳－郑州－福州	2010年7月16日	38
7	沈阳－郑州－温州	2010年10月31日	71

邮 政

【概况】 2010年，沈阳市邮政局以“调结构、优环境、惠民生”为工作思路，积极转变发展方式，多元拓展经营领域，全面提升服务水平，全局各项业务保持了平稳快速的发展态势。

截至2010年底，全地区共有邮政局所232处，投递网点195处，信筒（箱）1018个，城区局所服务半径0.72公里，车辆280台，邮路总长度5490公里，城乡投递段道1307条。全局共设置二级单位、部门33个，其中：通信业31个，多种经营企业2个。

（赵 东）

【业务发展】 满足社会经济发展及用户多样化用邮新需求，开拓创新、统筹发展，构建了邮务类、代理速递物流类、代理金融类业务三大板块协调发展的格局。

在邮务类业务发展上，函件业务不断拓宽商业服务领域，重点发展账单、封卡片、数据库商函等业务，依托强大的名址信息系统和现代化的商函制作设备，提供设计、制作、封装、寄递的“一条龙”服务，引领众多商家进入精准营销的新时代。报刊发行业务发挥邮政主渠道作用，有效整合平台与网络资源，加强与重点报业集团的邮发合作，推进第三方订阅、期刊文化礼盒等重点业务发展。零售业务以门市网点、报刊亭为依托，实现管理层级化、市场连锁化目标，全市212个报刊零售亭点，为广大读者提供阅读方便。集邮业务以精品化、个性化为发展方向，推出形象化年册、个性化邮票、礼品化邮品等业务品种，开发带有辽沈地区特色的世博邮品，以全新的概念，丰富了邮票鉴赏和集邮收藏的内容。包裹业务进入校园、军营、商品市场等提供现场收寄，推出“家乡包裹”等特色服务，扩大了产品种类，满足了特殊群体的用邮需求。组织开展爱心包裹募集活动，筹集善款47.69万元，为灾区及贫困地区小朋友送去了社会的爱心。电子商务业务利用网点资源，扩大业务规模、丰富代理品种，在代收水费、电费、电话费等传统业务的基础上，开办了公交IC卡充值、代售长途客票、火车票、航空客票业务，并实现各种费用缴费一站通，打造了邮政便民利民新窗口。分销业务积极响应国家服务"三农"号召，建成8个直营店和5个加盟店，在为广大农民配送化肥、种子等农资产品和生活用品的同时，承担起普及科技知识的责任。开展家乡包裹等土特产配送服务，为农产品进城开辟绿色通道。

在代理速递物流类业务发展上，速递业务以专业化经营为主线，借助遍及全国、通达全球的速递网络，发往全国百余重点城市的特快邮件实现次日递，长春、哈尔滨和省内其他13个城市的特快邮件实现次晨达，市区北方购物邮件24小时内送达用户手中。

在代理金融类业务发展上，坚持把余额增长、提高收益放在首位，突出中间业务扩量增收能力，抢抓有利时机，扩大余额规模。集查询、收款、付款等功能为一体的商易通成为中小企业、百货商户的首选，绿卡通的活期、定期自由转存特点更加便于市民理财，217个联网邮政网点开通了电子汇兑业务。网点布局不断优化，现有邮政储蓄网点147处(不含邮政储蓄银行网点)，ATM机139台，遍布城乡各处，有效满足了市民对邮储业务的需求。

(赵　东)

【能力建设】 以"发展现代化邮政，满足社会需要"为己任，突出能力建设，注重素质提高，企业整体实力得到全面提升。

在基础能力建设上，全年购置局所13处，开办集邮专卖店2处、便民服务站12处，更新车辆98台，安装信报箱5700个，新增ATM33台，为用户提供了更加便捷的用邮条件；实施投递网络优化，组建个性化投递网，采取自主投递、集中投递、跨区域投递相结合的灵活作业方式，日进户投递能力由10.6万户提高到13.6万户，账单妥投率由83%提高到95%，回执回收率由47%提高到98%；作业组织安排根据业务需求实行动态调整，城区实现了包单分离，报刊投递实行"分层运作、早报专投"，畅销期刊投递全面提速，《辽沈晚报》、《参考消息》实行早报投递，对221个重点党政军机关和用邮大户实行机动车投递服务。

在营销能力上，按照公司化运作体系要求，积极探索"以市场为导向、以客户为中心、以效益为目标"的新型企业运营模式，深入推进营销体系建设，强化市局、专业、现业多层次、全方位的经营组织作用，组建174人的专职营销队伍，细分市场和客户群，及时掌握用户用邮需求，实施差异化服务，企业对外服务营销水平得到明显提高。

(赵　东)

【邮政服务】 以"人民邮政为人民"为服务宗旨，积极拓展服务领域，不断丰富服务内涵，忠实履行普遍服务义务，为用户提供优质便捷的邮政服务，赢得社会普遍赞誉。

努力打造服务"示范窗口"。以局所环境、服装配备、仪容仪表、业务处理时限等为规范重点，严格执行和落实服务标准，实现规范服务目标，全局共有省级示范窗口58处，服务标兵15名、星级服务人员195名。

强化服务监督检查，开展"服务质量月"专项整治活动，推广使用视察检查网络系统，落实视察检查职能，聘任集团公司社会义务监督员2人；强化生产环节管控，严格落实省邮政公司和市局内部处理管控办法，满足全程时限要求；认真处理用户投诉，做到了及时办理、及时回复，用户综合满意度在全市公共服务行业政风行风评议中名列前茅，在百姓口碑榜评选活动中7个区县局和营业窗口被评选为优秀单位。市局先后荣获全省用户满意企业、省精神文明单位、全省邮政劳动关系和谐企业、和谐职工小家建设先进单位、模范职工之家、市政府绩效评估、扶贫开发和工委系统先进单位、A级纳税人等荣誉称号。*(赵　东)*

城 乡 建 设

综 述

【城市建设】 2010年,城市建设以完善城市功能、改善城市环境、提升城市品位为主导,围绕新城区开发建设和老城区综合改造,突出以地铁、公路、快速道路为重点的城区道路交通主干网建设,以绿化、水系、节能减排、生态为重点的生态环境建设,以旧小区改造、大伙房引水工程为重点的惠民工程建设,以展览中心、规划展示馆等为重点的完善中心城市功能项目建设,以“四大战役”为重点的市容市貌整治和管理水平提升项目建设,科学谋划,建管并重,统筹安排,全面实施,促进了城市建设和管理工作再上新台阶。

全年完成城建投资403.45亿元,比上年增长11.9%。城建工程开(复)工344项。城建重点项目进展顺利,全市城乡绿化、环境卫生、道路整修、交通秩序“四大战役”成果显著,地铁一号线通车运营,二号线一期工程取得较大进展,国际展览中心、规划展示馆投入使用,大伙房输水配套一期工程如期完成,沈阜、沈彰开发大道一期工程、沈本开发大道机场路以北路段和蒲河流域道路建成通车,弃管住宅区综合改造、供暖管网改造和望花街、东望街两条城市出口路改造已见成果,南北二干线、二环快速路改造、三环改造、四环建设、沈丹铁路客运专线工程征地拆迁、雨污分流、污泥处理、“十二运”场馆建设全面启动,全市数字化城管系统实现市区联网。

1.四大战役。实施机场高速公路、二、三环及642条街路、全市144个单位庭院、285个小区绿化,蒲河生态廊道建设,6个市民广场和8个老旧公园改造建设。集中开展全城环境卫生大清理,并对全市街路实行分类作业;对2635个非物业小区实行环卫一体化作业;对全市环卫设施设备进行了更新改造,使全市的道路机扫率由28%提高到50%。整修主次干道38条,面积271.58万平方米。完善主要街路交通信号灯、电子警察、视频监控、隔离护拦、标志标线,交通违法行为得到遏制,交通秩序有所好转;在城区812条街路施划停车泊位8万多个,有效缓解了停车难问题。

2.铁路建设。积极推进铁道部、省政府下达的铁路建设任务,在重点配合哈大铁路客运专线建设的同时,启动沈丹铁路客运专线工程征地拆迁工作和沈阳新客站建设。

3.地铁建设。地铁一号线一期及延伸线工程全部完工,并已于2010年10月8日试运营。二号线一期工程进展顺利。

4.公路建设。5.22公里的沈阜开发大道、4.64公里沈彰开发大道、143公里蒲河流域道路和沈本大道一期工程竣工通车。

5.城市出口区域整治。沿路两侧改造面积3.5平方公里,已完成964户居民、119户企业搬迁,完成土地平整40万平方米,绿化面积3.8万平方米,种植树木3万余株,修建高标准围挡7300延长米,改造明渠1100延长米。

6.大伙房水库输水配套工程。新建、改建东、西部净水厂、李官配水厂等项目均已完工,开始向沈阳市供水。新增供水能力90万立方米/日,解决沈阳市资源性和水质性缺水的问题。

7.弃管住宅区综合改造。2010年改造弃管小区389个,建筑面积1600万平方米,重点解决了屋面漏雨、用电不安全、下水不畅通等问题;安装单元门、修缮破损楼梯间窗户,增设了垃圾箱、晾衣架、自行车棚等小区配套设施。

(孙健 冀红斌)

【村镇建设】 蒲河沿线村庄整体改造试点。启动了新民后大河泡村、辽中年家屯村、于洪郭大桥村3个村庄整体改造试点工作。通过积极推进,3处试点取得了阶段性进展。新民市后大河泡村新建的2栋住宅楼已进行桩基础施工,预计2011年达到入住条件;辽中县年家屯村新村配套设施改造提升工程、村庄周边蒲河5公里堤顶路升级改造工程和村民活动中心工程已全部完成,2011年完成旧村拆迁;于洪郭大桥村拆迁过半,并完成了新村规划设计,2011年实施新村住宅建设。

农村生活垃圾处理设施建设。一是完善已建成农村生活垃圾处理场渗沥液处理系统。为搞好垃圾处理场渗沥液处理系统建设工作,首先组织并邀请省市知名专家研究论证了适宜本地经济和运行管理条件的农村生活垃圾渗沥液处理技术和工艺方案,在此基础上开展了生活垃圾渗沥液处理系统建设。新民梁山垃圾场已完成渗沥液处理设备的配套建设,投资300万元建成日处理量25吨的固定的碟管式反渗透工艺渗沥液处理设备,并已投产运营;法库县垃圾场渗沥液处理处理系统已进入政府采购阶段,预计2011年投入使用。二是启动建设新民公主屯、法库秀水垃圾处理场,完成了部分土方工程和场区围墙、进场路、排水等工程。三是积极购置已建成的法库城镇垃圾场及5座中转站,2010年启动建设的两座垃圾场机械设备。

中心村绿化。4月份全市绿化中心村500个,植树358万株,实现了全市1451个中心村绿化覆盖率全部达标(绿化覆盖率25%以上)。

村内道路建设。全年完成了新民、辽中等村民呼吁强烈、出行困难的10个村庄村内道路30公里。同时完成了祝家现代果树示范基地和光辉农场良种展示基地的道路工程建设。

中心镇建设。启动实施了8个中心镇基础设施建设项目。在苏家屯区姚千镇、康平县张强镇、方家镇、法库县秀水河镇4个中心镇安装太阳能路灯235盏;完成了法库县大孤家子镇中心街建设工程。启动了辽中县茨榆坨西环路排水工程、大民屯镇中学路道路排水工程和新民市前当堡镇明渠改造和镇内排水工程。

村镇规划。完成了52个村庄规划，9个乡镇总体规划修编，完成了辽中县域居民点布局规划、方巾牛村“宅基地换房”项目农民安置小区修建性详细规划以及沈阳市农村基础设施“十二五”规划等村镇规划的编制。

（孙健　姜子平）

城乡规划

【规划编制和管理】 2010年，沈阳市规划和国土资源局编制完成了《沈阳市行政区划调整规划》、《沈阳都市区城际连接带空间发展总体规划》以及全市范围内19个新城、新市镇总体规划；为保证第十二届全运会的顺利召开，完成了《大浑南战略规划》、《浑南新城总体发展规划》、《第十二届全运会全运村选址规划》；为全面提升城市环境品质，编制完成了《沈阳蒲河生态廊道建设总体规划》、《浑河两岸综合提升改造规划》、《沈阳市城市出口路环境综合整治规划方案》、《沈阳市金廊地下空间利用规划》、《金廊沿线绿化景观规划》等重点项目规划；还完成并继续深化了《沈阳市绿地系统规划》、《沈阳城市综合改造提升规划暨2010—2013年全运行动计划》、《皇城地区概念规划及城市设计深化》、《沈阳市于洪区全域规划》、《沈抚连接带地区概念规划》等。

为解决沈城交通存在的各种问题，完成了道路交通规划30余项，并开展了新一轮综合交通规划编制工作。完成其它交通规划项目还有：《沈阳市2010年-2012年交通基础设施近期建设规划》、《沈阳北站南北广场交通组织规划》、《沈阳南站、北站综合交通枢纽规划》、《沈阳市二环、南北二干线规划》、《沈阳市四环、五环路规划选线》等项目。此外，还完成了《金廊沿线基础设施规划》、《浑南新城基础设施专项规划》等市政基础设施专项规划。

完成了全运会体育场馆、沈阳市全民健身中心、市体育运动设施、太阳鸟雕塑迁移、宋雨桂艺术馆、市少年儿童图书馆等沈阳市重点建设项目前期规划选址工作，《浑河生态堤景观设计任务书》、《丁香湖湖心岛屿标志性建筑规划设计条件》、《沈阳市展览中心周边环境整治规划》、《沈阳市文化艺术中心周边环境景观设计》等规划设计条件书及规划方案的编制。

全年共核发《建设项目选址意见书》53件，包括新建辽宁电力中心医院、地铁一号线滂江街站地面厅等一批重大项目的选址；核发《建设用地规划许可证》198件、《建设工程规划许可证》173件，包括金廊项目、山田项目等一批重点项目；完成《市政规划方案审定》338件、《建设工程规划许可证（市政）》281件，进一步保障了金廊地区及第12届全运会的基础设施配套建设工作。

沈阳市规划和国土资源局还完善了《沈阳市城乡规划条例》及相关配套法规，着力构建以城乡规划条例为中心、规范性技术文件为支撑的规划管理法规体系，切实维护规划的权威性和严肃性。

（张　岩）

【沈阳市城市规划展示馆正式开馆】 2010年10月13日，沈阳市城市规划展示馆隆重开馆，成为展示全市规划建设和发展成就的窗口，市民和社会各界了解城市规划、参与城市规划、监督城市规划的平台和展示沈阳经济区八城市经济社会发展成就的重要载体。

沈阳市城市规划展示馆馆内共设计20个展区，48个模型展位，是同期全国规模最大的城市规划展示馆，科技含量达到了国内领先、国际一流的水平，并在东三省优质工程观摩活动中获金奖。沈阳市城市规划展示馆开馆仅3个多月，就接待参观团体450余个，近5万人次。LED大屏幕播放600余场，180度影院播放300余场，4D影院播放200余场，数字沙盘播放500余场。展示馆对参观者采取团体预约、市民整点设定场次讲解的方式，每个接待日约接待2000人次，并提供双语讲解。

2010年12月10日，沈阳市城市规划展示馆被市委宣传部命名为沈阳市第四批“爱国主义教育基地”。2010年12月20日，由《辽沈晚报》承办，经过广大市民投票选举和专家评议，沈阳市城市规划展示馆于被评为2010年“沈阳十大城变”之一。

（张　岩）

【用地审批】 2010年，沈阳市获国家和辽宁省批复新增建设用地计划指标3598公顷，保证了全市一大批重点项目用地。根据全运会项目急需用地的情况，沈阳市申请了第二批国务院批准城市建设用地并获批准，成为全国惟一在一个年度内获得两次批准用地的城市。宝马等重点项目先后获得国务院先行用地批复。为确保建设项目报批，市规划和国土资源局以市政府文件形式向三县一市等下达了35.9平方公里的耕地开垦任务，满足了全年建设项目报批占补平衡的需求。

（张　岩）

【土地市场建设】 2010年，沈阳市根据城市总体规划、城市发展规划及城市建设发展需要和土地市场供需状况，按照“遵循规划，远近兼顾，促进发展，规模适度”的原则，编制了全市三年土地储备计划和年度土地储备计划；实现了由被动适应型向主动储备型转变，实现由忽略全局、零星储备向遵循规划、稳步实施转变；实现由“生地”储备向“熟地”储备转变。2010年土地储备工作既充分考虑了“全运会”、“金廊”沿线、地铁沿线、老城改造、滨河生态城等城市建设重点项目的实施，同时也充分考虑了筹集城市建设资金的需要，兼顾了土地储备、出让的时效性，土地储备量是2009年的2.9倍。规范土地供应工作，坚定不移地实施“净地”出让。

2010年共核发国有土地使用证224本，发证面积652.42万平方米。全年共办理土地出让169件，面积637.11公顷；行政划拨53件，面积309.99公顷；租赁8件，面积37.16公顷。下达国有土地使用权批复和收地决定共计60件。同时，积极开展了土地集约节约利用、批而未供土地专项清理、闲置土地清理等工作并取得实质性进展。

（张　岩）

【土地资源保护】 2010年，沈阳市圆满完成第二次土地调查各项任务。完成了国家和辽宁省要求的工业用地、基础设施用地、商业性用地、开发园区和房地产等专项用地调查工作；完成了2010年度土地变更调查和遥感监测工作以及年度变更调查国家级疑问图斑复核工作；完成了“一张图”工程年度新增建设用地调查工作；以县区为单位，组织完成了2010年度城镇地籍调查数据更新汇总工作，更新了市县两级数据库和管理信息系统，调查主要数据及成果先后上报省厅和国土资源部。

落实耕地保护目标责任制。一是按照辽宁省政府为沈阳市下达的耕地、基本农田保护目标,组织签订了耕地保护责任书,落实沈阳市耕地保有量、基本农田保护任务。二是到部分县(市)、区对耕地保护和基本农田保护情况进行调研,掌握沈阳市耕地和基本农田图表卡册和基本农田保护标识、制度规范等方面的第一手资料。

城乡建设用地增减挂钩工作全面开展。沈阳市已编制《沈阳市城乡建设用地增减挂钩规划(2010-2020年)》,到2015年拟使用挂钩周转指标5150公顷,到2020年拟使用挂钩周转指标共2.1万公顷。各县(市)区也已着手编制挂钩专项规划,其中沈北、新民、于洪、苏家屯、东陵挂钩专项规划已编制完成。

圆满完成2009年度卫片执法检查及建设领域突出问题专项治理工作。2009年度土地卫片执法检查,沈阳市共有图斑点984个,涉及973宗地,总面积2946.96公顷。确认61宗地存在违法行为,已全部立案查处并结案,立案率、查处率、结案率100%。

(张　岩)

【矿产资源管理】 2010年,沈阳市制定了《沈阳市进一步推进矿产资源开发整合工作实施意见》,全面实施矿产资源开发整合工作。规范矿业权管理,全面实施矿业权有偿取得制度,建立良好的矿产资源开发秩序。实行统一的矿业权审批网络化管理,矿业权一律网上审批,采矿权评估报告网上公示。完成37家采矿权变更、延续,10家探矿权变更、延续上报工作。加强对矿业权的日常监管,完成探矿权、采矿权年检工作。完成全市矿业权实地核查数据转换和建立数据库工作,矿业权坐标由1954系坐标转换为1980系坐标。全面开展矿山企业矿产资源储量动态监测工作。完成31个矿区矿产资源利用现状调查。完成2009年度矿产资源统计年报、地质环境综合统计年报、矿山环境动态监测统计年报的统计和上报工作。组织编制《沈阳市矿产资源开发利用与保护第十二个五年规划》。

编制《沈阳市地质灾害防治规划(2010-2020年)》,经市政府批准,由市政府办公厅发布实施。编制《沈阳市2010年地质灾害防治方案》。建立、完善地质灾害群测群防体系,落实防灾责任和监测责任。加强沈阳市规划和国土资源局突发地质灾害应急中心建设,建立汛期值班、速报、三查(汛前排查、汛中巡查、汛后核查)制度,加强对地质灾害隐患点的排查、巡查和治理。开展地质灾害气象预报预警工作,汛期共发布地质灾害气象预报预警信息68次,其中三级预报14次,四级预报4次。开展乡镇国土资源所地质灾害防治"五到位"宣传培训活动。全面实施矿山地质环境治理恢复保证金制度、建设项目地质灾害危险性评估制度和矿产资源储量压覆评估制度,完成建设项目地质灾害危险性评估报告、说明书备案31份,矿产资源储量压覆审核12项。

(李　红)

【测绘管理】 截至2010年底,沈阳市共有测绘资质单位107家,其中甲级资质单位15家,乙级资质单位31家,丙级资质单位48家,丁级资质单位13家。沈阳规划和国土资源局组织全市90家测绘资质单位参加了全省测绘资质复审换证工作会议、全省测绘资质单位保密工作培训班以及辽宁省测绘局测绘质量检查员培训班;组织沈阳市所有测绘资质单位使用国家"测绘资质管理系统"进行复审换证。

组织沈阳市勘察测绘研究院及康平、法库、新民、辽中各规划和国土资源局进行了测绘"十二五"规划编制工作,并邀请行业专家对"沈阳市测绘十二五规划"进行了科学论证。联合沈阳市通信管理局、沈阳市国家安全局、沈阳市工商局、沈阳市新闻出版局、沈阳市保密局、沈阳军分区(警备区)司令部和有关部门,对沈阳市地理信息市场进行了专项整治,重点查处无测绘资质或超测绘资质范围进行的测绘违法行为,并持续打击外国组织或者个人来华非法测绘行为,维护正常的地理信息市场秩序。

(于景顺)

城市管理

【开展"出门就上班"工作】 沈阳市城建局从2010年5月18日开始,在全市城市建设管理系统开展了"出门就上班"工作,要求全系统广大干部职工从走出家门、走出单位门开始,主动发现城市建设管理工作中存在的问题,跟踪投诉,督促解决,真正做到"心中想事、眼里有活"。截至年底,全局干部职工共提报各类问题和建议13.3万件,其中建议2万件,11.3万件各类问题已解决和落实11.07万件,解决落实率为98%。

1.建立了完善的工作体系和考核体系。成立了领导小组,组长由局党政主要领导担任,领导小组下设专门办公室,办公室主任由一名副局级干部担任,并从全局抽调了一批年富力强的优秀干部充实进来,确保工作的高标准。局属单位和各区局都成立了相应的组织机构,形成了上下联动、衔接有序、运转高效的工作体系。将局机关干部参与"出门就上班"工作情况与公务员考核挂钩,权重比例占到30%;将各区局"出门就上班"工作的完成情况与城市建设管理综合考评"以奖代拨"资金挂钩,权重比例占到10%。

2.实施了七项制度。一是日上报周通报制度。每日按照报告人、单位(部门)、发现问题时间、问题类别、问题地点、具体情况、建议意见和联系电话实名上报发现问题情况,并及时派遣相关单位进行解决。每周对全系统"出门就上班"工作一周情况,以《沈阳城建信息》的形式通报市委、市政府和相关领导干部及各区局、局属各单位和机关各处室。二是日安排周调度制度。每日"出门就上班"工作办公室由办公室主任对当日需要完成的工作进行明确;每周五由局主要领导进行一次全系统工作调度。三是领导带班受理投诉制度。"96766"城建服务热线在受理社会投诉的同时,受理"出门就上班"工作发现的问题。局领导班子成员、各处室负责人,全年365天到"96766"城建服务热线带班,处理和解决实际问题,进一步提高了解决问题的及时率。四是"双反馈"制度。各区局和局属责任单位将问题解决情况汇总后,按当日解决、3日内解决、一周解决、待解决等4个时限向局"出门就上班"工作办公室反馈办理结果;然后由局"出门就上班"工作办公室向报送人告知处理结果,使报送人直接参与发现问题解决效果的监督。五是督查督办制度。包括局领导批示督办、局级领导带队包区的7个重点工作推进组督办、行业管理部门督办、局属监管部门督办等

4个方面的制度。六是台账销号制度。对一周内不能解决的问题实行台账管理,解决一项,销掉一项,推进重点难点问题的及时有效解决,并对已解决又反弹的问题从治本上采取措施加以解决,确保不再反弹;对一直没有解决的问题分析原因,拿出解决的具体安排和最后完成时限。七是"代整治"制度。对于超过完成时限,经督查督办仍未解决的问题,沈阳市城建局"出门就上班"工作办公室下达"代整治"通知单,组织监管部门进行"代整治",并按照正常价格的2倍从责任单位年度城市建设管理"以奖代拨"资金中扣除。

(田春彦)

【迎"全运会"市容环境综合保障】 2010年,高标准完成了38条主次干道和110条区管街路大修工程,按计划启动了南北二干线和二环快速路改造工程,组织实施了172万平方米道路维护、16条重点街路人行道方砖改沥青路面,开展了1.3万座沉陷井集中整治,在北陵大街铺设"彩虹路",应急抢修了工农桥,加固改造了3座桥梁,城市道路完好率由86%提高到95%。圆满完成了16次降雨的防汛工作,城市安全度汛。环境卫生管理取得了历史性突破。建立了新型环卫作业体制,全市2635个非物业小区实现了"一把扫帚扫到底",彻底解决了非物业小区卫生无人管理的局面。实行了街路三类扫保作业,新增90台大型扫道车,道路机扫率由28%提高到50%。全市新增111个垃圾压缩箱,建立了282个集中倒运点,配备了3732辆人力倒运车,取缔了城区主要街路和非物业小区的垃圾点、垃圾箱、垃圾房,实现了清扫保洁全覆盖、垃圾收运不落地。园林绿化景观上了新档次。按照"多栽树、多栽乡土树、多栽乡土果树"的原则,完成了77条主要街路、7块绿地改造提升和610条街路行道树全线补植,植树12.6万株,基本解决了街路"有坑无树、缺株断条"问题,街路绿化景观明显提升。完成了8座老旧公园、6个广场改造。栽摆花卉815万株(盆),栽植野花组合1.2万平方米。成功组织实施了"清洁沈阳"活动。以市委、市政府名义印发了"清洁沈阳"活动方案,联合15家市直部门,以各区为主体,对居民小区等10大城市污染源进行了集中整治,为建立大城管工作格局进行了有益探索。开展了市容环境整治活动。整治牌匾3506块,清除招贴喷涂558万处,金廊沿线夜景灯饰整体亮灯率、设施完好率达到98%以上,完成了7处楼体户外广告点位及6处户外电子显示屏点位设置使用权拍卖工作。

(沈文勇)

【开设城建服务热线"96766"】 "96766"城建服务热线是沈阳市城建局以热线电话形式面向社会提供公共服务的一个工作平台,设置在沈阳市城建局指挥中心,现有专职工作人员7名,负责受理市民投诉、咨询;受理数字化城市管理工作办公室、"12319"热线和其它职能部门转办的城市建设管理相关问题。"96766"城建服务热线2010年受理市民投诉、咨询1.22万件,其它职能部门转办问题126件,市数字化城市管理工作办公室交办问题154件,受理问题及时办结率100%、问题反馈率100%,被评为"沈阳公共服务单位百姓口碑榜评选活动优秀单位"。

(沈文勇)

【行政审批"批管分离"】 沈阳市城建局在国内行政审批领域率先彻底实行了"批管分离"工作新模式。将所有的行政审批职能集中到一个部门——审批办,原来承担审批职能的业务部门不再保留审批权限,主要负责定标准、定规范、监督检查和本行业建设项目的组织实施,将审批的后续管理交由监管队伍负责,实现了行政审批与监督管理职能的相对分离,审批效能和服务质量显著提升。

1.集中审批职能。按照沈阳市城建局依据"三定"方案,设置了独立的行政审批机构,形成了以审批办为主导、相关业务部门配合、监管中心督查的联动式工作格局。将审批类5项(17子项)、初审类6项、备案类6项、年检类3项职能集中到审批办,独立行使面向行政相对人的所有行政审批服务,彻底打破了过去由各业务部门分别派人、多头承担审批职能、分别勘验现场、多个部门签字的传统格局。

2.强化窗口建设。把审批窗口作为实现优化发展环境的前沿阵地,整合后的审批机构由原来的5名副局长分别审批变为1名副局长具体负责,全部审批职能集中到窗口办理,实现了行政审批"阳光操作"。在此基础上,对审批窗口充分授权,由驻厅人员独立完成全部行政审批工作,实现"一个窗口受理、一个处室审核、一个领导签字、一个公章办结"的封闭式流程。为确保工作实效,从城建局内遴选政治素质优、业务能力强、符合进厅身份要求的优秀人员进厅工作,并建立了首问负责制等工作制度,确保窗口工作规范化运行。

3.提升服务水平。缩短工作时限,凡由沈阳市城建局审批的项目,能在一个工作日办结的绝不拖延至第二天,能当即办结的做到立等可取。对涉及市直相关委办局的联审项目,主动联系,共同现场踏勘,对不需要特殊程序审查的项目一律实行即时办理的方式,最大限度缩短审批时限、简化办事程序,全年道路维修工程,事前主动与各管网单位沟通,使管线铺设工作在道路整修开工前全部竣工,有效避免了新建道路重复开挖现象。在地铁建设、金廊茂业、华润、恒隆等项目建设过程中,主动上门服务,听取建设单位的困难和亟待解决的问题,对不符合审批要求的及时提出修改建议,以短时间做好服务。注重总结整改,结合开展的推进依法行政、提高服务水平"回头看"工作,向行政相对人发放征求意见函,总结存在的问题,研究落实整改措施。全年受理的4023件审批事项,全部按时限办结,办结及时率、群众满意率均达到了100%,没有出现违规审批和投诉现象。

4.工作流程再造。建立了"批管分离"联动监管机制,沈阳市城建局审批办作出行政审批的同时,向局机关职能处室和局属监管单位送达行政审批联系单,即时通报审批的工程量、完成时限等。监管单位立即实施"全程跟踪"的后续监管,局机关职能处室可以随时进行复查,确保了审批的质量,避免了过去"批管不分"、"以批代管"、"以管代批"等现象的发生。

5.强化专业管理。对于不合理、不规范、不健康的问题,敢于"动真格"的。针对市政、园林工程存在的质量问题,加大了专项执法工作力度,建立了问题企业清退机制,全年共有25家施工单位由于质量不达标等原因被清除,净化了沈阳市场,初步形成了"一个部门审批、多个部门监管、全员参与监督"的批管分离新体制。

(沈文勇)

【应急管理】 2010年，沈阳市城建局指挥中心共协调处理各类突发险情51件，其中：道路路面塌陷险情29次、桥梁突发问题3次、运河护坡塌方等绿化方面问题7次、环卫部门处理道路积冰2次、供暖和供水管线爆裂由沈阳市城建局组织抢修恢复道路10次。在“两节”、“两会”、中秋节、国庆节等重点敏感时期，专门下发通知加强值班值宿工作，并组织相关部门开展专项检查；结合反恐防范及安全保卫工作，充实应急值守工作内容，确保关键时段不发生敏感事件。

加强应急管理机构建设。重新梳理城市建设管理系统应急管理组织指挥体系，基层单位应急管理机构、人员得到有效落实，应急管理工作有人抓、有人管；进一步修订完善了《沈阳市城市建设管理系统突发事件应急预案》，增加了市政桥梁突发事件的相关内容，在处置文化路立交桥挡土墙倾斜、工农路桥下火灾等突发问题过程中，新预案发挥了积极作用。

完善预警机制。沈阳市城建局承担的城市防汛、除雪工作，在主汛期前和冬季做好降雨、降雪趋势分析，提早做好防范准备。预警信息和防御要求及时通过新闻媒体进行公开发布。城市防汛指挥部在2010年的防汛抗旱工作中表现突出，被评为先进集体。针对地铁施工沿线路面塌陷等问题，要求施工单位开展风险隐患排查工作，掌握隐患的种类、数量和状况，督促相关单位对37处地下空洞进行了注浆处理。强化跟踪指导，落实整改措施，并将有关情况及时上报市政府。

组织开展预案演练。4月份开始，按照各行业主管部门提报的预案演练计划，各单位采取多种形式先后进行了5次模拟或实战演练。8至10月按照市应急办的工作部署参加了“SY——区域协同演练”，在集结点验等科目的演练过程中积极主动、勇挑重担、保障有力，沈阳市城建局被授予优秀组织奖和突出贡献奖。

加强了应急管理信息报送工作。沈阳市城建局应急办在要求局属单位加强突发事件信息报告工作的同时，进一步提高了应急管理信息报送的时效性，年内历次危急的突发情况均在第一时间上报市政府。

（沈文勇）

【处理投拆】 沈阳市城建局高度重视各类投诉处理工作，首先提升了“96766”城建服务热线的服务水平，保证24小时畅通，加强了“市政风行风热线”、“民心网”建设和维护，确保正常运行。同时采取多种举措积极对外宣传沈阳市城建局的职能，增进社会公众对市城建局各项职能的了解。特别是局、处两级领导参加“领导访谈节目”，回答市民提出的问题并深入现场处理群众投诉问题，对窨井井盖、道路破损等热点问题能够立即采取措施并及时解决，对园林绿化、市容市貌、环境卫生等问题能够真正列入议程、制定计划、实施整改，充分发挥社会监督作用。处理投诉问题实现了从同等解决问题向分级解决问题的转变，对受理的问题区别对待，对市民反映问题在第一时间内解决，对重点区域和主要街路的问题优先进行处理。实现从解决问题向研究问题的转变，通过发现问题和解决问题的过程，总结问题存在的共性、探寻客观规律，进行趋势分析，有针对性的采取措施，切实解决涉及民生的投诉问题。全年受理群众投诉电话7234个，完成政风行风案件、投诉件、咨询件调查1096件，其中受理“市政风行风热线”转办件1075件、省“民心网”转办件21件，办结率均达到100%，群众满意率得到进一步提高。

（沈文勇）

市政建设

【市政设施维修管理】 全年共完成道路维修172万平方米，其中道路补坑86万平方米、盖被34万平方米、翻（新）建10万平方米、处理翻浆4万平方米、调补方砖30万平方米、新建、调补边石233.6公里。管沟恢复8万平方米。排水设施维修共清扫管渠1937公里，处理水患829次，桥梁维护127座次，粉饰桥梁21万平方米。

加强城市道路应急管理和日常维护。2009年入冬以来，组织市、区市政设施维护单位进行了冬季道路应急抢修工作，下发了《关于加强冬季道桥设施修补工作的紧急通知》；2010年3月3日、21日两次组织道路、气象方面专家对沈阳市道路破损问题进行了研讨，分析了原因，提出了解决办法，解答了群众关心的问题，并在媒体上予以公布；制定了《“平安杯”竞赛活动方案》、《精细管理样板工程标准》、《沈阳市市政行业“以奖代投”实施办法》等，开展了市政设施“平安杯”竞赛活动，对各区维护工作进行了考核评比。3月11日召开沈阳市2010年市政设施维护及建设管理行业暨春季维护工作动员大会，下发了《2010年市政设施建设管理养护实施方案》，部署2010年市政设施维护工作以及市政工程建设工作；从3月25日至29日，利用5天时间，采取应急抢修措施，将全市城区内破损严重的泥水路全部整修完成，迅速恢复了道路通行功能；从4月1日开始，组织市、区市政维护队伍开展了春季集中维护，由于受降雨和维护资金不到位等影响，维护工作进展缓慢，为了加快春季破损道路维修，实施日调度、日检查，进一步强化设施维护管理；4月29日至5月5日，开展了全市道路抢修工程，基本解决了影响市民出行的道路坑槽问题；5月14日到5月底，开展了人行道整治工作；9月底开展了市政设施入冬前集中维护，确保冬季市政设施正常运行。同时对冬季出现的道路坑槽进行了应急抢修。

桥梁管理。完成了139座桥梁检测，其中：常规检测120座、结构检测19座，加固桥梁3座，安装桥梁限高架15座次。

人行道方砖改造。完成24条、26.87万平方米街路人行道改造，其中：市管6条、16.86万平方米，区管18条、10.1万平方米。

积水点改造工程。防汛期间完成积水点改造14处。

理顺投资体制。重新核定城市道路桥梁维护费标准，实行市、区按比例投资。城市道路维护费由1.97元/平方米调整至主次干道5.68元/平方米、支路及以下道路3.3元/平方米，桥梁维护费由8.97元/平方米调整至15.25元/平方米。

下放相关事权。将现28条市管街路、51座桥梁下放到区，由所在区负责管理。市管保留一环路、二环路、青年大街延线、黄河大街延线、胜利大街延线的街路和桥梁。

强化监督检查。以开展市政设施“平安杯”竞赛活动为载体，对各区道路维护工作进度、工作量、工作质量、管理质量实行监督检查、考核评比,并将考核结果定期通报。

(杨 萍)

【城市防汛】 健全预警和应急机制,指挥调度城市防汛各项工作,圆满完成了2010年沈阳市城市防汛工作。沈阳市主汛期于7月20日开始,9月5日结束,持续48天,全市共有23天降水日,共出现6轮强降水天气,全市平均降水量516毫米,是常年同期的2.1倍。针对降雨强度大、持续时间长的情况,以雨为令,积极应对,责任落实,有部署、有检查,组织各区政府和市直各部门主管领导一线指挥,切实履行职责。各区、各单位分别组建了一支快速抢修队,负责所管设施应急抢险工作,接到应急抢险通知后,抢修队伍在最短时间内完成处置。汛期共发布防汛预警7次,处理水患694处,出动抢险人员1.30万人次,出动移动式泵站车等各种车辆1234台次。

调整了沈阳市城市防汛指挥部组织机构,修订完善了防汛工作方案和预案,制订了《2010年沈阳市城市防汛工作方案》和《2010年城市灾害性天气防汛抢险工作预案》,并召开了专题会议进行了部署;提前进入防汛工作状态,组织各城防单位确定了防汛机构、主管领导和责任人,组建抢险队伍和储备防汛物资。紧抓排水设施维修工作,按照设施权属关系,分别由水务集团和各区城管部门负责维护,完成清扫管渠796公里,清掏窨(雨)井18.9万座次,处理水患519次;开展了泵站、闸门等设施设备的维修和泵站集水池的清淤工作,各设施权属单位共维修各类机泵102台次,完成泵站集水池的清淤工作;对防汛抢险所需的车辆、机泵、发电机组等进行了检修,保持抢险设备随时处于最佳状态。5月初组织相关城防单位开展房屋安全检查排险工作,对危险房屋进行鉴定、登记和造册,落实危险房屋的抢修加固工作,同时做好汛期危险房屋躲险工作;5月5日,市城防办对全市泵站、闸门、排水管渠等城市防汛重点设施进行了抽查,对新开河、南运河等河道闸门的启闭进行了调度演练。

(杨 萍)

【道路整修】 2010年年初,沈阳市道路破损情况严重,给市民出行及交通带来不便,给沈城市容市貌带来影响。为此,市政府开展了"道路整修"战役,沈阳市城建局认真组织实施,强力推进,解决沈阳市道路严重破损问题。工程从5月开始施工,9月30日全部竣工,完成主次干道整修38条、改造面积232万平方米。各区政府比照市里的投入力度,安排专项资金用于区管街路大修,完成区管道路整修136条,其中:大修110条、维护26条,维修道路161.63万平方米。

(杨 萍)

市容环卫

【户外广告管理】 推进户外广告市场化运作。根据沈阳市户外广告市场化运作实际,对产权单位协议和出让合同进行了修改完善,制定较为完备的《拍卖规划》、《竞买须知》。完成中华路57号苏宁电器、哥弟专卖店、南京南街40号东旭商务酒店、大北关街2号广乐大厦、南一马路109号力创大厦、风雨坛街1号中国船舶、中山路164号中阿化工等7处楼体广告点位及经规委会审定并安检合格的6处户外电子显示屏设置使用权市场化运作工作,共收取出让金1209.5万元,其中应缴市财政538.9万元,应返产权单位601.4万元,缴纳税金69.2万元。

强化户外广告监管。通过定期检查、日常巡查、随机抽查的方式,对全市经市场化运作的23处楼体广告点位、12条街路路灯杆旗标广告点位、1条街路灯箱广告点位及3块户外电子显示屏点位进行安全监管,并加强了领导来沈视察、重大活动、节假日来临前的突击检查;全年共进行27次安全检查,针对春节刮风等恶劣天气向市场化运作广告公司下发安全通知10次,及时处理灯箱倒塌、路旗刮落等户外广告安全隐患3次,避免和杜绝了户外广告设施安全事故。加强违规设置广告监管,对市内80条主要街路户外广告设置现状进行了21次检查,并分7次将违规设置户外广告明细函告市行政执法局要求拆除,同时,针对沈阳市重点街路两侧违规设置宣传横幅现象分4次向市行政执法局过函要求拆除。通过加强与电子显示屏设置单位进行沟通,积极介绍钢结构安检机构的信息,督促进行安检工作,联合市行政执法局对未按要求及时办理相关手续的电子显示屏经营单位进行行政调查,要求其限期办理手续,以此加大对户外电子显示屏设置的管理力度。完善商场自用和小型LED广告监管,对和平区、沈河区、铁西区、皇姑区、大东区、东陵区(浑南新区)、于洪区等市内7区140条街路商场自用和小型LED广告现况进行普查,商家自用类广告1170块(约6.9万平方米)、小型商场自用类广告LED显示屏约2225个,为实现全市户外广告全方位管理奠定基础。

储备户外广告点位资源。完善申请储备、协议储备、设计储备和需求储备等方式,应用户外广告点位现场勘查档案,做好申请点位基础资料整理工作,储备51个类型的户外广告点位资源共计1836个,勘察现场15次,收到户外广告点位规划申请15份,签订户外广告点位规划协议10份。

完善户外广告规划。按照沈阳市近几年户外广告市场化运作的工作实际,参考北京、广州、常州等地的户外广告规划,完成《沈阳市户外广告设置总体规划》(初稿)的编制工作;本着统一规划、统一设置、统一管理的原则,先后完成80条街路和48条重点景观街路路灯杆旗标广告设置规划编制工作,编制完成了《25条重点景观街路路灯杆旗标广告设置规划》图册、《商业区路灯杆旗标广告规划》图册;完成一环重点景观街路以及太原街商业区、中街商业区、北行商业区、五爱市场商业区、南塔鞋城商业区及陶瓷城商业区等6个重要区域的规划,在理念、样式、材质上都有突破,充分应用钢架喷塑、金属烤漆等新材料和新工艺,媒体画面应用双面印刷环保可降解画布,达到资源设施的牢固及展示效果的持久。完成桃仙机场区域5个楼体广告、1个塔面广告、3个电子屏广告、2个造型广告、5个造型看板广告、1条街路旗标广告、29个桥墩广告、2个展板广告和1个三面翻广告等户外广告总体规划编制工作;完成公共资源类出租车乘降站广告、自行车停放设施广告、汽车泊位广告、环保果皮箱广告、高立柱广告、桥体三面翻广告、过街天桥广告、落地灯箱广告、落地电子屏广告、公共绿地电子屏广告、桥墩灯箱广告、多位一体的公交车候车站广告、功能性地名牌广告、折叠式再利用垃圾桶广告等公共资源类户外广告规划编制工作。

提升公益广告设置。对金廊沿线公益性宣传旗标广告进行了重新规划，重新设置新式、高档公益旗标广告，保障金廊沿线公益宣传阵地充分发挥良好的宣传效果，先后完成了市委、市政府布置的"沈阳经济区"、迎全运文明沈阳行动等45次大型公益活动的宣传保障任务。

（杜学智）

【城市亮化】 全面开展市容景观综合整治活动。借助在全市范围内开展的城乡绿化暨环境综合整治"四大战役"，组织各区市容景观管理部门对三环以内重点街路两侧的亮化牌匾、夜景灯饰等问题进行了综合整治。各区市容管理部门通过加强对不符合《沈阳市牌匾标志设置管理规范》要求违规设置牌匾的整治力度、加大对主要街路亮化牌匾夜间效果的检查力度，对破损牌匾或亮化牌匾夜间缺字断条现象进行了集中整治，共清理整治牌匾337处，确保夜间亮化效果。同时，组织各区夜景灯饰管理部门对金廊夜景灯饰设施进行了全面检查维护，做到每天有专人负责巡视亮化情况，确保所有亮化点位能够按时开起，组织各专业亮化维修队伍对亮化点位中存在应亮不亮、缺损断条等问题的点位进行全面维修，累计维修问题点位1440个，确保了金廊沿线夜景观整体效果。

推进金廊沿线在建项目景观亮化建设。对沈阳市金廊沿线在建项目亮化建设情况进行统计，组织召开《沈阳市金廊沿线在建项目亮化建设工作推进会议》，并向各新建、在建项目单位下发了《关于对金廊沿线新建、在建楼体进行夜景灯饰建设的通知》，建立了夜景灯饰建设责任体系，责成各区联络员负责与各区金廊办及辖区内新建、在建项目相关单位进行对接，推进新建、在建项目夜景灯饰建设工作。

加大夜景灯饰亮化设施巡管工作力度。组织召开了全市《加强夜景观管理工作座谈会》，将铁西区、大东区夜景灯饰纳入全市6区统一管理范围，并对全市夜景灯饰管理点位基础数据进行整理，实现全市统一管理，实现全程跟踪、动态监管，巡管点位达到864处。全年累计巡视296次，完成政务保障工作25次，处理城建服务热线投诉7起，累计发现问题点位4109处，修复亮化问题点位4026处，更换、维修灯具5.35万盏、集控终端67个，出动维修人员2071人（次）、维修车辆1492车（次），确保全市夜景灯饰"巡视到位率、维修及时率、设施完好率、整体亮灯率"全部达到98%以上，无安全事故发生。同时，组织人员对金廊夜景灯饰集控系统设施运行情况进行全面排查，对崇山桥、南运河水系、北运河水系亮化设施进行检查、维护，组织开展了金廊沿线市管楼体亮化点位维护招标工作，公开招标选定了3家专业维护队伍，提高维修及时率，确保达到亮灯率。

强化亮化牌匾设置管理。组织各区加大对主要街路亮化牌匾夜间效果的检查力度，对破损牌匾或亮化牌匾夜间缺字断条现象进行了整治，累计拆除陈旧、破损牌匾994块，整改、维修亮化牌匾1117块，确保夜间亮化效果。同时，进一步强化了牌匾审批管理工作，全年累计审批高档次牌匾1095块。

开展节日景观亮化建设。组织各区完成沈阳市春节、"五一"、"十一"期间节日景观建设工作，共计在青年大街等25条街路、和平广场等4个广场上悬挂亮化红灯笼1万盏，北陵大街等6条街路隔杆悬挂国旗1600面，在市府广场和浑南景观石等2处地点分别建设节日亮化景观，渲染节日氛围。

（杜学智）

爱国卫生运动

【"清洁沈阳"活动】 2010年，沈阳市开展了整治居民小区、施工工地等10大环境卫生污染源为主要内容的综合整治活动。下发了《"清洁沈阳"活动实施方案》，成立了沈阳市"清洁沈阳"活动领导小组，组成综合协调、监督检查和宣传报道3个小组，领导小组实行周例会、日调度制度。在集中整治阶段，市城建局、建委、行政执法局、房产局、供销社作为牵头部门，会同各区政府、开发区管委会各司其职、密切配合，协同作战，经过一个月的集中整治，城市市容环境卫生面貌明显改观。在为期一个月的整治活动期间，通过新闻媒体公布了10大污染源及牵头部门、责任部门和公开电话，共收到投诉问题238个，解决问题220件，解决率达92%。

（白俊珊）

【爱国卫生月活动】 从3月15日至5月20日，沈阳市开展了以"清洁环境、保护健康、共促文明"为主题的第22个爱国卫生月活动，主要开展了城乡环境、居民区卫生、单位卫生等9项整治活动及2次卫生大清扫活动。通过新闻媒体公布了15个区、县及开发区的市民投诉电话，共受理群众投诉卫生问题226件，整改率达98.2%。活动期间，市爱卫办以暗访、互检等形式，共开展7次爱国卫生月监督检查，对城市出口路、公路（铁路）沿线、二三环沿线、沿街单位、居民区及窗口单位卫生、群众投诉卫生问题等进行抽查，对发现的60处脏点问题，经跟踪督办，全部解决。

（白俊珊）

【二、三环沿线环境卫生整治】 沈阳市在春秋两季组织开展了二、三环沿线环境卫生专项整治活动，排查脏点、建立档案、确定重点，集中清理二、三环沿线及其相邻的道路、居民区（村屯）、单位等区域的外环境卫生，累计清运积存垃圾残土3670吨，清除垃圾杂物46处，清理绿地白色垃圾50公里。同时将集中整治与建立长效管理相结合，成立了沈阳市二三环沿线环境卫生管理办公室，并制订下发了工作方案。在整治初期，市、区爱卫办对二、三环沿线的环境卫生脏点进行了认真的排查，对发现的130个问题建立了"二、三环卫生脏点档案"。同时为加强问题的跟踪督办，采取日巡查、周检查、月拉练检查的形式，进行排名督导，确保了二、三环沿线地区的环境卫生整洁。

（白俊珊）

【卫生创建】 2010年，沈阳市将单位卫生创建工作纳入到市、区政府卫生目标责任状考核之中，提高了各地区、各单位对单位卫生的重视程度，使单位卫生管理水平明显提高。截至年底，共有7家单位被评为省卫生模范单位、15个村被评为省卫生村。全市共评选出市卫生模范单位11家、市卫生先进单位21家、市卫生先进社区21家，同时还对往年先进单位进行了复查，对2005年创建的28家卫生先进单位及社区予以重新命名、对2007年创建的26家卫生先进单位及社区由于卫生管理出现滑坡取消原荣誉称号。

（白俊珊）

【病媒生物防制】 2010年，市、区财政投入年度病媒生物专项经费205万元，开展了春秋两季公共地段熏杀越冬蚊、灭鼠，夏季灭蚊蝇，灭蟑6次统一大型消杀活动，在市、区两级公共地段投放四害消杀药品100.5吨。经市疾控中心监测数据显示，沈阳市城区鼠密度0.16%，农村鼠密度0.39%，均明显低于国家规定标准。结合爱国卫生月和“清洁沈阳”活动，加强了对居民小区、二环沿线、铁路沿线、街心绿地环境卫生的治理，清除“四害”孳生场所2万处，“四害”孳生地得到有效治理。

为保证沈阳市病媒生物防制消杀用药科学、安全、高效，成立了由省、市病媒生物专家组成的病媒生物控制药械评审委员会，根据近年病媒生物消杀药剂使用情况，科学论证，对沈阳市“四害”消杀药品的剂型、成分进行了确认。沈河区、东陵区（浑南新区）大胆创新病媒生物消杀的市场化运作的新模式，由财政出资，率先购买公共地段消杀服务，对公共地段实行专业消杀，打破了以往由社区人员投药的模式，此举在很大程度上避免了药物的浪费，收到了良好的消杀效果。为规范PCO行业市场，举办了1期PCO行业从业人员岗前培训班，对50名从业人员进行了培训，并颁发了岗前培训证。

（白俊珊）

【农村改厕】 2010年，市财政落实配套资金904万元，完成了国家改厕项目2万座无害化卫生厕所的建设任务，无害化厕所普及率达到26.94%，同时，修整完善卫生厕所1.71万座。全市卫生厕所普及率达到86.72%，顺利通过省及国家督导检查组的验收。

为加强全市改厕管理人员及施工人员的业务水平，市爱卫办举办了2期改厕项目培训班，建立了以户为单位的“农村改厕台帐”。严格遵循市改厕专家技术小组论证结果，在不同地区分别选用了完整下水道水冲式、三格式和双瓮式室外厕所三种类型无害化厕所，并按照统一施工的原则，以乡镇或村屯为单位组织统一的施工队伍，切实保证了建设质量。严格实行改厕监理制度，由监理人员对施工质量、进度和厕具产品的供应情况等进行全程监督，严格把关；同时，加强了改厕项目的管理，严格遵循可研、环评、用地规划、立项、公开招标等程序，切实保证高标准完成了全市农村改厕任务。

（白俊珊）

【健康教育】 2010年，沈阳市突出无烟环境建设这一重点，全面推进健康教育工作。以市政府办公厅名义下发了《关于成立沈阳市无烟环境促进工作领导小组的通知》，成立了由市委常委、副市长邢凯任组长，由市委宣传部、市教育局、市交通局等11个成员单位组成的市无烟环境促进工作领导小组，以医疗卫生系统创建100%无烟环境取得阶段性成果。按照省爱卫委等13个委办厅下发的《关于印发辽宁省建设“健康街道”活动指导意见的通知》，在市内城区继续开展了健康街道建设活动，通过实施目标管理，强化措施，严格标准，和平区新华街道办事处等10个街道办事处通过健康街道建设省级评估。以“5·31”世界无烟日为契机，开展了形式多样的控烟宣传活动，全市开展了控烟知识巡展、沈阳市医务人员控烟知识竞赛等5项活动。

（白俊珊）

【爱国卫生执法】 沈阳市从9月开始组织开展了“迎全运、清洁沈阳”乱吐乱扔现象整治活动。市爱卫办在全市报纸、电视台、电台等新闻媒体集中宣传“乱吐乱扔现象”执法活动意义，印制了2.5万份《“迎全运清洁沈阳从我做起”致市民的一封信》，在主要街路、繁华地区向市民发放，在单位、小区宣传栏张贴，进一步扩大了宣传面，积极营造宣传氛围，提高市民遵守“卫生五不准”的自觉性。组建了6区爱国卫生执法巡查队伍，保证全市有100人在重点路段巡视执法。同时，为配合执法工作，强化爱国卫生日常检查工作，对全市城区街道办事处、社区的909名爱国卫生工作人员配发了“辽宁省爱国卫生检查员证”、“迎全运清洁沈阳卫生检查员”胸牌150个、“迎全运清洁沈阳卫生监督员”袖标220个。规范执法文书，印制了专用的“行政处罚决定书”。举办了1期爱国卫生执法人员培训班，提高了执法人员行政执法能力，并按照区域管理原则，将金廊沿线、火车站、长途客运站等作为重点点位，针对市民随地吐痰、乱扔垃圾杂物、从楼上及车内抛洒废弃物等行为，开展爱国卫生教育执法活动。全市共处罚违反“卫生五不准”的市民群众610人，罚款金额6100元，劝导、制止6000人次。

（白俊珊）

【环境卫生综合整治】 2010年，沈阳市以“环境卫生”战役为主线，以创建环卫作业新模式为目标，以实行环境卫生全覆盖监管为手段，全力提升沈阳市环境卫生质量。

加强环境卫生监管考核。建立科学严密的市、区、街三级环境卫生监管考核体系，对全市的环境卫生实行层级检查考核制度，通过三级考核，规范了考核队伍，提高了考核人员素质，实现对全市环境卫生的全方位、全覆盖的监管，并做到每个街道办事处环境卫生考核人员不少于6人。对各区环境卫生的考核情况实行日检查、周通报、月排名。

环卫机械设备更新。市政府直接投资2.4亿元对原有陈旧垃圾压缩车等设备进行更新，共采购多功能扫道车90台、垃圾压缩箱111台、拉臂车56台、15吨垃圾压缩车121台，8吨垃圾压缩车50台，人力倒运车3732辆。投资3550万元在全市增设环保可移动公厕142座。通过大量机械设备的更新改造和投入使用，提高了全市环卫机械化作业水平，使全市的机械化清扫率由原来的28%提高到50%。

加强城市生活垃圾无害化处理。科学监测运行指标和排放数据，由专人监督考核，并委托沈阳市环科院对大辛、老虎冲等2座垃圾处理场的运行指标和排放数据进行定期监测，保证了2座垃圾处理场的稳定运行和规范化操作，全年无害化处理生活垃圾200余万吨，确保了全市无害化处理率100%的目标。

（蓝　飞）

【垃圾不落地】 2010年，沈阳市创建了环卫作业新模式。实施了街路环卫作业三种模式：在一类街路实行机扫、机保、冲洗、刷洗、洒水降尘及人工清扫保洁相结合的方式作业，实行16小时人工清扫保洁作业；在二类街路实行22时至5时机械化清扫，9时至16时进行不间断机械巡回保洁，实行12小时人工清扫保洁作业；在三类街路实行10小时人工清扫保洁作业。在全市非物业小区实现环卫一体化作业，彻底解决沈阳市非物业小区环境卫生脏乱差问题。在市区两级环卫部门对全市2635个非物业小区进行核查基础上，由街道办事处按照属地管理的原则，在全市非物业小区配备8430名环卫作业人员参与非物业小区的保洁和垃圾收集工作，形成庭院保洁、垃圾收集、区间倒运的环卫一体化作业。按平均1平方公里设置一个垃圾倒运点，倒运半径不大于550米，每个倒运点设置移动式垃圾压缩箱或垃圾压缩车，在全市建立282个集中倒运点，在建立倒运点的同时及时取消倒运点周边5459个垃圾箱、垃圾房，2303个垃圾点。对全市6万余家临街单位进行环境卫生联合整治，按标准签订环境卫生责任状率，在单位内设置密闭垃圾收集容器，做好与环卫部门垃圾收集对接，做到定时、定点、定人收集。并结合非物业小区环卫一体化作业，实现垃圾的小车倒运、大车转运的收运新模式，实现了生活垃圾的随产随清和垃圾不落地。

（蓝　飞）

【减少融雪剂用量】 2010年，沈阳市逐步实现城市绿色除雪目标，调整了城市除运雪作业方式，建立以机械化除雪作业为主，限量使用融雪剂的专业化除运雪模式，通过采购除雪滚刷等设备来增强全市街路机械化除雪能力；制订了《加强社会化除运雪工作方案》，按照"以雪为令、雪停即除、门前自扫、以人定量、属地管理、责任到位"的原则，明确各级除雪部门的社会化除雪职责，全面发动社会力量做好社会化除雪工作；进一步加强融雪剂的使用管理，在全市55条主要街路、52座桥梁限定使用融雪剂，科学确定城市道路和桥梁融雪剂配方，全部实行机械限量抛洒作业，使沈阳市融雪剂使用范围减少三分之一。在规范融雪剂使用基础上，加强对融雪剂质量检验，对每批采购入库融雪剂进行抽样检验，确保了融雪剂质量，最大限度地降低融雪剂对城市环境的危害。在全市广大环卫职工共同努力和全体市民的参与下，出色地完成了全年12场降雪的除雪任务，确保了除运雪工作达到"以雪为令、边下边除，雪中路通，雪停路畅"的目标，为市民创造了安全、顺畅的出行环境。

（蓝　飞）

园林绿化

【重点工程建设】 春季行道树补植。对沈阳市642条主要街路和街边绿地的树木补植，坚持按照原品种、原规格进行补植，部分街路行道树种进行了更换，共栽植树木8.48万株。

单位庭院绿化。组织协调对全市13个区的110个有条件的单位进行庭院绿化，共植树18.3万株，完成单位庭院计划植树任务的140%，新增单位绿地面积45.5万平方米。

公园改造和市民广场建设。由沈阳市城建局负责组织协调的北陵公园、东陵公园、南湖公园、鲁迅公园、鲁迅儿童公园、沈海公园、百鸟公园、南塔公园等8个公园和重型广场、鲁园广场、长白广场、舍利塔北广场、民悦广场、保利广场改造6个广场建设项目列入沈阳市政府《2010年为城乡群众办好十件实事》，并按计划全部完成。

卫工河护坡抢险工程。组织完成了卫工河宏泉园直立护坡塌抢险工程，6月10日开工，7月10日竣工，完成拆除原有面层、基层1368平方米，拆除毛石护坡2209立方米，土方开挖8613立方米，毛石混凝土基础1436立方米，毛石护坡砌筑2229立方米，修复雨水井4座，拆除闸道1项，满铺草坪1420平方米。

回龙寺绿化工程。完成栽植大规格树木383株，工程已全部完成。

动物园护坡改造工程。组织实施动物园护坡改造工程，9月15日开始施工，完成拆除地砖、挡土墙6897立方米，土方开挖及外运2.43万立方米，移植树木218株，挡水围堰砌筑2.31万立方米及悬臂式挡土墙的浇筑工作。

组织全民义务植树活动。沈阳市城建局承担2010年植树日的组织实施工作。4月9日，省委、省人大、省政府、省政协，市委、市人大、市政府、市政协的领导，沈阳军区、沈空、96101部队、省军区和省武警总队的首长、官兵与省直机关、市直机关部分干部共500人，在浑南新区莫子湖畔，位于桃仙路北侧，莫子山公园内参加全民义务植树活动。共栽植银中杨、白蜡、京桃、刺槐、皂角等树种2800株。同时完成新植树木的浇水以及整理绿地等任务。为保证植树工作严格按照技术规范操作，确保树木成活率达到98%以上，沈阳市城建局选派20名技术人员在现场具体指导栽植树木。全民义务植树日市区参加义务植树人数达到6.08万人，共完成植树15.8万株。

冬季行道树改造和绿地景观提升。以金廊沿线绿化为主轴线，以"三横三纵一环"的道路绿化为骨架，以沿线精品绿地为点缀，打造集城市生态、景观艺术和市民休闲为一体的"绿脉相连，锦绣镶嵌"的城市绿化新格局。本着"多栽树，栽大树，栽乡土树，栽乡土果树"的思路，冬季重点实施101条主要街路改造提升、697条一般街路补植、5块绿地改造，截至年底，冬季绿化工作全面完成，共栽植树木12.6万株。

（关庆伍）

【花卉装饰】 2010年，沈阳市在25条景观街路沿线及其重要点位实施全方位栽摆花卉，完成花卉栽摆815万株。其中以金廊沿线为重点，在五里河绿地、文化路立交桥、金廊8号地花钟、市府广场、北陵正门广场、泰山广场、沈阳宾馆等重点部位，共栽摆花卉125万盆（株）。同时，加大野花组合推广力度，在五爱隧道绿地、金廊八号地、恒隆绿地、浩然中巷绿地、运河节点绿地、南湖、北陵内等地栽植1.15万平米野花组合。

（关庆伍）

【外埠展园建设】 第四届中国月季花展展园建设。由世界月季联合会、中国花卉协会月季分会、常州市人民政府共同主办的第四届中国月季花展暨世界月季联合会区域性大会，于2010年4月28日至5月12日在江苏常州紫荆公园举办，是世界月季联合会第一次在中国召开世界月季大会。由沈阳市城建局负责组织建设的中国月季花展"镜花园"展园获得由世界月季联合会授予的国际铜奖和月季（景点）造景艺术展金奖。

第二届中国绿博会沈阳园建设。由

沈阳市城建局组织实施郑州绿博园沈阳园建设,获第二届中国(郑州)绿化博览会先进工作单位奖和第二届中国(郑州)绿化博览会室外展优秀奖。沈阳园占地2700平方米,秉承"绿色、人文、和谐、创新"的理念,以体现沈阳森林城市、园林城市的建设为背景,依托沈阳重工业城市特点和古老文化——新石器时期的新乐遗址和清文化来进行展园的创作,使沈阳的历史文化和城市风貌得到集中展现。

西安世界园艺博览会沈阳园建设。由沈阳市城建局组织实施的西安世园会沈阳园建设工程,组织完成全园的土建部分、绿化部分、灯具安装及调试,以及喷水龙柱景墙及主题雕塑的安装,旱溪五彩石的摆放以及绿化部分花卉、草坪的铺栽。

(关庆伍)

地铁工程建设

【地铁工程建设】 2010年,沈阳市地铁工程计划完成投资31.59亿元,实际完成投资36.2亿元,为计划的114%,超额完成任务。市地铁建设指挥部采取领导包片、包站,加强指挥调度和协调配合等措施,集中解决了一批制约工程建设的重点、难点问题。一号线工程按日考核施工进度,关键时段24小时跟班协调,组织土建、铺轨、设备、装修等单位昼夜施工、交叉作业,按期实现了"轨通"、"电通"、"车通"关键节点工期。7月1日开始试运行,9月27日通车试运营。二号线工程加强工程管理,完成16座车站、18个区间主体工程及主要附属工程,铺轨14公里,进入土建收尾、铺轨、设备安装和装修工程施工阶段。沈铁城际铁路工程(松山—道义)4个土建标段开工建设。市府广场地铁配套工程在迁移大部分管线的基础上,排放土方55万立方米,开始站台层底板施工。沈阳大学地下通道工程完成明挖施工段主体结构及主要附属结构工程,准备暗挖施工。

(王　刚)

【地铁工程管理】 2010年,沈阳市地铁建设指挥部坚持从实际出发,不断总结地铁工程建设经验,丰富管理手段,提高管理水平,完善地铁工程建设管理体系。

加强前期管理,启动新线报批工作。加大资金筹措力度,全年融资79.4亿元,其中通过资本运作方式融入66亿元。包括四、九、十号线在内的《沈阳市城市快速轨道交通建设规划(2011－2018)》已上报国家发改委,并通过了中咨公司的评估。完成市府广场地铁配套工程、黎望城际铁路工程(西段)初步设计评审。完成十号线、沈阳南站地铁配套工程、沈阜城际铁路工程(沈阳—新民)可研报告。沈辽城际铁路工程(上深—桃仙)、沈阳南站地铁配套工程已完成工程筹划,已开展地质勘察。完成了住建部《轨道交通建设管理规范》有关标准的编制工作。

加强计划管理,做好合同管理工作。做好年度投资计划的编制调整工作,跟踪分析地铁工程总筹划执行情况。完成沈阳城市轨道交通工程"十二五"发展规划编制工作。完成招标79项、中标金额24.07亿元。新增合同397份,总金额28.56亿元。

提高工程质量,深入开展"质量年"活动。组织编制了《沈阳地铁工程质量验收标准》。制订《沈阳地铁一号线工程质量验收工作方案》,组织单位工程竣工验收153项,验收合格率达100%。推进工程创优,一号线运营控制中心工程荣获全国室内装饰优质工程奖;一号线中街站工程荣获2010年度"沈哈长"三市优质工程金杯奖;一号线南京街站至小什字街站、张士站至沈新路站工程获辽宁省建筑业新技术应用示范工程奖;一号线十三号街车辆段运用组合库、检修组合库及物资总库等3个房屋建筑工程获得辽宁省优质主体结构工程奖。

强化安全管理,确保安全生产形势稳定。修编《沈阳地铁工程安全生产管理办法》等多项管理制度,加强重大风险源管理,滚动式排查治理安全生产事故隐患,组织安全检查100余次,消除安全隐患1300多个。组织第三方监测实施监测27000多点次,使用地质雷达探测7.5万多延长米,治理不良土体167处。通过了国家安委会的安全检查。

(王　刚)

【运营管理】 2010年3月5日,沈阳市政府将运营工作交给市地铁建设指挥部,指挥部全力做好地铁运营各项工作。

加快运营筹备工作。从3月15日运营筹备工作全面启动,到9月27日地铁一号线通车仪式,全体运营人员昼夜奋战195天,全面完成了运营筹备工作任务。一是建立健全运营管理体制和机制。注册成立沈阳地铁有限公司运营分公司,完成公司组织构架、薪酬体系建立和员工定岗定薪工作,接收和招聘员工12批次1790人。制定规章制度258项220余万字,组织专家对10项重要规章进行评审,初步建立起沈阳地铁运营生产标准和制度体系。二是强化员工业务素质培训。组织完成了员工送外培训、特种作业人员培训、职业技能鉴定、内部培训、安全培训等5大类、31批次、9183人次的技术业务培训,提高了员工技术业务水平和岗位适应能力。同时组织全体员工进行礼仪培训和军训,全面提高员工综合素质。三是开展应急演练和岗位练兵活动。先后制定各种应急处置方案44项,组织开展应急演练53项。加强试运行期间的行车组织,共开行列车2432列次,运行里程达5.96万公里,开通地铁通勤列车,提高载客运行能力。开展了为期1个半月的岗位练兵比武活动,组织练兵比武100多项,为试运营工作提供了人员和技术保障。四是全面加强物资准备和争取政策支持。建立维修维保体系,确定委外维保模式,完成各项运营保障物资的接收和采购工作。同时,积极协调物价部门,确定一号线票价和票务政策。全力争取国家住房和城乡建设部支持,成功取得"建设事业密钥管理系统"城市级密钥,完成储值CPU卡的系统升级改造工作,为沈阳地铁储值卡的规划和发展打下了良好基础。

加强运营服务工作。地铁一号线自9月27日开通试运营以来,指挥部始终秉承服务至上的理念,以乘客需求为己任,不断增强服务意识,切实提高服务水平。一是加强行车组织,确保行车安全高效。编制《观光运营组织方案》、《开通日专列组织方案》、《沈阳地铁试运营组织方案》,并根据实测数据发布了6套时刻表及运行图,完成了试运营期间的调度、乘务、站务组织工作。2010年内共开行列车1.66万列次,客运总量达1300万人次,安全运行44.37万列公里。二是强化客运组织,保证客运平稳有序。制订了《国庆期间运营组织方案》、《平安夜运营组织方案》以及《大客流应急处置方案》等专项方案和应急处置预案，并集中组织开展了应对大客流、临时清客、防汛防火等模拟演练。开通试运营以来，成功应对10月13日中街站的1.62万人次客流极值冲击，成功地完成了平安夜33万人次超大客流运输组织工作。三是规范服务标准，提升运营服务水平。借鉴航空、铁路及其他城市地铁服务经验，组织制定沈阳地铁运营服务规范，持续开展礼仪服务培训，力争地铁服务标准化。开通地铁服务热线，畅通渠道，及时了解乘客对运营工作的意见和建议。不断满足市民需求，两次延长运营时间，切实做好储值卡销售、老年票信息采集及发放工作。短短3个月，地铁已经成为沈城百姓出行的重要选择。

（王　刚）

【地铁一号线通车试运营】 2010年9月27日上午10时58分，沈阳市地铁一号线通车仪式在地铁运营控制中心举行。辽宁省委书记、辽宁省人大常委会主任王珉宣布通车。沈阳军区司令员张又侠、沈阳军区政委黄献中出席通车仪式。省长陈政高讲话。沈阳军区政治部主任高建国，省委常委、沈阳市委书记曾维，省委常委、秘书长周忠轩，省委常委、辽宁省军区政委张林，省委常委、副省长赵国红，省人大常委会副主任仲跻权，省政协副主席李晓安出席仪式。沈阳市市长陈海波致辞。市委常委、副市长邢凯主持仪式并介绍沈阳地铁一号线一期工程概况。沈阳市老领导，各区县（市）、开发区领导，部分人大代表、政协委员、劳动模范，各民主党派负责人和各界人士代表，兄弟城市地铁公司代表，沈阳地铁一号线参建单位代表出席通车仪式。

地铁一号线于2005年11月18日开工建设，是东北地区修建的首条全地下铁路。地铁一号线西起十三号街站，东至黎明广场站，线路总长27.8公里，设地下车站22座、运营控制中心1座、车辆段1座，工程概算总投资117.66亿元。沿线串联起沈阳经济技术开发区、铁西广场、沈阳站、太原街、中街等工业、商贸、文化重点区域，是沈阳市城建史上投资最多、规模最大的重点工程，也是备受社会各界关注的民心工程。地铁一号线首创了未做试验段即开工建设的先例，实现了每公里工程造价全国最低。沈阳地铁一号线的建成通车，标志着沈阳继北京、上海、广州、天津、深圳和南京之后，成为全国第七座地铁城市。

（王　刚）

城管行政执法

【城乡绿化暨环境综合整治“四大战役”】 2010年，沈阳市行政执法局组织4个战役指挥部、27个部门、12个区开发区，全面开展城乡绿化、环境卫生、道路整修、交通秩序“四大战役”。通过城市绿化和农村造林，改造提升环卫作业体制，开展道路大修与集中维护，严管严控规范交通秩序和加强市容环境执法等手段，全面提升了沈阳市市容环境和景观，实现了环境卫生与交通环境的改善，解决了城市管理薄弱环节。

在环境卫生方面，开展了取缔露天烧烤的“飓风行动”和整治违规占道经营的“六清理”等专项活动。共取缔露天烧烤点位4500余处，清理各类占道经营和沿街摆卖点位3.4万余处，清理店外经营行为1.2万余处，规范修车点、修鞋点、报刊点2600余个，沈阳市一、二级街路的露天烧烤和占道经营基本杜绝，其它街路此类现象明显减少，城市环境进一步改善。在道路修整方面，加大巡查力度，查处市政违规挖掘案件253件，解决了19座桥梁下堆放物料、搭建工棚等问题。在交通秩序方面，组织查处影响交通秩序的占道经营行为8238起，解决了150多项影响交通秩序的市容问题。与公安、民政部门相互配合，对沿街乞讨和派发物品行为进行了整治，教育警示违规派发物品人员119人，暂扣宣传品8000多份，取得良好效果。

（谢子夫）

【规范实施拆违控违】 2010年，沈阳市行政执法局代政府起草《关于加强三环路两侧绿化控制范围管理工作的通告》和《沈阳市三环路两侧绿化控制范围保护工作实施方案》，高质量完成控制范围内现状的摸底排查工作；查处三环、四环公路建设用地内“抢建、抢栽、抢种、抢养”行为，拆除违章建筑和抢建大棚等构筑物72处、5.67万平方米，清除抢栽树苗34.6万株，组织拆除出口路违建27万平方米。全年组织执法队伍参与186个项目用地的拆迁拆除工作，拆除面积3782万平方米，有效控制在拟建项目用地上的违法抢建行为，减少项目落地成本8.19亿元；加强对拆违及拆迁拆除现场、建筑工地市容景观方面违法违规行为的查处力度，督促相关项目规范设置围挡和出入口硬覆盖215处，查处进出车辆夹带泥沙行为2000余起；深入基层开展调研工作，两次召开全系统拆迁拆除工作座谈会，促进典型执法经验的交流和推广。

（谢子夫）

【规范建设市场秩序】 全面开展执法共建活动，与全市533个在建项目单位签订共建协议，进入工地提供执法服务1800余次，实现对全市在建项目执法服务全覆盖；坚持项目执法服务负责人制度和“三进一访”，推广“五个一”活动和“三反馈”制度，印发《建设市场行政执法服务手册》，召开建设市场执法工作会议，规范对9类违规行为的执法程序；完善市区联合执法机制，实行首查负责、一事双责和一事不再查等制度，市区互认检查结果，有效避免重复检查；成立地铁执法大队，对地铁建设和运营实行“一揽子”全程伴随式执法服务；采取明确层级责任、强化监督考核、项目问题销号等措施，进一步提高对项目违规行为的监管效果，全年立案查处违反规划、违规施工、违规销售及侵绿行为426件，项目检查到位率、查处率均为100%。

（谢子夫）

【强化备案街路市场监督考核】 针对沈阳市商业业态尚不完善，厅式市场数量不足且分布不均，社区商业配套设施不健全的客观情况，为满足市民需求，按照不扰民、不扰校、不扰交通的原则，组织相关部门对街路市场管理情况进行审查，对附近没有厅式市场和商业网点的街路市场实行备案管理，并由街道办事处负责日常管理，同时，制定了《沈阳市备案街路市场日常管理标准》、《沈阳市备案街路市场管理考核办法》，使备案市场的管理工作进一步规范。经严格审查确认，将71处符合条件街路市场进行了备案管理，备案市场数量比2009年减少了28个。通过完善硬件设置，加强市场管理，确保责任落实，完善协调机制，开展了“最佳最差”评比以及新闻媒体公布排名的工作措施，有力推动了街路市场管理工作向规范化、有序化、制度化方向发展。同时,对不符合备案条件的街路市场进行清理取缔,全年共取缔违规街路市场54个。

(谢子夫)

【户外广告执法】 2010年,沈阳市行政执法局组织全系统开展整治户外广告专项执法活动,采取逐街排查和与广告主管部门加强衔接的办法,建立户外广告审批情况、发布内容、权属单位等基础信息的执法台账,从3月开始,对违规设置的户外广告、旗标广告以及沿街店铺设置的灯箱牌匾、条幅布幔等进行了全面的清理。共拆除户外广告60余处、近3000平方米,拆除清理违规灯箱、牌匾等广告设施1.2万余处,督促相关单位整改不雅内容户外广告13处23块。特别是在"五一"长假期间,一举拆除了建成区内所有违规设置的旗标广告1.2万块、3.3万平方米,涉及街路117条,专项整治活动取得了明显成效。同时,以行政执法勤务区为责任单位,建立日常巡查监管制度,严格控制新增和反弹的违规户外广告,净化了城市空间环境。

(谢子夫)

【园林绿化执法】 按照全市绿化战役的部署,沈阳市行政执法局以市政府名义印发了《开展三环路两侧绿化控制范围保护工作的通告》,以城市主要街路、二、三环两侧和浑河、运河沿线的绿化带、精品绿地为重点,对擅自砍伐树木、毁绿占绿、小开荒、放养牲畜、乱排乱卸垃圾残土等行为进行了集中清理整治。共查处各类侵绿行为800余起,清退建设项目违规占用绿地35处,拆除绿地内临时搭建170余处,教育轻微违规人员300余人,为沈阳市绿化工作提供了有力的执法保障。在执法过程中,会同市政府督查室完成了绿化补植不达标点位的督查工作,督促相关单位补植树木4万余株;会同城建部门完成了绿化带内垃圾残土的清除工作,查处向绿化带内乱排乱卸垃圾残土案件51件;会同市绿化、供电等单位建立三方沟通协调机制,促进了电力部门因输变电通道安全需要砍伐树木问题的妥善解决。

(谢子夫)

【校园周边环境综合整治】 为维护学校周边整洁有序的市容环境,市行政执法局深入持续地开展专项治理工作,共清理校园周边流动商贩1.5万余人次,取缔露天烧烤800余处,整治违规店外经营1700余处,极大地改善了学校周边的市容环境和交通秩序。在抓好专项整治工作的同时,结合执法共建活动,与所有院校签订了共建协议,全面开展"行政执法进校园活动",建立了执法部门与学校的良性互动机制,确保执法工作有的放矢。在早、中、晚"三峰"时段,重点加大执巡查频率和整治力度,努力维护校园环境。特别是"双考"期间,采取定人、定点值守的方式,全力为考生提供执法保障。

(谢子夫)

【市政设施执法】 针对交通拥堵问题,市行政执法局重点开展了查处违规挖掘道路、沿街搭建、占压盲道等侵占市政设施行为的专项整治活动。共查处擅自挖掘道路、占压盲道等违规案件140余件,拆除沿街搭建150余处,清理各类侵占市政设施行为2200余起。此外,对市政建设项目中无规划、施工、招投标备案等手续擅自施工行为进行了执法检查,共检查政府投资和使用国有资金建设市政项目276个,查处违规项目204个,有效遏制了市政工程建设领域违规行为的发生。

(谢子夫)

【整治乱排乱卸垃圾残土】 沈阳市行政执法局于4月开展"春雷行动",通过制发《沈阳市人民政府关于整治乱排乱卸垃圾残土和沿途洒落行为的通告通告》、《执法提示函》、送《一封信》、签订共建协议、有奖举报、媒体曝光以及定期召开工作调度会通报情况、研究解决问题等办法,采取昼夜现场检查、巡查、堵卡相结合方式进行执法,对城市出入口路、三环内8个垃圾排放场所、建筑施工工地出口处及拆迁现场周围实行动态监管、有奖举报等措施,共检查散流体运输车辆5500余台次,查处违规车辆1247辆,教育从业司机3000余人次,乱排乱卸垃圾残土问题根本好转。

集中整治住宅小区私拆乱建工作,序化市民居住环境。市行政执法局不断延伸执法领域,在全市住宅小区特别是老、旧、弃管小区内全面推进行政执法工作。制发《沈阳市人民政府关于禁止住宅小区内私拆乱改房屋行为的通告》,对住宅小区内擅自改变房屋主体结构、擅自搭建建筑物等行为,做到早发现、早制止、早解决,有效扼制违法行为蔓延。同时,充分利用共建平台,促进执法勤务区与物业管理单位、社区联防队建立联动机制,加大对高档物业小区和别墅区的监管力度,协调各分局联合公安、房产等相关部门,对沈河区泉园小区、河畔花园、棋盘山桑堤亚娜别墅区、铁西区巴塞罗娜小区、于洪区加州花园、巴黎世家等多处群众反映强烈的违建房进行了强拆,使别墅区的拆改问题得到有效控制。

(谢子夫)

【供热执法】 为让广大市民过一个安全温暖的冬天,市行政执法局于9月末下发了《2010年供热执法工作指导意见》、发放《致全市供热企业和广大用户的一封信》,成立了供暖专项执法队伍,投入执法力量,调配人员夜晚值班,公布市区两级投诉举报电话,及时受理群众举报。进入供暖期后,对全市320家供暖企业、1202个锅炉房(未含一市三县)进行了执法检查,建立全市锅炉房台账,发放供热执法服务卡,对21家存在问题的供暖单位下达了责令改正通知书,查处用热单位和居民擅自拆改供暖管线、供暖设施、窃取供热用水等违法行为454余起。此外,对全市247家煤炭经营企业进行了煤炭质量检测,从源头上确保市民温暖过冬。

(谢子夫)

【除运雪执法】 市行政执法局结合实际,针对降雪前应急准备、降雪中排险抢险、降雪后除雪执法检查等分别制定了相关措施,形成了市、区联动的整体工作预案。同时以雪为令,将执法重点转向社会化除运雪方面,开展社会化除雪执法检查,广泛发动除雪责任单位及时组织力量清除积雪。对承担除雪任务单位未按规定时限除运雪的,下发除雪通知单或进行口头督促;对经过多次督促或接到责令整改通知后,仍不组织除雪的单位,依法予以行政处罚;对无视政府号召,拒不履行除雪责任的单位,坚决给予行政处罚。并且在每场降雪后,针对大型户外广告、牌匾、工地围挡等设施可能经受不住风雪袭击而出现的安全隐患,集中力量开展查险、排险工作,共检查上述设施900余处,对25处存在安全隐患的设施采取加固、设立警示标志、设置警戒线等方式进行紧急处置,从而有效避免了安全事故的发生。

(谢子夫)

【查处燃气、自来水方面的违规行为】 在燃气执法方面,共开展5次燃气类专项整治活动,查处燃气类案件851件,重点查处擅自拆改给排水、燃气管线等影响房屋安全和居民日常生活的违法行为。对群众反映强烈的擅自移动燃气管线案件进行了强制恢复,有力遏制了违规拆改燃气设施现象的发生,消除了居民生活安全隐患。在自来水执法方面,对230余家家汽车4S店、洗车店、大型宾馆酒店及施工工地的用水情况进行检查。

(谢子夫)

【推进数字化城市管理】 立足于沈阳市经济社会发展需求,以开展“城乡绿化暨环境综合整治”活动为契机,一手抓系统建设工作,一手抓系统运行工作,逐步理顺市数字办与市级专业部门之间、市区之间、区级数字办与区属部门间的工作机制。市级平台已与市内5区、东陵(浑南新区)、于洪、苏家屯等8区实现了联网运行,覆盖建成区面积达到259平方公里,并与22个市级部门实现了互联互通。沈阳市数字化城市管理系统于2010年7月29日通过了国家住房和城乡建设部组织的专家验收评审,获得了专家组的高度评价,并被授予了“全国数字化城市管理试点城市”的称号。2010年,全市数字城管系统共受理案件25.4万件,一大批困扰市民的难点问题得以解决。

(谢子夫)

【城市管理绩效考核】 按照市政府工作目标绩效评估领导小组的部署,结合《沈阳市2010年城乡绿化暨环境综合整治活动实施方案》,对全市14个区、县(市)、开发区城市管理情况以街道办事处为检查单元,采取集中考评和日常考评相结合、明评与暗检相结合、定期与不定期相结合、自报点位与随机抽取相结合、自检与互检相结合等方式,全面推进了城市管理工作,营造了和谐、畅通、洁净、有序的城市环境。

(谢子夫)

【执法共建活动】 在落实市委十一届八次全会精神和全市优化发展环境工作中,市行政执法局结合自身工作特点,面向8个方面的服务对象,全面开展执法共建活动。开展共建的核心是变“事后处罚为前置服务”,变“我查我管为组织和发动社会力量共同搞好城市管理”。在开展共建活动中,执法人员以服务者的身份教育引导管理相对人自觉遵守城市管理规定、主动帮助共建单位解决城市管理问题,有效化解了管理者与被管理者之间的矛盾,使执法工作在和谐的环境中顺利开展,执法效率显著提高,得到了市民群众的理解和支持。全系统以行政执法勤务区为单位,共与503所学校、165家医院、693个社区、576个物业公司、234家开发建设单位、71个街路市场管理单位、707个锅炉房和22个地铁站管理单位建立了共建联系。

(谢子夫)

【妥善处理各类信访投诉问题】 沈阳市行政执法局将信访投诉、行风热线投诉等作为拓展案源的重要渠道,以“解难题、求实效、促和谐”为工作目的,通过受诉电话、来访接待、信件办理三个平台,采取细化分解任务、完善稳控机制、排查调处纠纷等工作措施,全年共接待各类信访投诉2.48万件,受理投诉1.6万件,接待来访3320余人。认真办理民心网、政风行风热线的群众诉求,共受理诉求340余件。

(谢子夫)

公用事业

【沈阳燃气有限公司】 沈阳燃气市场由4家多元化的企业共同经营。其中,沈阳燃气有限公司是集燃气生产、输配、销售、燃气管网建设与管理、燃气客户服务为一体的核心主导企业,在沈阳城市基础设施建设和公用事业中占据重要地位。沈阳燃气有限公司设立了6家营业公司,经营市内五区的燃气市场;下设输配分公司、储配分公司、燃气网络监管中心、气源管理中心、工程安装公司等单位。此外,沈阳新北燃气有限公司、沈阳沈西燃气有限公司和沈阳沈南燃气有限公司经营沈阳周边地区的燃气市场。

(田春丽)

【气源构成与供应】 沈阳市气源供应分为大然气、浅层煤成气、人工煤气、发生炉气、液化和压缩天然气、矿井瓦斯气、液化石油气、蜡化厂尾气等八种。

沈阳现有20万立方米干式燃气储罐1座,16.5万立方米干式储罐1座、5万立方米干式储罐1座、东北最大的2500立方米液化天然气储罐2座、3.5万立方米湿式储气罐1座、存储12万立方米天然气液化石油气储罐8座,全市一次燃气储存能力达500万立方米。

2010年7月29日,全国最大的20万立方米干式燃气储罐在沈阳燃气大青罐区竣工,8月中旬完成了相关配套设备工程的建设。项目的竣工使沈阳的天然气储备能力大幅增加,为全市的工业生产和人民生活的用气提供更有力的保障。

2010年,为配合城市经济社会的发展规划,沈阳市拆除了耸立21年、为沈阳燃气事业做出巨大贡献的卫工燃气储罐。该储罐曾是全国技术最先进、容积最大的城市燃气储罐。为保证拆除工作的施工安全和全市的稳定供气,沈阳燃气有限公司与施工单位多次反复研究论证拆除方案,明确安全责任。11月,全部拆除工作顺利完成。

为支持县域经济发展,为全力打造“东北陶都”,满足法库陶瓷工业园的用气需求,2010年1月12日,沈阳燃气有限公司与法库县政府签订协议,向法库县供应优质燃气。一期预计年需燃气3亿立方米,二期将达到6~10亿立方米。7月1日,沈法燃气有限公司与法库经济开发区管委会签订了长达30年的生产供气合同,获得了向法库陶瓷工业园输入煤制气、天然气的供应权。

2010年4月11日,沈阳燃气有限公司与马鞍山科达洁能有限公司正式签订合同,共同出资成立沈阳科达洁能燃气有限公司,项目一期生产能力为600万立方米/日,二期为1200万立方米/日。该项目将为沈阳燃气市场提供更多优质、环保的燃气能源。

2010年,沈阳市汛期时间之长、雨量之大创历史之最,沈阳燃气有限公司按照上级防汛部门的要求,制定防汛应急预案,层层落实责任,积极开展防汛物资准备及防御工作,坚持统一调度、统一指挥,密切关注汛情,24小时监控管网情况,及时处理隐患,保证了燃气管网安全度汛。

2010年,沈阳燃气有限公司为应对冬季严峻的供气形势,提早进入了冬季供气准备阶段,采取多种有效措施,积极做好各项准备工作。在自筹资金引进高价气源的基础上,公司各有关单位和部门认真部署,逐级落实责任,确保供气工艺科学合理及所有罐站、相关供气设备好使好用,并随时掌握和预测各路气源的变化信息,在冬季天气极端寒冷的情况下,全面保障了沈阳的安全稳定供气。

(田春丽)

【燃气管网建设】 2010年,为配合市政府老旧小区全面改造工程以及迎接全运会的道路改造工程，沈阳燃气有限公司将地下燃气管网改造的重点放在了老旧小区、小街小巷燃气管网和重点市街管网上。经过改造抽换管网，消除了大量燃气安全隐患，全面提高了管网安全运行标准。全年改造管网共计36公里，改造进户共计400余处。同时，为确保沈阳地铁一号线工程建设的顺利进行，沈阳燃气有限公司共计完成了61项地铁燃气管线改迁工程。

2010年，沈阳燃气有限公司积极配合大浑南地区的发展规划工作，在供气方式、气源引进、管网规划设计等方面突出超前性，为实现大浑南地区"供气超市化"奠定基础。沈阳燃气投入大量资金，建设大浑南主干燃气管网，形成"四横四纵"的大格局，确保满足"十二运"场馆和全运村的用气需求。新的燃气管网格局将原来由市区向浑南供气，改为专线专供。同时，全力推进浑南新城核心区57平方公里燃气项目的设计工作。2010年底前已顺利完成燃气可研、规划设计，并设计完成20公里燃气施工图。

（田春丽）

【燃气用户发展与服务】 2010年，沈阳燃气秉承"把用户放在心上"的服务理念，以24小时燃气服务热线"96177"为平台，全年受理电话40余万件，切实为广大用户解决了问题。公司的安全巡检问检专业队伍认真履行安全宣传和检查职责，全年累计电话问检30余万次，预约安检约1.8万次，入户巡检5万余次，社区宣传212次。

2010年10月14日，市物价局发布《关于调整燃气价格的通知》，为保证沈阳市经济发展和居民生活用气的需要，按照国家发改委《关于加快落实天然气价格调整方案的通知》的精神，经市政府同意，决定调整城市管道天然气销售价格。居民生活用天然气，每立方米由2.40元调整到3.30元；机关、事业单位用天然气，每立方米由2.80元调整到3.90元；工商企业用天然气，每立方米由3.60元调整到3.90元。此次燃气价格调整是沈阳市12年以来的首次调整。为回馈社会各界对沈阳燃气事业的充分肯定和大力支持，沈阳燃气有限公司进一步提升燃气服务水平，推出了多项惠民举措。用户通过"96177"服务热线可免费享受多项预约服务项目，如免费入户安全检查、免费安装燃气热水器、免费入户调试燃气灶具等。同时，公司继续为各类燃气用户，特别是特困户等弱势群体用户提供免费更换胶管服务，全年免费发放胶管约13万米。

从2010年开始，沈阳燃气有限公司推出室内燃气管线个性化安装的创新举措——用户"自定义"安装，即在室内只安装燃气主管道，余下管线以及燃气表等设施待居民入住后，根据其装修要求进行个性化的安装，既保证了燃气使用安全，又为居民减少了改装麻烦。截至年底，已为沈阳的100余个楼盘、3万多燃气用户提供了个性化安装服务。

2010年，沈阳燃气高度重视燃气行业的优环境工作，实施了一系列优环境措施，狠抓窗口部门的工作作风和服务作风建设。一是建立"一个窗口"办理燃气业务。借助市行政审批大厅的服务平台，将燃气项目涉及审批等所有办理事项全部集中到审批大厅，一个窗口办理，实行一条龙服务，以减少环节多、部门多、跑道多、时间长的问题。二是凡开发企业和单位办理燃气安装项目须缴纳的各项费用和业务流程一律公开展示，做到收费标准公开、收费依据公开、办事流程公开、办事时限公开，切实方便用户。三是实行项目专人跟踪服务制度，对所有办理燃气安装项目一律实行项目专人负责制，对项目立项、审批、设计、收费、工程施工、质检验收、工程竣工等所有环节，采取全过程跟踪服务，对问题切实做到随遇随解，对解决不了的问题，实行上报解决，切实让用户满意。四是对事关全市大局的重点工程的燃气项目实行项目组工作制度，由公司主要领导牵头，有关部门参加，组成项目组，全过程、全方位抓好项目进度，解决项目难点问题，以保证重要项目和工程的顺利实施。

（田春丽）

【自来水供应与服务】 2010年，沈阳水务集团完成供水量4.87亿立方米，同比增长4%；日均供水量133.4万立方米，同比增加4.9万立方米；完成售水量3.11亿立方米，同比增加1.6%；主城区产销差率完成29.84%，同比下降1.69个百分点；综合收入完成8.97亿元，同比增长了14.2%；泵站抽升量完成4.40亿立方米，同比增长5.9%；日抽升量完成120.4万立方米，同比增加了6.4万立方米。2010年水务集团实现安全生产六个为"零"，被省安全生产监督管理局评为"辽宁省安全文化示范企业"，被市政府评为"安全生产先进单位"。集团现有水厂9座，水源地34处，水源井数442眼。全年技术改造、节能改造工作主要围绕水源制水生产运行中的取水系统、加氯系统、配水系统和变配电系统四大系统中展开，技术改造完成35项，完成资金406.4万元，主要项目有李官泵房调速变压器二次加装保护开关柜改造；李官变电所主变三室高压柜及进户线改造；中山水源机组改造；塔湾开闭所配电系统改造等。节能改造完成4项，完成资金176万元，包括翟家水源机组更换水泵实现阶梯运行等3项新工艺改造及尹家变电所无功补偿新设备改造。按照市委、市政府全力推进大浑南建设的要求，保障浑南新区发展以及2013年十二届全运会供水需求，沈阳水务集团与浑南新区管委会建设局合资组建沈阳浑南水务集团有限公司，股权比例为沈阳水务集团60%，浑南新区管委会40%；将原世界园艺博览会给水工程筹备处正式更名为沈阳市自来水棋盘山营业处。针对城市供水已达到满负荷状态，年初通过采取合理调整运行、置换水量及加压泵站改造等措施，科学调度，满足城市高峰供水需求；以"政务公开日"、"全国助残日"及参与"民声热线"节目为平台，加大与用户的交流沟通，更多地了解用户的需求；建立和完善供水服务客服系统，提升热线服务功能，"22702270"供水服务热线电话正式与市民服务热线对接为"96123－2"，2010年"96123－2"供水服务热线共受理电话14.66万件次，其中反映问题3768件，用户投诉率为0.30%，比2009年降低0.001个百分点，比计划降低0.13个百分点；推行"供水服务首席责任"制，向社会公布各区营业处服务首席责任人联系方式，确保供水问题在第一时间得到解决；贯彻《水务集团服务质量综合评价实施办法》及《服务质量综合考核细则》，全年共下达《督办单》36件，对66件热点难点问题进行督办；全面实施服务网格化管理，全年对违反服务网格化的单位和责任人共下达《服务网格化考核情况通知单》51件；重新修订《服务工作制度》、《服务规范》等各项规章制度，统一服务标准，收费站统一公示牌，泵站统一巡视和维护要求。在2010年经历主汛期最长、降水量最多的情况下，集团采取封堵河漫滩低洼地水井、加固过河管线等一系列有效措施，加强重点部位防范，保证供水大局稳定。

（王惠贤）

【改造城市供水管网】 2010年，沈阳市完成老旧管网改造99项，改造老旧管网40.33公里，投资3025万元。其中，外网改造二项，620米；内网改造46项，32.75公里；锅炉分线21项，新铺管线2.63公里；进户线改造12项，2.46公里；解决无水18项，改造管网1.87公里。此外，实施住宅小区配套给水工程5项，新铺管网3.24公里，其中，中海城(西江街)工程，1200米，管径500毫米，建筑面积280万平方米，供水户数3万户；鑫丰华凯鑫城(同江街)工程，1000米，管径300毫米，建筑面积24万平方米，供水户数2719户；奥林匹克花园(沈延路)工程，300米，管径300毫米，建筑面积28万平方米，供水户数3005户；锦联左岸(临河路)工程，500米，管径400毫米，建筑面积31万平方米，供水户数2980户；黎明昆山苑(苍山路)工程，240米，管径300毫米，建筑面积4.7万平方米，供水户数825户。为解决大北关街管网老化问题，水务集团结合沈阳市道路改造与道路整修工程，同步完成大北关街管网改造工程，新铺设DN500球墨铸铁给水管线1884米，工程投资235万元，工期2010年6月1日至2010年6月31日。

(王惠贤)

【二次加压泵站接收与改造】 2010年，沈阳水务集团修订并完善了泵站管理规章制度，统一了泵站巡视、维护要求、服务标准、停水通知格式、水质事件处置流程等。全年共接收泵站119处，涉及供水户11.5万户，人口54.51万人。皇姑区嘉陵江北泵站负责小区内50栋居民楼的供水，居民3743户，供水面积24.5万平方米，冬季为五三北锅炉房供水。泵站供水方式为微机供水，水泵单台运行，压水管压力0.38MPa。原水泵型号100DL×3、流量100m3/h、扬程60M、功率30KW。2010年该泵站经改造采用智能化稳压补偿式无负压供水设备后，通过稳压罐直接从市街管网供水，这样就避免了贮水设施可能出现的二次污染，从水厂到用户实现全密闭供水，可靠的保证了居民水质达标。另外，该系统充分利用市街管网富裕水头，采用叠压供水技术，自动调节自来水水量和压力，使自来水外管道不产生负压，内网自动恒压供水。最终使泵站运行达到高效、节能，改造后日节电约150KWH。到2010年底，全市共有居民供水二次加压泵站3213处，其中由集团接收运行管理的有2765处，仍由各企事业单位、物业公司进行管理的为448处。实际运行二次加压泵站1584处，并网废弃1172处，供水面积1.2亿平方米，供水人口545万人。

(王惠贤)

【大伙房水库输水配套工程建设】 沈阳市大伙房水库输水配套工程是辽宁省大伙房水库输水工程的配套工程，计划投资20.02亿元，共分两期建设：一期工程投资12.32亿元，2010年底基本可达到送水条件，竣工后新增供水能力90万立方米/日；二期工程计划投资7.7亿元，将根据沈阳市城市用水发展情况适时建设，竣工后新增供水能力120万立方米/日。一期工程建设项目包括：新建东、西两座净水厂。其中，新建东部净水厂供水能力40万立方米/日，西部净水厂供水能力50万立方米/日；新建李官配水厂，新增供水能力32.8万立方米/日；改造现有李巴彦、北陵、竞赛、砂山、南塔配水厂；新敷设配套输配水管线46.4公里。一期工程于2006年6月份开始筹备项目前期准备工作，2008年底完成项目立项、可研、环评、征地、设计等一系列前期工作，工程于2009年5月全面开工建设。截至2010年底，对东、西净水厂及输水干线进行了调试及管线冲洗工作，李巴彦配水厂、李官配水厂及支线管线均未进行调试及管线冲洗，因此年内大伙房引水工程未进入运行阶段。工程的实施将能够满足未来沈阳城市快速发展、经济总量提升、人民生活水平提高对用水量的需求，为沈阳经济可持续发展提供充足的水资源保障。彻底解决沈阳市资源性和水质性缺水的问题，为沈城百姓提供完全符合国家新标准的优质饮用水。

(王惠贤)

【电业概况】 沈阳供电公司承担着沈阳地区9区1市3县和2个国家级开发区1.3万平方公里范围内的供电任务。公司主业在册人员5986人。下设16个供电分公司，拥有15个营业大厅，156个营业所，1个客户服务中心。资产总额118.03亿元。沈阳地区现有500千伏变电站3座，220千伏变电站19座，66千伏变电站238座。500千伏输电线路16条，220千伏输电线路81条。66千伏输电线路314条。共有营业户数362.6万户，2010年售电量累计完成207.33亿千瓦时，增长14.51%。历史最大日供电量为7882万千瓦时，最大小时电力387.8万千瓦。

2010年，公司获辽宁省电力有限公司“三年再上新台阶”先进单位和党建工作先进单位、获辽宁省思想政治工作先进单位和思想政治研究工作先进单位、获沈阳市中省直企业工委先进单位、被省政府纠风办和省政务公开办联合授予民心网举报投诉和政策咨询办理工作先进集体等荣誉称号。苏家屯供电分公司程金雁被评为国网公司特等劳动模范。铁西供电分公司获国网公司先进集体荣誉称号。

(刘　静)

【电网建设】 改善电网建设投资环境。改变了以往电网项目立项方式，由各级政府在符合电网规划的原则下按需主动提报建设项目，重新明确了责任主体，扭转了被动局面。促成了《加快智能电网建设，推进落实征地动迁工作框架协议》的签署，科学、缜密编制电网发展规划。以建设坚强智能电网为指导思想，修编了“十二五”电网规划，编制了66千伏联络线规划。紧跟区域经济发展态势，编制了沈北新区等专项电力规划，并将其纳入地区发展规划，为解决区域电网薄弱、布局不合理问题奠定了基础。不断加强基建工程管理。严格贯彻落实国网公司业主、监理、施工三个项目部标准化管理要求，建立了完整、全面的基建标准化管理体系。66千伏昆明变电站工程获省公司基建安全管理流动红旗。

(刘　静)

【电网安全生产】 狠抓安全生产管理，电网保持平稳运行。全面贯彻“规范管理、创新机制、提高标准、高效务实”的安全生产工作主线，不断加强安全风险管控，形成了作业前计划管控、作业中到岗到位监督、作业后差错问责的闭环管理体系。深入开展“三个不发生”百日安全活动、“六个一”防止误操作专项行动和安全生产彻查整改活动，创新实施反违章量化管理，全年共查处违章359起，处罚545人，罚款39.92万元。积极引进“远红外线实时温度监测系统”等新技术、新工艺加强设备管理，深入开展隐患排查治理，全年投入资金1562万元治理隐患17项，消除了时尚地下商业广场66千伏电缆隧道隐患、浑张南北线隐患等一批历史遗留难题。开展了沈阳地铁和全运会电力配套设施建设，实现了沈阳地区66千伏及以上变电站100%

无人值班的目标。进一步完善并严格执行“双预机制”，超前防控各类安全风险。开展了大规模的防汛演练，成功抵御了五次强降雨袭击，完成全年105次233天的保电任务，实现了沈阳地区电网的安全平稳运行。

（刘　静）

【电力营销】　营销及优质服务工作取得新的突破，电费回收创历史最好水平。至上而下签订了电费回收责任状，完善了电费回收“三级”经济责任考核机制。实现了户均欠费、应收电费余额“双结零”的最好成绩。管理降损效果明显。编制了公司《三年降损规划》和10条高损线改造方案，完成了万寿干、宁山干两条高损线路改造工作。按照“四统一”的管理目标，扎实推行“按线路承包、按台区考核”的线损管理模式，公用台区全部实现了规范承包，消灭了损失率在20%以上的高损台区和负损台区。通过实施各类技术和管理措施，全年累计少损失电量9264万千瓦时。营销现代化水平全面提升。圆满完成国家电网公司用电信息采集系统试点工程建设和负控主站的升级改造、40个采集工作站的新建工作。建成了储存量10.5万只的高科技智能化电表库和东北地区供电企业首家特性实验室，电能表年检定能力由40万只提升到80万只。新民、苏家屯分公司在省内率先实现了原农电上划单位SG186营销系统的成功上线。优质服务工作不断跟进。依据行政区划分开展的供电营业区调整工作正式启动。打造了五星级标准的一级供电营业厅和4个二级标准化营业厅，开通了公开、集中、高效的报装绿色通道。

（刘　静）

【电力科技进步】　深入开展科技与信息化建设。初步建立信息安全保障与运行管控体系，基础网络设施持续优化完善。沈阳供电公司承担了辽宁省电力有限公司重点科技及智能电网项目基于电力光纤到户的智能小区试点工程、辽宁电力用电信息实时采集系统示范工程建设等5项，一般项目6项，科技进步投入资金839万元。全年获国网公司信息系统深化应用建议奖励5项；4人获国网公司内部顾问称号。公司设计院获风电及新能源发电乙级设计资质，跻身于新兴能源高端设计领域。沈阳供电公司2010年完成了高质量等级的科技成果与QC成果的评选工作，其中“面向节能的复杂配电网监测控制与故障诊断关键技术研发及应用”获2010年度国家科技进步二等奖；“复合加强芯架空导线研制与应用”获国家电网公司2010年度科学技术进步二等奖；大东供电分公司QC小组发布的“低压验电器的研制”成果，在沈阳市组织的全市范围企业参加的优秀QC成果发布评比中，获得第一名，并被推荐到全国质量管理协会进行评比，全面梳理了2003年至2010年各类专利情况，将专利信息完整输入专利管理系统。

（刘　静）

【路灯建设】　截至2010年12月31日，公司路灯系统实现连续安全生产1901天，年内实现三个百日安全周期，实现了安全年。年度平均亮灯率完成98.5%。完成工程投资1126万元，完成新建和改造路灯工程159项；全年组立金属灯杆1759基、立水泥杆293根、敷设地埋电缆线106公里、架设绝缘导线24.8公里、安装路灯4091盏、安装箱变10台、安装变压器32台。完成了全市路灯设备GPS定位普查工作，普查台区1273个。

主要工程完成情况：完成了沈本大道等10项市重点路灯新建及改建的工程施工任务；完成了大发商业广场等8项小区配套工程；完成了香炉山路等9项小街巷照明工程；完成了铁西区兴顺街（建设大路—十三路）等48项照明工程；完成了浑南开发区金辉街（汇泉路—飞云路）等10项工程；完成了长白岛中海街等20项路灯工程；完成了于洪新城细河南路电源等8项工程；完成了文化路立交桥等7项路灯维护工程；完成了惠工府前南路灯箱变拆移等10项各区属路灯工程；完成了地铁二号线浑南会展中心路灯恢复等6项工程；完成了黄河大街公铁桥迁移等13项工程；完成了老旧社区光明新村等10项路灯安装工程。

（刘　静）

【农村电网建设】　2010年，是农电整体划转第一年，农电工作部认真贯彻“安全第一、预防为主、综合治理”的方针，按照“以实管安全，以实求安全”的管理理念，坚持“严、细、实”的工作作风，超前谋划，加快电网建设和改造步伐，巩固了沈阳农网安全生产的稳定局面，实现农网“安全生产年”的工作目标。年内未发生（电网、设备、人身、重伤）事故，农网安全生产2447天，连续实现了6个安全年.

2010年综合电压合格率完成96.81%，比计划指标提高了1.01个百分点；供电可靠性（RS－1）年度实际完成99.8%，比计划指标提高了0.06个百分点。沈阳农网完善化工程所有项目均已送审并做工程决算。

完成了于洪供电分公司创建新农村电气化县（区）工作；完成了东陵高坎街道、沈北黄家乡、辽中牛心坨乡、于洪大兴乡的4个电气化乡（镇）、45个电气化村的建设工作，完成了2010年计划的35个标准化供电所创建工作。完成了新民梁山、苏家屯山庄、东陵上佰、法库66千伏果柏线改造、宝山分等66千伏变电所、线路的新建和改造工程的施工建设任务。

自农网“低电压”治理工作开展以来，公司通过加强需求侧管理错峰用电加强需求侧管理错峰用电、调整负荷、加强供电设施维护，提高设备完好率，调整三相负荷不平衡和时调整配变分接头等方法全年累计共解决了低电压户共计9804户，新增/改造10千伏配变数量35（台）；新增变电站无功补偿容量4800（千乏）。

高度重视防汛工作，顺利完成2010年农网防汛任务。成立农电部防汛领导小组，启动应急预案，及时部署8个县（区）供电分公司做好应急抢险工作，组织防汛主要地区抢险人员迅速集结，抢险人员共计800人，准备抢险车辆160辆，备齐各类抢险物资，同时统计各供电分公司抢险物资准备情况，做好急需调用工作。各分公司由防汛领导小组进行安排部署，制订防汛预案、明确工作分工，严格落实防汛责任制，做到组织、管理、预案、制度、队伍、物质“六到位”，确保了电网发生突发事件的情况下，反应迅速、措施有效、保障有力，没有造成农网大面积停电，个别地区受损较严重地区，发扬农电能吃苦、敢打硬仗的精神，在最短的时间内恢复供电，保证损失降到最低。

（刘　静）

建筑·房地产

建　筑

【概述】 2010年,沈阳市建筑业产值首次突破1000亿元,全年建筑业签订合同额2123.3亿元,比上年增长69.9%;完成建筑业总产值1055.2亿元,比上年增长57.2%。其中:建筑工程产值为908.3亿元,比上年增长62.9%;安装工程产值146.2亿元,比上年增长31.3%。建筑业总产值净增384亿元,占全省建筑业比例由上年的19.8%上升到22.4%。实现建筑业增加值246.5亿元,比上年增长21.5%;实现建筑业各种税收46.8亿元,比上年增长63.1%。在沈阳市注册的法人建筑施工企业在外省完成建筑业产值253.2亿元,比上年增长67.1%。劳动生产平均人数为67.7万人,比上年增长32%。从业人员中工程技术人员5.0万人,比上年增长21.1%;一级建造师2601人,比上年增长29.1%。

全市已取得资质的各类建筑企业达到2363家,基本形成了门类齐全的建筑施工总分包体系。通过树立品牌企业,坚持多元化发展战略,东北金城、北方建设等骨干企业竞争实力显著增强;远大企业集团在建筑幕墙、膜结构等方面,继续保持国际一流专业生产和施工能力。

(李健　孙健)

【建筑市场规范】 建设领域突出问题专项治理。制订了《关于开展工程建设领域突出问题专项治理工作实施方案》,完成了2008年以来城建项目和已经开工的政府投资及使用国有资金500万元以上以及非国有投资3000万元以上项目清单和相关要件的清理工作。

工程分包与合同备案专项检查。4月,召开了沈阳市建设工程施工分包市场和相关合同备案管理专项检查动员会议,制订了专项检查实施方案,对检查工作进行部署。

监理企业和招标代理机构清理整顿。从7月末开始,按照关于清理整顿建设领域各类企业的部署和要求,制订了监理和招标代理行业清理整顿的实施方案,召开会议进行部署,组成三个专项检查组分别检查企业资质标准、现场监理行为和招标代理机构的资格和行为。通过清理整顿,截至2010年底,全市共有工程监理企业80家,其中:甲级企业33家,乙级企业26家,丙级企业20家,事务所资质企业1家;工程建设项目招标代理机构77家,其中:甲级17家,乙级29家,暂定级31家。

落实辽宁省建筑市场执法检查工作。5月,按照辽宁省住建厅《关于开展全省建筑市场执法检查工作的通知》要求,明确牵头部门和协办部门,要求各区县进行全面自查。

打击建筑施工违法行为专项行动。制订了沈阳市关于开展严厉打击建筑施工非法违法行为专项行动实施方案。在全市开展了打击工程转包和违法分包行动、规范工程施工合同管理行动、清理整顿行业企业行动、安全生产大检查等一系列专项行动,进一步遏制了建筑施工非法违法行为的发生和发展,为净化建设市场环境迈出了坚实一步。

(孙健　李健夫)

【工程质量管理】 全市共监督在建工程1.10万项,总面积7537万平方米,其中:公建及工业建筑3341项,面积3189万平方米;住宅7649项,面积4348万平方米。全年共下发质量问题通知单537份,停工单19份,监督检测通知单24份,通报了79项未经验收擅自使用工程,并进行了相应处罚。共创建鲁班奖工程2项、三市优质观摩工程15项、辽宁省优质主体结构工程86项、辽宁省世纪杯29项工程(含1个优良小区)、沈阳市精品工程和优质工程95项,沈阳市优良结构工程350项。

大力开展全市工程质量大检查和各类专项治理活动,开展"质量月"活动。主要开展了钢筋工程专项治理、节能建筑工程质量专项检查、商品混凝土专项检查、建材检测试验室专项检查、装饰装修工程质量和公用安装工程专项检查、冬期施工专项检查、地铁工程质量监管等七个方面的专项治理活动。

抓好民生工程,强化住宅工程质量的监管。重点把好住宅的竣工验收环节。突出对质量管理较薄弱项目、重点工程和老百姓关注的民生工程的监管。共受理各类投诉364件,处理完结率和投诉满意率达98%以上。

(孙健　李洁)

【安全生产管理】 2010年,全市共发生建筑生产安全事故5起,比上年降低50%;死亡10人,同比降低9%,发生2起较大事故(分别是4月6日大东区龙之梦亚太中心项目坍塌事故和6月25日皇姑区崇山华府3号楼整体提升脚手架高空坠落事故),未发生重特大事故。每百亿元产值死亡率为0.95。

1. 实行安全生产目标管理。3月28日,在沈阳宾馆召开了全市建筑施工启动暨年度建筑施工质量安全大会,市政府同各区县政府、市地铁指挥部签订年度建筑安全管理目标责任状。11 月中旬—12 月,进行《2010 年建筑安全管理目标考核责任书》考核工作,对各区县政府、市地铁指挥部安全监管工作进行全面评价。

2. 开展安全质量标准化工作。按照《施工企业安全生产评价标准》,全部达到合格,其中一级以上企业合格率达到 100%,二、三级企业合格率达到 90%,个别基本合格企业经整改后也全部达到合格。施工现场按照《建筑施工安全检查标准》规定,合格率达到 100%,其中特级企业现场优良率达到 95%,一级企业达到 95%,其他资质等级现场全部达到 80% 以上。在辽宁省建设厅文明施工专项检查活动和迎全运清洁沈阳活动中,共整治施工现场 955 个,整治率达到 100%,特别是对停缓建现场、拆迁拆除现场、基坑土方施工现场进行了专项整治,取得明显效果,共整治密度网 706.88 万平方米,整治围挡 31.24万米,整治出口硬覆盖 10.04 万平方米。全市评选出质量安全标准化示范现场 140 个,其中 8 个施工现场被评为辽宁省质量安全文明标准化示范现场。

3. 推进建筑安全监管信息化。全面利用辽宁省建筑安全监督管理信息系统和沈阳市建设工程信息网等开展安全信息管理工作。沈阳市已建立市、区、企业三级安全监管信息系统,安全生产许可证管理、三类人员管理及项目管理等均实现了网络化。同时,安全生产电子监控系统工作已经过市政府批准,正在有序推进。

4. 加强建筑起重机械管理。建立和完善建筑起重机械备案登记制度,开展建筑起重机械专项治理。全年共完成起重机械备案 903 个,告之 3910 个,发放准用证 3175 个。5 月份,组织开展了全市起重机械安全生产专项检查,对全市在用的 3000 余台塔吊、900 余台外用电梯进行了专项整治,排查隐患 7600 余处,隐患整改率达到 100%。

5. 加强安全生产许可动态监管。强化建筑施工企业安全生产许可证和“三类人员”安全生产考核合格证书动态监管,共组织“三类人员”安全生产考核 2 次,7789 人参加了考核;共有 197 家企业获得了安全生产许可证,66 家企业安全生产许可证得到延期。同时强化建筑施工特种作业人员管理,持证上岗率达到 100%。

6. 加强安全生产教育培训。一是采取企业自主培训,对未采取培训措施或培训率未达到 100% 的企业,不予申办安全生产许可证;二是开展施工现场培训,要求施工现场对新进场的、变换工种的、长时间脱岗的施工人员开展培训,对未开展培训的现场责令整改;三是市建委与市总工会、市安委会联合开展施工现场人员培训工作,共培训近 10 万人。

(孙健 侯志远)

【施工现场整治】 开展施工现场综合执法检查。根据不同施工季节和不同施工特点,联合区域和各专业安全监管部门,于 4 月初至 10 月末开展了三次建设施工安全执法抽查,在抽查中实行“严管、严查、严处”,排除安全隐患,遏制重大事故的发生。共对 1120 个在建施工现场进行抽查,检查频次达 2700 余次,下发《责令整改通知书》累计 1792 份,下发《责令停止违法行为通知书》累计 217 份,对隐患和问题要求施工企业进行整改,对存在重大隐患或整改不合格的企业进行了处罚,对 2 个外埠施工企业给予停止在沈招标资格的处罚,并对性质恶劣、抗拒整改的 17 个施工现场进行了媒体曝光。全年评选了 52 个安全生产管理先进企业,103 个安全生产管理优良施工现场,10 个安全生产先进管理标兵。

开展施工现场专项检查和整治。组织开展了 7 次安全专项检查,分别为起重设备专项检查、雨季深基坑专项检查、高大模板支撑体系专项检查、地铁建设安全专项检查、燃气和自来水建设安全专项检查、施工现场消防专项检查、冬期建设安全专项检查。

(孙健 刘洋)

【建筑节能管理】 2010 年,全市累计建成节能建筑总量 1.05 亿平方米,其中居住建筑 8390 万平方米、公共建筑 2145.5 万平方米。全市新建民用建筑全面按照居住建筑节能 65% 标准和公共建筑节能 50% 标准设计和建造,外保温系统、高效节能窗、新型墙材等建筑节能新技术、新材料得到全面应用;节能建筑不仅在城区普及,而且在区县乃至部分农村也得到较好推广。

1. 完善建筑节能政策法规体系。以强化建筑节能监管为重点,结合工程建设实际,制定出台了《关于印发沈阳市 2010 年建筑节能工作要点的通知》、《关于民用建筑安装供热计量和温控装置的通知》、《关于发布第一批沈阳市绿色节能建材目录的通知》等一系列文件,为建筑节能健康有序发展提供保障。

2. 强化节能应用技术配套工作。开展沈阳市建筑节能十二五规划、城市居民生活垃圾减量排放的对策研究、办公建筑节能改造研究、采暖居住建筑节能指标快速检测系统研究等科研课题,完成了辽宁省地方标准《XPS 板外墙外保温技术规程》(DB21/T1748—2009)和《沈阳城市居民生活垃圾减量排放的对策研究》两项课题。

3. 推进建筑节能示范工程建设。在全国率先建设了贝卡尔特－沈阳钢帘线有限公司工业厂房项目和日本工业园二期工程 2 项工业建筑节能示范工程。在民用建筑节能方面,组织建设了省市低能耗建筑节能示范工程—辽宁中德节能示范园、绿色建筑示范工程—沈阳防汛指挥中心、公共建筑节能示范工程—沈阳医学院奉天医院医技住院楼、新农村节能住宅示范工程——新民市大民屯镇小民屯村住宅楼和辽中县养士堡镇养前村住宅楼等示范项目。

4. 打击违法违规行为。开展建筑节能专项执法检查工作，共检查在建工程220项，建筑面积929万平方米，对27家存在违规项目的责任单位下达了《责令改正通知书》，对21家存在违反建筑节能法规、强制性标准行为的责任单位进行处罚，有效地规范了工程建设各方主体的行为，保证了建筑节能工程质量。

5. 推广绿色节能建材。针对建材生产、应用中存在的问题，从生产规模、生产工艺、质量保证体系、产品检测施工控制等方面严格把关。于9月26日发布第一批绿色节能建材目录，包括建筑外窗和节能保温材料两大部分、28家企业产品，其中有7家世界500强企业、15个国际知名品牌，其余均是国内知名品牌或沈阳市行业龙头企业。

（孙健　王少营）

【勘察设计管理】 加大企业资质管理力度。配合辽宁省住建厅开展了全市勘察设计企业资质动态检查，对全市294家勘察设计单位开展资质动态核查。同时，按照国家住建部统一部署，开展了全市设计单位资质换证工作。对90家外埠勘察设计企业、共110个项目进行备案。完成了全市勘察设计单位技术人员数据库更新工作。截至2010年底，全市共有勘察设计企业296家，其中：甲级111家、乙级162家、丙级23家。

完善施工图备案制度。印发了《市政、建筑工程施工图无障碍设计文件审查要点的通知》等文件，重点抓好城市道路、建筑物无障碍设计规范的落实工作。在设计单位和施工图审查机构全面推广建筑节能设计和施工图审查要点。施工图审查环节严格把关，工程设计阶段100%落实建筑节能和无障碍设计规范。在供热计量方面，出台了《关于民用建筑全面安装供热计量和室温调控装置的通知》，推进供热计量，切实保障建筑节能工作有序发展。全年共完成房屋建筑和市政基础设施工程施工图审查备案871项，建筑面积2652万平方米。

加强执业人员管理。全市共有勘察设计执业人员2199人，其中：一级注册建筑师417人、二级注册建筑师414人，一级注册结构工程师591人、二级注册结构工程师66人，注册土木（岩土）工程师157人，注册化工工程师97人，注册公用设备工程师278人。新增勘察设计执业人员618人，其中：一级注册建筑师24人、二级注册建筑师5人，一级注册结构工程师18人、二级注册结构工程师5人，注册土木（岩土）工程师8人，其他专业执业注册人员558人。

（孙健　赵凌云）

【外埠企业管理】 2010年，沈阳市认真贯彻《关于加强省外建筑业施工管理工作的通知》和市委、市政府有关会议精神，加强外埠建筑业企业进沈施工管理，以增强企业诚信经营意识为先导，建立优胜劣汰的动态管理机制，鼓励优秀外地建筑企业到沈阳市安家落户。一是要求进入沈阳建筑市场的外埠建筑施工企业，必须在沈阳市设立独立核算的法人企业。二是按照辽宁省住建厅《关于核查外埠施工企业在辽分支机构“三固定”情况的通知》要求，现场核对“三固定”（固定管理人员、固定办公地点、固定联络电话）。三是全面使用《外地进沈建筑施工企业诚信管理手册》，加强外埠施工企业日常监管，用《诚信手册》记录工程质量、安全生产、税费交纳、劳动用工等方面的违法违规行为。截至年底，省外建筑业企业在沈成立独立核算法人企业113家，完成外埠进沈企业备案登记856家。

（徐承斌　孙健）

【金廊建设】 按照市政府关于“抓住重点，收缩战线，在“十二运”前主要抓好浑河大街三环交界处至北陵公园这一区域29个重点在建项目（金廊核心区段项目）”的金廊建设思路和工作部署，调整后的金廊工程核心区段全长约15公里，涉及浑南、和平、沈河、皇姑4个区。核心区段在建项目总占地面积233.29万平方米，总建筑面积1584.51万平方米，投资总额1112.9亿元。

经过2010—2011年冬期施工，茂业中心已于2010年底营业，华润中心的商场部分将于2011年5月开业运营，SR新城、东北传媒、东北大厦、华晨中际项目在2010年底前基本竣工，沈阳天地、世贸五里河的住宅部分将于2011年初交付使用。

（汤晓东　孙健）

【十二运场馆建设】 确定各类场馆建设项目。2010年8月，辽宁省体育局初步确定沈阳市承办“十二运”田径、游泳、足球、篮球等19个比赛项目。按照赛事需要，确定了比赛、训练、备用场馆36个，其中：改造场馆26个，新建场馆10个。

启动全民健身项目建设。确定全民健身项目共21个，其中：市级全民健身中心1个，区级全民健身中心14个，全民健身带6个。此外，各区县还将建设一批健身广场，满足市民健身需求。

启动全运村及其配套设施建设。主要包括“三村三中心”，即：运动员村、技术人员村、媒体村，运行中心、接待中心、新闻中心等。

（郭正学　孙健）

房地产

【房地产市场概述】 2010年，沈阳房地产开发建设累计完成投资1567.66亿元，同比增长31.9%，其中住宅完成投资1075.62亿元，同比增长34.1%；施工面积8858.65万平方米，同比增长29.4%，其中住宅施工面积6641.39万平方米，同比增长31%；新开工面积3662.64万平方米，同比增长49.4%，其中住宅新开工面积2923.86万平方米，同比增长55.5%；竣工面积1393.22万平方米，同比增长7.7%，其中住宅竣工面积1107.7万平方米，同比增长3%。

1. 加大房地产项目动态监控力度。根据各部门提报的数据，定期对全市房地产市场运行情况进行综合统计和分析，并形成月、季度、半年、全年情况分析报告，通过新闻媒体向社会发布，为领导决策、企业经营、市民消费提供有价值的信息参考依据。通过实行开发企业月度统计报表，及时掌握全市开发项目的基本情况；对重点项目实行联络员负责制，全面监测项目的实施进度和存在的问题；通过召开企业座谈会等形式，认真收集项目实施中存在的问题，给予及时协调解决，保证建设项目顺利实施。2010年，通过积极协调和服务，使“女人街”、“欧美亚大厦”等4个停缓建和闲置工程重新启动。

2. 加强开发企业动态监管。严把市场准入关，对机构不健全、人员不到位、资金不落实和办公场所不符合条件等65家申报资质的企业不予批准。严格清出管理制度，严肃查处房地产开发企业在项目审批、开发建设、房屋销售等环节的违法违规行为，依法对140家无正当理由不参加资质年检、无开发经营项目和存在严重违法违规行为的房地产开发企业资质给予注销，并通过《沈阳日报》向社会公布。

3. 采取切实措施为开发企业服务。2010年3月，与市金融部门共同组织召开银企对接会，120余家房地产开发企业和22家银行参加会议。期间，有多家银行与开发企业签订了贷款协议。

4. 开展开发企业经营行为专项检查。为认真贯彻落实国务院《关于坚决遏制部分城市房价过快上涨的通知》及住建部《关于抓紧对房地产开发企业经营行为进行检查的通知》精神，研究制订了《沈阳市房地产开发企业经营行为专项检查实施方案》，会同市房产、规划国土、税务等部门开展了房地产开发企业经营行为专项检查活动。

5. 加快房地产项目市政设施配套建设。按照城建计划安排，2010年投资5000万元，对年内急需入住的房地产项目进行道路、燃气、供水、排水、通信、邮政等市政基础设施配套建设，全年完成31个小区、35项配套工程。

（孙健　曹璐）

【房地产市场管理】 2010年，推出了一房一价公示制度、清查整治房地产经纪机构等举措，促进了房地产交易秩序更加规范有序；制定印发了《关于开展家庭住房登记记录查询工作的通知》，有利于银行等金融机构执行二套房贷标准，发挥了积极的配合作用。全年发布实行了全局20项“优环境”举措和“惠民生”10项服务举措，突出为房地产开发大项目、全市实现双五千亿目标服务，取得了较好的预期效果。

为进一步加强房屋租赁管理，市房产局开发了全新的房屋租赁管理信息系统，加强了基础信息数据库建设。以推进社会综合管理为核心，完善了协管体系建设，《房屋租赁证》作为前置要件，正式列入全省税务登记管理工作中。进一步完善了房屋租金参考价格体系建设工作，市内五区共划分57个参考价区域，绘制出62幅电子地图，确定参考价数值500个，其中非住宅（按商业、办公、厂房分类）320个，住宅（按单室、双室、三室分类）180个。2010年，全市办理非住宅登记备案件数1.27万件，登记备案面积368.2万平方米，租金额20.7亿元；办理住宅登记备案件数1.76万件，面积96.97万平方米；全市房屋租赁登记备案面积达465.18万平方米。

（杨剑　朱岩）

【房屋交易资金监管】 为维护房地产交易市场秩序，保障存量房屋交易资金和权属安全，维护交易当事人的合法权益，根据建设部、人民银行文件精神和《沈阳市存量房屋交易资金管理办法》，沈阳市房产局于2009年12月31日成立了沈阳市房地产交易资金管理有限公司，并于2010年3月17日启动运行。这是沈阳市独家专业从事房地产交易结算资金管理的国有独资保证机构，具体负责本市二手房屋交易资金的监管工作。

资金监管业务已覆盖沈阳市辖区域（不含三县一市），截至2010年底，受理业务6027笔，监管资金10.89亿元，1万余户家庭因此受益。

（田　军）

【住房保障】 2010年，沈阳市住房保障工作取得有效突破，超额完成省、市下达的住房保障工作任务指标，为全面提升沈阳市住房保障工作水平奠定了坚实基础。

1. 廉租住房保障工作。2010年，全市有3.41万户低保和低保边缘家庭通过廉租住房保障解决住房困难问题，超额15%完成辽宁省下达的2.97万户的任务指标。主要措施有：一是统一了廉租住房保障政策。修订出台了《沈阳市廉租住房保障实施细则》，统一了廉租住房保障政策，扩大了实物配租范围，理顺了租金核减标准；建立了住房保障资金专户，实现了按季发放。二是规范了申请审批核准程序。建立了廉租住房保障市、区、街道及社区四级计算机信息管理系统，实现了网上申请、审核、核准、公示及资金发放，形成了“四级管理、三级审核、两级公示”管理模式。三是开展了公共租赁住房政策调研工作。组成联合调研组分别赴重庆、深圳、上海和北京进行了专题调研。

2. 经济适用住房货币补贴工作。2010年，全市有2.17万户低保和低保边缘家庭通过经济适用住房保障解决住房困难问题，超额27.4%完成省下达的1.7万户的任务指标。其中：经济适用住房实物建设85.28万平方米，解决约1.45万户低收入家庭的住房问题；经济适用住房货币补贴审核备案7100万户，发放经济适用住房货币补贴资金2.3亿元。

（郭丽秀）

【住房改革】 2010年,全市共审核发放住房分配货币化补贴资金351个单位,2.56亿元,补贴职工9766人,补贴未达标面积24.41万平方米;出售自管公有住房33.16万平方米,5321户;审批支取房改资金1709.97万元,用于货币化补贴943.39万元,用于房屋维修744.19万元,用于交易费及其他22.39万元。一是住房分配货币化取得新进展。2010年,全市共落实了市本级货币化补贴指标资金1.1亿元,较上年增长10%。建立了离退休干部补贴专户,拓展了企业货币化补贴方式,在南航东北分公司等企业实行了不同方式多种形式的个性化补贴方式试点。二是公房出售工作不断深入。通过召开座谈会、调度会和协调会以及现场办公等多种方式和措施,积极推进公有住房区局疑难代售工作。集中处理了东北大学等7个单位的房改遗留问题,为购买房改房的职工解决了履行房改手续的遗留问题。三是房改资金使用管理不断规范。加强了房改资金监管力度,严格审批审核手续,确保房改资金用于职工货币化补贴和满足住房维修的需要。建立健全产权单位维修资金台帐和项目台帐及明细账,对支取维修基金的产权单位进行现场检查,满足百姓维修住房需要。

(郭丽秀)

【住宅区物业管理】 2010年,《沈阳市物业管理条例》被列为沈阳市的正式立法项目。市房产局按照立法计划,在征求了相关单位、部门的意见后,起草了《沈阳市物业管理条例》(以下简称条例)。在起草《条例》过程中,充分吸纳外地先进经验,突出解决沈阳实际问题,争取各方支持,于2010年8月底完成了市人大三审,9月底经省人大批准,于11月4日发布,2011年1月1日正式实施。

《条例》除在国家、省《物业管理条例》相关条款基础上进一步明确和细化外,结合物业管理中发现的主要问题和突出矛盾以及沈阳市的实际情况,做了必要的突破和创新:一是针对沈阳市旧住宅区量大、存在问题较多、后期管理跟不上的实际情况,经市人大批准,在《条例》中专门增加了“旧住宅区物业管理”一章,明确了各级政府及街道办事处在旧住宅区整治及后期管理方面的责任,以及旧住宅区业主大会、业主委员会建设及推行专业化管理问题。二是为防止物业服务企业在物业管理合同期内“非正常退出”,在新物业服务企业未选聘以前形成管理“空档期”,从而造成小区管理混乱的局面,在《条例》中规定:将对物业服务企业实行物业服务履约保证金制度。三是为解决物业区域内房屋出现应急维修时维修资金及时使用的问题,《条例》明确了在物业管理区域内,若发生危及房屋使用安全、严重影响房屋住用等紧急情况时,应立即使用住宅专项维修资金对共用部分进行维修、更新、改造。而无需经业主和物权“双三分之二”以上表决通过,从而简化了维修资金支取手续,提高了效率,防止了房屋安全事故的发生。

(陈 全)

【房交会】 2010年3月24日至28日,中国·沈阳2010春季房地产展示交易会在沈阳奥体中心成功举办。本次房交会首次采用室外场地,并因为“百姓购房网”联手媒体推出“百姓购房卡”惠民活动,带来了前所未有的火爆场面。本次房交会推出这一新的活动,得到了央视财经频道《第一时间》栏目的及时关注报道,《沈阳日报》在报道中称赞此项活动,不但给沈城购房百姓带来实惠,同时也扩大了沈阳房地产市场在全国的影响力。

5月27日至30日,2010·沈阳市中小户型房地产展示交易会在沈阳科学宫会展中心成功举办。本次房交会主要针对90平方米以下中小户型购房需求,以中小户型商品住房项目为主要展示类别,为供需双方提供精准的对接服务平台,同时推出个人二手住房自主交易展示平台;本次展会继续推出了“百姓购房卡”、“律师帮您签合同”、“二手房资金监管宣讲”、“购房摇大奖”等深受选房市民欢迎的活动,以及“三大公示制度”、“交易发证政策咨询”等服务举措,有效地促进了房地产交易市场的活跃繁荣。

9月16日至20日,中国·沈阳2010秋季房地产展示交易会在沈阳国际会展中心成功举办。本次房交会隆重推出“沈阳经济区规划建设”、“沈阳市城乡生态环境规划建设”、“全运会场馆分布”等六大主题板块展示;在开幕之前和展会期间重点推出“参展楼盘一房一价信息公示”、“房产经纪机构参与存量房买卖资金监管签约”、“百姓购房卡服务进万家”等八项大型活动,力求在历次房交会的基础上,创新展会模式,拓宽展会思路,优化展会功能。本次房交会充分体现了“打造透明交易环境、服务百姓住房消费”的主题,成为沈阳市房地产业一次精彩纷呈的盛会。

12月3日至5日,沈阳市2010年冬季百姓购房大会暨百姓购房卡让利楼盘交易大会在沈阳科学宫成功举办。本次房交会以参展楼盘让利销售为主题,同时推出购房抽奖活动和送装修、家电等优惠举措,受到购房市民欢迎。

2010年全市实现商品房销售面积1659.35万平方米、同比增长18.85%,销售额887.89亿元、同比增长51.84%。

(杨 剑)

【产权产籍管理】 按辽宁省住建厅通知部署,沈阳市房产局组织各区房产部门对全市历史遗留无法办证房屋开展了一次摸底调查。据调查统计,全市存在此类问题的项目有233个,涉及购房业主8万余户。根据市信访联席会议确定解决历史遗留问题商品房项目办证及调查任务,对“当代程式”、“紫郡城”、“五爱大厦”、“光明苑”等22个项目历史遗留问题,分别提出了处理意见。协调落实了“当代程式”、“五爱大厦”等4个项目的登记办证工作，办证房屋共 2084 套。为更好地解决全市房地产开发历史遗留问题项目购房业主无法办理房屋所有权证问题，经深入进行调查研究，起草了《关于沈阳市开发建设历史遗留问题项目业主无法办理房证问题的请示》及具体工作方案，经市房产局领导审阅同意已上报市政府，争取形成依法依规解决的有效途径。

（杨 剑）

【城市房屋拆迁管理】 2010 年，全市共完成拆迁建筑面积约 250 万平方米，拆迁居民 7953 户；完成项目拆迁补偿安置资金审核 56 项，审核拆迁面积约 218 万平方米，审核资金额度近 150 亿元；受理拆迁裁决案件 75 件，做出行政裁决 80 件（包括以往受理案件）；办理行政复议案件 8 件；办理行政诉讼 34 件；受理强制拆迁 80 户，报请审批 82 户（包括以往受理案件），实施 70 户；全年接待群众来访 350 人次，来信 65 件，来电 3817 次，参与调解 438 件，调解成功 121 件，全年未发生大规模集体访事件。

1. 提高办事效率，创建良好审批环境。对新开拆迁项目，协调各区提早进行摸底测算和成本核量，形成相关拆迁审批资料，为审批大厅做好前期审核服务工作，确保在依法依规基础上，将 15 日审批时限缩短至 5 日。

2. 转变工作作风，创建良好拆迁环境。针对重点拆迁项目，派遣业务骨干深入拆迁一线，主动向被拆迁人宣讲政策，现场化解拆迁矛盾纠纷，有效推动项目拆迁进展。全年，针对金廊项目先后派遣业务骨干 200 余人次，指导和协助相关区开展拆迁工作，收到了很好的效果，共促成搬迁居民 569 户，单位 118 家，已有 4 个项目基本亮地，为沈市城市发展建设提供了前提保障。

3. 适当调整拆迁政策，创建良好的政策环境。为加快推进城市建设，保障拆迁工作稳步推进，研究制定了《关于进一步做好城市房屋拆迁补偿安置工作的通知》，并经市政府批准，于 2010 年 9 月 27 日正式发布施行。

4. 完善便民措施，创建良好服务环境。督导各区严格落实公示制度，在每个拆迁现场均设置公示板，公示内容详实全面，并在双休日、节假日期间拆迁现场照常办公，方便被拆迁群众能够随时了解拆迁政策法规、补偿安置措施及办理相关手续。

（杨耀光）

【城市供热管理】 2010 年，沈阳市供热面积为 2.25 亿平方米，其中住宅 1.7 亿平方米，非居民住宅 5500 万平方米。集中供热面积 2.03 亿平方米，集中供热率 90%，热用户 235 万户。锅炉房供热面积为 1.52 亿平方米，热电联产供热面积为 6300 万平方米。现有燃煤热源 1140 座，换热站 1122 座，全市供热管网长度 7970 公里。供热经营单位 290 家。

1. 做好供热准备工作。2010 年，沈阳市供热“三修”总投资达到 6.49 亿元，比上年增加 1.59 亿元，整改供热重点区域 59 处，改造供热管网 354 公里，比上年增加 204 公里；共拆除锅炉房 75 座，联网面积 430 万平方米，投资 2 亿元；实施热源改、扩建项目 32 项，新增供热能力 3900 多万平方米，投资 14 亿元；完成既有居住建筑供热计量改造任务 200 万平方米，对宏达、永环两个小区实施外墙保温试点工程，涉及供热面积 8 万平方米。11 月 1 日，热源开栓率达到 100%，开栓后运行平稳，实现“开门红”。截至 12 月 31 日，全市供热三修完成率达到 100%，综合收费率达到 94.9%，储煤率达到93.6%。

2. 加强供热工作的监督和指导，确保供热质量。建立了每周调度会、指导巡查、考核等 9 项工作制度；根据气象预报，随时部署供热工作。组织开展优秀供热单位和最佳锅炉房（换热站）评选活动。畅通供热受诉渠道，及时处理用户反映的问题。11—12 月，房产服务热线共受理供热诉求 8615 件，同比下降 81%。供热单位共发生设备故障及停水、停电等情况 774 次，同比下降 38%。

3. 完善供热应急预案，提高供热应急保障能力。进一步完善了《沈阳市冬季供热应急预案》、《沈阳市集中供热网冬季供热应急预案》，组建 24 支供热应急队伍，采购 4 台移动锅炉房。与气象等相关部门建立协调联动机制。与辽宁省气象科技服务中心建立了供暖指数预报服务项目。

4. 加强制度建设，提高供热监管水平。重新修订了《沈阳市供热质量保证金管理规定》，启动了供热行业信息体系建设工作，完善了信誉等级评定和资质年检制度。会同审计等部门对供热企业成本进行了监审。做好了出台《沈阳市城市供热条例》的相关准备工作。

（丁 丽）

国　内　贸　易

综　述

【家电下乡】 家电下乡自2009年实施以来,2010年的销售量比2009年翻了一番,2009年为13万台,2010年为28万台,销售额达到6.1亿元。百户农民购买量55台,全市一半以上的农户享受到了家电下乡政策,直接受益8442万元。沈阳市的家电下乡产品销售量、销售额均为全省第一。自从家电下乡启动以来,呈现出"农民得实惠、企业得效益、政府得民心"三方受益的多赢局面。首先是农民得实惠。家电下乡政策不仅激活了农民购买能力,还加快了农村消费升级,提高了农民生活质量。其次是企业得市场。面对国际金融危机的到来,企业认识到不能只针对城市市场和海外市场,倡导了外需和内需共同发展的策略,结果企业获得广阔的市场空间。再次是政府得民心。企业通过市场的扩大获取更多的利益,对政府来说,就是获得了税收的支持。同时,企业市场扩大促使生产、销售规模的扩大,也为解决就业等一系列问题,为社会的稳定和发展做出重要贡献,社会的稳定自然是政府最大的收益。

(田甲男)

【家电以旧换新】 2010年7月14日,沈阳市正式启动家电"以旧换新"工作。由于准备充分,宣传到位,家电"以旧换新"迅速推进。从销售品种看,电视最受欢迎,销售51982台,占销售总量的45.37%;其次冰箱24299台、洗衣机19869台,分别占销售总量的21.21%和17.34%。全市共有备案网点612个,覆盖了全市16个区、县(市)、开发区。截至年末,全市家电以旧换新销售额实现7.6亿元,销售量19.8万台,占限额以上零售贸易企业家用电器和音响器材类销售总额的近30%。市内五区的销售量占到了全市全部销量的93%。从全省看,销售量占全省的比重达52%,是其他市(包括大连)总销量之和的1.2倍,平均每天销售1053台。家电以旧换新呈现了"商品趋于高端,销售集中城区"的突出特点。

(田甲男)

【节日市场】 2010年"五一"假期,由于天气晴好,居民外出购物的人数大幅增加,各商业企业也适时推出了迎合消费需求的各项活动来吸引消费者,商业企业销售持续增长。据对10家重点监测样本企业销售统计分析,大型百货商场商品销售额涨幅较大,其中卓展为57%,中兴商业大厦为14.2%。家电类产品促销力度大,国美、苏宁都在节日期间进行了大规模的促销活动,其销售额同比涨幅均在20%左右。大型超市商品销售增长平稳,与上年同期相比平均涨幅10%。

2010年国庆长假与传统的中秋佳节相距较近,消费相对集中,节日需求旺盛。各商业企业增源畅流,以量稳价,积极组织适销对路商品,做到品种丰富,数量充裕,质量可靠。节日期间日用工业品货源总量26亿元,各种食品货源12亿元,分别比上年同期增加8%和10%,保障了广大市民节日消费需求。据对8家大型百货及超市企业调查,节日期间,中兴、兴隆、卓展、友谊百货等大型百货商场商品销售均有增加,家乐福、沃尔玛、乐购、大润发等大型超市商品销售有增有减。国庆节期间,受益于家电下乡限价提高、家电以旧换新政策在全市正式启动,使家电市场销售异常火爆。家电下乡产品的日均销售量为688台,比平日高出10%;家电以旧换新的日均销售量为1836台,比平日增加162%。节日期间,通过家电以旧换新的方式来购买大型家电的消费者,至少占到六成以上。随着产品的升级换代,消费者选购方式从单纯追求产品的功能,向着注重产品品牌、购买整套家电、产品更加舒适和外观更加时尚转变。

(田甲男)

【市场波动保障有力】 2010年11月份以来,全国农副产品价格普遍上涨。从11月15日超市与农贸市场零售价格汇总平均情况看,多数品种价格出现上涨。具体是:油菜、尖椒、黄瓜、韭菜、鸡肉、胡萝卜等6种与上年同期比价格有所下降;豆腐价格与上年同期持平,其它39种高于上年同期。其中,涨幅在30%以上的有绿豆等14个品种,涨幅在10%－20%的有苹果等12个品种,涨幅在10%以下的有白砂糖等13个品种。

为切实维护广大人民群众根本利益,保持社会和谐稳定,保障群众基本生活,进一步做好市场供应、监管和稳定价格工作,市服务业委员会依据《国务院关于稳定消费价格总水平保障群众基本生活的通知》和《辽宁省人民政府关于稳定消费品市场价格保障群众基本生活的通知》,代市政府制定发布了《沈阳市人民政府关于稳定市场价格保障群众基本生活的通知》。由于政府各部门联合行动,使保障供给、稳定物价工作迅速见到效果,12月上旬就使不断上升的物价趋于稳定并有所回落,得到市民的赞许。

(田甲男)

【农超对接】 2010年沈阳市大型超市如家乐福、大润发、乐购、沃尔玛、兴隆大家庭等企业,探索开展了直接与产地挂钩,开展"农超对接"活动,联系和培育一批农产品直采基地,与农民及农民合作组织建立长期的产销联盟。特别是家乐福发展突出,与10个农村生产合作社开展了"农超对接",有15个品种230万公斤,占蔬菜总销量的28%。这些大型超市与全市有一定规模的57家农民合作组织开展了"农超对接"活动,疏通产销渠道,建立产销联盟,减少中间环节,降低经营成本和零售价格,使农民销售农产品价格平均提高10个百分点,超市的售价平均下降20%,对接品种超过15

种,对接蔬菜数量占超市蔬菜总销量的20%,达到了企业、农民、消费者三方受益。

（田甲男）

【连锁经营】 2010年沈阳市连锁经营继续实现了进一步提升和稳步发展的目标,无论是产业结构、企业结构、资本结构、业态结构和技术结构,都有了明显的变化和进步,全年实现连锁企业销售额近460亿元。全市连锁经营发展呈现以下特点:

1.连锁经营规模发展态势迅猛。全市继续以多功能购物中心、大型综合超市、仓储式商场、便利店等新型业态建设和发展连锁经营为重点,加快促进了全市零售商业经营方式的转变和业态的全面升级,外资、外埠企业的不断涌入,给沈阳商业继续注入了新的活力,连锁经营企业发展态势强劲。

2.连锁经营领域继续不断拓宽。全市连锁经营门类已覆盖百货、超市、餐饮、食品、汽车、家具、建材、医药、书刊、网吧、美容、美发、房产中介、旅游、音像、教育等20多个行业。2010年新增连锁经营企业37家,店铺732个。截至2010年底,全市连锁经营企业总数已达到472家,店铺6961个。

3.连锁经营逐步呈现大型集团领军发展的趋势。从大型连锁超市来看,外商投资企业在沈领跑势头继续强劲。家乐福、沃尔玛、TESCO乐购、华润万家及国美、苏宁等国内外知名大型连锁企业,以集团的优势加快了在沈开设分店的步伐,成为规模大、网点多、知名度高的领军企业,大大提升了沈阳市连锁商业的档次和水平。

4.连锁特许经营继续呈现良好发展态势。特许经营已开始在全市呈现良好的发展势头,特别是在零售业和餐饮业发展步伐加快,并逐步向其他行业渗透。同时,特许经营的形式也日益多样化,从直接特许向合资特许、区域特许方向发展。

（田甲男）

【家政服务网络中心“968890”服务专线开通】 沈阳市服务业委按照《商务部、财政部关于推进家政服务网络体系建设的通知》文件要求,在对家庭服务业现状调研的基础上,本着高起点规划、高效运行的原则,经推荐并报请省服务业委同意,确定沈阳市家庭服务业协会为家政服务网络中心建设和运营单位。

1.高起点规划,高标准建设。在市服务业委指导下,市家庭服务业协会按照商务部《家政服务网络中心建设规范》要求,选择资质优良的设计单位进行项目建设方案的设计,技术优良的施工单位进行项目建设。建成后的沈阳市家政服务网络中心总面积700平方米,分为呼叫中心、技术室、办公室、休息室、报告厅。网络中心一期投资362万元,建设标准达到商务部《家政服务网络中心建设规范》要求,硬件支持系统包括数据库服务器、应用库服务器、搜索服务器、防火墙、网络交换机、呼叫座席30席、电脑30台;开设的服务项目包括家庭服务、维修服务、养老服务、医疗服务、物业管理、社区导购、房屋租售、人才招聘、法律服务和生活百事等。经过半年多的试运行,网络中心于2010年7月10日正式开通,中心热线短号码为“024-968890”。2010年下半年,市家协后续投入93万元进行网络中心二期项目建设。对系统软件全面升级,新增多项使用管理系统软件,实现了系统内部信息管理数据库集成。经过一段时间的运营,家政服务网络中心逐渐为市民了解、接受,并广受好评,为家庭服务业的健康发展,为拉动内需、扩大消费、促进就业发挥着积极的推动作用。

2.高效运行,广受好评。经过不断提档升级、优化服务资源、完善服务功能、扩展服务领域及扩大覆盖范围,网络中心平均每日接线100多人次,实现有效对接约30%;加盟商户已达1983家。网络中心的高标准建设和高效率运行得到了各级领导和社会各界的一致好评,并吸引省内外及国外专家学者前来学习考察。

高起点规划、高标准建设、高效率运行,迅速提升了沈阳市网络中心的知名度。先后有湖北省人社厅、朝阳市民政局、鞍山市服务业委领导带领协会和企业前来学习考察,来自英国和韩国的专家学者也慕名前来参观学习。

（崔　爽）

【举办首届家政服务技能大赛】 由市服务业委员会、市人力资源和社会保障局和市人才工作办公室联合主办、市家庭服务业协会承办的沈阳市首届家政服务技能大赛于2010年成功举办。此次大赛以“提高技能,服务社会”为主题,共设育婴师、中式烹调、养老护理、家居保洁4个项目,经过初赛、复赛、决赛和理论考试,4个比赛项目各产生一等奖1名、二等奖3名、三等奖5名,并有6家家政服务企业分获优秀组织奖和贡献奖。

首次举办的家政服务技能大赛,活动本着高起点、高规格、高标准的大赛宗旨,呈现以下特点:

一、企业热衷,阵容强大

各家政服务企业按照《关于举办沈阳市首届家政服务技能大赛的通知》精神,精心准备,积极参与,全市共有35户各类家政服务企业的1600多名选手参加了比赛。在参赛的家政公司中,华夏中青、新风彩、金牌、娘子军、阿凡提,好鑫源、半边天、百强和汪姐等品牌家政公司占到80%以上。沈阳市养老院等7家知名的养老机构也派出选手参加了养老护理项目的角逐。本届大赛不仅成为2010沈阳市服务业从业人员技能大赛活动的重头戏,而且也开创了沈阳市家政服务业技能大比拼的先河。

二、精心组织,广受好评

本届大赛严格比赛程序,评委、裁判长、监督长全部由行业专家、人大代表和知名学者组成,并委托市公证处工作人员对复赛、决赛的实际操作和理论考试进行了现场全程监督。承办方还组织社区居民、社区干部代表、家政企业、养老院负责同志等亲临比赛现场进行观摩,并从社区邀请20位老人作为养老护理项目模特。公正、权威、组织得力,使本届大赛赢得了社会各界的一致好评。

三、技艺高超,亮彩纷呈

参加本届技能大赛的选手均是各家政服务企业的技术骨干,选手们精湛的技能代表着家政从业人员服务水准。作为养老护理项目模特的社区老人亲身感受到了高质量的养老服务,对参赛选手赞不绝口;育婴师参赛选手科学、系统的育儿知识和经验丰富的实际操作能力赢得了观众对这一职业技能的认可和信任。进入决赛的36名育婴师被前来观摩的大东区大北街道办事处社区居民全部预定。为展现现代家政服务的多元化,大赛决赛还特别开设了经络保健和西点制作两个表演项目,选手们精彩的表演令人折服,科学性、合理性、人性化、标准化是观众对现代家政服务业的最新认识。

四、媒体关注,各界参与

本届大赛得到了各新闻媒体、社会各界的广泛关注和鼎力支持。辽宁广播电台、沈阳电视台、沈阳日报等6家媒体对大赛进行了跟踪报道。决赛当日,辽宁广播电台派出直播车进行现场直播。沈阳大学、沈阳医学院为大赛提供复赛场地,并选派优秀师资进行现场指导。市司法局第一公证处、大东区政府、相关街道办事处以及部分家政公司积极为大赛提供各项服务,确保大赛有序进行。

(崔　爽)

【家庭服务通则】 随着沈阳市居民生活水平逐步提高,以及家庭小型化、人口老龄化和生活节奏的加快,居民对家庭服务需求日益增加。然而,由于家庭服务业总体尚处于起步阶段,缺乏有效培育和规范,规模化、专业化、品牌化的家政服务产业尚未形成,所能提供的服务种类相对匮乏,服务质量和服务标准参差不齐,现代经营和管理理念落后,严重阻碍了居民服务消费的扩大。

2010年下半年,根据国务院办公厅《关于发展家庭服务业的指导意见》文件精神,在对全市家庭服务业发展现状进行认真调研、分析基础上,就推进家庭服务业规范化、产业化发展等方面制定了工作目标,依托协会完善行业自律、积极发展中小型家庭服务企业、支持一批家庭服务企业做大做强以及培育更多家庭服务专业人才成为下一步工作的重点。

市家庭服务业协会认真组织会员企业、社区干部、专职教师及法律界人士,在借鉴国内先进城市经验和做法的基础上,经反复论证,历时三个月,制定了《沈阳市家庭服务通则》、《沈阳市家庭服务企业等级评定规范》和《沈阳市母婴护理师(月嫂)规范》三个规范性文本,结束了沈阳市家庭服务市场无章可循的历史。随着三个文本的实施和深入推进,家庭服务业将逐步走向市场化、规范化、产业化发展道路,步入全国家庭服务业发展先进城市之列。

(崔　爽)

【家政服务工程建设】 近年来,随着居民生活水平不断提高,对家政服务需求进一步加大,造成家政服务市场存在供不应求的不对称局面。现有家政服务人员大多是城市下岗失业人员和农村进城务工人员,文化程度较低,绝大多数是初中或高中毕业,缺少系统培训,技能素质不高,而且大多数家政公司提供的服务还停留在做家务、看孩子、看护老人、搬家、家教等低层次的基础性家庭服务阶段。知识技能全面,特别是衣食住行指导性服务、身体保健、教育顾问等高层次家政服务少之又少。据调查,全市90%以上的家庭要求家政服务人员具有一定的学历水平、接受过系统的技能培训,对高端家政服务的需求也呈上升趋势。

为缓解家政服务市场存在的供需矛盾,市服务业委认真贯彻执行《商务部　财政部　全国总工会关于实施"家政服务工程"的通知》文件精神,按照《关于印发〈辽宁省"家政服务工程"实施方案〉的通知》和《关于确定"家政服务工程"企业(机构)及培训名额分配的通知》以及《辽宁省服务业委　财政厅　总工会关于实施"家政服务工程"培训工作的通知》文件要求,认真组织我市承接"家政服务工程"家政服务员培训任务的单位认真制定培训方案,积极开展培训和学员就业安置工作,确保家政服务员培训、就业任务顺利实施。

一、超额完成了省服务业委下达沈阳市的家政服务员培训指标

2009年,沈阳市3家家政服务员培训承接单位共完成家政服务员培训1151人,签定合同安置就业1072人,超额完成了下发给沈阳市的1000名家政服务员培训、就业任务;2010年,沈阳市3家家政服务员培训承接单位共完成家政服务员培训1334人,签定合同安置就业1334人,超额完成了下发给沈阳市的1300名家政服务员培训、就业任务。两年间,全市共完成家政服务员培训2485人次,实现2406名家政服务员的持证上岗。

二、有效缓解了家政服务市场供需紧张的局面

沈阳市家政服务市场长期存在家政服务员短缺局面,培训并安置2406名家政服务员持证上岗,有效缓解了市场的供需矛盾。这些经正规培训的家政服务员凭借过硬的职业技能受到市民的热捧和好评,甚至出现排号预约的火爆局面。每年春节前家政服务需求量大,供需矛盾尤为突出,这一现象在2010年春节前有所改善,充分说明了家政服务工程的开展已卓见成效。

三、安置了一批下岗失业职工、农民工以及无业人员就业上岗

承接"家政服务工程"家政服务员培训任务的单位通过深入转制工厂、街道社区和农村进行大力宣传,广泛吸纳学员参与培训,并积极联系就业渠道确保学员就业上岗。2009年,沈阳职工大学在得知华岳沈纺公司正在进行企业改制的消息后,主动与该企业联系,经动员,共有83名待安置职工参加了培训,并于2010年春节前重新走上工作岗位。"家政服务工程"的实施有效缓解了就业压力,帮助企业下岗职工走出失业阴影,无业和进城务工人员能够通过技能培训很快加入到家政服务队伍中来。在解决就业同时,为全市用工严重短缺的家政服务市场增加了生力军。

四、全面提升了家政服务的整体水平

承接"家政服务工程"的单位,结合家政市场实际情况认真制定培训方案,在厨艺、营养配餐、衣物洗涤和熨烫、家居保洁、婴幼儿照护、老人照顾和病人护理、花卉养护及宠物饲养等方面对学员进行实际操作训练,使家政服务员的技能得到全面的提升。此外,为逐步引导我市家政市场由目前的低端服务向高端服务迈进,同家政服务发达城市接轨,培训单位还在现有基础上,研究制定了下一步面向高端家政服务的培训方案。

(崔　爽)

【主食加工配送中心建设】 沈阳市早餐便民工程建设,从2002年起,通过政府引导,市场化运作,发挥市场机制的作用,调动社会力量,使全市早餐网点形成了中西餐饮相互包容、共同促进、协调发展、投资主体多元化的格局。截至2010年底,全市从事早餐经营业务的网点4300多个,占餐饮网点总数的20%以上,每天为市民提供早餐便民服务100多万人。在改善民生、拉动消费、繁荣市场、吸纳就业、增加税收以及促进社会和谐等方面发挥着重要作用。

近年来,在国家商务部开展的全国主食加工配送中心建设试点和早餐示范工程建设试点企业工作中,市服务业委党组高度重视,多次召开会议进行研究部署,制定了《沈阳市早餐工程建设发展规划》,并积极向商务部反映沈阳市早餐工程建设发展情况,得到了商务部的认可,经商务部批准,沈阳市被确定为全国首批主食加工配送中心建设试点城

市，沈阳冬冬食品有限公司为全国首批主食加工配送中心建设试点企业；西咪营养餐配送有限公司和东陵区双益食品加工厂（吉祥馄饨）被列为全国早餐示范工程建设试点企业。按照商务部颁发的《主食加工配送中心建设规范》和《早餐经营规范》要求，上述3家企业，在市服务业委帮助指导下，认真制订实施方案，按规定时限完成了生产设备设施更新改造、物流冷藏仓储配送、食品安全检测、信息化管理系统等项目建设，共投资2090万元。经市服务业委、财政局验收，报省服务业委、财政厅同意，3家企业建设项目分别获得中央财政资金支持各300万元。建设和改造后的3家企业总建筑面积达2.7万平方米，增长17.39%；日生产能力52吨，增长30%以上；早餐连锁网点达245个；经营品种35种以上，已成为东北地区规模最大、功能最全、诚信最佳的主食加工配送中心和早餐示范工程试点企业。

（陈宝生）

【社区商业建设】 2010年全市社区商业服务中心发展到187个，其中国家级社区商业示范社区5个，省级社区商业示范社区11个，形成了沿街式、组团式、会所式多种模式并行发展态势。全市社区商业网点达到14227个，网点总面积149万平方米，服务人口302万人，从业人员72642人。其中，沈河区丰乐社区新生活广场、顺通社区、大东区八王寺社区、民航社区、于洪区黄海社区等5家社区商服中心被商务部认定为国家级社区商业示范区。

（王清林）

【商业街区建设】 2010年，为进一步贯彻落实国家商务部《关于加快我国商业街建设与发展的指导意见》，促进沈阳市商业街健康、科学、有序发展，打造城市服务品牌，引导商业街建设走特色发展之路，依据《商业街管理技术规范》，市服务业委制定并下发了《沈阳市特色商业街评定办法》和《沈阳市商业街建设标准》，成立了由市、区两级服务业主管部门、商业街区管理机构、高等院校专家组成的市级特色商业街评定工作小组，沈河区西顺城橱柜家饰精品街、大东区东中街步行街、皇姑区地一大道、皇姑区长江左岸酒吧街、康平县滨湖步行商业街、法库县红街步行商业街等6条商业街首次被命名为"沈阳市特色商业街"；皇姑区长江街地一大道被中国步行商业街工作委员会评为"中国特色商业街"。总体上看，商业街建设呈现以下几个特征：

一是特色化成为商业街发展的主流方向。特色商业街由于高度的专业性，体现了集群化、规范化和品牌化，商业街的凝聚力极大的带动了相关产业的发展，显示出旺盛的生命力。如铁西区北二路汽车贸易街、三好IT产品街、长江左岸酒吧街等。

二是街区化成为商业街发展的基本形态。商业街正在向以一条主街为主，辅以若干条小街，形成生态化商业街区，由直线向网格状的商街发展趋势，将进一步体现商街在城市建设中的巨大作用。如皇城地区在对现有中街、沈阳路进行改造、扩建和提升的同时，充分挖掘周边路巷的历史文化特色，规划新建7条主题巷，既可缓解中街交通压力，又有利于对街区进行合理的功能分区。

三是立体化成为商业街发展的新趋势。随着城市化进程、城市立体化开发和三维化发展模式的加快，地下商业街正在成为商业街发展的新热点和新亮点。如沈阳新天地人和公共设施管理有限公司投资开发的长江街地一大道商业街，总建筑面积17万平方米，不仅为消费者提供购物、休闲、娱乐、餐饮一体化的亚洲消费新体验空间，同时合理整合了地上、地下优势资源，缓解了路面的交通压力。

（杨 江）

【万村千乡市场工程】 2010年，沈阳市根据《商务部办公厅 财政部办公厅关于进一步加强"万村千乡市场工程"建设的通知》和辽宁省服务业委员会、辽宁省财政厅《关于申报2010年度"万村千乡市场工程"商品配送中心项目的通知》要求，以加强"万村千乡市场工程"龙头企业配送能力为重点，提升农村流通网络信息化水平，构建覆盖村屯的现代流通体系。

2010年，全市8个试点地区、3个承办企业共投资90万元，建设改造"万村千乡市场工程"农家店150个，新增营业面积8250平方米，实现销售收入4500万元，带动人员就业375人；3个承办企业共投资1396万元，建设改造"万村千乡市场工程"农村商品配送中心4个，新增配送面积1.3万平方米。截至2010年底，全市共有"万村千乡市场工程"试点地区8个、承办企业11个，已在全市所属101个乡镇、1451个行政村中，按照统一建店标准、提供商品配送、规范加盟直营等方式，累计投资8235.5万元，建立农村连锁农家店2278个。其中：日用消费品农家店2216个、农资农家店562个。新增农家店面积15.3万平方米，实现年销售收入13.9亿元，带动就业人员6945人。全市"万村千乡市场工程"农家店，覆盖全市乡镇达到100%，覆盖行政村实现95.17%。

（杨 江）

【全国典当从业资格培训班在沈举办】 由全国典当专业委员会主办、沈阳市典当行业协会承办的全国典当从业资格培训班于2010年7月25日—29日在沈阳市举办，参加培训班的有来自江苏、山西、山东等省市及省内各市学员共195名，其中沈阳市93人报名参加。

为使本次培训班更具针对性、实用性，达到预期效果，特邀请北京、上海、天津、云南、湖北、大连等省市典当行业知名专家亲自授课。授课内容涵盖了物权法、公司法、担保法、合同法、典当管理办法等相关法律法规；典当业发展史、典当功能、典当特点、典当操作规程及风险防范等典当专业基础理论；民品典当鉴定与评估，动产、财产权利和房地产等典当专业实务操作技能等。学员通过培训，考试合格后，由全国典当专业委员会统一颁发《全国典当从业资格证书》，全国通用。

2004年全市仅有29户典当企业，到2009年底发展到81户，5年间企业数量增加52户，增长了1.79倍，从业人员由230人，增加到460人，增长1倍。全市典当业虽然企业数量、从业人员迅速增加，但同时也出现了专业人员缺乏的现象，尤其是典当业的高级经营管理人员和专业鉴定评估师严重不足，直接影响了典当企业的经营水平和可持续发展能力。这次成功举办的全国典当从业资格培训班，为沈阳市典当企业适应经济环境，提升服务意识、拓展服务功能、提高从业人员素质，更好地为中小企业和个人创业融资服务起到了积极地推动作用。

（崔 爽）

【美发大师在第33届巴黎世界杯发型化妆大赛上摘得桂冠】 由世界美发组织

(简称 OMC)主办的第33届世界杯发型化妆大赛于2010年11月7日在法国巴黎凡尔赛展馆举行,本届大赛共有44个国家,846名选手参加。亚洲美发强国韩国、日本,欧洲老牌劲旅法国、德国、俄罗斯都派出最优秀的选手参赛。沈阳市选手陈丽红参加的晚宴发型单项比赛是OMC大赛中含金量最高的项目,共有70名选手参加,是参赛人数最多、阵容最强、竞争最激烈的比赛。陈丽红美发大师以为国争光的信心和勇气与国外众多选手同场竞技,一举夺得晚宴发型冠军,这是我国美发选手首次在重要国际大赛中摘取桂冠。通过市服务业委和陈丽红大师的介绍,与会者亲身感受到这项大奖带给国人的骄傲与自豪,纷纷表示要以陈丽红为榜样,学习她拼搏进取、勇攀高峰的精神,为沈阳市美发美容业健康发展做出新贡献。

(崔　爽)

【开展对社区菜市场实施建设工程改造】 2010年,沈阳市有农贸综合市场122个,总面积30万平方米,设置摊位2.6万个,年交易额63亿元。

为认真贯彻落实《国务院关于稳定消费价格总水平保障群众基本生活的通知》和市委十一届十次全会暨经济工作会议精神,结合实施城区改造,提升城市形象,迎接第十二届全运会胜利召开,市服务业委提出按照“政府引导、政策扶持、市场运作;市区联动、各区为主、财政支持;一年试点、二年铺开、三年达标”的原则,分期分批实施菜市场建设和升级改造工程,同时,把菜市场建设改造作为民生工程和公共服务项目来抓,实行“四个纳入”,即纳入城市建设规划;纳入市政府对各县区年度工作目标考核范畴;纳入市政府为市民办实事工程的重要项目;纳入老城区建设改造配套资金范畴。从2011年起计划用3年时间,在全市城区新建菜市场121个,总面积约为12.1万平方米。对现有未达到商务部《标准化菜市场设置与管理规范》和省服务业委《全省标准化菜市场改造和建设试行标准》要求的122个菜市场,完成标准化改造。其中,2011年每个县、区新建1-2个菜市场共计18个;全市拟改造37个菜市场。切实解决现有菜市场设施老化、网点不足、居民买菜不便等问题。努力实现市民步行10分钟就近买菜。

(王清林)

【沈阳物资集团】 2010年,沈阳物资集团以“制度管理年”活动为主线,以实现“三保三提高”为重点,上下团结一致,真抓实干,全年实现利润1459万元,比上年同期增长5%,实现销售收入4.6亿元,比上年同期增长80%。

全年,集团坚持以市场为导向,狠抓经营结构调整,着力在加强市场建设,做大做强建筑物资租赁业务,发展传统经营,稳步推进服务业创收上下功夫。沈阳钢材中心批发市场和沈阳钢材配送中心,面对来自周边新建市场的激烈竞争,积极采取应对措施,不断创新服务手段,提高服务质量。为满足客户需要,坚持24小时全天候服务的承诺,有时下半夜就是企业提一吨货,市场换票员、收款员、保管员、吊车工、司索工等也都要立即整齐到岗,保证客户所存钢材及时出库。市场凭借高质量的服务赢得了用户,创造了全年交易量270万吨,交易额100亿元,吞吐量215万吨,误差为“零”,安全生产事故为零的佳绩。大连旭阳公司面对油品销售缩小的现状,积极开发新的品种,大力发展水煤浆和煤炭业务,全年销售水煤浆21.5万吨,煤炭1.1万吨,实现销售收入2亿多元。为进一步把建筑物资租赁业务做大做强,2010年集团又先后总计投入1000余万元,新购置升降机40台,截至到2010年底全集团升降机已达100台,整体租赁规模有了显著提升,全年升降机出租率达95%以上,2010年全集团实现租赁收入1000万元,同比增长18%。

2010年被确定为全集团的“制度管理年”。集团从狠抓制度建设入手,对集团2001年以来制定出台的各项规章制度进行了认真的梳理,对部分制度进行了修订完善,并统一汇编成册,形成了集团组建以来最完整、最系统的规章制度汇编,为推进用制度管人、管事、管权提供了有力保障。在此基础上,集团从加强资产和资金管理入手,先后组织在全系统开展了企业国有资产处置遗留问题、对外担保、经营企业基本情况、企业车辆情况、企业三级法人情况等六个方面的专项调查,进一步摸清了各企业的基本情况,建立完善了企业基础资料档案,并针对调查中发现的问题,区别不同情况,制定了具体的整改措施,进一步强化了对企业资金使用和实物资产的监督管理,实行了企业经营资金支出联签字制度,加强内部专项审计,有力地促进了企业管理工作的改善和加强。

2010年,集团坚持把安全和稳定放到突出位置紧紧抓住不放。制定了《建筑起重机械安全生产动态管理工作细则》,建立了建筑起重机械安全生产动态管理系统,强化突发事件应急管理,广泛开展安全宣传教育培训,认真做好安全隐患排查整改工作,全年共开展专业性、定期性和综合性检查511次,制止违章行为75人次,全年共投入整改资金71.8万元,对查出的237处安全隐患进行了整改。认真落实信访稳定工作责任制,积极采取有效措施,将矛盾化解在基层。坚持领导包案和接待日制度,全年集团领导共接待来访26案55人次,妥善地解决了一些长年未落实的疑难问题。积极做好三方面人员政策落实和困难信访人员的帮扶救助工作,为11户困难企业向市里争取资金61.8万元,解决了三方面人员医药费和生活费问题。企业自筹资金12万元,对20名困难上访人员实施帮扶,有效地维护了全系统大局的稳定。

(李宝俊)

会展业

【概况】 2010年,全市有3处专业展览场馆、1处专业会议中心,室内展览总面积达到13万平方米。另有三星级以上宾馆酒店109家,可提供会议面积约5.8万平方米。2010年8月,沈阳国际展览中心投入使用,该展馆可提供室内展览面积10.52万平方米,是东北地区最大的专业展览场馆。全市共有会展企业百余家,直接从业人员3000余人,其中:会展场馆4家,办展组展公司40家,展台搭建、展览展示器材经销、租赁企业50余家。2010年,全市全年举办各类展会活动227项,展览面积165万平方米,实现会展经济交易额1600亿元。全市已有沈阳师范大学、辽宁省交通高等专科学校、沈阳职业技术学院等3所高校开设会展专业，在籍学生600多人。沈阳市会展业已经进入快速发展阶段，位居国内会展“第二集团”的行列，荣获“中国最佳会展城市”、“中国最具竞争力会展新锐城市”、“全国优秀会展城市”、“2010年度中国十大影响力会展城市”、“2010世界商展100强排行榜”等称号。

（吕晓波）

【第64届中国国际医疗器械博览会】 2010年10月15日，历时4天的第64届中国国际医疗器械博览会（以下简称“医博会”）在沈阳国际展览中心圆满落下帷幕。本届“医博会”呈现出以下特点：一是海内外参展企业众多，专业化国际化程度高。来自海内外20多个国家和地区的2100多家企业参展，本届“医博会”期间，共有80多个国家和地区以及国内31个省（市）的30.5万人次观众到会参观。二是知名企业汇聚，高科技产品竞相展示。汇聚了当今世界最先进医疗仪器设备，参展产品涵括整个医疗器械产业链，内容包括40多大门类，全面涵盖了包括医用影像、体外诊断、电子等上万种产品。三是论坛活动多样，交流互动踊跃。主办方举办了2010中国（沈阳）医疗器械产业发展高峰论坛、论道·医疗系统解决方案系列论坛等16场涉及多学科、多领域的会议论坛。四是展示了沈阳的形象，带动沈阳医疗行业发展。展会期间，沈阳各大医疗机构、科研院所等单位都到展会参观、交流、洽谈，中央电视台、中国会展、中华医学等专业媒体在黄金时段或主要版面给予跟踪报道。本届“医博会”的成功举办，展示了沈阳国际展览中心的新形象，吸引了中国珠宝协会、香港展览局等办展机构纷纷前来考察，联系办展事宜，创造了沈阳会展业的一个奇迹，掀开了沈阳会展经济发展的崭新篇章。

（吕晓波）

【2010中国（沈阳）食品博览会】 2010中国（沈阳）食品博览会于7月22日—26日在辽宁工业展览馆隆重举办。本届“食博会”汇聚了来自全国36个城市，以及台湾、香港和韩国的406家企业参展参会，展位数达671个。在展览面积1.5万平方米的展馆内，集中展出了包含绿色食品、有机食品、特色食品、名优食品等12个类别的5700余个品种。共有国内外生产商、经销商、代理商、餐饮服务企业等9100多人参展参会，累计30万人次到主展馆和分会场参观采购，签订购销合同协议1700余份，签约总额达370.62亿元。会展经济拉动相关产业成效显著，展会期间广东省组织的“广州、佛山、肇庆与辽宁、沈阳相互合作项目”签约额高达340亿元，食品企业签约额30.62亿元，主展场平均每天零售额近500万元。本届“食博会”打造了交流合作平台，在规模上实现了突破；打造了展会文化平台，在质量上实现了突破；打造了配套活动平台，在载体上实现了突破；打造了行业展示平台，在发展上实现了突破，是一届交易火爆、成果丰硕，亮点繁多、人气旺盛的盛会。

（刘　顺）

【2010中国沈阳国际珠宝展】 2010中国沈阳国际珠宝展7月8日开幕，历时4天，7月11日落下帷幕。展会期间，汇集了来自7个国家和地区的169家企业参展，参观人数达4万余人。本届展会是继深圳、北京、上海三大珠宝展之后的全国第四大国际珠宝展，也是东北地区有史以来规模最大的珠宝行业盛会。

本届珠宝展在沈的成功举办，具有以下三个特点：

一是改变南重北轻格局、促进珠宝行业平衡发展。沈阳作为东北中心城市，对东北三省及内蒙都有较强的吸纳、辐射和带动力。沈阳国际珠宝展的举办进一步提升沈阳在国内乃至国际上的影响力，促进我国珠宝首饰业平衡发展，改变我国珠宝首饰业南重北轻的格局。展会期间，萃华金店、荟华楼、中兴沈阳商业大厦等沈阳珠宝企业在展会中盛装亮相；周大生珠宝、爱得康珠宝、中国黄金等国内珠宝行业的驰名品牌汇集沈城；来自瑞士、斯里兰卡、泰国、韩国、台湾、香港、斯里兰卡和泰国的54家境外企业境外展商对沈阳市场充满信心。

二是多项主体活动缤纷多彩。开幕式后，盛装华彩的沈阳珠宝之夜，为沈城添加节日气氛；中国珠宝玉石首饰行业放心店店长培训班培训了一批业内精英；中国淡水珍珠标准样品（复制）评审会通过了五套复制标准样品上报国家标准化委员会；中国珠宝界荟华楼杯高尔夫友谊邀请赛成功落杆。

三是安保工作严谨扎实。展会期间，公安部门成立了“珠宝展”安全保卫工作指挥部，提出确保参展现场盗窃、诈骗等侵财案件零发生；确保展会期间零事故。采取治安、交警、特警、刑警、消防、武警、巡警、科技通信、出入境管理等多警种协同方式，以保安为主体进行网格化管理，并增设监控探头，真正做到展会期间技防无死角，人防分块防守无漏洞，最终实现了零发案，保证了展会的安全，创造了历届国际珠宝展安保工作最成功的一次。

（刘　顺）

【中国（沈阳）首届老年人残疾人用品展览会】 由市政府和中国百货商业协会共同主办，在市服务业委具体协调指导下成功实行市场化运作，7月16—18日由沈阳百货协会、市残疾、市养老服务协会等联合在沈阳辽宁工业展览馆承办，展览面积约1万平方米，国内外参展企业98个，观展约10万人次，洽谈合作项目882个，协议签约金额约8930万元。本届展会主题为“敬老、爱老、孝行天下，扶残、助残、爱满沈城”。特色突出，社会反响良好。中央电视台新闻频道以“高科技产品，满足特殊生活需要”为题进行了专题报道；中华工商时报借此评价“沈阳欲借‘银发经济’应对老龄化”；市老领导在观展时认为“展会抓住了民生热点，体现了政府在关心老年人，为老年人办了一件大好事”。本届展会是沈阳市会展涉足老、残服务用品行业领域的第一次，开辟了沈阳市基于民生需求、发展老残事业、繁荣老残服务用品市场的先河。

（刘　顺）

【2010中国（沈阳）第二届自行车展】 2010年中国（沈阳）第二届自行车展览会，于2010年7月3日在辽宁工业展览馆、棋盘山风景区及市内沈河区南顺城、丰乐二街、皇姑区黄河大街、淮河大街的四条自行车一条街同时拉开帷幕，并于5日圆满落幕。

本届展会由沈阳市政府主办，中国自行车协会支持，市服务业委员会、市自行车行业协会、上海协升展览有限公司共同承办。展会主会场设在辽宁工业展览馆，展位总面积1万平方米，334个国际标准展位。参展产品包括：精品自行车、运动自行车、儿童自行车、自行车零部件及相关用品、电动自行车及其零配件等五个大类。台湾捷安特、美利达等国际名牌，国内知名品牌永久、凤凰、飞鸽等生产商都参加了展会。

本届展会的突出特点：

一是倡导低碳生活，提倡环保消费。本届展会上展示的各类型的自行车产品，宣传自行车的多种用途，满足中高端自行车消费的需求，促进自行车文化的普及，提高消费者对自行车的关注度，促进实现产业价值链由低端向中高端的提升。

二是推介高端产品，满足运动需求。在运动类自行车方面，新推介出一批世界顶级的自行车品牌，有些是国际专业比赛用车，如意大利产的库塔、台湾产的捷安特、美利达等，这些国际大品牌的自行车，销售价格最高的达到9万元一辆。

三是展示创新概念，领略骑行文化。在本届展会中，大家可以看到一些特立独行的自行车，有出自铁岭孙力学的手工全木质自行车；有沈阳市民王德民研制的笔记本式折叠自行车；有日本"禧马诺"高级室内骑行台等。这些自行车产品既有概念知识，又具备实际使用功能，会令参观者对自行车有新的感受。

四是树立品牌形象，净化消费市场。本届展会以辽宁工业展览馆为主展场，与此同时在沈河区南顺城、丰乐二街、皇姑区黄河大街、淮河街的自行车销售一条街设置四个展示展销区。有20多个全国知名品牌产品展示和销售，并开展向消费者宣传电动自行车使用知识、新产品推介等活动，进一步扩大了展会的空间，方便市民更广泛地参与展会，强化正规生产企业的知名品牌在消费领域的引导作用，打击假冒伪劣产品，净化自行车消费市场环境。

五是展馆特装亮丽，展会主题鲜明。本届展会共设自行车文化概念展示、自行车展示、电动自行车展示、零配件展示四个展区，在展示内容和表现形式上各有不同：自行车文化概念展区以自行车概念设计、顶级品牌、各类单车展示为主，突出现代、时尚、环保、运动、健康的自行车新理念；自行车展区以展示国内、国际品牌自行车为主，品牌竞技，冲击观感；电动自行车及配件展区以展出符合国家标准的品牌电动自行车为主，通过展示自行车、电动自行车的零配件、电池、锁具、防盗报警器等，配合对自行车附属消费的宣传与推介。

本届展会历时三天，客流量达到4万多人，共达成交易金额8100万元，数量3.56万辆；其中采购签单金额7500万元、数量3.01万辆，现场销售600万元、数量5500辆。凤凰自行车厂商现场签约5笔合同，金额500多万元，数量5000多辆。红旗自行车签约1000多台，欧亚马自行车一天就在展场零售卖出20多辆。

（田甲男）

【汽车展会的规模和质量提升显著】 为拉动内需，促进汽车消费，展示沈阳汽车流通业规模和形象，推动经济又好又快发展，2010年全市共举办四次汽车展会。即：2010中国（沈阳）汽车展销会、2010第四届中国（沈阳）汽车交易博览会，第二届中国（东北）二手车交易博览会、第三届中国（东北）二手车交易博览会。两届汽车展会通过政策优惠、便民服务，为汽车经销企业和消费者搭建了汽车供需平台，展会现场异常火爆，提高了沈阳市汽车市场的辐射力和影响力，带动了沈阳汽车消费市场的发展。全年汽车展会参展观众达11万人次，销售车辆1968辆，成交额3.4亿元。10月举办的第四届中国沈阳汽车交易博览会，是市政府整合沈阳汽车展览市场资源形成中国沈阳国际汽车博览会和春、秋两季中国沈阳汽车交易博览会三大展会为主体的格局后举办的新一届突出汽车交易和博览两大功能的展会，这届汽车交易博览会销售量1135辆、成交额2.3亿元，分别比2009中国（沈阳）汽车展销会增长36.3%和101.5%。其中：1.6L排气量以下车571辆，成交额5119万元，高档车204辆，成交额1.2亿元。

二手车交易博览会共销售车辆5281辆。其中：二手车交易量4826辆，交易金额3.6亿元；销售新车455辆，销售金额2130万元。这两届二手车交易博览会取得了丰硕成果，振奋了沈阳市二手车市场信心。

（崔轶平）

行业管理

【成立沈阳城区经济工作领导小组】 为落实辽宁省城区经济工作会议精神，按《中共辽宁省委辽宁省人民政府关于加快城区经济发展的若干意见》和《中共沈阳市委沈阳市人民政府关于加快城区经济发展的若干意见》要求，2010年2月10日，沈阳市机构编制委员会印发《关于成立沈阳市城区经济工作领导小组的通知》，沈阳市城区经济工作领导小组正式成立，主要职责是制定促进城区经济发展的政策措施，指导和协调解决全市城区经济发展和改革中遇到的重大问题等。市委副书记、市长陈海波任组长，市委常委、常务副市长顾春明和副市长祁鸣任副组长，市发改委等28个市直部门和9城区政府主要领导同志为成员，领导小组办公室设在市服务业委员会，市服务业委员会党组书记、主任张士勇同志兼任该办公室主任。此后，9城区相继成立了以区长为组长的各城区经济工作领导小组，办公室分别设在各区服务业主管部门。

（刘　顺）

【评选认定"沈阳老字号"】 2010年9月，按照《"沈阳老字号"认定规范（试行）》的要求，沈阳市服务业委员会组织开展了第三批"沈阳老字号"的申报和评审工作。增补了沈阳市老字号专家委员会成员，修改了《"沈阳老字号"认定规范（试行）》。经相关专家审核和评议，申报的3家企业符合"沈阳老字号"认定规范的要求，沈阳市服务业委员会在委网站进行了公示，并下发文件《关于认定"沈阳老字号"的通知》，认定沈阳市铁西副食有限公司、沈阳市糖酒配送有限公司、沈阳爱新觉罗祖家坊酒业有限公司3家企业为"沈阳老字号"。至此，全市共有44家沈阳老字号企业。

（韩振清）

【36个服务业集聚区晋升为省级服务业集聚区】 2010年，经过全市的共同努力，本着综合平衡、协调发展的原则，在15个区、县（市）中推出商贸商务集聚区、金融集聚区、文化科技动漫产业集聚区、物流集聚区、旅游集聚区等36个服务业集聚区晋升为省级服务业集聚区。

36个服务业集聚区总体运行情况良好，集聚区内重点项目陆续开工，进展顺利。2010年，集聚区主营业务收入、上缴税金总额、吸纳就业人数、固定资产投资同比增幅分别为19.1%、15.9%、19.3%和20.8%，圆满完成省（市）集聚区绩效考核指标要求，较好地完成任务。

（韩振清）

【汽车摩托车下乡】 历时一年半，旨在扩大内需，促进汽车消费，加快淘汰高排放、高污染“黄标车”和老旧汽车的汽车以旧换新政策和旨在拉动农村居民消费的汽车下乡政策已于2010年底结束。汽车摩托车下乡和汽车以旧换新政策实施以来，沈阳市采取扎实有效措施，通过设立综合服务窗口，建立岗位责任制；落实政策，严把审核关；强化培训，增强服务意识；严格档案管理，搞好清算工作；广泛宣传，大力营造氛围；快速反应，积极应对政策和工作变化情况；部门联动，强化监管，深入推进；抓改造升级，建回收网络，规范化发展等举措，全力推进，取得了可喜的成果。截至2010年末，全市共销售汽车摩托车下乡及“金客”下乡产品4.88万辆，销售额8.59亿元。全市申请汽车以旧换新补贴车辆4493辆，换购新车4440辆，购置新车金额3.45亿元。汽车摩托车下乡和汽车以旧换新两项拉动消费12.03亿元，汽车下乡和汽车以旧换新各项指标高居全省首位。

（崔轶平）

【报废汽车市场监管】 市服务业委认真贯彻落实商务部等五部委和省服务业委等五部门关于加强报废汽车监督管理有关工作的通知，会同市公安局等七部门联合下发了《关于加强报废汽车监督管理有关工作的通知》，会同市公安局、市工商局等四部门共同发布了《关于整治汽车回收拆解市场强化监督管理的通告》，与市公安局、市委宣传部等八部门下发了《关于建立强化报废汽车监督管理促进汽车以旧换新局际联席会议制度的通知》，建立了市强化报废汽车监督管理促进汽车以旧换新局际联席会议制度，并召开了强化报废汽车监督管理促进汽车以旧换新第一次局际联席会议。集中开展了全市废旧金属收购业机动车修理业报废汽车回收拆解业清查和专项整治行动、路面查处报废车拼装车和非法改装车行动，规范了经营行为，有效地遏制了违法犯罪活动。出台了《机动车安全性能检测强制报废意见》、《机动车尾气排放检测强制报废意见》、《查扣罚没车辆认证处理意见》，规范指导报废车监管工作。

（崔轶平）

【煤炭、成品油市场监管】 对于煤炭、成品油市场监管工作，严格按照法律、法规和相关文件要求，受理、审查、勘验、申办、变更煤炭和成品油经营资质材料。2010年初审、报省核准《煤炭经营资格证书》30户，变更《煤炭经营资格证书》登记项目131家。初审、报省服务委核准新建、搬迁加油站13座。市里审查核准原地改造加油站30座。

开展煤炭、成品油经营企业经营资格和经营状况全面检查及换发经营资格批准证书工作。通过对煤炭及成品油市场进行专项整治活动和经营资格的年度审查的有机结合，规范企业经营行为，取缔非法经营企业，并通过年度检查和资格证延续工作建立和完善了全市煤炭企业和成品油经营企业档案，档案材料真实、齐全，较好反映了企业的沿革过程及目前基本状况，较全面的掌握了全市煤炭和成品油经营企业的情况。至2010年末，全市有煤炭经营企业284户，其中：批发企业66家，零售企业206家，型煤加工企业12家。全市有成品油经营企业559户，其中：批发企业28户、零售企业519户、加气企业12户。

（崔轶平）

【生产资料专业街、聚集区建设】 为了促进生产资料市场向更加规范化、专业化的方向发展，整合市场资源，形成聚集效应，带动行业更好更快的发展，积极指导区、县（市）、开发区服务业主管部门，通过采取加强管理、规范运行、主动服务、银企联手这几项措施，加大对专业街、聚居区的“管理、自律、规范、服务和监测功能”进行培育和发展力度，使生产资料专业街、聚集区建设步伐明显加快。

1. 单门类品种全专业街数量增加。经过多年的培育建设和发展，铁西北二路汽车、沈河东陵路汽车、大东东陵西路汽车、大东工农路不锈钢、大东联合路工程机械、皇姑华山铜业、和平胜利汽车配件、和平太原机电产品等几条生产资料专业街数量不断增加，功能得到提升。进一步提高全市生产资料流通的现代化水平，营造良好的生产资料流通环境。铁西北二路汽车品牌专业街从2009年连续两年被国家评为“特色商业街”。

2. 多门类多品种聚集区基本形成。随着城市改造和发展空间的拉开，生产资料交易市场群空间规模不断扩大，门类品种聚集得到提升。和平太原街机电产品、和平南湖五金工具、和平长白石材、沈河高官台机电、大东陶瓷、铁西滑翔机电、铁西北一路钢材、铁西北一路石材、铁西九路木制品建材、皇姑文官钢材、皇姑塔湾机动车配件等一批多门类多品种聚集区基本形成，处在成熟发展期，成为带动现代生产资料流通业发展主要载体。

3. 专业街、聚集区规模辐射力增长。全市生产资料专业街、聚集区有6000余家经销商。这些经销商经销黑色金属材料、有色金属材料、建材及卫生洁具、化工材料、汽车机配件、工程机械及配件、木材及木制品、机电产品、二手设备、橡胶制品等11大门类300余品种重要生产资料。

全市汽车、不锈钢、钢材、机电产品专业街、聚集区的商品60%销往本省、吉林、黑龙江和内蒙、河北部分地区生产企业和经销商。这些专业街、聚集区市场辐射力强，区域性市场作用突出，带动和提升了沈阳市生产资料市场规模、功能及水平，形成了充分体现中心城市广吸纳、强辐射特征的生产资料流通格局。

（崔轶平）

【行政审批】 积极推进市服务业委行政审批改革工作。认真贯彻落实市政府领导讲话精神和市行政审批办具体要求，进一步转变政府工作作风，提高政务运行效率和服务水平，在摸清底数、搞好调查的基础上，就进一步推进9项审批类事项进厅办理提出了具体安排意见。

不断深化行政审批制度改革。一是审批项目应进必进。在9项审批类事项进厅办理的基础上，将9项审批类事项的年审一并集中进厅办理。二是审批权限授权到位。全部审批事项进厅集中办理后，严格按照市行政审批办“一个窗口办理、一个处室审核、一个领导审批、一个公章办结”的原则要求，实行大厅封闭运行。行政审批办（法规处）独立承担起市服务业委行政审批职能。三是清理规范现有项目。会同市法制办依法依规对现有审批事项进行一次集中清理，争取审批要件减少2—5件，审批时限压缩2—3到个工作日，所有审批时限达到10个工作日之内。积极与省有关部门沟通，按照省政府对行政审批事项清理要求做好相应工作。

以全力提速、提效为突破口，开辟"绿色通道"。全部审批事项在此次清理中审批要件普遍减少了2—3件，审批时限普遍压缩了3—5个工作日，所有审批时限达到10个工作日之内。对外商投资符合商业规划的认定项目，3000万元以下交给县区办理；投资1亿元项目特事特办，不受审批时限限制，开辟"绿色通道"。对需要集中审批的畜禽定点屠宰项目，实行上门审批方式。深入全市近百家企业，现场审核要件，符合条件企业即办即批；指导不符合条件企业及时整改。

强化服务，不断提高服务质量。行政审批办在团队建设实践中，探索出"靠制度规范，靠活动促进"的方式。建立和完善了13项管理制度，人人自觉遵守。开展了文明服务"四个一"活动，即每名党员每周专访一个申请企业，收集一条意见和建议，制定一项整改措施，每个月进行一次集中总结。用业务培训、法规学习、文体活动等提升素质、激发潜能，在软硬件条件尚不完备的情况下，用主动奉献、奋力拼搏，擦亮行政审批服务的窗口。

（吴广田）

【畜禽屠宰】 2010年，辽宁省人大正式通过并颁布实施了《辽宁省畜禽屠宰管理条例》。至此，开启了对牛、羊、鸡屠宰实施定点，并依法进行监督管理的新篇章。为此，沈阳市服务业委员会召开了由各区、县（市）主管部门负责同志参加的专题会议，就贯彻落实《条例》的相关工作进行了部署，并印发了2000套《条例》和宣传单，张贴到各乡镇、村屯（社区），以及各农贸市场、集贸市场、批发市场和零售商场。同时，充分利用广播、电视等各种媒体，大力宣传《条例》，普及法律法规知识，力保做到家喻户晓，人人皆知。

在此基础上，经过7个多月的时间，行程7000余公里，对全市近百家从事牛、羊、鸡屠宰的厂（点）进行了认真调查和反复筛选，确定了首批40户企业为沈阳市牛、羊、鸡定点屠宰企业，并从8月1日起，对全市牛、羊、鸡屠宰企业的屠宰行为进行依法规范和监管。

（林跃年）

供销社商业

【概况】 截至2010年末，沈阳市供销联社下辖2个事业单位、1个集团、23个市直属、参、控股公司、8个区县（市）供销社、38个县属公司和113个基层供销社。主要职能是：负责全市供销合作社的行业规划与管理，指导推进区、县（市）供销社的改革与发展，搞活农村市场流通；行使本级社有资产出资人代表职能，监督、管理和运营社有资产，确保社有资产保值增值；引领农民合作经济组织发展，协调合作经济组织成员与政府有关部门的关系，维护成员的合法权益；承担政府委托的工作任务，行使政府授权的管理职能，负责全市的再生资源日常管理工作。

拥有固定资产净额2.3亿元。有较大型仓库11座，占地面积72.8万平方米；铁路专用线6条，总计长度1610米。现有企业经营范围既有传统的化肥、农药等农业生产资料，棉制品、茶叶、果蔬等农副产品，炊具、烟花鞭炮等日用消费品，又有新兴的种苗培育、奶牛养殖及胚胎繁育、宠物用品及服务、农产品加工、再生资源加工等项目，并涉及酒店餐饮、农产品市场、商场、物业、物流、储运等行业。

2010年，在市委、市政府和辽宁省供销社的正确领导下，全市供销社认真贯彻落实国务院40号文件精神，全面深化改革，强化为农服务体系建设和"新网工程"建设，经济效益持续增长，连续第六年荣获全国副省级城市供销社综合业绩考核一等奖。2010年，全市供销社销售额实现21.7亿元，同比增长96.9%；汇总利润实现2272万元，同比增长35%；市场交易额实现45.6亿元，同比增长34.8%；所有者权益实现1.7亿元，同比增长287%；新增固定资产投资额实现2.6亿元；供销社服务网络带动农产品销售72亿元；"新网工程"拉动农村消费33亿元。在全国供销总社年度计划单列市和副省级城市供销社排序中名列第五位，并作为唯一的副省级城市供销社典型在总社工作会议上做了经验介绍。

（李东飞）

【服务"三农"体系建设】 一是专业合作社规范发展。到2010年底，全系统领办各类农民专业合作社225个，入社农户1.5万户，带动农户10万余户。其中供销社直接出资参办的专业合作社78个，出资总额1500余万元。培育"千社千品"富农工程专业合作社57个，发展标准化生产基地面积7333.3公顷，取得质量认证合作社38个，发展注册商标合作社92个。2010年参与培育"3A"示范社31个，占全市总数的1/3。参与培育产销对接合作社57个。新民市在专业合作社建设上，通过抓规范管理、抓品牌培育、抓农超对接，提升了专业合作社发展质量，领办的150个专业合作社，先后有24个纳入"3A"示范社扶持，有20余个产品进入超市。同时加大了农民专业合作社与城市连锁超市、流通企业的对接力度，对接品种达140余种，全年销售农产品近1亿元，实现了合作社"菜园子"与城市"菜篮子"的有效对接。二是行业协会建设稳步推进。到2010年底，全系统发展各类协会546个，初步形成了市、县、乡、村四级协会服务体系，发展农民经纪人4.2万人，带动农产品销售金额实现72亿元。依托市、县协会，全年组织开展各类培训近百期，免费培训人员1万余人，其中重点开展职业技能培训25期，共培训9个工种国家职业资格证书人员2527人。成功地召开了沈阳市农民合作经济组织联合会和沈阳市农民经纪人协会换届大会，总结推广协会会员典型35个，评选表彰了沈阳市百强专业合作组织和百佳农产品经纪人。成功地组织50余家会员参加了省农村合作经济组织名优产品展销会和农博会等各类展会，宣传推介地产品200余种。

全年通过各级协会组织产销对接会、农博会、名优产品展销会5次,活跃了城乡市场,促进了农产品销售。三是农村综合服务社(中心)建设进展顺利。按照经营性服务与公益性服务相结合、专项服务与综合服务相协调的要求,全年依托基层社在重点乡镇村改造和建设农村综合服务社(中心)5个,服务内容涵盖餐饮购物、科技培训、信息资讯以及农产品交易等领域,转变了供销社形象,社会声誉得到提升。

(李东飞)

【"新网工程"建设】 一是经营服务网络快速延伸。截至2010年底,全系统各类经营服务网点已达2080个,配送中心27个,连锁销售额实现9.9亿元。通过举办沈阳地产特色农产品展销周、辽中日用品展销会等活动,农销对接销售额实现1亿多元。改造传统经营网点1.3万平方米,新建现代物流设施7000平方米。秋实惠利果品市场新建了交易大棚和加工车间,金秋实农资公司改造了新民配送中心、新建了复混肥加工厂,法库县社新组建了日用品配送中心,秋实再生资源集团升级改造了50个站点及1个分拣中心。新农村现代流通综合服务平台项目已开始筹建,项目建成后将具备信息发布和采集功能,并逐步完善网上交易功能。二是网络功能延伸。"一网多用、双向流通"功能不断强化,为农服务能力进一步提升。各地依托农资和日用消费品网络,逐步拓展了医药、图书、家电等经营品种。通过"新网工程"项目提供的产品和服务涵盖家电、食品、娱乐、维修和技术咨询等,使得广大农民足不出村就能基本满足生产和生活资料的需求。三是县域基层经营服务网络建设力度进一步加大,社有企业市场竞争力和服务功能明显增强。新民新联农资、清纯酒业、辽中供销商贸公司等进行了升级改造,苏家屯红菱集贸市场、东陵仓储物流中心项目、于洪再生资源分拣基地等正在筹建,特别是法库和康平作为"新网工程"网络薄弱县,也加大了网络改造力度。四是发展环境不断优化。全系统新上项目获得各级政府资金支持近2000万元。向市委市政府报送的《现代物流助推县域经济步入发展"快车道"》等6份材料都得到了市领导的肯定并给予了批示。

(李东飞)

【行业管理】 一是加强了再生资源行业管理。围绕迎接"十二运"开展了专项环境整治工作,规范清理回收站点240个,将2814名流动回收人员纳入到"五统一"管理范围,全市再生资源行业经营环境得到改善。积极推进《沈阳市再生资源回收利用管理条例》的立法工作。结合市委、市政府"清洁沈阳"治理十大污染源活动,在全市范围内开展废旧物收购站(点)环境整治专项活动,取缔无证照非法收购站点50个,规范经营所地不适合的收购站点53个,规范整改达标17户收购站,向行业业户发放遵守法规,守法经营倡议书2000余份,发送遵守法规,守法经营短信700余条,再生资源业户守法经营意识得到显著提高。二是全系统改革不断深化。2010年,成功召开全市供销社第六次代表大会,选举了新一届理事会,修改了供销社章程,为今后系统工作打下了坚实的组织基础。出台了《沈阳市人民政府关于加快供销合作社改革发展的实施意见》,为供销社加快改革发展,提出了具体的、可操作的措施。各级联社认真履行指导、协调、监督、服务和教育培训职能。三是围绕转变联社职能,深化联社机构改革。进一步健全了理事会、监事会机构设置,健全了民主管理制度,完善了工作机制。制定了《沈阳市供销社社有资产监督管理办法》等7项制度,强化了社有资产监管,切实行使出资人职责,落实了资产保值增值责任,依法维护供销社权益。建立完善了科学的考核评价体系,探索建立与绩效挂钩的激励约束机制,修订完善了系统综合业绩考核奖励办法。联合社的服务功能,服务意识得到了强化,切实承担起了对基层社的指导和服务,加强基层社建设的责任。

(李东飞)

【企业发展和重点项目进展情况】 一是社有企业实力不断增强。传统业务巩固提升。果品市场继续保持了行业龙头地位,全年交易量42万吨。农业生产资料经营继续发挥了主渠道作用。烟花鞭炮全年销售额创下烟花爆竹解禁12年以来的新高。秋实再生资源集团整合资产、资源成效开始显现。报废汽车公司抓住市政府以旧换新政策,全年回收报废汽车9000台,回收量增长了一倍。秋实棉制品公司在继续保持了大专院校和民用市场的基本稳定的同时,还承接了省市政府应急救灾项目3个。为农服务项目发展迅速。秋实种苗公司大力拓展周边市场,全年育苗670万株。金秋实牧业公司已建立13个胚胎移植工作站,全年移植胚胎5000余枚。玫瑰酒店顺利通过了四星级的重新评定。玫瑰物业公司新承接了辽报集团、沈阳地铁等高端项目,服务的省高法项目获全国优秀管理大厦称号,创造就业岗位3000多个,企业的社会影响力日益增强。玫瑰物流公司全年销售农副产品3300吨,并建立起全市第一家特色农产品直销店。二是项目建设进展顺利。与香港弘伟有限公司合资成立沈阳地利农副产品有限责任公司顺利签约,计划以果品市场为中心,整合周边社有资源,建设国家级综合性农副产品交易中心,该项目不仅能够解决沈阳市现有农产品物流及批发市场普遍存在的经营品种单一、业态滞后等问题,而且将成为东北及内蒙古东部地区的区域性农副产品交易中心、物流中心和价格信息中心。再生资源项目与国内行业龙头企业青岛新天地公司共同投资在园区建设废旧家电拆解项目,年回收、拆解量为120万台,8500平方米厂房已经完工;新上再生资源塑料加工生产线项目,主要生产PE、PP再生颗粒及制品,年加工能力可达3000吨,设备已安装完毕,正在进行试生产;在法库县购置2公顷土地建设再生资源法库分拣中心,年可承接各类废旧物资20万吨。三是金秋实炊具城改造项目进展顺利。另外玫瑰酒店升星改造、瑞福临商城、种苗冷库、炊具城升级改造和供销产业园等五大重点项目也在积极规划和运作。

(李东飞)

【妥善处理部分历史遗留问题】 一是落实目标管理责任制,较好地完成了综合治理各项目标。与19个直管单位层层签订《责任状》190份、外租户74份，培训干部428人次，开展大检查60次。落实“世博安保”创建“平安单位”，覆盖面达100%。加强了对鞭炮、炸药库等重点要害部位的管理。建立了《突发预案》，突出了硬件建设，加强了夜间检查，投入整改资金312.8万元，整改率实现100%。二是加大了信访工作力度，促进了全系统稳定。全年无进京访，省、市访均下降了50%。全年共接访111案次，同比下降53%。其中集体访同比下降95%、个访下降52%、重复访下降72.8%；市交办案2件实现结案率100%。全国“两会”全程排查稳控5次，化解拟进京访2案次。争取国家和省里专项救助资金15万元，取得集中化解3个疑难信访案件的历史性新突破。三是加大解决历史遗留问题力度。市农资总公司化解银行债务7900万元，最大限度地保全了近8000万元的社有资产并顺利完成了100多户业户的清场工作。法库县社通过统一解债，化解了25家企业共计5800万元的银行债务。此外还收回了新鑫宾馆的经营权，解决了57人的历史遗留问题。

(李东飞)

粮食市场

【粮食购销】 2010年，全市粮食总产量325.1万吨，其中水稻101万吨，玉米212万吨；粮食购进总量233万吨，其中水稻59万吨，玉米160万吨；销售总量225万吨，其中水稻65万吨，玉米73万吨。

(张 苹)

【社会粮食流通】 按时完成社会粮食供需平衡调查任务，对全市的农户存粮、城镇居民存粮、国有和非国有粮食企业库存、转化企业库存及外省粮食购销情况进行认真统计并及时上报统计结果。2010年共报送《统计月报表》12期，《沈阳粮食批发市场库存量周报表》36期，《全市市储粮、县储粮、商品粮库存情况统计表》9期，《国有粮食经营企业粮食旬报表》19期，《成品粮油应急储备月报表》12期，《秋粮收购进度统计报表》33期。依据《统计法》和《粮食流通管理条例》，对沈阳市辖区内纳入粮食流通统计范围的488家国有及国有控股粮食企业、非国有粮食经营企业和转化用粮企业逐户计算，核定了商品粮最高库存量。在全市建立粮油价格直报监测点30个，形成了覆盖全市的粮食收购、存储、加工、批发和零售价格监测体系，及时、全面地掌握全市粮食市场动态和价格走势。

(张 苹)

·粮油工业·

【加工企业】 2010年，全市在统粮油加工企业197家，比上年增加5家。其中按所有制划分，国有企业9家，私营企业173家，外商及港澳台商投资企业15家。按行业类别划分，大米加工企业111家，小麦粉加工企业1家，食用植物油加工企业2家，玉米加工企业5家，粮食食品加工企业6家，杂粮加工企业1家，饲料生产企业71家。

全市共有国家粮食局和中国农业发展银行重点支持的粮油产业化龙头企业18家，省级龙头企业1家，市级龙头企业8家。粮油名牌产品13个，其中国家级2个，省级5个，市级6个；驰(著)名商标12个，其中国家级1个，省级8个，市级3个。

(张 苹)

【生产能力】 2010年，全市大米加工企业年生产能力为289万吨；小麦粉加工企业年生产能力为24万吨；食用植物油加工企业年油料处理能力为93万吨，精炼能力15万吨；玉米加工企业年生产能力为60万吨；粮食食品加工企业年生产能力为9万吨；杂粮加工企业年生产能力为1000吨；饲料生产企业年生产能力为451万吨。

(张 苹)

【粮油产量】 2010年，全市大米产量59万吨；小麦粉产量20万吨；食用植物油产量12万吨；玉米加工制品总量35万吨；粮油食品产量14万吨；杂粮产量500吨；饲料产量233万吨。

(张 苹)

·粮食储存·

【仓库建设】 2010年，全市有效仓容在1000吨以上的粮油仓储企业184个，其中：国有企业74个，民营企业110个。占地面积860.4万平方米，其中：国有企业547.5万平方米，非国有企业312.9万平方米。有效仓容219.8万吨，其中：国有企业109.5万吨，非国有企业110.3万吨。有效罐容4.5万吨，其中：国有企业3.9万吨，非国有企业6000吨。

2010年度进行基础投资建设的企业共23个，其中：国有企业16个，非国有企业7个；基础建设投资总额1.41亿元，其中：中央财政投资733万元，地方财政投资361万元，企业自筹1.26亿元，其他投资420万元；完成项目23个，新建仓容33.68万吨。

(张 苹)

【农户科学储粮】 农户科学储粮仓建设工作是一项重要的民生工程。储粮仓单仓造价为3000元，其中国家投资900元，省投资450元，市或区、县(市)投资450元，农户1200元(其中上缴900元，自建工程300元)，投资比例依次为30:15:15:40。市粮食局制订《沈阳市2010年农户科学储粮专项工作实施方案》，对农民储粮做好宣传、培训和指导，同时积极争取政策资金支持，确保储粮仓的质量和数量。全市共申请上报新型储粮仓3500个，其中东陵区300个，沈北新区1000个，康平县2200个。

(张 苹)

【机械设备】 2010年，全市有效仓容在1000吨以上的粮油仓储企业拥有输送机1547台，清理设备121台，移动式机械设备143台，地中衡199台，运粮车辆131台，烘干设备129台，烘干处理量1508吨/小时，其中：国有企业烘干能力851吨/小时。2010年度实际烘干粮食109万吨；装配了环流熏蒸系统的仓容量为43万吨，安装粮情电子检测系统仓容量76万吨，通风机械设备217台，实现机械通风仓容量78万吨，检验设备

2240台。

（张　苹）

【粮油保管】 积极开展粮油仓储企业规范化管理活动。全市共有174家粮油仓储企业参加了活动，经过综合考评，市第一粮库、中发公司、南方公司被评为“沈阳市粮油仓储规范化管理优秀企业”，直属库和辽宁中稻股份有限公司被评为“辽宁省粮油仓储规范化管理优秀企业”，并被国家粮食局授予“全国粮油仓储规范化管理先进企业”荣誉称号。

直属粮油仓储企业认真落实“三检一化”制度，“一符四无”工作实现预期目标，安全生产实现“四个为零”工作目标。2010年，市粮食局被市政府评为“安全生产目标管理工作先进单位”，市直属粮食储备库和南方谷物实业公司被市政府评为“安全生产先进单位”，市直属粮食储备库还被辽宁省安监局评为“安全文化建设示范企业”。

（张　苹）

【粮油科技】 申报了《果肉型树莓果醋的研究》、《米胚提取工艺及米胚制品的研究》、《菲汀生产新技术的研究与推广》、《农村储粮安全装备系统》、《谷大哈喷施丰产剂的推广与应用》、《树莓速溶粉生产关键技术的研究》等6个项目，其中前4项课题已通过专家的评审，被列为重点支持项目，《树莓速溶粉生产关键技术的研究》项目获得政府科技三项经费的支持，市财政局对该项目申请经费审批已完成；完成了《单细胞蛋白质技术的推广应用》、《玉米秸秆生物饲料生产技术的开发与推广应用》、《玉米秸秆生物饲料生产技术的开发》等3个项目的试验研究和检测工作，并已验收通过。

（张　苹）

·执法监督检查·

【行政许可】 依法履行《粮食收购许可证》审批职责，制定审批、变更、注销及管理工作要点，组织业务培训，2010年，向8个区、县（市）下放审批权限，市县两级全部实现窗口化服务，方便全市488户粮企就近办理。2010年共新办理《粮食收购许可证》62件，群众满意率100%。全市467家企业进行年检，对其中41家不具备收购条件或拒不执行年检的企业，取消其收购资格。

（张　苹）

【行政执法】 2010年组织开展粮食收购许可证专项检查、粮食流通统计制度专项检查、粮食库存专项检查、国家政策性粮食竞价销售专项检查和粮食收购政策落实专项检查工作。全市共检查粮食经营企业602户，共出动2336人（次），检查覆盖面达到辖区粮食经营户的100%，查出问题企业18户，下达责令整改通知6户，行政罚款1户，警告11户，结案率100%。

加强粮食行政执法制度建设，建立并完善《沈阳市粮食局重大行政决策论证和评估制度》、《沈阳市粮食局行政决策听证制度》、《沈阳市粮食局行政过错责任追究暂行办法》、《沈阳市粮食局行政处罚自由裁量基准制度》、《沈阳市粮食局行政处罚先例制度》、《沈阳市粮食局行政处罚说明制度》、《沈阳市粮食局重大行政处罚备案制度》、《沈阳市粮食局行政执法举报投诉处理办法》、《沈阳市粮食局行政执法文书管理规定》、《沈阳市粮食局法制学习和培训制度》10项制度，进一步提高依法行政水平，规范了行政执法行为。

以《粮食流通管理条例》颁布六周年为契机，在市粮食局及各区、县（市）粮食局所在地设立宣传基地，设立咨询台，着重宣传粮食依法行政的相关政策、法规、科学储粮及食品安全等相关知识。组织行政执法人员参加“我为《粮食法》建言献策”征文活动，参加国家粮食局举办的《条例》颁布实施六周年知识竞赛，进一步增强沈城百姓和全局职工的政策和法规意识，不断提高依法行政能力，营造依法管粮的良好社会环境。

（张　苹）

·粮油检测·

【检测机构人员培训】 在原有计量认证项目的基础上，通过资质到期复评审，积极扩项开展粮油卫生项目的检测。截至2010年12月31日，沈阳市60%以上的区、县级粮油检测站具备农药残留等卫生项目的检测能力。

开展全市粮油质检机构体系建设“三比三看”（比环境、看设备，比技术、看能力，比基础、看效果）活动，根据考核标准和现场考核打分情况，沈北新区粮油检测站、于洪区粮油检测站、东陵区粮油检测站、辽中县粮油检测站、苏家屯区粮油检测站、一库质检处被评为质检机构建设“三比三看”活动先进单位。2010年在市粮油检测站获得国家认证资质的基础上，8个区、县（市）粮油检测站全部取得省级计量认证资质。

2010年全市有90名新检验员经过培训并考试合格取得了检验员资格证书。对全市718名检验员按市、区、县辖区管理进行国家粮油标准培训。为全市808名粮油检验员建立管理档案，完成年审验证。充分发挥粮食监测机构的管理职能，完成对146家收储企业的检验场地、人员及仪器设备的检查认定工作。

（张　苹）

【粮食品质测报】 2010年，全市质量调查、品质测报和原粮卫生调查，共出动技术人员332人次，深入61个乡镇、199个村、1261个农户的1348个地块，扦取初级样品1348个，整理混合成质量调查样品177份（稻谷85份、玉米84份、大豆8份），代表数量8311.68吨。品质测报样品95份（稻谷40份、玉米55份），代表数量18223.55吨。抽取卫生调查样品108份，会检样品21份。编写了2010年《沈阳地产粮食质量调查、品质测报和原粮卫生调查报告》。

（张　苹）

【粮食质量检测】 2010年，市级储备粮进行了5次大规模的抽样检测，共检验样品158份，代表数量17万吨。其中：稻谷91批次，代表数量10万吨；玉米60份，代表数量55260吨；大豆油7份，代表数量6862吨。保证市、县级储备粮质量符合标准、储藏安全。对军供粮油实施全程质量监控，保障了部队应急用粮需要。

对沈阳粮食批发市场的粮食产品共

抽查175批次，代表数量4063吨。其中：小麦粉89批次，代表数量2760吨；大米58批次，代表数量925吨；大豆油18批次，代表数量280吨；杂粮10吨，代表数量98吨。对不合格产品会同批发市场管委会和住市场工商部门进行了查处，对经营业户进行教育，有效保证了粮食批发市场粮油质量安全。

（张 苹）

烟草专卖

【概况】 2010年，沈阳烟草紧紧围绕“卷烟上水平”的战略任务，统一思想，锐意进取，行动迅速，措施有力，圆满完成了年初确定的各项目标任务，为企业改革发展写下了浓墨重彩的一页，实现了“十一五”时期发展的完美收官。全年实现卷烟销售量34.4万箱，同比增长2.91%；实现卷烟销售收入58.72亿元，同比增长13.35%；实现利税12.17亿元，同比增长17.81%。

（吴东胜）

【营销管理】 坚持把培育卷烟知名品牌作为第一要务，积极发挥市场营销的基础和引领作用，推进卷烟市场营销上水平。一是高度重视市场营销管理工作，为卷烟知名品牌发展营造良好环境。认真落实《加强卷烟市场营销管理办法》，注重在卷烟货源、采购供应、市场投放、价格管理和零售终端促销等方面下功夫，精心组织好市场营销工作。并根据省局“主动适应、科学合理、把握节奏、讲究质量、注重平衡”的要求，积极促进经济运行从发展中积累资源向运用资源提高发展质量转变，企业经济运行呈现良好发展态势。全年实现利润6.99亿元，同比增长17.55%；销售卷烟知名品牌23.54万箱，同比增长12.7%；销售低焦油卷烟1.25万箱，同比增长50.13%；卷烟单箱销售收入16950元，同比增长10.13%。二是以“精确信息、精准投放、精细管理”为重点，全面提升营销业务流程化、标准化和规范化水平，实现卷烟销售结构稳步提升。全年销售一类烟2.51万箱，占总销比重7.3%，同比增长22.5%；销售二类烟1.81万箱，占总销比重5.3%，同比增长10.1%；销售三类烟12.85万箱，占总销比重37.4%，同比增长12.7%；销售四类烟11.67万箱，占总销比重33.9%，同比下降6.6%；销售五类烟5.55万箱，占总销比重16.1%，同比下降18.3%。三是积极推进按卷烟零售客户订单组织货源和精准营销工作。注重把消费者选择、满足市场需求作为营销工作的根本出发点，不断完善市场需求预测体系，全面加强市场分析，按市场需求精心组织货源，努力提高卷烟零售客户的获利水平。全市零售客户综合毛利率平均在10%以上。四是以预算管理、贯标、对标、基层创优为重点，全面加强营销基础管理建设。注重将提高效率和严格费用管理与贯标工作有机结合起来，加强过程指导，严格考评标准，基础管理建设取得新成效。企业12项对标指标中，卷烟加权焦油量平均值同比下降1.28个百分点，人均劳效等9项指标优于全省平均水平，6项指标优于全国平均水平。三项费用率为5.64%，同比下降0.09个百分点，达到全省行业先进水平。

（吴东胜）

【销售网络建设】 坚持把加快传统商业向现代流通转变作为企业转变发展方式，提升发展质量的一项重要工作来抓，注重在“优化模式、完善机制、强化服务、增强能力”上下功夫、求实效，使卷烟销售网络建设取得新的发展。一是卷烟销售网络建设基础工作再上新台阶。认真落实省局网建第四阶段“两对两提一增强”的总体要求，认真对照全行业网建工作的先进指标和先进模式，重点在订单供货、工商协同、品牌培育、需求预测、货源管理、物流管理等方面的制高点中选择确定“标”和“点”，学先进，求实效，加强对新模式、新标准的学习应用，全力攻关，优质高效地完成了网建第四阶段任务，被评为全省烟草行业“达标优秀单位”。二是卷烟销售网络营销模式进一步优化，构建了以电话订货为主、终端机与网上订货为辅的现代营销模式。2010年首批280个卷烟零售客户已正式运行网上订货，并应用辽宁省烟草网上配货平台与工业企业进行网上货源衔接，积极推动网上配货工作的开展。全年电子结算率达到97.26%，电子结算成功率保持在90.71%的较好水平。三是工商协同营销水平不断提升。制定了《供应商服务管理办法》，进一步完善了供应商服务体系。实现工商信息互动，通过辽宁省烟草信息共享平台主动为工业企业提供商业存销信息、卷烟品牌销售比重、货源投放信息、市场需求、价格波动、社会库存、品牌分析等信息，提升了服务质量。还与浙江中烟、河南中烟和吉林烟草工业公司签订了《工商协同营销协议》。四是现代物流运行效率进一步提升。应用物流定额管理，合理制定用工、效率、费用、能耗等定额标准，有效控制卷烟物流成本。运用先进的7s管理、定量管理和目视管理等方式，优化现场环境配量，提高物流作业效率。全地区单车搭载率达88.23%，同比提高2%。五是服务零售客户水平进一步提高。积极推广应用客户经理、品牌经理和市场经理“135”工作法，全面应用EPC电脑，对零售客户进行“点对点”服务。并紧紧抓住货源供应、经营指导、获利水平等关键环节，努力提高服务水平，满意度达到94.1%，持续保持上升趋势。

（吴东胜）

【烟草专卖管理】 适应行业新形势新任务的要求，深入扎实地加强市场监管，进一步加大卷烟打假工作力度，为卷烟上水平提供有力保障。一是充分发挥专卖内部信息化系统对异常线索的核实作用，切实加强日常监管。注重围绕偏差率、品牌数量、重点客户，多角度地分析数据，快速反应异常，准确查处问题。全年共调取销售数据12.1万笔，监听电访录音28089笔，发现异常数据5529笔，立案调查613笔，下发《质询函》1633份，有效防止了不规范经营行为的发生。二是按照省局提出拼耐力、拼智力、拼实力的“三拼”要求，深入开展卷烟打假打私工作，持续提升打假破网水平。针对制售假烟和非法渠道烟团伙化、网络化、隐蔽性强等特点，注重在排查线索、经营案件、抓首犯上下功夫，与公安、司法部门密切配合,充分发挥联合打假长效机制作用,坚持以"端窝点、断源头、破网络、抓主犯"为重点,深入开展打假打私打网络工作。全年查处涉烟案件1466起,查获假冒卷烟4460.98件,查获违规真烟1274.9件,捣毁假烟窝点73个,打掉符合国家局标准的假烟网络5个。特别是破获覆盖6省13市的"1·22"部督网络案件,查获违法卷烟623.8件,总案值约155.9万元,逮捕2人,判刑2人。市局再次被公安部、国家局评为"全国卷烟打假先进单位"。三是强化市场监管,持续提升净化水平。出台《市场监管工作考核暂行办法》,注重加强对辖区市场监管力度,全面提升全市卷烟市场净化水平。特别是在各重要节日期间,大力开展专项整治行动,加大对重点部位、重点环节和重点业户的监管力度,确保节日期间市场规范有序。严格按照省局在铁路、机场地区建立长效工作机制和实行"双进入"的要求,健全机构,配备力量,采用超常规工作模式,对铁路、机场地区的卷烟市场进行24小时全天候监控,实施不间断检查,有效提高了市场净化率。四是坚持依法行政,进一步提升执法水平。认真贯彻落实新修订的《烟草专卖法》、《烟草专卖行政处罚程序规定》及"两高"司法解释,按照"明确责任、信息公开、廉法自律、监督检查、责任追究"的原则,正确处理好管理与服务的关系,进一步规范工作程序,严格证件管理,增加透明度,提高效率,推动依法行政上水平。在国家局"五五"普法教育检查验收中,市局被评为全国烟草行业法制宣传教育组织工作先进集体。

(吴东胜)

商品交易市场

【商品市场体系建设】 2010年,全市共有各类商品市场413个,建筑面积550余万平方米,就业人数39万人。2010年实现交易额1990.7亿元。亿元以上商品交易市场102个,实现交易额1874.3亿元。其中:农副产品市场41个,交易额299.8亿元;日用消费品市场28个,交易额775.7亿元;生产资料市场33个,交易额798.7亿元。商品交易市场在发展中主要呈现以下几个特点:

1. 专业化程度有所提升。随着市场分工的细化,已形成一批专业化程度较高的商品交易市场。如沈阳钢材中心批发市场集聚了鞍钢、本钢、凌钢、通钢、乌钢、西钢等几十户知名厂家和代理商,成为东北三省最大的钢材集散地;新民农机市场汇集了拖拉机、农业机具、付业机具、柴油机、汽车、重卡、工程机械等十大类主机商品,品牌率达到85%,始终保持东北地区最大、全国三甲的领先地位。

2. 产业化发展趋势明显。各类市场在建设发展过程中,已开始注重与产业衔接,形成产业链条经济。一方面依托本地区产业优势,建设产地型市场。如与县域工业配套建设的法库县大东北陶瓷城、与农业生产配套建设的新民农机市场、与县域养殖业配套建设的新民市公主屯鲜蛋市场、前当堡鲜鱼批发市场。另一方面围绕市场发展形成加工园区,如中国鞋城和中国家具城加工园区。

3. 规模化发展成为主流。为扩大影响力和辐射力,发挥整体竞争优势,商品市场开始向规模化方向发展。一是空间规模化,在102个亿元以上市场中,建筑面积5万平方米以上25个。中国家具城在2平方公里的区域内形成了总建筑面积22万平方米,东北地区规模最大的装饰材料、家居市场集群。拟新建的东北农副产品中心、雨润东北农副产品全球采购中心其占地面积均在50万平方米以上,建筑面积在150万平方米以上。二是流通规模化,全市商品市场超百亿元的1个;超50亿元7个;超10亿元40个。

4. 集群化发展格局逐渐形成。在空间布局上初步形成6个市场集群。即:以沈阳江南农副产品贸易中心、沈阳果品批发市场为核心的东部市场群;以中国鞋城、东北日用杂品批发市场为核心的东南部市场群;以东北陶瓷城、国瑞汽车汽配博览中心为核心的东北部市场群;以沈阳钢材中心批发市场、辽宁钨钢市场为核心的西部市场群;以沈阳水产批发市场、张士农副产品批发市场为核心的西南部市场群;以东北机动车配件市场、沈阳废旧金属市场为核心的西北部市场群。

5. 现代化发展步伐加快。经过调整改造,一些市场硬件设施建设、功能设置都体现出了现代化特征。沈阳五爱市场在三期改造中,新开发建设了建筑面积近20万平方米的国际小商品城,硬件设施基本接近商场的设施水平,同时还配套建设了商品展示中心和商务中心;沈阳水产市场、沈阳钢材市场、沈阳粮食市场等分别按现代化标准建设冷链系统、信息平台、物流配送中心。

(杨　江)

【北方茶城】 中国·北方茶城项目总投资3亿元人民币,总建筑面积2.24万平方米,营业面积1.33万余平方米,共分三层,扶梯八部,货梯两部,内设商铺200余个,现有商户180余户,出租率达到97%,商户来自于全国各地,以南方省份居多,茶城全体商户合计注册资金达到2000余万元。

北方茶城以茶叶批发、零售为龙头,集高档茶具、茶包装、茶保健品、茶叶机械加工设备、茶附属产品、玉石首饰工艺品、多功能展示厅、服务中心、银行服务等为一体的辽宁省乃至东北地区最大的现代化专业精品茶城,在国内也颇具知名度,其发展空间和潜力巨大。虽然北方的茶文化、茶元素与南方相比也有相当大差距,但随着北方经济的迅猛发展和广大民众生活水平的日益提高,饮茶、健康饮茶已为北方民众熟识,需求量不断突破高点,促使北方的茶经济、茶文化如雨后春笋般在北方市场快速崛起。

北方茶城的供货基地以南方茶叶产地为主,经销商品覆盖东三省,河北、内蒙及俄罗斯、日本、韩国等国家和地区,年商品交易额约7000万元,稳占当地市场70%的份额。

(张效和)

【沈阳东北机动车配件批发市场】 沈阳东北机动车配件批发市场是沈阳市重点市场,是于洪区政府2000年建设的大型市场项目之一,投资总额近1亿元人民币。市场占地面积约9.2万平方米,总建筑面积7.7万平方米，是东北地区最大的汽车配件市场。市场开业仅一年，就荣获沈阳市规范化市场荣誉称号。市场位于皇姑区昆山西路与大二环的交界处，毗邻东北旧机动车交易市场(塔湾车行)。地理位置优越，进货、发货方便快捷，具有立足东北、辐射全国的能力。

汽配市场共有商住门店37栋，全部二层独立的商住两用高档门店可以满足24小时经营，市场的格局和其他硬件设施在全国的汽配市场中也是一流的。宽敞便捷的人流通道及超大面积停车场，为商家及客户创造了舒适便捷的交易环境。

2009年沈阳东北机动车配件批发市场被评为辽宁省文明市场，被沈阳市市场协会评为“理事单位”，被全国汽配市场联合会评为“副理事长单位”，被中华全国工商联合会汽车摩托车配件用品商会确定为“全国重点培育市场”，先后被省、市两级工商管理机关评为“重合同守信用”单位。2010年被市综治办评为“平安市场”，被市工商局评为“诚信市场”。

(张效和)

【东北机电五金城】 东北机电五金城(原滑翔五金城是已有30年历史的市场)最初为东北旧货市场，是1997年政府重点立项的沈阳2个大型专业市场之一。1999年沈阳泰丰集团投巨资进行市场化运作，依托多年积累的浓厚商业底蕴和良好发展势头，以市场需求为基础，提升项目档次，整合商业功能，不断升级改造，期间进行了两次大的升级改造，1999年从最初的东北旧货市场升级为滑翔五金城，2004年从滑翔五金城升级为东北机电五金城。经过近十年的发展，升级后的东北机电五金城已经形成钢材建材交易中心、机床设备交易中心、水暖阀门交易中心、五金机电交易中心、装饰建材交易中心、建筑机械交易中心六大交易中心。该六大交易中心互动共生，资源共享，形成批发为主兼顾零售的“一站式”采购服务基地，成为东北规模最大、品类最全的城市建设品、装饰建材“一站式”购物中心。

东北机电五金城升级改造前营业面积约5万平方米，商户数量约500户，日客流量3000余人。发展到商户数量2000余户，日客流量2万余人。

东北机电五金城，占地面积12万平方米，总建筑面积35万平方米，停车场5万平方米，经营面积19万平方米，库房10万平方米。共分四期开发，已完成开发的有一期水暖阀门城，二期五金机电交易大厅和装饰建材交易中心，三期1号楼钢材建材交易大厅和建筑机械交易中心、三期2号楼为机床机电交易大厅和水暖阀门交易中心。四期汇美易家家居广场现正在建设中。

市场经营品类齐全，上千家商户，万余种品类。市场经营品类共分13大类。分别是水暖类、电工电器类、工具类、机电类、标准紧固件类、建筑五金类、建筑机械类、机床及发电机组类、钢材类、装修材料类、户外灯具类、太阳能类、劳保日杂类。

由于市场一流的硬件配套设施和优秀的物业管理服务理念，不断吸引了国内外各行业的知名品牌抢驻，并在市场内设立形象旗舰店。五金工具类有西门子、博世、世达、麦太保，水暖管件类有台塑、联塑、金德、日丰，电器类有人民电器、正泰、德力西、日立、松下电器等，卫浴类有新辉煌、苹果、申鹭达，太阳能类有桑乐、皇明、清华同方、太阳雨等，家电类有美的、TCL、方太、小天鹅、史密斯等，钢铁类有宝钢、鞍钢的钢铁产品，沈阳机床、大连机床、潍柴动力等企业产品在市场中均有销售网点。

经过十余年的滚动发展，东北机电五金城各个经营品类已经在行业中形成规模优势，也充分展现出专业市场的聚集效应，立足沈阳，辐射东北，成为东北地区最大的五金产品批发集散地。

东北机电五金城的水暖阀门城是东北乃至全国最大的水暖专业市场；五金机电交易中心是东北经营面积最大的五金工具市场；钢材交易中心属于全国惟一入室经营的商场；机床交易中心为全国仅有的2个机床专业市场之一。

(张效和)

【沈阳东北装饰城有限公司】 东北装饰城是由沈阳荣天实业有限公司投资兴建的大型装饰材料综合交易市场。从1999年开始经营到目前已经有十年历史，十年来在各级政府的支持下，在荣天企业集团领导正确指挥调度下，经过“装饰城人”的勤奋和努力，使东北装饰市场有很大的发展，在装饰材料行业上崭露头角，并占据沈阳装饰材料市场的半壁江山，同中国家具城等几个大型装饰材料市场并驾齐驱。

东北装饰城位于沈阳城区东南部，它毗临摩托车市场，长青家电、文教市场、“中兴超市”。

东北装饰城占地面积6万平方米；建筑面积5.8万平方米；经营面积5.5万平方米。建筑布局为岛式的建筑群，上下二层做为经营摊区，上层各个滩区以11座天桥连接，整个市场严格按划行分类经营的原则，将市场划分23个摊区，其中装饰材料类18个摊区，家具类5个摊区，整个经营摊位917个。

东北装饰城市场外部设置能容纳150辆泊车位的停车场，方便顾客及业户停车，而在装饰材料、家具广场正门的临街立面墙体上设置23块固定广告位及43平方米大型彩色电子显示屏，为业户发布广告及信息建立崭新的交流平台。市场内部设置大型滚梯二部，垂直货梯四部方便市场人流、物流。

公司先后多次获得“省文明市场”、“信誉单位”。2000—2001年度荣获辽宁省工商行政管理局颁发的“市场规范化管理先进单位”；2001—2002年度荣获沈阳市工商行政管理局东陵分局颁发的“温暖工程先进单位”；2001年度荣获沈阳市工商行政管理局、沈阳市集体市场协会颁发的“文明市场”；2002—2003年度荣获沈阳市工商行政管理局、沈阳市商品交易市场协会颁发的“文明市场”；并由沈阳市商业局批准为批发市场转型升级“试点单位”；2010年度荣获全市惟一的省“文明市场”。

(张效和)

【沈阳二手车交易市场】 沈阳二手车市场有限责任公司成立于2005年10月，公司经营范围：市场管理、市场服务；二手车收售；新车销售；汽车装饰；机动车交易经纪服务；机动车安全技术检验；

机动车尾气检测;二手车经纪代理信息咨询服务。

公司运行至今已有五年多的时间,经过五年多的艰苦努力,在各级政府、主管部门及行业协会的大力支持下,市场在完成基本建设的基础上,完善了从新车展销到新车注册;从二手车收售到二手车交易过户办理;从非免检新车上线到机动车年度安全(尾气)检测的所有功能,进而成为全国功能最全的汽车综合服务市场。市场已引进车管所、国税、交通、保险、银行、邮政、工商、公安等部门入场办公,形成全国首家办事功能最齐全为消费者提供"一站式"的服务体系。现已开展场地(商铺)租赁、新车注册登记、二手车交易过户、二手车买卖、评估、二手车金融服务、二手车即时拍、新车展销、网络信息查询与应用、汽车修理、美容、机动车安全、环保检测、汽车以旧换新、广告等业务。公司还将根据市场的需求开发机动车报废拆解、机动车保险经纪、二手车经纪人培训、信用担保、商饮服务、大型户外电子广告、运输服务等诸项业务。

2010年,金宝台二手车市场会同入场经销商业主委员会建立"百家诚信联盟",公选有诚信、懂经营、守信用、不经营盗抢等违法车辆的经营企业诚信客户,被推选出的诚信业户将以"行业推荐诚信业户"的名誉在各新闻媒体向广大消费者推荐。"百家诚信联盟"做为金宝台二手车市场一以贯之的经营理念和信条继续坚持下去并不断发扬光大。"百家诚信联盟"奉行诚信宗旨,承诺:不经营盗抢车辆;不经营手续不全车辆;不经营有债务或法律纠纷车辆和重大事故车辆,出售让广大消费者满意放心的二手车。"百家诚信联盟"成员单位由市场授牌经营,采取不固定式,由市场管理部门为他们建立诚信档案,进行考核评比,实行优留劣汰,确保队伍的稳定与纯洁。

沈阳二手车交易市场有限责任公司已成为中国汽车流通协会常务理事单位;沈阳汽车流通协会副会长单位;是首届"中国二手车交易市场高峰论坛"和"中国二手车交易市场联席会"发起单位之一。2010年市场根据广大消费者需求和消费心理,由入场经销商自愿成立"百家诚信联盟",其中的成员单位同时作为市场推荐"诚信商家"向消费者推出放心二手车。由于市场具备诚信的经营理念和诚信的经营环境,由沈阳市工商局批准,苏家屯分局挂牌进驻"消费者协会投诉维权站""12315申诉举报联络站",可为到金宝台二手车市场的广大消费者保驾护航。为了给企业创造一个良好的运营环境,根据沈阳市关于加强软环境建设的统一部署,苏家屯区纪委在金宝台二手车市场专设了"软环境监测点",可有效降低企业运行过程中的不必要麻烦。2010年4月和9月,市场分别成功承办了由中国汽车流通协会和沈阳市人民政府共同主办的第二届、第三届中国(东北)二手车交易博览会。此二届展会的成功举办,拉动了辽沈地区二手车消费、流通,为促进新车增长提供了积极的促进作用,同时也确立了二手车交易博览会在东北地区的作用,为实现树立沈阳二手车交易市场(金宝台)在东北地区核心二手车市场地位的目标打下了坚实的基础。11月23日,在杭州举行的中国汽车流通行业年度大会上,金宝台二手车市场又获得了全国首批(十家)"全国诚信5A级市场"、"服务模式创新奖"的殊荣,在全国汽车流通行业建立起新的丰碑。

(*张效和*)

【沈阳祥瑞商业购物广场】　沈阳祥瑞商业购物广场位于沈阳市东陵区营林地区,成立于2007年10月,是一家以农副食品、生活用品、家用电器为一体的综合市场,市场内整体设计、安装与管理完全是按照室内大型商场标准设计完成的,市场内设有大型免费停车场、儿童娱乐场所、监控等设备。

沈阳祥瑞购物广场本着"永远为顾客提供满意服务"的宗旨,认真履行企业的社会责任,树立良好的社会形象,几年来,荣获"辽宁AAA级信用企业"、"守合同重信用单位"、"沈阳市文明集贸市场"等各种荣誉称号。2009年5月被指定为"家电下乡"产品先行垫付补贴入网网点。

(*张效和*)

【沈阳张士灯具城】　2010年6月18日,张士灯具城二期精品广场动工仪式正式启动,同步的招商引资工作也随即展开。总占地面积2万平方米的精品广场,在营销模式和建筑风格上体现四大特色:一个战略,建立差异化的市场;二个共赢,建立市场与品牌灯具企业的共赢,市场经销商与终端消费者的共赢;三大特色,townhouse的建筑模式,高挑的空间布局,800多个停车位;四大体验,愉快的购物体验,便利的交通体验,文化之旅的体验,实实在在的优惠。与国际接轨的营销理念及独特的卖场建筑风格,自然会吸引具有远见卓识的灯具厂商,国内顶级灯具生产厂家新文行、宝辉、金达、海菱、雷士,顶级灯具连锁机构灯玛特等厂商纷纷与张士灯具城签约。

为了提升卖场整体的购物环境,为消费者营造更舒适的购物环境,灯具城对天井区域进行了改造,增设了休闲共享大厅,四周敷装了理石墙面,安装了天蓝色玻璃幕墙,重新包装了四部滚梯,并且增设了休闲桌椅。此外,灯具城还重新铺设了库房区域的路面,为商户的日常经营提供了更多的便捷。

灯具城与汇才学院建立了长期合作关系,6、7月份分批次分阶段选送学员去学习,在那里职业经理人学到了更好的管理技能与营销手段,营业员提高了团队合作能力,更好的挖掘了自身潜力。

(*张效和*)

旅　　游

规划发展

【编制旅游“十二五”规划】 指导思想。深入贯彻落实科学发展观，以《国务院关于加快发展旅游业的意见》为指导，结合沈阳经济区上升为国家战略后的发展新格局，继续加快旅游基础设施建设，整合资源，构筑精品，强化内涵，提升竞争力，重点打造温泉养生度假、清文化史迹、工农业体验、冰雪运动、生态休闲、商务会展、康体健身(含高尔夫)等旅游品牌，以“十二运”等全国大型活动在沈阳市召开为新契机，积极推动沈阳市旅游业实现科学发展、创新发展、和谐发展。

目标定位。到“十二五”末期，力争把沈阳建设成为沈阳经济区“母港”城市、大东北旅游集散地、国家级旅游中心城市，并向东北亚国际旅游中心城市努力奋进。

旅游经济指标，到“十二五”末，确保接待国内外游客7337万人次，旅游总收入实现931亿元人民币，年均分别递增5%、12%；力争达到接待国内外游客8078万人次，旅游总收入实现1314亿元人民币，年均分别递增7%、20%。

“十二五”时期沈阳市旅游业发展的空间布局是依据沈阳旅游总体规划的设想，具体布局分为三个层次：沈阳都市旅游区、沈阳经济区旅游圈和大东北旅游圈。

第一层次：沈阳都市旅游区

在沈阳市域范围内，形成以中心城区为内核，近郊环城游憩带为依托的联动周边区县旅游发展格局，即“一心、一带、四翼”的空间结构。“一心”即沈阳的中心都市区，特别是二环路以内的城市建成区，是沈阳旅游的“内心”。“一带”即沈阳环城游憩带，主要指沈阳市建成区(二环路内)外的由沈阳市域范围或周边地区组成的空间地带。“四翼”即拓展东南西北四翼。东翼：度假旅游乐园。南翼：生态健康旅游基地。西翼：乡村休闲家园。北翼：旅游北拓发展轴。

第二层次：沈阳经济区旅游圈

沈阳经济区城市群积聚了不同等级、不同规模、不同特色的城市，沈阳由于地理位置和航空港的优势、成为城市群的核心和集散中心，其他城市依托铁路、公路交通网络呈放射状摆布。要进一步整合沈阳、抚顺、辽阳、铁岭、鞍山、本溪、营口、阜新八个城市的世界文化遗产、清前史迹、满族文化、奇特景观、冰雪温泉、工农业体验等旅游资源，在现有96条经济区旅游线路基础上，重新规划、提炼若干主题旅游线路，形成特色旅游资源的集合效应，相互呼应与补充，避免同质竞争，加大对游客的吸引力，树立区域旅游整体形象，推进形成东北第一区域旅游圈。

第三层次：大东北旅游圈

沈阳、大连、长春、哈尔滨+鞍山5个东北城市结成“4+1”的旅游合作联盟，确立了以201国道、改造升级中的京哈铁路为纽带，打造东北东部旅游黄金线路，化竞争为合作，通过共同宣传促销、共同搭建服务体系，促进大东北区域旅游格局的延伸与完善。

“十二五”时期沈阳旅游产业发展的主要任务。“十二五”时期，沈阳旅游产业配合国家东北振兴规划和全市新型工业化综合配套改革战略的实施，主要完成以下九大任务：一是深入贯彻《国务院关于加快发展旅游业的意见》，推动旅游发展方式转变速度倍增。二是打造旅游新业态，优化旅游产业结构，加速转型升级。三是大力推进行业融合，积极发展旅游消费新热点。四是加大旅游精品景区建设，打造沈阳旅游品牌。按照市区旅游、城郊旅游、县域旅游三个层面的产品及产品组合，着力建设“十大旅游”品牌。五是深化完善行业监管机制，大力提升旅游服务质量。六是积极实施“节能减排”工程，大力发展低碳旅游。七是继续强化“活力之都中国沈阳”形象品牌，高效开发国内国际两个市场。八是加强旅游教育和培训，建设高素质旅游人才队伍。九是加强区域旅游合作，推进沈阳经济区旅游一体化。

促进旅游业发展的政策措施。一是加大政策、资金投入力度。二是增强金融合作、支持力度。三是制定、实施土地优惠政策和措施。四是加强旅游资源的开发管理。五是加强对重点项目的扶持。六是大力扶持旅游商品生产企业。七是实行业绩奖励制度。八是加快体制、机制创新。

（田　毅）

【A级景区无障碍设施建设】 2010年，按照《沈阳市创建全国无障碍建设城市实施方案》有关要求，沈阳市旅游局专门成立了创建全国无障碍建设城市工作领导小组，由局长任组长，主管副局长任副组长。根据行业情况，采取了以下几项措施：一是针对旅游星级饭店和A级旅游景区，专门拟订并下发了关于落实《沈阳市创建无障碍建设城市实施方案》的通知，进一步明确了各级工作内容、保障措施和时间安排。二是充分发挥各级组织的作用，按照市旅游局、区(县)旅游局、旅游景区的层次，实行分级负责、属地管理、责任到人的办法，一级抓一级，使该项工作更富有成效。三是在资金保障上，无障碍设施改造经费由市、区(开发区)、建设单位3方共同承担，以区(开发区)为主，市财政给予适当补贴。政府资金主要用于补贴公益性建筑和场所的无障碍设施改造。各建设单位根据自身情况，制订了本单位无障碍建设、改造计划，明确项目性质、内容、地点、投入资金数量及来源，明确项目完成时间等，积极筹措，认真组织。确保全市A级旅游景区无障碍建设工作顺利实施。

截至2010年底，全市共有A级旅游景区34个，其中停业3个，其它31个旅游景区无障碍建设建成情况是：路口坡化、建筑物出入口坡化149条，盲道12条，安全走道及楼梯124个，无障碍厕所及厕位41个，无障碍停车位38个，显著位置设置无障碍标志51个,大型场所设置无障碍行进路线图22个,公共服务建筑设置低位窗口、服务台14个,观演场所设置轮椅座位53个。以上设施的建设,基本满足了各类游客的需求。

31个对外营业的A级旅游景区根据自身原有无障碍设施和陆续建设完成无障碍设施情况,分别研究制定了本景区下一步无障碍设施改造计划,除了已达到建设标准,完成了无障碍建设任务的29个景区外,其余2个景区无障碍建设拟根据自身情况和市(区)建设整体规划,分两步完成改造任务。第一步,沈阳白清寨滑雪场正在进行整体建设,将根据整体建设进度,自筹资金11.4万元,建设安全走道4条、无障碍厕所4个、停车位4个、无障碍标志3个、无障碍行走线路图1个,拟于2011年6月之前完成。第二步,沈阳老龙口酒博物馆,整个老龙口酒厂区包括博物馆在内,已列入沈阳市整体建设和改造计划,准备拆除新建,该景区无障碍设施建设已列入整体设计方案之中,待计划审批上马后统一建设。

(卢立祥)

【制定温泉旅游开发扶持政策】 为落实辽宁省人民政府《关于加快发展温泉旅游的意见》,加速推进沈阳市温泉旅游项目建设,发展壮大温泉经济,促进旅游产业转型升级,沈阳市旅游局代市政府起草了《沈阳市人民政府关于加快温泉旅游开发的若干政策意见》(简称《意见》)。

该《意见》根据沈阳市自身实际,从总体发展目标、加强组织领导、保障温泉旅游项目用地、加强温泉旅游建设财税支持、建立温泉旅游开发激励机制等六个方面,明确了沈阳市温泉旅游开发的扶持措施。

该《意见》把"紧紧围绕建设东北亚休闲中心城市的理念,依托沈阳山水资源,以水为脉,以文化为韵,以特色为魂,科学合理开发、利用地热资源,发展温泉经济,把温泉产业打造成为沈阳市最具活力的休闲产业,进而构建集温泉度假、康体养生、休闲娱乐、精品酒店、商务会议及主题地产于一体的东北生态温泉城"作为沈阳市温泉旅游开发总体发展目标,充分体现了沈阳市的特色。

该《意见》明确了由市长亲任组长,主管副市长任副组长,14个部门的一把手为成员,成立了阵容强大的领导小组,使这项工作有了坚强有力的组织保证。

该《意见》经沈阳市旅游局起草,报主管副市长修改,并会同14个相关委办局完成了会签工作,形成了共20条的《沈阳市人民政府关于加快温泉旅游开发的若干政策意见》,待市政府市长办公会讨论通过后实施。

(卢立祥)

【沈阳经济区旅游合作】 旅游一体化作为沈阳经济区整体一体化的先行者,经过各市精心研究、通力合作,呈现出了新的合作共赢的发展态势。

研究制定旅游一体化发展纲要。为深入贯彻落实国务院《关于加快发展旅游业的意见》,发挥旅游业在沈阳经济区综合配套改革中的重要作用,2010年沈阳市旅游局草拟制定了《沈阳经济区旅游发展一体化实施纲要》。纲要文本在调研珠三角、长株潭区域、武汉城市圈、中原城市群等地区模式发展情况的基础上,提出了沈阳经济区旅游一体化发展的指导思想、发展目标、工作重点和保障措施,纲要一经推出,将对经济区各市的旅游一体化发展起到协调和指导作用。

积极开发新兴旅游业态。截至2010年底,沈阳经济区有各类旅游景区(点)200余处,包括世界文化遗产5处,国家A级景区107家,其中:5A级景区1家,4A级景区31家,形成了以沈阳为中心,内容丰富、特色突出的景区(点)分布格局。八城市结合资源特点,统筹规划,通盘考虑,重点打造了历史文化、工业基地、红色旅游、绿色生态、温泉冰雪、奇异景观、民俗文化、宗教文化等旅游精品,充分挖掘和发挥了集群化旅游产品的整体效应。

温泉旅游开发。在深入调查研究的基础上,确定了全市温泉旅游发展的总体目标。沈阳市于洪区小韩村温泉会所于2010年9月建成,是全省第一家温泉与蔬菜工厂农业特色相结合的大型旅游项目,总投资约2亿元人民币。沈阳新民市丽景温泉宾馆跻身三星级饭店行列,成为沈阳第一家温泉旅游宾馆。沈阳新民市兴隆堡温泉城、沈北新区热带雨林温泉度假村项目等正在建设中,棋盘山旅游开发区、苏家屯区的冰雪+温泉项目也在积极招商引资。未来将在沈阳市的东南西北四个方位建成不同类型、不同主题的温泉集聚区,并将与已经开发成功的辽阳、鞍山、营口、本溪等经济区相关城市的温泉资源协调发展,拉动沈阳经济区旅游业和经济总量的进一步发展。

提升整体形象成效明显。联合参加旅游展会,实现旅游宣传联动。推出了"三个沈阳"的旅游宣传概念,即沈阳经济区这个"大沈阳",反映城市深厚文化底蕴的"老沈阳",以及再次令东北二人转美誉度大增的"小沈阳"。组成联合团队,赴客源市场开展旅游大篷车宣传。赴吉林省、黑龙江省及内蒙三省开展以"体验山水感受神奇"为宣传促销活动主题的旅游大篷车活动。积极利用新闻媒体进行宣传。作为沈阳经济区的新成员,各市充分利用沈阳电视台、电台、报纸、网站等媒体宣传自己独特的旅游资源。阜新市在辽宁卫视新北方、家庭旅游等频道分阶段投放阜新旅游专题广告,使阜新主要景区的知名度明显提高,接待收入大幅增加。

联合提高节庆活动档次。几年来,依托八城市特色各异的旅游节庆文化资源,各市有计划地推出了节庆旅游活动产品,实现了时间和空间上对旅游产品的高度集约,集中展现了各市旅游资源特色和城市形象。沈阳经济区各市的"冰雪节"已成为享誉东北、辐射全国、吸引东南亚的冬季旅游品牌。2010年沈阳国际冰雪节、盛京灯会、关东庙会("一节两会")接待的游客数量创下了历年来的新高,达到122万人次,比去年增长了10.9%。营口市以天沐温泉为代表的温泉旅游和何家沟滑雪场的冰雪旅游的异常火爆带动了相关产业全面升温。辽阳市滑冰雪、泡温泉的游客除本市外,主要来自沈阳、鞍山、盘锦、抚顺、营口等周边城市。沈阳国际旅游节、鞍山千山国际旅游节、抚顺满族风情国际旅游节、本溪国际枫叶节等旅游节系列,是各市多年连续举办的节庆活动,各市在节会的筹备和组织过程中,互助互援,共同提升了旅游节的"国际化"程度。

旅游集聚区建设添新姿。按照规划,沈阳经济区将以沈阳为核心,抚顺、铁岭、辽阳、鞍山等7个相关城市沿着沈铁、沈抚、沈本、沈阜、沈辽鞍5条城际连接带,重点建设新城、新市镇33个。结合旅游业的实际特点,各市旅游局集中开展了抓旅游集聚区建设的工作,积极推进经济区连接带建设。棋盘山旅游集聚区作为全省六大旅游集聚区之一,产业优势明显。在建设新城、新市镇建设的过程中，大批新的旅游景区、旅游风情小镇、高星级宾馆饭店、旅游服务中心将现身城际连接带和新城节点，城市群的旅游功能将更加完善。

（杨　芳）

【温泉资源开发】　沈阳市具备温泉旅游开发条件的区、县（市）有5个（于洪区、沈北新区、棋盘山开发区、苏家屯区和新民市），已打成温泉井9眼，其中：于洪区2眼，沈北新区2眼，新民市5眼，棋盘山和苏家屯区正在勘探中。

已建成并运营的温泉旅游项目4个：于洪区小韩村温泉会所，新民市兴隆堡温泉小市镇的赛多纳温泉度假酒店有限公司（美国郡温泉体验馆）、丽景温泉宾馆和隆源宾馆，总投资超过10亿元，于2010年9月至年底先后试营业。

在建项目2个：新民市兴隆堡镇的世界温泉部落加拿大郡、修正一品汤城，总投资6亿元。其它已签约项目14个，总投资133.8亿元；11个项目总投资在5亿元以上，其中超过10亿元的项目6个，年内大部分可开工建设。另有意向合同2个，意向总投资额15亿元。

2010年，沈阳市积极落实省政府温泉发展战略，全力推进温泉旅游开发。一是注重政府主导，创造良好的发展条件。2010年，按照省政府温泉旅游现场会精神，沈阳市旅游局编制了《沈阳市温泉旅游开发建设实施意见》，代市政府起草了《关于加快温泉旅游开发的若干政策意见》，确立了沈阳市温泉开发的指导思想：紧紧围绕建设东北亚休闲中心城市的理念，依托沈阳山水资源，以水为脉，以文化为韵，以特色为魂，科学合理开发、利用地热资源，发展温泉经济，把温泉产业打造成为沈阳市最具活力的休闲产业，进而构建集温泉度假、康体养生、休闲娱乐、精品酒店、商务会议及主题地产于一体的东北生态温泉城。二是注重科学规划，提出超前的发展理念。在推进各区县温泉项目开发过程中，市旅游局咨询了重庆箱根温泉投资顾问有限公司等多家规划设计单位，编制了全市温泉招标计划和规划框架要求。市政府列出专项资金，公开上网招标聘请全国知名的旅游设计团队，高起点、高标准编制温泉旅游专项发展规划。市旅游局组织了本地温泉资源的调研，分期分批组织各区、县（市）负责人和旅行社总经理等前往省内周边城市、湖北、广东、广西等地考察，了解市场需求，保证在确立发展目标和明确市场定位上站得高、看得远、拿得准、做得好。三是注重品位特色，打造地区的名牌产品。沈阳小韩村温泉会所坚持以温泉养生和蔬菜工厂采摘特色并重，借助与中国农业科学院农业环境与可持续发展研究所联合建立的全国首家蔬菜工厂，可在一年四季让游客采摘到鸡毛菜、茼蒿、荠菜等立体栽培的优质、安全、洁净的蔬菜产品，使游客在体验了温泉浴的同时，还可体验到农业旅游的乐趣。沈阳赛多纳温泉度假酒店有限公司（美国郡），借鉴美国红土岩温泉旅游成功经验，着力营造回归自然、幽雅舒适的温泉洗浴氛围，营造了假山、溶洞等背景，推出了红土岩火山温泉，露天温泉，玉石浴、黄土浴、玛瑙浴系列温泉等项目，具有特色的是SPA馆，充满异国情调、可在阳台和屋顶泡温泉的欧式会馆，欧式别墅，水景别墅，红房子室外泡池联体别墅，以及养生室外泡池群，为游客提供了不同方式的温泉享受。四是注重功能完善，提升休闲度假的吸引力。沈阳小韩村温泉会所，由三个功能区组成：会所中心建筑面积1.2万平方米，内设67间标准客房和自助餐厅、宴会厅、会议室等，可同时接待住宿、会议、就餐千人以上，室内外温泉泉疗区营业面积1.5万平方米，室内有标准现代化游泳馆1个，温泉泡池19个，以及石板浴和森林氧吧等温泉娱乐休闲项目；室外温泉可四季利用，尤其冬季头顶飞雪、身泡温泉已成为沈阳独特一景。该会所围绕温泉水独特的医疗保健功能，设置了花瓣浴（玫瑰花、薰衣草和迷迭香）、彝族药浴和枸杞当归浴，园内荟萃古今中外温泉洗浴经典，集温泉、药浴、游泳、桑拿、按摩等项目于一身，绿树掩映，曲径通幽。建设跑马场、护城河、垂钓园、舞场、喷泉广场、儿童乐园、蒙古大营，使游客流恋往返。沈阳赛多纳温泉度假酒店有限公司建成集餐饮、住宿、疗养、休闲、健身、娱乐为一体的综合温泉度假村。五是注重市场运作，提高招商引资的门槛。新民市兴隆堡温泉城从众多的招商项目中筛选了一批投资大、品位高、有特色的项目，已建成、在建、已签约待开工和签定意向协议的温泉旅游项目18个，投资总额达126.8亿元，其中超10亿元的5个，规划五星级标准的饭店4个，大型室外温泉等旅游娱乐项目3个。沈北新区签订的永盛温泉商住这一个项目投资额达就35亿元。

（田　毅）

【旅游制造业集聚区建设】　为落实国家旅游局提出建设旅游制造业集聚区的要求，3月30日，市旅游局先后对大东区、铁西区进行了调研。调研组考察了沈阳龙之梦亚太中心项目、沈阳天江老龙口酒业有限公司、沈阳中泽汽车科技有限公司、沈阳羽毛阚金品手工羽毛画厂（沈阳广利工艺品有限公司）、沈阳铸造博物馆。建设中的沈阳龙之梦亚太中心总投资260亿元，建筑面积超过480万平方米，是集购物、休闲、娱乐、餐饮、运动、文化、旅游、商务、会议、会展于一体的特大型组团式商业商务中心。该项目建成后，将成为东中街上的标志，不但有力延长老中街的商脉，还将使沈阳东部商圈全新升级。在老龙口酒业，调研组听取了公司董事长邹长顺的情况介绍。几年来依靠不懈努力，老龙口酒业已经走出了困境，下一步企业将迎来一个全新的发展阶段。除进行新厂的建设外，原有的老厂区也将进行全面改造，厂区外立面将进行全方位包装，一个覆盖所有厂房的室外平台将高层建筑相连。古井一、古井二、老龙口创始人孟子敬像、老窖池和酒神祭、地下的酒窖和酒仙台都呈一条流线贯穿老龙口新建筑群之中。而老龙口酒博物馆也将相得益彰，依傍这条“文物流线”，用珍藏的石磨、酒海、老商标等文物见证老龙口的历史辉煌。位于铁西区的沈阳羽毛阚精品手工羽毛画厂生产的“羽毛阚”精品羽毛画，以天然色彩羽毛为原料，以表现国内外名胜风景著名油画为题材作画，色彩明快，层次分明，栩栩如生，极具收藏价值。在调研沈阳铸造博物馆的铁西工业历程展后，调研组又前往经济技术开发区考察旅游房车项目。沈阳中泽汽车科技有限公司总投资9000万美元、东北最大的“房车”制造企业，预计2011竣工投产。该公司按照欧美专业旅居车制造工艺流程，应用环保材料生产轻型车体房车车厢宽敞，可容纳多人同时出行；车内设施齐全，配有卧室、卫生间、客厅、厨房，空调、电视，室内恒温，冷热水供应，就像一个小型星级宾馆。值得一提的是，该车采用奔驰、克莱斯勒及菲亚特底盘，以太阳能、电能等新型能源为动力，是一款名副其实的“绿色房车”。

（田 毅）

【旅游专项资金】 为争取增加沈阳市旅游专项资金的额度，用于加强对旅游项目建设的奖励、扶持和引导，市旅游局调研了周边主要城市的旅游专项资金情况，其中：大连市每年旅游专项资金6000万元，一半的额度用于扶持项目；长春市、哈尔滨市的旅游专项资金分别是3000万元，1800万元。相比之下，沈阳市自上世纪末期建立、一直没有增额的旅游专项资金1000万元额度位列东北主要四城市的末席。

按省旅游局文件要求，经局党组会议研究，从区、县（市）旅游局申报资料中筛选了在苏家屯区建设的沈阳经济区旅游综合服务中心、新民三农博览园游客服务中心及农业百科园改造、沈北温泉度假村三个项目上报辽宁省旅游局，并与市财政局会签文件，争取上级旅游发展专项资金支持。最终，新民三农博览园获得国家150万元和省60万元的资金补助。

（田 毅）

【旅游项目建设】 市旅游局联系走访了市发改委、市服务业委的相关部门，搜集了800多个全市第三产业重大项目，并按照旅游六大要素以及与旅游密切相关的要素进行了分类整理，包括按照餐饮、住宿、娱乐、景点、交通以及按照区县、资金额度进行了分类整理、筛选出旅游业关联较大的200多个项目，在组织召开的旅游项目建设区县旅游局座谈暨培训会上进行交流，建立了市旅游局与区县旅游局之间的项目交流、跟踪进度和服务渠道。

根据市发改委——沈阳市“十二五”期间重点规划建设项目（产业集群、工业园区）申报的要求，市旅游局收集各区县（市）的相关项目，优选申报了16个：棋盘山开发区的沈抚新城高坎生态区、国际创意谷、泗水科技城、温泉谷项目，康平县的卧龙湖景区项目，新民市的兴隆温泉城项目，沈河区的皇城文博旅游产业聚集区、万柳塘杂技主题公园、大南文化用品特色街项目，东陵区的李相新城项目，沈北新区的华强文化科技产业园、唐都温泉度假村、碧水蓝天温泉旅游度假村项目，苏家屯区的陨石山森林体育公司项目，于洪区的小韩村农业专业合作社+温泉旅游项目。

按照辽发改电[2010]52号《关于申报十二五旅游游基础设施建设规划储备项目的通知》精神，市旅游局通过对各区县报送重点旅游项目的审核，并与市发改委沟通研究，根据沈阳市在全省各市和沈阳经济区各市中的旅游经济体量、未来发展需要，申报了沈阳陨石山国家森林公园基础设施改扩建项目（此前上报已入国家项目库、尚未安排投资）、沈阳棋盘山温泉谷冰雪旅游集聚区项目、沈阳苏家屯区在建的沈阳经济区旅游综合服务中心项目、沈阳沈北新区的沈铁城际带旅游基础设施项目四个重点储备项目。

市旅游局还接待多家投资商或其委托单位进行市场调研，提供相关旅游市场资料，提升投资商的信心，为项目落地，为全市双5000亿目标积极服务。

（田 毅）

【旅游法制建设】 2010年，市旅游局严格按照2010年依法行政工作要点，进一步贯彻落实《全面推进依法行政实施纲要》和《国务院关于加强市县政府依法行政的决定》，把依法行政与“科学发展观学习实践活动”相结合，把法制建设与创建文明单位相结合，把推行行政执法责任制与政务公开、行风评议、绩效考核等制度相结合。执法中，市旅游局人员均持证上岗、依照法定程序，对处理处罚履行法定告知程序；无行政不作为和乱作为的行为，无行政复议行政诉讼事项发生。

市旅游局向市人大民侨外委提供落实国务院出台《加快旅游业发展决定》的全市发展建议等材料，通过人大渠道争取沈阳市出台相应扶持政策。向省旅游局报送了《旅游行政执法检查情况报告》。参加了市法制办组织的行政监督工作培训、全国统计执法大检查电视电话会议、规范宗教和旅游场所燃香活动全国电视电话会议等，认真落实相关要求。

依法征收旅游行政规费，做到了有收费依据及项目、有收费标准、有收费许可证、有收费票据，并准确核定征收额度，按照上级规定和物价部门核定的标准征缴，做到了不多收、不少收、不漏收。当年共审批旅行社经营许可证11个，程序合法、手续齐全、案卷合格。为537名新导游员办理了导游证，为174名导游员办理了调转手续。实施旅游现场检查25天次，共检查旅游团队12个，导游员32人次，旅游商店4家，参检78人次。受理旅游投诉6起，全部结案。

（田 毅）

【参加全国旅游商品博览会】 6月24日－27日，全国旅游商品博览会在浙江义乌国际博览中心举行。本届博览会由国家旅游局、浙江省人民政府联合主办，中国旅游协会、浙江省旅游局、义乌市人民政府承办，以“汇聚商品、创造商机、接轨世博、提升旅游、推动创新”为办展主题，共设国际标准展位2000个，国内有31个省、自治区、直辖市组团参加，还有韩国、加拿大、马来西亚、尼泊尔等十余个国家参展。参展范围包括旅游装备产品、宾馆酒店装备用品、旅游用品、旅游纪念品等四大方面。与上届相比，本届博览会的主题更鲜明，参展规模更大，布展更专业，内容更丰富，市场化运作更有效，后勤保障也更加到位。到会国内外专业采购商达8万人以上，其中境外专业观众6000人以上，贸易团队50个以上。展会期间，举行了中国旅游商品大赛、旅游商品开发论坛、工艺美术师作品展、美食节、啤酒节、广场文化周等一系列旅游文化活动。

沈阳三农博览园（新民文化博览园）的参展商品——五谷画，沈阳广利工艺品有限公司参展商品——羽毛画，沈阳老龙口酒博物馆参展商品——老龙口特色酒等在展会现场亮相，沈阳文化产业集团也组织招商团队到现场参展、招商。五谷画、羽毛画参与全国旅游商品大赛，获得参赛证书。

（田 毅）

宣传促销

【全市旅游宣传促销工作会议】 2010年3月17日，全市旅游市场宣传工作会议在北陵军人俱乐部召开。会上，对宣传沈阳旅游做出突出贡献的先进单位和新闻媒体代表进行表彰。沈阳市服务业委、沈阳市对外经济贸易合作局、沈阳市教育局、沈阳体育局、沈阳市文广局、沈阳铁路局、沈阳市口岸办，各区、县（市）旅游局负责人，各旅游经营单位，驻沈各航空公司负责人及新闻媒体代表近300人参加了此次会议。

会议提出了2010年沈阳旅游市场宣传工作的目标：认真领会国务院41号文件精神，全面落实省、市领导在全市旅游工作会议上的讲话精神，在宣传促销力度上要有新突破，在宣传促销形式上要有新变化，在旅游营销传媒合作体工作上要有新进展，携手共进，全力做好2010年的旅游市场工作，确保实现沈阳市旅游业平稳较快增长。

（周建亚）

【加大沈阳旅游形象对外宣传力度】 7月8日，沈阳旅游宣传展架《沈阳印象》摆放启动仪式在沈阳洲际酒店举行。启动仪式后，全市四星级、五星级和部分三星级旅游饭店，以及沈阳桃仙国际机场国内、国际的进出港口、贵宾室、火车站贵宾室，旅游集散中心等服务窗口摆放了100个旅游宣传展架，在旅游宣传展架中摆放中、英、日、韩四种文字、内容为旅游六要素“行、住、游、食、购、娱”及旅游精品线路的宣传折页100万份，对来沈游客免费赠阅。在全市四星级、五星级饭店的近万间客房摆放《印象沈阳》画册，填补沈阳市在服务窗口开展旅游宣传的空白，为来沈阳旅游者提供食、住、行、游、购、娱等全方位、多层次、多渠道、多形式的旅游咨询服务。

（周建亚）

【全国百城世博旅游宣传推广周辽宁（沈阳）主会场启动仪式】 2010年4月10日上午，由国家旅游局主办、辽宁省旅游局承办、沈阳市旅游局、沈阳五爱旅游购物区、辽宁康辉国际旅行社协办的“全国百城世博旅游宣传推广周辽宁（沈阳）主会场启动仪式”活动在沈阳五爱旅游购物区隆重举行。

在开幕启动仪式现场，全市30余家旅游企业搭建促销展台“盛装”亮相，辽宁康辉国际旅行社作为东北地区唯一一家代理世博会的旅行社，在启动仪式上，开展了上海世博会的宣传推介，各旅游企业也纷纷重拳出击，散发的数十万份宣传资料，引爆了活动现场，众多市民争先咨询，有些还当场报名参团。此外，由各旅游企业组织的精彩的舞台文艺表演和沈阳“东北浪二人转剧场”的二人转表演也成为现场亮点，引来众人驻足观看并热情参与。

（周建亚）

【东北“4＋1”城市旅游联合体赴马来西亚、印尼促销】 为更好地发挥区域旅游联合的优势，进一步巩固和发展联合促销成果，全面推介东北地区丰富的旅游资源，整体打造东北旅游产品的形象，提高东北地区旅游资源的知名度和美誉度，吸引更多的东南亚游客来东北观光、休闲度假。由东北“4＋1”联合体城市共同组织大型旅游促销团于2010年1月27日－2月7日赴马来西亚、印度尼西亚客源市场开展联合促销。沈阳作为东北“4＋1”城市旅游联合体2009年轮值城市，按照年初召开的联合体年会上确定的赴国内外开展宣传促销活动工作安排，牵头组织此次大型促销活动。

促销团在印尼先后拜会了印尼文化旅游部和国际日报（人民日报海外版、文汇报），并在雅加达召开大型旅游推介会。推介会场面十分隆重热烈，通过发放宣传资料，赠送特色旅游纪念品，借助多媒体演示开展东北区域整体旅游资源推介，会后举办了招待晚宴，促销团成员与印尼的旅游机构、旅行社、华人社团、新闻媒体进一步的沟通和交流，成效显著。印尼国家文化旅游部副部长沙卜达，亚洲部部长尼亚斯，国会议员叶锦标、印尼国家文化旅游部亲善大使、印尼国际日报董事长熊德龙以及旅行社、华人社团、新闻媒体百余人参加推介会。

人民日报海外版、文汇报、印尼国际日报、星洲日报、国信早报、千岛日报、唐人街、美都电视近30家新闻媒体对此次旅游宣传促销活动给予了报道，特别是印尼国际日报连续两天通过大篇幅开展宣传报道，《东北三省旅游局领导喜访本报》（半版配三张图片）、《柳秀芝率中国东北“4＋1”城市旅游促销团访印尼》（1/4版配两张图片），《东北壮丽山水冰雪风光无限好——“4＋1”城市旅游大推介，印中旅游大交流》（半版配10张图片）国信早报以题为《东北名山胜水推介会印中加强旅游大交流》（整版配13张照片）进行报道，有效宣传了东北旅游资源，在印尼引起轰动。

（周建亚）

【利用展会宣传促销】 组织旅游企业参加国内旅交会、东博会，北方旅交会暨北京国际旅游博览会及国际旅交会，通过展会向海内外宣传沈阳市旅游资源。

参加2010国内旅游交易会，重点推出“一宫两陵”世界文化遗产游、生态休闲游、冬季冰雪游、购物休闲游以及节庆会展游。通过发放沈阳地图、沈阳旅游指南等精美的旅游宣传资料，让更多的参展商了解沈阳，吸引更多的游客光临沈阳。

参加由国家旅游局和辽宁省人民政府共同主办，辽宁省旅游局和大连市人民政府承办的“第七届东亚国际旅游博览会”。沈阳市组成旅游促销团，赴大连市参加此次博览会。仅开幕式当天，就组织8辆旅游大巴车、50余辆自驾车、近600余位沈阳游客来到会场参观。沈阳市展位在活动期间经常爆满，咨询和洽谈的人士络绎不绝，得到业内人士、新闻媒体、国内外游客的广泛关注。沈阳故宫组成的皇家礼仪表演队伍，在展场内连续演出2天，受到参会业者及大连百姓的称赞。沈阳旅游光盘、沈阳国际旅游节光盘在会场大屏幕连续播放。博览会的三天时间里，沈阳展位共接待参访3万余人次，发放资料28万余份。

（周建亚）

【拓展宣传渠道】 将沈阳旅游光盘邮寄给兰州市旅游局，在兰州电视台《走遍中国》栏目免费播出。借助大韩航空公司定期报刊《空中新闻》头版位置推介沈阳市旅游资源，包括历史文化、旅游线路、风味美食等。通过市贸促会在上海世博会举办沈阳周宣传活动期间播放沈阳旅游光盘。与沈阳电视台合作制作5分钟沈阳旅游宣传片，在国航的航班上播放。通过请进来的方式，与海内外旅游组织开展互动交流。全年，先后接待了国内华东地区联合促销团、南京、杭州、三亚，国外日本滨松、中部地区、韩国春川、澳大利亚等促销团近50家。在做好接待工作的同时积极开展互动宣传，充分利用海内外旅游同行来沈促销的有利时机，向对方宣传沈阳市旅游资源，开展旅游节庆活动的邀请，使双方的旅游资源和客源市场得到充分补充。

（周建亚）

行业管理

【星级饭店评定】 2010年，沈阳市进一步规范全市旅游饭店星级评定工作，在提高星级饭店行业的管理水平和服务质量，促进旅游饭店业的健康发展的同时，加快了全市星级饭店评定工作步伐，新评定及晋升三星级饭店6家（沈阳天伦瑞格酒店、新民市丽景温泉宾馆、神鹏国际商务酒店、辽宁省道路运输职工培训中心玉龙山庄、沈阳圣有声大酒店、沈阳金泉宾馆）。另有申请评定四星级的沈阳迎宾馆及辽宁丽阳国际饭店已向辽宁省星级评定机构进行推荐，辽宁省星评委已分别于10月末和11月初对两家单位进行了初评。

沈阳绿岛森林公园酒店（原五星级）、辽展饭店（原三星级）、沈阳七月宾馆（原三星级）、沈阳聚鑫康乐商贸中心（原二星级）因关、停、并、转、拆等原因，已经无法达到旅游星级饭店评定标准，因此，星级饭店评定委员会取消了它们的星级饭店资格，并严禁再以旅游星级饭店名义对外宣传和招徕。

截至2010年底，全市旅游星级饭店总数达到107家。按星级划分：五星级5家，四星级22家，三星级59家，二星级17家，一星级7家，占全省星级饭店总数的三分之一。

（秦　岩）

【星级饭店复核】　为促进沈阳市旅游星级饭店服务质量进一步提升，从业人员服务质量意识进一步增强，满足游客对旅游星级饭店服务的规范化、标准化需求，沈阳市旅游星级饭店评定委员会于2010年7月1日，严格按照全国及省星评委要求，依据《旅游饭店星级的划分与评定》和《星级饭店访查规范》，下发了2010年度全市旅游星级饭店复核通知，并通过明查暗访等形式已经对部分旅游星级饭店进行了复核。

全市应参加星级饭店复核的单位107家，其中：五星级5家（评定1家、重点1家、年度3家），四星级21家（评定5家、重点7家、年度9家），三星级55家（评定7家、重点14家、年度34家），二星级19家（评定2家、重点10家、年度7家），一星级7家（评定3家、重点1家、年度3家）。因为关、停、并、转、拆等原因，辽展饭店（原三星级）、沈阳七月宾馆（原三星级）、沈阳聚鑫康乐商贸中心（原二星级）等3家单位，已经无法达到旅游星级饭店评定标准，沈阳市星评委已取消其星级饭店资格，不再参加复核工作。另有玉龙山庄、圣有声大酒店等2家单位于2010年9月3日由原来的二星级晋升为三星级饭店，不予参加2010年度的复核工作。南湖大酒店因停业装修改造等原因，按照标准，同意延期复核。实际参加复核的单位为101家，经认真检查，101家星级饭店均已达标，通过复核检查。

（秦　岩）

【旅游团队接待推荐单位管理】　为做好全市旅游接待服务工作，打造沈阳"活力之都"的城市品牌，满足来沈游客住宿、用餐、购物等方面的不同需求，进一步规范和提高沈阳市社会旅馆的服务质量及管理水平，沈阳市旅游局和沈阳市旅游协会联合于2006年始，在各区、县（市）开展了沈阳市"旅游团队接待推荐单位"（包括住宿、用餐、购物店）。

2010年，为满足游客晚间休闲娱乐的需求，在社会中开展了"旅游团队（娱乐场所）接待推荐单位"的工作，以丰富海内外游客的旅游生活。

经企业申请，区、县（市）旅游局的严格检查及推荐，截至2010年底，旅游团队接待推荐单位127家，其中：住宿单位63家，用餐单位37家，购物店26家，娱乐场所1家。

（秦　岩）

【绿色旅游饭店创建】　2010年，旅游饭店行业深入开展节能减排工作，以创建绿色旅游饭店活动为载体，强化旅游饭店绿色环保和节能降耗的经营理念，提高旅游饭店行业整体素质。在认真调查分析的基础上，结合不同类型企业的实际情况，向全市旅游饭店行业推荐地源热泵等节能减排方案。通过全面调查，棋盘山地区的旅游企业现都能够自觉遵守环保有关规定，多数通过管网、化粪池、自用灌溉等方式对污水进行处理后排放。棋盘山国际风景旅游开发区全面完成下达的节能减排目标任务，并带动了全市创建绿色旅游饭店活动的发展。

在全行业的积极努力和推动下，经过不断的设备改造及施工，2007年度沈阳市绿色旅游饭店评定了3家，结束了沈阳市没有绿色旅游饭店的历史。2008年度评定了17家，2009年度增加了16家，2010年又增加了5家。沈阳市绿色旅游饭店总数达到了41家，其中：金叶级10家，银叶级31家。

各旅游饭店在服务质量、服务规范、环境保护、资源合理利用等方面明确了量化打分标准，有效提高了旅游饭店的管理水平和节能降耗、绿色环保意识，对于树立饭店的良好形象，创造良好的经济、社会和环境效益起到了积极的推动作用。

（秦　岩）

【旅行社管理】　截至2010年末，全市共有旅行社187家。其中：出境游组团社25家，国内旅行社162家。

2010年4月，对全市旅行社进行了2009年度的旅行社业务年检工作。此次年检是过渡性年检，根据国家旅游局的总体部署进行的，并对旅行社业务年检系统进行了改版，从2010年开始，国家旅游局取消了旅行社业务年检。2009年度使用新版系统，今后旅行社调查统计将取代旅行社业务年检。沈阳市有五家旅行社进入2009年度全国百强旅行社行列。辽宁康辉国际旅行社有限公司位列第十一位，辽宁国际商务旅行社有限公司、辽宁世纪国际旅行社有限公司分别列第十六位和第十七位，沈阳青年国际旅行社有限公司、沈阳市海外国际旅行社有限公司分别列第二十三位和第二十五位。辽宁康辉国际旅行社有限公司还挺进了"2009年度全国入境旅游十强旅行社"行列，位居第七位。

2010年，根据国务院新颁布的《旅行社条例》和《旅行社条例实施细则》，对旅行社的设立、经营、监督检查、法律责任等重新进行了规定和要求。沈阳市旅游局对全市旅行社设立审批、变更、服务网点和分社的备案等流程进行了修改。同时，对全市旅行社的服务网点和分社进行的备案登记。至2010年底，共备案服务网点37家，分社5家。

根据国家旅游局和省旅游局的要求及部署，沈阳市进行了旅行社业务授权和委托，并进行了备案。至2010年底，共备案授权委托74家，代理1家。

2010年在全市推行了全国旅行社责任保险统保示范项目。

2010年，共审批设立旅行社16家，经国家旅游局同意新设立出境游组团社4家；4家旅行社因未投保旅行社责任险和未交纳旅行社质量保证金，沈阳市旅游局上报辽宁省旅游局建议吊销《旅行社业务经营许可证》。

（邵　林）

【出境旅游管理】　2010年，共审核持沈阳市旅行社出境名单表3213张，由旅行社组织通过名单表组团出境旅游4.65万人次。其中：韩国2.59万人次，占

31.3%；日本1.81万人次，占21.8%；仍然是沈阳市出境旅游最大的两个目的地国。泰国、新加坡、马来西亚依然是传统出国游目的地国。赴澳大利亚和新西兰旅游人数分别占到2.1%和1.8%，其它出国游目的地国的出游人数均有所增长，发展均衡，没有出现大涨大落的情况。

2010年，审核港澳游名单表482张，由旅行社组织通过名单表组团赴港澳旅游5951人次，同比均有所增长。

2010年，沈阳市共有4家台湾游组团社，分别是沈阳市海外国际旅行社有限公司、沈阳青年国际旅行社有限公司、辽宁海外国际旅行社有限公司和辽宁康辉国际旅行社有限公司。这四家台湾游组团社在2010年共组织旅游者赴台旅游2.94万人次，占出境旅游人次数的35.5%，同比增长较大。

2010年出国游组团社组织出国旅游111.78万人次；组织出国旅游722.05万人天。组织港澳旅游32.92万人次，组织港澳旅游1144.57万人天。

（邵　林）

【导游管理】　2010年共制发导游证535张，其中：专职导游人员66人，社会导游人员469人。全市共有导游人员4743人，其中：旅行社导游员1220人，社会导游人员服务中心导游员1374人，待处理（无合同单位）导游员2149人，挂失处理导游员386人。研究生46人，本科学历2024人，大专学历2056人，高中学历211人，中专399人；英语语种192人，日语67人，朝鲜语37人，俄语21人；中级导游104人，高级导游8人。2010年办理停职调转外地的共有34人，未办理导游证转外地导游人员175人。

共92家旅行社参加了2010年度导游人员年审，未参加导游年审的单位97家，其中包括无专职导游员的旅行社。年审通过的导游员2383人，其中：旅行社导游员1060人，社会导游人员服务中心导游员1323人。对导游证已上缴，与原服务单位合同已到期或解除合同，又没有新的合同单位，按“待处理导游人员”未年审处理，共计157人，累计2148人。对导游证未能上缴，与原单位合同已到期或解除合同，经原单位同意不再按照本单位导游员计算的并出示书面证明，将其导游证按照挂失处理，共计16人，累计394人。服务单位不变，由于各种原因未按照时限参加年审的导游人员共计153人。此次年审过程中服务单位变更的导游人员共计57人。本次年审无一次性扣6分以上或累计扣分达10分的导游员，被扣6分以下的导游员本次年审予以核销被扣分数，所有导游人员的年度审核情况均在沈阳旅游网导游员信誉档案中录入，有关信息可进行查询。

（李　锐）

【导游人员岗前培训班】　为使导游员进一步增强条例意识，更好地履职尽责，使导游员岗位工作更加专业化，举办了“2010年沈阳市导游人员岗前培训班”，共有530名学员，分别参加了一、二、三、四、五期的岗前培训。通过培训，提高了学员的岗位责任意识、增强了岗位工作的能力。为提高全市旅行社管理人员的综合素质，2010年10月12日举办了“2010年沈阳市旅行社经理培训班”，共有91名旅行社经理参加了培训。邀请辽宁大学教授肖声、沈阳青年国际旅行社总经理倪琛善、辽宁交通高等专科学校旅游管理系主任崔剑生主讲了《国务院关于加快发展旅游业的意见》、《旅行社如何进行创新经营》、《温泉文化旅游产品的开发及市场的培育》等。培训形式采取了集中面授与自学相结合、专题讲座与理论研讨相结合以及考勤考核与考试相结合，收到了很好的效果。

（张兴峰）

【导游员资格考试】　2010年全国导游员资格考试（沈阳考区）于5月8日在沈阳医学院拉开帷幕。沈阳市参加全国导游资格考试报名人数达到2859人，占全省报名参考总数的三分之一。大专以上学历考生有2303人，占考生总数的80%，其中研究生学历17人。2267人通过了现场口试，经过笔试，最终913人取得了全国导游员资格证书。

（张世达）

节庆活动

【假日黄金周】　2010年，沈阳市假日旅游工作获得了圆满成功，实现了“安全、秩序、质量、效益”四统一的目标。

“春节”。2月13日—19日（除夕至初六），全市共接待旅游者86.97万人次，增长9.8%，其中：过夜旅游者45.54万人次，一日游游客46.43万人次；全市旅游总收入6.33亿元人民币，增长12.4%。春节期间，全市无重大旅游安全事故发生，旅游市场秩序良好。

主要特点有：一是冰雪旅游异常火爆。春节期间，市内各冰雪活动场所，利用自身资源，广泛开展集观赏、参与、游乐为一体的综合性冰雪活动，吸引了大批国内外游客。二是皇寺庙会喜庆热闹。庙会活动有文艺演出、民俗表演、民间工艺、商品展销、风味小吃等，皇寺庙会成了市民赏民俗、品年味的好去处。三是区域联动成效显著。沈阳与抚顺、鞍山、铁岭等经济区城市旅游行业间的合作更加紧密，相互间推出优惠政策，效果显著。四是区县活动异彩纷呈。春节期间，各区、县纷纷推出丰富多彩的旅游活动。五是假日消费拉动经济。春节假日的旅游客流和市民的过节消费对沈阳商饮服务业的拉动作用非常明显。

“十一”国庆节。10月1日—7日，全市共接待旅游者247.66万人次，增长6.33%，其中：过夜旅游者48.93万人次，增长3.15%；一日游游客198.73万人次，增长7.15%。全市旅游总收入15.58亿元人民币，增长10.27%。国庆节期间，全市无重大旅游投诉，无安全事故发生，旅游市场秩序良好。

主要特点有：一是“特色文化游”受青睐。二是“短线游”受游客欢迎。市旅游局以沈阳经济区虎跃旅游集散中心和沈阳旅游集散中心为依托，推出50余条旅游线路，深受游客欢迎。三是“自驾游”数量增多。四是旅游活动丰富多彩。市旅游局对全市旅游活动进行整合，推出二十余项旅游活动。五是旅游消费大幅增长。国庆节期间，沈阳周边城市市民纷纷来沈旅游、购物，市内各大旅游购物场所呈现一片繁荣景象，旅游消费大幅增长。

（佟胜富）

【国际旅游交流日、国际旅游联展和台湾风味美食节】　为期五天的“雄洲食品·2010年中国沈阳国际旅游节”的重要主体活动——国际旅游交流日和国际旅游联展及台湾风味美食节，7月17日，在沈阳中山公园拉开了序幕。

旅游联展设展位76个，分为境外展区、外省市展区和沈阳经济区展区。国外有马来西亚旅游部、韩国旅游发展局、斯里兰卡旅游局、拉脱维亚旅游局、捷克布拉格旅游局、澳大利亚旅游局、泰国旅游局、法国航空、荷兰皇家航空、意大利歌诗达邮轮、新加坡圣淘沙名胜世界、香港迪士尼乐园等旅游机构、旅游企业参展。国内有来自西藏林芝地区旅游局、广东丹霞山旅游景区、贵州黄果树、河北野三坡、南戴河、江西井冈山、福建武夷山、四川峨眉山、江苏周庄等代表参展。省内有鞍山千山景区、玉佛苑景区、本溪水洞景区、阜新海棠山景区、营口鲅鱼圈景区、铁岭蒸汽机车博物馆等景区参展。联展期间，来自日本特定非营利法人“环演乐团”、韩国贞洞剧场、韩国牙山、青海西宁、内蒙古通辽科尔沁左翼后旗大青沟、吉林龙湾、吉林延边州、河北野三坡、河北秦皇岛南戴河国际娱乐中心、抚顺浑河情民间艺术团、省职工国旅表演团、东北浪二人转共12个团队表演了丰富多彩的文艺节目，此次联展接待参观者10万人次，发放各种宣传资料500余万份。

（周建亚）

【“沈阳风情”首届诗歌、散文大赛获奖作品集出版发行】 “沈阳风情”首届诗歌、散文大赛获奖作品集于2010年6月由沈阳出版社出版发行，作品集收录了“沈阳风情”诗歌、散文征文大赛的所有获奖作品。该书以诗歌、散文的形式介绍了沈阳及沈阳旅游资源，不仅提高了沈阳市旅游类书籍的文化品位，同时也扩大了沈阳旅游业的影响面。

（佟胜富）

景区建设

【植物园5A级景区品质提升】 按照国务院2009年底新颁布的促进旅游业发展的意见精神，以及国家旅游局的相关要求，沈阳市旅游局提出，要站在全国旅游发展的新高度来认识沈阳世博园的未来发展需要，坚持不懈的抓好园区景观功能的完善、抓好服务质量的提升，并就世博园的更新、完善、提升等细节工作，对与棋盘山旅游局和园区管理层提出要求。

3月16日，辽宁省旅游局和沈阳市旅游局共同对沈阳市植物园整改提高工作进展情况进行检查。检查组实地查看了植物园的停车场等服务设施改造情况，听取了植物园领导的工作汇报，并就下一步的继续完善工作提出了具体要求。

（田　毅）

【中国5A级旅游景区城市联盟会议】 3月20日，中国5A级旅景区城市联盟会议在三亚召开。会议就进一步加强各5A级旅游景区级所在城市之间的合作与发展问题进行了深入探讨，并达成了广泛共识，决定成立“中国5A级旅游景区城市联盟”。联盟成立后，将定期开展联盟成员之间的交流与合作，探索联盟之间的协作机制，策划组织联盟整体的国内外推广和宣传活动，组织联盟成员业务交流和培训等相关支持活动。沈阳市与三亚市、大连市、广州市、天津市、北京市、西安市、丽江市、安顺市、昆明市、杭州市、南京市、哈尔滨市、峨眉山市、桂林市、烟台市、秦皇岛市、深圳市、黄山市、厦门市、焦作市、嘉峪关市等共同当选为中国5A级旅游景区城市联盟常务理事城市。会议期间，沈阳市旅游局向与会代表发放了2009中国沈阳国际旅游节会刊和2010年旅游节邀请说明，开展广泛的现场推广工作。

（田　毅）

【景区复核】 按照国家旅游局开展“质量提升活动月”的通知和省局关于开展4A级景区复核工作的要求，组织全市14家4A级景区做好复核工作。指导沈阳故宫、张氏帅府开展创建5A级景区工作，指导铁西铸造博物馆、法库五龙山风景区等升级，指导中华饮食博物馆、马耳山生态旅游区、沈阳娃哈哈公司、杨城寨生态旅游区、蒙牛乳业、沈阳中心庙等创建A级景区，努力扩大旅游接待的基础层面。

（田　毅）

【红色旅游】 与市发改委等单位共同努力，争取张氏帅府、法库县秀水河子歼灭战纪念馆、沈阳铁西老工业基地展览馆、沈阳二战盟军战俘营旧址陈列馆、沈阳城南第一党支部纪念馆、中共满洲省委旧址纪念馆等单位列入全国第二批红色旅游景区名录，努力扩大沈阳市红色旅游景区知名度和争取国家相关资金补贴。组织张氏帅府、九一八博物馆等参加全国红办、省旅游局主办的红色旅游培训，掌握红色旅游规划、开发、展览和讲解员培训等知识，迎接建党90周年的相关活动。

（田　毅）

【五爱市场旅游接待】 4月19日，为促进沈阳市旅游调结构，进一步拉动消费，沈阳市旅游局先期邀请了沈阳市海外国际旅行社、辽宁世纪国际旅行社、沈阳青年国际旅行社、辽宁康辉国际旅行社、沈阳文教国际旅行社、辽宁光大国际旅行社、辽宁北国旅行社、沈阳玉麒麟旅行社、沈阳天马旅行社、沈阳纵横旅行社、沈阳诚信联盟旅行社等单位，前往五爱市场实地考察了购物旅游指定店、风味小吃城、H型步行街、酒店、停车场及游客中心等，与五爱市场集团负责人洽谈旅游线路设计、团队组织接待等工作。五爱集团正在完善五爱市场博物馆，用于对外展示形象和旅游接待点之一，便于旅行社组团参观和安排购物活动时间。

（田　毅）

【北陵公园改造】 跟踪了解北陵公园改造项目中国家、省、市三级补助180万元资金的招中标、使用情况。该项目新建、改造的环保、水洗公厕已分别在公园南门、西门、东门和神桥西侧完工，有关服务指引牌等设施全部改造到位，使这一世界文化遗产和4A级景区的公共服务设施面目一新。

（田　毅）

对外经济贸易

对外贸易

【举办“大沈阳·新浑南”主题招商推介会】 2010年4月15日，市政府在辽宁大厦成功召开了“大沈阳·新浑南”主题招商推介会。这是沈阳市区划调整后，市政府首次举办的主题推介会，市外经贸局组织邀请了新加坡、韩国、美国、西班牙、菲律宾等国家和中国港澳台地区及内地68家房地产开发企业的百余位代表参加。在推介会上，杨亚洲副市长详细介绍了沈阳市调整区划、建设大浑南和沈阳经济区上升为国家战略所带来的重大投资商机。新加坡吉宝、香港泰盈、保利地产和中冶置业等企业当场表示出强烈的投资意愿。

（张芦凝）

【举办“荷兰欧沃艾索省经贸代表团企业对接会”】 2010年4月12日—13日，以副省长阿本纽斯女士为团长的荷兰欧沃艾索和海尔德兰两省经贸代表团一行26人（7位政府要员及19位企业家）在沈阳市进行了成功访问。根据来访企业的合作意向，外经贸局认真筛选联系了29家相关企业及主管部门，排出合理的考察日程，保障了来访企业与沈阳市相关企业及相关单位的高效对接洽谈，受到阿本纽斯副省长及来访企业的一致好评。

（张芦凝）

【举办“中韩百强企业家交流会”】 2010年7月5日“2010中国沈阳韩国周暨全球韩商大会”在沈阳隆重开幕。大会期间，外经贸局承办了“中韩百强企业家交流会”。7月6日，远大、北方交通重工、北方重工、沈阳国际软件园、沈阳先锋计算机、汇成电缆等企业家代表、各区、县相关领导近40余人，在皇朝万豪酒店召开了“中韩百强企业家交流会”。会议由外经贸局顾少清局长主持，副市级干部黄凯及大韩民国驻沈阳总领事馆辛亨根总领事分别致辞，大韩贸易振兴公社权宁焕本部长做了精彩的演讲。市政府副秘书长秦文军、外经贸局顾少清局长及市发改委、市经信委、市外办相关领导参加了交流会。此次交流会的成功举办为“2010中国沈阳韩国周暨全球韩商大会”增添了亮点。

（张芦凝）

【举办“德国巴伐利亚——沈阳经贸交流会”】 2010年7月22日，德国巴伐利亚——沈阳经贸交流会在沈阳市凯宾斯基酒店成功举办。由德国巴伐利亚州议会议员、经济、基础设施、交通和技术部国务秘书海瑟尔女士率领的该州经贸代表团一行28人以及沈阳市其他相关政府部门及企业代表出席了会议。

（张芦凝）

【举办“海外企业沈阳投资说明会”】 2010年7月29日，由市外经贸局和全球印度网络有限公司共同承办“海外企业沈阳投资说明会”在辽宁友谊宾馆成功举办。邀请了来自东南亚、印度、澳大利亚以及美国、非洲等11个国家和地区的52家海外企业，近80名企业家和工商界代表，涉及装备制造业、服务外包产业、航空产业和现代服务业等众多领域。会议内容丰富，一是市领导与重要嘉宾见面会；二是海外企业沈阳投资说明会；三是分行业项目对接洽谈会；四是沈阳市政府招待宴会；五是海外企业家到浑南新区参观考察。此次，将新加坡“全球海外投资商论坛”成功引入沈阳，结合沈阳市产业发展和招商引资的实际需要，创造性地举办“海外企业沈阳投资说明会”，对接更多的项目，拓宽更广的渠道，是沈阳市创新招商引资方式的一次成功探索。

（张芦凝）

【举办“中国沈阳—捷克兹林州经贸及投资推介会”】 2010年10月20日，中国沈阳—捷克兹林州经贸及投资推介会在皇朝万鑫国际大厦举行，以捷克兹林州政府第一副州长利博尔·卢卡斯先生为团长的捷克兹林州政府代表团一行5人和企业家代表团一行13人出席会议。市外经贸局与兹林州企业界代表在装备制造、汽车、铸造、家具、化工等诸多领域进行了项目对接。

（张芦凝）

【2010（沈阳）中日经济合作会议】 “2010（沈阳）中日经济合作会议”于2010年5月31日至6月2日在沈阳市成功举办。会议围绕“深化合作，互利共赢”的主题，以开放、合作、务实、创新的理念，通过举办一系列富有实效的活动，深化了中日两国区域间的合作与交流，取得了超出预期的效果。

此次会议，中日双方政府高官、经济工商界高层人士共计800多人莅临大会，是历次中日经济合作会议规模最大、水平最高的一届。短短两天时间里，举办了开幕式暨高峰论坛、四个分论坛、市长论坛、中日高层会见活动、大会总结暨闭幕式以及考察交流等一系列活动，由于活动安排紧凑，使整个会议的内容更加充实。会议期间，还洽谈推进旭硝子建材玻璃、大和PC材料等项目48个，投资总额27.5亿美元。其中14个达成初步合作意向，投资总额4.28亿美元，外资额4.25亿美元。此次会议吸引了境内外媒体的高度关注，全方位、多角度、深层次的宣传报道，为会议的成功召开营造了良好氛围，进一步提升了沈阳市的知名度和影响力。

（张芦凝）

【对外贸易】 外贸进出口方面，出台鼓励出口的政策措施，促进出口商品结构的优化。全年实现进出口78.5亿美元，增长19.5%，其中：出口额40.8亿美元，增长15.7%。机电产品和高新技术产品出口分别为27.3亿美元和8.3亿美元，分别增长23.8%和7%；机电、汽车、化工、金属制品等7大类产品出口额均超过1

亿美元。加强对重点企业的跟踪服务，出口大户主导地位不断增强。通过走访调研和协调沟通，解决了沈鼓集团、中光电子等企业20多个涉及配额、通关、退税等问题，50户重点企业出口22.8亿美元，占全市出口比重的54.2%；11家企业出口额超过5000万美元。推出“促进中小型出口企业发展行动计划”，提高了中小企业对全市出口增长的贡献度。全年中小企业出口21.9亿美元，增长23.1%，高于全市平均增幅3.1个百分点。实施市场多元化战略，传统市场进一步巩固、新兴市场得到拓展。充分利用东盟自贸区和国家双边经贸政策以及对口援疆，开辟新的贸易通道，对东南亚、非洲、南美和中亚等市场的开发力度进一步加大。对美、日、韩传统市场出口12.1亿美元，增长14%；对东盟地区出口4亿美元，增长47.9%。不断创新工作方式，促进外贸发展环境进一步改善。外经贸局加强了与外经贸联席会议成员单位的沟通配合，共同制定了快速通关、快速退税等便利化措施，推动企业扩大出口。同时，加强与营口港合作，组织港企对接活动，打造企业快速出海通道。

（张芦凝）

【机电产品出口】 2010年沈阳市机电产品进出口总额为53.37亿美元，同比增长20.6%，占全市外贸进出口总额的比重为68%。其中机电产品出口26.61亿美元，增长20.62%，高出全市外贸出口增幅5个百分点，占全市外贸出口总额的比重为65.3%，同比上升2.7个百分点。机电产品出口对全市外贸出口增长的贡献率为82.3%，有效拉动了全市外贸出口增长。全年实现机电产品进口26.76亿美元，占全市进口总额的70.86%。

虽然全年机电产品出口增幅呈现逐月递减，但占出口总额的比重基本稳定在65%左右，全年各月份出口额保持在2.2亿美元上下。

全市机电产品出口和进口规模大体相当，增幅均为20.6%。主要进口企业有华晨宝马、通用北盛、特变电工、乐金电子、南方航空、同方多媒体等。主要进口商品为汽车零部件（占41%）、电视机零部件、航空零部件、输变电设备零部件等。

按海关代码分类有1171种机电产品出口世界各地。大宗出口商品主要有电视机及零件、各种机器及零部件、汽车整车及零部件、发电机及零件、钢铁制品、机床等。其中各种机器及零件出口3.96亿美元，同比增长40.44%；发电机及零件出口2.24亿美元，增幅达到了47.39%；各种车及零部件出口2.56亿美元，同比增长1.7%。大宗产品出口快速增长保证了机电产品出口的平稳发展。

进料加工贸易方式出口10.02亿美元，同比增长18.42%，占机电产品出口额的37.67%；一般贸易出口15.39亿美元，同比增长27.02%，占机电产品出口额的57.86%；一般贸易方式为机电产品出口主要方式，彻底改变了以加工贸易为主的出口结构。

全市共有798家企业出口机电产品，同比增加65家。其中，以北方重工、沈飞集团为代表的国有企业出口7.17亿美元，同比增长42.4%，占机电产品出口总额的26.95%，有力地拉动了全市机电产品出口的增长。外商投资企业出口15.11亿美元，同比增长16.13%，占机电产品出口总额的56.8%，仍居机电出口主导地位。私营企业机电产品出口额达4.32亿美元，同比增长8.85%，占机电产品出口总额的16.24%，已成为全市机电出口的重要组成部分。

2010年，机电产品出口到163个国家和地区。其中对美国出口3.22亿美元，同比增长37.55%。对日本出口1.7亿美元，同比增长13.32%。对韩国出口1.67亿美元，同比增长9.8%。这三个国家是沈阳市机电产品出口主要市场。对以上传统市场主要出口产品为汽车零部件、彩电、半导体器件等，主要体现的是成本优势。对越南、阿曼、俄罗斯等新兴市场国家出口增幅均在50%以上。此外，印度已跃升为沈阳市的第四大机电产品出口国。对新兴市场主要出口成套设备和汽车等，体现的是产业优势。

（张芦凝）

【服务贸易】 2010年，沈阳市服务外包产业继续健康发展，市场开发取得新突破。推动东软等重点企业在欧洲设立分公司，新开发了16个国家和地区的发包市场，服务外包市场达到25个国家和地区。英特尔、波音、诺基亚、东芝等跨国公司纷纷向沈阳市企业发包，其中日本欧力德发包额达3589万美元，占全市接包总量的12.4%。业务领域进一步拓宽。在巩固信息技术外包业务的同时，积极发展业务流程外包，使业务流程外包合同额达到3664万美元，占全市服务外包合同总额的12.6%。

（张芦凝）

【对外经济技术合作】 2010年，市外经贸局继续完善“走出去”政策措施和服务体系，加大对企业跨国经营的扶持力度。与境外投资促进机构建立合作关系，组织50家企业参加了香港投资推广署、拉脱维亚投资发展局等机构在沈举办的项目说明会。创新境外投资合作模式。支持东软、北方重工等企业建立境外生产加工基地和销售服务网络。积极推进海外并购，全年并购海外企业3家。其中，辽宁高科能源4990万美元并购日本伊威泰克会社，是迄今全市最大的海外并购项目。加大境外工程总承包市场开拓力度。推动特变电工、北方重工在印度、巴基斯坦和蒙古等国新签12个电网工程总承包项目。加快外派劳务培训基地建设，强化外派劳务管理。与沈阳职业技术学院、辽宁四方国际公司共同组建了2家外派劳务培训基地，为培养高素质的劳务人员创造了条件；会同市公安、工商、外办等部门，研究制定外派劳务市场管理办法，规范我市外派劳务市场秩序。

（张芦凝）

利用外资

【概况】 2010年沈阳市进一步加大推进力度，全年实现利用外资50.5亿美元，顺利的完成了全年计划。全年调资超千万美元大项目84个，合计调资29.6亿美元，分别增长31.3%和76.5%。确保大项目保持较快增长。加强产业引导，先进装备制造业利用外资取得重大进展。日本精工轴承、首龙机械成套设备、睿能能源设备、伊威泰克太阳能设备等先进制造业项目顺利调资，特别是增资14.6

亿美元的米其林二期扩建项目获得国家批准,成为迄今沈阳市最大的外商投资项目。拓宽开放领域,金融保险等现代服务业利用外资取得新突破。邦民财务小额贷款、万通小额贷款、银通资本融资担保公司成功设立,填补了沈阳市在该领域利用外资的空白;第一家日资银行三井住友银行沈阳分行成功开业,带动更多日本企业来沈投资;由世界500强英国保诚、加拿大永明人寿分别投资的信诚人寿保险公司和光大永明人寿保险公司,成功获得保监会批准在沈设立分公司,外资保险公司分支机构已达10家。大力推进备案工作,确保重点外资地产项目顺利调资。成立房地产项目备案工作组,多次赴商务部重点推进,确保中粮、新世界、积水等13个项目成功备案,外资额7.3亿美元,当年调资5.4亿美元。外资地产项目备案成功率达100%,在全省名列第一。创新引资方式,利用外资渠道进一步拓宽。积极与国家、省外汇管理部门及人民银行沟通协调,推动远大工程、尚泰百货利用“内保外贷”、境外人民币投资等新方式,引进外资1.65亿美元;扩大境外上市融资,推动三一重工、东北电气和辽宁高科能源等3家企业通过境外上市融资返投2.6亿美元,是2009年的3.8倍。

(张芦凝)

【招商引资】 2010年外经贸局圆满完成市领导带队出访招商任务。全年组织和参与了13次市领导带队赴日韩、欧美和东南亚等国家地区的招商活动,共洽谈和推进了244个重大项目,日本积水房屋、精工轴承、美国普洛斯物流园、加拿大庞巴迪C系列飞机、瑞士英雄乳制品等一批世界500强和大型跨国公司投资项目取得重要进展。内外联动招商取得实效。对重点地区招商成果显著。日本的鹿岛建设、伊奈陶瓷、三井住友银行,韩国的韩华PVC地板、CGV影院、希杰玉米深加工,香港的春天百货奥特莱斯、新鸿基五星级酒店,新加坡的胜科公用事业,马来西亚的双威城,欧洲的奥托福克斯锻压件、沙尔特宝地铁门和万喜能源工业设计,美国的EMC研发中心、国际纸业新厂、通用电气透平机械等一大批项目都取得了实质性进展。同时,“中法环保产业园”申报获得成功,沈阳市成为首批中法两国政府合作建立生态园区的试点城市。依托中介招商取得突破。市外经贸局与日本中央三井信托银行、东京三菱日联银行、亚洲投资株式会社等国外机构签订了战略合作协议,积极帮助区县、开发区开展招商活动,介绍客户和项目信息。精心服务推动重大项目落地。针对积水房屋、宝马二期、米其林二期等重点项目,市外经贸局与铁西区、和平区、皇姑区等单位共同成立了专门的服务工作组,并积极协调市土地规划局、建委等部门解决项目用地指标、挂牌、拆迁等问题,促成项目早落地、早注册、早开工。进一步夯实了招商基础工作。建立和完善了全市招商项目储备库,实时掌握招商动态,每周更新项目信息,已纳入储备库管理的重大项目达352个。

(张芦凝)

【对外投资】 2010年,全市新签对外投资项目28个,协议投资额1.06亿美元,同比增长26.6%,中方投资额1.01亿美元,同比增长43.0%。

2010年,全市新签对外承包工程与劳务合作项目共106个,合同额14亿美元,比上年增长29.6%;其中对外承包工程项目64个,合同额为13.9亿美元,同比增长28.2%;劳务合作项目42个,合同额为1499.6万美元。2010年共完成营业额6.2亿美元,增长2.5%;其中承包工程完成营业额为5.9亿美元,同比增长1.6%;劳务合作完成营业额3094.31万美元,同比增长24.3%。外派劳务人员19780人,同比增长56.1%,期末在外人数为22505人。

2010年沈阳市在建的援外项目为11个,完成营业额6376万美元。主要集中在巴布亚新几内亚、塞舌尔、喀麦隆和科摩罗等国家和地区。工程监理合同额为31万美元,营业额302.8万美元。

(张芦凝)

【改善外商投资环境】 2010年,沈阳市继续提高行政服务水平,大力优化投资环境,投资软环境得到了进一步改善。市外经贸局改革行政审批管理体制,进一步提高审批工作效率。将分散于6个处室的审批事项全部集中到局审批办,确保所有事项在市行政审批大厅办结。完善市区两级外商投诉受理机制,积极化解矛盾纠纷。全年共协调受理外企投诉案件92件,协调解决了88件,结案率达到96%。加强高层交流,建立政府与外商直接对话制度。组织召开了3次市领导参加的外商投资企业座谈会,协调解决了企业提出的配套拆迁、消防验收、异地经营和出入境管理等59个问题。强化主动服务,开展“重点企业走访调研”活动。组织召开了16次座谈会,发放了600多份调查问卷,深入260多家重点外资企业及驻沈协会走访调研,及时整理反映并协调解决企业生产经营中的困难。加强行政执法会签,保障外商合法权益。审查并完成了102件行政执法会签,有效制止了乱检查、乱罚款等现象的发生。开展专项清理整顿,提高政府诚信。以外商投资企业和重点外资项目为对象,对政府部门承诺失信问题进行清理整顿,为沈阳市招商引资创造良好环境。

(张芦凝)

口　岸

【航空枢纽港建设】 沈阳市积极推进国际枢纽港建设,完成了桃仙机场T1航站楼的重新启用工程,推进了T3航站楼前期规划设计工作。建立了航空发展专项资金,制定了《沈阳航空发展专项资金管理办法》,促进了沈阳航空市场的规范有序发展。做好新开航线和新增运力工作。积极推进了沈阳至首尔、沈阳至济州、沈阳至韩国襄阳航线,恢复了沈阳至札幌和沈阳至伊尔库茨克航线,推动沈阳至台北和沈阳至东京航线的增加运力工作。优化口岸环境,提高通关效率。加强了口岸整体协作机制,优化作业流程,逐步完善新型通关监管模式,按照规范、透明、高效、创新、廉洁的要求,推行开放式服务。

(何　刚)

【开通沈阳至韩国济州定期包机航班】 韩国真航空公司于2010年4月30日起正式运营沈阳至济州的往返定期包机航班,每周2班,机型为B737－800,航班号LJ711/712。济州起飞时间为17:45,抵沈时间为19:05。沈阳起飞时间为19:55,抵达济州时间为22:55。真航空是韩国大韩航空公司的全资子公司。

(何 刚)

【开通沈阳至韩国襄阳包机航线】 经国家民航总局批准,中国东方航空股份有限公司沈阳营业部于2010年5月18日开通沈阳至韩国襄阳包机航线。每周二、六执飞2班期,执飞机型为A320,航班号MU2450/2449。韩国襄阳起飞时间为11:40,抵沈时间为13:40;沈阳起飞时间为14:30,到达韩国襄阳时间为16:30。

(何 刚)

【成立区域机场战略合作平台】 2010年6月3日,黑龙江、吉林、辽宁、大连四大机场集团在沈阳签署《合作框架协议》,成立"东北四大机场高层论坛",搭建中国首个区域机场合作平台,四大机场集团占据东北地区民航90%以上的市场份额。

根据合作协议,四大机场将在市场开发、基础设施建设、安全运行管理、服务质量提升、非航空业务经营以及应急救援保障等领域开展交流与合作。四大机场将首先开展信息共享和航线开发方面的合作,定期通报机场运输生产及航空市场相关信息,合作开展市场调研和产业政策的前瞻性研究;探索设立四大机场市场开发基金,寻求政府在政策和资金上的全方位支持,探索四大机场对互飞支线减免起降费,合力为航空公司提供优质服务和保障基础。

(何 刚)

【沈阳市与四大物流央企签订战略合作协议】 2010年6月18日,沈阳市政府与中国外运股份有限公司、中铁集装箱运输有限责任公司、中铁特货运输有限责任公司、中铁快运股份有限公司签订战略合作协议,建立长期、紧密的战略合作伙伴关系。

中国外运将把沈阳作为发展综合物流业务的重要基地,投资制造业物流、空港物流、化工物流、快速消费品物流、保税物流等重点业务领域,协助沈阳建立多层次、社会化、专业化的现代物流体系。中铁快运将在沈阳重点发展包裹快递、快捷货运、合约物流、国际业务4项核心业务。中铁特货将在沈阳建设汽车物流中心,重点发展制造业物流、食品冷藏物流、保税物流等业务。中铁集装箱将把沈阳作为发展国内、国际集装箱铁路运输、集装箱多式联运、国际铁路联运、仓储、装卸、包装、配送等综合物流业务的重要基地。

(何 刚)

出入境检验检疫

【概况】 沈阳出入境检验检疫局(以下简称沈阳局)2010年共受理出入境货物报检31997批次、货值24.85亿美元,较上年同期分别增长17.69%、21.49%;签发产地证11444份,签证金额6.14亿美元,较上年同期分别增长15.51%、57.24%;签发各种出入境检验检疫证单27913份;检验检疫进境集装箱重箱1418批次,10823箱;查验进出境邮包92307件;检验样品2809批次、17259项次,较上年同期批次增长11.6%、项次减少12%;检疫出入境飞机9068架次,较上年同期增长11.3%,飞机预防性消毒3096架次,较上年同期增长17.8%;检疫出入境人员85.95万人次,较上年同期增长35.5%;出入境人员体检17826人次,较上年同期减少10.5%,预防接种24093人次,较上年同期增长4.3%;签发健康证明书12860册;出具3C免办证明287份。

检出不合格货物163批,货值394万美元;检出不合格样品105批次、128项次;在入境集装箱内发现疫情113个标准箱;截获国家禁止邮寄和不符合规定要求的进境邮寄物32批次;从入境旅客携带物中查获并处理1993批次的禁止携带入境物;从出入境人员中检出传染性疾病1364人次。

(李颖娟)

【依法行政】 加强了工作质量的管理,开展了执法岗位大练兵活动,提高了行政执法人员素质和执法水平。重点加强了进出口敏感商品的监督把关工作。制定《沈阳检验检疫局打击侵犯知识产权和制售假冒伪劣商品专项行动实施方案》,积极开展打击侵犯知识产权和制售假冒伪劣商品专项行动;扎实开展"双打"行动,出动执法20余次,检查重点企业20家,检查重点商品131批;先后对沈阳24家大型商场的143种进口食品和空港口岸卫生情况进行执法突击检查,对不符合规定的进口食品、化妆品实施了下架封存,不得销售的处理,确保了食品安全。在检查中,查处一起输非产品装运前检验证书造假的案例,对违法企业进行了处罚。在处理进口医疗器械行政强制案和进口木质包装行政处罚案中,大力宣传检验检疫法律法规,维护质检法规的权威,维护了"中国制造"在国际上的声誉,实现"双打"行动目标的有效落实。全年共办结案件5起,有效地遏制了逃漏检、伪造证单等违法行为。

全年检出不合格出入境货物163批,检出不合格样品105批次、128项次,截获国家禁止邮寄动植物产品32批次。截获国家禁止进境的有害生物3批次。全年退运批次同比减少了41.5%。从出入境人员中检出艾滋病毒感染者7例,严把了国门。

(李颖娟)

【创新服务方式】 紧紧抓住"沈阳经济区"建设上升为国家战略这一历史机遇,创新服务方式,主动融入、靠前作为。一是开展了"找准服务地方经济切入点,支持沈阳经济区建设"为主题的调研工作。由局、处长带领7个调研组,走访8个政府部门及县区、开发区,撰写了7个调研报告,制定了9项具体措施。形成了围绕项目建设搞服务的思路,实施了"一个项目一策"措施,增强了服务地方经济的有效性。二是抓住沈阳"装备制造业"优势不放,促进沈阳地区机电产品快速增长。对辖区内200余家机电出口企业实施"一厂一策",支持机床获得出口免验等优惠政策,打造了沈阳机床国际品牌形象,全力促进沈阳汽车工业出口,为华晨金杯占领俄罗斯、埃及等国际市场保驾护航。抓好了远大"博林特"电梯、沈阳特变电工、德信电子等新列入法检目录和新兴国产品牌机电产品出口,促进自主品牌机电产品出口。助推东软最新研发的1.5T医用高端医疗影像类产品实现国内首次出口,沈阳局共检验进出口机电产品货物13028批次/货值18.2亿美元,同比批次增长27.7%和36.8%。三是助推沈阳地区食品、农产品扩大出口。沈阳局把促进农产品出口作为全年工作的重点，深入一线推行标准化生产，对育苗、用药、检测等方面给予了具体指导。帮扶企业首次对日出口熟制鸡肉，实现鲜蛋首次进入香港市场；帮扶创建了东北地区最大的4万公顷果蔬出口注册基地。在此基础上，“辽中县出口蔬菜水果质量安全示范区”，成为首批国家级出口食品农产品质量安全示范区；帮扶企业完成了140公顷出口花卉基地注册工作，将出口花卉作为推动沈阳县域经济增长的又一支点。2010年出口农产品达到16亿元，同比增长33%。四是提高工艺品出口质量。2010年，针对工艺品出口非法检产品多的实际情况，加强了与政府外经贸部门联系，相继发布《输美“复活节蛋环”受阻》、《对非洲有关国家出口商品谨防高价低报》等4批风险预警信息，提高了工艺品出口质量，使沈阳工艺品出口大幅度提升，全年工艺品出口创汇近10亿元。五是推进企业的分类管理。在辖区内312家进出口企业中开展分类管理评定工作，共评定一类企业8家，二类企业42家，采取编制定期监管计划的方式，有计划、有步骤、有重点地监督管理。提升了优质产品的通关效率，减轻了检企负担，又防止了不合格产品流出国门。六是开展了“质量提升服务进万企”活动。召开质量分析会议25次，开展了专家解读进出口产品质量知识活动，共涉及果蔬、花卉、质量管理体系等12类产品和项目。

（李颖娟）

【科技兴检】　2010年，沈阳局坚持“科技强局”战略，加大了检测整顿、实验室建设和科研开发力度，同时注重科技成果转化促进地方经济发展。

检测整顿取得了实效。综合提升了实验室技术保障能力，扎实有效地开展五个阶段的整顿工作。成功推出和实施“延伸整顿范围”、“九项自选动作”等30余项富有特色的好做法和亮点，受到上级机关检查组的肯定。实现检测人员100%进行培训、检测人员100%经授权上岗操作等7个100%。通过检测整顿，不断提升了检测能力，机场口岸截留样品检出桑拟轮蚧等昆虫11批次，新开验了水果中农药残留、动物产品中兽药残留、工业微生物和马腺疫等330多项，为检验检疫的技术执法把关工作打下坚实基础。

实验室建设能力有新提升。聘请了中国工程院孙铁珩院士为技术领衔专家，与吉林大学、沈阳农业大学签署检校合作协议，启动检、学、研合作计划，解决检验检疫热点和技术难题，提升了检测能力和科研水平。组织了APLAC国际能力验证项目，参加6项CNAS组织的能力验证活动，实验室建设水平得到进一步提升。2010年，国家粮谷检测重点实验室和国家环保微生物菌剂检测重点实验室，均以较高分数通过国家局专家验收考核，沈阳局保健中心实验室通过卫生部临检中心组织的比对考核和国家认可委（CNAS）的“二合一”监督评审。

技术支撑力不断增强。申报国家质检总局、辽宁检验检疫局和地方科研和标准项目82项，同比增长41.3%。获得批准立项18项。19项沈阳局主持的科研项目通过鉴定，其中国家质检总局5项、沈阳市6项、辽宁检验检疫局8项。国家质检总局批准的重点科技项目《蔬菜生产基地标准化与示范区建设模式》、获得辽宁省重点科技项目《初级农产品生产质量安全监测及预警技术》等实施以来，有效推动地方农业生产的标准化，仅果蔬类农产品的附加值高达60－70%，拉动6.7万农户、带动10万人就业、促进29个乡镇的发展。良好的经济效益和社会效益迅速引起了地方政府领导的高度重视，沈阳市政府为此专门召开新闻发布会，出台12项促进农产品出口的政策，给予资金扶持。《外来入侵有害生物调查及防控技术体系构建》科研项目的应用，全面提升了地方农林病虫草害的防控能力，保障农林生产安全，使科研工作有效融入到地方经济发展当中。

（李颖娟）

海　关

【概述】　沈阳海关管辖辽宁省内沈阳、抚顺、辽阳、锦州、阜新、葫芦岛、铁岭和朝阳8个市的进出境业务。现有在职干部职工515人，设置有副厅级机构1个（缉私局），直属处级机构23个，包括锦州、葫芦岛、沈阳经济技术开发区和桃仙机场4个隶属海关及驻抚顺、辽阳、邮局3个办事处。

沈阳海关业务门类相对齐全，辖区内有沈阳桃仙国际机场、锦州港、葫芦岛港3个国家一类口岸，除担负进出境运输工具、货物、物品的监管，征收关税和其它税费，查缉走私，编制海关统计等传统海关职能之外，同时还肩负着对驻沈6个外国使领馆、国防工程的海关监管工作。

（翟　鹏）

【关税征收】　沈阳海关在大监管体系的构架下，充分依托监控、评估和指标考核体系，积极发挥税收征管职能作用。在保证税收质量的前提下全力完成“保税收”的工作任务，不断完善内控规范和监督机制，提高税收征管质量；积极稳妥做好引入中介机构参与海关保税核查推广工作，2010年对10家企业进行核查；规范关区加工贸易单耗管理。同时积极帮助地方政府运用好海关的优惠政策，促进地方经济可持续发展。2010年，关区累计入库税款48.24亿元，同比增长25.85%。减免税审批货值6.31亿美元，减免税款总值5.8亿元。归类审价补税4283.75万元。加工贸易合同备案65.28亿美元，同比增长39.2%，经批准内销征税3.7亿人民币，同比增长131.25%。通过网上支付方式征收税款约18亿元，同比增长1.13倍。

（翟　鹏）

【进出口监管】　以风险式管理统筹大监管体系建设和关区业务改革，是沈阳海关党组深入贯彻落实总署党组的决策部署、结合工作实际提出的业务工作思路。以风险管理作为切入点和着力点，按照统筹、整合、集成、优化的整体思路，改革海关管理模式、业务流程，整合信息、人力、职能资源，提升海关工作整体功能。组建了风险管控中心，作为关区风险管理的信息处理中心、分析研判中心、布控处置中心和协调指挥中心，统一承担关区风险发现、分析、研判、处置等风险管控职能，将“多对多”的传统运行机制转变为“一对多”的集约化管理模式。初步形成了“三个层级，三道防线，三位一体,三个支撑”的风险管控体系。

以风险管理委员会、管控中心、业务现场为主体,搭建风险管理的决策领导、组织实施、具体执行的层级管理架构。整合管理资源,推行“9 + 1”的工作模式,将风险防控工作贯穿于业务建设全过程,形成业务、队伍、管理“三位一体”的风险综合防控体系,实现执法风险、廉政风险、管理风险同步防控。构筑正面监管、后续监管和逆向监管“三道防线”,形成事前、事中、事后紧密结合的海关监管工作格局。通过管控中心的实体支撑、功能支撑和技术网络支撑,使实施风险式管理有所依托,落到实处。

——施行分类通关作业改革增强海关实际监管能力。沈阳海关按照前期准备、改革试点、关区推广和总结评估4个阶段开展分类通关改革工作。有效推进监管场所规范工作,按照监管场所设置标准对不同类型监管场所制定不同整改方案。推动落实“三查合一”各项准备工作。在关区范围内推广自动查验派单子系统、处长巡视科长带班日志系统、展览品监管子系统、分类通关系统,并做好油气系统、卡口控制系统、舱单管理系统等的前期准备工作。2010年,已开通关区全部通关现场出口直运分类通关,分拣出口直运报关单6557份,其中低风险快速放行5142份,低风险单证审核600份,高风险重点审核815份。正在运行的12个海关监管场所100%实现全封闭和视频监控、70%同海关实现了不同程度上的联网。

——监测预警信息服务地方经济。沈阳海关进一步提高海关统计数据质量,积极发挥执法评估作用,为海关管理和领导决策服务。2010年,共撰写执法评估报告15篇,业务探讨类文章1篇;撰写并上报统计分析文章104篇次,其中被总署《海关要情》采用19篇次,中央级媒体采用11篇次,中国海关门户网站采用1篇次,省级媒体采用15篇次,市级媒体采用22篇次。着力加强经济发展监测预警和分析研究工作,走访全国不同区域的外经贸主管部门和企业代表,对我国所遭受的贸易摩擦及我国的外贸状况进行了解,并形成了题为《我国出口占国际市场份额加大引发贸易摩擦增多应慎防新一轮贸易不平衡带来不利影响》的调研报告。为企业及管理相对人提供统计数据咨询服务200余人次,为企事业单位调阅报关单证127份,为政府部门提供统计咨询数据80余万条。2010年沈阳海关综合统计处被评为辽宁省中省直部门贸易外经统计先进单位。

——着力提高依法行政水平。沈阳海关深入开展法制教育、宣传工作,剖析执法和管理中存在的突出问题和薄弱环节,进一步夯实基础,规范执法。通过组织集中学习、引导个人自学等方式,进一步促进关员牢固树立程序意识、证据意识和诉讼意识,切实改进执法理念和执法方式。主动适应司法审查理念的转变,加强与地方司法机关的沟通,积极配合人民法院的司法审查,扎实做好应诉工作,圆满解决了赵梦思不服海关处罚案、沈阳赛普暖通不服海关处罚案等两起历史遗留案件。同时,注重发挥司法审查的法律监督作用,开展“以案说法”活动,深入剖析诉讼过程中反映出的执法程序和法律适用等问题,通过行政应诉促进执法水平和能力的提高。深入开展“打击侵犯知识产权和制售假冒伪劣商品专项行动”,严厉打击进出口环节侵犯知识产权行为,2010年成功查获59起涉嫌侵犯知识产权案件,查获侵权物品5185件,价值15.66万元。

(翟　鹏)

【打击走私犯罪】 沈阳海关认真贯彻落实全国海关缉私工作会议和全国海关深化关警融合会议精神,确立4项业务指标,突出4个打私重点,构建4种工作机制,充分发挥打私主力军作用,为辽宁老工业基地振兴提供健康有序的环境,为维护国家安全和社会稳定作出贡献。深入开展“查思想查执法查纪律查作风”教育整顿活动,将总局“规定动作”与本局“自选动作”相结合,将查找普遍问题与查找本局个性问题相结合,将以处为单位的行政管理与以党支部为单位的党务管理相结合,努力通过“四查”教育整顿活动,建立起严密高效、长效动态的制度维护机制,实现队伍战斗力得到提升,执法规范化水平得到提升,队伍精神面貌得到提升,队伍凝聚力、向心力、领导班子威信得到提升。

开展了打击出口骗退税百日专项行动;进一步加大缉毒工作和“扫黄打非”工作力度;结合关区实际情况,加强风险分析研判,采取有效对策,重点打击镁砂、钼等矿产品、冻品等重点商品和快件渠道走私;开展打击硼铁走私专项行动,对关区内敏感商品,即“两高一资”、税率调整较大、外关区查发的带有行业走私特点的商品等进行监控和分析。年内,侦查终结了“12·19”走私毒品案;破获“2·07”走私毒品案,依法没收毒品992克;破获沈阳海关首起走私武器弹药的“3·08”走私武器弹药案,查获军用枪弹18发、军用枪支1支、气步枪1支、砍刀1把;查获丹东某公司低报价格走私硼铁案,案值1377.9万元,偷逃税款275.58万元;“10·28”挂牌督办海参走私专案顺利移诉;查获一起涉嫌骗取出口退税1300万元的案件线索,并移交国税局稽查部门进一步处理。

2010年,立案查办走私犯罪嫌疑案件5起,案值6386万元,偷逃税款403万元,查获冰毒992克、子弹18发;结案6起,案值1.56亿元,偷逃税款3067.5万元。立案查办行政违法案件255起,案值4.23亿元,涉税4868万元;结案252起,案值7733万元;罚没收入缴库725万元。

(翟　鹏)

农　村　经　济

综　述

【农村经济发展】 2010年是沈阳市自然灾害发生频度高、持续时间长、对农业影响较为严重的一年。沈阳市各级农业部门紧紧围绕市委、市政府"调结构、优环境、惠民生"的工作目标,以"发展现代农业,做强县域经济"为主线,深入贯彻落实科学发展观,扎实推进各项工作,农业农村经济实现了又好又快发展,为全市经济发展作出了积极贡献。

一、战胜严重自然灾害,农业生产获得全面丰收

2010年沈阳市农业生产面临历史罕见的极端自然灾害,全市积极组织抗灾夺丰收,加强指导,科学应对,打赢了确保春耕生产、减少洪涝病害损失的攻坚战,农业生产在灾害频发之年获得全面丰收。粮食总产量达325.1万吨,连续7年超过300万吨,蔬菜、肉、蛋、奶和水产品产量分别达到421.8万吨、86.6万吨、61万吨、40万吨和22万吨,保证了全市农产品供应;农民收入继续较快增长,超过1万元。

二、发展高效特色产业,现代农业再上新台阶

在推进设施农业、高效特色农业发展方面,坚持调整促提升,完善扶持政策,加强协调统筹,新增设施农业1.56万公顷、高效特色农业1.4万公顷、水产健康养殖示范区63个单元,设施农业建设超额完成年初计划的134%,总量和规模均列全省首位,其中日光温室面积跃居全国副省级城市第一位。同时,着力推进一乡一业建设,加快主导产业形成,确定了60个重点乡镇和20个农业经济区,制订了《沈阳市推进农业一乡一业实施方案》和鼓励政策,新增树莓、花卉、食用菌、寒富苹果、花生等特色产业面积1.4万公顷,总面积达到20.33万公顷,粮经比例达到55:45;新建畜禽标准化养殖小区603个,新增饲养量400万头(只),增加产值8亿元,实现经济效益1.5亿元,畜牧业占农林牧渔业的比重进一步提高,36个乡镇达到"一乡一业"标准。

三、加大农村投入,扶贫帮困工作取得新进展

2010年,沈阳市坚持开发式扶贫方针,以增加贫困地区农民收入为目标,加大资金投入,开发致富产业,提高农民自我发展能力,扶贫开发工作取得了明显成效。一是大力开展农田水利基本建设工作。多渠道筹资25亿元,累计完成农建土石方5772万立方米,投入人工和机械车工分别达到635万工日、53万台班,实施重点骨干工程451项。二是突出抓好农村饮水安全工程建设。克服财政奖金紧张等困难,通过市级投入、开行贷款等多种筹资方式,落实资金8000万元,127处农村饮水安全工程全部开工建设。80处具备通水条件,37处正在进行管网敷设和入户安装,工程全部竣工后,受益人口将达到28.7万人。三是加大扶贫开发工作力度。全年落实扶贫开发资金8445万元,贫困地区温室小区建设达到1786.67公顷。全市25个重点贫困乡(镇)农民人均增收810元,达到5720元,比上年增长16.5%,贫困人口减少3.7万人,超标准完成政府为民办实事任务目标。四是加强农村基础设施建设。投入资金11.3亿元用于蒲河生态廊道建设,整治河道岸坡及清淤疏浚50.7公里,植树造林2666.67公顷,建设左岸景观路71.7公里,开工建设污水处理厂2座,关停污染企业48家,落实村屯改造项目6个,蒲河治理取得阶段性成果。实施建设项目11个,修建农村公路851.7公里,农民出行条件逐步改善。新建户用沼气1.13万处、大中型沼气工程2处、太阳能亮化示范村4个,开工建设垃圾填埋场2个,26个村被省评为新农村建设示范村。

四、推动农村重点改革,探索农村发展新模式

一是积极推动农村土地流转。重点推动40个乡镇土地承包经营权流转市场试点建设,进一步规范农村土地流转行为,全年流转土地1.13万公顷,位居全省第一。加快推进农村土地承包仲裁机构建设,农村土地纠纷市、区县(市)、乡镇三级仲裁工作网络基本形成。二是健全基层农技推广体系。市政府投入480万元,新建农技推广站24个,乡级、区域推广站达到49个,实现了新型基层农业技术推广机构全覆盖。三是加快农民专业合作社发展。新发展农民专业合作社202家,总数达到2111家,入社农户6.3万户,占全市农户总数的27%,带动农户25.6万户。继续开展"3A"级合作社创建活动,农民专业合作社整体发展水平进一步提升。四是深化林权改革。创新三场一户营林模式,平稳推进林权抵押贷款,林权改革向纵深推进。全年发展三场一户120个,累计达到553个,林权抵押贷款总额达到1.6亿元。

五、坚持工业立县,县域经济实力进一步增强

2010年,县域地区生产总值实现2115.3亿元,增长21.1%,拉动全市经济增长8.2个百分点;地方财政一般预算收入达到159.2亿元,占全市比重达到34.2%;农民人均纯收入达到10022元,比2005年翻一番。

六、农产品质量安全监管成效卓越

推进了农业标准化生产,无公害农产品产地认定面积达到40.13万公顷,列全省第一位;加强对市场、大型超市农产品质量安全监管,共抽检蔬菜、水果、水产品样品9.1万个,合格率达99.5%,沈阳市农产品质量安全工作在全省目标责任制考核评比中排名第一。沈阳市农产品质量安全水平在农业部例行监测中,进入全国137个大中城市排位前10名。

七、农民生产生活条件显著改善

加大政策扶持力度,提升农机装备水平,农机总动力达295.8万千瓦,主要农机化水平达到74%。加大新型能源推广力度,落实户用沼气1.13万处,建设大中型沼气工程4处,太阳能亮化示范村4个,综合能源技术示范村2个。加强农业经济区基础设施建设,组织实施了12个建设项目,评选认定市级新农村示范村50个,其中26个村被评为全省新农村建设典型村。农村扶贫开发被列为市政府为民办实事之一并扎实推进,投入资金1.54亿元,重点用于产业开发扶贫,实现贫困地区农民人均增收810元,增幅高于全市平均水平。

八、农业对外开放深度和广度不断拓展

研究制定了促进农产品出口的政策措施,并召开新闻发布会,到边境城市有针对性地招商,使全市农产品出口总额接近1亿美元。协调省、市出口检疫部门开展出口基地认定,新发展果蔬出口注册基地2.73公顷,全市农产品出口注册基地达到4.11万公顷。指导和协调辽中县积极创建国家农产品出口基地示范县,使其成为东北地区唯一被国家质检总局评定的果蔬出口示范县。成功举办了"中国国际种业博览会暨中国沈阳国际农业博览会"。

九、农业综合服务能力明显增强

农业科技攻关取得了丰硕成果,有6个农作物新品种通过省级审定、认定;15项科研成果获得国家、省、市科技进步等奖项。强化了科技培训与推广,推广测土配方施肥、秸秆反应堆等农业先进实用技术30多项,推广面积达33.33万公顷。引进推广各类农作物新品种300多个,示范和推广面积累计46.67万公顷。加大了农民培训工作力度,积极争取国家、省资金支持,实施农民培训"三大"工程,共举办各类科技培训班4389场次,累计培训农民42.9万人次。农业信息化服务进一步完善,成为全国唯一的农业部与市共建单位。加强了农业综合执法,建立健全各项规章制度,积极开展了农资打假、农业投入品专项整治等活动,净化了农资市场环境,保障了农民合法权益。

(邓 奇)

【县域经济发展】 县域经济发展速度加快,经济实力不断增强。2010年,县域地区生产总值实现2115.3亿元,增长21.1%,拉动全市经济增长8.2个百分点;地方财政一般预算收入达到159.2亿元,占全市比重达到34.2%;农民人均纯收入达到10022元,比2005年翻一番。

设施和特色农业发展迅猛,农业产业化快速提升。市政府安排设施农业资金1.8亿元,发放贷款15亿元,新增设施农业1.56万公顷,总面积达10.33万公顷,达到万亩以上的乡镇24个,设施农业总量和规模均列全省首位,日光温室面积位居全国副省级城市第一。树莓、花卉、食用菌、寒富苹果和花生等特色产业新增面积1.4万公顷,总面积已达20.33万公顷。新建畜禽标准化养殖小区471个,"一乡一业"乡镇达36个。

工业园区和产业集群发展壮大,工业主导作用凸显。2010年,县域规模以上工业总产值实现5543亿元,已占全市的57.7%。特别是一市三县工业支撑作用明显增强,总产值达1862亿元,工业增加值比重达到54.6%,比2009年提高1.8个百分点,对经济增长贡献率达到62.5%。县域超百亿产业集群达到11个,完成产值2201亿元,增长29.6%,其中法库陶瓷、沈北光电信息及先进制造、于洪家具、五金产业集群产值超200亿元,沈北农产品精深加工及生物制药产业集群突破400亿元。辽中近海、新民胡台、法库和康平开发区等21个工业园区,基础设施投入12.3亿元,新增建成面积6平方公里,总产值达3185.6亿元,占县域的57.5%,入驻企业达2343家,吸纳了24.6万人就业。

县城改造和新城新市镇建设取得新进展,城镇化质量进一步提高。县城及新城、新市镇完成固定资产投资1730亿元,占县域固投的68%,基础设施投资完成109.6亿元,是过去5年的总和。一市三县房地产施工面积达387万平方米,增长78.1%。

重大项目取得新进展,新的增长点逐步形成。全年县域开工建设3000万元以上项目达871个,完成投资979.6亿元,分别占全市45.2%和41.7%。一市三县达到321个,完成投资197.1亿元,分别增长28.9%和38.5%。辉山乳业、碳纤维、林浆纸、南京雨润、红塔烟草等一批重大项目相继开工建设。

(邓 奇)

【农业产业化】 2010年,沈阳市农业产业化总体规模、水平均居全省领先地位,在全国副省级城市中处于中上游。规模以上产业化龙头企业达到800家,全市农产品加工企业达到2500家,销售额超亿元的企业80家。全市新开工农事项目130个,计划总投资58亿元(已完成投资20亿元)。新上规模以上以农产品加工为重点的农事企业122个,其中投资1000万元以上企业80个。

1. 龙头企业项目建设力度不断加大。2010年,沈阳市规模以上龙头企业多渠道筹集资金,积极吸引工商资本和民间资本进军农业产业化,促进了龙头企业规模壮大,产品升级。7家国家级、30家省级龙头企业共投入15亿元用于基础设施、技术改造、产品开发、基地建设等项目的实施,扩大了企业的生产能力,增强了企业的发展后劲,发挥了龙头企业巨大的带动作用。如以福润和千喜鹤两公司为例,两公司新建生产线投产后,年可屠宰生猪600万头。他们运用现代化的生产设备和科学的管理方法对规范全市生猪屠宰市场秩序,保证猪肉产品质量作用明显。

2. 自主创新步伐不断加快。2010年,沈阳市各地积极构建以龙头企业为主体、产学研相结合的新型农业科技创新体系。龙头企业逐步建立健全各种形式的科技研究开发机构,进一步加大科技创新投入力度,不断开发具有自主知识产权的新产品,提高农产品及其加工品的科技含量,努力打造企业核心竞争力。据统计,市以上龙头企业增资4.2亿元,新增设备79台套,引进国外先进设备27台套。同时,投入研发经费1.3亿元,开发新产品304个。

3. 利益联结机制趋于紧密。2010年,沈阳市积极探索"龙头企业+基地+农户"、"龙头企业+中介组织+农户"等多种产业化经营模式,采取订单生产、合同契约、保护价收购、股份合作等多种利益联结方式,与基地、农户建立分工协作、利益共享的合作机制,取得了较好的成效。中稻、绿丰、华美、蒲兴、禾丰、东顺等企业均与合作社或农户建立了紧密联结机制。

4. 品牌效应、市场开拓成效显著。2010年,沈阳市龙头企业积极实施品牌战略,瞄准国内国际市场加快开发新产品,取得良好成效。如禾丰牧业有限公司,充分发挥中国驰名商标效应,年末实现销售收入90亿元;中稻在沈落户以

后,没有名牌引名牌,收购了盘锦中国驰名商标企业“利是”米业,使产品赢得了广大消费者的青睐,迅速开拓了市场

(邓　奇)

【新农村建设】　2010年,沈阳市社会主义新农村建设工作圆满地完成了年初确定的各项任务,特别是在推进农业经济区建设方面取得了突破性进展。

一是调度引导,扩大农业经济区产业发展规模。按照规划和政策引导经济区积极推动主导产业向规模集约发展,加快了经济区产业发展步伐。全市13个农业经济区已新发展树莓533.3公顷、温室葡萄600公顷、万寿菊5333.3公顷、辣椒533.3公顷、花生6000公顷、果蔬2833.3公顷、蛋鸡150万只、肉牛5万头、白鹅300万只。

二是开展新农村示范村创建活动。为培育和树立一批新农村建设典型,以点带面,推动沈阳市新农村建设又好又快发展,沈阳市开展了新农村示范村评选认定工作。并对各区、县(市)62个申报创建新农村示范村进行了检查、验收,评选认定市级新农村示范村50个,其中26个村被省评为新农村建设典型村。并大力进行宣传和推广。沈阳市入选省新农村建设带头人12人、省村屯改造试点村12个。

三是加强农业经济区基础设施建设。按照《关于推进农业经济区建设的指导意见》(沈政办发〔2009〕31号文件)和《沈阳市农业经济区基础设施建设项目管理实施细则》要求,沈阳市对各区、县(市)申报的2010年农业经济区基础设施建设项目进行了初步筛选,对12个农业经济区产业基础设施建设项目进行扶持,主要包括新修砂石路、桥涵、供水渠、打井、安装变压器、铺设高低压线等内容,市财政计划投入2700.7万元。

四是推进农业经济区体制机制创新。在2009年已经形成《关于推进试点农业经济区体制机制创新的实施意见》并报送市编委会的基础上,继续推进东陵祝家、于洪九龙河、苏家屯永乐三个农业经济区体制机制创新,以点带面,逐步形成沈阳市新农村建设的新模式。

五是开展村企共建新农村活动。9月,市社会主义新农村建设办公室与侨办联手在全市开展“万侨助万村、共建新农村”活动,率先在苏家屯区永乐农业经济区举行了启动仪式,把村企共建新农村活动推向了高潮。

(邓　奇)

【村级公益事业建设】　2010年,沈阳市农委按照辽宁省村级公益事业建设一事一议财政奖补试点工作会议要求,积极、稳妥地全面开展了一事一议财政奖补试点工作。

1. 制订符合沈阳市实际的奖补方案。7月14日,经沈阳市政府审定,市财政局、市农委联合下发了《沈阳市村级公益事业建设一事一议财政奖补试点工作实施方案》。

2. 召开全市村级公益事业建设一事一议财政奖补试点工作电视电话会议。7月19日,以电视电话会议的形式,全面启动和部署沈阳市村级公益事业建设一事一议财政奖补试点工作。

3. 牵手多部门,召开联席会议。参加市电视电话会议的16家市直部门为一事一议联席会的成员单位。

4. 出台编制村级公益事业建设一事一议财政奖补项目3－5年规划的指导意见。为全面提高规划工作水平,做好《规划》编制工作,市农委、市财政局、市发改委、市建委、市水利局、市林业局、市环保局、市文化局、市体育局等9个部门联合制定了《关于编制村级公益事业建设一事一议财政奖补项目3－5年规划的指导意见》。

5. 组织申报、初审今年项目。经过宣传、发动,沈阳市各村共申报2010年一事一议项目722个,经乡镇政府初审,区、县(市)农经、财政部门审核,市农委、财政局复核,将其中的445个项目列入沈阳市一事一议财政奖补项目计划。其中,村内道路323个;小型水利设施36个;文化体育设施43个;公共绿化5个;公共环卫设施13个;人畜饮用水工程11个;电力设施11个;农业综合开发土地治理3个。项目涉及9个涉农主要区、县(市),92个乡镇(街)、358个村。总投资额为1.96亿元,争取各级财政奖补资金4907.15万元。惠及农户15.65万户。

(邓　奇)

【扶贫开发】　2010年,沈阳市扶贫开发工作认真贯彻中央和省、市关于扶贫开发的决策部署,在市委、市政府的正确领导和有关方面的大力支持下,坚持开发式扶贫方针,以增加贫困地区农民收入为目标,加大资金投入,开发致富产业,提高农民自我发展能力。

1. 农民收入快速提高。全市25个重点贫困乡(镇)农民人均增收810元,超计划60元;贫困地区农民人均纯收入达到5720元,比上年增长16.5%;135个村人均纯收入达到4500元以上,占贫困村总数的46%。

2. 发展能力显著提升。全市25个重点贫困乡(镇)新上扶贫开发项目724个,其中,以产业化扶贫为重点,实施整村推进扶贫开发项目24个,超计划4个;建成产业化扶贫温室小区584个,超计划484个;实施贫困劳动力转移培训988人,超计划488人;完成移民扶贫110户,超计划10户;新建沼气池2000户,超计划500户。

3. 投入力度不断加大。通过积极争取和协调,实现扶贫开发总投入1.54亿元,比上年增加1400万元,增长10%。其中省、市财政投入资金3775万元;国家投入扶贫龙头企业贴息资金30万元;发放扶贫贴息贷款1.04亿元;定点扶贫单位投入及协调资金1225万元。

4. 生产生活条件逐步改善。新修与维修公路31.7公里,修建桥梁、涵洞107处,新打各类灌溉井122眼,修水渠3800米,增加有效灌溉面积2133.3公顷;修建饮水工程7处,解决3万多人安全饮水问题;新建沼气池2000个,实施贫困移民110户。修建小学3所,新建和改扩建贫困村标准化卫生室18所,修建活动室6个,文化广场1.7万平方米,促进了农村各项社会事业的健康有序发展。

5. 定点扶贫有效开展。全市115个扶贫开发工作队定点扶贫162个贫困村,支持发展增收致富项目278个,新增设施农业1240公顷,高效特色作物1633.3公顷,修路26.5公里,打井211眼,参与农户2.18万户,户均增收3500元。

(邓　奇)

【村会计委托代理】　2010年沈阳市实行“村会计委托代理制”的有1923个村,占全市总村数的96.6%,涉及145个乡、镇(街),占涉农乡镇街总数的95.4%,履行“委托代理”手续的有1923个村,履行率100%。

1. 完善制度建设是做好村级会计委托代理服务的前提。要严格执行《会计

法》、《村集体经济组织会计制度》等法规制度，按照农村集体"三资"管理要求，抓紧完善相关制度建设，不断提高村级会计委托代理服务工作水平。要建立健全村级会计委托代理服务机构岗位责任制度、操作流程制度、财务管理制度、档案管理制度、责任追究制度等，规范村级会计委托代理工作；要切实加强代理资金管理，资金支取实行"双印鉴"监管，确保村级集体资金安全；财政转移支付补助的村级资金，要纳入会计委托代理机构统一管理，建账核算，严格监督使用。

2. 规范票据管理是做好村级会计委托代理服务的基础。要切实加强对村集体经济组织和村级会计委托代理机构各类票据的管理，特别要规范收支凭证和内部结算凭证等；要逐步规范代理机构相关账、证、表等各类票据格式，通过会计电算化软件生成的各类凭证、账簿等，格式必须符合统一标准要求；要切实规范代理机构和村集体经济组织各类票据的使用行为，严格按照会计业务流程规定操作，坚决杜绝"白条"入账等现象的发生，真正做到有据可查、运行规范。

3. 加强队伍建设是做好村级会计委托代理服务的保障。各地要根据工作需要，充实会计委托代理机构工作人员，提供必要的办公场所和设施。要建立村级会计从业人员定期培训制度，凡从事农村集体经济组织会计工作的人员，必须接受村集体经济组织财务会计、农业承包合同管理、减轻农民负担政策、农村集体"三资"管理等业务培训。各级财政和农业部门要密切配合，安排落实好专项培训经费，加强对农村会计人员的业务指导和教育培训，不断提高其整体素质和业务能力。

（邓　奇）

【化解村级债务】　2010年，沈阳市化解村级债务9430.12万元，其中化解银行、信用社贷款数额1668万元，化解村内外个人债务3156.12万元，化解担保债务76万元，化解的外单位债务数额1042万元，化解的其他债务数额3488万元。

一、现有债务的构成及成因

截至2010年12月末，沈阳市村级债务总额为21.5亿元，村均债务达到103万元。按照债务来源划分，欠金融部门（银行、信用社、基金会）7.4亿元，占村级债务总额的34%；欠个人借款6.8亿元，占债务总额的32%；欠其他单位借款1.5亿元，占债务总额的7%；其他应付未付款5.8亿元，占债务总额的27%。

二、化解村级债务措施

1. 加强和完善村级财务管理、坚决制止新增村级债务。加强村级财务管理和民主监督。财务收支严格按规范的程序进行，完善村民议事规则，重大财务开支必须经村民大会或村民代表大会讨论通过。完善村会计委托代理制，严格按规定操作，保证代理制工作规范运行，做到"村财民理乡监管"。村委会不得以任何名义从金融机构、单位或个人贷（借）款或为企业、个人贷款提供担保。村内生产、公益事业严格按照"一事一议"筹资筹劳的相关规定进行。

2. 建立控制和化解乡村债务责任制度。依托农经网络系统，动态监测全市村级债权债务变动情况，指导各地区制定符合实际、切实可行的化解乡村债务方案。积极探索化解乡村债务的有效途径。通过清收债权、盘活资产、债权债务相抵、缩减开支等多种方式化解债务。建立切实可行的目标考核责任制，把制止新债、化解旧债作为考核乡村干部任期目标和工作实绩的重要内容。

3. 积极争取国家和省在化解村级债务上的政策支持。截至2005年12月31日前发生的农村义务教育债务本金和利息。沈阳市经认定农村义务教育债务总额为2.39亿元，其中中央及省补助1.59亿元，市级财政补助4645.4万元，区、县（市）自筹3405.6万元。化解农村义务教育债务工作将于2011年上半年完成。

（邓　奇）

【农民负担管理】　2010年，沈阳市各级政府领导高度重视减轻农民负担工作，管理有序，未发生涉及农民负担恶性案件和严重群体性事件。

一、建立健全农民负担监管制度

1. 实行领导负责制，切实将减轻农民负担工作落到实处。多年来，沈阳市始终坚持实行减轻农民负担工作"一票否决制"。同时，将减轻农民负担工作纳入对各区、县（市）考核的重要指标，作为县、乡两级党政领导人员的考核任用标准之一。

2. 严格执行农民负担监督管理"五项制度"。一是严格执行涉及农民负担收费文件"审核制"。定期清理涉农负担收费文件，规范收费标准。二是严格执行涉农价格和收费"公示制"。不断创新公示形式，适时更新公示内容，确保公示效果。三是严格执行农村公费订阅报刊"限额制"。严禁向乡镇、村集体经济组织和农村中小学校摊派发行报刊。四是实行农民负担"监督卡制"。不断充实卡内涉农价格、收费等政策内容，并及时发放到户。五是严格执行涉及农民负担案件"责任追究制"。对违反减轻农民负担政策，造成严重后果的，要追究当地党政主要领导的责任。

3. 实行农民负担信访案件举报制度。对关系农民切身利益的强农、惠农政策在政府相关网站上进行信息发布，同时，公开咨询举报电话。

二、大力推进一事一议财政奖补试点工作

一事一议财政奖补，在不增加农民负担的基础上，直接促进村级公益事业发展，促进城乡统筹发展和社会和谐稳定，是继农村税费改革后的又一项重大惠民政策，也是在体制和机制上保证减轻农民负担工作处于良性循环状态。

2010年，经过各级审核，沈阳市共确定了445个一事一议财政奖补项目。项目涉及9个涉农主要区、县（市）及市农垦总公司，92个乡镇（街）、358个村、11个农场。总投资额为1.96亿元，全市共争取各级财政奖补资金4907万元。惠及农户15万户。

三、狠抓各项强农惠农政策的落实

对各项强农惠农政策，沈阳市始终坚持组织领导第一位，宣传管理上手段，检查监督做保障，切实把农民的合法权益落到实处。2010年，全市共发放粮食综合直补资金5.5亿元，其中：粮食直补资金1.3亿元，农资综合补贴资金4.2亿元。亩均补贴66.72元，户均补贴794.35元，人均补贴234.79元。发放良种补贴9842万元，惠及农户67万户。发放农机补贴1.08亿元，购置农机2.2万台，惠及农户1万户。整个发放过程，没有出现任何挪用、截留和挤占现象。全市各类补贴发放实现了"零投诉"，群众满意率达到了100%。

四、有针对性地开展农民负担专项治理工作

2010年，全市开展了以治理农村义务教育阶段学校乱收费、修建通村通乡公路向农民或村集体摊派集资、农民建房乱收费、农村公费订阅报刊摊派、农民工工资拖欠等为主要内容的专项治理工作。经过检查,发现有一些村存在公费订阅报刊超限额的问题,有部分单位存在拖欠农民工工资的问题,业务主管部门对其相应做出了处理。责令超限额的村,谁批准的谁自行承担超限额的报刊费;责令相关用人单位与4.65万名职工补签了劳动合同,追发拖欠农民工工资6690.5万元,涉及农民工1.12万人,实施行政处罚10件,罚款37.2万元。

(邓　奇)

【农村能源】 2010年,沈阳市完成了农村能源综合示范村建设年度计划和生物质气化站技改年度计划,继续开展生物质成型燃料、太阳能利用、新型节能炕灶等技术示范。全市落实户用沼气模式1.13万处、乡村沼气服务网点84处(均为国家扩大内需中央投资农村沼气建设计划);建设大中型沼气能源环境工程4处,综合示范村3处,太阳能(路灯)亮化示范村4处;开工7个生物质气化站技改试点项目,完成了年度建设计划。

1.典型示范作用增强。全市秸秆成型燃料、秸秆酒精、太阳能利用、沼气综合利用等综合技术示范的深度和广度显著增加,出现了一批示范典型,为农村节能减排、生态建设及新农村建设发挥了更好的示范作用,进一步推动了全市农村能源建设全面发展,对改善农村能源结构、农民生活条件和农村生态环境起到了积极的促进作用,对沈阳市的国家生态市创建、环境样板城创建工作和节能减排做出了积极的贡献。

2.积极争取国家、省、市资金支持。为推进农村能源建设,沈阳市积极申报国家、省相关项目计划,为确保项目落实和顺利实施,市政府研究制定了财政配套补贴政策。对国家扩大内需中央投资农村户用沼气建设项目每户补贴1200元;对大中型沼气工程提供了1:1配套补贴;对乡村沼气服务网点建设补贴每个点1万元;此外还为沼气建设职业技能培训提供了补贴。2010年,全市农村能源建设得到各级财政农村能源项目补贴资金总额达4500万元,其中,国家项目补贴资金2100万元,省级项目补贴资金350万元,市财政补贴资金2050万元。此外,继续实行对扶贫户沼气建设增补1000元的补贴政策,共补贴2000户,计200万元。各区县也对农村能源建设给予积极支持。

3.大力推进项目的实施。在项目实施期间,国家扩大内需中央投资项目检查组及省相关部门对各阶段项目进展情况和相关工作进行了多次检查、审核;市政府主管领导、市农委、发改委等相关部门对项目实施进行了现场检查和督导,推进项目实施。根据户用沼气项目建设需要,组织了8期农村能源职业技能培训班,全市持证人数超过630人,为完成项目建设打下了基础。

4.推进农村能源服务体系建设工作。扩大农村能源管理与服务"110热线"网络,推进乡村沼气管理服务网点建设,使农村能源服务网络逐步覆盖所有新能源建设户,为农户提供便利、及时的技术服务,为保证农村能源设施正常运转,农民长期受益打下基础。

5.重视农村能源安全工作。根据国家开展"安全生产年"活动和省、市安全生产工作的部署,结合沈阳市农村能源工作的实际,制订下发了《2010年农村能源安全工作要点》,开展生物质气化工程安全隐患排查、技术改造试点、年度检审、雨季施工安全检查、各节假日及两会期间安全检查、沼气用户安全检查及安全宣教等农村能源安全工作,督促落实安全生产规章制度,为全年项目建设和能源设施运行安全提供了保障。

6.通过招标确定了专业安全评价公司,对现有和在建的生物质气化站进行了逐一安全评价。根据安评结果,制订了技改方案,着重对沈阳市早期建设的气化站进行技改试点,改进设备,完善设施,提高其技术水平。省、市财政提供了技改补助资金,支持技改工作。

(邓　奇)

【农村土地承包】 2010年全市共有1531个行政村完成了延包完善工作,占应有延包任务村总数的99.72%,完成延包土地面积为52.01万公顷,占应落实延包土地总面积的99.81%;发放土地承包经营权证68.92万册,占应发农户总数的99.61%(其中新证67.72万册,占应发总数的98.2%)。

一是将确权、登记、发证工作提高到稳定和完善党在农村基本政策的高度加以重视,关系到广大农民的切身利益,是为今后土地流转提供依据,为土地承包经营纠纷调解仲裁提供依据。

二是下大力气继续解决土地承包遗留的疑难问题,真正将土地承包经营权落实到户落实到人。市、区县(市)农业行政主管部门针对农村土地承包中存在的发包方将农户承包地收回抵顶集体欠款、机动地长期发包,近郊个别村没有真正进行延包30年等遗留问题,解决了大量的疑难问题。按照人均地权的原则,重新落实了无地农户的土地承包经营权。全年共接待群众来访480余批次,680余人次。接听政务公开电话、解答农民群众政策咨询1340余次。通过深入农村基层,采取"实地办公"、"现场办案"方式,具体指导和帮助基层解决政策性疑难问题80多次,在"两会"期间为基层平息越级上访23批次,及时化解了大量矛盾纠纷,有效地控制了越级上访。

三是加强了农村土地承包合同的规范化建设。农村土地承包合同严格按照登记内容登记,做到不漏项、不落项,登记信息公开透明。合同管理工作有专人负责,普遍实现了承包合同计算机网络化管理。

四是依法管理承包合同。沈阳市逐步将土地承包合同纳入法制轨道。严格做到合同的签订和签证,无效合同的确认和处理,合同的变更和解除,合同纠纷的调解和仲裁等,都必须严格按照法律程序办理,杜绝了单方面违约、毁约现象的发生,杜绝了合同管理上强迫命令、随意侵权、以权代法等行为。

(邓　奇)

【农村土地承包经营权流转】 2010年,沈阳市除了继续抓好2009年全市确定的43个区、县(市)及乡镇土地承包经营权流转试点建设之外,又增加了10个乡镇级试点单位。

全市农村土地承包经营权流转面积近4.67万公顷,占家庭承包经营耕地面积52万公顷的9%;全市实现农村剩余劳动力转移约25万人,占劳动力总数的19%;全市农村全家外出务工经商农户达1.8万户,约占农户总数的3%。在流转形式上,以转包、出租为主要形式的流转分别达到2.4万公顷和1.53万公顷,分别占流转总面积的51.4%和32.8%。其他形式主要是农户之间的互换、转让,约有5333.3公顷,占流转总面积的11%,入股方式的流转约2000多公顷。流转期限5—10年较多,约有1.67万公顷;流转期限10—20年,也就是30年剩余承包期的，有2.3万公顷以上。农户之间的短期流转都在一、二年，有6666.7公顷。

沈阳市在试点地区全面落实农业部《中华人民共和国农村土地承包经营权流转管理办法》的同时，制定了一整套土地流转市场建设及运行规则、工作程序、管理办法，包括《土地流转须知》、《土地流转市场工作制度》、《土地流转市场运行程序》、《土地流转价格评估办法》、《土地流转市场交易管理办法》、《土地流转合同管理制度》、《土地流转服务人员岗位责任》等规则和制度。市农委以市政府名义制定并下发《沈阳市关于做好农村土地承包经营权流转工作的实施意见》、《农村土地承包经营权流转市场管理和服务暂行办法》、以及《土地流转市场建设规则》等文件，并全力抓好落实。县、乡两级农业及农经部门以实施流转合同制和备案制为重点，建立健全规范的流转工作制度和规程，签订规范的流转合同，严格履行流转程序，认真做好土地流转登记和鉴证工作。已清理不规范流转土地面积4000多公顷，建立规范流转合同4.3万份。

（邓　奇）

【农村土地承包仲裁】　2010年，全市共受理1140多件土地承包和土地流转纠纷案件，已经结案987件。在开展土地承包仲裁的工作中，各区、县（市）农经部门加强与纪检监察、司法、信访等部门的沟通与协作，建立了多部门协调解决土地承包和流转重大问题的工作联动机制，及时调处矛盾复杂而棘手的涉地纠纷案件，使多年遗留的老大难涉地信访案件得到了处理。

1. 建立仲裁机构，加强工作指导。为加强农村土地承包仲裁机构建设的组织领导，推进仲裁工作的依法、有序开展，市、县（区）两级政府分别成立了以政府主管领导为组长，农业、林业、水利、土地管理、法制办等部门及司法审判机关领导参加的农村土地承包仲裁工作领导小组，并明确了各部门责任。市农委在担负全市农村土地承包管理工作职能的政策指导处，设立了农村土地承包仲裁工作指导中心，负责全市农村土地承包仲裁工作的协调和指导。

2. 搞好试点工作，典型示范引路。沈阳市农委和东陵区政府分别被辽宁省农委以及国家农业部确定为全省和全国的市级和县（区）级农村土地承包仲裁试点单位。市农委和东陵区政府非常重视农村土地承包仲裁试点建设。市农委在试点工作中，从东陵区农村土地仲裁庭的组织领导、机构设置、人员培训、软硬件建设等多个方面入手，细致安排，精心指导，并具体帮助研究建立和完善规范的仲裁工作程序、规章制度，对重点疑难案件帮助反复进行论证。从而为农村土地承包仲裁工作的正常开展打下了坚实基础。

3. 强化业务指导，抓好人员培训。全市通过采取集中培训、以会代训及专题讲座、专题研讨等多种形式对仲裁员进行业务培训，提高了仲裁员的业务素质和办案能力，案件仲裁质量明显提高。11月上旬，市农委举办了全市农村土地承包仲裁员培训班，区县（市）及乡镇（街）农村土地承包管理部门工作人员及林业、司法部门人员共计350余人参加了会议。为了指导仲裁工作人员进行仲裁工作和方便乡镇及村干部调处土地承包纠纷，市农委编印了《农村土地承包仲裁工作手册》，下发到了村级以上干部手中。

4. 严格操作规则，工作规范到位。为了确保农村土地承包纠纷仲裁工作质量，各区、县（市）在具体工作中做到严把"两关"。一是严把立案关。由申请人提出书面申请，承办人审查受案条件，对符合受理条件的，填写立案审批表，报请仲裁委员会主任审批，对不符合受理条件的，填写不予受理通知书，并说明理由，及时通知当事人。通过严格把关，防止违法受理、越权受理，避免了仲裁工作的盲目性。二是严把审理程序关。对立案受理的案件，按时告知被申请人答辩权，仲裁员亲自向当事人送达有关法律文书并签收回执等；对庭前无法调解需要开庭审理的案件，首先认真搞好开庭前的调查，深入准确分析归纳争议焦点；开庭时严格履行庭审程度，细心审慎地进行仲裁庭调查，由申请方和被申请方陈述事实和答辩并进行庭审举证；然后进行庭中辩论和陈述，最后就案件性质、认定事实、适用法律和是非责任等做出调解或裁决。

5. 努力工作创新，营造良好环境。一是搞好土地突出问题专项治理，全面完善农村土地二轮延包，突出抓了"两田制"、侵害妇女承包权益及"反租倒包"等二轮延包遗留问题纠正，开展了土地承包合同完善和土地承包经营权证换发补发工作。二是着重解决政策边缘问题。针对政策法律滞后于形势发展的情况，市农委经过广泛调研，深入分析，提出了具有可操作性的解决办法，并经市政府同意，由市政府办公厅下发了《关于依法做好高速公路征地补偿费分配工作的通知》、由市农委下发了《关于解决"后迁入人口"土地承包权益问题的指导意见》、《关于农村集体经济组织预留机动地管理的指导意见》，《沈阳市人民政府关于做好农村土地承包经营权流转的实施意见》、《沈阳市关于做好当前农村土地承包经营权流转管理和服务工作的意见》以及《沈阳市农村土地承包经营权流转市场管理和服务暂行管理办法》。

6. 加强部门沟通，工作协调到位。由于农村土地承包纠纷仲裁是一项全新的工作，当事人不服裁决、法院是否受理、生效裁决法院是否强制执行等问题能否妥善解决，关系到整个仲裁工作的顺利开展，决定仲裁工作的成败。

（邓　奇）

【农技推广体系改革与示范县建设】　沈阳市的新民市、辽中县、康平县成为2010年国家基层农技推广体系改革与建设示范县，在深化改革，进一步加强基层农技推广体系建设的基础上，每个县（市）围绕3－5个主导产业，在100个村遴选培养1000名具有一定文化程度、种养水平较高的农户，作为科技示范户。按照10∶1的比例选聘农业技术指导员，采取集中培训、分户指导、实地考察、观摩交流等方式，三个项目实施县共培养科技示范户3000名。为使农业技术指导员更好地发挥作用，三县（市）基层农技人员312人，参加省组织的基层农技人员培训，其中：参加重点班培训人员12人，参加普通班培训300人。通过培训全面提高项目实施县基层农技人员科技素质和实际工作能力，为科技入户做好保障。

（邓　奇）

【农民科技培训】　2010年，沈阳市制订了《沈阳市农民科技培训实施方案》，各区县（市）农经（林）局在认真贯彻《实施方案》的基础上，紧紧围绕提高农民素质，粮食增产、农业增效、农民增收和2010年的农业生产，充分调动各方积极性，与乡镇、村密切配合，开展了形式多样的农民科技培训。2010年全市共举办各种类型的科技培训班4289场次，累计培训农民40.9万人次；发放各种科技书籍7.8万册、科技资料32.97万份，各种科技光盘2.7万个；组织各类科技大集27次，现场为农民咨询答疑7000余人次；放映科教影片及科教录像1318场次，观看人数达13.2万人次。

（邓 奇）

【农民专业合作组织建设】 2010年，沈阳市有3家农民专业合作社被评为省级重点社，有17家农民专业合作社被评为省级示范社；有5家农民专业合作社被评为市“AAA”级示范社，有23家农民专业合作社被评为市“AA”级示范社，59家农民专业合作社被评为市“A”级示范社。

1.农民专业合作社总量增长迅速，带动面稳步扩大，正在成为带领农民增收、参与市场竞争、发展现代农业的重要载体。全市在工商部门登记的农民专业合作社达到2417家，全市平均每个行政村就有1.7家合作社，带动农户26万户，约占全市农户总数的三分之一。截至年底，农民专业合作社统一组织销售农产品总值24.7亿元，成员人均收入11397元。比全市农民人均收入10005元高出1392元。据调查，农民专业合作社成员收入普遍比当地未入社农户高10%以上。农民专业合作社的发展，对农民增收致富带动作用越来越明显。

2.农民专业合作社已经成为推进农业标准化生产、品牌化经营的重要生力军。通过农民专业合作社，引导农户实施专业化、标准化生产，开展规模化、品牌化经营，组织农民发展优势产业，开发特色产品，积极参与农业产业化经营，推进了现代农业建设。据统计，全市农民专业合作社取得无公害农产品认证的有61家；取得绿色食品认证的有33家；取得有机食品认证的6家；进行商标注册的138家。有些商标已逐渐成为区域品牌，如寒富苹果、华征渔业、公主屯鸡蛋、恒隆花卉、金海花生、永乐葡萄等。

3.农民专业合作社服务领域不断拓展，发挥了主力军作用。经过三年的发展，越来越多的农民专业合作社成员之间从单纯的技术、信息合作走向新型的实体经营。通过农民专业合作社，为成员统一采购生产资料，统一加工、统一销售产品，有效解决了单个农户生产经营中办不了、办不好的许多事情，降低了生产成本，提升了农产品附加值，广大农民抵御自然和市场风险的能力明显增强，成员收入稳步提高。

4.“农超对接、农批对接”呈现良好态势。截至年末，全市与超市或流通企业建立产销对接关系的农民专业合作社有43家，通过超市或流通企业销售产品总金额达9798万元；有91家农民专业合作社参加了37场次由省、市、县各级举办的有关合作社产品展销会及洽谈会，交易额达1260万元。

（邓 奇）

【一乡一业】 2010年，沈阳市采取了多种措施，从发展一乡一业入手，通过培育主导产业区，打造区域分明、产业集中、特色突出的优势产业，推进沈阳市农业向一县一业迈进。全市110个涉农乡镇，其中有36个乡镇已基本达到了一乡一业的标准，农业总产值达到143亿元，主导产业产值可达95亿元，主导产业产值占农业总产值的比例为66%，农民人均纯收入来自主导产业的收入占57%。还有30个乡镇也趋于实现，推进了60个乡镇和20个主导产业区快速发展。

1.制订了完善可行的规划和方案。沈阳市立足地区资源优势、产业优势、区位优势制订一县一业发展规划，把有基础、有特色、有亮点的产业规划作为农业的主导产业，推动现代农业快速高效发展。并以一县一业的目标制订一乡一业的规划，用规划指导一乡一业发展。市农委出台了《沈阳市推进一县一业实施方案》，明确了工作目标、工作重点和政策措施。

2.加大政策支持力度。市里确定的60个重点乡镇和20个农业经济区，除享受国家和省、市各项强农惠农政策外，还给予很多政策支持。对发展一乡一业具有重大带动作用的新建农产品加工企业，在现有固定资产投资补贴政策基础上，适当放宽补贴条件和标准，对当年投资超过5000万元的新建大型企业实行一事一议；对在20个农业经济区内围绕主导产业新建的农产品冷藏保鲜等冷链物流项目，当年固定资产投资达300万元和500万元以上的，分别给予5%和10%的资金补助，对当年投资超过3000万元的重大项目实行一事一议；在20个农业经济区内围绕主导产业建设原料生产基地的龙头企业，在生产基地水电路基础设施建设上给予投资总额21%的补助，单个项目最高补助300万元；对在农业经济区内多个乡镇连片或集中发展同一产业的，采取“捆绑式”办法，集中安排设施农业、林业、水利、综合开发、扶贫开发、农业基建建设项目，并给予专项资金支持；对获得国家质监部门认定的农产品国家地理标志原产地称号的区县（市），按照实际发生费用的一定比例，给予总额不超过100万元的以奖代补资金；对获得省以上权威部门评定的农业“特色产业之乡”称号的乡镇，给予一次性以奖代补资金21万元；对参与一乡一业建设、开展“科地共建”业绩突出、科技共建项目取得实效的农业院校（所）及技术推广部门，给予以奖代补资金5万元；对在沈阳注册、年出口地产农产品达500万美元和1000万美元以上的企业，分别给予以奖代补资金50万元和100万元；对当年达到一乡一业标准的乡镇，给予一次性以奖代补资金10万元，对前10强乡镇另增加10万元；对各区县（市），每达标一个乡镇，给予一次性以奖代补资金2万元；对获得省以上认定的特色产业大县（或一县一业）称号的区县（市），给予一次性以奖代补资金50万元。

3.建立工作推进制度。沈阳市按照业务归口、指导到位的原则，进一步完善工作包保推进机制，充分发挥各个涉农部门的职能，促进一乡一业又好又快发展。各区县（市）、市直部门各包乡工作组实行定期工作调度制度，确保每季一调度，半年一总结，年终一考评。

4.建立综合评价和绩效考评制度。依据一乡一业、农业经济区和一县一业标准及年度工作目标完成情况，市里成立考评小组每年年末对区县（市）、乡镇和包乡工作组进行目标考核，同时依据年度工作任务完成情况和效果对各地区、各乡镇和各包乡工作组进行绩效考核。考评制度的建立，促进了一乡一业工作的顺利开展。

5.充分发挥龙头企业、农民专业合作社和农民致富带头人的带动辐射作用。各区、县（市）围绕主导产业，新建规模以上以农产品加工为重点的龙头企业达到131户。市农委组织市级以上龙头企业与一乡一业乡镇对接，大力培育和发展专业合作社及产业带头人，发挥其带动作用。全年全市8个郊区县

(市)围绕一县一业和一乡一业新上投资1000万元以上项目81个,完成固定资产投资额达25亿元。

6.注重品牌创建工作。在发展壮大优势主导产业的基础上,推进跨乡镇、跨地域统一创建产业品牌。全市省级“特色产业之乡”达到12个,中国驰名商标5个,省级著名商标和名牌产品达到50个。

(邓 奇)

【农业综合执法】 2010年,沈阳市的农业综合执法以提高自身依法行政能力,深化农业综合执法为突破口,以执法体系规范化建设为载体,以规范农资生产经营为重点,通过强化执法,加大法制宣传,树立农业综合执法权威,提高了农业部门的地位,得到了社会和群众的广泛认可。

1.整合执法资源,提高执法效能。按照精简高效和规范统一的原则,对原来执法机构、人员和职能等进行了整合,初步形成监督与处罚职能、处罚与检测检验职能相对分离的执法监督体系,改变了内部多头执法、重复执法的状况,较好地解决了执法力量薄弱和执法资源浪费的问题,提高了执法效能。2010年,9个区、县(市)有7个实现了农业综合执法,队伍建设,人员编制列入全额拨款事业单位序列,人员及工作经费纳入本级财政预算。

2.健全规章制度,强化市场监管。实行农业综合执法以来,沈阳市各级农业行政部门坚持用制度管权、管事、管人,制定了农业行政执法责任制、错案和执法过错责任追究制等制度;规范了行政执法、处罚、复议等程序;建立了行政执法公示和承诺、报告与备案、罚没及档案管理等制度;开展了案件评查、人员考核和法律培训等工作,为严格执法、公正执法、文明执法打下了良好的基础。

3.加强普法宣教,增强法制观念。沈阳市各级农业部门采取多种形式广泛深入宣传涉农法律法规,充分利用电台、电视台等新闻媒体开办普法栏目,利用集市、庙会、农资交易会发放宣传材料、开展法律咨询、传播农资信息、普及农资常识,使广大农民掌握法律知识和农业投入品知识,提高了自我保护、依法维权和辨假识假的能力。采取以案说法等形式,对农资经营者进行法律知识培训,提高了守法经营的自觉性。沈阳市农民维权意识明显提高,假冒伪劣农资案件明显下降,农村普法宣传教育取得较好效果,为农业执法营造了良好环境。

4.强化市场监管,确保农业投入品及农产品质量安全。为了提高农产品市场监管能力,保证老百姓农产品消费安全,依据《中华人民共和国农产品质量安全法》和《沈阳市农产品质量安全管理办法》,沈阳市加强了农业投入品和农产品生产、流通领域的监管力度,拓展了综合执法的领域。通过市场监管,建立了预警机制,防止假劣农产品流入市场。

(邓 奇)

【农资打假】 为严厉打击假劣伪冒农资坑农害农违法事件的发生,保护合法经营者和广大农民的利益,确保各种农事活动的正常进行,沈阳市开展了全年全过程的打假活动,收到了较好的效果。沈阳市各级农业行政主管部门组织农资市场专项检查活动12次。其中,种子执法检查中,共出动执法人员3940人次,出动执法车辆671车次,检查种子经营业户1542家,查处违规经营业户315家,罚没种子品种56个,共计68.1吨,货值金额36.16万元,罚没款44.3万元,立案137起;农药执法检查中,共出动执法人员790人次,执法车辆157车次,检查农药经营业户645家,查处违规经营业户6家;在化肥执法检查中,出动执法人员580余人次,检查化肥经营业户190家,配合省土肥站采样6个。另外,结合“3·15”消费者保护日,组织放心农资下乡进村宣传周活动。宣传周活动期间,全市共举办现场咨询活动18个,参加的经营企业、生产企业共60家,参加的技术人员942人,发放的资料近25.4万份,张贴标语横幅125条,接待咨询群众8.6万人次,展销优质农资产品42吨。

一是突出抓好重点农时。春耕备耕期间是种子、农药、化肥等农资购销旺季,也是假冒伪劣农资进入市场的高峰时节,市农委及时开展农资市场整顿,对不符合条件的,该整改的整改,该吊证的吊证。“3·15”期间组织放心农资下乡活动,同时进行农资市场大检查,以种子为重点;4-5月份,组织专项检查,以农药、肥料为重点;7-8月份,组织各区、县(市)农业监察大队进行对检。

二是突出抓好重点产品。以种子、农药、肥料为重点,严厉打击各种违法生产经营假劣农资和生产销售使用禁限用农业投入品等违法行为,特别是无证生产经营和未审先推种子、在农药中违法添加禁用高毒农药、肥料有效成分不足、制售假劣农机及零配件的行为。

三是突出抓好重点环节。加强农资产品生产、经营主体的资质审查,严格执行有关条件、程序和标准,严禁降低标准和越权审批,加强行政许可的后续监管。全面摸清农资经营企业的底数,加强农资批发市场、专业市场、集散地和经营门店的日常监管,对无证经营的单位和个人,坚决依法予以取缔;对近年来群众投诉举报多的市场重点整治。

(邓 奇)

【农业“110”——咨询电话】 沈阳市“农业110”咨询服务电话的开通,为广大农民建立一条提供实用技术、科技信息、农事咨询等服务的快速通道,以便就地就近就快为农民群众提供服务。市农委在原有一台热线电话基础上,逐渐把农业科普咨询电话扩展到八个农业县(区、市),成立“农业110”咨询服务电话网络,配备科普咨询相关设备,制定严格的热线咨询电话服务管理办法,扩大了专家服务的框架。即:通过一条电话线公开对外;八个电话联手;多个科技部门和百名农业技术人员配合;以电话答疑为主,专家坐堂、现场指导、专家会诊为辅,全面热诚为农民服务。2010年,累计接听咨询电话2000多个,为农民解答疑难问题500多个。

1.现场技术指导服务。在做好热线电话服务同时,加大现场技术指导服务力度。先后聘请沈阳农业大学、辽宁省农业技术推广总站、辽宁省农科院、市农业推广站等多家单位和区市县专家和技术人员10人,组建了农业科技专家服务队伍。并根据热线电话诉求,及时深入田间地头做好技术指导服务,专家服务队现场帮助农民解答问题1600余次,直接受益农民近3万人。

2.加强从业人员业务能力培训。为全面提升接线员服务水平,市农委组织举办了四次农村技术信息服务人员培训班,对沈阳市涉农县区的信息员进行技能培训,培训内容包括农业科技“110”热线功能介绍、信息服务技巧、农业实用技术等,并结合培训内容开展了考察、考试。通过培训,全市农业信息服务人员均能够利用现代信息技术做好技术服务,有效地提高信息员业务水平,提升了基层农业科技"110"热线站服务能力。

3. 及时整理技术资料。印发了"秸秆生物反应堆技术手册"1 万份,"秸秆生物反应堆技术挂图"5000 幅,录制《秸秆生物反应堆技术光盘》2000 张,发放到信息服务人员和农民手中。整理编写了 2010《"农业科普热线"讲座荟萃》科普丛书,全书包括粮油作物、农作物病虫害、果树其他等共 4 篇,涉及 37 种技术。

4. 及时准确提供信息。结合工作实际,定期总结沈阳市农业技术服务经验做法,加大种养大户致富经验收集整理力度,对信息进行整理分析。同时,强化了农业技术信息宣传报道工作,及时向有关部门进行上报具有引领作用的经验信息,共向上级部门提供技术经验材料和生产指导性意见共 60 余份。

(邓 奇)

【农业法制】 2010 年,沈阳市认真贯彻落实国务院《全面推进依法行政实施纲要》,切实加强农业法制工作。

一是加强培训,提高执法人员素质。针对沈阳市农业行政执法队伍执法能力、依法行政水平不均衡,与职责要求还有差距的现状。市农委本着边工作、边完善、边提高的原则,坚持对执法队伍进行教育培训。重点是《中华人民共和国农产品质量安全法》、《农业行政处罚程序规定》、《农业行政执法文书制作规范》等,通过聘请省、市有关法律专家讲课,进行理论考试等方式,有效地促进了队伍建设,提高了农业行政执法水平,造就了一支业务精通、纪律严明、执法公正的农业行政执法队伍。2010 年,全市农业行政执法人员均参加了行政执法资格统一考试,实现了持证上岗,持证执法。培训行政执法人员 600 多人次。同时也注重对管理相对人的培训,每年全市举办培训班 9 次,人员近 3000 名。

二是广泛宣传、扩大影响,积极推进农业执法工作。2010 年 3 月 15 日至 4 月 15 日,开展了以规范种子市场经营秩序,依法打击各种违法行为,防止假劣种子流入市场,避免坑农害农事件的发生,确保农业生产用上合格的种子为重点的春季农资打假护农活动。全市各级农业行政主管部门整顿农资批发市场 5 个,出动执法检查人员 4200 余人次,印发宣传资料 10 万余份,对全市 2820 个种子、农药、肥料经营单位进行了检查,活动过程先后在辽宁电视台、沈阳电视台、沈阳电台等新闻单位进行了 30 余次的公开报道。加大了曝光力度,震慑了违法犯罪行为,切实提高农民维权意识和能力,依法为农村生产保驾护航。

(邓 奇)

【农业技术推广普及】 在全市农业科技人员的共同努力下,2010 年沈阳市农业科技攻关取得了丰硕的成果。全市共有 6 个农作物新品种通过省级审定、认定。全市共有 15 项科研成果获得国家、省、市科技进步等奖项。其中获得国家农业部农业丰收奖 1 项;辽宁省科技进步三等奖 2 项;沈阳市科技进步二、三等奖 2 项;沈阳市科技振兴奖 1 项;沈阳市农业科技推广奖 4 项;辽宁省农业科技贡献奖 5 项。2010 年沈阳市加大了农业新品种新技术引进、示范和推广的力度,共引进推广各类农作物新品种近 300 多个,示范和推广面积累积达 46.67 万公顷。推广农业先进实用技术 30 多项,推广面积达 33.33 万公顷。秸秆生物反应堆技术推广面积达 1333.33 公顷。全市推广农机新技术 3 项,新农机具 2 万多台套。

(邓 奇)

【农产品质量安全生产】 沈阳市农产品质量安全生产工作坚持基地化建设、标准化生产和产业化经营,追求安全、优质、生态、环保、可持续,遵循现代农业发展理念,注重数量、质量、效益协调发展,推动了农业生产方式的成功转变,保障了农产品质量安全,在指导生产、规范经营、保障安全、满足消费等方面发挥了不可替代的作用。

1. 大力推动标准化生产。2010 年无公害农产品认证 403 个,认证面积 34.27 万公顷;绿色食品认证数量 167 个,认证面积 4.93 万公顷;有机食品认证 28 个,认证面积 3333.3 公顷,绿色食品原料基地 2.67 万公顷。认证总面积达到 42.2 万公顷。

自 2003 年起,市政府每年对新认证的绿色食品、有机食品给予补贴,其中每个绿色食品补贴 1 万元、有机食品补贴 1.5 万元的扶持政策,调动了生产企业的标准化生产积极性。2010 年,由于国家对无公害农产品申报主体重新做出调整,使沈阳市无公害农产品申报主体由原来的乡镇人民政府和农业技术推广站变更为企业或农民专业合作社,导致沈阳市近 26.67 万公顷的无公害农产品产地认证面积需重新认证,为调动各县区工作积极性,沈阳市投入 65 万元的补贴资金,完成了省绩效考核指标。农产品质量安全监管工作各项考核指标全省排名第一位。

2. 推进蔬菜准出制度的落实。为减少流通环节监管压力,确保进入城区农贸市场销售的地产蔬菜的质量安全,2010 年沈阳市出台了《沈阳市蔬菜产品准出意见》,对蔬菜产品实行基地准出制度。凡在沈阳市行政区域内生产的蔬菜产品上市时,生产者必须在当地开具产地证明和质量证明方可上市销售,并规定了开具产地证明和质量证明的方式和管理细则。为了落实这项制度,市农委统一印制了产地证明和产品质量安全证明,发到各专业合作社和企业。通过产地证明和质量证明管理,在一定程度上解决了产品产地不清,质量不明,出了问题不能追溯的难题。这项工作在全市 30 个蔬菜生产基地开始启动。

(邓 奇)

【农产品质量安全监管】 2010 年,沈阳市农产品质量安全工作取得了较好的成就,农产品质量安全工作各项指标排名省内第一,受到了省政府、市政府的好评,群众满意度上升。

一是农产品质量安全水平大幅提升。在农业部开展的 98 个城市农产品质量安全例行监管工作中,前三次的结果排名实现了历史性突破,其中第 1 次,第 3 次并列第一,第二次排名第十六位。3 次监测水果、蔬菜合格率 100%。这是自 2003 年农业部开展农产品质量安全监管工作以来,沈阳市取得的最好成绩。全年检测蔬菜样品达到 9.2 万个,合格率 99%。

二是基层监管体系建设取得进展。2009 年末,市政府提出了县级农产品质量安全监管服务体系建设的目标,对完成建站任务的地区,将给予一定的以奖代补资金用于基础设施配套。辽中、法库及新民、东陵共 6 个站已经通过验收,每站补贴 5 万元,共计 30 万元。

三是强化了农产品质量安全组织领导工作。6 月 3 日,市政府召开农产品质量安全工作会议,这是沈阳市首次召开的农产品质量安全专题会议,王翔坤副市长到会并发表了讲话,就农产品质量安全工作进行了部署,市农委与各区、县(市)签订了农产品质量安全责任书,确定了属地化管理,分级负责的工作机制。为落实这次会议精神,沈阳市成立了农产品质量安全工作领导小组,细化了责任,明确了工作任务,加强了协调和调动能力。

四是农业投入品监管成效显著。市、县两级农业行政主管部门统一部署集中进行了农产品质量安全专项整治工作,全市共检查农药、肥料、种子经营业户2477家,查处违法经营业户337家,查封不合格农药520件,查封劣质肥料46吨,从一定程度上整顿和净化了农资市场经营秩序。

五是开展了超市农产品质量安全示范店评选活动。按照《沈阳市农产品质量安全管理办法》和《沈阳市农产品市场准入制度》的要求,全市大型超市实行农产品自检,并公布每天的检测结果,全市现有营业面积超过5000平方米的超市达到了40家。为了打造放心消费的平台,营造诚信服务氛围,沈阳市在全市大型超市开展了农产品质量安全示范店评选活动,通过现场投票、网络投票和日常监管、媒体、部分人大代表和政协委员明察暗访等形式,对超市得票率进行排名,兴隆大家庭、家乐福等9家超市获此殊荣。

六是突发事件处理得当。9月2日,市农业检测中心在盛发市场对产地辽西某市的一车白菜速测中,发现其结果呈阳性,当即由市农业行政执法支队对其10.2吨白菜进行了暂扣,经复检,为丙溴磷含量超标。为防止农药残留超标的蔬菜流向其他市场,采取了销毁处理的办法,对10.2吨白菜进行了无害化处理,中央电视台和省内多家媒体对此事件进行了报导。全市共处理"问题菜"品种16个,36批次,数量16.22吨,比上年增加了3085公斤,增长23.5%,进一步维护了蔬菜质量安全,依法履行了监管职能。

(邓 奇)

【农村集体资产产权管理】 2010年,全市农村集体资产总额为119亿元,其中货币资金25.1亿元,占总资产21.1%,固定资产37.4亿元,占总资产31.4%,长期投资11.41亿元,占总资产的10%,应收款项32.7亿元,占总资产27.5%,负债24.5亿元,占总资产21%,净资产85.1亿元,占总资产71.5%。

全市集体所有农用地面积69.53万公顷,其中耕地57.33万公顷,林地面积7.87万公顷,水面8666.7公顷,园地8000公顷,草地2666.7公顷,其他农用地2.53万公顷。

为加强农村集体经济组织资产产权管理的指导、监督和服务,沈阳市实施了以农村集体"三资"信息化网络管理为主线的管理创新,以土体流转市场建设为主体的服务创新,以农村集体经济组织实行股份合作制改革为主要模式的体制创新三大措施。

1. 农村集体资金、资产、资源信息化网络管理。沈阳市农经网络监测系统主要由村级财务管理、村级债务控制、化解情况动态监测、土地承包管理三大系统构成,该系统建立了全面覆盖市、区县(市)、乡镇(街道)、村四级的农经互联专网,共搭建了161个信息专网结点,将全市1895个村集体经济组织的资金、资产、资源管理纳入信息化、规范化、制度化轨道,实现了通过网络实时在线录入、查询、审核、统计、管理等强大功能。

2. 土地流转市场建设。沈阳市通过建立承包经营权流转制度,培育土地流转市场,引导农户以多种方式流转土地承包经营权,使土地向设施农业和主导产业集中,实现规模化经营和集约化经营。

2010年,沈阳市除了继续抓好2009年全市确定的43个区、县(市)及乡镇土地承包经营权流转试点建设之外,又增加了10个乡镇级试点单位。试点以区县(市)农经局(站)为载体成立土地流转服务中心,主要负责农村土地承包经营权流转的政策指导工作;以乡镇农经站为载体建立土地承包经营权流转有形市场,负责土地流转供求登记、信息发布、项目推介、价格评估、中介协调、指导签约、合同鉴证、建立流转台帐、档案管理以及纠纷调处等工作;以行政村为单位设立土地流转信息服务站,村会计为信息员,主要负责土地流转信息收集、流转程序指导及相关工作。在建立土地承包经营权流转市场的同时,注意以实施流转合同制和备案制为重点,建立健全规范的流转工作制度和规程,做好土地流转登记,协商确定流转价格,签订规范流转合同,严格履行鉴证程序,认真实行建档备案。对过去已流转的土地,开展全面清理,凡流转手续不全的,按照规范要求尽快补齐,凡条款不清,标的显失公平的流转合同,通过工作,平衡双方利益,引导双方修订合同,并及时做好备案登记和归档工作。清理不规范流转土地面积4000多公顷,建立规范流转合同4.3万份。

3. 农村集体资产股份制改革。继续推进以股份合作为主要形式,以清产核资、资产量化、股权设置、股权界定、股权管理为主要内容的农村集体经济组织产权制度改革,建立"归属清晰、权责明确、利益共享、保护严格、流转规范、监管有力"的农村集体经济组织产权制度,明确农村集体经济组织的管理决策机制、收益分配机制,健全保护农村集体经济组织和成员利益的长效机制,构建完善的农村集体经济组织现代产权运行体制。

2010年,完成股份制改革村的已达45个,量化资产总额19.5亿元,入股股东达5.73万人,实施股份制改革后,实现累计股金分红4.87亿元,其中当年股金分红总额2858万元。另有9个村正在组织实施集体资产产权制度改革。

(邓 奇)

【农药市场监管】 2010年,沈阳市对农药监管和农药市场整治力度不断加大,从组织领导、宣传发动、整治重点等方面确保整治工作有序开展。在农药监管中做到明确监管重点,细化监管流程,让农药监管工作有据可依,高密度、严监控的各类整治、监察活动,有力地规范了农药市场,对于生产、经营伪劣假质农药的不法分子带来极大威慑,从不同层次加强农药整治力度,推动农药产品质量提高。除了类似"常规"整治手段,沈阳市还会不定期举行各种"非常规"专项整治活动。

1. 规范生产经营行为,整顿市场秩序。各地对本辖区内农药生产企业和经营单位进行拉网式检查,联合工商、工信、质检等部门依法取缔一批不符合法定条件的农药生产企业和经营单位。加强对农药流动商贩和物流企业的监管,堵塞禁用、限用高毒农药和假冒伪劣农药销售渠道。强化诚信体系建设,对生产、经营假劣农药的,及时列入"黑名单",进行重点跟踪监管和内部通报。对于屡次抽检不合格、产品中擅自添加禁限用高毒农药成分、冒证生产农药等违法企业给予公开曝光,并按法定程序吊销其农药登记证。

2. 加强禁限用农药监管,突出监管重点。各区、县(市)根据本地实际,结合农时,开展蔬菜、果树、水稻、小麦、玉米等主要农作物用药监督抽查。抽查重心下移,来自乡镇农药经销网点的抽样比例不少于总抽样量的70%。对所有被抽查产品中是否违法添加禁用、限用高毒农药进行全面监测。开展高毒农药生产企业专项检查行动,组织对辖区内甲胺磷等禁用农药的专项检查。深挖农药黑窝点,重大案情线索立即上报,联合公安、工商、质检、工信等部门,组织力量集中查处大案要案。

3. 加强农药使用指导,强化应急处理。各区、县(市)重点加强对粮食、蔬菜等高产创建田农药使用的指导工作,实施农药入园登记管理制度,全面推行标准化生产,杜绝在生产过程中使用禁用、限用农药行为,把好农药使用安全间隔期、采前自检、产地准出和生产档案四个环节,做到不合格产品不采摘,超标产品不上市、不流通。制定《农药突发事件应急预案》,加强预警管理。全面排查农产品和农药安全隐患,妥善处理农药药害等突发事件,建立完善农药重大药害事故的报告、专家评估和处理机制,保障农业生产和农村社会稳定。

4. 完善农药残留标准体系,加强农残监测。全面清理现行农药残留标准,加快开展标准制定工作,解决标准过时、重复和矛盾问题,缓解农药残留标准缺失问题。在搞好农药市场抽检工作的基础上,排查农药可能对农产品质量安全造成的隐患,组织开展农产品农药残留监测,对例行监测中年年查、次次超的重点地区,对豆类、叶菜类、草莓和桃等重点农产品,对毒死蜱、氧乐果、水胺硫磷等重点农药,着力加强监控。对发现农产品中有禁用、限用高毒农药残留的,追根溯源、一查到底,采取综合治理措施,切实保障农产品质量安全。

5. 完善农药管理法规制度,加强宣传培训。及时总结农药管理实际经验,组织开展相关配套规章的调研与起草工作。做好农药法规、安全使用、市场监管成效等方面的宣传,利用电视、广播、报刊杂志、网站等媒体以及农民喜闻乐见的形式,对农药市场监管年的先进经验和取得成效进行广泛深入的宣传报道,形成良好的舆论氛围。

(邓　奇)

【农业政策性保险】 2010年,沈阳市农业保险工作紧紧围绕提高农业抵御自然灾害能力及农民灾后恢复生产能力为工作重点,克服了气候多变、灾害不断等不利因素,并在各区、县(市)和承保公司的大力配合下,农业政策性保险工作取得了一定的进展。

一、全市农业政策性保险进展情况

1. 参保面积情况。2010年沈阳市农作物总播种面积68.33万公顷,应参加保险粮食作物(玉米、水稻、大豆、花生)和设施农业生产面积57.47万公顷,实际参保面积15.41万公顷,占应参保面积的26.8%。其中粮油作物15万公顷,设施农业4133.33公顷;参保农户17.36万户,占全市70万农户的24.8%。

2. 保费收取情况。2010年全市种植业保险实现总保额16.8亿元,保费收入6458.1万元。争取国家配套资金1966.7万元,省配套资金1572.6万元;市级补助资金813.64万元,县区配套资金729.61万元,共收取农民保费1375.55万元。从保费收入上看,人保公司收缴保额最多,为3.15亿元;安华公司2462.03万元,中华联合公司473.71万元。

3. 保险理赔情况。2010年3家保险公司赔款总额合计4145万元,其中人保公司预计赔付3112万元,安华公司543万元,中华联合公司490万元。截至12月31日,全市已赔付3469万元,其中人保公司已赔付2600万元,安华公司已赔付499万元,中华联合公司已赔付370万元。

二、采取的主要措施

1. 按照市场竞争原则,引进农业保险竞争机制。2010,沈阳市农业保险工作确定沈阳人保财险、安华农业保险、中华联财险三家保险公司共同承担沈阳市农业保险业务工作,其承保范围为:人保公司具体负责承保辽中县、法库县、东陵区、铁西新区(市经济技术开发区)、浑南新区和棋盘山开发区的农业保险业务;安华公司具体承保康平县、新民市和沈北新区的农业保险业务;中华联保险公司具体承保苏家屯区、于洪区的农业保险业务。从而减少和降低农民农业生产过程中的风险,分散承保公司保险责任,促进了农业保险的可持续发展,提高农业保险水平。

2. 加强领导,完善了组织保障体系。市委、市政府主要领导高度重视农业保险工作,成立了由主管副市长王翔坤为组长,市农委、市动监局、市财政局、和承保公司等部门为成员的政策性农业保险领导小组。领导小组下设办公室,负责农险业务日常协调工作,办公室设在市农委。各区、县(市)组建了相应的工作机构,全市基本形成了一支网络较健全、业务素质较高的农业保险工作队伍,为做农业保险工作提供有力的组织保障。

3. 坚持例会,信息渠道畅通。政策性农业保险领导小组,定期或不定期召开专题会议,及时了解各区、县(市)当前保险工作进展情况和存在问题,做到市县上下两级互动,信息渠道畅通,并针对当前工作完成情况和存在的问题,提出不同阶段工作目标和工作方法措施。及时总结推广成功经验,妥善处理难点问题,定期通报试点情况,确保工作顺利推进。

4. 搞好服务,做好理赔工作。保险公司建立健全承保理赔业务服务网络,并延伸到乡镇和行政村,负责农户参保的承保、合同签定、农险理赔等工作。实行及时查勘定损、快速理赔,不断优化服务。全市建立定损专家组、大灾理赔应急机动组和大灾理赔后勤保障组。在灾害发生时,邀请农技专家评审,组织大规模的查勘队伍,确保沈阳市保险理赔渠道畅通。

(邓　奇)

【"三农"栏目《庄稼院》】 为了宣传党在农村的各项方针政策,加快社会主义新农村建设,普及农业新品种新技术,提高广大农民科技文化素质,不断增加农业生产中的科技含量,加快小康社会的建设步伐,市农委与沈阳电视台联合主办农村类栏目——《庄稼院》。这是一档以反映"三农"题材为主的专题节目。节目内容涵盖农村经济、农业生产、致富经验、最新农业科研成果、农业实用技术推广、乡风民情以及农业病虫害可视化预报、农业气象服务等。节目宗旨是倡导农村新风,传播农业实用技术和致富信息。此栏目自2006年1月开通以来赢得了广大农民朋友的极大欢迎。

2010年在《庄稼院》制作播出的节目中,宣传了百余名活跃在沈阳市农村中的致富典型，推介了近百期种养殖实用技术信息，发布三农免费服务信息600余条，在做好正常节目采编播工作的同时，栏目组还按照市政府要求，出色完成了2010年中国国际种业博览会暨中国沈阳国际农业博览会宣传任务，播出专题节目6期。组织开展了“市民逛农家”、“我要当农民”等活动。2010年7月，《法库有个榛子村》节目获得2009年辽宁广播电视节目奖电视社教奖对农节目类二等奖；2010年10月，《庄稼院》栏目在辽宁新闻奖评选中被评为优秀栏目。2010年《庄稼院》栏目共播出农业科普电视专题片365期。

（邓 奇）

【设施农业科技培训工程】 为认真落实省委、省政府关于发展设施农业工作的总体部署，促进设施农业又好又快发展和农民持续增收，沈阳市开展了设施农业科技培训工程。沈阳市的新民市、康平县被省列为2010年辽宁省“设施农业科技培训工程”重点县。设施农业培训工程，分别在两个县（市）的15个乡镇60个行政村开展，每村选定50名主要从事设施农业生产和经营的农民作为培训示范户，两县（市）共3000人（户）。

设施农业培训工程，紧紧围绕发展设施农业，依托培训机构，以行政村为基本单元，按照从事设施农业生产和经营的农民需求，适应生产周期和农时的要求，采取农业科技推广人员进村集中培训和现场指导相结合的方式开展培训。

两个项目实施县（市），认真组织领导、制定严格的教学培训计划、健全管理机制。并根据当地设施农业的实际情况，编制设施农业培训教材，免费给参训农民发放各种培训教材及技术资料7000余册，对每个项目村，实施进村集中培训10天，现场指导达20次。通过培训和指导，使受训农民掌握了从事设施农业生产的技术要领及其相关知识，进而辐射带动其他农民生产技能有明显提高，促进了当地设施农业健康发展。

2010年，辽宁省农委利用有关农业院校及科研院所，对设施农业农民科技带头人进行系统培训，为设施农业发展培养“土专家”，为培训工程注入新的内涵，沈阳市先后有211名设施农业农民科技带头人，分别参加了蔬菜、果树、花卉、食用菌4个专业类别的培训。

（邓 奇）

【农业信息化建设】 2010年，沈阳市按照信息与产业融合，信息化助推农业产业化的发展思路，以农民受益、产业发展为目标，以服务现代农业发展为途径，在不断完善信息服务的基础上，把加快沈阳农业信息化建设作为助推农村经济发展的新引擎，为全面建设社会主义新农村做出新的贡献。

一、健全农业信息化服务体系

1.开展送信息下乡活动。沈阳市农委与中国移动通信沈阳分公司联合在四个近郊区及康平、法库先后开展了20次农信“大篷车”下乡活动，惠及农民5000余人。

2.精准农业温控大棚试点建设。从提高农业生产管理水平入手，积极推广现代农业信息技术，在苏家屯区建立了以温室自动化监控平台为主的信息化生产管理系统。该系统按照用户设定的环境因素上下限值（如湿度、温度），对温室设备进行全自动化调节与控制，在精准农业方面进行了有益的尝试。

3.深入开发农业信息资源。聘请专门人员对各区、县（市）农产品价格、种养殖大户、合作社数据进行采集、监测。数据的积累为各级领导决策提供了参考依据。

4.继续完善农业信息服务方式。市农委对原有《沈阳农经信息》进行了改版，由原来的一期一则信息，变为一期多则信息，增加了信息量，为领导提供了及时、准确的工作信息。

5.加强农村基层信息化建设。结合农村党员远程教育、百万农民上网工程等项目的实施，把工作重点放在了村级核心信息服务站建设上，以农民专业合作社为载体，建立了覆盖农村的综合信息服务示范站180余个。

二、提高信息队伍服务水平

1.加强农村信息员队伍建设。2010年，沈阳市农委通过新民、康平两处农村信息化综合培训室，先后组织15次375人次的信息员培训，市县共培训信息员550人次。通过信息员队伍的培训和示范站信息共享平台的建立完成了各县区之间的信息交互，为农业新技术新品种的推广、农产品销售提供了信息支持。

2.提高农业信息服务水平。为提高农村信息服务技术水平，在全市范围内筛选聘请多年从事土肥、推广、植保、水产工作的研究员级专家5名，在苏家屯区聘请“土专家”两名，通过“12316”金农热线帮助全市农民解决生产中遇到的技术、政策等方面问题。

（邓 奇）

【农经网络系统建设】 沈阳市农经网络监测系统于2009年建成，2010年初开始全面运行。经过一年的稳定运行，通过农经网络系统管理全市农村集体资产总额为111亿元，其中货币资金18.65亿元，固定资产36.65亿元；全市村集体经济组织总收入8.42亿元，全市村集体经济组织总支出7.95亿元，村集体经济组织净收益4714万元；全市村级债权31.5亿元，村级债务22.5亿元；全市集体所有农用地面积68.27万公顷，其中耕地56.67万公顷，农村土地承包合同67.6万份，土地承包经营权证68.8万册。

（邓 奇）

【阳光工程】 2010年沈阳市阳光工程，从适应农村劳动力转移就业的新形势需求出发，加快调整培训重点和就业方向，紧紧围绕农业和农村服务业、农产品加工、农村特色非农产业和农民创业开展培训，取得了显著成绩。

各区县（市）在阳光工程实施中，从加强领导、强化措施入手，精心部署、周密安排，认真做到：抓规范管理，做好基础工作；抓规划布局，做好基地认定；抓宣传引导，做好普及宣传；抓制度落实，强化项目管理；抓创新典型，突出培训时效。

2010年全市共认定阳光工程培训基地定16个，实施职业技能培训6600人，其中：培训沼气工450人、农机手1000人、植物病虫害防治员300人、合作社负责人250人、合作社理财能手100人、农资销售人员100人、农村经纪人400人，美容美发100人、拟到农产品加工企业100、农民技术员500人。村级动物疫病防疫员150人、乡村旅游服务员150人、畜禽繁殖员100人，地方特色职业农民2900人（设施大棚建造工400人、设施果菜生产加工2250人、食用菌生产工200人、其他特色农产品生产加工50人）。实施阳光工程远程培训7000人。组织实施阳光工程农民创业培训96人。

（邓 奇）

【农村产业带头人】 2010年，沈阳市认真按照市政府的部署，积极开展工作，取得了较好的成效。经过严格审查，在全市范围内,评定了2010年沈阳市农村产业带头人529名。

1.提供培训服务。市农委等部门根据农村产业带头人的不同类别和特点,整合各种培训资源有针对性地开展了各种培训。通过培训提高了产业带头人的科技水平、政策水平、道德素质和经营能力。

2.信贷扶持政策。市农村信用社、沈阳恒信担保服务有限公司每年为500名产业带头人发展生产和经营提供信贷支持。产业带头人凭《沈阳市农村产业带头人证书》和沈阳恒信担保公司提供担保,到当地农村信用社申请5万元以内的一次性贷款,并享受一般农户贷款利率下浮20%的优惠政策。对符合农业银行贷款条件的农村产业带头人,可按评级标准获得5—30万元的信用额度。为此,沈阳市农村信用社制定了《沈阳市农村信用社农村产业带头人贷款办法》、沈阳恒信担保有限公司制定了《沈阳恒信担保有限公司产业带头人担保贷款办法》。

3.设立专项资金。市政府每年安排农村产业带头人创业发展专项资金,用于全市农村产业带头人开展生产经营活动的贷款贴息。

4.优先评定农民职称。对符合农民职称评定条件的产业带头人,市农委优先为其评审农民技术职称。

5.网络信息扶持。为农村产业带头人在相关媒体发布营销信息;在《沈阳市农业信息网》为其建立信息平台,定期发布相关信息。

6.表彰奖励。每年对有突出贡献的产业带头人授予"十大产业带头人"称号,并进行物资奖励。成立了沈阳市培植农村产业带头人评审领导小组及办公室。

(邓　奇)

种植业

【种植业结构调整】 2010年,沈阳市在种植业结构调整工作中,围绕"提高特色农业比例、促进农民增收"这一工作目标,加大设施农业建设力度,引导农民发展特色农业。

1.加大设施农业建设力度。一是按照全年建设目标的50%,预拨财政补助资金8740万元。政府的财政补助政策的实施,给全市发展设施农业提供了资金支持,极大地推动了沈阳市设施农业的发展。二是做好全方位服务,协调担保和贷款。2010年通过恒信担保公司开展设施农业贷款担保7000万元,市农信联社设施农业贷款总额累计达15亿元。三是根据沈阳市设施农业发展现状及时提高补贴标准。全年下拨省市设施农业小区建设补贴资金2.8亿元,百亩连片日光温室小区可获得省市补助资金总计18万元。四是强力推进春秋两季设施农业建设。春季设施农业开工比例超过50%,实现了当年建设、当年生产、当年受益。五是将为民办实事内容纳入领导干部绩效考核。全年新增、改造设施农业面积1.56万公顷,全市设施农业占地总面积达到10.33万公顷。3万亩以上的乡镇9个,万亩以上乡镇24个。法库县当年新建面积达到7026.67公顷,继新民、辽中大规模集中发展之后,实现了县域范围内设施农业规划发展的新突破。

2.实施"3100"中低产田改造计划。突破改良耕地土壤、增加粮食产量的传统思路,把发展高效农业的目标瞄准到康平、法库以及新民、辽中的柳绕地区的中低产田,计划从2010年开始,利用3年时间,改造中低产田6.67万公顷。2010年共整合支农资金1.44亿元,完成中低产田改造2.41万公顷,其中新增设施农业1.21万公顷,增加各类特色农业1.2万公顷,超额完成全年计划。法库、康平和新民、辽中的柳绕地区等贫困地区改造面积达到2.17万公顷,占总量的90%以上。当年新增设施农业过1万亩的乡镇3个,过5000亩乡镇6个,2000亩大区14个。

3.引导农民发展特色农业。通过出台政策,引导农民发展特色农业。对连片种植树莓500亩的每亩补助500元,对种植寒富苹果每亩补助275元,对百亩连片的花卉视密植程度分别给予500－1200元的种苗补助。2010年,全市新增树莓、花卉、食用菌、寒富苹果、花生等特色产业面积1.4万公顷,总面积达到20.33万公顷。

(邓　奇)

【粮食生产】 2010年,沈阳市农作物总播种面积65.48万公顷,其中粮食作物播种面积50.69万公顷,总产量325.1万吨,连续七年总产超300万吨。主要粮食作物中,水稻播种面积12.67万公顷,产量100万吨;玉米34.48万公顷,产量210.8万吨;豆类1.71万公顷,产量5万吨。其中大豆1.63万公顷,产量4.8万吨;薯类(折粮)1.2万公顷,产量6.3万吨。其中马铃薯9400公顷,产量4.1万吨。

一是不折不扣地落实国家惠农政策,保护农民种粮积极性,稳定全市粮食播种面积。2010年农作物良种补贴预拨资金9940.9万元,实发9802万元;粮食综合直补发放1.35亿元;农资综合补贴发放4.18亿元;农机补贴1.09亿元。补贴资金及时发放到农民手中,弥补了粮食生产资金不足问题。

二是圆满完成57个国家、省级玉米、水稻高产创建示范区,示范区面积超过4万公顷,辐射带动周边生产田约33.33万公顷,增产粮食2.1亿斤,增收约2亿元,全市高产粮田比例达到60%左右。

三是组织市级农技推广部门与县区开展科技对接。从品种筛选到配方施肥、病虫害防治、标准化生产等方面进行产前、产中指导、培训和定点服务,因地制宜,做好指导。针对今年春季低温和夏季洪涝的特殊气候条件,市直和县区农技部门组成农业生产技术指导组分片包乡深入县乡村、田间地头,指导农民抢时春播、抗洪排涝,将灾害损失降到最低。

四是与气象部门密切配合,先后18次发布灾害性天气预报和生产指导,保证了农业生产的顺利进行。夏季入伏以后,沈阳市连遭6次强降雨侵袭,致使部分县区农作物受灾严重。为应对灾害侵袭,在强降雨发生前,根据气象部门预报,及时向各涉农区县(市)、乡镇村发出紧急通知,提早准备,指导采取相关防护措施。灾情发生后,组成由市农委副主任带队的抗灾自救指导组,深入受灾县区、乡镇实地指导抗灾自救。并及时提出排涝抢修、组织恢复生产、加强田间管理、做好灾害理赔等指导性意见,按照农业部要求,对全市水稻组织统一作业,促早熟、防病虫、保丰收。

五是推进农业政策性保险,降低农民损失。2010年,大田作物参保面积15万公顷,收取保费5220万元,各保险公司也在灾区发生后及时赔付,降低了农民的损失,对恢复生产起到了积极作用。

(邓　奇)

【种子管理】 2010年,沈阳市种子管理部门认真贯彻落实中央1号文件精神,紧紧围绕农业增产、农民增收、农村稳定这个目标,坚持从实际出发,从严格市场准入入手,进一步加大管理力度,通过倡导诚信,守法经营,积极稳妥的开展了各项种子管理工作。

一、认真开展了农资打假专项治理行动

按照2010年全国农资打假电视电话会议精神,沈阳市认真开展了种子专项治理行动,3月5日,沈阳市在新民组织开展了辽宁省既沈阳市农资打假护农保春耕活动启动仪式,组织5万余人次收听、收看了"放心农资与维权知识"电视专题和广播讲座,同时利用现场咨询、培训讲座、发放宣传材料和制作电视专题片等形式,开展放心农资下乡现场咨询会,参加咨询的科技人员达到338人次,接受咨询的群众达到3万余人次,发放各类宣传材料2万份,为提高农民识假辨假能力,促进优质农资供应创造了条件。同时,加大监管工作力度,重点查处制售假劣种子、未审先推、虚假广告、无证或借证经营等违法行为,进一步加大案件查处力度,通过自查、互查、抽查等多种形式开展农资打假工作,使沈阳市种子市场专项整治行动取得了明显成效。

二、对100万以上种子经营企业进行换证检查

按照辽宁省农委要求,结合市批100万种子企业经营许可证换证工作,按照"谁发证、谁负责"的原则,重点对种子企业经营资质情况进行了换证检查。全市共检查100万种子企业175家,在检查中,重点对种子企业生产经营情况进行记录,对房屋产权、设备产权、检验等各类技术人员进行资格确认(着重查验原件)。对检查中发现的问题,及时告知并督促受检企业进行整改,对整改不合格,特别是已不具备生产经营条件的25家种子企业的农作物种子许可证进行收回,并依法予以注销。

三、组织开展了田间现场技术鉴定

2010年,沈阳市共11次组织农业专家进行田间现场技术鉴定,根据《农作物种子质量纠纷田间现场鉴定办法》和鉴定结果对双方当事人进行调解,努力化解矛盾。特别是在沈阳东亚种业有限公司生产的玉米"东单90"出现问题以后,积极采取有效措施,做耐心细致的思想工作,努力维护种子使用者和经营者的合法权益,避免了大规模农民上访事件的发生。市农委共接到行政投诉和咨询电话138个,接待上访群众67人次,这些案件和问题均得到了妥善解决。

四、开展了玉米种子田花期质量检查

2010年8月5日至8月10日,沈阳市对沈北新区、苏家屯、浑南新区、棋盘山、东陵等区县玉米制种企业进行了田花期质量检查,共检查种子生产基地10块,检查玉米种子田333.3公顷。总体上看,2010年玉米制种田母本去雄和父、母本除杂情况明显好于上年。

五、开展了农作物新品种展示示范工作

2010年,沈阳市在沈北新区、苏家屯、辽中、法库、新民、市农科院等地安排了玉米、水稻等主要农作物新品种展示项目,全市新品种展示点达到10余个,展示品种160余个,通过开展新品种展示示范工作,筛选出适宜沈阳市农业生产的主栽品种。

(邓　奇)

【蔬菜生产】 2010年,新建改造设施农业1.56万公顷,新增省级设施农业小区3015个,设施农业总面积达10.33万公顷。全年蔬菜总产量508.3万吨,人均蔬菜占有量640公斤,地产蔬菜自给率达到380%。有力地保证了全市"菜篮子"产品供应。无公害、绿色和有机农产品认定面积48.47公顷,认证产品525个。新发展果蔬出口注册基地2.73万公顷,全市农产品出口注册基地达到4.11万公顷。全市有10家大型商场、超市及12家农副产品批发市场与57家农民专业合作组织建立了长期的产销联盟,减少中间环节,降低经营成本,促进了"菜篮子"产品流通,达到了农民、消费者和企业三方受益的目的。

1.加强组织领导,强化"菜篮子"市长负责制。一是建立和完善了以政府主要领导为总召集人,分管领导为召集人,农委、服务委、发改委、物价、畜牧兽医、工商等部门和区县(市)主要领导为成员的"菜篮子"工作联席会议制度,各部门、县区各司其职、相互配合,形成了齐抓共管的局面。二是将建设设施蔬菜生产基地、保证蔬菜等食品安全直接纳入政府10件惠民实事当中,作为考核"菜篮子"成员单位的工作目标之一。三是出台了18条"菜篮子"产品市场价格调控应对措施,针对2009年下半年蔬菜价格上涨等情况,加强市场价格调控,平抑和稳定了"菜篮子"产品的物价水平。

2.突出建设重点,提高"菜篮子"基地生产能力。一是强化政策扶持,全年拨付财政补贴资金近3亿元,带动金融信贷投入20多亿元,继续扩大设施蔬菜生产基地的规模发展,扶持畜禽和水产规范化养殖小区建设,提高基地生产能力。二是强化科技投入。通过争取国省资金支持,实施农民培训"三大"工程,累计培训农民42.9万人次。引进、推广各类新品种300多个,推广秸秆生物反应堆、测土配方施肥等先进实用技术30多项,创建了3个国家级园艺作物标准园,又有6个蔬菜工厂化育苗中心通过省级验收,提高了基地科技水平。三是提高基地建设的整体水平。通过扶持"一乡一业"、"一县一业"发展,有36个重点乡镇基本达到"一乡一业"发展水平,有5个县区被省畜牧局确定为"一县一业"主导产业县。

3.强化质量监管,保障"菜篮子"产品质量安全。一是出台《沈阳市农产品质量安全管理办法》,采取基地准出、市场准入、批发环节逢进必检、生产和零售环节抽检的办法,将4个大型蔬菜批发市场、40个超市、106个农贸市场和60个重点生产基地纳入检测范围,建立了蔬菜质量安全从田间地头到百姓餐桌的质量安全监管体系,"三品"认证数量及地产农产品市场占有率明显提高。二是加强质量检测和执法体系建设。将市农业检测中心和农业行政执法支队编制分别扩充64和66人,有针对性地开展业务技能培训,添置和更新检测、执法设备,扩大了工作的覆盖面。三是重点开展了蔬菜、肉类食品、水产品等专项整治行动,严厉打击各类违法经营行为,取得明显效果。四是通过协调省市出口检疫部门,开展出口基地认证。基地注册、认证的过程,也是无公害和标准化生产水平不断提高的过程,实实在在地带动了基地产品质量安全水平的提升。

(邓　奇)

【设施农业】 为促进沈阳市农业生产

方式转变,大幅增加农民收入,确保“菜篮子”产品供应,沈阳市大力发展设施农业。2010年,新增设施农业面积1.23万公顷(其中温室8866.67公顷,冷棚3466.67公顷),超出计划85%。全市设施农业总面积达到10.33万公顷,年产量可达310万吨。

据统计,2010年沈阳市设施农业实现总产值92亿元,占种植业总产值的52.8%,平均亩效益6700－7000元,最高可达20多万元,是低产玉米田的10－30倍。在2010年全市农民人均纯收入10220元中,设施农业收入占农民人均纯收入的20%以上。另外,设施农业的快速发展,带动了农村工程、材料、劳务等相关产业的发展。据测算,全市10.33万公顷的设施农业生产,至少可以安排50多万人就业,为农村劳动力提供了不离乡、不离土的稳定就业、增收机会。设施农业产品种类的丰富和产量的增加,也助推了农产品深加工和农业产业化的发展,促进了农民工资性收入的增长。

(邓　奇)

【粮食直补】 2010,沈阳市补贴资金规模为5.54亿元。其中:粮食直补规模1.35亿元,农资综合直补规模4.19亿元。资金全部由省粮食风险基金负担。2010年全市补贴面积55.3万公顷,补贴对象涉及159个乡镇,1771个村,69.15万户,238.7万人。亩均补贴66.70元,其中直补标准16.26元/亩、农资标准50.44元/亩。户均补贴794.35元,人均补贴234.79元。

1.各级部门高度重视、密切配合。2010年2月26日,市财政局、农委、农发行、农信社联合召开了由各区、县(市)财政局长参加的沈阳市2010年农资综合直补和粮食直补工作会议。会上下发了由市财政局、农委、农信社共同制定的《关于做好沈阳市2010年对种粮农民农资综合直补和粮食直补发放工作的通知》(沈财流[2010]216号),布置了2010年对种粮农民农资综合直补和粮食直补资金发放工作数据录入和具体操作程序。各区、县(市)政府召开由财政局、农经局、农信社等有关部门及各乡(镇)主要领导参加的直补工作会议,并下发工作方案。

2.广泛开展宣传活动。各区、县广泛宣传粮补政策,将《2010年对种粮农民农资综合直补和粮食直补政策宣传单》发放至各乡(镇)、村。市农委公开粮补政策咨询电话,为农民及基层工作人员提供政策咨询。

3.加大督查力度,确保粮补资金安全发放。市农委加大了对直补工作的督查力度,各区、县(市)严格做到“五到户”、“五不准”。“五到户”即政策宣传到户、面积核定到户、张榜公示到户、通知发放到户、资金兑现到户。“五不准”,一是不准任何部门、任何单位以任何理由截留、挤占和挪用补贴资金。二是不准以补贴资金抵交其他费用。三是不准村组集体或村干部领发、代发补贴资金。四是不准以任何名义增加农民负担。五是不准以任何理由和方式暗箱操作。通过以上措施杜绝了违反补贴政策,截留、挪用和套取补贴资金等问题,确保了粮补资金的安全发放。

(邓　奇)

【良种补贴】 2010年沈阳市各区、县(市)制订了《2010年农作物良种补贴项目实施方案》,按照“全面覆盖、整体推进、实事求是、补贴农民”的指导思想,对农民种植的水稻、玉米、大豆、小麦、棉花5种作物进行良种补贴。全市农作物良种补贴面积合计58.91万公顷,其中玉米44.9万公顷,水稻13.4万公顷,大豆4900公顷,小麦1220公顷,棉花4公顷,共发放良种补贴资金9842万元。全年共推广种植玉米、水稻、大豆等农作物优良品种200余个,农作物良种覆盖率达到95%以上。

2010年是国家实施水稻、玉米、大豆、小麦、棉花良种补贴全覆盖的第二年,良种补贴的执行标准为水稻、棉花每亩15元,玉米、小麦、大豆每亩10元。补贴对象为生产中使用农作物良种的农民(含农场职工)。在农作物播种(插秧)工作结束后,各区、县(市)农业、财政部门联合组织对水稻、玉米、大豆、小麦、棉花5种作物的实际种植面积进行核实。通过自下至上逐级申报,层层把关核实,确保每一个政策覆盖范围内的农户都能得到补贴。通过面积核实、统计汇总、上墙公示、层层申报、加强检查等工作程序,严格补贴资金发放,做好补贴政策落实,加快优质良种推广步伐,促进农业种植结构调整和农民持续增收。

(邓　奇)

【高效特色农业】 2010年,沈阳市新增高效特色农业1.4万公顷,其中新增寒富苹果4333.3万公顷,西甜瓜3266.7公顷,花生3200公顷,树莓1733公顷,其他1466.7公顷,高效特色农业总面积达到20.33万公顷,比上年增加7.4%。

1.扶持政策具有连续性。自市政府提出大力发展高效特色农业以来,连续多年保持扶持政策的稳定,并逐年加大力度,坚定了农民发展高效特色农业的信心。

2.增长速度明显加快。近年来,高效特色种植面积连年增加。2008年种植面积15.93万公顷,到2010年已发展到20.33万公顷,年均增长13.8%。

3.单一种类种植规模不断扩大。各区、县(市)根据确定的发展种类和品种,对重点乡镇村,实行连片集中开发,按照特色主导产业,细化到一个村或几个村、一个乡镇或几个乡镇,集中力量,突出区域化、专业化和规模化,从而形成了特色产业村或特色产业乡。

4.特色更加明显。各区、县(市)在发展特色农业上,按照特色农业的种类、品种、面积、规模,集中力量、突出重点,按照一县一业、一(多)乡一业、一(多)村一业思路,制订生产计划。全市已形成新民设施蔬菜和西甜瓜,辽中果蔬和花卉,苏家屯温室葡萄,于洪食用菌,东陵树莓,法库西甜瓜、红辣椒、万寿菊,康平地膜花生和寒富苹果等一批具有一定品牌效应、主导产业明显、农民收入显著提高的专业乡村。在生产水平上已向工厂化、精品化方向发展。东陵区的树莓生产获得了“东陵红树莓”国家地理标志注册商标。

(邓　奇)

【农作物病虫害防治】 沈阳市2010年防治农作物病虫草鼠害面积154.23万公顷次,占发生总面积的94.36%,其中,粮菜作物病虫害防治面积107.24万公顷次;农田草害防除面积41.53万公顷次;农区灭鼠面积5.47万公顷次,挽回粮食损失21.8万吨;挽回蔬菜损失22.7万吨。

一、农业重大病虫害发生情况

进入3、4月份以来,受特殊气候影响,沈阳市雨雪天气增多,气温回升缓慢,形成了较长的早春低温时段,物候期普遍延迟10－15天,对农作物生长产生极其不利影响,全市农作物病虫害中等偏重发生。一代玉米螟21.33万公顷,中等偏重发生,局部地区大发生;二代玉米螟13.95万公顷;玉米丝黑穗病1.37万公顷;地下害虫和苗期害虫中等发生;水稻一代二化螟9.98万公顷;二代二化螟5.84万公顷,中等偏重;稻水象甲14.44万公顷,中等发生;稻瘟病11.3万公顷,其中穗颈瘟6.07万公顷,中等偏重发生,局部地区大发生;花生病虫害50万亩次,中等发生;4-10月份沈阳市鼠密度:农户4%—10%,水田2%—4.5%,保护地2%—6%,玉米田1%—5%,均已达到防治指标。

二、防控措施

1.全面推进和完善农作物病虫预报可视化工作,提升综合保障能力。截至2008年年底,沈阳市实现了病虫预报可视化的全覆盖,节目的制作水平不断提高。全年全市共制作并播出节目83期,其中,市植保站制作播出18期,县区植保站制作播出65期。全市设置了31个市级病虫测报点,其中旱田12个,水田8个,菜田5个,另外设置6个鼠情监测点,形成了市、县区、乡镇网格化的作物病虫监测体系。

2.加强农作物病虫害防控指导工作。针对极端气候条件,及时发布病虫发生动态信息,提出防治意见,避免生物灾害造成损失。针对春季降水较多,温度变化无常,光照不足,保护地温度偏低、相对湿度大,有利于诱发低温高湿病害的发生实际情况,印发了设施农业生产主要病害防控措施。针对稻瘟病偏重发生,利用沈阳植保网站及时发布预警信息,提出防控意见,并协助做好防控的组织工作,利用飞机防治1.13万公顷,组织专业组织防治3333.3公顷。组织对二化螟、水稻纹枯病、稻曲病等水稻主要病虫的统一防治,全市应用飞机防治二化螟、纹枯病面积1.33万公顷;应用机动喷雾机防治病虫7.25万公顷。继续对沈阳市六个基本无鼠害村进行管理和物资投入,提供鼠药10吨,鼠夹2000个,毒饵盒4000个。

3.加强对外来有害生物的监测和防控。3—5月份对全市814家种子生产、经营单位进行了检疫证明编号和植物检疫证书的专项检查,受检样本839个,不合格的72个,不合格率8.58%,受检单位覆盖率达90%以上,对8家违规单位给予了处罚;全市共设置60个疫情监测点,其中部级监测点30个、省级监测点20个、市级监测点10个,投放450个诱芯对苹果蠹蛾进行监测,未发现苹果蠹蛾传入。

(邓 奇)

【沃土工程】 2010年,沈阳市持续实施以科学施肥、增施有机肥、培肥地力为目标的“沈阳市沃土工程”项目,累计建立各类试验、示范区2000公顷,辐射带动全市主要大田作物产区近20万公顷实施科学施肥、增施有机肥、秸秆还田等提升地力的科学施肥模式。沈阳市一半以上耕地现在已经使用上了各类新型肥料和新技术。通过各类新型肥料和新技术的推广大大提高了沈阳市的肥料利用率,减少化肥施用量10%以上。

一是以改土培肥作为中心工作目标,有针对性的采用综合措施。采取有机肥改土与化学改土相结合的技术模式,并推广生物有机肥和复合肥,减少化肥施用量,以起到改土培肥作用,提高其经济效益、社会效益和生态效益。

二是着力推广土肥新型肥料、新技术。通过市、县、乡三级农技推广部门和市、县、乡、村多层代理经销网络相结合,对新肥料、新技术进行了大面积的推广。通过与各县区农业中心合作,在玉米、水稻等作物上推广有机肥、一次肥、长效肥、深施肥技术,在花生、大豆生产上,采取常规施肥减量配合生物菌肥使用,在蔬菜上推广使用专用配方肥、有机肥,在保护地生产中推广秸秆生物反应堆技术。

三是加大宣传。制作了科学施肥、科学用地养地宣传片,在全市8个区、县(市)电视台播放;制作各类宣传材料,宣传推广《沈阳市耕地保养条例》。

四是建立土壤监测点,对土壤肥力变化情况进行跟踪。根据农业部及省土壤肥力长期定位监测技术规程的要求,结合沈阳市土壤类型和分布情况进行布点,据二次土壤普查所统计土壤类型,建立土壤监测点50个,对沈阳市土壤肥力变化情况进行跟踪。

五是大力争取项目资金。2010年沈阳市争取农业部、辽宁省土壤有机质提升补贴项目资金166万元,累计实施增施商品有机肥3533.3公顷,实施秸秆催腐还田项目2000公顷。

六是开展全市国家农业综合开发项目区1.33万公顷农田无公害农产品和农业标准化生产技术推广项目。该项目的实施,为全市出口创汇农业提供了技术支撑,为全面落实农产品质量安全生产提供了科学保障。各种作物平均增产10—15%,总节支增效达1280万元。

(邓 奇)

【测土配方施肥】 2010年,市农委出台沈农经发[2010]27号《关于印发<2010年沈阳市测土配方施肥普及行动实施方案>的通知》,在全市范围内组织开展测土配方施肥普及行动。

1.争取资金,扩大测土配方技术的覆盖面。2010年沈阳市共争取农业部、辽宁省专项资金260万元,共采集土壤样品4748个,获得检测数据2.37万个,通过施肥软件进行配方,发放施肥卡27.9万张。扩大了配方肥施用面积,增加配方肥施用量,在粮食大宗作物配方肥施用量占化肥施用量的比例同比增加5个百分点。扩大示范带动范围,增强示范展示效果,全市建立500个以村为单位的示范方,每个示范村设立一个至二个20-100亩村级示范方。全市组织发动500名专家和技术人员,采取面对面培训、建立“一村一站、一户一卡”、树立配方信息公示牌、创建示范区、“五定”模式等有效推广模式,深入农村、深入田间、深入农户,广泛开展测土配方施肥技术指导,免费为广大农户提供技术服务。

2.开展各项培训工作。结合春季备耕生产、测土配方施肥技术推广和新型农民培训工程,沈阳市开展了科技之冬、科技之春培训。市农委与各区、县(市)农业技术推广中心共同举办市县级培训班10次,乡级培训班52次,村级培训班170次,发放宣传材料9.5万份。培训农业技术人员940人次,培训农民2.05万人次,辐射带动14万户。

3.建立测土配方施肥指定经销商,确立测土配方专用肥。在全市确立了108家测土配方施肥指定经销商,推广测土配方专用肥10.6万吨,使农民真正用到放心的肥料,同时根据不同作物、不同区域,提出合理、经济的肥料配方79个。配方肥指定经销商网点覆盖所有乡街,做到每个乡街至少有1家配方肥指定经销商。

4.因地制宜、分类指导。建立科技示范试验户制度,确保试验示范的科学、准确。落实示范户910户,校正试验点70个,其中水稻19个、玉米28个、葡萄

5个、番茄4个、黄瓜4个、大豆2个、花生6个、苹果2个。

5. 实现服务能力的全面提升。测土配方施肥技术指导覆盖所有科技示范户、农民专业合作组织和20亩耕地以上种粮大户。全面为科技示范户、种植大户和农民专业合作组织提供个性化服务,服务到位率达到100%。

(邓　奇)

林　业

【造林绿化】　2010年,沈阳市植树造林南以蒲河生态廊道建设为重点、北以法库500个山头为主战场、全域以五大空间绿化为穿插,共完成人工造林面积3.25万公顷,实际完成计划任务的119.6%,完成植树4665.7万株,造林完成面积是上年同期完成面积的110%,在全省造林质量核查中,沈阳市造林面积核实率100%,核实合格率达到95%。

1. 三大工程得到快速推进。一是蒲河生态廊道建设工程。2010年,市委、市政府启动了蒲河生态廊道建设,三年计划完成造林面积5800公顷,其中2010年计划完成1133公顷,实际完成造林面积2667公顷、植树394.2万株,高质量完成了沈北新区道义段、于洪区集体桥等13个景观节点建设,新建50米宽堤防林43公里,两堤间滩地绿化867公顷,绿化沿线村屯53个。二是沈西北边界防风阻沙带工程,新增造林面积6867公顷,累计达到4.33万公顷,实现了辽西北防护林与沈西北防护林省、市两大工程的合拢,为保护沈阳及辽宁中部城市群的生态安全建立了坚固的生态屏障。三是辽河水系绿化工程,新增造林面积4067公顷,累计达到5.1万公顷,其中完成省政府下达的辽河干流灌木带建设580公顷,1公里长示范段建设107公顷。

2. 荒山绿化生态恢复工程全面启动。沈阳市全面启动"1000座山头绿化工程",对法库、康平、沈北新区、东陵区、苏家屯区以及棋盘山开发区境内的1000余个未实现绿化的大、小山头全部实施绿化。截至年底,全市已经完成338个山头的绿化任务,人工造林4400公顷。其中:法库县505座荒山有330座已经实施了绿化,完成造林面积3733公顷。

3. 经济林发展实现新突破。为了拓展林业发展空间,促进农民增收,全市绿化工作按照"生态建设产业化,产业发展生态化"的总体思路,着力加强了以寒富苹果为主的经济林生产基地建设,春季,全市新增寒富苹果、榛子、苹果梨、大扁杏等经济林面积6333公顷,其中寒富苹果新增面积5467公顷,是上年同期的150%。

4. 五大空间绿化多点开花。2010年沈阳市拓展了村屯、路旁、河渠水系、校园、县域工业园区五大绿化空间共计6200公顷。

5. 城镇绿化水平得到提高。2010年,沈阳市加大了城镇绿化力度。各地结合新城区规划与建设,实行扩城和扩绿同步进行,在加强县城绿化体系建设、巩固和完善老城区绿化成果的基础上,推进了新城区绿化和县城周围绿化。

6. 全民义务植树活动深入开展。2010年,沈阳市完成义务植树1200万株,是上年同期的133%。进一步加强全民义务植树基地建设,新建市级义务植树基地2个、县级义务植树基地8个、乡级义务植树基地110个、市县两级领导绿化点36个;开展了"农村党团员义务植树"活动,全市共有农村党、团员及积极分子11万人以上参加了义务植树,完成植树110万株;深入推进"绿在庭院,美在农家"活动。

7. 造林规模大、投入大。2010年,沈阳市超额完成了省、市下达的大规模造林任务,其中新民市、法库县、康平县完成人工造林面积超过了6667公顷。全市完成人工造林面积超过5000亩的乡镇有37个,主要在法库县、新民市、康平县、辽中县和沈北新区,其中法库县包家屯乡、叶茂台镇、法库镇、新民市新农乡、周坨子乡达到1万亩以上。全市人工造林500亩以上大片造林265块,面积1.68万公顷,占总面积的52%。

2010年春季,全市造林绿化总投资15.75亿元,同比增长125%。在绿化总投资中:市以上财政投入4.6亿元;占总投资的29%;县及以下投入达到4.9亿元,占总投资的31%;企业、个体以及其他方式投资为6.25亿元,占总投资的40%。加大了城乡绿化的投入,提高了荒山绿化造林补贴标准,增加蒲河绿化投资2000万元。沈北新区、于洪区、新民市、法库县等单位也出台新政策,加大本级财政绿化投入,其中沈北新区本级财政投入达到2.6亿元。

8. 创新种苗新格局。2010年,沈阳市现有各类苗圃达到333处,完成育苗生产任务1427公顷,其中新育面积是713公顷,计划育苗6000万株,实际生产造林绿化苗木6445.32万株,超额完成4%,可出圃供明年造林使用的苗木数量为4717万株。其中:国营苗圃22处,国有苗圃比2009年减少1个(东陵区国有苗圃),面积为411公顷,产苗量1506万株;集体苗圃9处,面积106.3万公顷,产苗量106.2万株;个人育苗302处,个体苗圃数量比上年244个苗圃增加58个,增加比率为23%,面积933公顷,产苗量4833.12万株。在康法两县按要求已完成400万杯容器杯育苗任务。

(邢姗姗)

【护林防火】　依法强化野外火源管控,"三清"、"两禁"行动成效凸显。沈阳市连续两年开展以清荒、清蒿、清柴为主要内容的"三清"行动。全市各级防火办上下联动、积极协调、严密配合,共完成清蒿面积1.27公顷,超过全年计划的27%,并且清蒿质量好于往年。采取清除或计划烧除等模式,共清除林缘秸秆12.2万吨、总面积11.47公顷,清除率达90%以上。加强林内小开荒的清除力度,下发1.3万份《清荒通告》。3月份,市消防安全委员会、市森林防火指挥部、市公安局联合下发《关于严禁野外用火、上坟烧纸、烧荒、烧秸秆的紧急通告》,全市共印发6万份张贴在各重点林区,并发送到农户。全市行政拘留野外非法用火人员共95人,教育警告500余人。

宣传力度加大,全民防火意识提高。制订了《2010年沈阳市森林防火宣传方案》,与市委宣传部联合组织开展了"森林防火宣传月"活动和"4月3日护林员日"活动,制作防火旗2000面、宣传横幅500幅,悬挂在重点林区。通过各种传媒拓展宣传范围,在重点部位实施防火标牌工程,在林区中的学校开设防火课等,宣传形式之新、宣传内容之广、宣传氛围之浓都好于往年,使人在听觉、视觉上都感受到一种强大的宣传攻势和威慑力,全民防火意识在教育、警示的感召下明显增强。

应急机制日趋完善，军地联防协防水平显著提升。一是开展加强军警民联防协防实战演练。11月9日，在棋盘山关东影视城举行了军警民联合演练，沈阳市专业森林消防队、棋盘山消防大队、武警森林扑火突击队、辽宁陆军预备役高炮一师共400人，并出动各种机动车辆35台、空中侦察机2架、扑火机械和工具900多台件，此次演练历时35分钟，省、市多家媒体进行宣传报道，中央电视台也报道了此次实战演练全过程。二是在高火险期内，建立了以风为号，以火为令，分级响应的应急机制。三是按照扑救森林火灾的实战要求，市防火办修订了《沈阳市处置森林防火应急预案》，并邀请专家组成员对《应急预案》进行论证。

增加防火投入，队伍建设有所加强。历经1年的建设，5月份，市森林防火监控指挥中心试运行，建立了市、区县（市）两级森林防火远程监控系统和远程会商系统，实现了市、区县（市）两级森林防火远程监控联网，开启了沈阳市数字化防火之先河。按照防火通道建设规划，维修重点林区防火道120公里。按照"11332"防火物资储备标准，各区、县（市）加强了防火物资储备。东陵区、苏家屯区、沈北新区、康平县、法库县各组建了一支专业森林消防队，武警森林扑火突击队达到300人（其中精装队伍100人），辽宁陆军预备役高炮一师森林扑火突击队达到200人，沈阳警备区民兵应急分队1000人，依托各县区国营林场、林区企事业单位共组建23支半专业森林消防队，为扑救较大森林火灾提供了必备的人力和物力保障。

领导高度重视，森林防火责任人尽责意识增强。在春防、秋冬防期间，国家召开全国森林防火电视电话会议，各区、县（市）党委、政府也都把本地森林防火工作纳入重要日程，层层签订森林防火责任状，认真落实部门森林防火分工责任制，按照《沈阳市森林防火责任人尽责督查考核办法》，细化了森林防火责任人尽责办法，使沈阳市森林防火责任制步入了制度化、规范化管理轨道。

（邢姗姗）

【资源保护】 一是森林病虫害监测防治工作。2010年，沈阳市共计发布美国白蛾、杨树烂皮病、杨干象等预报20余次，及时指导了防治和林业生产。与市气象局联合发布病虫情及气象信息。与农业气象中心联合制作短片节目5期，并在沈阳电视台综合频道的农家院栏目播出。针对沈阳市重点防治对象美国白蛾，在康平、法库、新民、辽中、苏家屯及沈阳市区设置了美国白蛾性引诱剂十处，准确地预报了白蛾发生及发展情况，预测了第一代美国白蛾的发生规律。

全年共计采购农药28吨，投入资金120多万元。发放担架式打药机3台。全年美国白蛾发生面积依然较大，局部地区依然较重。与2009年相比较，在发生时期上第一代推迟了15天，第二代推迟7天左右。全市发生面积1.57万公顷，防治面积1.57万公顷，防治50万亩次。为确保防治工作正常进行，市森防投入防治资金225万元，各县、区累计投入资金220万元，全市共投入445万元。沈阳市全年组织第二代美国白蛾飞行防治5333.3公顷，从8月15日开始，累计飞行100架次，用时15天，重点保障了京沈高速、沈大高速、三环高速，重点公路、西湖景点、棋盘山和新民林场，飞行取得良好效果。全市检疫苗圃83个，完成苗圃产地检疫面积720公顷，检疫苗木2310万株，检出疫苗8110株，产地检疫率达100%，确保造林苗木质量。全年检疫调运苗木3.2万株，检疫调运木材35万立方米。

二是林区治安工作。2010年，共查处涉林案件231起，处理各类非法犯罪人员242人，其中刑事拘留30人，行政拘留9人，抓捕网上逃犯6人。以辖区内易发、多发案件为重点打击目标，着力针对野外用火、非法捕捉野生鸟类、毁林开荒行为进行查处，共出动警力1500人次，清查各类市场7家，查处各类破坏森林资源，危害森林安全案件101起，查处各类违法犯罪人员191人。严厉打击野外用火行为，行政拘留野外用火8人，消除各类火灾隐患35处。

4月3日为护林员日，在"护林员日"表奖百名护林员。全市每名森林公安民警联系承包2名护林员，送温暖、解危难、落政策、促发展。制定《沈阳市护林员行为守则》和《沈阳市森林保安大队工作条例》。积极促进森林公安数字林业发展，新建森林保安大队7支150人，使全市森林保安大队达到20支400人。拍摄了森林卫士风彩专题片。

三是野生动物保护和自然保护区建设。2010年，共组织各类行政执法检查35次，其中：对经营利用野生动物产品执法20次，行政检查15次，分别为：商场4次、医药行业19次、观赏单位3次、鸟市6次，检查全市国家重点保护野生动物驯养繁殖场3次，保证了沈阳市野生动物市场的有序运营。其中会同公安联合执法6次，解救野生鸟类3000多只，销毁打笼、鸟笼100多个。另外，2010年出具野生动物《鉴定报告》30份，为公安机关破获野生动物违法犯罪案件提供了有力的技术支持。

依法申报《野生动物驯养繁殖许可证》111份，其中国家一级12份，国家二级和省重点99份；由辽宁省林业厅授权发放《省重点保护野生动物驯养繁殖许可证》333份；核发《沈阳市经营野生动物核准书》43份。与辽宁省林业勘察设计院共同完成了沈阳市春季鸟类的调查工作。本次调查出动车辆60余次，人员142人次，历时6个月，共调查水鸟83种，鸟类数量2万余只，调查各种湿地植物240种，动物42种。

开展卧龙湖杯"我和地球共有一个家"书法、绘画、摄影作品大赛，并完成获奖作品集的出版工作。保护区开展观鸟活动，保护区和野生动物保护宣传并举。2010年4月24至25日，沈阳市野生动物保护协会和中国人民大学少年新闻学院沈阳分院共同发起"爱鸟周"启动仪式，小记者们分别在沈阳市科普公园、沈阳园林科学研究院标本园和碧塘公园设立"小记者爱鸟林"，并有近2000名小记者及家长参加了"爱鸟林"挂牌仪式。

（邢姗姗）

【林政管理】 2010年，沈阳市在全市林业系统实施林业全程优化管理建设工程。对林业全面实施"增量、存量、减量、变量""四量"管理，共审核征占林地项目7项，占地面积23.89公顷，收缴植被恢复费131.34万元。共发放木材运输证1.07万份，发放经营加工许可证425份。

2010年，沈阳市共立案查处各类涉林行政案件68起，其中：盗伐林木6起，滥伐林木36起，毁坏林木、苗木3起，违法征占用林地11起，违法收购、运输木材7起，非法经营、加工木材2起，非法猎捕野生动物2起，其他3起。没收非法所得1.01万元，罚款40.99万元，没收木材52.81立方米,没收野生动物18只,收回林地0.37公顷,补种树木1010株,行政处罚71人,案件查处率为100%。

(邢姗姗)

【林改工作】 林改档案工作迈上新台阶。林改档案规范建设是集体林权制度改革的一项基础工作,林改档案的规范整理工作基本完成,乡村林改档案达标率达到90%以上。

县级林业综合服务中心建设取得新进展。继2009年法库、新民建立服务中心后,2010年康平县也建立了林业综合服务中心。沈北新区农林局在区里的"三农"综合服务中心设立了林业服务窗口。

建立健全为民服务新机构。完成了建立林地承包合同纠纷仲裁机构和林权纠纷调处联席会议制度工作,各区、县(市)都建立了土地承包合同纠纷仲裁委员会,仲裁员中至少有两名林业专业人员。在市政府建立林权纠纷调处联席会议制度的基础上,各区、县(市)全部建立了由信访、监察、公安、法院组成的林权纠纷调处联席会议制度。

林果合作社的规范化建设有新起色。在推进林业合作经济组织发展的同时,全市林果专业合作社累计达到117个,"三场一户"(合作林场、股份制林场、林业经营大户)规模达到553个。2010年,有1个林果合作社被评为省级重点社,3个合作社被评为省级示范社。

抵押贷款工作有新突破。全市市、县、乡三级林业部门积极为抵押贷款当事人做好抵押贷款服务工作,林改以来,全市贷款总额达到1.65亿元,2010年林权抵押贷款38项,贷款总额2233万元,为林业发展提供了资金保障。

2010年,沈阳市森林政策性保险试点工作在康平、法库两县正式启动,全年已经完成保险面积近1万公顷

(邢姗姗)

【数字林业】 2010年,沈阳林业按照"统筹规划、互联互通、复合应用、分步建设"的原则,健全完善了市、区县(市)、乡镇、村四级网络平台。一是上半年实现市、区县(市)两级网络直通,并下延与10个乡镇联通。下半年与20个乡镇实现直通,采用千兆以太网作为本地网网络主要传输技术,把沈阳市林业信息传输网建设成为具有国内先进水平的传输网络。二是实现远程监控系统和远程会商系统"两个开通",实现森林防火智能化和电视电话会议、培训等功能。三是全面启动OA办公自动化系统,实现网络公文处理、信息发布、网上审批等功能,实现无纸化办公。四是完成数字林业"3S"地理信息系统建设,建立沈阳林业地理信息系统的海量数据库。

(邢姗姗)

畜牧业

【概述】 2010年,沈阳市畜牧兽医工作围绕现代畜牧业"2158"发展计划,抢抓全省无疫区建设机遇,锐意进取,扎实工作,全面提升畜牧业综合生产能力、重大动物疫病防控能力和畜产品安全监管能力,全市重大动物疫病得到有效控制,无疫区建设有序推进,畜产品实现安全供给,未发生重大动物疫情和畜产品安全事件,促进了畜牧业经济平稳较快发展。全市主要畜产品产量实现187万吨,比上年增长13.1%;牧业产值实现225亿元,增长17.2%,占农业总产值比重达到50.6%。

(张 波)

【政策扶持】 沈阳市执行畜牧小区(大场)建设、外引良种、奶牛改良、黄牛改良、秸秆综合利用、环境治理、畜产品加工企业建设、农民专业合作组织建设、出口养殖基地建设、企业出口创汇奖励和"一乡一业"建设等扶持政策,重点扶持规模化养殖、龙头企业建设、出口基地建设、良种引进和"一乡一业"建设等项目,进一步加大财政扶持力度,提高补贴标准,增加补贴范围,全年共拨发畜牧项目建设补助资金3.57亿元,为发展现代畜牧业营造了良好的政策环境。

(张 波)

【"一乡一业"建设】 2010年,沈阳市以发展一乡一业为突破口,以培育主导产业区为基本途径,开展调研工作,确定发展目标,制订了《2010年到2012年畜牧业"一乡一品"推进工作方案》,强化政策引导,着力打造区域鲜明、特色突出、远近闻名的优势产业,加速推进"一乡一品"和"一县一业"建设,辽中县肖寨门镇、新民市公主屯镇等6个乡镇率先实现了"一乡一业"。"一县一业"创建初具雏形,新民市蛋鸡产业、康平县肉鹅产业、法库县肉牛产业、苏家屯区肉鸡产业、沈北新区奶牛产业被省畜牧兽医局确定为"一县一业"重点发展县区,主导产业不断发展壮大。

(张 波)

【畜牧项目建设】 2010年,全市新建畜禽标准化养殖小区449个;新建固定资产投资超过800万元以上的规模饲养场9个,新扩建固定资产投资超过5000万元畜产品加工企业5家,实施畜禽污染治理项目9个,共改造生猪、奶牛标准化规模养殖场29个;28家生猪养殖场被确定为生猪发酵床养殖技术试点,年可出栏生猪2.78万头;4家种猪场被省畜牧兽医局确定为原种猪性能测定备选场,共完成种猪测定1580头;发放奶牛良种精液12.22万剂、肉牛改良精液9.6万剂;完成草原确权666.67公顷。

(张 波)

【重大动物疫病防控】 2010年,沈阳市切实做好重大动物疫病强制免疫工作,认真开展防控工作督察,确保免疫密度达到100%,免疫抗体合格率达到70%以上,全年下摆各类疫苗5401万毫升,累计免疫家畜1139万头(只)、家禽8858万羽份,完成重大动物疫病监测1.7万份。动物防疫标准化示范区建设项目通过国家验收,沈阳市成为国内第一个建立完善的动物防疫标准化体系的城市,填补了国内动物防疫标准化空白。应急反应机制更加健全,进一步完善各类应急预案,更新应急储备物资,开展应急演练,提升了应急反应能力和水平。兽医执业人员素质进一步提高,共有85名乡镇所人员通过成人考试,共举办各类专业技术培训班200期,培训1.7万人次。

(张 波)

【畜产品安全监管】 2010年,沈阳市重点开展养殖环节"百千工程"推进行动,大力推进养殖环节畜产品生产标准化,全市累计完成1000个畜禽养殖场(户)的畜产品安全监管示范点的创建工作。兽药经营企业质量管理认证工作全面启动,采取先易后难、先城市后农村的方式,逐批进行培训、考核和现场验收,对通过认证的296家经营企业颁发了《兽药GSP证书》。畜产品流通环节监管工作全面加强,按照"全程监管、重点监

控、及时处置”的原则，对全市696家大型规模养殖场、110家屠宰加工企业、78个农贸市、42家超市、221家肉品专卖店实施全覆盖的全程监管，有效地保障了畜产品食用安全。畜产品无公害产地产品认证取得突破性进展，新办认证企业67家。

（张　波）

【无规定动物疫病区评估认证】　2010年，沈阳市通过建立组织机构、召开专题会议、落实工作责任、开展分级培训、积极筹措资金、强化检查指导等一系列行之有效的措施，促进了各项工作扎实开展，无疫区评估认证工作顺利通过省级验收。为切实加强领导，市政府将这项工作列入与各区、县（市）政府签订的2010年重大动物疫病防控责任状，并作为对各区、县（市）政府绩效考核的指标之一，进一步明确各级政府是无疫区建设工作的责任主体，有力地保障了各项工作的顺利实施。

（张　波）

【动物卫生执法年】　按照“着力治本、标本兼治、打防结合、综合治理”的原则，沈阳市重点开展“肉类、饲料、兽药、奶站、医政”五个专项整治行动，共查处各类违法案件376件，累计罚款56万元，公安机关立案1件、批捕4人。进一步强化行风建设，先后吊销检疫员证4个，处理处罚工作人员7名。通过开展执法年活动，严厉打击各类违法行为，进一步规范了经营秩序，行风建设得到全面加强，确保了消费者吃上放心肉，喝上放心奶。

（张　波）

【兽医资格证全国统考】　2010年，沈阳市深入宣传，广泛发动，全覆盖乡、村、场、户、诊疗单位、学校等从业单位和人员，共印发公告1000份，宣传单1万份，做到了家喻户晓。建立并完善22项考试制度，做好人员培训和信息发布工作，先后召开专题会议5次，发布考试信息专刊17期，为考试顺利进行奠定了坚实基础。认真组织报名、资格审查工作，开通网上和电话咨询服务热线，开展资格审查模拟演练，历时12天完成1237名考生资格审查工作，其中843名通过了现场审查。积极协调各方，认真做好考场各项工作，主动与市教委、市公安局、市保密部门等单位协调沟通，在相关部门的大力支持下，圆满完成了首次兽医资格证国考工作。

（张　波）

渔业生产

【渔业发展概况】　2010年，沈阳市渔业工作在辽宁省海洋与渔业厅和市委、市政府的高度重视和正确领导下，坚持以渔业增效、渔民增收为目标。以市场经济为导向，以科技进步为动力，积极调整和优化水产养殖品种结构，不断提高产业发展水平，促进了沈阳市渔业健康发展。

1. 淡水养殖面积1.67万公顷，其中池塘面积1.19万公顷，同比增长1.7%；成鱼塘1.03万公顷，同比增长1.3%；鱼种塘1600公顷，同比增长4.3%；水库面积4400公顷。

2. 渔业经济总产值完成64.6亿元，同比增长13.6%；实现渔业产值26.8亿元，同比增长33.9%；渔业及水产品加工增加值18亿元，同比增长38.1%。

3. 繁育鱼苗22.3亿尾，较上年增加6000万尾，同比增长2.8%；夏花放养数量6亿尾。

（邓　奇）

【渔业倍增计划】　2010年，辽宁省下达沈阳市水产品总产量16.7万吨，渔业经济总产值64.5亿元，渔业经济增加值33.9亿元，渔业及水产品加工业增加值18亿元，沈阳市全部完成。各项淡水渔业经济指标，均排名全省首位，经综合考评，除沈阳市获两项殊荣外，辽中县获全省县级优胜单位，新民市获全省县级先进单位；沈阳经济技术开发区、苏家屯区、沈北新区获全省县级达标单位表彰奖。

一是加大养殖品种结构调整。全年共发展名优新品种养殖面积8866.7公顷，占池塘养殖总面积的74.7%。通过增加优新品种养殖种类，扩大优新品种养殖面积，提升养殖鱼品质和档次，推动渔业经济效益提高。

二是加强产品质量安全监管。通过明确渔业生产管理、技术推广服务支撑保障、水产品质量安全检验检测、渔政执法监督检查各部门职责，完善了水产品生产质量安全监管机制，全面推进水产品质量安全水平。全年共开展水产苗种专项整治和水产品质量安全专项整治两个专项整治活动，严厉打击水产品养殖生产过程中使用违禁投入品的行为。

三是加强渔业基础设施改造。主要是通过国家健康养殖示范场、辽宁省水产品健康养殖示范区、市富民经济（水产业）小区建设，推动水产品产量稳步增涨，提高产品质量安全水平，实现产量和效益的同步增长。

四是推进产业化经营。通过做大做强渔民合作社，推进水产业龙头企业建设，完善渔业合作组织结构，扩大水产品生产联合体，推动渔业规模化生产。

五是推广渔业生态健康养殖。为实现沈阳市渔业持续健康发展，大力推广运用渔业生态健康养殖技术，扎实开展增殖放流工作，保障培增计划实施，促进渔业可持续增长。

六是开展无公害水产品产地认定和产品认证。通过认定和认证提高水产品质量，提升水产品品质，实现渔业经济增长方式转变，确保渔业倍增计划的落实。申报无公害产地667公顷，无公害水产品10个，制作并下发了《沈阳市无公害渔业产地养殖日志》6000册。

（邓　奇）

【养殖结构调整】　2010年，沈阳市瞄准市场需求目标，积极做好养殖品种结构调整。以优化养殖结构，引进优质品种为抓手，主要做了三方面工作：一是扩大名优新品种养殖面积。发展名、优、新品种养殖面积8866.7公顷，占池塘养殖总面积的74.7%。其中，德国镜鲤面积3124.3公顷，同比增长3.6%；彭泽鲫面积2090.5公顷，同比增长4.7%；草鱼面积1037.1公顷，同比增长13.3%；鲶鱼面积424公顷，同比增长3.6%；武昌鱼面积536.1公顷，同比增长21%；丁鱥养殖面积达到423.2公顷，同比增长12.4%。二是大量引进名优新品种。全市从外省市引进名优新品种3.28亿尾，其中，引进德国镜鲤9536万尾，同比增长7.5%；丁鱥6530万尾，同比增长29.5%；黄金鲫1520万尾，同比增长47.6%；观赏鱼新品种数量35万尾。投放鲫、鲤、鲢、鳙、黄颡鱼、鳜鱼、武昌鱼、鲈、鲶、鮰等各种鱼种数量近3.2亿尾，同比增长6.7%。三是加强苗种生产场建设。针对沈阳市冬季长，苗种生产时间晚和缺少新品种养殖技术的难题，选择以解决新品种养殖及疫病防治、新品种鱼苗室内繁育为攻关突破口。省(市)政府部门对苗种生产场建设,给与立项资金奖励,推进了沈阳市水产原(良)种场建设。各苗种生产场对选定新品种,经多次“优化和选别”精心培育,并着力打造形成自主品牌,才将其列入本场优先发展精品。全市苗种生产场通过大力加强生产设施建设和苗种繁育创新,使水产苗种生产取得了非凡成就。2010年,辽中县元丰水产养殖基地,获评为省级水产原(良)种场,使沈阳市省级原(良)种场总数增加到7个。全市年产优质新品种鱼苗12.3亿尾,可保障沈阳市1333.3公顷池塘鱼苗供给,占全市优质鱼养殖面积18%。初步扭转了沈阳市优质鱼苗严重依赖从外省引进局面,为沈阳市优质鱼苗自给打下了良好基础。

(邓　奇)

【渔业产业化】 2010年,沈阳市积极推进渔业产业化,通过合作制、股份制以及渔业协会、经纪人协会等组织形式,同时注重发挥村委会的组织作用,推动了渔业龙头企业和各种渔业经济合作组织建设,促进了渔业产业化的发展。

一是鼓励和扶持渔业产业化经营模式的改革创新。政府积极支持和协调做好各种渔业经济联合体的组合及服务工作,帮助渔业企业实行渔业产业化经营模式改革创新,推动渔业企业和经合组织不断发展壮大。

二是发挥渔业经济组织和渔业龙头企业的示范效应作用。鼓励个体渔民组织起来,整合渔业资源,壮大农村渔业经济组织力量。引导企业规范生产行为,加强企业自律,重视生态环境保护,施行健康养殖标准,引领渔业可持续健康发展。着重改变沈阳市以往一家一户家庭作坊式养殖生产模式,推进现代渔业发展步伐。

二是鼓励公司加农户的现代渔业经营模式的发展。渔业股份有限公司和有限责任公司、私营企业、纷纷以公司加农户的合作经营模式涌现,为沈阳市渔业发展注入活力,企业规模更加壮大,效益更加优化。2010年辽中县昌智达渔业有限公司获评市级龙头企业,全市渔业龙头企业发展到10家,带动农户9795户。

四是渔业专业合作社带动能力增强。2010年,全市有渔业协会4个。渔业专业合作社8个,其中4个渔业专业合作社银行信用等级在“A”级以上(含A级),获评为省级和市级模范社,专业合作社带动能力平均为979户,养殖面积4100公顷。4个模范社企业产品竞争力明显超过普通养殖户,产品经农业部农产品质量安全中心抽样检测符合国家产业政策、环保政策和质量标准,产品产销率全部达到90%以上。

(邓　奇)

【渔政执法】 2010年,沈阳市的渔政执法以“打防结合、管服并举”为根本原则,以推进渔政执法队伍建设为着力点,以维护渔业生产安全、水产品质量安全、渔业生态安全为目标,持续推动渔政执法规范化、管理法制化、服务人性化、保障全面化,切实提升了沈阳市渔政执法水平。

一是做好浑河禁捕执法检查。2010年,浑河执法保护的主要特点是重视舆论宣传、创新监管机制、加强流域共管。通过加强与新闻单位的密切配合,对保护母亲河渔业资源形成舆论监督。全年辽宁新北方、沈阳正前方电视栏目组分别报道了浑河渔政执法和资源保护节目5期,使浑河鱼类资源保护广为市民所知,约束了违法乱捕行为;创新监管机制,是指执法单位根据不同时期、不同水位,不同河段采取的不同监管执法方式,通过调整增减巡逻人数,调控执法时段人员配备,合理使用执法器材设备等手段取得更好的监管成效;加强流域共管,是指通过与河段公安、公园、水利等部门共同协作,实现流域的综合管制,保护河段渔业资源。全年渔政执法共处理违法捕鱼事件283起,没收皮划艇59只,销毁地笼网113个、挂网191片、冰镩1个、释放渔获物5000余公斤,依法处罚非法捕鱼人员7人。

二是做好水生野生动物保护。依据《中华人民共和国水生野生动物保实施条例》、《中华人民共和国水生野生动物利用特许办法》、《濒危野生动植物种国际贸易公约》所列保护动植物种类,对沈阳市利用国家级水生野生保护动物进行展演、经营、利用情况组织开展监督执法检查。共查处6家手续不全业户,拯救绿海龟一只,吊销1户展演许可证。

三是加强水产品质量安全监管执法。渔政执法部门加强水产养殖中兽药使用执法检查,做好水产品质量安全监管执法工作。通过执法推进了水产养殖生态环境保护,整顿、规范了产地水产品生产健康秩序,打击了水产养殖环节生产过程中使用禁用药和添加剂及假冒伪劣水产品的行为,维护养殖渔民的合法权益和保障公众水产品消费健康。

(邓　奇)

【渔业富民经济小区建设】 2010年,全市渔业共申报建设富民经济(水产业)小区71个,10月下旬至11月初,按照《沈阳市富民经济(水产业)小区建设实施细则》标准经市、区、县(市)两级农口、财政部门联合验收,实际合格46个,合格率64.7%,面积978.7公顷。财政投入扶持资金230万元,改造后项目小区可增加收入2300万元。

2010年是省水产健康养殖示范区项目政策第3年,沈阳市申报示范区项目21个,年底经考评验收共合格18个,计63个养殖单元,获以奖代补资金315万元,吸纳渔民投入池塘改造资金6300万元。改造后项目区可增收入4725万元。

辽中县广信水产养殖场等6个养殖单位获评为农业部第五批水产健康养殖示范场称号,至此,沈阳市共有14家水产养殖单位获此殊荣。

(邓　奇)

【水产品质量安全】 2010年,沈阳市围绕水产品质量安全工作,从监管机制创新入手,着重在提高监管能力上下功夫。成立了水产品质量安全领导小组,并制定了详细的整治实施方案。

深化监管体制建设,明确监管主体责任。水产品质量安全监管以明确主体责任为抓手,大力推进监管、执法、检验体系建设。一是推进市农业行政执法支队建设,其中着力点是推出第四大队专职负责水产品监管执法。二是加强市农业检测中心建设,市财政拨出专项资金280万元购置水产品检测设备,划拨130万元做为水产品检测资金,健全了沈阳市水产品质量安全执法、检测体系。三是明确水产品质量安全监管责任。即水产品生产过程中,质量安全监管由市、区、县(市)各级渔业行政主管部门负责。水产技术推广部门对养殖新技术和疫病防治技术服务保障负责。市农业检测中心对水产品抽样检验负责。市农业行政执法支队负责产地和流通市场水产品质量安全执法查处工作。

抓好苗种生产，监管从源头做起。从持证生产抓起，做好源头治理，2010年，全市有16户水产苗种生产场，其中：持辽宁省生产许可证14户，持沈阳市生产许可证2户，苗种场持证率为100%，年生产能力26.8亿尾，基本保障沈阳市精养池塘苗种供给。全市有27名苗种检验员持证上岗工作，苗种生产场内均设有质量监督检验员，监控苗种质量。

加强流通领域监管，保障水产品消费健康。2010年，为做好市场水产品检测和执法检查，先后协同农业部（北京、青岛、哈尔滨）水产品测试检测中心对沈阳市市场进了4次例行检查。抽测样品120个，沈阳市自检60个，对2户检测药物超标产品经销摊床进行了查处，其中：吊销1户水产品销售许可证，一户作出责令限期整改。另外散发宣传单3000余份，提高了市场水产品经销商守法经营意识和销费者自我保护意识。

专项执法检查，整治违规行为。水产批发市场执法检查，以查验产品有无进货证明是否建立销售备案台帐为重点。全市开展监管执法12次，出动人员90人次，检查经销商200户。产地水产品执法检查以“三项记录”查验为重点，严厉打击违规使用禁用药物行为，共检查420户，养殖面积633.3公顷，渔药经销商店21户，饲料生产厂5户，收缴过期渔药13袋（瓶）发放宣传单4000份。

做好产地环境监测，严格产品检验。根据国家农业行业无公害渔业水质标准，沈阳市认真开展渔业环境监测和评估，全市1.7万公顷养殖水域全部经过测评。检测结果：现有养殖水库、养殖池塘水质条件符合国家渔业用水标准。2010年辽宁省苗种管理局分别于4、5、8月3批次，对沈阳市9个持省发苗种生产许可证生产场12种鱼苗进行检测，检验结果无禁用药物现象，合格率达到100%。国家农产品质量安全中心委托江西农业检测中心于7、8月两次对沈阳市6个区、县（市），18个乡、镇（街道），产地水产品进行26份抽样，检测结果全部合格。

（邓　奇）

【科技培训】 沈阳市开展了大量行之有效的科技培训，提高了渔民的学科学用科学的积极性，加深了生态养殖意识，促进了生态养殖的快速进步。沈阳市稻田养殖面积达到459.3公顷，同比增长12.8%。其中：稻田养蟹面积由上年的274公顷增加到326公顷，增长了19%。稻田养蟹主要分布在新民、于洪和沈北3个县（市）区。稻田养鱼集中在于洪区，面积达到133.3公顷，养殖品种以鲤鱼为主。另外，康平县利用水库大水面养殖河蟹达到666.67公顷。

一是全市围绕水产品无公害健康养殖和养殖品种结构调整为重点，举办县、乡各级技术员培训班12期，培训人数309人次，发放技术资料600余册。

二是市农委与市科协合作邀请以色列淡水养殖专家来沈阳市举办淡水水产养殖技术及健康管理培训讲座。通过采取上课讲授与课下交流、理论讲解与视频互动结合方式，着重对鱼病发生原理及其防治进行了讲解。以色列专家介绍了他们在淡水养殖方面的经验和做法。培训会后共同观摩了沈阳市四方台镇淡水鱼养殖场，共同探讨了养殖经验，交换了产业发展趋向意见。

三是通过示范推广生态预防技术、免疫预防试点等方法减少化学药品使用。组织开展了养殖技术和科学用药知识培训，水质检测和病害监测及用药指导、生态养殖示范，技术推广服务。

（邓　奇）

水　利

【防汛工作】 2010年7至9月，沈阳市经受了特大洪水的严峻考验。主汛期降雨频次之密、持续时间之长、降雨量及洪水流量之大、洪涝灾害之重历史罕见。从7月19日至8月29日，沈阳市先后遭遇6次强降雨袭击，其中有3次一级暴雨和1次二级暴雨。气象意义上的主汛期持续48天，较常年偏多28天，创沈阳市主汛期历时最长和结束最晚记录，降雨日高达23天。主汛期全市平均降雨量516毫米，是常年同期242毫米的2.1倍。特别是7月19日至23日，沈阳市大部分地区普降大到暴雨，局部地区降特大暴雨，沈阳市平均降雨173毫米，境内最大点雨量新民陶屯达到527毫米，是沈阳市有气象记录以来最大的一次降雨。4条省属大型河流、22条市属中小型河流先后出现18次明显的洪水过程。其中，辽河3次，最大洪峰流量2880立方米/秒，大于10年一遇标准；浑河6次，最大洪峰流量2130立方米/秒，接近10年一遇标准；蒲河、养息牧河、秀水河最大洪峰流量分别接近5年、10年一遇标准。

由于降雨强度过大，上游泄洪过急，水库、堤坝安全受到挑战，低洼地段群众人身安全受到威胁，城市正常生活生产秩序受到干扰，险情频现。7月20日5时至21日5时，沈北新区辽河高坎处水位45.75米，洪峰流量3000立方米/秒，沈北大堤石佛河道所北迎水坡脱坡4处，总长150米；7月21日0时20分左右，位于于洪区南阳湖街道杨士村的细河河段突然发生决口，当地近200户居民的住宅被洪水包围；7月22日2时辽河石佛水库泄洪2900立方米/秒，新民境内辽河河道内4个乡镇5个村约750名居民受到洪水威胁；7月24日21时，急剧上涨的辽河洪峰导致辽河右滩辽中县曹家丁坝先后两次出险，丁坝因漫顶被拉开60米长豁口；7月27日早5时，辽中县养士堡镇腰屯村三家子段辽河大堤背水面堤脚发生多处管涌，直接威胁大堤安全；7月30日8时至31日8时，受抚顺地区暴雨影响，大伙房水库下泄流量急剧增加，21时市防指下达指令，紧急疏散于洪区浑河滩地内居民2430人；8月1日10时至17时，浑河洪水造成的左岸刘付进水闸人工湖翼墙塌方，浑河城市段防洪安全受到极大威胁；8月21日至22日上午11：00时，市区累计降雨量达到150毫米，主城区的老道口公和桥等20多处严重积水，水深超过1米，交通受阻，蒲河大道公铁桥积水最深处达5米，车辆完全无法通行。

在长达48天的主汛期内，辽河、浑河高水位运行时间持续40余天；河流堤防出现脱坡、裂缝、管涌、崩塌等险情180余处；细河、白塔堡河、新开河、小河子、拉马河等小型河流发生漫堤险情10余次；尚屯、泡子沿、牛其堡等水库遭遇除险加固后最大洪水，法库4座中小型水库发生溢流，牛其堡水库水位曾经超过汛限水位1米多，棋盘山水库水位一度超过汛限水位1.8米；连续暴雨还造成690余处农田水利工程遭遇水毁，20.5万公顷农田遭遇内涝，沈康高速、棋盘山库区道路也因滑坡而一度中断。

面对严重的汛情、灾情，市防汛抗旱指挥部在市委、市政府的正确领导下，合理指挥调度，及时采取措施，成功地应对了多次暴雨洪水。一是强化预警预测，提前做好部署。每次降雨前，市防汛抗旱指挥部都积极与省防进行沟通，及时掌握上游的降雨和来水。同时与气象、水文部门及时会商，分析本市的雨情水情信息，预判可能出现的险情，为市领导决策提供依据。市政府、市防汛抗旱指挥部先后10次召开防汛紧急调度会议、防汛视频会商会议、防汛紧急工作会议等，安排部署迎战暴雨洪水的各项准备工作。市防汛抗旱指挥部及其办公室先后紧急下发53份防指传真电报和71份防办传真电报，第一时间传达省、市领导的指示精神，通报雨情水情信息，明确重点防护目标、提出抢险措施等，有针对性地进行布防。通过报纸、电台、手机短信等方式，及时发布预警信息，提前做好各项迎战准备工作。二是合理指挥调度，抢险措施扎实有效。根据省防汛抗旱指挥部发布的洪水预报和沈阳市的雨情水情，市防汛抗旱指挥部于7月21日17时在辽河干流法库县依牛堡乡至辽中县于家房镇段启动了防汛Ⅳ级应急响应，在全市启动了排涝Ⅰ级响应，后于7月22日5时将防汛应急响应由Ⅳ级升至Ⅲ级；于7月31日21时，在浑河全线启动了防汛Ⅳ级应急响应，并按照响应类别采取了措施。严格水库的运行调度管理，所有水库保证在汛限水位以下运行，未实施除险加固的病险水库和问题水库空库运行，确保了水库度汛安全。针对辽河、浑河等河流堤防出现的脱坡、裂缝、丁坝损坏等险情，市防办派出技术组到一线查看险情，指导各区县(市)及时组织人力、物资进行抢护，并妥善安排易受险地区和低洼地带的人员转移工作。对暂时不具备彻底加固的险工险段，储备了充足的块石、铁线、土料、纺织袋等物资，确保了抢险需要。紧急采购和调拨排涝设备，协助指导区、县(市)全力排除农田积水，最大程度地降低了农业内涝损失。三是加强内外协调，努力形成抢险合力。在市政府统一指挥下，市防汛抗旱指挥部办公室积极协调市城防指挥部、浑河城市段防汛指挥部及其各成员单位，紧密围绕全市防汛工作"一盘棋"，认真履行各自行业职能，积极开展城区排水、物资采购、交通疏导、车辆准备、灾情核查等工作，形成了强大的抢险合力。沈阳警备区在最短时间内完成了全市13支防汛抢险突击队、1625名民兵的集结工作，确保一旦出险，能随时调动。市防办各职能组主动应战，较好地发挥了职能作用。各区、县(市)防汛抗旱指挥部严格落实市防指的工作要求，组织力量采取了全天候巡查重点部位，昼夜进行排涝，紧急抢修堤防险工，加固防洪薄弱部位，及时排除险情，为抗洪抢险的最终胜利提供了保证。四是加强服务指导，提供技术物资保障。市防办先后三次派出2个检查组、5个指导组和10个协调组，采取分工包片的方式，指导区、县(市)查找防汛隐患，督促工作进展，协调解决存在问题，确保了抢险救灾工作的顺利开展。通过努力，争取省应急抢险补助资金1100万元和市长预备费1200万元，紧急采购了应急抢险物资和排涝设备，累计向区、县(市)及有关部门调拨发电机组14台、大型水泵13套、小水泵3360台、打桩机6台、应急照明灯9套、冲锋舟1艘、橡皮舟9支、救生衣110件，铁线50吨、编织袋45万条、无纺布3500平方米、帐篷90顶、行军床82张、桩木714根，保证了应急抢险工作需要。五是以人为本，最大程度降低灾害损失。始终把人民群众的生命安全作为抗洪抢险的首要任务，坚持早动员、早准备，提前安排河道滩地内和易受洪水威胁地段人员的疏散转移准备工作，确保了一旦出现险情，所有群众能够及时撤出疏散。汛期以来，全市采取不同方式转移群众1.5万余人次，并妥善进行了安置，保证了他们有饭吃、有衣穿、有住处、有干净水喝、有病能及时得到救治。加强农田内涝积水排除力度，各排水设施和移动排水设备昼夜开机排水，全市累计有235座排水站的527台机组开车，累计运行62391台时；有7181台临时排水设备排水，累计运行5.77万台时，排水总量约4.18亿立方米，在最短时间内完成了农田内涝积水的排除工作，最大程度降低了灾害损失。

经过各相关部门的共同努力，先后解救遇险人员110人，无一人员死亡；35座水库高水位安全运行，无一垮坝；26条河流洪水得到有效控制，无一漫堤决口；城市排水迅速及时，居民生活和城市秩序没有受大的影响；低洼地块排涝、设施农业抢修及时，圆满地实现了市委、市政府提出的"无人员死亡、无大堤决口、无水库垮坝"的工作目标，全市抗洪抢险工作取得了重大胜利。

(陈大海)

【民生水利】 农村饮水安全工程。为确保作为市政府为群众办实事的饮水安全工程任务的完成，市水利局积极协调项目资金，抢抓工程进度，已完成工程80处，解决供水人口21.3万人，实现了市政府为民办实事的任务指标。

万亩桥维修改造。万亩桥(涵)改造工程是市人大提出的议案，经过组织力量对全市斗沟以上桥(涵)进行普查论证，根据万亩桥现状和财政资金投入能力，市政府确定用三年时间维修改造万亩桥325座。2010年已投资2200万元，完成了100座万亩桥(涵)维修改造任务。

小型农田水利建设。小型农田水利重点县建设和6666.7公顷优质水稻生产节水改造项目进展良好。共争取中央、省、市投资7800万元，实施了新民、辽中、法库三个县(市)农业区域内灌排设施建设和节水改造项目，以及苏家屯区八一灌区、沈北新区石佛寺灌区10万亩优质水稻生产节水改造项目。

大中型灌区改造。浑蒲灌区续建配套与节水改造一期工程顺利完工，二期项目正在实施；浑沙灌区续建配套与节水改造一期和二期工程正在稳步推进，三期工程可行性研究报告正在申报审查修改；浑北灌区节水配套改造已列入国家农业综合开发中型灌区改造规划并得到批复，项目前期工作正在进行中。

水库除险加固。全市中型水库除险加固8座，概算批复总投资2.59亿元，已完成投资1.60亿元，基本完成主体工程建设。全市小一型病险水库除险加固工程8座，省厅批复概算总投资3147万元，到2010年底，8座水库全部开工。

水库移民后期扶持。全市已核定移民人口36246人，其中核定到人33896人(原迁移民13418人，非原迁移民20478人)，市统筹人口2350人。截至2010年底，全市原迁民已落实直补13343人，累计发放直补资金3183万元。实施了154项扶持项目，完成投资2410万元，促进了库区和移民安置区的社会稳定和发展。

(陈大海)

【水生态环境建设】 2010年是蒲河生态廊道建设的起步年，市水利局作为蒲河生态廊道建设领导小组的办事机构，在市委、市政府领导的指挥下，组织完成了《蒲河生态廊道建设规划》和工作方案。同时，积极协调相关部门和区县，筹措资金，加快建设，各项工作开局良好。2010年蒲河生态廊道建设共投入14.7亿元（含以奖代补资金5000万元），市以上投入8.5亿元，区、县投入6.2亿元，完成20项工程建设，有17项工程项目在建。水利项目完成了河道岸坡整治及清淤疏浚50.7公里，建成大房身拦河闸1座，7座橡胶坝及引水工程正在建设中。

充分利用水土保持专项治理资金，积极开展水土流失综合治理，2010年投入510万元，治理水土流失面积6800公顷。按照省政府提出全面实施河流生态建设的战略部署，全力组织实施河道生态建设。2010年计划安排河道生态建设典型示范区任务2020公顷，实际完成2033公顷。在全省组织的互评拉练活动中，沈阳市的河道生态建设工作被评为辽宁中片小组第一名。

（陈大海）

【水资源管理】 2010年，沈阳市年终保有取水许可证2601套，许可水量8.5亿立方米。按用水行业统计：工业用水许可证1160套，取水许可量1.2亿立方米；农业用水许可证507套，取水许可量5.4亿立方米；居民生活用水许可证445套，取水许可量6345万立方米；其它用水许可证489套，取水许可量1.3亿立方米。按流域分区统计，辽河流域用水许可证253套，取水许可量1.1亿立方米；浑河流域用水许可证2137套，取水许可量6.6亿立方米；太子河流域用水许可证149套，取水许可量4317万立方米；绕阳河流域用水许可证62套，取水许可量3290万立方米。

加强地下水动态监测工作，优化地下水观测点的布局。全市共有可利用观测点369个，全年累计观测共25168次，分别发布4个季度的全市地下水水位动态通报，并在枯、丰水期采集174件地下水水样，进行水质化验分析。

认真贯彻水利部“实行最严格的水资源管理制度”的水资源管理理念，沈阳市逐步探索划定水资源管理“三条红线”，编制完成了《沈阳市水功能区划》，普查排污口情况，划分各水功能区，核定各功能区排污浓度及排污总量，划定水功能区限制纳污红线，明确各水功能区的保护措施，沈阳市实行最严格的水资源管理制度又迈出了重要的一步

（陈大海）

【农田基本建设】 2010年，沈阳市认真贯彻落实中央1号文件精神，按照省水利厅对农田基本建设工作的总体要求和部署，深入贯彻落实科学发展观，以保障粮食安全、饮水安全和生态安全为目标，以提高水资源利用效率和效益为核心，以河道生态建设、灌排设施整治、农村饮水安全工程建设、水土流失综合治理建设为重点，进一步提高思想认识，加强组织领导，调整工作思路，创新工作机制，充分调动广大群众积极投身农田水利基本建设的积极性，取得了可喜的成果。全市共通过各种渠道投入农建资金31亿元，使用人工635.65万工日，机械车工53.6万台班，累计完成土石方5772.5万立方米，完成骨干工程451项。

（陈大海）

【水行政管理】 本着服务沈阳经济发展、提高审批效率的原则，简化审批程序，全年完成市级审批涉水凿井（水源热泵）21件，发放取水许可证（水源热泵）21家，组织20家单位的水资源论证会，通过12家单位。

提高大型河流堤防养护管理水平，建设辽河、浑河堤防标准段6.1公里，维修养护堤防255.3公里。加强河道采砂管理，乱采、盗采的现象得到遏制，审批辽中县砂场2处，总开采量4.5万立方米。

依法依规查处各类水事违法案件，全年巡查3000余人次，立案查处私打井案件20件，已结案16件，结案率80%，另有4件正在办理中。查处私自占用浑河河道进行项目建设案件5件，查处侵占水工程案2件。行政处罚2家单位，罚款10.64万元，全部上缴财政。

作为全市行政权力运行监控机制建设试点单位，我局较好地完成了清理水利系统行政权力、确认水行政主管部门行政职权及其归属、制定行政职权运行流程的任务。同时，还对8个区、县（市）水行政主管部门上报的行政职权进行了审核与确认，为今后开展行政处罚提供了更加明确的依据。

按照市政府的规定，水利工程招标投标工作都已进入市公共资源交易中心统一交易，评标专家统一在省综合评标专家库中随机抽取。与纪检、监察部门共同监督管理水利招标投标活动，使招标投标制度进一步规范化、制度化。全年共监督管理49项水利工程招标投标活动，累计中标额2.3亿元。

（陈大海）

【征收河道维护费】 全市累计征收河道维护费3.04亿元，比上年增长20.3%，其中市本级留成1.42亿元，为河道工程建设和防洪减灾事业提供了坚实的资金保障。同时，严把减免审批关，全年共接收减免申请316卷，涉案金额3100余万元。

全市征收水资源费5000余万元，其中市本级水资源费1800余万元。在省厅的支持下，对市水务集团追缴水资源费1000万元。

全年累计审批开发建设水保方案12项，水土保持设施验收4项，征收水土流失补偿费49万元。

（陈大海）

农业机械化

【农机化发展】 截至2010年末，沈阳市农业机械总动力达到295.79万千瓦。拖拉机保有量达到6.44万台，其中大中型3.38万台，轮式3.26万台，链式1143台；机引农具10.2万台，其中大中型配套农具2.6万台；农用排灌机械10.0万台；田间管理机械2273台；水稻插秧机2684台，水稻直播机38台；稻麦联合收获机454台、玉米收获机447台、其它收获机械473台；渔业机械1.6万台；林果机械1825台。全市综合机械化水平达到74%。农机固定资产总值已达18.63亿元。

2010年，国家、省、市、县各级财政部门共投入农机资金1.12亿元，其中农机补贴专项资金达1.09亿元，引导农民向农机投入2.2亿元，提高了全市农机化水平。

（邓　奇）

【农用航空站建设】 2010年，苏家屯区农航站（沈阳通用航空有限公司）现有飞机12架，其中Y5飞机3架，Y5B飞机5架，N5飞机4架。现有人员40人，其中管理人员6人，飞行员9人，地勤人员15人，其他人员10人。

2010年完成总飞行时间1392小

时，飞防作业面积 10.1 万公顷，其中外省市 7.13 万公顷，护林防火 246 小时，林化作业 43 小时，航拍航测 19 小时，训练 31 小时，农化作业 1053 小时。

（邓 奇）

【农机作业】 2010 年，沈阳市农机化作业总体情况：机耕面积 50.75 万公顷，占耕地面积的 94%；机播面积36.93万公顷，占耕地面积的 77%；机电灌溉面积17.32万公顷；机械植保面积21.04万公顷；机收面积11.74万公顷，占耕地面积的 31%。

主要农作物农机化作业情况：水稻机耕面积11.04万公顷，机插面积2.56万公顷，机收面积7.7万公顷；玉米机耕面积31.67万公顷，机播面积30.6万公顷，机收面积3.41万公顷。

单项农机化作业情况：机械深松面积7.75万公顷；保护性耕作面积4.33万公顷；精少量播种面积22.03万公顷；机械深施化肥面积29.54万公顷；机械铺膜面积3.05万公顷；机械化秸秆还田面积3.11万公顷。

（邓 奇）

【农机新技术、新机具推广】 2010 年，沈阳市农机新技术、新机具推广工作围绕农业产业结构调整，农机技术推广服务于大农业的方针，全市重点推广了以下农机技术：

1. 水稻机械插秧、标准化育秧技术，推广水稻插秧机 748 台，其中高速插秧机 98 台，实现新增水稻机插秧面积 1 万公顷。推进了全市水稻生产全程机械化进程。

2. 玉米收获机械化技术推广，推广各类玉米收获机械 252 台，其中大型自走式玉米收获机 178 台，实现新增玉米机械收获 1.33 万公顷。

3. 旱田深松机械化技术示范推广，示范推广面积 8666.7 公顷。

4. 玉米秸秆综合利用机械化技术试验、示范，示范推广玉米秸秆综合利用技术：秸秆还田、秸秆饲草转化、秸秆颗粒饲料等，推广各类机械 321 台套。

5. 物理农业技术试验示范，开展定点物理农业应用技术试验，推广宣传温室电除雾防病促生、食用菌空间电场促蕾防病、杀虫灯、土壤连作障碍电处理等应用技术，推进化学农业向物理农业转化。

2010 年全市共推广各类新机具 1.99万台套，大大推进沈阳市现代化农业发展进程。

（邓 奇）

【农机示范村、示范户建设】 2010 年，沈阳市共建设 5 个水稻机械和玉米机械化示范村，总投资 312 万元，补贴资金 58.4 万元。

2010 年沈阳市加大对农机大户的扶持力度，使农机经营大户成为沈阳市农机化发展的主力军。全市农机固定资产在 50 万元以上的农机大户已发展到 392 余户。以新民市的佟英文、王明武；辽中的于会怀；新城子的朱国成、陈志国为代表的农机大户和农机服务组织成为区域性的农机龙头，在全市及全省发挥了巨大的带动作用，在促进农民增收方面也起到了积极的推动作用。

（邓 奇）

【农机化科普和培训】 围绕沈阳市农业发展和农机化重点项目的推广，广泛开展农机科普活动，通过现场演示会和电台、电视等媒体多渠道对农民开展技术培训。2010 年，全市共组织召开农机现场演示会 15 次，发放技术资料 3 万份。开展技术培训 26 期，培训人数达 1.2 万人次。2010 年的科普宣传主要有三种形式，一是利用电台、电视等媒体开展科普讲座、应用技术宣传。二是开展水稻机插秧现场技术培训、演示。三是现场会发放技术资料。

（邓 奇）

【行业管理】 2010 年，沈阳市共办理农业机械登记 3467 台，办理拖拉机驾驶证 1671 本，年检各类拖拉机 8978 台，换发、年审驾驶证 434 本。

2010 年全市维修网点总数达 995 个，比上年增加 57 个，维修工人达 1923 人。全市有 6 个区县的农机维修网点审批工作已经进入各区县的行政审批大厅办理业务，审批工作更加规范。

（邓 奇）

【农机具补贴】 2010 年，沈阳市共完成补贴资金 1.09 亿元，其中国家农机补贴指标 9607 万元，市级补贴资金完成 1269.7 万元，拉动农民资金投入 2 亿多元。针对沈阳市水稻育插、机收，玉米机收和园田管理机械化水平比较低的实际情况，重点对水稻育、插秧机、苗床播种机、水稻收获机、玉米收获机、园田管理机、秸秆压制机、深松机、饲草机械等实行市级累加补贴。全年实现补贴购置各类农机具 2.2 万台（套），其中，购置拖拉机 2272 台，插秧机 748 台、其中高速 98 台；水稻收获机 49 台；玉米收获机 252 台，其中：自走式 178 台；耕整地机械 2159 台；播种机械 7286 台；其它机械 9431 台。

（邓 奇）

【农机服务体系建设】 2010 年，沈阳市在农机购置补贴资金安排及示范村建设项目上加大了对农机服务组织的扶持力度，重点向农机专业合作社和农机大户倾斜，使各类农机服务组织得到了发展和壮大，从而实现规模生产，提高农机生产效率，将更多的农民从繁重的体力劳动中解放出来，向非农产业转移。

2010 年全市农机专业合作社达 240 个，固定资产 2.77 亿元，作业面积达到了 18.67 万公顷，水稻、玉米全过程机械化示范村 68 个，农机维修网点 995 个。基本形成以市、县两级农机技术推广机构为技术指导；以农机专业合作社、农机大户为农机作业主体；以全程机械化示范村为典型带动；以农机维修网点为后勤保障的农机服务体系。

（邓 奇）

乡镇企业

【乡镇企业主要经济指标完成情况】 2010 年，由于沈阳市进行区划调整，部分乡镇企业划归城区统计，统计口径发生变化，故指标不可比。从乡镇企业全口径看，2010 年，乡镇企业达到 14 万户；从业人员 105.6 万人；乡镇企业增加值完成 1416.2 亿元，占郊区地区生产总值的 77.4%；总产值完成 5703.7 亿元；营业收入完成 5519.9 亿元；利润总额完成 337.4 亿元；上交税金完成 88.6 亿元；固定资产投资完成 1568.3 亿元；出口交货值完成 50.8 亿元。从乡镇工业口径看，2010 年，乡镇企业达到 3.9 万户；从业人员 86.8 万人；乡镇工业实现增加值 1194.2 亿元；工业总产值 4828.2 亿元；营业收入 4716.5 亿元；利润总额 270.4 亿元；上交税金 70.2 亿元；固定资产投资完成 921.6 亿元。从乡镇规模工业口径看，2010 年，乡镇规模以上工业企业达到4290户；从业人员48.2万人；增加值完成1050.5亿元；总产值完成4294.3亿元；营业收入完成2100.3亿元；利润总额完成237.6亿元；上交税金完成61.8亿元。

（王 巍）

【乡镇企业经济运行的主要特点】 2010年，沈阳市乡镇企业经济运行具有以下特点：

1. 乡镇企业保持平稳发展，三县一市增势强劲。2010年，由于于洪区和东陵区区划调整，全市乡镇企业增加值仅完成1416.2亿元。其中，三县一市增势强劲，拉动了全市乡镇企业的平稳增长。辽中县、新民市、法库县、康平县分别比全市增幅高出35、20.4、45、17.3个百分点；对全市GDP的贡献率为22.1%，比上年提高了9.1个百分点。

2. 规模工业企业拉动作用明显，规上企业做大做强。2010年，乡镇企业规模以上工业企业实现增加值1050.5亿元，突破千亿元大关，占全市规模以上工业增加值的44.5%；总产值完成4294.3亿元，占全市规模以上工业总产值的44.7%。规模以上工业企业个数达到2941户，按可比口径计算，乡镇规模以上工业企业净增了253户，总体上乡镇规模企业队伍仍在壮大。同时，单体企业的规模正在做大做强，2010年乡镇规模以上工业企业年营业收入均值为1.44万亿元，比上年净增4101亿元，增长了近四成，其中超10亿元的企业达到36户，比上年净增10户，增长38.5%，沈阳克拉古斯食品有限公司营业收入83.9亿元、沈阳新北方玻璃有限公司年营业收入51.8亿元、沈阳市敬国肉禽加工有限公司年营业收入47.4亿元，位居乡镇企业前三位。

3. 产业集群发展取得新的突破，科技创新能力不断增强。2010年整合后的沈阳市21个乡镇产业集群完成产值2324.5亿元；上缴税金39.9亿元。其中达百亿集群11个，完成产值2096.8亿元，占乡镇集群产值的90.2%，其中沈北农产品深精加工及生物制药产业集群完成产值440.5亿元，位列第一位，且已成为全国最大的农产品加工产业集群；法库陶瓷产业集群进入“全国县域产业集群‘百强’”，“东北瓷都”的品牌已经在全国及东北亚叫响。同时，集群中已经有11个产业的63家骨干龙头企业与市教科工委确定了21个重点大专院校进行了对接项目，提高了企业技术装备水平，提高核心竞争力，为企业注入活力，提高企业的研发能力和技术水平。

4. 乡镇企业固定资产投资持续增长，新建项目拉动明显。乡镇企业固定资产投资继续呈现出高速增长态势。全市乡镇企业完成固定资产投资1568.3亿元，其中工业完成921.6亿元。从项目建设性质看，新建项目完成941.6亿元；改建项目完成135.2亿元；扩建项目完成440亿元。从地区看，沈北新区完成448.1亿元，于洪区291.6亿元，新民市181.8亿元，位列8区县(市)的前3位。从增幅看，新民市增长137.3%，辽中县增长95.2%，沈北新区增长84.3%，康平县增长54%，法库县增长48.6%，三县一市地区投资热度不减。

5. 大型乡镇企业出口企业有所增加，轻工、机械类出口居前

虽然全球金融危机和区划调整等因素给乡镇企业出口带来一些影响，全市乡镇企业出口交货值仍然完成50.8亿元。从增长幅度来看，保持增长的有，康平县增长61.3%、沈北新区增长7.8%、于洪区增长5.9%、辽中县增长2.9%。从行业类别看，轻工类出口15.8亿元、机械类出口13.2亿元、工艺品类出口7亿元，位列出口总额前三位，该三类行业出口合计占全市乡镇出口的70.9%。从完成总量看，于洪区完成19.6亿元、沈北新区完成16亿元、苏家屯区完成6.2亿元，位列前3位。2010年乡镇企业出口超亿元企业有9户，比上年增加3户，金德铝塑复合管有限公司、沈阳利群工艺品有限公司、沈阳利达工艺品有限公司分别以3.4亿元、2.1亿元、1.8亿元的出口额排在乡镇出口的前三位。

（王 巍）

经 济 管 理

综 述

【"十二五"规划编制】 2010年,沈阳市发改委围绕全市的中心工作和重点任务,始终抓住"十二五"规划编制这一主线不放,本着超前谋划、平稳有序、忙而不乱的原则,注重提高工作的主动性和预见性,较好地完成了各项工作任务。

1. 完成了规划基本思路。历经数次修改完善,经综合提升,广泛征求委内、委外各方意见,形成了规划基本思路;形成规划基本思路,先后报规划编制领导小组、市长办公会议、市委常委会议审议,得到了辽宁省和沈阳市主要领导的充分肯定和原则同意。此后,于2010年10月27日向市十四届人大常委会第二十四次会议作了汇报,市人大就此提出了审议意见。

2. 形成了一批支撑规划思路的背景材料。主要有规划基本思路的说明、4套指标预测方案、主要指标安排说明、"十一五"规划中完成难度较大指标的说明、国家和省"十二五"规划基本思路综述及国家中心城市情况说明等。

3. 形成了《沈阳市"十二五"规划前期调研课题汇编》、《沈阳市"十二五"规划市民建议汇编》、《全国部分城市"十二五"规划思路汇编》等一系列汇编材料;印送部分市领导、委领导及委内有关处室。

4. 起草形成了图文并茂的规划纲要文本。在规划思路的基础上,采用文本与图表、专栏相结合的方式,起草了《"十二五"规划纲要》。

5. 广泛开展规划衔接与论证。为使规划纲要更趋完善,市发改委就规划纲要,广泛征求了各地区、各方面的意见与建议。在此基础上,还分别多次征求了市人大、市政协的意见与建议,与国家和省发改委进行了充分衔接。

6. 代市委起草了《关于对辽宁省委"十二五"规划建议的意见》。经市委常委会审议后,报省委。该建议将为编制"十二五"规划发挥重要的指导作用。

7. 专项规划取得阶段性成果。依规划进度安排,定期组织协调、调度各地区、各部门专项规划编制进展情况。

8. 市民建议活动成效显著。2010年,已有2000多人次提出了2000余条建议,此次活动反响强烈,参与人数与建议征集的数量和质量均创新纪录。

9. 参与起草市委"十二五"规划建议起草工作。相继完成了代市政府起草向国家发改委汇报用稿;起草完成用于市委全会报告用稿;多次完成市领导和委领导在国家发改会、市人大、市政协有关会议上的讲话以及新闻媒体采访用稿;多次完成市领导和委领导在"十二五"规划领导小组会议、市长办公会议、市政府常务会议和向市委常委会汇报;"十一五"规划执行情况总结等一系列重要文稿。

10. 免税和小城镇建设工作。全年,共为沈阳三一重型综采成套有限公司、宝钢钢材配送有限公司、奥维通信有限公司、中国有色泵业、特变电工沈阳变压器等17户企业,办理了内资企业进口设备免税。用汇额达7335万美元,免征关税额达733.5万美元,直接拉动投资总额31.76万亿元。与此同时,依据国家和省的安排,积极开展小城镇建设的研究。

11. 圆满完成重大课题研究工作。为扎实有效地做好"十二五"规划编制工作。组织开展了近50项重大课题研究。课题研究的重要成果相继被纳入规划思路和规划纲要以及一批专项规划和地区规划之中。此外,还起草完成《"十二五"经济社会发展目标与对策》和《"十一五"期间主要成就、基本经验和存在问题》课题。

(李沈红)

【老工业基地振兴】 以政府文件下发《沈阳市贯彻落实国务院关于进一步实施东北地区等老工业基地振兴战略若干意见的实施意见》及部门(地区)任务分解表。为了更好地贯彻落实国家33号文,用好国家的振兴政策,沈阳市起草了《沈阳市贯彻落实国务院关于进一步实施东北地区等老工业基地振兴战略若干意见的实施意见》以政府文件下发。同时,为了将《实施意见》落到实处,结合各部门(地区)工作职能,起草了《沈阳市贯彻落实国务院关于进一步实施东北地区等老工业基地振兴战略若干意见的实施意见》部门(地区)任务分解表,作为《实施意见》的附件一同下发,并组织指导各区、县(市)及市直有关部门开展了《实施意见》落实工作。

开展国务院振兴东北地区等老工业基地领导小组第二次会议精神的贯彻落实工作。2010年8月17日,国务院召开了振兴东北地区等老工业基地领导小组第二次会议,会议通过了国家发改委关于《2009年振兴东北地区等老工业基地工作进展和下一阶段重点工作安排》的工作意见,按照市领导的批示,起草了《沈阳市贯彻落实国家振兴东北地区等老工业基地下阶段重点工作安排的工作意见》,并以政府办公厅文件转发。

组织开展东北老工业基地调整改造专项的申报工作。按照国家和辽宁省的要求组织各县区及重点企业开展了专项的申报工作,最终经国家评审,总投资1.3亿元的沈阳和世泰通用钛业有限公司年产1000吨航空钛材加工项目,列入国家东北老工业基地调整改造专项,争取资金736万元。

积极配合国家调研组开展重大问题调研。国家发改委及有关部委组成专题调研组,开展对国家33号文中重大问题的调研工作。积极做好衔接及接待方案的起草等工作,并组织相关部门及企业参加国家调研组座谈。全年国家共开展了对进一步支持东北老工业基地调整改造的税收政策、对金融支持东北地区重大技术装备出口、职业教育发展现状、《东北振兴规划》实施情况及开展“十二五”东北振兴规划编制工作等专项调研，并完成全市重点企业职业教育人才需求情况的调查、汇总及上报等工作。

开展对俄合作工作。跟踪调度对俄合作项目。对已列入国家及辽宁省对俄合作项目目录的招商项目进行跟踪调度，并依据项目变化情况不断补充完善合作项目。组织相关企业参加俄伊尔库茨克州在沈召开的项目推介会。落实《中俄合作规划纲要（2009—2018）》，俄罗斯伊尔库茨克州政府于2010年4月21日在沈阳召开了“伊尔库茨克州合作项目辽宁（中国）推介会”。经过积极工作，沈阳市有26户企业及相关部门参加了推介会。组织市直有关部门及各区、县（市）开发区开展《国务院有关部委贯彻落实中俄地区合作规划纲要实施方案及政策措施》贯彻落实工作。

（霍　岩）

【沈阳经济区建设】　2010年，沈阳经济区上升为国家发展战略，成为国家新型工业化综合配套改革试验区。

一、沈阳经济区上升为国家发展战略

2010年4月6日，国家发改委批准设立沈阳经济区国家新型工业化综合配套改革试验区，这是继上海浦东、天津滨海、成渝、武汉、长株潭和深圳之后，沈阳经济区成为第八个国家级综合配套改革试验区。

为此，沈阳市制订了《沈阳市国家新型工业化综合配套改革试验方案》。经过多次论证，于12月11日在北京举行了论证会，得到了国家发改委的领导和有关专家的肯定。

方案确定了沈阳市将以促进产业结构优化、科技研发、企业发展、空间布局、生态建设等五个方面的体制机制创新为重点，紧扣新型工业化综合配套改革试验的主题率先突破。配套推进投融资管理、城乡统筹、对外开放、社会和谐以及行政管理等另外五个方面体制机制创新。通过完成以上十大改革任务，为实现国家新型工业化综合配套改革目标提供支撑。沈阳市重点推进41项专项改革试点，其中国家创新型城市建设、环境样板城建设等一批专项改革试点已获批准或改革条件已基本成熟。另外，从地区发展的角度，将全面推进沈北新区国家新型工业化综改试验先导示范区、铁西区生产服务业综合改革、金融商贸开发区国家优化金融生态、大浑南地区工业化与信息化融合、辽中县现代综合保税物流创新等“一区四项”专项改革试点，发挥示范作用，并形成综改试验全面启动的新局面。

二、构筑大沈阳都市区发展框架

经过全年的探索和实践，沈阳市新城、新市镇建设已取得显著成效。

1. 确定总体目标，构筑区域空间发展新格局。沈阳市加快推进新型工业化和新型城市化建设，实施区域发展的双轮驱动。着力打造沈阳为核心的沈铁、沈抚、沈本、沈辽鞍营、沈阜五条城际连接带，形成八城市集群发展的新格局。沈阳市与辽宁省政府共同确定了在沈阳市五条城际连接带上将规划建设节点新城、连接带新城和新市镇3个层次的19个新城、新市镇。力争经过3－5年的努力，以沈阳经济区城际连接带的新城和新市镇为依托，通过采取同城化、珠链式和组团式的三种区域空间发展模式，将城际连接带建设成为联结八个城市的交通带、城镇带和经济带。

2. 编制总体规划，科学指导新城、新市镇建设。沈阳市按照“突出新型工业化、突出城市功能定位、突出生态低碳环保理念、突出体制机制创新”的总体要求，已编制完成了19个新城、新市镇的总体规划，总体规划确定了每个新城、新市镇的发展定位、发展规模、产业发展、土地利用、城镇总体布局、公共服务设施、市政基础设施、绿地与水系、生态环境保护和近期建设重点。总体设想是重点建设机床、电气、现代建筑、汽车、新能源装备、光电信息、农产品精深加工等7个千亿元产业集群，以及航空、文化创意、包装印刷、生命科学等27个主导产业园区。沈阳市已将每个新城、新市镇的总体规划上报到辽宁省沈阳经济区城际连接带新城、新市镇建设规划审核领导小组，并全部通过了评审。

3. 推进重大项目建设，快速形成产业聚集效应。沈阳市全面启动了新城、新市镇的重大项目建设，四月中旬，在沈阳沈北新区举办了“沈阳经济区城际连接带新城新市镇建设项目启动仪式”，掀起了沈阳经济区新城、新市镇建设高潮。沈阳市19个新城、新市镇加速推进北京总部基地、华强科技文化产业基地、华晨宝马新厂等重大产业项目建设，机床、电气、现代建筑、农产品精深加工、光电信息、陶瓷等一批重点产业集群继续保持快速发展的良好势头。

4. 积极争取政策支持，为城际连接带建设创造良好的环境。充分利用国家开行融资平台，组织新城新市镇基础设施建设项目申请，已落实城际连接带建设开行贷款24.5亿元（沈彰公路、沈阜公路、蒲河生态廊道项目）；为进一步拓宽融资渠道，沈阳市筛选了19个新城新市镇建设项目，组织驻沈金融机构，开展了银企对接活动，落实贷款10.5亿元。按照辽宁省政府沈阳经济区城际连接带新城、新市镇重点园区产业项目贴息管理办法要求，沈阳市组织开展了贴息项目申报工作，共申报主导产业园区贷款贴息项目42个，申请贴息1.5亿元，辽宁省沈阳经济区工作领导小组办公室已经完成了对申报项目的初审工作；为保障新城、新市镇建设的土地需求，沈阳市利用沈阳经济区城际连接带建设土地增减挂钩的政策，缓解用地矛盾，其中沈北新区新增建设用地数量300公顷，被省国土厅确定为土地示范区、土地管理长效机制建设联系点和城乡建设用地增减挂钩试点单位。

5. 加快城镇化步伐，促进城乡统筹发展。2010年，沈阳市新城、新市镇已动迁村屯45个、共9459户，动迁人口达2.8万人，腾迁土地10平方公里。为推进新城、新市镇建设，沈阳市组织实施了蒲河流域道路工程，项目总规模129.2公里，涉及棋盘山开发区、沈北新区、于洪区、新民市和辽中县，项目的实施将沈抚新城、蒲河新城、平罗湾新城（蒲河新城）、永安新城、胡台新城、大民屯新市镇、近海新城等重要的节点连缀成线。

三、加快沈阳经济区一体化进程

2010年，沈阳市加强与经济区各市合作，不断拓宽区域合作的领域，在基础设施建设、要素市场、产业发展、生态建设、社会服务等众多领域的一体化发展上，取得了新的进展。

1. 基础设施一体化快速推进，全面带动区域协调发展。沈阳市积极推进重点交通基础设施项目的建设,进一步促进交通基础设施一体化。地铁1号线通车运营,2号线实现"洞通",二环快速路改造工程开工,三环高速公路改扩建和四环快速路新建工程启动建设,蒲河流域道路工程(129.2公里)项目已于10月中旬完工;沈阜开发大道、沈彰开发大道一期工程(7.5公里)的主线部分已经竣工通车,二期工程沈阜开发大道(42公里)、沈彰开发大道(8.5公里)的前期工作也正在开展;沈本产业大道建设正积极推进,已完成机场路以北路段(8.8公里)。环经济区高速公路新民至铁岭段(50.6公里)加快建设,征地拆迁核量工作已经全部完成,并已拆动迁投资8332万元;沈丹高速公路改扩建工程沈阳三环至桃仙机场段竣工通车;沈丹客运专线、沈阳站和沈阳北站改造等重点工程加快推进,沈阳南站综合性交通枢纽方案通过铁道部审查;桃仙机场T3航站楼和2号跑道建设前期工作启动。

2.要素市场一体化进程加快,促进区域资源优化配置。沈阳经济区金融市场、人力资源市场、旅游市场、商贸流通市场一体化进程加快。金融市场一体化。经济区产权交易市场一体化取得了新的进展,2010年4月召开了沈阳经济区各分所参加的市场建设会议,确定了以信息一体化为手段,逐步推进沈阳经济区产权交易统一市场建设的路线图和市场建设主要任务;沈阳经济区各分所与辽宁沈阳知识文化产权交易所均签订了合作协议,共同推进文化知识产权市场建设,并正在积极构建面向全国的产权交易"物联网"体系。人力资源市场一体化。沈阳经济区各市不断加强区域人才市场建设,加快推进沈阳经济区人力资源市场一体化。3月16日,沈阳市组织召开了沈阳经济区八城市人社局长联席会,3月30日,在东北大学举办了以"八面春风、关爱学子"为主题的沈阳经济区人力资源市场一体化启动仪式,八城市共同签署了《沈阳经济区人力资源市场一体化合作协议》。经济区各市共同建立了统一的人力资源网络服务平台,以中国沈阳人才网为基础,整合经济区各城市现有资源,集中技术研发力量,建立了沈阳经济区人力资源基础数据库,统一网络名称为沈阳经济区人力资源网。经济区各市联动开展了丰富多彩的人才交流活动,2010年沈阳经济区共举办现场招聘会共2300场,服务用人单位28万家次,服务求职人员370万人;举办了"沈阳经济区高校毕业生网络与现场互动招聘大会",八城市共组织企业2086家,提供岗位2.9万个,其中沈阳组织企业1031个,提供岗位1.8万个。旅游市场一体化。沈阳经济区大旅游圈已初步形成,区域旅游发展和一体化进程取得了显著进展,旅游合作不断深化,旅游产业的规模效益逐渐显现。经济区八城旅游合作呈现的新特点,积极开发温泉休闲度假旅游资源,开发新兴旅游业态。经济区各市共同推出了一批不同主题、不同特色的游旅线路,联手开展宣传促销活动,联办和组团参加旅游展会,培育和挖掘共同的客源市场,打造沈阳经济区旅游品牌,八城市联合制定了《沈阳经济区旅游发展一体化实施纲要》,联办大型旅游节庆活动。商贸流通市场一体化。2010年,制订了《促进沈阳经济区现代服务业发展安排意见》,将进一步优化经济区各市物流集聚区、物流中心的布局与建设。共同推进沈阳经济区重点服务业项目建设,积极推进服务业项目的交流,推进大型连锁店到经济区各市开设分店。

3.公共服务一体化成果显著,促进社会事业协调发展。经济区户籍制度改革取得突破,制定了《沈阳经济区户籍管理制度改革实施意见》,不断深化户籍管理制度改革,采取了实行"一元化"户口管理,鼓励各类人才来沈落户,统一集体户口管理标准,统一购房落户标准,放宽"三投靠"落户政策等一系列措施,正在努力打破户籍壁垒,促进户籍管理一体化的早日实现。八城市行政审批中心联合成立了沈阳经济区八城市行政审批中心联席会议组织,签署了《沈阳经济区(公共)行政(审批)服务中心合作备忘录》。

四、沈抚同城化建设稳步推进

2010年,沈抚两市加速融合,特别在产业布局、城市功能、生态建设三个方面真正实现统筹规划、协调一致、加快发展。沈抚两市加快推进沈抚新城建设。沈抚新城的沈阳东陵产业区建成"中国智能产业高地"、"东北知识经济新城",推进汽车博览园、总部基地、大唐国际沈东热电厂等一些重点建设项目。沈抚新城的沈阳棋盘山生态区推进泗水科技城、高坎生态城、国际创意谷等重点项目建设,努力实现国家级文化产业示范区建设目标。泗水科技城累计完成投资7亿元,园区基础设施达到"七通一平",已有中国医科大学生物医学工程研发中心、公共技术服务转化平台等17个项目落地;高坎生态城建设成商务会展、旅游休闲、总部经济等于一体的生态新城;国际创意谷将重点建设集文化旅游、创意设计、教育培训、会议会展等为一体的国际创意产业聚集区。

五、沈阳经济区专题招商工作成果显著

2010年5月10日,辽宁省政府在沈阳举办了"沈阳经济区招商项目推介会",2010年5月28日,辽宁省政府又在上海举办了"上海世博会辽宁活动周沈阳经济区推介会"。沈阳市抓住沈阳经济区获批国家综合配套改革试验区的有利时机,以沈阳经济区城际连接带新城、新市镇建设为主题,深入珠三角、长三角、福建地区开展招商活动,举办了多场专业招商推介会,取得了丰硕成果,引起国内外客商广泛关注。4月份,市政府领导带队先后赴闽西和广东召开了沈北新区手机通讯产业、东陵区中国智能港等主题概念招商推介会。6月份,又赴珠三角、长三角等地举办了多场沈阳经济区城际连接带建设项目推介会,对沈抚、沈本、沈铁、沈辽鞍营和沈阜等五条城际连接带上的19个新城、新市镇的规划发展和建设项目情况进行了系统推介。全年招商活动共签约项目85个,签约总额近2700亿元。沈阳市还充分利用"百名华商沈阳行"、"上海世博会辽宁活动周"、"中日经济合作会议"等平台,对沈阳经济区主体概念和项目进行了广泛推介,取得经济效益和社会效益的双丰收。

六、成功举办区域合作会议

2010年沈阳经济区书记市长联席会议于10月13日在沈阳召开。本次会议的主题是"先行先试,推进综合配套改革;同心合力,加快沈阳经济区建设"。会议确定了沈阳经济区未来的发展思路和近期的工作重点。一是要全面做好沈阳经济区新型工业化综合配套改革工作。二是要加快沈阳经济区交通、通讯、要素市场等方面的一体化步伐,进一步优化经济区资源配置。三是要加快城际连接带新城、新市镇建设,带动沈阳经济区一体化发展。四是要加大产业集群建设,要在城际连接带的节点上培育若干个千亿元产业集群。五是要进一步加快沈阳中心城市建设,更好地发挥沈阳在沈阳经济区发展中的辐射带动作用。

(刘忠福)

【区域经济发展】 2010年,沈阳市发展改革委以加强区域经济,增强可持续发展为主题,围绕专项规划编制、区域经济发展、流域治理与资源开发利用、重大问题调研、资源空间信息系统开发等方面工作,突出重点,开拓创新,圆满完成了各项工作任务。

一、"十二五"专项规划编制工作

1. 初步完成沈阳市土地资源、水资源和矿产资源开发利用与保护及防震减灾"十二五"专项规划编制和组织论证工作。组织协调市直有关部门做好调研,在认真草拟规划编写提纲和规划编写思路的基础上,分阶段有步骤地做好专项规划编写的指导、调度及衔接工作,及时高效完成了专项规划的评审与论证工作。

2. 完成市、县两级新一轮土地利用总体规划修编及局部调整。一是按照市政府部署要求,认真做好沈阳市土地利用总体规划修编工作,根据市政府有关要求,多次提交了沈阳市土地利用总体规划(2006-2020年)的修改意见,确保了沈阳市新一轮土地利用总体规划及时上报辽宁省政府和国务院。二是按照辽宁省人民政府关于调整区、县级土地利用总体规划有关要求,依据县情、功能定位和产业布局,认真做好县区级土地利用总体规划修编工作。先后起草完成了法库县、辽中县土地利用总体规划(2006至2020年)的修改意见。对辽中县、康平县、新民市、法库县土地利用总体规划局部调整方案的复函,推进了沈阳市区、县级土地利用总体规划局部调整工作。

二、区域经济发展工作

1. 完成了重大项目开发策划工作。完成了重大项目策划。四个项目分别是《引嫩江、松花江水经辽河入石佛寺平原水库北水南调工程建设项目》、《东湖新城建设项目》、《苏家屯区佟沟新城建设项目》、《沈阳辉山乳业年利用牛粪沼气发电6亿度工程和生产加工100万吨有机肥生产线建设项目》。项目策划累计总投资269亿元。

2. 完成以工代赈"十二五"规划编制工作,争取以工代赈项目资金,并做好监督检查工作。一是重点做好2010年以工代赈计划落实和项目监督检查,重点对2009年康平县山东屯乡乡村道路建设国家以工代赈示范工程项目的资金到位、使用和工程质量等情况进行监督检查及验收,确保按要求完成项目计划任务。二是根据国家和辽宁省对"十二五"以工代赈建设提出的围绕产业、集中资金、规模效应、辐射带动的要求,结合康平县经济社会发展实际和"十二五"期间扶贫开发攻坚工作面临的形势及以工代赈扶贫工作的目标、重点,本着以人为本,坚持从人民群众最关心、最直接、最现实的利益问题入手,组织编制完成《康平县以工代赈建设"十二五"规划》。坚持科学布局、政策到位,分类指导、因地制宜,合理规划、轻重缓急的原则,注重集中连片综合治理改造;注重集中有限资金优先安排群众最急需解决的项目;注重保证以工代赈项目发挥较好的经济社会效益。三是做好2010年以工代赈计划落实。2010年辽宁省和国家发改委下达沈阳市以工代赈资金计划303万元。重点安排康平县小城子镇及二牛所口镇贫困地区乡村道路建设。项目建成后,可解决和改善2个乡镇、4个村、9个自然屯、1200户、3750万贫困人口的道路交通条件。

三、流域治理与资源开发利用工作

1. 争取国债资金,推进了污水处理项目建设。一是积极做好康平县和虎石台镇污水处理厂扩建工程国债项目资金的争取工作。在国家、辽宁省发改委的积极支持下,沈阳市康平县、虎石台镇污水处理项目列入国家发改委2010年重点流域水污染治理项目中央预算内投资计划,分别获得1300万元和600万元国债资金支持。二是努力做好污水处理项目监管工作。积极配合并参与国家、省、市三级工作组专项检查,并有针对性地对苏家屯、法库污水处理项目进行重点督查,及时解决项目土地、初设等前期手续问题。

2. 完成资源节约与综合利用项目资金争取工作。完成了2010年资源综合利用项目资金申请工作,完成了《沈阳辽浙新型建设材料有限公司利用陶土尾矿、陶瓷废片建设年产1.2亿块空心砖项目》资金申请工作,并获得省本级投资补助50万元。

3. 完成资源开发利用年度计划编报及提案回复。编制完成并提交了沈阳市2010年土地利用计划、水资源利用计划、基础测绘计划。起草完成了《沈阳市2009年资源开发利用发展报告》白皮书。及时提交了季度及半年土地、水资源开发利用态势分析及下一步工作安排意见。

四、重大问题调研工作

1. 完成《沈阳市行政区划调整思路研究》,并提交了《沈阳市行政区划调整方案与实施建议》。根据市委十一届八次全会指示精神,以大力推进改革开放和自主创新为宗旨,以紧紧围绕促进发展方式转变,着力调整优化结构为目标,充分结合做优沈阳城市发展空间和实施沈阳经济区战略,全面细致分析沈阳市行政区划调整的必要性和可行性,在优质高效完成《沈阳市行政区划调整思路研究》工作的基础上,提出了《沈阳市行政区划调整方案与实施建议》。

2. 开展《沈阳市绿色政府环境管理理念与法规建设》市级重点调研课题。组织了《沈阳市绿色政府环境管理理念与法规建设》的调研课题,将加强法律法规与环境保护建设、提高公信力等作为绿色政府的重要标志,通过政府自身绿色化,引导和带动全社会参与到环境保护和建设中来。

3. 开展《沈阳市城镇污水处理厂污泥无害化处置与资源化利用技术方案优化的对策研究》。以沈阳市城市污水处理厂所产生的污泥为研究对象,结合沈阳市的水质状况、污泥特征以及现有的污泥处置方式,对沈阳市"十二五"期间可能采用的污泥处理技术进行分析,提出经济、合理、有效的多种污泥处置方法的优化组合方案,开展污水厂污泥无害化处置与资源化利用对策研究,提出高效、经济和适用的污泥无害化处置的工艺和最佳资源化利用技术措施和对策,对于彻底解决污泥对环境的二次污染,变废物为资源,为市政府和有关部门解决污水处理厂污泥的无害化处置和资源化利用提供科学的决策技术依据和工程措施。

4. 开展了《关于我市水资源开发利用与保护现状及“十二五”期间水资源供求平衡与对策研究》。为做好沈阳市水资源开发利用与保护第十二个五年规划编制工作，在充分调研的基础上，围绕沈阳市水资源及其开发利用现状、节水型社会建设进展情况、水资源开发利用与保护存在的主要问题、“十二五”期间及2020年水资源开发利用与保护面临的形势与供求趋势、水资源供需平衡分析及预测等，起草完成了《关于我市水资源开发利用与保护现状及十二五期间水资源供求平衡与对策研究》重点调研课题初稿。

五、资源空间信息系统开发工作

1. 开展了沈阳市资源空间信息系统二期开发建设工作。已经开发完成地理信息、自然资源、社会经济、辅助决策、咨询评价、制图编辑、区划调整、综合管理等8个子系统（模块）。具备了地图显示、行政区地图选择查询统计、地图编辑输出、专题图制作输出、项目通用数据库等5大功能。

2. 做好信息系统正式运行的各项准备工作。适时向委领导提交了《沈阳市资源空间信息系统汇报材料》，重点介绍了系统功能、应用方向、工作目标与建议，得到委领导的充分肯定与高度重视。按照委领导的意见和要求，在委内选择环境保护与资源节约处、农村经济处、经济区协调办、交通处等处室先期试用了本系统软件，为进一步完善数据库结构设计创造了条件。同时，积极根据系统要求的硬件网络环境尽快实施了硬件采购，按照适用、节约的原则，完成了硬件系统招标，建立了单独的与现有OA办公自动化系统并行的硬件网络环境，并与OA系统实现兼容。

（徐德利）

【利用外资和境外投资】 2010年，沈阳市加大招商引资工作力度，着力优化外商投资结构，稳步推进境外投资和跨国并购，利用外资和境外投资取得积极成效。全市新批外商投资企业473家，合同外资额81.2亿美元，分别比上年下降33.4%和32.6%；实际利用外资50.5亿美元，比上年下降6.6%。新批境外投资项目28个，协议投资额1.06亿美元，比上年增长20%，中方投资额1.01亿美元，比上年增长43%。主要呈现以下特点：

1. 重大外资项目增长较快。全市实际利用外资千万美元以上大项目84个，累计调资29.6亿美元，分别比上年增长31.3%和76.5%，占全市调入外资总额的58.6%。调资超亿美元项目5个，超5000万美元项目10个。其中三一重型装备、远大铝业工程、首龙机械成套设备、睿能能源设备、伊威泰克太阳能设备等一批重大工业外资项目和中外运物流、中升骏驰汽车销售、特易购置业等一批重大服务业项目实现调资。

2. 服务业利用外资领域不断拓宽。全市服务业实际利用外资37.5亿美元，占全市总额的74.3%。商业利用外资水平大幅提升，批发和零售业实际利用外资2亿美元，比上年增长94.3%；总部经济发展实现新突破，加拿大成立驻沈东北贸易代表处，美国通用电气公司在沈成立东北地区总部。金融保险业对外开放取得新进展，日本三井住友银行在沈设立分行；美俄资本集团有限公司和美国万通国际集团公司分别投资4500万美元和707万美元，在全市设立首家外资融资担保公司和小额贷款公司；由世界500强英国保诚、加拿大永明人寿分别投资的信诚人寿保险公司和光大永明人寿保险公司，成功获得保监会批准在沈设立分公司；截至2010年底全市外资保险分公司已达10家。

3. 世界500强及国际知名企业项目引进取得新进展。华晨宝马汽车有限公司新工厂开工建设，总投资56亿元人民币；米其林沈阳轮胎有限公司高性能子午线轮胎环保搬迁改造及扩产项目获准实施，总投资14.6亿美元；日本鹿岛建设、积水房屋、精工丝杠等一批重大外资项目纷纷在沈落户。

4. 利用外资方式取得突破。境外上市成为利用外资新渠道，三一重工、东北电气、辽宁高科能源3家企业通过境外上市融资再投资2.6亿美元，比上年增长283.4%；跨国并购投资项目逐渐增多，美国通用电气增资入股沈阳鼓风机集团；美国睿能有限公司等投资性公司，累计融资1.9亿美元，比上年增长32.6%；远大工程、尚泰百货利用“内保外贷”、境外人民币投资等新方式，引进外资1.7亿美元。

5. 境外投资和跨国并购大幅增长。全市境外投资协议额1.06亿美元，比上年增长20%。辽宁依生生物制药集团有限公司投资900万美元并购新加坡申益皮卡生物技术私人有限公司项目、辽宁高科能源集团投资4990万美元并购日本伊威泰克株式会社、东软集团并购德国ISG公司汽车导航系统等一批重大境外投资项目获准实施。

（衣雪梅　李晓宁）

【信用体系建设】 2010年，是“信用沈阳”建设工作的开局之年，全市社会信用体系建设工作也由此进入了最为关键的时期。在市委、市政府的高度重视和全市各相关部门的全力配合下，沈阳市信用体系建设工作进展顺利，并取得了重大突破。

1. 认真落实2010年政府工作报告确定的工作任务，加强信用政府建设，切实发挥了政务诚信在“信用沈阳”建设中的引领示范作用。严格按照《关于印发〈沈阳市优化发展环境重点工作任务及责任分工〉的通知》要求，进一步加快全市社会信用体系建设工作的推进速度。

2. 召开社会信用体系建设领导小组工作会议，确定全市2010年信用建设工作任务，建立了工作协调机制。印发了《沈阳市2010年社会信用体系建设工作要点》和《沈阳市2010年社会信用体系建设工作任务分解表》。

3. 制订加快“信用沈阳”建设工作考核方案，促进社会信用建设。制定相关工作考核指标体系，社会信用体系建设工作已纳入全市目标考核指标体系。编制完成了《加快“信用沈阳”建设工作考核方案》，在征求相关部门意见的基础上，会同市金融办、资金办、信用中心成立了考核工作组，联合印发考核方案，对“信用沈阳”建设工作进行考核。

4. 加快全市信用信息平台建设，为信用信息征集和资源共享提供技术保障。沈阳市向辽宁省信用中心报送信用数据累计221万余条，报送诚信信息和失信信息累计2196条。“信用沈阳”大型门户网站已经全面开通，部分查询功能已经实现。

5. 优化发展环境工作力度加强。沈阳市政府关联类不良贷款共34笔，涉及6个类别，本息合计21.6亿元。2010年重点对政府借款、政府担保、政府平台类13笔不良贷款进行清理,本息合计5.8亿元。截至年底,已清理处置2.59亿元。

6.推行企业信用报告制度,强化企业信用建设。为做好在重点建设工程项目招标投标领域推行企业信用报告制度,沈阳市发改委向市建委等10个有招投标职能的部门、沈阳境内涉及辽宁省2010年重点项目的39家单位和业主转发了省里相关文件。通过调查,除在文件出台前已开工的33家外,未开工的6个省2010年重点项目都采用了信用报告。

7.开展信用立法及规范工作,保障社会信用体系建设。2010年12月1日,《沈阳市企业信用信息归集和使用管理办法》(沈阳市政府令第19号)以政府令的形式正式出台,为全市信用数据征集工作提供了法律依据。制订了《沈阳市企业信用数据规范》,并报省信用中心备案,明确了各部门上报数据项标准。与市档案局联合出台《沈阳市企业信用档案管理暂行办法》。

8.组织"沈阳市诚信企业"评定和"辽宁省诚信示范企业"申报工作,强化诚信示范企业建设。开展"沈阳市诚信企业"评定工作,评出"沈鼓"等65家沈阳市诚信企业,并进行了表彰。按照省发改委信用处的要求开展"辽宁省诚信示范企业"申报工作。向省信用办推荐了29家企业参加"辽宁省诚信示范企业"的评选,有14家企业被评为"辽宁省诚信示范企业",其中:7家企业被评为"东北四省诚信示范企业"。

9.开展社会信用体系制度建设试点,做好信用沈阳建设宣传工作。启动和平、沈河区信用建设试点工作,重点抓好政务诚信、商务诚信和诚信宣传教育等相关工作。和平区结合自身特点,在政务上开展窗口单位诚信公务员评比,在商业上打造"诚信太原街",在个人信用上从中小学校园普及诚信教育着手,利用LED大屏幕进行诚信和平公益广告宣传。2010年10月11日,和平区发改局与区教育局、团区委联合举办了"我做诚信人,共筑诚信和平"演讲比赛。沈河区则一方面在街道、社区开设诚信网站、印发诚信公约手册、开展调查问卷,另一方面立足南塔、五爱、中街三大商业圈,变商业市场为宣传阵地,加强信用建设宣传工作。信用处以领导小组办公室和市发改委名义与辽宁百和传媒合作,利用辽宁大戏院"辽沈一号"大屏幕进行信用沈阳建设公益广告宣传。

10.筹备组建沈阳市信用建设促进会,引导信用中介服务机构和相关企业自律管理。开展沈阳市信用建设促进会的调研和准备工作,制定了《沈阳市信用建设促进会章程》。创建信用工作简报和信用沈阳刊物,扩大"信用沈阳"建设工作影响力。通过向市委办公厅申请,获批以"信用工作简报"(沈简信临027号)形式通报工作情况。在沈阳经济信息刊物编发了2期"信用沈阳"专刊。

(尹　宏)

【招投标制度建设】　2010年,沈阳市发改委先后制订出台了《关于进一步加强项目审批时核准招标方案工作的通知》、《沈阳市评标专家抽取暂行规定》、《关于进一步加强我市招投标信息管理工作的通知》、《关于进一步加强招投标活动投诉处理工作有关问题的通知》、《关于进一步规范招投标进场交易活动有关问题的通知》等5份规范性文件,加上前期出台的1个政府规章,6份规范性文件,基本上解决了全市招投标法制不尽统一完备的问题,为全市搭建起了一个针对性强、可操作性大的招投标制度体系。

正式启用综合评标专家库。沈阳市发改委于2010年5月25日启用了综合评标专家库。全市所有招投标项目的评标专家均在专家库中产生,自专家库启用以来,共为1152个项目抽取确定评标专家5331人次。此外,新考核录用了280名专家,综合评标专家库内沈阳地区专家已突破2000名。

开展了招投标领域专项治理活动。印发了《工程建设领域突出问题中招投标活动专项治理工作方案》,集中力量对近两年使用政府及国有资金500万元以上的711个项目招投标情况进行了排查,共梳理出存在问题的项目293个,其中138个项目在限期内完成了整改。对整改没过关的155个项目,视情节轻重分别进行处理,对其中问题较轻的78个项目进行罚款,共罚没近4000万元;对问题较重的77个项目依据相关法律法规对责任人逐一提出了处理意见。

加强了信息披露工作。全年,沈阳市发改委发布招投标信息4819条,点击率101万人次。其中审核发布招标公告1604条,投标人浏览量突破44.9万人次,真正把招投标监管网打造成了阳光监管平台。

推进了分市场建设工作。指导沈北、铁西、张士、浑南建成了区域内分市场。明确了进入分市场的招投标范围、统一了信息发布要件和办理流程,并为各分市场设立了公告发布和专家抽取终端。同时,推进新民、辽中、法库和康平招投标分市场的建设。

进一步加大了监督指导工作力度。一是参与筹备召开了"沈阳市加强招投标工作会议"。二是强化了招投从业人员数据库建设,新增346名招投标从业人员的资料信息,并进行动态管理。三是规范了土地整理、原材料采购等特殊项目招标所需要件。四是明确了工业项目招投标活动监管部门,保证了以前没有招投标活动监管部门的工业项目能顺利进行。

(韩蕊繁)

【国家创新型城市创建】　经积极努力,2010年1月6日,国家发展和改革委员会下发了《关于推进国家创新型城市试点工作的通知》(发改高技[2010]30号),正式批复了《沈阳市创建国家创新型城市总体方案》,支持沈阳市开展创建国家创新型城市试点。一是起草并印发了《沈阳市建设国家创新型城市的意见》和《沈阳市创建国家创新型城市总体规划》。《规划》初稿形成后,起草小组进行了三次大的调整,十多次认真修改。征求了市科技局、市经信委等19个市直部门和3个开发区的意见,聘请了9位省、市专家,市人大、政协、市委政研室有关领导对《规划》进行了评审。在充分吸收各方面意见的基础上修改完善,形成了《规划》讨论稿。2010年6月18日和6月25日,沈阳市建设国家创新型城市的意见和总体规划分别经市政府第39次常务会议和市委十一届常委会第143次会议审议通过。二是市发改委、市科技局共同修改报送了《沈阳市建设国家创新型城市工作方案》,市政府办公厅已于2010年5月26日正式批复,并分别报国家发改委、科技部。三是成立沈阳市创建国家创新型城市工作领导小组，办公室分别设在发改委与科技局，负责推进全市国家创新型城市创建工作。四是于2010年9月15日正式召开“全市创建国家创新型城市动员大会”。沈鼓集团代表企业、东北大学代表高校和科研院所、铁西新区代表区、县（市）作了发言。

（郑春辉）

【新兴产业发展】 中央经济工作会议后，市委、市政府高度重视新兴产业发展工作，把培育和发展新兴产业作为推进产业结构优化升级、转变经济发展方式、实现沈阳老工业基地全面振兴的重大举措。一是明确了产业发展重点。按照国家和辽宁省培育和发展新兴产业的要求和部署，结合沈阳市原有产业优势，在广泛调研基础上，确定了先进装备制造、信息、生物医药、航空、新能源、新材料、节能环保7个产业作为沈阳市重点发展的新兴产业。二是起草印发了《沈阳市关于加快发展新兴产业的意见》。在广泛征求有关部门和专家意见基础上，经过反复修改，起草了《沈阳市关于加快发展新兴产业的意见》。三是开展了规划编制工作。编制完成《沈阳市新兴产业发展总体规划》和7个新兴产业专项规划。各区、县（市）地区新兴产业发展规划也基本编制完成。四是起草并印发了《沈阳市新兴产业发展专项资金管理办法》，并已会同经信委、环保局等部门完成了2010年沈阳市新兴产业发展专项资金项目的组织申报、项目初审、专家评审和资金拨付工作。根据《沈阳市加快发展新兴产业的意见》和《沈阳市新兴产业资金使用管理办法》要求，经公开申报、市直有关部门初审、专家评审、市新兴产业发展工作领导小组审定，会同财政局对重点项目进行认真调研、经市政府批准，确定了《2010年沈阳市新兴产业发展专项资金项目计划》。五是成立了沈阳市新兴产业工作领导小组。根据《沈阳市加快发展新兴产业的意见》，成立了沈阳市新兴产业发展工作领导小组，下设办公室，办公室设在市发改委，负责推进全市新兴产业发展工作。

（郑春辉）

【高技术服务业创新发展】 按照《国家发改委办公厅关于当前推进高技术服务业发展有关工作的通知》和《关于组织高技术服务业基地申报工作的通知》要求，沈阳市发改委组织开展相关工作，争取国家高技术服务产业基地获得国家批准。一是编制完成了《沈阳市推进高技术服务业工作方案》，于2010年7月27日上报国家发改委。二是建立了高技术服务业统计体系，开展了统计试点工作。三是起草了《沈阳市国家高技术服务产业基地申请报告》，并广泛征求市服务业委、经信委、统计局、科技局等部门意见，对申请报告进行修改完善，于2010年10月12日正式上报国家发改委。同日，国家发改委在北京组织召开了国家高技术服务产业基地专家评审会，《沈阳市国家高技术服务产业基地申请报告》获得评委一致认可与好评，顺利通过国家发改委答辩。

2010年11月2日，国家发改委下发了《国家发展改革委关于建设北京等15个国家高技术服务产业基地的通知》，正式批复沈阳建设国家高技术服务产业基地。并于2010年11月16日在深圳召开国家高技术服务产业基地授牌大会。

（郑春辉）

【经济体制改革】 2010年4月6日，国家正式批准沈阳经济区为国家新型工业化综合配套改革试验区，沈阳经济区的改革和发展正式上升为国家战略。从试验区申报的初期谋划、确定选题、整理申报、沟通衔接到最后获批，沈阳市发改委主导或配合国家、省发改委作了大量工作，并按照要求，及时提供各类背景材料，主动配合省发改委做好与申报工作相关的如申报材料调研、起草、汇总、整理等相关工作。

在经济区内率先开展全市综改试验。一是形成了《沈阳市新型工业化综合配套改革方案》，几经修改，初步明确了沈阳市综改试的十大体制机制创新任务。二是组织市直相关部门和相关区县编制国家新型工业化综合配套改革专项方案。三是做好改革试验的政策性衔接，与已获批的综改区进行沟通，形成全国经济体制综合配套改革试验区优惠政策汇总材料并报至省发改委。四是在综改区获批后，筹备全市综改试验启动动员大会，起草了省、市领导讲话材料及会议相关材料。五是多次召开了全市推进综改试验工作会议，起草了会议上市领导讲话材料及相关会议方案。2010年12月11日，沈阳市在京召开《沈阳市国家新型工业化综合配套改革试验方案》专家论证会。六是按照省委王珉书记的批示要求，推进全市各地区、各部门学习沈北经验，探索出对本地区、本部门改革发展更具针对性、操作性和实效性的新体制、新机制。

推进全市的改革试点。一是初步明确开展“一区四项”专项改革试验。选择沈北新区作为沈阳市国家新型工业化综合配套改革先导示范区，先行先试。市发改委申请将沈北新区列为沈阳经济区综改试验的先导示范区，省发改委已经原则同意。同时，拟在铁西新区开展生产服务业专项改革试验；在金融商贸区开展生态金融专项改革试验；在大浑南地区开展工业化、信息化融合专项试验；在辽中县开展现代综合保税物流创新专项试验。二是大力培育和筛选基础好、优势突出、发展潜力大的其他区域，开展适合当地特点的专项改革试验，为尽快全面铺开综合配套改革创造条件。三是配合省发改委在沈北新区召开了全省综改试验“一市一点”经验交流会。四是指导沈阳金融商贸开发区组织编制了《创建国家优化金融生态综合实验方案》；指导沈北新区编制了《沈北新区国家新型工业化综合配套改革先导试验区试验方案》。

积极营造全市综改试验浓厚氛围。一是积极参与省政府、省发改委组织的各项宣传工作，先后参加了省政府组织的新闻发布会、推进体制机制创新经验交流会等宣传会议。二是通过媒体、会议等多种形式营造有利于综改试验的舆论氛围。如参加市委举办的以“新型工业化综合配套改革”为主题的学习活动，学习国家发改委体改司孔泾源司长题为《新型工业化：改革试验与制度创新》的发言。参加市委举办的“新型工业化综合配套改革报告会”。三是先后接受了中央电视台、辽宁电视台、沈阳电视台、中国改革报、沈阳日报等多家主流媒体的访问和报道，并为其提供尽可能详尽的采访稿件和报道素材。四是充分利用各种载体，在全市为开展综改试验进行宣传和动员。通过全市改革工作联席会和区县发改局长联席会宣传沈阳市综改试验情况，动员各区县积极开展专项改革试验，并加大宣传工作力度。沈阳金融商贸开发区等区县的综改试验情况业已见诸报端，反响良好。市发改委还多次以《要情专报》形式，及时准确地向市委、市政府主要领导汇报其他试验区综改动态及全市综改试验情况。五是落实传达国家、省发改委召开的全国、省综合配套改革试验工作会议精神。

配合国家发改委和相关部委做好调研工作。沈阳市发改委先后接待了国家住建部、中国经济体制改革研究会、国家发改委经济体制与管理研究所、中国改革发展研究中心、国务院发展研究中心等五个单位来沈调研，并分别就课题组提出的座谈提纲，先后八次组织市直相关部门和委内相关处室召开预备会和座谈会，并向课题组提供了近三十万字的汇报材料。此间，配合国家发改委体管所在全市三个区的33个社区进行社会调查。

完成了辽宁省总体方案的意见征求工作。2010年8月上旬，省发改委就《省总体方案》向沈阳经济区各市政府征求意见，市发改委梳理、汇总了市政府副市级以上领导和市直相关部门、区县的意见，经归纳并经市政府同意后，向省发改委反馈了39项修改建议和19项恳请省政府通过省部协议争取的政策建议。经反复沟通衔接，沈阳市提出的建议已全部被省发改委纳入近期拟与国家发改委衔接的《省总体方案》。

（王　智）

【农村经济发展改革】 2010年，全市农村广大干部群众深入贯彻落实科学发展观，积极应对复杂经济环境，克服了极端气候条件影响，全力推进农村工业化、农业产业化、农村城镇化，农业农村经济实现了持续健康快速发展。

农村经济发展增势强劲。2010年，全市以“双五千亿”为奋斗目标，以项目建设为重点，抓项目带投入，全力推进“三化”进程，农村发展潜力得到释放，各项经济指标高速增长，支撑了全市经济快速发展。县域地区生产总值、固定资产投资、地方财政一般预算收入分别实现2157亿元、2497亿元、150亿元，分别增长23.9%、42.5%、31.5%；农民人均纯收入突破万元，达到10005元，增长14.3%。

现代农业建设成效显著。2010年，完成农作物播种面积68.33万公顷，粮食总产量达325万吨，连续七年超过300万吨。新增设施农业、高效特色农业、中低产田改造面积分别达1.56万公顷、1.4万公顷、2.41万公顷，分别完成计划的234%、100%、120%；新建标准化畜牧小区350个，新开工投资500万元以上农业产业化项目120个，分别完成计划的100%和103%。全市“一乡一业”专业乡镇达到36个。全年肉、蛋、奶产量分别达84万吨、61万吨、40万吨，分别增长5.4%、6%、5.8%；畜牧业产值实现220亿元，增长5.7%，占农业总产值比重达到54.5%。

农业条件改善效果明显。2010年，争取国家和辽宁省农业基础设施建设投资2.4亿元；发放农机补贴1.08亿元，拉动农民购置农机具资金3亿元，农机总动力达295万千瓦，主要农机化水平达74%；新建水稻全程机械化示范村10个，累计建成水稻、玉米全程机械化示范村80个；完成浑蒲、八一灌区续建配套和节水改造及14个灌溉、治涝工程，完成667公顷优质水稻生产节水改造主体工程；完成人工造林面积3.06万公顷；建设户用沼气1.13万处，为改善农村生产生活条件奠定了基础。

农村改革继续深入。全市以构建新型农业社会化服务体系为契机，加快推进市、县(区、市)、乡(镇)三级农村土地承包仲裁机构建设，农村土地流转进一步规范。农民专业合作社发展到2111家，比上年增加202家，带动农户25.6万户。建设乡级区域推广站49个，新型基层农业技术推广机构实现了全域覆盖。集体林权配套改革进一步完善，完成林改面积16.33万公顷，确权率达99.1%，林权发证率达98.7%。

（赵梓淇）

【企业债券融资】 2010年，沈阳市制定印发了《关于加快全市企业债券融资工作的指导意见》，对债券融资项目储备、申报、管理等进行了规范。组织上海证券交易所、国信证券及鹏元资信三家大型中介机构的专家来沈举办了全市企业债券融资业务指导培训会。对沈北新区二期15亿元城投债券以及达锐公司10亿元产业债券进行初审，并上报辽宁省发改委。两支债券已上报国家发改委待批。完成了沈北新区债券发行工作调研，形成了《沈北新区成功发行企业债券的启示和加快全市债券融资的对策建议》，并以《要情专报》和《调研与建议》的形式，上报市委、市政府主要领导。制订了《关于开展中小企业集合债券融资工作的建议》、《市发改委和市中小企业局共同开展中小企业集合债券融资工作方案》，并与市中小企业局组成工作推进小组。

召开沈阳市第一期中小企业集合债项目初审会，对筛选出的首批6家符合发债条件的企业进行初审，拟发债金额7.47亿元。国信证券、鹏元资信评级机构及6家拟发债企业领导及财务负责人参会。向省发改委上报了沈阳市参与省集合债发行的沈阳华利能源设备制造有限公司通过了省里初审，拟申请发债金额8000万元。

（周　倩）

【产业投资基金】 2010年，沈阳市开展了基金设立框架方案的编制和调整等推动工作。开展了环保产业投资基金设立前期推进，召开了由市相关部门参加的工作协调会，形成了《关于设立沈阳市环保产业投资基金工作情况的汇报》，并将开展沈阳市环保产业投资基金工作纳入沈阳经济区工业化综合配套改革方案中，上报国家待批。

开展了装备制造产业投资基金筹建相关协调工作，多次向市政府提报有关沈阳达锐公司参与基金筹建有关事项的请示报告，多次赴京协调推动沈阳市参与基金筹建相关问题的解决落实。共向市政府上报8篇请示及工作建议，通过积极推动，市政府已同意向基金管理公司出资注册资本金800万元和向基金管理公司出资2亿元，列入市工业发展专项资金计划统一安排。

会同市金融办及沈河区政府依法依规提出沈阳市引进省大型产业投资基金落户沈阳的扶持政策，形成《关于鼓励大型产业投资基金落户我市支持政策制定情况的工作汇报》，报市政府审定。

开展了与中科招商集团在沈投资业务商洽，向市政府提报了《沈阳与中科招商投资合作的工作建议》。形成了《关于中科招商建立中科盛京基金股权投资基金运营管理架构的意见》和《关于我市与中科招商投资合作的有关问题及工作建议》上报市政府，供市领导决策参考。

开展沈阳市创业投资引导基金前期调研和推进工作,形成《关于设立我市创业投资引导基金的工作建议》、《沈阳市创业投资引导基金组建方案》、《沈阳市创业投资引导基金管理办法(草案)》。

按照《关于征求〈沈阳经济区新型工业化产业投资基金实施方案〉意见的函》要求,就沈阳市在基金中出资问题提出建议,供市政府决策参考。

(周 倩)

【融资项目储备及对接】 2010年,沈阳市多渠道开展企业债券项目申报工作,形成首批23个发债项目储备,资金需求28.3亿元。开展了装备制造产业投资基金项目筛选工作,共选定了38个项目,拟申请基金总额94.67亿元。组织提报和汇总全市拟申请金融机构重点贷款项目29个,其中11个项目获得银行贷款支持,共解决贷款8.12亿元。完成了第三届沈阳金融服务交易会30个重大项目(企业)参展组织和协调工作,并参加了专题平行会议,与参会金融机构及企业进行了交流与对接。做好辽宁省股权投资基金投资项目推介会8个重大项目参会组织和协调工作。组织协调8个重大项目参加对接会,资金需求57.5亿元人民币。与华登国际风险投资机构进行了投资业务洽谈,选择了沈阳西东控制技术有限公司及沈阳国际软件园有限公司进行参观考察与项目合作洽谈。

(周 倩)

【项目审批服务】 全力搞好工程建设领域突出问题专项检查工作。一是完成了210项使用国有资金5000万元以上项目的专项检查工作。对首批210个使用国有资金5000万元以上项目进行重点检查,对照国家产业政策及省市有关规定,认真疏理查找出75个项目存在的问题。二是协调完成了市专项检查办公室确定的70个重点整改项目资金来源确认工作。配合委专项检查办公室及相关处室,对70个项目的资金构成情况进行了逐一排查认定,为市专项检查办公室下一步开展重点项目整改工作提供了重要依据。三是完成了对全市总投资3000万元以上非政府投资项目的初步排查工作。此次检查项目共793项,经审批办初步检查,共有203个项目在立项审批方面存在问题,共占项目总数的25.6%。四是完成了对288个企业投资3000万元以上漏报项目的摸底工作。在区县(市)、开发区发改部门的积极配合下,初步摸清了288个项目的基本情况。五是配合市专项检查组开展了新开工的政府投资和使用国有资金500万以上、非政府投资和未使用国有资金3000万以上项目的专项检查工作。

建立全市发展改革系统项目审批信息库。印发了《关于进一步加强沈阳市固定资产投资项目审批(核准、备案)信息管理工作的通知》,建立了全市发展改革系统审批信息管理工作体系,明确了管理内容和工作目标,从2010年7月份开始项目审批信息库正式运行。截至2010年10月底,全市发展改革系统共审批、核准、备案项目2028件,总投资1586亿元。

不断提高审批服务水平。2010年,围绕落实"双5000亿"目标,审批工作任务也不断加大。一是打破承诺办结时限。对市政府关注的重大项目及城市绿化、街道改造、开行贷款、金廊建设等重点项目,符合审批条件的,不受承诺办结时限限制,即时予以办结。二是现场调研推进重点项目实施。先后到华府天地、金融开发区世贸广场、沈河区人防工程、嘉濠商厦等5个项目现场进行调研,协调解决项目遗留问题,帮助项目单位提出解决问题的具体办法,并积极争取省发改委的支持,促进了项目的顺利实施。三是坚持周六、周日值班制度。现场接受咨询和办理事项预约,对符合审批条件的予以即时办结。四是落实"五个保证"。保证轮岗不空岗,保证审批和各项工作不出现延误和遗漏,保证符合条件的即时受理,保证审批程序规范有序,保证窗口服务热情周到。截至2010年12月15日,审批办共出具各类审批文件(含工作函)791件,其中:审批项目269件,核准项目160件,备案项目22件,出具各类工作函340件。此外,发出项目会审通知311件。项日总投资约1438亿元。受理项目咨询1430余人次。项目规定时限内办结率100%,项目单位满意率100%。

(张志军)

【服务业发展】 2010年,沈阳市优化产业布局,加大政策扶持,加快项目建设,全市服务业呈现出平稳快速发展的良好态势。

一、服务业保持较快增长,为全市经济发展提供有力支撑

2010年,全市服务业增加值实现2242.2亿元,同比增长13.2%,占全市地区生产总值的比重为44.7%,对全市经济的贡献率为43.2%,拉动经济增长6.1个百分点;完成固定资产投资2975.3亿元,同比增长36.8%,占全社会固定资产投资总额的59.4%。社会消费品零售总额实现2065.9亿元,同比增长18.5%。全市服务业实际利用外资37.5亿美元,占全市实际利用外资总额的74.3%;服务业实现地方级税收收入248.4亿元,同比增长23.8%,占全市地方级税收总收入的67.5%。

二、服务业重大项目进展顺利,拉动投资作用强劲

服务业重大项目建设取得新进展,全市97个服务业重点项目投资总额3737.2亿元,当年完成投资532亿元,分别占全市246个重点项目投资总额和当年完成投资的60.4%和47.4%。其中:续建项目54个,投资总额2253.7亿元,当年完成投资231.6亿元;新开工项目43个,投资总额1483.5亿元,当年完成投资300.4亿元。泗水科技城基础设施基本完成。沈阳国际展览中心、皇城恒隆广场、东北文化传媒广场、中兴大厦三期等一批项目竣工投入使用。东北总部基地、华强文化产业园、华润万象城、新世界会展中心等一批重大服务业项目加快建设。

三、现代服务业加快发展,区域中心城市地位显著提升

1.区域金融中心建设步伐加快。金融四大体系(金融机构体系、金融资本体系、金融服务体系、金融监管体系)不断完善,新增金融机构6家、小额贷款及融资担保机构25家,上市企业6家,沈阳市已成为跨境贸易人民币结算试点城市。截至12月末,全市金融机构本外币存款余额8254.2亿元,比上年同期增长21.2%;贷款余额6068.4亿元,比上年同期增长17.4%。沈阳文化知识产权交易所正式挂牌,北京黄金交易中心在沈设立分支机构,天津渤海商品交易所东北交易中心项目平稳推进。

2.东北地区物流中心城市地位突

出。全市交通运输、仓储及邮政业增加值实现230.8亿元,同比增长11.8%;货运总量实现1.74亿吨,同比增长14.4%。沈阳市已形成具有规模的物流产业集聚区7个、初具规模物流产业集聚区4个、物流中心及配送中心50余个、规模以上物流企业近百家,被评为“全国流通领域现代物流示范城市”。

3.中国北方商务会展中心建设步伐加快。沈阳国际展览中心投入使用,提升了会展基础设施水平。全年成功举办了“制博会”、“医博会”、“农博会”、“珠宝展”、“食博会”等各类会展活动227项,同比增长16.4%;展览面积165万平方米,同比增长26%;实现会展经济交易额1600亿元,同比增长27%。

4.国家软件服务外包基地城市地位初步确立。2010年,全市软件业销售收入430亿元,增长30.3%;新认定软件企业29家,同比增长52.6%;新登记产品160件,同比增长86.1%。沈阳成为首批“国家信息技术服务标准验证与应用试点城市”。东软、先锋、东大自动化、天久、新松机器人5家企业入选“2010年中国软件业务收入前百家企业”。

5.东北地区文化旅游中心加速推进。全年接待国内外旅游者5716.6万人次,增长7.1%;旅游总收入528亿元人民币,同比增长16.6%;组织开展各类群众文化活动超过两万场,放映农村公益电影两万场。沈阳华强文化科技产业基地一期工程开工建设,浑南动漫产业基地全年实现产值13亿元。沈阳电影有限公司与世界500强企业韩国乐天集团签署战略合作协议,成为沈阳市国有文化企业进军国际市场的成功典范。大型现代评剧《我那呼兰河》获得国家舞台艺术最高奖。

6.中国北方生态宜居城市吸引力不断增强。房地产业增加值实现210.2亿元,同比增长7%;房地产开发投资完成1567.7亿元,同比增长31.9%;城镇住宅投资完成1076.4亿元,同比增长32.8%。全年房屋施工面积达到8858.7万平方米,同比增长29.4%,其中新开工面积3662.6万平方米,同比增长49.4%;商品房销售面积1746.5万平方米,同比增长13.9%;商品房销售额达到945亿元,同比增长38.1%。

7.铁西区建设生产性服务业集聚发展示范区列入国家试点。2010年,按照国家发改委《关于开展服务业综合改革试点工作的通知》精神,沈阳市积极开展试点组织申报工作,通过不懈努力争取,铁西区建设的生产性服务业集聚发展示范区最终通过国家发改委组织的答辩和专家评审,被国家正式确定为国家服务业综合改革试点区域。

四、生活服务业稳步推进,切实保障和改善民生

1.社区商业中心建设成效显著。全市社区商业服务中心发展到187个,其中国家级社区商业示范社区5个,省级示范社区11个,形成了沿街式、组团式、会所式多种业态并行发展模式;全市社区商业网点达到1.42万个,网点总面积149万平方米,服务人口302万人,从业人员7.26万人。

2.早餐工程稳步推进。全市早餐网点已发展到4300个,占餐饮网点总数的20.48%,服务人口100余万人;冬冬食品、西咪和双益食品3家早餐工程试点企业总经营面积已达2.7万平方米,日生产能力50吨,早餐连锁网点222个,经营品种35种以上。

3.家政业健康有序发展。成功举办首届家政技能大赛,家政服务网络中心正式开通,1300名家政服务人员通过培训实现就业。全市家庭服务业企业已达1860家,从业人员7万多人。

(冶桂春　李柯佳)

【社会事业】 围绕深化医药体制改革,各项医疗卫生事业快速发展。全市范围初步建立了国家基本药物制度,基层医疗卫生体制综合配套改革全面开展,基本医疗保障制度逐步完善,医疗卫生投入不断增加,基础设施建设得到改善,百姓真正从医改中得到实惠。225种药物比制度实行前销售价格下降3%-92%,平均下降15%左右。医疗保险覆盖全市662万城镇人口,占全市户籍人口的92.4%。新农合补助标准从130元提高到135元,人均筹资标准达到165元。城市居民医保补助标准从85元提高到145元。新农合住院报销封顶线5.5万元,达到农民人均纯收入的6倍。全市有9所中心乡镇卫生院、5所社区卫生服务中心及新民市医院等基层医疗卫生服务设施竣工投入使用。骨科医院、妇婴医院、儿童医院一期工程、一院、沈洲医院、精神卫生中心及3个县医院、4所社区卫生服务中心建设项目进展顺利。其中骨科医院、妇婴医院、儿童医院一期工程、精神卫生中心基本完工。

就业状况稳定,城镇登记失业率控制在合理水平。2010年,全市城镇登记失业率控制在3.1%,实名制就业25万人,农村劳动力转移输出6.9万人,援助就业困难群体就业2.7万人。零就业家庭保持动态为“零”,返回生源地的离校未就业毕业生当年总体就业率不低于95%,有就业愿望的登记失业困难家庭高校毕业生年底总体就业率100%。提供“千企万岗”见习岗位3600个,岗位有效率不低于75%。共培训城镇劳动力4.22万人,培训城镇农村富余劳动力3.92万人;创业培训3725人,共扶持创业带头人2.1万人,带动就业1.3万人,小额担保贷款发放8057万元。高级专业技术人才知识更新工程培训9000人。

各类教育稳步发展,学校间差距逐步缩小。一是200所接收农民工子女学校综合改造顺利实施,新建塑胶操场近60块,维修改造校舍258栋,建设专用教室200间,完成713间教室“班班通”建设,培训校长300名、骨干教师600名。二是选取优质学校以提供管理服务的形式对薄弱学校实行委托管理试点,开展农村教师与师范学生置换顶岗实习,并选派了10名城区优秀的校长到农村学校任职。三是按照《沈阳市普通高级中学基础设施标准化改造建设规划》进度安排,适时启动了第二十、第十七、第十六中学等10所普通高中的改造工程。四是借助国家装备制造业职业教育沈阳试验区挂牌、全国中等职业教育信息化教学技能大赛及中国职业教育与装备制造业创新发展高峰论坛等有利契机,全市城市职校和农村职校的教育质量有了显著提高。

文化事业和文化产业全面发展。一是艺术精品化工程实现了新跨越,大型现代评剧《我那呼兰河》夺取国家舞台艺术最高奖——文华大奖,取得了建国以来沈阳市戏剧艺术的最大突破。全年创排、复排各类剧(节)目20余部,演出超千场。二是群众文化工作取得了新突破,全年组织开展各类群众文化活动超过2万场,参加活动的群众超过1500万

人次,放映农村公益电影2万场。三是文化信息资源共享工程建设取得新进展,有效整合了城乡有线电视网络资源,加快了农村广播电视系统基础设施改建步伐,城乡广播电视节目覆盖率达到100%,"48433"台文化信息资源共享系统安装到区县(市)的农户代表家中。四是文化产业园区建设又有新发展,沈北新区华强文化科技产业基地一期工程已经启动,棋盘山国家文化产业示范区的典型示范作用日益凸显;新民胡台包装印刷基地招商引资项目进展顺利,全年产值将突破10亿元;浑南动漫产业基地新引进动漫企业8家,全年实现产值13亿元;沈阳电影有限公司与世界500强企业韩国乐天集团签署了战略合作协议,实现了沈阳市国有文化企业进军国际市场。

社会福利事业快速发展,社会救助平稳运行。区域养老中心工程建设全面展开,市养老院(一期)、和平区养老服务中心、大东区德济老年关爱中心及铁西区养老中心4个养老机构建设全面启动,将新增养老床位5564张;增建100个社区养老日间照料站,使全市40%的社区拥有养老日间照料站;向全市16.36万户城乡低保户、农村五保户等共发放"两节"临时救济资金6303万元;对2009年符合进一步医疗救助的城市贫困群体2698人实施救助,救助资金达403万元;再次提高农村低保、五保供养标准,保障农村贫困群众的基本生活。

社会保障覆盖面进一步扩大,保障水平逐步提高。全市企业养老保险参保达189.6万人,职工医疗保险参保333.5万人,失业保险参保达125万人,工伤保险参保人数为164.3万人,生育保险参保人数达255万人。启动新农保试点,康平县3.3万名符合条件的农民全部领到了养老金。出台了《沈阳市宗教教职人员参加城镇从业人员养老保险医疗保险实施办法的通知》、《沈阳市建设工程社会保险费管理办法》,完善了有关政策。企业退休人员基本养老金标准提高到人均1060元。新型农村合作医疗参合农民238.1万人,参合率达到常住人口的99.4%,人均筹资165元以上,最高达到190元。

(*李　斌*)

【重点领域节能减排】 按照沈阳市发改委"三定方案",环资处于2010年3月筹建,围绕节能减排综合协调、循环经济发展促进、资源综合利用、清洁生产发展和应对气候变化发展低碳经济等几个方面开展工作。

1.工作主要目标及指标完成情况。截至2010年底,全市万元GDP耗能0.866吨标准煤,比2005年累计降低26.7%,高于"十一五"降耗目标6.7个百分点;化学需氧量和二氧化硫减排率分别达到26.6%和15.4%,分别高于"十一五"减排目标10.3个和0.4个百分点,沈阳市的"十一五"节能减排目标均已超额完成任务。

2.完善节能减排工作体系。沈阳市成立了以市长为组长36个部门组成的市应对气候变化及节能减排工作领导小组,形成了领导小组办公室设在发改委,负责综合协调,节能办设在市经信委,负责节能日常工作,减排办设在市环保局,负责减排日常工作,建筑节能办设在市建委,负责建筑节能日常工作的格局。

3.强化目标责任。制定并实施了《沈阳市2010年节能减排实施意见》及《沈阳市2010年节能减排工作任务分解表》,确立了年度节能减排目标和重点工程,于10月19日向全市下发了《关于开展沈阳市节能减排百日攻坚活动的通知》和《2010年沈阳市节能减排百日攻坚任务分解表》,并向各区县(市)政府、开发区管委会主要领导下发了《沈阳市2010年节能减排目标责任书》,将节能减排百日攻坚的各项指标和工程任务下达到各市直部门、各区级政府及相关企业单位,并将全市节能减排任务纳入了绩效考核体系,对单位(部门)行政一把手实行"一票否决"制。

4.建立健全法律法规体系。先后开展了《沈阳市节约能源条例》、《沈阳市水污染防治条例》、《沈阳市机动车尾气污染防治条例》的修订草案起草、调研和研讨等工作,并已经市人大审议并颁布实施,给市政府起草《关于推进沈阳市垃圾焚烧发电项目前期工作的建议》。同时,着手研究制定餐厨废弃物管理办法,通过完善的政策法规体系积极申报争取国家开展城市餐厨废弃物资源化利用和无害化处理试点。

5.开展重大项目策划。围绕节能减排、资源综合利用及循环经济等发挥主观能动性,共策划了沈阳辽中县综合治理与生物质热电工程、辽宁沈阳低碳经济产业城项目等7个重大项目,总规模达70亿元(三项为在原地区处策划)。会同市统计局、市生态所等有关部门开展合作,启动了《沈阳市循环经济发展对策研究》等重大调研课题,并初步开展了循环经济统计、评价、考核体系研究等课题,为"十二五"规划奠定了基础。

6.推动重点领域节能减排工作。组织各区、县(市)和有关单位上报项目,并进行审查和筛选,完成了2011年中央预算内投资重点节能和城镇污水垃圾处理设施建设备选项目共10个项目的申报工作。完成了沈阳市近海经济区污水处理厂初步设计、沈阳市餐厨垃圾处理厂建设工程项目可研、沈阳市大辛生活垃圾卫生填埋场侧坡防渗建设工程项目建议书、沈阳市蒲河流域水环境综合整治工程可行性研究报告(代项目建议书)、沈阳市满堂河流域污水截流工程项目建议书、沈阳市生活垃圾分类收集与资源化处理设施建设工程项目建议书的批复。根据市建筑领域突出问题专项治理办公室要求,排查2008年以来环保和生态建设项目、赴项目单位进行调研、检查。向国家推荐重大节能技术9项,力争进入《国家重点节能技术推广目录(第三批)》。申报LED全国示范项目1项。向辽宁省发改委、科技厅推荐节能减排技术20余项。

7.深入开展节能减排全民行动。组织实施了"辽宁省暨沈阳市2010年节能宣传周"活动,在辽宁大厦成功举办了启动仪式。通过以宣传活动为载体,采取多种形式,大力宣传国家和省、市节能降耗、建设节约型社会的法律法规和方针政策,传播节能、环保、低碳技术和知识,交流节能减排工作经验,开展"节能五进"活动,表彰节能减排先进单位、集体和个人。

8.促进循环经济发展。会同市财政局共同申请了沈阳近海经济区为国家城市矿产示范基地。会同市城建局、环保局、农委共同申报了沈阳市为全国城市餐厨废弃物资源化利用和无害化处理试点城市。通过对辽中近海经济区、法库陶瓷工业园、大东欧盟工业园、沈北新区等产业基地循环经济发展情况深入调研,对存在的问题和遇到的困难进行认真剖析，形成了《沈阳市循环经济2009年工作总结及2010年工作安排》上报省发改委，为下一步制定出台《沈阳市循环经济发展实施意见》打下了良好基础。

9.做好节能减排、环境保护和生态建设形势分析。对全市节能减排计划执行情况进行检查、跟踪，按季分析全市环境保护和生态建设及节能减排情况，提出下一步工作重点。起草完成2010年白皮书环境保护和生态建设部分。按月调度沈阳市中央预算内投资的污水、垃圾和管网项目，及时协调解决项目建设中遇到的问题。

（孟爱华）

【综合交通体系建设】 一、积极推进铁路项目建设

1.扎实开展前期工作。为促进项目前期工作尽快开展，沈阳市发改委积极与省和铁路有关部门沟通、对接，赴现场踏勘20余次，组织召开协调会10余次，参加铁路部门组织的论证会27次，向省、市政府和有关领导形成书面汇报近百次。在市发改委的积极推动下，哈大客运专线正在有序建设中；沈阳枢纽配套工程可研已通过省部联合批复；京沈客运专线项目建议书已获得国家发改委批复，可研正在审查中；沈丹客运专线项目初设已获得国家发改委批复；沈西工业走廊出海铁路项目、沈阳南站项目可研已获得省部联合批复；东北环线铁路增建二线工程项目、锦州至阜新至高台山铁路项目可研正由铁道部组织审查；沈阳至彰武城际铁路项目建议书已获得国家发改委批复，可研正在审查中；沈铁城际铁路、沈阳经法库至康平铁路、沈阳至辽阳至鞍山城际铁路、沈阳至本溪城际铁路等项目列入省部会议纪要；沈阳至新民城际铁路、沈阳至辽中城际铁路、新沈阳北站工程前期工作有序开展。

2.积极参与项目设计。一是哈大客专沈阳站配套工程项目，铁路部门提出工程项目可研中明确需沈阳市承担的投资额度为2.58亿元，市发改委从减少出资角度出发，多次与沈阳铁路局沟通协商，最终确定沈阳站改造工程沈阳市承担的附属工程投资规模为2.24亿元，总计调减约3444万元。二是高台山至阜新至锦州铁路扩能改造工程，高台山站预留铁路专用线接轨条件问题。高台山车站以南为新民市经济技术开发区，已有如林浆纸等56家大型企业落户，为满足企业生产运输需求，市发改委会同新民市政府提出在高台山站预留铁路专用线接轨条件的意见，委托具有相应资质单位开展开发区内铁路专用线规划编制工作，力争在项目初步设计阶段前落实铁路专用线接轨条件。提出在规划道路与铁路交叉处预留建设公铁立交桥条件的意见，为沈阳市争取更大的利益。三是京哈直通线（京沈客专与哈大客专联络线）工程。为使项目设计方案更好地符合沈阳市城市总体规划，利于地方经济发展，市发改委积极与铁路部门沟通，经不懈努力，最终争取到铁道部同意按照沈阳市意见将项目方案调整为：沿于虎联络线北侧7公里东行，经由道义和财落镇之间通过，并在101国道东侧设立新沈阳北站，线路向东与哈大客专接轨。

3.争取优惠政策，减少投资规模。一是与省和铁路部门协调，将沈阳南站列入了辽宁省和铁道部会议纪要。在工程设计方面，与铁道部沟通协调，确定将原方案中定为由沈阳市出资的站房中高架车道、落客平台、地下通廊、出租车道等市政相关设施5.63万平方米，改由铁路部门出资，为沈阳市节省投资约8亿元。项目可行性研究报告已获辽宁省和交通部联合批复。二是争取铁路项目纳入国铁建设计划专报内容。沈铁城际铁路，原计划由沈阳和铁岭两市出资建设，沈阳市需出资50亿元。经征求市政府意见，与铁道部积极争取，已将此项目列入省部会议纪要，由铁路部门与地方各出资50%，为沈阳市节省出资25亿元，解决了线路运营资金问题。

二、加快推进普通公路基础设施建设

2010年，履行基本建设程序的普通公路项目共15项，建设里程452.62公里，项目总投资58.81亿元。

1.超常规完成市级项目立项审批工作。按照市政府工作部署，简化办事程序，提高工作效率，为申请银行贷款，为落实建设资金奠定了坚实基础。市级审批的项目中沈阜开发大道（一期）、沈彰开发大道（一期）、蒲河流域道路工程、城市主次干道、城市危桥改造等项目已经建成通车，苏铁开发大道、沈铁二号公路、长青街出口路、金钱松路、明沈线出口路、城市路口渠化、老虎冲垃圾场进场路等项目前期工作正在推进。

2.完成省级项目立项审批工作。2010年，全市需省级立项审批的公路建设项目有三项，为加速推进项目前期工作，市发改委协调项目单位编制完成了项目建议书及工程可研，完善了审批要件。同时，积极与省发改委沟通，推进完成项目立项审批程序，沈本公路项目获省发改委初设批复，四环快速路项目建议书已获省发改委批复。沈本公路下深沟至桃仙机场段已建成通车，三环高速公路改扩建工程已经开工，四环快速路工程前期工作正在紧张推进中。

3.严把项目前期工作审查关。市发改委对一批建设意义不明确、建设资金未落实的项目进行了否决；对部分线路走向不科学、建筑设计不合理的项目方案进行了优化；对个别投资虚高、存在重复投资的项目预算进行了削减。从全方面为市政府严格控制前期工作审查环节，促进项目建设更加科学、可持续化。

三、推进地铁项目建设

1.创新工作思路，加快完成项目报批工作。为推进地铁一、二号线延伸线项目前期工作，经与省发改委沟通，创新工作思路，变通常规方式，将地铁延伸线项目作为城际铁路工程上报审批，由此解决了国家对地铁项目审批程序繁琐、流程过长的问题，提高了工作效率。地铁一号线东延线和地铁二号线南延线项目可研已获得批复。

2.结合全市发展规划，优先推进重点线路前期工作。为促进沈阳市轨道交通快速发展，尤其是解决未来城市中心区-浑南新城的交通问题，重点推进了地铁四、九、十号线的前期工作，建设规划已通过中资公司审查。三条线路将在“十二五”期间陆续开工建设。

四、积极推进高速公路和机场建设

一是协调省相关部门推动三环绕城高速公路改造工程项目。参与项目设计，并代表全市提出相关建设和意见，积极协调各区落实拆动迁资金，协助各区出具前期工作及拆迁相关要件等，三环绕城高速改造工程已正式开工建设。二是配合民航部门，启动了桃仙机场T3航站楼改造项目。积极协调省发改委，代表市政府提出出资意见，在全部75亿元

的投资中，沈阳市仅出资10亿元。

五、做好交通战备和信息动员工作

一是调整了沈阳市"国防交通运输保障大队"的构成，完善了工作制度，落实了集结方式、集结地点和联络方式。二是调整了市国防交通路桥保障大队的人员及施工机械构成，明确了抢修任务及工作程序。三是完成了2010年度春季战备钢梁的维护保养工作。四是完成了沈阳军区秋季演习的战时保障任务。五是协助沈阳军区筹建"交通战备干部培训基地"，保障了筹建工作顺利进展。六是通过调研，立足沈阳地区实际，编制完成了中国联通、中国移动、中国电信三大运营商的信息保障预案，确保遇有突发情况能够从容应对，为政府及军事指挥机关提供准确、安全的信息保障。

六、科学策划重大交通建设项目

一是积极策划重大交通建设项目。2010年，市发改委策划交通基础设施重大项目5项，其中：东北动车组检修基地建设项目，铁路部门已同意将此项目落户沈阳，现可研已批复；沈阳经法库至康平铁路项目，得到了市政府、省政府的重视和支持，项目已经列入省部建设协议；沈阳至辽中城际铁路项目得到市政府的的高度重视，并列入市政府重点建设项目，已开展前期工作；沈北通航产业基地正式命名为沈北新区航宇产业园，已经完成了规划纲要的编制工作并正式选址于沈北新区，已有多家企业入园；沈北国际家居博览园项目正式落户沈北，项目前期工作基本结束，正在办理土地摘牌等相关手续。二是完成《沈阳市综合交通发展"十二五"规划》的编制工作。市发改委先后启动了"十二五"规划思路和沈阳市城际轨道交通发展的专项研究，经过深入调研和细致工作，《沈阳市综合交通发展"十二五"规划思路研究》和《沈阳市城际轨道交通发展研究报告》已经顺利完成，两份调研课题认真总结了沈阳市近年来交通工作取得的成就，并提出了对未来沈阳市综合交通运输发展工作的合理化建议，编制完成了《沈阳市综合交通发展"十二五"规划》。

（汤玉新）

【金融合作协调】 2010年3月，经市编办批准，沈阳市开发性金融合作协调办公室成立，下设综合处和项目处。工作中，紧紧围绕"双5000亿"目标的实现，千方百计争取开行贷款发放。全年，与开行签订贷款合同额107亿元。

1. 立足长远发展，深化开发性金融战略合作。2010年促成市主要领导与国家开行蒋超良行长的高层会商工作。与省辽宁开行共同成立了开发性金融合作领导小组，并在市发改委设立协调办公室。我办成立后着重在制度层面建立健全开发性金融合作运行机制，筹备召开了领导小组会议，并以市政府文件形式下发了《沈阳市开发性金融贷款管理办法》。

2. 强化融资运作，保障全市重点项目资金供应。2010年6月，国务院下发了《关于加强地方政府融资平台公司管理有关问题的通知》（国发［2010］19号），沈阳市一批政府投资项目因无法解决收益问题而无法获取银行贷款。为保证项目建设如期进行，市发改委积极与开行及有关部门研究协调，科学谋划，经过艰苦努力，筹措到了大量资金，保障了沈阳市爱晚工程、沈阜沈彰公路建设、沈丹铁路及三环路扩建征地拆迁等27项重点项目资金供应。

3. 遵循市场化原则，创新重大项目融资模式。四环路、二环路和南北二干线等项目是沈阳市的重大城建项目，工程总投资达167亿元，政府财力难以负担，只能通过融资解决。为适应新的形势，按照市场化原则，构建了通过归集政府资源，形成公司化的有效资产，以项目自身收益作为还款来源的政府融资新模式。将四环路建设与其途经的沈阳经济区浑南新城、浑河新城、铁西产业新城、永安新城、蒲河新城、沈抚新城等6座新城的土地整理和基础设施建设统筹考虑，打造成为有收益的整体项目进行开发建设；将二环路改造及南北二干线建设等作为迎"十二运"城市道路基础设施改造的主要内容，并与和平曹仲地区的"城中村"改造进行整体包装运作，解决了收益来源问题。策划后的四环路、二环路项目总投资414亿元，其中开行贷款331亿元。

（李　轶）

【物流业发展建设】 2010年，沈阳市积极贯彻落实国家《物流业调整和振兴规划》，制定并颁发了《沈阳市贯彻落实国务院物流业调整和振兴规划的实施意见》。

1. 物流业增加值稳步上升，固定资产投资增长较快。2010年全市物流业增加值实现230.8亿元，同比增长11.8%，占地区生产总值的比重4.6%，占服务业增加值的比重10.3%，分别比上年同期上升0.3、0.7个百分点。全市物流业固定资产投资总额实现173.5亿元，同比增长23.4%，位列服务业14个行业中的第4位。

2. 货运总量平稳增加，铁、公路货运量持续攀升。全市2010年铁路、公路、航空货运总量达到1.74亿吨，同比增长14.4%。其中：铁路货物量实现538万吨，同比增长24.9%；公路货运量实现1.68亿吨，同比增长14.1%；民航货运量实现5.5万吨，同比增长9.3%。

3. 现代物流装备制造业发展迅速。2010年，沈阳市现代物流装备制造业加快发展。其中金杯、沈飞、新松等已成为物流装备制造业的重点企业。以沈飞的自动化仓库设备和新松机器人的AGV物流自动实验装置为代表的品牌产品科技含量高，已达到国内领先水平。

4. 在建项目进展顺利，拟建项目扎实推进。2010年，全市在建、拟建项目建设进展顺利，陆续进入收获时期。美国都乐食品有限公司物流中心、国药控股沈阳物流中心、中国邮政集团东北物流中心等项目主体已已竣工；沈阳雨润农副产品全球采购中心、沈阳铁路集装箱中心站、中远物流、培宇物流仓储基地等拟建项目正在紧张筹备中。

5. 物流领域合作稳步推进，合作联盟呈优化态势。2010年，沈阳市政府与中国外运股份有限公司、中铁集装箱运输有限责任公司、中铁特货运输有限责任公司、中铁快运股份有限公司签订战略合作协议双方拟签订协议，建立长期、紧密的战略合作伙伴关系。

（闫　宁）

【流通领域项目开发建设】 强化计划指标管理。一是建立例会制度，定期召开形势分析会，分析研究经贸流通领域经济运行中特点和问题。二是到重点企业调研，了解经营情况。较好地完成了双月、季度、半年的内、外贸经济形势分析工作，并提出有针对性的对策措施。

争取国家、省进口配额和资金支持。全年，国家发改委下达给沈阳市2010年棉花进口配额7600吨，其中：加工贸易配额5000吨，一般贸易配额1300吨，华准税率配额1300吨，为中粮沈阳香雪面粉有限公司申领小麦进口配额5000吨。同时，沈阳市粮油仓储设施项目争取国家中央预算内资金1000万元，沈阳第一粮库和沈阳南方谷物有限公司各500万元，为辽宁中稻股份有限公司的粮食物流项目争取国家中央预算内资金300万元。

推进流通领域项目的开发与建设。一是高起点规划，及早完成项目储备。市发改委在现代物流、粮食物流、农产品冷链物流、粮油仓储设施、农产品批发市场升级改造项目等5个方面进行筛选、储备，到项目单位进行实地考察，了解项目情况，初步建立了全市流通领域项目储备库。二是组织申报2010年流通领域中央投资项目。将沈阳国运物流发展有限公司、沈阳海吉星物流有限公司、沈阳国际物流科技有限公司、沈阳中外运物流有限公司、国药控股沈阳物流有限公司等5个项目上报，总投资额近10亿元。三是开发策划重大项目。市发改委开发策划了3个项目，沈阳钢材物流分拨中心项目，已完成了项目可研报告，国家重大装备物流公共信息平台项目和沈阳生产资料物流配送中心项目，完成了项目说明书，总投资额达30亿元。

物流工作取得新进展。一是起草了沈阳市贯彻落实国务院物流调整和振兴规划实施意见，以市政府文件下发。二是启动了十二五物流业发展规划编制工作，组织有关部门、有关专家、物流协会等到区、县(市)开展了调研，初稿已完成。三是草拟了《沈阳市物流业发展资金管理暂行办法》。四是构建物流标准体系，由市质量技术监督局对外正式发布国内第一个制造业与物流业联动信息化标准；完成物流公共信息平台改版设计工作。五是在国家发改委东北振兴司的支持下，中外运、中铁集装箱、中铁特货、中铁快运等四家物流企业与沈阳市签订了战略合作协议。六是开展差额纳税申报工作，共申报5家差额纳税企业；开展物流A级企业评定工作，沈阳市第一家3A级物流企业顺利通过中国物流与采购联合会专家委员会现场评审。七是沈阳地区物流供需市场研究的课题，被列为沈阳市委重点课题，相关工作及课题终稿已完成。

（吴德刚）

统　计

【第六次全国人口普查】 沈阳市第六次全国人口普查在市委、市政府的关心和支持下，在市人普办、市直各部门和3.8万普查员、普查指导员的共同努力下，克服了普查登记对象数量巨大、入户调查登记工作量繁重、普查登记对象较上次普查更为复杂、普查人员选调招聘及经费落实难等困难，创造性地开展工作，非常圆满地完成了人口普查任务。一是在搞好辽宁省在沈阳市于洪区试点的同时，针对沈阳市人口分布特点，有的放矢地选取了15个试点，涵盖了不同居民小区的全部类型，取得了丰富的经验，有效地指导了全市人普工作的开展。二是设计了各种辅助报表，成为控制人口普查数据质量的有效工具。三是在入户登记期间，3.8万各级统计普查员、普查指导员，不分早晚、顶风冒雪、不辞辛劳，反复上门登记，保证人口登记不重不漏。四是在光电录入期间，严把质量关，不分昼夜，连续奋战，近一个月时间，保质保量地完成了短表光电录入工作。

（潘　洁）

【统计法制建设】 2010年，沈阳市统计局加大统计执法检查力度，不断规范统计执法行为，以查处虚、瞒、漏报为重点，对若干起统计违法案件进行查处，提高了统计法律法规的威慑作用，全市共立案148件，全部结案。按照全国统计执法大检查工作要求，与市监察局、市司法局相互配合，通力协作，联合开展宣传动员、联合制定方案、联合组织自查和重点抽查，夯实了统计基础工作，进一步提高了统计数据的质量和政府统计的公信力。配合全国统计执法大检查工作的开展，组织了全市各区县、乡(镇)街道的新《统计法》和《统计违法违纪行为处分规定》的宣传活动，并在《沈阳日报》、《沈阳晚报》等新闻媒体上进行宣传报导。在12月的法制宣传周活动中，组织印制了《统计法规宣传手册》1.2万册，集中发放到区县(市)及开发区统计局、乡(镇)街道和全市的“三个以上”企业中，进行针对性宣传。“五五”普法工作圆满完成，全市共有3.5万人按规定参加了学习，覆盖面达85%以上，全面完成“五五”普法验收工作。

（潘　洁）

【统计方法制度改革】 2010年，沈阳市统计局大胆探索，坚持创新，分阶段，分步骤地推进统计方法制度改革，取得较大成效。强化大服务业统筹，新产业研究取得突破性进展。在服务业运行监测工作中，加强以服务业为龙头，相关专业配合的工作机制，按月加工整理服务业经济指标，快报指标由上年的66个增至75个。同时，沈阳市统计局成功开展生产性服务业研究，完成了2004年以来全市生产性服务业增加值测算。根据国家规模企业标准提高和国家及省对工业增加值增速打9折的通知精神，积极测算制度变化对工业发展的影响并撰写专题报告，及时反馈变化情况。进一步推进能源运行和节能进展情况监测工作，恢复了电力指标日报制度，对各地区节能目标实现情况进行了认真测算，向市政府提供了分地区的节能降耗指标建议，具体参与了各地区节能降耗的考核和督查工作。开展亿元以上商品交易市场成交额抽样调查统计，为进一步规范亿元以上商品交易市场统计的数据质量，改变以往市场管理机构估数上报的模式。在对部分市场进行调研的基础上，研究探讨亿元市场抽样调查实施方案，并对此项工作进行全面布置。积极做好县域经济评价、县域经济监测分析工作，完善和规范县域经济主要指标的收集整理分析工作，县域经济主要指标完成情况由以前的季度反映改为月度提供，把县域经济研究工作拓展到与省内各地区县域经济发展情况进行对比分析，为各级政府和相关部门制定宏观经济政策提供决策参考。

（潘　洁）

【统计服务】 面对复杂多变的经济形势，沈阳市统计局围绕沈阳老工业基地改造、“五大任务”、“三大目标”和“调结构、优环境、惠民生”等全市社会经济工作重点，坚持把为沈阳经济和社会发展服务作为统计工作宗旨，为沈阳市经济社会发展提供良好的统计咨询服务。积极开展数据质量评估，下发了《沈阳市统计数据质量控制与评估办法》，确保数据质量。同时，建立市、区两级投资数据评估监测制度，按月测算各区县评估得分情况，为地方领导指导工作提供较好的参考意见。实现统计数据分析标准化，提高统计反映速度，准确预测全年主要经济指标完成情况，按月对各地区主要指标完成情况进行监测、评估、通报。加强对宏观、微观经济形势及变化的分析和信息上报工作，全年编发统计分析报告130篇，获市领导批示56篇，其中：曾维书记批示3篇，陈海波市长批示5篇。编辑、出版了《沈阳年鉴》、《沈阳统计年鉴》、《沈阳固定资产投资统计年鉴》、《沈阳农村统计年鉴》。出色完成了按新行政区调整后统计数据的对接、规范、核定及公布等工作。积极做好B类政府系统绩效评估工作。进一步完善和加强大服务业、县域、能源、贸易等统计制度，开展各类专项调查，为市领导科学决策提供可靠依据。

（潘　洁）

【统计文化建设】 2010年，沈阳市统计局十分注重加强党建和廉政工作，以创先争优和一学三提活动为主线，通过多种形式的教育活动，全面推进党的思想、组织、作风、制度和反腐倡廉建设，为保证全面完成统计工作发挥了重要作用。一是认真抓好创先争优和一学三提活动。沈阳市统计局先后召开两次一学三提活动的动员大会，一次阶段工作总结和推进会议，组织四个支部交流了经验做法，组织编写了七期《活动简报》，在《机关生活》开辟了专栏，宣传交流学习活动开展情况，在全市创先争优和一学三提活动中，沈阳市统计局被评为“2010年十佳学习型单位称号”。二是加强队伍廉政建设。在廉政建设上，不断完善制度建设，局班子成员以身作则，不搞一言堂、不搞暗箱操作、不搞特殊，自觉维护班子团结，为广大干部职工当好表率，以自己的一言一行带动影响每一名干部职工，规范统一班子成员和全体干部职工的行为，推动机关党风廉政建设上了一个新台阶。机关事务坚持公开、公平、公正的原则，沈阳市统计局通过班子民主决策，相关部门参与，局纪委全程介入，顺利完成了《沈阳市统计局综合业务应用平台升级改造及网络扩建工程实施方案》和《市统计局二部办公楼内部改造》两项重大项目，没有发现任何问题。三是不断创新活动方式，开展丰富多彩的统计文化建设活动，增加队伍凝聚力。先后组织了春节、“三八”、登山、纪念“八一”建军节等系列活动；组织开展了机关公文写作知识竞赛；编写了《我爱我家》专题片的脚本，编辑印发了《阳光思维》、《统计人丰采录》小册子。通过“统计文化”这条主线，开展各项活动，全局干部职工的精神面貌发生了深刻变化。

（潘　洁）

【统计信息化建设】 2010年，沈阳市统计信息化建设步伐加快，完成了沈阳市统计局《综合统计业务平台改扩建工程》建设任务。提升了统计信息化装备水平和数据处理能力，满足全市统计数据联网直报需求。按照“加强协调、优化管理”的要求，统计制度方法协调、统计标准完善、调查项目管理、城乡划分清查及基层基础建设进一步加强。深入基层检查指导，全面提高基层数据质量，对沈阳市规模以下工业抽样调查、限额以下服务业抽样调查及贫困县监测等三项工作的基础工作及数据质量进行检查。

（潘　洁）

审　计

【概况】 2010年，沈阳市两级审计机关深入贯彻落实科学发展观，牢固树立科学的审计理念，围绕“调结构、优环境、惠民生”工作思路及实现地区生产总值和固定资产投资双五千亿的目标，进一步加大审计监督力度，提高审计工作水平，充分发挥了“免疫系统”功能，为全市经济社会又好又快发展提供了更加有力的保障。两级审计机关全年共审计和调查了509个单位，查出违规和管理不规范金额114.7亿元，促进增收节支9700万元。向两级政府和有关部门提交各类专题报告、要情、信息644篇，被批示采用305篇（次），其中被市领导批示64篇（次）。沈阳市审计局在2010年沈阳市先进集体和劳动模范表彰大会上被授予全市先进集体。此外，沈阳市审计局还荣获政风行风建设先进单位、绩效考评先进单位、创建“五型”机关先进单位等荣誉称号。

（余　宏）

【预算执行审计】 2010年，沈阳市两级审计机关积极主动适应公共财政体制改革的新形势，围绕“构建财政审计大格局”的审计理念，在整合审计资源的基础上，进一步增强财政审计工作的整体性、宏观性和建设性。沈阳市审计局全年共组织实施了对市财政和29个部门的预算执行审计，还重点对与经济发展和民生工程密切相关的15项专项资金的管理和使用情况进行了审计或审计调查，共查出4个方面的18个问题，查出违规金额6.4亿元。在2010年7月23日市十四届人大常委会第二十二次会上，沈阳市审计局局长毕华峰受市政府委托做了《关于2009年度市本级预算执行和其他财政收支的审计工作报告》，市人大常委会结束后，常务副市长顾春明组织召开全市预算执行审计整改工作会议，对整改工作明确提出三点要求。在市人大和市政府的高度重视下，预算执行审计整改工作取得实效。部门预算单位对违反财经法规及预算管理制度规定的问题，已纠正资金额度达到5.59亿元，占部门预算执行审计发现问题资金额度的87.35%。

各区县（市）的预算执行审计也都得到了当地人大、政府的高度评价。皇姑区的预算执行审计工作报告在审议时满意率达到了100%。

此外，地税审计共查出包括纳税单位存在应缴未缴税费、个别企业异地缴税及擅自抵顶税款等8个方面的问题。查补各类税款2431万元，其中市级收入1531万元。

（余　宏）

【跟踪审计】 2010年，沈阳市两级审计机关把工程建设规模较大、财政性资金投入较多、社会各界关注度高、群众关心的重大建设项目作为全年审计工作重点，切实加强了对新一轮中央扩大内需投资项目、重大基础设施项目的跟踪审计和调查，并牵头完成了工程建设领域突出问题专项治理工作。在对新增中央投资项目的跟踪审计中，两级审计机关与政府项目管理部门联动跟踪督办了审计查出问题的整改情况，在政府领导的高度重视下，整改工作已全部落实，并代市政府向省政府呈报了有关情况的报告。在对全市政府投资建设保障性住房情况专项审计调查中，揭示了部分保障性住房建设进度缓慢，影响交付使用等问题，涉及7个区县、13个项目，并提出了进一步严格执行住房保障政策等6条审计建议。在对全市农村垃圾处理设施项目建设情况的审计调查中，揭示的问题和提出的建议都得到市领导的高度重视。在县域产业集群基础设施建设进展及资金使用情况审计调查中发现，省市拨入的1.8亿元县域产业集群基础设施建设资金有1.22亿元没有直接用于建设项目，以及融资贷款的使用不符合规定、土地未批先建等问题。提交的调查报告得到市领导的高度重视，有关建议已得到落实。

在地铁一号线工程建设跟踪审计中，立足服务、着眼防范，对地铁建设的招投标、合同审查、工程款支付、资金核算以及项目管理等5个关键环节严格把关，确保了地铁建设的健康发展。地铁审计处在全市“地铁一号线”的表彰当中被授予“先进集体突出贡献奖”。

各区、县(市)局还加强了对政府投资项目预算的审核。苏家屯区审计局通过对沈苏快速干道等130个政府投资项目预算的审核，核减工程6500多万元。沈北新区审计局通过94项政府投资送审项目的审核，审减额1886万元，审减率达26.5%，节约资金1800多万元。铁西区审计局通过对政府建设的消防设施等多个工程项目的实地核查，为政府节约资金650万元。

(余　宏)

【经济责任审计】 2010年，沈阳市两级审计机关共审计党政领导干部209人，其中企业领导人员7人。共查出违规和管理不规范金额12.7亿元。在审计中重点关注了领导干部履行法定职责情况，贯彻执行保增长、调结构、扩内需、节约资源、保护环境、改善民生等重大经济政策情况，以及是否依法科学决策、有无越权和滥用权力造成损失浪费等行为。同时，还积极探索创新经济责任审计的方式方法，把经济责任审计同预算执行审计、企业审计、效益审计结合起来。在“东药”和“北方重工”两个企业集团的经济责任审计中，审计人员从审查产品订货合同入手，剖析产品成本核算的真实、合理性，为真实界定企业领导人员的经济责任提供了准确依据。沈阳市审计局还首次开展了对大东、东陵、于洪、苏家屯、康平等5个区县党政“一把手”的同步审计。此举，对于科学、全面、客观地评价和界定区县党政领导干部经济责任的履职情况起到积极作用。

各区、县也加大了经济责任审计力度。东陵区审计局对4个单位的7名领导干部进行了审计结果谈话，对2名责任人员移交纪委处理，1名责任人员由其主管部门给予党政纪处分。辽中、新民等审计局还从规范入手，制定了领导干部离任重要经济事项交接办法，进一步完善了相关监督管理制度。

(余　宏)

【债务审计】 2010年，沈阳市采取两级审计机关上下联动的方式：即由金融处牵头，财政、外资、农业处以及各区、县(市)局参与的对2009年末全市两级政府举借的和以政府信用提供担保、需由政府偿还的债务情况进行了审计调查。经过历时4个月的调查，在摸清政府负债的来源、结构、投向及使用等总体情况的基础上，揭示政府债务管理中存在的问题，通过对全市债务警示指标分析和揭示潜在风险，并提出了审计建议。根据审计建议，市政府于2010年10月15日以政府第17号令的形式出台了《沈阳市政府债务管理办法》。

各区县的债务审计工作得到了区委、区政府领导的高度重视。大东区委专门召开常委会听取审计局关于债务审计情况的汇报并进行了专题研讨。

(余　宏)

【民生审计】 2010年，沈阳市两级审计机关把关注民生、维护人民群众利益作为审计工作的重要目标，组织开展了对全市新型农村合作医疗、全市中小学校舍安全工程、向玉树地震灾区捐赠款物等民生工程和资金的审计，揭示和反映了政策落实不到位、管理不规范以及损害群众利益等违规违纪问题，提出了审计建议，取得了较好效果。在对新型农村合作医疗基金进行的专项审计调查中，揭示了政府补助资金到位滞后，区、县新农合基金结余较大，以编造虚假病历、处方和降低补偿报销起付线标准等形式，套取新农合基金等问题，并提出了完善各级政府资助资金保证及时到位制约机制、建立与新农合制度相互配套的“新农合”基本药物统一采购配送体系等审计建议，为推动新型农村合作医疗工作的健康发展提供了保障。对全市九年一贯制学校建设情况的审计调查，摸清了自2006年以来9个区县(市)九年一贯制学校建设的总体情况，揭示了“缩小建设规模多报建设项目、地方配套资金不到位”等问题，得到王玲副市长的高度重视。在对全市工伤保险缴纳和管理及使用情况的审计调查中，通过对其资金额近2.2亿元的调查，发现了工伤待遇核定和调整管理有待完善等问题。向有关部门提出了完善工伤保险缴纳，加强工伤保险管理的审计建议。

各区、县(市)局也都把民生审计作为重要内容，结合实际开展工作。沈河区审计局从工程项目立项审计、投资成本审核等5方面入手，开展“弃管住宅小区”综合改造跟踪审计，确保有限的资金用在刀刃上。和平区审计局通过对5所重点高中学费收缴情况的调查，使违规收取的589.8万元借读费问题得到查处。

(余　宏)

【绩效审计】 2010年，沈阳市审计局先后组织实施了新建万人职业学校建设资金管理使用情况、全市利用国家开发银行贷款部分项目建设、市城建局2009年公园游园绿化建设等绩效审计和审计调查，取得良好效果。新建万人规模职业学校绩效审计项目，审计人员通过对可行性研究、项目建设过程、建设资金的筹集、管理和使用以及学校建成后运行等情况的审计，评价了建设资金使用效益、项目实施过程的效率性、项目运行的经济性和效果性，揭示了职业学校建设和运行中存在的3方面9个问题，提出了9条审计建议，并向市政府呈报了专题报告。在对沈阳市利用国家开发银行贷款部分建设项目绩效情况的审计中，不仅对开行贷款资金管理和相关指标完成方面进行了客观评价，还揭示了项目建设中存在的主要问题。其它一些审计项目也把绩效情况作为重点内容。

一些区、县(市)局在绩效审计的方面也取得了突破。辽中县审计局在开展的近海绿洲建设工程绩效审计中,通过对44个分项工程、52个合同项目进行的逐一审查,查出虚列专款支出等违规金额6000多万元。东陵区审计局开展了残疾人保障金和教育投入的"两免一补"资金效益审计,取得了很好的社会效果。

(余　宏)

【交办审计事项】 2010年,沈阳市审计局统筹安排,共完成市政府交办的工作任务15项,提交的审计专题报告被市领导批示14篇次。根据陈海波市长的交办,对沈阳市物价局南部污水处理厂等3个污水污泥处理项目成本监审结论进行了审计,对第九届中国国际装备制造业博览会和2010东北亚发展论坛活动经费管理情况进行了调查。审计结果得到政府主要领导的高度重视。12月8日,陈海波市长主持召开市长办公会议,听取了毕华峰局长关于上述3个项目的情况汇报。陈海波市长指出,市审计局克服时间紧、涉及部门多及部分被调查单位财务资料不完整等重重困难,高质量完成了调查任务,审计报告详实、分析全面、观点鲜明、认定准确,体现了审计人员应有的专业素质和敬业精神,对此予以充分肯定。并责成政府办公厅将前两个报告转发至各区县及市直有关部门。

(余　宏)

【案件查办】 2010年,沈阳市审计局派出审计人员15人次,配合中央、省、市纪委查办案件7起,收缴资金1060万元,挽回经济损失500万元,暂扣款300万元。中央、省、市纪委给予党政纪处分22人,移送司法机关处理12人,为推进全市反腐倡廉建设和社会稳定发挥了重要作用。在查办"10·11"专案中,审计人员认真履行职责,为案件查办取得实质性突破作出重要贡献。辽宁省纪委副书记刘大民等领导代表中央纪委、监察部"10·11"专案组专程来到沈阳市审计局,赠送了一面"审计查微寻匿迹,反腐倡廉显身手"的锦旗和一封感谢信。此外,在全市开展的"小金库"治理工作中,沈阳市审计局派出7名审计人员,发现机关、社团和企业存在"小金库"27个、金额977万元。

(余　宏)

国有资产监督管理

【国有企业改革】 2010年,沈阳市国有企业改革不断深化,振兴环保、三热供暖、祥运供暖完成8.3亿股权转让。东北金城完成改制,职工得到妥善安置。红梅集团搬迁重组顺利推进,项目建成后年产50亿元。企业上市工作全面提速,东药集团通过VC资产回归、华融股权下沉、建行股权回购等一系列措施,实现了整体上市目标。沈鼓集团完成外部增资9亿元,扩股17%。机床集团完成成套公司80%股权注入上市公司。北方重工上市准备工作有序推进。企业破产工作全面完成,东北六药、沈阳药业、五行药业破产清算工作完成,全市政策性破产工作画上圆满句号,破产企业数量和卸债金额居全国前列,得到了国务院国资委的充分肯定。改革遗留问题处理实现突破,国资收益支出主要用于改制企业遗留问题处理,为沈变、橡四、东北金城等企业改制提供了资金保证,安置近6000名职工。

(何久军)

【国有资产监督管理】 完成制定国有经济布局和结构优化调整"十二五"规划,明确未来五年发展目标。强化国资监管基础工作,对重点企业实行了经营业绩指标考核,完善了激励约束机制。推进外派监事会工作,完成监事选聘和培训。加强企业财产保险监管,完成13户企业财保招标工作。建立了专家评审制度,完成44个资产评估项目。资产风险防范收到实效,对煤气公司等6户企业涉诉3.8亿元资产进行保全,工业公司4.6亿元法律纠纷经过努力最终胜诉,有效维护了8.4亿元国有资产安全。对企业闲置土地和房产情况进行调查,为盘活存量奠定了基础。产权市场建设迈上台阶,沈阳环境资源和文化产权交易所挂牌运营。辽宁省"两非"公司股权登记托管工作全面启动。东北四省区在沈签订《产权交易市场合作协议》,投资5600万元的产权交易大厦竣工运营。编辑了国资委《辉煌5年》一书,展示了全市加强国资监管、推进国企改革、加快经济发展取得的重要成就。市人大审议了沈阳市贯彻实施《企业国有资产法》的报告,对国资监管工作给予充分肯定。承办了全国城市国资委主任联席会议,得到了国务院国资委的高度评价。

(何久军)

【国有资本运营】 2010年,沈阳市国有资本运营取得突破,实现国资收益8.9亿元,比上年增加30%,超额1.3亿元。涉及179户企业93亿元的长城债权,完成缩水回购后国企减负71亿元。出资5.8亿元入股华晨集团。地铁集团融资81亿元,为二号线提供了建设资金。上市融资能力明显增强,机床增发2亿股,东药增发1.5亿股的方案待国家证监会审批,增发将募集资金50亿元,用于重大项目建设和产品结构调整;增持中兴商业国有股权,提高了沈阳市国有控制力。完善金融贷款平台公司,新组建城市建设发展集团、城建重点工程公司和沈阳全运基础设施运营公司,重新调整交建投公司企业管理体制,完成五里河建设发展公司增资。5个平台公司共融资36.4亿元,投入重点项目建设。

(何久军)

【国有企业发展】 2010年,全市国有及国有控股企业实现营业收入694亿元,同比增长17%;完成增加值130亿元,增长11%;实现利润30亿元,增长63%;实现利税62亿元,增长44%。效益指标明显高于规模指标增长。重点企业发展增势强劲,中兴集团营业收入22亿元,沈鼓集团85亿元,盛京银行89亿元,东药集团100亿元,机床、北重集团分别为140亿元、130亿元,进入中国企业500强。6户重点企业实现利税61亿元,同比增长49%。重点项目建设进展顺利,完成固投25亿元。机床功能部件园、中兴扩建项目竣工,重大型数控机床、东药原料药生产基地、核泵国产化研发基地项目进展顺利。长白LG电视项目投资10亿元,年产将超过100亿元。

(何久军)

【国有企业党建】 2010年,沈阳市国资委扎实开展"创先争优"活动,全系统提合理化建议360多条，开展技术革新52项，增效2600万元。为职工办实事980件。坚持“德才兼备、以德为先”的用人标准，增强干部选拔任用透明度和公信度，提拔专职监事（处级）6人，提拔企业领导人员13人。不断加强企业班子建设，对长白集团等11户企业领导班子实行了任期制，调整客运集团等8户企业领导共34人，任免地铁集团等8户公司董事、监事48人，进一步改善了企业领导班子专业知识和年龄结构。做好宣传思想工作，组织全系统开展了争做“学习型党员、学习型干部”，争创“学习型党组织、学习型领导班子”活动。围绕中心开展宣传教育，市级以上媒体刊发报道40余篇。不断强化党风廉政建设，通过加强企业领导人员履职行为监督，查找风险点86个，制定防范措施91条。全系统查处违纪违法案件8件。配合市纪委完成了国有及国有控股企业“小金库”专项治理工作。下力气抓好信访稳定工作，上三级的32个信访案件全部结案，维护了社会稳定。

（何久军）

质量技术监督

【质量管理】 2010年，沈阳市质量技术监督局以质量提升活动为主线，进一步改善了沈阳市产品质量基础。按照国家质检总局、辽宁省质监局质量提升活动部署，结合沈阳实际，扎实开展了旨在进一步提升沈阳市产品质量水平的质量提升活动。并以此项活动为主线，通过结合企业及社会质量管理需求落实21项工作任务，特别是扎实推进检测机构整顿及开展“质监邀您看企业”、“质量服务进百企”等活动，组织3万余户企业参与，进一步提高了全市质量安全水平。活动期间，积极加强宣传工作，先后刊发新闻稿件989篇，刊播栏目74期。通过大力推进卓越绩效管理等工作，提高了全市企业质量管理水平，机床集团等两家企业首次获得“省长质量奖”。地理标志保护产品取得重大进展，苏家屯永乐葡萄、沈北新区清水大米获评国家地理标志保护产品，实现了沈阳市地标产品零的突破。

（刘　勇）

【依法行政】 2010年，沈阳市质量技术监督局努力提高依法监督水平，营造了健康有序的质量安全环境。进一步加强了执法监督工作。通过严格执法程序、开展行政指导试点、提高执法人员素质等，建立了更加规范的执法监督体系，有效维护了全市质量安全秩序。2010年，全系统共查处违法案件3231件，立案952件；万元以上大案287件，同比上升46%；以教育为主的责令改正案件上升到347件。没有发生一起行政复议或诉讼案件，树立了质监执法的良好形象。

（刘　勇）

【质量监督】 2010年，沈阳市质量技术监督局在食品安全监管上，加强了监管力量，组建了覆盖全市的监管网络。通过不断完善监管机制，深入推动差别化监管，突出对重点区域、企业、产品的高强度、无缝隙监管，使重大质量安全隐患得到有效控制。全局共对33种主要食品开展了5363批次监督抽查及后处理，妥善处理了一批重大案件，保障了全市的食品质量安全。与此同时，加大对“三小企业”规范力度，开展了全市性的“亮剑行动”，取缔了79家不符合生产条件的黑加工点，使全市食品安全基础进一步改善。在特种设备监察上，加强了对锅炉压力容器、气瓶“两站”等重点领域和校园、大卖场等重点场所的隐患整治工作。共检查各类特种设备使用单位8367家、特种设备1.65万台，发现整改各类隐患1237处，进一步提高了全市特种设备安全水平。积极推进监察模式创新，完成了省特种设备动态监管系统信息录入工作，为3900部电梯安装了“电梯卫士”系统，解决了一批涉民的重大安全隐患。

加强了对涉安、涉民产品的监管，对1007批次高风险产品进行了监督抽查，并组织开展了农资打假、家电和汽车摩托车下乡、汽车检测站整顿等各类专项整治，检查企业近千户，消除隐患210起；突出抓好重点区域质量安全隐患整治，对法库陶瓷产业集群、沈北乳及乳制品企业、辽中县大米、白酒等重点地区加大了监管力度，有效降低了相关区域质量安全风险；深入推进认证监管工作，完善了认证执法监管体系，实现了对强制性认证企业的全覆盖监管，并在全国率先开展了有机产品等市场状况调查。

（刘　勇）

【技术机构建设】 2010年，沈阳市质量技术监督局大力推进技术机构建设，不断深化质监服务能力，为经济社会发展提供有效支撑。通过集中力量推进，国家加气机型式实验室、法库陶瓷检测中心、标准化服务平台相继建成投入使用。沈西公共检测平台取得突破性进展，相关项目正在陆续进行验收，沈阳区域性质检高地框架已基本形成。与此同时，技术机构软实力不断增强，通过加强市场化经营、推进对外合作、提高科研能力等，各院检测能力不断提高，实现收入1.6亿元，已初具区域领先的发展规模。有效推进科技兴检工作，“爆破片型式试验装置”等两项科研成果获得国家总局“科技兴检”二等奖。

（刘　勇）

【标准化工作】 2010年，沈阳市质量技术监督局标准化工作在第六批三个项目通过国家质检总局验收基础上，成功申请苏家屯草莓项目为国家农业标准化示范项目，开通了农业标准化网络专栏并加强了科普示范；加快推进了先进装备制造业标准体系编制，东药循环经济标准化项目通过国家验收；积极推进公共标志、地铁服务、社区安全等标准化项目，有效发挥了对城市建设的促进作用；进一步加强了条、代码等基础性工作，引进了移动实验室标准化分技术委员会，使标准化工作在促进全市发展方面发挥了更重要的作用。

（刘　勇）

【计量工作】 2010年，沈阳市质量技术监督局开展计量惠民工作。组织民生计量监督抽查1.12万批次，特别是开展了对387家大米生产企业定量包装专项整治，实现对66家医院医疗计量器具和4个县（市）医疗机构血压计全覆盖检定，以及完成1.7万台出租车调价计价器检定工作，取得了良好的社会效益。有效推进节能降耗工作，7家耗能重点企业能源计量器具配备达到国家标准，实现了全市锅炉水处理达标率提高10%的目标，经总局批准同意沈阳市筹建了辽宁省惟一的城市能源计量中心。成功举办了全国第25届部分城市计量协作网年会。

（刘 勇）

【队伍建设】 2010年，沈阳市质量技术监督局开展了“创先争优”和“学习型双争双创”活动，组织大规模培训20余次近3000人次，有效提升了干部队伍的整体素质；不断深化用人机制改革，先后选拔调配干部105人，特别是在市管领导干部推荐、参公干部任用等方面取得重大突破，极大调动了广大干部的积极性；大力加强了基层工作，各基层局都圆满完成了任务，并顺利完成了行政区划调整交接，为全系统发展做出了重要贡献；深入推进党风廉政和行风建设，全面落实“一岗双责”，严格警示教育和廉政督查，实现109件群众投诉办结、息访率双100%，使全系统工作作风进一步转变；积极提高行政审批效率，压缩审批时限，完成审批68523件，群众满意率达到100%；此外，通过有效推进政务运转制度化、财务管理规范化、后勤保障科学化以及加强质检文化建设等，使全系统运转效能不断提高，凝聚力不断增强，呈现出良好的工作状态和精神面貌。

（刘 勇）

工商行政管理

【概况】 2010年，沈阳市工商局立足工商登记职能，通过协助政府搭建融资平台，大力推动各类公司上市，积极促进动漫产业持续发展，出台进一步做好服务外商投资企业发展工作的相关政策，建立沈阳经济区八城市企业注册联动机制，加快沈阳经济区一体化建设等一系列有效措施，有力地促进了沈阳地区经济平稳较快发展。通过深入企业、深入社区、深入村屯，围绕服务经济发展重点、服务百姓关注热点，开展了15项主题系列活动，进一步拓展了服务领域，完善了服务方式，提高了服务水平，营造了宽松便捷的投资环境、公平公正的市场环境和安全健康的消费环境。市工商局被评为“沈阳市行政审批系统优秀单位”，14个区局、县（市）局和直属分局被评为“沈阳市行政审批系统优秀窗口”，并分别名列所在大厅第一名。市委、市政府授予市工商局企业注册分局“沈阳市人民满意公务员集体”荣誉称号。全年争创驰名商标9件，地理标志商标1件。沈阳市入选全国首批“商标战略实施示范城市”，并成功获得2011年第18届中国国际广告节申办权。

（张效和）

【各类市场主体登记】 2010年，全市新登记内资企业19498户，其中法人企业17773户，注册资金464.81亿元，分别较2009年增长21.39%和36.70%。截至2010年12月底，全市内资企业累计110036户，注册资金3786.42亿元，较2009年增长9.09%和6.32%。其中：非私营企业20007户，较2009年减少7.55%，注册资金223.08亿元，较2009年增长6.32%；私营企业90029户，注册资金1555.66亿元，分别较2009年增长13.64%和6.31%。

2010年，全市新设农民专业合作社558户，较2009年减少2.83%；成员出资总额9.54亿元，减少30.94%。截至2010年12月底，全市实有农民专业合作社2440户，成员出资总额34.42亿元，分别较2009年增长29.31和38.11%。

2010年，全市新设外资企业317户，较2009年减少26.28%；投资总额61.22亿美元，注册资本50.27亿美元，外方认缴额46.41亿美元，较2009年分别下降19.81%、25.38%和27.17%。截至2010年12月底，全市累计实有外商投资企业3071户，投资总额455.77亿美元，注册资本336.21亿美元，外方认缴额288.73亿美元。其中：中外合资企业1002户，中外合作企业71户，外商独资企业1992户，股份公司6户。累计实有分支机构1991户，常驻代表机构688户。

（张效和）

【职能服务】 2010年，沈阳市工商局把职能服务融入全市经济社会发展大局，广泛开展“三深入两服务”活动，进一步提升了全系统的服务水平。全年，深入企业12.8万次，深入社区3032次，深入村屯1.3万次，围绕政府工作重点和百姓关注热点，解决各类问题6286个。优化市场准入环境，下放企业登记事权，整合行政审批力量，建立沈阳经济区八城市企业注册联动机制，实行重大引资项目专人负责、提前介入、现场办公、全程跟踪，提高了登记注册工作效能。出台动漫产业注册资本货币资金零支付等10项扶持措施，促进了新兴文化业态的快速发展。完善大型企业联系制度，为重点企业解决改组转制、对外投资、商标使用等方面问题246件。改进企业年检工作，试行驰（著）名商标企业和“守重”企业年检免审制度，全面推行网上年检，网上申报和预检率首次达100%。加强企业融资服务，办理公司股权出质登记132户，出质额64.3亿元，担保债权总额42.3亿元；办理动产抵押登记189件，主债权金额26.7亿元。推进个体转型升级工作，出台7项优惠措施，引导3992户个体户转型为企业。

（张效和）

【整治和规范市场经济秩序】 2010年，沈阳市工商局在整顿和规范市场经济秩序中，坚持把食品安全监管摆在十分突出的位置，建立和完善了食品安全监管8项制度，深入开展了农村食品市场、奶制品市场和食品添加剂等专项整治行动，对40个品种、305个批次的食品进行了质量监测，查处食品违法案件1068件，移送司法机关追究刑事责任2人。总结推广了大东区局食品安全专业化监管模式和沈北区局“五档案、三台账、一记录”监管措施，提高了食品安全监管水平。深入开展取缔无照经营专项整治行动，推广了铁西区局“四位一体”联动清无机制经验，查处无照经营案件186件，取缔无照经营4652户。加强治理商业贿赂专项执法工作，对38起涉案金额巨大、案情复杂的公用企业的商业贿赂行为进行了严厉查处。积极开展运输市场专项整治，查处违法案件378件。加大打击传销工作力度，取缔传销场所21处，遣散传销人员312人。加强直销企业行政指导工作，进一步规范了直销市场秩序。开展打击违法登记代理和虚假注册行为的专项行动，清理取缔31家企业登记代理机构和会计师事务所。开展“红盾护农”行动，查处农资违法案件25件。与此同时，积极配合有关部门开展了扫黄打非、文明祭祀等专项整治行动，切实维护了市场经济秩序。

（张效和）

【商标广告监管】 2010年，沈阳市工商局实行“商标注册建议书”、“商标使用提示书”、“商标违章告知书”制度。以年检验照和日常巡查等方式，针对不同问题向企业发出“三书”，引导商标注册，进行及时指导，避免商标持有人因未及时变更、续展商标造成不必要的损失。探索实施商标授权经营制度。在和平区“中国小食品城”酒类区、沈河区“南塔鞋城”、大东区“沃尔玛”超市家电区、皇姑区“居然之家”家具区、于洪区东湖市场、沈北新区新东方商贸有限公司家电区等实施商标授权经营制度试点，将品牌企业的营业执照、商标注册证、商标授权书、销售协议、代售企业营业执照等复印件统一备案成册。同时，进一步完善专营店、专修店、专卖店、连锁店商标使用情况的登记备案工作，形成标准化和制度化。进一步规范印制企业内部管理。利用年检验照、日常巡查和专项检查等时机，宣传落实《印刷业管理条例》和《商标印制管理办法》，对52家存在制度不健全、承印手续不齐备等问题的企业，根据不同情节进行指导、警告或处罚。做好商标年度审验工作，对发现有变更事项的，及时指导商标持有人办理变更手续，并提示商标到期的所有人，及时办理续展手续，为正确使用和管理商标积累了第一手材料。全市对1019家商标所有人的2803件商标进行了审验。以涉农、涉外、食品、药品商标为重点，积极开展打击侵犯知识产权和制售假冒伪劣商品专项行动，查处商标违法案件189件；以农村广告市场和低俗不良广告为重点，监测广告133万条，查处违法广告案件131件。

（张效和）

【合同与信用分类监管】 2010年，沈阳市工商局围绕百姓关注热点问题和领域，制定和推行了《婚庆服务合同》、《存量房买卖合同》、《沈阳市建筑装饰施工合同》、《沈阳市供热合同》和《红树莓种苗买卖合同》等5种合同示范文本。加强对拍卖活动的监督管理，注重对拍卖备案过程中材料内容的审核。全市拍卖活动备案487次，备案拍卖委托书1867份，金额3.65亿元。严格合同订立和履约，规范工程转包，重点整治违法分包行为。对全市5000万元以上政府投资工程项目、3000万元以上非政府投资工程项目进行重点排查，检查建设工程施工合同、专业工程分包合同、劳务分包合同、工程监理合同、配套施工（绿化、排水、消防）合同、技术服务合同等合同，依法查处了施工项目中违法分包、转包及商业贿赂，以及借用他人营业执照和资质的从事建筑工程施工等违法行为，全市共查处合同违法案件78件。深入推进“信用辽宁”、“信用沈阳”建设，对全市12万户企业（含外资企业）和24.1万户个体工商户、286个商品交易市场，全部按照ABCD四级监管类别划分，实行了企业信用分类监管。培育市级“守重”企业2018户，省级“守重”企业498户，国家级“守重”企业26户；推荐评定省级诚信文明市场29个、市级诚信文明市场77个。监督黑牌企业1.2万户退市。认真做好数据核查工作，完成对企业日常监管、重热点行业检查、信用分类监管数据的补录工作，对1万余户企业监管信息进行了核改，保证了管理数据的准确性。

（张效和）

【流通环节食品安全监管】 2010年，沈阳市工商局严格核发《食品流通许可证》，做到受理、现场勘验、审核发证标准公开透明，全年核发《食品流通许可证》1.2万件。建立和完善了食品安全监管8项制度，深入开展了农村食品市场、奶制品市场和食品添加剂等专项整治行动，对40个品种、305个批次的食品进行了质量监测，查处食品违法案件1068件，移送司法机关追究刑事责任2人。修改、完善了《沈阳市工商系统实施流通环节食品安全突发事件应急预案》，明确界定了流通环节食品安全突发事件的成因，危害程度，组织机构和职责，应急处置的保证措施，包括处置程序、媒体导向和相关责任追究等，形成了市局、分局、工商所纵横联动的应急处置网络。

（张效和）

【消费维权】 2010年，沈阳市工商局坚持把消费维权、促进就业和解决信访案件作为工商机关惠民工程的重要内容，着力解决人民群众最关心、最直接、最现实的利益问题。积极推进消费维权工作，建立“12315”进商企“绿色通道”，开通视频网络调解系统，推广沈河区局“一会两站”建设经验，进一步完善了全系统消费维权网络。全年接听消费者热线电话9.3万次，受理申（投）诉6976件、举报2608件，为消费者挽回经济损失640多万元，解决了一批消费者反映的突出问题。围绕“消费与服务”主题，开展了形式多样的消费教育活动，建立消费教育场所105处，举办国民消费教育1073场。扩大了合同示范文本使用范围，进一步规范了相关服务行业经营行为。加强商品质量监测工作，抽检各类商品338批次，查处消费侵权案件444件，严厉打击以“家电下乡”、“汽摩下乡”和“以旧换新”名义销售假冒伪劣商品等违法行为，维护了消费者的合法权益。

（张效和）

【支持社会主义新农村建设】 2010年，沈阳市工商局加大新农村建设服务力度，广泛开展了经纪活农、商标富农、合同帮农活动，备案农村经纪人2654个。东陵区局推行“公司+农户+品牌+订单”的产销模式，促进了现代农业的发展。辽中县工商局建立从市场准入到企业发展的全程服务体系，有效提高了服务工作水平。和平区工商局对6000余户个体工商户资产进行重新核定，新增注册资金15亿元。皇姑区工商局推出10项服务措施，高效率地完成了近2000户企业和2500户个体工商户属地变更和划转工作。法库县工商局实施8项优惠措施，为开发区项目落地提供了便捷优质服务。康平县工商局促成县政府出台了加快推进商标品牌建设的意见，推动了商标注册和争创驰（著）名商标工作的深入开展。

（张效和）

【基层工商所建设】 2010年，沈阳市工商局制定了《沈阳市工商行政管理局关于加强工商所规范化建设的实施意见》、《沈阳市工商行政管理局工商所规范化建设三年（2010—2012）发展规划》和《沈阳市工商行政管理局领导联系基层制度实施办法》等3个规范性文件。统一了《沈阳市工商行政管理系统规范化工商所建设标准》，包括办公用房、执法装备、办公设备、机构设置、日常管理、队伍建设、监管服务等。确定2010年为工商所规范化建设夯基年，抓好监管机制、服务机制、队伍建设和基础建设四个方面的规范化；2011年为工商所规范化建设提升年，调整压缩工商所数量30%，优化工商所布局，整合基层监管资源，使农村工商所达到10人以上，城区工商所达到12人以上，组织实施统一工商所内外标识工作；2012年为工商所规范化建设全面达标年，巩固完善，实现全面达标。开展工商标识规范试点工作。

在苏家屯区局红菱、解放、民主等3个工商所进行标识规范化试点工作，统一制作了形象标识、背景墙、服务指南手册等。按照国家总局统一标识的要求，制定了详细预算，上报市财政，待审批后于2011年全面开展统一标识工作。加大基层投入，实施了工商所车辆保障和电脑达标“两大工程”。对工商所日志、巡查记录、会议记录等5种工商所常用本簿，按照《工商行政管理系统标识规范方案》要求，重新设计了体现工商统一标识的彩色封面，由市工商局出资统一印制了5种本簿发放到每一个工商所。

（张效和）

【个体劳动者协会和私营企业协会】 2010年，沈阳市工商局为沈阳市个体劳动者协会建立培训基地，大力推进“以创业带就业”工程，制定了培训计划，安排师资力量，编写培训教材，对培训内容进行了调整，充实了与工商职能有关的法律法规等内容，包括《合同法》、《商标法》、《反不正当竞争法》等，全年培训新会员1.04万人（次）。建立“服务超市”，实行“菜单式”服务。年初各区、县（市）协会和基层分会将服务项目和全年活动安排以菜单形式进行公示，使会员在交纳会费时就可以享受“菜单式”服务，自由选择服务项目和活动内容。搭建银企合作平台，拓宽融资渠道，利用会员入会登记的基础信息，探索建立会员综合信用体系数据库平台，逐步征集积累信用数据，搭建银企合作平台，为会员提供融资贷款等信用数据服务，五爱市场个私协会协助会员办理贷款业务764笔，总金额2.35亿元人民币。为沈阳市私营企业协会开通“短信群发”平台，以基层协会会员登记数据为依托，以群发系统为信息发布载体，利用其简短、快捷、灵活的特点，向会员发布政策资讯、服务项目和协会活动等内容。同时，不断扩大信息发布范围，依托此平台收集会员意见和建议，及时改动服务内容和相关措施，以达到及时沟通会员，收集会员诉求，拓展服务渠道。创建“沈阳个私经济网”，以信息资讯为主，文字、图片与视频相结合，设立了企业黄页、办事导航、商情发布、会员风采等十几个栏目，有效服务会员的产品推介、品牌推广、资讯发布等需求，已完成筹建阶段工作，现进入试运行和后期调试阶段。充分发挥个私协会作用，开展就业再就业工作，全年建立培训基地84个、安置基地160个、安置点332个、大学生见习基地73个，安置各类人员就业3.5万人次。

（张效和）

物价管理

【维护物价稳定】 2010年，沈阳市物价局制定了《确保春节期间市场价格稳定工作预案》、《重大展会及活动期间工作预案》、《应对价格异常波动实行临时价格干预工作预案》等工作方案。通过落实调控目标、召开协调会等形式适时调整了工作重点，强化了市场监管。特别是7月份以来，为做好稳定物价工作，祁鸣副市长多次做出重要批示，并指派主管秘书长协调相关工作。市物价局也专门成立了稳定市场价格领导小组。考虑到下半年市场物价上涨幅度较大和群众承受能力等多方面因素，暂缓了生活垃圾处理收费方案的出台。市政府还专门印发了《关于稳定消费价格总水平保障群众基本生活的通知》，制定了稳定农业生产、保障市场供应、降低流通成本、加强市场监测、推进菜场建设、提高救助标准等18项具体措施。实行了市场价格调控联席会议制度，明确了重要生活必需品市场供应保障工作责任，在充分遵循市场规律的基础上，加强了政府调控，形成了在市政府统一领导下的以属地管理为主，各区、县（市）政府分级负责，市直各部门各司其职、联通联动、信息共享、齐抓共管的工作格局。通过对粮食、猪肉、蔬菜等重要生活必需品实行储备或应急调控的办法，达到了以量稳价的效果。在具体工作中，服务、工商、物价、财政、民政、副食集团等部门，以及各区、县（市）政府分工把守，加强市场价格及异常动态监测，科学分析预测，及时提出调控意见，采取有效措施。大东区成立了应急指挥中心，建立健全了市场巡查制度；辽中县在8月份连续降雨引发百姓抢购、不良商家乘机涨价时，及时印发了《加强价格自律保持市场价格稳定告诫书》，加大了工作力度。经过努力工作，下半年全市生活必需品价格大幅度上涨的态势基本上得到了控制，全年居民消费价格指数累计实现102.9%，低于全国、全省及36个大中城市的平均水平，达到了市政府年初确定的居民消费价格涨幅控制在3%左右的预期目标。

（张　强）

【价格改革】 2010年，沈阳市物价局本着积极、稳妥的原则，抓住有利时机，先后推出了一系列的价格改革和调定价政策：

1. 对出租车运价实行了结构性调整，实行了时距并计收费，建立了新的油运价格联动机制，促进了出租车行业的健康发展。具体规定为：一是增加出租汽车计时收费，当出租汽车时速低于12公里时，累计计时每3分钟收费1元，不足3分钟不计费。现行按运距计价不变，运距与计时并计收费。原运价结构中候时加价废止。二是建立新的油、运价格联动机制，以2006年成品油（93号汽油）价格为基数，在油价上涨影响出租车增加支出中减去政府补贴和这次增加计时收费的收入后，当出租汽车日增加支出连续三个月达到20元以上（含20元）时，加收1元/车次燃油附加费；连续3个月低于20元时，停止收取燃油附加费。具体起收和停收时间由市物价局发文确定。当油价低于2006年油价时，相应下调出租汽车基础运价和里程运价。

2. 及时落实了国家上调天然气出厂价格和管道运输价格政策，对城市管道燃气价格进行了调整。从2010年11月1日起，居民生活用天然气每立方米由2.40元调整到3.30元，机关、事业单位用天然气每立方米由2.80元调整到3.90元，工商企业用天然气每立方米由3.60元调整到3.90元，为全市燃气正常供应提供了价格保障。

3. 及时出台了地铁一号线试行票价政策。规定自沈阳市地铁1号线开通试运营起至地铁2号线开通运营时止，1号线试行票价定为：8站以内2元（不含起始站，下同），9—12站3元，13站以上4元。

4. 上调了热电厂供热价格，对沈海热电厂增加脱硫除尘设施实行了脱硫供热加价政策，促进了全市节能减排目标的实现。落实了基层医疗机构药品零差率销售政策和新的药品定价目录，按照国家要求，对17类药品平均降价19%，缓解了百姓特别是低收入群体“看病贵”的难题。为确保各项改革措施的稳妥推进，市物价局在调定价过程中反复调研测算，多方沟通协调、汇报，充分考虑全市经济发展和环境建设的实际需要以及群众的承受能力，严格依法履行调定价程序，依法开展听证及成本监审工作，并注意有利时机的选择和舆论引导工作。各项调价政策出台后，社会反应平稳，促进了全市经济社会的发展，得到了社会的普遍认可。

（张　强）

【价格监督检查和专项整治】 2010年，沈阳市价格监督检查工作，以为经济发展营造良好价格环境为主线，开展了一系列专项检查。涉农价费专项检查，全市共组成14个检查组，出动310人次，检查涉农收费部门67个、农资经销点30多个，查出违规收费340万元。行业协会收费专项检查，通过自查和重点检查相结合的方式，规范了行业协会的收费行为。涉企收费和检验检疫收费专项检查，省、市、区联合，全市共组成6个检查组，出动130多人次，查出违价金额1100多万元，为企业发展创造了良好的价格环境。教育收费专项检查取得了阶段性成果，积极治理了教育行业的乱收费行为。各级价格主管部门还适时开展了重点时段的市场价格专项检查。元旦、春节等重大节日期间的市场价格专项检查，保证了节日市场价格的稳定。集中精力对各大蔬菜、水果、粮食批发市场，各大农贸零售市场及超市，主要公路收费口等进行了全面检查，并邀请新闻媒体全程参与，对检查中发现的问题进行了公开曝光，对恶意囤积、哄抬价格、变相涨价、合谋涨价等违法行为起到了较强的震慑作用。2010年，全市共查处各类价格违法案件264件，责令退还消费者740余万元，没收违法收入并上缴财政154万元。

结合检查中发现的问题，全市价格主管部门加大了清费治乱的工作力度。对行政事业单位、社团组织、中介机构、垄断行业的经营服务性收费进行了全面清理。对收费依据明显不合理、收费标准过高的分别提出了取消收费项目或降低收费标准的建议；对实际收费中容易变成强制收费的项目，提出了纳入政府定价或者政府指导价的建议。其中：建议取消收费项目22项，建议降低收费标准11项，建议纳入政府定价或政府指导价管理36项。共涉及经营性收费单位78个、收费项目143个。为进一步加强行政事业性收费管理，各区、县（市）价格主管部门及52个市直单位还开展了大范围的行政事业性收费统计工作。市物价局会同市监察局、财政局联合印发了《沈阳市行政事业性收费（基金）目录》，对市级行政机关的所有行政事业性收费项目、收费标准及依据进行了公示，增强了政府收费的透明度，规范了政府机关收费行为。加强了《收费许可证》管理，严格按照工作程序进行审验。全年市本级核发《收费许可证》874份，年度审验588份。针对社会反映较大的住房价格和停车收费热点，加强了住房交易收费管理，制定了新建商品房销售实行明码标价的暂行规定，积极落实了商品房“一房一标价”政策，维护了广大购房者的合法权益；加强停车场收费整顿治理，草拟了沈阳市露天及道路停车场收费政策规定。新民市为规范涉房收费行为，对涉房收费项目和标准进行了认真清理，并为有关单位重新核发了收费许可证。铁西区在全市率先开展了整治停车乱收费工作，专门成立了联合治理工作组，由物价局牵头，监察、交警、财政等部门共同参与，并在区内大型商业网点试行了地下停车场收费优惠或免费政策，有效地治理了区内停车乱收费和车辆乱停乱放、拥堵交通等问题。大东区、沈河区也加强了区内所属单位收费许可证的年审、验点发证工作。新民市、法库县重新清理了本市（县）行政事业性收费项目和标准，编印了行政事业性收费目录，及时纠正了不按规定收费和不及时变更收费许可证有关内容等问题，有效地规范了收费单位的收费行为。

（张　强）

【加强重点品种专题监测】 2010年，面对异常天气和下半年全国范围物价高位运行的情况，沈阳市物价局在完成常规监测任务的同时，加强了重要品种的专题监测和价格异常波动的预警预报，为政府及时制定宏观调控政策、保障市场供应提供了大量的基础价格信息，实现了对突发情况及倾向性、苗头性问题的早发现、早报告。针对2010年3月份生猪价格低位运行、春季蔬菜价格居高不下以及春节过后杂粮市场价格持续上涨等情况，监测人员深入实地调查，先后向市政府及有关部门汇总上报了《沈阳生猪价格跌破盈亏平衡点》、《沈阳部分超市绿豆价格大幅上涨》等多篇情况反映。针对下半年消费品价格逐月攀升的情况，又及时增加了监测品种，加大了监测频率，加强了市场价格监测信息的公示、宣传和专报，既为相关部门的科学决策提供了大量及时准确的市场价格信息和分析资料，同时又对引导群众合理消费、消除涨价恐惧心理起到了很好的促进作用。新民市根据异常波动监测预警制度的要求，在下半年价格高位运行时，及时启动了应急监测预案，平时专人负责市场调查，特殊情况全局出动，及时深入市场开展调查，快速反应，及时上报。法库县在节日期间密切关注市场价格变化，增加了对农贸市场、大型超市的巡查频次。和平区在人员少、任务重的情况下认真开展特殊时期的价格监测工作，随时跟踪监测市场价格动态。2010年，全市共上报完成《每日价格》、《副食品价格每周综述》等价格信息384期。监测品种共涉及粮食、农副产品、工业生产资料、能源、农业生产资料等11类700多个品种和规格。撰写情况反映和分析文章、调研报告79篇，上报物价信息及要情专报97篇，其中：被国家采用5篇，被省局采用21篇，被市委市政府采用16篇。因为工作成绩突出，市物价局价格监测中心被国家发改委评为国家价格监测工作优秀单位。

（张　强）

【维护群众合法权益】 2010年，沈阳市价格主管部门认真做好价格政策咨询和投诉举报的受理查办工作，保证了“12358”价格举报平台以及“114”公民热线、省民心网等群众价格诉求渠道的畅通。对煤气管网费、有线电视初装费、小区门卡费等热点问题，市物价局领导亲自督办，加大了查处力度，并多方努力，积极促成违规收费单位退还多收的费用。为确保“114”公民服务热线的畅通，市物价局专门为行政审批窗口的政策咨询电话配备了一部手机实行绑定服务。于洪区物价局按照接报必查、办结高效的原则，设专人负责来信来访、电话举报记录工作。和平区认真办理市局转办的价格举报案件。铁西区实行价格举报投诉案件办理“一把手”责任制，注重以预防为主，建立了周例会制度。市物价局保证“12358”价格举报电话24小时畅通，工作时间专人值守，休息时间计算机网络自动受理,节假日专门科室值班,确保及时受理群众的价格诉求。2010年,全市共受理价格举报投诉及政策咨询3.16万件,其中:投诉1817件,咨询2.98万件。

(张　强)

【价格法制和政务公开】 2010年,沈阳市重新修订并发布了《价格行政处罚自由裁量实施标准》,对行政职权、执法依据、办事流程等进行了重新清理、确认,编制了行政职权目录。完成了《行政执法证》的年审和《价格监督检查证》备案工作。有关价格的法律法规在调定价、价格监督检查、成本调查与监审等方面都得到了很好的贯彻和执行。所有重大调定价项目决策实行全程公开,有关价格政策文件、重要价格工作内容等均通过网站、手册等形式向社会公布,"5·15"大型政务公开日活动取得了较好的成效。

(张　强)

【农产品成本调查和成本监审】 2010年,沈阳市开展了蔬菜、生猪、牛奶、肉鸡、蛋鸡、水稻、玉米等生产成本及收益、农户农资购买、存粮及种植意向等情况的调查,为政府制定惠农政策提供了大量基础性信息。城市供水,污泥、污水处理,居民燃气,地铁运营,城市生活垃圾处理等32项成本监审,累计核减不合理成本9.12亿元,为政府科学定价打下了坚实的基础。新民市认真抓好新增调查户的基础工作,圆满完成了新增露地白菜的选点、培训和调查任务。并在实际调查工作中积极为农民服务,定期编印科技致富小册子和价格信息资料,发放到农户手中。所撰写的鲜蛋交易市场、蘑菇种植、生猪市场调查、农资价格、农户种植意向等专题调查报告得到了有关方面的认可。全市成本调查监审工作质量显著提高,调研分析能力不断增强。市物价局成本监审分局被评为全国农产品成本调查工作先进集体。

(张　强)

【价格认证】 2010年,沈阳市物价局完成了市政府等部门交办的"博汇野山猪非法吸收公众存款"等一系列大要案的涉案资产价格鉴定工作。各区、县(市)物价部门积极配合公、检、法部门打击各种犯罪活动,配合区政府做好居民动迁工作,在为政府和地区经济发展提供了大量认证服务的同时,维护了广大群众的合法利益。全年,市物价局价格认证中心共受理涉案物品价格鉴定案件465件,涉案财产鉴定总金额2.19亿元。经过努力,价格认证工作的社会知名度进一步提高。

(张　强)

【价格公共服务】 2010年,沈阳市物价局以"价格服务进万家"为载体,积极拓宽服务渠道,创新服务方式,在进社区、进景点、进商场等方面成效明显。沈河区在府东社区成立了沈阳市第一家以社区居民为主要服务对象的"物价服务学校",把价格政策宣传到社区,把群众价格诉求化解在基层,得到了辽宁省物价局的肯定和推广。棋盘山开发区在区内景点、餐饮服务等场所推广了标价签的规范摆放,铁西区在节假日期间加强了对区内重点商业企业明码标价执行情况的检查,皇姑区上门服务指导企业做好明码标价工作,东陵区价格审批服务实行请上来、走出去、事先预约的方式,受到了一致好评。在教育、医药收费等领域,价格公示制度也得到了有效落实。"一房一标价"的做法得到了辽宁省物价局的充分肯定。2010年,沈阳市有10家单位被评为全市商业企业"价格诚信单位"。

(张　强)

食品药品监管

【食品药品监管职能调整】 按照《沈阳市调整食品监管职能理顺监管机构的实施意见和划转人员及资产实施方案》,沈阳市进行了食品监管职能调整工作,将原市食品药品监管局综合协调食品安全、组织查处食品安全重大事故的职责划给市、区、县(市)卫生局,将原市、区、县(市)卫生局餐饮服务环节食品安全和保健食品、化妆品监管职责划给市食品药品监督管理局。职能调整后,市食品药品监管局对区、县(市)食品药品安全实施垂直管理。成立市、区、县(市)食品药品监督所,将原来市、区、县(市)卫生局所属事业单位卫生监督所涉及的餐饮服务环节食品安全和保健食品、化妆品监管的编制、人员、经费、资产管理权限,按核定的市级45%、区、县(市)级60%的比例进行划转交接。2010年1月,为确保沈阳市食品药品监管体制改革工作顺利进行,市政府仅用18天的时间就全面实现了市和区、县(市)两级食品安全监管职能的交换、本级食品药品监督所的成立以及编制、人员、资产、经费、办公用房的交接工作。自2010年1月1日起,市食品药品监管局和市、区(县)卫生局已按新职能正式履行监管职责,确保了监管工作无缝衔接。

(傅永忠)

【监管基础工作】 2010年,按照"一年打基础,两年见成效,三年实现动态可控"的奋斗目标,在监管体制调整到位后,市食药监局完成了全市餐饮服务环节及保健食品、化妆品生产经营企业基本状况普查,初步建立了以电子档案为主的基础信息库,在此基础上,制定了46项带有规范性、机制性、长效性的工作制度和方案,特别是覆盖全市的应急处置体系进一步完善并高效运行。餐饮服务食品安全风险监测有效开展,重要节日及37次市以上重大活动食品安全成功保障,195家餐饮示范店培育树立。16项专项整治成效显著,178起案件被依法查处。高校食堂食品安全实现基本可控,中小学(含托幼机构)、机关企事业单位食堂、大中型餐饮单位保障能力大幅度提高,集体用餐配送单位、建筑工地食堂状况明显改善,522家无证经营"小餐饮"被依法取缔,保健食品及化妆品监管开始步入正轨。

(傅永忠)

【药械监管保障】 2010年,沈阳市药械生产经营企业和使用单位的层次与水平取得质的提高,药械安全程度基本达到了动态可控。在药品生产领域,71家企业药品生产许可证换证、66家企业再注册确认完成,质量控制管理评价与风险评价活动深入开展,企业评估、检查评估、专家评估的"三级评价"体系初步建立,药品生产企业可控性进一步提高。在药品流通领域,通过严格GSP认证及许可证换发标准,药品经营企业进一步规范,零售药店连锁率从2009年的33%提高到2010年的63%,其中城区达到72%。药械稽查力度进一步加大,283起案件被依法查处,4个制假售假窝点被成功捣毁,与公安等部门的联合打假机制逐步健全,成效显著。"非药品冒充药品"治理取得突破性进展,在全国处于领先地位。在药品使用领域,749

家医疗机构药品质量管理评价完成,19家医疗机构制剂室完成换证,药品供应链平台建设进展良好,药品使用安全度明显增强。在医疗器械领域,日常监督检查体系逐步完善,高风险和一次性医疗器械产品监管效果显著。通过对400家生产经营企业换证,企业软、硬件水平进一步提高,特别是经营企业内审员制度的引入实现了企业管理的重大突破,医疗器械保障水平达到新的高度。

(傅永忠)

安全生产监管

【概况】 2010年,全市安全监管工作以"安全生产年"为主线,采取切实措施加强安全生产工作,全面推进26项重点工作任务,全年事故总起数和死亡总人数实现"双下降",全市安全生产形势总体稳定。一是全市各类事故和死亡人数总量持续下降。全年共发生各类事故2238起,同比减少207起,下降8.47%;死亡616人,同比减少13人,下降2.07%。二是工矿商贸非煤等各领域形势稳定。全市非煤工矿商贸企业事故死亡人数与上年持平,道路交通等行业领域的事故起数和死亡人数均有下降,没有发生铁路道口事故。

(王永良)

【法律法规贯彻落实】 2010年,沈阳市认真落实国家和省关于"安全生产年"活动的部署要求,先后出台了《沈阳市人民政府关于印发沈阳市继续深入开展"安全生产年"活动实施方案的通知》(沈政办发〔2010〕35号)、《关于印发2010年沈阳市安全生产工作要点的通知》(沈安委〔2010〕1号)等文件,并在4月6日召开的全市安全生产工作暨深化"安全生产年"活动动员大会上,对全市26项重点工作进行了统筹部署。同时,按照国务院和辽宁省政府的部署要求,制发了《关于印发〈沈阳市贯彻落实国发〔2010〕23号文件实施意见〉的通知》(沈安委〔2010〕28号),从促进产业结构优化、落实企业安全生产主体责任、强化政府安全监管责任、加强安全技术保障和应急救援体系建设4个方面35项具体措施提出要求,制发了任务分解表,组织召开了安委会全体成员及各区县主管领导参加的专题部署会,并组织了百人教师团,分赴各地区、各行业领域和生产经营单位进行宣讲,得到了国务院安委会督查组领导的充分肯定。

(王永良)

【政府高度重视安全生产】 2010年,沈阳市委、市政府将安全生产工作纳入重要议事日程,采取了一系列措施加以强化。市政府先后组织召开了常务会1次,市长专题会议及安委会全体会议共8次,部署全市安全生产工作,专题研究解决安全生产的重大问题;市政府列支了5000万元安全专项资金,已全部投入使用。同时,市政府下发了9号文件,对全市2009年度安全生产工作先进单位和先进个人进行通报表彰,并参照辽宁省的做法,市政府列支104.9万元,对于安全生产目标管理工作的特殊贡献、先进、优秀和达标共45个单位进行表彰和奖励;对安全生产"十一五"规划进行了全面评估,完成了"十二五"规划的编制工作。"十一五"规划中确定的安全生产培训教育基地、应急救援指挥中心、市职业卫生检验检测中心、城市基础设施工程整治、重点工程项目安全评价等七大重点工程项目全部建成或完成。

(王永良)

【强化两个主体责任】 2010年,沈阳市强化两个主体责任,企业与政府两个层面安全生产责任得到进一步落实。

在企业主体责任落实层面,在全市规模以上企业推行企业主要负责人安全生产履职考核制度,并对履职考核标准进行了修订完善,强化了对企业的作业现场考核。对85家市直企业的履职考核工作已全面展开,各地区确定了1007家规模以上企业实施企业主要负责人的履职考核,有力地促进了企业主体责任的落实。其中:铁西区50家,大东区118家,于洪区112家,东陵区196家,沈北新区150家,经济技术开发区100家,康平县58家,法库县45家。

在政府监管责任方面,市安委会印发了《沈阳市安全生产责任制规定》,明确了政府主要领导、分管领导及其他领导、各部门主要领导以及生产经营单位的主要领导、主管和其他负责人的安全生产责任,进一步强调了责任制考核、责任追究的有关要求。同时,市政府还与17个地区、26个委办局下达了安全生产责任书,明确了考核细则,层层分级和落实安全生产监管责任。此外,还编制和实施了安全生产执法监察计划,强化了重点区域的安全监管。确定了铁西区、于洪区、东陵区、沈北新区、苏家屯区、法库县作为区域安全监管的重点,铁西区为重中之重,加大了对重点区域的执法监察和巡视督查的频次。

(王永良)

【危化品和烟花爆竹安全专项整治】 2010年,沈阳市加强危化品和烟花爆竹安全专项整治。危化品专项整治方面,一是对危化生产企业推进产业结构调整和布局优化,鼓励危化企业向化工园区集中。全市235家危化生产企业中,已有150家在新换证期间被注销,其中三环内43家危化生产企业中,已有36家退出,剩余的7家大型生产企业已有2家完成搬迁,5家已做好搬迁计划。市安监局成立了危化生产企业搬迁工作协调领导小组,推进搬迁工作顺利完成。二是对危化经营企业继续实施总量控制。省发证危化经营企业由603家减少为564家,市发证危化经营企业由1112家减少为972家。三是对危化使用单位实行登记备案管理。全市非许可化工、医药生产使用单位需要进行登记备案的共有188家,已完成评价整改的有87家,已排查出各类隐患近600余处,投入整改资金600多万元。四是对涉及危险工艺危化企业推进自动化改造。全市涉及危险工艺企业有24家共56套装置,11家生产企业的31套装置已全部完成改造;13家使用企业的25套装置中,6家企业的6套装置经专家认定不属于危险工艺,6家企业将在年底前全部完成改造,东北制药厂于新厂搬迁完成改造。烟花爆竹安全专项整治方面:全市699户零售业户剩余的5.68万件烟花爆竹,已全部返回烟花爆竹批发公司仓库储存,未发生安全生产事故。2011年春节期间全市烟花爆竹安全监管工作已全面部署,要求二环路以内不设库房,严格控制设置烟花爆竹临时库房。

(王永良)

【非煤矿山(尾矿库)安全专项整治】 一是通过总量控制、区域集中的原则,推进非煤矿山行业的产业结构调整和优化布局。发证企业由389家减少到76家,其中:尾矿库由7家减少到2家,地域分布上从14个地区减少到6个地区。二是严格执行了非煤矿山企业春季复工审批制度，推行中深孔爆破和机械化铲装技术，开展安全标准化创建。强化了对6个地区执行非煤矿山企业春季开工审批制度的专项督查，共抽查企业30多家，达到非煤矿山企业总数的50%以上。除2个井工矿以外，所有矿山企业均采用中深孔爆破、机械化铲装和机械二次破碎技术。组织了30户非煤矿山企业开展安全生产标准化工作，确保能够超额完成省下达的20户五级以上标准化创建任务。三是强化了防洪度汛期间的安全防范。通过手机短信平台，免费向全市所有的非煤矿山行业的企业负责人及安监人员发布气象灾害预警信息，并组织专家，加强了重点地区和重点企业的防洪度汛安全专项检查，2次开展对地下矿山的通风、提升设备专项安全检查。四是加强了非法小矿山小矿厂的打击取缔工作。排查出3家非法生产的选矿厂，责成属地的苏家屯区政府予以了取缔。全市非煤矿山行业没有省局备案的重大隐患。从2007年下半年以来，全市非煤矿山行业没有发生死亡事故。

（王永良）

【职业危害专项整治】 一是组织开展了粉尘与高毒危害治理专项整治。全市各级监管部门对1356家企业监督检查2673次，责令限期改正759项，责令停产整顿4家，因规划拆迁职业危害企业1385家。全市176家企业进行了作业场所职业危害的检验和评价。二是强化了职业卫生监管机构建设。9个区县成立了独立的职业卫生监管科室，7个区县成立了合署挂牌的科室并设专人负责；培育了9家有资质的职业危害检测机构；全市企业职业健康监督员总数已达到1037人。三是完成了粉尘和使用高毒物品企业的普查申报登记工作。将国家职业危害申报与备案管理系统纳入到了市安全生产应急指挥管理平台，实现了并网运行。全市已完成了1025家企业的网上动态申报。四是强化了劳动者的职业健康体检。全市从事接触粉尘和高毒物品作业劳动者的职业健康体检率已达到100%。此外，还强化了职业卫生的宣教培训工作，成功承办了全国副省级城市职业健康监管工作研讨会。

（王永良）

【推进行业的安全生产治理】 一是制订了冶金、机械行业的安全专项整治方案，下发了《沈阳市机械等行业企业安全生产治理工作方案》，从全面推动履职考核工作、继续开展"反违章"活动、全面启动标准化达标创建工程三大方面，对机械等行业的安全生产专项治理工作作出部署。二是深入开展了机械、冶金行业专项整治。机械行业方面：继续推进反违章活动，全市工矿领域累计修订规章制度和操作规程已达14万余项，由"三违"引发事故的比例也由原来的70%左右下降到当前的50%。冶金行业方面：重点对使用焦炉、高炉、转炉、涉及煤气制取和使用的冶金企业进行整治。经查，全市的18家冶金企业都有证照，但其中有1家的证照已过期，10家企业履行了安全设施"三同时"手续。全市没有使用焦炉、高炉、转炉的冶金企业，涉及煤气制取和使用的冶金企业共有10户，全部达到安全标准要求。

（王永良）

【安全生产市场准入】 一是严格安全生产许可证颁发。在危化企业行政许可方面，受理5家危化生产企业的换证申请，受理318家省发证危化经营企业的申请。全市发证的危化品生产企业共110家，危化品经营企业1536家，其中：省发证的危化品经营企业共595家，市发证的危化品经营企业841家。在非煤矿山行政许可方面，新发安全生产许可证3家。全市非煤矿山行业共发放安全许可证93家，其中：辽宁省直接发证的17家，沈阳市发证的76家（露天采石场61家，井工矿1家，尾矿库2家，地质勘探7家，石油企业5家）。二是严厉打击非法生产经营行为，建立健全了"明确职责、构建网络、月零报告、事前问责、严厉打击"的打非工作机制和四级工作网络。各级安全监管部门共查处非法企业82家，其中：生产企业21家，经营企业20家，储存企业41家，已成功打掉73家，其余9家已移送相关部门处理。三是严格建设项目安全设施"三同时"审验。认真贯彻落实《辽宁省建设项目安全设施监督管理办法》（省政府令第229号），先后出台了《沈阳市建设项目安全设施"三同时"工作指导意见》等文件，将建设项目安全设施"三同时"纳入了发改委、建委、经信委建设项目管理（审批）程序，建立了联动机制，从建设项目的立项阶段开始入手，强化安全设施"三同时"的审验。同时，对2008年以来政府投资和使用国有资金500万元以上建设项目，非政府投资和非使用国有资金3000万元以上建设项目，以及冶金、机械等行业的"三同时"审验专项整治。

（王永良）

【应急救援和执法监察】 一是推进了市应急救援指挥中心的建设，加强了预案的管理工作。一期工程软硬件建设已通过验收并投入运行，二期工程已获有关部门的批准，相关采购工作正在进行之中。对《沈阳市安全生产事故灾难应急预案》、《沈阳市危险化学品事故灾难应急预案》2个市级预案进行了修订，重新发布了非煤矿山专项预案，下发了《沈阳市生产安全事故应急预案管理实施方案》、《沈阳市生产安全事故应急预案管理办法》，全市完成了670家高危行业和二级以上重大危险源单位的预案评审和备案管理工作。二是强化了应急训练和应急演练。完成了沈化周边地区危化品事故应急救援演练，并于11月底在新民市组织开展了非煤矿山应急救援（桌面）演练，进一步提高了应急处置能力。三是明确了市区两级执法监察机构的事权划分。下发了《市区两级安全生产执法监察机构事权划分工作暂行规定》（沈安监执〔2010〕4号），对执法监察权、违法案件调查处理权、事故单位违法行为处理权进行了明确。四是加强了安全生产违法案件的查处。对近年来特别是2009年以来全市生产安全事故调查处理情况进行了督查，案件查处率、案件按期结案率达到100%。受理1起行政复议案件并依法撤销了区县作出的行政处罚决定，应诉了1起行政相对人提起的行政诉讼，成功获得胜诉。此外，还组织安监系统的行政执法案卷开展评查，抽查行政处罚案卷52卷、现场检查记录100余份，并将评查结果通报全市，提高了安监系统执法案卷的规范化水平。

（王永良）

【安全生产基础管理】 一是加强全市多层次、多角度的安全生产大检查。每逢重大节日或重点时段，都由市政府各位副市长亲自带队开展全方位安全生产大检查，各地区也按照市里模式开展检查，有效促进了安全生产各项工作的深入开展。全年，由市政府组织开展的大检查已达到8次，全市共成立安全生产检、督查组976个,参加人员4586人,检查单位9325家,排查隐患1.69万处,其中市挂牌督办的重大隐患17处,均已全部完成整改。二是积极推进安全生产标准化工作。辽宁省下达沈阳市机械行业标准化创建指标为22家、冶金行业指标为1家。沈阳市实际完成74家,其中:一级标准化企业3家,二级标准化企业3家,三级标准化企业68家。全市已累计完成179家安全生产标准化企业创建,其中:一级标准化企业15家,二级标准化企业31家,三级标准化企业133家。三是强化了事故的报告调度、结案备案和考核指标的控制工作。全市所发生的生产安全事故,已全部按辽宁省的要求上报,按时上报率达100%,没有瞒报事故情况发生。按时做好事故结案、备案工作,按时结案备案率达到100%。建立了事故统计分析报告制度,在做好每月全口径事故统计汇总工作的同时,每季度发布一次全市各类事故情况通报,以《安监信息》为载体,刊发《安全生产典型事故案例专刊》,目前已发12份。

(王永良)

【培训宣传教育】 一是扎实开展职工安全培训。全市共培训企业负责人、安全管理人员和特种作业人员共69362人,其中:企业负责人6844人,安全生产管理人员6402人,特种作业人员56116人。继续大力推进职工安全生产知识普及培训教育工作,共培训37万人次,超额完成了省定培训任务指标。二是深入开展安全生产宣传教育活动。成功开展了"安全生产月"、"安康杯"等形式的宣教活动。紧扣"安全发展、预防为主"的主题,集中开展了咨询日活动、百万职工有奖答题、安监执法监察队伍的法律知识培训、应急演练等一系列声势浩大的安全月活动。期间,全市共设置咨询台500多处,发放宣传资料12万份,组织生产经营单位职工答卷10万份,悬挂安全生产宣传标语8万多条、横幅8000多条、各种招贴、壁报、挂图5万多幅,安全旗1万多面,发送短信1万条。三是深入开展安全文化示范企业创建工作。全市已上报10家企业并做好了验收准备。开展市级安全文化示范企业的创建工作,已完成20户市级文化企业的验收工作。

(王永良)

【强化工业园区安全专项整治】 2010年,沈阳市安监局强化工业园区的安全整治,重点是园区的安全管理机构建设、监管方案制定、建设项目监管和园区的整体安评四个方面内容。经过整治,16个园区中已有13个园区成立了安全管理机构并制定了综合性安全管理方案,有3家园区已经完成整体安全评价。

(王永良)

【安全诚信监管体系建设】 2010年,沈阳市安监局完成了经济技术开发区首批50户(外企23户、民营企业22户、国营企业5户)A级企业的安全诚信企业创建和审批工作,这50户企业的工伤保险缴费率已下浮了20%,共降低缴费金额150余万元,涉及缴费员工5万余人。

(王永良)

【安全社区和安全生产示范乡镇创建】 2010年,沈阳市沈河区2个街道完成国际安全社区的验收工作,全市已有国家级安全社区19个,市级安全社区78个,安全生产示范乡镇(街道)55个。

(王永良)

【道路交通安全专项整治】 2010年,沈阳市对确定的195处交通事故隐患路段整改126处,全面打响交通秩序整治战役,市公安局组建交通整治督察大队和交通整治行动大队,从严整治突出交通违法行为,全力抓好缓堵保畅工作,规划路内停车泊位10.6万个,查处车辆违法停车34万余件,明显改善沈阳站、北站、太原街、中街为代表的28处交通乱点、堵点交通秩序。在全市机动车保有量同比增加15%、交通流量增加20%的情况下,全市路口延误时间同比减少30%到40%,车速同比提高25%到30%;全市中心城区主干道机动车、非机动车、行人守法率分别达到98.6%、95.3%和90.5%,比年初提高了6.3%、7.6%和5.8%;主干道机动车停车入位率达到98.3%,比年初提高了3.7%;在大规模整修道路的情况下,通过科学调流等多种有效举措,实现了道路大修之年无大堵的工作目标;全市投入资金3.24亿元,用于道路交通安全设施和管理设施建设及维护,相当于前8年的总和,道路交通基础设施建设实现跨越式发展;使全市的公交运营速度平均提高了17.5%,公交出行的比例达到了31.2%,"公交优先"政策收效显著。

(王永良)

【特种设备安全监管引入新技术】 2010年,沈阳市完成了3900台"电梯卫士"的安装。铁西区11月7日发生较大面积停电情况下,已安装"电梯卫士"的16部电梯在第一时间发出救援信息并安抚被困乘客,不到10分钟时间被困人员全部得到解救,比其它未安装"电梯卫士"的电梯快了约20分钟的解救时间。

(王永良)

财 政 · 税 收

财 政

【财政收支】 2010年,沈阳市一般预算收入实现465.35亿元,比上年增长17.62%。财政支出结构得到进一步优化,实现了财政收支当年平衡。

一、一般预算收入

2010年,沈阳市一般预算收入465.35亿元,为年度预算的104.54%,比上年增长17.62%。

1.增值税39.95亿元,为年度预算的99.86%,比上年增长16.21%。

2.营业税129.51亿元,为年度预算的103.55%,比上年增长25.01%。

3.企业所得税50.33亿元,为年度预算的111.84%,比上年增长33.55%。

4.个人所得税17.32亿元,为年度预算的113.62%,比上年增长24.56%。

5.城市维护建设税14.67亿元,为年度预算的106.96%,比上年增长26.04%。

6.房产税15.37亿元,为年度预算的96.56%,比上年增长17.56%。

7.城镇土地使用税20.82亿元,为年度预算的87.7%,比上年增长4.99%。

8.契税40.26亿元,为年度预算的102.72%,比上年增长23.93%。

9.印花税6.62亿元,为年度预算的106.39%,比上年增长27.44%。

10.资源税、土地增值税、车船税、耕地占用税等其他税收33.22亿元,为年度预算的137.62%,比上年增长25.29%。

11.国有资本经营收入33.23亿元,为年度预算的59.04%,比上年下降42.07%。

12.行政性收费、罚没等收入37.63亿元,为年度预算的142.86%,比上年增长46.77%。

13.排污费、水资源费、教育费附加等专项收入8.29亿元,为年度预算的113.36%,比上年增长11.84%。

2010年,沈阳市基金收入491.92亿元,比上年增长21.09%。

二、一般预算支出

2010年,全市一般预算支出516.77亿元,比上年增长13.71%。

1.一般公共服务支出66.77亿元,比上年增长14.31%。

2.国防支出1.34亿元,比上年增长48.87%。

3.公共安全支出37.81亿元,比上年增长24.5%。

4.教育支出76.86亿元,比上年增长18.52%。

5.科技支出15.33亿元,比上年增长12.48%。

6.文化体育与传媒支出8.72亿元,比上年下降6.38%。

7.社会保障和就业支出94.8亿元,比上年增长11.69%。

8.医疗卫生支出26.53亿元,比上年下降9.05%

9.环境保护支出10.59亿元,比上年增长28.19%。

10.城乡社区事务支出62.91亿元,比上年下降1.61%。

11.农林水事务支出26.12亿元,比上年增长12.91%。

12.交通运输支出8.34亿元,比上年增长135.82%。

13.资源勘探电力信息等事务支出39.74亿元,比上年增长82.75%。

14.商业服务业等事务支出7.35亿元,比上年增长9.73%。

15.金融监管等事务支出1.07亿元,比上年下降35.66%。

16.国土资源气象等事务支出2.77亿元,比上年增长118.31%。

17.住房保障支出24.79亿元,比上年增长12.56%。

18.粮油物资储备管理等事务支出1.75亿元,比上年增长36.15%。

19.其他支出3.18亿元,比上年下降67.44%。

另外,2010年,沈阳市基金支出478.81亿元,比上年增长32.8%。

(财政局)

【积极推进财政改革】 预算管理进一步加强。做到统筹兼顾、有保有压、运转顺畅、保障有力,并首次将超收收入转入预算稳定调节基金,用于以后年度偿还地方政府债券本息等支出,降低了政府债务风险。完成市对区财政体制调整,实施"双轨制"运行,同时经历了行政区划调整、9个地区涉及财政收支划转。市财政采取切实措施,确保了财政平稳运行。

各项改革顺利推进。财政支出细化为23类、1061项,按标准、按定额管理,对所有部门和项目都做到一把尺子衡量。国库集中支付和非税收入收缴制度改革在全市铺开,公务卡改革试点稳步推进;特别是国库集中支付改革,当年新增的单位数量是前5年总和的5倍,大大提高了国库调度能力。乡镇财政管理方式改革实现由四县(市)向郊区拓展的预期目标。

资金监管水平进一步提高。制定了关于政府专项资金、市直单位银行账户、因公出国(境)经费等管理办法,起草并以政府令形式下发了《沈阳市政府债务管理办法》,切实加强财政监管。会同市纪委、环保局出台党政机关开展节能环保活动的系列规定,其中禁止公款购买、印刷、邮寄纸质贺卡的措施收到良好的社会效果。政府采购和政府投资项目预决算审核工作进一步加强,重大工程建设资金得到有效监管。

资产管理力度加大。全市3731家独立资产核算行政事业单位全部纳入资产管理信息系统,资产统筹调剂能力进一步增强。

财政监督效能提升。与市纪委等相关部门共同组织开展了"小金库"专项治理、工程建设领域专项治理、强农惠农专项资金检查、非税收入收缴检查等专项检查工作。

（财政局）

【确保养老金按时足额发放】　一是筹集资金，确保养老金按时足额发放。在加强征缴的同时，积极筹措资金，全年累计安排财政补助和调度资金64.1亿元，为全市企业退休职工人均月增资122元，确保了全市90万企业离退休人员养老金及时、足额发放。二是调动征收积极性，促进养老保险费征收任务完成。制定实行"基数"和"浮动"的征收经费核定办法，有效调动征收部门工作积极性，同时对区县政府实行征收任务和缺口补助按月进行考核和通报制度，强化了分级管理责任。2010年实现基金收入增长19.3%，增强了基金的自我平衡能力。三是稳步推进康平县新型农村养老保险试点工作。足额安排新农保财政补贴资金2633万元，保障了约3.3万名参保老人领取了养老金。四是重启建工劳保费征收和管理工作，实现保费收入1.6亿元。

（财政局）

【健全财政促进就业扶持体系】　一是完善就业扶持政策体系，保障全市就业局势稳定。健全普惠制就业培训政策，明确规范了培训人员范围、培训基地管理、培训资金使用，进一步提高培训补贴标准，拓宽专业设置。二是加大对困难家庭大学生、残疾人、"零就业"家庭等特殊困难群体的就业援助力度。2010年，全市累计筹集就业资金12.4亿元，保障了全市13.5万名灵活就业人员社会保险补贴、2.9万名公益性岗位人员岗位补贴、5.5万名普惠制就业培训人员培训补贴待遇的落实，全年城镇登记失业率控制在3.2%。三是构建促进创业工作体系，发挥创业带动就业的倍增效应。四是合理提高补贴标准，保障就业困难群体基本生活。为全市2.9万名公益性岗位人员每人每月增加岗位补贴150元—200元、2000名高校毕业生每人每月增加见习补贴120元、3.1万名在领失业金人员每人每月增加失业保险金110元—160元。

（财政局）

【完善落实各项优抚政策】　提高抚恤补助标准，做好优抚对象生活保障。继续提高优抚对象抚恤及生活补助标准，落实革命伤残军人、抗日战争、解放战争及抗美援朝老复员军人等优抚对象的优抚政策。2010年共支出优抚资金10.8亿元，保障优抚对象4.4万人。

完善义务兵优待政策，保证征兵工作顺利开展。将我市农村义务兵优待金标准与义务兵所在区、县（市）当地上年农民家庭人均纯收入进行联动，明确了进疆、进藏特别优待金标准，确保高质量完成征兵任务。

落实退役安置政策，做好就业和生活保障工作。进一步提高退役士兵自谋职业经济补助标准，为1158名城镇自谋职业退役士兵发放补助资金3200万元。购置修缮军队移交地方安置机构活动用房及服务用车，确保8666名军队移交的离退休干部正常活动的需要。

加强烈士陵园整合，支持爱国教育基地建设。投入资金900万元，整合修缮部分区县烈士陵园，保障沈阳抗美援朝烈士陵园改扩建工程顺利实施。

（财政局）

【搭建社会养老服务体系框架】　一是积极应对老龄化问题，加大养老事业投入。累计投入5.5亿元，初步建立了以居家养老为基础、社区服务为依托、机构照料为补充的养老服务保障体系建设。二是发挥政府主导作用，完善社会化养老服务设施。积极开展以市养老院为龙头实施养老机构建设项目的"爱晚工程"建设，市财政投入5123万元，增加床位1146张。整合建设45所农村中心敬老院，在前三年累计投入1.57亿元的基础上，继续投入4952万元，新增床位7230张。鼓励社会力量投资兴办养老服务机构，对新建或改扩建的民营福利机构，按每张床位2000元标准给予一次性初建扶持补贴。三是推进日间照料站建设，提升社区养老服务水平。继续投资1000万元，新增100个示范性日间照料站，全市日间照料站达到414个。累计开发1000个居家养老服务公益性岗位，依托社区卫生中心开展老年保健工作，初步形成了集生活照料、医疗康复、精神慰藉三大服务功能为一体的社会和居家养老服务体系。

（财政局）

【提高困难群体保障水平】　一是提高低收入群体救助水平，保障困难群众基本生活。将城市低保标准从每人每月340元提高到380元，农村低保标准从每人每年2300元提高到2600元，"五保"供养标准从每人每年5100元提高到5610元，将困难群体"两节"临时救助标准提高50%。提高城乡贫困群体医疗救助水平，建立与居民医保和新农合有效衔接、统筹城乡的医疗救助体系。二是做好残疾人服务保障，促进残疾人事业发展。投入9483万元用于残疾人事业。实施贫困残疾儿童抢救性康复项目，为贫困残疾儿童免费配发辅助器具，免费开展康复训练。支持10个"阳光之家"和"阳光工场"残疾人托养机构建设。三是推动公益福利项目建设，提升社会福利机构服务质量。投入6983万元，保障了市儿童福利中心、市流浪未成年人救助保护中心及安宁康复中心顺利完工。四是提高防灾减灾能力，妥善安排灾民生活。紧急下拨洪涝灾害灾民生活紧急救助资金100万元。落实1877户受灾住房恢复重建资金2398万元，确保灾民安全过冬。

（财政局）

【持续推进医药卫生体制改革】　2010年，市财政按照保基本、强基层、建机制的改革思路，多渠道筹集资金，继续加大医改投入，以推进基本药物制度和基层医疗卫生机构综合改革为重点，进一步提高了政府公共医疗保障水平、建立了基层医疗机构补偿长效机制，公共卫生服务体系更加完善、公立医院救治能力进一步提升。

1. 筹措资金加大投入，统筹推进医药卫生体制改革。2010年，财政以民生保障为根本，通过调整支出结构、增加预算安排、争取上级补助等多种渠道，努力筹集医改资金21.7亿元，比2009年（可比口径）增加5.7亿元，增长36%，为医改的顺利推进奠定了物质基础。

2. 以增强政府基本公共服务保障能力为主线，不断提高群众医疗保障水平。投入9.4亿元，大幅提高医疗保险基金财政补助标准。城镇居民医保基金财政补助标准从人均80元/年提高到145元/年，惠及88万人；新型农村合作医疗财政补助标准从130元/年提高到135元/年；农民看病报销封顶线从4.8万元提高到5.5万元/年，惠及240万人；城乡居民医疗救助最高限额从5000元提高到5500元/年，救助城乡贫困群体10万人次。启动居民医保门诊统筹，使医疗保险报销政策更加惠民。2010年启动居民医保门诊统筹，实现了居民医疗保险由"保大病、保住院"向"门诊、住院保障兼顾"转变,惠及参保居民88万人。同时,增加居民医保住院分娩报销政策,惠及参保成年人4.7万人。

3. 以构建基层医疗卫生机构政府补偿长效机制为重点,全面、科学地完成了基层机构收支核定工作。市财政按照"政府买服务、花钱建机制"的工作思路,遵循"核定任务、核定收支、绩效考核补助"的政府补偿原则,科学制定补偿政策,明确资金补偿渠道,全年完成全市152家政府主办的基层医疗卫生机构收支核定工作,确保基本药物制度顺利实施。

4. 进一步支持公立医院建设,稳步提升公立医院救治能力。一是支持市属重点医院建设。在已累计投入建设资金7.6亿元和贴息资金6922万元进行"六加一"医院门诊和病房楼基本建设项目基础上,2010年市财政又会同卫生部门集中进行走访,实地了解机构现状,对"六加一"医院和精神卫生中心一次性投入设备购置启动资金补助4300万元,购置开诊必需的基础性医疗设备,确保各医院基本建设项目完成后能够顺利投入使用。二是支持医院重点学科建设。根据各市属医院的学科特色,对沈洲医院、红十字会医院、中医院等"六加一"医院和精神卫生中心以外的其他市属医院投入资金1450万元,用于支持其购置重点学科建设所需仪器设备,发挥专科特色,有效提升了医疗机构的救治能力。

5. 突出公共卫生服务,加快推进公共卫生服务体系建设。一是推进基本公共卫生服务均等化。实行政府购买基本公共卫生服务方式,按照人均15元的标准,全年共投入基本公共卫生服务补助经费1.3亿元,惠及全市720万人。二是积极开展重大公共卫生项目。投入资金1亿元,为全市27万人次补种乙肝疫苗,为2.9万名农村妇女孕前和孕早期补服叶酸,对2.9万名农村孕产妇住院分娩等给予补助。三是加强专业公共卫生服务体系建设。投入3.2亿元,有效保障疾病控制、院前急救、采供血和食品安全工作,全面提升应急救治能力。

(财政局)

【规范投融资机构建设】 2010年,在国家陆续提出宏观调控政策及严控货币信贷、政府融资平台公司清理规范的形势下,政府投融资工作抓住战略机遇,坚持把优化投融资结构作为优化资源配置、调整产业结构、实现经济跨越式发展的重要抓手,加大资金多元筹措力度,努力拓宽融资渠道,积极争取国家重点企业、社会资本、民间资本投资,努力引导更多资金投向关于沈阳未来的战略性、先导性产业,投向事关经济发展的优势产业,投向增长潜力大、牵动作用强的重大城建项目、重大公益项目和民生项目。强化资金融入、使用、偿还的动态监管,搞好资金筹集与项目投资的有效衔接,实行政府投融资项目债务分类管理,建立债务偿还预警机制,清理核实政府融资平台公司债务工作取得了阶段性成果,政府投融资机构规范建设发展取得了新突破,政府投融资管理体系进一步完善。

通过市区两级政府投融资机构努力,全年政府投融资项目通过银行审贷委员会批准融资386亿元,其中融资到位279亿元,银行审贷委员会批准尚未到位107亿元。在已到位的融资资金中,市本级为238亿元,同比增加了4.69亿元。推进了沈丹客运专线,沈阜、沈彰等重点公路,地铁一号线、二号线,南北二干线和二环快速路改造,三、四环改扩建,金廊工程拆迁,"十二运"比赛场馆,全运村主体工程等重大城建项目建设;支持了华晨宝马、航高基地C系列飞机等装备制造重点工业项目建设;促进了浑南新城、蒲河生态廊道及县域关键性重点区域项目建设;加速了农村安全饮水工程,弃管小区综合改造,爱晚工程等民生项目实施。

(财政局)

【支持全市经济社会发展】 一是完善财政管理体制。在省调整对市财政体制基础上,市对区县财政体制进行重大改革,所有共享税种收入全部下划区县,更好地调动了各地区组织收入、发展经济的积极性。二是积极引导经济发展方式转变。全市共投入各级财政及政府融资资金超百亿元,支持重大项目建设和重点产业发展,推动企业技术研发和自主创新,落实政府公共投资和中央扩内需项目配套资金,有效拉动城乡消费需求。三是加大城乡建设投入。仅市本级投入财政及融资资金达228亿元,有力保障了沈阜、沈彰、地铁等道路工程和基础设施建设,大力支持了蒲河生态廊道建设,全面保障了"四大战役"和全市弃管住宅小区综合改造等重点民生项目建设。四是大力支持县域经济发展。全市"三农"投入104.7亿元,比上年增长13.7%,足额落实各类涉农补贴,大力支持设施农业、农田水利建设和农业综合开发,推动县域投融资平台建设,积极开展村级公益事业"一事一议"财政奖补试点。继续推进县域财源建设,支持康平县成为省财政厅确立的全省惟一财源建设工作试点县。五是加大财政资金调度力度。2010年,市财政积极调度资金102亿元,支持基础设施建设、土地储备等重点项目融资,其中仅土地储备一项就调度资金68.8亿元。六是积极规范投融资机构发展。大力规范、支持投融资机构发展,全年融资到位资金278.74亿元(市本级238.01亿元,比上年增加4.69亿元),有力保障了重点民生项目建设。

(财政局)

国 税

【组织收入】 一、税收收入总况

2010年,沈阳市共组织各项收入349.26亿元,同比增长22.66%,增收64.53亿元,宏观税负为6.96%,同比增加0.43个百分点。税收收入完成330.14亿元,同比增长23.86%,增收63.6亿元,与全市GDP增速14%的弹性系数为1.7,高于经济增速。从税收收入的总体趋势看,税收总量保持了稳定增长的态势,各月份收入额度情况均好于上年同期,从各季度末与同期增长幅度的对比情况看,均实现了同比增长,其中:一季度同比增长27.77%,二季度末同比增长25.34%,三季度末同比增长22.83%,四季度末同比增长23.86%。2010年,全市税收不仅取得了稳定的增长幅度,而且各项组织收入工作还保持了较高的运行质量,同时各项税收优惠政策也得以充分落实,全市共办理各项税收减免税40.96亿元,同比增长9.26%,增收3.47亿元其中:出口退税16.85亿元;民政福利企业退税1.8亿元;高新技术企业减免2亿元。

二、各预算级次收入完成情况

中央级收入完成272.58亿元,同比增长33.97%,增收69.12亿元;地方级收入完成76.68亿元,同比增长21.56%,增收13.6亿元。中央级收入与地方级收入的增长幅度相差12.41个百分点。在各税种收入中，中央级税种消费税和车辆购置税增长幅度达到34.72%和45.11%，而相比之下，分享税种增值税和企业所得税增幅相对落后，由于税种结构造成了中央级收入和地方级收入的增长速度不均衡。虽然落后于中央级收入增幅，但是地方级收入增幅呈现出逐季增高态势，一季度末增幅为17.03%，二季度末为20.56%、三季度末为21.3%、四季度末为21.56%。

三、各税种收入完成情况

在各税种收入中，增值税完成161.71亿元，同比增长16.5%，增收22.9亿元，其中：工业增值税完成116.39亿元，同比增长18.23%，增收17.95亿元；商业增值税完成45.32亿元，同比增长12.26%，增收4.95亿元。消费税完成52.93亿元，同比增长34.72%，增收13.64亿元。企业所得税完成98.7亿元，同比增长30.89%，增收23.3亿元。利息个人所得税完成4000万元，同比下降76.8%，减收1.33亿元。车辆购置税完成16.4亿元，同比增长45.11%，增收5.1亿元。

四、各产业税收完成情况

第二产业税收收入完成200.45亿元，同比增长25.8%，增收41.11亿元，其中：制造业完成173.71亿元，同比增长20.02%，增收28.98亿元；电力、燃气及水的生产和供应业完成税收21.53亿元，同比增长80.17%，增收9.58亿元。第三产业税收收入完成129.69亿元，同比增长20.98%，增收22.49亿元，其中：批发零售业税收完成64.51亿元，同比增长13.81%，增收7.83亿元；房地产业税收完成24.93亿元，同比增长59.8%，增收9.93亿元；金融行业税收完成11.13亿元，同比增长55.43%，增收3.97亿元；电信业所得税完成8.91亿元，同比下降33.78%，减收4.55亿元。

五、税收收入特点

一是收入总量保持持续增长。2010年，全市税收收入总量实现了稳定增长，累计增长幅度达到了两成以上，宏观税负达到6.96%，同比增加0.43个百分点，同时与全市GDP增速的弹性系数为1.7，税收增速高于经济增速。从各月份的税收规模看，同比均实现了持续增长，其中1月份、10月份和12月份税收规模超过30亿元。二是主体税种增幅较高。中央、地方共享税种增值税和企业所得税分别实现稳定增长，其中增值税完成161.71亿元，同比增长16.5%，企业所得税完成98.7亿元，同比增长30.89%，这两个税种的稳定增长支撑着地方级收入增幅实现了逐季增高态势，一季度末增幅为17.03%、二季度末为20.56%、三季度末为21.3%、四季度末为21.56%，圆满地完成了地方级收入任务。三是税收优惠政策得到有效落实。全市共办理各项减免退税40.55亿元，同比增长8.13%，增加3.05亿元，其中：出口退税16.84亿元；民政福利企业退税1.52亿元；高新技术企业减免2.04亿元。

六、主要增减收因素

一是重点行业实现高速增长。2010年汽车行业在宏观市场旺盛的形势下，全市前11个月汽车销量实现38.7%的增长，受此带动，全市交通运输设备制造行业税收也实现了明显增长，共实现税收74.64亿元，同比增长39.13%，其中：上海通用（沈阳）北盛汽车有限公司实现各项税收26.9亿元，同比增长1.17倍，华晨宝马汽车有限公司实现各项税收26.61亿元，同比增长25.57%。电力行业全市前11个月发电量实现53.8%的增长，税收实现18.57亿元，同比增长92.08%，其中：辽宁省电力有限公司实现税收同比增长7.89倍，东北电网有限公司实现税收同比增长2.04倍。房地产业受整体宏观市场形势的带动，税收实现了较高幅度的增长，全年共实现房地产税收24.82亿元，同比增长57.78%。金融业受宏观经济回暖的带动而实现税收12.09亿元，同比增长67.77%。二是总分机构净流入实现增收。2010年，沈阳市总分机构企业延续了总流入大于总流出的良好态势，从外省（市）流入企业所得税额在100万元以上的企业共计73户，金额为10.53亿元；流出企业所得税额在100万元以上的企业，只有11户，流出金额为4.57亿元，净流入企业所得税额为5.96亿元。三是少数行业减收明显。电信业税收因省移动通信公司和沈阳分公司、中国联合网络通信有限公司辽宁省分公司3个纳税大户同时大规模进行3G业务资产投资而仅完成所得税8.85亿元，同比下降34.15%，减收4.59亿元；石油行业的中石油辽宁公司和中石油东北销售公司两户成品油销售企业由于成品油毛利率缩小而实现增值税减收8900万元，减收企业所得税1.72亿元；此外，利息个人所得税由于税率调整为零而仅完成4000万元，同比下降76.7%，减收1.33亿元。

（曲东凯）

【税收法制建设】 2010年，沈阳市国税局制订了《沈阳市国家税务局全面推进依法行政实施方案》，把依法行政要求落实到各项税收工作中优化了税收法制环境。落实沈阳市支持企业发展促进经济增长相关文件精神，充分发挥税收职能作用，制定了《沈阳市国家税务局关于提高税收征收管理水平促进组织收入工作的指导意见》。深化税务行政审批制度改革，清理审批项目，简化审批程序，下放审批权限，实现了日常管理与项目审批的有效匹配、责权同一。建立大要案审理、重大审批事项集体审议机制，全系统共审理案件2538件，其中市局审理重大税务案件8件；审理行政审批事项5.32万件，其中市局审理重大行政审批事项15件。探索实施了税务稽查案件听案制度，从注销登记检查、金融业和重点企业专项检查案卷中随机抽取5个案卷进行听案，并就发现的纳税主体确认、适用税率、查补税额计算方法、法律适用问题等进行了通报，有效监督和规范了税收执法行为。全面推行“税收执法管理信息系统”，深入开展了税收执法检查和执法监察，加大责任追究力度，有力促进了全系统税收执法水平的提高。强化税务稽查职能作用，选案准确率进一步提高，稽查方式不断创新，查管互动互促作用充分发挥，全市共实施各类纳税检查2011户次，查处偷税户1368户，查补税款、滞纳金、罚款合计4.89亿元，全年稽查选案准确率100%，结案率100%。全市开展税务行政审批案卷评查工作，市局案卷评查工作组对110个行政审批案卷、10个行政许可案卷进行了重点评查，发现了行政审批工作中普遍存在的申请资料不齐全、法律适用错误、文书填写不规范等问题，为进一步提高税务行政审批的质量和水平，建立统一规范的行政审批案卷奠定了基础。建立税收规范性文件审核机制，认真贯彻国家税务总局税收规范性文件管理办法和辽宁省国家税务局税收规范性文件异议处理办法，审核会签政府各部门涉税文件19份，制订并实施了税收规范性文件清理工作方案，适时公布了废止执行文件。建立健全了税收政策执行情况反馈工作制度，形成有效的三级税务机关在政策反馈制度上的互动机制，全年上报反馈意见108份，向辽宁省国税局报送简报4份。

（关宝明）

【税收征管】 2010年，沈阳市国税局开展税源与征管状况监控分析"一体化"工作，建立市区两级"一体化"工作组织保障体系，成立了市区两级"一体化"监控分析领导小组。制订了《沈阳市国家税务局税源和税收征管状况监控分析一体化工作管理办法》，建立"一体化"分析指标体系，包括税务登记管理、个体管理、发票管理、申报征收管理、数据质量管理、税源管理等六大项工作，共设定26项监控分析指标，按季度对征管运行状况进行分析通报。各基层局针对所提示问题，逐级分析到具体管理环节和纳税人，查找原因，采取措施，堵塞漏洞。

狠抓注销税务登记管理，下发了《沈阳市国家税务局注销税务登记管理办法》，把注销检查的重点放到是否履行检查程序，是否完成税款清缴，以此来杜绝以补代罚、以评估代稽查，有效防止不法纳税人在注销、迁出环节逃避税收责任问题的发生。根据总局、省局相关文件要求，制定了《税务稽查审理工作制度》、《重大税务案件审理工作制度》，凡是检查出现无问题案卷的，检查人员必须在重大案件审理委员会汇报整个注销检查过程中所涉及的各个环节，详细说明原因，经审理委员会审理后方可结案。同时市局加强注销登记检查工作的考核，将注销登记检查面和补缴税款列入征管质量考核。

开展漏征漏管户核查和非正常户清理工作，重点针对虽办理了工商营业执照但不及时办理税务登记和如实申报纳税的，采取更换经营地点、假报停业和一个法人代表多个企业名称等手段逃避纳税义务的，利用国、地税机关征管范围不同逃避纳税义务的，纳税人已经向税务机关申请注销而营业执照仍未注销的开展了户籍清理整治工作。对全市1488户非正常户异地重新办理开业企业进行了实地检查并下达了限期改正通知，有542户非正常户企业接受了税务处理，滞补罚合计14.33万元。

推行新的个体税收管理模式，对中大型专业市场和繁华区域的定期定额户强化同行业、同区域的税负管理，对生产经营规模不同的纳税人实行分类管理，对个体纳税核定实行差别定额管理模式，全年个体税收收入比上年同期增长7%。强化个体纳税人纳税申报超定额预警管理，定期对个体定期定额户月度核定定额申报情况进行数据采集和分析，对连续两个月超标准个体定期定额户名单下发基层局，进行提前预警。

加强申报纳税日常管理，确保税收收入及时准确缴库。积极推广纳税人网上申报，提高网上申报正确率。加强税款征收力度，开展税源日常监控工作，提高期限内税款入库质量。加强税款催缴工作，对未按期入库税款及时催缴并依法及时采取税收强制执行措施。对月份内税款仍未入库的纳税人，加强日常综合征管力度，将其列入重点监控纳税人，防止其走逃形成非正常户。对企业因资金紧张不能按期缴纳税款的，按照征管法的规定严格审查，依法办理延期缴纳税款。2010年全市查实征收类纳税人准期平均入库率99.85%，月份平均入库率99.98%。截至年底，清理欠税6.10亿元。优化征收方式，稳步实施委托代征工作，制定了《委托代征税款的补充规定》，研发了委托代征税款电子化收缴系统平台。

强化税收风险识别工作，提高风险评估能力。构建税收风险管理体系，提出"12345"税收风险管理工作构架模式，即一条主线（开展税收风险管理要始终围绕涉税信息流这个主线）、两个支点（税源分类管理和专业化管理是开展税收风险管理的两个重要支点）、三项工作（涉税信息的采集、分析、利用是税收风险管理的三项核心工作）、四个环节（税收风险管理的具体实施过程主要包括四个环节：一是风险识别。通过建立风险特征识别模型库，对采集的数据信息进行分析识别；二是风险排序。就是对上个环节识别出的具体税收风险根据其严重程度和出现频度，进行打分排序；三是风险应对。根据风险排序情况，对不同程度的税收风险采取不同的应对措施；四是风险监控。对纳入风险管理的纳税人，对其风险指标进行日常监控，发现异常立即采取措施）、五项保障（建立确保税收风险管理顺畅运行的保障措施：一是加强业务与技术的融合；二是建立完善社会综合治税机制；三是建立完善税收风险管理工作评价考核机制；四是强化"四位一体"良性互动机制及其一系列相关工作制度的建设和完善；五是加强税收风险管理队伍建设）。2010年全市实际评估1037户，有问题608户，入库税款6097.37万元，调减增值税留抵税额770.83万元，调减所得税弥补亏损额1372.23万元。针对企业所属行业的不同特点，实行行业数据梳理，针对性地下发行业数据采集报表，对行业主营收入进行有效的监控。全市共计开展评估556户，有问题户52户，补缴税款5497万元，征收滞纳金140.69万元，调减弥补亏损1360.01万元。加强税收风险管理实践，完成重点风险企业的核查和评估工作。对1000户重点风险纳税人进行了专项评估，通过约谈、日常检查发现有问题纳税人317户，自查补税及日常检查补税合计近600万元，有问题率达到32%。全市2010年对新增非正常户中欠票、欠税或稽查在案的风险纳税人开展了专项核查工作。全市核查欠票的风险纳税人165户，其中查实确有风险问题的户数25户，核查欠税的风险纳税人3户，确有风险问题的户数1户，补交税款6950.27元。完善税收管理员制度，建立税收管理员岗位责任管理办法。着力强化日常管理措施，全面增强税种管理能力。加强抵扣凭证管理，核查农产品企业307户，查补税款、滞纳金、罚款合计720.73万元。开展对供暖企业、饲料生产销售、软件产品超税负退税等税收优惠政策的专项核查，共核查企业375户，查补合计1300余万元。加强二手车交易增值税管理工作，共核查二手车交易发票1974笔，查补合计近108万元。强化所得税日常管理，确保所得税款预缴比例不低于70%，核定征收比例达到27.78%。加强出口退税日常管理，出口退税特别关注企业核查率达到100%。积极开展非居民税收管理和反避税调查工作，全年征收非居民企业所得税3.83亿元，同比增长48.82%，反避税调查累计补缴所得税3050万元，比上年增加43%。

（金德生）

【税务稽查】 2010年，沈阳市国税局在全市范围内组织开展了指令性检查行业（项目）包括房地产及建筑安装、药品经销行业、交通运输业、非居民企业纳税情况、建筑材料及装饰材料的生产及销售类企业以及自选检查行业(项目)–电力及供暖企业税收专项检查。开展打击发票违法犯罪活动,除在日常检查中加大对涉票案件的查处力度外,以“南湖科技开发区”为打击发票违法犯罪活动的重点整治区域开展了税收专项整治工作。强化了税警联合办案,国、地税和公安三个部门联合印发了《关于查办涉税犯罪案件暂行规定》。市国税局和市公安局联合成立了“税警协作办公室”,通过采用税警协作、外围调查、突袭检查等有效手段,成功破获了“某贸易有限公司偷税案”、“某科技有限公司偷税案”、“5·04虚开增值税专用发票案件”等一系列上级督办的大案要案。强化了稽查选案工作,制订了《沈阳市2010年稽查选案实施方案》,根据方案的规定,从增值税税负低于全省或全市同行业平均税负预警下限的药品经销、医疗用品及器材经销业、金属及金属矿批发业等7个重点行业;从较容易出现由于税收政策调整而涉及企业所得税成本费用列支以及税收优惠等问题的房地产及建筑安装业、交通运输业、金融保险业、电力企业以及供暖企业等7大类重点行业及企业中,筛选确定了2300余户案源下派各基层局实施检查,在已经查结的2010户案源中,稽查选案准确率为100%。强化了查管互动,修订了《沈阳市国家税务局稽查与征管协作制度》,并在全市推广应用新《稽查与征管信息交换系统》,进一步规范了稽查与征管部门协作规则,促进了稽查与征管部门间的信息交流和良性互动,提高了稽查工作效率。2010年,全市各级稽查机关共实施各类纳税检查2011户次(不含注销检查),已查结2047户次,结案户数2098户次(含上年结转案件),查处违章户2022户次,其中偷税户数1366户,查补税、滞、罚合4.89亿元,其中税款4.32亿元、滞纳金4426万元、罚款1234万元;入库税、滞、罚合计4.76亿元。选案准确率为100%,扣除总局定点监控企业税收收入后计算稽查查补率为1.66%,入库率为97.31%,结案率为100%(含上年结转案件),偷税率为67.96%。全年,按照入库口径计算全市已经超额完成全年4.31亿元的稽查查补收入任务,超收4518万元。

(张　鑫)

【纳税服务】 一、纳税服务工作规划建设工作

制订了《纳税服务工作规划及实施纲要(2010–2012)》,明确纳税服务“12366”基础工作格局,即:加强体系建设、搭建“两个”载体、创新“三型”服务、互动“六个”平台、健全“六项”机制;编撰了以总局、省局相关规定为蓝本,以市局工作规划、管理办法、工作制度、业务手册、目标考核等为主要内容的《纳税服务工作规划建设专辑》,用以指导、规范全市国税系统纳税服务工作的开展,其文字量达15万字。

二、纳税服务组织系统建设工作

按照机构改革的要求,2010年全市国税系统都成立了纳税服务专业机构,配备专职人员从事纳税服务组织协调工作,设置了综合管理岗、税法宣传管理岗、咨询辅导管理岗、办税服务管理岗、权益保护管理岗、纳税信用管理岗、社会协作管理岗、纳税服务信息化管理岗9个岗位,纳税服务组织系统建设初具规模。

三、办税服务厅规范化建设工作

为打造“服务优质、办税高效、纳税人满意、社会认可”的办税服务厅,开展了办税服务厅规范化建设工作,编制《沈阳国税系统办税服务厅规范化建设工作手册》,加大税服务厅基础性设施投入,一次性投入排队机系统5台(套)、多媒体查询机20台、纳税人自助办税终端机75台。办税服务厅建设取得了可喜的成绩,达到了内外标识统一、功能区划统一、窗口设置统一、岗责体系统一、工作流程统一、服务规范统一的基础工作格局,办税服务更加规范、便捷、高效,提高了纳税人的满意度。

四、纳税服务信息化建设工作

进一步优化与完善沈阳市国家税务局纳税服务网站服务功能,完成网站整体改版工作。在功能上增添了普通发票查询、“双定户”定额公示、纳税人讲堂等功能模块。全年,网站用户访问量150余万次,比上年增加24.64%。税务短信息平台推广应用。2010年10月起,本着“全网覆盖运行,服务双向控制,资费定价公允,订退自愿便捷,岗责设定规范,业务流程明晰,信息准确及时,系统安全稳定”的工作原则,面向纳税人推介使用税务短信。截至年底,税务短信用户近3万户,约占企业类纳税人的50%。电子化征缴比例进一步提高。基层局CTAIS–MIS实现税费划卡交易64.47万笔,征缴总金额为3.4亿元,电子化征缴率接近100%;完成车购税划卡征缴试点工作,成为全国税务系统唯一采用MIS技术征收车购税的单位。9个征收单位车购税–MIS实现划卡交易8.2万笔,征缴总金额为9.02亿元,且电子化征缴率达100%。《办税服务绩效信息管理系统》上线运行。该系统主要包括前台业务管理、后台业务管理、网上业务管理、满意度调查管理、服务投诉管理、查询统计和系统维护等七个功能模块。随着办税服务厅规范化建设工作的深入,一期的前台业务管理已在各基层局得到应用,通过纳税人在办税服务厅的办税等候时间、前台业务受理时间的矢量解析,做到工作绩效的可知、可比、可控。同时,也为办税成本控制研究、征纳情况异动分析及业务流程管理等提供决策依据。《纳税人邮箱管理系统》功能得以完善。进一步完善系统功能,增加了邮箱系统与税务短信息系统联动功能,在给纳税人发送邮件的同时可以选择把发送邮件的提示短信息发给纳税人以提醒纳税人及时查阅邮件;另外增加了手机阅读邮件功能,只需纳税人的手机支持该项功能,纳税人就可以24小时任意地点接收浏览税务信息邮件。同时《纳税人邮箱系统管理办法》、相关的使用手册均以完成,为该系统的推广应用提供保障。

五、纳税服务品牌创建工作

先后组织开展了“驻厂税收服务站”、“纳税人讲堂”等一系列服务品牌创建活动。在大企业相对集中的沈阳装备制造业基地探索设立了“驻厂税收服务站”,有针对性地为大企业提供高质量的个性化、专业化服务套餐。一是全方位的“上门式”服务。连通了到基层税务机关的局域网专线,配备办税必须设备,为纳税人提供从纳税申报到发票发售等38项业务办理,让大企业纳税人足不出户即可办理各项涉税事宜。二是专业化的“重点项目跟踪”服务。建立重点项目建设档案,从项目的立项、开工到建设三个阶段,派专人实时跟踪管理,提供实时跟踪服务,让纳税人随时了解和掌握与生产经营、项目建设相关的税收政策信息,做出正确决策。仅北方重工集团及下属64户企业,年节省办税时间累计上万小时以上,降低企业办税成

本百余万元。开办国地税联合举办的“纳税人讲堂”，结合国家重大政策调整、税务机关阶段性重点工作、大企业纳税人关注焦点，定期开展个性化税收政策培训辅导，有针对性地帮助大企业解决生产经营过程中的实际问题。

六、纳税人权益保护工作

贯彻总局的《纳税服务投诉管理办法》，对外公告市局、基层局的投诉电话，设立纳税人网上投诉邮箱，畅通投诉受理、处理渠道；依托服务网站、税务短消息、纳税人邮箱等信息发布途径，建立纳税人权益告知与受侵预警机制；按照辽宁省国税局的有关工作要求，积极探索建立纳税人维权组织、纳税服务志愿者等权益保护工作的实践途径。

七、纳税信用管理工作

从2010年4月15日开始，沈阳市国、地税两局共同开展2010年度纳税信用等级评定工作，经过基层初评、市地税选评、市国税复评，国地税联席会议最终确定，本次评定为纳税信用A级纳税人176户，B级纳税人4.70万户，C级纳税人1904户，D级纳税人68户。

八、面向纳税人的税法宣传工作

针对纳税人的需求印发税法宣传资料。全年共印发《办税指南》、《税收基础》、《纳税人权利义务公告》、《企业所得税税收优惠指南》及《纳税服务平台简介》等各类税法宣传材料10万余份。依托纳税服务网站、税务短信息平台、纳税人邮箱系统等信息化平台，积极拓展面向纳税人税法宣传的方式。仅仅通过税务短信息平台向纳税人发送税法宣传短信息就达20余万条。

（吕艳丽）

【信息化建设】 2010年，沈阳市国税局重点开发了税收风险管理系统。系统主要实现业务数据采集、分析（识别）、排序、下派、应对、反馈、评价、监控“一体化”的业务管理，在满足市局、基层局工作需要的基础上，兼顾省局未来工作发展，深化和拓展了与税务核心系统中国税收征管信息系统CTAIS2.0、金税工程二期相关系统及外部信息的数据共享，为信息管税模式下的税源管理提供了信息化平台。对沈阳国税系统标准化考核监控系统的技术框架进行了重新设计和优化，将原有系统拆分为考核数据采集、考核数据处理和考核结果发布三个子系统。新系统实现了与辽宁省国税局目标考核工作的较好衔接，系统的兼容性和可维护性更强，各考核指标结果可按照岗位和责任人进行查询，扣分指标的申辩调整更加公开透明，系统组合查询功能更加完善，实现了考核指标责任落实到具体工作岗位和责任人，提高考核指标的准确性和可靠性。开发了税收信息化技术支撑平台，该平台共分为工作管理、应用系统维护、计算机网络与信息安全、数据应用与支持、相关下载、应用系统问答以及技术论坛等7个部分，覆盖全系统信息中心工作的各个方面。从源头上解决管理不规范、沟通不畅、责任不到位等问题，使全系统信息中心各项工作流程更加优化，岗责更加明晰，考核更加科学，制度更加严密，保障更加有力。实现了信息实时发布、实时互动与高度共享，提升了应用系统运行维护的质量和效率，为全系统信息中心等有关部门提高工作效率、加强沟通与交流开创新渠道。拓展了行政管理系统二期的固定资产管理和移动办公功能，实现了固定资产入库、调拨、领用等日常工作的计算机管理，将行政管理系统二期与手机短信平台相结合，极大地提高了对突发性事件的处理和应急性事件的部署等工作效率。采用物化视图增量抽取技术实现了征管业务数据的按日抽取，结合数据库应用技术的发展，按照数据仓库理念重新制定和完善了综合数据平台原有的数据存储、加工和展现规划，将数据应用分为查询、统计和分析3大类，逐步探索和建立数据自定义查询系统，最大限度提高数据加工的灵活性、及时性和准确性。根据沈阳市行政区化调整，完成了涉及8个基层局1.51万户纳税人的数据结转和网络调整工作。通过完善信息化管理制度、计算机网络和信息安全巡检、桌面安全提醒和加强日常监控等具体措施，确保全系统计算机网络安全稳定运行。对市局机关外网安装了网络管理软件和流量管理设备，实现了外网使用与内网完全物理隔离、上网带宽动态分配和杀毒软件自动升级等功能。制订全市国税系统计算机网络流量分析方案，对全市广域网、局域网的数据流量按征期和非征期、上下午等不同时段，不同应用系统，不同基层单位分别进行监控和分析，对网络中常见病毒进行定位，对网络利用率和使用状况等适时监控，对计算机网络的日常管理起到了很好的辅助作用。通过服务器虚拟技术，整合现有服务器应用，对重要业务系统实行双系统运行，为全局应用系统的安全运行提供强有力的数据安全保障。

（李慧民）

地 税

【税费收入】 2010年，沈阳市地税局围绕沈阳市委、市政府和辽宁省地税局确定的工作重点，以组织收入为中心，以开展“提升素质年”活动为主线，突出抓好“控税源、强征管、优服务”三大任务，实现了税费收入的稳定增长。2010年，全市地方税务系统组织各项税费收入494.7亿元，增长24.5%，增收97.3亿元。组织地方税收全口径收入349.8亿元，增长24.2%，增收68.1亿元。其中：省级一般预算收入299.6亿元，增长22.6%，增收55.3亿元。市级一般预算收入291.9亿元，增长24%，增收56.4亿元。征收社会保险费134.8亿元，增长25.9%，增收27.7亿元。征收河道工程防洪维护建设费3.3亿元，增收6000万元，增长20.8%。征收残疾人就业保障金1.5亿元，增收1000万元，增长10.1%。代征工会经费完成5.3亿元，增收8000万元，增长17.8%。地方税收收入呈现以下特点：

1. 全口径收入实现历史性突破，全面完成“十一五”规划确定的收入目标。2010年，全口径收入总量突破349.8亿元，是地税组建之初1994年的16.9倍；“十一五”期间，全口径收入累计实现1245.9亿元（2008年以后地税部门开始征收农业四税，全系统实际征收1194.9亿元），提前两年完成“十一五”规划目标，是“十五”期间累计收入的2.7倍，年均增长21.6%。

2. 地方税收与经济增长良性互动，占地区生产总值（即GDP）比重持续提高。1995年至2010年，地方税收实现平均增长19%。“十一五”期间，地方税收平均税负6.57%，比“十五”期间平均税负提高了0.71个百分点，其中2010年税负为6.98%，比2009年提高0.52个百分点。

3. 各产业收入协调增长，房地产业税收给力，拉动全市税收上升。2010

年，第二产业地方税收实现86.3亿元，占当期地方税收比重24.7%，同比下降0.87个百分点，增长20%，增收14.3亿元，增收贡献率为21.1%。第三产业地方税收实现261.8亿元，占当期地方税收比重74.9%，同比提高0.96个百分点，增长25.8%，增收53.5亿元，增收贡献率为78.8%。房地产业税收126.1亿元（包括契税），占全口径收入的36.1%，同比提高3.1个百分点，增长35.9%，增收33.3亿元，增收额占全口径总增收额的48.9%，拉动当期收入增长11.8%。

4. 股份公司税收发力，非公有制经济税收全面提升，拉动地方税收收入实现快速增长。2010年，股份公司和非公有制经济税收合计223.2亿元，占税收收入比重为78.3%，同比提高4.88个百分点，增长34.5%，增收57.3亿元，占当期税收收入总增收额的96.9%。其中：股份公司税收收入128.8亿元（不包括其他收入，即契税、耕地占用税、教育费附加、地方教育附加、文化事业建设费和税务部门罚没收入），占税收收入比重为78.3%，同比提高3.14个百分点，增长35.6%，增收33.8亿元。非公有制经济税收94.4亿元，占税收收入比重为33.1%，同比提高1.74个百分点，增长33.1%，增收23.5亿元。

5. 主要税种主导性显著，对全市地方税收贡献较大。2010年，营业税、所得税和契税合计纳税248.4亿元，占当期收入的71%，增长27.9%，增收54.2亿元，占当期收入总增收额的79.6%，拉动全年收入增长19.3%。其中：营业税入库129.5亿元，增长25%，增收25.9亿元。企业所得税入库35.7亿元，增长42.6%，增收10.6亿元；个人所得税入库42.9亿元，增长29.9%，增收9.9亿元；契税入库40.2亿元，增长23.9%，增收7.8亿元。

6. 各区域税收全面增长，效县市税收增速强劲，高于全市收入平均增幅水平。2010年，5个城市核心区（即铁西、和平、沈河、大东和皇姑）税收入库184亿元，仍占税收主体地位，占当期税收比重52.6%，同比下降4.9个百分点，增长13.7%，增收22.1亿元。4个城市其他区（即东陵、于洪、苏家屯和沈北新区）税收入库44.7亿元，占当期税收比重12.8%，同比提高1.1个百分点，增长36.4%，增收11.9亿元。5个开发区（即高新技术产业开发区、经济技术开发区、金融商贸开发区、蒲河新城和棋盘山国际风景旅游开发区）税收入库91.4亿元，所占当期税收比重26.1%，同比提高2.2个百分点，增长35.4%，增收23.9亿元。4个县、市（即新民市、辽中县、法库县和康平县）税收入库29.7亿元，占当期税收比重8.5%，同比提高1.6个百分点，增长52.3%，增收10.2亿元。

7. 各费种收入连创新高，占税收比重不断上升。2010年，全系统组织各费种收入144.9亿元，增长25.2%，增收29.2亿元。“十一五”期间，各费种收入累计实现511.6亿元，是“十五”期间累计收入的2.6倍，年均增长21.4%。五年间各费种占地方税收比重由2006年的39.8%增加至2010年的41.4%，提高了1.6个百分点。

（刘　丹）

【税源监控】 2010年，沈阳市地税局切实做到“六个加强”，打牢税源管理基础，提高了税源管理质量。

1. 加强重点项目管理，强化源头控管。围绕全市“双5000亿”目标，紧紧盯住重大投资项目，对重点项目的立项、开工、实施进度等实行专人跟踪、专门负责、专注监控，一跟到底，努力实现项目到位，税收征管工作到位。建立两级税源监察机制，市局与各基层局切实加强与政府有关部门的沟通协调，第一时间掌握投资项目落地等情况，加强涉税信息交流，及时掌控税源状况重点加强对房地产和建筑安装企业的源头控管，建立了建安企业税收台帐，分户登记建筑安装企业税款的缴纳情况，将投资额与税收进行比对分析，及时掌握项目可能实现的税源规模，确保全市重点投资项目实现的税款及时入库。2010年，全市纳入重点监控管理项目465个，实际完成497.1亿元，累计缴纳各项税款32.7亿元。

2. 加强大企业管理，突出税源重点。积极开展对大企业的调查研究，对部分总局定点联系企业进行税收自查督导。集中精兵强将，对全市纳税百万元以上的纳税人以及重点行业进行重点监控，着力加强了对房地产业、建筑安装业和重点纳税大户的管理。

3. 加强定额核定管理，扩大税源增量。年初即确定了全年定额工作方向，对定额核定工作提出了“六个必须”的要求，即必须在总体上要保持一定的增长比例，必须通过双定系统核定定额，必须做好定额执行期内实际经营情况的申报工作，必须对符合建账条件的纳税人建立简易或复式账，必须调增重点行业纳税人的核定定额，必须对个体定额核定情况进行跟踪检查。全市调增定额征收户数为2.40万户，税收调增比例为16%，月调增税额为181万元；对餐饮、娱乐等6个重点行业税收调增面达91%，税收调增比例为16%。改变了一些行业在沈阳地区定额偏低的现状。

4. 加强税种管理，挖掘税源潜力。加强营业税管理，积极推广应用建筑物项目管理系统，加强了建筑安装、房地产行业的税收征管。圆满完成企业所得税汇算清缴工作。2010年，全市个人所得税实现全员全额明细申报8.4万户，申报率达98.7%，开具并送达个人所得税完税证明3.7万份，全市12万元个人所得税自行申报人数达到2.29万人，增长14.8%，扣缴税额10.1亿元。调整城镇土地使用税地段等级和税额标准，改变车船税委托代征主体，调整耕地占用税税额标准和征收范围，积极推动内外资企业税制统一工作，调整煤炭和铁矿石资源税税额标准，通过全面落实税制改革新举措，年增加税收31.5亿元。开展房产税和城镇土地使用税税源普查，推行“先税后证”的房地产税收一体化管理体系，稳步推进应用房地产估价技术评估存量房交易价格工作。强化土地增值税预征管理，全面启动土地增值税清算工作。积极推广以药控税、以电控税的资源税管理经验。妥善解决城镇职工房改、“华克寿”地区棚户区改造项目高层回迁建筑契税征收问题，为维护社会稳定、服务民生做出了贡献。

5. 加强税源信息管理，推进“信息管税”。定期进行税源管理情况通报，加强数据审核、监控和考核，确保了基础数据真实准确。在2010年辽宁省纳税大户数据质量通报考核中，沈阳市名列第一。做好信息交换工作，与政府相关部门沟通协作，及时掌握涉税信息。加强信息分析和综合利用，加强业务数据比对和预警项目的监控，查找涉税疑点，堵塞征管漏洞。建立税源大户预警机制，针对省、市上年年纳税前100名重点税源企业存在的涉税预警信息，按月开展核实反馈工作，提高了税源管理水平。充分利用纳税评估软件开展纳税评估工作，将私营以上纳税人作为评估对象，重点评估上年本单位年纳税额100万以上的重点税源企业。2010年，通过纳税评估补缴税款3.3亿元。

6. 加强发票管理，实施“以票控税”。进一步加强普通发票和自用发票的日常管理，保障发票供应，严格审批程序。继续推广“办税通”发票功能和“发票管家”软件。加强代开发票管理，严格审批货物运输业自开票纳税人。对全市饮食娱乐业发票刮奖的奖项进行调整，适当提高了特等奖、一等奖和二等奖等奖项的奖金额度，提高了消费者索要发票的积极性，发挥了发票在税收征管中的辅助性作用。

（刘　丹）

【税收征管】 2010年，沈阳市地税局从夯实征管基础入手，将“强征管”理念融入到组织收入的各个环节之中，以征管水平的提高来促进税费收入的应收尽收。

1. 强力推进征管信息化建设，向现代化管理要收入。强化“金税三期”的应用，稳步推进沈阳综合数据平台开发进程，确定了平台整体架构模式、总体业务需求、技术要求和工具参数。全面推行多元申报方式，大力推进“电子报税”和“双委托”税款征收方式。截至2010年年底，全市实现电子报税8.91万户，其中“办税通”报税2.25万户，网站报税6.66万户，网上申报率达99.05%，网上划款率达80.8%。全市已办理“双委托”近3.7万户，推广面达到81%。“发票管家”软件推广率达到93%以上。加强网站申请登记、电子档案等系统的应用工作，征管档案管理实现一户式电子信息查询，提高了工作效率。

2. 强力落实税收管理员制度，向日常管理要收入。制定实施税收管理员征管工作业绩考核办法，量化考核指标，强化日常考核和督查。认真落实好市委、市政府行政区划调整的重大决策，在涉及面广、时间紧、任务重的情况下，针对机构调整、计划调整和户籍交接等各项工作，全面及时准确地调整划转后纳税人的税收管理，研究制定工作方案，确保了调整工作顺利进行。沈阳市共划转纳税人4.15万户，其中企业类9906户，个体类1.26万户，临时征收户约1.9万户，实现了纳税人申报、缴税的平稳过渡。

3. 强力提高税款执行力，向清缴欠税要收入。按照“摸清底数、搞清原因、分类指导、采取措施、严格考核”的工作要求，制定清缴欠税工作方案，实行欠税分类管理，落实清欠责任目标，严格执行欠税公告制度，依法采取税收保全或强制执行措施，大力清缴陈欠，严格控制新欠，全系统全年清缴欠税21.6亿元。

4. 强力实施税费并重、税费统征，向细化各费征缴要收入。坚持税费同征、同管、同查、同服务，加强社会保险费征收基础工作，强化重点费源管理。抓好收入分析和计划调度，努力做到应参尽参，应收尽收。司法强制执行社会保险费填补了省内空白，社会保险费、残疾人就业保障金、工会经费在“总体规模、收入增幅、征管手段”三个方面实现了历史性突破，为全市保民生、保稳定提供了可靠的财力保障。

（刘　丹）

【税务稽查】 2010年，沈阳市地税局紧紧抓住稽查体制改革的有利契机，创新一级稽查工作方法，严厉打击涉税违法行为，进一步提高了稽查工作质量和效率。

1. 稳步推进稽查体制改革。将除4个县（市）局以外的14个基层局的税务检查职能分离出来，新设立5个稽查局，由二级稽查改为一级稽查，按所辖地域分别承担稽查职能，强化了稽查职能和执法刚性。

2. 大力整顿和规范税收秩序。按照国家税务总局和辽宁省地税局的部署，开展专项检查查前自查活动两次，纳税人共计自查补报税费6866万元，自查入库2652万元。开展了对房地产业、建筑安装业、药品经销行业等行业以及发放年金企业、驾校企业等企业的专项检查。全市共选案656户，已查结354户，查补税费合计5612万元。2010年，全市共检查私企以上纳税人2837户，当期查补税费合计4.3亿元。

3. 严厉查处涉税大案要案。依法采取税收保全和强制执行措施，加大对涉税违法案件，尤其是大案要案的查处力度，提高结案率。全市共查结100万元以上大要案件21件，其中涉嫌偷税罪移送公安机关4件，有力地打击和震慑了涉税违法行为。积极配合公安部门做好发票打假工作，及时准确地鉴定发票真伪，严厉打击利用假发票逃税行为。

4. 加强基础性建设，促进稽查体制改革后各项工作的有序衔接。制定《关于移送涉嫌犯罪税务案件有关问题的通知》等多项规章制度，理顺了工作程序，提高了稽查效率。组织电子稽查软件培训班，推广应用电子稽查软件。创新稽查工作方法，开发电子稽查软件中的“假发票检查”功能，提高了稽查工作效率和准确率。

5. 强化举报案件管理。认真受理日常举报、上级交办及外省市协查案件，加强案件督办和反馈工作，提高了举报案件受理、查处工作的质量和效率。举报中心全年共受理检举案件220件，查补合计242万元。

（刘　丹）

【依法行政】 2010年，沈阳市地税局认真贯彻落实国务院《全面推进依法行政实施纲要》及辽宁省地税局依法行政考核办法，加快税收法制建设步伐，促进了依法行政工作的全面进步。

1. 认真贯彻执行好各项工作制度。严格按照法定权限和程序，加强减免税审批管理，确保到期的减免税恢复征税。加强重大税务案件审理，全年共审理重大案件17件，提高了审理质量和效率。依法调解税收争议，认真做好行政复议和应诉工作。在涉及与纳税人利益密切相关的事项时，充分听取纳税人和基层局的意见，切实维护了纳税人的合法权益。

2. 加强税收法制建设。制定市局机关税收规范性文件制定管理工作规程，各处室分工负责、协作配合，确保各项规定落到实处。完善行政处罚自由裁量权制度，依法进行税务行政事项的审批和备案管理。

3. 进一步规范税收执法行为。全面落实依法行政考核办法和税收执法责任制，严格执行税收执法过错责任追究办法，对执法检查中发现的问题认真进行集中整改。

4. 积极落实税收政策。用准、用好、用足各项税收政策，特别是对促进经济发展等税收优惠政策，及时组织落实，发挥了税收调控经济、调节收入的作用。2010年，全系统共减免税金10.8亿元。

5. 认真落实总局关于纳税人权利与义务的有关规定，为纳税举办“纳税人的权利与义务”讲座，在实际工作中保障纳税人依法享有的减免退税权、保密权、知情权等法定权力。认真贯彻落实纳税服务投诉管理办法，规范投诉处理工作。

（刘　丹）

【纳税服务】 2010年，沈阳市地税局深入落实市委优环境工作部署，把“优服务”渗透到全年各项工作之中，进一步优化税收环境，促进征纳和谐。

1. 坚持以树立纳税服务基本理念为先导，全心全意为纳税人服务。全系统以“始于纳税人需求，基于纳税人满意，终于纳税人遵从”为目标，树立了公正执法是最佳服务、纳税人正当需求应予满足、管理寓于服务之中和征纳双方法律地位平等的服务理念，纳税服务意识不断增强。

2. 坚持以纳税人合理需求为取向，不断创新纳税服务手段。按照市委号召，大力实施“一把手”工程、做到“一条龙”服务、树立“一盘棋”思想、开展“一杯茶”活动，收效良好，市地税局在全市优化环境推进会上进行了经验介绍。先后建立了首问责任制、限时服务、延时服务和服务承诺、监督考核、办税公开等一系列纳税服务工作制度。在地税网站开通“局长信箱”，建立了顺畅的与纳税人的沟通。规范纳税咨询和辅导工作，为纳税人提供针对性和实效性服务。与国税部门建立“联席会议”制度，共同进行纳税信用等级评定管理以及评定结果的应用管理，全市共有5.62万户纳税人参与信用等级评定，共评出A级纳税人207户，B级纳税人5.56万户，C级纳税人368户，D级纳税人76户。

3. 坚持以信息化为依托，切实提高纳税服务效率。抓好“12366”纳税服务热线、地税网站、税务短信和办税服务厅建设，精心打造地税服务品牌。积极探索办税服务厅“一站式”服务方式，努力打造“服务优质、办税高效、纳税人满意、社会认可”的办税服务厅。加快办税服务厅规范化建设，为纳税人设立等候休息区、自助办税区，更换办税桌椅、增设双屏显示器、设置便民服务箱、增添失物招领窗口等等。在全省纳税服务标兵评选活动中，全系统有12名同志被评选为省级纳税服务标兵，50名同志被评选为市级纳税服务标兵。发挥纳税服务热线作用，不断提高热线答复的准确率。2010年，“12366”纳税服务热线共接听纳税人咨询电话4.8万个，解答纳税人提出的问题15万余个。

4. 坚持以提高税法遵从度为目的，进一步加强税收宣传。精心组织开展第19个税收宣传月活动，坚持集中宣传和日常宣传相结合、正反面典型宣传相结合、传统媒体与新兴媒体相结合，充分发挥纳税服务热线、税务网站、新闻媒体等宣传平台作用，认真落实纳税人座谈会、税政发布会等制度，满足不同层次、不同类型纳税人的需求。大力推行政务公开，提高纳税人满意度和税务机关公信度。

（刘　丹）

【队伍建设】 2010年，沈阳市地税局围绕“提升素质年”活动主线，坚持以人为本，深化机构改革，着力提高干部职工两个素质。

1. 稳步推进机构改革。全系统实行“定岗、定编、定责”，重新核定人员编制数及领导干部职数，新设立5个稽查局和1个直属局。市局成立税源管理处和机关党委，基层局成立管理科和社会保险费科，在区、县（市）局设立纪检组组长和监察机构。通过改革理顺了机构，明晰了责任，进一步优化了管理体制和人力资源配备。开展领导干部竞争上岗工作，激发了干部队伍活力。

2. 抓实干部培训工作。开展兼职教师、领导干部、军转干部、税收管理员、新任公务员等不同层次、不同人员参加的培训，提升干部职工的综合素质。加强公务员基本功训练，强化基本知识，提高基本技能。继续与辽宁大学、大连理工大学联合办学，不断提高干部队伍学历层次和学识水平。做好注册税务师考前辅导工作，努力提高系统内“三师”人员比例。

3. 党风廉政建设得到加强。开展“警示教育月”活动，举办专题报告会，组织机关干部参观反腐倡廉教育基地，不断加强廉政教育。在全系统选树26名勤政廉政先进个人典型，进一步营造了以廉为荣、以贪为耻的良好氛围。认真受理纳税人的行风举报、投诉、咨询，全年共受理508件次，满意率99.22%，市地税局连续8年被市政府评为“行风建设先进单位”。

4. 地税文化建设取得阶段性成果。完成地税文化理念、制度框架的设计，提高了干部职工地税文化建设的认知度和参与度。组织开展文化长廊、系统篮球赛等文化活动，成立系统乒乓球协会，并在全省地税系统乒乓球赛中取得优异成绩。市地税局被国家文化部中国文化管理学会授予“中国文化建设先进单位”荣誉称号。

5. 精神文明创建进一步深化。积极开展“文明单位”、“青年文明号”和“巾帼文明岗”等文明创建活动。继续组织评选“双十佳”，在全系统营造了树典型、学典型、用典型的良好氛围。扎实开展思想政治工作，市地税局被授予“辽宁省思想政治工作先进单位”的荣誉称号。

6. 行政管理水平进一步提升。强化督促检查、信息宣传、公文处理、信访稳定和安全保密等工作，提高了政务管理水平。规范财务管理，严肃预决算纪律，降低税收成本。加强资产管理，最大限度地发挥其使用效能。制定机关安全应急预案，确保对各种突发问题的有效解决。

（刘　丹）

金　融

综　述

【扎实推进信贷投放】 2010年，全市银企对接30余场，对接项目500个，协调贷款需求近1000亿元。本外币存款余额8254亿元，比年初增加1444亿元，同比增长21.2%；贷款余额6068亿元，比年初增加897亿元，同比增长17.3%。中长期贷款持续增长，余额4118亿元，占各项贷款余额的67.9%，比年初增加1027亿元，同比增长33.2%。信贷资金有力支持了沈阳市重点基础设施和重大项目建设。

（于天易）

【推进企业上市融资】 对全市企业有计划、有重点地加强规划、培育、辅导和规范，落实了企业上市扶持专项资金。全年实现华讯安防等2家企业境外上市，9户企业在辽宁证监局备案，27户企业与上市中介机构签约，2户企业报中国证监会受理，1户企业在香港联交所备案，拟上市后备企业数量创历史最高水平。新三板试点准备工作取得积极进展，已有19户预备企业。经过积极推进，正在设立中的产业投资基金有3家，争取引进基金公司3家，完成沈阳达锐股权投资基金有限公司的设立。

（于天易）

【金融要素市场项目建设】 2010年，金融要素市场项目建设取得硕果。沈阳市已经成为跨境贸易人民币结算试点城市；沈阳文化知识产权交易所已正式挂牌，并已开展各类文化产权、知识产权交易；沈阳环境交易所注册成立；北京黄金交易中心已在沈阳金融街设立分支机构；上海期货交易所钢材期货交割仓库已进入审批程序；与天津股权交易所的合作已洽谈成功。

（于天易）

【东北区域金融中心建设】 2010年，沈阳市利用沈阳经济区上升为国家战略的契机，把金融商贸开发区优化金融生态建设纳入沈阳经济区申报国家级新型工业化综合配套改革试验区框架方案中，获准开展国家级优化金融生态综合试验，金融商贸开发区发展上升为国家战略。和平区金融街成功举办第三届金融服务交易会，以国际投融资交易和金融服务为切入点，实施与沈阳金融商贸开发区错位发展。依托沈阳金融商贸开发区和沈阳金融街，正在逐步形成金融机构集中、金融市场发达、金融信息灵敏、金融设施先进、金融服务高效的东北区域金融中心，为东北老工业基地振兴、沈阳经济区走新型工业化道路综合试验和沈阳建设国家中心城市提供金融支撑。

（于天易）

【金融环境建设】 2010年，沈阳市出台了《沈阳市人民政府关于促进沈阳金融业发展的意见》，政策环境建设取得突破性进展。与市财政局联合印发了《沈阳市金融业发展专项资金管理办法（试行）》。形成了《关于促进股权投资基金发展的意见》，从政策扶持、环境优化等方面，增强沈阳对股权投资基金的吸引力。完成了金融业“十二五”规划。对政府关联类不良贷款进行了梳理、甄别。核定6个政府关联类别共34笔不良贷款项目。认真清理处置政府借款、政府担保、政府平台类不良贷款，切实把为银行解决工作难题落到实处，提高了政府公信形象。

（于天易）

【金融机构发展】 2010年，华汇人寿保险股份有限公司已获中国保监会筹建批复，结束了沈阳没有法人保险总部的历史。日本三井住友银行、阜新银行、辽阳银行已设立沈阳分行。新民富民村镇银行已经正式开业，全市已有2家村镇银行开业，辽中、法库2家村镇银行获准筹建。英大泰和、国华人寿、光大永明、中邮人寿保险公司入驻沈阳。人保财险东北后援服务中心、太平人寿全国电话销售中心入驻沈阳。全市新增小贷公司20家。融资性担保机构规范整顿工作进展顺利，按照新标准已批准设立8家融资性担保机构，全市融资性担保机构已达34家。辽宁银通资本融资担保公司成为第一家外商独资设立的融资性担保公司。

（于天易）

【防范和处置非法集资】 2010年，沈阳市建立和完善了全市处置非法集资工作机制。加大了宣传教育力度，营造有利于处置非法集资工作的舆论氛围，提高群众的投资风险意识，有效地遏制了非法集资案件的高发势头，保持了金融秩序的稳定与安全。国投的各项善后处置工作已经进入收尾阶段，完成对113家企业的分类调查、摸底。

（于天易）

银　行

·人民银行·

【居民储蓄】 2010年，沈阳市储蓄存款余额稳步增长，增速低于上年。年末，全市金融机构（含外资）人民币储蓄存款余额3338.2亿元，比年初增加389.7亿元，增长11.68%，同比少增87.1亿元。其中：活期储蓄存款余额1150.8亿元，比年初增加171.5亿元，增长14.9%，同比少增54.2亿元；定期储蓄存款余额2187.4亿元，比年初增加218.2亿元，增长9.98%，同比少增32.9亿元。

全年居民储蓄存款变动主要受物价持续上涨及可支配收入的不断增加的影响，利率变动和投资资本市场多元化也对居民储蓄存款变化产生了一定的影响。

1. 宏观经济对储蓄的影响。2010年沈阳城市居民全年可支配收入同比增长11.2%，增幅上升2.1个百分点，其中农村居民纯收入同比增长14.3%，增幅上升0.3个百分点；居民消费品价格指数为102.9，其中食品类消费价格指数为108.3，物价的快速增长导致了生活成本增加，相对抵消了收入增长，随着居民手里的钱越来越多，对加息的预期值越来越高，居民资产配置向多元化、合理化发展。

2. 利率变动是影响居民储蓄的敏感因素，在实际储蓄利率水平不高的情况下，居民储蓄会出现活期化、易变动等特征。居民储蓄问卷显示：全年平均有50.38%的居民认为存款利率水平低，44.69%的居民家庭储蓄存款是活期存款，33.13%的家庭储蓄存款是一年以下定期存款，居民存款活期化特征明显；52.94%的家庭储蓄的目的和用途为养老、防病、防失业或意外急用，居民储蓄的目的多为预防性动机。居民活期储蓄对外部经济条件感应敏感，容易发生流动，2010年4季度央行两次加息，该季度居民储蓄增加明显，利率是影响居民储蓄的敏感因素。

3. 资本市场对居民储蓄分流作用明显。2010年上证指数从4月的3164点下跌到七月份的2319点全年最底端，市场成交量迅速萎缩；而债券市场突破了新高，甚至一些国债从90多元一直涨到100多元的价格，交投活跃，成交量扩大。其间，居民储蓄稳定增长，从4月份的3106.5亿元增加到6月份的3181.4亿元，增幅2.41%。

（*秦留志　宋洋*）

【信贷运行】 一、存款快速增长，机关团体存款和其他存款多增

2010年末，沈阳市金融机构本外币各项存款余额8254.2亿元，比年初增加1444.4亿元、同比多增196.7亿元；其中，盛京银行人民币存款余额增长最多，比年初增加161.1亿元；工商银行、建设银行、中国银行人民币存款余额增长均超过80亿元，大型银行在网点、规模、个贷和营销大项目的优势较为明显，对个人和公司客户的吸引力更强。

1. 企业存款平稳增长。全市金融机构人民币企业存款余额2597.5亿元，比年初增加276.4亿元，同比少增238.4亿元。其中：企业活期存款余额1796.4亿元，比年初增加188.1亿元，同比少增119亿元；企业定期存款余额801.2亿元，比年初增加88.3亿元，同比少增119.4亿元。企业贷款尤其是中长期的较快增长派生部分企业存款，承兑汇票余额的增加也以保证金形式锁定了部分企业存款。

2. 居民储蓄存款增长良好。全市金融机构人民币储蓄存款余额3333.8亿元，比年初增加389.7亿元，同比少增78.6亿元。其中：活期储蓄存款余额1150.8亿元，比年初增加171.5亿元，少增54.2亿元；定期储蓄存款余额2187.4亿元，比年初增加218.2亿元，同比少增32.9亿元。上半年虽然股票市场较为低迷，但银信合作产品的快速发展和其他理财产品的销售对居民储蓄存款的分流作用加大；下半年证券市场震荡加剧，且银监会要求对银信合作产品进行清理整顿，居民储蓄存款开始逐渐回流，只在10月份证券市场快速反弹时居民储蓄存款余额出现暂时下降。

3. 机关团体存款和其他存款多增明显。全市金融机构人民币机关团体存款余额932亿元，比年初增加367.9亿元，同比多增337.9亿元；人民币其他存款余额787.5亿元，比年初增加316.6亿元，同比多增226亿元。机关团体存款多增主要是因为公路、铁路、水利等基础设施建设部门的存款多增，其他存款多增主要是因为各类保险基金和非银行类金融机构同业存款多增。

二、人民币贷款总量平稳增长，中长期贷款增加最多

2010年末，沈阳市金融机构本外币各项贷款余额6068.4亿元，比年初增加897.5亿元，同比少增306.8亿元。在贷款总量中，中长期贷款增加最多，短期贷款少增，票据融资大幅度下降，票据融资大量少增导致贷款总量少增。

1. 短期贷款少增。全市金融机构人民币短期贷款余额1472.2亿元，比年初增加48.8亿元，同比少增157.5亿元。其中：个人贷款及透支余额115.3亿元，比年初增加26.8亿元，同比少增1.5亿元；单位贷款及透支余额1281.4亿元，比年初减少22.2亿元、同比少增197.1亿元。短期经营贷款余额1097.9亿元，比年初增加32.6亿元，短期固定资产贷款余额166.9亿元，比年初减少50.4亿元。

2. 中长期贷款快速增长。全市金融机构人民币中长期贷款余额4072.1亿元，比年初增加1014.3亿元，占全部新增贷款的114.6%，同比多增338.8亿元；人民币中长期贷款余额在人民币全部贷款余额中的比重达到68.2%。2010年，贷款增长主要由中长期固定资产贷款拉动，中长期固定资产贷款余额2695.6亿元，比年初增加636.6亿元。从机构看，国家开发银行和传统大型银行中长期贷款增长迅速。中长期贷款的快速增长主要支持了个人住房消费和大型基础设施建设。

3. 票据融资余额大幅度下降导致贷款增速减缓。全市金融机构人民币票据融资余额388.7亿元，比年初减少192.7亿元，同比少增488.7亿元。票据融资余额下降和大幅度少增是2010年沈阳市贷款少增的主要原因。票据融资仍然是各商业银行调整资产结构最有效的工具。各家商业银行为达到监管要求大量压缩票据融资余额，将有限的信贷资源以中长期贷款形式满足经济发展的资金需求，实际有利于提高信贷资金的收益性并提高支持经济发展的资金稳定性。

4. 个人消费贷款保持较快增长。全市全部金融机构人民币个人短期消费贷款和个人中长期消费贷款余额692.6亿元，比年初增加177.8亿元，同比多增73.2亿元。2010年，虽然信贷规模有限，但各商业银行对个人消费贷款仍然采取鼓励和支持态度，个人消费贷款始终保持着平稳较快的增长态势。以住房按揭贷款为主的个人消费贷款余额与房屋交易量同步上升，对沈阳市居民的住房消费和沈阳市房地产销售起到了强大的资金支持作用。房地产市场在消费信贷的有效支撑下保持了持续活跃，居民的居住条件进一步得到改善。

（*王　赞*）

【征信服务】 人民银行为加大服务社会、服务大众的力度，完善征信管理制度，建立、推广企业和个人征信系统，拓展信用报告使用范围，强化征信市场监督管理，维护信息主体合法权益，大力推动信用体系建设，培育社会信用文化，改

善了社会信用环境，促进了地方经济金融健康发展。

在征信系统建设上，征信系统客观记录了企业和个人的基本信息、信用交易信息以及非银行领域信用信息，全方位体现企业和个人的信用历史记录和偿债能力。同时，系统在全国范围内连接所有银行和非银行类金融机构，实现了在线数据更新和联网查询。目前，企业和个人征信系统覆盖沈阳各个县区，涉及所有类型的金融机构。企业征信系统已为全市3.5万户企业和其他组织发放了贷款卡，建立了信用档案。

2010年，人民银行深化改革贷款卡办理和年审方式，在省内率先推广使用了贷款卡办理、年审网上申报系统，使原来全市上万户企事业单位集中到人民银行办理业务变为分散到全市各金融机构办理。大大方便了企事业单位，减少了企业负担，提高了工作效率，得到了各方的好评。全年共发放贷款卡2092张，自然人办卡1115张，年审贷款卡7446户，企业信用报告查询986份，个人信用报告查询5.17万份，司法查询个人信用报告1274份。

在征信系统应用上，一是在金融机构得到广泛应用，有效降低了信贷风险，缩短了信贷审批流程，提高了审贷效率。二是在政府以及社会上得到高度重视和广泛运用。信用报告已逐步在诸如政府采购、项目招投标、人事管理、评优评先、企业融资、项目洽谈、出国申请、司法调查等领域发挥越来越重要的作用。三是有效配合了国家有关政策的实施，实现了联合奖励惩戒效果。例如通过采集企业拖欠工资信息，促使欠薪企业主动联系劳动保障部门，迅速结清拖欠职工工资；通过将欠税信息纳入征信系统，促使企业和个人及时纳税；通过将环保信息纳入征信系统，借助“绿色信贷”政策的实施促进环境改善。

（孙　勇）

·工商银行·

【概况】 2010年，中国工商银行辽宁省分行营业部实现税后利润11亿元，同比增加3.2亿元，增长40.7%。本行紧紧围绕国家加大经济结构调整力度，提高经济发展质量和效益的经济工作战略部署，围绕沈阳市政府提出的“双5000亿”社会经济发展目标，坚定不移地贯彻执行国家宏观经济政策，按照行业政策、信贷政策的要求，加大优质信贷投放力度，投放领域涵盖了装备制造、基础设施、交通、电力、文教卫等多个行业。本行积极参与“中小企业千亿融资工程”，成立了小企业专业支行，为中小企业融资提供一站式服务。成立了个人贷款中心，为个人客户提供了多品种的个人融资服务。截至年末，本行人民币各项贷款净增114亿元，增长34.2%；人民币各项存款净增106亿元，增长14.1%；中间业务收入同比增长21.9%。不良贷款余额和不良贷款率继续保持“双下降”。在有力支持沈阳实体经济发展的同时，实现了自身经营的又好又快发展。

（刘琳娜）

【存款业务】 2010年，中国工商银行辽宁省分行营业部坚持以存款业务作为推动其他业务发展的重要基础，坚持负债业务和资产业务同步发展，并在服务客户的过程中，不断创新服务模式，开展了多种形式的专题论坛、财富驿站、产品推介会等活动，力争在瞬息万变的经济环境中，最大限度地实现为客户资产保值增值的目标，实现银行和客户双赢，并在总量的增长中有效调整了负债结构，降低了负债成本。截至年末，本行人民币各项存款余额达到853亿元。

一方面，着力增强对个人客户的服务功能。围绕打造“第一零售银行”目标，本行坚持储蓄存款基础地位不动摇，将基金、保险、国债、本行理财产品、贵金属、电子银行、银行卡等产品和业务与储蓄存款业务相结合，以提高客户综合收益为目标，积极维护客户，不仅增加了储蓄存款总量，个人客户总量也实现了有效增长。截至年末，本行人民币储蓄存款余额达到535亿元，较上年增长5.8%。

另一方面，着力提升为对公客户服务品质。围绕打造“第一结算银行”目标，本行充分把握结算账户总量同业领先地位，开展了不同层次的对公客户回访和维护工作，深入了解客户在发展过程中各环节的业务需求，积极为客户出谋划策，凭借本行技术优势及业务平台优势，制定客户专属综合需求解决方案，实现了对公客户总量及对公存款的大幅增长。截至年末，本行人民币对公存款余额305亿元，较上年增长29.9%。

（刘琳娜）

【贷款业务】 2010年，中国工商银行辽宁省分行营业部认真贯彻国家宏观经济政策和货币政策，并积极适应各种变化，制定了支持区域经济发展的战略和措施，积极稳健地增加信贷投放，全力满足优质实体经济运行的合理资金需求。本行以大力支持沈阳区域经济发展为己任，一方面，加大对国家重点振兴行业、战略性新兴产业和节能减排等绿色信贷投放力度，优先支持区域在建、续建项目。另一方面，为了促进中小企业的快速发展，积极探索为中小企业和民营客户服务途径，全面提升中小企业服务能力，成立了小企业专业支行，以传统存、贷、结算业务为基础，以投资银行、信息服务、信用证、保理、发票融资、商品融资等新业务为重点，依托多元化的产品、优质的服务、先进的电子化平台，为中小企业和民营企业提供综合化的融资需求解决方案。本行还运用所掌握的丰富的客户信息和网络渠道，为客户搭建充分交流，强强合作的平台，实现本行与中小企业客户和民营企业客户的双赢。本行关注民生，积极满足个人贷款需求，为实现广大个人客户改善生活质量的愿望搭建平台，成立了个人贷款中心，改进了业务流程，推行了个人贷款业务的一站式服务。为满足企业短期融资需求，全力加大了票据业务的发展，通过围绕企业需求开展业务创新，实现了买方付息贴现及电子票据贴现等业务的新突破。同时，为确保国有金融资产保值增值，继续坚持以不良资产处置和全面风险管理为抓手，不断改善资产质量。截至年末，本行人民币各项贷款余额达到448亿元。

（刘琳娜）

【中间业务】 2010年，中国工商银行辽宁省分行营业部为了向对公客户和个人客户提供多领域、多渠道、多产品的更加广泛的金融服务，进一步加大了中间业务的产品创新和服务创新力度，把加快科技和产品创新、推进渠道建设升级和服务模式变革作为提升服务品质重要手段。先后推出了养老金卡、“517”卡、公积金卡等多项便民产品。本行积极服务中高端客户，持续开展了中高端客户的回访和维护，全年举办各类理财沙龙及财富驿站248场次，覆盖客户近万人次。通过为企业提供顾问类服务，既满足了客户需求，又使投行业务取得了长足发展。通过融资租赁、资金托管、法人理财等业务实现新突破，本行对公中间业务产品进一步丰富，为客户服务领域进一步延伸，产品及服务解决方案基本覆盖了客户需求的不同层次和各个方面，以客户为中心的同时，有效地增加了自身收益。2010年，本行中间业务收入同比增长21.9%。

(刘琳娜)

【经营管理】 2010年，中国工商银行辽宁省分行营业部先后进行了网点综合化、柜员综合化等多项改革。截至年末，32个综合化改革的独立网点已全面完成网点改造、设备配置、岗位设置、人员安排、业务培训等工作，其中12个独立网点开通了对公客户的服务渠道。25个综合网点完成了柜员综合化改革。同时为更好地服务区域经济，满足不断丰富的客户需求，本行实施了大力度的机构改革，调整了机构布局，取消原有24家支行，在沈阳市的8区、2郊、2县合并设置13家支行。

为保持经营平稳运行，本行全面加强了各类风险防范。按照监管部门的要求，坚持每季召开案件防范分析会，持续开展重要岗位、重点人员、重要事项和重要业务的常规稽核和各类业务运作的风险提示，开展了各项规章制度大检查，扎实做好反洗钱各项工作。持续开展了员工行为动态考核，细化了确保安全的各项措施，投产运行管理控制中心项目。经营实现了安全平稳运行。

(刘琳娜)

【客户服务】 2010年，中国工商银行辽宁省分行营业部以提高服务质量、降低客户投诉、推进网点服务标准化为重点，全面开展了“服务价值年”活动，关注客户体验与评价，推动渠道建设和业务流程的优化。南京街支行获全国银行业千家服务示范单位称号。大东吉祥支行、皇姑崇山东路分理处、沈河大南分理处获2010年省银行业协会授予的优质文明示范单位称号。为改善环境，本行加快推进了网点建设进程和自助设备的配备。截至2010年末，本行自助银行同比增加19家，网银自助服务机开通率达到90%。同时，本行不断加强队伍建设，2010年有多名个人理财师在全国及省市大赛中获奖，沈阳市银行系统十佳理财师，本行占据了三席，并获得沈阳市第二届金融理财师大赛团体第一名，荣膺2010年沈阳市最佳理财银行、最具影响力理财产品等殊荣。硬环境和软实力建设，有效提升了客户满意度，被沈阳市政府授予“沈阳市2010年度金融工作突出贡献奖”。

(刘琳娜)

·中国银行·

【概况】 2010年，中国银行沈阳分行深入贯彻落实总行“调结构、扩规模、防风险、上水平”12字经营方针，以及辽宁省分行“数一数二”战略发展定位，积极应对国家实施宏观调控、复杂多变的内外部经营环境，紧密结合沈阳经济发展实际，重点在“扩规模、调结构、做产品、争市场”上下功夫，在有力支持地方经济发展的同时，各项业务实现了持续快速健康发展。截至12月末，人民币各项存款同比增长27.63%，市场份额上升0.14个百分点；人民币各项贷款同比增长20.87%，市场份额上升0.17个百分点；外币各项存款市场份额25.89%，继续保持同业领先地位；外币各项贷款同比增长60.73%，市场份额上升10.21个百分点。中间业务净收入同比增长31.29%，市场份额上升0.26个百分点。

(徐晓磊)

【业务发展】 2010年，中国银行沈阳分行牢牢把握国家加快转变发展方式带来的机遇，紧紧围绕沈阳经济发展的战略布局，全力支持地方经济发展，加快推进各项业务持续快速健康发展。

资产业务稳步发展。合理摆布资源，加快发展人民币公司贷款业务。注重把握贷款节奏，通盘考虑全辖贷款项目情况，合理安排贷款投放和收回项目。优先满足重点客户和项目贷款需求，加大新客户拓展力度，人民币公司贷款业务实现较快发展。截至12月末，人民币公司贷款同比增长36.42%，市场份额较年初提升了0.73个百分点。全力发展零售贷款业务。克服国家实施房贷紧缩政策等不利因素影响，加强组织发动和专业指导，开展同业市场调研，调整政策、优化流程、提升队伍，促进零售贷款业务快速增长。截至12月末，零售贷款新增额同比增长29.77%。大力发展本外币贸易融资业务，把资本占用少、回报高的贸易融资业务作为资产业务新的增长点。截至12月末，本、外币贸易融资分别是上年全年增量的7.95倍和6.98倍，进一步巩固了贸易金融服务优势地位。

负债规模持续扩大。加大存款工作力度，多措并举扩大资金来源。加强对公司客户的全方位营销，多渠道争揽公司存款。加强源头营销和重点存量客户维护营销，加大行政事业单位存款营销力度，2010年正式获批住房公积金存款归集业务代理资格。持续强化产品意识，以汇利达等贸易融资产品拉动公司存款增长。截至12月末，人民币公司存款同比增长34.24%。大力发展金融机构存款，截至12月末，本外币金融机构存款同比分别增长79.59%和79.66%。开展储蓄存款系列营销竞赛活动，充分发挥网点主渠道作用，大力推广理财产品吸引客户存款，并通过外汇业务产品带动外币储蓄存款稳步增长。截至12月末，外币储蓄存款市场份额53.70%，继续保持外币储蓄业务优势地位。

中间业务快速增长。坚持产品创新和服务创新，中间业务实现了较快增长。年初以来，各产品线新业务、新产品推广加速，成为中间业务发展的助推器。其中，公司金融板块在债券分销、供应链融资、跨境人民币结算等新业务上取得新突破，在国际结算传统业务、对公人民币理财、代理保险、国内结算等业务方面取得积极进展；银行卡专向分期业务成为银行卡中间业务收入新的增长点，本外币理财、基金销售等业务也实现较快发展。截至12月末，中间业务净收入增速达31.29%，中间业务毛收入比四大行平均增速高1.73个百分点。

(徐晓磊)

【内控管理】 2010年，中国银行沈阳分行完善合规考核机制。将依法合规经营纳入绩效考核体系，组成内控合规与运营保障考核小组，制定考核方案和考核办法,对辖属10家支行及相关部门实施正向加分与负向扣分考核,加大对内控合规和员工遵章守纪方面的考核和问责力度。狠抓规章制度执行,组织全辖分阶段开展"内控和案防制度执行年"活动,共组织全辖各类业务及制度培训201次,各类业务及制度测试56次,进行了211次检查。强化对基层机构及人员管理监控。深入推进基层机构负责人代职制度,加强对基层机构自查流程非现场监控以及对基层机构日常监督和业务检查。做好IT蓝图上线期间及上线后风险防范工作。针对各业务条线新系统运行过程中发现的风险点,探究防控措施,确保蓝图上线后各项业务安全、稳定运行。

（徐晓磊）

·农业银行·

【概况】 2010年,中国农业银行辽宁省分行营业部(以下简称省农行营业部)有员工3842名,一级支行14家、二级支行27家、分理处76家、储蓄所25家,共计142个营业网点。辽宁省分行营业部以雄厚的资金实力、完善的经营网络、先进的服务体系、丰富的金融产品、广泛的客户基础、高效的运作机制,位居全国农行系统十大营业部之列。

2010年,省农行营业部认真贯彻落实总省行党委的工作部署,以增强综合竞争力为主题,以效益最大化为目标,强势推进经营转型,全面强化市场营销,切实加强内部管理,狠抓领导班子和员工队伍建设,各项工作取得了新的成绩。一是业务经营稳步前进,盈利水平大幅提高。各项存款比年初增加45.15亿元,各项贷款比年初增加45.4亿元;中间业务实现新突破,收入达2亿元;盈利水平大幅度提高,拨备前利润达6.37亿元,拨备后利润达5.91亿元。二是客户结构进一步优化,资源更加丰富。全年营销储备优质房地产客户28个,新增个人贵宾客户36428户,为日后城市业务实现快速发展奠定了基础。三是网点转型初见成效,电子银行业务发展迅猛。按总行标准完成装修改造网点47个,完成了21家营业网点的营销导入。全年实现电子银行业务收入3957万元,市场份额第一。四是精细化管理大力推进,风险防控水平提升。深入推进会计业务精细化管理;加强授信业务的精细化管理;构建全面风险防范体系。建立风险报告和处置机制,及时发现并有效化解风险;建立案件风险排查长效机制,确保排查工作不留死角;做好安保维稳工作,确保全年安全运营无事故。五是机制改革更加深化,经营活力全面激发。继续实施"赢在未来"三年培训工程,培训覆盖率100%,有力地提高了全行员工的业务能力和服务水平,促进整个队伍营销能力的提升。

（薛　涵）

【存款业务】 一是建立以班子成员为首席客户经理的大客户营销团队,对存款份额占比较重、潜能较大的机构类客户进行固存挖潜。充分利用财政收支改革的有利时机,统筹优势资源,争取政府机关财政类存款和支农资金逐步归集到农行账户。在维护存量客户的基础上,以财政性存款和行业性、集团性、系统性客户为重点,加大对增量客户的营销力度。按照先大后小,先急后缓,先新后旧的原则,对本部重点大户进行上门走访营销。二是按季制定营销方案,先后在全辖组织开展了"春天行动"、"激情仲夏"、"收获金秋"和"温暖冬日"四次大型综合营销活动,均收到了明显效果。每月召开存款调度会,对大户存款日常维护工作进行具体部署,确保对公存款的稳步增长。同时,以综合营销活动为契机,全力以赴抓储蓄。切实做好星级客户基础管理工作,落实贵宾客户营销责任人,实现贵宾客户的指派、签约、贵宾卡发放和后续维护服务依次到位。加强存款成本管理,不断优化存款的期限和成本结构,促进储蓄存款稳步增长。三是完善存款考核机制,加大激励力度。制定并下发了《产品销售及客户营销计价考核实施细则》,利用有效的激励政策,依托优质客户系统,从客户源头抓储蓄,加大对中高端客户的营销力度,为客户提供差异化的产品和服务,全面提高个人客户的忠诚度和综合贡献度。

（薛　涵）

【贷款业务】 一是着力做大公司类法人客户资产业务。在大力拓展电力、交通、城市基础设施等系统性人客户的同时,积极介入本地区装备制造业领域的龙头企业。抓住振兴东北老工业基地、加快沈西工业走廊建设契机,提升对地方经济建设的服务能力。抓好科技环保类型企业和优质机构类重点客户的营销,切实提升综合营销大客户的能力。二是着力做强房地产信贷业务。坚持以沈阳市优先发展区域为营销重点,加大对省行级优质房地产客户、年度房地产百强企业的拓展力度。在业务品种上,坚持以住宅开发贷款为主体,兼顾城市土地开发、商业用房开发、经营性物业、城市基础建设贷款的营销和投放。以"一南一北一金廊"区域为重点,积极营销"大浑南1个核心区3个产业集聚区"、"沈北新区沈阳副城"和"青年大街金廊"沿线房地产开发贷款。三是大力发展个贷业务。年初开始,省农行营业部专门成立了个贷业务集中经营中心和支行营销团队,加大对支行领导班子的个贷投放考核力度,有效地调动了全辖营销拓展个贷业务的积极性。组织理顺了二手房业务流程,梳理了房产中介合作关系,并实行独立审批人审批制度和调查、审查、审批限时办结制度。

（薛　涵）

【中间业务】 2010年,中国农业银行辽宁省分行营业部在数量扩张的基础上,实施"挖潜"和"激活",旨在保持数量稳定快速增长的基础上,不断完善激励和配套措施,推动质量和效益大幅提升,实现质量和数量的匹配。在保持银行卡、代理保险等传统业务优势下,大力开展清零行动,拓展新的收入渠道,委托贷款、房地产财务顾问收入、国内担保承诺手续费收入、涉外担保业务收入等中高端业务均取得突破,不仅丰富了中间业务收入的来源,也使结构进一步优化。

1.开展中间业务收入竞赛。在原有各项资源对中间业务考核挂钩政策不变的基础上,进一步加大了对中间业务收入的奖励力度。同时,成立由主管副总经理为组长的竞赛活动领导小组,按月编制支行中间业务收入计划完成率排名表和本部各部门中间业务收入完成计划情况表,及时总结经验、查找不足,并有针对性地制定措施,努力推动中间业务快速增长。

2.改进营销方式。通过开展联动营销、交叉销售,以资产负债业务带动中间业务的发展。对于优质大客户,组建由主管前台部门牵头、其他部门共同参与的营销团队,整合产品、人才、科技、合规等要素,实施组合营销、团队营销和方案营销，提升中间业务营销层次。

3.充分发挥支柱业务的传统优势。坚持以代理保险、银行卡、国际业务等传统优势业务为支柱，着力挖掘增长潜力，提高传统业务的市场竞争力，努力提高市场份额。

4.充分发挥我行网点、网络优势，在保持原有传统支柱业务优势的同时，拓宽中间业务收入的来源渠道，在信贷投放利率下浮的现状下，着眼于盈利水平较高的中间业务产品，将电子银行、信用卡、现金管理、投行业务作为中间业务发展的重点，以实现效益、数量协调发展为目标，以营销和品牌建设为手段，以完善电子渠道布局和发展有效客户为主要工作内容，实现业务收入和电子渠道替代率的双提高，实现中间业务收入的多元化发展。

5.开拓中间业务新领域。进一步推动自助设备、网上银行、金穗支付通（转账电话）、电子商务、现金管理平台等渠道类中间业务发展，积极发展财务顾问和银团贷款业务，推进企业年金工作，提高年金托管金额，充分挖掘优质客户潜能，培养新的收入增长点。

（薛　涵）

【国际业务】 2010年，辽宁省农行营业部确定了“先量后质，调整结构”的发展思路，加大了外汇业务的营销力度，特别是经常项下业务取得了突破性进展。

1.通过积极调整产品结构，大力发展贸易项下进出口业务，国际结算量大幅增长，实现3.5亿美元。

2.国际结算收入大幅提高，对全行收益贡献度增加。主要是贸易项下进口业务、国际贸易融资和涉外保函业务量增大，带来了较多的结算手续费收入。

3.客户结构进一步优化，经常项目与资本项目业务齐头并进。2010年，经常项目业务与资本项目业务占国际结算总量呈现同步发展的趋势，经常项目与资本项目在总体业务中的占比逐渐趋于合理化，为下年国际业务持续发展奠定了较好的基础。

4.客户营销成果显著，与多家经常项目大客户建立合作关系。根据年初制定的大力发展经常项下国际结算客户，改善客户结构的工作思路，积极走访营销优质大客户，并根据客户需求为其量身定制外汇理财及国际贸易融资综合服务方案，取得良好效果。

5.产品不断创新，为客户提供综合服务能力增强。通过积极营销，措施得力，在业务种类上不断取得突破。成功办理减免保证金开证、涉外保函、海外代付、跨境贸易人民币结算、汇付通和福费廷业务，提高了在同业中的市场竞争力。

（薛　涵）

·交通银行·

【综述】 2010年，交通银行辽宁省分行全辖人民币存款余额达672.06亿元，较年初增加108.08亿元，增幅19.16%，完成全年计划的120.09%。人民币贷款余额374.20亿元，较年初增加80.64亿元，增幅27.47%。实现经营利润8.88亿元，比上年增加2.6亿元，增幅达41.40%，完成总行下达计划的113.37%；实现拨备后利润10.27亿元，比上年增加2.81亿元，增幅达37.65%，完成总行下达计划的147.96%，创利水平明显提高。

（孙　黎）

【业务经营】 2010年，交通银行辽宁省分行各项业务实现稳健较快发展。一是存款业务实现稳定增长。坚持将狠抓负债业务作为工作的重中之重，及早确定了负债业务营销策略及目标客户，树立抓大存款、抓新开户、抓渠道存款的理念，积极研究增加存款的各种有效方法和渠道，加大对全辖各经营单位负债业务的指导和督导力度，着重突出营销实效。二是信贷投放保持均衡增长。严格贯彻调控政策，有计划、有步骤地安排授信项目，促进资产业务加速发展。截至12月末，全辖人民币贷款余额374.2亿元，较年初增加80.64亿元，增幅27.47%。贷款增量投向与区域经济的契合度有所提升。授信业务结构得到不断优化。零售信贷保持较快增长。三是转型业务取得新的进展。个金销售明显增强。广泛开展了“基金营养组合，持出健康生活”、“安POS、赢必胜客大餐”、“和珅鉴宝”、“保险期缴产品销售”、“大干十天，全力冲刺”等个金产品营销活动，各项业务增量保持在全国系统内前十名的位次。公司转型产品推广成效较好。充分发挥财富管理业务优势，大力向符合现金管理特征的重点客户推介相关产品，促使蕴通账户、蕴通供应链、企业年金、三方存管、银期转账等多项公司产品均超额完成全年计划，同时把握企业资金脉络，稳步扩大资金池、票据池规模和使用效率，持续增加对公存款。注重发挥协同效应，加强与交银子公司、兄弟行的联动，实现了协同营销，共同发展。国际业务保持良好发展势头。精心制定产品营销方案，并先后走访营销多家企业及10余家出国中介机构，离岸中介公司以及多家金融同业机构，有力促进了国际业务的发展。截至12月末，全辖国际结算量实现25.48亿美元，同比增加23%，完成年度计划的142%。

（孙　黎）

【风险管理】 2010年，交通银行辽宁省内控风险管理基础得到进一步夯实。一是风险管理水平进一步得到提升。不断健全完善规章制度和完善量化考核机制，强化贷后管理理念；深入开展贷后管理检查，有效地防止了资产质量下滑。2010年3月，分行顺利通过总行贷后达标验收并赢得达标示范行的荣誉。根据国家宏观政策和行业政策的变化，注重结构调整，开展各项风险排查十余次，有效地遏制了新增不良贷款的发生。扎实推进落实贷款新规，多次召开落实“贷款新规”专题会，明确各职能部门职责，从学习宣传、推广实施、自查整改、外审检查整改、自查整改等多种方式入手，使全行“贷款新规”落实工作稳步推进，并得到当地监管部门的充分肯定。二是不断强化会计内控管理。2010年，辽宁省分行全辖实现安全运营无事故，内控管理水平持续提升。从内控评级情况看，省分行本部会计内控审计评级为B+，5家省辖行会计审计评级为B，1家省辖行的会计审计评级为B-，其中丹东分行由去年的B-级提高到B级。此外，全辖有2家支行顺利通过了总行贷后管理达标小组的验收，并被授予达标示范行的荣誉称号。三是不良资产清收处置取得突破。积极抢抓不良资产处置机遇，努力开拓不良资产清收处置的新局面。截至12月底，全辖累计压缩存量不良资产3.57亿元。

（孙　黎）

【内部管理】 一是全辖紧密型一体化管理取得新成效。鞍山分行以扎实推进“管理提升年”活动为契机，积极建立科学发展的长效保障机制。不断深化与鞍钢集团等重点客户在存贷款等业务方面的全面合作。抚顺分行积极把握抚顺老工业基地振兴和沈抚同城化发展机遇，大力开展业务拓展与营销工作，信贷投放实现历年最好水平，公司类转型产品推广及个金基金销售情况较好。丹东分行坚持以发展为第一要务的思想不动摇，全年对公贷款、零售信贷均实现建行以来最快的增长速度，内控管理水平得到进一步提高。锦州分行结合自身经营实际扬长避短，细化落实业务拓展的各项措施和办法，大客户和重点项目营销工作取得突破，中间业务收入、客户渠道类和结构类指标实现较大幅度增长，经营创利能力不断提高，营口分行以客户结构调整为主线，将拓展新客户作为发展对公存款的重点工作来抓，推进负债业务稳步发展。积极围绕沿海经济带发展，细分市场和客户，加强重点客户维护，充分挖掘业务增长点，各项业务持续保持了稳健发展态势。二是不断加强经营管理机制创新。建立完善绩效考核体系，在绩效考核办法的研究制定上大胆革新，兼顾"量、价、结构、质量"四方面的协调关系，着力提高在全额资金法下的创利能力，对业务发展和战略转型的推进起到重要的引导和激励作用。加强声誉风险管理，在交行系统内率先创新制定出台了《交通银行辽宁省分行声誉风险管理细则》，确定了声誉风险排查、应急处置等九项制度，最大限度避免或降低各类负面评价对分行经营管理造成的风险。加强世博期间客户服务管理，全力指导全行化解客户意见。全行(世博)客户意见管理实现"零"投诉，通过工单系统受理申诉及监管机关转办申诉解决率100%。持续推进"降本增效"工作，坚持从严、从紧的费用管理理念，从强化制度建设、严格费用审批和规范操作流程、加强费用集中管理等方面入手，不断加强费用管理，高效合理使用费用资源。

(孙　黎)

·盛京银行·

【概况】 2010年，盛京银行经营业绩持续增长，截至年末，盛京银行资产规模已突破2000亿元，存款总额突破1400亿元，当期实现利润近24亿元，主要监管指标连续多年保持优秀股份制商业银行标准。积极推进跨区域经营战略，实现葫芦岛分行开业运营，外埠分行已达五家，全国性经营网络架构已具雏形，综合经营实力居东北城商行首位，全国城商行前列，成为业务功能齐全、内控管理严密、公司治理结构完善的现代化股份制商业银行。

(杨景智)

【资产质量】 2010年，盛京银行认真分析和研判国家宏观经济政策、监管政策及市场变化趋势，适时调整信贷投放策略，强化风险防范措施，实现了信贷资产稳定增长、资产质量持续提升、风险补偿准备更加充足的良好发展态势。

1. 坚持主动营销效果显著，信贷投放持续增长。一是积极开展资产类战略客户综合授信，先后与总部型优质客户、优良上市公司及相关企业建立合作关系。二是强化对战略性优势行业的信贷支撑。积极跟进社会保障、民生产业、基础设施等政府重点工程项目建设，大力支持优质装备制造企业发展。三是积极推进小额资产业务发展。在沈阳、天津试点小企业贷款专营中心，优化流程，提高效率，创新担保方式，实现小额资产业务的健康发展。

2. 加强信贷资产管理，提高风险管控水平。一是强化授信授权管理。严控授信业务准入标准，强化全流程管理，实施渐进式差别化授权，通过序时监控、现场检查、动态调整等方式，加强对分行风险控制能力的考核与评估，有效防范授信授权风险。二是注重行业贷款管理。按照银监会的工作要求，积极开展政府平台贷款清查，落实有效还款计划，有效防范系统性风险；坚持审慎的房地产信贷投放政策，严格抵押物风险管理，持续开展风险排查和压力测试，有效增强房地产贷款的风险抵御能力。三是全面落实"三个办法、一个指引"贷款新规监管要求，坚持实贷实付原则，严格监控贷款用途，完善制度建设，实施流程改造，切实提高了贷款新规的执行力。四是强化问责机制。进一步明确贷款责任终身制，严格执行管理风险责任追究制，有效防范道德风险和操作风险。

3. 扎实推进清收工作，全面实现"双降"目标。一是加大不良贷款清收力度。认真落实转化方案，深入开展与中介机构的合作，有效盘活不良资产，实现了不良贷款的额减率降。二是加强到期贷款监督管理。坚持预警机制，提前制定风险处置预案，有效控制不良贷款反弹。三是明确清收工作重点，强化重点案件督办，积极借助专业力量，加快依法清收工作进程。四是强化资产经营管理职能，积极拓展抵债资产营销渠道，以资产收益最大化为原则，有效提高闲置资产使用率。

(杨景智)

【金融创新】 2010年，盛京银行依托强劲的存款增长和不断巩固的资金实力，通过政策推动、集约运作等多种手段，推进和完善金融市场业务专业化运作。全年债券交割量排名城商行第3名，全国2300余家同业中名列第17位。

1. 加大资金运作力度，拓宽收益空间。一是准确把握政策调整方向和市场走势，扩大债券波段操作获利空间。二是加强产品创新和推广，顺利开办买方付息等新业务，促进金融市场业务的专业化运作。三是实行"统一调度、整合存量、统一对外、集中出票"的管理模式，提高分行定价和风险管理权限，引导分行稳健开展票据业务。

2. 创新业务种类，提高服务质量。一是取得了三方存管、二手房资金监管等新业务资格，提升零售业务竞争能力。二是取得开办"境外机构境内账户"(NRA账户)业务资格，制定了相应管理办法和操作流程，并已成功办理NRA账户的境内外汇款业务，进一步完善了业务种类。三是强力推进高端信用卡营销，围绕优质授信企业和代发工资客户，向企业高管、高收入人群发放高端信用卡，全年新增高端信用卡占比19%，消费金额占比72%。

3. 强化信息科技系统建设，提升核心竞争力。一是成功实现计算机系统升级改造，满足了总分支三级核算体系的要求。二是顺利完成信贷管理系统升级改造，实现了信贷风险的电子化管理，形成了全过程的风险防控体系，为信贷业务的集约化经营和科学化管理提供了全方位的科技保障。三是积极搭建网上银行，顺利完成了一期工作目标，为营销渠道的丰富与完善奠定了基础。

4. 继续推进跨区域经营。葫芦岛分行开业运营，上海、长春、鞍山、本溪、盘锦分行获批筹建，随着运营模式的成熟和管理经验的丰富，外埠分行发展速度

和发展质量日益提高

（杨景智）

【内控建设】 2010年，盛京银行积极推进全面风险控制管理，确保营运安全。加强科技和安防系统建设，内控管理和科技支撑能力持续提升。

1. 风控、合规体系建设深入推进。一是建立健全专业化的风险控制保障运行机制，加强对已识别的风险点控制，积极开展风险分析、报告及纠正工作，建立起立体化的风险控制管理体系。二是深化合规管理，着力进行规章制度的清理和审查，保证了规章制度的合规性和有效性；强化合规建设，注重合同管理，加强对新产品、新业务及大项目的风险提示和评审，提高风险监测的针对性和实效性。三是加大稽核工作力度和频率，全面开展以资产类业务为重心的稽核检查，强化经济责任稽核及经营成果真实性稽核等基础性工作。四是强化声誉风险管理，加强制度和组织体系建设，通过常态化监测、预警和报告，防范声誉风险。

2. 加强科技系统建设。坚持做好信息系统日常运行维护及技术支持，不断完善和优化现有应用系统，提高响应速度和服务质量，提升系统稳定性，保证了经营活动的正常运行，加强信息系统风险管理，实行内外部审计，筹建灾备系统，提高了系统抗风险性能，做好核心业务系统的运营维护。

3. 强化安全保障运行体系建设。一是全面落实综治保卫目标管理责任制，签订综治保卫责任状，强化全辖安全保卫工作的监管，推进总分支三级案件防控管理体系建设，打造案件防控长效机制；二是加强对外埠分行的培训、指导和检查工作，完善考核评价体系，提升安全保卫远程管理能力，确保实现全辖运营工作安全稳定。

（杨景智）

·招商银行·

【概况】 2010年，招商银行沈阳分行克服了极为复杂的经营环境、日益严格的监管要求和不断加剧的市场竞争等不利因素的影响，全行上下奋勇拼搏，部分经营指标再创历史新高。

1. 提高客户价值贡献度。公司业务方面，以客户结构调整为重点，努力拓展价值客户。实现了社保存款、财政非税系统、资本金结汇等方面的突破。零售业务方面，立足经营自身客户的理念，以财富管理为核心，不断完善高端客户服务体系建设。

2. 大力发展中间业务。公司业务方面，同业理财销售额大幅增加，连续三年位居总行系统内销量冠军。成功取得了某大型企业短期融资券的主承销资格。全口径国际结算量与同期相比大幅提高。零售业务方面，围绕基金、保险、信用卡三项产品开展跨专业联动营销和专业内部交叉销售。

3. 有效实施全面风险管理。2010年，招商银行沈阳分行牢固把握当前环境和市场变化，加大风险防控力度，全力提升风险管理水平，实现了连续十年的安全运营。落实“三法一指引”，深入开展信用风险管理“两个全面”工作。优化信贷审批流程，全年审批风险业务与同期相比大幅增加。全面推行风险经理制，初步建立了专业化的风险经理队伍。成功收回大量不良贷款，信贷资产风险管理的基础不断夯实。

积极推进总行合规风险管理系统，开展合规风险点梳理和合规专项检查。启动“反洗钱”系统二期研发工作。开发自行查核系统，完善以员工自我管理为核心的自律机制。

加大行为管理和案件防控工作力度，开展全员行为排查工作、年度三项执法监察工作、“内控和案件防范制度执行年”等专项活动。强化事业部所属各业务部各级人员的行为管理。堵截克隆银行承兑汇票案件和假存单案件17件，涉案金额734万元，协助警方抓获犯罪分子11人。

4. 提高资本和费用使用效率。通过贷存比监控、贷款经营测算、对公贷款月末临时额度审批等措施，确保贷存比控制在总行要求以内。从严开展财务预算管理，开展“十条禁令”自查和“小金库”专项自查活动。

5. 完善绩效考核体系。完善绩效考核，将价值考核引入各专业考核体系之中。加强年轻干部的培养和使用，人力资源配置重点向一线营销岗位倾斜。完成了柜员等技术序列评审工作。

6. 加快机构建设步伐，发挥支持保障体系功能。扎实开展“创先争优”活动，在银监会党委“创先争优”活动经验交流会上代表招商银行基层组织做经验交流。相继开展迎春文艺晚会、第八届运动会等活动，推进工会组织和共青团的建设，成功组织新一届招商银行沈阳分行工会委员会换届选举。

2010年，招商银行沈阳分行各项工作得到了社会各界和广大客户的广泛认可，经12万群众投票公选评为“沈阳榜样领袖企业”，是该地区惟一一家获得该奖项的金融企业。19家网点全部荣获“省银行业优质文明规范服务示范单位”称号。在辽宁银监局的2009年度监管评级中，招商银行沈阳分行再获“一级”评价，连续七年排名地区银行业第一。

（徐英超）

·中信银行·

【概况】 中信银行股份有限公司沈阳分行1995年成立。2010年，全行以“争一流经营、创精品银行”为目标，以经营理念重塑为先导，以发展战略实施为统揽，以经营机制构建为保障，以精神文化再造为动力，理念、战略、机制、文化四轮驱动，实现了全面、均衡、协调和可持续发展。截至2010年末，总资产达到455.53亿元，自营存款437.07亿元，各项贷款余额309.29亿元，实现税前利润8.37亿元，不良贷款率从年初的1.68%下降为1.037%。沈阳分行下辖抚顺、葫芦岛2家异地分行、1家营业部和17家同城支行，员工950余人。

（王　瑶）

【业务发展】 2010年，中信银行沈阳分行面对信贷规模受限、存贷比控制、风险资产约束的多重考验，紧紧围绕“抢市场、抢客户、抢速度和上规模、上水平”的总体工作思路，巩固和提升了主流银行地位。负债规模总量排在沈阳地区股份制商业银行首位，位列银行业第4位，对公存款市场占有率达到9.63%。对公贷款均衡合理增长，余额排在沈阳地区股份制商业银行前两位。重点业务和产品营销取得突破。创新推出的商商银、康健融资、建开银、供暖企业创新、委托代理开票、保兑仓等业务及开发的中国兵工、沈阳东北有色金属两个专业市场，有效满足了客户需求，拉动了负债业务,全年开发创新业务客户27个,批复额度13.01亿元,联动资产业务9.04亿元,联动存款14.25亿元;采取网上银行、现金管理、企业直联产品的组合营销,成功为沈阳商业城、大商新玛特、铁西百货等一批大型商场类客户提供电子银行服务,形成了颇具特色的行业营销模式;初步形成了汽车金融、钢铁金融、存货质押、投资银行、资金托管、企业年金、现金管理等业务的品牌优势。零售银行业务面对年初储蓄存款大幅下降及资本市场剧烈动荡的不利影响,对内全面强化各项基础建设,对外实施贯穿全年的系列化营销活动,拉动了储蓄存款的增长,发挥了理财对管理资产的支撑作用,拓宽了渠道建设,深化了贵宾服务体系建设,推进了电子银行体系建设,在总行和沈阳地区的地位进一步提升。截至年底,储蓄存款达到123.43亿元,成为总行系统内突破百亿大关的六家分行之一,市场占有率为2.71%。通过理财、银行卡、个贷、代发、贵宾服务、第三方存管、出国金融等业务平台建设,获取和经营客户的能力不断增强。出国金融业务在沈阳地区确立了优势地位,"中信理财"的品牌效应日益显现。国际业务面对外币融资价格过高、外汇市场竞争激烈、外管政策收紧等不利因素,以"抓客户,促增长、做强贸易融资,提高中间业务收益"为目标,营销工作抢先抓早,产品推广成效显著,各项经营管理工作取得较好成效。国际收付汇量市场份额继续保持沈阳股份制商业银行第1位和同业前三甲的优势,在辽沈地区确立了国际业务品牌形象和影响力。票据业务紧跟利率市场的形势变化,抓住获得总行直贴和转贴现利率管理一类行授权的良机,进一步强化票据贴现总量管控,有效安排短期票据,积极参加回购竞标,抢时段、占规模,既有效运用资源增强盈利性,又充分发挥了"调节器"和"蓄水池"的作用,推动了业务的全面发展。

(王　瑶)

【内部管理】 2010年,中信银行沈阳分行强化执行落实,管理基础进一步夯实。在理论体系建设上,初步构建了比较系统的、具有沈阳特色的,从理念创新到战略布局、从机制建设到文化再造的理论体系。以十大经营理念和四大管理理念为指导,以四大管理系统和六大管理机制为基础,继续深化虚拟岗位竞聘制、全员承诺制、履职问责制和格式化管理系统,建立了"责任第一、执行为重、落实为王和凭结果说话"的新机制,全面丰富和提升了科学化、规范化和系统化机制建设的内涵。在风控体系建设上,从风险意识教育到风险管理体制建设,从优化规章制度到制度执行的刚性约束,从信息技术防范到"三防一保"深化等方面,形成了全方位、立体化和多维度的风险管理体系,为全行的平安运行发挥了基础保障作用。风险管理工作认真贯彻执行银监会及总行新政策,全面改造和简化业务流程,试行"审查在线"和主审制,推行行业审贷,规范异地分行审批权限,推出"授信调查报告标准模板"和"放款进行时",明确放款审批权限,实行信贷档案集中装订管理,完善放款操作流程。贷后管理工作从完善责任追究和规范授信业务管理制度入手,加强日常贷后管理和重点客户的预警监管,进一步完善了预警体系建设,贷后管理的前瞻性和主动性明显提升,成功退出15户贷款,金额10.37亿元;通过追加抵押、逐步压缩、平稳过渡等方式有效化解8户,金额5.99亿元,有效减少了新增不良和拨备压力。会计管理工作实现资产业务、会计业务大集中,实施了委派会计经理、主管柜员履职评价和柜员行为评议制度,初步搭建了多维度防控、多视角监督的操作风险防控体系。通过多层次的反洗钱、反假货币、账户管理、有效证件鉴伪等培训,增强了前台员工的风险防范意识和技能,全辖成功堵截利用假身份证办理挂失业务、通知存款,利用假定单办理定期提前支取等各类案件18起,涉案金额3000多万元。

(王　瑶)

保　险

·人保财险·

【概况】 中国人民财产保险股份有限公司(简称"人保财险")是中国人民保险集团股份有限公司旗下最大的子公司,分支机构遍布全国。2003年11月在香港成功上市,成为中国保险业海外上市第一股,是2008年北京奥运会、2010年上海世博会和广州亚运会惟一保险合作伙伴。

沈阳市分公司是人保财险设立在沈阳市的分支机构,1980年恢复财产险业务,是沈阳市成立最早、规模最大、网点最多、实力最雄厚的财产保险公司,拥有雄厚的历史底蕴和杰出的品牌优势。公司现有员工1000人,公司本部下设十部(室)、三个中心,在全市各行政区、郊、县下设24家分支机构,专、兼业代理网点200多个。2010年,公司承担社会风险总额6200多亿元,实现保费收入14.5亿元,处理各类保险案件近20万件,累计支付赔款8亿元。凭借PICC的金字招牌,依托沈阳优越的地理环境、发达的经济贸易,公司取得了长足进步和跨越式发展。

(鲍　巍)

【主要险种】 截至2010年底,中国人民财产保险股份有限公司沈阳市分公司开设的险种有企业财产保险、家庭财产保险、机动车辆保险、责任保险、航天航空保险、货物运输保险、建筑工程保险、信用保证保险、意外伤害保险、农业保险等300余种,覆盖经济和社会发展的各个领域。

1. 企业财产保险。企业财产保险包括综合险、基本险、财产险、财产一切险、机损险、个体工商户险、其他险。这些险种的开办,适应了国家振兴东北老工业基地的需要,适应了社会经济发展的需要。全年企业财产保险费收入实现1.25亿元。

2. 机动车辆保险。机动车辆保险为公司的主导险种,共分六大类:基本险、附加险、提车险、交强险、其它险、其他车辆险。基本险包括:全险、单保车险、单保三者险、交强险。附加险包括:盗抢险、车上人员责任险、玻璃单独破碎险、车辆行驶损失险、自然损失险、无过失责任险、新增设备损失险、不计免赔特约险。2010年,公司不断发掘客户资源,坚持为客户提供优质服务和承保条件,根据其使用风险、车种、车型、驾驶员责任等特点,考虑车辆险业务的盈亏情况,采取差异化、个性化服务及承保办法,主动调整险种结构,优化主险业务,实行精细化管理。当年车险实现保费收入

10.95亿元，一举突破10亿元大关，是辽宁财险业首个超10亿元的单一险种。

3.工程险。包括建筑安装工程保险、建筑工程一切险、安装工程一切险三类16个险种。工程险涉及楼窗、厂房、水利工程、道路工程、化工工程项目、火力发电项目、地下管道工程、桥梁、隧道、地铁和机场等领域。附加险包括施工机具险、第三者责任险、利润损失险、工程履约保证险、职业责任险、其他险。通过积极开发和运营，部分城市基础建设项目、大型商资项目、铁西区改造、浑南新区、沈北新区等大项目，以及外埠大项目也得到承保。

4.货物运输险。国内公路货运险、国内铁路货运险、国内水路货运险、国内航空货运险、国内水路陆路货运险、国内航空旅客行李保险、海洋运输货物保险（涉外）、陆上运输货物保险（涉外）、航空运输货物保险（涉外）、邮包险等。公司充分利用沈阳作为装备制造业中心、东北地区商业物流中心和金融中心的区位优势，为货运险发展提供了较大空间，并适时开发新的保源，抢先介入现代物流园、物流中心，探索货运险销售新模式。

5.责任险。包括公众责任保险、雇主责任保险、雇主责任保险、国内产品责任保险、机动车辆停车场责任保险、医疗责任险、道路客运承运人责任保险、校（园）方责任保险、供电责任保险、物流责任保险、特种设备第三者责任保险等。该险是一种具有社会管理功能的险种，与社会生产和人民群众生活密切相关。公司充分利用责任险所具有的支持国民经济发展、维护社会稳定的功能，大力开展责任险业务。

6.意外伤害保险。包括个人人身意外伤害保险、团体人身意外伤害保险、建筑施工人员团体意外伤害保险、学生、幼儿意外伤害保险、营运交通工具乘客意外伤害保险、交通工具乘客意外伤害保险、境内旅行意外伤害保险、境外旅行意外伤害保险、出境人员意外伤害保险、商务旅行意外伤害保险、借款人人身意外伤害保险等。

7.家庭财产险。包括家庭财产综合险、个人贷款抵押保险、个人贷款抵押综合保险、金锁家庭财产综合保险、农村家庭财产综合保险等，附加险中的盗抢险、现金首饰盗抢险，家电用电安全险等。

8.特殊风险。包括飞机险、卫星险、钻井平台保险。

（鲍　薇）

【防灾理赔】 2010年全市共发生有效报案18.72万件，已决案件14.13万件，已决赔款8亿元。公司强力推行“理赔服务年”工程，出台了《改进理赔服务提升理赔质量实施方案》，认真研究理赔服务各个流程和环节，深入实施了一系列“严管控、提质量、强服务度”的有效措施，不断优化理赔流程，简化理赔单证，明确赔付时限，强化员工规范业务操作，提高理赔人员专业技术水平。快速处理小额赔案，实现万元以下车险（无人伤）赔案1日内处理完毕。全市40余台查勘车全部安装GPS系统，大大提高查勘速度。

（鲍　薇）

【经营管理】 人保财险沈阳市分公司在经营活动中，按照股份公司的特点与标准，严格按规程运作，强化运营管理。

1.积极推进业务发展。出台了20项促发展关键举措，激活了发展动力，拉动业务增速提高。深化车险专管专营，深挖车险市场潜力，实现了车险业务较快发展。开拓效益型险种发展，对公众责任险、科技保险、驾意险、校园方责任险、综治保险等下达专项计划。大力发展车险电销，出台电销综合拓展方案，实施全员推荐，增设落地服务网点，开展立体式宣传。

2.承保质量大幅提升。公司以提高保费充足率为重点，严格执行业务管控政策；以优化保单质量为根本，积极推进差异化承保。深化新车专营，促成沈阳地区全行业新车投保专修厂条款。每季度对全系统网点的出单质量进行拉网式检查，开展了全系统单证考核评比活动，单证管理水平进一步提升。

3.加大差异化考核力度。完善经营绩效考核体系，推进财务资源差异化配置，推行财务预算管理，修订了系统财务管理办法。强化应收保费考核，进一步完善了应收保费长效清收机制。

4.持续深化依法合规经营。合规责任进一步强化，合规制度逐步完善，系统梳理和完善了合规制度体系，制定了《沈阳市分公司违规案件处理流程》，出台了“合规十条禁令”及处罚办法，修编了《沈阳市分公司依法合规实施细则汇编》手册。

5.积极培育沈阳人保和谐大家庭。公司以构建“人保大家庭”为着力点，深入打造员工关爱工程，强化员工队伍建设，积极培育和谐的企业氛围。续推“十佳员工”评选制度，成功举办了第三届职工运动大会和首届销售精英高峰会，激发了广大员工爱司创业的热情。

2010年，公司既保持了业务平稳较快发展，又夯实了经营管理基础；既增强了有效益发展的后劲，又保持了员工队伍的稳定。同时，公司精神文明也喜结硕果，公司被沈阳市政府授予了金融工作最高荣誉——突出贡献奖；“95518”专线被省妇联和省总工会分别授予“巾帼文明岗”和“五一巾帼先进集体”称号；在支持沈阳地铁建设工作中，公司荣获了“优秀项目奖”。

（鲍　薇）

·人保寿险·

【概况】 中国人寿保险股份有限公司是中国大陆最大的首家“三地上市”、总市值位居全球上市寿险公司榜首的大型金融保险集团。

中国人寿拥有3000多家客户服务柜面、77.7万名保险营销员、1.27万余名团体营销员、2.8万余名银行保险渠道客户经理、1.4万余名理财经理。庞大而完善的销售服务网使中国人寿成为中国大型企业单位的保险供应商，已拥有9300多万长期保单客户和近2亿的短期保单客户。

中国人寿已连续8年入选《财富》世界500强企业，2010年排名118位。在中国500最具价值品牌排行中，中国人寿也以995.1亿元的品牌价值高局金融业榜首，是中国保险业的中流砥柱。

中国人寿沈阳市分公司作为中国人寿设立在沈阳的分支机构，秉承保险在国民经济中所担负的经济补偿、资金融通和社会保障三大功能，为完善沈阳市多层次的社会保障体系，满足人民群众日益多样化的保障要求，努力开拓寿险市场,不断创新,服务与民,创造价值。

2010年,中国人寿沈阳市分公司业务总量创历史新高,总保费收入突破20亿元大关,取得了24亿元可喜的成绩。

(武　琢)

·平安财产保险·

【概况】 中国平安财产保险股份有限公司辽宁分公司(以下简称"辽宁平安产险")是中国平安保险(集团)股份有限公司旗下的省级金融机构(大连市辖区除外)。辽宁平安产险成立于1992年,业务范围包括车险、财产险、短期意外险和健康险等,拥有15家地市级机构,40家县区级机构,仅沈阳地区就拥有10家分支机构。经过18年的跨越发展,年保费规模超过18亿元,在职员工过千人,在辽宁保险市场上保费规模排名第二,仅次于中国人保财险,在客户满意度名列市场前茅,多次被评为最受消费者信赖的金融单位。辽宁平安产险在辽宁市场拥有重要地位,为辽沈地区广大人民和企事业单位提供了全面的风险保障和专业理财服务。

(查　怡)

【业务发展】 平安财险近年来业务快速发展。从2008年至今,平安财险对全辖业务进行了细分。根据保费来源和队伍结构,从沈阳市区着手,逐渐延伸到三级机构,将业务系列细分为五大渠道,包括新渠道、综拓、车行、重点客户以及传统渠道。其中:新渠道、综拓、车行主要经营个人业务,重点客户以及传统渠道主要经营团体业务。随着渠道化改革建设逐渐步入正轨,渠道已成为平安财险辽宁分公司整体业务发展和全力突破瓶颈的重要抓手和强力引擎,并以此带动和推动了分公司经营管理的长足进步和业务规模、品质的健康发展。

2010年是平安财险渠道化改革向纵深发展的一年,随着渠道化改革向三级机构的延伸,平安通过特有的渠道化模式,把握市场规范经营的发展机遇,大力发挥渠道优势,通过专业化队伍精准定位,一举突破18亿元保费平台,并实现了规模利润的双丰收。

(查　怡)

【渠道建设】 2010年,辽宁平安财险新渠道达成4.79亿元。新渠道自成立以来坚持"创品牌、控成本、提品质"的经营理念,辽宁当地门店团队通过与上海张江后援中心200余位坐席人员的高效配合,"地空联合"促进了新渠道各项指标突飞猛进的发展。

与传统渠道相比,新渠道这样的远程交易背后需要解决的是客户关怀的缺失问题。2010年,平安新渠道从客户需求出发,推出"5+1"服务行动,打造新渠道客户专属服务体系。"5+1"的五项服务包括:一是为客户匹配爱车大管家,二是上门收取理赔资料,三是提供非事故道路救援,四是服务话术整合运用,五是在网上建立平安新渠道服务专区。"5+1"服务的"+1"指的是针对客户特点实施服务专项营销行动。新渠道的服务品牌吸引了很多客户主动呼入,上门和续保保费成为新渠道业务的主要来源,服务已经有效地转化为生产力。

综拓渠道作为平安独有的渠道,通过建立渠道标准化管理模式,将平安财险的产品销售与辽宁平安寿险1万余名寿险销售人力有效结合,在2010年实现保费3.7亿元,为平安快速发展奠定基础。

(查　怡)

【平台建设】 2009年底,平安财险在历时18个月共计10大子项目22个模块的运营改革后,初步实现了涵盖车险在内所有业务的"全面的集中"。改革后的承保/理赔全流程的作业规则得到了简化、标准化及自动化,运营作业70%以上的职能都集中到了后台进行处理,从而产生了规模效应,实现了产能提升。平安财险包括车险理赔承诺所取得的成绩,很大程度上得益于平安大集中的后援平台战略和财险运营改革的持续深化。

2010年,平安财险运营平台搭建更加完善,在原有平台基础上,在全省三、四级机构推广扫描共享作业模式,收单作业时效明显提高,自动核保通过率达到97%以上;同时实行业务人员车险自助录单,为业务员报价提供了便利条件。以上工作,大大节约了客户报价取单的等待时间,进一步提升了客户满意度。

(查　怡)

【服务创新】 中国平安财险在2009年首次提出"平安车险,万元以下,资料齐全,三天赔付",这个在2009年以"三天赔付"亮相的承诺,凭借全年超过99%的达成率以及平均结案时间0.46天的"厚实家底",在2010年2月2日起进一步被升级为"一天赔付",即对赔款金额在1万元以内(包含1万元)的车险事故,在客户提交资料齐全有效的情况下,平安承诺客户1个工作日内完成案件审批并通知付款。

截至2010年11月底,辽宁平安"万元承诺"的达标率为99.94%,所有理赔案件的结案率达98.59%。"万元承诺"的有效执行,对平安的业务发展起到了积极的促进作用。万元承诺的提出,只是平安理赔服务创新众多亮点中的一个。除此之外,平安针对车险理赔案件的服务流程进一步进行了优化,比如设置小额案件快速理赔流程,实行网格化查勘,为查勘人员配备无线上网笔记本快速录入案件,更大限度地提升了理赔时效,节约了客户的宝贵时间。

2010年9-11月,辽宁平安开展为期2个月的客户服务节,针对个人、团体、VIP客户均设计了丰富多彩的回馈活动,包括平安驾驶万里行、参观沈阳地铁、平安进社区露天电影放映、VIP客户爱心检车、中秋送温情客户拜访、消防逃生知识大讲堂以及其他丰富多彩的特色活动,使客户在安享平安保障的同时,感受到平安高品质的客户服务。

(查　怡)

·太平洋财产保险·

【概况】 中国太平洋财产保险股份有限公司辽宁分公司是总公司设立在辽宁地区(除大连外)的省级管辖公司,在全省共有17家中心支公司及直属支公司,共有员工1000余人,服务网络遍及全省各市。太平洋保险以"做一家负责任的保险公司"为使命,以"诚信天下,稳健一生,追求卓越"为企业核心价值观,以"推动和实现可持续的价值增长"为经营理念,为辽宁经济建设和社会事业发展提供坚实的风险保障。

(泰　宝)

【业务发展】 2010年,太保产险辽宁分公司坚持以综合成本率管控为主攻方向,抓住财产保险市场发展机遇,实施积极的经营策略,深入推进"三个能力"建设,积极转变发展方式,提升内部管理效率,不断实施创新,推动和实现公司可持续的价值增长。2010年,辽宁分公司全年实现保费收入10.19亿元,同比增幅41.63%,超出行业平均增幅4个百分点。其中:车险保费收入8.06亿元,与上年同比增长48%;非车险保费同比增长22.78%;已决赔款5.19亿元,全险种新口径综合成本率97.43%,同比下降3.92个百分点。在确保综合成本率的基础上规模实现了突破,主要经营指标在辽宁产险市场上继续保持领先地位。

车险经营。重点是提高销售能力,提升车险的精细化专业化管理水平,快速扩大业务规模,持续改善车险经营结果,实现了车险业务又好又快发展的目标。

非车险经营。加大核心业务及企财险业务拓展力度,实现了非车险业务做大做强的目标。强化非车险部重大项目拓展、服务和管理职能,逐步建立和完善管理基础,以重大项目带动非车险业务的全面发展。

(泰　宝)

【渠道建设】 持续加强销售渠道建设。一是提高思想认识,大力发展电话销售业务。制定服务标准,规范考核,加强宣传,组织销售。全年完成电销保费4630万元。二是整合理赔资源全力支撑车商渠道业务发展。三是加快新车业务发展。四是继续推进交叉销售业务与银行兼业代理业务。五是加强同经纪公司的合作,促使专业代理业务成系统、上规模。

(泰　宝)

【运营支持】 2010年,持续加强理赔管理,通过建立准入机制和退出机制净化理赔队伍,通过加强过程管控,确保指令落地,提升理赔服务质量。着力在打造队伍提高服务水平上下功夫,强化理赔查勘人员业务技能的培训,组织查勘员参加保险条款及理赔实务的学习,开展各类比武、比赛。统一窗口形象,大力推广理赔《十项服务承诺》。严把窗口服务质量关,每月对全辖服务质量进行分析,发布服务质量分析报告,窗口服务质量显著提升。完善呼叫中心标准化管理制度,拓宽呼叫中心服务功能,客服人员服务意识增强,服务质量显著改善,客户服务时效明显提高。

(泰　宝)

【队伍建设】 完善各级绩效考核管理办法,组织员工培训,"人力资源优化项目"基本实现落地,初步建立起"对标行业水平,以绩效为导向"的市场化薪酬体系。完善工会工作,履行工会职责,不断提高公司工会在公司经营管理中的作用。精心组织《廉政准则》的贯彻落实,建立党风廉政建设和反腐败工作责任机制,严格执行"三大一重"和"一岗双责"制度,加强党员领导干部的信念教育和廉政教育。全辖领导干部树立了正确的权力观、政绩观、利益观。

(泰　宝)

【企业文化】 一是加强制度建设,鼓励先进,弘扬正气。对各条线涌现出的爱岗敬业、甘于奉献的优秀员工进行表彰,树立标杆,发挥先进示范作用。二是进一步发挥工会、团委作用,通过开展合理化建议、岗位练兵、技能竞赛等活动,不断提高公司的凝聚力。三是寓教于乐,通过组织员工广泛参与的业余活动,展示公司特色企业文化,振奋员工斗志,打造辽宁太保人的"精、气、神"。

(泰　宝)

【重大项目】 精心组织,密切跟踪,眼界向外,寻求业务发展的新领域。2010年,成功中标中石油钻井平台管道工程险、沈阳地铁地铁运营责任险、省内高铁、高速公路建工险等大项目,辽宁省高等级公路建设局建工团意、建工一切险项目完成签单保费1204.97万元,成功续保中国铁建下属28家局级单位的建工人意险业务,签单保费达2700万元。并为东北电网、东药集团、中铁三局、中铁五局、中航集团等重点客户提供了多方面的保险服务。沈阳地区大项目的承保与服务赢得了社会各界的广泛认可和高度赞誉,展现了公司整体实力,提高了太保品牌的知名度。

(泰　宝)

科 学 技 术

科学研究与发展

【综述】 2010年,全市实现高新技术产品产值3852亿元,比上年增长19.8%;高新技术产品增加值首次突破千亿,达到1006亿元,增长19.5%。专利申请量首次突破万件,达到10056件,增长30.5%,其中:发明专利申请3879件,增长32.8%;获得专利授权5165件,增长42%。实施了20个海外团队引进项目,引进海外专家100名。13个项目获得国家科技奖励,133个项目获得省级科技奖励。新增一批国家级研发机构和科技园区、产业基地。沈阳市成功跻身国家创新型试点城市和国家节能与新能源汽车示范推广试点城市行列。

1.着力提升自主创新能力,推动高新技术产业快速发展。IC装备专项,科仪公司等单位承担的90-65纳米等离子体增强化学气相沉积设备研发与产业化等5个项目获国拨经费9033.5万元,新松机器人公司等3家单位申报的5个项目进入2011年国家支持范围,申请资金2.09亿元;数控机床专项,机床集团承担的带AB轴的高速五轴联动加工中心等9个项目实现阶段目标;黎明集团承担的中低热值燃料R0110燃气轮机研制及其在IGCC电站中的工程应用示范项目获得国家资金1.3亿元,已完成燃气轮机制造、试验和场内全转速空负荷调试。共争取国家、省级各类科技资金5.41亿元,为加速全市科技创新提供了资金支撑。

重点科技园区发展迅速。IC装备产业园、特种数控机床城、辉山农业科技园成功晋升为国家级高新技术产业化基地和农业科技园区。泗水科技城建设进展顺利,支持眼产业及生物工程公共服务平台建设等11个项目科技经费1935万元,共同组织策划了泗水科技城产业规划论证会、韩国健康产业园项目投资说明会、中国医疗器械产业高峰论坛等活动,成功引进了我国眼药领域的龙头企业、总投资2.5亿元的沈阳兴齐制药公司。

2.不断完善科技创新体系,加快创新型城市建设。东软集团的软件构架新技术实验室、北方重工集团的全断面掘进机实验室被科技部批准为国家重点实验室,全市企业国家重点实验室达到4家。新增省级重点实验室29家、工程中心37家;新增高新技术企业36家,总数达到172家。加大"新三板"工作力度,培育拟上市企业19家,其中:7家企业完成股份制改造,5家企业通过券商内核,数量在全国同等城市中名列前茅。对16家符合产业带政策性补贴企业给予290余万元经费补助。

产学研合作深入推进。制定产学研工作方案,着力建立全局化、常态化、多样化、实效化的产学研工作机制。投入40%的科技计划资金,支持产学研合作和科技成果转化项目。推动市政府与中科院沈阳分院成功签署了新一轮科技合作协议,组建了IC装备、数控机床产业技术创新联盟,全市产业技术创新联盟达到10家;选派了45名工业企业特派员深入沈飞、沈鼓、东药等28家重点企业解决技术难题。

创新型城市建设全面提速。自2006年沈阳市启动创新型城市建设以来,全市创新要素有效集聚,创新举措稳步推进,各项任务扎实落实,创新型城市建设成效显著,被科技部批准为国家创新型试点城市。为深入推进试点城市工作,市政府召开了全市创建国家创新型城市动员大会,下发了创建国家创新型城市总体规划、指导意见和实施方案,成立了创新型城市建设专家咨询委员会,为完善规划、制定政策和项目论证提供决策服务。

3.实施科技惠民工程,农村和社会科技事业取得长足进步。实施了25项农业科技攻关项目,支持设施蔬菜、寒富苹果等特色产业基地建设,培育东亚种业等科技领航企业。农民科技讲师团开展培训159场,培训农民1.9万人次;选派科技特派员243人次,实施科技示范项目131项,建立科技示范基地26个;243名"青年农民上大学"培训班学员结业,新招收348名学员入学,并对32名青年农民科技示范户给予创业经费资助,已实施7年的"青年农民上大学"工程在东陵、新民、法库等区、县(市)不断拓展新的模式。

民生科技创新进一步加强。加大对沈阳环境样板城建设的支持力度,努力在低碳经济、静脉产业、城乡生态环境综合整治等技术领域形成优势;组织沈阳大学等单位的城市老工业搬迁区功能重构和宜居环境建设项目,申报"十二五"国家科技支撑计划,获专项资金2000万元。在生物医药、人口与健康、公共安全等领域,组织实施了一批关键技术攻关。指导和平区、沈北新区成功晋级国家可持续发展实验区,使沈阳市实验区总数达到4个,成为拥有国家级可持续发展实验区最多的城市。

4.加大科技对外开放力度,营造良好的创新创业环境。召开了沈阳经济区科技工作联席会,初步建立了经济区科技合作的沟通交流机制,签署了《沈阳经济区科技合作行动宣言》,为推进全面合作奠定基础。组织实施了碳纤维预浸料研制等20项海外研发团队引进项目,引进海外专家100人。组织了对日IT合作、对韩能源和生物医疗技术对接活动,中科院沈阳生态所与日本川崎国立环境研究院的静脉产业园关键支撑技术研究等一批重点国际合作项目取得显著进展。组织举办了中韩创新型中小企业技术项目展示洽谈会、中朝科技政策与管理研讨班等科技交流活动,促成了三一重工与澳大利亚AIT公司的激光干法选煤等一批合作项目。高水平举办了第五届中国风险投资论坛——振兴东北投资高峰会,参会人数达2000人次,10家企业与风险投资机构签订了合作意向,总投资额近20亿元。

知识产权战略得到有效落实。《沈阳市专利促进条例》颁布实施,专利工作的法律法规体系进一步完善。组织举办了知识产权宣传周、专利周等活动,不断加强知识产权的宣传培训力度。培养壮大专利执法队伍,深入推进"雷雨"、"天网"专利执法行动。通过培育专利大户等措施,专利申请、发明专利申请、专利授权量均实现了30%以上的高速增长;发明专利、职务专利占全部申请的比重分别达到38.6%和68.1%,专利申请结构进一步优化。北方重工集团有限公司等单位的3个项目获得第十二届中国专利奖。

"十二五"科技发展规划编制工作圆满完成。建立了由44家单位、170名各领域专家组成的规划编制队伍,召开了18次座谈会,广泛征求了高校、院所以及工业、农业、社会发展等部门专家意见和建议,同时,邀请在沈部分院士、人大代表、政协委员等提出修改意见。一个总体规划和10个专题规划已全部制定完成,将成为未来五年沈阳市科技创新的指导性文件。

(杨洪颖)

【科技计划】 2010年,沈阳市科技计划法定增长部分共安排项目259项,安排资金1.95亿元。其中:高新技术产业发展与科技攻关计划共安排项目167项,经费9956万元,重点支持了科技领航型企业培育、工业领域高技术产业发展与科技攻关、现代农业产业化与农业攻关、生物及制药产业化与社会发展科技攻关,以及专利实施等项目;科技创新条件与环境建设计划安排项目82项,安排资金4726万元,重点支持了公共服务平台建设、软科学、科学普及、国际合作、应用基础研究、重点实验室建设、大型仪器设备共享服务和大型科技创新活动等项目;基金专项安排2200万元,其它科技专项安排2578万元。此外,根据《沈阳市产业发展专项资金管理办法》发布了产业发展资金计划,支持了沈阳机床(集团)有限责任公司等企业的34个项目,安排资金5000万元。

(杨竞喆)

【2010中国风险投资论坛】 由民建中央、科技部、辽宁省政府和沈阳市政府共同主办,沈阳市政府和中国风险投资研究院联合承办的"2010中国风险投资论坛——振兴东北投资高峰会"于2010年8月25日至27日在沈阳举行。本次峰会以"发展新型工业化,建设国家创新型城市"为主题,在沈阳经济区建设上升为国家战略的背景下深入探讨本地企业乃至地方经济积极引入风险投资,谋求创新发展的策略。本届峰会延续了规格高、规模大的特点,出席峰会的有39位主讲嘉宾,600多家高科技企业代表,吸引了深圳、武汉、厦门、成都、昆明等城市和省内各市的20多个政府和企业代表团前来参会,人数达2200人次。此外,有包括红杉资本、摩根大通、软银中国等105家国内外知名金融投资机构的代表参加了论坛,本次高峰会还同步举办了"2010中国(东北)风险资本——项目对接会",对接会共签订合作意向书10份,累计意向投融资金额超过3亿元。

(杨竞喆)

【重点实验室】 2010年,科技计划共支持重点实验室建设项目14项,安排科技经费610万元。支持沈阳市建筑节能与室内环境控制重点实验室、物联网关键技术研究重点实验室、计算机视觉重点实验室,提升了全市重点企业的自主创新能力和核心竞争力,引领了相关产业发展;支持沈阳市中医药分子生物学重点实验室、沈阳市无机分子基材料化学重点实验室、中俄联合光电子技术等重点实验室建设,提高了全市重点学科领域的原始创新能力,为相关产业发展提供了源源不断的创新技术和成果储备。通过进一步加强沈阳市重点实验室的建设,不断完善了以企业为主体、市场为导向、产学研相结合的技术创新体系,为经济社会健康发展提供了强大的科技支撑。

(石 莹)

【应用基础研究】 2010年,全市围绕电子信息、先进制造、现代农业、人口与健康等优先发展领域开展应用基础研究计划工作,共组织申报项目542项。经过专家评审论证,在科技计划中重点支持了活性氧化铝的制备及其热稳定性研究、钢管混凝土柱-钢梁框架节点的抗震性能研究等80项具有前瞻性、创新性和具有广阔应用前景的研究项目,安排经费800万元。通过应用基础研究计划的支持和引导,面向企业和市场开展前沿技术研究,推动了全市知识创新工作,提高了全市的自主创新能力,为高新技术产业发展提供技术储备,培育创新型科技人才。

(杨竞喆)

【争取国家项目支持】 2010年,沈阳市共争取国家科技项目资金合计3.47亿元。其中:中科院沈阳金属研究所分别承担国家863计划、973计划、科技支撑计划和重点实验室计划等项目,共获科技部经费支持9050万元;中科院沈阳自动化所、计算技术研究所分获经费支持1263万元和1800万元;沈阳大学的"城市老工业搬迁区功能重构和宜居环境建设关键技术研究与示范"项目获得国家科技支撑计划支持,获国拨资金2000万元。

(杨竞喆)

【科技型中小企业创新基金】 自确立"工业立市、打造创新型城市"目标以来,在做强做大装备制造业的同时,沈阳市着力培育中小型科技企业,以发展高新技术产业和现代服务业为重点,调整经济结构和优化产业结构,坚持科学发展观,不断提升城市整体技术创新能力和市场竞争力。国家创新基金的注入为沈阳传统产业的改造提供了新的动力,2010年,沈阳市共组织38个项目申报,已批准立项26项,立项金额1935万元。

为了更好地宣传沈阳市的科技型中小企业,提升企业知名度,同时展示创新基金对优秀科技型中小企业快速成长的推动作用,沈阳市科技局在《科技成果纵横》杂志特设"创新基金"专栏,完成30家企业的宣传,取得了良好的效果。

(孙 超)

【高新技术企业孵化器】 截至2010年底,全市共有孵化器67家,其中国家级孵化器达到8家。按性质划分,国有孵化器48家,民营孵化器19家;孵化面积280万平方米;在孵1458家,毕业6717家,产值61.36亿元。

在孵化器管理工作中,一是做好各级孵化器的组织、评审工作。认定沈阳创意产业孵化器等3家单位为市级孵化器,和平区高新技术企业创业服务中心获评国家级科技企业孵化器。二是加强国家大学科技园建设。对东北大学科技园和沈阳工业大学科技园共计支持项目13项,安排资金410万元。东北大学科技园入驻企业已达97家,实现产值62亿元;工业大学科技园入驻企业达65家,实现产值22亿元。

(李 伟)

【实施国家重大科技专项】 国家重大专项工作进展顺利,达到预期成果。

IC重大专项。2010年,由中科院沈阳科仪中心有限公司等4家企业承担的"90-65nm等离子体增强化学气相沉积设备研发与应用"等5个项目获得国拨经费9659万元;组织沈阳富创精密设备有限公司等3家单位申报"IC设备关键零部件集成制造技术与加工平台"等5个项目,并顺利通过专家评审。截至2010年底,全市承担的IC重大专项国拨经费已经到位2.84亿元。

数控机床重大专项。沈阳市承担的国家级数控机床重大专项共涉及15个课题,分别由机床集团、中科院沈阳计算所及沈阳高精数控有限公司、中科院金属所、沈阳铸造研究所等单位负责。2010年,沈阳机床集团9个项目,获得国拨经费5727万元;中科院计算所2个项目,获得国拨经费1005万元;沈阳高精数控技术有限公司1个项目,获得国拨经费954万元。以上项目总计获得国拨资金7686万元。

燃气轮机重大专项。中低热值燃料R0110燃气轮机研制及其在IGCC电站中的工程应用示范项目进展顺利,获得国家资金1.3亿元,已经通过了制造、试验和场内调试,并与中国海洋石油总公司完成了合作协议的签署,将着重解决关键技术及工艺,特别是我国自主知识产权的9E级燃机IGCC电站成套设备及示范电站的建设运行技术。

(李 伟)

【高新技术企业认定】 2010年,全市积极开展了高新技术企业认定工作,组织高新技术企业申报培训会,向企业讲解高新技术企业申报的基本条件和企业自评标准,将高新技术企业申报咨询作为常规工作开展。同时,通过科技计划支持和政策引导,鼓励企业注重自主知识产权获得,鼓励企业开发和生产高新技术领域产品,加大研发投入,提升企业技术水平,鼓励企业吸引科技人才,提高企业成员整体素质,提高企业成果转化能力。由沈阳市科技局、浑南高新区分别组织、推荐的八大领域60家企业,经辽宁省高新技术企业认定管理工作领导小组办公室审核,共有34家企业获得了国家级高新技术企业称号,通过率57%。截至年底,全市共有172家高新技术企业,占全省45%。这些企业已经陆续享受了所得税由25%减按15%征收的优惠政策,所得税减免达到6.3亿元。

(彭美媛)

【国际特种数控机床城建设】 截至2010年底,国际特种机床城一期建设如期完工,实现37家企业签约,为10家进驻企业提供500万元科技经费支持。

国际特种机床装备城选址于洪区于洪街道东民村,占地352.8公顷,总投资约80亿元。

建成后的特种机床装备城将成为国家级特色产业基地、国家级研发中心、国家级863嵌入式软件专业孵化器、国家级创业中心、国家级生产力中心,打造成世界级特种专用数控机床研发平台,国家级特种专用数控机床链条产业特区,千亿级特种专用数控机床制造销售基地,"永不落幕"的机床博览中心,国际水平的生态优美宜居新区。

(李 伟)

【沈阳工程技术研究中心建设】 2010年,沈阳市共支持工程技术研究中心建设项目13项,安排科技经费1240万元。其中支持沈阳大工业区管理委员会的沈阳特种专用数控机床工程技术研究中心建设、沈阳铝镁设计研究院的沈阳轻金属冶炼工程技术研究中心建设等工程技术研究中心建设,提升了沈阳市重点企业的自主创新能力和核心竞争力,引领相关产业发展。沈阳市推荐的沈阳变压器研究院股份有限公司、中国有色(沈阳)冶金机械有限公司等37家单位被批准为省级工程技术研究中心组建单位,新批准组建中心数量占全省的44.2%。通过进一步加强工程技术研究中心建设,推动建立以企业为主体、市场为导向、产学研相结合的技术创新体系,为经济社会又好又快发展提供科技支撑。

(李 静)

【可持续发展实验区】 沈阳市科技局坚持以科学发展观为指导,充分发挥科技的支撑和引领作用,全面加强可持续发展实验区建设。一是组织召开全市可持续发展实验区工作会议,总结全市可持续发展实验区建设工作成效,推广沈河区、铁西区、蒲河新城3家可持续发展实验区建设工作经验,研究部署推进可持续发展实验区建设的措施和办法。二是筹备成立沈阳市可持续发展研究会,通过学术交流,理论研究和咨询服务,开展可持续发展的理论建设和实践活动。三是全面推进和平区和沈北新区创建国家可持续发展实验区申报工作,协调安排辽宁省科技厅及科技部的专家组先后对和平区和沈北新区的申报准备工作进行了实地检查指导,并顺利通过了由科技部牵头,国家发改委、教育部等18个部委参加的2010年度国家可持续发展实验区联席评审会,成功晋级国家可持续发展实验区行列。

(李鸿宾)

【泗水科技城建设】 2010年,沈阳市全面启动创建泗水科技城工作,取得显著成效。一是成立了"泗水科技城工作推进组",建立定期会商机制,抽调7名骨干人员派驻到开发区组建"泗水科技城产业办公室",全方位服务园区建设。二是在市科技计划设立泗水科技城重大专项,支持"中药润明颗粒的研制与开发"、"沈阳眼产业及生物工程公共服务平台建设"等11个项目科技经费1935万元。三是共同组织策划了泗水科技城产业规划论证会、沈阳泗水科技城-韩国健康产业园项目投资说明会、2010年中国医疗器械产业高峰论坛等一系列重大活动。四是积极参与科技项目招商引资,成功为泗水科技城引进了国内眼药领域的龙头企业、总投资2.5亿元的沈阳兴齐制药公司。泗水科技城已被评为辽宁省高新技术特色产业基地。

(于红砚)

【创新型城市试点】 2010年,科技部开展了国家创新型城市试点工作。沈阳市总结了2006年以来建设创新型城市取得的成绩和经验,制订新时期建设创新型城市的方案,积极争取试点。4月6日,科技部复函同意沈阳市为国家创新型试点城市。沈阳市采取一系列举措,做好试点工作。一是成立沈阳市创建国家创新型城市工作领导小组,市长陈海波为组长,沈阳市科技局等23个市直部门为成员单位,负责组织领导;成立沈阳市建设创新型城市专家咨询委员会,负责提供决策咨询。二是起草制定了《沈阳市建设国家创新型试点城市的意见》,指明试点方向、明确试点思路、目标、任务和保障措施。三是召开全市创建国家创新型试点城市动员大会,统一思想,形成共识,迅速掀起了建设创新城市的高潮。

开展创新型城市试点工作,开启了沈阳市城市建设的新阶段,对于推进全市科技体制机制改革与创新,全面提升自主创新能力,加快转变经济发展方式,建设国家中心城市等具有重要的意义。

市科技局局长宋锡坤等三名同志因在该项工作中做出了突出贡献而荣获市长特别奖。

(宋 伟)

【知识产权宣传周】 2010年,沈阳市知识产权宣传周以"创造·保护·发展"为主题,通过大型启动仪式、《沈阳市专利促进条例》及相关法律知识竞赛等三大系列二十余项主体活动进行知识产权宣传普及。旨在提高全市各级党政领导对知识产权制度在建设创新型城市中重要作用的认识,增强实施知识产权战略的自觉性和主动性;提高企事业单位在知识产权创造、运用、保护和管理方面的能力和水平;进一步提升广大社会公众知识产权意识,营造浓厚的"崇尚创新精神,尊重知识产权"的社会环境,促进全市知识产权事业健康发展,为建设国家创新型城市营造良好的舆论氛围和有利条件。

(孙 凯)

【《沈阳市专利促进条例》颁布实施】 围绕贯彻《中华人民共和国专利法》及实施细则,沈阳市从2007年开始启动《沈阳市专利促进条例》立法调研工作,经沈阳市、辽宁省人大常委会通过批准,于2010年3月1日正式颁布实施。《沈阳市专利促进条例》从专利创造、运用、保护、管理和法律责任等方面进行全方位立法,坚持符合地方特色和具有较强可操作性,且体现了与《国家知识产权战略纲要》精神保持一致。

(孙 凯)

【国际科技交流】 2010年,全市国际科技合作交流工作的规模和层次进一步提升,有利地促进了全市创新环境的改善和创新能力的提高。开展了国际科技合作示范工程,实施了"便携式电化学核污染清洗设备的联合研制"等近30个重点科技合作项目,引进海外创新人才近100人。积极吸引跨国公司及知名研究开发机构在沈阳建立研发中心和联合研发机构,全市国际合作研发机构达到86家。积极组织2010年(沈阳)中韩创新型中小企业技术项目展示洽谈会、海外学子创业周、IEEE高端计算机控制国际会议、先进激光加工技术推介会等各种国际间的科技经济交流对接活动,交流项目千余项,为合作搭建了桥梁。派出8个重点科技团组,40多家高新技术企业赴国外洽谈科技合作。

(张 玲)

【产学研合作】 2010年,沈阳市科技局充分挖掘和有效整合沈阳的科技资源,推动科研院所、大学与企业广泛合作,建立产学研相结合的工作机制,促进科技成果在本地转化,使产学研合作向纵深发展。

启动了《沈阳市产学研合作服务平台建设》事业费项目,发挥沈阳产学研合作信息服务网作用,利用科技成果网上展厅、企业技术需求发布平台,使产学研合作借助网络技术实现经常性对接,收录项目500多项。通过网络发布产学研合作供求信息,加快企业与科研院所、大专院校之间的信息传递。

在全市推广示范沈阳鼓风机集团公司与中科院金属研究所产学研合作的先进经验。建立健全产学研合作定期联系机制,组织企业走访科研院所、大专院校,了解追踪技术成果;邀请科研院所、大专院校到企业进行技术咨询、技术诊断,开展专题对接活动。

在全市科研院所、大专院校的科技成果推广和产学研合作项目中,有100余项申报了2010年科技计划,20项重点产学研合作项目开工建设。中煤国际工程集团沈阳设计研究院为科技龙头,北方重工集团有限公司、大唐国际发电股份有限公司、三一重工股份有限公司等大型企业为核心的产学研合作联盟运行良好。

(洪广丽)

【技术市场】 2010年,全市共签订技术交易合同6393份,实现技术合同成交额达到73亿元,比上年增长了11%。有668份技术合同享受免征营业税政策,技术合同成交额4.15亿元,免税额达到2300万元。技术合同成交额大幅增长。

举办两期沈阳市技术市场政策法规培训班,来自全市各科研院所、高等院校、科技企业、中介机构的有关管理和研发人员200余人参加了培训。合作完成辽宁省内120名贫困大学生就业培训援助工作。

9月16日,沈阳专利展示交易中心通过国家知识产权局验收。全年接待专利权人50余次,接待兄弟专利展示中心及寻求专利项目人20余次。向福建、长沙、河南等地专利展示中心提供项目100余项,向天津、环渤海等地交易机构提供项目30余项。

知识产权维权援助中心运转正常。全年维权援助中心接待来电(访)咨询100多人次,共接收维权援助案件15件,举报投诉案件19件,其他知识产权咨询100余次。

完成了高新技术企业股权场外交易平台、沈阳医药行业专利展示交易平台的建设工作。开展了多元化网络服务,及时更新网站信息,为"专洽网"对接供需项目24项,促进了项目的快速转化。

(贾文远)

【科技特派员】 2010年,在前期工作基础上,沈阳市适当扩大科技特派员规模和选派范围,把科技特派员的选派与"青年农民上大学"、农村科技培训讲师团等工作有机结合起来。将"青年农民上大学"中结业的优秀学员聘为科技特派员,将农村科技培训讲师团成员全部纳入科技特派员管理体系。围绕区、县(市)特色产业新选派科技特派团8个,选派科技特派员243人(次),实施科技示范项目131项,引进动植物新品种119个,引进先进适用农业新技术65项。

沈阳市科技特派员高东翔、高征在科技部举办的科技特派员农村科技创新创业大赛中取得好成绩,参评的"戈壁无公害蔬菜栽培产业化"、"乌苏里拟鲿快速扩繁与推广"项目入选科技部"十二五"农村领域科技计划预备项目库。沈阳市畜牧兽医科学研究所等3家单位在"三农科技服务金桥奖"评选中荣获先进集体,刘秀娟等10名科技特派员获先进个人称号。

(孙占慧)

科学普及

【发展社区科普大学】 继续推动科普大学由市中心区域向军营和农村发展,新创办和平区三好分校(离退休老干部分校)、沈阳军区联勤部第八、第九干休所分校、新民市城南分校4所分校。全市科普大学分校已发展到275所,在学学员1.5万人,市、区(县)、街道(乡镇)、社区(村)四级科普志愿者讲师团讲师1200余人。其中:农村科普学校20所,军营科普学校8所,少数民族分校2所,残疾人分校2所。在中国科协资助下,社区科普大学开设了科学健身、保健养生、保护环境、家庭烹饪、心理常识等14门课程,讲授课时达1.5万学时,累计听讲学员达60万人次。开展第二课堂科普活动3000余次,参加活动达30万人次。根据农村科普大学教学特点以及农民学员的要求,开设了种植、林果、植保、养殖、兽医兽药、农药化肥等20多门实用技术课。根据教学需要,对市级讲师团成员进行了调整,同时通过面向社会公开招聘、个人自荐、教师和系统推荐、学员参评、试讲试用等形式,新聘教师10名,区级讲师团也进一步壮大,全市教师队伍达到1700人。为提高教学水平,市总校还组织专家和优秀教师编写了《社区科普大学教学大纲及教案范本》,编制了沈阳市社区科普大学办学规范。按照"两级办学、三级管理、四个固定、五个到位、六个坚持、七个重点、八项评估"的模式不断规范科普大学管理,全市275所分校一直保持平稳运行。新编《残疾人科普教材》3本、社区科普系列教材《防灾应急措施》等5本、辅助教材《新编身边科学》1本。各方协力开办社区科普大学,取得了良好效果。沈阳军区联勤部主管领导对办学工作亲自过问,安排专人具体负责;和平区区委、区政府专门印发了《关于进一步加强社区科普大学工作的意见》,明确经费投入额度,并将办学工作纳入街道和社区工作考核指标;铁西区每年拨付30万元作为办学经费;苏家屯区财政划拨45万元专项经费支持科普大学创建,区领导兼任学校名誉校长,办学工作规范有序。

(姜素文)

【辽宁省暨沈阳市"全国科普日"活动】

2010年9月25日,2010年辽宁省暨沈阳市"全国科普日"活动隆重举行。本届"全国科普日"活动的主题是:"生活处处有低碳,低碳生活有蓝天"。围绕"低碳经济与低碳生活",倡导低碳生活方式,大力宣传低碳生活知识,使低碳生活深入人心,成为人们的自觉行动。活动中,沈阳社区科普大学学员表演了唱红歌文艺节目,开展了低碳生活展板展示、低碳生活创意和作品展览、低碳产品展示展销等活动。市医学会、能源学会、农机学会、气象学会等18家学会利用纪念日、科普活动周等活动载体,开展了现场义务咨询、讲座、发放宣传资料、科普展等系列活动268场次,参与群众13万人次。

(姜素文)

【科技惠农富民】 持续开展科普惠农兴村活动,科技惠农富民取得扎实成效。2010年,共组织230余名农业科技专家、1100多名基层农业科技工作者,组成50个科技服务队,深入全市110多个乡镇街道、近千个村,开展农技培训、生产指导、科技示范、技术交流、科技考察等活动1500多场次,直接培训农民17万人次,发放各类科普图书、科普光盘、科普挂图等宣传资料20多万册,引进推广东圣1号番茄等新优品种178个,推广水稻抛秧盘育苗、温室立体栽培等新技术157项,实用技术237项。在中国科协与财政部公布的2010年全国"科普惠农兴村计划"入选项目上,法库县特种果业协会、辽中县禽业协会、康平县沙金杏果科普示范基地等获得全国科普惠农兴村先进集体称号。苏家屯区大沟乡杨城寨村草莓协会会长刘忠利获得全国科普惠农兴村先进个人称号,共获项目资金支持达85万元。加强科普惠农服务站建设,深化农业技术示范、试验、推广和服务工作,于洪区珍贵毛皮动物养殖服务站、沈北新区果树服务站、法库县丁家房葡萄协会服务站等一批服务站在产业带动、技术辐射、农业效益等方面得到明显提高,全市服务站数量达到67个。

(姜素文)

【科普进校园】 2010年,市科协先后组织了机器人、科技创新、智力七巧板、逆风行车、航模、舰模等8项区县级以上青少年科技竞赛、低碳和节约纸张体验、科技夏令营等3项大规模的校外活动,全市200所中小学、5万余名青少年参加活动。成功举办了第25届沈阳市青少年科技创新大赛,共征集师生科技创新作品、科学幻想画作品、科技教育方案、科技实践活动1429项,推荐68件作品参加省级大赛,获奖率100%。在全国大赛上获9金1银1铜的好成绩。组织省市科普报告团深入30多所中小学,举办青少年科普报告34场。省、市"科普大篷车"26次开进辽中、新民、法库、沈北新区等区县农村校园。邀请中国青少年科技辅导员协会和省市青少年科技教育专家,巡回各中小学对辅导员进行轮训,先后培训300余人。截至年底,全市科技辅导员发展到1300多人,年内有76名辅导员被评为省级或市级优秀指导老师,3名教师当选"辽宁省十佳科技辅导员"。大东区杏坛小学校长李成子、和平区砂山四校李国强等13名同志被评为第八届沈阳市优秀科技工作者。在省气象局、中科院沈阳应用生态研究所、沈阳市污水处理厂等单位建立了6个校外科普实践活动基地。大东区辽沈二校、和平区河北二校、浑南新区第一小学等50所学校被辽宁省科协命名为"首批辽宁省青少年科普活动实践学校”，入选数量占全省首批示范校的50%。

（姜素文）

【青年农民上大学】 2010年，沈阳市圆满完成“青年农民上大学”第六期培训工作，243名学员取得了结业证书，同时获得国家职业技能鉴定证书和省农民科技经纪人证书；19名贫困学员得到助学金资助，32名优秀学员得到创业项目资助，13个先进集体和34名先进个人受到表彰。

通过沈阳日报、沈阳广播电视台等媒体进行连续报道和专题宣传，发挥新闻导向作用，扩大宣传覆盖面，完善“青年农民上大学”网上报名系统，使“青年农民上大学”工作逐步实现规范化、信息化。圆满完成第七期培训班招生工作，招收新学员348名。

组织修订了《沈阳“青年农民上大学”教学大纲》，编辑了《农村实用技术系列科普读物》、《春华秋实—第六期培训班学员上大学有感》、《毕业学员创业事迹选编(三)》，有力地促进了“青年农民上大学”培训工作的开展。

（孙占慧）

【科普基地】 2010年，沈阳市档案馆、沈阳市铸造博物馆、鲁迅美术学院工业设计系、沈阳三山鹿业、沈阳小韩村蔬菜工厂、沈阳四维数码有限公司和沈阳市人民防空教育馆等7家单位被认定为市级科普基地，使沈阳市科普基地数量达到50家。科普展教面积50余万平方米，科普画廊1055处，1万余延长米，专兼职科普人员500余人。全市科普基地涉及农业、天文、教育、饮食、动物、环保、航空航天、医药、消防、气象、生态、交通、地质、军事、媒体、档案、人防、创意等18个方面，初步构建了一个类型较为齐全、种类繁多的科普教育阵地。

5月初，中山自然博物馆新馆开馆，6月1日，参观人数达到4000多人。沈阳理工大学军事博物馆、沈阳科学宫、沈阳市档案馆等单位进行了展品、展馆的升级改造工作，开展系列科普活动，不断扩大科普基地的社会影响力。

（李　新）

【科技活动周】 5月15—21日，沈阳市成功举办了以“携手建设创新型城市”为主题的2010年沈阳市科技活动周。在15日举办的开幕式上，省、市领导、科技工作者代表及社会各界群众1500余人参会，现场为新审批的科普基地授牌，为创新大赛获奖单位和个人颁奖。

科技周期间，22家相关单位和科普基地在沈阳科学宫主会场进行了集中展示，机器人展、4D电影观展、神秘的南极洲科普知识展等25项主体活动精彩纷呈；沈阳市科技创新基地全面开放，智能机器人竞赛、航模海模竞赛以及电子百拼竞赛等青少年创新竞赛活动有序展开；中朝科技政策与管理研讨会、科技型中小企业成长与生存策略报告会和沈阳科技保险创新推荐会等多场高层报告会相继举行；243所社区科普大学举办了“低碳生活，节能减排”等主题的知识讲座。科技周活动的开展，向市民集中展示了建设创新型城市成果、培养了公众的创新意识。同时，充分发挥了普及科学知识、倡导科学方法、传播科学思想、弘扬科学精神的积极作用。

（刘巨澜）

【沈阳科学宫建设】 2010年，沈阳科学宫先后获得“全国科普工作先进单位”、“2010年度沈阳市科普基地先进单位”、“沈阳市首批未成年人思想道德建设实践基地”、“沈阳市未成年人思想道德建设先进单位”等荣誉称号。

沈阳科学宫以提供优质科普服务为目标，通过科普活动创立科普服务品牌。适时开展了“感受大自然的力量”、“走进《南极》世界，体验低碳生活”、“六一儿童科普活动月”、“防震减灾关爱生命”、“知识改变命运 科技创造未来”夏令营、“迎中秋庆国庆”六大主题活动；承办了沈阳市第三届青少年机器人大赛、辽宁省暨沈阳市第七届青少年智力七巧板竞赛、第八届青少年纸飞机航模竞赛，《南极》、《防震减灾》、《好玩的数学》、《海洋生物临时展》科普展览、“科普大讲堂”大型公益报告会等活动，调动了全市的中小学校及学生参与，营造了全市青少年科技创新的良好氛围。

大篷车下乡和报告团活动日益活跃。与新华书店携手送科普、送爱心活动，与灯塔团市委合作送科普知识进校园活动，与辽宁省实验学校合作组织科普大篷车走进营口鲅鱼圈活动，为沈阳市科技下乡工作做出了一定贡献。

全年接待观众23万人次，举办各类大型科普活动14次，科普大篷车下乡20次，大型科普公益报告会24场，科普影院放映1350场，“870球幕影院协作组”轮换球幕影片2部，媒体报道60余次。

（谢振华）

科技成果

【科技奖励】 2010年，沈阳市科技工作紧紧围绕促进发展方式转变，着力调整优化经济结构，积极推进创新型城市建设，在先进装备制造、新材料等领域涌现出一批技术含量高、创新程度大、经济和社会效益好的科技成果。

为充分发挥科学技术在振兴沈阳市经济与社会发展中的引领推动作用，激发科技人员的创新积极性，经沈阳市科技振兴奖、科技进步奖评审委员会评审，市政府决定，授予中科院沈阳自动化所于海斌等3人、沈阳鼓风机集团有限公司“大型乙烯装置用裂解气压缩机关键技术及装备”等8个项目获得“2009年度沈阳市科技振兴奖”，沈阳重型机械集团有限责任公司“QJRT－063复合式土压平衡盾构机”等130项科技成果获得“2010年沈阳市科技进步奖”，其中：一等奖21项，二等奖43项，三等奖66项。

在国家科技奖励中，沈阳市14个项目、19个单位获奖，同比分别增长18%和50%，其中：获国家科技进步一等奖2项、二等奖11项；获国家技术发明二等奖1项(一等奖空缺)。在辽宁省科技奖励中，沈阳市133个项目获奖，占全省的49%。在辽宁省科技进步奖中，沈阳市获一等奖12项，占50%；二等奖39项，占50%；三等奖74项，占53%。

（成果处）

2010 年沈阳市获国家科技奖励项目

技术发明奖

项目名称	主要完成单位	奖级
高速数控机床陶瓷电主轴单元	沈阳建筑大学	二等奖

科技进步奖

项目名称	主要完成单位	奖级
三峡输电系统工程	特变电工沈阳变压器集团有限公司	一等奖
粮食储备“四合一”新技术研究开发与集成创新	辽宁省粮食科学研究所	一等奖
面向节能的复杂配电网监测控制与故障诊断关键技术研发及应用	东北大学，辽宁省电力有限公司沈阳供电公司	二等奖
我国农村高血压流行趋势及低成本综合干预预防脑卒中研究	中国医科大学附属盛京医院，辽宁省疾病预防与控制中心，中国医科大学附属第一医院	二等奖
大型乙烯装置用裂解气压缩机关键技术及装备	沈阳鼓风机集团有限公司，大连理工大学，东北大学	二等奖
兆瓦级变速恒频风电机组	沈阳工业大学，沈阳华创风能有限公司，东方电气集团东方汽轮机有限公司	二等奖
专用项目	中科院沈阳自动化研究所	二等奖
落叶松现代遗传改良与定向培育技术体系	辽宁省林业科学研究院	二等奖
铜冶炼生产全流程自动化关键技术及应用	东北大学	二等奖
金属压力容器和常压储罐声发射检测及安全评价技术与应用	中国科学院金属研究所	二等奖
中国陆地碳收支评估的生态系统碳通量联网观测与模型模拟系统	中国科学院沈阳应用生态研究所	二等奖
岩石力学智能反馈分析方法及其工程应用	东北大学	二等奖
衰老的分子调控机制及个体化衰老评价的创建和应用	中国医科大学	二等奖

2010 年度沈阳市获辽宁省科学技术奖励项目

自然科学奖

项目名称	主要完成单位	奖级
纳米材料的化学稳定性研究	中国科学院金属研究所	一等奖
强磁场材料科学的基础研究	东北大学	二等奖
迄今世界最早的带羽毛恐龙的发现	沈阳师范大学	二等奖
金属塑性加工成形力解析解法的研究与进展	东北大学	三等奖

技术发明奖

项目名称	主要完成单位	奖级
高性能纳米涂料	沈阳化工大学	二等奖
家庭用心脏监测仪系列产品	中国医科大学医疗仪器厂	二等奖
ML340 连续采煤机	三一重型装备有限公司	三等奖
超大规模集成电路制造专用显影设备国产化开发	沈阳芯源微电子设备有限公司	三等奖

科技进步奖

项目名称	主要完成单位	奖级
玉米优异抗源的引进与创新利用	辽宁省农业科学院玉米研究所	一等奖
辽宁系列日光温室研究与应用	沈阳农业大学	一等奖
QJRN－112 泥水平衡盾构机	沈阳重型机械集团有限责任公司	一等奖
ODFPS－1000000/1000 单相自耦变压器	特变电工沈阳变压器集团有限公司	一等奖

自动导引车(AGV)系统	沈阳新松机器人自动化股份有限公司	一等奖
油田含油污泥处理技术与应用	中国科学院沈阳应用生态研究所等	一等奖
现代轧制过程中试研究创新平台	东北大学等	一等奖
恶性肿瘤凋亡调控的基础与临床研究	中国医科大学附属第一医院	一等奖
移植物低温保存的临床基础研究	中国医科大学附属第一医院	一等奖
肾癌的基础与临床研究	中国医科大学附属第一医院	一等奖
微创技术在普通外科、妇科和泌尿外科中的临床应用	中国医科大学附属盛京医院	一等奖
葡萄多酚中功效因子的发现、活性评价及开发应用	沈阳药科大学等	一等奖
青梗菜高效育种技术研究及新品种选育	沈阳农业大学	二等奖
高产玉米养分管理关键技术研究与示范	辽宁省农业科学院环境资源与农村能源研究所	二等奖
西瓜倒瓤病(CGMMV)防控技术研究与应用	辽宁省植物保护站	二等奖
优质、抗病、专用茄果类蔬菜新品种选育与推广	辽宁省农业科学院蔬菜研究所	二等奖
丰产剂2号研制及应用	沈阳农业大学	二等奖
畜禽养殖废弃物无害化处理与资源化利用的关键技术研究开发	沈阳农业大学等	二等奖
东方百合种球快繁技术研究与应用	辽宁省农业科学院花卉研究所等	二等奖
东北冷涡强风暴预报	中国气象局沈阳大气环境研究所等	二等奖
辽宁中部平原半湿润区杨树速生丰产林良种选择和营林技术研究	辽宁省林业科学研究院等	二等奖
优质瘦肉型猪高效养殖技术集成与示范	沈阳农业大学等	二等奖
5.2万NM3/h制氧量的大型空分装置用空气压缩机、氮气增压压缩机组	沈阳鼓风机集团有限公司等	二等奖
柔性可重构汽车变速器装配系统的数字化研究设计与开发	中国科学院沈阳自动化研究所	二等奖
关键承力件用铝合金A357.0的工程化研究	沈阳铸造研究所	二等奖
光滑螺旋曲面数控抛光技术及装备	沈阳工业大学	二等奖
PKDGKL-800-3125-75干式空心平波电抗器	特变电工沈阳变压器集团有限公司	二等奖
高压断路器零区电弧等离子体调控数值实验研究及应用	沈阳工业大学	二等奖
面向汽车辅助驾驶系统的开发支撑环境	东软集团股份有限公司	二等奖
聚德智能视觉平台暨汽车牌照自动识别系统	沈阳聚德视频技术有限公司	二等奖
基于SOA的企业应用集成平台	东北大学	二等奖
全数字总线式LT-NC310数控系统	中国科学院沈阳计算技术研究所等	二等奖
北方地区农村环境污染控制关键技术集成及工程示范研究	辽宁省环境科学研究院	二等奖
辽宁省第一次全国污染源普查及排污现状分析与污染控制对策研究	辽宁省环境科学研究院等	二等奖
沈阳市地下水源热泵技术应用对建筑物地基基础影响研究	辽宁省建筑设计研究院等	二等奖
钢混结构的抗震能力与震害评估	沈阳建筑大学等	二等奖
新型GFRP管钢骨高强混凝土组合构件关键技术研究	中铁九局集团有限公司等	二等奖
中国城市地产信息资源开发与综合应用系统研究	沈阳建筑大学等	二等奖
内镜超声辅助消化道黏膜下肿物微创治疗	中国医科大学附属盛京医院	二等奖
阻塞性睡眠呼吸暂停综合征的多系统损害和发生机制	中国医科大学附属第一医院	二等奖
糖尿病大血管并发症发生的基础与临床研究	中国医科大学附属第一医院	二等奖
环氧合酶-2等基因与妇科恶性肿瘤生物学特性的关系及临床意义	中国医科大学附属盛京医院	二等奖
肝脏缺血再灌注损伤机制及其中西医结合防护的基础与临床研究	中国医科大学附属盛京医院	二等奖
三叉神经痛规范治疗策略研究	辽宁省人民医院	二等奖
胃癌转移相关分子标志物的筛查及靶向治疗研究	中国医科大学附属第一医院	二等奖

流感病毒感染局部免疫应答机制及其减毒活疫苗的研究	中国医科大学基础医学院	二等奖
缺血性二尖瓣反流机制探讨和干预的临床研究	辽宁省人民医院等	二等奖
BRCA1 与散发性乳腺癌的相关性及调控机制研究	中国医科大学药学院	二等奖
冠心病中医证候及治法研究	辽宁中医药大学	二等奖
中药药效物质药动学特征及其与中药复方配伍规律相关性的研究	辽宁中医药大学	二等奖
中医药阻抑血脂异常和动脉粥样硬化的系列研究	辽宁中医药大学	二等奖
沈玉系列玉米杂交种的选育及应用	沈阳市农业科学院	三等奖
优质玉米新品种沈农 1 号选育与推广	沈阳农业大学	三等奖
沈椒系列辣椒雄性不育系研究及杂交种选育应用	沈阳市农业科学院	三等奖
香菇半熟料冷棚立体袋栽模式研究与开发	沈阳农业大学	三等奖
蛹虫草高效栽培与加工	沈阳农业大学	三等奖
耕地资源管理信息系统建立及应用研究	沈阳农业大学等	三等奖
东北湿地遥感监测评价关键技术及业务系统建设	中国气象局沈阳大气环境研究所等	三等奖
白蛾周氏啮小蜂繁育关键技术研究及应用	沈阳农业大学	三等奖
栗树新品种选育及加工用日本栗中试与示范	辽宁省经济林研究所等	三等奖
ZF6－1100（L）/Y6300－50 型气体绝缘金属封闭开关设备	新东北电气（沈阳）高压开关有限公司	三等奖
YG1000/110 混匀堆取料机	沈阳矿山机械有限公司	三等奖
GMCmr3 系列龙门移动式加工中心	中捷机床有限公司	三等奖
GIS 系统高压组合电器用金属波纹管	沈阳仪表科学研究院等	三等奖
大型水轮机固定导叶制造技术研究及产品开发	沈阳铸造研究所等	三等奖
MLK2650 矿渣立磨	沈阳重型机械集团有限责任公司	三等奖
VMC25100u 立式五轴加工中心	中捷机床有限公司	三等奖
粉煤气化装置用单级悬臂循环气压缩机研制	沈阳透平机械股份有限公司等	三等奖
大型地下埋设管道智能施工机械手关键技术研究	沈阳建筑大学	三等奖
大型汽轮发电机护环核心技术攻关及产品研制	沈阳铸锻工业有限公司	三等奖
GKH32E（KFM5220JGK）高空作业车	沈阳北方交通重工集团有限公司	三等奖
CARR 工程反应堆主循环泵 YNKD400/300H 研制	沈阳鼓风机集团有限公司	三等奖
压缩机用整体式润滑油站	沈阳工业大学等	三等奖
农村配电网资源管理与辅助分析地理信息系统建设与应用	沈阳农业大学等	三等奖
双进双出磨煤机智能化料位检测系统	沈阳工业大学	三等奖
基于 Web 生产质量管理系统研究与应用	沈阳理工大学等	三等奖
基于知识管理的开放式电信增值数据业务管理平台	沈阳格微软件有限责任公司（沈航人机智能研究中心）	三等奖
采油平台全自动计量系统	沈阳工业大学等	三等奖
变电设备在线监测系统研制	东北电力科学研究院有限公司等	三等奖
工业火炬自动点火系统	辽宁省电子研究设计院有限公司	三等奖
辽河流域水生态环境现状及河流生态系统评价体系研究	辽宁省环境监测实验中心	三等奖
铬（Ⅵ）污染土壤生物修复技术研究	沈阳环境科学研究院	三等奖
污水处理厂污泥干燥成套设备	沈阳禹华环保有限公司	三等奖
辽河流域水环境模拟及其管理系统开发	辽宁省环境科学研究院	三等奖
磷霉素钠及其系列产品生产工艺的技术优化	东北制药集团股份有限公司	三等奖
节能、环保绿色轮胎用新型橡胶研制	沈阳化工大学	三等奖
用于结构健康监测的光纤光栅智能传感理论与技术研究	沈阳建筑大学等	三等奖
聚羧酸高效减水剂的研制与应用技术	辽宁省建设科学研究院等	三等奖
村镇生物质建材的研究	沈阳建筑大学	三等奖
LJ321 改性乳化石蜡混凝土养护剂的研究	辽宁省建设科学研究院等	三等奖
既有公共建筑节能改造技术研究	辽宁省建设科学研究院	三等奖

既有建筑改造投融资模式研究	沈阳建筑大学	三等奖
基于智能混凝土的交通及结构监测关键技术研究	沈阳建筑大学	三等奖
季节冰冻区高等级公路沥青路面预防性养护适用性研究	辽宁省交通科学研究院等	三等奖
应用运行车速理论提高高速公路安全性研究	辽宁省交通规划设计院等	三等奖
超薄磨耗层技术与应用研究	辽宁省交通科学研究院等	三等奖
机动车辆制造号码显现技术的研究	中国刑事警察学院	三等奖
大肠杆菌诱导巨噬细胞凋亡机制的研究	中国医科大学附属盛京医院	三等奖
丙型肝炎病毒基因检测和干扰素治疗无应答机制及疗效预测的研究	中国医科大学附属盛京医院	三等奖
肺癌细胞凋亡与增殖异常及其临床意义的研究	中国医科大学附属第一医院	三等奖
多种神经保护药物对脑缺血后神经元凋亡的保护作用机制	中国医科大学附属盛京医院	三等奖
极低出生体重儿护理技术创新及临床应用	中国医科大学附属盛京医院	三等奖
急性心肌梗死缺血再灌注损伤及无复流机理和干预研究	沈阳医学院沈洲医院	三等奖
多西紫杉醇合用钾通道阻滞剂抗人乳腺癌细胞作用的机制	辽宁省肿瘤医院	三等奖
冠脉介入术后无复流的机制和治疗研究	沈阳医学院沈洲医院	三等奖
胰腺癌生物学特征的分子生物学基础及其临床应用	中国医科大学附属第一医院	三等奖
抑制一氧化氮合成治疗一氧化氮相关疾病的研究	中国医科大学附属第一医院等	三等奖
细胞周期蛋白激酶抑制剂对尤文肉瘤细胞抑制作用的研究	中国医科大学附属第一医院	三等奖
前列腺癌诊断和实验性治疗的研究	中国医科大学附属第一医院	三等奖
SPECT脑显像识别和定位脑功能区及其特征的临床研究	中国医科大学附属第一医院	三等奖
喉癌淋巴结转移分子机制研究	中国医科大学附属盛京医院	三等奖
中国应对高致病性禽流感基层防控网络及专业人员防控技能平台研究	中国医科大学公共卫生学院等	三等奖
辽宁省常见癌症临床诊治规范化质控方法的研究	辽宁省肿瘤医院等	三等奖
面神经损伤及缺损修复的基础及临床研究	中国医科大学口腔医学院	三等奖
促进种植体早期骨整合相关因素的研究	中国医科大学口腔医学院	三等奖
正畸治疗技术在上下颌骨骨折治疗中的应用	中国医科大学附属口腔医院	三等奖
流感病毒易感机制及银翘散对编码蛋白 mRNA 表达及 IFN 影响的研究	辽宁中医药大学	三等奖
新型降解可控性 AZ31B 镁合金医用材料的生物相容性研究	中国医科大学附属第一医院	三等奖
从 UPP－Smad 蛋白信号网络调节机制对肾虚骨质疏松症证候病机研究	辽宁中医药大学	三等奖
慢传输性便秘中西医结合治疗的实验及临床研究	辽宁中医药大学	三等奖
针刺对肺癌动物体内紫杉醇趋向性影响的实验研究	辽宁中医药大学	三等奖
辽宁科技创新重大战略问题研究	辽宁社会科学院等	三等奖
辽宁省重点产业技术需求预测研究	辽宁省电子技术情报所	三等奖
区域水环境承载力评价及预测技术	辽宁大学	三等奖
沈阳市企业自主创新能力评价系统研究	沈阳市政协科技委员会等	三等奖

2010 年沈阳市科技进步奖奖励项目

一等奖

项目名称	完成单位
QJRT－063 复合式土压平衡盾构机	沈阳重型机械集团有限责任公司
大型铝合金零部件极端铸造关键技术	沈阳铸造研究所
千万吨级炼油用筒型压缩机全新结构开发及装备	沈阳鼓风机(集团)有限公司

ZZDFPZ—250000/500—800 换流变压器	特变电工沈阳变压器集团有限公司
细长曲面砂带数控抛光技术研究	沈阳工业大学
微创技术在普通外科、妇科和泌尿外科中的临床应用	中国医科大学附属盛京医院
基于“以痈论治”胃癌前状态性疾病(活动期)毒热病因创新研究	辽宁中医药大学
自对准划片工艺技术及设备	沈阳仪表科学研究院
3800mm 中厚板辊式淬火机设备研制及淬火工艺技术研发	东北大学
数字化医疗设备影像处理开发平台	东软集团股份有限公司
沈阳地区重要生态保护地划分研究	辽宁大学
HTM125 系列车铣中心	沈阳第一机床厂
经皮经腔间隔心肌消融术治疗肥厚性梗阻型心肌病对心脏传导束影响研究	辽宁省人民医院
优质玉米新品种辽单 43 选育及应用研究	辽宁省农业科学院玉米研究所
弹性元件工程化研究	沈阳仪表科学研究院
农村节能低碳住宅建筑技术集成与应用	沈阳农业大学
现场发泡夹心墙节能建筑关键技术研究	沈阳建筑大学
医用手套专用聚氯乙烯糊树脂工业化	沈阳化工股份有限公司
SPECT 脑显像识别和定位脑功能区及其特征的临床研究	中国医科大学附属第一医院
数字医疗 CT&MRI 成像诊断系统 19 英寸高亮彩色专用显示器	沈阳市火炬北泰数码科技有限责任公司
皮肌炎/多发性肌炎与 EB 病毒感染相关性研究	沈阳市第七人民医院

二等奖

项目名称	完成单位
1000MW 核电机组核二级喷淋泵	沈阳鼓风机(集团)有限公司
GMC2060u 桥式五轴加工中心	中捷机床有限公司
VMC0656mu 门式五轴加工中心	沈阳机床(集团)有限责任公司
MFH3610 风扇磨煤机	沈阳重型机械集团有限责任公司
智能化 CPS 应用技术研究	沈阳工业大学
ZF6－1100(L)/Y6300－50 型气体绝缘金属封闭开关设备	新东北电气(沈阳)高压开关有限公司
高精度矫直探伤机组	沈阳银捷锻铸有限公司
YLG－A 智能卡个人化数据写入设备	沈阳友联电子装备有限公司
电渣熔铸隔膜泵曲轴关键技术及产品	沈阳铸造研究所
城市轨道交通小半径大跨度曲线桥设计关键技术	沈阳铁道勘察设计院有限公司
新型 GFRP 管钢骨高强混凝土组合构件关键技术研究	中铁九局集团有限公司
混凝土填充钢管结构在大型桥梁中的应用研究	沈阳工业大学
纤维混凝土界面相类固体缺陷力学行为和增强机理研究	沈阳建筑大学
建筑工程 ±0.000 以下非粘土墙体材料应用研究	辽宁省建筑材料科学研究所
XPS 板外墙外保温体系受力性能研究	辽宁省建筑设计研究院
基于动态可靠度的既有建筑检测鉴定方法研究	沈阳建筑大学
种植基地土壤农药、重金属复合污染的生物修复技术研究	沈阳出入境检验检疫局
水稻种绳直播技术及装备	沈阳农业大学
沈阳地区寒富苹果矮化栽培模式示范推广	沈阳市果树技术推广站
HYG 系列高效节能多环滚筒干燥设备	沈阳远大科技实业有限公司
优质、高产、多抗玉米新品种沈玉 29 号的选育及应用	沈阳市农业科学院
糙米食品加工关键技术及产品	辽宁省农业科学院食品与加工研究所
内镜超声辅助消化道黏膜下肿物微创治疗技术	中国医科大学附属盛京医院
环氧合酶－2 等基因与妇科恶性肿瘤生物学特性的关系及临床研究	中国医科大学附属盛京医院
胰腺癌生物学特征的分子生物学基础及临床应用	中国医科大学附属第一医院
从 UPP－Smad 蛋白信号网路调节机制对肾虚骨质疏松症证候病机研究	辽宁中医药大学
糖尿病大血管并发症发生的基础与临床研究	中国医科大学附属第一医院
血液安全控制系统的开发与研究	沈阳中心血站
大鼠骨髓间充质干细胞向视网膜神经细胞诱导分化和体内移植研究	沈阳市第四人民医院

盐酸奥布卡因凝胶	沈阳绿洲制药有限责任公司
脉络膜新生血管性疾病的基础与临床研究	沈阳市第四人民医院
冠脉雷帕霉素药物洗脱支架置入后血栓形成的防治研究	沈阳医学院沈洲医院
生物医学硬膜滤光片	沈阳仪表科学研究院
线扫描多能量X射线探测器	沈阳地泰检测设备有限公司
AW2010—9003G型TD—SCDMA直放站	奥维通信股份有限公司
沈阳红药系列产品	沈阳红药制药有限公司
熔融烧碱降膜浓缩蒸发系统成套设备	沈阳东方钛业有限公司
沈阳市区、县(市)特色产业集群创新战略与对策研究	东北大学
沈阳市装备制造业能耗评价系统研究与软件开发	沈阳工业大学
沈阳市知识产权战略研究	沈阳市知识产权研究会
沈阳装备制造业技术预见及技术选择战略规划研究	沈阳市科学技术情报研究所
中国城市地产信息资源开发与综合应用系统研究	沈阳建筑大学
沈阳现代建筑产业发展规划研究	市发展和改革委员会

三等奖

项目名称	完成单位
中华骏捷FRV系列轿车	华晨汽车集团控股有限公司
整体组装式等温型系列压缩机组及系列型谱研制	沈阳透平机械股份有限公司
大型丙烯制冷离心压缩机组	沈阳透平机械股份有限公司
ML340连续采煤机	三一重型装备有限公司
合成气压缩机用高能头模型级开发及应用	沈阳鼓风机(集团)有限公司
25MN钢丝缠绕式快速锻造液压机	沈阳重型机械集团有限责任公司
新型TAR系列地铁风机	沈阳鼓风机集团通风设备有限责任公司
7M50系列氮氢气压缩机(7M50-335/313型)	沈阳申元气体压缩机有限责任公司
永磁体脱胶装备	沈阳工业大学
板带叠压式汽车中冷器	沈阳华铁汽车散热器有限公司
Q42—1600 16000KN棒料剪断机	沈阳锻压机械有限公司
新型酯硬化水玻璃砂产业化及推广应用	沈阳汇亚通铸造材料有限公司
镍基高温合金超纯净真空感应熔炼脱氮技术	沈阳大学
额定电压450/750V风力发电机用控制电缆	沈阳市艾克电缆厂
数控轧辊机床	辽宁广联机械科技有限公司
泄漏电流测试仪检定装置	沈阳计量测试院
100KW以下直驱变桨矩风力发电机组	沈阳风电设备发展有限责任公司
村镇生物质建材研究	沈阳建筑大学
立体空间覆绿技术在沈阳地区的研究与应用	沈阳市园林科学研究院
增强高强混凝土框架结构抗震性能的新方法	沈阳建筑大学
沈阳市"高污染、高环境风险"产品调查评价及管理控制研究	沈阳市环境技术评估中心
沈阳市城市地理信息系统	沈阳市城市建设档案馆
企口型自保温砌块砌体性能及应用	沈阳建筑大学
移动智能卡(RFID)在环境管理中的示范应用研究	沈阳市环境信息中心
沈阳市地表水与地下水相互影响及保护措施研究	沈阳市环境监测中心站
降低住宅小区生活用水漏失率对策技术研究	沈阳市自来水总公司
改性壳聚糖絮凝剂的研制及其在废水治理中的应用研究	沈阳大学
复合微生物添加剂	沈阳科丰牧业科技有限公司
沈阳市退耕还林模式与综合效益研究	沈阳市林业局
白萝卜新品种雪玉1号选育	沈阳市农业科学院
蔬菜滴灌专用肥应用技术开发	沈阳市久恒植物营养科学技术研究所
沈阳市水利信息化规划与防汛抗旱指挥系统关键技术研究	沈阳市水利信息中心
沈阳市城市地下水环境异常变化预警信息系统	沈阳市城市水资源管理办公室
饲料中禽类、鱼类源性成分实时荧光PCR检测方法研究及试剂盒开发与应用	沈阳出入境检验检疫局

中韩泡菜寄生虫卵污染事件应对技术措施研究	沈阳出入境检验检疫局
阻塞性睡眠呼吸暂停综合征的多系统损害和发生机制	中国医科大学附属第一医院
中老年人代谢综合征早期靶器官损害机制及健康管理干预模式与推广应用	中国医科大学附属第一医院
阻断血脂异常导致动脉粥样硬化的中医药研究	辽宁中医药大学
新型降解可控性 AZ31B 镁合金医用材料研发	中国医科大学附属第一医院
丙型肝炎病毒基因检测和干扰素治疗无应答机制及疗效预测研究	中国医科大学附属盛京医院
抗变态反应性(过敏性)鼻炎中药新药"鼻敏康"研发	辽宁中医药大学
古今中医脏腑证谱比较研究	辽宁中医药大学
大肠杆菌诱导巨噬细胞凋亡机制研究	中国医科大学附属盛京医院
正畸治疗技术在上下颌骨骨折治疗中的应用	中国医科大学
痛泻要方治疗肠易激综合征的新药研发	辽宁中医药大学
波生坦对大鼠颈动脉再狭窄影响研究	沈阳医学院沈洲医院
抗病毒治疗对失代偿期乙肝肝硬化预后影响的临床研究	沈阳市传染病院
未成熟卵母细胞体外培养技术临床应用研究	沈阳东方医疗集团菁华医院
支气管哮喘患者治疗前后诱导痰和血中嗜酸细胞凋亡变化研究	沈阳医学院沈洲医院
内毒素血症幼年大鼠小肠细胞损伤机制及谷氨酰胺干预研究	沈阳市儿童医院
脑钠肽检测对急性冠脉综合征的早期诊断及预后判定研究	沈阳医学院沈洲医院
黄芪注射液穴位注射治疗痉挛性脑性瘫痪临床研究	沈阳市儿童医院
电针配合行为疗法治疗儿童孤独症的临床研究	沈阳市儿童医院
基于包交换的广播电视热线电话系统	中国科学院沈阳计算技术研究所
基于知识管理的电信宽带内容服务认证计费管理平台	沈阳格微软件有限责任公司
汽车压力传感器芯片及器件	沈阳仪表科学研究院
企业资源管理系统(ERP/MES)	北方电脑应用开发公司
Limetv82 系列 IPTV 网络液晶电视机	沈阳同方多媒体科技有限公司
数字智能型热计量系统装置	沈阳市兴中工矿电子设备厂
山地民情民意处理系统	沈阳市沈阳山地科技有限公司
新药维生素 E 烟酸酯软胶囊研发	沈阳药科大学
红药气雾剂	沈阳精诚药业有限公司
龟龙中风丸产业化	沈阳红药制药有限公司
沈阳市震害预测	沈阳市地震局
面向开行贷款的政府债务管理模式及风险防范机制研究	沈阳市发展建设资金管理办公室
高等院校实施目标管理与绩效考核的理论与实践	沈阳大学

2009 年度沈阳市科技振兴奖获奖项目和个人

获奖项目

项目名称	完成单位
大型乙烯装置用裂解气压缩机关键技术及装备	沈阳鼓风机(集团)有限公司
全断面掘进机系列产品	沈阳重型机械集团有限责任公司
直流输电工程用系列换流变产品	特变电工沈阳变压器集团有限公司
轨道交通牵引供电系统 35kV GIS 设备	沈阳高压成套开关股份有限公司
磷霉素钠及其系列产品生产工艺的技术优化	东北制药集团股份有限公司
VMC850 立式加工中心	沈阳机床股份有限公司
大白菜雄性不育系系列杂交种选育及利用	沈阳市农业科学院
子宫颈癌的早期防治与病因学研究	中国医科大学附属盛京医院

获奖个人

姓名	单位
于海斌	中科院沈阳自动化研究所
娄延春	沈阳铸造研究所
赵凯军	北方重工集团有限公司

气　　象

【防灾减灾】 2010年，市气象局引进了短时临近预报系统（SWAN），实现了实时调用各种雷达、自动站、闪电定位等资料的功能。继续推进沈阳综合业务系统建设工作，完成了15个自动站升级和7个固态降水自动观测站建设。完成了沈阳市农村公共气象预报预警信息服务系统一期工程建设。在全省率先开展了现代农业气象试验站建设。为保证春播期顺利进行，开展了10次人工增雨作业。准确预报了汛期4次强降水天气过程。

编发了《沈阳市2010年气象灾害防御工作方案》，与国土资源局建立联合发布地质灾害预报预警信息共14期。及时发布气象灾害预警信息。加强农村气象信息员队伍建设，采取集中培训等方式对797名农村气象信息员进行了培训。

（赵　强）

【气象应急】 2010年，市气象局开展应急管理体系建设，制订了《沈阳市气象应急队伍建设的实施方案》。建立和完善沈阳市气象部门应急管理队伍和气象灾害应急处置队伍，积极组织应急和反恐演练。应急值守队伍实行24小时值班工作制度，实行行政值班制度及岗位责任制度。

（赵　强）

【气象科研】 2010年，沈阳市修订了《沈阳市气象局科学研究课题管理办法》，完成了市气象局7项短平快科研课题验收工作。全年在公开刊物发表学术论文24篇，其中国家一级核心期刊23篇。

《沈阳市农业气候资源优劣等级的精细化分区》在沈阳市科技局立项。

（赵　强）

【信息与宣传】 2010年，市气象局充分利用《中国气象报》、中国气象网站、辽宁气象网站、沈阳气象局网站、沈阳市各种新闻媒体积极宣气象工作，利用多种形式及时传播公共气象服务信息。积极开展防雷安全法律法规和科学避险知识的宣传。2010年，沈阳市气象局先后获得“沈阳市抗洪抢险突出贡献奖先进集体”、“沈阳市档案工作先进单位”、“沈阳市政务公开工作先进单位”、“市直机关党建工作目标管理先进单位”、“安全生产目标管理工作优秀单位”、“沈阳市科协系统先进单位”、“辽宁省气象部门先进集体”荣誉等称号。

（赵　强）

【气象灾害】 2010年，沈阳市主要的气象灾害是暴雨、冻雨和大风，其中暴雨造成影响最严重。死亡1人（暴雨），比2009年少3人，受灾17.15万人。

冻雨。2月24日晚，沈阳市出现冻雨，25日凌晨路面结冰十分严重，对交通影响很大，省内多条高速公路关闭，部分旅客列车出现晚点，多处电力线路跳闸，造成停电。

大风。4月8日7:00至9日1:00，全地区大风天气。康平伴有扬沙，瞬间最大风速达26.1米/秒（风力10级），12个乡镇受风灾，大棚损失严重；大东区东陵街道有8栋大棚着火。

暴雨。7月19至22日，暴雨评估等级一级，属最严重级别。沈北新区局部地区出现了大暴雨，受灾人数3.97万人；新民特大暴雨，城区道路积水20厘米以上，低洼地段内涝、大棚内积水严重，自来水公司的泵房被淹，停水29小时，13万人受到影响；法库降暴雨特大暴雨，灾害为内涝、泥石流、道路积水、大棚倒塌等；辽中严重内涝、大棚墙体倒塌，鱼池进水，出现跑鱼、死鱼现象；沈北新区虎石台公铁立交桥桥下，一名打工人员驾驶农用三轮车不慎溺亡；黄河北大街三环桥下大面积积水，造成大堵车；于洪区南阳湖街道杨士村的细河河段发生漫堤，多处民宅被洪水淹没，没有人员伤亡；康平133.3公顷玉米受灾，日光温室进水240栋。

8月4至5日，暴雨评估等级一级，属最严重级别。新民出现大面积内涝；康平设施农业受损、大田积水；法库出现内涝；东陵祝家一简易房倒塌，未造成人员伤亡。

8月19至22日，暴雨评估等级一级，属最严重级别。康平郝官镇王家、东坨子等村遭受雷雨大风袭击，造成成片玉米倒伏、树木折断、通信线杆刮倒，导致该地区交通和通讯受阻；东陵出现农田内涝，倒塌房屋2间、危房190间，转移人口1229人，无人员伤亡。

（祖　歌）

地　　震

【地震监测预报】 2010年，沈阳市地震观测项目参加全国评比5项、全省评比12项。获得全国评比第二名1项，优秀4项；全省第一名1项，第二名2项，优秀9项。与沈阳台建立联合会商制度，年度会商报告在辽宁省地震局年终评比中获第四名；全市地震监测台网正常运行率达99%以上，处理疑似宏观异常两起。全年共填报“沈阳市地震局信息网络运行管理日志”730份，保证了地震信息网络安全运行。2010年，沈阳市投入300万元，勘钻2口地震观测专用井，总进尺450米，增加2套井下水温、水位、气氡综合观测设备。至此，“十一五”收关之年，沈阳市测震台网、地震前兆微观监测台网、地震前兆宏观测报网组成的地震监测台网体系得到不断完善和加强。其中新民等4个测震子台与省局台网中心联网，并建立了虚拟台网中心，实现了测震信息资源共享；前兆微观监测台网由重力、地电、地磁、电磁信息、井下体应变、地温、水位、岩土应力、地下颗粒状物质物理观测和断层形变观测等10种项目9个观测台、一个观测场组成，涵盖电磁、形变和流体3大学科；地震前兆宏观测报网由地下浅层流体物理、化学变化特征模拟观测网络和动物、气象等要素人工观察两个网络组成，全市共有58个宏观观测站点、230个注册宏观信息员参与地震宏观测报工作。“十一五”期间全市累计投入1360万元，用于地震台网基础设施改造、环境优化以及观测和工作条件的改善，拥有12口深度从100米至300米的专用观测井、46台套前兆观测设备入网运行，台网密度达到平均每239平方公里有一个测项。

（胡舒颖）

【地震灾害预防】 2010年，沈阳市采取有效措施，对重大建设工程抗震设防审批事项的流程、要件进行重新梳理。对于中小学校舍、医院等重大建设工程，审批时限由2个工作日变为即时办结；对其他重大建设工程，在确保2个工作日办结的基础上，力争实现当日办结；对市政府确定的重点项目，开辟绿色通道，实行全程服务，确保项目按时开工建设。全年共完成沈阳地铁二号线、市府广场配套工程等审批和备案项目45项，同比增长1倍；提供咨询服务571次，满意率100%。

（胡舒颖）

【地震紧急救援】 2010年，沈阳市启动了大东区大中型企事业单位地震应急预案编制试点工作，已完成286家，占全区总数的95%。“5·12减灾日”沈阳市大东区政府发起成立了全市第一支由区委、区政府机关干部组成的“区直机关抗震抢险应急分队”。和平区、沈北新区地震局组织社区居民和部分企业职工在辉山、道义、中山公园等地依托地震应急避难场所开展了地震应急疏散演练。邀请中国地震搜救中心培训部主任贾群林、全国抗震英雄王念法专程来沈，为地震应急救援队脱产培训，并开展实地救援演练，增强指挥协调配合能力。完成了“市防震抗震工作领导小组成员”的重新调整；完成了对全市防震减灾助理员的核实、登记、通讯联系等工作。全年市、区（县）两级政府投入近400万元，完成了新民等“一市三县”和沈北、苏家屯两区地震局面积近600平方米的地震应急中心硬件建设；完成了全市15个区、县（市）政府、开发区管委会地震应急指挥辅助决策系统的研发、配备。

（胡舒颖）

【防震减灾宣传】 2010年，沈阳市信息工作连续三年荣获先进单位称号。年初制定宣教计划，重要节点开展宣传。继续承办由市委、市政府主办的第五届“防灾减灾高层论坛”。邀请中国科学院院士地球物理学家、现任中国地震局地球物理研究员、名誉所长、北京大学地球与空间科学院院长陈运泰作“地震预测与防震减灾”专题讲座；以地震应急信息为数据库资料，建立地震应急、宣教短信平台。通过实现接发互动功能，建立起全市各级地震部门、社区和“三网一员”之间的信息沟通渠道，为灾情速报、应急宣传提供了便捷、快速的操作平台。

（胡舒颖）

【地震安全示范工程】 2010年，沈阳市完成了地震安全示范村、示范学校、示范社区、住宅小区建设标准的制定。指导大东区北海社区、莱茵河畔社区地震安全示范社区的创建工作和验收，晋升为市级地震安全社区，并与皇姑区成龙社区共同荣获全省“防灾减灾示范社区”称号。与市教育局联动，在全市开展了辽宁省防震减灾科普示范学校的创建工作。沈河区实验学校被中国地震局授予“国家防震减灾科普教育基地”。

（胡舒颖）

【沈阳防震减灾四十年】 2010年6月27日，沈阳市迎来防震减灾四十周年，在沈阳宾馆召开了海城、岫岩地震预报实践报告会；由沈阳市出版社发行了《震之痕》、《地震志》两册书，拍摄了电视专题片《记忆》，编印了《沈阳市防震减灾四十年》画册及纪念邮折。同日，由沈阳市地震局、气象局、林业局、水利局、农委及规划和国土资源局共六家发起单位组成的沈阳市灾害防御协会成立。

（胡舒颖）

【“十二五”防震减灾规划】 2010年，沈阳市完成了“沈阳市十二五防震减灾专项规划”编制工作，规划共分七个部分，近两万字。同时，参与完成了沈阳市城市总体规划（2010—2020年）编制工作，编写了“防震减灾”专项规划。在全市“十二五”规划编制中，《沈阳市防震减灾第十二个五年规划》作为53个专项规划之一被纳入全市国民经济和社会发展“十二五”规划体系。

（胡舒颖）

【防震减灾纳入绩效考核】 2010年，沈阳市防震减灾工作首次纳入政府绩效考评（A类单位）范围，在政府绩效评估指标体系中，列为民生建设考评指标。考评主要内容为建设工程抗震设防要求管理，对象为和平、沈河等全市15个区、县（市）政府和开发区管委会。市地震局主持完成了2010年防震减灾绩效考评工作。

（胡舒颖）

【落实地震重点危险区应急应对】 2010年3月4日，在沈阳召开全省防震减灾工作会议，省政府、省地震局就贯彻国务院文件要求和全国防震减灾会议精神，特别是应对辽宁省部分城市列入国家地震重点危险区的地震应急应对工作进行了全面部署。根据市委、市政府主要领导的批示，3月18日，以沈地震[2010]8号文件向市委、市政府上报《关于贯彻省政府防震减灾会议要求加强沈阳市防震减灾工作意见的报告》和“沈阳市地震重点危险区应急应对工作措施”。在市委、市政府的重视领导下，财政、建委等部门配合，市地震局全面落实完成了针对地震危险区的八项应急应对措施。

（胡舒颖）

2010 年沈阳市地震活动

序　号	发震时间		震中位置		震级（ML）
	年－月－日	时－分－秒	东经	北纬	
1	2010－03－27	03－48－52.5	123°00′	41°40.2′	2.3
2	2010－03－27	13－08－26.6	123°14.4′	41°42′	0.6
3	2010－05－10	06－14－53.3	123°46.2′	41°43.2′	1.6
4	2010－06－05	14－00－32.4	123°6′	41°36.′	1.4
5	2010－07－26	15－02－27.4	123°37.8′	41°19.2′	1.0
6	2010－09－12	04－28－05.4	123°34.8′	41°49.2′	1.3
7	2010－09－12	04－28－27.9	123°34.8′	41°49.2′	0.2
8	2010－10－07	11－13－57.8	123°18′	41°36.6′	1.7
9	2010－12－17	11－53－13.6	123°34.8′	41°49.2′	0.5
10	2010－12－19	03－16－38.6	123°54′	41°39.6′	1.2

教　　育

综　述

【学校与教师概况】 2010年,全市各级各类学校有1867所(含民办学校和民办幼儿园),在校学生134.8万人,教职工12.2万人,其中专任教师8.5万人。

高等教育。2010年,全市有研究生培养机构27所,在学研究生达3.8万人,全年招生1.36万人,为国家输送博士、硕士1.09万人。普通高等学校41所,在校生规模达到34.85万人。教职工3.87万人,其中专任教师2.29万人。

中等职业教育。2010年,全市有中等职业学校89所(其中:普通中等专业学校41所,成人中等专业学校1所,职业高中47所),在校生为9.9万人,教职工9214人,其中专任教师5977人。全年共招生3.3万人,为国家输送毕业生3.4万人。

普通高中教育。2010年,全市有普通高级中学89所,在校生为11.9万人,教职工1.06万人,其中专任教师8686人。全年共招生3.85万人,为国家输送毕业生3.8万人。

普通中、初等教育。2010年,全市共有普通中、小学校553所(含民办中小学),其中:普通初中232所,普通小学321所。在校学生51.9万人,其中:普通初中18.2万人,普通小学33.7万人。教职工4.4万人(普通初中1.9万人,普通小学2.5万人),其中专任教师3.7万人(普通初中1.5万人,普通小学2.2万人)。

特殊教育。2010年,全市共有特殊教育学校15所,其中:工读学校1所,聋哑学校5所,盲校1所,弱智学校8所。在校学生1534人,其中:工读学校23人,特殊学校1511人。教职工572人(工读学校43人,特殊学校529人),其中专任教师414人(工读学校27人,特殊学校387人)。

民族教育。2010年,全市少数民族中小学校共有29所。其中:朝鲜族小学8所,初中5所,普通高中2所,职业高中3所;满族小学3所,初中1所;锡伯族小学1所,九年制学校2所;回族小学1所,初中1所,高中1所;蒙古族九年制学校1所。民族学校在校生1.55万名,教职工1524名。此外还有少数民族幼儿园9所,幼儿621名。

学前教育。2010年,全市共有幼儿园950所,在园幼儿14.07万人;教职工1.6万人,其中专任教师8742人。

(王朝伟　秦美玲　李钟太)

【政策法规】 2010年,市教育局对教育局机关17个部门及所属3个事业单位职责所涉及的现行有效的行政执法依据进行梳理,最终梳理出行政执法依据60余项,行政许可、行政检查、行政处罚等行政职权74项,编制权力运行流程图和岗位说明书74个,同时梳理行政自由裁量权中许可事项3项,处罚项目4项。各执法单位的执法内容和执法范围更加明确,执法种类和执法权限更加明晰,执法职责更加清楚,对规范行政行为起到了促进作用。

2010年,按照市政府法制办要求,对沈阳市涉及教育的现行有效地方性法规和规章进行了认真清理。经清理,现行有效地方性法规有2件,即:1995年的《沈阳市九年义务教育条例》和2003年的《沈阳市教育督导条例》。拟保留1件,修改1件,拟对《沈阳市九年义务教育条例》进行修订。现行有效的政府规章有3件,即:2009年12月25日发布的《沈阳市学前教育管理规定》(14号令)、2003年8月7日发布的《沈阳市义务教育投入规定》(23号令)和2006年1月13日发布的《沈阳市中小学用地保护规定》(52号令),全部保留。同时,对2009年以沈阳市教育局名义签订的23份合同进行了全面自查并登记备案。

(刘铁牛　高洪纳)

【教育督导】 2010年上半年,开展了各区、县(市)2009年教育投入情况,涉农县、区控辍保学工作,未完成"提高"、"双高"普九达标县调研,近视眼防控等联合检查。下半年开展了安全与综合治理检查、民办教育属地化管理、民族团结教育进课堂、信息教育工作等联合检查和"两基"年审。2010年的"两基"年审,针对农村学校控辍工作、农村学校冬季采暖工作等进行了督导检查,同时,重点检查了各区、县(市)教育强区(县)建设工作。2010年4月8日至5月4日,对各区、县(市)政府及开发区管委会的2009年教育经费投入情况进行专项督导。2010年4月8日至4月28日,对全市涉农县、区的2009至2010学年度农村初中控辍保学工作进行了专项督导检查。

2010年,完成了《沈阳市开展教育强区县创建工作实施方案》、《沈阳市教育强区县督导评估细则》。完成了2009年市政府绩效考评(教育内容)以及省教育督导团对沈阳市2009年教育工作的考核。对市政府办实事项目和校园安全工程进行了督导。成功承办了国家督导团办公室在沈阳进行的义务教育均衡发展督导评估座谈会。

(高　翔)

【教师培训】 2010年,全市共涉及师干训项目49项,安排经费1270万元,培训教师13万人次,培训校长1.2万人次。在"面"上全力推进培训工作的同时,还在"点"上进行了培训工作机制的有益探索。对全市接收农民工子女学校的英语教师进行全员的口语强化训练,开展了高中通用技术等新增课改学科、体音美等薄弱学科、校医上岗资格培训、农民工子女学校校长与班主任专项培训等全员培训。加大对农村教师培训倾斜力度,共安排了8项农村教师专项,同时在各项培训中增加农村教师名额,加大对农村教师学历提升的学费补助,减轻农村教师的财力负担。分4期班对2009年沈阳市新招聘的728名教师进行了岗前培训。举办2期研究生课程班,提高了教师学历层次。率先启动了沈阳市对口支援新疆塔城市教育人才培训工作,来自塔城市的18名校长在沈阳市参加了为期一个月的学习,通过专家讲座、集中研讨、实地考察、基地见习等环节,提高了校长管理学校,实施素质教育的实际能力。积极为区、县(市)培训搭建资源平台、服务平台,促成了法库县与东北师范大学合作,成为辽宁省第6家"东北师大教师教育创新实验区";促成康平县与辽宁师范大学开展"顶岗实习,置换研修"合作项目。探索出一条区、县(市)与高校以教师培训为抓手,建立全面合作的新途径。以高中校长领导的提升培训班、初中校长高级研修班为试点,拉长培训链条,设计理论研修、考察学习、实践探索和能力展示等四个关键环节,提高培训的针对性与实效性。

(王朝巍　余生)

【教师节表彰】 2010年,根据沈阳市干部教师队伍建设的总体规划,本着公开、公平、公正的原则,经各区、县(市)和相关部门推荐,通过"以训代评"的方式,市政府表彰了15名"沈阳市教育专家"、97名"沈阳市名教师"。同时,为鼓励社会各界尊师重教、捐资助学的良好风尚,市政府授予77家单位为"沈阳市尊师重教先进单位",授予13家单位为"沈阳市捐资助学先进单位"。同时,市教育局认定市级骨干校长106名,市级骨干教师998名。教师节期间,市委、市人大、市政府、市政协领导走访慰问了部分学校及教师代表。

(王朝巍　陈馨　洪志涛)

【教师资格认定】 2010年,分别对驻沈5所高校应届毕业生、市中等职业学校学前教育专业应届毕业生进行了教师资格认定。此次教师资格认定合格人数为3695人,其中师范类人数3086人(高中2048人,初中146人,小学565人,幼儿园327人),非师范类人数609人(高中324人,初中83人,小学10人,幼儿园192人)。在总结上年工作经验的基础上,进一步完善了教师资格认定能力测试评委库和试题库建设工作,结合各个层次、各个学科的特点,建立了符合沈阳市教育发展规律和学科发展现状的评委库和试题库。

(游春雨　马隽)

【专业技术人员评聘】 2010年,沈阳市教育系统有2958人晋升专业技术资格。其中:正高级26人,副高级793人(含破格晋升副高级23人),中级1470人,初级(含确定初级职务人员)669人。

(王朝巍　张伟　朱立刚)

【教师招聘】 2010年,沈阳市教育系统按照"退二进一"的原则,采取面向社会公开招聘和面向国家重点院校公开招聘的方式招聘中小学教师543人,其中:面向社会公开招聘419人,面向重点高校公开招聘124人。

(王朝巍　陈馨　胡宝庆)

【建立教育人员信息管理系统】 "沈阳市教育人员信息管理系统"由沈阳市教师培训交流中心和沈阳大学教育学院联合研发,经过基础调研、软件开发、内部测试、基层试点等环节,于2009年8月制作完成。系统涵盖了人员信息、数据查询、数据统计、数据打印等多项功能,基本满足各部门的工作需求。在各区、县(市)、近800家学校和直属单位的共同努力下,该数据库于2009年12月初步建立形成。2010年4月,进一步对该系统进行了升级,升级后的数据库中保存有全市幼儿园、小学、初中、九年一贯制学校、高中、完全中学、中等职业学校、特殊教育学校、少数民族学校、教育直属事业单位等在编教职员工6万余人的信息,有利于对全市教育人员信息的规范化管理。

(游春雨　陈浩)

【沈阳市通过国家二类城市语言文字工作评估】 2010年底,辽宁省教育厅、辽宁省语言文字工作委员会组织近20人的评估组,对沈阳市于洪区、沈北新区、苏家屯区、东陵区(浑南新区)4个郊区进行国家二类城市语言文字工作评估,涉及党政机关、学校、新闻媒体和公共服务行业四大领域,包括教育、广电、新闻出版、文化、体育、人事、公安、工商、城建、商业、邮政、通讯、交通、铁路、旅游、银行、保险、医院等单位。评估内容为《辽宁省二类城市语言文字工作评估指标及评分标准》所规定的指标项,由综合管理、普及普通话、社会用字管理三部分组成。此次评估共检查了24个单位,通过听取汇报、查阅资料、问卷调查、座谈讨论、查看环境等方式,全面评估检查各区的语言文字工作。12月17日,沈阳市召开国家二类城市语言文字工作评估总结大会并宣布沈阳市通过国家二类城市语言文字工作评估。

(杨晓飞)

【沈阳远见国际学校获批】 2010年6月28日,国家教育部正式批准设立沈阳远见国际学校。沈阳远见国际学校,系由新西兰独资企业世纪远见商务咨询(沈阳)有限公司举办的,开展学前教育、小学、初中和高中教育的外籍人员子女学校,学校实施美国教育。该校位于满融经济开发区,校舍占地面积1.1万平方米,建筑面积8000平方米;有来自韩、日、美、德、法等国家的学生180人;教职工60人,其中外籍教师28人。沈阳远见国际学校的正式获批,填补了沈阳市欧美教育的空白,拓展了沈阳市实施国际教育的能力。

(李彤洲)

【国际教育项目"爱生学校"(CFS)落户沈阳】 2010年8月19日,联合国儿童基金会"爱生学校"项目在沈阳启动,标志此国际项目正式落户沈阳。沈河区、大东区、东陵区(浑南新区)三个区62所学校参加首批项目试点,近6万名学生成为直接受益者。该项目是联合国儿童基金会在20世纪90年代后期推出的,于2001年10月引入中国。旨在推进学校牢固树立热爱学生的理念,改善学校、社区、家庭的关系,增强教与学的有效性,提升学校管理水平,提高教育质量。

(刘铁牛　高洪纳)

【提高国际教育服务水平】 为满足在沈外籍学生接受本国教育的需要,在沈阳市尚无外籍人员子女学校时,东北育才学校已率先探索实施外国教育。法国米其林公司入驻沈阳后,东北育才学校适时正式实施了法国教育;2010 年,针对华晨宝马等企业德籍员工子女的就学需求,又正式实施了德国教育;同时,学校还引进了美国、新加坡、澳大利亚、加拿大等国教材教学。东北育才学校现有外籍学生 101 名,接受本国教育的学生 21 名,学校现聘用外籍教师 20 名。外籍学生及其家长对东北育才学校的办学条件、管理水平、教育教学以及课余活动安排深表满意和赞许。沈阳市第二中学在举办中加(加拿大)双文凭高中项目的基础上,开展有针对性建设工作,到 2010 年底,具备接受外籍学生的条件;沈阳市朝鲜族第一中学,到 2011 年暑期,可达到开设韩国初、高中课程的条件;沈阳市外国语学校,到 2011 年暑期,可达到开设日本小学、初中课程的条件,并继续探索开设其它国家教育课程。

沈阳市现有试接受外籍学生中小学、职业学校共 179 所,共接受外籍学生 1000 余人。为使外籍学生在沈阳更好地接受中国教育,沈阳市出台了《关于进一步做好沈阳市中小学接受外籍学生工作的意见》,提出了 10 项具体规定:在外籍学生相对就近入学的原则下,尽可能提供相对优质教育资源;简化入学手续,在基本条件满足的情况下,可先安排入学,后办理入学手续;科学进行语言、课程知识水平测评,提出入学年级建议,并实行年级试读制;学校明确一名副校长统管外籍学生教育工作,教学、教导部门分别设专人管理外籍学生学习和生活;对外籍学生分层次进行有效的汉语言辅导,开展丰富多彩的活动,提高外籍学生学习汉语的兴趣;在学科教师指导下,通过中外学生“一对一”的形式,建立中外学生学习小组;按外籍学生及家长的要求,提供本民族语言课程;研究外国教育和外国文化,根据其特点组织好外籍学生课余活动;开展中外学生文化交流、国际理解和被理解教育;提高接受外籍学生学校的办学条件,从 2011 年开始,在全市中小学办学条件均衡发展的基础上,市、区两级教育行政部门共同投入,每年对接受外籍学生规模较大的 10 所学校,进行办学条件针对性改善和提高。市教育局在满足现阶段外籍人员子女就学需求的同时,密切关注外事部门招商引资、外企落户等工作和规划,超前作好教育服务的准备工作。

(李彤洲)

【招生考试】　2010 年,沈阳市共组织各级各类招生考试 27 次,接纳报名考生 40 万余人次。

普通高校招生考试。沈阳市共接纳 4.08万人报名参加普通高等学校招生全国统一考试,比 2009 年减少 5117 人;接纳 2386 名中等职业学校(中专、职高、技校)毕业生报名参加高等职业院校招生考试。

中等学校招生考试。沈阳市共接纳 5.81万名初中毕业生报名参加中等学校招生考试,比 2009 年减少 7210 人。各类中等学校统一录取(含自主招生备案)4.92万人。其中:普通高中录取3.56万人,师范学校录取 312 人,职业高中录取(备案)6822 人,普通中专录取 4463 人。统招公费生2.26万人,指标到校生(公费)6002 人,民办学校自费生 3367 人,择校生 9603 人。

硕士研究生招生考试。沈阳市共接纳 2.52 万人报名参加硕士研究生招生全国统一考试,比上年增加 727 人。

成人高等学校招生考试。沈阳市共接纳 3.37 万人报名参加成人高等学校招生全国统一考试,比 2009 年增加了 2458 人。报名考生中,专科起点升本科 7802 人,增加 847 人;高中起点升本科 4385 人,增加 1644 人;高中起点升专科 2.42万人,增加 546 人;专升本和中等职业学校(中专、职高、技校)毕业生已参加高等职业院校招生考试的免试生 397 人。全市共有2.42万名考生被各类成人高校录取,录取率为71.69%。

高等教育自学考试。沈阳市共接纳 5.54万人次报名参加高等教育自学考试。办理学历类别鉴定和课程免考 3743 人次,为 3799 名毕业生办理了毕业手续,办理省内、省外和市内、市外转考档案 264 份。

全国计算机等级和英语等级考试。沈阳市分别组织 2 次全国计算机等级考试和 2 次全国英语等级考试。全市累计接纳 9.28 万人报名参加全国计算机等级考试,累计接纳 4064 人参加全国英语等级考试。

其他教育考试。组织 2 次辽宁省成人本科生学士学位课程(外语)考试,接纳报名考生 2.71 万人;组织 1 次辽宁省同等学历人员申请硕士学位统一考试,接纳 2819 人报名参加考试;组织 1 次在职人员攻读硕士学位全国联考,接纳 7204 人报名参加考试。

承接各类社会考试。承接 1 次沈阳市地铁公司招聘管理技术人员考试,接纳 6726 名考生参加考试;承接 1 次沈阳市公安、森林公安、监狱劳教系统录用公务员考试,接纳 1.9 万名考生参加考试;承接 1 次辽宁省政法干警招录培养体制改革考试,接纳 9113 名考生参加考试;承接 1 次辽宁省各级机关和参照公务员管理单位考试录用公务员(工作人员)考试,接纳2.51万名考生参加考试;承接 1 次沈阳市从选聘到村任职高校毕业生和优秀村党组织书记中定向招录县、乡机关公务员考试,接纳 336 名考生参加考试;承接 1 次沈阳市教育系统事业单位公开招聘工作人员考试,接纳 7023 名考生参加考试;承接 1 次中央机关及直属机构录用公务员考试,接纳2.31万名考生参加考试。

(肖　琳)

【固定资产清查、处置、管理评价】　按照市财政部门的要求,2010 年,市教育局重点对直属单位的固定资产进行了清查和盘点,直属单位固定资产总金额为 21.7 亿元。强化了资产的处置管理,编写了《固定资产处置速查手册》,完善资产处置业务。严格资产处置审批程序,增加了对处置的设备进行现场勘验以及信息化管理的环节,全年处置资产 2.16 万件,资产额 4036.7 万元。提高了资产管理的科学化、精细化水平,被市财政局确定为市直机关资产动态管理试点单位。

(肖廷坤)

【政府采购管理】　2010 年,为进一步规范政府采购管理,健全和完善市教育局及直属单位政府采购运行机制及工作程序,市教育局对采购工作在机制及程序上进行了改革,成立了政府采购管理领导小组,综合协调市教育局政府采购工作,成员由各相关处室和单位组成。6 月 1 日,新采购工作流程全面执行,增加了参数论证以及纪委监察等环节,实现采购工作事前、事中、事后的全过程监督。下发了《沈阳市教育局政府采购管理办法(试行)》(沈教发〔2010〕37号)、《关于工程维修和服装类定点采购的通知》(沈教办函〔2010〕218号)等文件。

(肖廷坤)

【学生资助】 2010年,沈阳市启动实施了普高助学金、中职免学费和中职资助卡改革工作,健全了从义务教育到高等教育学生资助体系,实现了从小学到大学学生资助工作的全覆盖。2010年,全市减免各类学费、发放各项奖、助学金及学生补助资金共计2.46亿元,受益学生总数达53.5万人。

(李 强)

学前教育

【建设20余所农村乡镇中心幼儿园】 2010年,市政府投入农村学前教育专项经费600万元,从2009年市政府办实事改造的百所幼儿园中确立20余所农村乡镇中心幼儿园,在设施设备及玩教具方面给予支持,为幼儿园添置了桌椅、床、玩具、图书、多媒体等设备设施,还重点创设了幼儿园的文化环境;为10所中心幼儿园的多功能活动室配备了角色、建构、音乐、美工等主题游戏材料,推进了农村乡镇中心幼儿园标准化建设进程。

(罗丽 葛文丽)

【开展城乡学前教育"手拉手"活动】 2010年,城区77所示范幼儿园送教下乡200余次,农村百名幼儿教师和园长进城学习一周并参观了示范幼儿园,取得较好效果,农村乡镇中心幼儿园在办园方向、科学管理、教育教学、环境创设、一日活动、卫生保健、教师专业基本功和技能技巧等方面不断进步,队伍素质和学前教育质量明显提升,入园率不断提高。

(罗丽 葛文丽)

【幼儿教师队伍建设】 按照《沈阳市"十一五"期间幼儿教育继续教育实施方案》及《2010年沈阳市骨干园长骨干幼儿教师培训方案》的要求,开展了一系列骨干园长骨干教师培训活动。2010年,市、区共培训幼儿教师3500余人,进一步促进了幼儿教师专业化成长,教育质量得到明显提高。2010年11月17日,在沈阳音乐学院浑南校区举办了沈阳市第四届幼儿教师知识技能大赛,来自14个区、县(市)的14所幼儿园参加了大赛,参赛教师248人。通过以赛代训、以赛促训活动,掀起了教师苦练基本功的热潮。同时,市教育局还积极创造机会,搭建平台,鼓励在职人员到有关院校进修学习幼儿教育专业知识和技能,提高学历层次和水平,提升幼儿教师专业学历达标率和持证上岗率。

(罗丽 葛文丽)

【庆祝"六一"儿童节活动】 为进一步推动沈阳市学前教育事业发展,促进学前儿童健康成长,开展了庆"六一"系列活动。2010年5月28日,市教育局局长苏文捷、市委教科工委书记赵日刚等领导走访了辽中县茨榆坨镇中心幼儿园、东陵区桃仙街道中心幼儿园,为幼儿园的孩子们送去了节日礼物。2010年5月28日下午,市教育局在东陵区桃仙街道中心幼儿园召开了沈阳市庆祝"六一"国际儿童节学前教育表彰会暨创建标准化农村乡镇中心幼儿园现场会,会上表彰了在学前教育工作中做出突出贡献的先进单位和个人。辽中县教育局、东陵区政府分别介绍了经验,市教育局局长苏文捷作了重要讲话。以市教育局名义向全市学前儿童发出贺信,在全市创造了关心儿童、关注儿童的良好氛围。

(罗丽 葛文丽)

【开展幼教调研活动】 为全面了解沈阳市学前教育发展状况,2010年8月26日—9月3日,市教育局组成6个调研组,通过实地走访、下发调查表等形式,对全市幼儿园进行摸底调研。调研组共实地走访500余所幼儿园,对幼儿园的办园条件、安全设施、师资队伍、教育教学、卫生保健、收费情况等方面进行了全面了解。为了解外市地学前教育情况,2010年11月4日—8日,调研组对上海、杭州、南京等3个城市的学前教育情况进行了调研,先后参观了3个城市的6所幼儿园,与当地教育行政部门、幼儿园园长进行了座谈,对3个城市学前教育发展状况、政策制定、工作措施等方面进行了一个全面的了解。同时,针对沈阳市学前教育现状与3个城市进行了对比、分析,找出了沈阳市学前教育存在的问题和差距,提出今后学前教育发展思路,形成了调研报告,为科学制定沈阳市学前教育"十二五"发展规划,提供了科学依据。

(罗丽 葛文丽)

素质教育

【校园门前交通秩序整治活动】 按照市政府关于全市交通秩序整治工作要求,市教育局对全市中小学校园门前交通秩序进行了深入调研,对整治行动进行全面部署。建立全市中小学交通安全调度会议制度,要求各区、县(市)教育局把此项工作作为重点,并全力做好组织、协调和调度工作,层层将工作分解,落实到人。针对排查出来的涉及校园及幼儿园门前秩序混乱点,进行了认真的梳理和分类,分别要求涉及的9个区、县103所学校,积极配合有关部门及时制定整改计划,切实将整改落实到位。为加大检查、指导力度,全市确定了"以城区学校为工作重点,以热点学校为工作核心,以主要街路沿线学校为工作突破"的检查、指导原则,要求各区、县(市)教育局确立所属学校的整治重点。完善了接送学生机动车档案,并通过下发《致全市学生家长、驾驶员的一封信》,希望每一名学生家长、驾驶员做到主动礼让、文明行车,确保交通安全。要求全市中小学在每天上、下学以及午休时段,要派专人佩带标志,加强学生进出校门的疏导和管理,并配合交警等工作人员,劝阻车辆及时驶离校门前区域,以免造成人为的交通拥堵。

(郭晓峰)

【农村校车管理】 截至2010年底,全市11个涉农区、县(市)开展了校车运营工作,开通校车的学校191所,实际乘坐校车学生6.89万人,运营校车1711台,基本能够满足学生乘车的需求。为进一步做好沈阳市农村中小学校车工作，市教育局要求各学校切实做好统计调查、乘车教育和管理等各项工作。一是加强乘车安全教育。各学校均对乘坐校车的学生进行了安全教育，增强学生的交通安全意识，做到文明乘车。二是加强乘车安全管理。各学校指定专人，将学生带至指定乘车地点，组织好学生的上、下车，认真核对乘车学生人数。三是切实制订学生“实名制”乘车计划。各学校以班级或年级为单位，建立乘车学生档案，设立乘车小组长，安排专门教师清点乘车学生人数，确保校车不出现超员现象。四是认真组织召开乘坐校车学生的家长会，教育家长为孩子选择正规的交通工具，不乘坐“三无”车辆，也不要乘坐超员超速校车，同时健全监督和举报机制。五是积极配合交通、公安等部门，做好校车运营过程的监管，及时提供有关工作信息，尤其是发现校车存在隐患，学校第一时间通报公安机关和交通部门，积极做好工作，确保乘车学生的安全。

（郭晓峰）

【中小学经典阅读基地创建启动仪式】 2010年4月29日，由市委宣传部、市教育局主办，芒种杂志社承办的沈阳市中小学经典阅读基地，在和平区南京一校举行启动仪式。首批建立的37个阅读基地开展的活动均为公益性的。主办单位将定期请全国著名教育家、作家进行专题讲座，主要选题有国学经典、红色经典、美文经典等；开展体验式阅读活动，如情景作文、童话之旅、典藏大师、课本剧场等；基地的活动内容以及学员成果将以《芒种》为平台进行交流与展示。每年度将对优秀基地、优秀组织者和优秀师生进行表彰。在启动仪式上，和平区南京一校的学生表演了古诗文朗诵“少年君子”。南京一校还代表阅读基地学校作了表态发言。《芒种》杂志社向学校提供了5000册、价值十万元码样的精品图书。市委宣传部副部长唐明和市教育局副局长张晓军为基地揭牌，并分别在启动式上讲话。启动仪式结束后，北京大学教授、博士生导师、著名作家曹文轩做了《经典阅读意义》的讲座。

（李　明）

【迎全运文明沈阳行动】 根据“迎全运文明沈阳行动”的总体部署，沈阳市以“喜迎全运会，做文明小主人”为主题，在中小学生中深入开展了宣传教育活动。在全市中小学生中开展“六个一”活动，即：向全市中小学生发出一封倡议书、致全市广大学生家长一封信、举行一次主题升旗仪式、召开一次主题班（团队）会、举办一次礼仪知识讲座、开展一次文明学生评比活动。推出了“百万师生志愿服务百万小时”活动，动员全市中小学师生积极参与“迎全运志愿服务行动”和“迎全运环境整治行动”。全市有超过50万师生参与，每人每学期完成1小时，累计起来超过1百万小时。参与的公益活动主要有：文明礼仪宣传活动，面向社会，充分利用家长学校、学校网页、公益演出等渠道，宣传普及礼仪知识；文明祭祀宣传活动，继续开展“告别陋习，文明祭祀”活动，倡导鲜花祭祀、网络祭祀等文明活动，组织中小学生祭奠革命英烈；志愿服务活动，积极参与第十一届全省运动会的志愿者招募、选拔、培训活动，参与对鳏寡老人、残疾人、困难群体等的志愿服务活动；环境清洁活动，积极参与学校周边环境整治和社区卫生清扫活动，组织师生，以学校周边和社区为主阵地，开展捡拾白色垃圾、保护绿地树木、擦亮站牌健身器械等活动。4月27日，组织中小学生参与了“玫瑰行动”，中小学生为全市文明市民、交通警察、协勤人员送上一支代表城市之心的玫瑰（沈阳市的市花），传递文明，慰问城市建设者、维护者，使他们更真切地感受到城市文明的重要意义。

（李　明）

【德育培训班】 为深入贯彻落实《中共中央国务院关于进一步加强和改进未成年人思想道德建设的若干意见》的精神，2010年4月11日—4月16日在北京师范大学校长培训学院举办了首期“沈阳市德育干部培训班”。参加首期培训班的有各区、县（市）分管局长（书记）、德育科长、市德育研究中心主任、各区、县（市）教师学校德育部主任、市直属学校分管校长等，共计50人。本次培训具有专业性强、系统性高的特点。培训紧紧围绕中小学德育这个课题，就德育的目的、任务、手段、考核等作了系统讲座。北京师范大学教育学部培训学院院长、副研究员陈锁明、中国青少年研究会副会长陆士桢等专家亲自为学员授课。培训班还组织学员参观了北京八中、康乐里小学等学校，与北京的中小学师生进行了交流。

（李　明）

【“感动校园的好教师”评选活动】 按照《关于在全市开展“感动校园的好教师”评选活动的通知》的要求，深入挖掘教师中的典型事迹，增进社会对教师的了解，树立教师群体的良好形象。全市共有235名教师申报，经过材料审核、网上投票、专家评审，最后评选出53名感动校园的好教师，在2010年教师节期间进行了表彰。

（李　明）

【国学教育】 2010年11月18日，沈阳市中小学国学教育启动仪式在沈阳市第一二〇中学召开。沈阳市开展的国学教育，小学以诵读为主，指导学生读书、认字、写字，了解优秀文化典故，感受优秀民族文化和民族精神，培养良好的生活习惯和行为习惯，为形成健康的人格奠定基础；初中以阅读为主，结合写作教学，开展名篇讲解、写作研究活动等，培养学生健康高尚的审美情趣，树立与自然、社会和谐相处的理念，形成良好的行为品德，促进德、智、体、美全面发展。全市不指定统一的教材，各学校可以从国学经典中自行选择，每周安排一课时，开展国学教育。除了经典作品，还包括传统艺术教育，如书法、美术、戏曲等，以及传统体育教育。

（李　明）

【科技教育】 2010年，沈阳市在中小学中积极开展科技教育，提高学生科学素养，促进学生素质全面健康发展。

评选2010年科技教育特色学校。2010年4月，在2008年申报的27所科技特色项目发展学校中开展科技教育特色学校的评估验收工作，沈阳市铁路实验小学等22所学校通过验收。全市中小学科技教育特色学校达到35所。

开展第二十五届沈阳市青少年科技创新大赛。大赛评出沈阳市第47中学王新尧同学的“旋转插拔两用插座”等

140 项优秀学生发明作品，其中：一等奖 88 项，二等奖 35 项，三等奖 17 项；皇姑区泰山路小学四年级科普活动小组的“南蚕北养的研究”等 28 项优秀科技实践活动，其中：一等奖 21 项，二等奖 7 项；沈河区泉园二校张诗东同学的“幻想汽修站”等 1172 幅科学幻想画，其中：一等奖 453 项，二等奖 430 项，三等奖 289 项；沈阳市第 116 中学杨轶教师的“汽车视侧镜”等 23 项科技辅导员创新项目，其中：一等奖 14 项，二等奖 9 项；沈北新区虎石台镇第二小学高发教师的“观察身边的植物科技实践活动方案”等 11 项优秀科技辅导员创新方案，其中：一等奖 8 项，二等奖 3 项。沈河区文化路小学李丹等 10 名教师获“沈阳市十佳科技教师奖”。

开展第二十五届辽宁省青少年科技创新大赛。大赛评出东北育才学校樊浩洋同学的“滑板电子助手”等 64 项优秀学生发明作品，其中：一等奖 31 项，二等奖 33 项；大东区辽沈街第二小学科技活动小组的“宠物对人类生活与环境的影响”等 10 项优秀科技实践活动，其中：一等奖 4 项，二等奖 4 项，三等奖 2 项；沈阳市第 127 中学关洪涛教师的“汽车尾气对生物污染危害的实验及相关社会调查”等 6 项优秀科技辅导员创新方案，其中：一等奖 3 项，二等奖 1 项，三等奖 2 项；沈阳市第五中学李赫宇等 3 名教师获“辽宁省十佳科技教师奖”；和平区河北二校气象科技小组的“关于沈阳市水资源现状的调研分析”等两项活动获“辽宁省十佳科技实践活动奖”。

开展第十九届中国儿童青少年计算机表演赛辽宁赛区赛事。决赛进行了网络基础赛、多媒体制作赛、探索挑战赛等三项分赛。在网络基础赛中，沈阳市外国语学校邓楠等 4 名同学获特等奖，和平区铁路第五小学吴文鑫等 31 名同学获省一等奖，沈阳市第二十中学赵宇实等 225 名同学获省二等奖，沈阳市第 63 中学的张楚楚等 236 名同学获省三等奖。在多媒体制作赛中，辽中县城镇第一初级中学王奥赢等 5 名同学获省一等奖，东北育才双语学校周华晨等 6 名同学获省二等奖，沈河区朝阳一校张芮宁等 12 名同学获省三等奖。在探索挑战赛中，铁西区腾飞小学、沈阳市第二中学获省一等奖，沈河区电化教育馆等 8 个单位被评为省优秀县、区单位，沈阳市第 134 中学等 67 所学校被评为省优秀参赛学校，沈阳市第 63 中学金忠辉等 93 名教师被评为省优秀辅导教师。沈北新区道义中学等 36 所学校被评为市优秀参赛学校，东北育才双语学校玄宁等 26 名教师被评为市优秀组织个人。

开展沈阳市青少年“逆风行车”创意大赛。皇姑区三台子第一小学、沈阳市第 104 中学、沈阳市第 124 中学分别获得小学组、初中组、高中组团体一等奖。和平区望湖路小学等 14 所学校获得团体二等奖。

开展第四届中国青少年创意大赛沈阳赛区选拔赛。法库县依牛堡九年一贯制学校、沈河区中山路小学取得小学组团体一等奖，大东区第三小学等 3 所学校取得小学组团体二等奖，铁西区勋望小学等 6 所学校取得小学组团体三等奖。辽中县杨士岗九年一贯制学校等 4 所学校取得中学组团体一等奖，沈阳市第 56 中学等 5 所学校取得中学组团体二等奖，沈阳市第 126 中学等 8 所学校取得中学组团体三等奖。

开展第八届辽宁省青少年纸飞机航模联赛（沈阳赛区）。84 所参赛队伍中，和平区砂山四校、沈阳市第 104 中学和沈阳市第 124 中学分获小学、初中和高中组团体第一名。沈北新区新城子街第二小学获得分赛区团体第一名。和平区砂山四校韩宇同学、沈阳市第 104 中学陈宏达同学和沈阳市第 124 中学高东同学分获个人第一名。

参加辽宁省第十一届中小学电脑制作活动。评选类：获得小学组电脑绘画一等奖 3 项，二等奖 4 项，三等奖 8 项；电脑动画一等奖 3 项，三等奖 1 项；网页二等奖 1 项；电子报刊二等奖 2 项，三等奖 1 项。初中组电子报刊一等奖 2 项，二等奖 2 项，三等奖 1 项；电脑动画三等奖 1 项；网页三等奖 1 项。高中组电脑动画（二维）一等奖 1 项，网页二等奖 4 项，程序设计三等奖 1 项。竞赛类：和平区和平二校崔浩阳同学获得小学组电脑机器人足球竞赛二等奖，第十一中学魏一鸣和徐伟乔分别获得高中组电脑机器人灭火二等奖和三等奖，贾博、栾诗洋和李坤远、李润东分别获得电脑机器人足球一等奖和三等奖，韩常铭和刘润泽获得电脑机器人篮球竞赛三等奖。

召开沈阳市青少年科技教育交流培训会。11 月，协同市科协对各区、县（市）教育局科技教育工作负责人，中小学主管科技工作的领导及科技辅导员，辽宁省首批七巧科技《校本课程》示范学校主管领导及科技辅导员进行了培训。

评选 2010 年科技教育工作先进单位。根据各区、县（市）在全市 2010 年各类中小学生科技竞赛获奖情况，以每百人获奖数在全市平均线以上的区、县市为评选标准，评选东陵区（浑南新区）等 7 个单位为“沈阳市 2010 年科技教育工作先进单位”。

（杨晓琳）

【环境教育】 2010 年，沈阳市在中小学全面开展环境教育，提高学生的环境意识和有效参与能力，普及环境保护知识与技能，培养环境保护人才。

积极创建市级绿色学校。按照省方案要求，对各区、县（市）创建和申报市级绿色学校工作进行了部署和指导，并于 7 月份，联合市环保局对申报学校进行了评估验收，最终沈阳市第 126 中学等 152 所学校通过验收。全市绿色学校达到了 327 所，占全市中小学校 831 所的 39.35%，按期超额完成了生态省建设工作目标，提前 2 年超额完成了《沈阳市环境建设样板城工作目标责任状》中提出的工作目标。

迎接辽宁省环境友好型学校验收。协同市环保局按照省环保厅、省教育厅《关于申报首批辽宁省环境友好型学校的通知》（辽环发〔2010〕15 号）要求，申报了 37 所中小学校参评辽宁省环境友好型学校。11 月，省环保厅、省教育厅对首批辽宁省环境友好型学校联合验收考核，沈阳市第二中学等 46 所学校被评为辽宁省环境友好型学校。

开展各项主题教育活动。开展“环境卫生教育进校园”主题活动。同市城市建设管理局共同开展了以增强学生文明意识、卫生意识和环境意识，规范文明行为，提高文明素养为宗旨的“三个一”

系列活动。即:开展一次主题班会或团会,组织学习《致全市中小学生的一封信》和组织一次教育基地参观学习活动。6月12日—18日期间,开展了以“节能攻坚,全民行动”为主题的沈阳市中小学节能宣传周活动。组织实施“我的低碳生活”2010年沈阳市青少年科学调查体验活动。开展盛京环保奖评选活动,沈阳市第八十三中学荣获年度最佳环保学校奖,东北育才学校、沈阳市浑南新区第二小学获环保学校提名奖,东北育才学校程子芮同学荣获年度最佳环保少年奖,沈阳市第126中学赵一派同学、沈阳市浑南新区第一小学周姝含同学获得环保少年提名奖。2010年4月20日—26日,即沈阳市知识产权宣传周期间,组织全市中小学开展了以“知识产权与城市发展同行”为主题的“五个一”宣传活动,即:举行一次升旗仪式、开展一次知识讲座、召开一次主题班会、进行一次网上答题、组织一次征文比赛活动。

评选辽宁省防震减灾科普示范学校。按照《关于在全省中小学开展省级防震减灾科普示范学校创建活动的通知》(辽震防发〔2010〕48号)提出的12月31日前完成申报的要求,组织了中小学申报工作。市第五中学等14所学校申报了省级防震减灾科普示范学校。

(杨晓琳)

【学校体育】　体育教科研工作喜获丰收。在教育部中国教育学会体育卫生分会第二十三届体育教学观摩研讨会上,沈阳市同泽女子中学邹宏蕊老师的现场课获得特等奖(大会共设五个特等奖),市回民中学刘凤丹等五名教师分别获得体育教学录像课评优一、二、三等奖,浑南二校李丽等八名教师分别获得大会体育教学科研论文一、二、三等奖,市教研室体育教研员曲生平、郭威老师被评为“全国优秀教研员”;在教育部组织的第四届全国体育教学改革展示课活动中,沈阳市三十一中学王强等五名老师,分获课改优秀课一等奖、二等奖、三等奖。

阳光体育活动再创佳绩。皇姑区教育局和大东区教育局被教育部授予“第三届全国亿万学生阳光体育冬季长跑活动优秀组织单位”;和平区教育局被教育部评为“全国阳光体育先进区”;在全国“系列校园青春健身操”推广活动中,沈阳市获得“2010肯德基全国青少年校园青春健身操大赛全国总决赛”团体赛特等奖(共设3个特等奖)及一个单项特等奖、两个单项一等奖、一个单项二等奖,沈阳市第十一中学还获得了三个特别奖项中的“最佳团队奖”。

体育竞赛成绩喜人。2010年,沈阳市共有11所学校的20(项)次在国家级以上体育竞赛中获得第一名,其中国际级冠军3项;东北育才学校继2009年后再次蝉联“同传杯”第三届国际名校龙舟邀请赛男子四人赛艇和男子500米龙舟学生组比赛冠军;沈河区教师学校附属小学获得由国际橄榄球协会主办的“国际青少年U12十人制橄榄球锦标赛”碗级冠军。

积极参与全国学生体质调研工作。沈阳市历时两个月,圆满完成了对13个区、县(市)的78所普通中小学,近1.7万名6岁—18岁学生体质调研工作。新民市、和平区分别代表沈阳市的农村、城市样本向省和国家上报了体质监测数据。

参与国家课题,提升学校卫生教科研工作水平。2010年,沈阳市参加国家科研课题“中国儿童青春发动时相及其健康效应研究”项目的研究工作,选取了沈河区6所学校4000余名学生的身体发育指标和体测指标作为研究对象,为了解我国儿童青春发动现状提供了有代表性的资料信息。另外,还与国家儿童医学重点科研基地安徽医科大学联合,针对沈阳市30年的学生体质健康状况进行系列研究,取得阶段性成果,并在《中国学校卫生》杂志出版了专辑。

(王玉鹏　乔恒君)

【参加全国中小学生艺术展演】　全国第三届中小学生艺术展演活动于2010年2月21日—3月1日在上海举行,全国共有166个表演类节目入围现场展演,来自全国6000名师生参展和观摩。沈阳市代表辽宁省参演了五个节目。沈阳市第九中学的校园剧《男孩与树》、沈阳市同泽女中的民乐合奏《塔吉克的节日》现场比赛、沈河区文化路小学的校园剧《送你满天星》、启工二校舞蹈《东北小妞》录像评比等四个作品均获得一等奖,沈阳市第九中学的民乐合奏《关东情韵》获得二等奖,沈阳市第九中学的校园剧还被评为优秀创作奖,沈阳市获全国第三届中小学艺术展演活动优秀组织奖,在参演节目数量和获一等奖数量上取得了历史性突破。

(王玉鹏　乔恒君)

【“红诗沈阳”群众歌咏活动】　2010年3月,“红诗沈阳”群众性歌咏活动在全市开展以来,各区、县(市)教育局组织了一系列丰富多彩的红诗创作咏诵活动,在各级各类学校中涌现出了一批诗人队伍及优秀原创诗作。2010年6月24日,在沈阳儿童活动中心举办了“快乐成长”沈阳市教育系统红诗咏诵会。咏诵会主题鲜明,共分三个篇章,由十四个高质量、高品位的节目组成,诗歌咏诵配以歌舞、戏曲、器乐和校园情景剧等演出形式于一身,内容丰富、各具特色,始终贴近中小学生的学习生活,展现中小学生朝气蓬勃、全面发展的精神风貌和勤于探索、敢于创新的风采,彰显沈阳市中小学生的艺术才华。市教育局被市委宣传部授予“优秀组织奖”。

(王玉鹏　乔恒君)

义务教育

【特色学校建设评估验收】　自2007年沈阳市启动了特色学校创建工作以来,2010年,市教育局首次对自选特色发展项目学校进行了评估验收。全市共申报了包括学校文化建设、优秀传统文化教育、民俗文化、阳光教育、生本教育、幸福教育等106个特色项目。以回族小学、满族中学、大东二校为代表的优秀传统文化教育特色项目,立足根基教育,积极彰显民族文化,传承民族精髓,加强民族团结,构建了以民族文化艺术活动为龙头、民族文化校本课程为主体、民族精神为灵魂、民族体育、文化活动为亮点的学校特色建设体系,面向全体学生多种途径提高学生的优秀民族传统文化素养和综合素质;以砂山四校等阳光教育、河北一校、怒江小学的幸福教育、和平一校的团队文化建设、大东三校的扬长教育、上园二校的雅行教育为代表的学校文化特色项目,从学校历史积淀中挖掘潜力,逐渐整合形成自己独特的特色发展项目,为全市自选特色项目积累了丰富经验。自选特色评选活动为学校的特色建设提供了一个更广阔、更自主的空间,在全市形成了百花齐放、生机勃勃、争创特色的良好氛围。

(崔　凯)

【义务教育学校优质资源整合】 2010年,沈阳市教育局根据《国家中长期教育改革和发展规划纲要》,有计划、有重点地选择公办优质小学和初中采取兼并、举办分校、联合办学、委托管理等形式,探索建立义务教育学校间的实质性帮扶协作机制,构建"管、办、评"分离、联动的学校管理体制,提高优质义务教育覆盖率,进一步缩小城乡义务教育学校办学差距,缓解择校矛盾,满足广大人民群众对接受优质教育的迫切需求,促进义务教育优质均衡发展。沈阳市第七中学与第八十六中学、沈阳市实验中学与第四十八中学、和平区南京一校与光荣二校、沈阳市第一三四中学与沈北辉山学校、省实验中学与浑南一中等多家学校,通过举办分校、联合办学、委托管理等形式,使优质教育资源得到进一步整合,迅速地把优质教育的辐射范围扩展开来。

城区义务教育以大学区管理模式进行资源整合。全市各区根据本地"十二五"教育发展规划,科学合理地调整区域内优质学校布局,制定了资源整合工作规划,认真选取义务教育资源整合对象,做到成熟一个,整合一个。城区义务教育资源整合以现行的大学区管理模式为基础,按照"以强带弱、优化重组、共同发展"的原则,优先在大学区内进行资源整合,努力扩大优质学校办学规模,增加优质学位,带动区域办学水平迅速提高。各区新建的义务教育学校都将采取与优质学校联合办学、优质学校设立分校或实施委托管理的办学方式,实现新建校高水平起步,高标准运行。已经整合的学校实行现代学校管理制度,落实办学自主权,逐步形成自主管理、自我约束、社会监督的运行机制,增强学校办学活力。

农村学校实行跨区委托管理模式进行资源整合。跨区实行委托管理的农村学校迎来的是城区教育局推荐的优质学校(教育机构)。支援单位具有优秀的管理团队、良好的社会声誉、成熟的办学经验,且近年来发展稳定。跨地区的委托管理意向确定后,支援单位根据受援学校的实际情况制订具体的委托管理方案,经双方教育局同意报市教育研究院审定后,由双方教育局签订委托管理协议,并报市教育局备案。委托管理期限为3年,协议期满后是否继续实施委托管理,由双方另行商定。委托管理协议签订后,支援单位切实承担起受援学校的管理责任,通过采取选派优秀管理团队、骨干教师、强化内部管理、深化教育改革等各项措施,使受援学校的办学水平和教育质量明显提高。

(王　军)

【城乡义务教育发展共同体建设】 为进一步整合城乡教育资源,巩固手拉手活动成果,从2009年9月起,市教育局启动了城乡义务教育发展共同体建设工程。按照市教育局总体要求,五城区与四郊、四县、两开发区结成城乡义务教育发展共同体。经过一年多的工作,义务教育发展共同体初见成效。各发展共同体成立后,将建立健全运行体系作为首要工作来抓。一是区、县(市)教育局党政主要领导亲自担任领导小组组长;二是区、县(市)教育局的主要领导共同探讨城乡义务教育发展共同体工程的工作目标、合作形式;三是区、县(市)教育局相关部门建立了工作交流例会制度。各区教育局努力推行以区教育局、大学区、学校为单位的工作网络开展模式。1. 以县\区为单位,开展整体性较强的教育交流活动;2. 以大学区为单位,开展针对性较强的教育交流活动;3. 以学校为单位,开展实践性更强的教育交流活动。自2009年9月城乡义务教育发展共同体工程启动以来,合作体开展不同层面的教育教学交流活动400余次,其中大型活动60次,涉及学校120余所,参与教师达千余人次。这些活动的开展,使各区、县(市)的教育教学活动联系更加紧密,强有力地促进了城乡教育的融合与联动,有效推动了城乡义务教育的健康协调发展。

(王　军)

【农民工子女学校综合改造】 2010年,200所接收农民工子女学校综合改造工作列为市政府为城乡群众办好十件实事之一。200所接收农民工子女学校改造项目包含新建塑胶操场、校舍维修改造、校长和教师培训、校园文化建设等8个方面的内容。至2010年底,新建塑胶操场50余块,维修改造学校校舍250余栋,建设专用教室200间,完成"班班通"教室700余间,培训校长300名和骨干教师600名,为农民工子女创造更加优质的学习环境。

(王　军)

【接收农民工子女学校校长和教师培训】 在市一级,开展了200名校长的培训;在区一级,开展了100名副校长和600名骨干教师的培训。通过学校发展专题培训,学校找到了科学的定位,各学校都制定了合理的规划和制度;通过内涵建设专题培训,学校进一步明确了教育的根本所在,全部学校都将质量作为学校的第一要务来抓;通过特色建设专题培训,学校自主开辟了更广阔的发展空间,全部学校都明确了本校的特色建设方向;通过学校文化专题培训,学校实现了教育形象的完美升华,学校的文化建设成为了新时期接收农民工子女学校建设的追求。培训班收到学校特色建设方案187篇,学校文化建设方案188篇,校长心得体会181篇。经过评审组的评选,分别有30篇的学校特色建设方案、学校文化建设方案和校长心得体会入选了沈阳市接收农民工子女学校校长培训文集。还有30名校长因为在培训中表现优秀,被评为优秀学员。

(王　军)

普通高中教育

【标准化普通高中建设】 启动普通高中标准化建设项目工作,修订完善《沈阳市普通高中办学标准(试行)》,并及时下发到各县、区和各高中学校。向各区、县(市)反馈首批标准化高中验收结果和具体的整改建议，要求各地制定整改方案和发展规划，限期完成整改。进一步明确市、区、校在创建标准化工作中的责任。市级统筹协调、宏观指导；区级加大投入进行硬件改造；学校抓软件建设、常规管理和质量提升。下半年，逐一核对了区、县（市）首批标准化高中整改情况，并督促进一步整改。

推进第二批标准化普通高中创建工作。将标准化普通高中达标工作的重点放在直属学校。对市外国语学校和市朝鲜族第一中学标准化建设工作进行指导。同时，督促各区、县（市）学校做好第二批标准化高中创建工作，重点是实验室建设和学校文化建设。

加强对新课程实施的管理，重点抓通用技术课程的开设。8月26—27日，举办了“普通高中通用技术装备与教学应用培训班”，各高中学校教学副校长、教学主任、通用技术课教师参加了培训。对通用技术课程的开设情况进行了随机抽查，共抽查了市外国语学校、回民中学、铁中等15所学校，抽查学校均按要求开设了通用技术课程并配有专用教室。

开展读书月活动。4月23日—5月23日，为全市普通高中校长读书活动月，组织学校中层以上干部开展专题读书活动，并提供了推荐书目。读书月期间，全市64所高中学校，754名中层以上干部，阅读各类书籍1829册，人均2.43册。

推进学校文化建设。组织普通高中开展学校文化建设的自我诊断。下发四个量表，即《健康学校调查表》、《果断管理者的自我评估表》、《团队行为调查表》和《校长十项特征评估表》，同时鼓励学校根据自身实际制作评估工具（量表）进行自我诊断和自我改进。61所学校开展了自我诊断工作，收回有效问卷2.06万份，区、县（市）和学校共撰写分析报告70份。

积极推进高完中分离。2010年，沈阳铁路实验中学、皇姑区16中学完成了初高中分离工作，还有应该分离的完全中学7所。

（安　凯）

【精细化管理经验推介会】　4月8日、4月22日—23日、6月12日，先后组织召开了三次精细化管理现场会，向全市普通高中推介了83中学的细节管理、20中学的课程管理和辽中二高中的文化管理、“二八”工作法、211课堂教学模式、教师自评课堂、学生助教辅导、XZT质量评价等管理经验。全市普通高中校长、副校长、主任、教师3500余人参加了现场推介会。三所学校的校长在推介会上都作了主题发言。现场会共推出观摩课222节。

（安　凯）

【毕业生学业成就“入出口”增值评估】　为改进对学校的评价方式，制订了《2010年沈阳市普通高中学生学业成就增值评估方案（试行）》，在全市公办普通高中学校中启动了毕业生学业成就“入出口”增值评估。7月中旬，组织了全市公办普通高中教学主任、学籍管理员以及各区、县（市）教育局中（基）教科科长，按照评估方案中的各项工作程序，对一系列数据进行了集中统计和整理，并撰写了分析报告。9月，召开普通高中校长大会，会上通报了2010年沈阳市公办普通高中毕业生学业成就“入出口”增值评估进展情况和评估结果。授予沈阳市第四中学、沈阳市第三十一中学、沈阳市第八十三中学、康平县高级中学、沈阳市同泽高级中学、沈阳市第十一中学、沈阳市三十八中学、沈阳市矿务局中学、沈阳市第二十八中学、沈阳市第二十一中学等10所学校为2010年沈阳市公办普通高中毕业生学业成就“入出口”增值评估奖。市第八十三中学和市第十七中学校长分别作了经验交流汇报。

（安　凯）

【省级示范性普通高中学科教师培训基地】　在2009年启动4个省级示范高中学科教师培训基地工作的基础上，2010年又启动了8个基地，共12个基地组织开展学科教师培训，涉及6个高考学科，即：东北育才学校、第一中学和第二十七中学的语文，省实验中学、东北育才学校和第二十中学的数学，省实验中学、第二中学和第五十一中学的英语，第二十中学的化学，第三十一中学的政治，第十一中学的地理。每个基地每学年度培训教师20人。第一批学员80人于7月末结业，并颁发了以市教育局名义印制的结业证书。第二批学员240人，从秋季新学期开始正式接受培训。为做好基地培训工作，起草了《关于做好2010—2011学年度省级示范性普通高中学科教师培训基地相关工作的通知》（沈教发〔2010〕53号），明确了保证措施和工作要求，组织各培训基地制订了详细的培训方案，落实了联络员制度，并为所有学员和指导教师设计了培训手册，基地学校和市教育研究院编发了基地工作简报。12个学科基地自9月份启动以来，每个基地每月至少集中培训一次，各基地培训形式灵活，内容丰富，深受学员们欢迎。

（安　凯）

【东北育才学校创新实验班】　为落实全国教育工作会议及《国家中长期教育改革和发展规划纲要》培养创新人才的要求，东北育才学校进一步探索创新人才培养模式，创建了高中创新实验班，首届“创新实验班”由经过“创新潜质和实践能力”考核而选拔出的45名学生组成。在目标定位方面，强调全面发展，彰显个性，培养创新志趣，突出创新精神，为学生将来成为拔尖创新型人才打下坚实的基础。在课程支持方面，学校积极构建“基础课程”、“专业必修课程”、“定向专业选修课程”相结合的课程体系。为有利支撑创新实验班的发展，保证学校人才培养规格，支撑学校创新型队伍建设，引领学校创新教育科学、可持续发展，提升优才教育实验、示范质量，学校还正式成立了以研究、培训、评价为主要职能的创新教育研究所。

（安　凯）

【东北育才悲鸿美术学校办学】　东北育才悲鸿美术学校办学步入良性运行的轨道。学校依据学生学习情况进行了教学模式改革，实行分层教学，在提升学生专业能力方面取得了成效。建立了学生学业跟踪电子档案，及时记录学生专业学习的成长情况，定期向家长进行分析汇报，赢得了家长们信任。学校通过组织学生风景写生作品展、阶段专业教学成果展、学生个人画展、“迎世博、国旗创意彩绘展”和“鬼魅之夜”校园行为艺术展等活动使学生专业能力得到了强化和提高。在“第三届徐悲鸿杯国际青少年美术大赛”中,17 名学生获奖。

(安　凯)

【沈阳二中小班化教学】 沈阳二中北校顺利实现转制,二中率先在全市开展小班化教学,小班化教学工作初见成效。学校通过学习外市地小班化办学经验,制定学校《小班化教学常规》和《小班化教育管理常规》,组织教师全员培训,编写小班化分层次作业集、召开教师研讨会、学生研讨会、教学研讨会等措施保障了小班化教学工作的顺利开展。小班化教学使教师以生为本的观念得到加强,学生学习主动性得到增强,师生课堂关系更加和谐。在东北三省三校青年教师大奖赛中,二中五个学科五位教师均获得了一等奖。在东北三省四市教研联合体研讨课活动中,二中地理学科教师获一等奖。

(安　凯)

【沈阳二中中加班办学】 沈阳二中中加班办学取得丰硕成果。二中中加班成立于 2007 年,2010 年迎来了首届毕业生。45 位毕业生分别以优异的成绩升入了 UniversityofWesternOntario(Ivey)(西安大略毅伟商学院)、McGill(麦吉尔大学)、UniversityofToronto(多伦多大学)、SFU(西门菲沙大学)、Purdue(普渡大学)、Ohio(俄亥俄大学)等 28 所加拿大、美国知名大学。其中 14 人分别获得 500—17000 加币不等的奖学金,部分毕业生最多同时被 4 所国外大学录取。

(安　凯)

中等职业教育

【全国中职学校学生技能作品展洽会与专业技能大赛】 2010 年 6 月 25 日—27 日,全国中职学校学生技能作品展洽会与全国中等职业学校学生专业技能大赛在天津市同步举行。沈阳市代表辽宁省参加本次展洽会。本次展会中,沈阳市共获特等奖一名,一等奖一名,二等奖四名,沈阳市教育局荣获最佳组织奖,奖牌数量和层次都位列参展单位之首。

(汤　镇)

【国家装备制造业职业教育沈阳试验区】 2010 年 9 月 5 日,国家装备制造业职业教育沈阳试验区启动仪式在辽宁大厦举行,教育部副部长鲁昕、教育部职成司司长葛道凯、国家发改委副司长李建国、省政府常务副省长许卫国、省教育厅厅长魏小鹏、市委书记曾维、市政府副市长祁鸣、市政协副主席李楷等参加了启动仪式。鲁昕副部长在讲话中希望沈阳通过试验区建设,在国家的职业教育发展理念方面,在产教结合方面,在建立现代产业体系、宏观制度研究、基本制度研究和重大机制等方面进行有益探索,为国家提供先进经验。

(汤　镇)

【装备制造业论坛】 2010 年 9 月 4—5 日,在教育部和中国机械工业联合会指导下,机械工业教育发展中心、中国职业技术教育学会、中国高等教育学会、教育部职业教育中心研究所联合在沈阳市举办“首届中国职业教育与装备制造业创新发展对接高峰论坛”。教育部副部长鲁昕、教育部职成司司长葛道凯、国家发改委副司长李建国、省政府常务副省长许卫国、省教育厅厅长魏小鹏、市政府副市长祁鸣、中国机械工业联合会执行副会长于清笈等出席开幕式。参加开幕式的还有教育部和中国机械工业联合会领导和行业技术专家、校企合作优秀企业代表、装备制造业企业和职业教育研究专家、相关职业院校领导、专业负责人和骨干教师共 400 余人。

(汤　镇)

【“亚龙杯”职教技能大赛】 12 月 11—13 日,“亚龙杯”2010 年全国中等职业学校信息化教学大赛在沈阳市信息工程学校举行,来自全国 33 个省、市的 256 位中等职业学校老师参加了比赛。在本次大赛中,沈阳市共有 5 名选手作为辽宁省代表队成员参加比赛,参赛选手全部获奖,其中:金牌 2 枚,银牌 3 枚。在本次大赛中,沈阳市教育局作为承办单位获特别贡献奖。

(汤　镇)

高等教育

【在沈高校科研设计单位负责人座谈会】 1 月 29 日,沈阳市召开在沈高校科研设计单位负责人座谈会。省委常委、市委书记曾维出席会议并讲话。他强调,要充分发挥在沈高校和科研设计单位的优势,切实把一切创新的智慧和力量调动起来、凝聚起来,为沈阳实现又好又快发展注入强大活力。市委副书记苏宏章主持会议,副市长王玲汇报有关情况。市领导马占春、徐璐、李楷出席座谈会。东北大学等 26 家在沈高校和沈阳铝镁设计研究院等 10 家科研设计单位负责人参加座谈会。曾维强调,关心和支持在沈高校和科研设计单位发展,是地方党委和政府义不容辞的责任。我们要不断加大工作力度,将在沈高校和科研设计单位发展纳入沈阳“十二五”发展规划,与经济社会发展一并考虑、一并推进。要建立定期沟通机制,实时掌握相关情况,及时解决突出问题。要切实强化激励导向,对促进科技成果转化、引进高端人才给予相应奖励。要支持重点项目研发,推动项目顺利落地、开花结果。要建立健全政策体系,紧密结合实际制定出台一揽子政策措施,为实现加快发展与服务振兴的“双赢”奠定坚实基础。要加快完善对接网络,加强市校(院)共建,建立在沈高校和科研设计单位与企业互通信息的平台,让共同助推沈阳加快全面振兴的力量更加强大。

(徐　岩)

【重大科技项目论证会】 5 月 5 日,市委教科工委组织召开在沈高校、科研设计单位服务沈阳建设重大科技项目论证会,邀请市发改委、市经信委、市科技局、市中小企业局等单位的有关领导及专家组成评委会,遴选首批推进的重大项目,东北大学、中煤国际工程集团沈阳研究院等 16 个单位的 21 个项目入围参选论证会。评委会综合考虑项目价值及对沈阳战略性新兴产业发展的重要意义、项目鉴于目前条件下的可行性和项目的现实可操作性等方面的因素,筛选出 12 个科技项目下一步重点推进。

(徐　岩)

【铁西装备制造业聚集区公共研发平台启动】 5 月 11 日,沈阳铁西装备制造业聚集区公共研发平台建设合作框架协议签约仪式在沈阳工业大学举行。省委常委、市委书记曾维,市长陈海波,市人大常委会主任赵长义,市政协主席刘雅琴出席仪式，共同为“沈阳铁西装备制造业聚集区公共研发促进中心”揭牌。以此为标志，铁西装备制造业聚集区的公共研发平台宣告建成启动。在签约仪式上，沈阳工业大学分别就“双回转工作台检测台”、“直流偏磁对变压器空载电流”和“空载损耗影响的研究”等科研成果，与沈阳机床集团和特变电工沈变集团等企业签署了项目合作协议。校企双方今后还将进一步加深双向合作，在把学校的科研成果通过企业完成转化的同时，企业还将把技术攻关中遇到的问题交给学校解决。陈海波在致辞中说，铁西区站在建设具有国际竞争力的国家重要先进装备制造业基地的高度，敏锐把握科技与经济融合的关键点，推动成立装备制造业聚集区公共研发促进中心，这对于沈阳市全面开展产学研合作，建立先进装备制造业创新发展的新体制新机制，走新型工业化道路，加快发展方式转变和产业结构优化升级都具有重要意义。沈阳机床集团、北方重工集团、沈鼓集团、沈阳远大集团、特变电工沈变集团、三一重装集团和北方交通重工集团等六家企业分别成立了“公共研发促进中心分中心”。市政府将在铁西区取得成功经验的基础上，支持全市建立更多、更高水平的公共研发促进中心。仪式后，与会领导参观了沈阳工业大学的部分重点实验室。

（徐　岩）

【铁西现代建筑产业园建公共研发平台】　5月19日，沈阳铁西现代建筑产业园公共研发平台建设合作框架协议签约仪式举行。市领导顾春明、李继安、温贵纯、张秀华共同为“沈阳现代建筑产业技术研发中心”和“沈阳现代建筑设计研发中心”揭牌。签约仪式上，沈阳经济技术开发区、沈阳铁西现代建筑产业园与沈阳建筑大学、中国建筑东北设计研究院、上海宝钢建筑设计研究院和沈阳兆寰现代建筑产业园有限公司，就科学研究、技术开发、信息交流、人才培养和项目引进等达成合作意向，建立战略伙伴关系。公共研发平台主要为沈阳铁西现代建筑产业园的规划、建设及项目引进提供科学技术支持与服务；为进入现代建筑产业园区的项目进行技术层面的分析，设定科学合理的进入门槛；按照可持续建筑发展趋势，重点研发节能、低碳、绿色建筑新技术，以提供低碳建筑技术和产品为支撑，提供相应的技术咨询和服务；选择对提高住宅综合性能起关键作用的核心技术，集中力量开发攻关，形成产学研相结合的技术创新体系，带动东北地区住宅产业化发展。

（徐　岩）

【高校、科研设计单位与浑南新区进行战略合作】　9月27日，市委教科工委与浑南新区举行“沈阳高校、科研设计单位党委书记看沈阳”暨浑南新区与在沈高校、科研设计单位战略合作启动仪式。26所高校、10所科研设计单位主要领导参加了活动，市政府副市长、浑南新区区委书记杨亚洲出席活动。与会代表参观考察了沈阳新松机器人自动化股份有限公司、动漫产业公共技术平台二期、沈阳四维数码科技有限公司等驻区企业。通过参观考察，在沈高校和科研设计单位党委书记对浑南新区建设给予了高度评价。活动期间，浑南新区与东北大学、沈阳工业大学、沈阳建筑大学、沈阳理工大学、沈阳航空航天大学、沈阳仪表科学研究院在委托开发科技项目、设立创业投资基金、开发节能减排技术、建设好“国家级沈阳中俄科技合作基地”、建设航空科技应用研究基地和航空产业人才培养基地、推进沈阳市物联网传感器及智能仪表产业联盟等方面，签署了战略合作协议。

（徐　岩）

【沈阳高校大学生思想政治教育工作会议】　11月3日，沈阳市召开高校大学生思想政治教育工作会议。会上，市委副书记苏宏章指出做好大学生思想政治教育工作要做到“三个注重”，即：一要注重以德为先，把握方向性。二要注重方式方法，富于创造性。三要注重解决问题，增强实效性。会议由沈阳市教育局局长、市委教科工委副书记苏文捷主持。市委常委、市委宣传部部长王凤波宣读表奖决定。市委教科工委书记赵日刚同志做工作报告。东北大学、沈阳大学、辽宁大学、沈阳建筑大学、沈阳工业大学的校领导分别介绍了大学生教育与管理、就业创业、辅导员队伍建设、校园文化建设和大学生形势与政策教育工作经验。会议下发了《沈阳高校大学生思想政治教育工作考评条例（试行）》，对沈阳高校大学生思想政治教育工作先进单位、大学生就业创业工作先进单位和第三届沈阳高校形势与政策教育公开课教学大赛一等奖教师给予了表彰。

（徐　岩）

【产学研战略发展暨沈北新区校域发展推进会】　11月19日，沈阳市召开产学研战略发展暨沈北新区校域发展推进会。省委常委、市委书记曾维出席会议并讲话。市委副书记苏宏章主持会议。市领导马占春、王玲，副市级干部、沈北新区区委书记张景辉，在沈高校、科研单位以及部分企业负责人参加会议。会上，与会领导为沈阳大学生创业基地、沈阳校企合作基地、沈阳校域新技术成果孵化基地、沈阳文化传播与推广基地授匾。沈北新区及驻区企业分别与市委教科工委、在沈高校和科研单位签订了合作协议。曾维强调，在沈高校、科研单位是科技创新的“策源地”、产学研相结合的“集散地”，全市上下必须把大力支持其发展摆上重要位置抓紧抓好，进一步把这一宝贵的战略资源转化为沈阳的发展优势、竞争优势。要加强组织协调，不断完善联系、服务在沈高校、科研单位的工作体系，及时解决在沈高校、科研单位遇到的困难和问题。要坚持统筹规划，切实将在沈高校、科研单位发展纳入全市“十二五”发展规划整体考虑，为实现高校、科研单位与沈阳良性互动发展奠定坚实基础。要强化政策扶持，为在沈高校、科研单位参与重大科技项目攻关、加快成果转化助一臂之力。

（徐　岩）

【纪念“一二·九”运动75周年长跑比赛】　12月9日，沈北大学城六所高校的师生齐聚沈阳医学院，隆重举行纪念“一二·九”运动75周年长跑比赛活动。来自辽宁大学、沈阳航空航天大学、沈阳师范大学、沈阳工程学院、辽宁美术职业学院、沈阳医学院的600余名大学生参加比赛。纪念“一二·九”运动长跑比赛是沈北大学城六所高校的品牌活动，是沈阳市独具魅力的大学文化特色。

（徐　岩）

【师资队伍建设与人才引进】　2010年，市属高校大力加强师资队伍建设，实施“人才强校”战略，广纳人才。沈阳大学制定了《沈阳大学中长期人才发展规划纲要》，在加强师资培训的基础上，与市委组织部、沈阳市人才办共同组建了沈阳市高层次人才储备基地，引进了30名博士并成功获批了博士后科研工作站。沈阳医学院共引进5名博士及以上人才来校工作，建立年度教师培训计划，共选派40余名教师到国外知名大学进修，组织各类培训70余人次。沈阳广播电视大学人事管理、队伍建设工作稳步推进。沈阳职业技术学院实施"教授引领工程"、"青蓝工程"等，师资水平明显增强。

（徐　岩）

【科研课题与学术交流】 沈阳大学的《城市老工业搬迁区功能重构和宜居环境建设关键技术与示范》项目列入国家科技支撑计划，《辽河流域自然保护区生态建设与区域污染控制》项目获得国家重大水专项。获得国家自然科学基金10项、社会科学基金1项，基金获得量在全市23所普通本科院校中排名第五，科研进款首次突破4000万元，实现了历史性突破。沈阳医学院获得各级各类教学研究课题35项、教学成果奖11项，省级教育软件大赛3个、全国教学课件大赛等奖项1个。沈阳广播电视大学的国家级课题《现代远程教育学校文化研究》获得中国成人教育学会一等奖，7篇论文分获中国教育技术学会一、二等奖。沈阳职业技术学院获得省级以上科研立项31项，其中重点研究课题11项，获得经费11.1万元。市属高校加强国际国内学术交流，与科研院所、市科协等单位合作共同开展多项活动，广泛开展学术交流，举办博士论坛、院士讲座、各类学术会议等。

（徐　岩）

【学科建设、专业建设、课程建设】 沈阳大学学位点增列工作成果显著，有工商管理硕士（MBA）和工程硕士中的机械工程等5个专业获得硕士学位授予权，实现了零的突破，是辽宁省新增硕士专业学位授权单位中增列点最多的单位，硕士点申报工作中的应用经济学、生物学等7个一级学科正在等待国务院学位办批复。沈阳医学院重点加强了学科建设和科技平台建设，开展重点（培育）学科和学科带头人遴选工作，本科临床学专业和护理专业成为省特色专业，统解剖学、卫生毒理学和老年护理学被评为省级精品课程，学校被卫生部批准为ISPN（国际护士执业水平考试）项目培训基地。沈阳广播电视大学积极探索基于网络的教学模式，推进个性化教学服务，得到中央电大的高度评价。沈阳职业技术学院申报了22门国家级精品课、20个国家和省级重点专业、品牌（示范）专业和教改专业，编写了国家及省级精品教材29部，获得省级及以上优秀教学成果、课件等30多项，建设优质核心课程55门、网络教学平台55个，建设国家高技能紧缺型人才培养基地2个，"三双"、"四跟"办学模式、"333"人才培养模式得到肯定。

（徐　岩）

民办教育

【理顺民办学校属地化管理体系】 制发《关于继续加强民办学校属地化管理的意见》（沈教发〔2010〕16号），对民办学校属地化管理提出新的要求，对进一步完善市、区两级民办教育管理体系做出具体规定。把民办学校属地化管理列入督导检查项目。这是沈阳市首次将民办学校检查列入市政府教育督导检查范围，单设民办检查组。从检查情况看，基本达到了预期效果，完善了民办学校年度检查评估体系。调整民办普通中小学和中等职业学校教育教学质量检查评估细则内容，使检查项目和标准更符合沈阳市当前民办教育管理的需要。首次将各区、县（市）教育行政部门纳入检查组，区、县（市）教育局有关人员参与检查全程，深入推进属地化管理。实现民办学校财务审计制度化，并受到广大民办学校欢迎。在安排会计师事务所时，保证同一事务所不再审计上年审过的民办学校，审计费用由市教育局全部承担，确保审计结果的真实有效。

（王立华）

【规范民办学校办学行为】 完成民办学校资产与财务情况审计。委托4家会计师事务所，对民办学历教育学校2009年度资产和财务情况进行审计。共审计81所民办学校，其中：普通中小学37所、中等职业学校44所。审计结果显示，民办学历教育学校固定资产总值达5.6亿元，比上年增长29.5%；年度总收入3.5亿元，比上年增长9.4%，总体收支情况基本平衡。但个别学校仍存在贷款额度较大、未使用银行专用帐户、财会科目设置不规范等问题。完成民办学校年度检查评估工作，共检查评估73所民办学校，其中：普通中小学35所，职业学校38所。达到优秀标准（90分以上）的22所，占总数的30.1%，优秀率比上年提高4个百分点。检查结果和财务审计结果以市教育局文件形式印发（沈教发〔2010〕61号），同时在互联网上向社会公布。规范民办中等职业学校的专业设置，1月份起对民办中等职业学校现有专业进行重新确认和备案，同时规定今后新开设专业要符合市场需求，严格审批。通过确认和整理，民办中等职业学校共开设8类47个专业，涵盖了加工制造、交通运输、信息技术、商贸旅游、农林财经、社会公共事务、文化艺术和体育等多个领域。制发民办高中学籍管理实施细则，在民办高中自主招生、学籍注册、日常管理等方面提出了明确要求，该细则符合沈阳市民办高中实际，解决了很多问题。规范民办学校以挂靠学籍办学的问题。印发了《关于整顿以挂靠学籍办学问题的通知》，提出"截止到2010年底，如学校不改正挂靠学籍办学行为，2011年将不再下达招生计划，不予换发新办学许可证，现有高中学生顺利毕业后停止办学"的整顿意见。年底前对存在挂靠学籍问题的学校进行了复查，除2所学校打算停办高中外，其他3所已结合招生情况开展正常的教育教学活动。

（王立华）

【鼓励引导民办教育发展】 召开"规范民办学校办学章程"培训会。1月29日，组织召开全市民办学校办学章程培训会，各区、县教育行政部门主管民办教育的科长（主任）、全市37所民办中小学和47所职业学校的董事长、校长等，共150余人参加会议。培训使各学校普遍提高了对章程重要性的认识，达到了预期效果。安排民办学校校长培训学习。为进一步提高民办学校的管理水平和政策水平，在中国教师发展基金会召开民办教育评优表彰暨教育中长期发展纲要培训会议时，组织安排沈阳市10所民办学校的校长赴北京参加。该培训内容得到与会校长一致好评。组织民办学校教师教学研讨系列活动。组织安排三期民办学校英语教师教研培训，参加培训的教师累计达170人次，受到民办学校及英语教师的普遍欢迎。树立民办学校办学先进典型。2010年教师节期间，推荐民办学校参加市政府和教育部门评优，使得一批民办学校获得市政府和教育系统表彰：市教育专家1人、市名教师2人、市感动校园好教师3人、市骨干校长2人、市骨干教师20人。另有7所民办学校、6位校长被教育部中国教师发展基金会分别授予"全国民办教育先进集体"、"全国民办教育先进个人"称号，为沈阳市民办学校树立了榜样。组织民办学校办学特色展示参观活动。为促进学习、共同进步，推广比较有特色的办学经验，采取承办会议、开展培训等方式，全年共组织4次民办学校办学特色展示参观活动，增进了学校间的相互了解。

（王立华）

【民办教育常规管理】　4月底前，完成民办普通高中和职业高中2010届毕业生的信息录入、核对校验等工作，按时上报省教育厅，保证毕业证如期验印、发放，毕业年级学生顺利毕业。2010年，民办高中共毕业8150人，其中：民办普通高中5360人，民办中职学校2790人。完成民办普通高中、职业高中2010年招生计划的申报、审核、规范管理工作，共涉及19所民办普通高中、31所民办中等职业学校的210个招生专业。

（王立华）

终身教育

【全民终身教育体系】　初步形成了全民终身教育体系。建成了以社区大学为龙头，以和平区、辽中县、市水务集团等579家社区学院、社区分院和社区学校（教学点）为辐射的四级学习网络。依托社区学院、职教中心，对进城务工人员、下岗人员、农村剩余劳动力和新增劳动力开展专项培训，每年农村实用技术培训达到农村劳动力的60%。

（汤　镇）

【全民终身学习活动周全国总开幕式】
10月16日，由教育部职业教育与成人教育司、中国成人教育协会、中国联合国教科文组织全国委员会、中共沈阳市委和沈阳市人民政府共同主办的"2010年全民终身学习活动周全国总开幕式"在沈阳市儿童活动中心隆重举行，本次活动周的主题是"推动全民学习，让生活更美好"。教育部副部长鲁昕、中国成人教育协会会长朱新均出席开幕仪式并分别讲话。辽宁省副省长滕卫平、沈阳市市长陈海波等省市领导出席开幕仪式。开幕式上，中国成人教育协会会长朱新均首先致辞并宣布2010年全民终身学习活动周开幕，沈阳市市长陈海波致欢迎辞，下届承办城市代表、中共武汉市委教育工作委员会书记靳雁致辞，教育部副部长鲁昕作了重要讲话。

（汤　镇）

民族教育

【教科研活动】　3月13日，组织了朝鲜族学前、幼儿教师全员培训大会，邀请市教研室侯名飞教研员作了《关于幼儿大脑恒常性发展的教育策略》讲座，120名教师参加培训。3月18日，组织了朝鲜族骨干教师和班主任培训大会，邀请延边教育学院李天民教授进行了《小班化教育理论与实践的研究》讲座，全市200名朝鲜族中小学教师参加培训。3月25日，在浑南新区朝鲜族学校举行了朝鲜族学校英语、数学学科教师基本功大赛。朝一中的刘芳、朝六中的朴云花、西塔朝小的白爱贤分别获得高中、初中、小学组的第一名，朝一中的车云峰、朝三中的尹明华、苏家屯朝小的李明分别获得数学组的第一名。4月18日，黑龙江省海林市民族教育考察团一行8人来沈阳市参观。代表团到朝二中、浑南新区朝鲜族学校、和信朝小进行了参观考察。4月25日，教育部"双语"教学调研组一行5人到沈阳市进行调研，走访了朝二中和苏家屯朝小，以座谈会的形式对沈阳市开展"双语"教学工作进行了调研。5月13日，在于洪区吴家荒朝小举办了全市朝鲜族学前教育现场会，有120名教师参加并观摩了幼儿园教学和活动课。5月14日，在皇姑区和信朝小召开了辽宁省朝鲜族体音美教学现场会，全省各市朝鲜族学校的领导和教师120余名参加大会，观摩了和信朝小的体育、音乐、美术三节课和大课间活动。5月20日至21日，教育部"十一五"教育科学规划课题"朝鲜族中小学民族文化教育体系构建及有效实施的研究"第一次研讨暨培训会在浑南新区朝鲜族学校举行。东北三省教育学院民教部、东北三省各子课题学校负责人、科研骨干等200余人参加了会议。12月9日，全省朝鲜族小学数学教师培训大会在西塔朝小举行，参会的150余名教师观摩了西塔朝小的4节课，并听取了省民教部赵云赞老师的专题讲座。

（李钟太）

【学生特色活动】　5月9日，组织学生参加了全省第14届朝语文暨第四届汉语文作文竞赛，沈阳市有8名学生分别获得小学、初中、高中组朝、汉语作文金奖。5月22日，市教育局和韩国城南文化院共同主办的第四届朝鲜族中小学师生"遁村白日场"写作竞赛在故宫博物院举行，有300余名教师和学生参加。与会者还参观了故宫及正在故宫举办的韩国民俗文化展。7月3日，沈阳韩国周期间，市教育局与韩国兴士团共同主办的第十一届"东北亚和平白日场"作文比赛在朝一中举行。本次活动特邀请抚顺、铁岭两市的100名学生和沈阳市的200名学生参加比赛。12月4日，全省首届朝鲜族中小学生科普竞赛在浑南新区朝鲜族学校举行。沈阳市朝四中和和信朝小队获得一等奖，朝六中和朝五中、苏家屯朝小队获得二等奖，朝三中和沈北朝小队获得三等奖。

（李钟太）

【民族团结教育】　11月9—26日，对全市13个区、县（市）中小学校开设民族团结教育课情况进行了专项检查。此次检查共涉及43所学校，其中：小学16所，初中10所，高中14所，九年一贯制学校3所。苏家屯民主小学、沈北新区第一小学、沈阳市实验学校、辽中二高中等大多数学校能够精心制订民族团结教育实施方案，配备教师，教师教案工整详尽；多数学校都能积极开展丰富多彩的民族教育活动，并在历史、政治、地理、音乐、体育等学科中渗透民族团结教育的内容。同时，各学校还结合实际采用多种形式、途径、方法，因地制宜地开展民族团结教育，如聘请专家讲座、社会实践、知识问答、升旗仪式、手抄报比赛、主题班会、校园网络等形式，增强民族团结教育的吸引力和感染力。问卷调查结果显示，学生对民族团结教育知识具有一定的理解和认识，民族团结教育课程开设效果较好。

（*杨晓琳*）

【内地新疆班、西藏班】 根据国家下达的计划，2010年东北育才学校和市第11中学分别承担了开办内地新疆班和西藏班的任务。东北育才学校在新疆班开学前，组织相关校领导和老师赴上海多所兄弟学校学习了新疆班办学经验，改造了新疆班教师办公室、教室、宿舍、浴池和食堂等基础设施，抽调了优秀管理干部、班主任、教师负责管理和教学工作，远赴新疆乌鲁木齐接来了新疆学生和内派教师。开学后，举办了肉孜节、古尔帮节联欢会，还组织了为学生过生日、中秋节送月饼、沈阳一日游、国庆参观世博园等活动，并为新疆师生购买了意外伤害保险，配备了生活用品、办公用品、体育用品、电子设备、教材和教辅材料等。市第11中学专门成立了民族教育办公室，负责组织和协调西藏班中招、分班、德育、教学、生活、交往和安全等各项工作。本着大分散、小集中的原则，将统招西藏生分别安排在几个班，为西藏生创造与内地学生更多的交流、学习机会。生活上除改造宿舍、食堂、浴室等基础设施外，还为西藏生专门设置了活动室、阅览室、自习室和家长接待室，配备了生活用品，还组织了西藏生中秋会餐、国庆游世博园、每月为西藏生过生日等活动。学习上，学校每周日都安排优秀教师为西藏生进行义务补课。活动方面，学校开展了艺术节之西藏民族艺术风情展演活动。在两校的努力下，新疆生和西藏生基本适应了学校的生活环境和学习节奏。

（*安 凯*）

【市朝鲜族第一中学民族特色办学】 市朝一中发展民族特色工作全面铺开。学校制定了民族特色发展目标，既把学校建成一个融现代化信息技术和民族传统文化为一体，又彰显现代格调、浸润民族精神的素质校园、人文校园；把学生培养成有现代意识、民族气质和中华灵魂的一代新人。学校树立了民族特色“大面积丰收”的理念。在坚持双语授课、多渠道开放办学的基础上，筹备新建传统民俗教育基地，进行民族传统礼仪教育。组建了具有浓厚民族特色的学校艺术团，包括舞蹈队和交响乐队。积极普及跆拳道、秋千、摔跤和跳板等民族传统体育项目。

（*安 凯*）

特殊教育

【非专业特教干部教师岗位任职资格培训】 经过市教育局和华东师范大学学前教育和特殊教育学院的共同努力，2010年8月17—26日，“沈阳市特殊教育岗位任职资格培训班”在华东师大如期开办。这是市教育局为全面提高沈阳市非专业特教干部教师基本素质和施教能力，推进特教工作者专业化成长的一项重要举措。选派到上海参加学习的50名学员来自10个区、县（市）教育局和14所特教学校的视导员、教研员和特教学校的干部及骨干教师。培训内容包括《特殊教育概论》、《特殊学校课堂教学》、《特殊儿童医学基础》、《特殊儿童行为矫正》等4门岗位培训课程，以及上海市特殊教育现状与发展、特殊教育法律法规等专题讲座，共72学时。培训方式主要为理论学习、实地观摩与交流研讨相结合。培训中组织学员参观了上海市浦东新区特殊教育学校和上海市第四聋校。培训结束后，学员提交了听课笔记、培训日记、学习体会、论文。10月11—12日，学员在沈阳市旅游学校参加了“特殊教育概论”、“特殊学校课堂教学”、“特殊儿童医学基础”、“特殊儿童行为矫正”等4门岗位培训课程的统一考试。

（*周庆军*）

【特殊教育学校干部教师培训会】 2010年11月25日，特教干部教师培训（盲教育、聋教育、培智教育三个类别）面向全市500余名特殊教育学校在职教师、市、区教研员、视导员和主管科长进行全员培训，邀请教育部基础教育二司特教处谢敬仁处长做了题为《史无前例的文献 催人奋进的号角》的报告，深度解读了《国家中长期教育改革与发展规划纲要（2010—2020年）》中对特殊教育的要求；11月26日，进行聋教育培训，邀请厦门特教学校副校长、《现代特殊教育研究》编辑、中国教育学会特殊教育分会聋教育专业委员会副主任委员陈军做了题为《新课程与教学新行为》和《青年教师的专业成长》报告；12月2日，进行培智教育专业培训，邀请哈尔滨市燎原学校张连池校长做了《医教结合、综合康复及燎原学校的教育教学经验介绍》的报告；12月9日，进行盲教育专业培训，邀请北京联合大学特殊教育学院钟经华教授做了《盲校直观教学及因材施教》专题报告。

（*周庆军*）

文　化

群众文化

【概况】　2010年，沈阳市群众文化工作实现两大“突破”、两个“第一”，承办两项“重点”活动，初步实现覆盖全市城乡的公共文化服务体系构架建设设想，群众文化事业建设呈现新的繁荣。

两大“突破”：在第九届中国艺术节暨“大地情深”第十五届“群星奖”评选活动中，“沈阳大学生文化节”、东北拉场戏《差钱了》和音乐作品《春韵》三个项目被评为“群星奖”；在国家第三批非物质文化遗产保护名录中，“奉天落子”、“东北古建筑传统彩画地仗技艺”、“何均佑锡伯族民间故事（长篇）”、“锡伯族喜利妈妈”四个项目成为国家级项目。老龙口酒厂已被申报成为国家级非物质文化遗产生产性保护示范基地。

两个“第一”：在第四次全国公共图书馆评估中，沈阳市有八个图书馆进入一级馆行列，名列全省第一，市图书馆先后被文化部、省政府授予国家和省古籍重点保护单位；在辽宁省第八届艺术节中，荣获特别贡献奖、优秀组织工作奖群星奖金奖和优秀演出奖，各种奖项名列全省第一。

两项“重点”活动：成功举办了第十一届沈阳大学生文化节暨全国大学生第二届短剧小品大赛。参与的大学生达到30万人次，11个省（市）的59所高校109部作品报名参加；成功举办沈阳市首届市民合唱节，先后组织开展群众性歌咏活动200余场（次），民间合唱团队自行组织的活动近千场（次），参加演出的合唱演员达8万多人次，观众达60多万人次。

全年共举行大型群众性文化活动32项，区、县（市）活动97项，基层文化活动2.3万次，参加各项文化活动的群众达1100万人次。获得省以上各种奖励314项，其中：国际级3项，国家级143项，省级168项。全市（除四县、市）681个社区中，建有文化活动室647个，总面积达16.5万平方米，平均面积242平方米。非物质文化遗产国家、省、市区（县市）四级名录体系日臻完善，4个项目入选“国三批”名录，沈阳市国家级项目达到9个，公布第四批市级保护名录18项，填补传统武术和中医药类空白，市级非遗项目达75项，门类齐全。

（*牟毅兵*）

【图书馆事业】　2010年，沈阳市公共图书馆事业得到长足发展.沈阳地区公共图书馆馆舍面积为8.9万余平方米，藏书总量达到462.3万册，视听资料33.3万余件。全年共接待读者325.2万人次。办理各种借阅证4.3万个，文献外借350.1万册次；多媒体上机2.3万人次；解答咨询6.9万人次，其中网上咨询288人次；代检索课题41项。

市图书馆在第四次全国公共图书馆评估中，荣获国家一级图书馆的称号，先后被文化部、省政府授予国家和省古籍重点保护单位；在省文化厅组织的应用科研成果奖和优秀服务成果奖的评比中，荣获了一等奖1项、二等奖3项、三等奖3项；文献编目数据获得“上海市文献联合编目中心2010年度上传数据质量奖”；在“送书读书”系列活动中，读者活动被评为沈阳市全民终身学习“精品活动”。

市少儿图书馆送书、送辅导下乡下基层62次，分馆、流动站及阅读基地共接待读者10.2万人次，流通图书23.9万册次；在“闻一多杯”第二届全国少年儿童书法、绘画作品征集活动中，荣获中图学会颁发的优秀组织奖；在2010年辽宁省公共图书馆（2007－2009年度）优秀服务成果评选中，荣获省文化厅颁发的四项服务成果奖。

（*刘　烨*）

【群星奖】　在第九届中国艺术节暨“大地情深”第十五届“群星奖”评选活动中，“沈阳大学生文化节”、东北拉场戏《差钱了》和音乐作品《春韵》三个项目，被评为“群星奖”。“沈阳大学生文化节”已连续举办十一届，历经20个年头。作为被市委，市政府命名的“沈阳市十大文化精品工程”，2009年被评为首批全国“群众文化活动品牌”。在本届评比中，作为首批全国“群星奖”公共文化服务项目类，以自己独特的方式名列前茅；由大东区文体广电新闻出版局选送的音乐作品《春韵》（又称笛子与乐队），名列所有参赛器乐作品的前茅，是沈阳市首次在这个领域获得“群星奖”；由和平区文体广电新闻出版局选送的东北拉场戏《差钱了》，是东北地区惟一参赛并获奖的地方剧种。

（*牟毅兵*）

【首届市民合唱节】　百万市民艺术共享工程——沈阳市首届市民合唱节从2010年8月中旬到10月底，在全市各地区、各行业中先后组织开展群众性歌咏活动200余场（次），民间合唱团队自行组织的活动近千场（次），参加演出的合唱演员达8万多人次，观众达60余万人次。合唱节期间，全市各区、县（市）共举办了20场预赛活动，有260支合唱团队参加，从中精心选出34支优秀合唱团队，参加市级合唱比赛。

沈阳市首届市民合唱节共分四个阶段进行。一是启动阶段：市文广局下发了《“唱响和谐之声、共建美好家园”沈阳市首届市民合唱节方案》，组织召开了市直有关部门及各区、县（市）工作动员会，并组织下基层督促检查指导活动。二是基层活动阶段：包括各单位、各地区广泛组织开展群众歌咏活动，举办合唱节预赛及专场演出活动，精选出优秀合唱团队参加市级比赛，聘请省、市合唱界的著名专家授课，举办合唱知识讲座和专题辅导等，邀请全国著名词曲作家、艺术家邬大为、铁源、胡宏伟等担当评委。

三是市级活动阶段:分别举办了“沈阳市社区优秀合唱大赛”、“沈阳市优秀合唱团队大赛”。市委宣传部、市文广局举办了“沈阳市群众歌咏活动专家座谈会”。四是总结表彰阶段:举办了“沈阳市首届市民合唱节优秀成果汇报演出”。本次活动得到了广大市民的积极参与和普遍欢迎,取得了圆满成功。

(蔡怀平)

【文化(艺术)馆、图书馆业务干部考核】 为进一步提高沈阳市群众文化工作者的业务水平和工作能力,2010年11月,沈阳市文化广电新闻出版局对市、区(县市)两级文化(艺术)馆、公共图书馆业务人员进行了基础理论测试、业务技能考核及撰写工作报告三项考核。此次考核,市文广局专门成立了考核工作领导小组,并召开了县、区局长会,具体指导、布署考核工作。为确保考核的高水平、高质量,市局邀请了省内的有关专家、艺术家参与出题、评审、判卷等工作。各区(县、市)高度重视,把本次考核作为受考单位和个人全年工作绩效的重要内容,调动了广大文化工作者的积极性。

此次考核,全市文化系统业务人员参考踊跃,学习刻苦,成绩喜人。全市共有450人参加,占应参加考核人员总数的98%。经过考核,三项成绩均达到优秀的共56人,占总参考人员的12.4%,为历年来最好成绩。市局对考核合格的人员发放了群众文化工作人员《上岗资格证》,给予取得优异成绩的人员通报表彰和物质奖励。

(田焕成)

【第十一届沈阳大学生文化节暨全国大学生第二届短剧小品大赛】 第十一届沈阳大学生文化节以“推进文化育人,实现科学发展”为主题,全面提升大学生文化素养,塑造沈阳高校校园文化新形象。从4月初开始,各高校校内文化活动就相继展开。各院校结合本校的特色和实际,精心设计、周密策划了许多适合学生参加的文化活动。全市校园文化活动有100余项,参加人数近30万人次。首次设立了“走向未来”大学生就业创业创意设计大赛等一些创新的市级主体活动,更加切合学生的实际要求和社会发展的总体需求。举办了“花样年华”全国大学生第二届短剧小品大赛。全国11个省、市59所高校的109部作品报名参加了比赛。本届大赛的成功举办,充分展示了沈阳高校校园文化建设的整体水平,进一步增强了短剧小品大赛的品牌效应,进一步宣传和展示了沈阳城市形象,为打造全国高校校园文化新的品牌项目创造了良好氛围。

(张　兵)

【首届“群星奖”暨第二届“东城群众文艺创作奖”评选活动】 沈阳市文化广电新闻出版局与大东区人民政府联合举办了沈阳市第二届“东城群众文艺创作奖”评选活动。同时,为参加国家、省“群星奖”评选活动,首次将沈阳市“群星奖”评选活动一并纳入“东城群众文艺创作奖”评选活动中。在本届评选活动中,全市15个区、县(市)及有关单位共上报了音乐、舞蹈、曲艺、戏剧、美术、书法、摄影七大门类411件作品。经有关专家的认真评定,从七个门类的411个作品中,最终评选出一等奖31个、二等奖51个、三等奖77个。并在其中选出43个作品报送参加国家、省“群星奖”的评比。

(蔡怀平)

【图书馆服务宣传周活动】 2010年5月24日至5月30日,围绕“充分发挥公益性电子阅览室作用、积极推进学习型社会建设”这一主题,全市组织开展了第22届图书馆服务宣传周活动,全方位展示了信息化时代图书馆的多种服务功能,扩大了图书馆的社会影响。15个各级公共图书馆参加了启动仪式,仪式现场开展了经典诵读等活动,其间穿插的有奖猜谜活动,掀起了市民的参与热潮。辽宁电视台、沈阳电视台、沈阳晚报、沈阳电台等众多新闻媒体对启动仪式进行了宣传报导。

(刘　烨)

【辅导培训活动】 2010年11月17日至19日,沈阳市文化广电新闻出版局依托“辽宁省百馆千站辅导培训工程”,对市、区(县、市)两级文化(艺术)馆业务人员,乡镇(街道)文化站长400余人进行了为期三天的业务培训。业务培训主要有七个方面的内容:群众文化工作、公共文化服务体系建设、乡镇图书馆(室)的管理与服务、群众文化活动的组织与策划、各种艺术门类创作、非物质文化遗产的普查与保护、怎样当好文化站长等相关内容。

为搞好培训,市文化广电新闻出版局成立了分管领导为组长的培训领导小组,邀请了省内有关方面的专家为学员授课,保证了教学的质量。通过培训,提高了市、区(县、市)两级文化(艺术)馆业务人员、乡镇(街道)文化站长的业务素质,增强了责任心,使命感,促进了全市群众文化工作的发展和进步。

(田焕成)

【省第八届艺术节群众文化活动】 辽宁省第八届艺术节期间,沈阳市组织开展了群众文化活动1590项。其中:市级广场活动5项,以带有导向性、示范性大型综合性群众文化为主,如:“唱响和谐之声、共建美好家园”沈阳市首届市民合唱节,沈阳大学生艺术团于9月15日在辽宁大剧院广场举办了“闪亮的青春”省艺术节沈阳大学生专场演出;区、县(市)群众文化活动65项,以反映本地区社会发展的特色文化活动为主;市、县(区)两级文化部门组织开展送文化下乡活动100场;基层群众文化活动1520项,以群众自娱自乐活动为主要表现形式,活动主要包括文艺演出、秧歌比赛、民俗文化展示、合唱比赛、体育健身、美术、书法、摄影、剪纸、演讲、器乐、灯谜竞猜、趣味游戏和读书活动等。全市有6000余人次参与了各种文艺演出活动,观众达150万人次。

(蔡怀平)

【少儿科普大篷车辽宁百日行活动】 由市少儿图书馆发起并联合辽宁省科技馆共同主办、省内九城市少儿图书馆及沈阳各区、县图书馆共同协办的“走进神奇的科学世界”少儿科普大篷车辽宁百日行活动,从2010年5月末至9月初结束,全程历时3个多月,行程覆盖大连、丹东、铁岭、盘锦、鞍山、辽阳、锦州、营口等九个城市,参与人数达10余万人次,媒体报道近80次。活动中,少儿科普大篷车承载着车载科普展品、科普展板、优秀科普图书走进沈阳各区、县及辽宁各市,所到之处受到热烈欢迎,在省内九城市掀起科普阅读活动热潮。

(刘　烨)

【“梨园迎春”戏曲晚会】 为活跃沈阳市民群众的春节文化生活,进一步提高传统戏曲的影响力和吸引力，市委宣传部与市文化局、沈阳广播电视台联合举办了2010沈阳春节戏曲晚会。晚会于2月6日晚在沈阳市儿童活动中心大剧场录制，冯玉萍、李静文、常东等“梅花奖”名角悉数登场，表演了《小桥流水》、《红灯记》、《打虎上山》等经典剧目；优秀青年演员周丹等表演了《小女婿》等传统剧目。本次晚会于2月12日（腊月廿九）黄金时间在沈阳广播电视台新闻频道播出，受到广大市民戏迷的好评，也突破了春节晚会歌舞类为主的格局，为活跃传统戏曲舞台作出了积极贡献。

（刘　烁）

【“红诗沈阳”群众性诗歌咏诵活动】 年初以来，在省委宣传部的指导下，市委宣传部在全市组织了“红诗沈阳”群众性诗歌咏诵活动，经过精心策划、扎实推进，“红诗沈阳”群众性诗歌咏诵活动取得了极佳的社会反响。全市社区、学校、机关、部队及企事业单位建立诗社、咏诵基地、红诗咏诵团等700多个，开展全市性大型红诗活动11次、大型红诗诵读展演40多场、红诗会2000余次，创作诗作1.5万多首，印制原创诗集、增刊等36册。

2010年，市委宣传部被省委宣传部评为“红诗辽宁”优秀组织单位，沈阳市大南街第一小学等6个集体获得优秀诗社或基地，沈河区“红诗沈河”文化品牌活动获得优秀品牌活动，沈阳日报“红诗”活动专题栏目等2个栏目获得品牌栏目，孙俊等3人荣获先进个人，《诗潮》杂志社获得特殊贡献奖。

（刘　烁）

【艺术惠民“双百万”工程】 4月23日，借着“红诗沈阳”在全市掀起的群众文化热潮，市委宣传部在全市组织开展沈阳市艺术惠民“双百万”工程，即百万市民艺术培训工程和百万市民艺术共享工程。艺术惠民“双百万”工程的实施，在社会上引起良好反响，群众积极参与响应。9月，百万市民艺术培训工程入选文化部组织的2010年度“国家文化创新工程”十大项目。截至2010年底，艺术惠民工程受益市民群众总计达到264万人次。

“百万市民艺术培训工程”开展以来，沈阳高校以沈阳音乐学院南校区、沈阳师范大学、沈阳大学为主，其他各高校积极参与，各高校系统参与艺术培训授课师生累计近万人次，培训40万人次；各专业院团、沈阳书画院、群众艺术馆、各协会等文化艺术单位，沈阳老干部书画协会等社会团体参与艺术培训授课教师近300人，培训13万人次。各区、县（市）从9月份先后开始发动中小学艺术教师，组成“艺术指导员”队伍进社区进行艺术培训，全市共有1647名“艺术指导员”与1022个社区。607个村进行了对接，覆盖社区达到100%，覆盖村屯47.6%，培训人数19万人次。截至2010年底，百万市民艺术培训工程共培训市民72万人次。

百万市民艺术共享工程自5月启动以来，在送戏下乡、进社区演出的基础上，又在“十一”等节假日期间开展了公园演出月活动，11月6日在沈阳市文化宫启动了常态公益演出活动，做到了“沈阳周周有演出、市民免费有戏看”，得到了广大市民的热烈支持。市属各专业院团共演出294场，观众达43万人次，参与公益演出的一级演员达到40名，二级演员97名，仅二度梅花奖获得者冯玉萍一人就参与演出20余场。8月中旬开始，举办了艺术惠民“双百万”工程——首届市民合唱节活动，在街道、社区、村屯、学校、军营、机关和企事业单位里有组织的歌咏活动近200场次，民间合唱团队自行组织活动近千场次，有34支优秀合唱团队参加这次的合唱比赛。10月，沈阳杂技演艺集团新创排的杂技秀《天幻Ⅱ——太阳鸟》连续为市民群众和党员干部演出20余场，让市民群众免费欣赏到国际化、高水准的杂技演出。同时，市、区两级群文系统组织广场、社区和大篷车下乡演出等860场，观众151万人次。截至2010年底，百万市民艺术共享工程受益人数共计194多万人次。

12月15日，为总结艺术惠民“双百万”工程取得的阶段性成果，在辽宁大剧院组织了沈阳市艺术惠民“双百万”工程成果展演晚会和“映像沈阳”——沈阳市艺术惠民“双百万”工程书法、摄影作品展。

（刘　烁）

【郎朗琴声进社区活动】 8月28日，在大东区莱茵河畔社区组织了“郎朗琴声进社区”活动，邀请国际钢琴大师郎朗到社区辅导青少年，并为市民群众演奏，受到市民群众热烈欢迎，这项活动也作为艺术惠民“双百万”工程的一个组成部分。活动当天，10余名青少年演奏了钢琴曲《军队进行曲》，郎朗现场对孩子们的演奏做了逐一辅导，并亲自弹奏了这首曲子，郎朗还参观了沈阳音乐学院社区钢琴培训站。

（刘　烁）

【2011沈阳新年音乐会】 为丰富沈城人民的文化生活，为市民群众提供高雅的艺术享受，12月27日、28日晚，市委宣传部邀请北京交响乐团在辽宁大剧院演出2场。本次音乐会由市委宣传部主办，沈阳日报集团、沈阳广播电视台协办。沈阳电台、沈阳电视台对音乐会进行了全程录播，音乐会丰富了市民群众的元旦荧屏、声频，提升了市民的艺术欣赏水品和层次，普及了高雅艺术。

（刘　烁）

文艺创作与表演

【“双百万”艺术惠民工程】 为进一步繁荣全市文艺事业，让艺术走进基层，走向大众，使全市人民共享文化艺术发展成果，从2010年4月23日开始，市委宣传部组织实施了艺术惠民“双百万”工程。

2010年艺术惠民演出分为三个阶段：一是从5月到9月底，市直各院团在社区、广场、企业、部队、学校、郊区的艺术惠民演出。其中：赴郊区县三下乡演出56场，社区演出57场，学校及幼儿院演出32场，敬老院及福利院演出7场，军营演出2场，工厂演出9场。二是2010年10月，沈阳演艺集团在中山公园、北陵公园举办了演出月活动，开展了歌舞、曲艺、杂技等丰富多彩的文艺表演，全年公园共计演出63场。三是2010年11月，沈阳演艺集团、沈阳市文化宫艺术惠民“双百万”工程常态公益演出启动。全年剧场公益演出75场。

从5月至年底，市属各专业艺术院团完成艺术惠民双百万工程演出301

场,受益群众超过42万人次。

（马晓东）

【《我那呼兰河》获“文华大奖”】 沈阳演艺集团、沈阳评剧院创排的大型现代评剧《我那呼兰河》,作为沈阳市文化广播新闻出版局的舞台艺术精品生产的“一号工程”,自2008年10月推出以来,倍受瞩目,屡获大奖,成为实现沈阳舞台艺术重大历史性突破的巅峰之作。

2010年5月,在第九届中国艺术节上,该剧以排名第二的成绩获得了国家舞台艺术政府最高奖“文华大奖”;该剧填补了多年来沈阳在“文华大奖”和“精品工程奖”上的空白,赢得了新中国成立以来沈阳舞台艺术的最高荣誉,是沈阳推进文化大发展大繁荣、打造文化强市的重大成果。

（张志国）

【打造精品工程——《天幻Ⅱ》】 2010年11月,沈阳杂技演艺集团倾力推出了情景杂技秀《天幻Ⅱ—太阳鸟》。这台节目借助沈阳新乐文化的太阳鸟作为文化符号,以挑战极限的杂技艺术为主体,运用先进的“全息投影”灯光技术,融合音乐、舞蹈、魔术的强劲美感冲击,打造文化厚重、技艺超绝的视听盛宴。将震撼《生死轮》、国内首创女子爬杆、夜幕《空竹》以及《绸吊顶技》、《绳技》、《钻圈》等一批高品质节目,演绎成一只勇敢的太阳鸟追求光明、寻找挚爱的精彩故事。

《天幻Ⅱ—太阳鸟》是沈阳杂技演艺集团继打造《天幻Ⅰ》十年后的再次发力,与中南美洲最具实力的国际娱乐公司CIE合作,集聚了全体顶尖演员和最佳节目,并特邀北京舞蹈学院导演张守和、被誉为“中国第一灯”的中国歌剧舞剧院舞美专家鞠毅、香港著名广告导演邓钜荣等专业人士强手加盟。

《天幻Ⅱ—太阳鸟》推出后,为沈阳广大市民公益演出30场,博得了社会各界的广泛赞誉,国内外权威专家称之“实现了由杂技艺术向艺术杂技的完美提升”,是“技艺俱佳,精彩绝伦,内涵丰富,市场前卫”的精品力作。2011年,该节目将赴中南美洲进行为期三年的800场连续演出。

（张志国）

【文化交流】 2010年,沈阳市对外文化交流活动呈现出大型演出多、演出周期长、演出影响面大的特点;对台文化交流规模加大、批次递增。沈阳杂技团继续拓展对外演出市场,打造文化出口艺术品牌。杂技晚会《绳技》赴瑞士演出近30场;杂技节目《圣火绸吊》在德国、美国演出500余场,观众人数超60万人次;杂技剧《道》在德国及周边国家巡演100多场,观众超过15万人次。2010年,沈阳杂技团共派出3组海外演出项目,在欧洲、美国进行商业演出700余场,现场观众人数超过90万人次。

2010年,市文化局与市大型活动办公室共同承办“中韩歌星演唱会”,成为沈阳韩国周的品牌产品。

2010年9月,沈阳市朝鲜族文化艺术馆与韩国春川艺总联合举办了第十三届中韩美术摄影作品交流展。

沈阳故宫博物院展出来自韩国京畿道博物馆《人生四礼——韩国民俗文化展》71件文物;沈阳市文物考古研究所与辽宁省博物馆、辽宁省文物考古研究所在韩国京畿道博物馆共同举办《辽宁古代文物展》,展出149件(套)珍贵文物。沈阳张氏帅府博物馆与台湾新竹张学良故居博物馆进行了多次馆际交流互访与其它学术交流研讨活动。

（陈　晶）

【文艺演出】 2010年,市属各院团共演出1260场,演出收入1162.6万元。

从2010年4月下旬开始,市委宣传部组织实施了专业艺术院团艺术惠民“双百万”工程的艺术共享工程。共享工程演出覆盖全市城乡,全年市属各院团及市艺校为共享工程演出超过300场,受益群众超过42万人次。

沈阳演艺集团新年、春节期间在中华剧场、梨园剧场组织优秀剧目及专场演出;京剧院在于洪、法库等地举行专场演出;评剧院在新民组织了纪念花淑兰诞辰的2台专题晚会演出,为沈飞集团演出经典剧目《小女婿》,并赴沈北新区、苏家屯等地组织专场演出。歌舞团、曲艺团分别到新民、辽中、鼓风集团举办专场演出,为沈阳汽车展销会创排三台大型晚会,还组织参加了沈阳国际旅游节的演出、大型皇家礼仪演出、棋盘山全国互联网晚会的演出。沈阳话剧团在南风剧场等地演出了《诗歌朗颂会》。

沈阳京剧院、沈阳评剧院、沈阳妇女儿童活动中心联合演出了沈阳电视戏曲晚会。沈阳京剧院参加了辽宁京剧巡演团,在天津“中国大戏院”演出了《海瑞背纤》、《折子戏专场》、《连环套》;春节期间在山东演出了传统京剧;在市内演出了《红灯记》、《雏燕凌空》、《平原游击队》、《智取威虎山》等。

演艺集团赴山东、河北、黑龙江等地开展巡演。《智取威虎山》“八一”赴39军慰问演出;青年演出团赴大连、调兵山、庄河展演。评剧院赴唐山第七届中国评剧节演出。艺术团赴锦州、岫岩参加春节晚会演出,为辽宁移动公司举办迎新春专题晚会省内巡演,赴山东潍坊参加国际风筝节。舞蹈团赴海南三亚常态演出。艺校组织舞蹈学生赴福建泰宁实习演出。沈阳市话剧团在北京郊区演出了儿童戏《哥德堡号与魔法圣杯》。

沈阳杂技演艺集团的《圣火绸吊》等在美国、欧洲长期巡演,倾力创排情景杂技秀《天幻Ⅱ—太阳鸟》,并与南美洲签订了三年800场演出的协议。

（陈　晶）

【“中国诗人采风团”来沈采风】 6月27日至30日,中国作协《诗刊》杂志社组织的“中国诗人采风团”来沈采风。“中国诗人采风团”包括中国作协党组成员、副主席、书记处书记高洪波,《人民文学》杂志社原主编韩作荣,著名诗人张同吾、雷抒燕等在内的14位著名诗人。采风团参观了沈阳市具有代表性的工矿企业、社区村镇、旅游景点。“中国诗人采风团”在沈期间共创作了50多首作品,沈阳日报、《诗潮》杂志专门出版了增刊刊载了这些作品,推动了沈阳市红诗咏诵活动上台阶、上水平。

（刘　烁）

【中韩美术摄影艺术作品交流展】 第十三届中韩美术摄影艺术作品交流展本着增进友谊、相互交流、互相学习、共同提高的原则,通过交流展充分展示沈阳市美术、摄影艺术的优秀成果及建设和谐沈阳进程中表现的昂扬向上、团结奋进、社会进步和繁荣的精神风貌。共展出84件美术、书法、摄影作品,其中:美术作品41幅,书法作品6幅,摄影作品37幅。这些作品大都是两国艺术家们近年来创作的优秀精品,主要反映了中韩两国人民热爱家乡、向往美好生活等内容。

（张　兵）

文化产业

【加快文化产业发展工作会议】　2010年10月15日，沈阳市委、市政府召开推进公共文化服务体系建设加快文化产业发展工作会议。东陵区（浑南新区）、棋盘山开发区、沈河区、于洪区、市文化广电新闻出版局等五家单位负责人作了表态发言。会议印发了《沈阳市"十二五"时期文化产业发展规划（征求意见稿）》。

（胡峻源）

【文化产业发展专项资金委托运作协议】　2010年6月2日，市委宣传部与沈阳恒信担保有限公司举行文化产业发展专项资金委托运作协议签约仪式。市委宣传部从文化发展专项资金中划拨1000万元资金，委托市财政局所属沈阳恒信担保有限公司，与盛京银行合作，为文化企业在银行贷款提供担保。通过政府搭台，市场化运作，牵动社会资金，解决制约文化产业发展中融资问题，扶持更多文化企业特别是中小文化企业又好又快发展。

（胡峻源）

【沈阳广电传媒集团有限公司揭牌】　2010年6月21日，沈阳广电传媒集团有限公司挂牌成立。集团公司由沈阳传媒网络有限公司、沈阳新视觉文化有限公司、沈阳电视产业有限公司等12家分公司和子公司组成，沈阳广播电视台为集团公司出资人。

（胡峻源）

【沈阳文化知识产权交易所有限公司揭牌】　2010年6月2日，辽宁沈阳文化知识产权交易所有限公司挂牌成立。沈阳文交所是继上海、深圳、成都之后全国第四个文化产权交易市场，也是东北、华北地区惟一的文化产权交易市场。沈阳文交所的成立，是文化产业与资本市场加强合作、实现资源共享的一项创新，为各类投资主体进入文化产业提供便捷、规范、有效的服务和支持，促进各类文化知识产权跨行业、跨区域、跨所有制流动。

（胡峻源）

【沈阳电影公司与韩国乐天集团合资】　沈阳电影公司会同湖南科信电子系统装备有限公司，以中方占51%股份控股的方式，与世界500强企业韩国乐天集团，共同投资2500万元人民币，成立了沈阳沈乐电影投资管理有限公司，以全新的姿态进军电影市场。合资公司总部设在沈阳，在沈阳国奥商业广场投资建设了乐天新东北影城。

（吴彦章）

【沈阳三农博览园被命名为国家级文化产业示范基地】　2010年11月23日，沈阳三农博览园被文化部命名为国家级文化产业示范基地。这是文化部命名的第四批国家级文化产业示范基地。这次命名的共有70家企业，沈阳三农博览园是沈阳市第四家被命名为国家级文化产业示范基地的企业。

（吴彦章）

文物保护

【第三次全国文物普查完成实地调查】　2010年初，市普查办组织了专家对沈阳市的文物普查工作进行了初步验收。3月—4月，省普查办组织专家组对沈阳市的野外调查工作进行了总结验收，全市共验收13个区县，验收合格率100%。新发现757处，复查808处，共计1565处。10月份，省文物专家对全市文物普查干部进行文物普查报告和文物普查名录的培训，具体学习普查报告的内容要求、格式规范以及普查名录的注意事项。省市新闻单位对沈阳市的文物普查工作进行了采访和宣传。市普查办组织全市13个区、县（市）的文物普查干部编写本区域内的第三次全国文物普查名录，编写《沈阳市第三次全国文物普查成果汇编》。

（张　兵）

【开展全市文物安全大检查】　2010年初，市文物局会同市公安局对沈阳市行政区域内共计113处文物保护单位、博物馆、纪念馆等文物收藏单位和文物保护工程施工现场等进行了消防安全大检查。针对发现的隐患及存在问题，下达了消防安全隐患整改通知书，责令相关单位限期整改。5月份，结合义县奉国寺火灾事故，市文物局又对市文物保护单位，特别是以木结构古建筑为重点进行了一次安全检查，查找隐患，责令整改，确保全市零事故发生。

（张　兵）

【盛京城德盛门瓮城遗址保护】　盛京城德盛门瓮城遗址位于沈河区小南街1号，是2007年在沈河区国税局综合办税服务楼考古发掘项目中发现和清理的。2010年9月26日，盛京城德盛门瓮城遗址保护展示项目揭幕仪式隆重举行。德盛门瓮城遗址保护展示工程是沈阳市城市历史文化遗产保护与城市建设和谐共生最具说服力的见证，也是城市发展不可或缺的文化基因，对于传承沈阳历史文明，建设历史文化名城都具有重要意义。

（张　兵）

【辽塔保护工程】　按照全省辽塔保护工程工作部署，配合省文化厅辽塔办完成了对沈阳市康平县宝塔寺塔和新民市辽滨塔两座古塔的修缮方案设计、方案论证和工程预算编制工作。争取到省级辽塔保护工程专项经费60万元；与市财政沟通，争取到市级辽塔保护工程专项经费补贴，确保了辽塔修缮工程的资金保障。完成康平县宝塔寺塔修缮工程经费审核及工程招标工作。

（张　兵）

【沈阳中心文物库房开工建设】　为解决沈阳市多年来没有中心文物库房的问题，沈阳市积极争取国家发改委和国家文物局的大力支持，文物中心库房项目被列入"2009年第四批扩大内需中央预算内投资计划"。该项目总投资700万元，分为中心库房和文物整理保护基地两个部分，建筑面积2000平方米。中心文物库房工程于2010年8月12日正式开工建设，2011年上半年交付使用。

（张　兵）

【非物质文化遗产保护】　2010年，沈阳市有4个项目入选第三批国家非物质文化遗产保护名录，使沈阳市国家级项目达到9个。同时，公布第四批市级保护名录18项，填补传统武术和中医药类空白,市级非遗项目达75项,门类齐全。完成了省级重点项目立项保护工作。从25个省级以上名录中遴选出评剧(韩花筱)等11个项目作为亟需重点扶持的项目;策划国家级锡伯族非遗生态保护实验区立项。以全省首部普查专著《沈阳非物质文化遗产普查文集》为代表的对非遗保护具有指导意义的一批保护书籍和学术研究专著面世。组织传承人等非遗元素参加上海世博会辽宁活动周、市国际旅游节非遗展销会等各级各类展演展示活动,开启活态传承新阶段,首次尝试生产性保护和产业化运作新路径,老龙口酒厂已被申报成为国家级非物质文化遗产生产性保护示范基地。

(张　兵)

文化市场管理

【校园周边文化经营场所专项整治】 2010年,沈阳市加大了对全市校园周边网吧、歌舞厅、游戏厅等文化娱乐场所的清理和整治力度,严厉打击网吧和歌舞娱乐场所违规接纳未成年人、超时营业等违规经营行为,对存在违反法律法规情节严重的场所,坚决处以重罚并责令停业整顿,直至依法吊销经营许可证。在学生寒暑假、学校开学前后及节假日等重点时段,先后组织各区、县(市)文化执法大队(队)对全市中小学校及大中专院校周边的网吧、娱乐场所开展了10余次执法检查行动,出动人员950余人次,车辆310台次,共检查文化场所1860余家次,对检查中发现的网吧及娱乐场所违规接纳未成年人进入等行为给予了罚款、停业整顿等严厉处罚。

市文化执法总队集中力量反复清理检查校园周边的书报刊、音像制品店摊、文化用品店,坚决取缔兜售非法出版物的游商走贩,严防有害未成年人成长的非法出版物流向学校和学生手中。重点查缴非法色情口袋书、盗版教材教辅读物、盗版音像制品、电子出版物等非法出版物,严厉查处含有淫秽、色情、暴力等不利于少年儿童成长内容的出版物经销活动。共检查朝阳一校、第七中学、沈阳大学等400余所大中小学校园周边及校内的书刊、音像制品、电子出版物经营场所600余家次,收缴非法出版物7万余册(盘),取缔无证经营出版物的游商走贩241个。通过对校园周边及大学校内出版物经营场所的严格整治,有效遏制了非法出版物流入校园的现象,为广大学生创造了一个绿色、文明、健康、洁净的学习环境。

(赵振宇)

【网络文化市场监管】 2010年,市文化执法总队深入贯彻落实知识产权保护战略的基本国策,切实加大对网络侵权违法行为的打击力度,在全市范围内开展了整治网络文化单位违法经营活动专项行动。全年共查处网站侵权违法案件4起,其中颇为典型的是依法查办了国家版权局督办的"权司剑网601号、602号、603号""www.douremi.net视听作品涉嫌侵权案"。这三起案件的当事人沈阳力创电子有限公司在未经权利人许可的情况下,将权利人的音乐作品、电视剧作品、电影作品通过信息网络向公众提供。市文化执法总队对该公司的三个违法经营行为分别依法作出停止侵权行为、罚款3万元的行政处罚(共计9万元),在全市网络文化领域产生了极大震动,使沈阳市网络文化市场监管较之以往有所突破,有力地维护了网络文化市场正常的经营秩序。

(赵振宇)

【文化市场行政审批】 2010年,沈阳市根据大部制改革的要求,在原文化、广电、新闻出版三局合一的大背景下,撤销了原文化局、广电局、新闻出版局审批办,成立了文广新局审批办,进驻市行政审批服务中心的人员由原来的9人减少到5人,负责原来的文化、文物、广电、新闻出版等各项审批工作。

落实市委市政府关于软环境建设的要求。在成立专门审批机构基础上,实现了"审批职能集中、审批事项集中、审批人员集中"的要求;遵循"应进必进"原则,将审批、初审、备案、前置审批、年检等项目进入市行政审批服务中心办理,有效解决了"两头办理"、"体外循环"的问题;充分授权,做到了"一个窗口办理、一个公章办结";审批公开,审批及办理事项的条件、要件、流程、时限等全面公开,进一步加强了"一次性告知"工作。

对全局行政审批项目及审批条件、所需要件、运行程序、时限要求等进行全面梳理。到2010年10月末,全局有审批项目13项,初审项目15项,备案项目1项,登记项目1项,年检项目10项。同时,对区、县(市)审批项目进行了梳理和规范。通过梳理进一步明确了项目名称、设定依据、设立条件、所需要件、工作流程、办理时限等内容。

认真做好审批服务工作。审批服务人员认真贯彻执行各项要求和相关法律法规及规章,做了大量咨询、勘验、审核工作。到11月15日,完成网吧、影剧院、游戏厅、考古发掘、地面卫星接收设施、一次性内部资料准印等审批893件,完成连续性内部资料准印、印刷企业变更与设立、出版物发行等初审72件。

在对网吧、电影放映场所、游戏厅等各项审批中,将"消防验收合格证明"、"安全管理制度和应急救援预案"作为必备要件。对消防安全检查不合格的,没有安全管理制度和应急救援预案的一律不予审批。

(李　莉)

新闻出版

【第九届优秀图书评选活动】 2010年,沈阳市第九届优秀图书(单项)评选活动得到了各出版社的积极响应和支持,共上报各类图书40余种(套)。经评选委员会客观公正评选,共评选出沈阳出版社出版的《红楼梦研究综述》等优秀选题一等奖6个、二等奖7个,优秀封面一等奖5个、二等奖6个,优秀校对奖2个。此次评选共设图书优秀选题、优秀封面、优秀校对三个奖项,入选优秀选题奖的图书在选题角度、文化含量、原创性和发行量方面均有突出的表现;入选优秀封面奖的图书,封面构图精美,色彩清新,完美准确地表现主题,体现出了较高的设计水平,获得了评委会的一致好评。

(王　莉)

【新闻出版管理工作会议】 2010年3月17日至18日,沈阳市新闻出版管理工作会议召开。会议主要任务是,以报刊年检工作为契机,深入学习贯彻中宣部、新闻出版总署关于加强出版管理,加强行风建设,大力开展“三项学教”活动的精神;分析并认清出版业形势,部署“三项学教”活动任务;市委宣传部副部长梁利人作“从业人员应遵守新闻出版法律法规”讲座;报刊出版业专家、市作协副主席初国卿进行“采编人员应具备的才情识”讲座;部署2009年度公开报刊年检工作;表彰2009年度优秀内部资料单位。市各报刊社、出版社、内部资料单位负责人共计120个单位、130多人参加会议。

(王　莉)

【新闻采编人员业务培训】　全年共举办三期新闻出版采编人员业务培训。重点从“采编人员应具备的才、情、识”、“从业人员应遵守新闻出版法律法规”、“年青从业人员应熟悉掌握的编辑业务基本理论与常识”、“编辑工作应用的字词与语句语法”、“编辑校对中常出的差错及应纠正技法”等五个专题的培训。邀请省市行业内专家学者进行讲座,市各报刊社、出版社、内部资料出版单位的负责人及编辑人员共计300多人次参加培训。

(王　莉)

【高校报编校质量抽检】　为不断提高报纸编辑质量整体水平 ,2010年组织审读员和出版业专家对沈阳市13家重点高校报进行了编校质量抽检。抽检范围为2010年7月份第一期高校报。抽检结果,整体编辑质量较2009年有明显提高,平均差错率降低了1.8个万分点,其中《中国医科大学报》、《沈阳建筑大学报》、《沈阳航空航天大学报》、《沈阳工程学院报》4种报纸达到合格标准(差错率低于万分之三)。

(王　莉)

【印刷发行产业】　2010年,全市共有各类印刷企业1507家,其中:印刷厂927家,打字复印580家,全市印刷业总产值达52亿元。出版物印刷企业实现了激光照排、电子分色、多色印刷、装订联动等技术目标,四色印机拥有量在东北名列第一。经过产业结构调整,促进产业升级,积极扶持包装装潢印刷企业和民营印刷企业发展,民营印刷企业数量占90%以上,包装装潢企业产值比重已占到70%以上。胡台东北包装印刷产业基地项目自启动以来,已有近100家包装印刷企业进驻园区,已成为辐射东北地区的国家级包装印刷产业基地。

全市有出版物零售单位607家,其中:图书、报刊零售单位549家,电子出版物零售单位58家,年销售图书和电子出版物4200多万册(盘),从业人员2200多人。通过举办主题多样的书市和图书展销活动,不断提高出版物发行行业整体水平。沈阳市新华书店不断提高书市的规模和档次,举办的第三十届书市展出了全国300余家出版单位的2万多种图书,销售收入近200万元,取得了较好的社会效益和经济效益。

(陈延军)

【印刷发行行业监管】　认真开展印刷发行单位年度核验工作。按照全省统一部署,于2010年第一季度对全市1507家各类印刷企业和607家图书、报刊和电子出版物零售单位进行了年度核验。并结合年度核验,对印刷、发行行业进行了行业统计、分析,使行业管理水平得到了提高。

积极开展专项检查,不断规范印刷发行市场经营秩序。从5月底至6月中旬,开展了对全市学校周边出版物经营场所和印刷企业的专项检查,共对220家出版物和印刷经营场所进行了检查,对发现的问题进行了及时处理。同时按照省统一部署,开展了以打击盗版为主要内容的音像制品经营行业的专项整治,组织人员对集中经营场所、大型超市等进行检查,对违法经营问题进行了认真查处。

完善制度,加强对印刷和出版物集中市场的管理。建立健全《书刊批发市场审验制度》等各项管理制度,进一步加强对中国沈阳书刊批发市场以及三好、中远电子出版物零售市场等出版物和印刷集中经营场所的管理。严格履行书刊批发市场审验程序,加大抽检审读工作力度,全年共对126家经营单位抽检图书2500多册。同时,在管理上引入退出机制,对问题较多的2家经营单位进行了法规教育和警告,实施对出版物市场的动态管理。

(陈延军)

【第八届东北(沈阳)印刷包装技术设备展览会】　2010年5月12—14日,第八届东北(沈阳)国际印刷包装技术设备展览会在辽宁工业展览馆隆重举办并取得了圆满成功。本届展会由国家新闻出版总署作为支持单位,中国印刷技术协会和东北三省新闻出版局主办,沈阳市新闻出版局和市印刷协会承办。印展会启用了辽宁工业展览馆1、2号馆,展出面积7000平方米,展位200个,参展企业近120家。展会现场有多家国内外知名企业携高新产品前来展示,如德国海德堡、高宝、韩国韩秀集团、北人集团、上海印包集团、大族冠华等印包业龙头企业。本届展会交易额为800多万元,专业观众近万人。展会期间还组织了专业技术论坛、二手设备交易、专业人才招聘、参观胡台印刷包装产业园等活动,展会影响不断扩大。洽谈、选购设备、参加展会组织的各种技术交流活动,对促进辽宁和整个东北地区印刷包装业新技术、新成果的推广和应用起到了积极作用。

(陈延军)

【农家书屋建设】　按照沈阳市《农家书屋实施方案》,确定了2010年新建562个农家书屋的行政村名单,及时完成了选址、规划等工作。2008—2010三年共建成农家书屋1418个,提前五年完成农家书屋建设任务。

严格选定配置书目,精心组织出版物配送工作。结合沈阳市农村实际,及时调整、确定了1266种出版物采购书目。积极与财政部门沟通,及时办理了农家书屋建设资金图书采购等相关手续。并针对书屋建设数量变化的情况,及时、合理地调整方案。及时将采购的76万册图书全部配送到有关的农家书屋。

发挥农家书屋作用,组织开展阅读演讲活动。积极组织农民群众参与“我的书屋,我的家”为主题的全国农家书屋阅读演讲活动。成立组委会,及时部署,开展形式多样的活动,评选7个优秀节目参加全省的评选。

加强培训,进一步提高农家书屋管理水平。积极推进区、县(市)农家书屋建设,及时召开全市农家书屋工作会议,部署农家书屋建设任务。建立了由有关区、县(市)图书馆业务骨干组成的农家书屋管理员培训师资队伍,举办了25期农家书屋管理员培训班,对800多名农家书屋管理员进行了培训,使农家书屋管理水平不断提高。

(陈延军)

【世界知识产权日宣传】 在"4·26世界知识产权日"活动期间,市版权局组织开展了以"尊重知识产权,集中销毁侵权盗版光盘,维护市场秩序"为主题的"保护知识产权周"系列活动。在三好街百脑汇广场集中销毁100万件盗版非法出版物。发布了《沈阳市版权现状》"白皮书",在全市形成了声势浩大的版权宣传与保护的氛围。

(任党清)

【省运会开幕式演出】 按照市委、市政府统一部署,沈阳市文广局承担了辽宁省第十一届运动会开幕式演出任务。演出活动调动了2个区政府、17个委办局、2家企业等21个工作部门,有1500名演员参加当晚演出;动用了国内仅有的奥运会开幕式使用的180盏大功率探照灯;设立了水上、岛上、岸上3个表演区,观众可视水面面积55万平方米;舞台直径40米,面积1200多平方米;搭建的2个灯光架,每个高达30余米。经过全体演职人员共同努力,2010年8月8日晚,在五里河公园内成功上演了沈阳市首个户外大型水岸实景开幕式演出。

(任党清)

档　　案

【专项督查和执法检查】 为贯彻落实市委办公厅、市政府办公厅《关于加强新形势下档案工作的实施意见》(沈委办发【2009】 29号)精神,2010年5月11至13日,市档案局与市委督查室、市政府督查室组成3个督查组,对全市13个区、县(市)和浑南开发区、棋盘山开发区贯彻落实29号文件精神情况进行了专项督查。此次专项督查,主要围绕档案馆新馆建设、档案日常维护费、开发区档案管理体制等重点内容开展。从此次督查的总体情况看,各地区在落实两办文件精神方面取得了明显成效:一是各地区以本地区党委办、政府办文件形式转发了29号文件,同时以政府办文件形式转发了沈阳市政府办公厅《2010－2014年全市家庭建档工作方案》,并结合本地区档案工作的实际,提出了具体贯彻意见。二是各地区党委、政府进一步加强了对档案工作的领导。有13个地区均以政府的名义与各街道、乡(镇)政府签订了档案工作目标责任状。大东区、于洪区、辽中县、法库县政府还将档案工作纳入到本地区政府工作目标绩效考评中。三是档案馆新馆建设问题得到了各地区党委、政府的关注和重视。特别是于洪区建设了5221平方米的档案馆新馆,并已封顶。四是档案工作条件保障进一步改善。有8个地区按照29号文件的要求,将档案日常维护费每年每卷2至3元纳入到本地区财政预算,共增加档案日常维护费95.3万元。于洪区在全市各区县中率先配备了档案征集专用车。市及13个区、县(市)年档案事业经费投入共1195.2万元,比上年增加7.8%。

此外,为了进一步提升全市市直机关档案管理水平,6月至10月,市档案局及各区、县(市)档案局分别对全市300多家直属机关事业单位档案工作开展了执法大检查。此次执法检查的重点内容包括各单位归档文件材料齐全完整情况、档案安全保管情况、档案规范化管理情况和档案进馆情况等四个方面。在执法检查中,市及各区、县(市)档案局分别对档案管理存在问题的30余个单位提出了限期整改意见,并督促检查,整改到位,促进了各单位档案工作的依法开展。

(马凤云)

【档案"双征集"活动】 为更好地保存沈阳历史,传承文化,丰富沈阳市档案馆馆藏,方便人民群众的查阅和利用,2010年,沈阳市档案局(馆)在全市范围内开展了征集记录和反映沈阳历史发展变化的老歌和老影视专题片的"双征集"活动。此次征集活动主要征集反映沈阳历史发展变化的人和事的歌曲和新闻电影记录片、电视片、录像专题片的胶片、录音、录像资料及词、曲、脚本等文字资料,以及其创作的背景故事等。此次征集活动历时一年,市及各区、县(市)档案局(馆)通过采取挖掘馆藏、普发通知、电话征集、广播电视宣传、上门征集等多种方式,深入机关、企业、学校开展沈阳老歌和老影视专题片的征集工作,取得了明显效果。截至2010年底,共征集沈阳老歌502首、老影视专题片5028部。其中不乏珍贵的作品,如1928年刘半农作词、赵元任作曲的《东北大学校歌》,1938年沙可夫作词、吕骥作曲的《鲁迅艺术学院院歌》等。同时,市档案局(馆)还以"双征集"活动为契机,开展了"访名人、征老歌"系列活动,拜访了我国著名作曲家铁源、著名词作家邬大为,并将他们创作的许多作品征集进馆。同时,为了创新档案征集的新途径,2010年11月14至19日,市档案局(馆)档案征集工作小组一行四人赴英国国家档案馆、大英图书馆及英国华威郡档案馆开展了为期六天的档案资料征集工作。共翻拍复制了与沈阳历史有关的珍贵档案文件资料1107页、照片73张、地图2幅。这些档案资料中有乾隆皇帝《盛京赋》满文版和法文版,英国驻沈领事馆记录的反映沈阳市1920至1927年间政治、经济、文化、交通等方面的文件资料。此次赴海外征集档案资料是沈阳市档案局馆首次走出国门开展档案征集活动,开辟了沈阳市档案局馆档案征集工作的新途径,拓展了档案工作对外合作交流的新领域,为今后丰富馆藏、开展档案工作的国际交流奠定了基础。

(马凤云)

【全国第一个家庭档案网站】 2010年9月14日,沈阳市举行家庭建档志愿者工程启动暨家庭档案网开通仪式。国家档案局馆室司副司长朱煜,辽宁省档案局副局长王中明,中共沈阳市委常委、秘书长马占春,沈阳市人民政府副市长邹大挺、副秘书长陈小平以及相关单位的领导出席启动仪式。市直相关部门负责人,各区、县(市)档案局局长、业务科长,家庭建档志愿者以及新闻媒体记者近600人参加启动仪式。

家庭档案网是全国第一个家庭档案网,网站栏目包括家档资讯、建档指南、小常识、理论探索、建档实践、珍藏赏鉴、网上展厅、上传展示、交易信息、互动交流、论坛等,具备信息发布、日志管理、权限管理、流程管理、会员管理、会员博客、论坛、站内搜索、资料上传、统计分析等多项功能。家庭档案网,是百姓展示、欣赏自己和他人家庭档案的阵地,是百姓咨询家庭档案管理的服务中心,是家庭建档志愿者、爱好者的活动舞台。截至2010年底,网站注册会员近13万,点击数103万。

（马凤云）

【家庭档案主题晚会】 12月21日,沈阳市档案局在沈阳广播电视台1号演播大厅举办了“让爱住我家”——沈阳市家庭档案主题晚会。这是沈阳市首次举办以家庭档案为主题的大型文艺演出活动。国家级档案局馆室司司长孙钢,省档案局局长孙成德、副局长赵焕林,市委常委、常务副市长顾春明,市政协副主席赵秋凤,市政府副秘书长田家出席晚会。市直机关工委、市文广局等相关单位的领导,区、县(市)档案局局长及市档案局全体同志近300人观看晚会。

晚会节目紧扣家庭档案主题,内容丰富、气氛温馨。整台晚会分为我爱我家、成长足迹、圆梦之旅、发展变迁、丰硕成果五个部分,每部分分别用一段VCR展示节目主题,同时穿插精彩的歌曲、舞蹈、快板等文艺演出及主持人现场采访、人物情景再现、大屏幕展示等手段,讲述家庭档案背后真实而动人的故事,向观众们诠释家庭档案的丰富内涵和重要作用。

（马凤云）

【市档案局荣获全国档案“五五”普法先进单位】 12月2日,国家档案局在京召开全国档案“五五”普法总结表彰会议,对“五五”期间在档案普法工作中做出突出成绩的21个单位进行了表彰。沈阳市档案局被评为2006—2010年全国档案法制宣传教育先进单位。

（马凤云）

【5个区县档案馆晋升为国家级档案馆】
2010年,市档案局强力推进区县档案馆晋升国家级工作。一是年初制定并下达区、县档案馆晋级计划,并将档案馆晋级工作纳入对区、县档案工作目标考核指标中。二是按照《市、县级国家综合档案馆测评细则》,加大指导力度,深入各区、县进行现场指导,帮助解决在晋级中遇到的业务问题。市档案局先后组织区、县(市)有关人员到于洪区档案馆、东港市档案馆学习创建国家级档案馆的经验。三是积极协调,争取各区、县政府对档案馆晋级工作的投入,为确保晋级工作的顺利进行提供物质和资金保障。四是各区、县档案局馆采取分解目标、责任到人等得力措施,确保晋级计划落到实处。

10月14日,以国家档案局副局长李明华为组长的国家档案局测评组对铁西区档案馆创建国家一级档案馆进行测评。来自国家档案局、黑龙江省档案局、青岛市档案局的专家组成的测评组成员经过审阅材料、实地考察等严格评审,一致通过铁西区档案馆由省特级档案馆晋升为国家一级档案馆,成为沈阳市区、县级档案馆中第一个国家一级档案馆。

12月7日和10日,以辽宁省档案局副局长赵焕林为组长的专家测评组分别对和平区、苏家屯区、沈北新区、法库县四个档案馆晋级工作进行测评验收。经过听取汇报和实地查看,测评组一致通过这四个区县档案馆晋升国家二级档案馆。

（马凤云）

【市档案馆建馆50周年纪念大会】 10月11日,沈阳市档案馆建馆50周年纪念大会在沈阳市档案馆学术报告厅隆重举行。辽宁省档案局局长孙成德,市委常委、秘书长马占春,市人大副主任徐璐,市政府副市长王玲、邹大挺,市政协副主席张秀华,市政府副秘书长陈小平,市人大教科文卫委员会主任委员李蒲,曾经分管过档案工作的市老领导金苗生、艾廷隽、汪宙、周勇顺,部分市直单位和部门领导,各区、县(市)档案局局长,市直单位档案部门负责人代表,沈阳市家庭建档示范户代表,市档案局馆老领导、老同志及局馆全体同志近200人参加会议。会议由沈阳市档案局(馆)副局馆长周庶江主持。

与会人员首先观看了介绍沈阳市档案馆的宣传片《珍藏历史 记忆沈阳——蓬勃发展中的沈阳市档案馆》。市档案局(馆)长荆绍福作了题为《坚守使命 开拓进取 谱写沈阳档案事业科学发展新篇章》的报告。市档案馆老领导杨春雨代表老一代档案工作者发言。省档案局局长孙成德、副市长邹大挺分别讲话。辽宁省档案局局长孙成德在讲话中希望沈阳市档案工作者在今后的工作中要进一步增强大局意识、机遇意识和创新意识,为沈阳经济社会又好又快发展做出贡献。邹大挺副市长在讲话中对做好新时期档案馆工作提出了三点要求:一是切实加强档案馆公共服务能力建设。二是推进档案信息化建设,加快沈阳市电子文件中心建设,积极探索建立全市电子文件归档、在线采集及资源整合平台,实现全市档案信息资源的共建共享。三是坚持统筹兼顾,努力把市档案馆建设成为档案安全保管基地、爱国主义教育基地、档案利用中心、政府信息查阅中心、电子文件中心“五位一体”的公共档案馆,实现沈阳市档案馆事业的跨越发展。

沈阳市档案馆成立于1960年,馆藏档案54万卷(件),已向社会开放档案14批17.1万卷。50年来,市档案馆始终坚持强基固本,不断加强馆藏档案资源建设,提升档案科技创新能力,推进档案信息化建设,使档案基础业务建设不断加强;始终坚持服务宗旨,扩大开放,满足社会公众对档案信息的多方需求;始终坚持以人为本,加强领导班子和干部队伍建设,培养和造就了几代政治坚定、业务精通、作风优良的档案工作者,为档案馆事业的发展提供了坚强有力的人才支撑。特别是2006年市档案馆新馆开馆后,以新馆为依托,不断强化贴近社会、服务公众的服务理念,通过举办展览、加强爱国主义教育基地建设、开展国际文化交流等多种形式,积极拓展档案馆的社会服务功能,努力打造适应新时期发展要求的新型档案馆。市档案馆新馆开馆四年来,已举办了17个主题鲜明、各具特色的档案展览,并三次作为市政府代表团赴国外举办档案展览。全国有91个地区、209个团组2635名档案同行来馆参观考察,沈阳市各界群众及中小学生5.3万余人来馆参观和开展党日、团日等活动。美国、德国、俄罗斯、芬兰、日本、澳大利亚等40余个国家和地区的外国友人到档案馆参观并开展国际文化交流和档案业务交流。

（马凤云）

【沈阳市档案馆被命名为省和市未成年人思想道德建设实践基地】 7月13日,沈阳市精神文明建设办公室代表辽宁省精神文明建设办公室向市档案馆颁发了辽宁省未成年人思想道德建设实践基地牌匾。至此，市档案馆在被市精神文明建设指导委员会命名为沈阳市未成年人思想道德建设实践基地后，成为辽宁省档案系统首家省级未成年人思想道德建设实践基地。市档案馆馆长荆绍福代表市档案馆接受了牌匾。

市档案馆新馆自2006年开馆以来，在强化社会公共服务、加强爱国主义教育基地建设，特别是加强未成年人思想道德建设方面进行了许多新的探索和尝试，通过举办档案展览、编辑出版档案文化产品、面向社会举办公益讲座等多种途径，为社会提供多元化的档案服务，成为青少年学习革命传统、陶冶道德情操的重要课堂和举办共青团、少先队等活动的重要阵地。2010年3月，市档案馆被沈阳市精神文明建设指导委员会评为沈阳市未成年人思想道德建设实践基地；5月，被辽宁省科技厅评为辽宁省科学技术普及基地；6月，被辽宁省精神文明建设办公室评为辽宁省未成年人思想道德建设实践基地。

（马凤云）

【档案服务】 一是为重大建设项目服务。市档案局与市发改委联合印发了《关于加强重大建设项目档案管理的意见》。各级档案部门紧紧跟进第十二届全运会、地铁工程、大伙房饮水工程、大浑南建设等全市重点建设项目，加强建档指导、检查验收。市城建档案馆对哈大客运专线、市政府广场等40多项重点建设项目进行跟踪拍摄，采集了大量珍贵的声像档案资料。二是为新农村建设服务。在法库县召开了“沈阳市创建社会主义新农村建设档案工作示范县现场会”，推广了法库县争创全国新农村建设档案工作示范县的经验。一些地区把档案工作纳入新农村建设整体规划，农村档案科学规范管理和档案信息平台建设不断推进。新农合、新农保、土地流转、林权改革等新内容档案逐步建立，为农村稳定、农业发展、农民致富提供了有效服务。三是为保障和改善民生服务。为城乡居民改善住房服务，市档案局与市公积金管理办公室联合制定了《沈阳市住房公积金业务档案管理办法》。市及各区、县(市)档案馆积极整合馆藏民生档案资源，全年共完成目录数据300余万条，极大地方便了百姓利用查询。市房产档案馆强化为民服务意识，全年为百姓查档8万余卷。四是为企业改革与发展服务。认真贯彻国家档案局《企业档案工作规范》，全面加强企业档案工作指导服务。开展破产、产权变动及转制企业档案处置情况调查。市档案局与市发改委联合制发了《沈阳市企业信用档案管理办法》。沈阳机床集团档案部门紧紧围绕企业生产经营、新产品开发、改革改制、搬迁改造等各项工作开展档案管理和服务工作，年提供利用档案上万卷次。五是为创建文明城市服务。指导相关部门完成沈阳市创建全国文明城市有关档案的整理工作，其档案顺利通过了国家督导组的测评。强力指导5个区、县(市)档案馆晋升国家档案馆，在于洪区召开了档案馆工作现场经验交流会，推广了于洪区档案馆、铁西区档案馆建设的先进经验。

（马凤云）

【沈阳市与成都市互为档案异地备份基地】 为贯彻落实国家档案局关于各地档案馆在不同地域建立电子档案异地备份基地的要求，确保电子档案的安全，沈阳市与成都市经过沟通协商达成互为电子档案异地备份基地。2010年10月13日，沈阳市档案馆与成都市档案馆互建电子档案备份基地协议签订仪式在沈阳市档案馆举行。市档案馆副馆长许光明、成都市档案馆副馆长刁清一分别介绍了两市档案馆信息化工作概况，并代表双方签署了协议。沈阳市档案馆首次接收了成都市档案馆移交的备份数据，包括成都市档案馆自2004年开展重要政务活动和重大活动采集工作以来形成的520次“双重”活动的照片档案9874张以及馆藏目录数据380万条、全文数字化成品220万页。

互建电子档案备份基地协议的签订标志着沈阳、成都两地的档案事业从独立式发展转变为跨区域合作发展的新模式，这种模式将逐渐成为档案事业发展的趋势。

10月26日，沈阳市档案馆副馆长许光明、赵建伟等一行6人，赴成都市档案馆进行馆藏首批电子档案数据异地备份移交工作。成都市档案馆专门举行了数据交接签字仪式。沈阳市档案馆现有的大型人名数据库110万条和馆藏5万余张数字化照片，作为首批异地备份的内容。备份存储介质采用了具有抗震功能的移动硬盘，并按协议要求进行了认真封装，然后登记造册。

（马凤云）

广播·电视

【查处违规播出行为】 2010年，及时发现和制止了三起违规播出行为：新民台在有线网内传播境外卫星节目；于洪台播出违规广告和侵权影视剧；康平台违规占用“沈视购物频道”播出其它节目。针对这三起违规行为，依法作出严肃处理，并召开全市广电系统违规播出处理通报会。同时，积极推广苏家屯、法库、辽中三家台的先进经验。这三家台被评为“全省县级播出机构播放秩序先进单位”。全年拆除了100多面非法安装的“大锅盖”，还依法查处了一批非法接收有线电视信号源的酒店。

（韩　军）

【广电产业发展】 积极引导区、县台拓宽科学发展新途径，争取上级部门批准区、县台开办“图文信息频道”。力促沈阳台与8家区、县台的节目引进合作，丰富了节目源，也遏制了盗版侵权影视剧的播出。

坚持“公益性电影和经营性电影”并行、“农村电影和城市电影”并重的电影产业发展战略。2010年，全市农村公益电影放映2万场，完成了国家下达的“一村一月一场电影”的任务。争取政府财力支持，向市委宣传部提交了《沈阳市农村电影公益放映场次补贴暂行办法》修改稿，建议提高放映场次补贴标准。争取广电总局和省局的支持，为各区、县配备了99台数字电影放映机，总价值近300万元。扶植沈阳电影有限公司跨越发展和规模扩张，为中韩合资公司开辟绿色通道，提供优质的行政服务。协调处理了电影公司与建设银行之间有关“九一八”纪念馆关联类不良贷款的遗留问题。

（韩　军）

【保障重要活动】 圆满完成中、高考语音听力测试的保障工作。在高考中，果断处理了一起紧急事件，保证了高考听力测试的顺利进行，市文广新闻局荣获“沈阳市中高考工作先进单位”的称号。另外还圆满完成了“两会”期间代表、委员住地的有线电视安全播出保障任务。

顺利通过广电总局广电事业调研组和61号令检查组的检查验收，受到检查组的肯定。

（韩　军）

【安全播出管理】 2010年，广播电视安全播出形势严峻，一是大事多，二是重大突发事件多。为此，全市各责任单位成立了指挥调度中心和安全播出机构，并结合实际完善了管理制度。全年以元旦、春节、人大政协会议及上海世博会等重要敏感期为重点，采取有效措施，落实责任，不断完善防范应急工作预案，提高快速反应能力，确保了全年系统安全播出工作无差错、零事故。

（朱　力）

【沈阳广播电视台成立】 2010年6月21日，沈阳广播电视台举行成立大会。沈阳广播电视台的成立，是沈阳市文化体制改革的重大举措，标志着沈阳广电媒体资源整合成为现实，在全省广电体制改革中迈出了坚实一步。

省委常委、宣传部长张江，市委副书记苏宏章为沈阳广播电视台和沈阳广电传媒集团有限公司揭牌。沈阳广播电视台由原沈阳人民广播电台和沈阳电视台合并组建而成。整合后的沈阳广播电视台形成了以节目生产和产业经营两大业务为主体的崭新格局。沈阳广播电视台已经拥有六个广播频率、五个电视频道和一个网络电视台。2010年，全台各项工作赢得了社会各界的充分肯定和好评，共荣获国家级奖项7项、省级奖项237项、市级奖项108项。

（汪源泉）

【广电宣传】 2010年，沈阳广播电视台始终以坚持正确舆论导向，服务全市工作大局，当好党和人民的喉舌为己任，全力做好广播电视宣传工作。

新闻宣传紧密结合沈阳市“调结构、优环境、惠民生”的重点工作，开辟了各类报道专题专栏40多个；紧紧围绕实现双“五千亿”、开发大浑南、建设沈阳经济区等重大主题，全力推出了有高度、有深度的主题宣传50多个；紧紧抓住市委全会、人大政协“两会”、迎全运文明沈阳行动等重大活动，组织开展了有广度、有力度的宣传战役20多个，为加快全面振兴、构建和谐沈阳提供了强大的舆论支持。

品牌建设着眼于提升品牌竞争力，大力实施精品工程，取得显著工作成效。一是栏目特色不断深化，始终保持旺盛活力。《市民您早》、《大哥大在行动》、《沈视早报》、《看今天》、《直播生活》、《沈视晚报》等栏目，收听收视率大幅提升。《娱乐二人转》栏目收听率高居辽沈广播榜首。《直播生活》栏目收视率创造了辽沈地区新高。二是频率频道结构不断优化，更加彰显媒体实力。都市广播节目收听率在辽沈地区首屈一指，综合频道节目收视率在辽沈地区名列前茅，分别荣获“中国广播电视最具民生影响力媒体30强”称号；新闻广播、文艺广播节目收听率在辽沈同类广播中都名列第一。三是精品意识不断强化，着力推出一批精品佳作。广播剧《爱上未来女主播》荣获全国广播剧专家奖一等奖。交通都市广播总监关金荣获2010年度中国广播电视播音主持金话筒奖，这是经中宣部批准的中国广播电视播音主持领域的最高奖项，也是沈阳广播电视第一次获此殊荣。

媒体活动好戏连连，不断展现广播电视媒体的魅力。精心策划推出了富有感染力、震撼力的大型活动30多场，其中《中外名篇经典诗文朗诵会》、红歌汇《红色交响》气势宏大，反响强烈，进一步提升了媒体的美誉度。第四届沈阳电视观众节进一步拉近了媒体与观众的情感距离。

（汪源泉）

【事业建设】 沈阳广播电视台始终以巩固阵地为主旨，加快广电高新技术创新应用，不断取得技术改造革新的新成果。

在技术改造上，注重跟踪技术发展，积极适应广播电视业务发展需求，全年技术改造共投资2473万元。购置卫星车一台，解决了长期制约广播、电视现场直播信号高质量传输的瓶颈问题。更新播控传输网络系统，充分发挥了数字化、网络化、智能化播控传输网的功能，提高了广播信号传输质量。对327转播台进行新闻广播转播改造，实现了中波792千赫在康平地区的同频同步覆盖。新闻频道演播室新增大屏幕显示器，极大地提升了各档新闻栏目的视觉冲击力。

在新媒体建设上，正式开播了沈阳网络电视及整合后的沈阳广播电视网站，形成了以广播电视媒体为依托的全新网络传播平台。网络广播、音视频访谈、台网互动等技术系统建设和使用，进一步加快了向新媒体进军的步伐。快速建成的20频道地面数字电视发射系统，实现无线信号发射数字化，为移动电视信号接收和业务拓展创造了有利条件。

在网络拓展上，全年完成数字电视整体转换18万户，累计完成110万户，取得了城区数字电视整体转换收尾攻坚的新成果。网络双向网建设初战告捷，圆满完成网络覆盖30万户任务，为实现从看电视到用电视的转变提供了技术保障。

在基础设施上，重点完成南院地下管网系统改造，对供暖、上下水、消防等基础设施进行了全面更新。在南院各办公房间安装空调145台，进一步改善了办公条件和工作环境。

（汪源泉）

【经营创收】 2010年，沈阳广播电视台经营创收突破8亿元大关，实现8.15亿元，比上年增加1.38亿元，增长20%，经营创收继续位居全国城市台第一集团。取得这一经营佳绩，得益于经营工作坚持三个注重：一是注重深化合作共赢理念。采取科学的经营方式，以广告代理制的经营模式，实现广播创收1.4亿元，比上年增长23%。二是注重优化调整经营方式。采取科学调整客户结构、真诚服务广告客户等措施，实现电视创收2.55亿元，增长3%。三是注重强化网络资源开发，采取提升网络用户服务水平、拓展网络增值业务等手段，实现网络创收4.2亿元，增长31%。

（汪源泉）

【内部管理】 沈阳广播电视台始终牢牢把握改革创新这一发展主题，紧紧抓住广播电视合并重组的重大契机，稳步开展了广播电视资源整合工作。一是组建了编委会和广电传媒有限(集团)公司，实现了节目管理、经营管理、财务管理、技术管理、人事管理、行政管理的“六统一”，促进了全台各项工作顺利发展。二是树立科学的用人理念，坚持正确的用人导向，规范程序，把好关口，注重做好干部任用选聘工作，顺利完成了新一轮98名中层干部的考核调整任命工作，为推进广电事业发展注入了新的生机活力。

（汪源泉）

【队伍建设】 沈阳广播电视台始终坚持按照打造全国城市台一流强势媒体的目标，积极培养造就一支适应广电事业发展要求的干部职工队伍。一是抓好理论学习。以学习型媒体建设为抓手，以“一学三提”活动为主题，组织开展了“沈视学习论坛”、“学习、感悟、进步——党员干部群众谈读书”征文活动，着力提升思想素质。二是抓好岗位练兵。结合全台工作中心，开展岗位培训和练兵活动，组织开展短新闻写作大赛、节目制作大赛、新闻播报大赛和诗歌朗诵大赛等，着力提高业务能力和工作水平。三是抓好绩效考核。以量化管理考核，成立政风行风建设和工作绩效考核领导小组，按照广电宣传、经营创收、技术管理、队伍建设等业务属性和部门职能，开展绩效考核考评工作，激发干部职工的积极性和创造性。四是抓好文明建设。根据职工群体特点，组织开展了浑河健步走、羽毛球赛、乒乓球赛等丰富多彩的职工文化体育活动，并利用重大节日节点，组织各种主题活动，着力提升职工文明素质。通过采取有效的工作措施，促进了党员干部的政治素质、业务能力和精神风貌的全面提升。在8月，广播发射台抗洪抢险中，党员干部表现出了不怕苦、不怕累、爱岗敬业的精神风貌。在为青海玉树地震灾区捐助活动中，全台干部职工个人共为灾区捐款20多万元，奉献了沈阳广播电视人的一片赤诚爱心。

（汪源泉）

【第四届沈阳电视观众节】 沈阳广播电视台为更好地贴近观众，打造品牌，在成功举办三届电视观众节的基础上，2010年“五一”节期间，以“牵手春天·文明沈阳”为主题，又一次成功举办了第四届沈阳电视观众节。这届电视观众节紧紧围绕沈阳“迎全运·文明沈阳行动”主题，充分发挥电视主流媒体的优势，采用全台各部门联动策划制作与各个频道单独策划制作播出的方式相结合，形成各个频道有亮点、全台宣传成规模的社会效果。

新闻频道以“迎全运·文明沈阳行动”为背景，每月确定一个“文明主题”，面向全市寻找“文明榜样”，在《沈视早报》、《看今天》等栏目中播出“文明榜样”的事迹，广泛吸引市民关注和参与，大力引导市民向“文明榜样”看齐，进一步树立模范作用，推动文明进程。综合频道以《直播生活》栏目为主体，以家庭为单位，在全市范围内征集涂鸦设计作品，评选奖励获奖作品；《庄稼院》栏目举办了市民逛农家之重走知青路、我要当农民、花农到你家、学农夏令营等系列活动，体验和感受农业、农村、农民的新变化；《快乐新煮播》栏目举办营养早餐健康行——早餐加油站，为人们提供更便捷、更营养的早餐理念；《为爱向前冲》栏目深入到社区，与社区居民进行互动，倡导低碳生活方式；《逗你乐翻天》栏目举办三场二人转演出晚会，把艺术与欢乐带给观众。影视频道开展“我是文明幸运星”有奖送礼活动，吸引更多的观众关注、投身公益活动。公共社会频道举办了名律师在线、名医在线系列网络活动，与观众在线交流、答疑解惑。《第一现场》、《北方名医》栏目还分别举办了“文明话装修”、“食物与血糖”现场咨询活动，把文明健康的生活方式送给观众。通过丰富多彩的“电视观众节”活动，倡导文明新风，提倡健康生活，推动了市民文明意识的提高，在全市范围内进一步营造“文明”、“和谐”的良好氛围。

（汪源泉）

【沈阳广播电视台第一次党代会】 2010年10月17日，中共沈阳广播电视台第一次代表大会在沈阳广播电视台礼堂隆重举行。大会听取和审查了中共沈阳广播电视台委员会工作报告；审查了中共沈阳广播电视台纪律检查委员会工作报告（书面报告）；大会根据《党章》规定，经到会代表充分酝酿讨论，采用无记名投票方式和差额选举办法，选举张东毅、白明路、李依群、李慧敏、张伟光、佟伟仁、廉杨、贾欧8名同志为中共沈阳广播电视台第一届委员会委员；选举佟伟仁、潘福陵、赵永彬、孙艳玲、王宏良5名同志为中共沈阳广播电视台纪律检查委员会委员。当日，中共沈阳广播电视台第一届委员会和中共沈阳广播电视台纪律检查委员会分别召开了第一次全体会议，选举张东毅同志为中共沈阳广播电视台第一届委员会书记，白明路、李依群同志为副书记，选举佟伟仁同志为纪律检查委员会书记。

（汪源泉）

卫 生 · 体 育

卫 生

·综 述·

【推进疾病预防控制绩效考核评价工作】 按照国家卫生部、省卫生厅《疾病预防控制绩效考核工作方案》的要求，2010年启动了疾控绩效考核工作，组建了考核评价领导小组和专家组，完善了考核评价制度，召开了区、县(市)和局属有关单位专题工作会议。进一步强化了疾控绩效相关信息报告工作的规范化管理和审核质控，确保了信息录入的真实性、完整性、及时性和准确性。在省卫生厅组织的疾控区域绩效考核工作中，沈阳市近两年疾控工作分别以829分和847分的优异成绩通过了省检。

按照国家基本疾控信息调查方案及系统手册的要求，于5月31日前完成市本级并指导区、县(市)完成填报工作，市本级和各区、县(市)疾控基本信息录入的完整率、及时率和准确率均达到100%。

(卫生局)

【医改公共卫生项目】 按照省卫生厅《关于促进基本公共卫生服务均等化的指导意见》的要求，对涉及疾控工作的医改项目进行了梳理和分解，对考核评价标准进行了补充和完善，对工作量进行核定和经费测算。加强了项目工作督导，年内完成1994－1997年出生的未免疫儿童乙肝疫苗补种21.7万针次，补种率达到96.5%。苏家屯区于7月底前完成了2000人乳腺癌检查和建立数据库工作任务。开展公民健康素养促进行动，市、区两级健康教育讲师团累计完成讲座1015场次，受益3万余人次。

(卫生局)

【重大传染病疫情控制】 2010年，市卫生局加大了甲型H1N1流感、肺结核、出血热、麻疹等重点传染病防控力度，年内法定报告甲乙类传染病发病率为194.64/10万，同比下降9.02%。

按照“科学有序防控、提升监测水平、做好重症救治、完善应对准备”的防控新策略，开展甲流防控工作，甲流疫苗接种率达到72.2%。

会同教育、财政等有关部门印发了《沈阳市消除麻疹行动方案》、《麻疹疫苗强化免疫工作方案》和《异常反应处置预案》，成立了领导小组和专家组，累计开展适龄儿童接种21.33万人，接种率达96.82%，超额完成了国家规定的95%的接种率指标。活动期间开展新闻媒体报道47次，张贴宣传画、悬挂横幅、发放接种告知单、宣传单共计200余万份，确保了群众的知情权，提高了群众主动参与意识。

强化与内蒙科左后旗鼠疫联防工作机制，联合开展3次大型灭鼠活动，累计出动人员975人次，共计灭鼠5709只，灭鼠面积达到150公顷，黄鼠密度控制在0.09只/公顷，无鼠间和人间鼠疫疫情的发生。积极推进康平县鼠防站建设，在康平县召开了现场调度会，年内主体建筑及内部装修全部完工。

开展以灭鼠、免费疫苗接种和宣传培训为重点的出血热综合性防制措施，年内完成目标人群接种8.9万人次，疫情同比下降27.01%。

开展中央转移支付结核病控制项目和结核病医防合作项目，年内新涂阳肺结核病发现率、治愈率和病人系统管理率分别达到76.9%、94.57%和96.8%，各项指标均超过国家和省厅要求。在康平县开展了全国结核病流行病学调查工作，累计完成了1322名流调对象的现场调查、胸片检查和痰涂片检测等工作任务。

(卫生局)

【卫生应急机制建设】 以卫生应急“一案三制”建设为重点，进一步完善卫生应急预案体系，年内制发和修订省运会卫生安保、低温灾害和传染病防治等5个预案。

组织全市医疗卫生机构开展鼠疫、人禽流感、SARS防治知识师资培训580人次，组织开展应对鼠疫和霍乱疫情实战和检验性演习3次，增强了基层专业人员疫情和应急意识，提高了业务能力和处置水平。年内及时妥善处置风疹、腮腺炎等一般级突发公共卫生事件17起，报告和管理的“五率”达到100%。

组织市疾控中心、市卫生监督所、市传染病院、市职业病院、沈阳急救中心圆满完成了“两会”、“五一”、世博会、韩国周、外国领导人和国家领导人视察等大型活动及重大节日反恐备勤工作任务14次，备勤67天，累计出动应急人员1490人次，车辆70台次。

继续推进卫生应急示范县创建活动，大东区、铁西区进入全省应急示范县(区)行列，推荐和平区申报国家级卫生应急示范县(区)。

(卫生局)

【巩固扩大免疫规划成果】 强化以国家扩大免疫规划为重点的预防接种工作管理，继续推进标准化免疫接种门诊建设，开展了全市免疫规划工作实施情况的明查暗访，针对存在的问题，市卫生局及时下发文件，就落实补助政策、加强人员力量、完善规划布局、强化二类疫苗监管、改进信息化建设等提出了十项要求，并对基层执行和落实情况进行了跟踪督导。年内全市完成适龄儿童常规免疫接种100余万针次，接种率均达到98%以上。强化了AFP病例报告管理，年内AFP报告率达到1.21/10万，达到了国家和省卫生厅要求。

(卫生局)

【地方病防治和农村饮用水监测】 开展碘缺乏病、氟中毒病等地方病防治工作，会同发改委、财政局、水利局等8个部门对市本级和15个区、县(市)地方病防治规划进展和执行情况进行了终期考核自评,沈阳市综合评分达到98.3分,15个区、县(市)也如期实现了防治规划目标。

完成农村安全饮用水监测工作。加强了对8个郊区、县(市)138个水质监测点的技术指导和质量控制,年内采集检测水样596份,督导覆盖率和水样检测复核率均达到100%。

(卫生局)

【开展健康教育】 以全民健康生活方式促进行动、公民健康素养促进行动以及亿万农民健康促进行动为载体,积极开展健康教育讲师团讲座、健康素养展板巡展、健康素养知识读本进图书角等形式多样的健康教育系列活动,传播活动覆盖了80%以上的街道和乡镇。年内开展卫生宣传日活动14次,发放各类宣传品138万份,市民健康知识知晓率和行为形成率进一步提高。7个街道被评为辽宁省建设健康街道先进单位,6个单位被评为沈阳市健康教育先进单位,20个单位被评为健康教育达标单位。市健康教育所、沈河区、铁西区、东陵区代表辽宁省迎接了国家健康教育规划纲要督导评估,取得了97分的优异成绩。

开展肿瘤报告、死亡报告为重点的慢病综合防治工作。完成中央补助地方肿瘤病例随访项目、国家烟草控制项目以及儿童安全干预项目。督导康平县、法库县落实中央补助地方食管癌检查项目,促进了项目的顺利实施,两县共筛查1513人,筛查出癌症患者13人,检出率约0.85%。全国肿瘤防治宣传周期间在中兴商业大厦门前开展了现场宣传、义诊、咨询、肿瘤防治科普讲座等宣传活动,发放传单1.5万余张,直接受益人群2.4万人。

深入中小学校和托幼园所,为13万名中小学生和5千余名学龄前儿童进行免费口腔健康检查、龋齿早期充填工作。以"9·20全国爱牙日"为契机,开展了形式多样的口腔保健知识宣传,举办了全市儿童规范刷牙大赛,并在中央电视台《新闻直播间》节目中进行了专题报道。组织口腔专家到苏家屯等乡村开展口腔健康教育、咨询、义诊活动,发放口腔健康教育手册,受益人群达数万人。

(卫生局)

【完成玉树地震灾区对口支援工作】 玉树地震后,按照省卫生厅、市卫生局部署,市疾控中心组建了支援玉树灾区卫生防疫队,奔赴地震灾区开展传染病监测、饮用水监测、环境消毒消杀、健康教育等灾后防病工作,帮助灾区落实各项防疫措施,保障了灾区人民的身体健康和生命安全。

(卫生局)

·社区卫生·

【完善社区卫生服务体系建设】 继续开展社区卫生服务体系建设和规范化建设验收工作。2010年是此项工作的收尾年,市卫生局与财政局根据共同下发的规范化建设方案,4月7日至16日期间,组织各部门专家和相关人员分两个考核小组逐一对第二批申报的社区卫生服务站实施了现场检查验收,最终全市218所社区卫生服务站达到了规范化建设标准,获得市政府拨付的每所机构5万元的社区卫生服务站建设奖励经费。至此,全市社区卫生服务中心和社区卫生服务站规范化建设圆满完成,规范化建设工作的实施,极大提高了社区卫生服务机构的硬件建设和服务能力,未达到规范化建设要求的社区卫生服务机构将逐步退出社区卫生服务网络。

全国社区卫生服务体系建设重点联系城市工作。沈阳市被国家卫生部确定为全国29个社区卫生服务体系建设重点联系城市后,根据2008、2009两年完成基线调查和第一次常规监测工作经验,于2010年2月至3月,组织各社区卫生服务机构全面开展常规监测数据整理和填报,共完成1300余份表格的调查、整理、录入、核查工作,最后按时上报卫生部课题组,为全国社区卫生服务体系建设及时提供了连续的第一手资料。沈阳市的全国社区卫生服务体系建设重点联系城市工作得到了卫生部领导的高度评价,在2010年11月18日卫生部召开的全国重点联系城市阶段总结会议上,副市级巡视员刘兴烈同志代表沈阳市政府作了经验介绍。

(卫生局)

【基本药物制度和门诊统筹】 1.筹备在社区卫生服务机构启动国家基本药物制度和门诊统筹工作。年初市卫生局下发了《关于做好沈阳市社区卫生服务机构落实基本药物制度相关准备工作的通知》,组织各区就政府办社区卫生服务机构开展医保定点情况进行调查和督导,一是积极争取市财政支持262万元,为部分社区卫生服务机构配备了医保相关设备;二是组织各社区卫生服务机构完善软、硬件条件,并与劳动保障部门沟通,努力将政府办社区卫生服务机构全部纳入医保定点范围;三是重新合理划分社区卫生服务机构服务辖区及人群,为下一步政府按社区卫生服务机构所提供服务量进行补偿提供依据;四是组织各社区卫生服务机构做好定点机构所服务居民基础信息统计工作,社区卫生服务机构将所服务辖区内居民的基本信息与医疗保险数据库对接,为政府补偿社区卫生服务机构实施基本药物制度和门诊统筹工作提供依据。

2.全面启动和实施基本药物制度。经过前期组织各区卫生局行政人员、机构负责人、医务人员座谈和动员、走访社区居民等准备工作基础上,组织全市政府办社区卫生服务机构于2月26日全面启动基本药物制度工作。在全市启动基本药物制度工作的过程中,市卫生局加大宣传力度,组织设计和印制、下发基本药物制度宣传板样品1050张共150套、宣传单样品25万张,使居民尽快了解、利用此项惠民政策。

3.启动医保门诊统筹工作。按照市政府的统一部署,组织各地区重新梳理各社区卫生服务机构医保资质,一是积极与劳动保障部门沟通,将全部312所政府办社区卫生服务机构纳入医保定点范围;二是与财政局积极争取,为307所社区卫生服务机构配备了门诊统筹工作所需要硬件设备,并组织发放到位;三是组织各社区卫生服务机构,为全市80余万居民医保参保人员确认定点社区卫生服务机构,采集参保人员基本信息并上报医保中心,确保医保软件实现参保居民就诊和报销各项功能。在各社区卫生服务机构和医务人员的共同努力下，2010 年 10 月 1 日，沈阳市政府办社区卫生服务机构全面启动了城镇居民基本医疗保险门诊统筹工作。

（卫生局）

【基层医疗卫生机构综合改革】 1. 落实基层医疗卫生机构综合改革各项工作任务。根据国家和省相关指导意见，市卫生局组织各地区落实社区卫生服务机构人事制度改革，由市编办和人事部门统一核定政府举办的各社区卫生服务机构人员编制，社区卫生服务中心按照每万服务人口 7 人予以核定，专业技术人员编制不低于单位编制总量的 80%，管理人员编制不高于编制总量的 20%，按照“定岗，定编，不定人”的原则，实行全员聘用制，择优上岗，对富余人员通过转换岗位、提前退休、过渡安置、鼓励自谋职业和支持学习深造等五项措施给予分流。截至 2010 年 7 月，各地区均实现了社区卫生服务机构人员全员聘用上岗。

2. 积极推行市、区两级绩效考核制度，采取专家的专业质控、卫生行政部门考核、社会第三方评估和机构内部测评四方面相结合的绩效考核方法，由市对区和机构进行考核评估，由区对科室和人员进行绩效考核，全面实行人员绩效工资，防止“大锅饭”，提高社区卫生服务效率与能力。根据市政府关于基层医疗卫生机构建立国家基本药物制度的实施方案要求，市卫生局起草了“沈阳市政府办社区卫生服务机构绩效考核指标”，并下发了《关于切实做好沈阳市社区卫生服务绩效考核工作的通知》，联合沈阳市社区卫生协会共同开展社区卫生服务机构的绩效考核，经过多轮的修改和征求意见，形成了考核评估指标细则，并分别于 8 月 2 日和 12 月 20 日组织专家对各地区开展年中、年末两次绩效考核工作，考核结果上报市医改办并全市通报。

（卫生局）

【落实国家基本公共卫生服务项目】 开展了全市社区卫生服务机构培训会议，对全市各地区卫生行政部门主管科室领导及工作人员、各社区卫生服务中心及部分社区卫生服务站医务人员进行专业培训，对居民健康档案管理和老年人、孕产妇、儿童健康管理进行逐项培训。在此基础上，组织各区、县（市）卫生行政部门，对辖区内各社区卫生服务机构已经存在的居民健康档案进行梳理和筛查，首先将已建成的重点人群健康档案内容和项目按照国家下发的《健康档案基本架构与数据标准（试行）》予以完善；其次对开展社区卫生服务工作以来建立的旧居民健康档案进行整理，按要求完善健康档案信息，进行规范管理，剔除“死档”；最后，组织各社区卫生服务机构采用入户建档、门诊建档和组织活动开展建档等多种行之有效的形式，加强对辖区其他居民的健康档案建立。经过努力，全市城市居民健康档案建档率达到 60% 以上。

（卫生局）

·新型农村合作医疗·

【新农合制度向纵深发展】 “十一五”期间，新农合制度覆盖了农村全部村屯，新农合与医疗救助相结合，覆盖了农村特困居民，两个覆盖的实现，使全市农村居民基本医疗有了保障，健康有了保障。

“十一五”期间，参合农民逐年增加到238.12万人，2010 年参合农民比 2005 年增加了 52.67 万人，参合率提高了 11.21%，参合率保持在常住人口的 99.38%，基本实现了应保尽保；筹资标准逐年提高。2005 年参合农民人均筹资标准仅为 30 元（个人 10 元），2010 年提高到 165 元（个人 30 元），是 5 年前的 5.5倍；报销封顶线逐年提高。2010 年，市政府根据国家深化医药卫生体制改革工作的要求提出“按农民人均纯收入的 6 倍，上调参合农民住院报销封顶线”达到5.5万元，是 5 年前的 18 倍；人均补偿比例逐年提高。2005 年人均补偿比仅为23.06%，2010 年政策范围内平均补偿比达到63.2%，比新农合起步时翻一番；农村特困居民最高补偿比达到 90% 以上；参合农民住院率增加。2005 年农民住院率仅为1.27%，2010 年参合农民住院率已经达到5.78%，比 5 年前提高 4.5个百分点；农民住院次均补偿费用逐年提高，2005 年农民住院次均补偿费用 991.86元，2010 年已经达到 2212 元，是 2005 年的2.23倍；人均住院自付费用占农民纯收入的比例降到 28%，与 2005 年相比下降了 40%。

农民“小病挺，大病等”已成为历史，现在的农民有病能医，有病敢医，农民“小病进村，大病上县，重病进城”已经成为农民就医的新途径，新型农村合作医疗成为农民健康的重要保障。

（卫生局）

【实现农村新农合制度与医疗救助制度有机结合】 沈阳市政府于 2007 年制定出台了《沈阳市农村特困居民医疗救助实施方案》，全面启动农村特困居民医疗救助制度，新农合与贫困医疗救助实现了有机结合。

农村特困居民在新农合医疗费用报销的基础上，自付部分再由民政医疗救助资金予以报销，累计补偿比例最高可达 90% 以上。对农村特困居民实行“双垫付”、“六减一免”政策（垫付新农合报销款及垫付特困救助报销款；看病免收挂号费，减半收取诊查费，进行 CT、核磁共振及彩超检查、住院床位费、手术治疗费等按原价格的 80% 收取）等政策，方便了特困农民报销，减轻了特困居民就医负担。

通过鼓励定点医疗机构让利服务，进一步减少农村特困居民医疗费用，农民只需缴纳较少的自费部分即可享受住院服务，变“事后救助”为“事前救助”。通过各地医疗机构“三送三免”：即（送医送药送健康，免费车接车送，免住院伙食费，免费提供陪护服务）等活动，使农村特困居民就医率大幅度提高。

2010 年启动并出台了《关于开展提高农村儿童重大疾病医疗保障水平试点工作的实施意见》，开展对 0－14 岁儿童先心病住院手术患者进行重大疾病救治工作。在全国慈善总会的大力支持下，初步确定市四院为慈善定点救助医院，又将沈洲、奉天、红十字、四院确定为市级救助单位，这 4 所医院将主动再让利 5%，优惠患病儿童。新农合、民政医疗救助、慈善总会、医疗机构减免这四个方面的优惠政策，使普通参合患儿在市直属 4 所医院可得到 75% 的补偿，特困患儿可得到免费救治。东陵区、铁西区、大东区、和平区4个地区出台了实施方案，有1名患儿得到了免费救治。

（卫生局）

【新农合基金运行平稳】 “十一五”期间，为扩大新农合资金使用效率，提高参合农民受益程度及受益面，最大程度的让农民受益，沈阳市首创并开展“二次补偿”制度。即：在有效防范新农合基金运行风险的基础上，利用剩余资金进行二轮报销，实现可支配资金支出率100%，确保当年资金全部用于农民。已经连续5年实现了新农合基金当年“零结余”，合作医疗的钱全都用在参合农民身上。

为了将有限的资金更有效的解决参合农民健康问题，从2007年积极开展支付方式改革。按照以往的补偿模式，是由新农合资金按服务项目比例进行报销，医疗机构多开药、多检查、多住院即可得到较高的垫付款报销，增加医院收益，影响了新农合基金安全，也影响了农民待遇。

为了有效控制新农合基金支出，沈阳市在全省率先实行了新农合费用支付制度改革，以单病种、按床日、按人头、总额付费等多种形式进行支付方式改革，从根本上打破医疗机构按项目收费的运行模式。全市参合农民住院费用控制已卓见成效。县、乡医院次均费用分别下降10%、29%。各区、县新农合基金支出有度，风险可控，运行安全。

（卫生局）

·医政工作·

【以改革统揽医疗管理工作全局】 1. 完成《沈阳区域医疗机构设置规划（2011－2015年）》起草工作。

2. 积极推进临床路径管理试点工作。确定沈阳医学院奉天医院等3所综合医院、沈阳市妇婴医院等2所专科医院、沈阳市第四人民医院眼科等2个重点专科作为临床路径试点单位和科室。选取57个病种作为首批实施临床路径的试点病种，18个病种参照临床路径模式管理，进一步规范了诊疗行为。

3. 开展优质护理服务示范工程。设试点病房87个，一级以上医疗机构优质护理服务开展率54%，三级医疗机构开展率100%，护理文书书写时间由3－4小时缩短为40分钟。最大程度上把护士还给病人，还给临床。

4. 落实国家基本药物制度。从2010年2月26日起，全市401家基层医疗卫生机构全部配备和使用国家基本药物并实行零差率销售。截至2010年12月31日，全市223家基层医疗卫生机构在网上采购药品，配送金额达到5601万元、涉及2670个品规，药品价格平均下降15%。全市基层医疗卫生机构门诊量上升3.47%，基层医疗卫生机构患者人均药费支出下降13%，抽样调查居民满意率达到90%以上。

5. 继续组织实施“百万贫困白内障患者复明工程”项目，年内完成手术1474例，超额完成目标。

（卫生局）

【推进“医疗质量万里行”和“医疗安全年”活动】 1. 积极推进“医疗质量万里行”和“医疗安全年”活动，接受国家和省厅专项检查，取得较好成绩。实施《沈阳市医疗质量控制中心管理办法》，各质控中心内涵建设得到加强。18个临床专业质控中心对市管，区、县（市）属医疗机构及50家民营医疗机构年内进行了一次全面质控检查、两次飞行检查和四次专项检查，受检医疗机构220余家次，医疗质量管理工作得到持续改进。

2. 严把准入关，从源头保证医疗队伍质量。完成全市4250名执业医师考试报名人员资格审查工作、全省6475名考生实践技能考试组织工作和3641名考生医学综合笔试考务管理任务。严格护士执业准入管理制度，全年完成912名护士执业注册证书更换和2671名护士首次执业注册工作。

3. 加强重点环节、重点部门管理。高度重视医院感染控制工作，针对2010年全国数次发生院内感染情况，对全市开展血液透析项目医疗机构进行专项检查。进一步完善沈阳地区二级以上医疗机构消毒与感染控制档案，对各医疗机构院感防控组织机构、消毒灭菌设备及消毒药品、消毒隔离工作环节、科室布局流程进行系统检查并存档备案，夯实院感防控工作基础。

4. 完善医疗过失和医疗事故信息上报制度，强化医疗事故行政处罚的警示教育作用。全年对2008、2009年度鉴定构成医疗事故的37例案件进行立案，处罚责任人49名，事故多发医疗机构4家。全年医疗机构主动协商解决重大医疗纠纷104案，当年结案率91.2%，缓解了医患矛盾，促进社会和谐稳定。

（卫生局）

【加强药事管理】 对300余家市管医疗机构、政府办社区卫生服务机构开展临床药事检查，使临床药事管理水平得到进一步提升。制定并实施《进一步加强全市医疗机构麻醉药品和第一类精神药品管理的有关规定（试行）》，进一步规范医疗机构麻醉药品和第一类精神药品管理，严防麻醉药品和第一类精神药品流入非法渠道。开展麻醉和第一类精神药品专项检查，共抽查医疗机构96家，并将检查结果当场反馈，对存在的问题责令限期整改。

（卫生局）

【社会医疗服务工作】 1. 进一步深化对口支援活动，继续实施“万名医师支援农村卫生工程”，派出城市医务人员194名，接诊病人近3万人次，手术示教1289例，开展专业技术讲座296次，免费接受乡镇卫生院医护人员进修19人；进一步开展医疗专家进社区活动。

2. 院前急救工作取得新成绩。全年院前急救转运患者12.6万人次，出诊抢救患者10.2万人次，搬运患者9.14万人次。执行各种重大活动急救医疗保障任务146项，累计派出医务人员2031人次，出动车辆677台次；执行突发事件现场抢救任务45次，抢救伤病员200余人次，突发事件现场救护完成率达100%。完成省运会医疗保障任务。

3. 圆满完成无偿献血工作。无偿献血9.75万人次，采血总量33.83吨，机采血小板8755人次，采集Rh阴性血951单位，预约送血5288车次，送血量28.07吨，预约送血率100%，实现了采供血及临床用血工作及时、安全的目标。

（卫生局）

【医用耗材和医疗设备采购管理】 1. 开展市直医疗卫生机构医用耗材集中采购工作。2010年,首次对市直21家医疗卫生机构14个大类、3854个品种、2万余个品规的医用耗材进行了统一招标采购,招标后价格平均降幅达到了18.4%,按2010年采购金额计算,可为广大患者节省资金5000余万元。

2. 完善医疗设备采购使用管理工作。健全医疗设备采购制度和程序,规范采购工作。全年共收到购买医疗设备请示66件,已批复56件,对其中37样设备组织了调研论证。

3. 对全市市属、区属、厂企及民营各医疗机构乙类大型医用设备使用情况进行了统计汇总,为沈阳市乙类大型医用设备科学配置提供依据。

4. 为保障医疗器械临床合理使用与安全管理,按国家卫生部及省卫生厅关于加强医疗器械临床合理使用与安全管理相关文件要求,于10月中旬对市直18家医疗机构医疗器械临床合理使用与安全管理情况进行了为期两周的专项检查,促进医疗器械临床使用管理向制度化、规范化、标准化方向发展。

(卫生局)

【中医工作】 1. 积极参与医药卫生体制改革,抓好扶持和促进中医药事业发展政策措施的制定和贯彻实施。积极参与医药卫生体制改革,代市政府起草了《沈阳市人民政府关于扶持中医药事业发展的政策措施》,与市财政局进行沟通,中医药相关政策措施已基本落实,下一步准备向市领导进行汇报。

2. 采取有效措施,加快中医工作发展,推动中医适宜技术进社区、进乡村。东陵区(浑南新区)被省卫生厅批准成为辽宁省中医药特色社区卫生服务示范区。为更好地满足全市城乡居民对中医药服务的需求,进一步推动中医适宜技术开展,实现全市社区卫生服务机构、乡镇卫生院和村卫生室都能为群众提供中医药服务的目标,年内购置了TDP神灯783台、中医治疗箱600个,惠及全市所有社区卫生服务中心(站)及部分乡镇卫生院、村卫生室,共1783家基层卫生服务单位,实现了两项中医技术器材全覆盖的目标。

3. 加强中医药队伍和重点专科(专病)建设,提高中医药人才队伍的业务素质和中医服务质量。为提高中医优秀人才的理论水平和临床实践技能,举办沈阳市中医优秀人才培训班,聘请中医药大学教授对全市中医优秀人才开展"学经典、做临床"讲座,举办中医优秀人才培训班,63次课1200余人次参加培训。举办了20期中医特色疗法培训班,800余人次参加培训。积极推广中医适宜技术,在临床取得很好疗效。组织实施沈阳市第二批名中医评选,通过材料评审、笔试和答辩三个阶段考核结果,于红等21人被授予"沈阳市名中医"称号。加快城市社区中医药人才培养工作进程,组织237名中医师参加辽宁省中医类别全科医师岗位培训,通过率达100%。市肛肠医院增挂了沈阳市中西医结合肛肠病医院的牌匾。市肛肠医院肛肠科通过省级中医(中西医结合)重点专科(专病)复核。

4. 继续开展中医医院管理年活动,加强中医机构的监督管理。为进一步推动中医医院管理年活动扎实、有效地开展,促进中医医院内涵建设,根据国家中医药管理局、省中医管理局和市中医管理局2009年中医医院管理年活动方案和检查评估细则的要求,对全市中医(中西医结合)医院进行医院管理质量检查评估。迎接国家中医药管理局对全市中医医院管理年活动进行检查督导,受到相关领导的好评。

5. 完成沈阳市中医类别执业医师及确有专长人员考试工作。共有799人参加中医类别执业医师考试,15人参加确有专长人员考试。按照卫生部考试中心、省卫生厅的要求,认真组织考前培训、考场安排、试卷保密、考试巡考工作,圆满地完成了两项考试工作。

6. 开展沈阳市"中医中药中国行·文化科普宣传周"活动。2010年9月26日至9月30日沈阳市"中医中药中国行·文化科普宣传周"在全市范围内开展。9月26日上午在沈阳市中山公园举行辽宁省暨沈阳市"中医中药中国行·文化科普宣传周"活动启动仪式及中医义诊、咨询宣传活动。辽宁中医药大学附属四所医院、沈阳市中医院、沈阳市中西医结合医院、沈阳市中西医结合骨伤病医院、沈阳市第二中医院、和平区中医院、沈河区中医院、皇姑区中医院、辽宁奉天中医院等13所中医医疗机构,出动车辆30台,摆放宣传板40块,共组织70余名专家,对7000余人进行义诊、现场咨询活动,发放宣传材料1.5万余份。省、市多家电视台,平面媒体对活动进行了采访。

(卫生局)

·食品安全综合协调·

【食品安全工作体制调整及制度建设】 2010年,按照市政府下发的《沈阳市调整食品监管职能,理顺监管机构的实施意见》,对市食品安全监管体制做出调整,将食品安全综合协调职能由食药监部门划入卫生部门,将餐饮服务安全监管职能由卫生部门划入食药监部门。

1. 按照新的食品安全工作体制,及时调整了市食品安全委员会(以下简称"食安委")组成。市编委下发文件,食安委主任由副市长王玲担任,副市级调研员刘兴烈同志任常务副主任,副秘书长曾波和卫生局局长王一兵任副主任。市食品安全委员会办公室(以下简称"食安办")设在卫生局。食安委成员单位由过去18个调整为23个,其中,农委、经信委、粮食、质监、工商和食药监局等6个部门主要领导为成员,进一步加强了市食安委的组织领导力量。

2. 明确各部门的食品安全工作职责。从监管工作实际出发,进一步依法明确了各部门在综合协调、食用农产品、食品生产、食品流通、餐饮服务各环节的具体职责,实现了监管边界的有效链接,形成了由卫生部门牵头、多部门联合、社会各界广泛参与的食品安全综合监管机制。

3. 推进食品安全综合管理机构建设。2010年市编办批准市食安办增加5个编制,增设处级指数1人。下发文件明确了区、县(市)食品安全综合协调工作机构设置和人员编制的意见,各区、县均配备了专门力量,其中,和平、铁西、东陵(浑南)、于洪和沈北新区以及新民市均独立设置了3名编制的食品安全综合协调机构，形成了“全市统一领导，属地政府负责，部门指导协调，各方联合行动”的食品安全工作格局。

4.建立健全食品安全管理制度体系。市卫生局（市食安办）制定和完善了《沈阳市食品安全工作信息报送制度》、《沈阳市食品安全事故应急处理暂行工作规程》、《沈阳市食品安全委员会会议制度》、《沈阳市食品安全工作督查督办规定》、《沈阳市食品安全工作考核办法》、《沈阳市食品安全专项整治举报案件调查处理及奖励办法》等一系列运行机制、考核机制、激励机制和奖罚机制，提供了有力地食品安全整顿工作的制度保障。

5.加强食品安全工作信息管理。为及时全面反映全市食品安全工作动态，推动食品安全工作开展，促进信息的制度化、规范化和科学化，在制定《沈阳市食品安全工作信息制度》基础上，强化了信息收集整理编发，共编发43期食品安全信息，累计7万字。每个季度公布1次各成员单位和区、县（市）食安办报送信息得分情况。

（卫生局）

【食品安全专项整治】　根据国家“打非和滥用”专项行动和食品安全整顿工作要求，全面落实市政府为群众办实事工程。市政府厅制发了《沈阳市食品安全专项整治联合执法主题行动方案》，市食安委组织召开了新闻发布会，在全市范围内打响了整治“三小”亮剑行动、严打“地沟油”天网行动、清理“露天烧烤”飓风行动三项主题行动，并公开了投诉举报电话，共受理食品安全投诉举报197起，市食安办（市卫生局）兑现奖励金额11万余元。对全市55家小型餐饮单位、食品生产加工小作坊、食杂店、粮油店进行了暗访，并制作了专题片，在调度会上进行播放。同时对各区、县专项整治工作进行全市排名，并在《沈阳日报》上发布排名结果，有力地推动了专项整治主题行动深入开展。开展了联合执法“集中行动月”活动，清理取缔非法小作坊（食品黑加工点）、小摊点、小餐饮和清理“露天烧烤”四项联合执法集中行动。质监、工商、食药监、农业、服务业、畜牧兽医、行政执法、环保、公安等部门通力合作，对存在重大食品安全隐患，且拒不整改的业户采取联合执法行动坚决给予取缔，掀起了食品安全专项整治行动高潮，有力地打击了不法分子的嚣张气焰。全市共出动执法人员18.06万人次，整治检查单位16.48万户次，限期整改单位2.38万户次，取缔4550户，立案处罚2673户，行政拘留45人，刑事拘留16人，媒体报道356次。开展了食品安全社会调查，食品安全专项整治知晓率达到87%，评选出了30家“三小”示范单位，有效地提升了食品安全管理水平。

市政府积极申报国家试点，下发了《沈阳市餐厨废弃物管理工作方案》，明确市城建局、市发展改革委等各相关部门、各区、县政府责任分工、工作任务，建立了联席会议制度，完善了餐厨废弃物管理工作机制，力争从源头上整治“地沟油”。市环保局、公安局、食药监局等相关部门按照职责分工，加强协作联动，分别召开会议专项部署“地沟油”专项整治执法行动，以小型餐饮企业、火锅店、烧烤店为重点，对全市餐饮服务单位采购、使用食用油脂情况进行监督检查。全市集中时间、集中人员、集中力量，分街路、分区域进行全面的清理取缔和综合整治，共出动近千余名执法人员，清理取缔违规废弃油脂加工厂（点）16家，有效地防止了“地沟油”等劣质油品流入食品生产加工经营和餐饮服务环节。

（卫生局）

【开展食品安全重点工作】　组织了彻查销毁2008年问题乳粉专项行动。成立了问题乳粉清查联合工作组，公布了问题乳粉举报电话，明确清缴工作第一责任人，与区、县政府签订了清缴问题乳粉工作目标责任书，发布了清缴问题乳粉通告。加强清查收缴政策宣传工作，开展了拉网式排查，与乳制品生产经营者签订了承诺书。全市共出动执法人员2万余人次，清查涉乳单位4.8万余户次，未发现2008年生产批号的问题乳粉和问题乳制品，也没有发生一起由问题乳粉事件引发的群体性事件。对发现的外埠近期生产的三聚氰胺超标的原料乳粉，在全部查明来源和流向后，将追回的剩余超标原料及产品按照规定程序和要求进行了销毁。各区、县（市）和有关部门强化重点品种、重点区域、重点环节食品安全监管，严肃查处各类违法行为。同时，加强食品安全宣传教育，强化节日值班和信息报告工作，出色地完成了“两节三会”期间食品安全保障工作。

（卫生局）

【食品安全应急及食品安全风险监测评估体系建设】　制定了《沈阳市食品安全事故应急处理暂行工作规程》和预案，组建了17个食品安全事故应急指挥组，94支2053人食品安全应急处理队伍，开展了食品安全事故应急演练，及时稳妥地处理了2起重大食品安全事故。由184名专家组成了沈阳市食品安全管理专家库，开展了食品安全检验检测资源与能力调查，为开展风险监测与评估等项工作提供了技术支撑和智力支持。

强化食品安全工作技术力量储备。开展食品安全检验检测资源与能力调查，掌握全市食品安全监测检验资源（包括科研所、大专院校等社会中介服务机构）基本情况。加强食品安全应急及风险监测评估体系建设，组建了由184名专家组成的沈阳市食品安全管理专家库，为制定食品安全工作发展规划和政策措施、开展风险监测与评估以及食品安全事件应急处理等方面提供智力支持和技术支撑。

（卫生局）

【预防性健康检查】　加强了预防性健康体检机构认证考核管理，进一步规范预防性健康体检工作流程、操作方法和体检结果判定。并根据卫生部通知精神，及时对体检项目进行了调整，全市累计体检31.52万人，检出阳性人数1858人，阳性检出率5.8‰，调离率100%。

（卫生局）

·卫生监督工作·

【生活饮用水卫生监督】　加大饮水卫生监督执法力度，积极开展饮水和学校卫生监督检查。按照国家和省重点监督检查计划，对水厂、自建供水单位等各类供水单位进行了地毯式监督检查，妥善处理60起省民心网饮水投诉事件，群众满意率100%；针对群众关心的家用水质处理器质量和安全问题开展专项整治，查处的品种和处罚力度处于全省领先水平。

（卫生局）

【公共场所卫生监督】 以游泳场馆量化分级管理为切入点，全面开展公共场所量化分级管理工作。制订了《沈阳市公共场所卫生监督量化分级管理工作实施方案》，成立了领导小组，对全市监督员及管理相对人进行了量化分级管理培训，印制了《沈阳市公共场所卫生监督相关知识培训手册》。实现了全市住宿和游泳场所量化分级率100%，美容美发及沐浴场所量化分级率市管100%、区管50%的目标。

学校卫生监督检查。加大了学校卫生工作培训指导和督导检查，及时对全市数据进行汇总上报，圆满完成了各项工作任务，得到了省专项稽查组的充分肯定。

加大传染病及消毒产品监管力度。重点开展疫情报告、医疗废物处置、消毒隔离措施及消毒产品等专项整治工作。针对群众关心的热点问题，对餐具消毒配送企业和消毒产品经营单位实施专项整治，极大地维护了广大市民公共卫生安全。

（卫生局）

【职业放射卫生监督】 2010年，全市新增职业健康检查机构和职业病危害因素监测评价机构5家，截至2010年末，全市共有职业健康检查机构9家、职业病危害因素监测评价机构11家，有效缓解了职业卫生技术服务机构配置不足及分布不合理的矛盾。

2010年全市职业健康检查4.15万人次，检出职业禁忌382人，调离率100%。检出疑似职业病143人，职业病诊断60人，均得到有效诊治。全市共完成建设项目卫生审查验收132家。

为切实依法保障劳动者健康权益，按照市政府年度医改工作要点，协调发改、安监、人社、财政和总工会等部门，如期完成《沈阳市职业病防治工作规划(2010－2015年)》工作。

（卫生局）

【医政执法】 2010年重点开展了民营医疗机构规范执业和打击非法行医专项整治行动。民营医院违法违规执业行为及非法行医问题在媒体频繁曝光后，市卫生局主要领导高度重视，亲临一线，现场指挥，开展了全市集中执法活动，主要检查民营医疗机构依法执业情况、医疗机构从业人员依法执业情况、违法发布医疗广告等情况。全市共检查民营医院、门诊部及个体诊所739户次，责令整改420家，立案83起，取缔8家，吊销诊疗科目6家，停业整顿10家，罚款8.98万元，没收违法所得2.05万元。新闻媒体报道全市执法检查活动11次，并对存在违法违规行为的24家医院进行了公示，对管理规范的4家医院进行了正面宣传，营造了打击非法行医良好态势，进一步规范了医疗执业行为。

（卫生局）

·科教工作·

【重点学科建设】 2010年，重点学科共申请到科研课题113项，其中国家自然基金1项，国际协作课题4项，国家协作课题14项，省级课题9项，市级课题23项，省重点实验室1个，市重点实验室2个，完成科研成果鉴定26项，获得省科技进步三等奖2项，市科技进步奖一等1项，二等4项，三等7项。在国家级学术刊物发表论文388篇，其中核心期刊论文319篇。外请专家讲学获技术表演163人次，举办国家、省级继续医学教育项目41项，有26人、317人和474人分别参加了国际、国家和省级学术会议。有20人担任了硕士生导师，有7人、24人和41人分别在国家级、省级和市级学术委员会任副主任委员以上职务。40岁以下医生中硕士、博士占医生总数的四分之三，部分重点科系40岁以下医生实现硕士化。年内开展各类新技术152项，重点学科全年总收入达16.24亿，接近局属单位总收入的二分之一。

（卫生局）

【科研工作与学术交流】 首次申请了25万元专项经费对2010年局科研计划中35岁以下青年医生承担的科研课题进行资助，对一级、二级重点科系和非重点科系的课题分别给予2万元、1.3万元和8000元的资助。全年，局属单位共完成省级成果5项，市级成果32项，获得省科技进步三等奖2项，市科技进步奖一等1项，二等4项，三等7项。中标国家自然基金项目1项（实现了市级医院零的突破），其他国家协作科研项目33项，省计划项目23项，市计划项目21项，省重点实验室1个，市重点实验室2个，获得科研经费680万元。2010年，有30人担任了硕士生导师，有67人在省级以上医学专业杂志社任主编、副主编。邀请外国专家讲学或技术表演25人次，省外专家164人次，有168人参加国际学术会议或到国外进修学习。

（卫生局）

【实验室生物安全管理】 开展全市范围内的实验室生物安全专项检查，共排查了330个单位的336个实验室。全年备案实验室29个。此外还对相关300余名责任人进行了有关实验室生物安全管理法律法规、管理制度等方面的专项培训。

（卫生局）

【基层卫生技术人员培训】 制发了《沈阳市基层医疗卫生技术队伍建设三年规划》。对421名社区医生、671名社区护士、300名乡镇卫生院医生、100名乡镇卫生院护士、1700名村医进行岗位培训；组织72名社区医生、55名社区护士、32名县医院医生参加骨干培训；组织50名社区医生参加第二期急诊急救专项培训；选送255名社区医生、128名乡镇卫生院医生和12名县医院医生到上级医疗卫生机构进修半年；实施健康教育、精神卫生心理和心电图的社区项目，每个项目培训369名社区医生；实施儿科学和健康教育的农村项目，每项培训128名乡镇卫生院医生；举办适宜技术培训4场，培训基层卫生人员994人次。安排33名社区医生进行转岗培训。完成农村订单定向免费培养计划18人的报名工作，组织农村卫生机构在职临床医师234人参加农村医疗卫生机构临床医师成人免费高等学历教育考试报名。全年累计基层卫生人员培训率超过30%。此外，利用科教网络平台，开展了

"健康教育、健康促进"全员培训,全市各级各类医疗机构的医务人员2万余人参加了培训。

(卫生局)

【继续医学教育】 2010年,共举办国家项目14项(监督检查了14项)、省级项目65项(监督检查了65项)、市级项目349项。应用"继续医学教育管理系统",进行项目的申报、评审和考核。已经实现了市直及各区(市)的网上继续医学教育的达标考核,局属单位的达标率达到了98%以上,区属单位的达标率达到了85%以上。推荐2011年国家级继续医学教育项目16项、省继续医学教育项目80项。共为978人换发《辽宁省继续医学教育合格证书》。

(卫生局)

·妇幼卫生工作·

【妇幼卫生项目运转顺畅】 2010年,培训项目人员6期10批,培训合格农村孕产妇住院分娩补助项目人员117名、叶酸发放指导人员152名、农村孕中期超声检查医师13名、农村妇女免费宫颈癌检查项目相关人员75名。努力协调财政等有关部门,为"三县一市"新增配4台彩超,新增设4家筛查机构,使免费定点筛查机构数达到9家。

截至2010年底,全市农村孕产妇住院分娩补助1.4万人,补助受益率为97.96%;农村孕妇孕中期免费超声筛查6480人,筛查率为88.89%;农村孕妇免费补服叶酸9730人;免费检查宫颈癌1.42万人,全面完成省、市政府绩效考核及政府卫生工作目标责任状(农村孕产妇住院分娩补助受益率90%、农村孕妇孕中期免费超声筛查率80%、项目区免费检查宫颈癌1.4万人)的工作目标要求。

(卫生局)

【孕产妇和婴儿死亡率得到有效控制】 一是组织专家定级复查全市辖区内103家助产技术服务机构,暂停9家助产技术服务资格。二是委托第三方严格对母婴保健技术服务人员进行理论考试和技能考核,全市有1837人合格。三是申请财政专项资金10万元,在市妇婴医院设立培训基地,无偿培训农村产科人员300人,不断提高农村地区的产科水平。四是注重充分发挥市妇婴医院和市儿童医院作为孕产妇和儿童急救的"绿色通道"的作用,全年市妇婴医院共抢救危重孕产妇63人,抢救成功率98.4%;市儿童医院共抢救重危儿童305人,抢救成功率99.6%。五是聘请中国医科大学附属盛京医院的妇产科专家和儿科专家作为沈阳市孕产妇和儿童死亡评审组组长,与全市抽调的知名妇产科专家组成专业评审组,对2010年度孕产妇和儿童死亡病例开展死亡评审工作,及时总结经验和教训,促使妇幼卫生服务技术水平不断得到提高。

截至2010年底,全市孕产妇死亡率为16.11/10万,婴儿死亡率为5.7‰,孕产妇系统管理率为96.36%,儿童系统管理率为96.75%;高危孕产妇管理率为100%,高危住院分娩率为100%。

(卫生局)

【出生缺陷发生率降低】 全年共组织专家接受公共传媒专访10次、举办婚检业务培训班6次、培训婚检人员71人次、深入基层检查指导332人次;对基层单位及结婚登记人群发放光盘260张、降低出生缺陷宣传资料2100份、婚检宣传材料6万多份;全年对婚龄人群一对一宣教4万多次、共接待孕前保健1000余人次、筛查脊柱裂、唐氏综合征等7万多人次、接受优生知识宣教群众10万余人次。

截至2010年底,全市婚检率为27.83%,出生缺陷发生率为95.6/万。全市共有2811名孕妇从围产营养项目中受益;中国妇女盆底功能障碍项目举办了项目设备捐赠仪式和技术培训班,市妇婴医院等8家受赠单位已经安装了设备,工作进展顺利;市卫生局委托市妇女儿童保健中心对皇姑区特殊症状的25名先天性耳聋青少年免费进行了基因检测;和平区做为艾滋病母婴传播阻断项目区全年咨询2565人,检测1554人,助产单位孕中期艾滋病母婴阻断检测9307人,很好地完成了项目工作。

(卫生局)

·药械工作·

【实施国家基本药物制度】 从2010年2月26日起沈阳市开始实施国家基本药物制度,为认真做好此项工作,制定了《沈阳市基层医疗卫生机构基本药物配备使用暂行规定》、《沈阳市基层医疗卫生机构基本药物配送企业遴选办法》及评分细则。完成了沈阳市20家基本药物配送企业的遴选工作。组织指导基层医疗卫生机构以县、区(市)为单位与配送企业签订了药品购销合同,保证了基层医疗卫生机构基本药物配备和使用。开展了合理使用基本药物的全员培训。在主管局长带领下,对基层医疗卫生机构在基本药物制度启动实施前药品配备使用等准备情况进行了督导。

3月1日,省药品集中采购网开通,组织指导基层医疗卫生机构通过网上订购基本药物,由中选的配送企业将基本药物配送到医疗机构,保证基本药物的足额供应。密切配合相关部门,做好基本药物采购、配备使用等情况的跟踪监测工作。基本药物制度实施初期,通过到乡镇卫生院、社区卫生服务中心进行调研,召开各区、县(市)主管基本药物制度工作负责人座谈会,并向基层医疗卫生机构发放《沈阳市基层医疗卫生机构基本药物制度实施情况调查表》,网上跟踪监测等多种方式,了解掌握制度实施初期基层医疗卫生机构存在的主要问题,一是部分中标药品采购价高,二是中标目录药品不全。

根据药品采购网上监测结果显示,截至2010年12月31日,全市基层医疗卫生机构网上采购药品金额为5601万元(配送额),涉及总品规数为2670个。通过对实施基本药物制度的基层医疗卫生机构相关数据同期对比显示,全市基层医疗卫生机构门诊人次增加3.47%,患者人均药费支出下降15.08%,百姓药费支出呈现下降趋势,说明实施药品零差率销售百姓真正得到了实惠。

(卫生局)

【市直医疗卫生机构医用耗材集中采购】 为规范医疗卫生机构医用耗材采购行为,市直医疗卫生机构医用耗材实行了集中采购。

研究制定了《沈阳市市直医疗卫生机构医用耗材集中采购工作方案》,《沈阳市市直医疗卫生机构医用耗材集中采购招标代理机构遴选方案》、评分标准及评分细则。成立了沈阳市市直医疗卫生机构医用耗材集中采购工作领导小组。组织成立了由各医疗专业230人组成的沈阳市市直医疗卫生机构医用耗材集中采购专家库。通过遴选,确定金药商务网络有限责任公司作为2010年沈阳市市直医疗卫生机构医用耗材集中采购的招标代理机构。共对14大类,3854个品种,2万余个品规进行了招标,招标后价格平均降幅达到了18.4%,按2009年医疗卫生机构采购金额计算,直接可为广大患者节省资金3600万元。

(卫生局)

【医疗器械采购使用管理】 进一步理顺工作流程,对代理机构提出了招标设备技术参数必须同时满足3家以上的硬性要求,强化完善合同、招标文件、申请单的填写,保证备案纸质文件的完整、准确、清晰。全市共收到医疗机构购买医疗设备的请示66件,已批复56件,对其中37样设备组织了调研论证。根据卫生部规划财务司《关于请报送乙类大型医用设备配置情况的通知》要求,对市属、区属、厂矿及民营各医疗机构乙类大型医用设备使用情况进行了统计,并按要求汇总上报至辽宁省卫生厅。

根据省卫生厅《转发卫生部办公厅关于印发2010年医疗器械临床合理使用与安全管理专项检查活动方案的通知》要求,对市属18家医疗机构医疗器械临床合理使用与安全管理情况进行了专项检查。不断提高医疗机构在医疗器械临床使用管理方面制度化、规范化、标准化管理水平。

(卫生局)

·医政工作·

【基本医疗保障工作】 一是出台了《沈阳市巩固和完善新型农村合作医疗制度的实施意见》,提高了筹资标准,建立了大病补助制度,提高住院报销封顶线,提高了住院补偿比例,同时,全面开展儿童重大疾病救治工作,统筹区域内全面开展支付方式改革,实行按人头付费、单病种付费及按床日付费。

在各级政府的共同努力下,新农合工作取得了"六个增高一个降低"的喜人成绩。一是农民参合人数提高到238.12万人,参合率保持在常住人口的99.38%,基本实现了应保尽保;二是筹资标准达到每人每年230元;三是农民看病报销额度提高到12万元,是国家要求的2.5倍;四是农民住院明显提高,住院率达到5.78%,保持在合理范围内,农民就医需求得到有效满足;五是人均住院报销额度有所提高,达到2212元,提高了1221元,提高1.23倍;六是提高政策范围内报销比例,达到70%以上;七是人均住院自付费用占农民纯收入的比例降到28%,与2005年相比下降了40%,有效解决了农民看病贵的问题,新型农村合作医疗已成为农民看病就医的重要保障。二是启动医保门诊统筹工作。2010年10月1日,政府办社区卫生服务机构全面启动了城镇居民基本医疗保险门诊统筹工作。农村开展门诊统筹与住院统筹相结合的补偿模式,即保证大病,又兼顾小病。

(卫生局)

【国家基本药物制度在县区稳步推进】 从2010年2月26日起,沈阳市开始实施国家基本药物制度,为认真做好此项工作,制定了《沈阳市基层医疗卫生机构基本药物配备使用暂行规定》、《沈阳市基层医疗卫生机构基本药物配送企业遴选办法》及评分细则。完成了沈阳市20家基本药物配送企业的遴选工作。组织指导基层医疗卫生机构以县、区(市)为单位与配送企业签订了药品购销合同,保证了基层医疗卫生机构基本药物配备和使用。同时,开展了合理使用基本药物的全员培训,保证了基本药物安全有效的使用。与此同时,加强与相关部门密切配合,通过到乡镇卫生院、社区卫生服务中心进行调研,召开各区、县(市)主管基本药物制度工作负责人座谈会,并向基层医疗卫生机构发放《沈阳市基层医疗卫生机构基本药物制度实施情况调查表》,网上跟踪监测等多种方式,了解掌握各地基本药物制度实施情况,做好基本药物采购、配备使用等情况的跟踪监测工作。

作为辽宁省实施国家基本药物4个试点城市之一,沈阳市高度重视,将此项工作列入市政府为群众办实事之一。在全市344家政府举办的基层医疗卫生机构全部配备和使用国家基本药物的基础上,创新思路、完善举措,首创在55家非政府办基层医疗卫生机构推广使用国家基本药物并实现了零差率销售,差额部分各级财政给予了补偿。根据统计,307种国家基本药物,有225种药物比制度实行前销售价格下降,下降幅度从3%—92%不等,平均下降15%左右。制度运行10个月来(2010年3月至12月),共采购药品总金额5601万元,涉及品规数2670种,人均药费支出下降13%,全年门诊人次同比增加5.8%,抽样调查居民满意率达到90%以上。

(卫生局)

【基层医疗卫生服务体系建设】 按照国家、省、市的部署,市卫生系统启动了基层卫生服务体系建设固定资产投资项目64个,基本完成了农村三级医疗服务网络的建设任务,特别是新民、辽中、法库、康平等县郊区中心医院全面启动建设并陆续投入使用,遍及城乡的医疗服务体系基本建成。在硬件建设的同时,重点加强了以县医院为龙头的农村医疗服务体系内涵建设,服务能力和水平不断提高,以新民、苏家屯为代表的县、区中心医院龙头作用日益显现,医疗服务能力明显增强,药品收入比例显著下降,取得了良好的社会效益和经济效益,为解决广大农民看病难的问题起到积极的促进作用。

1.按照国家、省、市的部署,市卫生系统启动了基层卫生服务体系建设固定资产投资项目64个,其中:中央投资项目58个,地方政府投资项目6个。依据统一的建设标准和规范,启动4县(市)中心医院、35所乡(镇)卫生院、15个城市社区卫生服务中心建设项目,9家乡镇中心卫生院附属设施项目,总建筑面积12.9万平方米,总投资2.36亿元,其中,申请中央安排资金1.11亿元,市政府负责安排配套4813万元,县区政府负责地方配套资金7672万元。竣工项目59个，其中，乡镇卫生院项目35个，县级医院3个项目，乡镇中心卫生院附属设施项目9个，城市社区卫生服务中心建设项目12个。在建项目5个。一是辽中县医院改扩建工程项目，改扩建业务用房1.74万平方米，总投资3306万元。其中，中央补助1500万元已经到位，开设了银行专户。地方配套资金1806万元，市政府拨付826万元、县政府980万元到位。于2009年9月4日开工，于2010年6月末完成地上9层主体封顶施工，拟于2011年8月竣工。二是康平县人民医院综合病房楼扩建项目，扩建建设规模1.29万平方米，总投资2661万元，其中中央投资2100万元，地方配套561万元，于2010年10月1日工程开工，计划于2011年7月完成9层主体封顶，2011年年底工程竣工。三是棋盘山满堂社区卫生服务中心建设项目，改扩建业务用房1800平方米，总投资550万元，其中，中央补助240万元，区配套资金310万元，中央资金已经到位。工程于2010年6月25日开工，已经3层封顶，计划2011年6月底竣工。四是棋盘山望滨社区卫生服务中心建设项目，新建业务用房1600平方米，总投资480万元，其中，中央补助220万元，区配套资金260万元，中央补助220万元已经到位。工程于2010年10月1日开工，已完成基础施工，计划2011年9月竣工。五是棋盘山高坎社区卫生服务中心建设项目，改扩建业务用房1580平方米，总投资427万元，其中，中央补助200万元，区配套资金227万元，中央和地方配套资金全部到位。于2010年5月25日开工，现已完成3层封顶和外墙砌筑。计划2011年6月底竣工。

2.为73所乡镇卫生院添置和更新医疗设备完成情况。经市卫生局委托招标、组织采购工作，完成装备12个县、区的73所乡镇卫生院医疗设备185台，现已安装并投入使用。投入资金434万元，进一步改善了乡镇卫生院设备陈旧落后状况，提高了乡镇卫生院急诊急救和应对突发公共卫生事件的能力。

3.按照医改工作要求，制定并下发了《沈阳市基层医疗卫生技术队伍建设三年规划》。从2009年开始，每年委托沈阳医学院沈洲医院进行社区医生急诊急救专项培训。急诊急救专项培训已顺利完成，每期培训班有学员50名。

截至2010年底，共完成798名社区医生、1271名社区护士、464名乡镇卫生院医生、264名乡镇卫生院护士、4100名村医的岗位培训（包括计划内和计划外）。组织了140名社区医生、55名社区护士、32名县医院医生参加骨干培训。选送380名社区医生、208名乡镇卫生院医生和12名县医院医生到上级医疗卫生机构进修半年。组织了健康教育、儿科学、心电图、精神卫生心理、预防专业、传染病、康复专项培训班，培训社区医生和乡镇卫生院医生1024人次。举办化验单解读等适宜技术培训4项，培训社区和乡镇卫生院医生1526人次。安排33名社区医生进行转岗培训。有320名乡镇卫生院和县医院的医生参加免费的本科或大专层次的学历教育。

（卫生局）

【基本公共卫生服务】 一是全面完成15岁以下人群乙肝疫苗补种工作。按照《沈阳市乙肝疫苗补种实施方案》安排，2009年底启动了15岁以下人群乙肝疫苗补种工作。为确保接种安全，市卫生局组织专家加强了技术指导，市、区两级卫生部门均公布了24小时值班电话，各区、县（市）根据接种点的分布情况，安排了救护车和医护人员，各接种点设置了明显标志，张贴了预防接种公示，严格按照接种程序实施接种。截至2010年底，完成了1994－1997年出生的未免疫儿童乙肝疫苗补种217100针次，补种率达到96.5%。

二是农村妇女两癌筛查及孕期保健工作进展顺利。2009年，市委、市政府按照国家要求及时启动四项重大公共卫生服务项目，即农村孕产妇住院分娩，农村孕妇孕中期免费超声筛查出生缺陷，农村妇女“两癌”检查，增补叶酸预防神经管缺陷等项目。

三是为结核病患者提供免费检查和抗结核药物治疗，结核病人发现率达到75%，治愈率达到85%以上。结合医改要求，通过开展中央转移支付结核病控制项目和结核病医防合作项目，全面落实结核病报病和病人督导管理补助政策，开展了结核病人免费检查和免费治疗工作。2010年，新涂阳肺结核病发现率、治愈率和病人系统管理率分别达到76.9%、94.57%和96.8%，医防合作成效显著。

四是开展农村生活饮用水水质卫生监测。2010年，加强了对8个郊区、县（市）138个水质监测点的技术指导和质量控制，采集检测水样1192份，督导覆盖率和水样检测复核率均达到100%。

五是建立完善居民健康档案。按照国家下发的《健康档案基本架构与数据标准（试行）》将已建成的重点人群健康档案内容和项目予以完善；对以往建立的旧居民健康档案进行整理，按要求完善健康档案信息，进行规范管理，剔除“死档”；然后采用入户建档、门诊建档和组织开展活动建档等多种行之有效的形式，加强对辖区其他居民的健康档案建立。经过努力，截至2010年底，城市居民健康档案建档率达到60%以上，农村居民健康档案建档率达到40.5%。

六是为贫困白内障患者实施复明手术是基本公共卫生服务均等化的重要内容之一，在市、县（区）的努力和民营医疗机构的大力配合下，2年共成功实施手术2474例。

（卫生局）

【积极探索公立医院改革】 一是按照医改工作要求，完成了公立医院改革试点方案的起草和论证工作，并积极推进公立医院管理体制、运行机制、补偿机制和监管机制的改革，在全市卫生系统推行了预约诊疗、检验结果互认、优质护理服务等惠民便民举措。特别是在市直属18家医疗机构全部实行临床路径管理，截至2010年12月31日，共有141个科室开展了18个专业的57个卫生部临床路径病种目录内的病种和10个专业的18个目录外病种，纳入临床路径管理的病例总数为5017例，变异病例1368例，退出病例727例，规范了医疗行为，有效降低了患者的医疗费用。

二是建立以医疗纠纷人民调解和医疗责任保险制度为主体的医疗纠纷社会化调处机制，通过调研、座谈、论证，已经完成了方案的起草工作，等待政府通过后实施。

三是为有效解决人民群众“看病难”、“看病贵”的问题，市卫生局积极探索和开展制度改革、机制创新，从1月1日起，首次在市直21家医疗卫生机构全面执行医用耗材集中招标采购中标结果，直接从网上集中采购。短短2个月，这项制度创新取得了显著成效，达到了“两好一低三满意”的效果，即：产品质量好、采购方式好、价格低、患者满意、医院满意、卫生部门满意，得到了市纪委的高度评价。截至2010年12月31日全市基层医疗卫生机构网上采购药品金额达到5601万元、涉及2670个品规，经过集中招标后价格平均降幅达到了18.4%，仅按2010年采购金额推算，可直接为广大患者节省医疗费用8000余万元。

（卫生局）

体　育

【辽宁省第十一届运动会会徽、吉祥物揭晓】 2010年1月15日，辽宁省第十一届运动会（简称“省运会”）组委会办公室在沈阳迎宾馆召开省运会会徽、吉祥物评选新闻发布会，正式对外宣布省运会会徽、吉祥物的诞生。鲁迅美术学院穆旭龙设计的由沈阳故宫大政殿、奔跑的运动员、浑河3个基本元素整合而成的会徽图案，辽宁大学广播影视学院讲师董与思设计的吉祥物小老虎—阳阳图案最终入选。省运会组委会办公室向两位设计者颁发了获奖证书和各5000元奖金。

省运会于2010年在沈阳市举行。为切实做好省运会会徽、吉祥物征集、评选工作，省运会组委会办公室从2009年11月22日起，通过媒体宣传、网上征集等方式向全社会公开征集省运会会徽、吉祥物。截至2010年1月5日，共征集到来自全国18个省、市的会徽设计作品272件，吉祥物设计作品36件，其中辽宁省内沈阳、大连、鞍山、抚顺、本溪、辽阳、锦州、铁岭、瓦房店等市的广大设计者报送了大量设计稿件，广东、四川、湖北、安徽、河南、福建、江苏、云南、湖南、浙江、内蒙古等省、自治区的设计者也踊跃投稿。设计人员中，既有美术院校的专业人士，也有退休干部职工；有小学生，还有70多岁的老者。

为做好省运会会徽、吉祥物的评审工作，省运会组委会办公室本着“公开、公平、公正、择优”的原则，依据评选办法，规范评审程序，聘请知名专家精心组织评审，在充分研究论证的基础上，采取初评、复评和终评的方式，将评选结果向社会公布。省运会会徽、吉祥物的诞生，标志着本届运动会的帷幕已经开启。

（叶　新）

【召开贯彻落实《全民健身条例》工作会议】 2010年1月26日至27日，沈阳市贯彻落实《全民健身条例》暨2010年群众体育工作会议在棋盘山国际会议中心召开。各区、县（市）文体局局长、副局长、体育科长、体育总会秘书长、社体中心主任，行业体协代表，东机集团、黎明集团、沈飞集团代表，健身器材销售代表80余人参加会议。市体育局领导同志以及市体育总会、市社体中心、市体育局机关相关部门负责人出席会议。

会议听取了各区、县（市）文体局关于2009年工作完成情况和2010年工作安排的汇报；研讨了沈阳市2010年群众体育工作安排、沈阳市贯彻落实《全民健身条例》实施计划暨沈阳市群众体育“十二五”规划、《沈阳市社会体育指导员管理办法》和《沈阳市体育社团管理办法》等征求意见稿，提出了建设性意见；市体育局领导作了重要讲话。他要求全市体育系统在新的一年里要重点做好五项工作：

一是唱响“全民健身迎全运”主旋律，全力创建科学健身城。认真贯彻落实《全民健身条例》，在全市实施全民健身科学化知识普及工程；构建全民健身公共服务体系，逐步完善市、区（县）、街道（乡镇）、社区（村屯）四级全民健身服务网络，发挥各级社会体育指导员的作用，开展有沈阳特色的全民健身运动，实现全民健身规范化、科学化、生活化；完善区、县（市）国民体质监测网络，充分发挥各级国民体质监测站作用，为广大群众参与健身活动提供科学指导；积极开展形式多样的全民健身活动，打造全民健身品牌活动；争取区、县（市）政府加大投入，建设区、县（市）级全民健身中心。

二是以提升竞技体育实力为目标，积极创建优秀体育后备人才基地。完善优秀体育后备人才“选拔、训练、竞赛、输送”的工作体系，加强运动员、教练员和管理干部队伍建设，打牢竞技体育基础；加强对基层体校和业余训练的指导、服务，争取政府投入，进一步完善基层优秀体育后备人才基地建设，不断提高输送优秀运动员的数量和质量；做大田径、体操、重竞技、射击、乒乓球、垒球等优势项目，做强游泳、赛艇、皮划艇、篮球、排球、足球等重点项目，全面提高竞技体育实力；加强体育科研工作，不断提高体育科研服务竞技体育和全民健身运动的水平；承办好省运会，力争取得办赛和参赛的最好成绩；高质量地做好第十二届全运会全运村、媒体村及比赛场馆、全民健身中心的规划建设的相关工作，全面提升竞技体育的场馆规模和水平。

三是以建设东北体育产业大市为目标，积极发展体育彩票、竞赛表演、休闲娱乐等产业市场。发挥各区、县（市）政府的积极性，完善政策措施，充分挖掘体育彩票市场的潜力，全年体育彩票发行额不低于4.8亿元；积极培育竞赛表演市场，市属体育场馆在确保正常训练和全市性大型活动的前提下，要尽可能多地承办大型赛事和演出活动，带动现代服务业的发展；制定体育产业发展规划，成立沈阳市体育产业协会，加强管理和服务，促进体育产业健康发展。

四是加强法制建设，提高依法治体水平。组织全市体育系统干部职工开展体育法规学习、宣传活动；依据《全民健身条例》，协调有关部门研究制定沈阳市实施全民健身工程的规范性文件；落实行政执法责任制，开展体育行政执法责任制大检查；联合质量技术监督、文化执法总队等有关部门，开展高危体育项目经营检查；做好迎接国家体育总局对沈阳市贯彻落实《全民健身条例》情况检查的准备工作。

五是加强党的建设，为体育事业健康发展提供组织保障。深入学习实践科学发展观，加强党的思想建设，进一步扩大党内民主，健全党内生活，做好新党员发展工作，充分发挥党员的先锋模范作用和党支部的战斗堡垒作用；加强干部队伍、领导班子和后备干部队伍建设，提高领导干部和领导班子的执行力；贯彻建立惩治和预防腐败体系要求，强化教育，严肃纪律，完善制度，标本兼治，不断提高干部队伍的纯洁性。

（叶　新）

【日本札幌市青少年乒乓球代表团访问沈阳】　在中国沈阳与日本札幌建立友好城市关系30周年来临之际，以北海道议员千叶英守为名誉团长、平公夫为团长的日本札幌市青少年乒乓球代表团一行25人，于2月21日至27日对沈阳市进行友好访问，同市体校乒乓球队进行了比赛交流。通过4天的交流，中日双方青少年乒乓球选手举行了总计8个小时的共同训练和友谊比赛，达到了加深相互了解、增进彼此友谊、共同提高竞技水平的目的；同时，沈阳市与日本札幌市体育协会就进一步发展两个城市间的体育合作，扩大体育交流领域进行了协商，达成了初步共识。札幌市青少年乒乓球代表团此次来沈访问交流，开启了新的一年两市体育友好交流的序幕，书写了沈阳与札幌两个友好城市间体育交流的新篇章，有力地推动了两市间传统友谊的发展，为促进中日友好和各个领域的交流与合作做出了贡献、树立了榜样。

（叶　新）

【筹备全运会】　作为2013年第十二届全运会的主要承办城市，沈阳市将承办不少于60%的比赛项目。为办好省运会，启动全运会各项筹备工作，3月4日下午，市长陈海波主持召开市长办公会议，听取了徐兴家局长关于沈阳市筹办辽宁省第十一届运动会相关工作进展情况以及承办第十二届全运会场馆需求情况的汇报。陈海波市长指出，办好省运会，不仅对促进沈阳市体育事业发展，展示城市形象，提升文明程度，推动经济社会又好又快发展具有重要意义，同时也是备战全运会的一次热身和演练。全市上下要进一步增强责任感和紧迫感，全力以赴做好各项筹备工作，将省运会办成一届高水平的体育盛会，并以此锻炼队伍，为承办2013年第十二届全运会奠定坚实基础。

针对第十二届全运会筹备工作特别是场馆规划建设，陈海波市长要求，要尽快成立沈阳赛区组织领导机构，分解细化各项筹备工作，并与省有关部门对接，确定由沈阳市承担的比赛项目。要把握好体育事业与体育产业之间的关系，走政府投入与市场运作相结合的路子，做好全运会的筹备工作。要统筹考虑省运会和全运会的筹备工作，做好环境整治、安全保卫等方面工作。特别是在场馆建设方面，要量力而行，优先保障赛事需求，并充分考虑场馆后续利用，布局要均衡合理、贴近市民，更好地为广大群众服务。

（叶　新）

【省委常委、市委书记曾维到市体育局调研】　2010年3月31日，省委常委、市委书记曾维带领市委常委、副市长邢凯，副市长王玲以及市委办公厅、市发改委、市财政局、市规划局等部门的主要负责同志到市体育局调研。市领导深入市体育局各训练单位，与教练员、运动员亲切交谈，听取市体育局领导和训练单位负责同志的工作汇报，现场查看训练设施、教学条件，并就引进教练员等专业人才、五里河体育场安保、体育市场管理、扩大体育彩票销售等具体问题进行了现场办公。调研中，市领导在充分肯定市体育局工作基础上，对抓住举办第十二届全运会机遇，加快沈阳体育事业大发展提出了明确要求。

1. 体育要为沈阳全面振兴做贡献。发展体育运动是全面振兴沈阳老工业基地的重要组成部分。要用筹备全运会这三年左右的时间，提升软硬件水平，努力实现跳跃式发展，把沈阳体育打造成与沈阳经济实力相匹配，甚至超前一点的水平，使之成为沈阳经济社会发展的一个亮点。竞技体育不要满足全国城市运动会第五这个位次，要努力取得更好的成绩。要做好为国家培养和输送体育人才工作，也要精心打造沈阳的优势项目，特别是群众关心的像足球、篮球、排球这样的项目。现在沈阳东进足球队、东进篮球队已经民营化了，这个路子是对的，要支持，媒体要跟踪报道，要炒热，帮助他们取得好成绩，为沈阳争光。

2. 大力发展全民健身运动。体育是一个地区社会和谐、经济发展、百姓幸福的重要标志，也是体现城市活力的象征。这三年体育硬件水平要上去，全民健身的水平更要上去，这是地方政府要做的一项重要工作。要经过筹备全运会这三年的宣传、鼓动，引导全社会不仅是中老年人特别是机关干部、年轻一代80后、90后每天都出来，穿上运动服，来到运动场上健身。这样我们的城市就有活力了，就有希望了。从2010年开始，在四、五月份搞一次全市规模的健步走活动，主题就是全民健身迎全运。市里四大班子领导带头，劳模、干部、群众、孩子等各届人士全都参加，从五里河公园走到棋盘山，把各个体育协会、俱乐部组织起来，沿途搞各种形式的健身活动。这要形成惯例，每年都要搞，坚持下去。市属媒体要开设专栏专题进行连续报道。要重视全民健身，把全民健身运动组织好，各区、县政府及市有关部门要做好社区、广场公园的健身场地、器材等方面的保证，建设浑河健身带，形成浓厚的体育氛围，推动体育事业的大发展。

3. 高标准地做好筹备全运会的工作规划。沈阳作为主赛区城市，今后三年的筹备工作要高标准地做好规划。做好规划的前提，一是做好全市体育资源的大普查，二是明确全运会对沈阳的要求。在此基础上，着眼于事业的长远发展，科学制定规划。对全运会的规定动作，一定要干好，并要超过济南。如全民健身中心就是一个必须做的工作，请市规划局与市体育局立即进行规划，及早开工建设。再比如全运村、比赛场馆、各区、县的全民健身中心等等，如何布局、什么标准、如何实施，要尽快拿出意见，做好规划，及早落实，该市场运作的市场运作，该政府投入的政府投入。为了迎接全运会，现有的体育设施也要进行改造和提升，以一个崭新的面貌展现在世人面前。要下决心办好市体校和市足校，将两个学校放在一起，可以考虑通过搬迁改造、置换的形式，利用三年建设一个新学校，体现沈阳体育大市、强市的形象。搬迁改造、置换、新建，一定要算好账，不能做赔本的买卖。

4.创新思路,开拓进取。体制机制创新是一个永恒的主题。在筹办全运会、促进体育事业大发展中,要坚持科学发展观,统筹规划,创新发展。如全运会场馆的布局以及改造、新建,市体校、足校的土地置换、搬迁改造,要本着精简统一效能的原则,整合资源,合理布局,优化配置,提高实效,既要满足全运会需要,又要有利于今后运营。各训练单位在为国家培养输送人才的同时,要结合项目特点和社会需要,多培养市场需要的人才,不断拓宽运动员的就业渠道。要结合承办全运会,做好销售体育彩票、搞活体育竞赛表演市场、推进体育用品销售,做大做强体育产业。

(叶　新)

【付旺获得亚洲青少年举重锦标赛三枚金牌】 2010年亚洲青少年举重锦标赛在乌兹别克斯坦塔什干举行,来自31个国家的279名运动员参加了17个级别的比赛。市体校男子举重运动员付旺代表国家青少年队参加了于4月13日举行的105公斤以上级别的比赛。经过顽强拼搏,付旺以抓举132公斤、挺举168公斤、总重量300公斤的成绩勇夺三枚金牌,为祖国赢得了荣誉,为沈阳争了光。

(叶　新)

【沈阳市参选论文在第二十届全国城市体育工作研讨会上全部获奖】 第二十届全国城市体育工作研讨会于6月28日在贵阳市圆满结束。来自23个省(市)65个市区会员单位参加了研讨会。本届研讨会以"深入学习贯彻《全民健身条例》,促进体育生活化进程"为主题,开展了全国城市体育工作优秀论文交流及颁奖等活动,经过评委的认真评选,共有74篇论文获奖。沈阳市参选的9篇论文全部获奖,其中,和平区刘伟同志撰写的《沈阳市和平区体育现状调查与研究》获得一等奖;沈阳师范大学冯火红撰写的《现阶段我国居民体育活动场所特征研究》、夏书红同志撰写的《促进沈阳市社区体育运动会蓬勃开展对策探析》获得二等奖;其他参选论文获得三等奖。

(叶　新)

【中韩铁人三项友谊赛】 2010年7月9日,由沈阳市政府、韩国驻沈阳总领事馆共同主办,棋盘山开发区管委会承办的2010年第二届中韩铁人三项友谊赛在棋盘山开发区圆满落幕。来自中、韩两国的40名运动员参加了男子组和女子组的比赛。该项比赛要求运动员首先从湖岸出发进行1.5公里的游泳,上岸后骑行自行车40公里,最后长跑10公里到达终点。经过激烈角逐,中国选手崔景伟和洪爱平分获男、女组冠军。

(叶　新)

【辽宁省第十一届运动会火炬传递活动在沈举行】 2010年7月25日,以"天辽地宁、薪火相传"为主题的辽宁省第十一届运动会火炬传递活动在沈阳举行。辽宁省副省长滕卫平、沈阳市副市长王玲及省、市体育局相关领导出席了活动。省体育局局长孙永言主持了火炬传递仪式。

上午9时,火种采集仪式在新乐遗址隆重举行。身着白色礼服的一对年轻男女,以钻木取火的方式取得火种,在四名美丽少女的簇拥下与"第一火炬手"——辽宁省第一个奥运冠军姚景远手中的火炬对接,点燃第一棒火炬后,省运会火炬传递沈阳市内的传递活动正式开始。途经黄河大街、泰山路、北陵大街、青年大街、浑南大街,最后到达奥体中心南广场。10时整,省运会火炬传递仪式在奥体中心南广场举行,火炬手姚景远登上主席台将火炬交给省政府副省长滕卫平,滕卫平副省长点燃大连市火炬手手中的火炬,再由大连市和其他市的火炬手依次接力点燃火炬。最后,当沈阳市火炬手点燃火种灯后,火种灯交到了沈阳市副市长王玲手中,王玲副市长把火种灯交给沈阳市体育局局长徐兴家,然后由3名武警护卫人员将火种灯收回保存。在8月8日的辽宁省第十一届运会开幕式上,省运会主火炬将由此火种点燃。

(叶　新)

【辽宁省第十一届运动会在沈隆重开幕】 2010年8月8日晚8时,辽宁省第十一届运动会开幕式在沈阳五里河公园内隆重举行。省委书记、省人大常委会主任王珉宣布省第十一届运动会开幕,省长陈政高致辞。省委常委、沈阳市委书记曾维,省委常委、秘书长周忠轩,省委常委、宣传部部长张江,省人大常委会副主任王专,省政协副主席程亚军出席开幕式,沈阳市市长陈海波致辞,市人大常委会主任赵长义,市政协主席刘雅琴出席开幕式,开幕式由副省长滕卫平主持。

陈政高致辞中讲到:辽宁是公认的体育大省,是培养奥运冠军的摇篮,体育曾给辽宁人民带来了无比的骄傲,也带来了无比的自信。体育比赛是实力的比拼,更是士气的较量,本届省运会是对全省体育的综合检验,是第十二届全运会的热身,也是辽宁振兴成就的充分展示。通过举办这次盛会,不仅要促进全民健身计划和奥运争光计划的深入开展,更要进一步激发全省人民的发展激情,使辽宁的各项事业都朝着体育所追求的更快、更高、更强的目标冲刺,早日完成全面振兴进入东部发达省份行列的宏伟事业。希望全省上下共同努力,把一届精彩、难忘的体育盛会呈现给全省人民。

陈海波代表沈阳市委、市政府和全市人民向这次体育盛会的隆重开幕表示热烈祝贺。运动员代表和裁判员代表在开幕式上庄严宣誓。开幕式后举行了大型文体表演《辉煌辽宁》。

本届省运会共分为青少年组和社会组(成年组、老年组和残疾人组),共63个大项、805个小项目,其中,沈阳市承办47个大项、724个分项的比赛。

沈阳市领导马占春、王玲、李楷,省直各有关单位负责人,各体育代表团的团长、副团长,出席全省群众体育先进单位先进个人表彰大会的代表,省第十一届运动会赞助企业代表,省市新闻媒体以及社会各界代表共计2000余人出席了开幕式。

(叶　新)

【辽宁省第十一届运动会闭幕】 2010年8月16日上午,辽宁省第十一届运动会闭幕仪式在辽宁大厦举行。经过激烈较量,沈阳代表团最终高居金牌榜、奖牌榜和团体总分榜首,再次包揽3项第一。

在闭幕仪式上,省人大常委会副主任王专,副省长滕卫平,省政协副主席程亚军,沈阳市副市长王玲等领导为金牌榜、奖牌榜和团体总分前8名代表团颁奖。省体育局局长孙永言向承办城市代表、沈阳市体育局局长徐兴家颁发纪念牌匾。

王玲在致辞中说,本届省运会,沈阳举全市之力,努力以良好的场地设施、组织服务、竞赛成绩和安全保障,诠释了"辉煌省运,和谐沈阳"这一主题,兑现了向全省人民做出的庄严承诺,实现了"富有特色,平安祥和,人民满意"的目标,展示了全民健身、共创和谐、奋发向上的精神风貌。

随后,省运会圣火熄灭。王玲将省运会会旗交给孙永言,孙永言再将省运会会旗交给丹东市代表。

滕卫平宣布辽宁省第十一届运动会正式闭幕。滕卫平说,在本届省运会中,有6人3次创3项辽宁省青少年纪录,这是辽宁省运动会成绩比较好的一次,实现了培养和选拔辽宁省高水平体育后备人才,不断提高体育竞技水平,备战伦敦奥运会和2013年全运会的预期目标。

(叶 新)

【群众体育培训、研讨会】 为进一步加强对群众性体育活动的指导,推动沈阳市全民健身运动的健康发展,2010年9月7日-9日,沈阳市体育局在和平区浑河站西街道乐农山庄举办了2010年沈阳市群众体育工作培训、研讨会。各区、县(市)文体局长、主管副局长、群体科长以及市体育总会、社体中心有关同志80余人参加了此次会议。会上听取了各区、县(市)关于本地区"十二五"群众体育工作规划编制情况的汇报;组织与会各单位对市体育局起草的《沈阳市全民健身中心规划》、《沈阳市全民健身中心命名资助办法》、《沈阳市全民健身中心建设标准》、《沈阳市群众体育竞赛审批办法》等拟发文件的征求意见稿进行了认真研讨;同时,还就承办全运会,搞好群众体育健身活动,创新社会体育指导员培训模式等工作进行了座谈。本次会议的召开,对于科学制定沈阳市"十二五"群众体育发展规划,规范各级全民健身中心建设,构建有沈阳特色的全民健身工作新机制奠定了坚实基础。

(叶 新)

【第五届老年体育健身展示大会】 沈阳市第五届老年体育健身展示大会于2010年9月11日在市体育公园圆满落幕,来自各区、县(市)的2000余名老年健身爱好者参与了8个项目的健身展示。经过40天激烈角逐,和平区、于洪区获得健身操(球)项目优秀表演奖;沈北新区获得健身秧歌项目个人最佳创意奖;棋盘山、苏家屯区、沈河区和铁西获得太极拳项目优秀表演奖;沈河区、辽中县分别获得乒乓球项目男子团体和女子团体项目金牌。沈河区分获网球男子单打和女子单打金牌。铁西区、大东区、新民市分获中国象棋团体赛前3位。通过此次展示大会,不仅推动了沈阳市老年人体育事业的发展,也将进一步推动全民健身运动的深入普及。

(叶 新)

【少年乒乓球比赛落幕】 2010年10月16日,沈阳市少年乒乓球比赛在康平县圆满落幕。此次比赛共设男子团体、女子团体、男子单打和女子单打4个项目,来自各区、县(市)的近百名运动员参加了市区组和郊县组的比赛。经过两天的激烈角逐,沈河区、铁西区和皇姑区分获市区组团体总分前3名;康平县、苏家屯区、辽中县分获郊县组前3名;沈河区、康平县获得体育道德风尚奖。

(叶 新)

【国民体质监测工作会议】 2010年,沈阳市第三次国民体质监测工作总结会议在市体育局召开,各区、县(市)文体局长、市体育局群体处、市社会体育指导中心等有关同志参加了本次会议。会议全面总结了全市开展第三次国民体质监测工作情况,提出了开展该项工作的目标、任务和措施,并对2011年国民体质监测工作做出了部署。

在第三次国民体质监测工作中,市体育局组织各区、县(市)国民体质监测站采取统一部署、科学分类、定点测试等方式,对幼儿、中小学生、成年人、老年人进行了体质测试,接受测试群众达到3117人。根据对数据的分析审核,获得有效样本2880例,其中幼儿有效样本640例、成年人有效样本1920例、老年人有效样本320例,高质量完成了监测任务,受到上级有关部门的好评。

会上,市体育局主管领导对开展国民体质监测工作提出了具体要求。一是认真研究沈阳市健身工作特点,探索增强国民体质的促进方法,建立针对性的科学健身指导体系,科学指导市民运动健身。二是广泛宣传,扩大影响,通过建立"体质监测周"等活动,让市民积极加入到监测体质的行列中。三是加大经费投入,提高技术要求,以便更好地开展该项工作。四是建立正规化、专业化的监测队伍,保证体质监测的周密严谨进行。

(叶 新)

【"神州一欻"嘎拉哈节在沈北新区圆满落幕】 2010年,由沈阳市体育局、沈阳市文化广电新闻出版局、沈阳市民族事务委员会和沈北新区政府主办,沈北新区承办的沈阳市2010年"神州一欻"嘎拉哈节在沈北新区文化艺术中心圆满落幕。

本次比赛共分为区、县(市)组、乡镇组和锡伯族学校3个组别,来自全市各区、县(市)的14个代表队的200多名运动员参加了比赛。经过激烈角逐,铁西、皇姑、大东获得区、县(市)组男子前3名;沈河、铁西、皇姑获得区、县(市)组女子前3名。黄家乡、新城子乡和道义街道获得乡镇组男子前3名;兴隆台镇、财落街道和石佛寺乡获得乡镇组女子前3名。

嘎拉哈比赛已被列为沈阳市非物质文化遗产。"神州一欻"嘎拉哈节于2009年首次举办,已成功举办两届。此次比赛受到了锡伯族同胞的广泛参与,为推广锡伯族特色体育活动,宣传锡伯族文化,保护和挖掘锡伯族文化遗产起到了积极的促进作用。

(叶 新)

社　会　民　生

人口与计划生育

【人口指标】 2010年，沈阳市出生人口5.45万人，人口出生率7.25‰，自然增长率0.79‰；全市财政总投入2.34亿元，人均经费32.56元；出生人口性别比为106.8。

（张　超）

【宣传教育】 沈阳市抓住全省“文化信息资源共享工程”契机和《公开信》发表30周年有利时机，联合市委宣传部等7个部门出台了《关于进一步加强中心户建设的实施意见》，制定了中心户建设工作规范，推动中心户长的转型升级。苏家屯区八一街道来胜村第一中心户长王永利荣获“全国十佳新闻人物”，中心户文化信息共享工程服务点被中宣部授予“全国服务农民、服务基层先进集体”称号；开展了“人口百场十进”活动”（进军营、商场、媒体、党校、院校、机关、企业、影院、社区和家庭），受到社区群众、企业职工、部队官兵、学校学生的普遍欢迎；充分利用“和众”人口文化传媒中心、“流动人口宣传站”和“国策风采馆”等宣传阵地，提升了宣传品牌；联合省人口计生委、省军区举办了辽宁省暨沈阳市纪念中央《公开信》发表30周年“情系国策心连心”大型主题诗歌文艺演出，中央级媒体进行了报道。

（张　超）

【依法行政】 2010年，全市投入765万元专项资金兑现了城镇双无业家庭独生子女父母奖励费，兑现率达93%；投入81.6万元兑现了终生未生（养）育人员补助费，兑现率达100%；按“直通车”形式发放农村独生子女父母奖励费资金1837余万元，受益群众达到30.7万人；为2.5万人次的计划生育家庭特别扶助和农村部分实行计划生育家庭人员发放“奖扶”资金2252万元；通过统计执法大检查，全市共清查违法生育子女4573人，查处违法生育1969例，征收社会抚养费907万元；积极做好与企业解除劳动关系人员的独生子女父母退休补助费的各项前期准备工作。

（张　超）

【流动人口管理】 2010年，沈阳市计生委联合市综治办、公安、劳动、房产、司法、工会等10个部门开展了以“情系农民工，关爱在沈城”为主题的流动人口计划生育维权服务月活动；在流动人口中免费发放计划生育服务“一卡通”2万余张，依托市计划生育科研所及区、县（市）技术服务机构，为4万余名流动已婚育龄妇女提供了免费服务并建立了生殖健康档案，免费服务率达到84%；利用办事大厅和工作站为流动人口开展婚育证明、生育登记等全程代理服务，查验《流动人口婚育证明》10万余份，办理《婚育证明》2万份；区域协作机制更加完善，与省内外25个城市建立了联席会议制度，签订了双向协作协议，实现了重点区域的网络管理和双向协作管理；完成了流动人口监测工作，并在全国同类城市中工作质量名列第一；开展了计划生育优质服务“四进军营”活动；在流动人口集中地区设立避孕药具免费发放点3600个；沈阳市流动人口服务管理工作在全国、辽宁省会议上进行了经验交流，有3个区进入了省流动人口示范区行列。

（张　超）

【计生公共服务】 2010年，沈阳市沈北新区通过了国家人口计生委的“全国计划生育优质服务先进区”的评估验收；沈北新区、皇姑区计划生育技术服务站全部改扩建完毕，并投入使用；利用国债项目新建的19个乡镇中心服务所全部完成竣工验收、接交使用和手术室装备，已陆续展开服务；除和平区、法库县外，其他11个区、县（市）取得《医疗机构执业许可证》；在全市免费发放《优生优育手册》3万册，发放“优孕通、孕事通”智能服务卡4000套，共组织55场生殖健康大讲堂活动；探索并建立“政府主导、高校支持、社区推广”的“三位一体”人口早教工作模式，共开办社区人口早教课堂100多场，参与活动的家庭达1000个；在专为新婚夫妇设立129个卫生、民政、计划生育定点机构免费发放“三送”物品10万余份；全市已开设孕前风险评估点1800多个，评估近10万人，占全国网评30%；市科研所、铁西、沈河、东陵、沈北新区等优生实验建设基本达到国家标准。列为辽宁省免费孕前优生健康检查试点室的东陵区，对62对待孕夫妇做了孕前免费检查，全市已筛查出的100多名高风险待孕人员，进行了针对性指导；中央电视台新闻频道进行了专题报道；全年为待孕妇女免费发放叶酸近9000人份，服用率、随访率都达到了项目目标要求；全年对98名儿童组织两次医学鉴定，病残儿确认已全部完成。

各级计划生育服务机构实施免费计划生育手术服务近7万人，进行孕（环）情检查115万余人次，重点人群孕、环情普查率达90%以上，并全部建立了生殖健康档案。为25万余名育龄人群提供生殖健康检查服务，并对查出患生殖系统疾病人员进行治疗；全市使用药具人数为120.6万人，“三送”服务品供应及时率和“三送”服务单位覆盖率为100%。

（张　超）

【计划生育协会】 2010年，沈阳市铁西区贵和街道勖望社区等10个村（居）荣获全国“人口和计划生育基层群众自治万村（居）示范活动”示范单位称号，皇姑区计生协会荣获全国县级计生协会先进集体，大东区计生协会的“基层群众自治模式”在全国会员代表大会暨先进表彰会上做书面典型经验交流；实施“生育关怀行动”，为全市2700户计划生育伤残、死亡家庭免费办理计划生育家庭温馨保险等。

（张　超）

【工作成果】 2010年，沈阳市人口计生委先后被国家人社部、人口计生委授予"2006－2010年度人口和计划生育先进集体"、"人口和计划生育综合改革示范市"、"创新流动人口服务管理体制、推进流动人口计划生育基本公共服务均等化试点城市"、"全国婚育新风进万家活动第四阶段(2011－2015年)示范市";被辽宁省政府授予人口和计划生育工作先进单位;和平、大东、沈河、苏家屯区被省正式命名为"省综合改革先进县";推进和众人口文化传播中心及"三位一体"早教工作分别被省评为创新项目等。

(张　超)

就业再就业

【实名制就业指标完成情况】 2010年,沈阳市城镇登记失业率3.1%,低于省计划0.8个百分点。全年安置高校毕业生9.7万人,就业率达92.1%。全市新增就业20.7万人,完成省计划的101%。农村劳动力转移输出完成5.5万人。零就业家庭保持动态为零。普惠制就业培训共培训城镇劳动力5.47万人,完成省计划的187%;培训城镇农村富余劳动力4.04万人,完成省计划的144%;创业培训6544人,完成省计划的327%;公共就业服务体系建设率完成省计划100%,人员配置达到省标准;四级就业信息网上传空岗信息28.5万条,完成省计划的316%,信息有效率为90%。

(李晓明)

【完善就业和再就业各项政策】 2010年,沈阳市就业创业工作面临着后金融危机时代各种不确定因素的影响,中心城市集聚效应凭添的就业压力与日俱增,失业人员、返乡农民工和大学生三大就业困难群体的就业问题十分突出。沈阳市按照《关于稳定就业局势促进就业创业工作实施意见》(沈政发[2009]10号)精神,从10个方面入手,狠抓具体落实。一是基层就业引导方向。制定了全市基层和社会保障平台"六个统一"标准,积极开展充分就业社区活动,发挥基层平台在促进就业中的基础性作用,并鼓励就业困难群体,特别是高校毕业生至基层就业。二是孵化基地扶持创业。紧紧把握建设国家创业型城市的有利契机,通过各级创业孵化基地,为创业人员提供免费的创业场地,降低创业成本,提高创业成功率。三是资金支持促进创业。降低小额担保贷款门槛,减少审批环节,进一步推进典当融资政策,开拓融资渠道。四是社保补贴稳定就业。沈阳市将"4050"社会保险补贴政策延长至年末,直接扶持5.9万名灵活就业人员稳定就业。五是见习基地搭建就业。结合沈阳市企业众多的地域特点,扩大见习基地规模,搭建企业与高校桥梁,促进高校毕业生先就业后择业。六是税费减免吸纳就业。对吸纳就业困难群体就业的企业实行税费减免,提高企业吸纳就业的积极性。七是强化培训提升就业。进一步扩大沈阳市普惠制培训范围,提升劳动者就业能力。同时,开展定单式和定向式培训,提升高校毕业生培训后就业成功率。八是科研机构对接就业。针对高校毕业生特点,出台政策鼓励科研机构吸纳大学生就业,并在户籍和工龄等方面实行优惠政策。九是就业帮扶推荐就业。通过开发公益性岗位实行兜底安置,确保其100%实现稳定就业。十是典型带动鼓励就业。对就业创业的典型进行表彰,并通过典型巡回演讲等活动,宣传其成功经验,鼓励就业困难群体转变择业观念,积极就业。

(李晓明)

【多渠道增加就业岗位】 主要建立六大渠道:一是紧密结合沈阳市经济发展和双五千亿战略目标,通过扩大内需和产业结构调整开发就业岗位,实施项目与就业相挂钩的模式。二是发挥家庭服务业、服务外包等领域吸纳就业的重要作用,引导更多的就业群体在新领域实现就业。三是为产业园区和工业集群配置人力资源,实现人力资源与经济发展的合理配置。四是制定鼓励扶持政策,扩大灵活就业这个就业新空间。五是以劳动密集型、服务型企业为重点,挖掘农村剩余劳动力就业岗位。六是通过开发公益性岗位兜底安置就业困难群体。

(李晓明)

【农村劳动力转移就业培训】 一是搭建对接平台,开展农民就业服务活动。充分利用"春风行动"等载体,开展农村劳动力转移就业招聘洽谈活动,和以"抓培训、促转移、增收入"为主题的"三下乡"活动。活动期间,全市区县(市)、开发区共召开农村劳动力转移输出专场招聘洽谈会44场,参加招聘会2.5万余人,发布用工信息2619条,提供就业岗位1.64万个,达成就业意向7692人。"三下乡"活动集中宣传51次,出动宣传车36台次,制作宣传板、条幅196块(条),发放宣传材料3.6万余份。二是立足本地挖掘岗位,促进农村劳动力转移就业。紧紧围绕本地区的经济发展特色,充分利用工业园区、产业集群,跟踪招商引资项目,以劳动密集型、服务型等就业吸纳能力强的企业为重点,积极挖掘适合农村劳动力特点的就业岗位,安置农村剩余劳动力转移就业。截至年底,全市各区、县(市)、开发区企业及新开工项目吸纳农村劳动力2.9万人。三是强化农村劳动力培训,实现培训与就业有机结合。劳动力转移培训基地紧密跟踪企业就业岗位需求,围绕地区产业集群、工业园区、"招商引资"项目、现代设施农业产业,大力开展"订单式"培训。

(李晓明)

【普惠制就业培训】 一是加强培训机构资质认定管理,全市重新审核认定了市、区县(市)两级共82所普惠制就业培训机构。完善了培训机构的基础管理。二是加大订单培训力度,全市累计开展订单培训1.13万人,培训就业率达到71.2%。三是突出创业培训。扩大了创业培训的范围,将有创业愿望和培训要求的城乡劳动者全部纳入到创业培训的范围,完善了创业培训内容,实行创业能力培训与创业项目推介、专家咨询、创业孵化、政策扶持等一站式服务。四是做好困难家庭子女参加职高、中专、技校和高职院学习减免学费申报工作,全年已申报学费减免补贴1730人,需减免学费补贴268.5万元,其中市和区县财政按1∶1比例各需拨付补贴经费134.25万元。五是进一步完善沈阳市家政培训工作。明确了沈阳市家政培训的对象和范围、培训机构的管理权限和申报方式及培训补贴经费的拨付方式。

(李晓明)

【高校毕业生就业】 返回生源地的离校未就业毕业生当年总体就业率不低于95%,有就业愿望的登记失业困难家庭高校毕业生年底总体就业率不低于100%。提供"千企万岗"见习岗位5037个,完成辽宁省计划的140%,岗位有效率不低于75%。共扶持创业带头人

2748人，带动就业1.7万人，分别完成省计划的262%和272%。小额担保贷款发放5813万元，完成省计划的132%。

（李晓明）

【高校毕业生和就业困难群体援助】坚持人才优先的原则，努力做好高校毕业生就业这篇大文章。从7月1日开始，开展高校毕业生百日攻坚活动，推出促进高校毕业生就业创业十项措施，确保沈阳市高校毕业生就业率超过90%，困难家庭毕业生百分之百就业。在落实高校毕业生就业帮扶政策的基础上，沈阳市依托在全国首创的“1+6+7”专业人力资源市场品牌模式，为大学生通过市场就业提供就业服务平台，并取得了显著成绩。

做好就业困难群体援助工作。在元旦、春节两节期间开展就业援助系列活动。按照国家和省的统一安排，在1月10日至2月10日期间，开展2010年就业援助月专项活动。开展“零就业家庭和困难家庭高校毕业生即时援助”活动。进一步建立健全了零就业家庭动态管理和动态援助制度，针对零就业家庭、困难家庭大学生就业的实际情况，提供即时岗位援助制度，确保零就业家庭动态为零和困难家庭高校毕业生当年实现就业率在100%。全市出现零就业家庭2户，对有劳动能力有就业愿望的2名家庭成员提供了岗位援助。

（李晓明）

【创业带动就业】开展以创建国家创业型城市为主体，以优化创业环境和落实创业促进就业扶持政策为两翼的创业带动就业模式。市创建国家创业型城市工作，通过辽宁省验收，并得到省督查组的认可。一是做好小额担保贷款发放工作。进一步降低反担保门槛，加强贷款发放与回收管理。二是加大创业宣传。通过新闻媒体报道沈阳市创建工作成果。三是开展2009年创业带头人及带动就业工作调研，大力扶持创业带头人。

（李晓明）

人力资源管理

【引进人才与智力】坚持“走出去，请进来”的战略，加大高端急需人才引进力度。11月8日，赴北京开展“腾飞新沈阳、人才筑辉煌”大型人才招聘活动。活动期间，共累计接待国内外高层次人才5000余人次，一次性引进硕士以上高层次人才805名，其中：工程院院士6名，外国专家3名，博士168名，硕士628名，另有5名外籍人才、89名国内博士、453名国内硕士正在深入对接洽谈。11月28日，赴南京理工大学、南京大学、东南大学、南京航空航天大学、中国药科大学等名校设点招聘，沈阳市14家企事业单位提供121个岗位共674人的需求供各高校挑选，活动累计接待各类人才150余人，引进各类人才65人。

引进海外研发团队实现历史性突破。首次组建人才交流代表团，赴美国、加拿大开展了为期10天的国际人才交流活动，达成签约和意向合作22人，并有85人与用人单位进行深入洽谈。积极参与北京2010年外籍人才招聘会，共收集外籍人才的报名表35份，简历741份，签订意向合作协议9份。大力引进海外研发团队和专家人才。11个海外研发团队项目获批立项，3个项目成功结项，确定了80个备选项目上报辽宁省政府。组织实施引进国外技术、管理人才项目计划47项。组织出国（境）培训20项，培训各类专业人才311人。加强海外人才信息库建设，推动海外人才引进工作，共办理外国专家来华行政许可550例，同比上年增长30%。继续组织开展外国专家表彰评选工作，有3名外国专家获“辽宁友谊奖”，17名外国专家获“辽宁外国专家荣誉奖”，10名外国专家获“沈阳玫瑰奖”荣誉。举办了沈阳市首届外国专家逛庙会、新春音乐节等活动。

（李晓明）

【院士工作】坚持以重大科技项目为依托做好引进院士的促进工作，全年配合市科协、市农委引进合作院士4人，配合沈阳协和集团引进美国纽约科学院院士1人；在11月8日举办的赴北京开展“腾飞新沈阳、人才筑辉煌”大型人才招聘活动中成功签约院士6人。

（李晓明）

【博士后工作】加强企业博士后科研工作站建设，全年共向省人社厅报送5家符合建站单位相关资料。进一步完善高端人才需求库、博士后流动站资料库、企事业单位人力资源部长库。指导帮助各有关部门根据博士后工作实际制定博士后工作规程，使全市博士后工作形成了完整的工作体系。

（李晓明）

【政府特殊津贴】按照严肃、认真、公开、公正、公平的原则，最终对9名符合享受政府特殊津贴条件的人选进行了推荐，后经国务院批准，全部荣获“国务院政府特殊津贴”殊荣。“百千万人才工程”工作。对各单位上报的材料进行审核，向省厅上报了沈阳市24家拟予资助项目。

（李晓明）

【职称工作】进一步完善个人申报、组织推荐、资格审核等各项工作流程，组建了土建行业等49个中级专业技术职务任职资格评审委员会，负责相应资格评审工作。全年共受理个人申报中、高级专业技术职务任职资格评定材料8000余份，圆满完成卫生、会计、经济、质量、监理工程师等21个专业考试的相关工作，共发放各类职称、职业资格证书9000余个。全面加强和规范机关事业单位临时用工管理，完成了2010年度全市机关事业单位工人技术等级晋升考核工作。

（李晓明）

【培训教育】着眼建设高素质的公务员队伍，开展主题培训和竞赛活动，包括双基培训、主题征文、专项培训、强化训练和举办公务员专题研修班系列培训活动；“竞赛”即公文写作、英语、计算机以及公务员法的知识竞赛活动。

竞赛活动。一是举办公文写作竞赛。会同市委组织部下发了《关于组织开展全市公务员公文写作竞赛活动的通知》，在全市公务员中组织开展以公文写作为主题的基本功竞赛活动。二是举办英语竞赛。为提高全市公务员的对外交往能力，发掘储备外语人才，搭建外语学习和交流的平台，下发了《关于组织开展全市公务员英语计算机和公务员法知识系列竞赛活动的通知》，在全市公务员中组织开展以听力、阅读、翻译和写作为主要内容的英语竞赛。三是举办计算机竞赛。下发了《关于组织开展全市公务员英语计算机和公务员法知识系列竞赛活动的通知》，进一步提高了公务员电子政务及办公自动化应用知识，提高工作效率。四是举办公务员法知识竞赛。下发了《关于组织开展全市公务员英语计算机和公务员法知识系列竞赛活动的通知》,继续加强政府法制建设、树立公务员法制观念、加强政府自身建设。

基本功培训活动。组织全市公务员开展基本功培训活动,培训内容包括公文写作、公文处理、汉字书写与记录、电子政务、语言表达和调查研究等6项必训科目及政策法规、机关工作规则程序、业务知识、仪表举止、倾听记忆、阅读理解、沟通协调、任务执行以及其他选项等9项自行选训科目。下发了《关于举办2010年度市直机关(单位)处级领导职务人员基本功培训班的通知》,对市直机关(单位)正、副处长进行集中脱产培训。培训时间为一周,共举办8期,共有615人参加。

强化训练活动。下发了《关于组织开展2010年度公务员初任培训的通知》,针对新录用的公务员开展为期一个月的脱产强化训练,培训内容主要包括政治理论、依法行政、公务员法和公务员行为规范、机关工作方式方法等基本知识和技能。公务员初任培训时间为4周,全年共举办4期。

专项培训活动。为使公务员能够及时掌握与工作领域相关的最新专业理论、知识、信息、技能,不断提高驾驭经济发展的能力和服务全市七大新兴产业的能力,充分利用沈阳高校集中的资源优势,按照公务员队伍专业化的要求,对专业领域公务员开展了"菜单自选"培训活动。

建立公务员基本功培训师资库。为了方便各区县(市)、市直各部门更好地开展基本功培训工作,切实保证基本功训练的教学质量,围绕基本功必训科目教学任务范围,经过相关部门推荐,选择了100名资深教师建立了公务员基本培训师资库,保障各单位、各部门可以根据培训需要自行选择师资开展培训。

积极推进高技能人才培养。组织高技能人才培训班5期,培训高级工960人、技师415人、高级技师87人。充实完善全市高技能人才库基本数据,录入4320人、各类信息量2.86万条。确定数控加工、机械加工、机电一体化、汽车制造与维修、钳工5个技工学校品牌专业。大力开展职业技能竞赛活动,组织举办了沈阳市服务业从业人员技能竞赛,共有35家企业、24所大中专院校、5530名选手报名参赛,对获奖选手分别授予"沈阳市职业技术状元"和"沈阳市职业技术能手"称号,晋升国家职业资格。

(李晓明)

【事业单位管理与人事争议仲裁】 事业单位人事制度改革取得积极进展。圆满完成了为教育系统、国土资源系统和财政系统所属8家事业单位公开招聘人员工作。完成了对事业单位全面考核工作,积极推行事业单位实名制管理,与沈阳大学共同开发了《沈阳市事业单位人员信息管理系统》。稳步推进事业单位岗位设置工作,着力解决事业单位机构职能不清、岗位设置混乱、人员超编超配等问题,初步形成岗位设置管理实施方案。认真做好基层医疗卫生机构体制改革,出台了《基层卫生医疗机构综合改革富余人员安置指导意见》。全面加强机关事业单位工勤人员管理,加强临时用工清理清退工作的指导督办,建立严格规范的临时用工管理机制。

调解仲裁工作以规模化建设为主线,以规范化建设为内涵,瞄准形势任务需要,全面实现劳动人事争议仲裁机构实体化建设"九个跨越"。顺应大部制改革需要,在组织结构上实现由机构分立型向融合一体型跨越;顺应沈阳中心城市需要,在办案机构上实现由规格普通型向区域引领型跨越;顺应机构规格层次需要,在硬件建设上实现由场所狭小型向独立规模型跨越;顺应当事人维权效率需要,在信息化保障上实现由人工重复型向智能迅捷型跨越;顺应民生保障形势需要,在人员队伍上实现由力量薄弱型向综合效能型跨越;顺应实体化建设内涵需要,在制度约束上实现由一般管理型向阳光公信型跨越;顺应社会稳定形势需要,在争议处理上由简单裁决型向和谐化解型跨越;顺应国家政策法规贯彻需要,在执行落实上实现由宏观指导型向微观细化型跨越;顺应法制民生任务需要,在业务能力上实现由垂直管理型向上下互动型跨越。共受理劳动人事争议仲裁案件8497件,结案8406件,按期结案率98.93%。

(李晓明)

【人民满意公务员先进个人(集体)评选】 沈阳市组织实施了2010年度争做"沈阳市人民满意公务员先进集体和先进个人"的评选表彰活动。经各单位推荐上报人选、考核评审,使道德品质好、工作能力强、勤奋工作佳、人民群众夸的公务员脱颖而出,最终确定了争做"沈阳市人民满意公务员先进个人"100名,争做"沈阳市人民满意公务员集体先进集体"30个。通过评选表彰,有效调动了全市广大公务员的工作热情、密切了政府与群众的关系,提升了全市公务员的自身形象,为进一步加强公务员队伍的思想建设,提高其推动改革、促进发展的本领起到了指导和示范作用,也为大力倡导务实高效的工作作风,营造和谐民主的服务环境起到了积极促进作用。

(李晓明)

【公安机关警员职务套改】 按照辽宁省人社厅、省公安厅和省公务员局《关于印发辽宁省公安机关执法勤务机构人民警察警员职务套改实施办法的通知》精神,沈阳市开展了公安机关执法勤务机构警员职务和工资套改工作。此次警员职务套改工作,标志着公安民警告别了沿用多年的国家机关工作人员统一的职务序列,开始步入分离管理、专门管理的轨道。全市共有1.33万名执法勤务类警员参加此次套改工作,其中:调研员590人,副调研员1197人,主任科员8828人,副主任科员1552人,其他1100人。符合高套条件的约285人,平套人员约1.3万人。

(李晓明)

【年度考核结果审核验收】 截至2010年上半年,全市各委、办、局和各区、县(市)参加考核的处级以下公务员有3.21万人(不含局级领导干部和工勤人员),其中:被评为优秀等次的有5873人,占参加考核人员总数的18.28%;被评为称职等次的有2.59万人,占参加考核人员总数的80.51%;被评为基本称职和不称职等次的人员分别为4人和7人,另外还有不确定等次的人员378人。在参照《公务员法》管理的事业单位中,参加考核的工作人员有4436人。其中:被评为优秀等次的711人,占参加考核人员总数的16.03%;被评为称职等次的3722人,占参加考核人员总数的83.9%;不确定等次的有3人。

(李晓明)

【建立健全基础数据】 一是全市公务员的相关数据工作。截至2009年底,全市各级行政机关行政编制核定为3.95万人,实有公务员3.53万人。全市参照《公务员法》管理单位262家,其中:市本级162家,区、县(市)100家,实有人员5473人。全市实有处级领导职务人员4676人,处级非领导职务人员实有4794人。二是建立各单位数据"台账"工作。按照干部管理权限,对分管的政府组成部门、政府派出机构等85个单位,建立详细"台账",依据三定编制文件,统计和汇总各单位职数、现有人员及该单位领导和非领导职务方面数据,为精确管理提供数据保障。三是职务管理工作。全年共为66家单位的2378人办理非领导职务晋升备案手续。其中:晋升调研员214人,晋升副调研员198人,晋升主任科员1276人,晋升副主任科员712人;截至10月底,共为55家单位的179人办理中层领导职务备案手续,其中:正处实职66人,副处实职113人。四是做好公务员登记工作。截至10月底,共对73家单位的717人进行了公务员登记。五是代政府承办有关人事任免工作。完成市人大常委会第二十次会议审议的12名政府组成人员任免提案和邢凯副市长在会上的任免提请说明。截至10月底,提请市人大任免议案1件,其中:任职6人,免职6人;代市政府印发市管局级领导干部任免件26件,任免129人次。六是公务员奖励工作。2009年度公务员嘉奖总数5596人,占参加考核人员总数16.65%,三等功610人,占参加考核人员总数1.84%;参照《公务员法》管理的事业单位人员嘉奖总数458人,占参加考核人员总数10%,三等功120人,占参加考核人员总数2.5%;截至10月底,共办理14件(27人)市长特别奖。

(李晓明)

【军转安置】 召开全市军转干部表彰大会,对247名模范军转干部、54个军转安置先进单位、176名先进军转工作者进行了表彰。完成了2009年度73名新进入沈阳自主择业军转干部的接收、培训、核拨工资和发放工资卡、医疗保险卡等工作,为2100名自主择业军转干部办理了住房补贴登记手续。组织2010年军转干部参加了省直机关考试考核,进行双向选择,积极协调有关部门安置,新增设了心理讲座、法制教育等培训内容。加强自主择业军转干部管理服务工作,全年举办4期技能培训班,逐步拓宽自主择业军转干部到高校任辅导员工作。全力做好企业军转干部稳定工作,将企业军转干部生活补助金提高180元,共为126名企业军转干部办理了增补退休金、办理医疗保险和提前退休手续,为520名失业军转干部发放了独生子女费110万元,为2300余名自主择业军转干部办理报销采暖费550万元。

(李晓明)

【政府绩效评估】 圆满完成市直各单位,各区、县(市)开发区2009年度重点工作的考评验收,召开了总结表彰大会。沈阳市在2009年度辽宁省政府考评中,获得综合考评第二名,同时获得就业和再就业、双百工程、资源节约利用、环境保护、科技、文化、教育、软环境建设8个单项奖。绩效评估工作荣获"全国绩效管理创新奖"和"突出贡献奖",并在国家介绍了经验。有序推进市政府绩效考评管理系统研制工作,制定了2010年度政府绩效考评实施细则,将市政府工作报告85项工作任务、省绩效考评35项内容和政府确定的10件实事列为考评内容。

(李晓明)

【事业单位绩效工资】 举办了"沈阳市事业单位收入分配制度改革暨实施绩效工资远景论坛"。开展公共卫生与基层医疗卫生事业单位实施绩效工资工作,会同市财政、编办、卫生、人口计生部门研究制定《沈阳市公共卫生与基层医疗卫生事业单位实施绩效工资指导意见》和绩效工资分配实施意见。积极推进其他事业单位实施绩效工资改革,对全市事业单位人员、工资收入情况进行了深入调研,研究制定了《关于沈阳市事业单位实施绩效工资的指导意见》。

(李晓明)

【公务员工资制度】 按照"逐步缩小与同类城市差距"的指导思想,研究拟定了沈阳市规范公务员津贴补贴第二步实施意见及统筹解决事业单位待遇的工作意见。组织开展了沈阳市实施警察加班补贴、信访岗位津贴、司法助理员岗位津贴和机要交通人员执行密码人员岗位津贴等特殊岗位津贴工作。

(李晓明)

【企业工资管理】 完成劳动力市场工资指导价位、企业人工成本状况发布前的准备工作。出台了《关于发布2010年劳动力市场工资指导价位的通知》和《关于发布2009年沈阳市企业人工成本状况的通知》。

(李晓明)

【人才服务保障】 政务事务规范有序。成立了沈阳市人力资源和社会保障局办事服务大厅,将全局业务事项集中到大厅进行办理,设立了14个服务窗口,为群众提供优质高效服务。组织开展150多期政务公开活动,利用"政风行风热线"和"民心网"对群众咨询、投诉反映的问题做到件件有着落,事事有回音。扎实做好优化环境工作,开展了"一杯茶"活动,在群众办事大厅设置饮水区,添置了饮水机;走出去听呼声,先后赴沈鼓集团和三一重装现场办公,解决有关人才引进、社会保障、职业培训和劳动关系等方面的困难和问题;请进来听建议,组织召开了部分重点企业人力资源部长征求意见座谈会,侧重就如何转变服务作风,提升服务水平深入征求意见和建议;出政策求实效,针对企业在人才、就业、社保、劳动关系等方面问题,出台了优化软环境建设的十大举措。

素质作风不断加强。着力加强业务建设,开展了"业务培训月"系列讲座暨金牌课程评比活动,组织12名机关处长对全局干部职工进行业务培训,有效促进了机关业务融合。结合半年工作总结,组织开展了"加强执行力建设大讨论"。开展"三个一"等活动强化执行理念,做法被市直机关工委《市直机关工作动态》转发。结合重大节日开展系列文化活动,举办了"弘扬雷锋精神,优化发展环境"座谈会,在机关弘扬健康向上、和谐文明的机关文化。

机关党建工作有力推进。深入开展创建学习型机关、培养学习型干部活动,召开了机关首届党代表会议,选举产生了新一届机关党委和纪委。加强机关党支部建设,对全局机关党支部书记进行了业务培训。加强党风廉政建设,加强全局审批、认定、鉴定等岗位管理监督,组织相关处室进行了自查整顿,对审批认定机制进行改革,实行重要岗位工作人员定期轮岗制度,使全局廉政建设风险点得到有效防控。

信访工作得到不断加强。对全局信访和咨询资源进行整合,成立局信访办公室，与“12333”合署办公，专门负责局信访稳定工作。前三季度，共接待群众咨询及来访5.7万人次，办理市信访事项复查复核办公室转来的信访复查复核件26件，办理市信访局交办案件4件，办理群众来信167封。

（李晓明）

社会保障

【社会保障体系实现良性运转】 一是做好社会保险费扩面力度。组织开展了以“‘播种真爱、收获幸福’暨建筑领域农民工参加社会保险”为主题的社会保险宣传月活动，加强扩面宣传，进行政策咨询，有力促进了各项社会保险基金收入的持续增长。二是顺利启动新农保试点。康平县3.3万名符合条件的农民全部领到了养老金。4月24日，中国劳动保障报在头版头条以“盐碱地上构筑惠农社保网”为题报道沈阳市经验，人社部农保司副司长刘从龙专门对此进行了点评。三是进一步完善养老保险制度。出台了《沈阳市宗教教职人员参加城镇从业人员养老保险医疗保险实施办法的通知》、《沈阳市建设工程社会保险费管理办法》等制度，出台新的保费征收政策，解决特殊群体参保缴费难题。提高企业退休人员基本养老金标准，人均水平达到1182元。四是失业保险工作取得积极成效。充分发挥失业保险基金促进就业作用，调整了失业保险工作标准，开展“援企稳岗”工作，对符合条件的企业发放岗位补贴和社保补贴。实施对失业人员总量进行宏观调控政策，规范企业裁员行为，加强与地税部门沟通，督促其提供网上申报单位的缴费数据，确保沈阳市失业保险参保人员达到100%，个人缴费记录做实率达到95.97%。五是医疗保险工作取得进展。积极做好医疗保险扩面工作，全力做好大学生参保工作，扩大提高了城镇职工基本医疗保险、城镇居民医疗保险使用基本药物报销比例，取消特困人员的待遇等待期。落实新医改要求，将国家基本药物的治疗性药品全部纳入医保报销范围，并按照全市对基本药物配套改革的部署安排，完成了对第一批定点医院基本药物配套补助资金的拨付工作。全面启动城镇居民基本医疗保险门诊统筹工作，出台了相关政策，确定了362家定点医疗机构，采集居民数据29.97万人，占参保人员的44.86%。六是工伤保险工作取得积极进展。对我市原有工伤职工辅助器具管理办法进行了修改和完善，出台了《辅助器具配置管理办法》。对43家定点医院进行检查走访，及时制定了实行缓缴一个月工伤保险费操作办法。加强费率核定和待遇的支付审核，组织了对享受定期待遇人员的认证工作。对全市工伤保险参保及待遇落实情况进行了深入调查，建立了企业工伤保险数据库，摸清全市“老工伤”问题底数。七是认真做好社保稽核工作。共完成对1792户各类企业和个体工商户的社会保险稽核和清欠。审计稽查2007年至2009年度养老保险、医疗保险、失业保险和工伤保险缴费情况，涉及职工15.23万人，共追缴少缴、欠缴社会保险费4169万元。制定了养老保险和医疗保险内控要点和考核指标，出台了《社会保险基金内控办法》，对上年社会保险基金专项治理工作进行了专项整改。八是社保经办管理服务水平不断提高。大力加强经办服务基础建设，将就业和社会保险各个经办机构进行物理整合，成立了市就业和社会保险服务中心，实行就业与5个险种经办“一个地点办公、一站式办事、一条龙办理”，最大限度地方便群众办事。全面整合医保资源，实现“三县一市”医保市级统筹管理，成立了沈阳市医疗保险管理东陵分中心和铁西分中心，架构起医疗保险经办的新格局。

（李晓明）

【农民工权益得到更好保障】 认真抓好农民工工资保障金制度落实，累计收缴农民工工资保障金7.7亿元。集中开展维护农民工权益专项行动，在确保工资支付、提高劳动合同签订率、参加社会保险、享受社会公共服务权利等方面发挥了重要作用。举办了首届家政服务业技能大赛，研究制定促进家庭服务发展的有关意见。

（李晓明）

【健全劳动关系协调机制】 稳步实施劳动合同法，积极推进集体合同制度实施“彩虹计划”和区域性行业性工资集体协商，开展小企业劳动合同制度专项行动，推动劳动用工备案制度和劳动用工信息数据库建设。深入开展劳动关系和谐企业与工业园区创建活动，评选出市级劳动关系和谐企业100户，和谐园区5户。坚持与市总工会、企业家联合会三方协调机制，研究制定稳定劳动关系的政策措施。调整了沈阳市最低工资标准，不断完善企业工资分配宏观调控三项制度，充分发挥三条指导线宏观调控作用。

（李晓明）

【劳动人事争议调解仲裁】 将原劳动和人事仲裁机构进行整合，组建了市劳动人事争议仲裁院，并升格为副局级单位，加大仲裁办案力度，加强仲裁员业务培训，争议处理效能明显提高。前三季度，共受理劳动人事争议仲裁案件3705件，按期结案率和立案准确率均达到100%。

（李晓明）

【劳动保障监察执法】 将原劳动监察支队升格为劳动监察局，增加人员编制，充实力量。强化监察服务企业的措施，全面开展农民工维权、合同签订、社会保险扩面等各项监察工作，帮助企业规范用工行为。劳动保障监察职能不断强化，组织开展整顿市场秩序、整治非法用工、打击违法犯罪以及农民工工资支付等情况，依法及时查处一批违法案件，有力维护了劳动者合法权益和社会稳定。前三季度，主动检查各类用人单位9875户，完成省指标的89.7%，涉及职工80.83万人。依法责令用人单位与4.65万名职工补签了劳动合同；清理拖欠农民工工资6690.5万元，涉及农民工1.12万人，清欠率100%；督促社会保险登记562户，督促缴费2609.8万元；清退童工5名。立案查处举报投诉案件2018件，结案2018件，结案率100%；实施行政处罚10件，罚款37.2万元。

（李晓明）

民　　政

【城乡居民最低生活保障】 2010年，沈阳市城乡低保共保障11.63万户、22.22万人，支出保障金3.85亿元；城乡低保边缘户共1.07万户、2.49万人。实现了市区两级财政共担临时救助资金的突破。实现了农村低保按季度审批、持手机不能申请低保的突破。全面启动城乡低保信息化建设，共配备低保专用信息办公设备2773台，城市低保网上信息录入率达到100%。

按照国家和辽宁省政府的要求，2010年沈阳市再次提高城乡低保标准，农村提高幅度为20%；城市提高幅度为10%。大幅度提高城市分类救助水平，城市低保中“三无”人员上浮比例由25%提高到60%，其他分类救助人员在原有基础上提高10%。扩大分类救助范围，将非义务教育阶段学生全部纳入分类救助。提高“两节”临时救助标准，每户由400元提高到600元，提高幅度为50%。

（邹军川）

【城乡特困居民医疗救助】 2009年12月，按照国务院《关于深化医疗体制改革意见》，沈阳市民政局、人社局、财政局、卫生局联合下发了《沈阳市城乡特困居民医疗救助实施意见》（沈民［2009］107号），于2010年4月1日开始执行。城乡贫困群体分别在居民医保和新农合基础上享受的救助水平、比例和最高限额一致，达到管理和标准上的一体化，实现了在全省率先进入城乡医疗救助一体化的突破。2010年，沈阳市城乡医疗救助共计11.05万人次，救助资金2867.08万元。其中：门诊救助8.03万人次，救助资金225.32万元；住院救助3.02万人次，救助资金2641.76万元。资助参保及资助参加新农合共计16.3万人，资助参保（参合）资金2865.3万元。

（邹军川）

【扶贫帮困】 2010年，沈阳市民政局以市委办公厅、市政府办公厅名义起草和下发了《沈阳市2010年扶贫帮困工作实施方案》，与市财政局联合出台了《沈阳市城乡困难群众临时救助实施意见》（沈民〔2010〕129号）。在春节前，采取市和区县（市）两级财政配比的方式，对全市城乡低保户、农村五保户和重点优抚对象等共16万户按每户400元标准，对1.2万户城乡低保边缘户按每户240元标准实施“两节”临时救济，共发放资金6303.2万元。

开发公益性岗位和高校毕业生基层服务岗位，优先安排就业困难群体就业，全年培训就业困难群体和失业人员3万人；按照现行高等职业学校和中等职业学校扶困助学相关政策，对困难家庭子女到技校、职高和高职院学习技能的实行学费减免政策；对零就业家庭和困难家庭大学生实行动态管理和兜底安置，确保其100%实现就业。

采取省市财政补贴支持的方式，实施整村推进扶贫项目和开展贫困人口实用致富技能培训。发放扶贫开发小额贴息贷款，对贫困户新发展的设施农业、特色农业特别是温室所需小额贷款继续实行差额贴息政策并享受财政扶贫贴息政策。在全市25个重点贫困乡镇中的重点贫困村新建150个温室富民小区，提高对贫困村建设富民小区的补助标准。深入开展市直党政机关和企业定点帮扶贫困村活动。对发展设施农业和庭院养殖项目发生的小额扶贫贷款给予差额贴息。强化贫困劳动力致富技能和转移培训。对贫困地区发展温室富民小区和发展户用沼气生态能源建设项目，给予增加财政专项补贴政策扶持。

开展对口支援阜新活动。向阜新市捐赠600万元现金支票和价值600万元的560吨大米、560吨面粉、16.5万升豆油等物资。这是沈阳市自2001年以来连续第十年对阜新市进行对口帮扶，对口帮扶10年来，沈阳市累计向阜新市捐赠的钱款和物资达1.45亿元。阜新市用沈阳市的帮扶款物，新建光荣院1所和12所区域性中心敬老院，改造21所高标准敬老院，并为6100户农村贫困户建房，累计受救助人数达31.3万户。

（邹军川　陆军）

【救灾救济】 2010年，沈阳市遭受了历史上罕见的洪涝、龙卷风灾害，市民政局及时核实灾情，为灾区紧急下拨100万元救灾资金和110顶帐篷、2100床棉被等救灾物资，全市共安置群众1.54万人，保证了灾民有住处、有饭吃、有洁净水喝。多方积极筹措资金159.9万元，组织开展灾民倒塌住房恢复重建工作，为1877户农村低保户、低保边缘户等无自救能力的灾民新建住房或维修损坏住房6876户，下拨1050万元自然灾害补助资金，用于解决受灾群众口粮、衣被、取暖等基本生活用品，确保全市灾民温暖过冬。同时，认真做好物资接收发放和管理工作，全年共接收各类物资9584件，发放5719件。进一步完善紧急救援物资储备机制，修订应急物资储运预案和救灾救济应急预案。

2010年9月，沈阳市成立了减灾委员会，成员由市发改委等28个部门组成。11月，成立了沈阳市减灾中心。积极开展“防灾减灾日”活动，宣传普及防灾减灾知识，5月12日开展了全国第二个“防灾减灾日”宣传活动。在大东区珠林街道莱茵河畔社区召开了全市减灾示范社区创建工作会议，全市有5个社区被评为全国综合减灾示范社区。

（陆军　闫桂良）

【慈善事业】 2010年，沈阳市民政局共接收社会各界捐款4660.6万元（其中赈灾捐款2627.4万元），捐赠物资价值人民币52.8万元。全年救助支出总计4255.4万元，救助物资支出折合人民币71.67万元，惠及贫困群众10余万人次。

慈善项目。为全市500名贫困家庭的大学新生提供150万元入学补助；向全市10所高校的1000名外地贫困学子每人发放200元的返乡路费补助；为在沈就读的百名川籍学子捐赠60万元的学习和生活补助；出资30万元为农民工子女提供免费午餐；出资20万元，建立了10所流动留守儿童活动站；联合香港汇丰银行出资20万元，对来自东北三省贫困地区的50多名农村教师进行了免费培训；与苏宁电器、沈阳乐购等单位合作筹资20万元，在辽中县冷子堡等8所学校建立希望书屋和电脑教室。此外，与团市委合作开展了民族一家亲系列活动，为全市少数民族贫困家庭少儿提供援助。两节期间开展了“慈善情暖万家”活动。由市、区两级慈善会共同出资600万元，为全市6万余名农村集中和分散供养的70岁以上五保户、城乡低保户和重度残疾人实施救助；出资600万元，援建沈阳市12所农村中心敬老院基础设施；向市养老服务协会捐资42.5万元，为全市37所民营敬老院购置配套设施；联合辽宁津享逸实业有限公司捐赠人民币50万元，建立了“津享逸慈善助老基金”并在苏家屯中心敬老院挂牌建立“津享逸慈善敬老院”；联合沈阳珩生投资股份有限公司捐赠人民币100万元建立了“沈阳五洲城慈善助老基金”；协手省慈善总会，在沈开展了“蓓蕾慈善救助项目”，出资55万元，为沈阳市36个贫困家庭先天性心脏病患儿实施医疗救助。为青海玉树地震募集社会各界捐款2609.2万元。

慈善组织建设。召开了市慈善总会第三届常务理事会第三次会议；召开了市慈善公益组织联席会议第三次会议，与市职工慈善爱心基金会、市教育基金会等公益组织联合开展的“圆寒门学子大学梦、爱心午餐”项目；与市妇联、市教育局等部门合作，建立并实施了“流动留守儿童活动站”、“希望书屋”等项目。“爱心午餐”项目，获得了民政部授予的“最具影响力慈善项目奖”，市慈善总会办公室被评为“五一巾帼先进集体”。

慈善文化。编辑制作了“在善爱的路上——市慈善总会2009年工作巡礼”视频短片；出刊了15期《沈阳慈善工作》；与沈阳电视台、市残联共同开办了《为爱向前冲》栏目；成功举办了2010年“让老人幸福，让社会和谐”翔凤之爱慈善日主题系列活动，使慈善文化得到广泛传播。

（李叶　王革）

【福利工作】 2010年，沈阳市城镇养老机构总数为83家，其中：国办养老机构13家，民办养老机构70家，托老、照料和康复活动场所1629个。全市城镇养老服务机构共有床位11271张。

2010年，全市以居家养老为基础、以社区服务为依托、以机构养老为补充和中介组织为纽带的“3+1”养老服务体系初步形成，养老机构设施建设快速推进。市养老服务中心、和平区养老服务中心、大东区德济老年关爱中心、铁西区养老中心4个大型中、高档养老设施建设项目全面启动。其中市养老服务中心一期工程顺利竣工，建筑面积6万平方米，设置床位1146张。努力抓好项目建设，积极协调有关部门解决资金缺口问题，全市有6所中心敬老院建成并入住。实行新建民办养老机构床位补贴政策，全市新增养老床位5564张，全年共为18家新建民办养老机构补贴354.8万元。总投资1000万元新建100所社区示范性日间照料站全部完成，使沈阳市社区日间照料站总数达420个。开发公益性岗位1585个，为4770户不能自理的空巢低保老人免费提供居家养老服务。建立“老年人应急呼叫系统”，截至12月底，全市免费为2.2万户特困空巢老年人家庭安装应急呼叫器，为186人次提供求救服务，为4279人次提供求助服务，为5万余人次提供咨询服务。成立市养老服务协会，组织全市开展星级养老机构评定。开展了“十大孝子”、“十佳敬老志愿者”和“十大示范养老机构”评选活动，30名个人及机构代表受到了表彰。

（尹玉砖）

【老龄事业】 2010年，沈阳市连续第七年提高了89.8万名企业退休职工养老金标准，将7000余名发放低保金的城镇集体企业退休人员纳入了养老统筹发放体系，将全市约5万名困难集体企业在职职工纳入了养老保障体系；继续上浮城乡60周岁以上老人的低保标准，连续四年提高农村五保供养标准，集中和分散供养标准分别增长了74.2%、103%；全市2.3万失地农民已全部实施了养老保障，3.3万名老人已经按月领取了养老金。截至年底，已解决近20万在职职工、退休职工的城镇职工医疗保险和城市居民医疗保险问题，为21.3万名医疗保障尚不完善的退休职工建立了医疗保险个人账户，新型农村合作医疗老年人参合率达100%，每年有1.5万城乡特困老人得到了医疗救助。为农村低保户、五保户、重点优抚对象中的老年人家庭新建住房近1.63万户，城市通过建设经济适用房、发放经济适用房货币补贴和租赁补贴等方式，解决低收入家庭住房困难问题。全市共有50.2万老年人参加各种文化活动，老年活动室达2034个，老年文体团队已发展到1257个，老年学校发展到439个，学员近5万人，全年开展各类老年文化体育娱乐活动约4000场，参与活动的老年人近12万人次；10月，在沈阳电视台举办了以“超越岁月，共享和谐”为主题的2010年沈阳市重阳节电视晚会暨老年人才艺大赛颁奖晚会。截至年底，全市共有755个基层老年人协会实行了社团登记，约36万老年志愿者参与各项慈善和公益活动，全市农村有17.5万老年科技工作者长年从事农业生产的技能指导。

将《老年法》列入全民普法教育内容，截至年底，全市共组织136期培训班，发放宣传册2.8万份；以沈阳慈善日为载体，开展系列敬老爱老活动；开展了“全民助老月”活动，评选出“十佳助老先进单位”、“十大孝子”等典型。举办了中国（沈阳）首届老年人残疾人用品展览会，国内外参展企业98个，洽谈合作项目882个。

（张亚权　任杉）

【农村“五保”供养】 截至年底，全市有农村五保对象1.67万户、1.72万人；农村敬老院77所、床位9460张，工作人员910名；在农村敬老院集中供养的五保对象4902人，占五保对象总数的28%，分散供养五保对象1.2万人。

调整了五保供养标准，农村集中供养标准：三县一市由年4600元调整为年5060元，其他各区（含开发区）由年5100元调整为年5610元；农村分散供养标准：三县一市由年2400元调整为年2640元，其他各区（含开发区）由年2900元调整为年3190元。五保供养政策得到落实，按照动态管理的原则，沈阳市已将符合五保条件的人员全部纳入了五保范围，并对有经济来源、不符合五保条件的人员随时取消了五保待遇，全市2010年新增五保户635户，退出（含死亡）710户，做到了应保尽保，应退就退；2010年全市对35户五保户的因水灾倒塌住房进行了恢复重建。五保供养资金落实到位，2010年全市落实五保资金6012.21万元，其中：省转移支付2464万元，市财政配比资金1769.91万元。农村中心敬老院建设稳步推进，截至年底，沈阳市已有21所新建农村中心敬老院完成入住，床位达到5070张，养员2478人。在2010年12月全国农村五保供养工作会议上，沈北新区中心敬老院、东陵区中心敬老院、新民市大民屯中心敬老院被评为全国模范敬老院。

（于友成）

【孤残儿童救助】 2010年，沈阳市认真执行民政部制定的孤儿最低养育标准，不断加大对孤残儿童救助的资金投入力度，确保孤儿生活水平不低于当地平均生活水平，开展形式多样的孤儿安置和养育模式，使全市1200名孤儿得到很好的安置。2010年上调孤儿养育标准，城市孤儿生活费标准按当地城市低保标准上浮60%；农村孤儿生活费标准由原来每年每人3300元调整为每年每人4800元，提高45%；在院孤儿生活费由原来的每人每月491元上调为每人每月700元，提高40%。年底根据《国务院办公厅关于加强孤儿保障工作的意见》（国办发〔2010〕54号）文件精神，为沈阳市孤儿发放了基本生活费，发放从2010年1月至12月全年，每人每月180元，全年共计2160元。

（杨春光）

【福利彩票发行】 2010年，全市共销售福利彩票13.13亿元，同比增长13.9%，超额完成全年10.77亿元任务指标，其中：电脑票销量8.6亿元，“刮刮乐”即开票销量1.78亿元，“中福在线”彩票销量2.55亿元，开乐彩销量1200万元，电话投注销量894万元。筹集彩票公益金4.3亿元，代扣代缴个人所得税650万元，资助贫困学子133人。荣获省民政厅“销售总量特等奖”和“发展贡献特等奖”等全部奖项；获市政府“捐资助学先进单位”称号；在辽宁省第二届福利彩票业务技能大赛中，取得了团体和四个单项冠军的佳绩；即开票销售取得“全国亿元城市”和“十强城市”奖项。

完成物流配送试点工作，为全省终端运营改革提供成功经验，终端建设工作有序开展。扎实推进投注站和销售厅等级管理，强化市本级综合服务基地和中福在线销售厅形象建设，在兴隆大家庭、五爱市场等商业广场设立形象店，完善服务功能，细化服务标准，全面提升福彩新形象。与棋盘山冰雪大世界、邮政系统等社会服务网络合作，开发新的销售增长点；尝试开乐彩出厅进站，使多票种互相补充，协调发展；积极申办新销售厅，按照中彩中心新销售厅建厅要求，沈阳路销售厅已于12月底试运行，力争创建省级形象示范厅。

开展“福彩公益互助行·爱心传承促和谐”大型公益互助活动，跟踪报道沈阳市第“2222”号等投注站业主即开票义卖赈灾活动，此活动得到《中国社会报》高度关注，并给予充分肯定。有效组织福彩大篷车巡回演出和“爱在福彩”送电影进社区活动。继续开展“福彩助学子”活动，进一步弘扬福彩发行宗旨，体现人文关怀，树立福彩公益形象。

（邓妍妍）

【福利企业】 2010年，全市454家社会福利企业共安置残疾职工7902名，新办福利企业24户，扭转了自2007年政策调整以来，福利企业数量逐年下降的趋势，新办企业数量居全省之首。积极做好福利企业退税工作，为17户“退税额低于残疾职工缴纳四险统筹部分”的社会福利企业申领“社会保险补贴”94万元。同时，通过多次与市国税、地税局进行协调，解决了部分区、县（市）福利企业退税难、退税周期长等问题。在全市社会福利企业中，组织、动员762名企业法人、管理人员参加“春天行动”，与519名困难残疾职工、27名贫困学生结成帮扶对子，捐款捐物金额31万元。督促全市社会福利企业管理部门以保障残疾职工工资、保险等福利待遇为重点，依法对企业进行监管。

（刘元春）

【基层政权和社区建设】 2010年，沈阳市民政局圆满完成全市第十届村委会换届选举任务。以市委、市政府名义下发了《关于认真做好2010年村党组织和村民委员会换届选举工作的通知》（沈委办发〔2010〕17号），召开了全市“两委”换届选举动员会，成立了沈阳市“两委”换届选举领导小组，同时组建了4个由市委组织部和市民政局牵头的“两委”换届选举工作督导组，下发了《沈阳市第十届村民委员会换届选举工作方案》（沈民〔2010〕8号），在全省首家出台了《沈阳市村民委员会换届选举工作细则》，同步下发了《沈阳市村民委员会换届选举规程》。全市有选举任务的1252个建制村全面完成了换届选举任务，完成率达到100%。全市登记选民162.03万人，参加正式投票选举的选民有140.69万人，参选率为86.82%。经过换届选举，全市共依法选举产生村委会成员4788人，其中：主任1232人，副主任和委员3571人；代理主任20人，代理副主任和委员173人；党员有3279名，占总数的68.48%；妇女有1194人，占24.93%；50岁以下的有3174人，占66.29%；连选连任的有3150人，占62.1%。全市共依法推选村民代表5.0万人，重新划分村民小组7724个，建立健全了治安调解、公共卫生、社会福利等工作委员会。

积极推进城乡社区建设工作。以市政府办公厅92号文件的名义，制定并下发了《关于加强社区公共用房建设和管理工作的意见》，对新建住宅小区社区公共用房的建设标准、内部设计、责任部门等做出了规定；完成了全市50个老旧小区社区用房改造任务。在全国首创的依托地方高校建立的沈阳大学社区学院已正式挂牌运行，先后举办了沈河区、和平区、于洪区、铁西区的社区后备干部培训班。按照《市委办公厅、市政府办公厅关于建设全民终身学习的学习型城市的指导意见》的有关要求，在广泛征集学习型社区论文的基础上，以满足社区居民教育需求为切入点，以广泛开展各类社区活动为载体，以建设文明、和谐社区为目标，积极开展学习型社区的创建活动，举办了沈阳市学习型社区论坛，出版了《沈阳学习型社区论文集》，在沈阳市学习型建设工作会议上市民政局获得突出贡献奖。进一步提高了社区工作者待遇，会同市财政局联合下发文件，全市社区工作者补贴标准在原来的基础上，每人每月提高200元，全市社区工作者（主任、副主任、委员）的补贴标准分别达到1500、1400、1300元。

（尹　琦）

【双拥共建】 2010年，沈阳市民政局大力开展拥军慰问活动。新年前夕，市双拥办下发了《关于深入开展新年春节期间双拥活动的通知》，对全市双拥工作作出部署。市委、市政府召开了迎新春军政座谈会；市委、市政府领导慰问了96125部队官兵并赠送慰问金10万元；“八一”期间，市委、市政府领导分别慰问了沈阳军区政治部、沈阳警备区、辽宁预备役高炮等部队。

积极为驻军部队办实事解难题。市政府出资为沈空援建一栋2.7万平方米的文体医疗综合楼；为基层部队援建流动图书馆（室）100余个，赠送图书10万余册、电脑300多台；为基层部队举办各种文化进修班50批次，培训各类人才8000名，解决部队应急训练、战备交通、野战指挥等高新项目20余个；市双拥办先后办了为驻沈部队大龄青年军官举办鹊桥会等近20件实事和难题；“八一”期间，举办了“红诗沈阳”军民联欢晚会，推出了一批反映双拥内容的节目；编发了1.5万册《拥军政策简明服务手册》下发驻沈部队官兵，为部队官兵提供政策服务。

驻沈部队在圆满完成战备训练任务

的同时,积极参加地方经济建设和公益事业建设。在支持城市建设中,共出动1万人次,参加义务植树、打扫环境卫生;在完成急难险重任务中,驻沈部队及民兵预备役人员参加抗洪抢险、扑救山火等重大任务;在扶贫帮困工作中,和平区驻军捐资50万元,援建了16个军民共建“夕阳红”驿站;在参加“百团帮百村”对口共建中,沈阳军区总医院共出资10万元,为辽中县六间房镇马三家村修建一条村级公路。在维护社会稳定方面,武警部队严阵以待,坚守在各自岗位上,为保卫沈阳、构建平安沈阳作出了重大贡献。

完成了市级双拥评比和省双拥检查考核。全面落实优抚政策,出台了《关于进一步做好优抚对象医疗保障工作的通知》,完成了300多名残疾军人的评残体检工作。推出了一批有影响力的双拥典型。“百团帮百村”活动整体推进,此项活动已被省双拥办评为2009年度“双五佳”实事;推出了“100个双拥服务窗口示范单位”典型,“八一”前夕,在沈阳兴隆大家庭购物中心举行了揭牌仪式,该活动作为社会化拥军试点经验被省和全国双拥办转发;推出了全省首批表彰的“感动军营人物”,沈北新区原副区长王东红、苏家屯区烈属王洪艳荣膺榜首。

(胡有升 张继坤)

【优待抚恤】 2010年,沈阳市共为6823名义务兵家庭发放优待金4513.3万元。其中城镇义务兵家庭优待金为每年每户5000元,农村义务兵家庭优待金为每年每户8000元。同时,对进藏义务兵、进新疆义务兵家庭分别发放特别优待金1万元至5万元。对2010年冬季入伍的农村义务兵家庭优待金标准进行了调整,调整后的标准为:每年按户籍所在地区、县(市)上年农民家庭人均纯收入水平确定。低于上年全市平均水平的地区,按全市平均水平确定(最低优待标准为8000元)。

从2010年10月1日起,再一次提高了优抚对象抚恤补助标准。其中烈士遗属、因公牺牲军人遗属、病故军人遗属在原标准基础上,居住在城镇的每人每年分别提高到9888元、9048元、8460元,达到2009年全市城镇居民年可支配收入的49.2%;居住在农村的每人每年分别提高到9576元、9408元、6060元,达到2009年全市农民年人均纯收入的72.5%。在乡复员军人在原标准基础上,每人每年提高960元。其中:居住城镇在乡复员军人达到2009年全市城镇居民年可支配收入的49.3%,居住在农村在乡复员军人达到2009年全市农民年人均纯收入的93.2%。残疾军人(含伤残人民警察、伤残国家机关工作人员、伤残民兵民工)残疾抚恤金标准在现行标准基础上平均提高了10%。参战参试人员退役人员定期补助金、农村老党员生活补贴标准在现行标准基础上每人每年分别提高了240元。出台了《关于进一步做好优抚对象医疗保障工作的通知》,对重点优抚对象的门诊补助标准由原500元提高到每人每年1100元,住院和特慢病医保报销和医疗补助达到90%。各区、县(市)新农合医疗机构实行“一站式”结算,使农村优抚对象的医疗保障水平得到了较大提升。

圆满完成了各级烈士陵园改造任务,由省、市、县共同投资2800多万元,对抗美援朝烈士陵园进行了二期改造,对苏家屯、辽中、康平烈士陵园进行了整体改造,对法库县第42军辽沈战役烈士纪念墓进行了维修。

(张春阳)

【退伍军人安置】 2010年,全市共接收退役士兵3744人,其中:城镇2369人,农村1375人。

依法落实安置任务。市政府下发了《关于做好2010年度退役士兵接收安置工作的通知》,向全市326个单位指令性下达了3500个安置计划任务,对做好年度退役士兵安置工作提出了明确要求。3月24日,市退伍办与市人力资源和社会保障局、沈阳警备区联合召开了沈阳市退役士兵安置工作会议,对做好全年退役士兵安置工作进行了再动员。10月12日,市退伍办对部分用人单位进行了安置政策培训。多数企事业单位以大局为重,按计划完成了接收安置任务。全年共收缴有偿转移金262万元。

城镇安置就业顺利完成。不断完善安置就业分配办法,优化了安置就业环境。全市400多名重点安置对象,在安置就业中得到了优先照顾。“双选”安置单位从140家扩大到160余家。全市通过考试招录、择优公开、“双选”、“追加”等多种安置方式,使1211名退役士兵得到了安置就业。

城镇自谋职业深入推进。提高了城镇退役士兵自谋职业一次性经济补助标准,义务兵由2万元调整到3万元,士官最高标准由3万元提高到4万元。通过开展择业教育,深入乡镇、社区,利用网络、媒体、宣传告示等多种方式,积极宣传自谋职业的优惠政策,全市共有1158名退役士兵自谋职业,占城镇应安置人数的48.8%。,比上年增加了8%。共发放自谋职业一次性经济补助3272万元,其中:市财政支付1949万元,区、县(市)财政支付1323万元。

技能培训实效显著。实施按需分类培训,积极开展城乡一体化职业技能和实用技术培训。市级“订单式”技能培训的409人全部上岗就业。全市共举办择业教育、计算机动漫制作、农村实用技术等短期基础培训48期,培训退役士兵3000余人,共投入普惠制以外培训经费67.8万元。

就业服务体系日臻完善。通过市就业服务网、召开现场招聘会等多种形式,两级安置部门和培训学校共推荐介绍969名城镇自谋职业和农村退役士兵实现了市场化就业。为93名进入辽宁省招录基层警察公务员面试的退役士兵出具了资格证明。

(张 力)

【军队离退休人员安置管理】 2010年,沈阳市共接收安置军休干部1169人,其中:伤病残休干296人,伤病残士官71人。

落实休干“两个待遇”。为新接收817名休干办理了医保手续,会同有关部门审核322名休干干诊医疗手续;积极协调资金,支出医疗费5376万元,使休干的医疗补助得到顺利落实,同时经过多次协调解决了困扰多年的退休干部体检问题,组织3700名退休干部进行体检。完成了对军休干部住房档案建立以及1-4批休干2407人的住房信息采集工作。

积极开展军休服务管理规范化、社会化、人性化服务活动。全系统全年共走访休干6000余人次,为空巢休干免费安装一键式呼叫器50余部;投资1349万元,对部分中心的基础设施进行了维修改造,与当地街道合作建立了一家日间照料站,极大方便了年老体弱休干的休养生活。

军休艺术团在参加辽宁省首届军休艺术节和省老年艺术家协会组织的演出中，选送的模特、舞蹈、独唱、合唱等节目受到了省市领导的一致好评；参加辽宁省第一届军休艺术节书画摄影比赛，沈阳市军休系统共获得一、二等奖项13个；全省军休台球比赛中，沈阳市取得团体、个人冠军。

（韩　勇）

【社会团体登记管理】 截至2010年底，全市共有社会团体1479个，其中：行业性399个，学术性259个，专业性586个，联合性235个；全年新增49个，变更77个，注销23个，撤销21个。

开展全市社会团体"小金库"专项治理活动，与市纪委、市监察局、市财政局、市审计局联合下发了《沈阳市社会团体"小金库"专项治理工作实施方案》，组织全市786个社会团体进行自查，共查处10个存在"小金库"问题单位，涉及资金18.34万元。开展行业协会评估活动，由政府部门、社会组织负责人、会计师事务所、律师事务所、高等院校等有关单位人员组成的评估小组，从依法办会、规范运作、能力建设、发挥作用、社会评价五个方面对沈阳市行业协会商会进行了等级评估。首评15家行业协会，有14家行业协会获得3A以上评估等级。及时启动了沈阳市社会组织创先争优活动，组织开展了"结对帮扶促民生"主题实践活动，共有21家市级社团组织与28个农村专业经济协会结成了帮扶对子，通过送信息、送技术、送物资、送资金、送温暖等"五送"的形式开展结对帮扶。

（刘　革）

【民办非企业登记管理】 截至2010年底，全市共有民办非企业单位1835个，其中：经济类2个，科学研究类16个，社会事业类1676个，慈善类133个，综合类8个。全年新增273个，变更157个，注销23个，撤销124个。

依法进行行政处罚，依照《行政处罚法》和《民办非企业单位登记管理暂行条例》有关规定，对124家长期不参加年度检查的民办非企业单位下达了《行政处罚事先告知书》和《行政处罚决定书》，做出了撤销登记的行政处罚。

（刘　革）

【界线管理】 2010年10月28日，沈阳市召开了全市首次行政区域界线管理工作会议，下达《沈阳市行政区域界线勘定工作方案》；市局分别与8个区、县（市）举行了《市级界线界桩委托管理协议书》签字仪式，签订协议书14份，对45颗界桩进行委托管理；完成了蒙辽线在沈阳市区域范围内97.3公里的界线联检工作，签订了共建平安边界的协议书，建立了联检工作档案，维护了省际间行政区域界线。

（胡志英）

【地名管理】 2010年，沈阳市审批道路命名3项。苏家屯区东起沈丹高速公路，西止沈大高速公路（包括原苏桃公路），为机场路；东陵区南起大夫村、北至中和村，为泗水街；东陵区起始点均为森林路（棋盘山风景区正门），环绕棋盘山水库一周的道路，为秀湖环路。审批道路更名2项：苏家屯区北起东陵、苏家屯两区交界白塔堡河小桥，南止苏家屯区雪莲街与雪松东路交汇处止，为南京南街；南京南街南端东起向西转弯路段处，西止雪莲街与雪松东路交汇处，为会展路。完成单立柱地名标志设置693个，双立柱地名标志设置173个。审批命名建筑物及建筑群体名称137个。

地名信息化建设工作。完成5台地名触摸屏的招标制作，分别安装在市会展中心、爱思开汽车客运站、五爱深港客运站、经纬客运总站。编审制作100幅街路《地名导向示意图》，并安装在全市38条主要街路地名标志牌的灯箱内位置。街路《地名导向示意图》能清晰地反映地名标志牌所处的地理位置、附近相关地理信息及以该地名标志点位为轴，以3公里为半径向周边辐射所涵盖的街路、党政机关、学校、医院、火车站、公交站点、纪念地、地标性建筑、大型商场、银行等相关公共服务信息。

（王　旭）

【婚姻收养登记管理】 2010年，全市共办理结婚登记5.9万对，离婚登记2.5万对，出具各类婚姻证明11.4万份，办理收养登记28件，涉外结婚登记88对。加强婚姻登记机关行风建设，做好全市部分行政区划调整后的结婚登记工作。下发《关于加强婚姻登记机关规范化建设的意见》（沈民办发[2010]16号）文件，督促检查东陵区、辽中县、法库县婚姻登记机关人员编制、办公经费和全市婚姻登记机关执法、服务、收费"三分离"问题，为申报全国婚姻登记规范化建设合格单位奠定夯实基础。圆满完成民政部婚姻登记工作座谈会组织工作。组织并参加民政部举办的"纪念新中国首部婚姻法颁布60周年全国婚姻家庭研讨会"活动。顺利实施10月10日结婚登记"好日子"的应急服务工作，启动预约登记，当天共为1991对新人办理了结婚登记。

（刘翠俐）

【流浪乞讨人员救助管理】 2010年，沈阳市共救助各类人员近9500人次，救治1009人，其中：救治精神病人270人次，危重病人682人次，救助未成年人314人次，救助老年人419人次，残疾人309人次，救助外籍人员4人，救助台湾同胞2人，护送老年人、未成年人和救治康复人员返乡682人次，为无能力返乡的3302人提供了乘车凭证，安置无家可归人员31人，接待来人来电查询走失人员等3500余次，接听新闻媒体和热心市民提供的需要救助信息电话800余次。2010年冬，救助管理站的流动救助队24小时上街流动巡查救助，街头救助302人，救治精神病人43人，危重病人28人，并建立了对提供信息者进行救助情况反馈机制，确保了每个被发现的流浪者都能得到及时有效的救助。

（王跃刚）

【殡葬管理】 2010年，沈阳市共火化遗体5万具，火化率实现99.6%，比上年度提高了0.1个百分点，平（迁）坟1.2万余座，还田18.67公顷，主要铁路、公路两侧及风景区周边基本实现无坟包。坚持骨灰处理多样化，继续推进树葬和骨灰撒海活动，海葬592盒，树葬4.9万盒，并建立网上灵堂127个。加大了殡仪服务市场综合整治力度，联合有关部门销毁封建迷信用品、查处非法营运车辆30余次，共没收销毁烧纸等纸扎制的殡葬迷信品4万余件，取缔占道举牌销售墓穴21人次。应对清明节出现的短时期，小空间、高密度祭祀人群，全市10家殡仪馆、19家墓园及农村公益性骨灰堂、公益性公墓等单位，采取有效措施，积极做好各项服务工作，共接待祭祀群众达370万人次，全市实现了文明祭祀，平安清明。根据市民政局、市财政局下发的《关于免除城乡低保对象基本殡葬服务费用的通知》（沈民〔2009〕26号）文件精神，全年为2730户低保对象办丧事免除基本殡葬服务费用150余万元。举办首届星级殡仪主持人评比大赛，共评出三星级殡仪主持人2人，二星级殡仪主持人3人，一星级殡仪主持人4人，分别获得等级证书。市回龙岗革命公墓一期改造工程如期竣工，将原骨灰堂1.28万盒骨灰顺利有序搬迁至新落成的骨灰堂。全市19家经营性公墓经省民政厅年检验收均为合格单位。市殡葬管理处被评为省民心网举报投诉、政策咨询办理优秀基层单位，同时被辽宁省民政厅授予清明节突出贡献单位，被沈阳市纪委评为全市直属重点单位类政风行风工作综合考核第一名。市回龙岗革命公墓被民政部授予殡葬工作先进单位，并荣获沈阳市精神文明单位；市回龙岗墓园被省民政厅授予行风建设示范单位；市殡仪车辆调度中心主任原钢同志被民政部授予殡葬工作先进个人。

（何清才　林杨）

民　族

【民族团结进步宣传月启动仪式】　9月16日，“2010辽宁省暨沈阳市民族团结进步宣传月活动”启动仪式在东北大学隆重举行。本次活动由省民委和市政府主办，由市民委和东北大学承办。省政协副主席、省委统战部部长高鹏，市政协副主席赵秋凤，市政府副市级调研员刘兴烈，东北大学党委副书记、纪委书记田梦平及省、市教育、民族等部门的负责同志出席了启动仪式。市政府副秘书长张中华主持仪式。

（付　聪）

【锡伯族嘎拉哈节】　2010年，沈阳市民委、市体育局、市文化局、沈北新区政府联合主办，沈北新区文广局、民委共同承办的沈阳市2010年“神州一欻”锡伯族嘎拉哈节于3月6日在沈北新区文化艺术中心隆重举行。市民委副主任金翔、市体育局副局长沙钢、市文化局副局长杨弘、沈北新区政府副区长顾瑛出席开幕式并致辞。

欻嘎拉哈比赛是锡伯族的民族传统体育项目，2008年被列入沈阳市非物质文化遗产名录。2009年被列为沈阳市第六届少数民族传统体育运动会正式比赛项目。

2010年锡伯族嘎拉哈节在上年赛制的基础上，增设了锡伯族学校赛组，由各锡伯族学校的中小学生组队参加比赛，使广大中小学生能够进一步了解和传承民族文化。沈北新区教育部门已决定将欻嘎拉哈列入全区锡伯族学校的民族文化教育课程。

全市共有29支代表队近百名选手参加了本届嘎拉哈节比赛，分A、B、C三组进行，A组为区、县（市）队，B组为乡镇街队，C组为锡伯族学校队。经过激烈角逐，铁西区张洪江和沈河区陶丽红分获A组男单、女单冠军；黄家乡葛鹏禹和兴隆台镇谷树香分获B组男单、女单冠军；参加C组比赛的两所锡伯族学校分获优秀表演奖。

（崔英淑　王晓茹）

【沈阳经验推广】　2010年在辽宁省城市社区民族工作座谈会上，播放了沈阳市民委制作的《民族团结进步之花开遍沈城》民族工作电视专题片，市民委副主任金翔、和平区政府副区长宋丽、沈河区朱剪炉街道党工委书记林世军、回民社区书记李秀华分别代表4个工作层面作了经验介绍，全体与会人员先后到回民社区、满族中学和沈飞集团公司等3个民族团结进步模范集体进行了参观学习。

沈阳市立足城市民族工作实际，大力推进民族工作的创新发展。一是创新宣传，不断营造民族工作的社会氛围。充分发挥新闻媒体的影响力，在电视台和报纸制作开辟民族工作专题和专栏，召开新闻发布会及时通报民族工作领域重大活动情况，开通沈阳民族宗教网，编印《城市民族工作手册》、订制并免费发放宣传民族团结的环保购物袋，依托互联网开展民族政策法规和民族知识答题活动，向全市近万名处级以上党员领导干部发送宣传民族政策的手机短信。二是着眼长远，不断夯实城市民族工作的发展基础。全面推进社区民族工作，印发了《关于创建民族团结进步模范社区（村）活动实施方案》和《沈阳市民族团结进步模范社区创建活动指导意见》，明确了创建活动的总体目标、工作任务、保障措施和工作标准，并设立专项工作经费，对每个典型单位给予一定的资金支持。召开全市社区民族工作现场经验交流会，推广了区政府、街道、社区三个工作层面的经验做法。2008年以来，沈阳市有4个社区分别被评为全国、全省、全市民族团结进步模范集体，20个社区被命名为全市民族团结进步模范社区。三是保障权益，不断强化城市民族工作的服务理念。加强清真食品生产经营监督管理，做好回族等少数民族群众殡葬服务，切实满足了少数民族群众的特殊生活需求。切实保障少数民族政治权利，不断建设一支高素质的少数民族干部队伍。大力推进少数民族就业再就业，采取举办招聘会、开展技能培训、扶持自主创业等措施，积极搭建创业和就业平台。大力挖掘传承少数民族优秀传统文化，沈阳市创作的锡伯族舞蹈《锡伯猎歌》和表演唱《喜利妈妈的传说》，填补了辽宁省没有大型锡伯族舞蹈和锡伯族原生态艺术表现形式的空白。

（付　聪）

【少数民族干部高级研修班】　由中共沈阳市委组织部和沈阳市民委共同组织的沈阳市少数民族优秀中青年干部公共管理高级研修班，在中国人民大学完成了7天的培训任务，于8月8日圆满结业。

沈阳市委组织部、沈阳市民委和中国人民大学培训学院十分重视此次培训工作。开班仪式上，培训学院院长助理黄粤涛进行了开班讲话，简述了中国人民大学的历史和现状，市民委副主任金翔介绍了本期培训班的相关情况，并对学员们提出希望和培训要求。关艳萍代表全体学员发言，表示要珍惜这次难得的学习机会，力争做到学有所获、感有所受。

本期培训班学员有满族、朝鲜族、蒙古族、回族、锡伯族等60名，其中有13名学员来自驻沈高校、中直企业、科研院所，都是经过推荐考核选拔上来的少数民族优秀中青年干部。本次培训共安排了“中国宏观经济形势分析”、“构建和谐社会与中国民族宗教问题”等14个专题讲座，使学员们接受了高层次、多领域的短期知识培训。整个培训期间，学员们都能够认真听课、积极讨论、及时总结，展现出沈阳市少数民族后备干部的良好作风和形象。

（付　聪）

【资助玉树在沈就读藏族学生】 4月28日，市民委为在沈就读的青海玉树地震灾区藏族学生捐助仪式在市翔宇中学隆重举行。金翔副主任代表市民委在捐助仪式上讲话，并捐资人民币6万元，高二·九班全体藏族同学参加仪式。

4月14日清晨，青海省玉树藏族自治州玉树县发生7.1级地震后，市民委立即启动应急预案，任桂芳主任就做好灾区在沈就读的藏族学生生活学习等工作作出具体部署。当得知市翔宇中学有73名来自青海省玉树州和果洛州的藏族学生后，立即派相关人员到学校看望了青海玉树在沈就读的藏族学生，全面了解掌握学校对此次安抚学生工作的具体情况，并转达市民委对学生的关心和慰问。从学校方面了解到翔宇中学73名学生中，有30名学生的家庭有房屋倒塌和亲属伤亡情况后，市民委决定以捐助的形式帮助受灾学生解决在沈就读期间的生活困难，确保每个学生不因地震失去继续求学的机会。

（崔英淑）

【下拨紧急救灾资金】 4月8日，沈阳市康平县遭遇历史上罕见的大风天气，风力达10级以上，致使该县一些乡镇的农业生产不同程度受损。

市民委领导班子对此情况高度重视，迅速派出业务处赴该县西关屯、柳树屯、沙金台、东升4个民族乡实地调查受灾情况。通过调查得知，民族乡的设施农业、畜牧养殖及林果种植业受损严重，受灾农户达98户，直接经济损失约241万元，少数民族群众生产生活受到了较大影响。市民委决定，向4个民族乡下拨紧急救灾资金，帮助少数民族群众开展抗灾自救，以实际行动体现了党和政府对少数民族群众的关心和支持。

（葛生民）

【定点包扶少数民族乡镇】 2010年，市民委等7个市直部门认真贯彻市政府有关会议精神，深入调研，科学筹划，精心组织实施，认真抓好少数民族乡镇的定点包扶工作。

市民委根据康平县西关屯蒙古族满族乡产业发展特点，坚持资金投入和科技培训双管齐下，全年投入包扶资金100万元；与沈阳农业大学等科研院所签订协议，在该乡定期举办农业技术培训。市财政局计划连续两年对康平县沙金台蒙古族满族乡的大扁杏生产项目给予政策性补助，并积极争取上级资金，支持杏果产业专业合作社的发展。市农委为沈北新区石佛寺朝鲜族锡伯族乡争取国家级水稻高产创建项目经费20万元，并安排了7个村的整村推进项目，争取项目资金490万元。市畜牧兽医局发挥自身优势，选派优秀科技人员对康平县柳树屯蒙古族满族乡种植、养殖业项目进行现场指导，解决农户的技术难题，推动了当地设施农业和特色农业的发展；市水利局经过认真调研，帮助康平县东升满族蒙古族乡编制了《设施农业配套工程计划》，为设施农业配套建设和果树灌溉解决水利资金40万元；市建委村镇办根据全市城建计划的调整，帮助沈北新区兴隆台锡伯族镇改造3公里镇区内街巷路，计划投资80万元；市林业局为增强包扶工作针对性，对法库县四家子蒙古族乡相关项目进行调研论证，并开展了具体帮扶工作。

（姚兴伟）

【回族群众欢度开斋节】 9月10日，全市近3万名回族群众相聚在清真南寺，以民族特色文艺演出、书画展览、走访慰问、座谈交流等多种形式欢度传统节日——开斋节。辽宁省民委主任包玉梅、副主任张智光，市政协副主席、市委统战部部长赵晓川，市政府副市级干部沙波涛等领导来到清真南寺，向广大回族群众祝贺节日。

市回族联谊会召开了回族各界代表人士庆祝开斋节座谈会。联谊会秘书长马宝山报告了全年联谊会的主要工作，会长金厚家简要介绍了联谊会在市民委指导下开展民族团结宣传教育活动的情况，市伊协会长李鸿宾大阿訇致贺辞。

与会的回族各界代表人士纷纷表达了对党的民族政策和伟大祖国的感激之情，并用富于民族特色的文艺节目欢庆开斋节。

（王正方）

【推进回族养老机构建设】 2010年，市民委积极推进回族养老机构建设，对全市60岁以上回族老人情况进行调查统计，分析汇总回族老人养老需求情况，提出了《关于做好沈阳市回族养老机构建设工作的建议》。此项工作后经市人大代表提议，被列为市人大议案。在市领导的重视和支持下，市民委、市民政局等部门围绕选址、规划、建设等工作认真展开调研论证，在此基础上，根据沈河区朱剪炉街道的申请，结合回民社区回族群众相对聚居，修建回族养老院地域优势明显的实际，向市政府上报了《关于在朱剪炉街道回民社区举办回民养老机构的意见》。

市民委、市民政局组织相关单位召开了联席会议。会议决定，市、区民政部门要及时拨付政策资金；承办方要尽快办理消防审批等手续，科学设计，合理规划，保证改建后的养老院达到中档以上养老机构水平；朱剪炉街道办事处要在房屋出租费上给予优惠；市民委要实施全程监控，确保养老院使用管理充分尊重回族风俗习惯，硬件建设体现回族特色。

（华明伟）

【举办少数民族大学生专场招聘会】 10月21日，由市民委、市人社局、团市委共同主办的“民族情·沈阳市2010少数民族大学生专场招聘会”在市人才市场举行。招聘会启动仪式由市政府副秘书长刘祥主持，市政府副市级干部沙波涛出席并宣布招聘会开始，市人社局局长冯连旗，市民委主任任桂芳、副主任金翔，市就业和人才服务局局长孟庆伟，团市委副书记张鹏，沈飞集团人力资源部副部长陆洪波参加启动仪式。

此次招聘会共有沈阳飞机集团、黎明发动机制造公司、金杯汽车进出口公司、辽宁诚信药业等近百家国营和民营企业进场招聘，提供就业岗位2300个。

（华明伟）

【举办锡伯族文化生态保护区论坛】 5月30日，市民委、沈北新区区委、沈北新区政府、市锡伯族联谊会共同举办了纪念锡伯族西迁246周年暨沈北新区建设锡伯族文化生态保护区论坛。省人大民侨外委主任佟钟时、辽宁省文联副主席崔凯、原省监察厅副厅长关在汉、市政协民宗委主任刘仁刚、市民委主任任桂芳、市锡伯族联谊会秘书长王燕及来自全国各地的专家学者、锡伯族代表人士参加论坛。沈北新区政府副区长孙兴武主持论坛，区委常委、常务副区长连茂君致辞。

会上，各地专家学者围绕沈北新区

建设锡伯族文化生态保护区进行了理论研讨,一致认为,通过建设生态文化保护区,营造一个非物质文化遗产与物质文化遗产相依存,与锡伯民族的生活生产紧密相关,与沈阳自然环境、经济环境、社会环境和谐共生的生态环境,将进一步促进锡伯族传统文化的传承挖掘工作,保持我国民族文化的多样性,保护满-通古斯语族历史、语言和文化,弘扬以爱国主义精神为核心的锡伯族西迁精神,促进锡伯族聚居区经济社会事业协调发展。

与会专家学者还从不同角度为锡伯族文化生态保护区建设工作提出具体建议。

(崔英淑　吴长权)

【民族运动会】 辽宁省第七届少数民族传统体育运动会经过5天激烈争夺,于8月24日晚落下帷幕。沈阳市民族体育代表团参加了全部14个竞赛项目和1个表演项目的比赛,共获得20块金牌和1个金奖,金牌数和奖牌数均居全省第一,同时荣获本届大会优秀组织奖和体育道德风尚奖。

本届民运会共设珍珠球、毽球、武术、秋千、跳板、摔跤、板鞋竞速、蹴球、射箭、射弩、狩猎、押加、赛威呼、雪地走等14个竞赛项目,设有金牌72枚。沈阳市经过半年多的认真筹备,派出了由131名运动员组成的代表团,并在秋千、摔跤、武术、板鞋竞速、押加、跳板、射弩等项目中继续保持了领先优势;由市满族中学和沈阳体育学院组队完成的珍珠球艺术表演以18.9分力压群芳,勇夺表演项目金奖。

(崔英淑)

【致富工程经验交流会】 为总结"十一五"时期沈阳市民族地区发展成果,更好推动"十二五"时期民族地区经济社会又好又快发展,12月9日,市民委在辽中县冷子堡镇召开了全市少数民族群众增收致富工程经验交流会。市政府副市级干部沙波涛出席会议并讲话,副市级干部、沈阳综合保税区管委会主任、辽中县委书记张东阳,市人大民侨外委主任委员铁慧茹,市政协民宗委主任刘仁刚,市民委主任任桂芳、副主任金翔,市农委等承担民族乡镇定点包扶任务的市直部门负责同志,相关区、县(市)政府分管领导、民委主任,8个民族乡镇党政主要领导,部分民族村代表共80余人参加了会议。

会上,金翔宣读了《关于命名少数民族群众增收致富工程产业示范基地的通报》,沈北新区、康平县西关屯蒙古族满族乡、辽中县冷子堡镇社甲村分别从不同层面作了经验交流。

任桂芳强调,要抓住和用好重要战略机遇期,推动"十二五"时期民族地区经济社会又好又快发展。一要精心组织,认真谋划,切实编制好未来五年的发展规划。二要突出重点,抓住难点,进一步加快产业结构调整和经济发展方式转变。三要凝聚力量,整合资源,进一步加大对民族地区发展的扶持力度。四要综合协调,完善服务,切实促进民族地区经济社会协调发展。

(姚兴伟)

【社区民族工作现场经验交流会】 7月9日,全市社区民族工作现场经验交流会在和平区金华园宾馆隆重召开。市人大副主任宋铁瑜、市政协副主席赵秋凤、市政府副市级干部沙波涛及市人大、市政协专门委员会领导出席会议,市政府副秘书长张中华主持会议。和平区四大班子领导及各区县(市)政府分管领导,市、区两级组织、宣传、统战、民族、民政、财政、人社等部门负责同志,相关街道和社区负责同志,共280余人参加会议。

会议组织观摩了和平区北市场街道皇寺路社区和西塔街道安图社区,表彰了15个民族团结进步模范社区,和平区政府、沈河区朱剪炉街道党工委和铁西区兴工街道九委社区分别做了经验介绍。

(华明伟)

【民族知识万人答题活动】 为深入贯彻中共中央办公厅、国务院办公厅《关于深入开展民族团结宣传教育活动的意见》和中央宣传部、中央统战部、国家民委《关于进一步开展民族团结进步创建活动的意见》,9月28日,由市直机关工委、市民委联合组织开展的市直机关民族知识万人学习答题活动正式启动。

该活动是沈阳市第五次"民族团结进步宣传月"系列活动的重要内容之一,是加强学习型机关建设和丰富"一学三提"内容的重要举措,全市近百个市直部门全部参加学习答题活动。

为确保活动收到实效,市直机关工委、市民委不仅联合印发了专门的活动实施方案,还在市直机关工委工作会议上做出了具体部署。市民委在沈阳民族宗教网站登载了相关学习资料,帮助广大党员干部了解和掌握党的民族理论的基本观点、民族政策法规的有关规定、民族风俗习惯等常识,增强维护民族团结进步的自觉性和坚定性。

此次活动11月20日结束,共有近百家市直机关近万名干部参加。成绩在90分以上的有7470人,其中:市管干部347人,处级干部1627人,一般工作人员5496人。通过开展民族知识学习答题活动,进一步提高了沈阳市广大机关干部贯彻执行民族政策法规的能力,推进了全市民族工作的深入开展。

(华明伟)

【锡伯族现代农业示范基地项目启动】 2010年,中国沈阳锡伯族现代农业示范基地项目正式在沈北新区黄家锡伯族乡开工建设。该项目系东北金城建设集团全资兴建,投资总额2亿元人民币,总占地面积69.73公顷。园区划分为荷兰迷你黄瓜和日本樱桃番茄、甜瓜、黑番茄、甜椒五大种植区域。规划建设每栋占地面积909平方米、使用面积825平方米的现代化温室大棚600栋,预计年总产值8808万元。

该项目由沈阳农业大学全程提供农业种植技术服务。园区大棚全部采用智能化控制,属于典型的高投入高产出和资金、技术、劳动力密集型的现代农业产业项目。项目建成后将全部采用由农民承包经营的管理模式。为降低农民种植风险,提高农产品附加值和农民收入,园区对大棚生产的农产品全部实施订单农业,收购全部大棚所产的蔬菜水果,并委托专业企业进行深加工和统一包装后上市。

该项目不仅可以解决当地近千名农民的就业问题,带动相关产业发展,而且通过大量农产品的反季上市,进一步满足沈阳市的市场需求。

(葛生民)

【联合督查组来沈督查】 11月9日至10日,以国家民委副主任吴仕民为组长的中央国家机关联合督查组对沈阳市学习宣传、贯彻落实中央关于维护民族团结和社会稳定决策，开展民族团结宣传教育，加快少数民族和民族地区经济社会发展，加强基层基础民族工作，处理涉及民族因素各类矛盾纠纷，防范和打击民族分裂活动和维护社会稳定情况，进行了全面督查。

在沈期间，督查组听取了市政府副市级干部沙波涛的专题汇报，并在辽宁省民委主任包玉梅、沙波涛、市民委主任任桂芳及市委统战部有关领导的陪同下，实地检查了和平区西塔街道安图社区、沈河区朱剪炉街道回民社区、市回族小学和沈飞集团公司等单位。

吴仕民对沈阳市贯彻落实中央关于维护民族团结和社会稳定决策部署工作给予高度评价：一是市委、市政府高度重视维护民族团结和社会稳定工作，贯彻落实中央决策部署立场坚定，旗帜鲜明，领导有力，行动迅速，效果显著。二是准确把握中央决策部署精神，工作目标明确。紧紧围绕促进民族团结和社会稳定，广泛深入地开展民族团结宣传教育，通过组织民族知识竞赛、少数民族文艺展演、扶贫慰问、民族团结进步模范评选、发放宣传民族团结的环保购物袋、向处以上领导干部发送宣传民族政策的手机短信和开辟民族团结进步模范专访栏目等活动，使"三个离不开"的思想更加深入人心。三是重视基层基础工作。积极研究新情况、新问题，探索新思路、新办法，健全了服务管理、监督检查、分析研判等民族工作机制，妥善处理涉及民族关系的不稳定问题，使党和国家的民族政策得到了有效落实。四是坚持以人为本，工作措施有力。大力推进民族团结进步"五进"活动，加强清真食品生产经营的监督管理，做好回族等少数民族殡葬服务工作，坚持少数民族干部定期集中培训和实践锻炼制度，推进少数民族就业再就业，建立16个市级少数民族就业基地，举办"民族情·少数民族大学生专场招聘会"，拓宽了少数民族群众就业渠道，为少数民族群众提供了真真切切的服务。五是贯彻落实中央决策部署成效显著。扎实开展定点包扶、龙头带动、智力支持、信息服务"四项工程"，认真挖掘和传承少数民族优秀传统文化，广泛开展各种形式的群众性民族文化体育活动，大力推动少数民族和民族地区的经济社会事业繁荣发展，促进了民族团结，使各民族群众共享改革发展成果。

（关艳萍）

宗　　教

【慈恩寺牵手13户贫困村民】 2010年1月15日，辽沈晚报以"温暖寒冬，谁愿牵手这13户人家"为题，报道了法库县秀水镇及抚顺市13户贫困村民的生活情况，慈恩寺管理组织看到消息后，立即开会研究，并决定对报道中涉及的村民进行帮扶。

1月19日，沈阳慈恩寺方丈照元法师带领寺庙执事班子成员赴法库、抚顺看望了贫困村民，为每户送去了5000元现金及大米、白面、豆油、棉被、被罩等生活用品，并鼓励村民在政府和社会的帮助下，树立信心，克服困难。

70多岁的照元法师尽管身患糖尿病，坚持走访完13户居民，以自身行为诠释了他对宗教服务社会工作的理解。他表示，寺庙在办好教务的同时，要积极适应社会，在服务社会、促进社会和谐方面多做具体事情，这既是对佛教优良传统的继承，也是对佛教慈悲济世教义的践行。慈恩寺监院盖忠法师表示，慈恩寺在服务社会方面，不仅要坚持以前的做法，还将结合市宗教局组织的"争创"活动，更加积极地参与社会慈善事业。

（王玉茹）

【美国归正宗教会代表团访问东关基督教堂】 2010年3月28日，经全国基督教两会安排，由阿里西亚·贝茨牧师等一行3人组成的美国归正宗教会代表团访问沈阳市东关基督教堂并参加礼拜。

阿里西亚·贝茨牧师、约翰·李牧师和吴勇长老3人抵达东关教堂后，该教堂姜子金牧师向客人介绍了教堂的历史及现状。阿里西亚一行了解到东关教堂是一个有百年历史，拥有信教群众3万余人等情况后，对中国宗教信仰自由政策有了进一步深入了解，并高度评价了中国宽松的宗教活动环境。随后，3人参加了东关教堂的主日礼拜并致祝福语。

美国归正宗教会是美国基督教主流教派之一，该教派遵重中国宗教"三自"原则，曾多次派出基层教会组团来华访问，此次来访旨在与中国基督教界进行分享交流，同时了解中国文化和经济发展状况。

（杨　曦）

【沈阳佛教寺院为玉树灾区举办超度祈福法会】 6月2日是青海玉树地震遇难者的"七七"祭日。全市佛教寺院。在地慈恩寺大雄宝殿前，摆设了香案、供桌、亡者莲位、鲜花等器物，来自该寺及般若寺、长安寺、大佛寺、大法寺、实胜寺、法轮寺等寺院的近80名僧尼、喇嘛按照佛教仪轨，举办了30分钟的超度祈福法会，为遇难者祈祷，祈愿灾区众生消灾增福。

这是沈阳市佛教界继捐款35万元后，为玉树灾区做出的又一善举，也是佛教界积极适应社会、服务社会的具体举措。

（於泽亮）

【宗教人士迎新春座谈会】 2月1日上午，在沈阳迎宾馆国际会议厅举办了沈阳市宗教界代表人士迎新春座谈会。市委副书记苏宏章、市政府副市长王翔坤出席会议。市委统战部、市宗教局领导及沈阳市五大宗教团体负责人、信徒代表40余人参加会议。市政协副主席、市委统战部部长赵晓川主持会议。

座谈会上，王翔坤通报了2009年沈阳市市情及全市宗教工作情况。各宗教团体代表人士畅谈了2009年沈阳市在经济建设等各个方面取得的成绩，并对市委、市政府给予宗教界的关心和帮助表示感谢。

苏宏章向宗教界朋友提出三点希望：第一，凝聚力量，共促振兴。以聚精会神搞建设、一心一意谋发展的强大合力，确保全年各项目标的顺利实现。第二，发挥作用，共建和谐。宗教界人士要把增进和谐作为宗教团体工作的重要内容，自觉承担起历史责任，为维护社会稳定发挥作用、作出贡献。第三，强化修养，共树形象。宗教界人士要在自身建设上更进一步，在修养修为上更深一些，以"政治上靠得住、学识上有造诣、品德上能服众"的实际行动，引领好信教群众，不断提升宗教道德和宗教情操，全面树立良好形象。

（常 缨）

【宗教界向玉树地震灾区捐款】 青海玉树地震后，沈阳市五大宗教迅速行动起来，积极向灾区奉献爱心，在震后一个月时间里筹集的善款达103万元。

沈阳市宗教界这次捐款活动是在政府没有号召，全国、省宗教团体也没有统一组织的前提下开展的。佛教是最早组织捐款的宗教，市佛教协会在震后第一时间就发起向灾区捐款活动，筹集善款35万元。市基督教“两会”及时召开专题会议，一致认为向玉树灾区伸出援助之手是基督教弘扬爱国爱教、服务社会、“荣神益人”优良传统的具体体现，并决定将4月份最后一周定为向灾区捐款“慈善周”，共筹集善款65万捐款。天主教界在信徒少、奉献收入极为有限的情况下，13个教堂将1个月的奉献收入3万元全部捐给灾区。

此外，道教、伊斯兰教分别以不同形式组织信教群众开展了祈祷活动。6月初，市佛教协会及所属寺庙还将举办为灾区遇难者超度祈福活动。

（包玉蓉）

【举办宗教依法行政培训班】 为提高沈阳市宗教工作干部依法管理宗教事务的能力，切实解决宗教依法行政工作中存在的问题和不足，推进宗教事务的规范化管理，市宗教局于3月12日在东盛大厦举办了为期1天的宗教依法行政培训班。各区县（市）、开发区宗教事务部门负责人、参与宗教执法的工作人员，市、区（县、市）两级宗教团体秘书长和工作人员，市宗教局机关全体干部共80余人参加培训。

市宗教局局长任桂芳作了动员讲话。她指出，举办宗教依法行政培训班是深入贯彻落实《宗教事务条例》、破解宗教工作中重点难点问题、切实履行宗教事务部门职能的需要。她要求全市宗教工作干部进一步转变观念，切实增强依法行政意识；进一步熟悉法律，切实增长依法行政才干；进一步改进作风，切实提高依法行政水平。

市政府法制办执法监督处工作人员结合宗教工作实际，详细讲解了行政执法、依法行政、行政许可需要注意的问题；省宗教局教育指导中心工作人员做了“宗教事务管理中的依法行政”专题讲座。

通过培训，使全市宗教执法人员加深了对宗教依法行政重要性、必要性的认识，掌握了需要把握的问题和具体环节，为以后更好地依法管理宗教事务奠定了基础。

（杨 曦）

【首届比丘尼讲经说法交流会】 8月20日，市佛协在慈恩举办了沈阳市首届比丘尼讲经说法交流会，8名比丘尼分别围绕“慈悲为本，宽恕为怀”、“荡涤心灵，共创和谐”等主题，结合社会现实，以积极的观点，引经据典，系统讲解了佛教有关义理。

市佛协负责人对8名比丘尼的演讲情况进行了点评，重点指出了存在的不足。同时表示，市佛协要积极响应中佛协、省佛协的号召，充分发挥教务指导作用，大力倡导、督促全市佛教界广泛开展讲经说法活动，为僧众们提供锻炼、提高的平台，培养一批精于讲经说法的人才，与时俱进地演说佛教义理，引导广大信教群众纯正信仰，保持佛教本色，促进道风建设，从而推动佛教进一步适应社会、服务社会。省宗教局对市佛协开展的讲经说法活动给予了高度评价，并安排辽阳、锦州的两名比丘尼参加了此次交流会。

（王玉茹）

【天主教爱国会第七届代表大会】 7月28日至29日，市天主教爱国会第十二届暨教务委员会第七届代表大会在省工会大厦召开，全市天主教界代表人士77人参加会议，市政府副市级干部沙波涛、省宗教局副局长张智光、市宗教局局长任桂芳出席会议并分别讲话，市政府副秘书长张中华、市政协民宗委主任委员刘仁刚出席会议。

会议全面总结了2005年以来市天主教“两会”主要工作情况，修订了爱国会和教务委员会章程，部署了今后5年的工作任务，选举产生了以裴军民为首的新一届“两会”领导班子。新班子具有三个特点：一是代表面广；二是信教群众代表比例明显提高，达60%以上；三是更加年轻化，平均年龄为46岁。

（包玉蓉）

【为宗教界人士举办报告会】 6月18日下午，市宗教局为宗教界人士举办了沈阳市经济社会发展形势报告会，全市五大宗教团体副秘书长以上人员及市宗教局机关干部共70余人参加会议。

会议特邀市政府副秘书长张中华主讲，重点回顾了沈阳历史沿革及近年来发展状况，介绍了沈阳市20年的发展蓝图。张中华指出，在市委、市政府的正确领导下，沈阳市经济社会取得长足发展，先后荣获“最具活力的城市”、“环保城市”、“森林城市”、“卫生城市”等称号，2006年成功举办了世界园艺博览会，2008年承办了奥运会足球小组赛。宗教工作作为全市工作的重要组成部分，同样取得了很大发展，市政府投入巨资先后改造了“四塔七寺”并全部交给佛教界使用，整治了市内宗教场所周边环境，帮助宗教界落实了一批房产遗留问题。

（常 缨）

【迎新年撞钟仪式】 2009年12月31日晚，市宗教文化交流协会与市佛教协会共同在实胜寺组织了“听皇寺钟声，迎吉祥新年”的撞钟仪式，市政府副市长王翔坤、副秘书长公维伦，市直、和平区有关部门领导，市佛教界及市宗教文化交流协会有关人员参加。

王翔坤在撞钟之前的座谈会上指出，“皇寺鸣钟”是盛京八景之一，也是沈阳的传统文化，过去沈阳人伴着钟声，晨起迎朝霞、傍晚送夕阳，时至今日仍然令很多老沈阳人留恋。他建议宗教文化交流协会、佛教协会从弘扬传统文化角度出发，深入发掘皇寺钟声的沿革，丰富内涵，结合时代特点，配合开展相关活动，增加节日的和谐喜庆气氛，进一步丰富群众节日期间的文化生活。

23时50分，祝愿在新的一年里国运昌隆、风调雨顺、城市繁荣、人民安康的皇寺钟声悠扬响起。

（王玉茹）

【举办宗教“两个专项工作”培训班】 为推进宗教教职人员备案和宗教活动场所财务监督管理“两个专项工作”，市宗教局举办了“两个专项工作”培训班。各区县（市）宗教局长、科长，市级宗教团体副秘书长以上人员、财务人员，市管宗教活动场所负责人、财务人员，18个财务监督管理试点场所负责人、财务人员参加了培训。

市宗教局局长任桂芳在动员讲话中强调，开展两个专项工作有利于进一步贯彻落实《宗教事务条例》，提高宗教事务科学化、规范化管理水平，加强宗教团体建设，更好地维护宗教界的合法权益。此次培训旨在宣传两个专项工作，统一对两个专项工作重要性的思想认识；明确工作要求，利用有利条件推进两个专项工作；学习有关规定，掌握工作原则，有效开展工作，高质量地完成两个专项工作。

培训期间，省宗教局少数民族服务中心的负责同志讲解了宗教活动场所财务监督管理工作有关问题，市宗教局业务处负责同志讲解了宗教教职人员认定工作有关问题。同时，市宗教局印发了相关表格，讲解了具体要求。

（赵　姝）

【开展“两乱”专项治理活动】 2010 年 3 月，市宗教局下发《关于开展治理“两乱”专项活动的通知》，决定利用 4 个月时间，在全市范围内集中整治“两乱”现象。

市宗教局将治理“两乱”列为佛道教工作重点。为巩固前期治理成果，落实工作计划，有效减少直至杜绝“两乱”现象，全年专项治理活动坚持“普遍排查，依法处理”的原则，着眼加强佛道教事务规范化管理的需要，将所有私设的具备或基本具备佛道教场所特征的处所纳入治理范围。同时，对治理活动中可能遇到的复杂问题提出了指导性意见。

此次“两乱”专项治理活动于 6 月底结束，通过排查、处理有关问题，纠正、制止违法行为，宣传、讲解宗教政策法规，有效遏制了沈阳市“两乱”问题的滋生蔓延，维护了沈阳市宗教活动的良好秩序。

（於泽亮）

【中国道协调研组来沈调研】 8 月 9 日，中国道教协会副会长黄至安、秘书长王哲一等来沈阳市蓬瀛宫、太清宫调研，视察了宫观整体面貌，并与市道协进行了座谈。省宗教局副局长杨丰陌、市宗教局局长任桂芳等陪同调研。

市道协会长、太清宫方丈李治国汇报了市道协加强全真教传统信仰及修持等工作情况，表示将按照全真教传统严格管理，维护太清宫东北第一丛林的地位，树立沈阳道教的良好形象，进而做好沈阳市道教工作。

黄至安对蓬瀛宫花园式的内部环境，规范化的管理给予充分肯定，并高度评价了沈阳市道教工作。

（李德平）

【中央统战部和国家宗教局来沈考察宗教活动场所】 5 月 8 日上午，中央统战部二局局长赵学义、国家宗教局一司副司长王哲一考察沈阳市太清宫、南关天主教堂、大法寺、太平寺等 4 个宗教活动场所。省宗教局副局长杨丰陌、市宗教局局长任桂芳陪同考察。

考察期间，赵学义、王哲一听取了任桂芳关于沈阳市宗教工作情况的汇报，详细询问了沈阳市藏传佛教自然情况及工作情况，认真了解了太清宫等 4 个宗教活动场所的历史沿革和管理情况。

赵学义、王哲一对沈阳市的宗教工作给予了高度评价，尤其对沈阳市宗教界的和谐稳定局面及妥善处理涉及藏传佛教等敏感宗教问题的做法表示赞赏，并对目前暂未开放的太平寺提出了管理方面的建议。

（王玉茹）

百姓关注

【老北行升级为东北最大生鲜物流基地】 沈阳北行农贸市场迁址塔湾并升级为东北三省最大生鲜物流基地。

北行农贸市场始建于 1979 年，是全国第一家恢复开放的农贸市场。为配合提升长江街业态，全力打造西部商圈的总体规划，皇姑区政府对北行农贸市场实施大手笔运作，进行业态升级、档次升级、规模升级，并迁址塔湾。

升级后的北行农贸市场打造成辐射“三省一区”（即东北三省和内蒙古自治区）的最大的生鲜市场和百姓“菜篮子”工程。在打造“中国北方鲜活海（水）产品交易物流中心”的基础上，与肉联厂共同形成占地面积 17 万平方米的生活性服务基地和农产品全产业链运营平台。

该项目投资额为 1.4 亿元。工程分两期，即室内水产大厅和室外厅棚市场，可同时供两万客户进行交易。一期室内工程为占地营业面积达 3 万平方米的二层水产大厅，二期工程将建设 5 万平方米停车位和 5000 平方米的场外交易区和卸货区。营业面积 3 万平方米，业户使用面积 1.5 万平方米。一层为海鲜、冻品、冰鲜经营区，共设档口、摊位 570 个，二层为海珍品、海干品、肉类、干调、蔬菜、综合、干品等 20 多个品类经营区，共设档口、摊位 650 个。二期工程用于海产品批发，工程正在施工阶段。

新农贸大厅全面引进金融服务体系，为每位经营业户配置 1 台 POS 机，具备读卡、收银、转账等功能，方便业户和顾客结算货款；与商业银行合作，开办摊位租赁按揭贷款，帮助重点业户和资金困难业户缓解进场初期集中支付资金压力，同时对信誉优秀业户提供周转贷款授信服务，解决业户经营资金急需；与保险公司合作，建立经营风险保障机制；为业户提供有线（无线）宽带网络接驳点，实现业户经营管理信息化。

（鉴　闻）

【城镇居民生娃补贴】 从 2010 年 1 月 1 日起，沈阳市参加城镇居民基本医疗保险的人员在待遇期内，符合计划生育政策规定，因分娩发生的住院医疗费用纳入城镇居民医疗保险统筹支付范围。

根据规定，参保人员因分娩引起的并发症、合并症，符合住院标准并办理住院治疗的，参照《生育保险统筹项目因并发症、合并症治疗需转基本医疗保险统筹基金支付的病种名录》通知的有关规定，也纳入居民医疗保险支付范围。

同时参保人员分娩期间、新生儿因疾病治疗所发生的医疗费用，在出生 3 个月内办理参保手续的，提供符合计划生育政策规定的证明、出生证明、住院病志、医疗费收据、费用明细等相关材料，由市医疗保险管理中心按居民基本医疗保险规定给予报销。

参保人员生育住院医疗费实行限额补贴。正常产补贴 300 元，剖宫产、难产补贴 500 元；多胞胎生育的，每多生育一个婴儿，增加补贴 100 元；行剖宫产术同时实行子宫肌瘤、卵巢肿瘤（包括囊肿）等其他手术的，分别增加补贴 100 元。

参保人员在生育医疗保险定点医疗

(服务)机构分娩发生的住院医疗费用,由定点医疗(服务)机构按照补贴标准抵减参保人员支付的医疗费用,超出定额补贴标准的部分,由参保个人支付。

参保人员在非定点医疗(服务)机构(包括异地)住院分娩的,应在5个工作日内报市医疗保险管理中心备案,出院后凭相关手续到市医疗保险管理中心申领生育医疗费补贴。否则,将不予支付生育医疗费补贴。

(鉴 闻)

【资助高考贫困考生】 沈阳市委、市政府高度重视扶困助学工作。2003年,成立了由副市长王玲任组长的沈阳市扶困助学工作领导小组,并向社会庄严承诺:“不让沈城一个孩子因家庭贫困而失学”。当年,筹集资金1242万元,对3.16万名义务教育阶段贫困家庭学生免收了杂费和课本费,还对1927名当年考入大学的贫困家庭学生每人资助3000元,此后,沈阳市财政性扶困助学资金逐年增长。2006年,沈阳在全省率先免除农村义务教育阶段学生学杂费。2007年成立了沈阳市学生资助管理中心,全力推动各个学龄阶段的学生资助工作。同年,沈阳市设立了中等职业学校国家助学金和普通高校国家助学金、国家励志奖学金。2008年起,沈阳市对城市义务教育阶段学生免除了学杂费。沈阳市已形成覆盖从小学到大学、从公办到民办的较为完善的学生资助体系。

学生资助项目有:义务教育“两免一补”、普通高中政府助学金、中等职业学校国家助学金、当年考入大学家庭经济困难学生资助、市属高校国家助学金、市属高校国家励志奖学金等。2009年,沈阳市享受“两免一补”及各类助学金、奖学金的学生达55万名,资金2.2亿元。2010年高招中,已经确定有1283名家庭经济困难的高考考生将得到每人3000元的资助。

(鉴 闻)

【最受市民欢迎的食品】 在“2010最受沈阳市民欢迎的食品品牌”评选活动中,根据市民实名推荐的75个入围食品品牌在近一个月时间里,收到有效选票220余万张。40个品牌最终摘得“最受沈阳市民欢迎”的大奖。

本届食品节增加了多项繁荣市场、活跃百姓节日生活的内容,如团购展销订货会、进口精品水果展等活动。活动伊始,康福食品等21家骨干食品企业就带头发出“以质量打名牌、以价格打民牌、以信誉打品牌、以服务打金牌”的倡议,各企业在食品节期间采取了厂价直销和特惠价直销,用行动向社会兑现了诚信惠民的承诺,受到了市民的一致认可。

饺子大赛活动中增添了大赛进社区、进工厂、进军营、进校园的“四进”活动,组织饺子生产企业职工实施“四进”服务,传授包饺子技艺,开展有奖征文,为沈阳打造中国饺子之都奠定了基础。

雄洲食品工业有限公司、大东区服务业局等73个单位分别获得了雄洲·第二届沈阳食品节特殊贡献奖、优秀组织奖、爱心奉献奖、最具人气奖、最佳服务奖和最佳创意奖等荣誉称号。沈阳筷道餐饮有限公司、大东区洮昌街道办事处等24个单位分别获得筷道杯·第二届沈阳饺子大赛特殊贡献奖、优秀组织奖、爱心奉献奖、最佳创意奖;黎明国际酒店等9个饭店餐饮企业的17个菜品获得金牌美食奖。

2010年最受沈阳市民欢迎的食品品牌

企业名称	品牌名称
沈阳康福食品有限公司	康福食品
沈阳雄洲食品工业有限公司	雄洲食品
沈阳德氏冷饮有限公司	德氏冷饮
华润雪花啤酒(辽宁)有限公司	雪花啤酒
沈阳中街冰点城食品有限公司	中街大果冰淇淋
沈阳重工食品有限公司	重工熟食
沈阳乳业有限责任公司	辉山牛奶
沈阳不老林食品有限公司	不老林糖果
沈阳天江老龙口酿造有限公司	老龙口白酒
沈阳市红梅企业集团有限责任公司	红梅调味品
康师傅(沈阳)方便食品有限公司	康师傅方便面
沈阳老边食品有限公司	老边饺子、圆路汤圆
益海嘉里(营口)有限公司	金龙鱼油
沈阳眼宝食品有限公司	眼宝羊肝羹
沈阳好利来食品有限公司	好利来蛋糕
沈阳同利豆业有限公司	同利豆制品
沈阳阿雷食品有限公司	阿雷食品
辽宁伊利乳业有限责任公司	伊利牛奶
沈阳八王寺实业有限公司	八王寺汽水
沈阳王氏天兴蜂蜜有限公司	天兴蜂蜜
沈阳华美畜禽有限公司	沈辉牌鸡蛋、鸡肉
辽宁千喜鹤食品有限公司	千喜鹤冷鲜肉
辽宁冬冬食品有限公司	冬冬食品
沈阳米旗食品有限公司	米旗食品
沈阳大清宝泉矿泉水饮品制品有限公司	大清宝泉矿泉水
沈阳煌上煌食品有限公司	煌上煌熟食
沈阳李相畜牧养殖有限公司	田间牌蹓跶猪肉
沈阳资参堂商贸有限公司	资参堂海参
沈阳古玉清真食品有限公司	古玉牌香油、麻酱
沈阳娃哈哈饮料有限公司	娃哈哈纯净水
沈阳榆园食品工业有限公司	榆园酸菜
沈阳福来食品实业有限公司	福来豆制品
沈阳麦金利食品制造有限公司	麦金利苹果醋
沈阳惠成调料有限公司	惠成调料
沈阳香雪面粉股份有限公司	香雪面粉、挂面
沈阳雨润食品有限公司	雨润肉制品
沈阳稻香村商业有限公司	稻香村牌食品
辽宁国威食品有限公司	国威豆制品
沈阳青花副食酿造(集团)有限责任公司	青花调味品
沈阳可口可乐饮料有限公司	可口可乐、冰露纯净水

(鉴 闻)

【法律援助新增五项便民举措】 2010年,市法律援助中心开展五项便民服务,扩大法律援助对象、扩大法律援助范围,为更多需要法律援助的人提供援助。

五项便民服务措施为:网上申请服务,在沈阳普法网开设法律援助申请页面,方便远郊或外地群众获得法律援助;邮寄申请服务,对于身处外地的申请人,如确需法律援助可将案件有关材料和委托书,以快递形式寄至法律援助中心,经审查合格可办理法律援助手续;电话申请服务，“12348”法援热线值班律师在解答群众法律咨询过程中，发现确需提供法律援助的，应告知当事人带齐相关证件和材料，到相关机构办理法律援助手续；特事即办服务，对申请法律援助的残疾人、未成年人、老年人、重大疾病患者或情况紧急，急需法律援助的，可先行受理，当日指派承办律师，并在案件开庭审理前补齐法律援助手续；预约上门服务，行动不便的残疾人、老年人、重大疾病患者，只要说明行动不便情况，并经所在社区、村证实，法律援助机构将在约定的时间提供登门服务。

为了让更多的公民得到法律援助，市法援中心还将应届大学毕业生、驻沈部队现役军官家属、驻沈部队义务兵等三类人主张劳动报酬、社会保险待遇、交通和医疗事故等纳入法律援助范畴。

（鉴　闻）

【困难职工子女上大学助学金】 2010年，沈阳市总工会开展“工会圆你大学梦”活动。这一助学活动与全国工会系统开展多年的“金秋助学”相比，由一次性资助调整为连续4年帮扶，资助总金额由2000元增加至8000元，每年发放一次，使困难职工家庭子女受益更大。

“工会圆你大学梦”的帮扶对象，限定为已被纳入工会系统帮扶档案的困难职工。其子女参加当年普通高考，并被二本（包括二本）以上大学录取，且未接受过政府有关部门或社会团体资助，便可得到市总工会提供的资金帮扶。为突出助学帮扶的定向性，市总工会特地对工会系统帮扶档案进行了调整，将职工本人或家庭成员患大病、重病，子女接受非义务教育等原因造成支出过大，实际生活低于低保边缘户的困难职工家庭列入帮扶重点。同时，对破产企业工伤职工和困难劳模放宽了条件，将其纳入困难职工档案，以使其子女能够享受助学帮扶政策。

此项助学活动还将建立退出机制，对困难职工家庭进行动态管理，并探索实行“助学＋就业”模式，为毕业大学生提供培训、见习和就业机会，延长助学链条。

（鉴　闻）

【调整最低工资标准】 根据《辽宁省人力资源和社会保障厅关于调整全省最低工资标准的通知》精神，经市政府同意，沈阳对全市最低工资标准进行调整。调整后的最低工资标准自2010年7月1日起施行。

和平区、沈河区、铁西区、皇姑区、大东区、东陵区（浑南新区）、于洪区、沈北新区、苏家屯区、棋盘山开发区，每月最低工资标准由700元调整为900元，每小时最低工资标准由7.2元调整为8.5元；新民市、辽中县、法库县、康平县每月最低工资标准由600元调整为750元，每小时最低工资标准由5.9元调整为7.0元。

（鉴　闻）

【沈阳市建成全国最大城市燃气储罐】 2010年7月29日，全国最大的城市燃气储罐在铁西区大青地区竣工。该燃气储罐由沈阳燃气有限公司投资近2亿元建设，被列为2010年沈阳市重点建设项目。这一重点基础设施建设项目的完成，将使沈阳市的天然气储备能力增加50%。

新落成的燃气储罐直径53米，高106米，容积20万立方米，采用德国先进技术建造。新罐建成后，接收来自陕京二线的天然气，从而使沈阳市的天然气储备能力从满足7天的用气需要，提高到10天。

新的天然气储罐及配套工程全部竣工后，将同现有的燃气设施一道，形成国内城市燃气储配系统中罐体容积最大、气种最多、设备最全、技术最先进的燃气罐站。

（鉴　闻）

【首座室外儿童游乐广场竣工】 2010年7月9日，和平区鲁迅儿童活动广场改造工程全面完工，并已对游人开放。

鲁迅儿童活动广场是沈阳计划修建的十大市民广场之一，也是沈阳首座室外儿童游乐广场。沈阳市有大型游乐设施的游乐场共有6处，分别在棋盘山、世博园、南湖公园、青年公园、长青公园、森林公园，总计有大型游乐设施100余台。以大型游乐设施为主的游乐场仅有世博园和南湖公园两处。由于沈阳的游乐场难以满足市民需求，不少孩子和家长纷纷“舍近求远”，香港迪士尼、大连发现王国已成为沈阳孩子出游的去处。

作为沈阳市惟一一个儿童主题公园，鲁迅儿童活动广场的游乐设施不仅注重娱乐性，还注重对孩子智力的开发。儿童游乐区的海洋主题广场由古代的军舰、滑梯、通道等设施组成，可供儿童攀爬。3组滑梯分成三个年龄段，供孩子们游戏。

（鉴　闻）

【“沈阳市十大杰出母亲”评选揭晓】 2010年，市妇联在全市范围内开展了十大杰出母亲、百名优秀母亲评选活动，经过组织评选、读者推荐等多种方式，在百名优秀母亲的基础上，最终评选出冯平等10位母亲为沈阳市十大杰出母亲。5月9日，母亲节，沈阳市十大杰出母亲评选揭晓。十大杰出母亲和近百名单亲母亲欢聚一堂，共同庆祝属于母亲的节日。

沈阳市十大杰出母亲名单

冯　平	辽中县老观坨乡后老薄村村民
白玉彤	第一人民医院医保科主治医师
刘　颖	市公安局禁毒警察支队内勤
刘春茹	法库县卧牛石初中高级教师
张　林	铁西区凌空街道二社区
张艳丽	大东区长安街道东胜社区居民
李淑芳	沈阳和佳道桥工程（集团）有限公司董事长
姜　红	沈阳市食品药品监督管理局
闻凤兰	水泥机械厂退休高级工程师
唐　彦	沈新劳动教养管理所

（鉴　闻）

【设立群众权益保障和投诉受理工作专职机构】 为满足群众的诉求愿望，沈阳市率先在全国设立“市委群众权益保障和投诉受理工作部”，与市信访大厅合署办公，使信访工作职能由协调、督办向直接受理并拓展到群众工作范畴上转变，不仅畅通了群众权益保障的投诉渠道，更从组织上强化新时期党对群众工作的领导和解决信访问题的监督力度。

沈阳市委设立的群众权益保障和投诉受理工作部，实现五个方面的重大突破：一是进一步畅通了党和群众联系的渠道。群众工作部新开设了网站，并通过“12345”接受群众电话、信件、网络投诉，由百名“信访天使”倾听和整理受诉信息，梳理群众的各种意见和呼声。二是把风险评估机制、质询机制、公开评议机制引入到群众工作中去，关口前移，及时研判和预防侵害群众权益的事情发生，把矛盾化解在萌芽状态，力求在事发前维护和保障群众合法权益。市委决定对动搬迁项目、土地征用项目、国有企业重大改革项目，政府部门拟出台的重大社会管理、公共事业改革项目等进行风险评估。对于未经评估或经评估未获通过的项目，一律不得实施。截至年底，已对58个项目进行了风险评估，叫停了7个动搬迁项目。三是建立排查救助办公室，加大对一些由于政策缺失给群众利益造成损害的补救和救助力度。沈阳市按照生活帮扶与政策帮扶相结合、临时帮扶与长效帮扶相衔接的原则，对确属生活困难、权益受到侵害的群众，提供包括生活、医疗、就学、住房等10个方面内容的系列帮扶救助。全市共投入资金4556万元，帮扶救助6152名群众，通过补救措施息访5598人，息访率达到91%。四是强化了“一竿子插到底”信访问题的解决力度。市委赋予权力给工作部，就从机构设置上“将信访问题终结信访大厅”提供了组织上和职权的保障。五是派驻纪检组，强化监察、追查、纠正工作力度，实现了由过去只对群众信访事项办理情况的督查向全方位、维护群众权益督查转变。同时，也减少了督查的中间环节，提高督查的工作效率。

（鉴 闻）

【沈阳市确定53处革命遗址】 经过市委党史研究室筛选甄别，在新确定的53处革命遗址普查考证名单中，有近20处为新列入的革命遗址。其中有上世纪20年代多次发生过工人罢工斗争的“奉天满蒙毛织株式会社”、“奉天制麻株式会社”、“奉天皇姑屯铁路修车厂”等遗址，以及“中共满洲省委扩大会议”旧址、上世纪30年代的“中共奉天特委（夏尚志任书记期间）”、“中共奉天特委（张有才任书记期间）”旧址和“中共奉天留日军官候补生党支部”旧址、“‘北未决’中共党组织与中共奉天特委秘密联络点”旧址等遗址。

沈阳是一座具有光荣革命历史的城市，早在上世纪20年代，中国共产党就在沈阳传播马列主义、播撒革命火种，并建立了地方组织。位于沈河区朝阳街155－1号的原奉天基督教青年会，就是沈阳现存最早的红色遗址。

这座青砖结构的4层（地上3层，地下1层）小楼，是沈阳较早宣传、传播马克思主义和十月革命进步思想的重要场所，对1925年9月在沈阳成立第一个地方党组织——中共奉天特别支部起到重要作用。1922年前后，阎宝航等人在奉天基督教青年会发起了“星期三会”，在一些青年学生中传阅革命书籍。通过奉天基督教青年会，马克思主义开始广泛传播，推动了沈阳地区各进步团体的不断涌现，从而为中共沈阳地方组织的建立奠定了重要的思想基础，并在组织上创造了必要的条件。

1928年12月，刘少奇在沈阳担任满洲省委书记期间，为了便于开展工作，省委在沈阳设立了一些党的基层通信站。位于繁华商业街的大德生药房便是其中的一个。它位于中街中段路南，是一座经营中药的二层小楼，通信站以中街川流不息的人流、车流为掩护，传递党的文件和重要会议精神以及落实党的工作任务，地下党员宋晓波公开身份是大德生药房经理，同时又担任秘密通信站的负责人。

沈阳市革命遗址名单

名　称	现 地 址
中共满洲省委旧址	和平区皇寺路福安巷3号
刘少奇旧址	和平区皇寺路福安巷3号
陈云旧居	和平区桂林街89－3号
奉天纺纱厂	抚顺路66号（沈阳纺织厂原址）
满委中共奉天市区委机关	盘锦路41号（北市和平聚宾楼饭店）
第一届中共奉天市委旧址	和平区中山路58号
（奉天老精华眼镜店）“木铎社”旧址	和平区北二马路92号（中国医科大学院内灰色办公楼）
中共奉天特委通信处旧址	和平区南四经街53号楼（和平城建房屋开发公司）
大和旅馆（现辽宁宾馆）	和平区中山广场中山路97号
汤玉麟公馆旧址	和平区十纬路26号（原辽宁省博物馆）
方涛地工小组联络点	和平区北一马路106－4号
鹿鸣春饭店	和平区十一纬路40号
华夏书店	和平区北一马路北
沈阳电报大楼	和平区中山路118号
辽南城工部沈阳地下工作组织的中心情报站	丽华餐厅（和平区联谊胡同，原址）
林柯地工小组情报中心旧址	和平区南七马路55号（原址）
张氏帅府博物馆	沈河区朝阳街少帅府巷46号
志城银行旧址	沈河区朝阳街25号（沈阳商业城现址）
中共奉天特委旧址	小西路三段上岗里23号
奉天基督教青年会	沈河区朝阳街155－1号
大德生药房（满委通讯站）	沈河区中街路165号（亨吉利世界名表中心现址）
绿野书店（满委通讯站）	沈河区盛京路（49号－11号）
奉天英美烟草公司	市府大路212号
文华阁	沈河区大南门里大街路东42、43、44、48号
奉天第一监狱（辽宁第一监狱）	沈河区南顺城路16号
林柯地工小组秘密接头地点旧址	沈河区大南街龙泉里2号
夏尚志届中共奉天特委旧址	沈河区广泉路27号月窗巷
张有才届中共奉天特委机关	沈河地税局南侧
东北讲武堂	马官桥92号（炮兵学院）
奉天满蒙毛织株式会社	铁西区北一东路39号
奉天制麻株式会社	铁西区建设东路30号
东北大学旧址	北陵大街45号
奉天皇姑屯铁路修车厂（机车车辆厂）	皇姑区昆山西路75号
1935年奉天市委机关	皇姑区沙子沟兴隆六道街（原址）
周恩来少年读书旧址	东顺城街育才巷12号
静远学馆旧址	大东区黎明四街2号
吴竹村、任国祯活动旧址	大东区魁星楼路17号
东三省兵工厂（奉天军械厂）	大东区东塔街6号
奉天医科专门学校旧址	大东区小河沿路44号

名　称	现 地 址
中共奉天东关区委	大东区小东路269号
"北未决"中共党组织与中共奉天特委秘密联络点旧址	大东区八王寺街
中共满洲省委扩大会议旧址	大东区管城三街
中共沈阳市委东南郊分委	苏家屯陈相屯靖山一路5号
沈阳市民主政府旧址	陈相屯靖山路2号
满委沈北区委	新城堡三村
抗日义勇军第九路军司令部	马刚乡董楼子村
张家堡党支部旧址	沈北新区新城子乡张家堡
中共沈阳市委(北部)旧址——财落堡	沈阳沈北新区财落堡小学
中共新民特别支部旧址	新民第五小学(原址)
中共辽中特支旧址	辽中镇南二马路43号
辽西省委旧址	法库镇镇内
东北联军总部	法库镇镇内
辽吉一地委	顺山屯村(康平)、法库慈恩寺乡(法库)

(鉴　闻)

【城镇居民基本医疗保险门诊统筹】 从2010年10月1日起,沈阳城镇居民医保实行门诊统筹。参加城镇居民医保的百姓,除了住院时可以享受到医保待遇,门诊看小病也可以使用统筹基金报销一部分费用了。这项新政策将惠及沈阳市近百万人,进一步减轻百姓的就医负担。

与城镇职工医保一样,城镇居民医保也设立了统筹基金起付标准、支付比例及年最高支付限额。在一个自然年度内,发生的符合基本医疗保险支付范围的普通门(急)诊医疗费用和意外伤害门诊医疗费用(包括检查费、药品费)先由个人累计承担,门诊统筹起付标准300元;起付标准以上符合基本医疗保险支付范围的医疗费用,门诊统筹基本支付比例为50%;门诊统筹基金最高支付限额年累计300元。

参加本市居民医保的在校中小学生(大学生居民医保门诊统筹办法已单独制定)及其他未成年人、成年居民及老年居民,以上参保人员因常见病、多发病的普通门(急)诊就医和意外伤害门诊就医,符合基本医疗保险支付范围的实行零差价的基本药物费用、诊疗费、处置费、常规检查费都可按规定标准给予报销。

(鉴　闻)

【养老保障走向"全覆盖"】 2010年,沈阳市进一步提高"五保户"供养标准,新建100个示范性日间照料站,力争将所有老年人(在本人自愿的前提下)纳入养老保障体系,推动全市老龄事业全面健康发展。

1. 新建100个示范性日间照料站。沈阳通过打政策"组合拳",全力做好老龄工作。政府对每个社区日间照料站建设给予10万元资金补贴;对新建养老福利机构每张床位的补贴由2000元提高到4000元;养老机构内设医院符合条件的全部纳入医保定点医院;养老机构护理人员培训纳入就业普惠制培训范畴。

2. 养老保障力争"全覆盖"。沈阳养老保障由广覆盖向全覆盖推进,坚持一手抓历史遗留问题,一手抓改革过程中出现的新问题,力争将所有老年人(在本人自愿的前提下)纳入养老保障体系。与此同时,继续提高退休人员待遇。2010年,沈阳按照国家和省提高企业退休金的统一部署,为全市企业离退休职工进行退休金调整。

3. "五保户"供养标准提高。提高农村"五保户"供养标准。四个县(市)集中供养标准由每人每年4000元提高到4600元,分散供养标准由2100元提高到2400元。各区集中供养标准由4500元提高到5100元,分散供养标准由2600元提高到2900元。同时进一步加大老年困难群体的救助力度,将城镇70周岁以上老人低保标准上浮20%、60周岁以上老人低保标准上浮10%;将农村60周岁以上老人低保标准上浮20%。

4. 开展老年人法律援助。降低法律援助门槛,将涉及老年人劳动报酬、社会保障等与民生问题紧密相关的事项,纳入法律援助补充事项范围。将老年人公证、司法鉴定纳入法律援助受理范围。对老年人法律援助案件情况紧急的,特事特办,急事急办,先行受理申请,事后再补办手续。

(鉴　闻)

【调高失业保险金标准】 市政府决定对全市现行失业保险金标准进行调整,并自2010年10月1日起施行。

其中,和平区、沈河区、铁西区、皇姑区、大东区、东陵区(浑南新区)、于洪区、沈北新区、苏家屯区、沈阳经济技术开发区、蒲河新城、沈阳棋盘山国际风景旅游开发区累计缴纳失业保险费满1年不足10年的失业人员,失业保险金标准由每月440元调整到580元;累计缴纳失业保险费满10年(含10年)以上的失业人员,失业保险金标准由每月500元调整到660元。

新民市、辽中县、法库县、康平县累计缴纳失业保险费满1年不足10年的失业人员,失业保险金标准由每月390元调整到500元;累计缴纳失业保险费满10年(含10年)以上的失业人员,失业保险金标准由每月440元调整到560元。

另外,失业人员在领取失业保险金期间,每人每月给予医疗补助金30元,随失业保险金一并按月发放。

(鉴　闻)

【房屋登记10项惠民举措】 沈阳市房产局在9月12日推出"网上申请"等十项"惠民生"服务举措,为广大市民办理房屋登记手续创建一个更加方便、快捷、高效的服务平台。

1. 开设"多功能"服务窗口。打破原来每个窗口只受理一种业务的"单一"服务模式,在市房产登记服务大厅三楼开设各种业务都能受理的30多个"多功能"服务窗口,快速办理商品房办证、二手房买卖、抵押贷款等业务,缩短申请人等候时间。

2. 开设"法律咨询"窗口。市房产局交易权属登记中心聘请具有专业律师资质的法律顾问,每周一至周五,在市房产登记服务大厅三楼,免费为咨询人提供房屋继承、赠与、离婚析产、法院强制转移、夫妻共有等房屋登记相关法律法规政策咨询服务,指导咨询人维权。

3. 开设"邮政快递"窗口。外地及不能亲自到市房产登记服务大厅领取《房屋所有权证》的产权人,可向进驻市房产登记服务大厅的沈阳市邮政速递物流公司"邮政快递"窗口,申请邮递服务。

4. 开设“大宗发证”窗口。申请人如不能亲自到沈阳市房产登记服务大厅领证，可在申请登记时约定由金融机构、开发企业代为领取《房屋所有权证》或《预告登记证明》或《房屋他项权证》等，由代办人到沈阳市房产登记服务大厅二楼“大宗发证”窗口批量领取。如自行领证，可按回执日期直接到二楼指定窗口领取，不用排队等候。

5. 开设二手房交易资金监管专用通道。申请资金监管的买卖双方完税后，在市房产登记服务大厅三楼咨询台领取“二手房交易资金监管专用通道”号码，直接办理转移登记，不需参加大排号。如买房人需要贷款，市房产局交易权属登记中心实行转移登记和抵押登记合并受理，做到交易过户与抵押贷款同步完成。

6. 实行网上预约预购商品房预告登记。2010 年 9 月 15 日后，申请预购商品房预告登记的购房人，可与开发企业在网上预约登记时间，按时直接到指定的窗口办理即可，不需再到沈阳市房产登记服务大厅排号等候。

7. 实行网上申请抵押贷款、抵押注销登记。2010 年 9 月 15 日后，凡已取得《房屋所有权证》、申请抵押贷款和还清贷款后注销抵押登记的抵押人，只需到金融机构与其共同在网上申请即可，不需再到沈阳市房产登记服务大厅办理。

8. 建立房屋登记信息短信服务平台。凡在 2010 年 9 月 15 日后，办理商品房买卖合同登记备案或合同登记备案撤销或商品房办证或二手房买卖的用户，如已提供移动电话号码，均可在登记审批之时，第一时间收到短信提示。

9. 增设居民身份证识别仪，确保信息真实准确。在市房产登记服务大厅（包括市内五区所）窗口增设居民身份证识别仪，即时、准确地识别身份证真伪并将相关信息读取到房屋登记系统中，提高登记安全性。

10. 设立“房屋登记查询”专线，24 小时提供语音自助服务。查询人可通过拨打热线电话，查询相关房屋登记要件、时限、收费标准等信息，查询已经受理的房屋登记办理状态，还可在工作时间段内转接人工电话咨询。

（鉴 闻）

【学生医保筹资标准提至 160 元】 2010 年，沈阳市对在校中小学生及其他未成年居民等部分参保人员的筹资标准及政府补助标准进行调整。在校大学生、在校中小学生及其他未成年居民中个人缴费标准调整人员，从 2010 年 9 月 1 日起执行；新调整的政府补助标准从即日起执行。

在校中小学生及其他未成年居民：基本医疗保险费筹资标准由每人每年 80 元调整为 160 元，其中：个人缴费标准为 40 元，政府补助标准为 120 元。

属于低保人员中的“三无”人员和分类救助人员：个人不缴费，由政府全额补助；属于其他低保人员、重度残疾人员：个人缴费标准为 16 元，政府补助标准为 144 元；属于低保边缘户人员：个人缴费标准为 40 元，政府补助标准为 120 元。

在校大学生：基本医疗保险费筹资标准由每人每年 80 元调整为每人每年 160 元，其中：个人缴费标准为 40 元，政府补助标准为 120 元。

属于低保家庭大学生：个人不缴费，由政府全额补助。

属于重度残疾大学生：个人缴费标准为 16 元，政府补助标准为 144 元；属于低保边缘户家庭大学生：个人缴费标准为 40 元，政府补助标准为 120 元。

（鉴 闻）

【“宜家家居”在铁西开业】 2010 年 5 月 20 日，位于铁西区“西部十字金廊”的瑞典宜家家居沈阳商场开业。这是世界 500 强企业宜家家居在中国的第八家商场，也是亚洲最大的宜家商场。市长陈海波，市政协主席刘雅琴，市委常委、铁西区区委书记李继安参加开业庆典。庆典仪式上，宜家家居以瑞典传统的锯木头形式，庆祝沈阳商场开业。

宜家家居沈阳商场总建筑面积10.6万平方米，其中营业面积约4.7万平方米。商场分四层，其中地下一层和地上一层为免费停车场，设有 2600 个泊车位；二层为顾客自行提货区和收银区；三层为家居用品区和样板间展示区，9000 多种精美实用的家居用品一应俱全，而 66 个设计成客厅、卧室、书房、厨房、卫生间的样板间风格各异，为顾客提供装修参考。与其他宜家家居商场不同的是，沈阳商场特别根据沈阳人对门厅的需求，设计了多个不同风格的门厅样板间。为方便带小孩的顾客安心购物，商场还开辟了一个临时“托儿所”，设专人看护，并在临近购物区开设了餐厅，设座 700 多个。

（鉴 闻）

区、县（市）概况

和 平 区

【经济发展】　2010年，和平区实现地区生产总值534亿元，增长13.7%；财政一般预算收入60.02亿元，增长14.2%；税收收入55.8亿元，增长21%；固定资产投资377亿元，增长21.0%；社会消费品零售总额430亿元，增长18.1%；实际利用外资6.6亿美元；城市居民人均可支配收入达到21999元，增长10.7%。

（谢虎男）

【重大项目建设】　全年共落实3000万元以上在建项目197个，投资总额达1254.8亿元。其中新世界会展中心、世茂五里河广场、北市二期等113个结转项目加快推进，和泓商业地产、泰元商务中心、中铁九局总部大厦等84个项目开工建设。华润万象城、北约客商业广场、东北传媒文化广场等一批大型商业项目基本竣工，爱思开客运站、东北汽配商贸中心、温州城一期等项目投入使用，辽宁广播电视中心、日本积水房屋、新鹏达运动城等8个项目摘牌。现代商贸业升级扩容，新玛特商场、潮汇百货建成开业，中兴商业大厦升级改造后成为沈城最大的高端商业航母，引进爱马仕、宝格丽、万国等25个国际一、二线品牌，现代商贸核心区地位更加巩固。金融产业加速发展，东北亚金融发展促进中心签约落地，引进了民生银行、上海大陆期货等36户金融企业，辐射力和影响力进一步增强。科技产业不断壮大，引进了航天信息、锐易特软件等34户高科技企业，形成了高科技企业集聚的良好态势。全区实现服务业增加值460.1亿元，占GDP比重达到86.3%，现代服务业占服务业比重达到60%。和平区获批“国家可持续发展实验区”。总部和楼宇经济加快发展，引进了中铁大桥局、衡信柏迪等60户总部型企业，启动了银鼎国际大厦、华夏大酒店等8座闲置楼宇。编制完成了全域发展规划和“十二五”规划纲要（草案）。顺利接收了满融经济区，进一步拓展了发展空间，增强了经济发展活力。

（谢虎男）

【城市建设】　加强基础设施建设，启动了太原街、长白岛两个市民休闲广场建设和南八马路改造工程，改造了鲁迅公园、鲁迅儿童公园，建成了鲁园广场，完成了中华路、长白五路等21条街路和70个老旧小区道路改造。提升城市绿化水平，对和平大街、市府大路、南京街等主要街路进行立体景观绿化，全年植树7万余株，栽摆花卉100万盆。加强城市精细化管理，新增环卫工人1151人、环卫作业车辆53台，7条重点街路实现了一体化环卫作业，10条精品街路实现全方位高标准保洁，55条街路延时保洁。深入开展城乡环境综合整治“四大战役”，下大力气整治了南二等重点地区的城市“顽疾”。建成了城市协同服务监督指挥中心，进一步提高了数字化城市管理工作水平。启动环境建设样板城工作，扎实推进节能减排，单位地区生产总值能耗下降4.5%，化学需氧量、二氧化硫排放总量分别下降7.4%、12.3%。

（谢虎男）

【和谐城区建设】　如期完成8件民生工程实事，切实解决了一批事关群众切身利益的突出问题。千方百计扩大就业，全年新增就业岗位1.52万个，实名制安置就业2.85万人。积极推行工资集体协商，企业集体合同签订率达到99.4%。不断完善社会保障体系，累计发放低保金3598万元、各类救助金906万元。进一步关爱残疾人，开发残疾人就业岗位71个，免费为661户贫困重度残疾人家庭提供辅助器具。高度重视老龄事业，免费为4.6万名65岁以上老年人进行了健康检查，免费为894名60岁以上困难老年人办理了基本医疗保险，高标准建设了7个示范性社区老年日间照料站，长白岛老年服务中心主体完工。加快农民安置房和保障性住房建设，21栋失地农民安置房主体如期封顶，和平新居保障性住房竣工，439户低收入居民陆续迁入新居。启动弃管小区综合整治工程，投入5600余万元，完成了76个住宅小区、358栋楼、近200万平方米的维修改造任务，居民居住条件得到有效改善。

（谢虎男）

【社会事业】　基础教育均衡发展，建成了新世界南昌中学分校、新世界望湖路小学分校，为全区所有中小学配备了保安，中高考成绩继续保持全市领先。和平区被评为全国中小学阳光体育先进区。全面实行国家基本药物制度，在全省率先建成了社区卫生服务信息系统，实现了医保系统进社区。和平区被确定为全省惟一的全国慢病综合防治示范区。文化体育事业蓬勃发展，拉场戏《差钱了》摘得全国社会文化艺术政府奖的最高奖项——群星奖，奉天落子、东北古建筑传统彩画地仗（油饰）技艺列入第三批国家级非物质文化遗产保护项目。和平区在辽宁省县区田径运动会和沈阳市体育常规赛中分别获得总分第一名、金牌总数第一名，全民健身工作经验在全省推广。和谐社区建设不断深化，新建和改造了9个社区用房，新增社区用房面积5129平方米，85%以上社区达到区级和谐社区标准。和平区获评省双拥模范区“七连冠”、省流动人口计划生育管理服务示范区。全面开展了全国第六次人口普查工作。此外，兵役、人防、审计、档案、民族、宗教、外事、侨务、红十字会等各条战线积极主动开展工作，取得了新的成绩。

（谢虎男）

【社会综合治理】　自觉接受区人大依法监督和区政协民主监督，不断完善与民主党派、群众团体的联系、沟通制度。全年向区人大报告和汇报工作14次，向区政协通报工作5次，接受区人大和区政协视察8次。全年办理人大代表建议289件，其中：区人大代表建议276件，办复率100%，办结率99.3%；办理政协提案188件，办复率100%。“五五”普法工作圆满完成，新建了长白司法所、和平区企业法律服务中心，启动了社区矫正试点工作。用群众工作统揽信访工作，投入1500余万元专项资金，集中解决了一批疑难信访案件，市交办案件息访率在市内五区排名第一。以“民情热线”为平台，认真解决群众诉求问题，和平区被评为省民心网举报投诉和政策咨询办理工作优秀基层单位。农民工工资清欠“集体行动”成果显著，区农民工维权中心作为惟一先进集体受到市委、市政府表彰。进一步加大社会治安综合治理力度，严厉打击各类违法犯罪活动，人民群众的安全感进一步增强。全面加强安全生产、消防安全和食品药品监督管理，全区未发生重大安全事故。

（谢虎男）

【政府自身建设】 积极稳妥推进政府机构改革，进一步理顺了政府工作职能。启动了政府数字化办公系统建设，政府部门门户网站全部开通。加强公务员队伍的教育培训，全年培训公务员5000余人次。行政审批服务中心迁入新址，在全市率先建成市民服务中心，197项审批事项全部纳入中心办理，实现了市区两级网上“一站式”办公，“人社便民综合审批窗口”被国家人社部评为全国优秀服务窗口。制定了优化发展环境23条意见，全区发展环境和服务水平得到进一步改善和提高。

（谢虎男）

沈 河 区

【概况】 沈河区是沈阳市的中心城区，也是一个具有悠久历史的老城区。区划调整后，沈河区东至三环绕城高速、南至浑河、西与和平区毗邻、北与大东区毗邻。辖区面积达到58平方公里，户籍人口73万人。下辖15个街道办事处和一个省级开发区——沈阳金融商贸开发区，有124个社区。

沈河区是沈阳市的政治、经济、文化中心。市级五大机关和八大民主党派机关均坐落在沈河区。拥有全国都市最大的小商品市场——五爱市场，全国十大著名商业街——中街商业步行街，以及中国鞋城，是沈阳商贸流通业最发达、最繁荣的地区之一，是沈阳中央商务区所在地。拥有东北区域金融中心定位的沈阳金融商贸开发区和7.2公里沿长线的金廊沈河段，是沈阳现代服务业聚集程度和发展水平最高的地区。拥有包括沈阳故宫、张氏帅府在内的全市2/3的旅游资源，是佛教、道教、伊斯兰教、天主教四大宗教东北地区总部所在地，是沈阳文化旅游产业的重要依托。

（张祥鑫）

【经济发展】 2010年，沈河区地区生产总值完成652.2亿元，增长13.5%。财政一般预算收入达到62.1亿元，增长3.8%。税收达到56.9亿元，增长5.8%。固定资产投资完成431亿元，增长15.7%。实际利用外资7.6亿美元，圆满完成年度任务。实际到位内资105.4亿元。规模以上工业总产值完成188.9亿元。社会消费品零售总额完成507.6亿元，增长18.1%。

坚持现代服务业立区方针，通过招商引资，全年共引进现代服务业企业1749家。启动嘉濠商厦等闲置资源43万平方米。服务业增加值完成541.5亿元，增长15.0%。现代服务业增加值完成303.3亿元，增长15%。引进总部企业57家，其中世界（国内）500强企业20家。引进文化企业216家，科技企业388家。

（张祥鑫）

【金融中心建设】 沈阳金融商贸开发区被市委、市政府确定为沈阳中部发展空间，上升为全市重点发展战略。建设全国优化金融生态综合试验区获得国家批准。承办了2010东北金融高层论坛。中国人民银行沈阳分行选址开发区并启动建设，东北区域金融中心地位进一步确立。举办了构筑东北区域金融中心项目推介会等域内外大型招商活动19次。全年引进各类金融企业157家。其中：辽宁沈阳文化知识产权交易所等3家金融要素市场落户开发区，三井住友银行等5家银行机构和百年人寿等40家非银行金融机构相继开业。

（张祥鑫）

【项目建设】 在建项目进展顺利。华晨中际大厦等11个项目主体封顶，华府新天地等14个项目达到形象进度，东北世贸广场停缓建项目重新启动建设，佳兆业中心等2个项目奠基。结转地块拆迁工作基本结束，金廊8号等9个地块实现晾地。惠民馨苑产权调换房建设破土动工。全区3000万元以上在建项目140个，比上年增长36%；新开工项目99个，增长52.3%；竣工项目82个，增长34.4%。签约落地项目74个，开发策划项目32个，投资亿元以上项目29个。

（张祥鑫）

【重点商贸区发展】 皇城恒隆广场等3个项目如期开业，久光百货等4个项目达到形象进度，邮局地块项目成功落地。五爱国际商贸大厦、五爱深港客运站项目运营良好，韩国服装城项目试营业。五爱市场被评为中国商业名街。组建了南塔商贸物流区管委会，进一步理顺了管理体制。沈阳国际鞋城等3个项目招商进展顺利，群升沈阳新天地一期等4个项目达到形象进度。

（张祥鑫）

【城市建设管理】 城区面貌逐步改善。全年城市建设总投入4.4亿元，比上年增长11%。维修养护了717条市政道路，完成了惠工街和北站二路架空电力线入地工程，启动了迎宾街等8块精品绿地建设，在主要街路和公园广场栽摆鲜花48万盆，栽植树木2.7万株。完成了哈尔滨路等7条主次干道改造工程。城市管理规范有效。数字化城市管理中心工作运行良好，监督指挥和协调作用得到充分发挥。按照全市“四大战役”工作部署，积极开展市容环境综合整治。推进环卫作业体制改革，为老旧弃管小区新增保洁员1900名，实现了环卫“一把扫帚扫到底”。对青年大街等45条街路实行了机械化扫保。完成了23个垃圾压缩中转站建设任务。强化违章占道集中整治，重点地区交通秩序明显改观。生态环境更加优化。节能减排成效显著，万元GDP能耗等12项考核指标全面达标。生态城区创建工作圆满成功，216项生态建设重点工程顺利完成，并通过省级考核组核查验收。

（张祥鑫）

【民生工程】 和谐社区建设再创佳绩。投入6800万元，完成了72个老旧弃管小区改造。投入807万元，完成了477栋弃管楼屋面防水工程。投入200万元,设立了房屋应急抢修专项资金。投入236万元,修建了铝镁等5个社区用房。投入130万元,完成了红巾等10家示范性社区日间照料站建设。全面开展品牌社区命名、评星晋级、"5·25和谐社区日"活动。社区工作者培训、绿色社区创建和社区文化建设工作全市领先。投入50万元,为全区社区工作者进行了体检。万科社区被商务部评为国家级社区商业示范中心。回民社区被国家民委评为全国民族团结进步模范先进集体。沈河区被民政部确定为全国街道社区"创先争优"工作联系点。以全市第一名的成绩通过省双拥模范区检查评比。社会保障体系日益完善。健全了就业和社会保障三级平台建设。开发就业岗位5.5万个,实名制就业3.5万人。发放小额担保贷款1615万元,解决154名困难家庭毕业生就业问题,实现零就业家庭动态为零,城镇登记失业率控制在2.68%以内。征缴全口径养老保险12.2亿元。完成城镇居民基本医疗保险8.6万人,职工基本医疗保险4.8万人,发放各类保障金3078.9万元。投入99万元,高标准改造沈河区老年人休养中心。成立了19家慈善分会,共募集慈善资金1000万元。发放廉租补贴和经济适用房货币补贴1162.5万元。

(*张祥鑫*)

【社会事业】 文教卫生事业协调发展。完成了25所接收农民工子女学校改造。完成了七中东教学楼、盲校综合楼校舍建设。投入800万元,设置了70个校园警务室,为中小学校和幼儿园配备了276名保安。累计投入348万元,完成了皇城社区卫生服务中心建设。投入150万元,改造、新建了4个社区卫生服务中心和6个社区卫生服务站。投入900万元,启动了社区卫生服务信息化管理系统,增加了社区卫生服务基本医疗设备。全面落实国家基本药物制度,对307种药品实行零差价销售。投入600万元,为社区安装了1700件户外健身器材。沈河区第十一届文化艺术节、第十一届社区运动会圆满成功。艺术指导员进社区活动成效明显。红诗沈河活动走向全省。完成第六届全国人口普查光电录入工作。沈河区被评为省人口和计生工作先进集体。

(*张祥鑫*)

【平安工程】 安全稳定工作成效显著。创新信访调处机制,完善三级信访网络,圆满完成全国"两会"等重要时段稳控任务。全年共投入信访稳定资金487.7万元,受理来访1127案2888人次,结案率100%,息访率85%。平安沈河建设取得新突破,深入开展打击侵财犯罪专项行动,刑事警情同比下降39%。打造"老百姓身边派出所"成效显著。投入350万元,完成了19个试点社区警务室建设。完成了万莲等3个派出所改造工程。投入1729万元,安装了2600个监控摄像头。进一步深化"区、街、社区"网格化安全监管体系,实现安全生产全面有效监管。万莲、大南两个街道在全市率先通过国际安全社区验收。

(*张祥鑫*)

【政府自身建设】 民主法制建设全面推进。自觉接受人大法律监督和政协民主监督,全年向区人大专题报告和汇报工作12次,接受人大和政协视察12次。办理人大代表建议150件,办复率100%,满意率99.3%;办理政协提案117件,办复率100%,满意率99.1%。"五五"普法工作圆满完成。打造10分钟法律援助服务圈的经验,在全国"两会"上做了专题报道。行政效能不断提升。围绕优化发展环境,深化审批制度改革,开辟重大项目审批绿色通道,审批效能显著提高。加大纪检监察力度,深入开展民主评议基层"科队站所"活动,机关作风建设明显改观。依托96123市民服务热线和民心网,加大疑难问题解决力度,机关效能明显提升。大力压缩经费支出,降低运行成本,办公经费、招待费和差旅费逐年下降。

(*张祥鑫*)

大东区

【概况】 大东区位于沈城之东,万泉河畔,南北运河两水环抱。行政区域面积约101平方公里,因古城大东门在其境内而得名,是沈阳市的中心城区之一。全区现有14个街道办事处,112个社区,常住人口86万余人。

大东区是沈阳民族工业的发祥地,工业风骨独特。清末,就有了沈阳最早的民族工业。民国时期,建成了全国最大的东三省兵工厂。建国后,黎明、新光、矿山、中捷、东机等著名的国有大中型企业成为新中国经济建设的重要支柱。大东区内还保留着建立于明代永乐年间的"大法寺"和清代初年兴建的"东塔"等文化古迹。在厚重的历史文化中蕴育出包括被誉为东北第一甘泉的八王寺汽水饮料和被作为"宫廷御酒"而声名远播的老龙口白酒,以及被列入盛京八景的星阁晴霞、万泉垂钓、东塔春耕等文化遗产。

近年来,大东区立足谋求可持续发展,坚持发挥城区独特优势,通过科学超前谋划、不断拓展发展空间、搭建项目引进平台,使经济发展充满活力,形成了城区发展的显著特点。一是以汽车产业为支撑的工业规模不断壮大。占地20平方公里的沈阳汽车城,以华晨金杯、华晨中华、华晨宝马、上海通用北盛四大汽车生产厂为核心,汽车零部件项目纷纷进入,集研发、生产、物流、销售、服务为一体,正在打造全市首个千亿以上产业集群。同时,沈阳汽车城以沈阳——欧盟经济开发区为项目载体,相继引进了信诺、江森、日立等一批世界五百强项目以及德国伍尔特工业集团、波森尾气系统有限公司等一大批全球知名企业,正在成为沈阳乃至辽宁对外开放的新平台。二是以东中街商业区为代表的现代服务业快速崛起。商业区规划面积4.9平方公里,沿线在建、竣工项目达到15个,总投资450亿元,将建成国际一流、国内领先的商业步行街。中粮集团、长峰集团等商业巨擘投资的中粮·沈阳大悦城、红星·美凯龙、龙之梦丽晶大酒店等高端项目纷纷落户,沈城东部正在崛起一座现代服务业新高地。同时,大东区还开发了黎明新城、望花新城、欧堡·国际社区等"三城"和东北大马路沿线、联合路沿线、沈新线沿线等"三线"的房地产发展空间,完善了具有操作性、前瞻性的整体规划。三是以和谐新大东为标志的社会事业繁荣发展。近年来,累计投入十几亿元进行基础设施建设,打造一流的城市基础设施条件和一流的城市生态环境,令大东区散发出迷人的魅力。运河沿岸花团锦簇、树木葱笼,万泉公园、大东广场、沈海公园等大型山水文化广场点缀其间,蓝天碧水间透视出现代化、生态型的区域新形象。此外,区域内义务教育均衡发展,城区文化丰富多彩,社区卫生服务网络健全,上学、就医、居住、出行等群众最关心、最直接、最现实的利益问题得到有效解决，近几年全区用于保障民生的投入均超过财政总收入的50%，充分体现了发展成果由群众共享。大东区先后获得了“全国科技进步先进区、文化先进区、环保模范区、社区卫生服务示范区、社区红十字服务示范区、和谐社区建设示范区”等荣誉称号。

（汪玉贵）

【经济发展】 2010年，全区完成地区生产总值424亿元，增长14%；规模以上工业总产值1195亿元，增长24%；一般预算收入35.4亿元，增长21.9%；固定资产投资374亿元，增长15.6%；实际利用外资4.6亿美元，增长10%；社会消费品零售总额151.8亿元，增长18.4%；城市居民人均可支配收入19971元，增长11.3%。2010年，大东区着力抓好规划引导、项目建设、招商引资、服务保障等工作，提升重点空间承载力，促进了经济平稳较快发展。一是汽车产业拉动工业发展实现新跨越。整车生产增势强劲。中华A级车新工厂竣工，华晨宝马F18新5系、E90新3系投产，上通北盛258新型商务车上市、冲压车间开工。全区生产整车55.5万辆，增长44.6%，产量占全市85%；完成产值578.9亿元，增长45.3%，产值占全市93%；实现入区库税收9.03亿元，增长55.7%。大东汽车产业进入历史最好发展时期，与铁西装备制造业、浑南高新技术产业共同构成沈阳工业“三足鼎立”格局。汽车零部件规模不断壮大。以欧盟经济开发区为依托，伍尔特电子、浦项汽车配件等8个项目投产，瑞士立达等20多个项目落地、开工。东盛工业园主体竣工，致远工业园全面运营。开发区达产企业已达62户，全年完成产值140亿元。工业发展全面提升。以宝钢激光拼焊生产线投产、造币厂完成新厂选址、三洋重工启动整体搬迁为标志，全区工业企业质量和效益不断提高。机电制造、冶金材料等产业完成产值438亿元，大东工业进入快速发展期。二是东中街商业区带动全区服务业快速发展。东中街商业区建设快速推进。商业区交通规划、市政设施改造规划通过市规委会审批。步行街二期即将竣工，津桥路拓路工程顺利推进。龙之梦亚太城完成施工面积120余万平方米，实施了周边环境整治，南北配套路开通，公交枢纽站完工，红星美凯龙购物中心开业。中粮·沈阳大悦城C、D区进行内外装饰，丰瑞·威士顿广场投入使用。东中街被评为“沈阳市特色商业街”。各类业态竞相发展。江南农副产品交易中心、皮革鞋材商厦等项目营业，国瑞东方商城二期、萃华黄金珠宝大厦等项目启动。乐购乐都汇购物中心主体完工，吉祥凯悦酒店营业。引进宝钢区域总部等总部项目。开展了“魅力东部”系列促进消费活动，支持兴隆大家庭等企业发展社区连锁商业。

（汪玉贵）

【科技发展和对外开放】 科技产业发展取得新成果。区科技企业孵化中心、医药科技和服务外包示范基地等5个科技创新载体投入使用，辰龙低碳工业园获“辽宁中小企业孵化基地”称号，区科技企业孵化中心晋升市级科技企业孵化器，并被列为沈阳市青年创业基地。全区引进艾迪康医学检验中心等科技企业62户，技术团队32个，新增国家高新技术企业4家。全年列入上三级各类科技项目40余项，共获得科技资金支持4000余万元。科技对转变发展方式的促进作用不断显现。对内对外开放成效显著。整合招商资源，新组建专业招商机构，强化了街道办事处招商职能。借助省市搭建的招商平台进行招商，成功举办整车厂供应链本地化招商活动，圆满承办“韩国周”服务外包产业论坛。组织赴境内外招商21次，接待考察团队38个。全区新批外资企业15家，引进国内企业115个，出口总额2.4亿美元。

（汪玉贵）

【城市建设和管理】 坚持把优化发展环境作为促进经济社会发展的战略选择，加大力度，多措并举，取得良好成效。市容环境显著改观。将优化环境与空间拓展相结合，开展环境综合整治“四大战役”，实施了望花、东望出口路综合改造，新划转区域控违拆违工作成效明显，搬迁、取缔了与城市发展不相协调的望花木材市场、东望废旧轮胎市场，实现土地平整50万平方米，绿化3.8万平方米，为全市出口路改造提供了经验。完成汽车城基础设施规划，主要道路列入市城建计划。实施整车厂和重点项目周边环境综合整治，辉山明渠改造竣工，完成山嘴子路、北大营西路等配套路建设。欧盟经济开发区完成32公顷用地组卷报批，高标准实施建成区绿化、美化工程。全年大修道路20条、抢修街巷路339条，完成89条街路行道树补植，打造了东北大马路等16条景观路。实施了81个弃管小区、10个村屯环境整治，在非物业小区全面推行“垃圾不落地”扫保模式，前进街道赵家村被评为全市两个“村屯环境整治示范点”之一。全年实现土地收储275.6万平方米、出让45.8万平方米，万恒愿景等项目竣工，万科蓝山等项目顺利推进，进一步改善了群众居住条件，提升了城区品位。节能减排任务顺利完成。全区万元地区生产总值能耗下降到标准值以下。全年削减化学需氧量50吨，二氧化硫504吨。创建绿色社区、绿色医院等绿色单元46个。欧盟经济开发区污水处理站启用，实施了4000平方米湿地建设。大气环境质量优良天数保持320天。“生态区”建设通过省级验收。政务环境不断优化。完成政府机构改革。制定人才发展规划，组织企业赴京招才引智。认真贯彻落实沈阳市优化发展环境工作部署，出台、实施大东区进一步优化发展环境的若干意见，大力整顿“庸、懒、散”等不良风气。行政审批事项按时办结率100%，市民热线办理满意率99.7%。政务公开工作全市领先，区政府网站在全国特色政府网站评选中获得品牌栏目奖。

（汪玉贵）

【社会事业】 千方百计增加民生投入，发展社会事业，改善群众生活，进一步提升了社会和谐程度。文教事业蓬勃发展。适应教育发展需要，实现教育资源深度整合和优化配置。完成教育局幼儿园分园改造和杏坛小学等6所学校塑胶操场建设。维修改造30所接收农民工子女学校。九十二中学等4所学校晋升“省级图书馆示范校”。教育内涵建设不断深化，特色教育取得新突破。成立大东区企业文体活动联合会，搭建了文化工作新平台。音乐作品《春韵》获全国社会文化最高奖“群星奖”。卫生事业扎实推进。医药卫生体制综合改革稳步实施，初步理顺社区卫生服务机构管理体制、运行机制，基层医疗服务机构全面推行国家基本药物制度。公共卫生和食品安全监督管理得到加强，大东区被评为“辽宁省卫生应急示范区”。社会保障更加有力。坚持稳定和扩大就业，发挥中小企业吸纳就业优势,全区完成实名制就业2.3万人,发放小额担保贷款1524万元,户籍应届高校毕业生就业率99.8%,困难家庭高校毕业生全部就业。城镇登记失业率控制在2.8%。全年征收个体养老保险统筹基金2.5亿元。新型农村合作医疗保险覆盖率99.8%。加大帮扶救助力度,切实缓解物价上涨等因素给困难群体带来的生活压力。增加支出2000万元,提高低保救助标准,加强临时救助。为2513户低收入家庭发放货币补贴、住房租赁补贴4015万元。为农民工子女减免学费,对贫困家庭大学生提供资助。明堂街经济适用住房、生产路廉租房竣工。冬季供暖平稳运行。新建老年人示范性日间照料站15个。成立区农村工作办公室,落实粮食直补、汽车下乡等惠农资金511万元。顺利完成村改社区工作,农村城市化稳步推进。

民主法制建设得到新加强。全年办理人大代表建议、政协委员提案共327件,区人大确定的重点建议、区政协确定的重点提案,实现了见面率、办复率和满意率百分之百目标。"五五"普法通过验收。积极遏制重特大安全事故。大东区成为省市信访代理制示范点,群众信访量显著下降,上三级交办案件结案率、息访率居全市前列。狠抓命案侦破、要案攻坚和侵财犯罪打击工作,新发命案破案率100%,刑事案件数量持续下降,社会保持安定有序。第六次人口普查顺利实施。荣获"辽宁省人口和计划生育综合改革示范区"称号。

(汪玉贵)

\

皇姑区

【概况】 皇姑区是沈阳市中心城区,位于沈阳市区北部,全区面积66平方公里,常住人口117万人,辖12个街道办事处、119个社区和9个行政村。皇姑区是辽宁省的行政中心区和文化教育大区,拥有着厚重的历史文化底蕴和丰富的现代文化资源。皇姑区素有沈阳起源、清朝龙脉之称,新乐遗址、舍利塔、清昭陵构成了沈阳最丰厚的人文景观,沈阳"绿肺"北陵公园构筑了沈城最佳人居环境。2010年,经济社会继续保持平稳、较快的发展态势。地区生产总值完成320亿元,是2005年的2.2倍,比上年增长14.2%。

(王 苗)

【项目建设】 始终坚持以项目建设为统领,加大招商引资力度,项目建设取得突破性进展。固定资产投资完成377.4亿元,比上年增长21.0%。新开工3000万元以上项目78个,竣工项目69个。"五大空间"建设项目摆布均衡,一批具有震撼力、影响力的重大项目落户皇姑。

在金廊北段(地铁二号线),乐天世界、沈阳天地、泰和龙庭相继开工,总投资超过240亿元。总投资60亿元的航空学院地块已基本完成搬迁工作,中粮集团取得土地开发资格;总投资60亿元的上岗子地块搬迁工作开始启动;在长江商业街,加大资源招商力度,加速推进长江街传统服务业的改造升级。长江街地一大道荣获中国特色商业街称号;北行农贸市场正式迁址;政法干校地块搬迁工作全面展开;在北部经济园区,完成整体规划调整和控详规划制定工作,加速推进土地整理。总投资30亿元的保利溪湖林语项目一期主体竣工;总建筑规模25万平方米的村屯改造项目,已完成搬迁工作和土地交易程序;在舍利塔水岸经济带,舍利塔滩地公园已对游人开放,回龙寺重建项目和舍利塔北绿地工程进展顺利,占地14万平方米的舍利塔文化园已见形象。

在生产性服务业基地,总投资近200亿元的中海地产寰宇天下项目一期主体竣工;新北行农贸市场开始试营业;在新划入区域,高效率完成区划调整后的接收工作,高质量完成新划入区域发展规划,现代物流产业区建设开始准备。

(王 苗)

【结构调整】 始终把大力发展服务业作为城区经济结构调整、产业升级的首要任务,服务业已经成为拉动经济增长的主要力量。服务业增加值完成222亿元,增长15.2%,占地区生产总值的比重上升到69.4%。社会消费品零售额完成141.8亿元,增长18.4%。

发挥区域资源优势,"三个优先"产业实现跨越发展。现代服务业营业收入完成154.4亿元,增长42.5%。软件及软件外包产业已形成拥有软件大厦A、B、C三座楼宇、240户软件企业的规模;信息产业产值完成57亿元,增长26%。以金穗园为代表的闲置楼宇资源得以盘活,楼宇使用率达到88.2%;商业网点使用率提高到73.7%。

工业经济稳步增长,规模以上工业企业达到290户,其中市级以上高新技术企业29户。规模以上工业产值完成307亿元,增长17.1%;规模以上高新技术产品产值完成158亿元,占规模以上工业产值的比重上升到51.5%。支持民营经济发展,民营经济已经成为区经济发展的重要推动力量。民营企业和个体工商户分别从"十一五"初期的3963户和9765户增至7084户和15652户。民营经济增加值完成140亿元,占地区生产总值的比重达到44%。坚持资源招商与产业招商并举,突出商业地产招商和"三个优先"产业招商,招商引资工作取得重大突破。整合招商资源,招商队伍力量得到加强。坚持有实力、有业绩、有信誉的招商原则,注重单体项目引资规模,相继引进国内外知名开发企业。实际利用外资完成3.3亿美元;引进内资完成54.9亿元,增长73.1%。

(王 苗)

【财政运筹】 始终把全力以赴抓税收作为经济工作的立足点,强化财税意识,加强税源建设与培植,突出税收征管,完善综合治税和协税护税体系,税收收入实现稳步增长。随着财政体制调整,一般预算收入完成28.03亿元,是2005年的2.6倍,比上年增长13.9%。税收收入完成23.44亿元,增长11.6%。财政收入结构逐步改善,税收收入占财政一般预算收入的比重达到84%。

努力克服财政刚性增支压力巨大的困难,保持了财政收支平衡。财政一般预算支出17.9亿元,同比增长15.9%。逐步完善财政支出结构,切实加大对公共事业、民生工程与稳定、城市建设与管理等方面的财政倾斜力度。在确保教育、科技支出达到法定增长的基础上,多渠道筹措资金,千方百计解决政策性增资问题。加强对专项资金的审核,强化政府采购管理,实现采购支出8920万元,资金节约率4.22%。加强国有资产管理与经营,进一步规范国有资产处置程序,防止国有资产流失,国有资产收益完成4亿元。

(王 苗)

【城市建设】 加大资金投入,加快城市基础设施建设。市政道路设施进一步完善,昆山路、松花江街、岐山路、怒江街等主要街路改造工程全面完工。完成12条街巷路和12个老旧小区道路改造任务,改造面积11万平方米。启动舍利塔北绿地建设工程和百鸟公园景观绿化改造工程,全区绿地总面积达到1396万平方米,人均占有绿地面积18.2平方米,水绿覆盖率达到40%以上。

生态环境建设取得成效,生态区创建工作顺利通过省级验收。加大节能减排工作力度,万元地区生产总值能耗从2006年的1.172吨标准煤下降到2010年的0.713吨标准煤,城市空气优良天数达到330天。积极创建"绿色单元",搬迁改造重点污染企业。联片供暖面积59万平方米,集中供热普及率达到90.14%。

把搬迁工作作为改善城区生活环境的基础和前提,加大棚户区和危旧房屋改造地块以及重点招商地块的搬迁力度,搬迁改造地块19处,搬迁面积63万平方米,涉及被搬迁居民1.36万户。800户居民入住经济适用房和廉租房,为888户居民发放经济适用住房货币补贴款4884万元,低保户、低收入群体的住房条件得到改善。全面启动老旧弃管小区综合整治工程,投入7128万元对531栋老旧弃管小区住宅楼进行综合改造和防水专项修缮。

实施城市建设与管理体制改革,完成数字化城市管理平台建设。推行"一把扫帚扫到底"的扫保模式,实行"垃圾不落地"收集方式,主要街路全部实现机械化清扫作业,安装地埋式垃圾箱500个。完善市容环境管理责任区和行政执法勤务区,大规模环境综合整治效果明显。以筹备第十二届全运会为契机,城乡绿化、环境卫生、道路整修、交通秩序等环境综合整治"四大战役"取得阶段性成果。

(王　茁)

【民生工程】 始终坚持把保障和改善民生作为政府工作的出发点和落脚点。加大资金投入,用于就业、社保、低保等方面支出,帮助困难群体提高生活水平。区政府承诺为全区人民办好的十件实事全部完成。

以创业带动就业,积极拓展就业渠道,大力开发公益性岗位,实现城镇实名制就业2.35万人,零就业家庭动态为"零",城镇人口登记失业率为2.7%。征收养老保险扩面新参保缴费2.9亿元,四台子村、方溪湖村失地农民全部纳入社会养老保险体系。城镇居民基本医疗保险参保率达到97%。坚持政府扶持与社会救助并举,扩大贫困群体救助范围,提高城市居民最低生活保障标准,发放最低生活保障金2420万元。

始终坚持教育优先发展,依法加大教育投入。整合教育资源,加快教育基础设施建设。大力实施素质教育,教师队伍整体素质和教育教学质量稳步提高。完善公共文化服务网络,加强体育服务设施建设,街道文化广场面积达到9万平方米,社区健身路径普及率达到100%。成功承办沈阳市首届市民合唱节,皇姑精神风貌得到充分展示。深化医药卫生体制改革,区属社区卫生服务机构全面实施国家基本药物制度。社区卫生服务实现全区域覆盖。切实加强卫生监督和疾病预防控制体系建设,突发公共卫生事件得到有效控制。加强食品药品监管力度,未发生重大食品药品安全事故。双拥工作荣获市模范区"七连冠"。

加强维护社会稳定工作,充分发挥信访大厅作用,信访态势总体平稳。建立公共突发事件应急机制,预防和处理突发事件能力得到提高。强化公安基础业务建设,不断完善社会治安防控体系,严厉打击各类违法犯罪活动,积极预防和妥善处置各类群体性事件,平安皇姑建设扎实推进。全面落实"五五"普法规划,提供便捷法律援助,履行人民调解职能,调处各类纠纷407件。严格落实消防及安全生产责任制,强化重点行业、重点领域及重点部位的安全隐患排查和治理,无重特大事故发生。

大力加强社区建设。在全区开展创建星级社区活动,新增社区便民服务网点1011个,新增社区办公用房面积5160平方米,社区干部服务意识明显增强,社区治安明显好转,居民对社区服务满意度明显提升。

(王　茁)

【政府效能】 坚持并完善向人大及其常委会报告工作、向政协及其常委会通报工作制度,自觉接受区人大的依法监督和区政协的民主监督。切实做好人大代表建议和政协委员提案的办理工作,共办理人大代表建议162件、政协委员提案86件,人大代表、政协委员对办理工作的满意率达到99%。

始终坚持以打造一流经济环境为重点,加快推进服务型政府建设。深入推行基层工作法,强化服务意识,切实转变工作作风。深化行政绩效评估,推行政务公开,切实提高行政效能。健全企业代理服务网络,切实帮助企业解决实际问题,企业迁入迁出比连续两年实现正增长。办理审批事项17557项,办结率达100%。

始终坚持不懈地推进廉政建设和反腐败工作,落实党风廉政建设责任制。进一步加强行政监督,完善行政权力运行监控机制。从解决涉及人民群众切身利益问题入手,切实加大行风建设和纠风工作力度。共受理政风行风热线4656件,群众满意率达98.5%。

(王　茁)

铁西区

【概况】 2010年,铁西区实现地区生产总值836亿元,比上年增长14.5%;规模以上工业总产值2280亿元,增长20.0%;规模以上工业增加值575.3亿元,增长14.2%;固定资产投资542亿元,增长21.1%;财政一般预算收入78.5亿元,增长21%;直接利用外资9.2亿美元;社会消费品零售总额328亿元,增长17%。铁西区被确定为国家新型工业化示范基地,国家服务业综合改革试点区,开发区荣膺中国十佳国家级经济技术开发区。

(李　卓)

【工业经济】 装备制造业聚集区建设不断迈向高端。完成装备制造业产值1531亿元,比上年增长21%,对全区工业经济贡献率达67%。千亿产业集群规划得到有效实施,已有800户企业聚集发展,总产值达到1300亿元,产业聚合效应继续显现。具有产业牵动性和地区辐射力的重大项目建设实现突破。投资10亿欧元的华晨宝马第二工厂项目带动35户国外配套企业跟进入驻,产业链效应明显。投资规模达15亿美元的米其林沈阳新工厂开工建设,成为沈阳投资最大的工业企业。投资55亿元的美国博尼斯电子级多晶硅项目正式奠基,填补沈阳市产业空白。

现代建筑业成为助推经济发展的新兴产业。以“龙头企业发展基地化、建筑装备重大化、产品水平高端化、发展过程低碳化、制品功能部品化、产业配套集成化和二三产业融合联动化”为导向，加速发展现代建筑产业。远大集团幕墙、电梯、电机三大主业实现基地化发展。总投资128亿元的46个重点项目加紧建设，兆寰产业园、宝钢钢结构等重大项目进展顺利。全年完成现代建筑业产值300亿元，增长25%；增加值90亿元，增长18%，已占全区规模以上工业增加值的16.5%，成为铁西区经济新的增长点。

重点企业的竞争实力继续增强。工业企业产销率达95.8%；实现利润72.5亿元，比上年增长14.2%；利税108.1亿元，增长10.3%。沈鼓、沈化、东药3户企业产出超百亿，全区百亿企业增至6户，机床集团跃居世界机床行业第二名。特变沈变集团百万伏特高压变压器在国内特高压交流试验示范工程中投入运行。沈鼓集团百万千瓦核Ⅱ级泵样机填补国内空白。三一重装集团全硬岩掘进机、联合采煤机成为国内首台套产品。北方交通集团研发出近水平千米定向钻机，标志着重大煤矿技术装备实现了国产化。

（李　卓）

【招商引资】 结合地区发展、产业发展和完善功能所需，创新招商体制，强化绩效考核，紧盯重点区域，全年组织外埠招商团组76批次，推进项目400余个，其中58个项目签约落地，投资总额465亿元。围绕龙头企业、产业链延伸、产业集群，着力引进集约型、成长型、税源型项目，举办装备制造业聚集区、现代建筑产业、机床产业集群、现代服务业等主题招商活动12次，在日本、东南亚、台湾等地引发极大反响，协议引进项目126个，协议投资额230亿元。运用以商招商、以业选商、综合包保等方法，全年127个外资项目和136个内资项目实现调资，协议利用外资21亿美元，调入内资114.9亿元，调资8000万元以上项目达48个。对外贸易全面复苏，出口总额12亿美元，增长14.3%。

（李　卓）

【城市建设管理】 发展空间进一步优化。聘请国内外著名机构编制全域规划，修编建设大路以北、产业新城等地区控详规划，完成沈阳站西广场、卫工河等建设改造方案。提高城市发展容量，加大土地整理储备力度。

交通环境进一步完善。全年道路交通基础设施投入3亿元。新建小北三路等7条规划路，与主干道构成循环路网。完善交通管理系统，构建快速畅通交通体系。占地5000平方米的区交通指挥中心启动建设。对兴工街、北二路等6个路口实施交通渠化改造。新建可同时容纳15个公交站点的云峰公交港湾。在建大南五等节点路口设置可变式车道，科学调整交通信号。强化静态交通管理。932处有停车空间路段实施“降边石”工程。施划免费停车泊位1.7万个。

居住环境进一步改善。深入开展以街巷路、住宅小区、居民楼道为重点的环境整治战役，城区所有小街巷路、非等级物业小区环境发生较大改观。实施旧住宅区三年改造工程，综合整治旧小区59个，面积225万平方米。不断创建清洁优美的城市环境，投入1亿元增加现代化扫保设施。生活垃圾实现日产日清，兴华北街等5条市级示范街路实现全天候保洁。加强城市亮化美化和老旧小区亮化。

生态环境进一步提升。开展生态城区创建工作。细河改造工程全面竣工，完成智园、慧园和桃园等亲水景观公园建设。实施仙女湖清污治理工程。高度重视节能减排工作。脱硫改造燃煤锅炉39台，推广地源热泵技术面积76.3万平方米，削减二氧化硫排放4216吨，减少COD排放280吨。国家级生态城区创建工作通过省级验收。

（李　卓）

【社会事业】 科教兴区战略取得新成效。发挥科技对经济社会发展的支撑作用，大力发展高新技术产业，新增国家级高新技术企业9户，科技型企业56户，科技成果转化420项，高新技术产品增加值突破30亿元，增长7.2%，位居全市首位。

探索实施学区长制，校长、教师交流工作有序进行。完成了勋望小学与云峰小学、杏坛中学与158中学等12所学校的整合工作。强化义务教育均衡发展，新36中、彰驿中学等开工建设，维修改造20所学校。高度重视学前教育，铁西区成为全市学前教育发展先进区。

文体卫生事业结出新硕果。占地3万平方米，集景观休闲、抗灾避险等功能为一体的重型文化广场投入使用。建大沿线工业文化走廊一期工程竣工，“铿锵名录”等5个工业主题景点成为铁西新的人文景观。发挥体育场馆功能，全年承办国家级赛事和大型文体活动41场，接待观众50万人。举办第八届工人文化周等系列活动253场，参与群众30余万人。铁西档案馆晋升为国家一级档案馆。

全年卫生经费投入1.3亿元，同比增长15%，人均社区卫生服务经费达到20元。新建4个社区卫生服务中心，城区社区卫生服务网络实现全覆盖。深入开展医药卫生体制改革，政府补贴1220万元，在基层医疗机构实施国家基本药物“零差价”制度，进一步缓解群众“看病贵”问题。全区出生人口自然增长率连续15年负增长，铁西获得“省流动人口计划生育服务管理示范区”称号。

民生保障工作呈现新局面。安置就业能力不断增强。全年开发就业岗位2.4万个。实现实名制就业3.3万人，在全市处于领先水平。普惠制就业培训1.2万人。全区连续5年保持零就业家庭动态为“零”。城镇登记失业率为2.72%。

住房保障水平持续提高。发放租房补贴1300万元，购房补贴543万元。工人村三期钢结构住宅等9个高标准保障性住房项目全面开工，总建筑面积42万平方米的肇工街八路等7项安居工程竣工入住，安置居民5000户。

社会保障体系不断健全。征缴个体基本养老保险统筹基金3.5亿元，比上年增长12%。发放助残、优抚等各类抚助金2000万元，7万人受益。安排复转军人就业370人。居民、妇女儿童、青少年、残障人士“四位一体”活动中心投入使用。投资亿元的全市首家城区区级养老中心开工建设。

（李　卓）

于洪区

【概况】 2010年，于洪区强力推进三次产业发展，积极开展招商引资活动，着力加快项目经济建设，全区经济保持平稳较快增长态势，各项社会事业健康快速发展，和谐社会建设不断取得新成绩。实现地区生产总值324.9亿元，比上年增长14.2%，三次产业比重由6.2∶48.5∶45.3调整到2.9∶65.6∶31.5；地方财政一般预算收入28.4亿元，增长20.3%；完成固定资产投资237.3亿元，增长22.8%；实际利用外资2.15亿美元；实现社会消费品零售总额47.3亿元，增长17.9%；农民年人均纯收入12405元，增长13.7%；城镇居民年人均可支配收入19936元，增长11.5%。

（田洪伟）

【经济运行】 工业保持快速增长，主体地位不断夯实。工业经济总量进一步扩大，规模以上工业企业发展到777户，实现规模工业产值887.9亿元，增长16.1%，规模工业产值占全口径工业总产值比重达93.8%，对地区经济增长的贡献率达64.2%。产业集群规模实现跨越发展，东北家具集散中心、于洪五金产业集群累计引进规模企业169家，成为百亿园区，全年实现工业产值441亿元，占全区规模以上工业总产值的49.7%。装备制造配套产业初具规模，拥有规模以上装备制造企业417家，实现产值445亿元，装备制造业占全区工业比重超过50%。中国·沈阳特种机床装备城开工建设，完成标准化厂房主体工程15.4万平方米，引进入驻企业37家，成为国家特种专用数控机床高新技术产业化基地。浙江电器工业园一期9家企业全部开工建设，其中4家企业完成主体工程建设，工业基础件产业园、化工静设备产业园等重点园区规划建设有序进行。工业科技创新能力大幅提升，新增市级以上企业技术中心10家，全区上三级研发中心、技术中心、重点实验室以及院士工作站、博士后流动站等发展到17家，建立产学研联盟58家，高新技术产值占规模以上工业总产值的比重达33.9%，工业企业整体竞争能力显著增强。骨干企业快速成长，年产值超亿元企业增至220家，其中超10亿元企业7家，金德管业集团、沈阳陆正重工集团有限公司等成长为规模大、影响力强的行业领军型企业。

服务业上升势头强劲，多业态繁荣发展。加速市场物流产业集聚，沈阳国际汽车城完成土地整理等前期准备工作，北方不锈钢市场一期工程全部竣工，年成交额超亿元市场增至15个。全年实现市场成交额256亿元，增长30.2%。加快区域性商业中心发展，黄海路新玛特商业广场开工建设，世代购物广场、碧桂园五星级酒店完成主体工程，乐天玛特超市、小韩温泉会所建成营业，红星美凯龙旗舰店、恒盛商业广场等大型项目有序推进，城市商业配套功能显著增强。社区商业快速发展，商业服务网点发展到5500余家。发展农家店、农资店194家，实现行政村覆盖率100%。三菱、雪佛莱、别克4S店相继落户迎宾路汽车商业街，迎宾路汽车4S店增至11家。房地产业实现平稳较快发展，全年施工面积近1000万平方米，其中投资300亿元的中海城城市综合体项目开工面积60万平方米，完成销售面积244.9万平方米，实现销售额122.2亿元。

农业现代化水平不断提升，产业结构进一步优化。加大资金投入力度，扶持农民发展高效设施农业，有效应对年初气候异常带来的不利影响，落实产调面积1333公顷，其中新栽寒富苹果树100公顷。大力发展高端设施化农业，沈阳环际精品蔬菜有限公司浮板菜二期项目2.5万平方米PC大棚主体完工，小韩蔬菜工厂5万平方米人工智能温室投入使用，沈阳德丰蔬菜有限公司浮板菜二期和食用菌一期工程竣工投产，中国农业科学院在小韩蔬菜工厂建立院士工作站。加快农事龙头项目建设，新建续建沈阳谷实饲料有限公司、沈阳市来鑫豆业有限公司等农事企业7家。进一步健全农业服务体系，平罗、光辉、马三家等3个农业技术推广服务区域中心站建成投入使用，新发展农业合作社48个、农村经纪人210人，农产品商品化生产和经济效益水平明显提高。

（田洪伟）

【招商引资】 招商活动成果丰富，项目建设带动作用显著。以前所未有的力度推进征地拆迁工作，启动53个地块1000万平方米土地整理，完成丁香湖新城重点地块、蒲河生态廊道城市景观区以及沈阳特种机床装备城一期等重点区域征地拆迁任务，为新城、新市镇开发建设和重大项目落地实施奠定坚实基础。围绕丁香湖新城、永安新城、装备制造配套产业集聚区等重点地区开发建设，开展招商活动20余次，有针对性地洽谈推进大型地产开发、市场物流、商业综合体、优势工业等重点项目25个，签约落地项目13个，投资总额达122亿元，中铁沈阳集装箱中心站完成在区内选址，兴隆大家庭等项目签约落地，万科、中铁等房地产知名企业相继入驻丁香湖新城，招商引资工作取得显著成效。建立三大推进组按产业推进、"五大战役"指挥部按地区推进、副区级以上领导按项目推进工作体系，有效保障项目早落地、早开工、早见效，新建续建3000万元以上项目160个，年内完成投资251.4亿元，占全区固定资产投资总额的86.1%，同比增长38.7%，有力推动了城市化建设和产业结构优化升级。

（田洪伟）

【环境建设】 蒲河生态廊道建设强力推进，城乡环境明显改善。集中力量开展蒲河生态廊道建设，以生态湿地景观区和城市景观区为重点，累计投资4.7亿元，完成177公顷景观绿化、307公顷土地流转、8.97公里河道拓展和平罗湖土方工程，建设28.7公里滨水路和7.6公里堤顶砂石路，启动平罗桥、集体桥橡胶坝建设工程，沈通桥橡胶坝建成并投入使用。全面完善城乡基础设施，沈阜产业大道一期、沈胡快速干道三环跨线立交桥建成通车，沈彰产业大道建设扎实推进，新改扩建临河路等市政街路、后三线等农村公路各15条，累计投资5.3亿元。完成于洪新城东部地区排污管网、沙岭辅城煤气管网建设以及东北家具集散中心、于洪五金产业集群、造化和新立变电所工程前期准备工作，启动实施造化污水处理厂项目建设，沙岭污水处理厂排污管网工程即将竣工，城乡基础设施配套能力显著增强。优化城乡发展环境，深入开展城乡环境整治"四大战役"，实施沈胡路、中央大街、北部开发大道绿化工程，建设花卉村21个，完成城乡绿化面积780万平方米；严厉打击私占乱建行为，拆除各类违章建筑38.3万平方米；强化环境卫生长效管理，启动数字化城管系统，将135个非物业小区和低档物业小区扫保工作全部纳入政府统一管理；实施迎宾路亮化景观建设；完成"十一五"节能减排工作目标，顺利通过国家生态区技术核查。

（田洪伟）

【社会事业】 社会事业协调发展。文化体育事业日益繁荣，高水平举办和承办区第三届文化节、省第十一届运动会龙舟赛等系列文体活动,完成区档案馆主体工程建设,实现三环路以外村屯“农家书屋”全覆盖。教育强区创建工作取得新进展,完成于洪小学改造、华城小学等8所学校塑胶操场铺设工程,中海沙岭希望小学主体工程竣工,东平湖街第一小学、马三家小学和省政府川江幼儿园投入使用,国奥小学等4所学校被评为市级特色学校,全区中小学全部实现“班班通”。公共卫生服务水平不断提高,初步建立国家基本药物制度,政府办基层医疗卫生服务机构全部实行基本药物销售零差价,医药卫生体制综合改革取得阶段性成果,16家社区卫生服务站全部通过市级规范化验收,新农合参合率达到99.87%,人均筹资标准、报销封顶线分别提高到180元和5.5万元,在全市率先实行新型农村合作医疗按病种付费。

(田洪伟)

【社会保障】 社会保障体系日益完善,人民福祉不断提高。稳步推进就业再就业工作,投资1000余万元,开发就业岗位4660个,城镇实名制就业6554人,农村劳动力转移输出5358人,开展普惠制培训5519人,城镇登记失业率保持在2.7%的较低水平。社会保障能力显著增强,投入4000万元全面提高城乡低保户、低保边缘户、农村五保户供养标准和新型农村合作医疗筹资标准,养老、医疗、失业、工伤等保险覆盖面进一步扩大,其中养老保险扩面7800人,新增被征地农民纳入社会保障12397人。全面加强住房保障工作,投入4690万元维修弃管楼228栋,发放低保户和低保边缘户经济适用住房补贴301户1780万元,完成丁香湖新城回迁房主体工程建设。投入340万元建设社区老年人日间照料站15个、残疾人“阳光之家”2个,沙岭中心敬老院建成并投入使用。

(田洪伟)

苏家屯区

【概况】 苏家屯区是沈阳市九个城区之一,是2001年国务院批准的沈阳副城,东北重要的交通枢纽,区域总面积782平方公里,人口43.5万人,辖17个街道办事处。随着老工业基地的加速振兴和沈阳经济区发展战略的深入实施,苏家屯区依托良好的区位和产业优势,在集聚物流、商流、人流、信息流、资金流等方面发挥出巨大潜力,现代物流、商务会展、新兴工业、休闲旅游和都市型农业迅猛发展,正向着东北第一现代物流集散区迈进,一座特色鲜明的沈阳浑河商务城正在崛起。2010年,实现地区生产总值235亿元,比上年增长17.2%;全社会固定资产投资271亿元,增长22.3%;财政一般预算收入13亿元,增长22.5%,其中税收收入10.7亿元,增长26.6%;社会消费品零售总额61.0亿元,增长10.4%;城镇居民人均可支配收入15871元,增长11%;农民人均纯收入11021元,增长14.9%。

(闻良玉)

【第一产业】 都市型现代农业快速发展。面对春季低温多雨、汛期洪涝灾害严重的不利影响,全力组织抗灾自救,农业农村工作取得可喜成果。农业增加值实现21.4亿元,增长5.4%。全区粮食总产量20.8万吨。新增设施农业面积480公顷、温室大棚3000栋、高附加值特色种植面积667公顷,形成种植富民小区60个、养殖小区26个、“一村一品”专业村10个。农业标准化生产取得突破,6667公顷水稻基地被农业部列为高产试验示范项目,新申报葡萄、冬瓜等14个绿色品种认证。经国家质检总局批准,“永乐葡萄”成为沈阳市第一个国家地理标志保护产品。新建、续建农业产业化项目30个,新增台湾农民创业园、农业部秸秆综合利用试验示范基地、十里河花卉贸易基地等投资3000万元以上重点农事龙头企业13家。投资1.5亿元,实施了浑沙灌区续建配套、节水灌溉等重点水利工程,再获省“大禹杯”称号。完成水稻全程机械化面积5333公顷,农机化作业面积3.3万公顷,建设农村户用沼气池1500个。新建规模以上养殖基地6个,连续8年无重大动物疫情。发展粮食加工、经营企业40多家,新增农资网点18家、农家店50个。落实惠农政策,发放各种补贴资金4158万元。深化农村改革,全区流转土地3333公顷。出台了《苏家屯区村集体经济组织资金资产资源管理办法》,在全省率先建立农村“三资”管理体系。

(闻良玉)

【第二产业】 工业经济增势强劲。规模以上工业总产值实现550亿元,增长31%。工业大项目取得突破。30万标箱红塔集团辽宁烟草项目已经开工,建成后可实现税收近30亿元;100万千升华润雪花啤酒二期正在建设,可实现税收6.5亿元;金山热电二期“上大压小”供热工程竣工投产,可实现税收1.2亿元。这些牵动力强、可持续税收增势强劲的大项目,为全区工业的快速发展积聚了强大的后劲。沈阳金属新材料产业园的规划已经完成,投资20亿元的中铝沈加厂搬迁改造项目即将开工建设。雪松经济开发区和新城新市镇产业园多点推进,雪松66千伏变电站落成,娃哈哈二期项目竣工投产。

(闻良玉)

【第三产业】 现代服务业发展步入快车道。服务业增加值实现78.9亿元,增长24.6%。会展商务业实现高起点开局。东北最大的沈阳国际展览中心于8月份落成,连续举办了“第六十四届中国国际医疗器械博览会”、“第九届中国制造业博览会”等5个大型展会,参展商家3000多个,参观人数100余万人。物流商贸业快速发展。辐射东北的国药物流、中邮物流项目基本竣工,沈阳五洲国际商贸城项目全面开工,投资1.2亿元的大润发超市即将开业,投资2.5亿元的枫杨1克拉生活广场主体竣工。旅游休闲业不断壮大。新建特色旅游农家乐120家,旅游综合服务中心、沈南第一党支部等重点项目稳步推进。

(闻良玉)

【城乡建设】 以创建生态区为目标,着力实施城乡建设。围绕创建国家生态区,共投入基础设施、环境综合治理资金3亿多元,占全区一般预算支出的20%。

“一轴”地区全面改观。投资1.2亿元进行拆迁和绿化,南京南街成为全市最漂亮的景观路之一。共有9个房地产项目在建,计划开发面积615万平方米,创历史最高水平。奥园国际新城已建45万平方米,是全市单体最大的现代城市综合体。恒大名都项目22栋高层开盘预售。中体产业、泰盈二期等重点项目开工建设。

城乡基础设施不断完善。机场路西延线全线拆动迁已经完成,跨沈大高速匝道桥基本完工。金钱松路下穿铁路桥、金宝跨线桥转入施工阶段。丁香街南延线排水工程已经启动。沈丹客专、沈阳三环和四环路拆动迁工作稳步进行。投资1171万元，新建了8条农村公路。

环境综合整治成果显著。投资1505万元，实施了迎春湖水系城区段改造。投资7000万元，绿化植树152万株，新增绿地120余万平方米。投资6000万元，对海棠街、乔松路等13条街巷路进行了改造，对39条街路进行了全面整修。投资600万元建设了数字化城管指挥中心和一批新的交通设施。居民的出行环境、居住环境、休闲环境大幅改善，城市建设工作得到社会好评。

生态区建设取得阶段性成果。日处理5万吨的城区污水处理厂投入运行，处理后的中水全部回用于金山热电"上大压小"供热工程，结束了全区没有城市污水处理厂的历史。投资3000余万元，在12个涉农街道建设了污水处理设施，完善了垃圾收、转、运体系。投资4518万元，对农村58个村屯环境进行了集中整治。10个涉农街道被评为国家环境优美乡镇。国家生态区的五项基本条件、22个指标全面达标，并顺利通过了国家级生态区技术核查，获得较高评价。

（闻良玉）

【社会事业】 以改善民生为根本，努力构建和谐社会。坚持把保障和改善民生作为政府工作的出发点和落脚点。全年共完成民生投入2.3亿元，增长15%。就业和社会保障体系进一步完善。投资200余万元，完成了基层就业和社会保障平台建设，实名制安排就业7091人。养老、医疗、失业保险扩面工作取得新进展，4968名被征地农民参加了养老保障或养老保险。新型农村合作医疗筹资标准提高到每人每年165元，为12074人次报销医疗费2109万元。提高城乡低保、农村五保户供养标准，发放低保和临时救济金1418万元。改造老旧弃管小区50万平方米。为129户受灾农民修建了住房。区军供站被评为"全国军供工作先进单位"。社会事业协调发展。调整教育布局，对9所学校实施撤并，完成了17所接收农民工子女学校改造工作，实施了8所农村九年一贯制学校配套工程，建设了46中学新校区、176中学宿舍楼和教师学校新校区工程。推进医疗卫生体制改革，在16家基层医疗机构实施了基本药物制度。区中医院晋升为三级医院。组织区级文化广场活动52场，承办了辽宁省第十一届全运会艺术体操、拳击比赛和沈阳市农民篮球比赛。投入150万元新建了陈相、永乐计划生育中心服务站。完成了第六次全国人口普查工作。区档案馆晋升为国家二级档案馆。区计生文化信息共享工程第三基层服务点被评为"全国服务农民、服务基层文化建设先进集体"。社会大局和谐稳定。热心接待群众来信来访，建立了"一站式接待、一条龙办理、一揽子解决"的信访调处模式，一批重点案件得到化解。加大农民工维权力度，为3165名农民工清欠工资1800余万元。加强社会公共安全管理，安全生产、消防安全、食品药品安全、社会治安等工作扎实开展，保障有力，平安苏家屯建设成果显著。

（闻良玉）

东 陵 区

【区域经济】 2010年，东陵区经济社会呈现增速加快、结构优化、效益提升、民生改善的良好态势。全区地区生产总值实现339亿元，比上年增长15%；固定资产投资429亿元，增长14.0%；规模以上工业总产值980亿元，增长20%；地方财政一般预算收入48.2亿元，增长22.9%，其中税收收入44.7亿元，增长34.8%；社会消费品零售总额82.8亿元，增长16%；实际利用外资7.2亿美元；实际到位内资75亿元；城市居民人均可支配收入19128元；农民人均纯收入10626元。

三次产业协调发展。农业内部结构进一步优化，林果、畜牧成为农业主导产业，实现产值9.1亿元，占农业总产值的80%。树莓种植面积达到3667公顷，畜禽标准化规模化养殖率达到70%。东陵区成为国内最大的树莓种植基地，被授予"中国树莓产业之乡"称号，"东陵红树莓"成为全市首个国家地理标志。工业基本形成了以电子信息、先进制造、生物医药、新能源为重点的高新技术产业发展格局，科技型企业达到2726家，全年实现高新技术产品产值492亿元，占规模以上工业总产值的50.2%。电子信息类企业达到600余家，占全市70%以上，已经形成以软件、计算机、视听产品、集成电路等产品为主导，集研发、生产、销售及服务于一体的具有国际竞争力的高新技术特色产业集群。半导体装备产业园被国家科技部批准为全国惟一的IC装备特色高科技产业基地。第三产业瞄准"高聚焦度、多业态"，形成了集乐购、沃尔玛、红星美凯龙等20余个项目的奥体商圈。以服务外包、创意研发为主体的昂立信息园、国际软件园继续领跑全市信息服务业。沈阳动漫产业基地原创作品超过2万分钟，居全国第三。

（高放新）

【园区建设】 园区建设重点突出，发展空间进一步拓展，高新技术产业向全域纵深发展，园区与产业互动发展的新格局初步确立。沈抚新城总体规划方案通过专家评审。投资350亿元的高力汽车博览城项目先期用地已经摘牌；投资60亿元的大连亿达新城项目进展顺利。航高基地建设稳步推进，市政府与中航工业集团正式签署战略合作协议，Q400飞机大部件转包项目投产，沈飞民机公司钣金生产线等5个项目全线开工，南航沈阳维修基地新机库等3个项目即将开工。新加坡工业园向东湖产业区延伸，地域范围扩大至57平方公里，科技型中小企业发展实现了新突破，园区软、硬件环境得到极大改善，成为"高、新、优、强"项目的承载平台。出口加工区地域范围扩大至30平方公里，向综合保税区发展，突出保税加工功能。入园企业实行灵活的海关监管模式，提升了企业发展空间。三好街高科技园区采取"一区多园"模式，地域范围扩大至15平方公里，经营面积突破100万平方米，跻身全国IT科技街三强，荣获"中国北方电子信息产品与技术中心商务区"称号，东陵区成为"中国北方电子信息产业核心区"。

（高放新）

【三区顺利融合】 2010年2月28日，市委、市政府作出东陵区、浑南新区、航高基地三区合署办公的重大战略决策。经过一年的不懈工作，已经实现了三区顺利融合。原东陵区浑河以南区域和浑南新区、航高基地进行了有机整合，形成了区域面积约600平方公里，经济总量居全市中上水平，地处连接辽宁中部城市群重要结点，辐射沈阳经济区的大浑南开发建设新格局。顺利完成机构整合。实行机构“大部制”、全员聘任制和收入分配绩效工资制改革,新组建沈抚新城、浑南新城、三好街高科技园区三个管委会,成立汪家、营城子街道办事处,王滨沟乡撤乡建街,原东陵区、浑南新区的81个机构整合为31个,“一区、三城、四园、十一街”的行政架构、“三区合并、有机一体”的全新局面基本形成。高效完成重点工作。三区合署后,各项工作超常规推进。浑南新城暨全运会建设项目迅速启动;创新举措有效突破了土地和资金瓶颈;高起点完成浑南新城各项规划20余个;引进绿城全运村、LG平板电视生产线等重大项目33个;高水平建设路网80余公里,仅用57天建成4.6公里双向六车道白塔河路,创造了浑南速度,为2011年重大项目开工奠定了坚实基础。

编制完成全区“十二五”规划纲要和各专项发展规划。通过国际招标,高标准完成浑南新城总体规划、控详规划以及市政基础设施、地下空间利用等专项规划,启动了景观水系和绿化规划设计工作。对全运会运行中心、省图书馆、省科技馆等重点建筑和标志性建筑群的城市设计、建筑概念设计进行了国际招标。

扎实推进“三区”基础设施建设。拆迁工作全面展开。坚持政府主导、农民主体、部门联动、社会参与的原则,按照“惠民、阳光、依法、和谐”的拆迁工作理念,积极利用省市有关政策,完善了集体土地拆迁补偿办法,全面完成全运村、沈阳新南站、桃仙大街等重点项目拆迁工作,启动了张官、上深等25个村屯、2.4万户村民的高标准回迁房建设。浑南新城建设全面启动。新城12条82公里“五横四纵”核心区道路主体框架初步确立,桃仙大街、航空路和白塔河路竣工通车,全运路、全运南路和全运北路已具备通车条件。管网、管廊建设工作陆续展开,部分路网管线开始预埋、铺设。全运村及运行中心、沈阳新南站综合交通枢纽工程正式开工。

(高放新)

【社会事业】 城乡一体化步伐加快。城乡基础设施不断完备。续建了沈中线,维修了沈营线、十大线,新建了柏叶基地连接线、南堤东路及其它市政道路20条,新建和维修农村公路105公里。主要街路清扫和除运雪全部实现机械化。完成配套给排水管网32公里,电、气、通信管网25.4公里。实施了白塔堡河、杨官河、沈抚灌渠等河道水系改造,防汛工作取得显著成效。拆违17.6万平方米,新增节点绿地5万平方米,道路绿化植树20余万株。节能减排工作取得新成效,万元GDP能耗下降4.5%,在全国率先启动“环保110警务车”执法模式,全国环境样板城和国家级生态工业园区创建工作取得新成绩,通过省级生态城区验收,被国家环保部正式命名为国家生态区。

民生工程取得新成绩。深入开展教育管理和教学质量“双提升”活动,浑南一小、二小成为全国闻名特色学校,61中学跻身全国名校共同体,嘉华学校被评为全国教育创新示范单位。东陵区成为全省第一个基础教育信息化实验区。中考成绩蝉联全市郊区冠军,高考本科升学率达到93.8%。积极推行了基层医药卫生体制综合改革,在全市率先实行合作医疗区内定点医疗机构付费方式改革,为12.6万居民建立健康档案,中医药特色社区卫生服务示范区顺利通过省级验收。新农合农民受益度继续保持全市领先。计划生育奖扶政策兑现率达到100%,在全省率先试点免费孕前优生健康检查工作。成功举办第四届艺术节等文化活动。困难家庭住房实现应保尽保,被征地农民全部纳入养老保障,超额完成企业和个体养老保险基金收缴,职工和城镇居民医保参保率、困难群体供养标准保持全市领先。区中心敬老院被评为“全国模范敬老院”。东陵区荣获“省双拥模范区”称号。高标准建成残疾人就业服务中心。基层劳动保障平台全面达标,城镇实名制就业5804人,转移农村劳动力7399人,普惠制培训3297人。

(高放新)

【招商引资】 围绕高新技术主导产业发展,多批次组团赴欧美、日韩、长三角等地开展投资促进活动,举办了香港大浑南开发建设推介会、美国硅谷成功人士恳谈会,引进了EMC、普洛斯等世界500强企业,不二越精密仪器、文思软件等高新技术项目相继签约落地。全年投资3000万元以上新开工项目115个、竣工89个、签约落地77个,城镇投资亿元以上新开工项目45个。高科技产品出口取得新突破,对外贸易和利用外资工作均走在全市前列。

(高放新)

【依法治区】 全年共办理人大代表建议29件、政协提案32件,满意率达到100%。“五五”普法工作顺利通过国家验收。制定《区社会稳定风险评估实施办法》,信访稳定工作由事后处理向事前预防转变。完成68个村改社区和第十届村委会换届工作。狠抓生产、消防、交通和食品药品安全监管工作,各类安全事故得到有效遏制。强化社会管理和公共服务,严厉打击各类刑事犯罪,不断完善应急管理体制。国有资产监管体制改革迈出新步伐。启动了创新型城市和诚信体系建设。积极推行政务公开,加强政府督查工作。

(高放新)

沈北新区

【概况】 2010年,沈北新区实现地区生产总值374亿元,比上年增长12.6%;财政一般预算收入27.4亿元,增长40%;固定资产投资436亿元,增长22.6%;规模以上工业总产值1245亿元,增长24.4%;社会消费品零售总额53.6亿元,增长10.2%;农民人均纯收入11021元,增长10%;实际到位内资125亿元,增长64%;实际利用外资3.9亿美元。经过全区上下的共同努力,生态区顺利通过国家验收,新区被确定为沈阳经济区新型工业化综合配套改革先导示范区、国家可持续发展实验区、国家金融生态区、全国国土资源节约集约模范县区、全国土地管理先进区、全国土地执法先进区,被评为中国十大最具吸引力城区。辉山农业科技园区晋升为国家级园区。

(杨 震)

【农村经济】 2010年,沈北新区积极构建农业标准化、产业化、规模化生产体系,明确了建设辐射东北、全国领先的农业高新技术研发和引进试验区、科技成果推广示范区、农业现代化先导区的新农业定位。

深化中心村镇建设总体规划,启动了崔公、马古、木舒、高力等村屯整体搬迁,开展了清水棚户区整体改造前期工作。

全面落实各项惠农政策，发放农民种粮及农机具补贴5200万元，兑现送家电、汽车下乡补贴1011万元。

农业产业化规模不断壮大，新增土地流转面积8067公顷，累计占全区耕地面积的70%。成功引进东亚种业、香港南华等重点农事龙头企业。新增寒富苹果栽植面积200公顷、花卉和五味子367公顷，现代养殖场3个。“清水大米”获国家地理标志认证。“北霸”商标成为全国驰名商标。新区被农业部确定为国家级水稻高产示范区。

（杨　震）

【工业生产】 光电信息及先进制造产业发展迅速，累计引进大陆激光、台湾联电、玉晶光电、太阳雨太阳能、华晨专用车、国泰航空、深圳五洲龙等国内外知名企业47家，实现产值364亿元；手机产业迅速壮大，中宇、港立通等项目竞相涌入，德信、晨讯、新邮通等企业相继投产，生产能力在3500万部基础上新签约1.25亿部。农产品精深加工产业稳步发展，环宇味精生产基地、益海嘉里食品园、双汇食品园等项目相继签约，企业累计达到425家，全年实现产值540亿元。

（杨　震）

【招商引资】 全年共签约引进亿元以上项目166个，投资总额达1196亿元，其中：10亿元以上项目24个，50亿元以上项目6个。总投资150亿元的雨润农副产品全球采购交易中心、50亿元的海尔家电产业园、20亿元的苏泊尔卫浴生产基地、17亿元的美的物流工业园、15亿元的森禾国际花博园、12亿元的上航发沈阳航空工业园、280亿元的上海尺度国际社区、150亿元的江苏红太阳商贸城、100亿元的北京首开商住等行业龙头项目相继签约入区，为新区的腾飞和可持续发展提供了强劲动力。

以外资项目为引领，由招商引资向选资转换。组织赴美、德、日、韩、新加坡、香港、台湾等国家和地区招商18次。引进美国国际纸业、全球谱、德国奥拓福克斯、荷兰TNT、韩国希杰、印尼芝布特拉等一批牵动力强、影响面广的外资项目，储备了德国采埃孚、优尼威尔斯、欧投，新加坡胜科、台湾工业园等一批大项目，在外资调入、项目储备等方面实现重大突破。

（杨　震）

【第三产业】 文化创意产业不断壮大，华强文化科技产业基地建设一期主体工程竣工；酷贝拉、明发创意产业园等项目纷纷入区，新区被确定为国家级创意产业孵化器。商贸地产业发展态势良好，新加坡吉宝、浙江新湖、香港荣盛等大型综合地产项目全面开工，商品房销售面积达135万平方米，销售额实现47亿元。编制完成《全区旅游发展战略规划》，启动了七星山山体修复工程，怪坡国际滑雪场项目建设进展顺利，成功组织“槐花节”、“采摘节”和“百万市民看沈北”活动。

（杨　震）

【城乡建设】 立足提升新区核心竞争力，聘请华点通等国际知名咨询机构，就新区城市与区域发展、产业整合发展等战略进行高标准策划，坚持与其他区域错位发展、比翼齐飞，明确提出建设中心城市新都心、新兴产业集聚区和现代生态新城区的战略发展整体定位。

规划体系不断完善。深化总体规划，确定“一城、两区”的发展格局。围绕城市功能提升，提出建设“沈北CBD—中国·新加坡国际商务区”构想，被第五次新辽经贸理事会确定为辽宁省与新加坡政府重点合作项目，并委托日本设计等著名规划设计机构进行总体规划，打造宜居宜业的城市核心。“十二五”规划编制工作顺利完成。市民服务中心、旭日广场、规划馆、档案馆、全民健身中心等标志性建筑设计全面启动。着手实施手机产业园区、七星山旅游经济区等重点区域及新城子、虎石台旧城区改造规划编制工作。

重点工程顺利实施。梅江街—盛京大街贯通工程沈北段完工，陵园街贯通工程完成80%。怒江北街贯通工程完成施工方案设计，盛京大街改造工程全面启动，地铁2号线北延长线工程进场施工，京沈高速铁路沈阳新北站建设完成前期准备工作，三、四环拆迁等工作稳步推进。十大线、烟郝线等道路改造工程顺利竣工。

生态建设成果显著。在全市率先启动蒲河生态廊道建设工程，疏浚拓宽河道15公里，新建拦河闸、景观湖等各类工程24处，沿河景观路46公里，蒲河成为沈阳靓丽的风景线。大规模进行景观绿化，植树200余万株，新增绿地341万平方米。节能减排全面达标，无害化处理铬渣12万吨，累计完成总量的50%；道义、虎石台南污水处理厂建成并投入运行；6个项目被列为市环境样板城首批示范项目，占全市的22%。新区顺利通过环保部国家生态区考核验收。

配套工程稳步实施。新建道路58公里，铺设和排迁输油、燃气等各类管线148.5公里。歪树子配水厂、财落净水厂及配套管网工程全面开工。农高、孝信变电所正式运行。辉山、北四家子变电所及虎韩甲等4条输电线路电缆入地工程开工建设。总投资7500万元、供热能力300万平方米的辉山热源厂正式投入使用。

（杨　震）

【社会事业】 就业创业工作取得新突破。创新工作机制，构建就业联盟体系。新增就业岗位1.2万个，实名制就业1.2万人，新增农村劳动力转移输出7947人，扶持创业带头人118人，困难家庭和残疾人高校毕业生全部安置就业。

科技人才工作有力推进。安排科技企业发展扶持资金14亿元，协助企业争取科技贷款20亿元，完成专利申请1000项；落实国家、省、市新技术试验示范及推广项目27个；6家企业被新确定为市级农业产业化重点龙头企业，新区高新技术产值占规模以上工业产值的36.5%。编制了全区人才工作发展规划；赴京招才引智，成功储备研究生以上学历人才130名；采取雇员制等多种形式为公安等部门吸纳人才82名；通过校企对接，为新区及驻区企业提供专业实用人才7000余人。

教育事业稳步发展。新城子九年一贯制学校正式投入使用。全面启动名校创建工程，委托管理、合作办学取得新进展。扎实推进学校特色发展，以足球等项目为主的阳光体育运动普遍开展。在全市高中入出口增值评估奖励的10所学校中，八十三中学和矿务局中学榜上有名。成功举办“沈阳市产学研战略发展暨沈北新区校域发展推进会”，6所高校与政府和企业签订战略合作框架协议，教育对地区发展的促进作用日益明显。

医疗卫生事业不断进步。马刚卫生院投入使用，兴隆台、石佛寺两所卫生院合并运行，总投资1亿元、建筑面积2万平方米的沈阳维康医院开工建设，盛京医院已完成规划设计，卫生事业网络基本形成。基层医疗卫生体制改革稳步开展,基层医疗单位全部实行基本药物零差价销售,缓解了百姓看病难、看病贵问题。计生服务水平全面提升,顺利通过全国计划生育优质服务先进区考核验收,并被评为全省流动人口管理服务示范区。

社会保障体系日益完善。养老、医疗等保险扩面任务圆满完成,在全市率先实现"五险合一"。完善被征地农民养老保障政策,参保人数累计达6177人,参保率100%。发放经济适用房、租赁住房等保障性住房补贴866万元。完成4个老旧社区、10个日间照料站和区中心敬老院病房改造。两次提高城乡困难群体救助标准,累计发放各类保障金2080万元。募集各类善款100万余元。区中心敬老院荣获"全国模范敬老院"称号,新区被评为"全国养老示范单位"。

文体广电工作不断加强。成功举办新区第一届全民运动会、首届锡伯族文化生态保护区论坛等各类大型文体活动10余次,提前三年完成有线电视"村村通",村屯(社区)图书阅览室全部投入使用,完成辽代古塔修缮工程。顺利通过辽宁省文化先进区验收。

基层政权建设得到加强。圆满完成村委会换届选举工作,76个行政村全部实现书记、主任"一肩挑"。顺利完成乡镇改街道工作。通过开发商配建和扩建改造等方式,统一了标准,改善了社区办公条件。为社区招聘大专以上学历人员24名,干部素质明显提高。

完成新城子城区24小时供水工程,彻底解决百姓用水难题。全面落实上级物价调控措施,物价保持平稳。高质量完成第六次全国人口普查基础工作。区档案馆高分通过国家二级馆测评验收。民兵预备役工作有效落实,在全市率先完成冬季征兵任务,新区连续五年成为市双拥模范区。

(杨　震)

新　民　市

【概况】 2010年,新民市实现地区生产总值263.24亿元,比上年增长36%。其中,第一产业增加值52.2亿元,比上年增长7.9%;第二产业增加值150.2亿元,比上年增长40.3%;第三产业增加值60.9亿元,比上年增长58.8%。三次产业结构为19.83: 57.05: 23.12,三次产业对经济增长的贡献率分别为5.54%、60.19%、34.27%。按年末人口计算,人均GDP为37756元,比上年增长41.67%。

全年地方财政一般预算收入11.85亿元,比上年增长32.2%,占地区生产总值4.50%,比上年提高0.14个百分点。地方财政一般预算支出21.2亿元,比上年增长21.97%。

(鑫　闽)

【农业经济】 全市农林牧渔业总产值97.61亿元,比上年增长14.01%。其中:种植业产值44.69亿元,比上年增长19.76%;林业产值3652万元,增长10.23%;畜牧业产值43.41亿元,增长7.12%;渔业产值6.69亿元,增长24.47%;农林牧渔服务业总产值2.45亿元,增长18.93%。

全市农作物播种面积20.04万公顷,比上年增长1.48%。其中粮食作物播种面积15.5万公顷,比上年增长3.15%。2010年,新民市遭受了十年一遇的特大水灾,2010年7月20日至8月底,新民市连续发生强降雨天气。7月20至22日的强降雨过程,全市平均降水量达到308.8毫米,为全省最大。7月20日至8月20日,仅一个月的时间,新民市平均降水量达到447.7毫米,是常年全年降水量的一半以上。强降雨使新民市部分河滩地和低洼地块受灾,并且由于连续降雨,空气湿度大等因素,玉米空杆(穗)比常年高25%左右,水稻也发生一定程度的纹枯病、稻瘟病、稻曲病等病害,一系列的灾害造成了新民市2010年农作物产量的减产。在大灾之年新民市粮食总产量实现78.22万吨,比上年下降12.29%;油料总产量2.32万吨,比上年增长42.05%;蔬菜产量138.11万吨,比上年下降20.02%。

全年完成造林面积8533公顷,比上年增长113.33%。其中:公有经济造林1333公顷,比上年增长37.56%;非公有经济造林7200公顷,比上年增长137.55%。木材采伐量9.14万立方米,比上年增长23.61%。

畜牧业发展势头良好,肉类总产量15.56万吨,增长8.29%。猪肉、牛肉、羊肉分别增长4.3%、11.33%和36.14%。

全年渔业养殖水面4286公顷,增长0.14%;水产品总产量7.34万吨,增长9.88%。

农业机械总动力86.49万千万时,比上年增长6.12%。乡村拥有农机户数1.5万户,增长8.71%;农机从业人员2.2万人,增长2.57%。拖拉机拥有量17108台,增长23.38%。机引耕作机械、农田排灌动力机械、收获机械分别增长24.76%、1.34%、3.81%。农村用电量为57973万千瓦时,增长17.29%。有效灌溉面积690公顷,增长7.29%。机配井9400眼,增长1.39%。

全年新开发设施农业2667公顷,累计达到2.7万公顷。新建标准化畜禽养殖小区100个,规模养殖户达到9500户。年末农民专业合作社数为558个,成员数为15705个,农民专业合作社带动非成员农户数8.9万户。

(鑫　闽)

【工业及固定资产投资】 2010年,全市规模以上工业企业361户,实现工业总产值562.02亿元,比上年增长57.87%;销售产值557.16亿元,比上年增长57.52%,产销率为99.13%。高新技术产品产值为198.3亿元,增长60.04%。工业增加值实现142.8亿元,按2005年不变价计算,增长41.3%。

农副食品加工业、通用设备制造业等骨干行业的生产继续保持强劲增长势头。其中:农副食品加工业实现产值118.12亿元,占全部规模以上工业总产值的21%,比上年增长47.37%;通用设备制造业实现产值79.89亿元,占14.2%,增长77.97%;电气机械及器材制造业58.85亿元,占10.47%,增长72.48%。

年内全市具有资质以上建筑企业21个,完成建筑业产值37.17亿元,增长68.38%;从业平均人数23423人,按建筑业总产值计算的劳动生产率为15.87万元,增长50.57%。

全年房屋竣工面积97.5万平方米,其中住宅69.9万平方米;商品房销售面积72.9万平方米,其中住宅59.1万平方米;商品房销售额20.97亿元,其中住宅15.65亿元。

全年固定资产投资177.4亿元,增长23.53%,其中城镇134.6亿元,增长39.82%;房地产投资28.9亿元,增长

99.19%；工业投资 105.9 亿元，比上年增长 16.43%。

全市用于农业投资 11.5 亿元，增长 59.62%。其中：农业投资 5.5 亿元，增长 5.06%；林业投资 1.97 亿元，增长 2.93 倍；牧业投资 2.86 亿元，增长 160.15%。

（鑫 闽）

【第三产业】 新民市实现社会消费品零售总额 65.2 亿元，比上年增长 20.30%。其中，批发业零售额 9.05 亿元，下降 3.72%；零售业 53.25 亿元，增长 25.02%；住宿业 1524.1 万元，增长 17.75%；餐饮业 2.75 亿元，增长 32.57%。

出口商品供货值实现 1.9 亿元，上升 1.07%。其中：中外（港澳台）合资企业 1.41 亿元，占 73.94%，与上年持平；国有企业 2637 万元，占 13.86%，增长 19.86%；外（港澳台）资企业 1632 万元，占 8.58%，增长 9.83%；股份制企业 690 万元，占 3.62%，下降 3.62%。实际利用外商直接投资额 5459 万美元，下降 9.27%。

2010 年，共接待游客 28 万人次，增长 7.69%；实现旅游总收入 1250 万元，增长 1.63%。

（鑫 闽）

【城市建设】 城区规划面积 225.2 平方公里，建成区面积达 18 平方公里。其中：居住用地 9.38 平方公里，工业用地 5.85 平方公里，道路广场用地 1.79 平方公里，公共设施、仓储、绿地等用地 0.98 平方公里，建成区居住人口 13 万人。

2010 年，城市（县城建设）投资力度加大，全年完成投资 2.45 亿元，比上年增长 88.75%，其中维护支出 6882 万元，增长 112.34%。新增固定资产 1.76 亿元，主要是城市供水、集中供热、燃气开发、园林绿化、市政建设、市容卫生。公共设施能力进一步增强，城市功能更加完善，整体功能和形象大幅度提高。

年末建成区道路总长度 138.7 公里、面积 267.5 万平方米，其中年内道路新建扩建 1.2 公里，面积 1.47 万平方米。人行道面积 34 万平方米。人均城市道路面积 20.28 平方米。设置道路照明灯 5083 盏。排水管道长度 103 公里，其中年内新增 3.54 公里。其中污水管道 27 公里，年内污水处理总量 1205 万立方米，干污泥处置量 6570 吨，分别增长 10.05%、12.5%。污水处理率 100%。

供水管道总长度 415.86 公里，其中年内新增 9.36 公里，建成区供水管道密度 23.10 公里/平方公里。年内供水总量 1494 万立方米，用水户数 3.85 万户、人口 12.03 万人，用水普及率 94.95%，增长 0.95%。城市天然气供气管道长度 76.5 公里，年内供气总量 0.25 万立方米，使用天然气居民 1938 户、5800 口人。城市液化石油气管道 8 公里，储气能力 140 吨，全年供气总量 2072 吨，用气户数 4.2 万户，其中家庭用户 4.1 万户、12.24 万人。燃气普及率为 97.19%。

城市供热能力进一步增强，年末供热管道长度为 149 公里，其中年内新增集中供热管道长度 27 公里。集中供热能力 374 兆瓦，其中年内新增供热能力 37.5 兆瓦。全年供热总量 989 万吉焦，供热面积 317 万平方米，其中住宅 262 万平方米。

城区绿化覆盖面积 442 公顷，绿化覆盖率 24.56%；园林绿地面积 410 公顷，绿地率为 22.78%。公园面积 18 公顷，人均公园绿地面积 11.83 平方米，增长 11.18%。城区道路清扫保洁面积 550 万平方米，其中机械化清扫 165 万平方米。全年垃圾清运量 13.87 万吨，生活垃圾处理率 100%。

城区公交客运进一步优化。年末有公交线路 6 条，线路总长度为 84.55 公里，年总行程 335.8 万公里，公交车辆 100 台，日运送旅客 2 万余人次，年客运量 730 万人次。全市共有出租车 604 台，其中公司化管理 572 台，为市民出行提供了极为便捷的条件。

（鑫 闽）

【重大项目】 全年共引进和开工建设 3000 万元以上项目 123 个，投资总额 332 亿元，实际利用外资 5173 万美元。其中：新建项目 50 个，续建项目 48 个，土地组卷项目 25 个；3000 万元—5000 万元项目 50 个，5000 万—1 亿元项目 26 个，亿元以上项目 47 个。项目数、投资额均为历史最好，工业项目、房地产项目、服务业项目成为投资主体，外资项目首次进入房地产领域。

三九药业、双鹤药业等重大项目竣工投产。福来豆制品、世界温泉部落美国郡项目一期工程等已竣工。金新林浆纸项目一期工程完成钢结构厂房建设，2011 年 6 月试生产。中豪威尔集团投资 80 亿元的沈阳东北城项目、修正药业集团投资 50 亿元的修正保健酒及修正一品汤城等项目已开工。总投资 15 亿美元的玖龙纸业、总投资 60 亿元的远东地产、总投资 20 亿元的亦安庄臣房地产等重大项目已签约。重大项目建设有力拉动了全市经济的快速增长。

（鑫 闽）

【社会事业】 教育强市创建工作扎实推进。投资 8500 万元完成学校危房改造和布局调整工作；全市中小学信息技术“班班通”工程全面实施；中、高考质量稳步提升。

市人民医院健康服务中心正式启动，新建了大柳屯中医院，完成了公主屯等 3 家农村中心卫生院改造；全市农村卫生院和社区卫生服务中心实现药品零差价销售，新医改继续推进；为城乡 7 万余名 65 以上老人进行免费体检，并建立了健康档案。新农合参合率达到 99.5%，受益人群达到 50 万人。对农村孕产妇实施住院分娩补助，近 1300 人受益。

科技服务乡村覆盖面达到 80%。全年开发和引进科技创新项目 40 个，引进新品种 110 个，推广新技术 70 余项，建立特色产业示范基地 21 个。开展科技之冬、科技大集、科技扶贫等科技下乡活动，举办各级各类培训班 352 期，受益人数达到 6.6 万人次。

完成了第三次全国文物普查“田野阶段”普查工作，新发现遗址、城址 23 处。清查各类文化市场经营场所及印刷、复制企业 400 余家，文化市场秩序更加规范。

实名制就业 6175 人，困难家庭大学毕业生 100% 就业，转移农村劳动力 5600 人。

投资 3036 万元，新建梁山等 3 所中心敬老院。投资 293 万元，改建前当堡等 3 所敬老院。完成 344 户因灾倒房户的建房工作。城乡低保及低保边缘户救助标准提高并做到应保尽保，本级筹集 500 万元为城乡弱势群体发放临时物价补贴。免费为白内障患者实施复明手术，对残疾人实施专项救助。

居民医疗保险实现门诊统筹，城镇职工医保实行统帐结合缴费，建立了个人账户，解决了 310 名困难企业职工参加医疗保险问题,人民群众生活保障水平进一步提高。

(鑫　闽)

辽中县

【经济发展】　辽中县区域面积1470平方公里,下辖17个乡镇和1个省级经济开发区,总人口47万人。县域内平畴百里,土沃水丰,各类资源十分丰富。辽河、浑河、蒲河、绕阳河四河过境,形成了典型冲积平原地貌,是地域平坦、温度适宜的鱼米之乡。

辽中是沈阳西部最具活力的经济增长板块,位于沈阳一小时经济圈内,距离母城沈阳52公里,毗邻钢都鞍山、煤都抚顺、化纤城辽阳、石化城盘锦等8大工业原料资源主产城市,交通条件得天独厚,具备最佳的区位优势;物产丰厚,人才云集,具备投资发展的最佳资源优势;产业发达,基础坚实,具备最佳的产业优势;政策优越,服务诚信,具备最佳的环境优势。

2010年,辽中县地区生产总值实现262.2亿元,比上年增长33.1%;地方财政一般预算收入实现11亿元,增长58.3%;社会固定资产投资实现178亿元,增长75.7%;城镇居民可支配收入实现15500元,增长36.3%;农民人均纯收入实现10050元,增长23.2%。

工业显著增效。近海经济区已有各类工业企业635家,其中规模以上工业企业超过319家;12个国家和地区在兴办外商投资企业30多家。静脉环保产业集群,A园新引进工业地产等一批项目,B园海关和商检大楼等基础设施全面启动,辽宁沈阳进口可利用废旧物再生示范园开始建设。

农业跨跃发展。荣获国家现代农业示范区、国家出口食品农产品质量安全示范县、全国商品粮基地县、全国菜篮子先进县、全国平原绿化先进县等称号,高标准日光温室面积达1.7万公顷,辽中成为全省设施农业发展的一面旗帜。

一、二产业加速融合,上海大光明等农事龙头产业项目在食品加工园签约落地,延伸和拓展了畜禽、果蔬等农产品深加工产业链条。

服务业发展迅猛。沈阳综合保税区正式运营,使保税物流中心和出口加工区功能叠加,放大了区域竞争优势,提升了沈阳对外开放的水平。生态水城房地产开发如火如荼,人气高涨。启动新、老城中心区域商业规划,有效完善了城市功能,提升了百姓幸福指数。

(高继辉)

【社会事业】　着力改善民生。冬季供暖工作实行县级领导包保责任制,投入3000万供暖资金,有效提升供热质量。社会保障体系日臻完善,城镇实名制就业6345人,转移、输出劳动力分别完成6037人、3234人,启动了临时救助和贫困党员救助基金,设立奖学助学和名师工作室基金,为609户城镇低收入家庭核发廉租房补贴100万元,全省试点的近海托养服务中心已完成托管212人,全省整乡推进扶贫开发试点正式获批。文教工作"创先争优",成功召开全国高效课堂教学模式观摩现场会,普通高中精细化管理模式及学校食堂大宗食品集中采购经验全市推广,成功创建市级文化先进县。医药卫生扎实推进,重大疫情防控和食品药品安全工作进一步加强,新型农村合作医疗工作在全省44县评比第6名。执政能力不断加强,成立国有资产监督管理委员会,实现国有资产保值增值,制定出台了政府目标管理考核等一系列新制度,较好地完成了年初确定的10件实事。民主法制建设不断完善,信访工作不断进步,安全生产形势平稳,社会治安持续稳定。尤其是全县上下众志成城,昼夜奋战,夺取了抗洪排涝和自救减灾的全面胜利。

(高继辉)

【农业标准化生产示范区建设】　农业标准化生产基地初具规模。全县7.7万公顷耕地通过了农业部农产品质量监督检验测试中心检测,农业生产的土壤、水质、大气等环境符合绿色食品标准。全县6800公顷养殖水面全部通过了无公害水产品产地认定,并获得了无公害农产品产地认定证书,成为东三省首家通过无公害水产品产地认定县。辽中县还先后被国家农业部确定为"国家淡水鱼标准化示范县"、"国家绿色食品原料标准化生产基地"(玉米6667公顷、水稻6667公顷)。2010年,辽中县被确定为首批国家现代农业示范区和出口食品农产品质量安全示范区。

农产品质量安全水平显著提高。根据农业部及市质检中心对辽中县蔬菜例行监测数据表明,地产蔬菜总体合格率达到97%以上,产品除满足本地需要外,还销往北京、上海、黑龙江等地。几年来接受农业部抽检18次、270个样品,抽检合格率达98%。接受市质检中心抽检50次、800多个样品,合格率达97%。县检测中心和检测点抽样150次、3000多个样品,合格率达97%以上。超标农产品的品种主要集中在西芹、韭菜等品种,主要为毒死蜱超标。由于农药市场监管得力,甲胺磷等5种高毒农药多年来未检出。

农产品质量安全认证工作取得突出成绩。一是"三品"认证工作有了较快发展。全县"三品"认证企业达到了15家,获得国家农业部颁发的有机、绿色食品使用标识49个,其中:有机标识4个,绿色食品使用标识36个,无公害农产品标识9个;产品涵盖米、菜、果、油、鱼、五大系列17个品种。二是"三品"品牌健康发展。沈阳鑫禾米业有限公司的"蒲东"牌大米,在广州、深圳设立了销售处,高峰时每天销售大米120吨;刘二堡龙盛制米有限公司的"龙骋"牌大米,制成精品礼盒,销往厦门、北京等地;绿源公司的"辽蒲"牌大米销往沈阳各大专院校;新农苗木繁育场认证的绿色"邦果"牌葡萄,产品销往广州、深圳及北京市场;刘二堡元丰和冷子堡金山两个基地的淡水鱼出口韩国和俄罗斯,全年出口量达8000吨,出口供货值可达1.44亿元,为农民增收3200万元。

(高继辉)

【基础设施建设】　坚持新老城并重,完成老城区环城路及8个节点绿化工程,完成了2.2万平方米破损路面修复工程,规划了中心街打通工程;启动老城中心区域商业规划,推进老城市场改造,引进了家和美等集购物、餐饮、休闲、娱乐为一体的大型商业综合体项目,提升老城城市功能。推进"两城"建设,生态水城"三横四纵"的主次干道路网已经形成,启动东湖、莲花湖水景公园规划建设,10万平方米大型商业综合体、500米商业步行街和五星级酒店等项目集聚,统筹规划建设文教园区,综合性医疗机构。珍珠水城完成了珍珠湖湿地体验休闲公园3000米围堤路基、10处栈道及重要景观节点工程建设,"珍珠水城"南连接线开工建设,环湖路竣工通车。加强农田基本建设力度,投入农建资金5.1亿元,完成重点骨干工程100项;加大道路交通建设力度,轻轨工程和出海铁路都全面启动;投入3000万元完善农村交通设施,完成农村公路建设、改造、维修里程327公里。园区基础设施建设全面展开。重新选址界定食品加工园,上海大光明等农事龙头产业项目签约落地;静脉环保产业集群,A园新引进工业地产等一批项目,B园海关和商检大楼等基础设施全面启动,辽宁沈阳进口可利用废旧物再生示范园开始建设。

(高继辉)

康 平 县

【概况】 2010年,康平县实现地区生产总值131亿元,增长25.9%;固定资产投资129亿元,增长51.2%;地方财政一般预算收入9.08亿元,增长54.1%;社会消费品零售额25.9亿元,增长18.6%。

(尚国平)

【第一产业】 2010年,全县粮食总产量达到59万吨,农民人均纯收入7896元,增长16.8%。持续加大农业新品种、新技术引进、推广力度,引进新品种60个、新技术40项,农业科技贡献率进一步提高。花生、棚菜、林果、畜禽、薯类等五大主导产业规模不断壮大,花生种植达到2.7万公顷,棚菜发展到5333公顷,寒富苹果等经济林达到1.1万公顷,薯类面积达到5400公顷。猪饲养量140.29万头,牛饲养量27.32万头,羊饲养量40.48万只,禽饲养量3184万只。标准化畜牧小区达到301个,畜牧业成为农村经济的支柱产业和农民增收的主要途径。不断加强农业产业化建设,农事龙头企业达到26家,农民专业合作社达到325个。投资1.68亿元完成水库除险加固、节水灌溉、土地治理等农建工程,农田水利基本建设进一步加强。不断规范土地流转管理和服务,完成3个乡镇土地流转市场试点建设工作。农机总动力达到30.5万千瓦,农村能源建设和综合利用水平不断提高,农业综合生产能力不断加强。落实大田作物保险7.13万公顷、设施农业大棚保险3625栋,农业抵御自然灾害能力进一步增强。转移输出农村劳动力5.8万人次,农民工资性收入不断增加。

(尚国平)

【第二产业】 形成了由能源大县、新材料大县和塑编、纺织服装、农副产品深加工、机械加工四大产业集群构成的“两个产业大县、四个百亿集群”工业发展新格局。规模以上工业总产值实现262.6亿元,增长43.5%;工业增加值实现72.2亿元,增长36.7%。康平电厂累计发电73亿度,实现产值27.4亿元。大强煤矿矿建工程进展顺利,累计完成投资12亿元,项目工程进展顺利,矿建工程累计掘进3300米,铁路专用线完成土石方42万立方米。大强煤矿建成投产后,康平县境内煤炭生产能力将达到1000万吨。康平电厂二期工程正在积极推进,该工程规划装机容量132万千瓦,总投资52亿元。龙源风电四期、国电优能风电一期顺利推进,全县已经建成风场八个,风电装机容量达到37.5万千瓦。总投资5亿元的油页岩炼油项目一期工程土建工程全部完工,康平油田项目完成三维物探近300平方公里。以沈阳中恒新材料有限公司、浙江石金玄武岩纤维有限公司等大型企业为龙头的高性能纤维材料产业基地获得省发改委批准,升级为省级产业基地。总投资3.27亿元的碳纤维项目一期工程累计完成投资2.74亿元,一期工程的土建部分29000平方米厂房、3340平方米办公楼、库房、储罐等工程均已完工,聚合车间的设备90%已经就位,碳化车间的设备30%已经就位,安装调试进展顺利。总投资3.2亿元的复合电缆芯项目签约落地。不断加强园区基础设施建设,切实强化园区内业管理,工业发展空间进一步优化。集群工业拉动力明显增强,塑编、纺织、农副产品深加工、机械加工四大产业集群规模不断扩张,产品不断优化升级,累计引进企业260家,产值占规模以上工业总产值的70%,已成为工业经济的重要支撑。

(尚国平)

【第三产业】 积极引进扶持商贸服务业项目,不断提升商贸服务业水平,大东方商业城、九派商业广场二期投入使用,苏宁等著名企业落户康平。“万村千乡”市场工程完成100家农家店改造,全县各类市场达到30个,城乡群众消费购物环境进一步改善。全面推进“家电、汽车摩托车下乡”等工程,直接拉动农民消费超亿元。积极引导金融保险、租赁商务等现代服务业发展,新的经济增长点不断涌现。进一步优化发展环境,深入开展全民自主创业,积极扶持民营经济发展,新增私营企业774家、个体工商户1140户。有效开展农资、食品药品、粮食流通等市场专项整治行动,市场秩序进一步规范。

(尚国平)

【城乡建设】 坚持统筹发展,城乡面貌发生可喜变化。按照以卧龙湖为扩张点、滨湖生态新城为核心、工业及物流产业带为支撑的“一湖一城一带”城市发展格局,积极开展老城区改造、新城区拓展工作。高保准编制了城市整体规划、滨湖新城总体规划等一系列规划,进一步拓展了城市发展空间。“光彩市场”区域拆迁改造工作取得阶段性成果,康懿家园回迁小区全面开工建设。城区植树3万株,房地产开发势头稳健,开发建筑面积19万平方米。铺设自来水管网7700米,城区自来水供水量达到2万吨以上,自来水普及率达到89%。改造供热管网9800米,供热质量明显改善。城市管理水平不断提高,拆违工作力度进一步加大。总投资1.1亿元,完成滨湖路、顺城街等道路工程9条11公里。投资4000万元,高标准完成迎宾路及铁朝高速郝官出口拓宽工程,进一步提升了康平对外形象。北出口、疏港路、滨湖路、迎宾路等道路工程全线贯通,全新的县城交通体系初步形成。积极开展新城区地产和市民服务中心项目规划招商工作,顺山村整体搬迁及顺山新村建设工作稳步推进。不断加强乡镇基础设施建设,乡镇政府所在地经济社会发展辐射能力明显增强。投资3078万元,全面完成法张线、修孔线和明沈线大中修工程,切实提升了县域道路通行水平。

(尚国平)

【生态建设】 坚持可持续发展,生态县创建工作进展顺利。2010年,按照国家级生态县创建工作要求,将生态县创建指标再次逐一分解、明确,紧紧围绕生态建设各项指标开展了一系列生态环境建设工程。严把环境准入关。在项目引进上严把“三关”,即项目引进关、环评关和“三同时”关。坚持“三个不引”,即违反国家产业政策的项目不引,有污染的项目不引,危及环境安全的项目不引。强调“三个不上”,即污染严重的项目不上,资源浪费严重的项目不上,能治理但不治理的项目不上。“三同时”审批率达到100%。没有因为项目增加和经济发展而使环境质量恶化,局部还有所改善。努力改善生态环境。大力实施辽蒙边界阻沙带、防风治沙等造林工程,新增造林面积4667公顷,有林面积达到9.5万公顷。森林植被得到增加,风速降低,扬沙天气减少,湿度相对呈上升趋势。卧龙湖湿地恢复和保护工作切实加强,引辽济湖主体工程完工,为卧龙湖的保护、开发和综合利用打下了良好的基础。控制能源消耗和污染物排放。切实加强节能减排工作,取缔整治城区1吨以下燃煤散烧锅炉35台。日处理能力2万吨的县城污水处理厂实现试运行,结束了城区污水自然排放的历史。投资2亿元的“一根烟囱”工程可研编制及初步设计已完成,融资工作取得实质性进展。农村新能源快速发展,新建沼气池800座、太阳能房6000平方米,新能源普及率达到68.5%。绿色生态农业面积不断扩大,无公害、绿色和有机农产品面积达到6.7万公顷。国家生态县27项考核指标全部达标,顺利通过省考核验收。

(尚国平)

【社会事业】 坚持协调发展,社会事业再上新台阶。“五五”普法效果明显,较好地完成了普法教育的各项任务,全体公民的法律素质进一步提高。教育事业再上新台阶,各级各类教育事业健康发展。新建九年一贯制学校1所,改扩建中小学教学楼9栋,撤并农村小学32所,教育布局更趋合理。全面通过省“普九提高片”检查验收,全县基础教育水平明显提升。设立名师、优秀学生奖励基金,尊师重教氛围明显增强,中高考再创佳绩,中考700分以上的达87人,高考600分以上达17人。投资2661万元,全面推进县医院病房楼扩建工程,进一步改善了县医院办医条件,新型农村合作医疗参合人数达到25.3万人,参合率达到99.78%,有效解决了农民群众“因病致贫、因病返贫”问题。医药卫生体制改革有效推进,乡镇卫生院全部实施国家基本药物制度。积极开展文化广场等文体活动,城乡群众业余文化生活不断丰富。不断加大就业安置工作力度,城镇实名制就业4816人。一次性投资30万元,全面改善了社区的办公条件,朝阳社区新址办公用房面积达到350平方米,被省政府命名为省先进社区,实现了历史性突破。新建农村中心敬老院3所,农村低保建房363户,农村低收入群体生活条件进一步改善。投入近5000万元,对城乡弱势群体实施了有效救助。新农保参保率达到72%,养老、工伤、生育、医疗和失业等社会保险覆盖面进一步扩大。不断加强扶残助残工作,残疾人救助性康复工作取得新成效。全面落实义务兵优抚和退伍军人安置政策,兵役工作得到加强。高度重视社会稳定工作,认真落实信访责任制,一批热点、难点问题得到有效解决。安全生产形势平稳,社会治安综合治理成效显著,国家平安建设先进县创建成果进一步巩固和加强。

(尚国平)

法 库 县

【概况】 2010年,法库县实现地区生产总值175亿元,增长28%;财政一般预算收入突破10亿元,增长50%;规模以上工业总产值450亿元,增长43.8%;固定资产投资137.8亿元,增长53.4%;实际利用外资6386万美元,增长56.1%;社会消费品零售总额32亿元,增长17.9%;出口创汇500万美元,增长19%;农民人均纯收入9200元,增长15%。

(周广东)

【农业经济】 新发展设施农业面积7467公顷。全县克服自然灾害影响,确保了农民减产不减收。牛产业成效明显。辉山乳业法库牧场累计引进澳洲荷斯坦奶牛1.6万头。全县新开工建设标准化养牛小区293个(含辉山乳业养殖小区),牛饲养量达61.5万头。特色农业稳步发展。辣椒、花生等经济作物种植面积达5.7万公顷,效益显著提高。农业社会化服务体系日益完善。全县农民专业合作社达599个,带动农户3.9万户。农村信用联社、邮政储蓄银行累计投放土地承包经营权抵押贷款1293.4万元,有效缓解了发展现代农业资金不足问题。

(周广东)

【工业经济】 五洲震耀陶瓷、苏泊尔卫生洁具、弘川建材等一批大项目纷纷落地。先进陶瓷产业园区建设稳步推进。打造自主品牌工程成效明显。陶瓷研发中心等配套服务平台运行良好。“辽宁省华侨创业基地”在经济开发区正式挂牌。中国陶瓷工业协会、中国建筑卫生陶瓷协会分别向法库县授予“东北瓷都”、“东北建筑陶瓷产业基地”称号。陶瓷产业产值实现230亿元,增长63.1%。乳制品及农产品加工产业不断加强。年产8万吨高端牛初乳配方奶粉加工厂进展顺利。宏金龙肉牛屠宰等一批项目相继落户孟家绿色食品加工工业区。风力发电产业稳步推进。大唐冯贝堡风电项目和龙源卧牛石、叶茂台风电项目并网发电,全县装机总容量达55万千瓦。通航产业起步良好。连续性起降点项目得到中央军委空军司令部正式批复。法库被列为北方通航产业基地。L162总装生产、通用飞机驾驶员培训基地和会员制飞行俱乐部等项目正在积极推进。辽河经济区稳步发展。日本相模屋豆制品生产、电力材料加工、机械锻造等一批项目成功落地。发展电池产业的定位基本明确。

(周广东)

【第三产业】 叶茂台花生批发市场一期、大孤家子集贸市场改造两个项目竣工具备运营条件。秀水河子、包家屯两个集贸市场改造工程主体完工。大东北陶瓷城被评为“省级服务业集聚区”。会展、酒店业实现新突破。法库国际会展中心投入使用。神鹏国际商务酒店等外事接待酒店运行良好,入住率均在

70%以上。农村商贸业飞速发展。“万村千乡市场工程”已覆盖所有乡镇、行政村,农家店总数达504个。家电、汽车(摩托车)下乡势头强劲,拉动农民消费1.8亿元。旅游产业稳步前进。全年接待游客50万人次,旅游收入达5000万元。金融服务产业得到加强。中小企业信用体系建设稳步推进。大力扶持小额贷款公司发展。全县金融机构各项存款余额51.2亿元,各项贷款余额43.8亿元。

（周广东）

【城乡建设】 围绕法库新城纳入沈阳经济区城际连接带新城(新市镇)规划,重点完成了法库新城总体规划和经济开发区、东湖新城、通航产业基地等重点区域规划编制,明确了法库的发展定位,确立了建设“沈阳北部新型产业基地、区域中心市场和宜居生态城市”的三大发展目标。东湖新城建设全面展开。“三路三桥”、东湖引水工程如期竣工,东湖公园初具形象。综合管网、道路绿化亮化等基础设施建设全面完成,东湖新城集中供热项目投入使用。法姬娜欧洲城、鸿福嘉·名都花园、福迪丰商厦等项目稳步实施,“幸福花园”回迁楼达到回迁条件。全县房地产开发面积达70万平方米。基础设施得到改善。秀大线、叶元线和经济开发区路网维修改造工程竣工通车。完成了沈康高速公路尚屯出口建设。快速干道、铁路等一批重大基础设施建设项目列入省市规划。经济开发区消防站主体工程竣工。双丁线、双五线分支改造,西拉马变电所设备安装,优化了全县供电网络。全县有线电视“户户通”覆盖率达93%。小城镇建设不断加强。以大孤家子、秀水河子、叶茂台为重点,实施了商业网点建设及绿化、亮化、人行路建设工程。完成了十间房、孟家、依牛堡子、冯贝堡撤乡建镇工作。丁家房镇被中国名商发展促进会命名为“中国商业名镇”。城镇管理水平日益提升。国省干道沿线、乡镇政府所在地村屯环境整治有序开展。“一池三改”累计建设沼气池8275个。清理小广告、整治占道经营、规范灯箱广告等专项行动成效明显。

（周广东）

【生态经济】 重点实施了宜林荒山绿化、辽河水系绿化等五大工程,绿化大小山头327座,完成造林绿化7467公顷,建设绿色村庄60个。水土保持工作稳步推进。完成县内10座中小型水库的除险加固工作,有效缓解了防汛压力。实施了蛇山沟河、陈五十屯河等流域水土保持工程。环境保护力度不断强化。孟家、十间房等12个乡镇通过生态乡镇创建省级验收,全县生态乡镇数量达80%以上。国家生态县的各项指标基本达到了国家考核标准。万元GDP能耗下降4.5%,万元GDP取水量下降4.3%,SO_2排放量下降8%,COD排放量下降7%,全面完成节能减排任务。

（周广东）

【对外开放】 在抓好自主招商同时,以省市经贸代表团赴国内外招商为契机,深入开展主题招商活动。先后举办法库新城、现代农业、东湖新城、陶瓷等项目推介会,取得了预期效果。全年开工建设3000万元以上项目110个,其中亿元以上项目达26个。外向度进一步提升。央视新闻频道、经济日报、辽宁电视台、辽宁日报、沈阳电视台、沈阳日报、文汇报等多家中央、省市及港澳地区的新闻媒体对法库县发展成绩进行了多达1500余篇(条)的相关报道,进一步提升了法库县的外向度和知名度。

（周广东）

【社会事业】 “致富经”专栏营造了全民创业就业的良好氛围。普惠制职业技能培训工作强力开展。农民工和农村劳动力转移技能培训2000人。城镇实名制就业4791人。全县城镇登记失业率控制在3.06%以内。社会保障全面加强。完成养老保险扩面2484万元,新增城镇职工医疗保险3600人,工伤保险参保人数达2.2万人。以周地沟社区为试点,初步建立了被征地农民社会保障制度。最低工资、失业保险、医疗救助、城乡低保标准得到提高。全年累计发放各类社会救助资金3606万元。基本公共服务体系不断完善。成功取缔镇内营运三轮车,投放了300台出租车,开辟了公交新线路,人民群众出行条件得到改善。完成卧牛石等3所中心敬老院建设和依牛堡子敬老院维修工程。建成大孤家子镇计生服务站。启动了全国第六次人口普查工作。全面实施国家基本药物制度。新型农村合作医疗参保率达农村常住人口的99.7%。“双高普九”达标工作平稳推进。县档案馆晋升为国家二级档案馆。停办多年的全民运动会和首次在本地举办的“陶博会”进一步提升了全县人民的“精气神”。安全稳定工作成效明显。妥善解决了一批符合政策的有理访。深入开展了企业安全、校园安全、食品卫生安全等专项整治活动,社会单位消防安全“四个能力”建设得到夯实,全年未发生重、特大责任事故。动态环境下社会治安管控能力得到强化,人民群众安全感进一步增强。（周广东）

人　物

新任副市级以上领导

【陈海波】　1979年9月至1983年8月东北工学院采矿系选矿专业学生；1983年8月至1984年7月任冶金部鞍山黑色冶金矿山设计研究院选矿设计室工作人员；1984年7月至1986年3月任冶金部鞍山黑色冶金矿山设计研究院团委书记；1986年3月至1986年9月任冶金部鞍山黑色冶金矿山设计研究院党委宣传部副部长；1986年9月至1989年8月中央党校第四期中青班学员；1989年8月至1990年1月任鞍山市热电厂党委副书记、纪委书记；1990年1月至1990年11月任鞍山市热电厂党委副书记；1990年11月至1991年3月任鞍山市热电厂党委书记；1991年3月至1991年6月任鞍山市海城滑石矿副矿长；1991年6月至1994年10月任鞍山市海城滑石矿矿长；1994年10月至1997年11月任辽宁省建材局副局长（1993年9月至1996年3月在东北大学工商管理学院管理工程专业攻读在职硕士研究生）；1997年11月至1998年8月任辽宁省建材局局长；1998年8月至2000年1月任辽宁省劳动厅副厅长；2000年1月至2004年3月任辽宁省劳动和社会保障厅厅长；2004年3月至2005年1月任盘锦市委副书记、副市长、代市长；2005年1月至2006年1月任盘锦市委副书记、市长；2006年1月至2008年1月任盘锦市委书记；2008年1月至2008年2月任辽宁省副省长，盘锦市委书记；2008年2月至2009年12月任辽宁省副省长；2009年12月至2010年1月任辽宁省副省长，沈阳市委副书记；2010年1月至2010年1月任辽宁省副省长，沈阳市委副书记、副市长、代市长；2010年1月至2010年1月任沈阳市委副书记、副市长、代市长；2010年1月至2010年2月任沈阳市委副书记，市政府市长；2010年2月至今任沈阳市委副书记，市政府市长、党组书记。

【姜　宏】　1972年2月至1975年9月北京第二外国语学院西班牙语专业学习；1975年9月至1984年9月任中联部五局干部；1984年9月至1986年7月赴墨西哥国际关系学院研究生进修；1986年7月至1994年9月任中联部拉美局副处长，驻墨西哥使馆二秘、一秘，中联部拉美局处长；1994年9月至2000年1月任中联部办公厅副主任；2000年1月至2005年3月任中联部办公厅主任，驻墨西哥使馆参赞（正局级），中联部离退休干部局局长；2005年3月至2010年2月任中共辽宁省委副秘书长（正厅级）；2010年2月至今任中共沈阳市委常委、组织部部长，沈阳市人才工作办公室主任。

【徐兴华】　1972年12月至1976年4月任复县万家岭公社马屯大队知青、党支部书记；1976年4月至1978年10月任复县团县委常委；1978年10月至1982年8月辽宁大学中文系中文专业学习；1982年8月至1986年4月任辽宁省纪委工作人员；1986年4月至1987年8月任辽宁省纪委办公室副主任；1987年8月至1989年10月任抚顺县委副书记；1989年10月至1991年3月任辽宁省纪委办公室副主任（正处级）；1991年3月至1993年9月任辽宁省纪委办公室主任；1993年9月至1995年5月任辽宁省纪委研究室主任；1995年5月至1996年7月任辽宁省纪委研究室主任（副厅级）；1996年7月至2000年10月任辽宁省纪委党风一室主任（副厅级）；2000年10月至2001年10月任辽宁省纪委办公厅主任（副厅级）；2001年10月至2002年10月任辽宁省纪委常委、办公厅主任（副厅级）；2002年10月至2006年10月任辽宁省纪委常委、秘书长；2006年10月至2010年12月任辽宁省纪委副书记；2010年12月至今任沈阳市委常委、市纪委书记。

【吴汉圣】　1981年9月至1985年7月吉林工业大学热能动力工程系内燃机专业学生；1985年7月至1987年8月任机械部科技情报所（机械工业出版社）干部；1987年8月至1990年5月任机械部科技情报所（机械工业出版社）人事处干部科副科长、团委副书记；1990年5月至1991年4月任机械部团委常委、科技情报所团委书记（副处级）；1991年4月至1994年2月任中央国家机关工委组织部组织处助理调研员（其间：1991年8月至1993年12月在中央党校函授学院经济管理专业本科班学习）；1994年2月至1994年10月任中央国家机关工委组织部组织处副处长；1994年10月至1997年9月任新华社澳门分社人事部（组织部）副处长、办公厅秘书处副处长；1997年9月至1997年11月任中央国家机关工委组织部组织处副处长；1997年11月至2000年8月任中央国家机关工委组织部干部处处长；2000年8月至2001年6月任中央国家机关工委组织部副部长；2001年6月至2003年9月任中央国家机关工委组织部副部长兼工委老龄工作办公室主任、中央国家机关纪工委委员；2003年9月至2007年12月任中央国家机关工委统战（群工）部部长兼中央国家机关工会联合会常务副主席（其间：2006年11月至2007年1月在中央党校地厅级干部进修班学习）；2007年12月至2009年6月任中央国家机关工委组织部第一副部长（正局级）兼中央国家机关工委老龄办主任，中央国家机关纪工委委员，北京市政协常委；2009年6月至2009年11月任中央国家机关工委组织部部长兼中央国家机关工委老龄办主任，中央国家机关纪工委委员，北京市政协常委；2009年11月至2010年10月任中央国家机关工委委员、组织部部长兼中央国家机关工委老龄办主任，中央国家机关纪工委委员，北京市政协常委（其间：2010年3月至2010年7月在中央党校中青年干部培训一班学习）；2010年10月至2010年11月提名为沈阳市副市长人选；2010年11月至今任沈阳市副市长。

【聂洪升】 1974年8月至1976年7月沈阳市苏家屯区佟沟公社知青；1976年7月至1976年12月任沈阳市苏家屯区驻白清公社七一大队工作组工作人员；1976年12月至1977年1月任沈阳市苏家屯区商业局政工组工作人员；1977年1月至1978年1月任沈阳市苏家屯区驻佟沟公社工作队队员；1978年1月至1979年4月任沈阳市苏家屯区商业局政工组工作人员；1979年4月至1980年4月任共青团沈阳市苏家屯区委干事；1980年4月至1984年6月任沈阳市苏家屯区委组织部干事（其间：1980年4月至1984年5月在辽宁大学中文系中文专业函授大专学习）；1984年6月至1984年11月任沈阳市苏家屯区委组织员；1984年11月至1993年6月任沈阳市苏家屯区委组织部副部长；1993年6月至1993年9月任沈阳市苏家屯区委组织部部长；1993年9月至1995年3月任沈阳市苏家屯区委常委、组织部部长（1992年9月至1994年12月辽宁省委党校党政管理专业在职大学学习）；1995年3月至1999年1月任沈阳市苏家屯区委副书记；1999年1月至2001年12月任沈阳市苏家屯区委副书记、区政府区长；2001年12月至2003年9月任沈阳市苏家屯区委书记；2003年9月至2004年10月任沈阳市政府副秘书长（正局级）；2004年10月至2008年3月任沈阳市委组织部副部长（正局级）；2008年3月至2010年12月任沈阳市委组织部常务副部长（正局级）；2010年12月至2011年1月任沈阳市委统战部部长；2011年1月至2011年3月任沈阳市政协副主席，沈阳市委统战部部长；2011年3月至今任沈阳市政协副主席、党组成员，沈阳市委统战部部长。

【李松林】 1981年7月至1983年8月沈阳重型厂技校铸造专业学习；1983年8月至1984年3月任沈阳重型厂铸造分厂工人；1984年3月至1988年9月任沈阳重型厂团委干事、副部长、部长、沈阳重型厂工艺美术厂负责人；1988年9月至1991年2月任沈阳重型厂团委副书记（主持工作）、书记；1991年2月至1992年6月任共青团沈阳市委青工部负责人、副部长（主持工作）；1992年6月至1995年4月任共青团沈阳市委常委、统战部长（1989年8月至1992年7月在中共中央党校经济管理专业在职中央党校大学学习）；1995年4月至1995年8月任共青团沈阳市委办公室主任、沈阳青年实业总公司总经理；1995年8月至1999年9月任共青团沈阳市委副书记（1994年9月至1997年9月在东北大学管理工程专业在职研究生学习）；1999年9月至2002年3月任沈阳市大东区政府副区长；2002年3月至2002年6月任中共沈阳市铁西区委常委、副区长、铁西区工业区改造指挥部常务副总指挥（正局级）；2002年6月至2002年11任月中共沈阳市铁西区委常委、常务副区长、铁西工业区改造指挥部常务副总指挥、开发区常务副主任（正局级）；2002年11月至2004年11月任中共沈阳市铁西区委副书记、铁西区政府常务副区长（正局级）、开发区管委会常务副主任（2001年3月至2003年9月在省委党校法学专业在职省委党校研究生学习）；2004年11月至2005年1月任中共沈阳市铁西区委副书记、代区长，沈阳经济技术开发区管委会主任；2005年1月至2006年6月任中共沈阳市铁西区委副书记、区长，沈阳经济技术开发区管委会主任；2006年6月至2007年1月任中共沈阳市铁西区委副书记、区长，沈阳经济技术开发区管委会主任，沈阳（张士）出口加工区管委会主任；2007年1月至2007年6月任中共沈阳市铁西区委副书记、区长，沈阳经济技术开发区管委会主任，沈阳（张士）出口加工区管委会主任，细河经济区管委会主任；2007年6月至2008年9月任中共沈阳市铁西区委副书记、区长，沈阳经济技术开发区管委会主任；2008年9月至2010年6月任沈阳市政府党组成员，中共铁西区委副书记、区长，沈阳经济技术开发区管委会主任；2010年6月至今任沈阳市副市级干部，市政府党组成员，铁西区委副书记、区长，沈阳经济技术开发区管委会主任。

【张东阳】 1981年9月至1983年7月沈阳市警察学校学习；1983年7月至1989年1月任沈阳市东陵区公安分局长白派出所民警；1989年1月至1991年12月任沈阳市东陵区公安分局刑警一队侦察员（1988年9月至1991年8月在中国刑事警察学院法律专业在职大专学习）；1991年12月至1994年3月任沈阳市东陵区公安分局凌云派出所副所长；1994年3月至1996年1月任沈阳市东陵区公安分局凌云派出所所长；1996年1月至1996年4月任沈阳市东陵区公安分局治安管理科科长；1996年4月至1997年6月任沈阳市公安局刑警支队政治处主任（副处级）；1997年6月至1998年3月任沈阳市公安局刑警支队政治处主任（正处级）；1998年3月至2001年2月任沈阳市公安局刑警支队副支队长（1996年9月至1998年7月在中国社会科学院商业经济专业在职学习研究生课程；1997年7月至1999年1月在辽宁大学科社与国际共运专业学习，并获得法学硕士学位）；2001年2月至2001年6月任沈阳市公安局法制处处长；2001年6月至2001年8月任沈阳市纪委常委；2001年8月至2004年3月任沈阳市纪委常委、监察局副局长；2004年3月至2004年7月任中共辽中县委副书记、纪委书记；2004年7月至2009年9月任中共辽中县委书记（其间：2009年9月至2010年3月在中央广播电视大学工商管理专业在职大学学习）；2009年9月至2010年4月任中共辽中县委书记（正局级）；2010年4月至2010年6月任中共辽中县委书记，沈阳保税物流园区管委会主任（兼）、党组书记；2010年6月至今任沈阳市副市级干部，中共辽中县委书记，沈阳保税物流园区管委会主任（兼）、党组书记。

【张景辉】 1976年8月至1978年3月内蒙古自治区昭盟阿旗先锋公社知识青年；1978年3月至1982年2月任沈阳农学院农机系农机专业学生；1982年2月至1984年2月任沈阳市于洪区环保局工作人员；1984年2月至1984年7月任沈阳市于洪区环保办副主任；1984年7月至1988年2月任沈阳市委组织部青干处工作人员；1988年2月至1989年12月任共青团沈阳市委组织部副部长；1989年12月至1992年3月任共青团沈阳市委组织部部长；1992年3月至1995年8月任共青团沈阳市委副书记（1992年12月至1995年12月辽宁大学决策管理学专业在职研究生学习）；1995年8月至2001年1月任沈阳高新技术产业开发区管委会副主任、党委副书记、纪委书记、工会主席；2001年1月至2001年11月任沈阳市浑南新区（高新技术产业开发区)管理委员会副主任;2001年11月至2002年8月任沈阳市政府副秘书长;2002年8月至2003年1月任沈阳市政府副秘书长(正局级);2003年1月至2006年7月任沈阳市政府副秘书长,市政府办公厅主任、党组书记;2006年7月至2009年2月任沈阳市政府秘书长、市政府党组成员;2009年2月至2009年7月任沈阳市政府秘书长、市政府党组成员,沈阳基础产业建设发展集团有限公司董事长(兼);2009年7月至2010年8月沈阳市政府秘书长、市政府党组成员;2010年8月至2010年10月任沈阳市政府秘书长、市政府党组成员,沈北新区区委书记,沈阳蒲河新城党工委书记;2010年10月至今任沈阳市副市级干部,沈北新区区委书记,沈阳蒲河新城党工委书记。

【张世斌】 1971年12月至1973年9月任沈阳市苏家屯区陈相公社丰收大队知青、团总支书记;1973年9至1974年12月任沈阳市苏家屯区陈相公社丰收大队党支部副书记、生产队长;1974年12月至1975年2月任沈阳市苏家屯区陈相公社党委副书记;1975年2月至1975年8月任沈阳市苏家屯区陈相公社驻黑牛屯大队工作组组长;1975年8月至1978年5月任共青团沈阳市苏家屯区委副书记;1978年5月至1978年9月任沈阳市苏家屯区林盛公社党委常委、代队办主任;1978年9月至1983年4月任沈阳市社队企业局办公室综合秘书;1983年4月至1984年7月任沈阳市委办公厅秘书处专职秘书;1984年7月至1985年4月任沈阳市委办公厅秘书处副科级秘书(1980年10月至1984年9月辽宁大学经济系经济管理专业函授大专学习);1985年4月至1988年2月任沈阳市委农村工作部办公室主任;1988年2月至1988年12月任沈阳市委办公厅巡查处处长;1988年12月至1990年3月任沈阳市委办公厅巡视室主任;1990年3月至1991年5月任沈阳市委办公厅巡视室主任(副局级);1991年5月至1994年7月任沈阳市委办公厅副主任;1994年7月至1994年11月任沈阳市苏家屯区委副书记;1994年11月至1998年12月任沈阳市苏家屯区委书记(1992年9月至1996年12月辽宁大学工业企业经营管理专业在职研究生学习,获经济学硕士学位);1998年12月至2001年8月任沈阳市委副秘书长(正局级);2001年8月至2010年12月任沈阳市委副秘书长,市委办公厅主任;2010年12月至今任沈阳大学党委书记。

光　荣　榜

人民满意公务员先进集体

中共沈阳市纪委干部管理室
市人大常委会人事委代表联络处
市中级人民法院刑事审判第一庭
市政府办公厅综合一处
市发展和改革委员会重点项目管理办
市经济和信息化委员会资源节约与综合利用处
市招生考试委员会办公室中招处
市公安局刑事警察支队专案一大队
市救助管理站
市就业和人才服务局
市环境保护局苏家屯分局
市城市管理行政执法局直属一支队特勤大队
市交通局铁西分局
市防汛抗旱指挥部办公室
市外经局对外贸易管理处
市文化广电新闻出版局艺术处
市体育局竞技体育处
市行政审批办政务公开处
市工商行政管理局注册分局
和平区财政局
沈河区新北站街道党工委
铁西区兴工街道办事处
皇姑区城市建设管理局
大东区北海街道办事处
东陵区(浑南新区)信访局
于洪区北陵街道党工委
苏家屯区民政局
新民市公安局
辽中县农村经济局
法库县广播电视局

人民满意公务员先进个人

李志民	市委办公厅秘书二处处长
赵久平	市委组织部组织二处处长
唐丽娟	市委宣传部青少年工作处处长
何　洋	市委政法委涉法涉诉处主任科员
张向阳	市委政研室农村处处长
宗景海	市政协办公厅秘书处处长
庞少华	市中级人民法院立案二庭审判员
徐　扬	市中级人民法院民事审判第四庭助理审判员
崔玉璟	市总工会经费审查办公室主任
张　德	共青团沈阳市委员会办公室主任
孙鸿庆	市政府办公厅秘书一处处长
张一涛	市发改委行政审批办主任
侯殿军	市经信委节能监察中心主任
王朝巍	市教育局人事处处长
于　胜	市科学技术局人事教育处处长
庞　程	市公安局和平分局控申科科长
赵新江	市公安局沈河分局治安专案大队大队长
刘佳成	市公安局铁西分局十二路派出所主任科员
林治亮	市公安局大东分局大东门派出所副所长
臧广颐	市公安局皇姑分局寿泉派出所主任科员
郭庆学	市公安局东陵(浑南新区)分局白塔派出所所长

王兆和　市公安局于洪分局大兴派出所所长
胥昊迪　市公安局苏家屯分局佟沟派出所副所长
李文彤　市公安局刑警支队中队长
郐中铎　沈阳市公安局行动技术支队五大队副大队长
赵　莹　市公安局监管支队第一看守所副大队长
顾少伟　市公安局经侦支队主任科员
宋德官　市公安局交警支队北站大队主任科员
王正茂　市公安局特警支队维稳大队中队长
刘　勇　市国家安全局副处长
刘　京　市康家山监狱监狱长
陈笑含　市东陵监狱监狱长
牛　良　市财政局教科文处处长
曹　琦　市人社局养老保险处处长
李　达　市人社局工资福利处副处长
金　凡　市人社局驻信访大厅办公室主任
薛克峰　市城乡建设委员会市场处副调研员
王建平　市市政工程质量监督站站长
陈　全　市房产局物业管理处处长
张煜明　市农村经济委员会能源办主任
李　斌　市服务业委员会区域经济发展处处长
许　伟　市卫生局妇幼保健与社区卫生处处长
方文斌　市计生委流动人口服务管理处副处长
范绪纲　市审计局社会保障审计处副调研员
孟丽君　市食品药品监督管理局审批办副主任
才　利　市食品药品监督管理局沈河分局局长
赵国祥　市安全生产执法监察支队支队长
许　震　市外事办礼宾新闻处处长
刘钟军　市信访局信访突发事件处置办处长
穆淑娟　市政府研究室综合处处长
李　丹　市公共资源交易中心管理办处长
马凤云　市档案局综合法制处处长
程忠亮　市政府采购中心招标处调研员
李相严　市供销合作社联合社合作指导处调研员
朱红昱　市动物卫生监督所铁西站站长
杨延久　市工商局广告监督管理处副调研员
毕研东　市工商局大东分局万泉工商所所长
刘　伟　市工商局法库县分局监察二大队队长
姜　杰　市工商局苏家屯分局解放工商所副主任科员
孔庆梅　棋盘山开发区满堂街道办事处办公室主任
古兴厚　和平区人大人事室主任
刘大可　和平区城市管理局局长
刘玉石　和平区民政局局长
王世杰　和平区浑河湾街道党工委书记
唐　纲　沈河区发展和改革局局长
曾大雷　沈河区东陵街道办事处主任
李艳玲　沈河区信访局信访受理科科长
罗　强　沈河区人民法院诉讼服务中心副主任
崔宜华　铁西区委老干部局局长
陈政卫　铁西区财政局局长
王茉莉　铁西区检察院侦查监督科科长
吴桂清　铁西区保工街道办事处综合治理科科长
冯圣良　皇姑区服务业局局长
田　兴　皇姑区委办公室综合科科长
张国利　皇姑区三台子街道党工委书记
赵金石　皇姑区卫生局局长
邱祖安　大东区委政法委副书记
康长安　大东区教育局局长
殷之欣　大东区小东街道办事处社区指导科科长
刘全刚　大东区人民检察院副调研员
赵恒君　东陵区(浑南新区)五三街道党工委书记
李广杰　东陵区(浑南新区)白塔街道办事处主任
李东野　东陵区(浑南新区)政府办公室秘书科科长
王国印　于洪区发展改革局局长
马清泉　于洪区委办公室副主任
张　弛　于洪区造化街道党工委宣传委员
王树立　沈北新区发改局(服务业局)局长
刘险峰　沈北新区虎石台街道党工委书记
姚　刚　沈北新区信访局科长
宁　刚　苏家屯区民政局局长
李成多　苏家屯区信访局综合科科长
赵成国　苏家屯区行政执法分局专项三大队大队长
徐占海　新民市周坨子乡党委书记
陈　伟　新民市统计局办公室主任
赵永林　辽中县茨榆坨镇党委书记
张春生　辽中县公安局东街派出所科员
高士龙　法库县法库镇东湖新城建设管委会书记
丁　斌　法库经济开发区管委会常务副主任
王德才　康平县东关镇党委书记
孙迎光　康平县两家子乡党委书记

全国"五一"劳动奖状

三一重型装备有限公司
上海通用(沈阳)北盛汽车有限公司

全国"五一"劳动奖章

田志永　特变电工沈阳变压器集团有限公司大型项目公司装配组班长
韩　敏　中兴——沈阳商业大厦(集团)股份有限公司女装卖区雅莹专柜店长
白　岩　沈阳市啊美丽烧烤店店长
苏锡辉　沈阳市质量监督局产品质量监督检验研究院书记
张国祥　沈阳市水务集团董事长、总经理
庞　程　沈阳市公安局和平分局控申科科长
陈温福　沈阳农业大学水稻研究所所长
曹淑君　沈阳市第七中学校长
王大壮　沈阳化工集团有限公司总经理

陆永飞　江苏南通二建集团有限公司沈阳分公司项目经理

全国工人先锋号

中航工业沈阳飞机工业(集团)有限公司试飞站调试科军械分队
北方重工集团有限公司输送设备分公司装配车间装配班
沈阳机床股份有限公司中捷立式加工中心事业部装配车间床身立柱班
沈阳水务集团职工维权中心
沈阳鼓风机集团股份有限公司徐强班组
辽宁省法库县广播电视局农村有线电视安装队
华晨宝马汽车有限公司涂装车间
东北制药集团有限责任公司酯化大组

辽宁省"五一"劳动奖状

沈阳市地方税务局金融商贸开发区分局
沈阳市房地产交易权属登记中心
沈阳市国家税务局第二稽查局
沈阳北方交通重工集团
沈阳市公安局交通警察支队

辽宁省"五一"劳动奖章

胡静琴　沈阳市和平区南湖街道文安路社区党委书记
张志洪　沈阳市铁西区房产局房屋应急抢险服务队队长
周　正　沈阳市房产局供暖公司三所所长
魏占斌　沈阳市苏家屯区环境卫生管理处车队队长
郭洪江　新民市市政工程管理处工程队队长
韩玉芹　沈阳市工商行政管理局广告监督管理处处长
石俊英　法库县人民检察院检察员
王　刚　中航工业沈阳飞机工业(集团)有限公司数控加工厂班长
李志强　中航工业沈阳黎明航空发动机(集团)有限责任公司发动机装配厂班长
佟玲娣　中国联合网络通信有限公司沈阳市分公司信息导航业务中心经理
张腾蛟　沈阳鼓风机集团有限公司总装车间工人
王　鹤　沈阳机床股份有限公司中捷立式加工中心事业部经理
王维林　中国医科大学附属盛京医院小儿外科教研室主任
冯海燕　交通银行辽宁省分行沈阳兴顺支行沃德财富中心客户经理
房柏岩　中石油东北股份有限公司辽宁公司沈阳销售分公司经理
李　萍　沈阳通利公共交通有限公司驾驶员
刘　妮　沈阳日报社记者
潘公明　辽宁申扬律师事务所律师
耿洪臣　北方重工集团有限公司董事长、总经理
刘鹏程　金杯汽车股份有限公司总裁、党委书记
汤天鹏　沈阳天地建设发展有限公司董事长
牟景旭　沈阳供电公司总经理
李锡惠　沈阳大清宝泉公司总经理
项洪峰　沈阳市沈河区沈阳金融商贸开发区调研员
贾心明　沈阳市于洪区地方税务局局长
张　玲　沈阳市蒲河新城行政审批中心(政务公开办)主任
庞士信　沈阳仪表科学研究院院长
陈晓东　沈阳环境科学研究院副院长
王军锋　沈阳水务集团工会主席
薛长和　沈阳丰泰重型机械有限公司车间主任
王　瑀　北方重工集团有限公司输送设备分公司车间主任
王树江　沈阳市地方税务局副局长
梁　威　中共沈阳市委沈阳市人民政府信访局纪检组长

辽宁工人先锋号

沈阳市和平区城管局环卫汽车队维修班
沈阳市铁西区房产局应急抢险服务队
沈阳市东陵区人民法院东陵法庭
沈阳福润肉类加工有限公司研发部
沈阳和世泰通用钛业有限公司轧制分厂
法库县环卫处清运队
沈阳中辰钢结构工程有限公司制造分公司工艺组
沈阳造币有限公司造币二部特币班
中国联合网络通信有限公司沈阳市分公司铁西区局滑翔营销中心
东北制药集团股份有限公司脑复康公司成盐组
北方重工重大部件加工分公司十七米数控龙门铣班
辽宁中医药大学基础医学院
中煤国际工程集团沈阳设计研究院民爆器材工程设计所
沈阳兴隆大家庭购物中心有限公司黄金屋商场黄金部
沈阳通利公共交通有限公司221路车队
沈阳市中小企业局经济运行处
沈阳市沈河区城市管理局市政排水管理处

沈阳市"五一"劳动奖章

韩立山　沈阳鼓风机集团股份有限公司转子车间工人
孙　飞　中航工业沈阳飞机工业(集团)有限公司工人
任加峰　中航工业沈阳黎明航空发动机(集团)有限责任公司班长
孙鼎实　沈阳东基工业集团有限公司工具分厂工人
李凤义　沈阳航天新光集团有限公司机加车间车工班班长
马　辉　沈阳机车车辆有限责任公司班长

高东武 中航工业沈阳发动机设计研究所组长
潘维栋 中航工业沈阳飞机工业(集团)有限公司组长
桑玉良 沈阳东基工业集团有限公司军品研发中心试造部调度组组长
杜 羽 中国航空工业空气动力研究院部长
吴成河 沈阳机车车辆有限责任公司调度员
刘喜国 国电康平发电有限公司设备管理部副主任
魏志杰 沈阳电力机械总厂装配车间调度
陈 丽 沈阳汽车车桥制造有限公司总装车间主任
翟政伟 际华三五二三特种装备有限公司班长
艾会亭 航天新星机电有限责任公司技术部副部长
赵 栋 沈阳二四五厂销售员
李 宁 中国联通沈阳市分公司机务经理
刘映伟 市邮政局中街路邮政支局支局长
胡丁丁 中国移动通信集团沈阳分公司技术员
孔繁霁 沈阳飞机工业(集团)有限公司副总工程师
金兆锐 沈阳黎明航空发动机(集团)有限责任公司部长
阎 飞 沈阳航天新乐有限责任公司工会主席
管 林 沈阳飞机设计研究所副总工程师
周年发 沈阳黎明航空发动机(集团)有限责任公司技术专家
梅丽华 沈阳发动机设计研究所工会副主席
张恩涛 沈阳航天新光集团有限公司技术中心副主任
徐明东 辽海装备有限责任公司军品制造中心设计室主任
范基良 沈阳兴华航空电器有限责任公司生产运营部部长
花雪生 沈阳华润热电有限公司发电运营部主任
董世良 沈阳飞机设计研究所副总设计师
顾 军 沈阳造币有限公司总经理
张 群 东北煤田地质局物探测量队队长
吴东生 中国移动通信集团沈阳分公司工会主席
贾 欣 中智沈阳经济技术合作有限公司专职工会主席
温庆国 华润雪花啤酒(辽宁)有限公司沈阳公司车间主任
李 宁 华晨宝马汽车有限公司总装物流部供线段段长
王 镰 沈阳金杯车辆制造有限公司装配一车间工段段长
王 军 沈阳华晨东兴汽车零部件有限公司工人
张晓云 沈阳金杯江森自控汽车内饰件有限公司工人
沈 强 沈阳兴远东汽车零部件有限公司工人
刘洪林 华晨金杯汽车研究院试制车间主任
訾禹昆 金杯汽车股份有限公司工会副主席
王明伟 沈阳石蜡化工有限公司 CPP 分公司分厂厂长
杜 平 沈阳鼓风机集团股份有限公司工会副主席
张海新 同联集团沈阳抗生素厂维修中心工人
卢 敏 红塔辽宁烟草有限责任公司沈阳卷烟厂班长
王长征 红塔辽宁烟草有限责任公司沈阳卷烟厂工会主席
史 毅 北方重工集团有限公司矿山冶金设备分公司班长
张瑞玉 沈阳铸锻工业有限公司锻造公司班长
徐培风 上海通用(沈阳)北盛汽车有限公司车间经理
贾守勤 沈阳机床成套设备有限责任公司车间主任
魏铁志 沈阳机床股份有限公司沈一车床厂生产经理
林宽文 中捷机床有限公司制造部总装二车间工人
王培武 沈阳机床银丰铸造有限公司组长
侯 波 东药集团股份有限公司国际贸易部业务销售
王 涛 华晨中华汽车公司副总经理
田奇宏 沈阳化工股份有限公司副总经理
姜 妍 沈阳鼓风机集团股份有限公司设计室主任
李 飞 特变电工沈阳变压器集团有限公司副总经理
米世诚 北方重工集团矿山机械分公司研究所所长
李 强 北方重工集团电站设备分公司总经理
董彦宏 沈阳机床股份有限公司中捷立式加工中心生产经理
李绍鹏 沈阳第一机床厂经理
田 阳 东北制药集团沈阳第一制药有限公司党委副书记
任 旭 东北制药集团销售有限公司副总经理
季光辉 东北制药集团股份有限公司张士制药公司总经理
李双山 沈阳机床股份有限公司副总裁
杨光红 东北大学教师
段玉玺 沈阳农业大学教务处处长
于晓松 中国医科大学附属第一医院健康管理中心主任
曹雅明 中国医科大学基础医学院免疫学教研室主任
李松柏 中国医科大学附属第一医院放射科副主任
曹立华 辽宁大学国际交流处处长
苏晓明 沈阳工业大学理学院院长
许 斌 辽宁中医药大学附属第四医院院长
阎 石 沈阳建筑大学土木工程学院混凝土教研室所长
姜月秋 沈阳理工大学理学院副院长
邹 师 沈阳师范大学体育科学学院院长
杨德武 沈阳化工大学工会主席
李润东 沈阳航空航天大学动力与能源工程学院副院长
权泰成 沈阳音乐学院管弦系主任
韦尔申 鲁迅美术学院院长
尚涤尘 沈阳工程学院党委副书记
张庭深 沈阳医学院组胚教研室主任
崔琴子 市儿童医院院长
黄彦红 市妇女儿童保健中心主任
张成亮 市骨科医院软伤科主任
马恩杰 沈阳铝镁设计研究院工程师
刘庆田 中煤国际工程集团沈阳设计研究院院长
刘 威 市规划设计研究院总工程师
郭英琦 市勘察测绘研究院副主任工程师
苏焕伟 沈阳传媒网络有限公司副总经理
贾志强 东北育才学校副校长
胡 静 市青少年教育保护办公室书记
单慧玲 于洪区教育局局长
张 颖 沈阳铁路实验中学教师
石雪莉 市第二十七中学校长
陈冬梅 铁西区勋望小学校长
刘春凤 皇姑区岐山路第一小学校长

颜玉芳　大东区工农路第一小学校长
王海林　市第四人民医院眼科副主任
李晨阳　市第五人民医院副院长
李德发　市第一四六中学校长
宁润涛　中国电子科技集团公司第四十七研究所副主任
柳文波　中国人民银行沈阳分行营业管理部主任科员
吕　嘉　建设银行沈阳铁西支行营业部网点专柜经理
王世勇　哈尔滨银行股份有限公司沈阳分行助理
唐学军　工商银行沈阳沈河支行客户经理
孙志刚　中兴——沈阳商业大厦(集团)股份有限公司保卫部部长
周　鹏　沈阳兴隆大家庭购物中心有限公司营业员
王文利　沈阳铁西百货大楼有限公司大件送货部部长
孙　冰　沈阳副食集团冷链物流部塔湾冷库车间主任
王　芳　沈阳稻香村商业有限公司食品店糕点组组长
申　勇　市物资运销公司党支部书记
关宏武　沈阳皇朝万豪酒店防损部经理
赵福林　市第一粮库大米车间生产三班班长
卢宪英　中国沈阳国际经济技术合作公司助理翻译
宋思官　中国石油天然气股份有限公司沈阳销售分公司工会主席
李　炜　市金融护卫中心一大队大队长
尹　宏　沈阳商业城股份有限公司工程指挥部
杜金城　市供销合作社联合社工会干事
王晨光　交通银行辽宁省分行沈阳塔湾支行行长
卢　铎　盛京银行股份有限公司沈阳市苏家屯支行行长
王柏林　中国人寿保险股份有限公司沈阳市分公司总经理
赵立勇　沈阳大东兴隆百货有限公司执行总经理
张定国　沈阳副食集团副总经理
孙忠霖　沈阳物资集团有限责任公司副总经理
田　实　中国人民银行沈阳分行营业管理部处长
王　琰　沈阳热电厂电气运行一班班长
于海燕　沈阳供电公司发展策划部电网规划专责
张志娟　城市通有限公司黄河大街业务受理中心主任
李洪阳　沈阳超高压局安监部主任
李作周　沈阳地铁有限公司运营分公司机电部主任
王建中　沈阳惠天棋盘山供热有限责任公司
焦万胜　沈阳燃气有限公司管网输配分公司抢修中心二队主任
于德营　市公路管理处工程二科副科长
王　威　市市政工程养护管理处处长
刘美怡　市建设工程质量检测中心办公室主任
吕正海　沈阳水务运营管理有限公司铁西营业处班长
王　伟　市运河风景管理处施工队队长
宫艳萍　沈阳振兴环保产业集团有限公司生产采购部部长
洪　鹏　市城市房屋拆迁管理办公室副主任
江　涛　市北陵公园管理中心主任
黄　俊　沈阳地铁有限公司工程二处副处长
李永生　沈阳燃气有限公司铁西营业分公司维修站长
王永杰　沈阳客运集团公司鑫畅巴士公司经理
寿雅文　沈阳星光建材集团机关党委副书记
臧言实　市市政公用工程监理有限公司监理
杨　剑　市房产局市场产权处调研员
王晓民　市道路运输管理处处长
商伟光　市房屋租赁管理中心主任
王金建　沈阳燃气有限公司皇姑营业分公司售后服务
万宝良　沈阳全运投资运营有限公司副董事长
黄树波　市城市建设项目管理办公室副主任
李志刚　市公安局和平分局专案三队副队长
王海燕　和平区房产局高诚物业公司物业科科长
杨兆璋　和平区工商行政管理局科长
初大龙　市行政执法局和平分局南湖勤务区队长
李　林　和平区城市管理局市政排水管理处主任
李　红　沈阳新世界百货有限公司行政部经理
石　妍　和平区财政局副局长
刘维刚　和平区信访局副局长
张泽明　和平区南湖街道办事处党工委书记
修　昆　辽宁昆仑科贸有限公司董事长
邓　华　市第九十一中学校长
刘世桐　和平区环境保护局管理科科长
史　霞　沈阳金贸医药集团总裁
金慧军　和平区委组织部副部长
李　华　市万泉出租汽车有限公司驾驶员
李　颖　和平区总工会经济部部长
王　军　沈阳金贸医药集团工会主席
李树军　沈河区大南街道总工会副主席
李金婷　市公安局沈河分局社区警务大队民警
周震寰　沈河区国家税务局局长
刘金财　沈河区南塔街道办事处党工委副书记
于秀霞　沈河区城市管理局纪委书记
裴永清　中共沈河区纪委监察局局长
谢　平　沈河区地方税务局综合业务一科科长
胡　英　沈河区教育实践中心主任
周新仪　沈河区地方税务局征收科科长
刘荣晖　沈河区爱心惠民医院院长
潘家驹　沈河区工商局副局长
姚长杰　沈河区新华科技大厦工会联合会主席
李文平　沈河区餐饮行业工会联合会主席
徐明泉　沈河区人力资源和社会保障局局长
陈雪梅　沈阳红星美凯龙世博家居广场置业有限公司总经理
林腾峰　沈阳恒星水泥机械有限公司结构车间钳工班班长
蔡秀华　铁西区中心医院内科病房主任
张　震　市公安局铁西分局巡警大队案审中队副中队长
杨凤珍　铁西区笃工街道人民里社区主任
吴　江　沈阳安运集团出租汽车有限公司驾驶员
巴文夺　铁西区安全生产监督管理局职业卫生科科长
吴国良　铁西区启工街道总工会常务副主席

葛鹏宵	皇姑区城市拆迁管理办公室副主任
历　钢	市公安局皇姑分局巡警大队副队长
王　晶	皇姑区城市建设管理局陵东城市管理所所长
姜　昕	皇姑区服务业局指导科科长
王　萍	皇姑区舍利塔街道太东社区书记
陆雪松	皇姑区中心医院内科急诊室护士长
张　宏	皇姑区地方税务局局长
蔡　涛	皇姑区新乐街道办事处书记
宋　涛	沈阳百田房地产开发有限公司总经理
程　晏	皇姑区总工会副主席
李春辉	大东区北海街道办事处综合统计员
尤　玥	大东区地方税务局人事教育科科员
魏　蕾	市公安局大东分局主任科员
路忠郊	大东区城管局汽车一队修理工
刘馨喆	大东区人民医院急诊内科护士
蔡晓燕	市第一三六中学校长
刘吉利	大东区文体局党委副书记
曹元利	辽宁智森人才信息咨询服务有限公司总经理
信彩荣	大东区总工会经审办主任
李福强	沈阳二一三厂工会主席
陈恩波	中共东陵区李相街道工作委员会书记
李贵斌	浑南新城管理委员会拆迁工作处处长
冯士杰	东陵区(浑南新区)城市房屋拆迁办主任
李本华	东陵区环境卫生管理局汽车队队长
夏　瑞	东陵区城市管理局工会主席
刘永和	东陵区白塔街道办事处工会副主席
徐春满	于洪区维稳办副主任
蔡立忠	于洪区水利局蒲河生态廊道建设工程指挥部水利技术负责人
韩　军	于洪区交通局材料厂工程师
石东生	沈阳低压开关有限公司总经理
张　良	于洪区北陵街道下坎子村党支部书记
曲　飞	沈阳德丰蔬菜有限公司技术员
赵永国	辽宁天合企业集团董事长
隋冬霞	于洪区造化街道办事处工会主席
许伟修	沈阳宏发集团有限公司工会主席
孙　旭	苏家屯区公路沥青拌合站副站长
杨振佐	沈阳特种无缝钢管有限公司冷拔车间维修班班长
王玉刚	沈阳冀东水泥有限公司生产设备部中控值班长
姜　成	辽宁雪松医药连锁有限公司董事长
李秀梅	苏家屯区总工会权益维护部部长
缪磊夫	苏家屯区农民工维权中心副主任
史绍中	中天科技(沈阳)光缆有限公司总经理
班素琴	沈阳福林特种变压器有限公司工会主席
杨作庆	市地方税务局蒲河新城分局局长
乔春华	沈阳晨讯希姆通科技有限公司工程师
林　梅	辽宁禾丰牧业股份有限公司总裁办职员
张家强	沈北新区殡仪馆火化班班长
张　欣	沈北新区道义街道办事处干事
高　文	沈阳蒲河新城会计核算中心会计师
王凤国	沈北新区地方税务局综合二科科长
孙　艳	沈北新区总工会会计
董　乐	沈阳格微软件有限责任公司程序员
高　岩	沈北新区新城子街道办事处工会主席
杜淑英	沈北新区行业工会委员会工会主席
赵治业	沈阳天维电气设备制造有限公司铆焊班班长
赵宇宏	新民市劳动和社会保障监察大队大队长
张　静	新民市工商行政管理局企业注册科科长
朱桂华	新民市妇女联合会主席
林祥勇	新民福源食品有限公司副总经理
李泽民	新民市住房拆迁管理办公室副主任
柴静祥	新民市兴隆堡镇人民政府党委书记
孙艳华	沈阳天维电气设备制造有限公司工会主席
张　堃	辽中县公安局局长
姜永斌	辽中县养士堡镇党委书记
赵永林	辽中县茨榆坨镇党委书记
张广宇	中国移动辽宁有限公司辽中分公司综合部主任
孟宏玉	辽中县环境卫生管理处清扫队队长
肖云成	沈阳近海经济区规划建设局干事
尹鹏飞	辽中县粮食局干事
张　范	辽中县总工会生活保障部部长
王　波	辽中县燃气总公司工会主席
任泽民	康平县人民医院骨科主任
董海波	沈阳国大塑业有限公司圆织车间主任
孙忠义	康平县规划和国土资源局局长
赵洪志	康平县农村信用合作社理事长
刘志琼	康平县人民医院工会主席
韩国忠	法库县果树管理站技术员
李凤飞	法库县市政管理处工人
刘兴龙	法库县信访局信访大厅副主任
李静娟	沈阳飞奥美陶瓷有限公司工会主席
李　莹	东陵区(浑南新区)经济和信息化局局长
徐令彬	沈阳宏大纺织机械有限责任公司技术总师
曲鸿雁	东芝电梯(沈阳)有限公司保管员
关大昌	乐金电子(沈阳)有限公司副部长
于忠臣	市植物园绿化养护班班长
赵荣新	沈阳远大企业集团门窗公司车间主任
王靖昊	康福德高安运巴士有限公司115线路车长
刘　权	沈阳中辰钢结构制造分公司拼装组组长
宋　晶	沈阳瑞风机械有限公司工会干事
李振东	沈阳金铭数控机床有限公司副总经理
蔺　泉	沈阳经济技术开发区企业管理中心副主任
杨迎春	市地方税务局经济技术开发区分局副局长
朱会凡	沈阳经济技术开发区企业管理中心工会专职干事
范绪纲	市审计局社会保障审计处副调研员
姚树明	市气象局政策法规处处长
何英祥	沈阳住房公积金管理中心管理部主任
何　颖	中共沈阳市委宣传部机关党委专职副书记

范振全　市食品药品监督管理局政策法规处处长
聂广军　市总工会经济技术部副部长
杨世利　市林业局办公室主任
李奇峰　市政府研究室综合处副调研员
张铁成　市农村经济委员会机关党委专职副书记
刘　辉　市外经局外商投资企业处处长
盛利民　沈阳出版发行集团有限公司副总经理
詹　军　市农民工工作领导小组办公室副主任
毛　兵　市规划和国土资源局总规划师办公室主任
吴钟达　市地震局办公室主任
陈　岩　市人力资源和社会保障局劳动关系处处长
李一民　市人力资源和社会保障局社会保险监督处处长
那　娜　市人民政府金融工作办公室副主任
张蒙丽　市地方税务局货物和劳务税处处长
陈晓英　市地方税务局财产与行为税处处长
冯　慧　市服务业工会主席
卫大同　市规划和国土资源局征转用管理处处长
杨学东　沈阳市信访局行政办公室副主任
胡金生　市基本建设工程预决算审核中心主任
曲长令　市土地储备中心主任
魏　锋　市环境保护局审批处主任科员
张洪涛　市发改委开发性金融合作协调办副主任
刘　浩　沈阳金属材料有限责任公司储运处班长
陆　军　沈阳评剧院党委书记
王　迪　市回龙岗革命公墓火化工
刘　巍　市公安局和平分局吴淞派出所民警
关吉伟　市公安局东陵(浑南新区)分局汪家派出所民警
刘东展　市公安局经济技术开发区分局翟家派出所民警
马志德　新民市公安局胡台派出所民警
高达明　市公安局交通警察支队沈河大队民警
战　琦　市公安局交通警察支队和平一大队二中队民警
王正茂　市公安局驻京工作组依法处置组组长
贾　巍　市公安局治安警察支队专案大队民警
郐中铎　市公安局行动技术支队五大队大队长
王　翔　市公安局经济侦查支队六大队大队长
李勇杰　市公安局交通警察支队和平二大队民警
王维书　市司法局张士劳动教养管理所所长
朱思滨　市城市管理行政执法局办公室主任科员
王小兵　市城市管理行政执法局直属三支队五大队大队长
吴兆勇　上海建工集团公司沈阳中汇广场项目部工会主席
王剑勋　辽宁嘉益食品工贸有限公司总经理
张　雨　沈阳维用精密机械有限公司外检车间主管
郑　硕　辽宁快飞特汽车维修有限公司沈阳分公司车间主任
何　勇　东北煤田地质局沈阳钻探机械研制中心班长
赵家星　沈阳鼓风机集团股份有限公司总装车间工人
王延平　市公安局交通警察支队民警
宫文义　皇姑区人民法院院长
高铁军　市中级人民法院民事审判第三庭庭长
刘淑芹　沈阳百强家政有限公司总经理
郭西西　国家开发银行辽宁省分行处长
周元浩　国家开发银行辽宁省分行处长
王仁亮　和平区残疾人联合会理事长
张景余　新民市残疾人联合会理事长
乔洪河　东陵区(浑南新区)残疾人联合会主任
韦　韬　市残疾人联合会处长
孙　颖　市残疾人联合会副处长
靳利军　沈阳同利豆业有限公司董事长

沈阳市“五一”劳动奖状

中国北车沈阳机车车辆有限责任公司
中国航空工业空气动力研究院
沈阳黎明航空零部件制造有限公司
沈阳华晨东兴汽车零部件有限公司
红塔辽宁烟草有限责任公司沈阳卷烟厂
沈阳机床股份有限公司中捷立式加工中心事业部
沈阳大学
沈阳铸造研究所
市外事服务学校
沈阳中心血站
沈北新区兴隆台锡伯族九年一贯制学校
招商银行股份有限公司沈阳分行
沈阳外国企业服务总公司
沈阳房地产置业担保有限责任公司
市道路运输管理处
市东陵公园管理中心
和平区浑河湾街道办事处
和平区太原街街道办事处
沈阳五爱实业有限公司
沈河区人力资源和社会保障局
市公安局铁西分局
皇姑区三洞桥街道办事处
沈阳帕卡赖精有限总公司
东陵区地方税务局
于洪区人力资源和社会保障局
苏家屯区信访大厅
沈北新区人力资源和社会保障局
沈阳百事可乐饮料有限公司
新民市地方税务局
沈阳辉山乳制品加工园区管理委员会
沈阳神龙药业有限公司
辽中县地方税务局
沈阳同方多媒体科技有限公司
沈阳昊诚电气股份有限公司
普利司通(沈阳)轮胎有限公司

康平县地方税务局
市农村经济委员会
市公安局法制处
市公安局刑事警察支队专案一大队
中国工商银行股份有限公司辽宁省分行营业部
国家统计局沈阳调查队
市发展和改革委员会开发性金融合作协调办公室
市社会养老和工伤保险管理局

沈阳市工人先锋号

中航工业沈阳飞机工业(集团)有限公司数控加工厂王刚班
中航工业沈阳黎明航空发动机(集团)有限责任公司机匣加工厂对开机匣工部数控铣一班
市邮政局建设路支局
中国联合网络通信有限公司沈阳市分公司信息化支撑部
沈阳鼓风机集团股份有限公司透平设计部设计三室
特变电工沈阳变压器集团有限公司超大型项目公司绕线组
沈阳机床股份有限公司沈一车床厂63线大CAK总装工段
沈阳石蜡化工有限公司丙烯酸分厂
华润雪花啤酒(辽宁)有限公司沈阳公司包装一车间A线甲班
沈阳金发汽车钢圈制造有限公司涂装车间喷漆班
北方重工集团有限公司输送设备分公司自动化生产线班
沈阳农业大学生物化学教研室
市环境监测中心站环境预报中心
市第四中学语文组
盛京银行股份有限公司沈阳市科技支行营业室
中国农业银行股份有限公司沈阳皇姑支行营业部
中兴——沈阳商业大厦(集团)股份有限公司集团购买服务中心
沈阳交通服务热线管理中心
沈阳地铁有限公司运营分公司车辆部检修车间日检A班
市房地产信息中心市场分析部
沈阳客运集团黄河分公司236车队
和平区国家税务局长白税务所
和平区地方税务局新华税务所
沈河区市政排水管理处
市城市管理行政执法局沈河分局直属三大队
铁西区城市管理局环境卫生管理处
沈阳三威洗涤用品有限公司泡化碱车间
皇姑区信访局房产拆迁接访调处办公室
大东区国家税务局办税服务厅
市公安局东陵分局监管大队
沈阳世代企业集团锅炉公司自动焊班组
苏家屯区工商局湖西工商所
沈阳敏像科技有限公司SMT车间
沈阳蒲河新城党群工作部
新民市经济和信息化局"企业110"服务中心
沈阳机床银丰铸造有限公司技术部
沈阳德盛塑料包装有限公司圆织车间
法库县地方税务局法库镇地税所
东陵区(浑南新区)行政审批服务中心
棋盘山市容环境管理中心车队
康师傅(沈阳)饮品有限公司储运处
市纪律检查委员会第四纪检监察室
市经济和信息化委员会无线电管理处
沈阳鑫逸物业管理有限公司东逸花园管理处
沈阳电影有限公司光陆电影院
市公安局沈北新区道义派出所
市公安局交通警察支队皇姑大队泰山岗
市司法局东陵监狱四监区
市城市管理行政执法局直属二支队一大队
市新市民家庭服务中心

沈阳市"五四"荣誉奖章

(以姓氏笔画为序)

王子良	沈阳市地铁建设指挥部机关党委专职副书记、监察处处长
王军锋	沈阳水务集团有限公司党委副书记
吕宗英	中国移动沈阳分公司总经理、党委副书记
刘　文	沈阳市铁西区人民政府副区长
刘国华	沈阳兴华航空电器有限责任公司副总经理
刘莹光	沈阳市发展建设资金管理办公室副主任
齐　舒	沈阳广播电视大学党委副书记
安建晔	沈阳市和平区教育系统党委书记
孙铁夫	中共沈阳市于洪区委副书记、区人民政府副区长
孙常福	中共新民市委副书记
杨　森	沈阳黎明航空发动机(集团)有限责任公司党委书记
杨宝贵	沈北新区人大常委会副主任
苏永强	沈阳鼓风机集团股份有限公司董事长、党委书记
李　敏	沈阳医学院护理学院党总支书记
李桂盛	中共东陵区(浑南新区)委副书记
李剑秋	中共沈阳市苏家屯区委副书记
邸　国	沈阳华康牧业有限公司总裁
张东毅	沈阳广播电视台党委书记、副台长
张昕光	中共沈阳市皇姑区委副书记
陈雪梅	沈阳红星美凯龙铁西商场总经理、党支部书记
林永忠	特变电工沈变公司党委副书记、工会主席
孟宪军	沈阳农业大学食品学院院长
赵学武	沈阳市住房公积金管理中心副主任
徐宝玉	沈阳棋盘山国际风景旅游开发区满堂街道党工委副书记

徐爱秋　沈阳市沈河区人民政府副区长
殷　军　沈阳药科大学中药学院院长
高　虹　沈阳市交通局副局长
高玉红　沈阳市辽中县大黑岗子镇人民政府镇长
唐　华　沈阳机床(集团)有限责任公司工会主席
梅兴伟　沈阳客运集团公司党委副书记、纪委书记
黄志锋　中建三局沈阳市府恒隆项目经理部副经理
崔革新　中共沈阳市委沈阳市人民政府信访局副巡视员
程荣辉　中航工业沈阳发动机设计研究所党委书记
傅　丹　沈阳市教育局德育处处长
曾宪东　沈阳市肛肠医院院长兼党委书记

沈阳市“五四”奖章

(以姓氏笔画为序)

丁士强　沈阳林凤装饰公司总经理
于　川　沈阳工程学院学生
万　亮　辽宁中医药大学学生(援非志愿者)
马明飞　沈阳宇光传感技术研究所(有限公司)总经理
王　凯　中航工业黎明公司财务管理部部长
王　斌　沈阳综合保税区管委会招商局副局长
王　琳　沈阳市和平区人民法院审判员
王　赫　国家开发银行股份有限公司辽宁省分行科员
王一林　和平区金融街建设发展办金融产业发展科科长
王中宁　沈阳市公安局交警支队大东区大队团支部书记
王立平　沈阳塑力电缆有限公司总经理
王立军　沈阳晚报首席记者
王宏伟　辽宁中医药大学学生(援非志愿者)
王运福　沈阳市铁西区排水处主任
王育欣　沈阳广播电视大学教研室主任
王剑运　东陵区(浑南新区)青少年宫主任
王继成　沈阳农业大学党政办公室主任
王晓婷　沈阳晚报记者
王德亮　中信建投期货经纪有限公司职员(援非志愿者)
王鹤锦　和平区行政审批服务中心管理办公室主任
车　涛　沈阳市公安局特警(维稳)支队一大队副中队长
公　兵　沈阳市公安局治安支队行动大队副主任科员
文　勇　沈阳市发改委开发性金融合作办处长
方文墨　沈阳沈飞民品公司军机机加厂钳工
艾永生　沈阳市汽车检测中心检测一科副科长
石砚硕　辽宁省法库县国家税务局城郊税务所副所长
叶晓建　沈阳国际鞋城有限公司董事长
田　宁　沈阳市物价局价格认证中心副主任
田小蕾　沈阳供电公司铁西供电分公司团委书记
史丽娟　苏家屯区中医医院护士长
史浩然　共青团铁西区委员会书记
白　颖　沈阳市大东区培智学校党支部书记
白雪松　中国建筑东北设计研究院有限公司团委书记
冯　健　东北大学信息学院电气自动化研究所副所长
宁　鑫　沈阳市农业科学院院长
朱万成　东北大学资源与土木工程学院教授
刘　凯　沈阳国家安全局机关团委书记
刘　凯　沈鑫巴士有限公司264车队驾驶员
刘　峰　蒲河新城国家税务局纳税服务科副科长
刘　涛　沈阳市纪委检查四室主任科员
刘　爽　辽宁省实验中学国际部教师(援非志愿者)
刘　辉　沈阳市妇联综合调研室干事
刘铁军　沈阳住房公积金管理中心机关团委书记
闫　刚　沈阳市公安局交警支队皇姑大队二中队副中队长
闫增杰　大庆精英文武学校武术教练(援非志愿者)
那丽莎　和平区残联居家养残公益性岗位
孙　权　辽宁中医药大学学生(援非志愿者)
孙　阳　沈阳市信访局征集处副处长
孙　丽　沈阳建筑大学教师
孙文兵　沈阳骅飞管业有限公司董事长
孙俊平　市公安局东陵(浑南新区)分局桃仙派出所副所长
孙洪泉　援非志愿者
杨　义　沈阳市公安局指挥中心调研一科科长
杨旭天　沈阳市大东区城市管理局汽车一队清运车驾驶员
杨欣萍　沈阳市工商行政管理局财务处副处长
杨星钢　沈阳药科大学药剂教研室教师
苏　畅　辽宁广播电视台新闻中心采访部记者
李　宇　共青团沈北新区委员会书记
李　科　苏家屯区沙河九年一贯制学校团委书记
李　锐　沈阳市第五人民医院检验科主任、医院团委书记
李权新　辽中县杨士岗镇邢柏窑村党支部书记
李英娜　沈阳广播电视台主持人
李晓刚　沈阳鼓风机集团股份有限公司设计员
李润辉　沈阳医学院附属奉天医院神经内科副主任
李晓颖　沈阳城市通有限公司副总经理
李德鑫　中国一航沈阳飞机设计研究所团委书记
严继平　华商晨报社编委、总编辑助理、经营中心主任
肖　隽　新民市实验小学党支部书记
肖　颖　沈阳市第一人民医院护士长
吴　珊　援非志愿者
佟　盛　沈阳市经济和信息化委员会科员
佟　鑫　沈阳广播电视台新闻广播主持人
沈君丽　中天建设集团东北分公司工程管理处资料员
宋延明　沈阳万全科技有限公司总经理
张　革　沈阳鑫恒嘉仓储物流有限公司董事长
张　剑　中国北车集团沈车公司新造分厂端墙班班长
张　勇　沈阳昊诚电气股份有限公司总经理
张　健　特变电工沈阳变压器集团有限公司总会计师
张红军　市安监局团委书记、法库县安监局副局长
张志勇　共青团沈阳青春志愿者协会委员会书记

张晓科　沈阳市公安局控告申诉处秘书科科长
张雪琴　共青团皇姑区委员会书记
陆震明　沈阳玫瑰大酒店副总经理
陈　贺　新民市陶家屯乡羊草沟村村民
陈　艳　沈阳协合生物制药股份有限公司总经理
陈　敏　辽宁蓝光集团有限公司董事长
陈广治　沈阳市纪委案件监督管理室主任科员
陈晓冰　沈阳市环境保护局机关团委书记
陈云舟　援非志愿者
邵文龙　沈阳市会计人员服务中心主任
范静丰　沈阳地铁有限公司运营分公司客运中心主任
金　生　共青团于洪区委员会书记
金成鑫　北京同仁堂辽宁药店调剂员(援非志愿者)
郑海超　辽宁省交通高等专科学校团委宣传组织委员
胡同锤　沈阳燃气有限公司安装员(援非志愿者)
赵　伟　酷发管理顾问咨询有限公司董事长
赵　昶　沈阳市公安局刑警支队专案一大队侦查员
赵　群　沈阳雄洲食品工业有限公司总经理
赵玉强　沈阳市皇姑区教育局综合治理办公室主任
赵克非　沈阳市教育局会计核算中心主任
费　波　沈阳泰华林房地产开发公司总经理
姚军宇　沈阳机床(集团)有限责任公司团委书记
徐国政　中建三局二公司东北公司总经理
郭东辉　沈阳市公安局交警支队特勤处副处长
郭志斌　援非志愿者
高　原　沈阳市华宇纺织装饰公司总经理
高　峰　中国建筑一局(集团)有限公司项目经理
黄　爽　沈阳市公安局铁西分局凌空派出所社区民警
崔　闯　北方重工集团有限公司煤矿机械分公司所长
韩　成　沈阳市公安局苏家屯分局政治处副主任
韩　冰　沈阳日报政治新闻部记者
傅　涵　中共沈阳市和平区委党史研究室副主任
傅巍川　沈阳市第一三四中学教务处主任
谢立峰　沈阳市公安消防支队铁西大队启工中队指导员
臧广颐　沈阳市公安局皇姑分局寿泉派出所副所长
樊　潮　沈阳昂霄软件技术开发有限公司总经理
穆海霞　沈阳展硕中等职业学校教师(援非志愿者)
吴　迪　沈阳市肛肠医院消化内科医师

沈阳市“五四”奖状

共青团于洪供电分公司委员会
共青团国家开发银行辽宁省分行委员会
共青团鲁迅美术学院委员会
共青团东北制药集团股份有限公司委员会
沈阳环境科学研究院
共青团苏家屯区王纲街道工作委员会
共青团沈阳飞机工业(集团)有限公司委员会
沈阳市财政局预算处
共青团沈北新区直属机关委员会
共青团沈阳市国家税务局机关委员会
共青团沈阳三好街高科技园区委员会
沈鼓集团定子车间十五米龙门铣集体
共青团东北大学委员会
共青团中航工业沈阳黎明航空发动机(集团)有限责任公司委员会
共青团沈阳市地方税务局机关委员会
沈阳产品质量监督检验院食品安全所
共青团沈阳市城市管理行政执法局于洪分局委员会
共青团康平县委员会
共青团沈阳市铁西区地方税务局办税服务厅支部委员会
北方重工集团有限公司设计研究院露天矿山成套设备研究所
沈阳道路运输主枢纽信息调度指挥中心
沈阳广播电视台综合频道《直播生活》栏目
沈阳药科大学中药学院天然药物化学教研室
共青团沈阳发动机设计研究所(606 所)委员会
共青团沈阳医学院委员会
共青团辽宁法库经济开发区管委会委员会
沈阳棋盘山国际风景旅游开发区安监局
沈阳红星美凯龙世博家居广场
沈阳通利公共交通有限公司 221 路车队
共青团中国医科大学附属盛京医院委员会

辽宁省“三八”红旗手标兵

陆　虹　中国电子科技集团公司第四十七研究所副总工程师、主任

辽宁省“三八”红旗手

(以姓氏笔画为序)

韩春燕　沈阳故宫博物院市场营销部主任
杜　强　沈阳市第四十三中学校长
赵　琳　沈阳市中级人民法院民事审判第三庭副庭长
娄红利　沈阳市公安局铁西分局控申科科长
卞　静　沈阳飞机设计研究所副总设计师
张　姿　中航工业沈阳黎明公司副总经理、董事
屈淑莲　沈阳市新民市联友养殖专业合作社理事长
陆　虹　中国电子科技集团公司第四十七研究所主任
刘秀娟　沈阳市东陵区农业技术推广中心高级农艺师
钟　甦　沈阳市环境技术评估中心主任
霍　宏　沈阳热电厂电气分场电通班技术员

段国会 沈阳市沈河区新北站街道山东堡社区书记兼主任
杨玉梅 沈阳市妇联宣传部长
刘 放 沈阳市铁西区妇联主席
吴雅卿 沈阳市苏家屯妇联主席
宋丽娜 沈阳市沈河区审计局局长

辽宁省“三八”红旗集体

沈阳市皇姑区行政事业单位财务集中管理办公室
沈阳市和平区人民法院民事审判一庭
沈阳市东陵区园林绿化监管所
沈阳棋盘山文化产业发展有限公司游客服务部
沈阳经纬客运有限公司总站站务班
盛京银行核算监督中心
沈阳市第十一中学高三年级部
沈阳市公安局大东分局大东门派出所东逸社区女子警务室
沈阳鼓风机集团有限公司总装车间油漆组

沈阳市“三八”红旗手标兵

（以姓氏笔画为序）

卞 静 沈阳飞机设计研究所副总设计师
王淑梅 沈阳大学国际商学院院长
王 晶 市工商行政管理局12315投诉举报中心主任
张 姿 沈阳黎明航空发动机（集团）有限责任公司
张 颖 沈阳工业大学软件学院院长
杜 强 市第43中学校长
杨桂芝 沈北新区黄家锡伯族乡拉塔湖村妇代会主任
屈淑莲 新民市周坨子乡生猪养殖专业合作社社长
娄红利 市公安局铁西分局控申科科长
高敏沈 沈阳供电公司铁西供电分公司催费员

沈阳市“三八”红旗手

（以姓氏笔画为序）

丁 杰 辽中县益农蔬菜专业合作社理事长
万秀勤 市政府金融工作办公室调研员
于立春 康平县委宣传部宣传信息科科长
于建华 沈河区大西街道兴丰社区居民
卫丽莹 市统计局服务业处处长
门翠双 沈阳铝镁设计研究院工程经济室高级工程师
马 超 铁西区人民法院民一庭庭长
马秀芬 于洪区于洪街道红旗村老年协会会长
马翠芳 康平县妇幼保健站业务站长
文春平 沈阳东基工业集团有限公司工会女工部部长
王 迎 市国防及中省直企业工会副主席
王 玲 于洪区北陵街道下坎子村妇代会主任
王 敏 法库县丁家房镇西丁家房村妇代会主任
王 菁 市工商局皇姑分局副局长
王 新 大东区人民检察院法律政策研究室主任
王 滨 辽宁省中国国际旅行社总经理
王 蕾 东亚银行（中国）有限公司沈阳分行副行长
王 营 红梅企业集团有限责任公司调味品公司总经理
王 丹 中国医科大学附属盛京医院妇产科副主任
王冬梅 大东区人民法院民二庭副庭长
王玉芝 新民市第一高级中学党委副书记
王立新 沈阳辽海机械厂海通电子公司副经理
王红岩 市就业服务局就业指导处处长
王丽君 铁西区精神卫生中心院长
王丽荣 法库县妇联主席
王丽娟 沈河区国家税务局副局长
王秀华 辽中县统计局综合科科长
王秀珍 沈北新区虎石台镇孟家屯村农民
王佩华 新民市辽滨街道东南社区妇联主席
王桂花 法库县三面船镇栖霞堡子村村民
王笑春 市交通局宣教中心主任
王笑辉 辽宁锐星晨光文具礼品有限公司总经理
王翠镯 市外国语学校高二年部主任
付美莲 沈北新区残疾人联合会办公室主任
冯 莉 中国农业银行辽宁省分行营业部副总经理
句俊岭 市城市管理行政执法局信访投诉处主任
史锦云 皇姑区塔湾街道淮北社区书记兼主任
宁玉侠 沈阳超市发生活购物广场董事长
田晓晶 沈河区皇城街道办事处主任
石 飞 和平区北市场街道党工委副书记
石 磊 沈阳水务集团有限公司工会女工部副主任
石崇元 于洪区南阳湖街道鹏程社区妇联主席
任 菲 浑南新区管委会群团工作部副部长
任玉艳 苏家屯区临湖街道振兴西社区妇联主席
关 颖 市城建局改革和法规调研处处长
刘 华 和平区太原街道铁军社区妇联主席
刘 华 三一重型装备有限公司研究本院院长助理
刘 青 市国家安全局副处长
刘 辉 市工商局棋盘山分局注册登记科科长
刘 颖 辽宁津享逸实业有限公司董事长
刘建华 沈阳水泥机械制造有限公司纪委书记
刘建明 沈阳客运集团公司企业管理咨询分公司党委书记
刘玮琦 市教育局离退休干部处处长
刘晓哲 市国家税务局稽查局科长
刘淑芬 沈河区人口和计划生育局局长
刘雅君 市城市管理行政执法局和平分局局长
吕兆梅 和平区新华街道华光社区党委书记
吕海燕 于洪区妇联组宣部部长
吕敏红 市金金足鞋材厂总经理
吕荣舫 苏家屯区佟沟乡贾沟村村民
孙 丹 和平区信访局副局长

孙 丽 市财政局监督检查局局长
孙 杰 沈阳房地产置业担保有限责任公司审保部部长
孙 波 市地铁建设指挥部设备处副处长
孙 涛 市东陵监狱主任科员
孙 爽 和平区人民检察院公诉科科长
孙立荣 辽宁民间艺术团有限公司演员
孙立新 市新兴初级中学高级教师
孙牧原 中国航空工业空气动力研究院技改规划部部长
孙桂兰 东陵区浑河站西街道后赛村农民
朱 静 沈阳商业城(集团)有限公司办公室副主任
朱会君 中兴——沈阳商业大厦(集团)股份有限公司总会计师
朱晓英 市中级人民法院民一庭审判长
权晓艳 和平区人事局局长
闫 华 大东区洮昌街道北海社区妇联主席
严锦侠 北方重工集团有限公司设计研究院所长
何 新 铁西区人民法院妇委会主任
何丽梅 东北制药集团有限责任公司氯霉素公司工艺员
吴 伟 皇姑区辽河街道办事处妇联主席
吴亚玲 沈河区五里河街道药大社区妇联主席
吴丽华 市双云罡建材销售中心总经理
吴韶君 市交通局皇姑分局副局长
张 丽 辽中县茨榆坨镇后边外村村民
张 庚 浑南新区疾病预防控制中心主任
张 杰 市地税局金融商贸开发区分局行政审批中心代表
张 英 东陵区丰乐街道溪林社区妇联主席
张 玲 沈阳蒲河新城行政审批管理办公室主任
张 悦 沈阳12319建设事业热线服务中心工作人员
张 鑫 市妇联宣传部副主任科员
张凤清 沈阳产品质量监督检验研究院食品安全所所长
张宇红 沈阳鑫逸物业管理有限公司总经理
张守荣 苏家屯区湖西街道林校社区妇联主席
张红艺 辽宁教育国际交流服务中心副主任
张丽艳 新民市向阳饲料厂厂长
张秀芬 苏家屯区姚千户屯镇妇联主席
张连丽 大东区粮油经销总公司高级政工师
张建华 鑫港置业(沈阳)有限公司总经理
张春侠 康平县柳树屯蒙古族满族乡花古村农民
张美英 苏家屯区妇婴医院妇科主任
张晓华 辽中县肖寨门镇妈妈街村村民
张溪娟 沈阳实诚房产评估事务所董事长
李 民 市地方税务局征收管理处主任科员
李 军 沈阳博宇有色金属炉料有限公司总经理
李 俭 沈阳鑫俭兴工贸有限公司董事长
李 玲 沈阳正通石化有限公司董事长
李 荣 市粮食局纪委副书记
李 莉 辽中县茨榆坨镇后岭村妇代会主任
李 莉 沈阳长达计算机外部设备有限公司班长
李 萍 市第157中学校长
李 雪 市妇联调研室主任
李文霞 铁西区大潘街道侯家村妇代会主任
李玉斌 苏家屯区红菱堡镇农业技术推广站农艺师
李秀丽 市发展和改革委员会机关党委组织员
李洪芳 铁西区国家税务局税源管理一科科长
李荣杰 苏家屯区大沟乡哈蚂村妇代会主任
李晓红 市烟草公司卷烟营销中心订单部主任
李艳萍 市儿童福利院副院长
李淑芬 辽宁法信律师事务所主任
李淑梅 于洪区北塔街道柳条湖社区党委书记兼主任
李露玲 市艺术学校专业教学总监
杨 柳 市妇幼保健所副所长
杨 玲 沈阳航天新光集团有限公司物流中心副主任
杨 霞 皇姑区启智幼儿园园长
杨亚茹 辽中县辽中镇新华社区妇联主席
杨晓霞 皇姑区辽河街道武功山社区妇联主席
汪 滢 沈阳化工学院信息工程学院党总支书记
汪云霞 和平区汪姐家政服务处经理
汪立薇 大东区辽沈社区卫生服务中心后勤科长
沙立萍 沈阳燃气有限公司铁西营业分公司经营管理员
苏怀林 辽中县妇联发展部部长
苏桂芬 新民市红旗乡金平房村妇代会主任
邵文联 市妇联妇女发展部部长
陈 伟 于洪区陵东街道观音村村民
陈 丽 辽中县妇幼保健所所长
陈 青 市财政局人事处处长
陈 艳 沈阳协合集团公司总经理
陈惠萍 东陵区白塔街道塔东村妇代会主任
周 丹 市第11中学副校长
周 涛 沈阳飞机工业(集团)有限公司副主任
周宇红 皇姑区明廉街道办事处党工委副书记
孟祥丽 于洪区马三家街道古城子村村民
孟素君 中国冶金建设集团沈阳勘察工程技术有限公司副部长
尚雅娟 铁西区贵和街道勋望社区妇联主席
罗 颖 于洪区马三家街道东大林村思遥花卉中心经理
罗 虹 沈阳恒信国有资产经营有限公司党群工作部部长
苑亚洲 和平区人民法院审判员
范秀坤 法库县中心医院内科主任
郑 嘉 东陵区浑河站西街道中心小学校长
侯 民 沈阳日报报业集团财务处副处长
姚玉华 市植物园办公室主任
姚维威 市邮政局皇姑区邮电局局长助理
姜 红 市食品药品监督管理局皇姑分局执法人员
姜 莉 中兴——沈阳商业大厦(集团)股份有限公司秘书
姜 萍 沈阳军区总医院泌尿外科文员护士
姜亚男 铁西区大潘街道小潘村村民
姜淑华 辽宁时代金属材料有限公司董事长
姜琴华 市大田公司退休经理
宫 正 沈阳电视台新闻频道主持人
祝丽华 东陵区公路养护管理站东陵道班班长
祝素华 东陵区英达街道办事处党群工作办公室主任

胡　伟　中航工业沈阳发动机设计研究所研究员
赵　伟　盛京银行沈阳市万泉支行行长
赵　珍　沈阳兴华航空电器有限责任公司总经理助理
赵　哲　大东区人民法院院长助理
赵　敏　沈阳体育学院外语教研室副主任
赵　琪　沈河区妇联基层工作指导部部长
赵　越　沈阳大学新民师范学院讲师
赵卫丽　沈阳金属材料有限责任公司经理办公室主任
赵仿军　沈阳金融商贸开发区财政局局长
赵吉顺　市中级人民法院民三庭副庭长
赵延玲　市公安局收容教育所副所长
赵丽欣　大东区小东路第二小学校长
赵香芹　康平县小城子镇小城子村妇代会主任
钟　洁　中兴——沈阳商业大厦(集团)股份有限公司职员
骆　枫　铁西区信访局督查科科长
唐　华　沈阳机床(集团)有限责任公司工会主席
唐　迪　沈阳蒲河新城管委会副主任
唐　莹　苏家屯区姚千户屯镇刘千村卫生员
唐敬伟　市发展和改革委员会社会发展处副处长
唐翠颖　新民市三道岗子乡三道岗子村村民
夏云梅　辽宁中沈医药新产品有限公司总经理
徐桂娟　市第六人民医院党委书记兼副院长
栾　曼　皇姑区行政审批服务中心管理办公室常务副主任
栾英莉　东北育才学校业务指导部副主任
海　威　新民市东城街道巨流河村妇代会主任
珞珂玫　市供销合作社联合社办公室副主任
耿艳春　法库县孟家乡乡长
贾　景　市人民检察院侦查监督处办案科科长
郭　瑛　市公安局和平分局砂山派出所户籍专勤
郭秀芬　法库县四家子蒙古族乡王爷陵村村民
郭雨梅　沈阳工业大学学报编辑部主任
郭晓姝　市服务业委员会会计核算中心会计
高　健　沈阳机床股份有限公司中捷钻镗床厂管理员
高彩玲　沈阳副食集团蔬菜经营部副经理
崔　鑫　康平县县志办主任
崔莲顺　沈阳鼓风机集团有限公司研究开发部工艺室主任
康庆菊　苏家屯区王纲堡乡杨孟达村村民
康英莲　沈北新区辉山街道办事处妇联主席
符英新　康平县郝官屯镇顾屯村村民
阎晓黎　市工商行政管理局信息中心主任
傅素静　沈阳铁西仁人口腔诊所主任医师
董浩丹　沈阳棋盘山国际风景旅游开发区妇联主席
蒋月琴　沈河区朱剪炉社区卫生服务中心剪炉服务站站长
蒋晶磊　市养老保险管理中心副主任
韩春佳　新民市大民屯镇小民屯村妇代会主任
韩春艳　沈阳故宫博物院市场营销部主任
韩闽榕　沈阳经纬客运有限公司总经理
裴丽娜　铁西区城市管理局市政科科长
谭学颖　市虹桥中学校长
戴东萍　市市政设施管理中心党总支书记
魏彦玲　沈阳客运集团公司黄河公共汽车分公司驾驶员

沈阳市“三八”红旗集体

和平区国家税务局计划统计科
和平区城市管理局第二管理所太原班
沈河区信访局
市实验学校
远大铝业工程有限公司国际幕墙制造厂生产二车间打胶班组
铁西区保工街道繁荣社区
皇姑区人口与计划生育服务大厅
皇姑区宁山路小学
大东区国家税务局综合业务科
市地方税务局大东分局契税大厅
东陵区国库收付中心
省统计局沈阳市于洪区调查队
沈北新区环卫处银河街清扫班组
苏家屯区民主街道地号社区妇联
浑南新区医院
沈阳棋盘山文化产业集团纪念林分公司纪念林办事大厅
市食品药品监督管理局审批管理办公室
市信访大厅综合研究办公室
市勘察测绘研究院航测遥感室
中国北车集团沈阳机车车辆有限责任公司女职工委员会
省女子监狱
沈阳华晨东兴汽车零部件有限公司冲压车间一工段
东北大学外国语学院俄语系
沈阳药科大学生命科学与生物制药学院
市教育局会计核算中心
沈阳城市通有限公司女职工委员会
沈阳胶带总厂财务处
沈阳客运集团公司人力资源部
市城市建设档案馆保管利用科
市园林规划设计院总工办
市第五人民医院护理部
沈阳和润轻工实业有限公司
市第一公证处
市公安局医院监管分院
市中级人民法院行政审判庭
市女检察官协会
沈阳日报报业集团财务部
中兴——沈阳商业大厦(集团)股份有限公司儿童百货商场
铁西区国税局税源管理一科
沈阳水务集团有限公司用户服务中心
市11中学高三年级部
市行政审批服务中心燃气公司审批办
盛京银行沈阳市和睦路支行
中捷机床有限公司技术部加工工艺室

东北制药集团有限责任公司工会
北方重工设计研究院微粉成套装备研究所
沈阳鼓风机集团有限公司档案管理部晒图组
沈阳东副超市有限公司新帝面食糕点部
市环境技术评估中心
沈阳军区司令部门诊部

“感动沈阳”人物

【宋非非】——青春赞歌

宋非非是南京航空航天大学学生，也是2010年沈阳区县8所省级重点高中的高考状元，因家境贫困，交不起7000元的学费而去洗车打工挣钱。此事经媒体报道后，引来社会好心人的帮助，当筹够学费后，宋非非主动向社会宣布谢绝捐款，累计达到50余万元，引起了全社会广泛热议和好评。

【郎朗】——沈阳骄子

郎朗，国际著名钢琴家，沈阳市城市形象大使，1982年6月14日出生于辽宁沈阳。从小喜爱钢琴的郎朗，从沈阳走到了北京，走到了美国，最后赢得了整个世界的掌声，他是沈阳的骄傲。他是第一位与世界所有主要乐团长期合作、在世界所有主要音乐厅举办过独奏音乐会的中国钢琴家；也是第一位获得“伯恩斯坦艺术成就大奖”的中国人；更是第一位获得格莱美古典音乐最佳演奏奖提名的中国人。郎朗有很深的中国情结和家乡情结，一直认为自己代表的不仅是他个人，而是中国人，他希望通过自己和其他艺术家的共同努力来进一步宣传中国的音乐，传播中国的文化。2010年8月29日晚，他带着耀眼的荣光回归故里，用他精湛的演奏技巧为家乡人民带来了一场钢琴盛典，用艺术的旋律感动沈城。

【祁文博】——美德少年

她出生在一个贫困的家庭，爸爸患膀胱癌晚期，妈妈患精神分裂症，7岁起她就用孱弱的臂膀挑起全家人的重担，劈柴、做饭、洗衣……为了避免妈妈跑丢，夜间睡觉时她将细绳一端拴住自己手腕，一端拴住妈妈手腕；为了补贴家用，她在上下学路上也要捡拾塑料瓶、旧纸盒等废品卖钱；她牺牲自己复习时间为同学义务补课。她用阳光般的微笑诠释了坚强、从容、乐观、进取、感恩，她像一朵坚韧不拔的小花儿，在风雨中淡然地接受命运的挑战，她用阳光般的笑容战胜困难，她用阳光般的温暖照耀着自己的亲人，感染着周围的人。

【徐文涛】——光照汗青

徐文涛是沈阳军区后勤史馆馆长，2004年他担负起筹建沈阳军区后勤史馆任务后，放弃了所有的节假日，把史馆当家来建，当事业来奋斗，当学问来研究，建成了全国第一座史料详实、内涵丰富、图文并茂的后勤史馆。6年来他痴迷于爱国主义教育，为军内外1000多批、10万多人作过生动讲解，受到观众的一致称赞，被观众称为“全国年龄最大、级别最高、最有魅力的讲解员”。他所创建的沈阳军区后勤史馆，已成为辽宁省“国防教育基地”和“爱国主义教育示范基地”；沈阳市“国防教育基地”、“爱国主义教育基地”及“大学生社会实践基地”。他本人被聘为沈阳市国防教育讲师团副秘书长和多个部队、大中小学的德育教授和辅导员。

【277名无偿献血者】——爱的奉献

2010年6月14日是第七个世界献血者日，沈阳市277名被卫生部授予无偿献血金奖市民的名字被篆刻在长两米、高一米半的“无偿献血爱心石”上，他们每人无偿献血都达到40次。为更好地弘扬沈阳市民乐于助人、无私奉献的优良品质，沈阳首次建起这块“爱心石”，随着金奖获得者人数的递增，“爱心石”的数量也将增加。

【王秀夫】——孝老爱亲

王秀夫是凌空街道居民，现年58岁，她靠一已之力艰难地担起了整个家的责任，无微不至地照顾94岁的养母和90岁的亲生母亲。尽管身体不好，收入不多，但是她坚强乐观，经常一手用轮椅推养母，一手挎着生母，陪着老人出去逛公园。棋盘山、沈阳世博园、关东影视城，都留下了娘仨儿幸福的身影。在苦中有乐的生活中，王秀夫用行动回报着母亲的生养之恩。2010年，她被评为铁西区“道德模范”称号。

【伏桂明】——大爱无疆

作为沈阳日报一名高级记者，从2008年3月至2010年10月，历时2年7个月为沈阳抗美援朝烈士陵园的53位烈士寻找亲属，足迹遍布了13个省200多个地区，使53位英烈能在九泉之下瞑目，使53个烈士家属在苦苦思念中寻找和等待近半个世纪后，得到了心灵安慰——烈士流血，不让亲人流泪。

【汤秉贵】——见义勇为

2009年冬天，两名儿童不慎落入汤秉贵家附近的鱼塘中，汤秉贵老人听到呼喊后，不顾自己67岁高龄及患脑血栓的身体，毅然跳入冰窟窿，将两名孩子救出（其中一名孩子因抢救无效死亡）。汤秉贵于2010年10月获“沈阳市见义勇为积极分子”称号。

【关英汉】——乐善好施

他，97岁高龄，每月退休金2000多元，居住在20多年房龄、30多平方米的单间；裸露的水泥地面、没有电视机、没有电话、没有一件像样的家具，就连单人床也有近50年的历史；一件棉袄穿了几十年，前后至少打了五六块补丁，领口和袖口都露出了棉花；每天将吃菜的标准严格控制在2.5元钱，一周的全部花销只有十几元。就是这位普通的老人，从1991年至2010年间，在灾难面前一次又一次伸出援助之手，共捐款26万余元。

【沈阳地铁团队】——沈阳铁军

有这样一支队伍，他们用5年时间完成了全长27.9公里的地铁建设；他们用200天时间完成了正常需要2－3年才能完成的运营筹备工作，成功试运营；他们在目标面前，团结进取；在工作面前，求真务实；在事业面前，甘于奉献；在困难面前，敢于担当。他们，用自己的拼搏，用自己的智慧，书写了属于城市、属于786万市民的英雄史诗。这就是沈阳地铁团队。这个团队作为一个比较年轻的单位，汇集了来自机关、企事业单位、参建单位、海外学子在内的大量高级人才，大家从四面八方济济一堂，为实现“百年地铁建百年”的目标而共同努力。

（*杨建学*）

统 计 资 料

1—1 行 政 区 划
Administrative Divisions

单位:个 (unit)

地 区	Region	街道办事处 Subdisrtict Offices	社区管委会 Resident's Committees	乡人民政府 Township Government	镇人民政府 Town Government	村民委员会 Village Committees
全 市	**Total**	**134**	**869**	**28**	**52**	**1252**
市 区	**Districts under City Administration**	**128**	**767**	**1**	**2**	**367**
5 个中心区	**Five Central Districts**	**72**	**561**		**2**	**72**
和平区	Heping	13	89			
沈河区	Shenhe	15	124			
大东区	Dadong	14	98			
皇姑区	Huanggu	12	119			2
铁西区	Tiexi	18	131		2	70
其它 4 个区	**Other Four Districts**	**56**	**206**	**1**		**295**
苏家屯区	Shujiatun	17	38			121
东陵区	Dongling	14	40			16
沈北新区	Shenbei New	14	45			76
于洪区	Yuhong	11	83	1		82
市辖县(市)	**Counties under City Administration**	**6**	**102**	**27**	**50**	**885**
辽中县	Liaozhong		41		20	163
康平县	Kangping	1	11	7	7	162
法库县	Faku		15	7	12	225
新民市	Xinmin	5	35	13	11	335

1—2 分地区土地面积、户数和人口数
Land Area, Households and Population By Region

地区	Region	土地面积（平方公里）Land Area (sq. km)	户数（万户）House Hold (10000 units)	人口数（万人）Population (10000 persons)	人口密度（人/平方公里）Population Density (person/sq. km)
全市	**Total**	**12860**	**251.3**	**719.6**	**560**
和平区	Heping	60	22.6	65.6	10938
沈河区	Shenhe	58	26.3	73.5	12678
大东区	Dadong	100	25.2	70.3	7030
皇姑区	Huanggu	66	28	80.8	12249
铁西区	Tiexi	284	31	85.8	3021
苏家屯区	Shujiatun	782	15.6	42.9	548
东陵区	Dongling	733	9.2	25.8	352
沈北新区	Shenbei New	889	11	31.9	359
于洪区	Yuhong	499	13.4	38.8	777
辽中县	Liaozhong	1645	19.1	54.2	329
康平县	Kangping	2167	11.8	35.4	163
法库县	Faku	2281	13.8	44.8	196
新民市	Xinmin	3296	24.2	69.8	212

1—3 人民物质文化生活
People's Material and Cultural Life

指标	Item	2000	2005	2009	2010
城镇非私营单位职工平均工资(元)	Average Wage of Employeers in Non－private Sector in Cities and Towns(yuan)	6995	16393	34281	38553
城市居民人均可支配收入(元)	Per Capita Annual Disposable Income of Residents (yuan)	5850	10098	18475	20541
农村居民人均纯收入(元)	Per Capita Annual Net Income of Rural Residents (yuan)	3135	5050	8753	10022
人均社会消费品零售总额(元)	Per Capita Retail Sales of Consumer Goods(yuan)	8310	13144	24874	28769
人均储蓄额(元)	Per Capita Balance of Saving Deposit(yuan)	14152	25028	41149	46390
城市人均住宅建筑面积(平方米)	Per Capita Living Floor Space of Building Construction in Urban Areas(sq. m)	17.4	23.4	30.9	32.8
农民人均住房面积(平方米)	Per Capita Housing Floor Space of Rural(sq. m)	21.8	25.1	26.9	26.5
燃气普及率(%)	Percentage of Households With Access to Tap Gas %	97.3	92.5	100.0	100
人均日生活用水(升)	Per Capita Water Consumption For Living (litre)	192.2	143.4	161.6	152.46
人均日生活用电(千瓦/小时)	Per Capita Electricity Consumption for Living(kwh)	0.9	1.2	1.6	1.7
每百户城市居民家庭拥有	Number of Sets Per 100 Households in City				
家用汽车(辆)	Home Cars (set)	1.0	2.4	11.7	14.8
家用电脑(台)	Home Computer(set)	9.6	45.8	81.9	88.2
移动电话(部)	Mobile Telephone(set)	18.8	104.0	199.0	206
每千人口拥有医院床位(张)	Number of Beds in Hospital Per 1000 Persons (unit)	5.3	4.9	5.2	6
建成区绿化覆盖率(%)	Green Land Coverage Rate in Eslablished Zone(rate)	23.9	40.7	41.8	42.01
城区人均公园绿地面积(平方米)*	Per Capita Park Green Land Area in Urban Areas(sq. m)	4.3	12.0	12.8	12.72

注:2005 年及以前为建成区人均公共绿地面积。

Note: It is per capita public green land area in established zone.

1—4 平均每天主要社会经济活动
Average Daily Main Social and Economic Indicators

指　　标	Item	2000	2005	2009	2010
每天创造的财富	**Daily Production**				
地区生产总值(万元)	Gross Domestic Product(10000 yuan)	29233	57100	116945	137452
农林牧渔业总产值(万元)	Cross Output Value of Agriculture, Forestry, Animal Husbandry and Fishery(10000 yuan)	3659	6522	10835	12189
地方财政一般预算收入(万元)	General Budget Incom of Local Government(10000 yuan)	1624	3785	8773	12749
每天服务量	**Daily Service Supply**				
用电量(万千瓦/时)	Output of Electricity(10000 kwh)	3107	4226	5692.3	6523
供水量(万吨)	Output of Water(10000 tons)	162.4	153.4	143.7	143.7
货运量(万吨)	Freight Traffic(10000 tons)	41.7	42.7	41.5	47.5
铁路、公路、民航客运量(万人)	Passenger Traffic of Railways, Highways and CivilAviation (10000 persons)	18.1	23.6	75.8	84
市内公交客运量(万人次)	Passenger Traffic of Buses in City(10000 persons)	221.1	229.5	317.8	328.8
邮电业务量(万元)	Telecommunication Services(10000 yuan)	1261.4	3152.1	6491.5	7671.6
每天人口变动	**Population**				
出生人口(人)	Birth(person)	156	135	143	149
死亡人口(人)	Death(person)	126	118	140	161
迁入人口(人)	Move In(person)	196	246	184	191
迁出人口(人)	Move Out(person)	121	134	97	100

1—5 国民经济和社会发展结构
Structure on National Economic and Social Development

指　　标	Item	2000	2005	2009	2010
人口结构	Struture of Population				
#农　业	#Farming	36.8	35.5	35.2	34.7
非农业	Non - agriculature	63.2	64.5	64.8	65.2
#男　性	#Male	50.6	50.2	50.1	49.8
女　性	Female	49.4	49.8	49.9	50.2
地区生产总值结构	Structure of Gross Domestic Product by Region				
第一产业	Primary Industry	7	6.1	4.9	4.6
第二产业	Secondary Industry	39	43.5	49.8	50.7
#工业	#Industrial	34.5	37.7	45.1	45.8
第三产业	Tertiary Industry	54	50.4	45.3	44.7
全社会固定资产投资结构	Structure of Tolal Investment in Fixed				
#房地产开发	#Real Estate Development Assets	24.4	30.3	32.3	31.3
第一产业	Primary Industry	2.9	1.8	3	2.9
第二产业	Secondary Industry	28.9	38.2	37.8	37.7
第三产业	Tertiary Industry	68.2	60	59.2	59.4
规模以上工业总产值结构	Structure of Gross Industrial Output Value above Designated Size				
轻工业	Light Industry	23.8	26.2	25.8	25.8
重工业	Heavy Industry	76.2	73.8	74.2	74.2
农林牧渔业总产值结构	Structure of Gross Output Value of Farming, Foresty, Animal Husbandry and Fishery				
农　业	Farming	54.5	38.4	37.0	39.2
林　业	Forestry	1	2.2	1.9	1.7
牧　业	Husbandry	37.5	48.7	52.6	50.6
渔　业	Fishery	7	6.7	4.4	4.5
农林牧渔服务业	Farming, Forestry, Animal Husbandry, Fishery and Service		4	4.1	4

1—6 国民经济主要指标
Main Indicators of National Economy

指 标	Item	2000	2005	2009	2010
年末总人口(户籍人口)(万人)	Year—end Total Population(10000 persons)	685.1	698.6	716.5	719.6
#市区人口	Urban	485	495.9	512.2	515.4
城镇非私营单位职工人数(万人)	Employees in Non－private Sector in Cities and Towns(10000 persons)	175.8	116.3	111.5	114.7
地区生产总值(亿元)	Gross Domestic Product(100 million yuan)	1067	2084.1	4268.5	5017.5
第一产业	Primary Industry	74.3	126.3	207.1	232.7
第二产业	Secondary Industry	416.4	906.3	2127.4	2529.9
#工业	#Industry	367.7	786.3	1924.5	2283.5
第三产业	Tertiary Industry	576.4	1051.5	1934	2254.9
人均地区生产总值(元)	Per Capita Gross Domestic Product(yuan)	14911	28089	53794	62357
规模以上工业总产值(亿元)	Gross Industrial Output Value(100 million yuan)	714.3	2195.2	7637.1	9612.5
规模以上工业高新技术产品产值(亿元)	High－new Technology Industrial Output Value above Designated Size(100 million yuan)		977.8	3216.2	3890
规模以上工业增加值(亿元)	Value－added of Industry above Designated Size Industrial Enterprises(100 million yuan)	190	652.1	2017.5	2361.4
规模以上工业主营业务收入(亿元)	Revenue from Principal Business above Designate Size Industrial Enterprises(100 million yuan)	705.3	2045.5	7443.4	9399.6
规模以上工业固定资产净值(亿元)	Net Value of Fixed Assets above Designated Size Industrial Enterprises(100 million yuan)	621.1	818.5	1981.3	2236.8
规模以上工业实现利润(亿元)	Profit on Industry above Designated Size Industrial Enterprises(100 million yuan)	29.1	46.2	383	673.3
规模以上工业实现利税(亿元)	Pre—tax Profit on Industry above Designated Size Industrial Enterprises(100 million yuan)	64.2	118.5	693.9	996.8
规模以上工业能源最终消耗总量(万吨标煤)	Total Energy Consumption above Designate Size Industrial Enterprises(10000 tons of SCE)		805.5	1251	1334.1
#工业生产用(万吨标煤)	#Industry(10000 tons of SCE)		782.2	1104.9	1244.5
农林牧渔业总产值(亿元)	Total Output Value of Farming,Forestry,Animal Husbandry and Fishery(100 million yuan)	133.5	238	395.5	444.9
全社会固定资产投资(亿元)	Total Investment in Fixed Assets(100 million yuan)	262.2	1363.2	3676	4139.1
#国有固定资产投资	#State－owned Investment in Fixed Assets	116.2	336.3	613.3	669
集体固定资产投资	Investment of Collective Units in Fixed Assets	14.2	51.9	110	116
个人投资	Investment of Individuals on Buildings	9.5	26.3	72.6	37.2
社会消费品零售总额(亿元)	Total Retail Sales Value of Consumer Goods(100 million yuan)	566	915.1	1778.6	2105.6
进出口总额(亿美元)	Total Exports and Imports (USD 100 million)	26.8	45.9	65.7	78.6
出口总额(亿美元)	Total Exports(USD 100 million)	13	23.7	35.2	40.8
进口总额(亿美元)	Total Imports(USD 100 million)	13.9	22.2	30.5	37.8
实际利用外商直接投资(亿美元)	Total Foreign Capital Actually Used(USD100 million)	7.1	21.2	54.1	50.5
全社会用电量(亿千瓦时)	Total Electricity Consumption(100 million kwh)	110.4	154.3	207.8	238.1
货运总量(万吨)	Total Freight Traffic(10000 tons)	15221.2	15571	15164	17348
客运总量(万人)	Total Passenger traffic(10000 persons)	6620	8629	27668	30658
地方财政一般预算收入(亿元)	Local Intra—budgetary Revenue(100 million yuan)	59.3	138.1	320.2	465.3
地方财政一般预算支出(亿元)	Local Intra—budgetary Expenditure(100 million yuan)	89.4	217	475.9	516.6
金融机构本外币存款余额(亿元)	Deposits of Banking System including Ren Ming Bi and Foreign Currency(100 million yuan)		3696.6	6809.8	8254.2
金融机构本外币贷款余额(亿元)	Loans of Banking System including Ren Ming Bi and Foreign Currency(100 million yuan)		2355.7	5170.9	6068.4
城乡居民储蓄本外币年末余额(亿元)	Year—end Deposit of Residents including Ren Ming Bi and Foreign Currency(100 million yuan)		1847.1	3011.3	3394.9
在校学生总数(万人)	Total Students Enrollment(10000 persons)	189.3	125.5	122.3	119.4
#高等教育院校在校学生数	#Institutions of Higher Education	20.6	35.3	43.5	42.8
中等专业学校在校学生数	Secondary Schools	3.7	5.8	7.1	7.5
普通中学在校学生数	Regular Secondary Schools	36.5	37.2	31.6	30.2
小学在校学生数	Primary Schools	52.5	39.7	34.3	33.8
各种卫生机构床位数(万张)	Number of Beds in Health Institutions(10000 units)	36116	34033	37528	42822
医生数(万人)	Number of Doctors(10000 persons)	20656	19255	20303	20859
居民消费价格指数(%)	General Consumer Price Indices(%)	100.1	100.7	99.9	102.9
商品零售价格总指数(%)	General Retail Price Indices of Commodities(%)	98	99.3	97.9	102.6
城市居民人均可支配收入(元)	Per Capita Annual Disposable Income of UrbanResidents(yuan)	5850	10098	18475	20541
农村居民人均纯收入(元)	Per capita Annual Net Income of Rural Residents(yuan)	3135	5050	8753	10022
城镇非私营单位职工工资总额(亿元)	Total Salary of Staff in Non－private Sector in Cities and Towns(100 million yuan)	123.5	195.2	389.8	441.1
城镇非私营单位职工年平均工资(元)	Per Capita Salary of Staff in Non－private Sector in Cities and Towns(yuan)	6995	16393	34281	38553

1—7 国民经济主要指标发展速度

Major Indicators of Development Speed of National Economy

上年为100%(Preceding Year = 100)

指　标	Item	2000	2005	2009	2010
年末总人口(户籍人口)	Year—end Total Population	101.2	100.7	100.4	100.4
#市区人口	Urban	100.7	100.7	100.6	100.6
城镇非私营单位年末职工人数	Year - end staff in Non - private Sector in Cities and Towns	97	97.5	98.1	102.9
地区生产总值	Gross Domestic Product	110.3	116	114.1	114.1
第一产业	Primary Industry	101.9	109.4	107.3	106
第二产业	Secondary Industry	109.8	122.3	116.4	115.2
#工业	#Industry	109.9	122.2	116.1	115.1
第三产业	Tertiary Industry	112.4	111.7	112.3	113.7
人均地区生产总值	Per Capita Gross Domestic Product	108.8	115.4	112.7	112.5
规模以上工业总产值	Gross Industrial Output Value	122.6	139.6	117.0	125.9
规模以上工业高新技术产品产值	High - new Technology Industrial Output Value above Designated Size		129.5	119.1	121
规模以上工业增加值	Value - added of Industry above Designated Size Industrial Enterprises(100 million yuan)	114	140.5	119.1	119.1
规模以上工业主营业务收入	Revenue from Principal Business above Designated Size Industrial Enterprises	128.2	139	117.1	126.3
规模以上工业固定资产净值	Net Value of Fixed Assets above Designated Size Industrial Enterprises	122.3	107.2	87.1	112.9
规模以上工业实现利润	Profit on Industrial above Designated Size Industrial Enterprises	177.4	83.8	139.5	175.8
规模以上工业实现利税	Pre—tax Profit on Industry above Designated Size Industrial Enterprises	141.4	105.7	156.0	143.7
农林牧渔业总产值	Total Output Value of Farming, Forestry, Animal Husbandry and Fishery	103.2	110.4	107.4	106.5
全社会固定资产投资	Total Investment in Fixed Assets	109.2	140.3	122.2	122.5
#国有固定资产投资	#State - owned Investment in Fixed Assets	100.3	151	116.3	109.1
集体固定资产投资	Investment of Collective Units in Fixed Assets	132	117.2	100.0	105.7
个人投资	Investment of Individuds on Buidings	49.5	166.5	151.0	51.2
社会消费品零售总额	Total Retail Sales Value of Consumer Goods	109.7	113.1	118.1	118.4
进出口总额	Total Value of Imports and Exports	147.7	87.4	92.3	119.5
出口总额	Total Exports	162.5	98.8	85.7	115.7
进口总额	Total Imports	136.3	77.8	101.4	124
实际利用外商直接投资	Total Foreign Capigal Actually Used	142.9	87.6	102.3	93.4
全社会用电量	Total Electricity Consumption	109.7	108.5	107.2	114.6
货运总量	Total Freight Traffic	98.9	105.5	108.5	114.4
客运量	Total Passenger traffic	86.4	108.4	106.0	110.8
地方财政一般预算收入	Local Intra—budgetary Revenue	110	126.1	110.0	117.6
地方财政一般预算支出	Local Intra—budgetary Expenditure	117.3	126.4	117.0	108.6
金融机构本外币存款余额	Deposits of Banking System including Ren Ming Bi and Foreign Currency		115.3	124.2	121.2
金融机构本外币贷款余额	Loans of Banking System including Ren Ming Bi and Foreign Currency		99.3	132.9	117.4
城乡居民本外币储蓄年末余额	Year—end Deposit of Residents including Ren Ming Bi and Foreign Currency		110.5	119.0	112.7
在校学生总数	Total Students Enrollment	100.3	98.7	96.6	97.6
#高等教育院校在校学生数	#Institutions of Higher Education	120.2	109.8	101.5	98.4
中等专业学校在校学生数	Secondary Schools	92.5	90.8	110.2	105.6
普通中学在校学生数	Regular Secondary Schools	109.3	97.7	94.6	95.6
小学在校学生数	Primary Schools	93.9	95.2	96.2	98.5
各种卫生机构床位数	Number of Beds in Health Institutions	96.6	101.3	107.1	113.2
医生数	Number of Doctors	100.8	106.3	103.4	105
城市居民人均可支配收入	Per Capita Annual Disposable Income of Urban Residents	109.1	113.2	108.6	111.2
农村居民人均纯收入	Per capita Annual Net Income of Rural Residents	101.1	116.2	109.0	114.5
城镇非私营单位职工工资总额	Total Salary of Staff in Non - private Sector in Cities and Towns	102.6	114.7	114.5	113.2
城镇非私营单位职工年平均工资	Per Capita Salary of Staff in Non - private Sector in Cities and Towns	107.3	118.7	116.0	112.5

1—8 地区生产总值及指数
Cross Domestic Product and Indices

年份 year	地区生产总值（万元） GDP(10000 yuan)	第一产业 Primary Industry	第二产业 Secondary Industry	第三产业 Tertiary Industry	地区生产总值指数（%） (以上年为100) Indices(Indices Preceding Year = 100)	第一产业 Primary Industry	第二产业 Secondary Industry	第三产业 Tertiary Industry
1986	1255307	115992	720955	418360	110.0	97.0	111.7	110.0
1987	1541602	145997	852985	542620	114.2	112.7	111.4	119.8
1988	1937656	201048	993239	743369	110.6	117.9	105.9	117.3
1989	2175936	164028	1104194	907714	101.2	73.9	100.1	108.3
1990	2348819	238243	1071207	1039369	105.5	144.2	97.4	112.1
1991	2547241	254456	1133609	1159176	104.4	106.4	103.8	104.5
1992	3266072	292526	1506390	1467156	117.8	113.2	123.1	113.3
1993	4245977	349600	1955557	1940820	114.1	109.1	118.7	110.0
1994	5520457	447409	2464203	2608845	112.5	90.4	117.4	111.6
1995	6728642	513541	2848009	3367091	109.9	103.0	109.5	111.7
1996	7476656	549340	3021457	3905859	110.0	105.8	111.4	108.9
1997	8258248	590113	3364808	4303326	110.0	101.8	112.8	107.5
1998	9070368	653720	3620331	4796317	110.9	114.8	111.2	109.8
1999	9716730	703659	3815358	5197713	110.0	107.7	111.1	108.7
2000	10669908	742519	4163501	5763887	110.3	101.9	109.8	112.4
2001	11740239	801228	4463658	6475353	110.1	106.4	110.2	110.5
2002	13260183	874178	4956707	7429298	113.1	108.0	114.6	112.5
2003	15018961	893233	5974341	8151387	114.2	106.8	121.6	108.1
2004	17729334	1140852	7262813	9325668	115.5	114.2	119.8	111.1
2005	20841339	1263299	9062862	10515178	116.0	109.4	122.3	111.7
2006	25196339	1351958	11391228	12453153	116.7	104.1	122.2	113.6
2007	31596939	1661506	15004185	14931247	120.5	106.1	127	116.1
2008	37808727	1836782	18648432	17323513	116.3	108	118.3	115.0
2009	42685137	2070681	21274319	19340137	114.1	107.3	116.4	112.3
2010	50175427	2327484	25299343	22548600	114.1	106	115.2	113.7

2—1 人口及构成

Population and It' s Composition

单位:人 （年底数）(year—end) (person)

年份 Year	总人口 Total Population	按性别分 By Sex 男 Male	女 Female	按农业非农业分 By Agriculture 农业人口 Agriculture Population	非农业人口 Non—agriculture Population
1949	2942443	1548628	1393815	1796406	1146037
1952	3295179	1753754	1541425	1763036	1532143
1957	4251709	2221391	2030318	1755161	2496548
1962	4376555	2251101	2125454	1818709	2557846
1965	4845081	2492378	2352703	2042320	2802761
1970	4897417	2504140	2393277	2543171	2354246
1975	5187372	2640878	2546494	2700459	2486913
1978	5404700	2751185	2653515	2756720	2647980
1980	5667669	2881247	2786422	2631852	3035817
1985	6063377	3084886	2978491	2549105	3514272
1990	6460649	3282141	3178508	2572537	3888112
1995	6667917	3384270	3283647	2517142	4150775
1996	6710376	3401134	3309242	2512109	4198267
1997	6737910	3412197	3325713	2511640	4226270
1998	6748628	3416423	3332205	2506427	4242201
1999	6770792	3423899	3346893	2505546	4265246
2000	6850969	3464878	3386091	2517760	4333209
2001	6893397	3480301	3413096	2536439	4356958
2002	6889182	3473915	3415267	2506510	4382672
2003	6890947	3468893	3422054	2485201	4405746
2004	6938708	3484920	3453788	2475337	4463371
2005	6985663	3503856	3481807	2477089	4503735
2006	7035617	3524664	3510953	2486188	4546156
2007	7097715	3551216	3546499	2537032	4557554
2008	7135053	3563878	3571175	2524076	4604896
2009	7165490	3573438	3592052	2521086	4640956
2010	7196048	3584164	3611884	2498483	4692388

注:从 2005 年起,因有“未落常住户口人员”,故“农业人口”+“非农业人口”小于合计。

Note: Because having not signed number of households, total population from 2005 did not equal Agriculture population added non－agriculture population.

2—2 人口自然变动情况
Natural Change of Population

年 份 Year	出生人口(人) Birth (person)	出生率(‰) Birth Rate (‰)	死亡人口(人) Death (person)	死亡率(‰) Death Rate (‰)	自然增长率(‰) Natural Growth Rate(‰)
全市数 Total 1978	94007	17.7	27959	5.3	12.5
1980	86089	15.4	30846	5.5	9.9
1985	81526	13.5	34028	5.6	7.9
1990	79799	12.4	37894	5.9	6.5
1995	53100	8	40957	6.2	1.8
1996	52466	7.8	43268	6.5	1.4
1997	49443	7.4	43118	6.4	0.9
1998	43627	6.5	42760	6.3	0.1
1999	44189	6.5	44829	6.6	-0.1
2000	57008	8.4	46094	6.8	1.6
2001	43950	6.4	38166	5.6	0.9
2002	45609	6.6	39785	5.8	0.9
2003	36731	5.3	42323	6.1	-0.8
2004	47795	6.9	47605	6.9	0.03
2005	49381	7.1	43150	6.2	0.89
2006	48554	6.93	40725	5.81	1.12
2007	58089	8.22	41442	5.86	2.36
2008	54821	7.7	60720	8.53	-0.83
2009	52206	7.3	51014	7.13	0.17
2010	54378	7.57	58637	8.17	-0.59
市区数 Districts under					
1978	58282	16.9	17884	5.2	11.7
1980	52863	14	20057	5.3	8.7
1985	55851	13.4	22461	5.4	8
1990	49412	10.9	26600	5.9	5
1995	32324	6.9	29318	6.2	0.6
1996	31615	6.7	31120	6.6	0.1
1997	29980	6.3	30999	6.5	-0.2
1998	25690	5.4	31079	6.5	-1.1
1999	26756	5.6	31770	6.6	-1
2000	32874	6.8	34330	7.1	-0.3
2001	26194	5.4	30438	6.3	-0.9
2002	28888	5.9	32518	6.7	-0.7
2003	21105	4.3	33825	6.9	-2.6
2004	27359	5.6	35253	7.2	-1.6
2005	29425	6	36624	7.4	-1.46
2006	29849	6	34979	7.03	-1.03
2007	38397	7.64	35345	7.04	0.61
2008	35833	7.07	36824	7.26	-0.19
2009	35928	7.04	37078	7.26	-0.23
2010	36908	7.18	39728	7.73	-0.55

2—3 总户数及总人口
Total Households and Population

单位:户、人 (household, person)

指标	Item	2000	2005	2009	2010
总户数	**Total Households**	**2181144**	**2319795**	**2476117**	**2512831**
市　区	**District under**	**1554476**	**1675849**	**1793362**	**1823458**
和平区	Heping	203271	213799	215381	226335
沈河区	Shenhe	196165	207049	205688	262859
大东区	Dadong	211195	231315	242075	252474
皇姑区	Huanggu	224230	247580	259292	279700
铁西区	Tiexi	245918	276746	301821	310208
苏家屯区	Sujiatun	135484	145668	154346	156293
东陵区	Dongling	129544	138179	160819	91896
沈北新区	Shenbei New	90606	93282	109507	109811
于洪区	Yuhong	118063	122231	144433	133882
市辖县(市)	**Counties under**	**410653**	**425971**	**682755**	**689373**
辽中县	Liaozhong	176763	182591	189530	191494
康平县	Kangping	102403	108083	116798	118007
法库县	Faku	131487	135297	138245	138195
新民市	Xinmin City	216015	217975	238182	241677
总人口数	**Total Households**	**6850969**	**6985663**	**7165490**	**7196048**
市　区	**District under**	**4850371**	**4958861**	**5122311**	**5154241**
和平区	Heping	633932	640541	629334	656271
沈河区	Shenhe	599707	613365	604461	735333
大东区	Dadong	641664	645848	661502	702987
皇姑区	Huanggu	714447	752289	762563	808460
铁西区	Tiexi	760325	803188	844983	857827
苏家屯区	Sujiatun	413498	422014	428260	428730
东陵区	Dongling	413690	421854	454969	257855
沈北新区	Shenbei New	296069	291707	318544	318809
于洪区	Yuhong	377039	368055	417695	387969
市辖县(市)	**Counties under**	**1312365**	**1330893**	**2043179**	**2041807**
辽中县	Liaozhong	522248	534156	540261	541714
康平县	Kangping	344456	349559	353177	353605
法库县	Faku	445661	447178	450182	448107
新民市	Xinmin City	688233	695909	699559	698381

2—4 城镇非私营单位职工人数

Number of Employees in Non - private Sector in Cities and Towns

单位:万人 （年末数）(year - end) (10000 persons)

年份 Year	职工人数 Staff	国有单位 State - owned Units	集体单位 Collective owned Units
1980	186.4	121.2	65.2
1985	218.7	133.7	79
1990	230.5	146.9	75.3
1995	225.5	139.6	66.8
1996	218.7	137	61.7
1997	210.2	133.9	55.5
1998	193.5	123	44.1
1999	181.2	115.8	39
2000	175.8	110.8	36.1
2001	162.5	96.5	34.2
2002	142.2	82.6	25.6
2003	126	71.4	20.5
2004	119.3	65.6	18.4
2005	116.3	63.8	15.8
2006	114.6	64.4	14.5
2007	112.2	63.6	13.1
2008	113.7	63.9	11.7
2009	111.5	62.4	10.2
2010	114.7	62.9	9.2

注:1992 年以前资料不含康平、法库的数。
Note:Data from 1990 to 1992 didn' t include Kangping and Faku.

2—5 城镇非私营单位职工工资总额和平均工资
Total and Average Wages of Employees in Non - private Sector in Cities and Towns

年份 Year	工资总额(亿元) Total Wages (100 million yuan)	国有 State - owned Units	集体 Collective - owned Units	为上年(%) Compare With last year	平均工资(元) Average Wages (yuan)	国有 State - owned Units	集体 Collective - owned Units	为上年(%) Compare With last year
1980	14.07	10.19	3.88		755	841	595	
1985	25.29	16.24	8.29	125.3	1156	1215	1049	123
1990	52.56	37.12	13.6	110.2	2309	2527	1806	109.2
1995	110.45	77.81	21.22	109.4	4900	5593	3164	111.3
1996	113.79	81.51	20.31	103	5198	5939	3283	106.1
1997	122.86	88.36	20.02	108	5801	6547	3564	111.6
1998	119.59	86.33	15.42	97.3	6090	6910	3491	105
1999	120.36	87.36	13.72	100.6	6517	7371	3472	107
2000	123.46	89.57	12.12	102.6	6995	8052	3296	107.3
2001	139.2	96.98	11.36	112.7	8249	9608	3264	117.9
2002	149.87	100.3	9.91	107.7	9811	11174	3662	118.9
2003	157.98	102.93	8.87	105.4	11630	13256	4001	118.5
2004	170.1	109.04	8.23	107.7	13815	15781	4341	118.8
2005	195.18	125.16	8.01	114.7	16393	18756	4916	118.7
2006	228.9	153.59	8.67	117.3	19812	23679	5707	120.9
2007	271.92	186.91	9.72	118.8	23754	28866	6959	119.9
2008	340.23	230.5	11.1	125.1	29545	35835	8613	124.4
2009	389.84	261.99	12.72	114.5	34281	40589	12327	116
2010	441.09	286.59	14.32	113.1	38553	46083	15396	112.5

注:1992 年以前资料不含康平、法库的数。
Note:Data from 1990 to 1992 didn' t include Kangping and Faku.

3—1 规模以上各行业工业总产值
Gross Output Value above Designated Size

单位:万元 (10000 yuan)

		2009	2010
总　　计	**Total**	**76370998**	**96125255**
采矿业	**Mining and Quarrying**	**988424**	**1383307**
煤炭开采和洗选	Coal Mining and Processing	714459	946048
非金属矿采选	Nonmetals Mining and Dressing	259842	404082
制造业	**Manufacturing**	**72798463**	**91631609**
农副食品加工	Agricultural Food Processing	6514069	8985592
食品制造	Food Production	1877647	2310655
饮料制造	Beverage Production	1321514	1532181
烟草制品	Tobacco Products	184397	218785
纺　织	Textile Industry	493377	622627
纺织服装、鞋、帽制造	Products of Textile Garments、Shoes and Caps	1283641	1429595
皮革、毛皮、羽毛(绒)及其制品	Leather, Furs, Down and Related Products	197079	231849
木材加工及木、竹、藤、棕、草制品	Timber Processing, Bamboo, Cane and Straw Products	1565959	1711323
家具制造	Furniture	1498629	1698902
造纸及纸制品	Papet Making and Paper Products	801066	1056410
印刷业和记录媒介的复制	Printing and Record Medium Reporduction	401785	505035
文教体育用品制造	Cultural, Education and Sports Goods	127172	151877
石油加工、炼焦及核燃料加工	Petroleum Refining, Coking and Nuclear Fuel Processing	1324638	1739449
化学原料及化学制品制造	Raw Chemical Materials and Chemical Products	2061283	2768637
医药制造	Medical and Pharmaceutical Products	1730079	2035203
橡胶制品	Rubber Products	814059	1104215
塑料制品	Plastic Products	2660487	3613691
非金属矿物制品	Nonmetsl Mineral Products	4144740	5611002
黑色金属冶炼与压延加工	Smelting and Pressing of Ferrous Metals	2788767	2488685
有色金属冶炼与压延加工	Smelting and Pressing of Nonferrous Metals	1569356	1971792
金属制品	Metal Products	3997529	5050824
通用设备制造	Universal Machinery	10032385	12034461
专用设备制造	Special Purposes Equipment	4855376	5821648
交通运输设备制造	Tramsport Equipment	9624875	12934165
电气机械及器材制造	Electric Equipment and Machinery	7573097	9769370
通信设备、计算机及其他电子设备制造	Telecommunications Equipment、Computer and other Electric	2349187	2994101
仪器仪表及文化、办公用机械制造	Instruments, Meters, Cultural and Office Machinery	414238	550314
工艺品及其他制造业	Handicraft Article and Other Manufacturing	483370	609300
废气资源和废旧材料回收加工	Recycling and Disposal of Waste	105561	76130
电力、燃气及水的生产和供应业	**Production and Supply of power, Gas and Water**	**2584111**	**3110338**
电力、热力	Production and Supply of Power, Steam and Hot Water	2380780	2831397
燃　气	Production and Supply of Gas	90851	126223
水	Production and Supply of Water	112479	152719

3—2 主要工业产品产量
Main Industrial Products

年份 Year	彩色电视机 (万台) Color TV Sets (10000 units)	灯 泡 (万只) Lamps (10000 units)	机制纸及纸板 (吨) Machine – made Paper and Paperboards (ton)	卷 烟 (万箱) Cigarettes (10000 cases)	白 酒 (千升) Liquor (kiloliter)
1978		2513	84370	19.11	11948
1980		3299	98210	25.5	17351
1985	3.97	4975	135064	21.98	28643
1990	10.77	6819	124469	24.2	64242
1995	1.3	30700	122916	20.1	69566
1996	12.38	37423	134108	18.5	92544
1997	26.15	8922	102612	18.71	124741
1998	56.1	7918	84000	20	120400
1999	59.76	7389	59922	11	108111
2000	175	4583	55245	8	162533
2001	139.62	11885	37053	15	13333
2002	179.35	4248	45453	16	4173
2003	241.55	13101	46857	17.8	2032
2004	248.42	10079	47355	20.4	50577
2005	472.04	12813	44573	20	74784
2006	271.8	51066	33775	21	100716
2007	344.09	90343	160909	22.57	207136
2008	398.47	80890	4546	23	284921
2009	340.38	33636	36382	23	271949
2010	329.87	36874	17314	24	352588

3—2 续表 1 Continued

年份 Year	啤 酒 (千升) Beer (kiloliter)	味 精 (吨) Gourmet Powder (ton)	瓷 砖 (万平方米) Ceramid Tile (10000 sq. m)	合成洗衣粉 (吨) Synthetic Detergents (ton)	皮 鞋 (万双) Leather Shoes (10000 pairs)
1978	41734	2721		6816	361.4
1980	60259	3460		9352	408.38
1985	111834	5326		22870	569.49
1990	185726	9508		28766	418.8
1995	345145	16991		26130	1155.92
1996	331934	19309		19106	2067.48
1997	343490	21100		12378	1891.56
1998	345600	25237		6681	1124.4
1999	419617	28347		3578	1959.59
2000	429682	34142		4253	1367.24
2001	420156	33001		28532	160.36
2002	411680	37026		31440	134.86
2003	437475	43318		22180	172.04
2004	484340	42513		12825	2003.47
2005	540721	46016	6770	17100	2126.42
2006	613793	51560	8493	17411	3190.9
2007	801908	45990	13078	14541	4486.4
2008	801450	37947	21538	28185	3881.59
2009	869598	40318	29776	24246	988.40
2010	897814	35250	41413	42600	97

3—2 续表 2 Continued

年份 Year	汽车发动机（万千瓦）Motor Engine（10000 kw）	气体压缩机（台）Gas Compressed Motor（unit）	风 机（台）Pneumatic Machine（unit）	金属切削机床（台）Metal - cutting Machines（unit）	房间空气调节器（台）Air Conditioner（unit）	交流电动机（万千瓦）AC Motors（10000 kw）
1978		2558	12659	7362		138.2
1980		2245	14510	9817		129.4
1985		5782	19549	11356		148
1990		2731	23600	10013		170
1995		15730	15456	9294	72512	206.74
1996		7029	8262	6986	79651	542.41
1997		5414	14081	6658	72685	312.04
1998		3719	8123	6174	38733	124
1999		1656	4747	5661	95150	160.08
2000		2444	6346	8426	230692	133.97
2001	361	1003	4900	10513	362297	129.4
2002	850	771	3559	16586	300172	156.85
2003	1615	1077	5841	32241	271345	205.48
2004	1410	1431	4737	53261	344462	314.69
2005	1476	1525	5559	68209	609916	404.39
2006	2870	20372	4061	80681	498287	302.5
2007	3674	4332	14101	90224	480158	294.66
2008	2491	4756	4262	93121	555223	210.07
2009	3011	14718	4613	73355	434312	124.93
2010	4382	13080	5944	95244	338397	106.2

3—2 续表 3 Continued

年份 Year	变压器（万千伏安）Transformer（10000 kVA）	电力电缆（公里）Electric Cables（km）	汽 车（辆）Motor Vehicls（unit）	钢芯铝铰线（吨）Steel Core Winded with Aluminum Wire（ton）	滚动轴承（万套）Rolling Bearing（10000 units）	原 煤（万吨）Coal（10000 tons）	发电量（万千瓦时）Electricity（10000 kwh）
1978	1255	10700	784	12108	109.7	521.1	34059
1980	1140	15191	4032	11354	124.1	586	29489
1985	1330	15534	25306	22062	125.8	564.1	51587
1990	1336	18752	22572	18307	190.2	608.8	96561
1995	2265	54156	21541	5650	123.4	383.2	475859
1996	2121	20453	25430	8320	122.8	360.9	355811
1997	2321	59420	37155	7759	66.2	404.2	351646
1998	2119	8572	41321	8340	49.8	477.8	336316
1999	1938	1263	54214	9405	28.1	489.6	320007
2000	2283	33012	79211	10934	34	477.4	351420
2001	1844	24005	75461	4576	30.1	486.2	344856
2002	1645	37226	86809	5317	17.2	760.9	365347
2003	1264	114816	125598	4649	10.5	689.4	597813
2004	3457	122879	124394	13801	9.87	1006.4	491293
2005	3586	108916	138496	17403	10	992.2	443340
2006	4613	98730	267710	12489	18.8	1453.3	453090
2007	5518	183289	352439	29312	14.7	960.8	554708
2008	8157	179110	299061	12128	17.8	898.9	613092
2009	9488	234305	482001			822.1	806217
2010	9728	279638	665791			881	1114482

3—2 续表 4 Continued

年份 Year	煤气生产量（万立方米）Coal Gas (10000 cu. m)	钢（万吨）Steel (10000 tons)	成品钢材（万吨）Steel Products (10000 tons)	铜（吨）Copper (ton)	铅（吨）Lead (ton)	铜材（吨）Copper Products (ton)	铝材（吨）Aluminum Products (ton)
1978	21447	26.21	42.68	46153	48070	23365	3622
1980	21978	22.86	51.41	56618	52294	21618	4700
1985	26220	32.2	46.86	56562	54643	31281	7638
1990	17008	38.6	49.2	54897	62970	26472	17519
1995	26683	24.25	38.17	51700	56701	25578	24674
1996	33044	23.04	42.63	51412	58589	23465	36469
1997	25112	15.73	31.33	57377	67721	25549	29082
1998	21200	6.27	34.43	67589	67518	12487	12070
1999	7719	1.56	41.28	35309	54477	24035	13026
2000	8026	12.57	35.82	17815	5945	50094	27995
2001	18970	18.44	17.13	11890	22213	51673	18704
2002	19927	8.81	34.99	7586	4975	359980	16132
2003	21831	10.53	23.87	8212	1280	73464	18954
2004	23992	14.35	40.09	4823	2485	80362	18299
2005	29866	20.57	151.15	3140	5222	116555	25864
2006	30926	20.17	241.28	13115	7356	77853	45854
2007	34867	40.94	230.84	11480	8771	102443	51310
2008	27215	39.6	153.11	8034	8843	125681	89998
2009	19320	21.73	52.64	9457	2139	144691	40596
2010	18910	21.51	57.19	4594	2963	118808	34626

3—2 续表 5 Continued

年份 Year	焦炭（万吨）Coke (10000 tons)	油漆（吨）Paint (ton)	轮胎外胎（万条）Tires (10000 units)	水泥（万吨）Cement (10000 tons)	平板玻璃（万重量箱）Plate Glass (10000 weight cases)	砖（亿块）Brick (100 million units)
1978	27.19	15094	19	13.77	168.5	7.02
1980	26.52	19886	21.2	20.46	156.9	10.35
1985	31.41	25855	37.4	29.3	151.4	21.61
1990	29.69	23813	67.3	35.51	212.9	24.81
1995	28.01	22311	39.91	73.48	270.4	20.83
1996	24.99	22750	23.77	51.84	459.4	29.03
1997	24.96	20104	45.43	55.49	491.2	29.83
1998	24.96	8677	104.61	40.7	487	8.42
1999	25.09	12408	128.41	47.04	486.8	7.72
2000	26.13	10660	165.16	40.75	495.8	7.81
2001	28.28	8791	189.6	62.73	522.5	0.34
2002	31.73	8799	208.5	55.8	607.4	0.43
2003	34.54	12173	272	147.33	531.5	0.42
2004	40.87	12770	291.8	172.78	765.9	1.71
2005	67.04	22597	314.99	179.24	744.33	5.84
2006	76.35	32488	362.6	231	519.7	53.82
2007	90.96	69904	358.58	285.43	552.2	22.59
2008	83.37	49042	371.11	275.9	429.18	21.99
2009	90.84		343.76	397.53	325.5	28.2
2010	82.9		402.41	363.72	373.26	28.53

3—3 规 模 以 上 工 业
Main Indicators of Industrial

单位:万元

项　　目	Item	企业单位数（个）Number of En－terprise (unit)	亏损企业 Loss－suffering Enterprise (unit)	工业总产值（当年价格）Gross In－dustrial Output (at current prices)
总　　计	**Total**	**5252**	**367**	**96125255**
在总计中:亏损企业	Of the Total:Enterprises in Deficit	367	367	3234842
在总计中:国有控股企业	Of the Total:Stater Holding Enterprises	289	68	22401328
在总计中:农村工业	Of the Total:Village Industry	52		321919
在总计中:轻工业	Of the Total:Light Industry	1589	93	25104838
重工业	Heavy Industry	3663	274	71020416
在总计中:大型企业	Of the Total:Large sized	35	2	20854163
中型企业	Medium－sized	234	24	17008682
小型企业	Small－sized	4983	341	58262409
在总计中:中央企业	Of the Total:State	44	9	4551856
省属企业	Province	44	6	2476656
市属企业	City	774	107	17212730
其他企业	Others	4390	245	71884013
在总计中:公有制企业	Of the Total:State－owned Enterprises	698	95	26688388
非公有制企业	Privately－owned Company	4554	272	69436866
按登记注册类型分	**Grouped by Registered Categories**			
内资企业	**Domestic Funded Enterprises**	**4601**	**270**	**74986558**
国有企业	State－owned Enterprises	131	33	5258573
中央企业	Ceutral Euter Prises	22	4	1527512
地方企业	Local Enter Prises	109	29	3731061
集体企业	Collective－owned Enterprises	276	16	2032633
股份合作企业	Share－holding Cooperative Enterprises	94	3	635482
联营企业	Joint Ownership Enterprises	6		141941
国有联营企业	State Joint Ownership	1		6365
集体联营企业	Collective Joint Ownership	1		3585
其他联营企业	Other Joint Ownership	4		131991
有限责任公司	Limited Liability Corporations Ltd.	579	67	20934966
国有独资公司	State Funded Corporations	21	5	4601343
其他有限责任公司	Others	558	62	16333623
股份有限公司	Share－Holding Corporations Ltd.	122	16	2796973
私营企业	Private Enterprises	3363	133	42971755
私营独资企业	Private Funded	1146	19	10052928
私营合作企业	Private Partnership	41	1	517022
私营有限责任公司	Private Limited Liability	2059	108	30378616
私营股份有限公司	Private Share－holding Corporations Ltd.	117	5	2023188
其他企业	Others	30	2	214236
港、澳、台商投资企业	**Hongkong,Macao and Taiwan Funded Enterprises**	**150**	**20**	**4530298**
合资经营企业(港或澳、台资)	Joint Venture	85	15	2185034
合作经营企业(港或澳、台资)	Cooperative Operation	5		109812
港澳台商独资经营企业	Hongkong,Macao and Taiwan Exclusive Funded	55	5	2128935
港澳台商投资股份有限公司	Share－holding Corporations Ltd. Funded by Hongkong,Macao and Taiwan	5		106517
外商投资企业	**Foreign Funded Enterprises**	**501**	**77**	**16608399**
中外合资经营企业	Joint Venture	234	36	11291060
中外合作经营企业	Joint Cooperate Operation	11	2	132026
外资企业	Foreign Exclusive Investment	248	38	4776476
外商投资股份有限公司	Foreign Investment Share－Holding Ltd.	8	1	408837

企业主要经济指标
Enterprises above Designated Size

(10000 yuan)

工业销售产值（当年价格）Industrial Sales (at current prices)	出口交货值 Export	资产合计 Total Assets	流动资产 Circulating Funds	负债合计 Total Liabilities	流动负债 Circulating Liabilities
94791576	**2435626**	**62473325**	**29545819**	**34036276**	**26389769**
3008754	71705	5034807	2692325	3864384	3443620
21728376	827577	27930835	14602822	19271826	14742424
321396	600	116871	39655	35153	15715
24824409	769180	11408219	4632475	4036938	3146723
69967168	1666447	51065106	24913345	29999338	23243047
20424399	1130497	25465093	14627320	17051199	13168890
16780308	591027	12464473	6235078	7000812	5585822
57586869	714102	24543760	8683421	9984264	7635058
4507021	154391	6279561	3043651	4005780	2906888
2321198	3021	3182326	1617201	2336601	1846932
16802498	876584	15689533	9488006	10736267	9360228
71160860	1401631	37321905	15396962	16957628	12275722
25966398	901543	29763101	15615643	20045852	15355579
68825178	1534083	32710224	13930176	13990423	11034190
73872707	**1451752**	**46731332**	**20495374**	**25559128**	**18940871**
5172679	164495	8307523	2462967	5146691	2935240
1492363	1881	1500533	503624	700597	518310
3680317	162614	6806990	1959342	4446094	2416931
1994754	3135	559361	258052	203272	153019
625172	6324	261830	104423	109921	63440
136819		218691	104264	166498	157480
6072		4084	2975	1593	1397
3585		540	347	35	
127162		214068	100942	164870	156083
20396560	1137992	19769269	11644663	13660292	10980655
4362567	261466	6711976	4228818	5383136	4562692
16033993	876526	13057292	7415846	8277156	6417963
2756295	13609	1734462	800102	724050	537524
42579616	116617	15704139	5054880	5443334	4055392
9937145	52545	2953110	941198	934665	598437
512017	147	195328	69082	49863	43747
30133774	62062	11824057	3826140	4177198	3189175
1996680	1863	731644	218460	281608	224033
210813	9580	176058	66024	105070	58122
4604852	**177131**	**4275607**	**2343208**	**2074575**	**1480117**
2295833	37803	2559962	1528179	1173123	728494
109566	3968	25695	13540	14124	14031
2094623	134988	1577937	763340	809406	660288
104830	373	112013	38149	77921	77305
16314018	**806743**	**11466386**	**6707238**	**6402573**	**5968782**
11097527	367528	6928799	4309065	4583970	4341382
125717	2334	57455	34160	27685	22968
4682424	425406	3929579	2110552	1622135	1459714
408350	11476	550554	253462	168783	144717

3—4 全社会能源物资消费总量
Total Consumption of Energy and Material

年份 Year	能源消费总量（万吨标煤） Total Consumption of Energy (10000 tons of SCE)	工业用 Industry Use	煤炭消费总量（万吨） Total Consumption of Coal (10000 tons)	电力消费总量（亿千瓦时） Total Consumption of Electricity (100 million kwh)	焦炭（万吨） Coke (10000 tons)	燃料油（含原油）（万吨） Fuel oil (include Crude oil) (10000 tons)	汽油（万吨） Gasoline (10000 tons)	柴油（万吨） Diesel Oil (10000 tons)
1980	733.7	466.1	592.1	34.77	22.2	111.2	7.7	5.5
1985	839.7	507.8	829.6	42.03	26.1	85.7	9.7	8.5
1990	925.4	558.8	773	50.75	22.2	73.4	11.4	18.9
1995	1187.0	886	1158.9	82.2	14.5	71.9	14	16.7
1996	1 058.8	809.2	902.5	87.6	12.5	69.1	8.6	15.5
1997	1 013.7	780.3	856.9	92.32	11.3	53.5	8.7	19.7
1998	952.9	747.2	938	92.4	11.5	68.6	11.3	18.8
1999	905.3	732.5	897.6	100.6	9.8	84.1	10.3	18.4
2000	960.3	752.9	951.4	110.36	3.8	90.1	14.1	21.4
2001	640.0	599.2	838.4	43.3	3.7	85.9	2.3	3.4
2002	662.0	626.0	899.4	43.0	3.6	99.4	2.5	3.7
2003	718.3	687.0	1068.2	48.1	4.8	90.2	2.7	4.4
2004	764.7	733.1	1351.8	58.1	7.5	92.2	4.6	5.6
2005	805.5	782.2	1731.2	73.0	6.5	75.2	3.9	5.9
2006	968.4	942.8	2057.5	87.0	13.5	87.1	8.2	12.2
2007	1043.4	1023.9	2023.4	95.7	20.1	102.1	17.9	23.1
2008	1202.9	1165.6	2316.4	122.9	19.5	78.1	28.3	32.7
2009	1251.0	1104.9	2522.7	105.3	14.3	77.4	62.5	38
2010	1334.1	1244.5	2877.4	114.0	13	76.7	40.4	42.9

注:2001 年后除电力消费外,其余均为规模以上工业口径。

Note:Others are above designated size industrial enterprises except consumption of electric after 2001.

3—5 全市民用车辆拥有量
Nnmber of Civil Motor Vehicles Owned

单位:辆 (unit)

指标	Item	2000	2005	2009	2010
民用汽车	Total Number of Civil Motor Vehicles Owned	210893	420609	706240	831759
载客汽车	Passenger Vehicles	115195	257501	537816	653360
大型	Large	5854	9813	12247	13063
载货汽车	Ordinary Trucks	73857	98145	122137	139829
大型	Large	25457	22944	21674	25344
其他专用汽车	Other Special Trucks	21841	64963	46287	38570
拖拉机	Tyre Tractors	32544	42437	58696	64358
摩托车	Motors	115791	135401	80240	81301
其他机动车	Number of Other Motor Vehicles	1459	4571	1332	1439

注:其他汽车 2004 年以前为其他专用汽车。

Note:Other motor vehicles before 2004 are other special trucks.

3—6 运 输 量
Transportation

年份 Year	客运量（万人次）Passenger Traffic (10000 persons times)	铁路 Railways	公路 Highways	民航 Civil Aviation	货运量（万吨）Freight Traffic (10000 tons)	铁路 Railways	公路 Highways	民航 Civil Aviation
1980	4788	3669	1084	5	1679	563	1108	0.24
1985	6462	4508	1941	13	9279	702	8577	0.34
1990	7386	3760	3595	31	11777	549	11227	0.59
1995	11227	3388	7747	92	13052	584	12467	1.06
1996	9661	2966	6589	106	13858	582	13275	1.18
1997	8273	2789	5375	110	14536	607	13926	3.02
1998	7598	2750	4753	95	14809	449	14358	2.3
1999	7663	2784	4778	100	15396	496	14898	2.31
2000	6620	3084	3385	151	15221	566	14652	3.2
2001	6790	3035	3587	168	15157	472	14682	3.1
2002	7053	2951	3913	189	14451	537	13910	3.5
2003	6691	2649	3819	223	14656	501	14150	4.7
2004	7964	2895	4783	285.8	14757	542	14210	4.95
2005	8629	2886	5432	310.7	15571	545	15020	5.72
2006	9598	3096	6152	350	17264	558	16700	6.3
2007	10062	3035	6641	386	19092	586	18500	6.3
2008	26101	3581	22143	377	13979	466	13507	5.7
2009	27668	3982	23316	370	15164	431	14728	5.4
2010	30658	3979	26285	394	17348	538	16804	5.5

注:2009 年公路数据按交通部门新的测算方案调整,为便于数据使用,2008 年是调整后数据。

Note:Highways data in 2008 and 2009 is adjusted according to new way calculation of communication department.

3—7 邮 电 业 务 量
Post and Telecommunication Services

年 份 Year	邮电业务总量（万元） Business Value of Post and Teleco－mmunication（10000 yuan）	函 件（含机要）（万件） Number of Letters（include confidential document（10000 pcs）	报 刊（万份） Newspapers and Magazines（10000 copies）	网络用户（万户） Number of Subscribers of Internet Services（10000 subscribers）	移动电话（万户） Number of Mobile Telephone Subscribers（10000 subscribers）	市话年末到达户数（万户） Number of Subscribers Of Urban Telephone（10000 subscribers）	农话年末到达户数（万户） Number of Subscribers Of Rural Telephone（10000 subscribers）
1980	4282	3427	25306			2.77	0.72
1985	7680	5782	38099			4.33	0.71
1990	21338	7452	13508			9.37	1.01
1995	119095	8897	12315		6.47	60.91	4.62
1996	152734	8366	13653		11.46	79.35	7.98
1997	171756	7398	12854		20.6	91.24	14.35
1998	197460	7991	13138		40.97	104.53	18.17
1999	442059	7637	12988		73.42	120.09	22.22
2000	460398	6581	11752	21.04	125.17	137.72	27.96
2001	581223	5553	9027	52.85	170.01	161.69	34.89
2002	647436	3691	8698	96.53	216.03	180.4	41.86
2003	792470	3887	8239	93.18	274.81	224.7	48.9
2004	950202	3963	7990	72.02	304.71	261.76	55.06
2005	1150519	4241	8107	75.68	348	298	64
2006	1439394	3269	8706	83.4	412	305	69
2007	1862260	2498	8693	103	434	316	68
2008	1997828	2578	9808	108	513	281	67
2009	2369386	2313	9517	128	747	271	66
2010	2800119	2419	10368	136	855	260	63

注：1999 年起邮电业务总量含移动电话和传呼费用。

Note：The total business value of post and telecommunication include fee of mobile phones and BP.

4—1 农村基层组织、户数、人口及劳动力
Farm, Township and Towns, Population and Labor Force

单位:个、户、人 (unit, person)

指 标	Item	2000	2005	2009	2010
乡镇场个数	Number of Farms, Township and Towns	208	166	110	98
村 数	Number of Villages	1938	1537	1451	1252
乡镇场户数	Number of Households of Farms, Township and Towns	772472	804681	878703	911432
乡镇场人口数	Population of Farms, Township and Towns	2680574	2708885	2815312	2844962
农村劳动力资源	Rural Labor Force	1199985	1482438	1644071	1674832
劳动力年龄内人口	Number of Laborers within Labor Ages	1178311	1272312	1416256	1456802
实有从业人员	Real Employment	1065350	1233875	1398238	1432356
第一产业从业人员	Employment of Primary Industry	700193	778440	780479	770874
第二产业从业人员	Employment of Secondary Industry	136879	188834	253536	277966
工 业	Industry	89270	118367	161631	179146
建筑业	Construction	47609	70467	91905	98820
第三产业从业人员	Employment of Tertiary Industry	137033	266601	364223	496195
交通、运输、邮电、仓储	Transportation, Storage, Post and Telecommunication	42378	45663	51744	55495
贸易、餐饮	Trade and Catering Services	51589	84797	137380	136358
其 它	Others	18032	136141	175099	191663

4—2 农 林 牧 渔

Gross Output Value of Farming, Forestry, Animal

单位:万元

项 目	Item	沈阳市 Total	苏家屯 Sujiatun
农林牧渔业合计	**Total**	**4448908**	**441035**
农业产值	**Farming**	**1743153**	**157828**
谷物及其他作物	Cereal and other Farm Crops	726694	50581
谷 物	Cereal	602142	48279
小 麦	Wheat	2206	
稻 谷	Rice	244313	27898
玉 米	Corn	349962	20319
薯 类	Tubers	9032	504
油 料	Oil – bearing Crops	67030	693
花 生	Peanuts	64136	693
豆 类	Beans	26185	1105
大 豆	Soy Bean	25056	1105
棉 花	Cotton	34	
糖 料	Sugar Crops		
其他农作物	Other Crops	22271	
饲料作物	Drinke crops	2978	
蔬菜、园艺作物	Vegetables and Horticulture Crops	841623	67351
蔬 菜(含菜用瓜)	Vegetables(include Melon)	798556	65321
花 卉	Flower	32692	600
其他园艺作物	Others	10375	1430
水果、坚果、饮料和香料作物	Fruits	171296	39335
水果、坚果	Fruit and Nut	171191	39245
苹 果	Apples	14766	118
梨	Pears	16111	10233
中药材	Traditional Chinese Medicine	3540	561
林业产值	**Forestry**	**77320**	**1477**
林木的培育和种植	Woods	53438	1461
育种育苗	Breading and Growing seedlings	4893	22
造 林	Afforestation	27971	1054
抚育和管理	Fostering and Management	20574	385
竹木的采运	Timber Cutting	19782	16
村及村以下	Timber Cutting by village	8253	4
林产品	Woods Products	4100	
牧业产值	**Animal Husbandary**	**2251603**	**261724**
牲畜饲养	Raising livestock	649553	28375
牛的饲养	Cow	485891	17399
羊的饲养	Sheep and Goats	38733	2829
其他牲畜饲养	Others	10729	190
奶产品	Milk	100634	6571
牛 奶	Cow Milk	100307	6571
毛绒产品	Cashmere Products	6817	1386
羊 毛	Sheep Wool	6441	1277
羊 绒	Cashmere	376	109
其他牲畜副产品	Others	6749	
猪的饲养	Raising Pork	702123	52372
肉 猪	Pork	702123	52372
家禽饲养	Raising Poultry	850098	180830
肉 禽	Meat	464356	134162
禽 蛋	Eggs	385652	46578
羽 绒	Fire Soft Feathers	90	90
其他畜牧业	Others	49829	147
蚕 茧	Silkworn	214	50
兔	Rabbit	455	20
渔业产值	**Fishery**	**199284**	**11208**
农林牧渔服务业	**Farming, Forestry, Animal Husbandry, Fishery and Service**	**177548**	**8798**

业 总 产 值 (现价)
Husbandry and Fishery (at current price)

(10000 yuan)

东陵区(浑南新区) Dong ling (Hunnan new)	东陵区 Dong ling	沈北新区 Shen bei new	于洪区 Yu hong	辽中县 Liao zhong	康平县 Kang ping	法库县 Fa ku	新民市 Xin min
131940	**124790**	**488778**	**167583**	**957679**	**467147**	**606623**	**976060**
84693	**78925**	**204437**	**73614**	**313686**	**149755**	**218815**	**446932**
25445	23932	45100	29620	94898	117437	158928	172447
22990	21477	44624	25559	86502	77467	121996	143924
				458	332	1108	308
8062	7777	23925	17295	58541	9442	8506	72024
14919	13691	20513	8264	27323	64807	110471	71165
274	274		17	466	3577	923	3188
903	903	258		6119	28060	19504	10913
903	903	258		6119	28027	19483	8073
862	862	218	27	1768	8333	6106	6992
858	858	218	27	1768	7516	5901	6902
						18	16
416	416		4017	43		10381	7414
						2142	836
47429	43174	148550	41895	204008	21106	41985	220197
24351	21351	145802	36339	196315	21082	41985	220197
14233	12978	2748	5556	7693	24		
8845	8845						
11735	11735	7960	2099	14712	11212	17902	54288
11735	11735	7960	2099	14712	11197	17902	54288
805	805	477	1147	3223	5220	478	1930
352	352	1550		599	1850	380	212
84	84	2827		68			
1983	**1983**	**697**	**3681**	**22940**	**8680**	**19453**	**3652**
232	232	578	3681	14684	4033	13348	744
		264		2580	61	1966	
		185	2175	3541	1481	5311	
232	232	129	1506	8563	2491	6071	744
651	651	119		8256	1647	6105	2908
		71		2067	1004	5027	
1100	1100				3000		
44027	**42645**	**249430**	**72288**	**483323**	**278562**	**345773**	**434090**
19286	18698	78056	17102	184717	78819	155884	77098
4815	4427	41143	9916	173859	62586	127902	43951
1010	898	3377	514	1917	9984	9203	9079
1676	1676	74		276	4444	1998	1972
4735	4647	33338	6655	6965	1208	16536	20782
4731	4643	33338	6652	6965	1208	16393	20655
1801	1801	124	17	200	597	245	1314
1795	1795	124	17	175	597	184	1139
66			25		61	175	
5249	5249			1500			
13313	12519	41535	28755	140367	105372	122976	156417
13313	12519	41535	28755	140367	105372	122976	156417
11354	11354	129839	16721	123240	89998	66629	200333
4951	4951	67380	5045	67973	77724	43435	54145
6403	6403	62459	11676	55267	12274	23194	146188
74	74		9710	34999	4373	284	242
					164		
1	1				426	4	4
969	**969**	**10990**	**10284**	**80005**	**2050**	**3914**	**66866**
268	**268**	**23224**	**7716**	**57725**	**28100**	**18668**	**24520**

4—3 农 林 牧 渔
Gross Output Value of Farming, Forestry, Animal

单位:万元

项 目	Item	沈阳市 Total	苏家屯 Sujiatun
农林牧渔业合计	**Total**	4213498	419550
农业产值	**Farming**	1539888	140019
谷物及其他作物	Cereal and other Farm Crops	644728	44335
谷 物	Cereal	530695	42367
小 麦	Wheat	1910	
稻 谷	Rice	210994	24101
玉 米	Corn	312563	18212
薯 类	Tubers	6435	343
油 料	Oil – bearing Crops	62002	641
花 生	Peanuts	59324	641
豆 类	Beans	23293	984
大 豆	Soy Bean	22297	983
棉 花	Cotton	34	
糖 料	Sugar Crops		
其他农作物	Other Crops	22269	
饲料作物	Drinke crops	2978	
蔬菜、园艺作物	Vegetables and Horticulture Crops	731319	58756
蔬 菜(含菜用瓜)	Vegetables(include Melon)	688252	56726
花 卉	Flower	32692	600
其他园艺作物	Others	10375	1430
水果、坚果、饮料和香料作物	Fruits	160301	36366
水果、坚果	Fruit and Nut	160196	36276
苹 果	Apples	10760	88
梨	Pears	12672	7926
中药材	Traditional Chinese Medicine	3540	561
林业产值	**Forestry**	**77320**	**1477**
林木的培育和种植	Woods	53438	1461
育种育苗	Breading and Growing seedlings	4893	22
造 林	Afforestation	27971	1054
抚育和管理	Fostering and Management	20574	385
林木的培训和种植	Timber Cutting	19782	16
村及村以下	Tibe Cutting by village		
林产品	Woods Products	4100	
牧业产值	**Animal Husbandary**	**2235951**	**259386**
牲畜饲养	Raising livestock	633643	27725
牛的饲养	Cow	484486	17349
羊的饲养	Sheep and Goats	31479	2299
其他牲畜饲养	Others	10612	188
奶产品	Milk	100634	6571
牛 奶	Cow Milk	100307	6571
毛绒产品	Cashmere Products	6432	1318
羊 毛	Sheep Wool	6198	1251
羊 绒	Cashmere	234	67
其他牲畜副产品	Others		
猪的饲养	Raising Pork	745670	55620
肉 猪	Pork	745670	55620
家禽饲养	Raising Poultry	821139	175920
肉 禽	Meat	451651	131308
禽 蛋	Eggs	369488	44612
羽 绒	Fire Soft Feathers		
其他畜牧业	Others	35499	121
蚕 茧	Silkworn	176	41
兔	Rabbit	376	17
渔业产值	**Fishery**	**187121**	**10084**
农林牧渔服务业产值	**Farming, Forestry, Animal Husbandry, Fishery and Service**	**173218**	**8583**

业总产值（可比价）
Husbandry and Fishery (at comparable price)

(10000 yuan)

东陵区(浑南新区) Dong ling (Hunnan new)	东陵区 Dong ling	沈北新区 Shen bei new	于洪区 Yu hong	辽中县 Liao zhong	康平县 Kang ping	法库县 Fa ku	新民市 Xin min
118949	**112440**	**455054**	**151864**	**914359**	**447908**	**586657**	**917660**
76944	**71844**	**174276**	**65166**	**279005**	**131907**	**196436**	**393480**
22439	21079	39863	26562	82666	105026	143206	152222
20235	18875	39430	22510	75052	69117	108668	126187
				396	287	960	267
6954	6706	20757	15026	50395	8158	7340	62127
13273	12161	18485	7484	24093	58018	98604	63401
185	185	11	338	2546	667	2289	
835	835	239	5660	25955	18041	10094	
835	835	239	5660	25924	18022	7467	
767	767	194	24	1573	7408	5432	6222
764	764	194	24	1574	6687	5250	6143
						18	16
416	416		4016	43		10380	7413
						2142	836
43695	39955	124220	36821	182777	17636	35795	188689
20617	18132	121472	31265	175084	17612	35795	188689
14233	12978	261	4331	211	18	7	315
8845	8845	2748	5556	7693	24		
10725	10725						
10725	10725	7366	1783	13495	9246	17435	52569
601	601	7366	1783	13495	9231	17435	52569
267	267	371	839	2348	3785	363	1383
84	84	1193		575	1404	340	181
1983	**1983**	**697**	**3681**	**22940**	**8680**	**19453**	**3652**
232	232	578	3681	14684	4033	13348	744
		264		2580	61	1966	
		185	2175	3541	1481	5311	
232	232	129	1506	8563	2491	6071	744
651	651	119		8256	1647	6105	2908
1100	1100				3000		
38864	**37455**	**247168**	**65976**	**479782**	**277930**	**348934**	**434324**
13682	13116	77304	16977	182338	76708	153745	75177
4801	4414	41024	9887	173356	62405	127532	43824
821	730	2745	418	1558	8114	7480	7378
1670	1670	73		273	4384	1976	1950
4735	4647	33338	6655	6965	1208	16536	20782
4731	4643	33338	6652	6965	1208	16393	20655
1655	1655	124	17	186	597	221	1243
1651	1651	124	17	170	597	183	1134
4	4			16		38	108
14138	13295	44111	30538	149073	111907	130603	166118
14138	13295	44111	30538	149073	111907	130603	166118
10982	10982	125753	16115	119448	85701	64351	192829
4839	4839	65928	4935	66480	73902	42115	52808
6144	6144	59825	11180	52969	11799	22236	140020
61	61		2345	28922	3614	235	200
					135		
1	1				352	3	3
897	**897**	**10255**	**9514**	**76315**	**1977**	**3622**	**62283**
261	**261**	**22658**	**7528**	**56317**	**27415**	**18213**	**23922**

4—4 农 林 牧 渔
Value - added of Farming, Forestry, Animal

单位:万元

指 标	Item	沈阳市 Total	苏家屯 sujiatun
农林牧渔业	**Farming, Forestry, Animal Husbandry and Fishery**		
总产值	Gross Output Value	4448908	441035
中间消耗	Middle Consume	2121424	216449
增加值	Value - added	2327484	224586
农 业	**Farming**		
总产值	Gross Output Value	1743153	157828
中间消耗	Middle Consume	743721	66780
增加值	Value - added	999432	91048
林 业	**Forestry**		
总产值	Gross Output Value	77320	1477
中间消耗	Middle Consume	32569	591
增加值	Value - added	44751	886
牧 业	**Amimal Husbandry**		
总产值	Gross Output Value	2251603	261724
中间消耗	Middle Consume	1170089	138744
增加值	Value - added	1081514	122980
渔 业	**Fishery**		
总产值	Gross Output Value	199284	11208
中间消耗	Middle Consume	104346	6716
增加值	Value - added	94938	4492
服务业	**Service**		
总产值	Gross Output Value	177548	8798
中间消耗	Middle Consume	70699	3618
增加值	Value - added	106849	5180

业 增 加 值
Husbandry and Fishery

(10000 yuan)

东陵区(浑南新区) Dong ling (Hunnan new)	东陵区 Dong ling	沈北新区 Shen bei new	于洪区 Yu hong	辽中县 Liao zhong	康平县 Kang ping	法库县 Fa ku	新民市 Xin min
131940	124790	488778	167583	957679	467147	606623	976060
66740	63590	226089	76048	447173	227289	302610	449078
65200	61200	262689	91535	510506	239858	304013	526982
84693	78925	204437	73614	313686	149755	218815	446932
40494	38126	85109	29604	127804	69830	100108	181760
44199	40799	119328	44010	185882	79925	118707	265172
1983	1983	697	3681	22940	8680	19453	3652
767	767	81	1556	10514	4000	7115	1691
1216	1216	616	2125	12426	4680	12338	1961
44027	42645	249430	72288	483323	278562	345773	434090
24901	24119	123428	36751	248643	139556	186455	222640
19126	18526	126002	35537	234680	139006	159318	211450
969	969	10990	10284	80005	2050	3914	66866
456	456	5666	5451	39752	1375	1954	33463
513	513	5324	4833	40253	675	1960	33403
268	268	23224	7716	57725	28100	18668	24520
122	122	11805	2686	20460	12528	6978	9524
146	146	11419	5030	37265	15572	11690	14996

4—5 农作物播种面积
Total Sown Areas of Farm Grops

单位:公顷 (hectare)

指　标	Item	2000	2005	2008	2009	2010
农作物总播种面积	**Total Sown Areas**	**599212**	**587940**	**608562**	**648297**	**654813**
粮豆作物	**Grain Crops**	**449028**	**511446**	**479656**	**508843**	**506848**
谷　物	Cereal	382819	470994	441458	473855	477680
水　稻	Rice	113829	115876	127149	126827	126849
春小麦	Spring Wheat	26577	5686	2275	2244	2381
玉　米	Corn	227919	336970	304809	339912	344800
高　粱	Sorghum	11636	6718	3321	2570	2007
谷　子	Millet	2785	2650	2400	1063	772
薯　类	Tubers	19120	7039	11308	12358	12045
土　豆	Potatoes	11623	5667	9774	9811	9407
豆类合计	Total Beans	41540	33413	26890	22630	17123
大　豆	Soybeans	36653	29158	25780	20899	16255
杂　豆	Mixed Beans	4887	4255	1109	1711	868
棉　花	Cotton	552	275	353	128	25
油料作物	Oil - bearing Crops	33171	13772	38741	42599	43763
花　生	Peanuts	26378	12635	33786	39190	40094
芝　麻	Seasame	872	148	37	101	17
向日葵	Sunflower	1348	802	4867	3228	3652
甜　菜	Beetroots	4459	18	15		
药　材	Medicial Material	700	30	1462	1131	1112
蔬菜、瓜类	**Vegetables and Melon**	**83782**	**45200**	**69086**	**79424**	**85193**
蔬菜(含菜用瓜)	Vegetables	75360	45200	51705	60134	67385
西甜瓜	Muskmelon and Watermelon	8422	6365	15985	18065	16665
西瓜	Watermelon	5933	4126	13838	15194	12546

4—6 分地区农作物播种面积
Sown Areas by District and County

单位:公顷 (hectare)

项目	Item	沈阳市 shenyang	苏家屯 sujiatun	东陵区(浑南新区) Dongling (Hunnan new)	沈北新区 Shen bei new	于洪区 Yuhong	辽中县 Liaozhong	康平县 Kangping	法库县 Faku	新民市 Xinmin
农作物总播种面积	**Total Sown Area**	654813	39005	24806	42553	25707	84005	101996	109079	200444
粮食作物合计	**Total Grain Crops**	506848	29800	22254	30470	20488	66491	75742	86786	154985
其中:夏收粮食	Grain in summer	11788					909	2564	2182	6133
谷　物	Cereal	477680	28846	21105	30274	20317	64087	66966	82726	144471
稻　谷	Rice	126849	10861	5084	10786	8177	35703	4557	4712	39882
小　麦	Wheat	2381					379	417	1325	260
春小麦	Wheat in spring	2381					379	417	1325	260
玉　米	Corn	344800	17951	16013	19388	12140	27933	60232	75463	103879
谷　子	Millet	772			100			390	258	24
高　粱	Sorghum	2007		8				986	716	297
其他谷物	Others	871	34				72	384	252	129
荞　麦	Buckwheat	2						2		
豆类合计	Total Beans	17123	792	835	196	147	1834	5558	3060	3772
大　豆	Soybeans	16255	792	833	196	147	1834	4914	2913	3707
绿　豆	Green Gram	415		1				317	69	24
红小豆	Red bean	453		1				327	78	41
薯类(折粮)	Tubers	12045	162	314		24	570	3218	1000	6742
马铃薯	Potatoes	9407					530	2147	857	5873
油料作物	**Oil bearing Crops**	43763	315	688	108		4867	20950	8143	8307
花　生	Peanuts	40094	315	688	108		4867	20883	8125	4723
芝　麻	Seasame	17							14	3
向日葵籽	Sunflower	3652						67	4	3581
棉　花	**Cotton**	25							11	14
糖料合计	**Sugar Crops**									
甜　菜	Beetroots									
药材类合计	**Medicial Material**	1112	123	44	762	41	51		13	44
蔬菜(含菜用瓜)	**Vegetables**	67385	5820	1518	10368	3568	11474	4624	3932	20819
瓜果类	**Melon**	17808	565	35	613	122685	566	1831	12568	
西　瓜	Watermelon	12546	75	11	207	122	177	511	357	10967
甜　瓜	Muskmelon	4119	149	14	374		48455	1470	1341	
草　莓	Strawberry	1135	341	5	32		24		1260	
其他农作物	**Others**	17872	2382	267	232	1488	437	114	8363	3707
青饲料	Succulence	1490							1071	418

4—7 农作物总产量
Total Output of Farm Crops

单位:吨 (ton)

指　标	Item	2000	2005	2008	2009	2010
粮豆作物	**Grain Crops**	**2338012**	**3427232**	**3586659**	**3446346**	**3251122**
谷　物	Cereal	2172834	3297557	3442275	3313055	3138162
水　稻	Rice	937905	898757	1124874	1088292	1000833
春小麦	Spring Wheat	55116	18845	7999	7633	8732
玉　米	Corn	1122542	2318518	2270352	2196142	2107704
高　梁	Sorghum	52423	42035	22787	15378	14680
谷　子	Millet	4390	9570	10538	2162	3098
薯　类	Tubers	81076	41811	64936	84645	63364
土　豆	Potatoes	44894	28164	56805	70442	41144
豆类合计	Total Beans	77483	87864	79448	48646	49596
大　豆	Soybeans	73140	78391	77253	47276	47830
杂　豆	Mixed Beans	4343	9473	2191	1323	1766
经济作物	**Economic Crops**					
棉花	Cotton	1584	155	958	327	21
油料作物	Oil – bearing Crops	58914	32691	116343	91512	128346
花　生	Peanuts	51697	30445	107336	84674	116784
芝　麻	Seasame	671	198	55	37	16
向日葵	Sunflower	1405	1757	8724	5782	3605
麻　类	Fiber Crops	20	2			
甜　菜	Beetroots	131141	438	450		
烟　叶	Leaf Tobacco	24				
其他作物	**Other crops**					
蔬菜(含菜用瓜)	Vegetables	2842299	2390541	3567179	4221392	4218129
西甜瓜	Muskmelon and Watermelon	271798	206062	566152	689365	75443
西瓜	Watermelon	203818	151685	494722	591257	599030

4—8 主要农产品产量
Yield of Major Farming Products

单位:万吨 (10000 tons)

年 份 Year	粮食及大豆 Grain Crops	蔬 菜 Vegetable	猪牛羊肉 Pork, Beef and Mutton	禽 蛋 Poultry Eggs	牛 奶 Cow Milk	水产品 Aquatic Products	水 果 Fruits
1978	175.3	122.9	0.9	0.1	1.3	0.1	0.6
1980	210.6	94.6	5.2	0.9	1.7	0.2	0.5
1985	205	107.8	7.1	4.4	3.1	0.5	1.2
1990	307.7	158.5	13	11.2	5.6	1.8	2.5
1991	308.9	175.9	15.3	14.2	6.8	2.4	3.6
1992	333.4	209.2	17.5	16.3	7.4	3.1	4.4
1993	318.3	246	17.5	16.6	6	4.3	6
1994	201.7	198.8	23.5	19.8	6.2	5.6	7
1995	215.1	196.1	15.3	18.2	6.1	6.5	7.4
1996	329.8	260	28.8	20.3	6.1	7	7.3
1997	252.5	216.7	17.3	21.6	5.1	8.4	6.9
1998	325.9	256.1	17.3	21.4	5.3	9	7.9
1999	343.3	277.2	18.5	22.5	5	9.5	8.6
2000	233.8	284.2	19.7	24.5	5.7	10	9.1
2001	251.7	272.2	20.9	27.5	6.6	11.4	8.3
2002	278.2	284.1	23.3	29.2	8.1	11.5	8.5
2003	283.2	255.9	27.8	30	12.5	13.5	9.1
2004	365.4	206.6	34.9	37.9	18.8	14.1	10.7
2005	342.7	239.1	41.7	42.5	21.2	15	11.1
2006	321.4	271.5	40.7	37.7	28.8	16.2	11.8
2007	390.9	315.1	41.8	39.4	31.2	16.8	13.5
2008	358.7	356.7	46.9	53.7	32.3	18.7	17.5
2009	344.6	422.1	53.8	57.5	37.1	20.6	17.4
2010	325.1	421.8	57	60.6	39.2	16.7	17.6

4—9 畜牧业生产情况
Production of Animals Husbandry

指　　标	Item	2000	2005	2009	2010
年末大牲畜头数(头)	Large Animal at Year - end (head)	417310	643755	856109	932803
马(头)	Horses (head)	79925	52712	35326	37251
骡(头)	Mules (head)	61070	31636	19749	18014
驴(头)	Donkeys (head)	117014	73007	52268	49365
牛(头)	Cattle and Buffaloes (head)	159301	486400	748766	828173
奶牛(头)	Cows (head)	13698	63986	101090	106628
改良肉用牛(头)	Meat Cattle (head)	145603	422414	636679	713837
从事农事劳役的大牲畜(头)	Large Draft Animal (head)	200085	134689	74569	63783
年末生猪存栏(头)	Hogs at Year - end (head)	1582263	2264380	3035828	3180598
能繁殖母猪(头)	Female Pigs for Breeding (head)	119835	198119	442620	455391
年末羊存栏(只)	Sheep and Goats at Year - end (head)	229111	605442	662603	706166
能繁(只)	For Breeding(head)	159826	315642	304405	313651
山　羊(只)	Goats(head)	60478	190106	248702	262837
能繁(只)	For Breeding (head)	33661	87292	113194	112706
绵　羊(只)	Sheep (head)	168633	415336	413901	443329
能繁(只)	For Breeding(head)	126165	228350	191211	200945
年末家禽存栏 (万只)	Poultry at Year - end (10000 heads)	3749.4	5107	7213.2	8902.9
蛋禽(万只)	Egg Poultry (10000 heads)	1937.2	3216	4101.7	4380.1
年末兔存栏(只)	Rabbits at Year - end (head)	35685	317147	17008	16733
年末生猪出栏(只)	Slaughtered Hogs (head)	2047009	3622753	4786257	5112792
年内牛出栏(头)	Slaughtered Cattles (head)	88581	417457	802500	957008
年内羊出栏(只)	Slaughtered Sheep and Goats (head)	152623	653519	783738	861293
年内家禽出栏(万只)	Slaughtered Poultry (10000 heads)	6059.5	12067	14340.96	16325.8
年内兔出栏(只)	Slaughtered Rabbits (head)	34202	124886	85193	91442
肉类总产量(吨)	Total Output of Meat (ton)	333202	703703	797193	865705
猪肉产量(吨)	Pork (ton)	179694	320041	390275	401175
牛肉产量(吨)	Beef (ton)	15822	87693	137267	156737
羊肉产量(吨)	Mutton (ton)	1944	9405	10882	12309
禽肉产量(吨)	Meat of Poultry (ton)	131284	281473	253297	286572
奶类总产量(吨)	Total Output of Milk (ton)	56863	215163	378089	396286
牛奶产量(吨)	Output of Milk (ton)	56601	212045	371299	392220
绵羊毛产量(公斤)	Output of Sheep's Wool (kg)	817081	1187683	1155425	1048351
蜂蜜产量(公斤)	Output of Honey (kg)	3410	3500	12402	8900
禽蛋产量(吨)	Output of Poultry Eggs (ton)	245421	425281	575367	605919

5—1 全社会固定资产投资和房屋建筑面积
Investment in Fixed Assets and Floor Space of Buildings

单位:万元 (10000 yuan)

指 标	Item	2000	2005	2009	2010
投资总额	**Total Investment(10000 Yuan)**	**2622376**	**13632196**	**36759826**	**41391498**
城镇合计	**Total Investment in Cities and Towns**	**2477006**	**12900364**	**34342454**	**40213418**
房地产开发	Real Estate Development	640395	4135710	11887007	14500794
农村合计	**Total Investment in Village**	145370	731832	2417372	1178080
按经济类型分	**Grouped by Ownership**				
国有经济	State - owned Economic Units	1162197	3362737	6133045	6689922
集体经济	Collective - owned Economic Units	141911	519442	1100249	1163203
私营经济	Private Economic Units	100306	2564698	9923972	11059531
个体经济	Individual Economic Units	95272	263043	726158	371778
联营经济	Joint Ownership Economic Units	1150	6787		7486
股份制经济	Share Holding Economic Units	556574	4474851	10776161	12888690
外商投资经济	Foreign Funds Economic Units	232579	1431421	3696914	4015920
港澳台投资经济	Economic Units with Funds from Hong Kong, Macao and Taiwan	311676	783999	3400605	4229736
其他经济	Others	20711	225218	1002722	965252
本年资金来源小计	**Total Captal Grouped by Sources**	**2430557**	**13922412**	**37282931**	**46421286**
国家预算内资金	State Budgetary Appropritation	171614	506864	1331862	1069311
国内贷款	Domestic Loans	552477	1428722	4756942	5966940
利用外资	Foreign Investment	202513	395983	1435915	1352801
自筹投资	Fundraising	1060442	9711051	25791479	33020709
其他投资	Others Investment	443511	1879792	3786733	5011525
按构成分	**Grouped by Form**				
建筑工程	Construction	1434026	7330954	20780745	24389016
安装工程	Installation	198366	790705	3528076	3551058
设备工具器具购置	Purchasing of Equipment,Tool and Appliance	613019	2820645	7823890	8210713
其他费用	Others	376965	2689892	4627115	5240711
按三次产业分	**Grouped by Type of Industry**				
第一产业	Primary Industry	75996	246696	1108799	839524
第二产业	Secondary Industry	759410	5203346	13895733	14763194
工 业	Industry	687304	5102628	13521808	14424706
第三产业	Tertiary Industry	1786970	8182154	21755294	25788780
房屋建筑面积(万平方米)	**Floor Space of Buildings(10000 sq. m)**				
施工面积	Floor Space under Construction	1643.7	5488.6	10739.9	14448.2
住 宅	Residential Building	936.2	2674.5	5233.9	6720.1
竣工面积	Floor Space Completed	808.2	2175.3	3447.1	3839.8
住 宅	Residential Building	540.9	1111.7	1212.6	1193.6

注:投资总额按资金来源分不包括农村、个人,为城镇口径。

Note:Total investment didnt include village and individual according to origin of Capital.

5—2 城镇固定资产投资和新增固定资产
Investments and Newly Increased in Fixed Assets

单位:亿元 (100 million yuan)

年 份 Year	投资总额 Total Investment	国有单位 State – owned	新增固定资产 Newly Increased in Fixed Assets	交付使用率(%) Rate of Fixed Assets Put into Use
1980	9.3	8.8	6.6	71
1985	21.1	19.2	13.6	64.5
1990	39.9	36.5	39.9	100
1995	127	84.1	85.9	67.6
1996	122	80.1	104	85.2
1997	153.7	90.7	131.7	85.7
1998	163.9	102.1	143	87.2
1999	214.1	115.9	153.2	71.6
2000	241.4	116.2	180.2	74.6
2001	281.2	126.1	193.8	68.9
2002	378.8	166.7	257.3	67.7
2003	553.9	192.8	424.2	79.1
2004	936.6	222.7	560	59.8
2005	1287.8	328.4	792.8	61.6
2006	1701.1	373.4	967.7	56.9
2007	2245.7	476.4	1293.3	57.6
2008	2842.4	515.9	1588.2	55.9
2009	3434.2	601.8	2120.1	61.7
2010	4021.3	774.1	2772.3	68.9

注:不包括农村集体和个人投资。
Note:Data in this table do not include rural Collective – owned and individuals invesment.

5—3 城镇工业固定资产投资额和新增固定资产
Industrial Investment and Newly Increased in Fixed Assets

年 份 Year	投资额(亿元) Total Investment (100 million yuan)	占总投资(%) Percent to the Total	新增固定资产(亿元) Newly Increased in Fixed Assets (100 million yuan)	交付使用率(%) Rate of Fixed Assets Put into Use
1980	4.8	51.6	3.4	70.8
1985	10.8	51.2	7	64.8
1990	18.8	47.1	14.9	79.3
1995	41.5	32.7	29.5	71.1
1996	46.1	51	37.7	81.8
1997	49.3	39.5	42.7	86.6
1998	52	31.7	45.6	87.7
1999	51.2	23.9	28.2	55.1
2000	68.7	26.2	62.2	90.5
2001	74	24.4	43	58.1
2002	95.8	23.8	64	66.8
2003	146.7	25.2	114.3	77.9
2004	277.7	28.6	201.1	72.4
2005	488.9	35.9	333.3	68.2
2006	664.5	37.1	408.8	61.5
2007	847.3	37.7	591.9	69.9
2008	1020.9	35.9	708	69.4
2009	1219	35.5	1107.3	90.8
2010	1402.7	34.9	1003.3	71.5

5—4 房地产开发投资主要指标

Major Indicators of Investment on Real Estate Development

单位:万元、万平方米 (10000 yuan,10000 sq. m)

指 标	Item	2000	2005	2009	2010
本年完成投资	Investments Completed in This Year	640395	4135710	11887007	14500794
商品房建设投资	Commercial Houses Development and Construction	466682	2934701		
本年新增固定资产	Newly Increased in Fixed Assets	502732	1929399	3757534	3727811
本年施工房屋面积	Floor Space of Buildings under Construction	828.4	3102	6847.9	8851.4
住 宅	Residential Buildings	635.3	2438.3	5068.5	6634.2
本年峻工房屋面积	Floor Space of Buildings completed	349.5	1057.7	1293.5	1393.2
住 宅	Residential Buildings	289.8	927.7	1075.7	1107.7
商品房销售面积*	Sold Floor Space of Commercial Houses	210.5	761.3	1532.9	1746.5
住 宅	Residential Buildings	184	713.9	1369.3	1516.1
商品房销售额	Total Sales of Commercial Houses	565412	2367695	6843606	9450487

*2006 年起包括预售。

Note:Data after 2006 covers selling in advance.

5—5 建筑安装企业主要经济指标

Major Indicators of Construction and Installation Enterprises

指 标	Item	2000	2005	2009	2010
全 市	**Total**				
建筑业总产值(亿元)	Gross Constructive Output Value (100 million yuan)	162.6	328.6	671.2	1055.2
施工房屋面积(万平方米)	Floor Space of Buildings under Construction(10000 sq. m)	1929	2669.4	3438.3	5733
竣工房屋面积(万平方米)	Floor Space of Buildings Completed (10000 sq. m)	915.4	1262	1559.9	1839.5
竣工率(%)	Completed Rate (%)	47.6	47	45.4	32.1
职工平均人数(万人)	Average Staff and Workers (10000 persons)	25.1	26.8	51.3	67.7
年末固定资产原值(亿元)	Origial Value of Fixed Assets at Year - end (100 million yuan)	49	78.6	112.8	155.9
年末固定资产净值(亿元)	Net Value of Fixed Assets at Year - end (100 million yuan)	33.3	57.9	68.8	102.1
利润总额(万元)	Total Profits (10000 yuan)	18237	59971	204081	350891
国有企业	**State - owned Enterprises**				
施工产值(亿元)	Output of Construction (100 million yuan)	57.3	196	135.3	149
施工房屋面积(万平方米)	Floor Space of Buildings under Construction(10000 sq. m)	430.4	1794.6	619.5	835
竣工房屋面积(万平方米)	Floor Space of Buildings Completed (10000 sq. m)	181.1	712.1	262.2	242.1
竣工率(%)	Completed Rate (%)	42.1	39	42.3	29
职工平均人数(万人)	Average Staff and Workers (10000 persons)	7.6	14.3	10.8	10.5
年末固定资产原值(亿元)	Origial Value of Fixed Assets at Year - end (100 million yuan)	24.6	43.1	27.3	22
年末固定资产净值(亿元)	Net Value of Fixed Assets at Year - end (100 million yuan)	15.5	30	13.9	13.5
利润总额(万元)	Total Profits (10000 yuan)	231	13772	13605	23899

6 国内贸易主要综合指标
Main Indicators of Domestic Trade

单位:万元 (10000 yuan)

指 标	Item	2000	2005	2009	2010
社会消费品零售总额 *	Total Retail Sales of Consumer Goods	5660080	9150855	17785858	21056471
私营批发零售贸易业	Private Wholesale and Retail Trade				
户数(个)	Number of Economic Active Unit (unit)	8598	15860	22740	27073
人数(人)	Number of Persons (person)	98300	146020	144873	174964
个体批发零售贸易业	Indivial Wholesale and Retail Sale Trade				
户数(个)	Number of Economic Active Unit(unit)	116156	107227	133804	136957
人数(人)	Number of Persons(person)	251283	273743	299836	332817
限额以上批发零售贸易业主要财务指标	Above Designated Size in Wholesale and Retail Trade				
资产总计	Total Assets	3556223	5198536	10870470	12812620
负债总计	Total Liabilities	3006513	4365904	8474858	9673985
商品销售收入净额	Net Revenue of Sales	8107213	21755862	37703966	47371585
商品销售成本	Total Sales Cost	7694821	19766987	35697517	45169503
经营费用	Total Operating Cost	274810	554449	975883	1180551
管理费用	Total Management Cost	138332	224695	442972	553619
营业利润	Total Operating Profits	-26819	32235	237746	320385
利润总额	Total Profits	6956	123740	279759	283120

注:2003 年开始,社会消费品零售总额不含制造业和农对非零售额。
Nate:Total retail sales of consumer goods from 2003 didnt include retail sales of manufacture and farmer sold nonfarmer.

7—1　进出口总额
Total Imports and Exports

单位:万美元　　(USD 10000)

年　份 Year	进出口总额 Total Imports and Exports	进口总额 Total Imports	出口总额 Total Exports
1985	6576	4269	2307
1990	44199	11130	33069
1995	161834	70177	91657
1996	172664	85943	86721
1997	160173	74875	85298
1998	158746	81199	77547
1999	181662	101740	79922
2000	268348	138646	129702
2001	279178	154085	125093
2002	285596	145531	140065
2003	426037	225599	200438
2004	525161	285026	240135
2005	458998	221876	237122
2006	528931	263100	265831
2007	606943	275007	331936
2008	712863	300527	412336
2009	657028	304679	352349
2010	785604	377887	407717

注:1990 年以后为地区口径,1995 年以后为海关统计数字。

Note:Data in this table refer to local calculation methods since 1990,and refer to Custom's statistics since 1995.

7—2 国际旅游事业发展情况
Development of International Tourism

年份 Year	接待国家及地区数(个) Number of Foreign Countries and Regions (unit)	接待的境外旅游人数(人) Number of Foreign Tourists (person)	外国人 Foreigners	港澳台胞 Hongkong, Macao and Taiwan Compatriot
1985	75	30407	21854	8093
1990	100	41899	26269	15045
1995	119	103696	86665	16913
1996	123	107946	91806	16051
1997	134	118740	100987	17656
1998	137	120700	96001	24642
1999	133	137576	109833	27726
2000	138	161245	132688	28497
2001	151	176961	144086	32623
2002	152	237627	194984	42643
2003	148	184255	150769	33486
2004	148	272838	222758	50080
2005	148	326513	264221	62292
2006	148	400037	332027	68010
2007	148	456013	378773	77240
2008	148	476357	399555	76802
2009	148	495517	415356	80161
2010	148	550313	460885	89428

7—3 利 用 外 资
Used Foreign Capial

单位:万美元 (USD 10000)

年 份 Year	新签项目数(个) New Signed Projects (unit)	新签合同外资额 New Signed Contracts of Foreign Capital	外商直接投资 Direct Foreign Investment
1985	29	5661	24
1986	33	4349	150
1987	25	4737	597
1988	89	11008	1411
1989	75	8166	2806
1990	104	15899	2747
1991	186	39615	3348
1992	708	93801	8009
1993	1129	118035	33254
1994	835	181928	40662
1995	666	116977	46052
1996	512	109669	39551
1997	492	93864	53760
1998	475	103278	56636
1999	598	110734	49836
2000	646	176835	71230
2001	569	154633	85217
2002	661	205188	140880
2003	743	225074	224237
2004	771	259650	242277
2005	901	616732	212312
2006	863	852098	303444
2007	772	1284685	504451
2008	518	1026288	600138
2009	710	1205220	541039
2010	473	812110	505369

8—1 地方财政收入
Local Financial Revenue

单位:万元 (10000 yuan)

年份 Year	合计 Total	增值税 Value - added Tax	营业税 Business Tax	个人所得税 Individual Income Tax
1980	145226			
1985	209685			
1990	310726	85402	89474	
1995	355684	85863	118226	21213
1996	399348	94717	132569	31300
1997	479024	104722	144913	33647
1998	542011	10212	151367	37523
1999	567919	101412	166690	41852
2000	611225	102329	181231	48684
2001	808178	116022	207681	66601
2002	1018511	138751	267568	71808
2003	1039268	99954	239212	40968
2004	1395086	91920	319011	51943
2005	1815157	126103	364924	59377
2006	2457841	143852	450114	62807
2007 *	2308085	167666	553293	77831
2008	2910381	189969	645841	84298
2009	3202070	206245	725216	86929
2010	4653540	399458	1295086	173245

注:2007 年以后数据为地方财政一般预算收入。
Note: Data after 2007 is general budget income of local government.

8—2 地方财政支出
Local Financial Expenditure

单位:万元 (10000 yuan)

年份 Year	合计 Total	科技三项费 Three kinds Funds of Science and Technology Promotion	城市维护费 City Maintenance Expenditure	行政管理费 Expenditure for Government Administration
1980	50245	745	5557	4751
1985	105264	1181	8902	8574
1990	230580	3672	31234	13370
1995	458861	7972	42952	30448
1996	498043	9478	57672	32831
1997	604540	10691	70680	37933
1998	708585	12965	75273	40818
1999	795998	14128	86371	43879
2000	924893	16565	102892	50559
2001	1034810	19327	139292	61458
2002	1281673	22304	146385	65118
2003	1608515	27240	172724	71667
2004	2033157	33157	234083	92593
2005	2534094	41829	314929	122771
2006	3393019	62953	395492	140937
2007 *	3396754			
2008	4067372			
2009	4758822			
2010	5166242			

注:2007 年以后数据为地方财政一般预算支出。
Note: Data after 2007 is general budget expenditure of local government.

8—3 金融机构现金收入构成
Structure of Cash Income of Financial Institutions

单位:万元 (10000 yuan)

年份 Year	合计 Total	商品销售 Income from Commodity Sales	服务事业 Income from Service Trade	城镇储蓄 Urban Saving Deposits	构成比例 Percentage(Total = 100) 商品销售 Income from Commodity Sales	服务事业 Income from Service Trade	城镇储蓄 Urban Savings Deposits
1980	297733	192805	25322	55101	64.8	8.5	18.5
1985	738895	397155	51957	189887	53.7	7	25.7
1990	2369559	720748	144860	1051049	30.4	6.1	44.4
1995	12191482	1837207	460051	6412058	15.1	3.8	52.6
1996	14718128	2090512	493029	7742270	14.2	3.3	52.6
1997	19247125	2606365	587254	10066725	13.5	3.1	52.3
1998	28458778	3419823	1188730	17772977	12	4.2	62.5
1999	34207693	3875475	1406592	21458851	11.3	4.1	62.7
2000	43338855	5041507	1682979	26588955	11.6	3.9	61.4
2001	50614301	5481934	1747153	32844270	10.8	3.5	64.9
2002	54450454	5569111	1594253	39085008	10.2	2.9	71.8
2003	62624497	6791921	1629555	47421365	10.8	2.6	75.7
2004	74150396	8535280	1836417	56007580	11.5	2.5	75.5
2005	80146629	9223874	1879607	60851880	11.5	2.3	75.9
2006	89444520	10251092	1903168	67447821	11.5	2.1	75.4
2007	106861303	10819075	2343599	81425740	10.1	2.2	76.2
2008	101084447	10384015	2188037	76114220	10.3	2.2	75.3
2009	101552808	10811776	1931584	76882863	10.6	1.9	75.7
2010	110057266	10543196	1840832	84086835	9.6	1.7	76.4

8—4 金融机构现金支出构成
Structure of Cash Expenditure of Financial Institutions

单位:万元 (10000 yuan)

年份 Year	合计 Total	工资性支出 Wages	对个人其他支出 Other Payment to Individuals	农副产品采购支出 Purchases of Agricultural and Sideline Products	行政管理费支出 Expendure for Government Administration	储蓄支出 Expenditure for Urban Deposit
1980	290427	167175	32401	13639	18756	39439
1985	715772	329935	97936	54450	50284	137166
1990	2255369	716451	227516	82199	151572	815436
1995	10866914	1584536	551560	181850	823900	5514612
1996	12833961	1613101	525030	174571	930537	7024715
1997	17063865	1657492	547210	173137	1201663	9516636
1998	26161230	2064078	769668	223554	1977268	16888610
1999	31688916	2183532	833238	455017	2265760	20479273
2000	40453739	2227128	789967	597284	2935022	26202350
2001	47667773	2274933	652929	486505	3266925	31495089
2002	51801613	1940921	498177	498587	3263815	37561192
2003	60305593	2130431	508381	772199	4084625	45383509
2004	71627771	2383060	474231	856699	5129241	54067677
2005	77585414	2662929	541752	832137	6060267	57128594
2006	86999351	2967366	547327	741810	6630422	65966814
2007	104238035	3380334		958820	6951666	79172225
2008	98301307	3557065		918134	6517792	73896507
2009	98626792	3205814		1481359	6208954	75963886
2010	106578654	3367539		792369	5473312	84139799

8—5 金融机构人民币存款
Saving Deposits of Financial Institution

单位:万元 (10000 yuan)

年份 Year	合计 Total	企业 Enterprises Deposits	财政 Treasury Deposits
1980	241023	110224	5231
1985	592234	246727	1049
1990	1817149	547384	-812
1995	7638677	2259015	96777
1996	9041961	2492541	116769
1997	10661399	3355331	27280
1998	12866366	4174332	41561
1999	14810499	4832452	47768
2000	17004871	6014533	58446
2001	19070186	6514187	92245
2002	22741574	7045754	234561
2003	26917421	8103598	173388
2004	30504700	9778109	147342
2005	35630020	10435257	141276
2006	39712846	13330155	189634
2007	45497117	17101533	1534609
2008	52759189	18345237	1281317
2009	66574455	25025439	2192293
2010	80919886	25975315	2424321

8—6 金融机构人民币贷款
Loans of Financial Institutions

单位:万元 (年末余额)(Year - end) (10000 yuan)

年份 Year	合计 Total	工业企业 Loans of Industrial Enterprises	商业 Commercial Loans	农业 Agriculture
1980	476909	123914	163466	8448
1985	830225	220910	243665	23350
1990	2481718	954692	669374	37953
1995	7158771	2349455	1714425	145387
1996	8129564	2582754	1934542	172199
1997	9988315	2853761	2373582	214749
1998	11473857	3175686	2519536	301338
1999	12941012	3318396	2849922	313185
2000	13921674	3131357	2659249	275434
2001	15472805	3445679	3051279	300743
2002	18485879	3575166	3258976	359696
2003	21721849	3585917	3272161	328460
2004	22947475	3428991	2860594	389076
2005	22885209	1985803	2365452	923562
2006	25518637	2544607	2501493	955818
2007	26997552	2715724	2472866	1005785
2008	32500508	2746408	2138102	1125437
2009	50848567	3690848	2144433	1409902
2010	59701639			

注:本表中贷款余额不包括国家开发银行贷款。

Note: Balance of Loans did not include Development Bank of China.

9—1 各类学校数
Number of Schools

单位:个 (unit)

年份 Year	合计 Total	高等学校 Institutions of Highter Education	中等专业学校 Specializde Secondary Schools	普通中学 Regular Secondary Schools	职业中学 Vocational Schools	技工学校 Secondary Technical Schools	小学 Primary Schools
1952	2089	11	22	39			2015
1957	1556	10	27	135			1317
1962	1928	23	27	189			1628
1965	3299	14	19	223			2666
1970	3263	9	14	518			2722
1975	3126	9	22	515		19	2580
1978	2635	15	18	465		46	2137
1980	2732	18	27	385	18	111	2168
1985	2650	22	44	348	44	110	2069
1986	2494	23	50	340	53	118	1900
1987	2483	24	50	339	52	116	1892
1988	2481	21	46	335	52	114	1900
1989	2485	21	46	339	53	111	1892
1990	2469	21	46	334	51	110	1893
1991	2446	21	45	333	51	114	1866
1992	2311	22	45	322	53	113	1742
1993	2265	22	45	330	56	113	1685
1994	2230	22	44	335	76	108	1627
1995	2310	22	48	359	85	113	1664
1996	2344	22	50	369	97	111	1681
1997	2342	22	51	368	98	111	1677
1998	2242	20	52	373	105	63	1584
1999	2112	21	48	367	103	45	1519
2000	2040	21	42	368	92	35	1468
2001	1958	21	40	360	77	30	1415
2002	2004	24	46	365	96	93	1366
2003	1817	36	39	362	89	30	1247
2004	1670	36	40	362	98	33	1087
2005	2064	37	39	354	95	34	977
2006	1398	37	35	348	85	30	849
2007	1185	40	35	337	66	32	649
2008	1090	40	43	334	58	35	545
2009	1011	49	41	334	52	37	482
2010	927	50	41	321	47	37	415

9—2 学校专任教师数
Number of Full - time Teachers

单位:人 (person)

年 份 Year	合 计 Total	高等学校 Institutions of Highter Education	中等专业学校 Specializde Secondary Schools	普通中学 Regular Secondary Schools	职业中学 Vocational Schools	技工学校 Secondary Technical Schools	小 学 Primary Schools
1952	14580	1527	769	1778			10412
1957	21770	2915	2050	4583			11870
1962	32122	4674	1919	6270			19015
1965	39661	4063	1528	8138			23954
1970	49776	3181	668	16060			29837
1975	57186	3441	1366	23249			28946
1978	58195	5665	1468	26127			24770
1980	59509	6689	1372	25652	114	1634	23628
1985	60749	8513	2433	20318	1673	2175	25453
1986	62448	10418	2687	20289	2099	2436	26812
1987	65869	10235	2898	20891	2370	2540	26857
1988	66920	10023	3183	20402	2704	2493	27781
1989	69801	11224	3125	20330	2607	2572	29582
1990	73080	10353	3055	21255	2733	2746	32641
1991	74189	10202	3042	21792	2835	2828	33166
1992	75262	10440	3169	22174	2576	2694	33875
1993	72734	10442	3193	21976	2816	2594	31309
1994	72396	10434	3207	21487	2966	2550	31096
1995	73318	10594	3203	22313	3142	2439	31216
1996	74195	10421	3197	23209	3268	2361	31340
1997	75095	10241	3435	23668	3574	2137	31566
1998	73511	10305	3364	23258	3736	1705	30781
1999	73240	10537	3310	23449	3903	1486	30208
2000	72508	11514	2822	23693	3570	1294	29276
2001	71675	12016	2756	24032	3451	1090	27989
2002	73476	13538	3070	24689	3437	956	27435
2003	77222	17074	2743	25231	4023	1174	26589
2004	82831	22632	3042	25164	4456	1168	25978
2005	111383	19944	2871	24994	4481	431	25518
2006	77488	20980	2544	24610	3846	430	24714
2007	79167	22702	2423	24224	2464	1074	24081
2008	78461	22981	3637	24052	2339	1296	23336
2009	78831	24079	4178	23943	1616	1357	22852
2010	77644	24058	4044	23873	1552	1299	22023

9—3 在校学生数
Number of Students

单位:万人 (10000 persons)

年 份 Year	合 计 Total	高等学校 Institutions of Highter Education	中等专业学校 Specializde Secondary Schools	普通中学 Regular Secondary Schools	职业中学 Vocational Schools	技工学校 Secondary Technical Schools	小 学 Primary Schools
1952	54.62	1.14	1.34	4.69			47.45
1957	69.59	1.71	2.24	12.25			53.39
1962	88.35	2.81	1.32	13.54			70.68
1965	115.33	1.78	1.46	20.46			91.63
1970	137.37	0.38	0.1	43.95			92.94
1975	141.26	1.11	0.65	57.98			81.52
1978	132.54	2.03	0.81	63.22			66.48
1980	116.06	2.85	1	46.37	0.28	2.17	63.39
1985	96.82	4.18	1.68	31.23	2.17	1.17	56.39
1986	101.58	4.77	2.04	32.61	3.28	1.55	57.33
1987	101.9	4.92	2.32	31.18	3.41	1.64	58.43
1988	103.75	5.85	2.57	29.11	3.8	1.55	60.87
1989	105.35	5.72	2.6	27.41	3.84	1.53	64.25
1990	106.18	5.78	2.44	28.01	2.8	1.45	65.57
1991	106.41	5.92	2.45	30.38	2.7	1.44	63.4
1992	108.37	6.33	2.69	32.92	2.83	1.74	61.7
1993	108.87	6.76	3.04	33.26	3.11	1.87	60.68
1994	111.79	7.61	3.3	34.13	3.95	2.16	60.44
1995	114.49	8.81	3.71	35.63	4.73	1.9	59.55
1996	115.10	8.98	3.85	35.71	5.25	1.81	59.35
1997	115.03	9.19	3.95	34.1	5.99	1.55	60.1
1998	113.38	9.59	3.97	32.57	6.63	1.24	59.23
1999	112.12	10.91	3.95	33.42	6.72	1.03	55.93
2000	113.48	13.97	3.71	36.49	5.67	0.97	52.54
2001	113.99	16.77	3.79	38.75	5.12	0.91	48.43
2002	113.54	20.23	1.6	39.29	5.52	0.93	45.78
2003	129.91	35.16	5.46	38.94	5.69	1.33	43.17
2004	135.02	38.6	8.66	38.1	6.25	1.49	41.77
2005	133.76	43.24	5.78	37.22	5.86	1.77	39.74
2006	133.04	45.61	5.82	36.28	5.57	1.81	37.81
2007	127.42	42.02	5.58	34.93	5.26	1.46	36.39
2008	126.55	42.92	6.47	33.42	4.17	1.71	35.63
2009	122.30	43.54	7.13	31.63	3.21	1.96	34.27
2010	119.38	42.85	7.5	30.22	2.2	2.4	33.78

9—4 各类学校毕业生数
Number of Graduates

单位:人 (person)

年份 Year	合计 Total	高等学校 Institutions of Highter Education	中等专业学校 Specializde Secondary Schools	普通中学 Regular Secondary Schools	职业中学 Vocational Schools	技工学校 Secondary Technical Schools	小学 Primary Schools
1980	370563	3960	1863	248745		2394	112823
1985	201168	7160	4245	85095	5047	4813	94156
1990	209420	15629	8293	87316	8346	4485	85140
1995	273662	19869	9050	109834	10319	9778	114609
1996	236019	24557	9192	86467	13916	6506	95111
1997	254420	24090	9563	113397	16354	7733	83023
1998	266049	23452	10512	120606	18745	5802	86685
1999	264571	23705	10789	107561	17195	5346	99975
2000	269752	23551	9619	97953	25769	3123	109518
2001	271328	26413	9087	103424	22408	3074	106658
2002	274188	33231	10423	118056	17536	2592	92122
2003	313895	73804	13514	127278	16618	3204	79265
2004	347418	91386	30060	127782	16086	3552	78291
2005	523406	100424	21379	126222	19886	5330	77078
2006	350156	106576	17274	125129	18055	5481	77432
2007	346035	119269	19240	117579	16899	6674	66672
2008	348551	119175	17117	115242	15570	7040	65761
2009	349546	125736	19296	116806	16210	8129	61952
2010	339456	130736	18827	105937	15167	9322	59206

9—5 卫生事业基本情况
Basic Status of Public Health

年份 Year	医疗卫生机构数(个) Number of Health Institutions (unit)	医院 Hospitals	门诊部(所) Clinics	医疗床位(张) Number of Beds (unit)	医院 Hospitals	卫生技术人员(人) Medical Technical Personnel (person)	医生 Doctors
1980	1510	221	1196	20528	18078	34395	12531
1985	1648	251	1224	26578	24881	43849	14452
1990	1753	332	1290	37390	36015	52714	20350
1995	1380	374	857	38818	37344	55332	21964
1996	747	373	227	38309	35411	52777	21299
1997	749	373	229	38581	35300	51313	21185
1998	739	369	223	38113	36929	49295	20449
1999	734	369	219	37406	35994	48182	20490
2000	738	368	243	36116	34893	47943	20656
2001	731	362	246	35759	32555	47672	20772
2002	688	367	180	33495	32498	43637	18290
2003	682	329	177	33905	32148	43726	18678
2004	669	363	174	33588	32472	42870	18122
2005	635	196	146	34033	29618	42109	17329
2006	660	211	156	35377	31129	44784	18414
2007	1856	191	136	34731	30863	48835	19700
2008	1767	183	122	35053	31130	48736	19643
2009	1771	179	118	37528	33575	49699	20303
2010	1752	180	122	42822	38701	52327	20859

注:2007 年开始,卫生统计口径调整。
Note:Data on index had adjused Since 2007.

9—6 文化事业基本情况
Basic Conditions of Culture

单位:个 (unit)

年份 Year	电影放映单位(影剧院) Film Projecting (Theater)	艺术表演团体 Art Performance Troupes	图书馆 Libraries	文化馆 Cultural Centers	博物馆 Museums	广播电台(座) Broadcasting Stations	电视台(座) Television Stations	图书馆藏书(万册) Collections of Libraries (10000 volume)
1985	55	26	16	16	3	2	2	456
1990	55	17	18	16	4	2	2	529
1995	54	14	20	16	4	2	2	627
1996	54	14	20	16	4	2	2	641
1997	54	12	20	16	5	2	2	649
1998	39	13	20	16	5	2	2	655
1999	29	12	20	16	5	2	2	670
2000	29	12	20	16	5	2	2	685
2001	29	13	20	16	5	2	2	702
2002	29	13	20	16	5	2	2	740
2003	14	12	20	16	5	2	2	731
2004	14	12	20	16	5	2	2	731
2005	12	12	20	15	5	2	2	806
2006	40	12	21	15	5	2	2	839
2007	58	13	21	16	6	2	2	894
2008	59	15	21	16	6	2	2	945
2009	52	14	21	16	6	2	2	1021
2010	30	11	21	16	6	2	2	1089

注:2005 年以前电影放映单位数为影剧院数。
Note:The number of film projecting before 2005 equals the number of theater.

9—7 城市火灾与交通事故
Basic Statistics on Fires and Traffic Accidents

年 份 Year	火灾 Fires			交通事故 Traffic Accidents		
	发生次数（次） Numbers of Fires(case)	死亡人数（人） Deaths (person)	损失折款（万元） Losses Converted into Cash (10000 yuan)	交通事故数（起） Number of Trafffic Accidents (case)	死伤人数（人） Deaths and Injuries (person)	死亡人数 Deaths
1985	164	24	719	5535	4299	280
1990	2058	23	3359	5199	2348	292
1995	2449	19	550	3732	2087	301
1996	1548	17	6000	3150	1806	232
1997	1855	45	2678	3945	2162	233
1998	2469	31	2386	4568	2164	215
1999	2457	46	2221	3889	2185	205
2000	3387	30	2049	5887	4066	705
2001	4469	38	2005	6482	5112	809
2002	4550	41	1827	4780	4612	827
2003	5246	29	1729	3365	3652	718
2004	5683	40	1641	2948	3619	698
2005	4997	28	442	2796	3601	684
2006	6474	29	493	2162	2974	622
2007	2648	18	4164	2093	2900	614
2008	1842	18	286	2005	2652	556
2009	390	5	113	1989	2661	541
2010	396	19	122.5	1825	2496	556

注：自 1990 年起，公安部对火灾标准重新修订，故统计口径与以前年份不可比。
Note: Standards on fires had been revised by the ministry of public security since 1996, Therefor, Statistics are not comparable with that before 1996.

10—1　城市公用设施
Urban Public Facilities

年　份 Year	自来水供水量（万立方米） Supply of Tap Water (10000 cu. m)	生活用量 For Residential Use	煤气销售量（万立方米） Total Volume of Coal Gas Sold (10000 cu. m)	生活用量 For Residential Use	液化气销售量（吨） Volume of Liquefied Petroleum Sold (ton)	年末公交营运车辆（辆） Number of Public Transpor－tation Vehicles (unit)	年末公交营运线路（条） Number of Routes	客运总量（万人次） Number of Passengers (10000 persons times)	出租汽车（辆） Number of Taxis (unit)
1978	26828	6478	12662	6525	11938	696	49	37528	
1980	29832	10782	14666	7277	16831	919	44	62705	98
1985	35557	15621	19584	12002	18196	1124	69	65190	370
1990	55670	25395	27439	18746	33039	1356	75	71049	2998
1995	65518	34485	28631	22048	71828	2562	103	54640	13641
1996	65808	36915	26018	18479	66591	2241	112	61568	13550
1997	62777	36530	22554	16916	66242	2359	113	62505	14325
1998	62750	35964	20122	15946	75044	2462	111	61985	16104
1999	61159	26927	20826	16843	61183	3124	110	65484	16325
2000	59283	27000	21960	17472	64514	3217	111	80663	16609
2001	52535	22721	29326	19624	43653	3590	85	91712	16735
2002	51870	22143	26109	19766	40606	4420	102	108809	16735
2003	53803	13107	26792	19763	45506	4552	119	123626	17015
2004	59359	15548	30654	22473	44885	4751	119	114389	17118
2005	55985	13914	34626	24546	43900	4913	136	83785	17118
2006	66008	13894	21503	13475	44100	5096	142	90558	17316
2007	67940	14396	22403	14075	39564	5096	153	102489	17176
2008	67990	15060	22709	14366	38451	5192	192	110971	17334
2009	56935	16980	26594	11563	35300	5081	199	116000	17357
2010	52461	17128	31889	18081	31800	5013	202	120000	17200

注：煤气销售量2006年起为天然气销售量。
Note: Total volume of coal gas sold is natural gas after 2006.

10—2　城市市政工程设施及绿化
Urban Municipal Facilities and Green Areas

年　份 Year	铺装道路 Paved Roads		桥　梁（座） Bridges (unit)	立交桥 Overpass	排水管道长度（公里） Length of Sewer Pipelines (km)	路灯盏数（万盏） Number of Street Lights (10000 unit)	绿地面积（公顷） Green Areas (hectare)	建城区 Developed Area	绿化覆盖率（%） Developed Areas Covering Rate
	公　里 (km)	万平方米 (10000 sq. m)							
1978	870	742	85	5	1191	2.2	8176	1356	9.6
1980	877	753	85	6	963	2.3	8536	1605	11.05
1985	923	853	80	7	1004	2.8	9128	2183	15
1990	1640	1423	105	14	1578	3.2	11267	3314	22.03
1995	2452	2369	130	30	1793	3.4	18210	3398	19.33
1996	2865	2723	165	31	1814	3.5	18230	3557	19.44
1997	2918	2865	185	46	1936	4.5	18464	3734	20.19
1998	2939	2981	187	47	2007	4.6	18614	3884	21.12
1999	3008	3089	184	47	2069	5	18809	4037	22
2000	3018	3117	188	47	2116	5.2	20100	4528	23.91
2001	3018	4009	191	50	2116	6.3	20512	4729	22.9
2002	3014	4009	188	51	2209	7.8	12075	6397	28.23
2003	3057	4145	197	47	2221	12.7	13851	8385	34.4
2004	3073	4448	221	52	2284	12.7	19441	9962	38.1
2005	3117	4620	179	95	2888	14	20718	12602	40.65
2006	2533	4323	233	75	2932	15.3	21606	11974	41.1
2007	2590	4418	268	77	3115	19.6	22549	12856	41.65
2008	2603	4544	267	77	3206	20.9	22964	13812	41.81
2009	2833	5261	273	79	3850	21	25994	15159	41.83
2010	2895	5706	296	81	3738	21.3	25994	15836	42.01

注：铺装道路及桥梁，2006年口径发生变化。
Note: Statistics Data have changed in 2006 in paved roads and bridges.

10—3 城市环保及环卫
Urban Environment Protection and Sanitation

指　标	Item	2000	2005	2009	2010
工业废水排放量(万吨)	Drainage Amount of Waste Water (10000 tons)	8311.9	6307	6259.26	6140.77
工业二氧化硫排放量(万吨)	Volume of Surphur Dioxide Emission (10000 tons)	8.6	4.62	8.2	7.7
工业二氧化硫去除量(吨)	Volume of Surphur Dioxide Removed (ton)	27856.6	11116		
工业粉尘排放量(吨)	Volume of Industrial Dust Emission (ton)	6694.1	9890	4846.72	4542.34
工业固体废物产生量(万吨)	Volume of Industrial Solid Wastes Produced(10000 tons)	313	524	644.79	895.38
工业固体废物综合利用量(万吨)	Volume of Industrial Solid Wastes Utilized (10000 tons)	230.7	376	605.63	856.73
清扫面积(万平方米)	Areas Cleaned (10000 sq. m)	5438	6100	9988	11155
生活垃圾清运量(万吨)	Volume of Garbages Disposal (10000 tons)	114	165	189.6	215
粪便清运量(万吨)	Volume of Excrement and Urine Disposal(10000 tons)	23.9	21.4	18.1	19.2
环卫机械(2吨以上)(辆)	Environmental Sanitation Equipment (over two tons)	730	770	1434	1869
公共厕所(个)	Public Lavations (unit)	1191	1615	1053	927

10—4 城市房屋住宅及用电情况
Urban Floor Space of Buildings and Electricity

年　份 Year	年末实有房屋建筑面积(万平方米) Actual Floor Space of Buildings at Year-end (10000 sq. m)	住宅建筑面积(万平方米) Floor Sqace of Residential Buildings (10000 sq. m)	人均住宅建筑面积(平方米) Per Capita Living Space of Buildings(sq. m)	城市用电量(万千瓦时) Urban Electricity Consumption (10000kwh)	工业用电 Industrial Electricity Consumption	生活用电 Living Electricity Consumption
1978	3289	1528		282854	215785	
1980	3568	1728		322666	241300	
1985	4907	2400		396705	299008	
1990	7797	3324		514613	375970	34719
1995	9603	5056	13.3	822039	530736	114697
1996	9893	5734	14.99	876665	542314	132920
1997	11006	6499	15.59	923198	545241	142428
1998	11751	6948	16.16	924147	535794	149219
1999	12287	7306	16.92	1005700	569200	180000
2000	11684	6883	17.43	1134000	609074	213900
2001	13132	7272	18.31	1151703	627485	228149
2002	13722	7641	19.12	1184221	640773	229607
2003	14578	8068	20.12	1311865	715692	246702
2004	15353	8758	21.55	1421593	761401	267711
2005	16978	9578	23.36	1542592	839082	297931
2006	18922	10455	25.24	1677550	885149	329481
2007	20291	11215	27.01	1834917	1003700	349475
2008	23325	12181	29.02	1939023	1041922	383689
2009	23520	13089	30.91	2077673	1108076	417246
2010	27072	14024	32.84	2380901	1272915	450689

11—1 重点城市地区生产总值
Gross Domestic Products of Main Cities

单位:亿元 (100 million yuan)

城市	City	地区生产总值 Gross Domestic Product	第一产业 Primary Industry	第二产业 Secondary Industry	第三产业 Tertiary Industry
沈阳	Shenyang	5017.5	232.7	2529.9	2254.9
大连	Dalian	5158.1	345.1	2645.5	2167.5
长春	Changchun	3329	248.6	1724	1356.4
哈尔滨	Harbin	3665.9	412.7	1384.6	1868.6
南京	Nanjing	5010.4	142	2327.8	2540.6
杭州	Hangzhou	5945.8	208	2844.5	2893.4
宁波	Ningbo	5125.8	218.4	2848.2	2059.2
济南	Jinan	3910.8	215.2	1637.5	2058.2
青岛	Qingdao	5666.2	277	2758.6	2630.6
武汉	Wuhan	5515.8	170	2532.8	2812.9
广州	Guangzhou	10604.5	189.1	3950.6	6464.8
成都	Chengdu	5508.3	285.1	2470.9	2752.3
西安	Xi'an	3241.5	140.1	1409.5	1691.9
深圳	Shenzhen	9510.9	6	4523.4	4981.6
厦门	Xiamen	2053.7	23	1026.9	1003.9
北京	Beijing	13777.9	124.3	3323.1	10330.5
天津	Tianjin	9108.8	149.5	4837.6	4121.8
上海	Shanghai	16872.4	114.2	7140	9618.3
重庆	Chongqing	7894.2	685.4	4356.4	2852.4

11—2 重点城市地区生产总值增长速度
Indices Gross Domestic Product of Main Cities

城市	City	地区生产总值 Gross Domestic Product	(上年为100 Preceding Year = 100)		
			第一产业 Primry Industry	第二产业 Secondary Industry	第三产业 Tertiary Industry
沈阳	Shenyang	14.1	6	15.2	13.7
大连	Dalian	15.2	6	20.7	10.9
长春	Changchun	15.3	3.2	19.2	12.5
哈尔滨	Harbin	14	7.3	17.1	13.5
南京	Nanjing	13.1	4.1	13.6	13
杭州	Hangzhou	12	2.5	12.5	12.3
宁波	Ningbo	12.4	3.7	13.6	11.6
济南	Jinan	12.7	4.8	11	14.9
青岛	Qingdao	12.9	1.4	12.6	14.4
武汉	Wuhan	14.7	2.6	17.8	12.5
广州	Guangzhou	13	3.2	13	13.2
成都	Chengdu	15	4.1	19.8	11.8
西安	Xi'an	14.5	6.9	18	12.5
深圳	Shenzhen	12	-14.3	14.1	9.9
厦门	Xiamen	15.1	3.2	20.4	9.7
北京	Beijing	10.2	-1.6	13.6	9.1
天津	Tianjin	17.4	3.3	20.2	14.2
上海	Shanghai	9.9	-6.6	16.8	5
重庆	Chongqing	17.1	6.1	22.7	12.4

11—3 全社会固定资产投资及实际利用外资
Total Investment in Fixed Assets of Main Cities and Actual Utilization of Foreign Capital

城 市	City	固定资产投资额 Total Investment in Fixed Assets		实际利用外资 actual Utilization of Foreign Capital	
		亿元(100 million yuan)	增长率(%) Increases Rate(%)	亿美元(USD 100 million)	增长率(%) Increases Rate(%)
沈 阳	Shenyang	4139.1	22.5	50.5	-6.6
大 连	Dalian	4047.9	30.6	100.3	66.7
长 春	Changchun	3001.5	31	7	9.2
哈尔滨	Harbin	2651.9	40.2	7	15.7
南 京	Nanjing	3306.1	23.9	26.8	17.3
杭 州	Hangzhou	2753.1	20.1	43.6	8.5
宁 波	Ningbo	2206.5	10.1	23.2	5.3
济 南	Jinan	1987.4	20.1	10.4	6.1
青 岛	Qingdao	3022.5	22.9	28.4	52.8
武 汉	Wuhan	3753.2	25.1	29.4	12.2
广 州	Guangzhou	3263.6	22.7	39.8	5.4
成 都	Chengdu	4255.4	5.7	48.6	73.6
西 安	Xi'an	3250.6	30	15.7	28.5
深 圳	Shenzhen	1944.7	13.8	43	3.3
厦 门	Xiamen	1010	14.5	17	0.6
北 京	Beijing	5493.5	13.1	63.6	4
天 津	Tianjin	6511.4	30.1	108.5	20.3
上 海	Shanghai	5317.7	0.8	111.2	5.5
重 庆	Chongqing	6934.8	30.4	63.7	57.5

11—4 国内外贸易
Domestic and Foreign Trade of Main Cities

城 市	City	社会消费品零售额(亿元) Total Retail Sales of Consumer Goods (100 million yuan)		出口总额(亿美元) Total Exports(USD 100 million)	
		2010	增长率(%) Increases Rate(%)	2010	增长率(%) Increases Rate(%)
沈 阳	Shenyang	2105.6	18.4	40.8	15.7
大 连	Dalian	1639.8	18.5	273.9	23.6
长 春	Changchun	1286.7	18.1	20	85.4
哈尔滨	Harbin	1770.2	18.8	20	34.9
南 京	Nanjing	2267.8	18.5	248.9	34.8
杭 州	Hangzhou	2146.1	19.9	353.4	30
宁 波	Ningbo	1704.5	19.2	519.7	34.5
济 南	Jinan	1725.5	18.7	40.6	33.1
青 岛	Qingdao	1902.7	18.7	339.2	24.2
武 汉	Wuhan	2523.2	19.5	87.5	50.3
广 州	Guangzhou	4476.4	24.2	483.8	29.3
成 都	Chengdu	2417.6	18.8	138.7	32.1
西 安	Xi'an	1611	18.9	53.2	59.5
深 圳	Shenzhen	3000.8	17.2	2041.8	26.1
厦 门	Xiamen	696.6	21	353.2	27.7
北 京	Beijing	6229.3	17.3	554.7	14.7
天 津	Tianjin	2902.6	19.4	375.2	25.5
上 海	Shanghai	6036.9	17.5	1807.8	27.4
重 庆	Chongqing	2878	19	74.9	75

11—5 地方财政一般预算收支
Total Local Government General Budgetary Revenue and Expendityre of Main Cities

城　市	City	一般预算收入(亿元)(100 million yuan) General Budgetary Revenue		一般预算支出(亿元)(100 million yuan) General Budgetary Expenditure	
		2010	增长率(%) Increases Rate(%)	2010	增长率(%) Increases Rate(%)
沈　阳	Shenyang	465.3	17.6	516.6	8.6
大　连	Dalian	500.8	25.1	611.4	29.8
长　春	Changchun	180.8	26.8	382.9	25.1
哈尔滨	Harbin	238.1	23.2	453	17.9
南　京	Nanjing	518.8	19.4	542.7	17.7
杭　州	Hangzhou	671.3	28.9	616.6	23.8
宁　波	Ningbo	530.9	22.7	600.7	18.7
济　南	Jinan	266.1	26.6	336.8	29.6
青　岛	Qingdao	452.6	20.1	532.4	22.8
武　汉	Wuhan	390.2	23.4	557.1	10.6
广　州	Guangzhou	872.7	20.2	978.2	23.8
成　都	Chengdu	526.9	36	777.3	35.4
西　安	Xi'an	241.8	33.3	371.5	34.2
深　圳	Shenzhen	1106.8	25.7	1265.3	26.4
厦　门	Xiamen	289.2	20.2	306.8	14.5
北　京	Beijing	2353.9	16.1	2716	17.1
天　津	Tianjin	1068.8	30.1	1315.3	23
上　海	Shanghai	2873.6	13.1	3302.9	10.5
重　庆	Chongqing	1018.4	49.4	1771	29.1

11—6 金融机构人民币存贷款余额
Balance on Deposits and Loans of Financial Institutions of Main Cities

城　市	City	存款余额(亿元) Balance on Deposits (100 million yuan)		贷款余额(亿元) Balance on Loans (100 million yuan)	
		2010	增长率(%) Increases Rate(%)	2010	增长率(%) Increases Rate(%)
沈　阳	Shenyang	8092	21.5	5970.2	17.4
大　连	Dalian	8503.5	23.7	6159	25.8
长　春	Changchun	4985.9	15.7	4557.4	19.3
哈尔滨	Harbin	5956.4	18.4	4127	20.2
南　京	Nanjing	12649.5	16.2	10384.8	14.6
杭　州	Hangzhou	16838.2	19.8	14502.9	14.3
宁　波	Ningbo	9552	18.2	9000.6	21.2
济　南	Jinan	7510.4	18	6319.1	10.8
青　岛	Qingdao	7659.2	21.5	5886.2	20.8
武　汉	Wuhan	10756.5	24.9	8653	20.7
广　州	Guangzhou	23384.5	14.6	14987.7	19
成　都	Chengdu	15277	23.1	12139	23
西　安	Xi'an	8933.2	16.5	6482.3	18.3
深　圳	Shenzhen	20210.8	19.3	13708.2	17.7
厦　门	Xiamen	3961.8	25.4	3165.1	20.2
北　京	Beijing	64453.9	18.8	29563.8	16.3
天　津	Tianjin	15912.2	18.8	12864.8	22.4
上　海	Shanghai	49846.8	17.9	30573.3	16.7
重　庆	Chongqing	13455	23.1	10888.2	24.2

11—7 城市居民人均可支配收入及农民人均纯收入
Disposable Income of Residents of Main Cities and Per Capita Net Income of Rural Households

城 市	City	城市居民可支配收入 Disposable Income of Residents		农民人均纯收入 Per Capita Net Income of Rural Households	
		元(yuan)	增长率(%) Increases Rate(%)	元(yuan)	增长率(%) Increases Rate(%)
沈 阳	Shenyang	20541	11.2	10022	14.5
大 连	Dalian	21293	12	12317	14.8
长 春	Changchun	17922	11.5	6665	17.7
哈尔滨	Harbin	17557	10.5	8020	18.4
南 京	Nanjing	28312	11	11128	12.9
杭 州	Hangzhou	30035	11.8	13186	11.5
宁 波	Ningbo	30166	10.2	14261	12.8
济 南	Jinan	25321	11.4	8903	14.3
青 岛	Qingdao	24998	11.8	10550	14.1
武 汉	Wuhan	20806	13.2	8295	15.8
广 州	Guangzhou	30658	11	12676	14.5
成 都	Chengdu	20835	11.7	8205	15.1
西 安	Xi'an	22244	17.3	7750	23.5
深 圳	Shenzhen	32381	10.7		
厦 门	Xiamen	29253	12	10033	9.6
北 京	Beijing	29073	8.7	13262	10.6
天 津	Tianjin	24293	13.5	11801	10.5
上 海	Shanghai	31838	10.4	13746	11.5
重 庆	Chongqing	19100	11.1	5277	17.8

11—8 城乡居民储蓄及居民消费价格指数
Saving Deposit of Urban and Rural Households and Consumer Price Index

城 市	City	城乡居民储蓄 Savings Deposit of Urban and Rural Households		居民消费价格指数(%) Consumer Price Index
		亿元(100 million yuan)	增长率(%) Increases Rate(%)	
沈 阳	Shenyang	3338.2	13.2	102.9
大 连	Dalian	3374.8	15.2	102.7
长 春	Changchun	2062.7	12.5	103.6
哈尔滨	arbin	2580.1	14.7	103.7
南 京	Nanjing	3511.9	14.9	104.2
杭 州	Hangzhou	4932.9	16.8	103.9
宁 波	Ningbo	3282.3	14.4	103.7
济 南	Jinan	2187.7	14.4	102.1
青 岛	Qingdao	2912.3	15.2	102.2
武 汉	Wuhan	3590.6	19.3	103
广 州	Guangzhou	9069.3	14	103.2
成 都	Chengdu	5071	19.8	103
西 安	Xi'an	3641.1	18	103.5
深 圳	Shenzhen	6717.1	17.4	103.5
厦 门	Xiamen	1346.7	16.3	103
北 京	Beijing	-	-	102.4
天 津	Tianjin	5525.3	13.7	103.5
上 海	Shanghai	15650.2	14.2	103.1
重 庆	Chongqing	5839.7	19	103.2

文献·法规选编

文 献

中共沈阳市委关于建设学习型党组织为加快全面振兴提供坚强保证的决定

（2010年1月6日）

为深入贯彻党的十七届四中全会精神，认真落实《中共中央关于加强和改进新形势下党的建设若干重大问题的决定》，现结合沈阳实际，就建设学习型党组织作出如下决定。

一、深刻认识建设学习型党组织的重要性和紧迫性

建设马克思主义学习型政党，是党的十七届四中全会深刻总结历史经验，科学分析当前形势，着眼于提高党的执政能力、保持和发展党的先进性提出的一项重大战略任务。建设学习型党组织是建设马克思主义学习型政党的基础工程。党的十七大以来，市委始终坚持把思想理论建设放在首位，全面推进党的建设新的伟大工程，特别是通过开展深入学习实践科学发展观活动，全市各级党组织和广大党员干部的马克思主义理论水平普遍提高，领导能力得到进一步增强。但与新形势新任务和中央要求相比还有很大差距，党员干部队伍中崇尚学习的观念、风气还没有真正形成，忙于事务不勤学、追求形式不真学、浅尝辄止不深学、学用脱节不善学的问题还比较突出，信念不牢、本领恐慌、道德缺失的问题在一些党员干部身上还不同程度存在。当前，沈阳正处在应对国际金融危机、推动科学发展、加快全面振兴的关键时期，深入贯彻落实科学发展观，开创振兴发展新局面，迫切需要我们建设学习型党组织，努力掌握和运用一切科学的新思想、新知识、新经验，不断提高应对各种挑战和考验、推动科学发展、加快全面振兴的能力和水平。我们一定要从战略高度充分认识建设学习型党组织的重要性和紧迫性，坚持以建设学习型党组织为切入点，全面推进党的建设新的伟大工程，不断提升党的建设科学化水平，为沈阳立足新起点、谋求新发展、实现新跨越，在科学发展道路上加快全面振兴提供坚强的思想、组织、作风和能力保证。

二、牢牢把握建设学习型党组织的总体要求

坚持以党的十七届四中全会精神为指导，深入贯彻落实科学发展观，按照建设“科学理论武装、具有世界眼光、善于把握规律、富有创新精神”的马克思主义学习型政党的要求，以更新学习理念、丰富学习内容为前提，以解决突出问题、增强发展本领为核心，以健全学习制度、完善体制机制为保证，以争做“学习型党员、学习型干部”和创建“学习型党组织、学习型领导班子”为抓手，扎实推进学习型党组织建设，全面提高各级党组织服务科学发展的能力水平，确保各级党委充分发挥领导核心作用，干部队伍充分发挥中坚骨干作用，基层党组织充分发挥战斗堡垒作用，广大党员充分发挥先锋模范作用，以党的建设伟大工程的新成效推动沈阳在新的起点上实现新的跨越。

三、大力倡导优良学风，不断丰富学习内容

要引导党员干部牢固树立自觉学习、善于学习、终身学习的理念，大力弘扬理论联系实际的学风，不断拓展学习内容，完善知识结构，提高综合素质，增强发展本领。一是强化政治理论学习，重点解决世界观和方法论的问题。认真学习马克思列宁主义、毛泽东思想、中国特色社会主义理论，坚持用科学发展观这一马克思主义最新理论成果武装头脑，自觉加深对科学发展观的政治认同、理性认同和感情认同，切实把科学发展观转化为政治信仰、价值追求和行为准则，坚定不移地把科学发展观贯彻落实到沈阳振兴发展的各个方面。党员干部特别是各级领导干部要把哲学作为一门基本课程，认真学习马克思主义哲学和经典原著，掌握科学的世界观和方法论，不断增强工作的原则性、系统性、预见性、创造性。二是强化业务知识学习，重点解决本领恐慌的问题。努力学习做好本职工作、履行岗位职责必备的经济、法律、科技、管理和信息网络等各方面知识，掌握与本职工作相关的各种新理论、新知识、新技能，进一步解放思想，不断开阔眼界、思路和胸襟，增强党员干部的履职能力和水平。三是强化优秀传统文化学习，重点解决道德缺失的问题。潜心学习古今中外历史经典、文学经典等优秀文化，努力吸收前人在修身处事、治国理政等方面的智慧和经验，深入开展党性党风党纪教育，加强廉政文化建设，不断提高人文素养和精神境界，促进党员干部特别是各级领导干部自觉地加强党性锻炼和道德修养，坚持讲党性、重品行、做表率，始终保持昂扬向上的精神状态，做到为民、务实、清廉。四是强化学用结合，重点解决实践发展的问题。紧紧围绕完成“五大任务”、实现“三大目标”，加强对党员干部的教育培训和实践锻炼，坚持学以致用、用以促学、学用相长，不断增强规划发展、优化发展、统筹发展、协调发展、和谐发展的本领，努力破解在做优发展空间、做大中心城市、做强县域经济、加强生态建设、着力改善

民生中遇到的各种难题，推动沈阳老工业基地在科学发展道路上加快全面振兴。

四、严格遵守学习制度，自觉养成学习习惯

坚持和完善党委（党组）理论中心组学习制度、基层党组织“三会一课”制度，建立领导班子定期务虚制度，市委常委定期进行集中封闭学习，区、县（市）以上党委（党组）每年集体学习研讨时间累计不少于12天。各级领导干部要坚持带头学、带着问题学、跟着形势学，当好示范表率。提倡党政主要领导定期作专题学习辅导报告。健全党员干部日常学习、脱产学习和集中培训制度，县处级以上党政领导干部参加脱产培训的时间，每年一般不少于110个学时。充分发挥党校、干校的培训主渠道作用，集中开展马克思主义唯物史观和群众观教育，系统开展信仰教育、忠诚教育、敬畏教育、廉耻教育、智慧教育，不断提高教育培训的系统性、科学性和实效性。健全激励约束机制，建立和完善与述学、评学、考学紧密联系的政绩评价标准、考核制度和奖惩机制，把理论素养、学习能力作为选拔任用领导干部的重要依据，进一步形成崇尚学习的用人导向，增强各级党员干部的学习自觉性。

五、开展“双争双创”活动，努力营造浓厚的学习氛围

要使党组织既成为党员增强党性修养、提高思想觉悟的大熔炉，又成为党员学习新知识、增长新本领的大学校，按照以学习为组织建设的重要特征、以学习为组织活动的重要内容、以学习为提高组织战斗力的重要途径的要求，在全市各级党组织和党员干部中深入开展争做“学习型党员、学习型干部”和创建“学习型党组织、学习型领导班子”的“双争双创”活动，努力营造良好的学习环境，形成浓厚的学习风气。坚持每年选树一批学习型党员、学习型干部和学习型党组织、学习型领导班子典型，充分发挥其示范引领作用，使广大党员干部学有目标、赶有标杆。坚持以党内学习带动社会学习，加强理论宣讲队伍和学习阵地建设，充分运用各种学习载体，推进理论宣讲进社区、进学校、进村屯、进企业，在全社会营造浓厚的学习氛围，以学习型党组织建设带动学习型城市、学习型社会建设，为沈阳的振兴发展提供不竭动力。

六、强化组织领导，确保取得扎实成效

建设学习型党组织是一项重大而紧迫的政治任务。各级党组织要把这项工作摆上重要议事日程，纳入党建工作责任制和党建工作考核综合评价体系，加强领导，精心组织，统筹推进，务求实效。要建立健全党委统一领导、部门齐抓共管、一级抓一级、层层抓落实的工作格局，形成协调推进学习型党组织建设的强大工作合力。各级党组织负责人要牢固树立“抓好学习是本职、抓不好学习不称职、不抓学习是失职”的观念，认真履行好第一责任人的职责。各地区、各部门、各单位要紧密结合各自实际，认真制定学习型党组织建设实施方案，进一步细化工作措施，确保落实到位。市直有关职能部门要加大督促检查力度，定期跟踪检查学习型党组织建设的进展情况，重点检查在学用结合、破解难题、推动发展上的实际效果，确保学习型党组织建设取得扎实成效。

七、以建设学习型党组织为切入点，全面提高党的建设科学化水平

要通过扎实开展学习型党组织建设，进一步加大理论创新、实践创新、制度创新、方法创新力度，全面推进党的思想、组织、作风、制度和反腐倡廉建设。切实加强思想理论建设，提高党员干部的马克思主义理论水平，为振兴发展提供理论支撑。严格执行民主集中制，积极发展党内民主，保障党员民主权利，激发党员干部队伍的生机与活力。创新干部选拔任用和监督管理机制，坚持德才兼备、以德为先用人标准，努力造就高素质领导班子和干部队伍。创新基层党组织活动载体和工作方式，建立健全教育、管理、服务党员长效机制，构建城乡统筹的基层党建新格局，夯实振兴发展的基层基础。强化党员干部党性修养和作风养成，弘扬密切联系群众之风、求真务实之风、艰苦奋斗之风和批评与自我批评之风，扎实推进惩防体系建设，为振兴发展营造风清气正的良好环境。

中共沈阳市委
沈阳市人民政府
关于推动县域经济发展的若干实施意见

（2010年2月26日）

为认真贯彻落实市委十一届八次全会暨经济工作会议精神，推动农业产业化、农村工业化和城镇化进程，做强县域经济，鼓励各区、县（市）晋位升级，现制定如下实施意见：

1. 加强对县域经济发展绩效考核。2010年，将县域经济主要经济指标和分解的重点任务纳入市政府对县域绩效考核内容。

2. 扶持现代农业发展。继续扶持种植、畜禽、水产小区、林地经济等设施农业、特色农业及农业产业化龙头企业发展。支持农业经济区建设，对达到建设标准的农业经济区，配备副区、县（市）级领导职数。

3. 支持农业产业化、农村工业化和城镇化建设。市政府对达到“一乡一品”标准的乡镇、“一县一业”标准的县（市），采取“以奖代补”的方式给予奖励；对产值过百亿元的产业集群采取“以奖代补”的方式给予奖励；对沈阳经济区节点基础设施建设、村屯整体改造、完成房地产发展指标的区、县（市），采取“以奖代补”的方式给予奖励。

4. 加强县域招商引资工作。设立县域招商引资专项资金，用于县域重点项目包装、策划、招商和奖励，鼓励县域重点工业园区、产业集群发展。

5. 鼓励区、县（市）晋位升级。设立专项奖励资金，采取“以奖代补”的方式奖励各有关区、县（市）在全省晋位升级。鼓励8个区、县（市）地区生产总值、固定资产投资、财政一般预算收入和农民人均纯收入等总量指标提升位次，单项指标每前进1位奖励30万元；新民市、辽中县如进入全国综合实力百强县奖励1000万元，法库县、康平县如进入全省“第一集团”（前15名）奖励500万元，以2015年为限，每提前1年进入，分

别增加1000万元和500万元奖励。

中共沈阳市委 沈阳市人民政府 关于我市行政区划局部调整的决定

（2010年2月27日）

为深入贯彻落实科学发展观，着眼于进一步做优发展空间，整合资源优势，全面完成“五大任务”、加快实现“三大目标”，促进沈阳老工业基地全面振兴，市委、市政府决定，对我市行政区划予以局部调整。

一、调整原则

1. 坚持与区域发展战略相协调的原则，注重体现前瞻性和战略性，将区划调整与建设东北区域中心城市和城际连接带发展规划统筹协调，保障沈阳经济区战略的推进与实施。

2. 坚持与城市总体规划相衔接的原则，在依据城市总体规划提出的城市定位、空间结构和发展模式的基础上，对现有行政区划进行局部调整，促进各行政区与功能区实现有效衔接。

3. 坚持与重点产业相适应的原则，将资源优化配置到产业发展空间重点区域，进一步增强承载力和辐射力，提升产业层次，推动集聚发展，加快重点产业发展空间经济结构的优化升级。

二、调整内容

1. 东陵区划出浑河站西街道和浑河以北土地，与浑南新区、航高基地合署。

2. 沈河区向东扩，将东陵区泉园、丰乐街道以及五三、南塔、东陵、马关桥街道东三环以西、浑河以北地区土地划入。

3. 和平区向西南扩，划入东陵区浑河站西街道土地。

4. 皇姑区向东扩至长大铁路，划入于洪区陵东街道黄河北大街以东土地、北塔街道以及东陵区前进街道长大铁路以西土地，与北部四台子地区实现连接。

5. 大东区向北扩，划入东陵区前进街道长大铁路以东土地、英达街道三环以内土地以及东贸路以北高官台街以西土地，实现与欧盟开发区的连接。

6. 于洪区把陵东街道黄河北大街以东土地和北塔街道划出。

7. 棋盘山开发区划入东陵区英达街道三环外土地管理权。

8. 铁西区、沈北新区、苏家屯区辖区基本不变。

此外，对犬牙交错、界线不清的部分行政区界线进行微调。

三、相关政策

1. 在保证全市经济增长总量不变的情况下，各区经济指标基数随着边界的调整而调整，以2009年为基数对调整后的各区经济指标进行增减核算。

2. 因行政区划调整造成的相关区财政收支问题相应进行划转。具体以2009年为基期年核定财政收支，包括收入、支出、收支差额补偿的核定及相应划转，区划调整涉及划出方的资产、债权、债务，一并由划入方接收。

3. 由于此次区划调整对于洪区、东陵区各项经济指标造成影响，对东陵区沈抚新城、于洪区丁香新城按副区级设置，并给予相应的政策支持。

四、有关要求

行政区划局部调整是市委、市政府立足当前、着眼长远作出的重大决策。各地区、各部门、各单位一定要从全局的战略的高度，充分认识这次调整的重大意义，把思想和行动迅速统一到市委、市政府的决策上来，并认真抓好有关工作的落实。特别是各相关地区、部门和单位要以大局为重、以发展为重，正确处理好局部与整体的关系，努力做到思想不散、干劲不减、秩序不乱、工作不断，确保此次调整的顺利进行。

中共沈阳市委 沈阳市人民政府 关于贯彻落实《中共中央 国务院关于加大统筹城乡发展力度进一步夯实农业农村发展基础的若干意见》的实施意见

（2010年5月7日）

为贯彻落实《中共中央 国务院关于加大统筹城乡发展力度 进一步夯实农业农村发展基础的若干意见》（中发〔2010〕1号）和《中共辽宁省委 辽宁省人民政府关于贯彻〈中共中央 国务院加大统筹城乡发展力度 进一步夯实农业农村发展基础的若干意见〉的实施意见》（辽委发〔2010〕1号）精神，结合我市实际，现提出如下实施意见。

一、落实各项强农惠农政策，统筹城乡资源要素配置

1. 继续落实好增加“三农”投入的各项政策。按照总量持续增加、比例稳步提高的要求，不断增加对农业农村的投入。各级财政对农业的投入增长幅度要高于财政经常性收入增长幅度。预算内固定资产投资继续向重大农业农村建设项目倾斜。耕地占用税税率提高后，新增收入全部用于农业。严格按照土地平均纯收益的15%计提土地出让收入，用于土地整理和复垦、宜农未利用地的开发、基本农田建设以及改善农业生产条件的土地开发。严格执行新增建设用地土地有偿使用费重点用于基本农田建设和保护、土地整理和耕地开发项目支出的规定。

2. 不折不扣地落实各项农业补贴政策。完善粮食直补、良种补贴、农机具购置补贴和农资综合补贴，加强对补贴对象、种类、资金结算的监督检查，确保补贴政策落到实处。根据国家农机具补贴政策，扩大农机具购置补贴种类和范围。扩大良种补贴范围，实现水稻、玉米、小麦、棉花良种补贴种植区域全覆盖，开展花生良种补贴试点。落实新增农业补贴适当向种粮大户和农民专业合作社倾斜政策。

3. 提高农村金融服务质量和水平。加强财税政策与农村金融政策的有效衔接，落实和完善涉农贷款税收优惠、定向费用补贴、增量奖励等政策，引导更多信贷资金投向“三农”。加快推进村镇银行建设步伐，争取年内开业1—2家村镇银行。积极引导银行业金融机构到农村开办业务，在法库县开展农村金融产品和服务方式创新试点，鼓励银行业金融机构加快开发适应县域小企业和农户需要的金融产品，持续提升农村金融服务的质量和水平。加强政策性农业保险，扩大保险覆盖范围。鼓励支持农村金融机构创新产品，探索“银行+保险”贷款模式，提升农户联保贷款额度，为农民消费贷款提供有力支撑。鼓励支持农村金融机构扩大抵押物范围，在以农户现有

固定资产为抵押物的基础上，探索以林权、土地承包经营权等作为抵押物进行贷款，为农户开展经营活动提供信贷支持。鼓励符合条件的农业产业化龙头企业上市融资。

4. 引导社会资源投向农业农村。打破区域、行业界限，鼓励和引导各种资源向农业农村投入。各部门、各行业要主动服务“三农”，在制定规划、安排项目、增加资金时，切实向农村倾斜。鼓励城市企业将环境建设资金转投农村，支持各种社会力量开展与乡村结对帮扶，参与农村产业开发、公共设施和生态建设。市直有关部门要抓紧建立健全科技、教育、文化、卫生、环保等下乡支农制度，逐步建立引导更多城市资源为农村服务的长效机制。认真贯彻落实《气象灾害防御条例》，健全农业气象服务体系和农村气象灾害防御体系，完善现场应急气象保障、农村气象预警信息广播等系统建设，开展精细化农业气候区划工作，继续加大对人工增雨的投入力度。

二、大力发展现代农业，加快推进农业发展方式转变

5. 稳定发展粮食等大宗农产品生产。在稳定粮食播种面积550万亩、总产量56亿斤以上的前提下，鼓励改良粮食品种、品质和提高单产、质量，应用新品种、新技术，开展粮食高产优质竞赛活动，提高单位面积产量，推进粮食规模经营，提升粮食生产质量与效益。实施“粮食高产创建”等“五大提升”行动，支持科技共建项目，以科技创新为手段，以项目建设为载体，全面提升农业综合生产能力。

6. 加快推进农业结构调整。大力发展设施农业、高效特色农业。市财政安排专项资金，新发展设施农业10万亩、高效特色农业21万亩，推进农业结构调整，促进农民增收。扶持和做大树莓、花卉、寒富苹果、花生、食用菌及蔬菜等特色产业，选择试点乡村，培育开发新的主导产业，扩大一村一业、一乡一业规模。实施“3100”中低产田改造工程，整合资金，按照“渠道不变、用途不变”的原则，集中向中低产田改造地区倾斜，改造中低产田30万亩。积极推进现代养殖业发展，市财政安排专项资金，支持达到建设标准的新建畜禽标准化养殖小区403个、规模饲养场10个、水产小区40个，对一市三县奶牛场、肉羊场、肉牛场建设青黄贮窖及肉牛改良给予补贴；新建投资1000万元以上畜产品加工企业10家。积极争取国家和省资金扶持，提高清洁化、标准化养殖水平，对10个畜禽养殖场污染治理项目给予财政补助。加强畜禽及野生动物良种繁育体系建设，市财政安排专项资金，对引进优良品种予以补贴。加强重大动物疫病防控，完善扑杀补贴储备金制度。强化动物防疫体系建设，确保各项经费及时到位，切实增强基层动物防疫机构服务能力。

7. 推进农业标准化生产。积极开展农业标准化示范区建设，建立水稻标准化生产示范区10个、玉米标准化示范区10个、杂粮及经济作物标准化示范区5个、蔬菜标准化示范区30个，新增绿色食品认证30个。强化农产品质量安全监管，落实农产品批发市场监管责任，全面加强蔬菜、水果、畜产品、水产品市场准入工作。抓好区、县（市）级质检站建设，进一步推进基层农产品质量安全监管和检测服务体系建设，支持农民专业合作社和农产品生产企业完善质量检测体系，加快推进全市36个5000亩以上蔬菜生产基地检测点建设。

8. 大力建设高标准农田。提高土地开发整理项目的规划设计水平和标准，依据土地利用总体规划和土地开发整理专项规划，科学开展土地整治、农田水利基本建设、低产田改造等工作。充分利用资金，加大土地整治力度，做到土地集中连片、田块平整规则、水利设施配套、田间道路通达、防护林网齐备。以国家、省级粮食高产示范区建设为载体，实施水稻、玉米、马铃薯等农作物的高产创建行动，力争使总规模达到50万亩。鼓励农民增施有机肥、种植绿肥，扩大测土配方施肥实施范围。大力推广保护性耕作及深松作业技术，完成示范基地面积8万亩。

9. 加强水利基础设施建设。把水利建设放在固定资产投资的重要位置，拓宽筹资渠道，大幅度增加市及区、县（市）财政小型农田水利设施建设补助专项资金规模。推进重点中小河流治理，加快实施北沙河河道整治工程。按期完成16座中小型病险水库除险加固。推进浑沙、浑蒲2个大型灌区续建配套和节水改造骨干工程建设，改善灌溉面积5万亩。投资2000万元，改造万亩桥100座。启动大中型病险水闸除险加固和大型排灌泵站改造工程，加快浑河闸应急除险加固进程。大力发展高效节水灌溉，投资5200万元，实施石佛寺、浑沙2个灌区末级渠系建设和优质水稻生产项目。

10. 推进生态重点工程建设。创新造林机制，全面推行大规模造林模式，重点抓好沈西北边界防风阻沙带工程、辽河水系绿洲工程、公共空间绿化工程、东部山区的“清荒”绿化工程建设，完成植树造林40.9万亩；新建绿化达标村500个、“花卉村庄”300个、绿化校园20个；完成果树进农家8000户，力争1万户。争取国家、省资金扶持，搞好法库县荒山造林，完成500个山头绿化。强化蒲河流域综合治理，启动实施蒲河生态廊道建设总体规划，多渠道筹措资金，坚持政府投资和市场化运作相结合，推进绿化、道路、水利等项目建设，在蒲河沿线形成连续水面、连续绿化带和连续道路，提高蒲河河道水体质量。集中力量，优化资源，推进生态县建设，力争使辽中县通过国家生态县技术核查，成为东北地区第一个生态县；创建20个全国环境优美乡镇、30个省级生态村，1个村达到国家生态村标准。

11. 加强森林资源保护。进一步加强森林资源保护队伍建设，再建森林保安大队10支，严厉打击破坏森林和野生动物资源等违法犯罪行为。全面落实森林防火责任制，加强野外火源管理，做好扑救森林火灾的各项准备工作；加强预警监测，实行24小时值班和领导带班制度，确保信息畅通。抓好美国白蛾等重点林业有害生物的监测预报和防治，继续扶持农民防虫专业队伍，积极推进社会化防治，加强苗木的产地检疫和调运检疫工作，探索现代化监测手段。

12. 增强现代农业科技支撑能力。推动农科教联合、产学研结合，围绕粮豆、果蔬、林木、花卉和畜禽等动植物新品种繁育推广及农业生产关键技术进行科技攻关，组织实施30—40项现代农业重点科技项目，推动农业科技成果转化，提高农业科技创新和推广能力。继续实施农村科技人才研修计划，选派300名优秀青年农民进入大学学习，培养一批产业带头人。深入实施科技特派员示范工程，组织农村科技培训讲师团，深入乡村开展科技培训，培养农村实用人才。深化农技推广体系改革，新建27个基层

农技推广区域站，实现新型基层农技推广机构覆盖全域。抓好国家级沈阳光辉现代农业示范园区建设，积极争取国家开发行贷款支持，重点推进2600亩核心区域的路网及水、电等基础设施建设，启动科普基地、培训中心、农业博览馆、联栋温室、日光温室等主体工程建设。

三、着力抓好农村二、三产业，做强县域经济

13. 突出发展县域工业。加强县域工业园区基础设施建设，加快推进辽中近海、新民胡台、法库开发区、康平开发区等重点产业园区建设，在用地指标方面给予政策倾斜。壮大于洪家具五金，沈北农产品（食品）、光电信息，东陵软件外包信息服务，苏家屯钢管，辽中铸锻造机加，新民包装印刷，法库陶瓷和康平塑编等产业集群，扶持每个区、县（市）发展1个超百亿元产业集群，培育1个500亿元产业集群。鼓励新兴产业发展，重点推进风电、碳纤维、钛材料、静脉产业发展，形成县域发展新的增长点。重点支持重大项目建设，推进苏家屯烟酒、沈北华强、于洪中车、康平电厂二期、法库乳业、辽中中钢、新民林浆纸等重大项目建设，确保新上3000万元以上项目488个，力争达到500个以上。

14. 扶持农产品加工业及龙头企业发展。坚持"外引内育"方式，壮大龙头企业队伍，推进农业产业化进程。年内新增规模以上农事企业116家、1000万元以上农产品加工项目100个以上。建立50户重点企业和100个重点农产品加工项目目录，加强跟踪指导和协调服务，着力帮助企业解决土地、融资等"瓶颈"问题。高度重视招商引资工作，包装一批3000万元以上招商项目，面向苏、浙、闽、粤等发达地区，面向口岸城市和韩国、日本等周边国家，积极开展定向招商、走访式招商，大力引进企业和项目。鼓励重点龙头企业建设原料生产基地，实现产加销一体化经营。组织百家龙头企业与农民专业合作社、生产基地对接，推进"公司+合作社+基地+农户"的模式，带动农民增收。

15. 健全农产品市场体系。市财政安排专项资金，扶持涉农地区的粮食、蔬菜、水产、鲜肉、蛋禽、水果等大型农产品产地市场、批发市场及农村集贸市场建设，科学规划、合理布局，对信息系统、冷链系统、检测系统、物流配送中心、展示平台、仓储设施和基础设施改造等方面予以重点扶持。鼓励开展"农消对接"，支持大型超市和农产品流通企业的鲜活农产品冷链系统、配送中心建设，农民专业合作社的快速检测系统建设及基地农产品品牌创建，实现"超市+专业合作社+农户"的有效模式。继续推进"万村千乡市场工程"和"新网工程"建设，完善新农村现代流通服务网络，新建或改造农资店100个、农家店100个，改造配送中心8个。办好中国沈阳国际农业博览会、首届中国沈阳国际树莓节、沈阳地产特色农产品展销会等大型活动，发展会展经济，支持农产品市场营销。

16. 提高农业生产经营组织化程度。积极发展农业农村社会化服务组织，为农民提供便捷、高效、优质的专业服务。大力发展农民专业合作社，继续推进"3A"级示范社建设活动，新增市级示范社100个，市财政安排专项资金给予补助。推动家庭经营向采用先进科技和生产手段的方向转变，推进统一经营向农户联合与合作方向发展，形成多元化、多层次、多形式经营服务体系，增强集体经济组织服务功能。

17. 扩大农产品出口。以新民大民屯、辽中养士堡等7个万亩以上果蔬出口基地为重点，强力推进农产品出口示范县建设，新增出口注册基地14万亩，对有带动作用的农产品出口基地及出口注册基地给予补贴。扶持农产品出口企业发展，着力支持鸡肉、牛肉、蔬菜等大宗农产品出口，支持重点骨干出口企业的出口原料基地建设，引进一批有实力的出口经销企业在沈注册。巩固加强日、韩、俄及蒙古市场，积极开拓东南亚、中东及欧美市场，扩大农产品出口。支持农产品出口企业参加国际专业展会和开展新市场、新产品营销活动，促进农业多元化对外开放。

18. 努力促进农民就业创业。建立覆盖城乡的公共就业服务体系，加大农民工就业创业工作力度。加强农村剩余劳动力技能培训，鼓励更多培训机构参与，突出质量考核评估。大力推广直接面向用人单位需求的"订单式"培训，深度挖掘就业岗位，促进农村劳动力本地转移；广泛提供用工信息，积极开展输出就业服务，促进农村劳动力埠外有序就业。支持农民工返乡创业，将返乡农民工纳入创业政策扶持范围，提供免费创业培训和政策、场地支持，提供小额担保贷款，鼓励其创办各类经济实体。积极发展休闲农业、乡村旅游、森林旅游和农村服务业，拓展非农就业空间。

四、更加注重改善农村民生，促进农村社会和谐

19. 加快农村社会事业发展。统筹城乡教育，做好农村九年一贯制学校再提升和城乡义务教育发展共同体建设工作。全面推进农村中小学校舍安全工程，推进20所乡镇中心幼儿园达到国家办园标准。继续减免农村学生相关费用，实施奖学金、助学金和生活补助等政策。完善基层医疗卫生服务体系，重点加强中央投资的9个农村乡镇中心卫生院建设。稳妥推进基层医疗卫生机构综合改革，加强队伍建设，转变运行模式。稳定农村低生育水平，加强和创新农村流动人口计划生育服务管理。科学制定完善公共文化服务发展规划，抓好乡镇综合文化站和村文化活动室建设，完成61个乡镇综合文化站主体土建工程。整合行政村现有文化资源，组织开展文化下乡、下基层活动，丰富农民群众精神文化生活。

20. 提高农村社会保障水平。继续巩固发展新型农村合作医疗制度，进一步提高参合农民筹资标准，各级财政对新农合补助标准要达到130元以上，农民个人缴费达到30元。调整参合农民就医报销政策，提高参合农民受益及保障水平。继续抓好康平县新型农村社会养老保险试点，积极争取扩大试点范围。进一步完善农村最低生活保障制度，建立农村低保标准与农村基本生活必需品价格、农村居民人均纯收入、财政收入等经济指标联动的自然调整机制，完善农村五保供养制度，加大农村中心敬老院建设力度。

21. 加强农村基础设施建设。继续加大农村饮水安全工程投入，投入3.1亿元解决规划内剩余50万农村人口的饮水安全问题，鼓励有条件的地方推行城乡区域供水。积极实施国家新一轮农村电网改造升级工程，提高农网供电可靠性和供电能力，完成1个新农村电气化县、5个电气化乡（镇）、50个电气化村创建任务。改善农村公路通行条件，新改建、维修农村公路500公里。完善农村客运基础设施建设，新建300个候车廊。继续安排专项资金，加快推进农

村户用沼气、大中型沼气和集中供气工程建设，积极推进县、乡、村三级沼气服务体系、农村能源综合示范村建设。加强农村信息化建设，完善农村综合信息服务体系，推进市数字农业工程研究中心建设，建设100个核心信息站，继续推进“百万农民上网工程”。支持农民依法依规自建住房，推进农村危房改造试点工作。加强村镇规划，稳步推进农村环境综合整治，在“一市三县”建4座农村垃圾处理场和9座中转站，全市农村生活垃圾处理率达到创建“生态市”工作标准；以蒲河沿线综合治理为主线开展村庄环境整治，完成200公里村内道路、排水设施建设，完善蒲河沿线乡镇排水管网建设。

22. 深入推进农村扶贫开发。加大扶贫开发投入力度，重点提高农村贫困人口自我发展能力，通过扶贫政策支持，充分发挥贫困户发展生产、脱贫致富的主体作用，实现扶贫开发政策和低保救助有效衔接。大力实施整村推进、产业扶贫、移民扶贫、农村劳动力转移培训、定点帮扶等重点工作，在贫困地区新发展设施农业4万亩，建设户用沼气能源生态模式2000个，移民扶贫100户，劳动力技术培训1000人，确保贫困地区农民收入有较大幅度增长，减少贫困人口3.5万人。市财政继续对产业扶贫项目给予贴息扶持，并对设施农业、高效特色农业及新能源建设项目给予特殊扶持政策。

五、协调推进城乡改革，增强农业农村发展活力

23. 稳定和完善农村基本经营制度。确保农村现有土地承包关系稳定并长久不变，下大力气解决农村土地二轮延包的遗留疑难问题，全面实现落实土地承包经营权、签订土地承包合同、发放土地承包经营权证“三个百分之百”的工作目标。加强农村土地承包经营权流转服务体系建设，完善县乡两级土地流转服务中心、村级土地流转服务站和仲裁机构建设，积极稳妥推进农村土地流转，发展多种形式的适度规模经营。

24. 推进农村土地管理制度改革。严格落实耕地保护责任制度，各区、县（市）人民政府对本行政辖区内耕地保有量和基本农田保护面积负总责，建立和完善基本农田保护档案。建立耕地补偿机制，非农建设占用耕地严格遵循“占一补一、先补后占”的原则，确保耕地总量动态平衡。开展城乡建设用地增减挂钩试点，结合沈阳经济区城际连接带小城镇规划，做好沈抚、沈本、沈辽鞍营、沈阜、沈铁五条城际连接带沿线的城乡建设用地增减挂钩工作。

25. 推进城镇化发展的制度创新。加强城镇规划指导，逐年滚动修编乡镇总体规划，编制重点中心镇排水、道路交通、绿化等专项规划。创新统筹城乡发展用地新机制，加强农村宅基地和村庄整理，通过拆村并屯、引导农民适当集中居住，腾挪的建设用地指标重点用于新城（县城）和中心镇的发展建设用地。市村镇建设资金优先扶持农民整村上楼村庄，实施道路、排水、照明等基础设施配套。加大市级财政公共投入，支持社会主义新农村建设。加强县城、中心镇和农业经济区的核心区的基础设施建设，推动房地产业发展。推进农业经济区项目建设，实施村企共建新农村示范村工程。深化户籍管理制度改革，打破户籍壁垒，实行“一元化”户口管理，加快推进农民市民化进程。

26. 完善农业社会化服务体系。继续巩固完善农业农村经济支撑体系，重点抓好农技推广、农产品质量安全、动植物疫病防控、农村土地流转、农产品流通、农业信息、农村金融和多元化农业社会化服务组织等新型服务体系建设。加快推进农业机械化发展，鼓励支持农机专业合作社购置大中型农机具，积极发展农机服务专业组织，提高农机推广服务水平。

27. 积极推进集体林权制度改革。研究金融服务林业发展机制，探索建立林权抵押贷款贴息办法，开展林权抵押贷款贴息试点；加快推进政策性森林保险试点工作，提高农户抵御自然灾害的能力。建立林木采伐管理制度，简化审批程序，实行采伐限额公示制。建立集体林权流转制度，健全林权流转市场，加快森林资源资产评估机构建设，依法规范林权流转登记管理。正确指导林果专业合作社、家庭合作林场、股份制林场、示范林场、营林大户等林业合作经济组织建设；切实提高林业综合服务水平，在林业重点县（市）成立林业综合服务中心，林业重点乡（镇）成立区域性的林业综合服务中心站，为林农提供“一站式”便捷高效的服务。加强林改机构建设，巩固集体林权改革成果。

28. 深化农村综合改革。深入推进乡镇机构改革。积极清理化解农村义务教育历史债务，推进其他公益性乡村债务清理化解试点，防止发生新的乡村债务。市财政安排专项资金，全面推开村级公益事业建设“一事一议”财政奖补工作。继续加强农民负担重点治理，防止农民负担反弹。推进供销社改革发展，市财政继续安排专项资金，用于支持市农民合作经济组织联合会、市农民经纪人协会组织成员开展产品推介、信息服务、技术培训、农产品加工储藏和农资采购经营等服务活动，加强基层社建设，强化县联合社服务功能，依法维护供销合作社的合法权益。

六、加强和改进农村党的建设，不断提高领导“三农”工作水平

29. 加强和改进农村基层党的建设。继续深化农村党的建设“三级联创”活动，努力构建城乡统筹的基层党建新格局。探索创新农村专业合作社建立党组织模式，注重发展农村致富带头人入党。建立乡镇党委抓村党组织建设工作责任制，巩固扩大公选村党组织书记工作成果，落实对农村基层干部的关爱激励机制，加大对优秀村党组织书记的提拔使用力度。进一步规范为民服务全程代理工作，密切党群干群关系，推进和谐农村建设。整合资源创新方式，大力培训农村基层干部，全面提升农村基层干部队伍整体素质。落实好村级组织活动场所建设任务。

30. 完善农村基层治理机制。发展和完善党领导的村级民主自治机制，规范村级民主选举、民主决策、民主管理、民主监督程序。加强农村集体资金、资产、资源管理，强化村务公开和民主管理，强化乡镇政府社会管理和公共服务职能。全面推进农村社区建设，完善政务服务、生产服务和生活服务，力争用3—5年时间，把农村社区建设成为管理有序、服务完善、文明祥和的社会生活共同体。

31. 维护农村社会稳定。加强农村地区维护社会稳定工作，完善领导责任制和目标管理责任制，实行“一把手”工程。深入开展农村治安保险工作，各级财政适当予以补贴。加强治安信息员队伍建设，完善农村应急反应机制。严厉打击农村地区刑事犯罪和黑恶势力，突

出整治治安热点问题，切实净化农村地区的社会治安环境。强化治安防范工作，健全群防群治体系，深入开展平安创建活动。大力推进农村社会管理，消除各类安全隐患。全面贯彻落实党的民族政策和宗教工作基本方针，加快民族地区经济社会发展，依法管理宗教事务。

32. 切实加强对“三农”工作的领导。各级党委和政府要从深入贯彻落实科学发展观，站在经济社会发展全局和巩固党的执政基础的战略高度，切实加强和改善党对农村工作的领导，完善农村工作领导体制和工作机制，在领导分工、机构设置、干部配备上给予充分重视，不断提高农村工作领导水平，加大农村政策落实力度。要充分发挥民主党派、人民团体、社会组织和工商企业的作用，形成发展现代农业和建设社会主义新农村的强大合力。

中共沈阳市委 沈阳市人民政府 关于建设国家 创新型城市的意见

（2010年7月2日）

为加快建设国家创新型城市，全面提升城市自主创新能力，转变经济发展方式，促进经济社会又好又快发展，根据国家创新型城市试点工作的部署和要求，结合我市实际，提出如下意见。

一、建设国家创新型城市的重要意义

创新型城市是指自主创新能力强，科技支撑、引领作用突出，经济社会可持续发展水平高，区域辐射带动作用显著的城市。沈阳市被列为国家创新型城市试点，对全市适应发展新要求、实现发展新跨越具有重要意义。

（一）建设创新型城市是推进沈阳经济发展方式转变的战略选择

我市目前正处于发展转型的关键时期，在工业化、信息化、城镇化、市场化、国际化深入发展的形势下，突破人口、资源、环境等瓶颈制约，实现由产业链的低端向高端转变，实现由“沈阳制造”向“沈阳创造”转变，推进经济发展方式从要素驱动向创新驱动转变，建设创新型城市，提高自主创新能力，已成为加快产业升级、转变经济发展方式的必然选择。

（二）建设国家创新型城市是推动沈阳老工业基地全面振兴的必由之路

当前，沈阳老工业基地振兴已经进入了一个新阶段，走科技含量高、经济效益好、资源消耗低、环境污染少、人力资源优势得到充分发挥的新型工业化道路，迫切要求我们通过创新型城市建设提升核心竞争力，进一步创新思维、创新机制、创新措施，加快沈阳老工业基地全面振兴。

（三）建设国家创新型城市是推动沈阳经济区建设的客观要求

沈阳经济区被确定为国家新型工业化综合配套改革试验区，是沈阳建设创新型城市的重大机遇。沈阳作为区域中心城市和创新策源地，建设创新型城市，提升区域创新资源集成和综合配套能力，有利于发挥中心城市的引领和带动作用，在更大的范围内实现发展方式的创新，为东北乃至全国的综合配套改革试验发挥引领示范作用。

二、建设国家创新型城市的总体思路和基本目标

（一）总体思路

深入贯彻落实科学发展观，以实现创新发展为目标，以提升自主创新能力为主线，以体制机制创新为动力，以创新体系建设为重点，整合区域创新资源，壮大创新主体，集聚创新人才，发展创新文化，促进科技与产业融合，实现“沈阳制造”向“沈阳创造”的跨越，实现经济发展方式从要素驱动型增长向创新驱动型增长转变，不断提升城市的持续创新能力与核心竞争力。

（二）基本目标

到2015年，科技进步贡献率提高到65%以上，全社会研究与开发经费占地区生产总值的比重达到3%以上，自主创新能力明显提高，三次产业在更高水平上协同发展，新兴产业快速发展，年均增长25%以上，在现代产业体系中发挥主导作用，现代服务业占服务业的比重达到60%以上，规模以上高新技术产品增加值占规模以上工业增加值的比重达到45%以上。

资源节约型和环境友好型社会建设取得显著进展，在国内率先建成创新体系完善、创新资源集聚、创新机制高效、创新环境优良、创新人才荟萃、创新实力雄厚、创新成果丰硕、经济社会效益好、辐射引领作用强的国家创新型城市。建设自主创新、集成创新、引进消化吸收再创新有机结合的区域创新中心和新兴产业与传统产业升级并重、具有国际竞争力的先进装备制造业基地，为建设经济与生态协调发展的国家中心城市打下坚实基础。

三、建设国家创新型城市的主要任务

（一）转变发展模式

创新发展理念。以自主创新为核心战略，统筹经济社会发展，促进经济发展方式转变，实现发展模式转型。促进发展动力由要素驱动向创新驱动发展，发展方式由外延粗放型向内涵集约型转变，发展路径由资源消耗向生态循环转变，发展空间由一维向多维转变。提升城市创新发展能力，拓展城市功能，实现产业链和价值链向高端提升。加快以改善民生为重点的社会建设，促进民生改善和社会和谐。

创新经济发展方式。促进三次产业协调发展，增强第一产业发展能力，优化第二产业结构，提高服务业尤其是现代服务业比重。促进科技进步，提高科技进步对经济增长的贡献率，全面推进信息化与工业化的融合，促进优势产业加快发展，培育新兴产业迅速壮大，走新型工业化道路。

创新社会发展模式。坚持人才强市战略，大力培育创新人才。构建全民终身教育体系，建设学习型城市。深化医药卫生体制改革，提高全民健康水平。加强文化建设，促进城乡文化服务均等化。大力发展文化产业，促进文化消费，培育文化产业增长点。创新社会保障体系，统筹城乡发展，提升城乡居民社会保障水平。

建设生态文明城市。以绿色发展为主线，以创建国家环境建设样板城为契机，建设生产发展、生活和谐、生态良好的生态文明城市，为建设国家创新型城市提供强有力的环境支撑。大力发展绿色、循环、低碳经济，完善环保制约机制，完善资源节约长效机制，构建循环型产业体系。

（二）加快产业升级

加快传统产业和优势产业结构优化与升级。大力发展高新技术产业，加快用高新技术改造传统产业的步伐，加快

利用信息技术推进沈阳新型工业化进程，加快装备制造业与现代服务业的融合，提升产业核心竞争力。

加快发展现代服务业。立足于东北中心城市的区位优势，重点发展金融、物流、商务会展、创意产业、文化旅游等现代服务业，着力提高服务业发展水平和质量，实现集聚力、辐射力和竞争力的全面提升，构建全国重要的现代服务业大都市和东北地区现代服务业中心城市。

大力发展现代高效农业。以工业理念谋划农业发展，推动设施农业、高效特色农业和都市观光农业建设，促进农业生产方式和增长方式转变。完善社会化服务体系建设，全面提升农业产业化水平，加快农业规模化、标准化进程。发展外向型农业，促进农产品出口。

大力培育新兴产业。立足沈阳产业基础优势、人才集聚优势、技术装备优势，突出重点区域、重点技术、重点企业、重点产品，大力发展先进装备制造、信息、生物医药、航空、新材料、新能源、节能环保等7大新兴产业，加快形成产业核心竞争力，壮大产业规模，形成新的经济增长极。

（三）培育创新主体

加快企业技术创新体系建设。建立企业创新投入的激励机制，引导和支持创新要素向企业集聚，加快形成以企业为主体、市场为导向、政府为主导、产学研资介紧密结合的技术创新体系，激励企业加大研发投入，引导和鼓励企业建立研发机构，鼓励有条件的企业建立院士工作站、博士后工作站（流动站）。

推动企业成为创新成果转化应用主体。鼓励企业购买科技成果和国内外发明专利，鼓励和支持企业引进消化吸收再创新，促进科技成果转化。引导企业联合在沈高校和科研院所面向市场确定研究课题，实现科技成果就地转化。

建立企业技术创新评价体系。围绕推动企业技术创新，对全市工业自主创新能力进行定期评价、分析，指导、推动企业技术创新活动。

优化中小企业创新环境。完善支持中小企业发展的多层次科技金融体系，支持中小企业进行技术改造、技术创新。引导和促进中小企业与大专院校、科研院所进行产学研合作，加速技术支持服务体系建设，引导中小企业向“专精特新”方向发展。

（四）完善区域创新服务体系

构建沈阳经济区区域创新合作体系。加强沈阳经济区区域创新合作，发挥中心城市辐射带动作用，促进区域内部创新要素合理流动，提升区域自主创新能力。建立区域创新协调机制，促进创新资源在经济区内实现优化配置。

构建科技资源共享平台。依托企业、高校和科研院所等现有的技术中心、工程（技术）研究中心、重点实验室、检验检测中心，建立一批市场化运作的开放式公共技术平台，向社会和中小企业提供研发、中试、检测等技术服务。建设科技信息资源数据库，鼓励大型设备仪器等科技资源共享。

构建创业孵化平台。以规模化孵化器为重点，以专业孵化器为补充，加强孵化器建设。鼓励在沈高校建设大学科技园，吸引国内外名校来沈投资兴建创业园和孵化器，积极探索孵化器建设的新模式。

构建中介服务平台。鼓励发展生产力促进中心、科技成果转化中心等中介服务机构，加快培育科技经纪人队伍，推动中介机构向专业化、社会化和网络化方向发展。发展区域技术产权交易市场，支持非上市中小股份制科技企业产权流通。

构建科技交流合作平台。加强对外开放，探索国际合作新形式，构建开放型创新体系。积极承接国际跨国公司研发中心向沈阳转移，鼓励跨国公司以合资、合作、独资等形式在沈建立研发机构和国际科技合作基地。探索在国外建立科技合作窗口，支持企业在国外设立研发机构或产业化基地，并购海外科技型企业和研发中心。支持产学研单位及社团举办高水平国际科技展览、学术会议等活动，畅通对外科技合作交流渠道。

提升科技成果研发转化能力。提升科技研发能力，加强自然科学与社会科学两界互动合作，建设与创新型城市相适应的高等院校和科研院所，在基础性、前瞻性、战略性科技领域布局建设若干具备国际先进水平的科研基础设施。组织实施高技术产业化重大专项，推动应用研究成果产业化，培育一批创新能力强、产业化效益好的创新型企业，促进产业创新的可持续发展。

（五）优化创新发展环境

弘扬城市创新文化。积极引导全社会树立强烈的创新意识和创新思维，培育以合作与竞争互动为特征的人文精神和科学精神，激发创造热情。坚持“崇尚创新、勇于突破、鼓励成功、宽容失败”的创新理念，营造有利于创新的社会环境。

完善创新投融资体系。通过财政资金的投入，引导、鼓励金融资本和社会资金对创新创业的多元投入。完善创业投资体系，吸引境内外资金来我市开展创业投资业务，鼓励设立创业投资公司和发展各类创业投资基金。建立和完善信用体系，推动形成中小企业融资担保体系。推动高新技术企业进入资本市场融资，支持符合条件的中小高新技术企业发行债券。

推进城市管理创新。深入推进行政审批、政府投资决策、国有资产监管等重大制度改革，提升政府的公共服务职能，提高城市的管理服务水平。鼓励市民参与城市管理并形成互动，加快数字化城市建设，提高城市信息化水平。优化城市开发建设方式，合理规划社区规模，增大公共活动空间，改善人居环境。

实施知识产权战略。认真实施《沈阳市知识产权战略纲要》，建立以专利、商标、版权、商业秘密等为主要内容的知识产权体系，以知识产权保护为核心，完善知识产权政策法规体系，支持企业创造、使用、保护知识产权。积极推进技术标准化工作，大力培育自主品牌，扩大品牌集群，发展品牌经济。

加强社会服务创新。促进社会事业供应主体多元化，满足城乡居民多样性和多层次需求。规范和发展社会组织，促进社会组织在公共服务领域发挥作用。建立完善社会保险、社会救助、社会福利、优抚安置和社会慈善事业协调发展的社会保障体系。完善交通、教育、医疗等配套环境，建设国际化商务中心区和高标准住宅区，满足创新人才工作生活需要。

提高公众创新素质。切实贯彻国务院制定的《全民科学素质行动计划纲要》，加强科普载体建设，推进社区和农村科普工作，建立科普工作的社会化运作机制。加快基础教育科研和教学改革，培养青少年的创新意识和实践能力。实施全民学习计划，建设学习型社会。

（六）集聚创新人才

实施人才引进工程。大力实施“十

百千高端人才引进工程”、“凤来雁归工程”等人才队伍建设计划，引进我市急需的海内外高层次创新人才特别是领军人才，加快形成各类创新人才聚集沈阳的良好局面。

强化人才培养体系建设。实施创新领军人才培养计划，加快培养一批中青年学科带头人、科技拔尖人才和创新型企业家。鼓励高校加强我市优势产业相关学科的建设。鼓励民办培训机构参与技能人才培训，支持企业建立技能人才培训基地，实施农民科技研修计划和科技示范户培训工程。

构建人才交流平台。建立以市场为主导，开放灵活的人才流动机制，推进人才市场建设，形成功能完善、服务优质的人才市场体系，促进人才合理有序流动。构建人才中介服务体系，扩宽人才交流渠道。

优化人才创业环境。鼓励各类创新人才以知识、技术、成果、专利、管理等要素创业。推动建立人才资本产权制度，完善落实各类要素参与分配的政策，加快实现人才资源向人才资本的转化。

激励人才创新。完善创新人才激励机制，加大对优秀创新人才的奖励力度。大力宣传我市优秀创新人物和创新企业。

（七）创新体制机制

完善创新资源配置机制。强化市场在资源配置中的基础性作用，通过政策支持和资金引导，促进创新资源的集成与整合。建立创新资源共享机制，促进公共创新资源使用的公开、公平和社会化。建立创新资源合作机制，充分发挥行业协会等中介机构的桥梁和纽带作用，促进产学研紧密合作。

完善创新激励保护机制。健全创新人才激励机制，营造人尽其才、充满活力的人才发展环境。健全利益分配机制，鼓励技术、知识、管理等生产要素参与分配。健全知识产权保护机制，提高全社会知识产权保护意识，打击侵权行为。建立信用监督机制，促进社会信用自律，保护创新活动。

完善政府管理服务体制。深化政府行政管理体制改革，制定支持创新、服务创新的政策法规，建立高效服务型政府。完善政府管理决策程序，提高创新决策的科学化、民主化水平。深化社会事业管理体制改革，完善教育、文化、医疗、社会保障等社会基本公共服务保障体系，消除人才流动的体制障碍。

四、建设国家创新型城市的保障措施

（一）加强组织领导

成立沈阳市创建国家创新型城市工作领导小组，统筹推进创新型城市创建工作。各地区也要建立相应的工作机构，落实工作任务和政策措施。市直有关部门要结合各自职能，加强对创建工作的参与和指导，定期检查，通报情况，推广经验，推动工作。同时，成立沈阳市建设创新型城市专家咨询委员会，为建设创新型城市提供决策咨询。

（二）加强政策保障

完善创新型城市建设的配套政策，市直有关部门要认真研究国家、省、市鼓励创新的各项政策措施，根据本《意见》精神，制定鼓励自主创新、促进资源整合、加快成果转化、推动产业发展和资本、技术、人才引进的相关政策，并搞好与经济政策的有效衔接。

（三）加强舆论宣传

建设创新型城市是一项庞大的系统工程，需要社会方方面面的支持。要加强宣传，及时报道创建活动取得的重大成果和典型经验，营造建设创新型城市的浓厚舆论氛围，形成全社会对创建工作的共识。

（四）完善监测体系和考核机制

依据国家创新型城市的指标体系，加强指导监测，做好数据收集和汇总，定期对照自评。制定建设国家创新型城市考核办法，并纳入全市绩效考核体系，形成推进创建工作的长效机制。

中共沈阳市委 沈阳市人民政府 关于印发《沈阳市2010—2020年人才发展规划》的通知

（2009年3月20日）

人才是科学发展的第一资源、第一要素、第一推动力，也是沈阳实现全面振兴的强市之基、竞争之本、活力之源。近年来，全市始终坚持“发展是第一要务、稳定是第一责任、人才是第一战略”的理念，紧密围绕完成“五大任务”、实现“三大目标”，深入实施人才强市战略，大力营造有利于人才成长的良好环境，人才工作取得了显著成就，人才数量和质量已经进入全国副省级城市第一集团。但我市人才发展总体水平与沈阳振兴发展的需要还不完全适应，全市人才发展任务仍然艰巨而繁重。当前，沈阳正处在加快全面振兴的关键时期和人才事业大发展的重要阶段，既面临着外部经济环境变化极其复杂、以人才竞争为核心的城市综合实力竞争日趋激烈等严峻挑战和考验，也面临着老工业基地振兴战略深入实施、沈阳经济区建设上升为国家战略等难得机遇和新的发展动力，特别是城市发展空间的不断拓展和中心城市功能的日趋完善，为各类优秀人才向沈阳聚集创造了更加有利的条件。因此，全市各级党委和政府必须进一步增强做好新形势下人才工作的责任感、使命感和紧迫感，全面确立人才优先发展的战略布局，坚持科学规划，深化改革，重点突破，整体推进，抢占人才竞争的制高点，充分发挥人才的基础性、战略性、全局性作用，以人才优势铸就沈阳发展的新辉煌。为建设人才强市，在科学发展的道路上加快沈阳老工业基地全面振兴，根据《国家中长期人才发展规划纲要（2010—2020年）》（中发〔2010〕6号）和《2010—2020年辽宁省人才发展规划》（辽委发〔2010〕9号），结合沈阳实际，制定本规划。

一、指导思想和总体目标

（一）指导思想

以邓小平理论和“三个代表”重要思想为指导，深入贯彻落实科学发展观，坚持党管人才原则，全面贯彻“服务发展、人才优先、以用为本、创新机制、高端引领、整体开发”的人才发展指导方针，遵循社会主义市场经济规律和人才成长规律，紧紧围绕沈阳老工业基地全面振兴目标，大力实施人才强市战略，以服务科学发展为根本出发点和落脚点，以充分发挥各类人才作用为根本任务，以高层次人才和高技能人才为重点，以深化体制机制改革为动力，统筹推进各类人才队伍建设，为沈阳立足新起点、谋求新发展、实现新跨越提供坚强的人才保证和智力支持。

（二）总体目标

到2015年，人才资源总量规模满足发展需要，人才结构质量大幅优化提升，人才使用效能得到显著增强,人才发展体制机制改革取得突破性进展,牢固确立装备制造、金属材料、现代建筑、医药化工、航空航天等重点领域的人才竞争比较优势,涌现出一批在全国乃至世界有较高知名度和影响力的高端人才,真正使沈阳成为全国高技能人才培养输出基地、东北地区高端人才科研成果产业化基地、沈阳经济区人才交流合作基地,进入全国人才强市"第一方阵"。

到2020年,人才总量和素质与经济社会发展需求更加适应,人才发展环境进一步优化,人才竞争比较优势进一步增强,人才使用效能进一步提高,培养和造就出数量充足、结构优化、布局合理、素质优良的人才队伍,为把沈阳打造成为国家中心城市和具有国际竞争力的先进装备制造业基地奠定坚实可靠的人才基础。

——人才总量目标。人才资源总量从目前的160万人增加到256万人,增长60%,其中,党政人才6万人、经营管理人才38万人、专业技术人才140万人、高技能人才50万人、农村实用人才14万人、社会工作人才8万人。人才资源占人力资源总量的比重达到30%以上,适应经济社会发展需求。

——人才素质目标。主要劳动年龄人口受过高等教育的比重达到35%,每万名劳动力中研发人员达到60人年,高技能人才占技能劳动者的比重达到30%以上,人才竞争比较优势显著增强。

——人才结构目标。各类人才队伍年龄、学历、专业结构更加优化,在区域、行业、产业和不同类型经济组织的分布更加合理,建成一批人才高地。先进装备制造、汽车及零部件、电子信息、医药化工、新材料、航空航天等重点产业人才集聚总量达到155万人,其中,企业经营管理人才20万人,专业技术人才95万人,高技能人才40万人。现代农业人才总量达到10万人,其中,具有大学本科以上学历的占35%左右。现代服务业人才总量为20万人,其中,具有大学本科以上学历的占45%左右。

——人才效益目标。人才辈出、人尽其才的环境基本形成,人力资本投资占全市生产总值比例达到20%,人才贡献率达到40%以上。

二、人才队伍建设主要任务

(一)突出培养和引进创新型科技人才

发展目标:围绕提升自主创新能力,建设国家创新型城市,以高层次创新型科技人才为重点,培养和引进一批在关键领域掌握前沿核心技术、拥有自主知识产权的创新型领军人才和高水平创新团队。到2020年,培养和引进两院院士10人,选拔培养行业、学科领军人才600人、市级优秀专家1000人;培育10个达到国际先进水平、60个具有国内先进水平的自主创新团队;研发人员总量达到9万人年,高层次创新型科技人才总量达到2000人左右。

主要举措:完善创新人才培养模式,建立校企、校院合作培养制度,建立国内培养和国际交流合作相结合的开放式培养体系。围绕先进装备制造、汽车及零部件、航空航天等重点产业和重点项目,依托知名高校、科研院所和骨干企业,建设一批高层次创新型科技人才培养基地。扩大博士后工作站建站和招收规模,加强博士后管理制度建设。完善有利于科技人才创新创业的评价、使用、流动和激励制度,营造充满活力、富有效率、更加开放的用人环境。依托国家创新人才推进计划、辽宁省海外高层次人才引进计划和工程,继续加大高层次创新创业型科技人才引进力度。深入开展"凤来雁归"主题系列活动,全面推进高端人才引育工程。做大做强院士工作站,使之在推进企业自主创新的实践中充分发挥作用。进一步引进专家团队,扩大特邀专家与企业的合作领域。以院士工作站、博士后工作站、留学生创业园、重点实验室、特色产业园区、国际科技合作基地为载体,着重引进一批我市经济社会发展急需的国内外一流人才和创新团队。鼓励高层次人才以柔性流动方式来沈从事咨询、讲学、科研和技术合作等服务。建立以创新和质量为导向的科研管理与评价制度,加大优秀青年科技人才的发现、培养、使用和资助力度。

(二)大力开发经济社会发展重点领域急需紧缺专门人才

发展目标:围绕我市老工业基地全面振兴的人才需求,加大重点领域急需紧缺专门人才开发力度。到2020年,在装备制造、现代服务业、汽车及零部件、电子信息、医药化工、新材料、航空航天等重点领域培养开发急需紧缺专门人才10万人;在教育、医疗卫生、社会工作等社会发展重点领域培养开发急需紧缺专门人才20万人。

主要举措:围绕我市的重点领域和重点产业,加强人才需求预测,定期发布急需紧缺人才目录。以市场为导向,调整优化高等学校学科专业设置,培养急需紧缺人才。根据国家、省、市产业规划,制定人才向重点产业集聚的倾斜政策。依托国家、省重大人才培养工程及市重大科研和工程项目、重点学科和重点科研基地、国际学术交流合作项目,积极培养一批装备制造、汽车及零部件、医药化工、农产品深加工、电子信息、飞机及零部件、现代服务业等产业急需的高级研发人才和高技能人才。根据经济社会发展重点领域急需紧缺专门人才状况,适时组织境内外人才招聘活动。继续实施"四个一批"人才培养工程,加强教育、政法、医药卫生、社会工作等领域高层次人才及服务实用型专业技术人才队伍建设。

(三)统筹各类人才协调发展

1. 党政人才队伍

发展目标:紧紧围绕加强党的执政能力建设和先进性建设这条主线,以提升领导科学发展能力为核心,以县处级以上领导干部为重点,努力建设一支政治坚定、勇于创新、勤政为民、求真务实、奋发有为、善于治市理政的高素质党政人才队伍。到2020年,全市具有大学本科以上学历的干部占党政干部总数的95%,专业化水平明显提高,结构更加合理,规模更加适度。

主要举措:定期制定干部培训工作计划,大规模开展党政领导干部培训工作。依托党校、行政学院、在沈高等院校高层次人才培养基地,对全市党政领导干部进行政治理论和专业素质轮训,系统开展信仰教育、忠诚教育、敬畏教育、廉耻教育、智慧教育,构建理论教育、知识教育、党性教育和实践锻炼"四位一体"的干部培养教育体系,切实增强领导干部规划发展、优化发展、统筹发展、协调发展、和谐发展的本领。选派优秀领导干部到国(境)外政府部门、著名大学、跨国公司进行学习培训。坚持德才兼备、以德为先的用人标准,树立坚定信念、注重品行、科学发展、崇尚实干、重视基层、鼓励创新、群众公认的用人导向。注重从基层和生产一线选拔党政人才。加强女干部、少数民族干部、非中共党员干部培养选拔和教育培训工作。不断提高竞争性选拔干部工作的科学化、规范化和制度化水平，促进优秀人才脱颖而出。加强后备干部的培养，坚持统筹谋划、分步实施和量身定制、计划到人的原则，全面加强党性锻炼，组织开展交流锻炼，不断提高后备干部的思想政治素质和业务素质，形成后备干部领导科学发展能力持续提高的培养机制。制定和实施促进科学发展的党政领导班子和领导干部综合考核评价办法。建立党政领导干部选拔任用责任追究制度和选拔任用工作监督责任制，加强干部监督管理。加大党政领导干部跨地区、跨部门交流力度。

2. 企业经营管理人才队伍

发展目标：根据我市产业结构优化升级的需要，以提高和培育现代经营管理水平和企业竞争力为核心，以优秀企业家和职业经理人为重点，推进企业经营管理人才职业化、市场化、专业化和国际化，培养造就一支具有全球战略眼光、市场开拓精神、管理创新能力和社会责任感的高素质企业经营管理人才队伍。到2015年，企业经营管理人才总量达到35万人；到2020年，企业经营管理人才总量达到38万人，具有国际知名企业中高级管理经验和能力的人才达到100人，国有及国有控股企业国际化人才总量达到330人，国有企业领导人通过竞争方式选聘比例达到60%。

主要举措：遵循企业人才培养模式和成长规律，依托知名跨国公司、国内外高水平大学、知名培训机构，加强企业经营管理人才的培训。创新评价选用机制，建立完善市场选聘国有企业高层次经营管理人才制度，健全聘任制、任期制和任期目标责任制。完善国有企业高层次经营管理人才年薪制、期权股权激励制度和约束机制。建立企业经营管理人才信息库和诚信制度。推动建立职业经理人的职业标准、职业规范，开展职业能力认证服务，培育发展职业经理人市场。

3. 专业技术人才队伍

发展目标：以提高专业水平和创新能力为核心，以高层次人才和急需紧缺人才为重点，造就一支具有自主创新能力的高素质的专业技术人才队伍。到2015年，专业技术人才总量达到115万人；到2020年，专业技术人才总量达到140万人，高级、中级、初级专业技术人才比例为10:40:50，力争使我市每万名人口专业技术人才拥有量达到发达国家水平，专业技术人才创新能力达到国内一流水平。

主要举措：以重大工程项目和科技攻关项目为导向，加快培养和引进急需紧缺专业技术人才。构建分层分类专业技术人才职业教育体系，加快实施专业技术领导人才开发计划和专业人才知识更新工程。依托国家、省、市级研发中心、博士后创新基地等，推动高校、科研机构、大型企业联手组建专业人才集聚和培养基地。建设专业技术人才信息库。鼓励和支持各领域高级专业人才以各种形式参与政府、企业、社会组织等有关领域发展计划的制定和实施。进一步完善专业技术职称和职业资格制度。规范管理，强化激励制度，逐步建立政府引导、单位为主、社会支持的多元投入机制，进一步加大对专业技术人才的资助力度，不断激发专业技术人才的活力。注重改善基层专业人才的工作条件和生活条件。

4. 高技能人才队伍

发展目标：以提升职业技能素质为核心，以培养技师和高级技师为重点，打造一支数量充足、结构优化、技艺精湛、爱岗敬业的高技能人才队伍。到2015年，高技能人才总量达到40万人；到2020年，高技能人才总量达到50万人，其中技师、高级技师分别达到10万人和1万人。

主要举措：健全市场化、社会化的职业培训机制，充分发挥以企业为主体、职业院校为基础、政府推动为引领的社会各类培训资源的作用，围绕破解职业教育培训中实际动手能力训练的瓶颈问题，建立科学有效的高技能人才培养模式和体系。优化企业技术培养办法，进一步完善“订单培训”和“工学交替”培养模式，不断推进高技能人才培养工程。继续做强沈阳技师学院、沈飞技师学院等10所技师学院，依托大型骨干企业、重点职业院校、国家行业协会和工会培训机构，打造20个名牌专业，建设15个国家级高技能人才培训基地，进一步搭建高技能人才实训平台。积极推进职业教育产业化发展，做强装备制造、汽车工程、IT产业、化工、橡胶、现代服务业六大职教集团。推进高技能人才考评制度改革，推行高技能带头人、“首席技师（首席工人）”和职工专业技术协会制度。完善高技能人才评价体系，健全以实际动手能力为重点的高技能人才考核鉴定模式。规范高技能人才流动秩序，加快形成有利于高技能人才成长的社会氛围。实施“以赛促训”活动，继续开展“百千万”技能人才培育工程和职工职业技能竞赛。继续提高高技能人才的经济待遇和社会地位。

5. 农村实用人才队伍

发展目标：围绕实现富民强县目标，以提高科技素质、职业技能和经营能力为核心，以农村致富带头人和生产经营型人才为重点，培养和造就适应我市现代农业发展和新农村建设要求的实用技术型、生产经营型农村实用人才队伍。到2015年，农村实用人才总量达到12万人；到2020年达到14万人，平均受教育年限达到11年，每个行政村至少有2—3名示范带动能力强的带头人。

主要举措：围绕我市《农村基层服务体系建设改革示范县》项目，继续实施“青年农民上大学工程”、“新型农民科技培训工程”、“绿色证书培训工程”、“阳光工程”，加大培训力度，提升农村实用人才素质。充分调动社会各方面参与农民职业技能培训的积极性，特别要充分发挥在沈高等农业院校、职业教育中心、农村职业学校、农业技术推广中心等培训机构的作用，以“走村进村”、“农业110”咨询电话、电视广播讲座等形式，切实搞好农民实用技术培训。采取有效方式，抓紧培养一批善于经营、精于管理、勇于创业、能够带领群众致富的农村基层干部和复合型人才。采取“村来村去”的培养方式，由市属高校招收农村优秀青年开展涉农、卫生等专业的大专以上的学历教育，为农村培养一批留得住、用得上的发家致富带头人、应用技术“明白人”。健全农村实用人才职称评审制度，对取得农民技术职称证书或职业资格证书的农村实用人才，给予优先申请农贷资金、享受贴息贷款、承包土地荒山等待遇。积极向农村实用人才无偿提供就业信息，大力引导和扶持农村实用人才特别是掌握一定技能的外出务工人员回乡兴办实体、领办和创办企业。落实农村人才资源开发专项资金支持项目，推动农村高科技产业发展。开展城乡对口人才扶持，推动科技、教育、文化、卫生、法律等方面人才下乡支农。

6. 社会工作人才队伍

发展目标：适应构建和谐沈阳的需要，以人才培养和岗位开发为基础，以中高级社会工作人才为重点，加快培育一支专业化、职业化的社会工作人才队伍。到2015年，社会工作人才总量达到5万人；到2020年，社会工作人才总量达到8万人。

主要举措：进一步加快社会工作专业教育的改革发展进程，提升社会工作专业教育质量，实现从知识教育向综合素质教育的转化。建立教育培训体系，组建市和区、县（市）社会工作培训中心，依托驻沈高校和社会组织，建设一批社会工作培训基地，做好做实社会工作人才的培训工作。加强与境外社会工作机构的合作，选送我市优秀社会工作人才到国外深造。完善社会工作者职业水平考试和资格证书制度。发挥全市社会工作者协会作用，推进社会工作人才队伍职业化建设。适时制定我市加强社会工作人才队伍建设的政策意见。

三、体制机制创新

（一）创新人才工作管理体制

1. 完善党管人才的领导体制

全面贯彻党管人才原则，完善党委统一领导，组织部门牵头抓总，有关部门各司其职、密切配合，社会力量广泛参与的人才工作格局。健全各级党委人才工作领导和办事机构，建立科学的决策机制、协调机制和督促落实机制，形成统分结合、上下联动、协调高效、整体推进的工作运行机制。把人才工作纳入各级党政领导班子工作目标责任制，实行定期考核。建立和完善党委、政府主要领导与高级专家、优秀企业家联系制度和日常沟通机制，实行重大决策专家咨询制度。完善党委组织部门牵头抓总职能，重点做好战略研究、总体规划制定、重要政策统筹、创新工程策划、重点人才培养等工作。发挥政府人力资源管理部门作用，强化各职能部门人才工作职责，充分调动工会、共青团、妇联、科协等人民团体和企事业单位、社会组织的积极性，动员和组织全社会力量协调一致做好人才工作。

2. 创新人才管理方式

围绕用好用活人才，完善政府宏观管理、市场有效配置、单位自主用人、人才自主择业的人才管理体制。改进宏观调控，推动政府人才管理职能向创造良好发展环境、提供优质公共服务转变，促进运行机制和管理方式向规范有序、公开透明、便捷高效转变。规范人才管理部门的行政行为，减少和规范人才评价、流动等环节中的行政审批和收费事项。分类推进事业单位人事制度改革。克服人才管理中存在的行政化、“官本位”倾向，取消科研院所、学校、医院等事业单位实际存在的行政级别和行政化管理模式。遵循放开搞活、分类指导和科学规范原则，深化国有企业和事业单位人事制度改革，扩大和落实单位用人自主权。健全符合现代企业制度要求的企业人事制度。在科研、医疗等事业单位探索建立理事会、董事会等形式的法人治理结构，在部分地区、行业建立与国际人才管理体系接轨的人才管理改革试验区。

3. 加强人才工作法制建设

坚持用法制保障人才，推进人才管理工作科学化、制度化、规范化。尽快制定出台涵盖人才安全保障、权益保护、市场管理和人才培养、吸引、使用等人才资源开发管理各个环节的地方性法规，加快形成与实施人才强市战略相适应的法制保障体系。强化执法监督，切实维护人才合法权益，促进劳动关系和谐发展。

（二）创新人才工作机制

1. 创新人才培养开发机制

以建设沈阳经济区国家新型工业化综合配套改革试验区为契机，以提升思想道德素质和创新能力为核心，完善现代国民教育体系和终身教育体系，注重在实践中发现、培养和造就人才，构建人人都能成才、人人得到发展的人才培养开发机制。建立人才培养开发结构与经济社会发展需求相适应的动态调控机制，优化教育布局和学科专业。创新人才培养模式，全面推进素质教育。坚持以就业为导向，深化职业教育教学改革，推行工学结合、校企合作的人才培养模式，完善校企紧密结合的示范性职业学校、职业教育实训基地，基本满足发展装备制造业和现代服务业对应用技术人才的需求。整合教育培训资源，形成宽领域、广覆盖的学习教育网络，广泛开展学习型组织和学习型社区创建活动，建成“人人皆学、时时能学、处处可学”的学习型社会。大力发展远程培训教育，使沈阳成为网络学习条件较好、水平较高的城市之一。培育和规范培训市场，健全培训项目、培训证书和培训机构的管理制度。支持和鼓励高校与科研院所、大型企业合作，开设紧跟科技和产业发展的课程，在各行业、各类人才中大力开展人才培训。强化用人单位在终身教育中的功能作用，把教育培训纳入单位发展规划，鼓励员工继续学习，更好地适应职业知识更新的需要。

2. 创新人才评价发现机制

建立以岗位职责为基础，以品德、能力和业绩为导向，科学化、社会化的人才评价发现机制。完善各类人才评价标准，克服人才评价中唯学历、唯论文的倾向，注重靠实践和贡献评价人才。建立健全党政干部考核评价体系，完善符合不同区域、不同层次、不同类型领导班子和领导干部特点的考核评价体系，形成比较完善的考核评价机制。建立健全公务员职位分类制度和岗位考核制度。建立以岗位绩效考核为基础的事业单位人员考核评价制度。制定实施以市场化机制为基础、任期目标为依据、工作业绩为核心的国有企业领导人员考核评价办法，建立和规范职业经理人评价市场，推进职业经理人社会化评价。探索建立专业技术人才社会和业内认可的考评机制，进一步完善专业技术人才职称评定办法，探索用人单位职称聘用制度改革。探索建立技能人才多元评价机制，逐步完善社会化职业技能鉴定、企业技能人才评价、院校职业资格认证和专项职业能力考核办法。

3. 创新人才选拔任用机制

按照中央深化干部人事制度改革的有关要求，改革各类人才选拔任用方式和方法，形成有利于各类优秀人才脱颖而出、充分施展才能的选人用人机制。完善党政人才公开选拔、竞争上岗、公推比选等办法，提高选人用人公信度。推行党政人才任期制和聘任制。建立市场配置、组织选拔和依法管理相结合的国有企业领导人员选拔任用制度，完善国有资产出资人代表派出制和选举制，加大市场化选聘力度。完善事业单位岗位管理制度，推行专业技术职务聘用制度、兼职制度和灵活就业制度。进一步完善适合沈阳产业发展需要的高端人才选拔制度。

4. 创新人才流动配置机制

全面推进以中国沈阳人才市场为龙头的人才市场建设，健全有利于人才合理流动的市场机制，加快形成统一高效、机制健全、运行规范、服务周到和指导监督有力的人才市场体系。建立健全政府部门宏观调控、市场主体公平竞争、中介组织提供服务、人才自主择业的人才流动配置机制。健全多种所有制人才中介服务机构准入制度,鼓励社会组织、单位和个人兴办人才中介服务机构,积极引进国内外有影响的人才中介服务机构,推动人才市场服务多元化和产业化。全面推行人事代理服务,逐步构建人才公共服务体系、人才市场社会化服务体系和人才诚信服务体系。完善人才市场供求信息发布制度。协调建立沈阳经济区人才培养、吸引、流动和社会保险的相关政策,形成人才信息共享、人才资源互通、服务标准一致的区域公共人事服务体系。

5. 创新人才激励保障机制

坚持精神激励与物质奖励相结合,健全以政府奖励为导向,以用人单位和社会力量奖励为主体的人才激励体系,建立健全与工作业绩紧密联系、充分体现人才价值、有利于激发活力和维护人才合法权益的激励保障机制。改革分配制度,完善事业单位岗位绩效工资制度,制定知识、技术、管理、技能等生产要素按贡献参与分配的办法。建立市场调节、企业自主分配、政府监控指导的企业薪酬分配机制,推行股权、期权等中长期激励办法,逐步提高企业退休人员基本养老金。探索高层次人才、高技能人才协议工资制和项目工资制等多种分配形式。研究制定人才补充保险办法。扩大对农村、非公经济组织和社会组织人才的社会保障覆盖面。整合政府各项人才专项资金,建立以党委组织部门牵头负责,相关部门配合的资金使用管理机制,形成政府、社会和单位相结合的人才保障体系。

四、重要政策

(一)保证人才投资优先的政策

各级政府要牢固树立人才投入是效益最大投入的理念,优先保证对人才开发的投入,确保全市教育、科技投入增长幅度高于财政经常性收入增长幅度。根据市财力情况,逐年加大对市人才资源开发专项资金的投入力度,为高层次人才和高层次创新团队项目实施提供保障。在重大建设和科研项目经费中,优先安排人才培训费用。鼓励企业适当提高职工培训经费的提取比例,把人才培训经费列入年度预算。建立健全多元人才投入机制,完善人才开发资金社会化筹集办法,鼓励各类机构、团体和个人投资人才资源开发。

(二)加强产学研合作培养创新人才的政策

以重点科技项目、重大科技工程和新兴产业发展为依托,通过政策引导,推进产学研合作,共建技术创新平台,开展技术研究,形成以企业为主体、市场为导向、多种形式的产学研战略联盟。制定优惠政策,鼓励境内外有实力的企业集团、科研机构和知名专家来沈设立或创办研发机构,与我市有关单位开展合作研究,培养高层次人才和创新团队。建立科研院所、高等院校、企业高层次人才双向交流制度,推行产学研联合培养研究生的"双导师制",实行"人才+项目"的培养模式,在实践中集聚和培养一流创新人才。完善产学研合作的优惠政策,对企业购买并转化科技成果、专利技术实现产业化,对企业与科研机构共建国家、省、市级工程中心、重点实验室,对以产学研合作方式,创办领办高新技术企业给予政策扶持。继续对产学研合作项目给予重点支持。

(三)引导人才向农村和基层流动的政策

通过政策引导和制度保证促进人才资源向农村和基层流动,鼓励科研院所和企事业单位技术骨干、大中专毕业生到农村和基层创业,增加沈阳市农业发展所需专门人才。对到农村和基层工作的人才,在职务晋升、职称评定和工资待遇方面给予倾斜,改善生活和工作条件。采取政府购买岗位、报考公职人员优先录用、建立"五险一金"等措施,鼓励和引导高校毕业生到农村和中小企业就业。采取派遣和轮调方法,推动公职人员到基层服务、锻炼。深入实施科技特派员示范工程,选派科技特派团、特派组、特派员和服务队到农村和基层服务。继续做好选聘高校毕业生到村任职工作。

(四)扶持人才创业的政策

鼓励高校毕业生到城乡基层、艰苦地区自主创业,采取创业贷款等多种方式,完善支持人才创业的金融服务。完善知识产权、技术等要素作为资本参股的措施。采取多种形式加强创业技能培训和指导,提高创业成功率。扶持创业风险投资基金,完善创业风险投资机制,实行技术转移的税收、贴息等优惠政策,促进科技成果转化,支持人才创业。简化政府审批程序,增强政府服务意识,降低人才创业成本。继续加强创业园区和孵化基地建设,构建多元化的创业资助和融资平台,完善和落实留学人才来沈服务的政策措施,吸引高层次留学人员来沈创业发展。

(五)鼓励科技人员积极钻研和创新的政策

建立适合科技人员和管理人员不同特点的职业发展途径,鼓励和支持科研人员在创新实践中成就事业并享有相应的社会地位和经济待遇。深化事业单位管理模式改革,对事业单位管理人员全面推行职员制度。改进科研评价和奖励方式,完善以创新和质量为导向的科研评价办法,克服考核过于频繁、过度量化的倾向。改革科研管理制度,健全科研机构各项制度,扩大科研机构用人自主权和科研经费使用自主权。完善科技经费和科技计划管理办法,对高层次创新人才领军的科研团队给予稳定资助。完善科研机构分配激励制度,注重对科研关键岗位和优秀人才的激励。加强青年科技人员的培养,改善青年科技人才的待遇。

(六)强化人才激励的政策

制定《沈阳市人才奖励办法》,设立"沈阳市杰出人才奖"、"突出贡献人才奖"等奖项。对海外高层次人才实施沈阳市特聘专家制度,对入选国家"千人计划"和省"十百千"高端人才引进工程中"十人层次"的引进人才授予"沈阳市特聘专家"称号,给予沈阳市优秀专家待遇。支持有条件企业对作出突出贡献的人才给予期权、股权奖励。鼓励企业通过建立补充养老保险和商业保险等方式,提高优秀人才待遇。建立健全知识产权入股制度和技术创新人员持股制度,适度扩大参股比例。制定和规范科技人才兼职办法,鼓励科技人才兼职兼薪。建立和完善有突出贡献高技能人才、农村实用人才表彰奖励制度。

(七)引进人才智力的政策

利用国家和省有关人才工程计划政策,加大对全市先进装备制造、汽车及零部件、电子信息、生物技术、医药化工、新材料、航空航天、现代服务业等重点领域内的国有大型企业、重点民营企业、重点项目引进高层次人才的支持力度。建立海外人才联络处,建立海外专家库、人才需求库和人才引进绿色通道,为引进海外人才提供信息、渠道和相关服务。制定和完善长期居留、保险、住房、子女入学和配偶安置、奖励等方面的特殊政策措施,大力吸引海外高层次人才来沈创新创业。加强与海外著名高校、科研机构、跨国公司等的国际科技合作,建立中外联合研发基地,形成"人才——项目——基地"可持续发展的引智环境。围绕科技攻关重大专项,开展派出培训,加大支持力度。开展与人力资源中介机构、专业团体的国际合作,研究重点领域、新兴产业国际化人才产生的规律及特点,积极拓展国外人才市场,培育和吸引国际性人才中介服务机构。

(八)鼓励非公有制经济组织、新社会组织人才发展的政策

平等对待我市各种所有制组织中的人才。把非公有制经济组织、新社会组织人才开发纳入各级人才工作的总体规划。制定和完善非公有制经济组织、新社会组织人才队伍建设意见。建立非公有制经济组织、新社会组织人才开发的协调机制,统筹全市非公有制经济组织、新社会组织人才开发工作。消除不利于非公有制经济组织、新社会组织人才成长和发挥作用的体制及政策障碍。政府用于人才培养、人才引进、创业支持等各类人才发展的资金、项目等公共资源,向非公有制经济组织、新社会组织人才平等开放。在政府奖励、职称评定、专业能力水平认证、参与社会事务等方面,非公有制经济组织、新社会组织人才可享受同等待遇。把非公有制经济组织的高级管理人才、专业技术人才和高技能人才等骨干核心人才的培训纳入全市重点人才开发计划之中,依托党校、行政学院、高等院校、跨国培训机构和技能实训基地,分类实施人才培养计划。引导和鼓励非公有制经济组织、新社会组织重视和实施人才资源开发。

(九)促进人才发展的公共服务政策

完善沈阳人才公共服务系统,构建全市统一开发、运行规范、覆盖城乡的人才公共服务体系。不断拓展服务领域,构建人才资源共享公共平台,健全人事代理、人才派遣、人才素质测评、人才供求信息发布、人事档案管理、社会保险代理、劳动用工备案、劳动人事争议调解仲裁、就业服务等服务功能,加强对公共服务产品的标准化管理,最大限度地满足人才和用人单位的需求。创新政府提供公共服务的方式,建立政府购买公共服务制度。加强沈阳经济区人才整体开发服务网络建设。

(十)保护人才发明创造的政策

深入实施沈阳市知识产权战略,认真执行《沈阳市专利促进条例》,建立健全专利申请资助、专利技术产业化扶持、专利奖和加大知识产权在人才评价中的权重等保护人才发明创造的规章制度。鼓励企事业单位建立激励员工发明创造的内部知识产权制度。加强区、县(市)和开发区知识产权管理工作,提高服务创新型城市建设的业务能力和水平。进一步完善知识产权工作体系,加大知识产权宣传普及和行政执法保护力度,提高发明人的维权意识和能力,依法保护发明人的正当权益。建立健全有利于知识产权保护的社会信用制度。实施发明创新人才培养计划、知识产权专业人才培养计划和知识产权管理人才培训计划。以我市成为国家知识产权工作示范城市为契机,充分利用国家专利技术(沈阳)展示交易中心、中国(沈阳)知识产权维权援助中心、国家知识产权试点园区(沈阳高新区)和专利中介代理服务机构,不断提高全市知识产权创造、运用、保护和管理能力。

五、重点人才工程

(一)"凤来雁归"人才引育工程

继续深入实施"凤来雁归"工程,落实《沈阳市高端人才开发培养计划》,大力引进培养高端和高层次人才。到2020年,引进两院院士5名,选拔10名左右中青年首席科学家(支持其争当两院院士)、100名左右中青年科技创新领军人才、500名左右中青年学科带头人,对其进行重点培养。推进院士工作站建站工作,到2020年,建立100家院士工作站,力争使进站院士达到300名。依托国家"千人计划"和辽宁省"十百千"高端人才引进工程,用5—10年引进300名左右海外高层次人才来沈创业,为沈服务。围绕我市重点领域国有大型企业、重点民营企业、重点项目发展需求,继续面向清华、北大、中科院等国内著名高校、科研院所开展"引博"工程。

(二)高端人才效能释放工程

支持高端人才投身我市重要领域、重大工程、重点项目科技创新工作,充分发挥高端人才使用效益,以高端人才攻克高端技术、形成高端产品、占领高端市场,提升沈阳核心竞争力。注重发挥高端人才科技研发和集成创新的牵动作用,加快创新创业基地建设,建立产学研战略联盟,推动一批重大科技成果转化和产业化,孵化一批高成长性的科技型企业,带动一批高新技术企业进入国内先进行列,培养一批高水平的科技研发团队。

(三)党政人才领导力提升工程

结合学习型党组织建设和干部人事制度改革,开展"万名干部大轮训",特别是实行"干部轮岗大交流",加大重要部门、关键岗位、发达地区与欠发达地区干部交流力度,推进上下级机关干部交流,疏通党政机关干部与企事业单位干部交流渠道。健全党政机关内部管理人、财、物和执纪、执法等岗位干部的定期轮岗制度,推进机关干部跨部门跨单位交流。坚持选派年轻干部到艰苦地区、复杂环境、关键岗位培养锻炼,规范和改进干部挂职锻炼工作。探索引入竞争机制,改进交流人选产生方式,使干部在振兴一线的实践锻炼中开阔眼界、增长才干。

(四)企业家苗圃工程

适应打造世界级产品、建设世界级企业的要求,择优选派一批有发展潜力的中高级经营管理人才分别到国内外知名高校、知名企业实训基地进行教育培训,到沿海发达地区考察学习。到2020年,培养20名左右具备世界眼光、能够引领中国企业跻身世界500强的战略企业家,400名左右具有专业素养、富于创新精神的优秀企业家,1000名左右企业家后备人才。

(五)专业技术人才知识更新工程

适应我市走新型工业化道路、加快产业结构优化升级的需要,在先进装备制造、信息、生物医药、航空、新材料、新能源、节能环保等重点领域,依托在沈高校、科研院所和大型企业现有施教机构以及远程教育等手段,建立专业技术人才继续教育基地,开展继续教育。通过举办高级研修班、结合技术难题进行培训、鼓励开展高层次学历教育、集中培训等措施,紧跟科学技术发展趋势,开展新理论、新知识、新技术、新方法的专项培

训，优化各行业专业技术人才队伍知识结构，大力培养中高层次创新型专业技术人才。每年培训1万名中高层专业技术人才，到2020年，累计培训10万名左右中高层次专业技术人才。

（六）沈阳技工品牌塑造工程

深入实施“技工振兴计划”，加强职业院校和实训基地建设，建立技工学校品牌专业评估体系，培养一大批具有精湛技能的高技能人才，全力打造沈阳技工品牌。到2020年，建设80个国家级重点技工学校和培训示范基地，推出一批享誉国内外的“首席工人”，培养造就50万名高技能人才，新培养高级技师6000人。

（七）社会管理人才培育工程

建立不同学历层次教育协调配套、专业培训和知识普及有机结合的社会管理人才培养体系，在沈阳大学设立信访专业的基础上，引导相关院校设置政法维稳、社会工作等领域专业或培训课程，为构建和谐沈阳造就一支更加专业化、职业化的社会管理人才队伍。到2020年，重点领域的社会管理人才全部经过专业培训。

（八）县域经济发展人才支撑工程

按照农业产业化、农村工业化和城镇化的要求，重点围绕“一县一业”、法库开发区等县域23个工业园区、新民包装印刷等23个产业集群和县城、新城新市镇建设，大力推进人才资源整体开发，培养一批本土人才，转移输送一批农村劳动力，吸引积聚一批创业人才。根据实际需要，组织实施不同层次、不同类型的培训项目，大力培植农村产业带头人，推动全民创业。到2020年，为县域地区提供200名经济管理人才、1000名专业技术人才、2万名高技能人才，为县域经济发展提供强有力的人才支撑。

（九）“四个一批”人才培养工程

着眼于进一步提升文化软实力，建设文化强市，培养造就一批全面掌握中国特色社会主义理论体系、联系实际的理论家，一批坚持正确导向、深入反映生活、受到人民群众喜爱的名记者、名编辑、名评论员、名主持人，一批熟悉党和国家方针政策、社会责任感强、业务精通的出版家，一批紧跟时代步伐、热爱祖国和人民、艺术精湛的作家、艺术家，以及经营管理人才和文化专门技术人才，带动和促进我市宣传文化系统专业技术队伍整体素质的提高。到2020年，培养300名“四个一批”人才，其中受到省和国家资助的宣传思想文化领域的名家达到50名。

（十）外向型人才开发工程

围绕打造东北亚地区重要城市的战略目标，进一步深化外向型人才的培养和开发。通过引进、培养、深造，在市、区两级招商部门逐步建立一支懂专业技术、精通外语、熟悉商务和法律、掌握对外洽谈技巧和项目包装的对外招商人才队伍；在全市重点出口企业有针对性地培养一批具有市场开拓能力，熟悉进出口业务，了解国家外贸政策和国际市场行情，精通外语的外贸专业人才；在外经骨干企业注重培养一批专业设计人员和国际项目招投标人员及项目经理。通过在市属高校增设专业、对外引进毕业生来沈就业等方式，不断扩大服务外包人才规模，力求达到国家同类城市先进水平。大力发展专业招商中介机构，积极引进会计师事务所、涉外律师服务机构，设立涉外医院、学校，不断壮大涉外人才队伍。到2020年，涉外专业人才数量要在现有规模基础上翻两番。

（十一）智力支持与科技特派工程

充分发挥优秀专家的作用，不断提高科研成果转化率，每年组织优秀专家和专业技术人才，采取“院士沈阳行”、专家服务团等形式，与我市重点项目对接，实施合作攻关，推动科技创新。到2015年，在全市先进装备制造、新能源、新材料、新医药、电子信息等优势产业、新兴产业建立起100个智力支持团队。在全市涉农区、县（市）深入实施科技特派员示范工程。到2020年，选派1500人次科技特派员，组建100个科技特派团、特派组和服务队，举办各种形式培训班8000场，培训农民30万人次，支持和带动全市县域经济的发展。建立科技人员服务企业长效机制，进一步发挥科技特派员在推动科技成果转化，提高企业自主创新能力和市场竞争力方面的作用，进一步完善沈阳市工业企业科技特派员管理办法。到2020年，组织科研院所和高等学校科技特派员1000人，深入到市内大中型企业及高新技术企业中，深入生产第一线，开展技术咨询、信息服务和智力支持等活动。

（十二）高素质教育人才支持工程

紧紧围绕推进素质教育，打造一支师德高尚、业务精湛、结构合理、充满活力的专业化高素质教育人才队伍。到2020年，培养60名教育专家，100名优秀校长，300名骨干校长，150名首席教师（含特级教师）。支持在沈高校培养和引进一批具有国际领先水平的学科带头人、一大批具有创新能力和发展潜力的青年学术带头人、学术骨干，形成一批优秀教学团队，促进学科交叉融合和集成发展。到2020年，引进培养“长江学者”和国家杰出青年科学基金获得者各15人，国家级教学团队20个，国家级教学名师20人，培养造就500名学习、实践、创新能力俱佳的优秀中青年教育专家。

（十三）全民健康卫生人才保障工程

适应医药卫生体制改革，保障全民健康需要，进一步加大卫生人才培养力度。到2020年，在全市卫生技术人员中，县级以上医院临床医生均达到大学本科以上学历，研究生以上学历人员达到3000人，市级医院临床医生中研究生以上学历人员达到50%以上；市级疾病预防控制和卫生监督机构卫生技术人员中，具有本科以上学历的达到80%以上；县级疾病预防控制和卫生监督机构卫生技术人员中，具有大专以上学历的达到70%以上；农村乡镇预防保健机构中具有大专以上学历的卫生专业人员达到60%以上；城市社区卫生服务机构预防保健人员中具有大专以上学历的卫生专业人员达到70%以上，逐步建立起结构合理、素质优良的卫生专业人才队伍。造就一批医德高尚、医术高超、在国内有影响力的医疗学科带头人。加强以住院医师规范化培训和全科医师培养为重点的卫生人才队伍建设工作，县级以上医院新聘用临床医生参加住院医师规范化培训率达到100%，通过多种途径培训2000名全科医师。全面推进医药卫生体制改革，建立覆盖城乡居民的基本医疗卫生制度，提高沈城人民健康水平。

（十四）青年人才振兴工程

以建设全国青年高技能人才培养示范基地为牵动，进一步加强青年高技能人才、经营管理人才、创业人才、后备人才队伍建设，提升我市未来人才竞争力，有力辐射和带动沈阳青年人才培养和使用工作。到2020年，建立青年就业创业见习基地1500家，征集就业创业见习岗位1.5万个，培训"双证"学员700名，培养技术状元100人，普训企业青工10万人次，培训各级团队干部、优秀青年党政人才2万人次，凝聚青年经营管理人才3000名，培训创业青年10万人次，扶持青年创业项目1000个，培养青年精英骨干500名、大学生骨干5万人、"小院士"100名。

（十五）高校毕业生基层成长工程

着眼于解决基层人才匮乏问题，培养锻炼后备人才，积极引导和鼓励高校毕业生到基层创业就业。计划用10年时间选派1000名左右优秀高校毕业生到乡镇（街道）和基层法院、检察院工作。选聘1000名左右优秀党员毕业生到村任职，到2020年，全市每村至少要有一名高校毕业生。

（十六）沈阳经济区人才资源共享工程

发挥中心城市作用，形成沈阳经济区人才开发和资源共享格局。建立人才一体化流动和人才资源共享机制，加强人才市场建设，完善市场功能，加强人才信息网络化建设，实现人才信息资源共享，共同构建人才引进绿色通道。建立人才一体化培养机制，整合教育培训资源，分层次制定科学合理的人才培养计划，开展多方交流与合作，共同建立体现新型工业化特征的培养基地。建立人才一体化评价机制，创新沈阳经济区人才激励机制和选用机制，形成以公开、平等、竞争、择优为导向，统一的人才评价机制。建立人才一体化政策保障机制，建立健全沈阳经济区内统一高效的人才管理和工作机制，建立促进区域内人才资源合理流动、资源共享的户籍管理、资格认证、人才评价、社会保障等方面的政策体系，建立沈阳经济区内统一的宏观人才政策体系。

六、组织实施

各级党委、政府要加强对《规划》实施的组织领导。市人才工作领导小组负责《规划》实施的统筹协调和宏观指导，制定各项目标任务的分解落实方案和各项重点人才工程的实施办法。各地区、各部门、各单位要主动做好与《规划》实施的对接工作，建立落实《规划》目标责任制，把落实《规划》纳入各级党政领导班子综合考核评价体系。市人才办要会同相关部门加强对《规划》实施情况的监测、评估和考核，确保《规划》落到实处。

要建立健全全市人才发展规划体系。各区、县（市）要根据各自实际，抓紧编制本地区的人才发展规划。市直有关部门要从各自职能出发，编制好本系统本行业人才发展专项规划和经济社会发展重点领域人才规划。各单位都要制定人才培养和使用规划，尽快形成上下衔接、政策贯通、相互配套的全市人才规划体系。

要积极营造实施《规划》的良好社会环境，大力宣传中央、省、市人才工作的战略思想和方针政策，宣传实施《规划》的重大意义和《规划》的指导思想、目标任务、重要举措，宣传《规划》实施中涌现出的先进典型和新鲜经验，努力在全社会形成人人关心、支持和促进人才发展的浓厚氛围。

要进一步加大人才工作基础性建设力度，积极推进人才学科和研究机构建设，深入开展人才理论研究，加快人才工作信息化步伐，选好配强人才工作力量，在新的历史起点上不断开创我市人才发展工作的新局面。

中共沈阳市委
沈阳市人民政府
关于进一步优化
发展环境的若干意见

（2010年9月21日）

为进一步落实市委十一届八次全会关于优化发展环境的工作部署，着力解决突出问题，不断提升服务质量和水平，努力打造经营成本最低、投资回报最高的北方最佳发展环境，确保实现今年"两个5000亿"的奋斗目标，促进我市经济社会又好又快发展，现就进一步优化我市发展环境提出如下意见。

一、继续深化行政审批制度改革，进一步提高办事效率

（一）调整理顺审批机构设置。按照"审批职能集中、审批事项集中、审批人员集中"的要求，未理顺审批机构设置的部门10月底前，要将审批职能全部集中到内设行政审批机构，并按照"应进必进"原则进入市行政审批服务中心，以有效解决项目审批"两头办理"、"体外循环"问题。

此项工作由市编委办牵头，市行政审批办配合，市监察局、市政府督查室督办。

（二）强化审批项目封闭办理。按照"权随事进"原则，对所有审批窗口充分授权，进一步规范审批流程，切实做到"一个窗口办理、一个公章办结"，确保所有审批环节能够在行政审批服务中心内办理完成。

此项工作由市行政审批办牵头，市监察局督办。

（三）不断提高审批服务水平。公开审批办理要件、流程、时限、收费标准，严格执行一次告知制。对涉及2个以上部门的项目，实行信息资源共享，不再重复收取要件。建立重大项目审批跟踪督办制度。重大项目全部进入"绿色通道"，并探索实行并联审批。严格审批人员资格审查，加强审批人员素质教育和业务培训，保持审批人员相对稳定。

此项工作由市行政审批办牵头，市监察局、市委督查室、市政府督查室督办。

（四）清理和规范行政审批项目。年底前，对全市审批项目进行一次集中清理，承接、取消、下放和调整行政审批服务项目及权限。在保证依法审批的前提下，进一步减少审批要件。规范市、区两级行政审批服务事项设置，实现项目名称、设定依据、所需要件、工作流程、办理时限、收费标准的"六统一"。

此项工作由市行政审批办牵头，市编委办、法制办配合，市监察局督办。

（五）加快各地区行政审批服务中心建设。各地区具有行政审批职能的部门，10月底前要完成内部独立审批机构设置，并进入行政审批服务中心开展工作。各地区行政审批服务中心要加快改善环境、增设面向自然人的服务内容。经济技术开发区、保税物流园区要尽快完成行政审批服务中心设立工作。

此项工作由各地区负责，市行政审批办、市编委办指导协调，市政府督查室督办。

二、全面加强收费管理，切实减轻企业负担

（一）清理收费项目。严格按照国家法律法规明确的收费项目进行征收，严禁巧立名目乱收费和搭车收费，上级明令取消的收费项目一律取消。全市每年对行政事业性收费、经营服务性收费

和各类基金项目进行一次全面清理，并将清理结果和修订后的收费目录通过政府网站等载体及时向社会公布。

此项工作由市财政局、物价局负责。

（二）规范收费行为。所有涉及企业的收费项目要严格按照国家和省、市规定的标准征收。加大对涉企收费的审计监察力度，定期开展涉企收费专项治理。加强对行业协会、中介机构收费的管理和监督检查，纠正垄断服务、违规收费等行为。

此项工作由市物价局、财政局、建委、审计局、监察局负责。

（三）严禁各种乱摊派。任何机关、事业单位和社会团体，不得向企业摊派各种报刊、杂志、扶贫和救灾款物等，不得以借用为名无偿使用企业房屋、汽车、电脑等物品，不得强行向企业拉赞助。

此项工作由市纠风办牵头。

三、严格规范行政行为，依法维护企业权益

（一）规范行政处罚自由裁量权。各行政执法部门要进一步完善《行政处罚自由裁量权指导标准》，对行政处罚自由裁量权进行细化和程序化，经法制部门审核后及时向社会公示。对行政相对人实施行政处罚时，严格按照行政处罚自由裁量权细化基准执行，防止自由裁量权滥用。进一步规范罚款行为，强化事前监督，减少事后罚款。

此项工作由市法制办牵头，市监察局督办。

（二）完善行政检查备案制。除涉及安全生产、专门案件、突发事件等特殊情况之外，行政执法部门例行执法检查必须制定年度计划，并报市优化发展环境工作领导小组办公室（以下简称市优化办，设在市监察局）备案。建立严格的检查登记制度，检查后要及时将情况报市优化办。

此项工作由市优化办牵头。

（三）实行“一事不再查”制度。具有同一执法检查职能的行政机关或部门，对同一企业的同一问题或同一事项的执法检查，以首查为主。要加强沟通协调，上下级部门应互认检查结果或实行联合检查，杜绝多头检查和重复处罚。

此项工作由市法制办、优化办负责。

（四）加强行政执法监督检查。规范行政执法机构管理，不具备行政执法主体资格的单位，不得进行行政执法。推进相对集中行使行政执法权和综合执法制度，减少执法层级，整合执法资源，防止滥用权力和随意执法、越权执法。严格执法人员管理，行政执法人员必须持证上岗、亮证执法。在全市定期开展行政执法专项检查，严厉查处执法人员乱作为、不作为等行为。

此项工作由市法制办、监察局负责。

（五）严格控制评比、达标和表彰活动。按照全国清理规范评比、达标、表彰工作联席会议办公室公布的保留项目，严格控制各种评比、达标和表彰活动，凡涉企评比、达标、表彰活动，必须经市纠风办审批。

此项工作由市纠风办牵头。

四、全力保证要素供给，努力破解企业发展难题

（一）发挥规划引导作用。树立严格按发展规划落实建设项目的规划意识，加强土地利用规划、产业发展规划的衔接，并加大规划的宣传力度，使投资者和企业及时了解我市空间布局和产业导向。严格按规划引进和实施项目，从根本上避免因规划调整影响项目进度。

此项工作由市规划和国土资源局牵头。

（二）保证项目用地需求。依法加强土地集中统一管理，清理闲置土地，加强土地集约节约利用，保证项目特别是重大项目用地需求。实行阳光拆迁、和谐拆迁，加快土地储备整理进度。严格实行净地出让和招拍挂制度，严格按合同供地，确保项目尽快落地开工。

此项工作由市规划和国土资源局、房产局负责。

（三）拓宽企业融资渠道。强化信贷融资服务，大力发展村镇银行、小额贷款公司等新型金融机构，推进企业上市融资，出台鼓励私募股权投资的政策措施，争取设立非上市公司非公开发行股票交易市场。建立风险投资基金，大力引进和发展风险投资及私募股权投资机构。鼓励和支持各类担保机构开展融资担保业务，完善中小企业担保体系。

此项工作由市金融办、国资委、科技局、中小企业局、财政局负责。

（四）加强人力资源服务。进一步健全人才引进、使用、激励、保障机制，注重人才引进的针对性，搭建多层次、宽领域、专业化的人才引进平台，吸引适合产业结构优化、新兴产业发展和企业创新发展的各类人才。健全人才培养开发机制，加强对创新人才和企业管理人才的培训。

此项工作由市人力资源和社会保障局、人才办负责。

五、不断完善配套功能，进一步提高公共服务水平

（一）改善城市交通环境。加大投入，建设高速化和网络化的立体交通系统，着力解决道路交通拥堵问题。加快南北二干线快速路建设，提高二环路快速通行能力，加快三环高速路改扩建、四环路新建等工程进度。深入实施公交优先战略，加强地铁1号线运营管理，加快建设地铁2号线，加强交通枢纽建设。建设一批地下人行通道和停车场。优化交通组织，增加和改造交管设施，发展智能交通，逐步形成现代化的交通管理系统。

此项工作由市建委、城建局、交通局、公安局、地铁集团负责。

（二）加强基础设施配套建设。多渠道筹集基础设施配套建设资金，在年度城建计划中列专项资金支持工业园区、重点项目配套设施建设，实现重大项目基础设施配套建设与项目竣工同步完成。统筹考虑并提前安排电力供应线路、给排水管网建设和公交线路延伸，加大解决企业供暖、供电等基础设施配套滞后问题的力度。根据不同行业、企业生产特点和需求，加快各类标准化厂房建设。

此项工作由市建委牵头。

（三）完善公共服务功能。提高教育、医疗、文化、娱乐等服务水平，加快国际学校、国际医院、国际社区建设。科学规划和加快建设与园区、企业、项目相配套的生活服务设施。积极探索和出台满足外籍、外埠人员教育、养老、医疗等公共服务需求的措施和办法。

此项工作由市教育局、卫生局、文化广电新闻出版局、人力资源和社会保障局、规划和国土资源局、建委负责。

（四）构建公共服务平台。强化政府部门的服务意识，引导和带动专业服务机构为企业提供信息交流、市场开拓、质量管理、人员培训、管理咨询、创业辅导等服务。发挥政府引导作用，共建共享产品研发、检验检测、技术推广、产品展示等公共服务平台。

此项工作由市经信委、服务业委、中

小企业局、科技局、质监局负责。

（五）加快信用体系建设。加强信用政府建设，切实发挥政务诚信的引领示范作用。建立健全企业守信受益、失信惩戒的激励和约束机制，制定企业信用等级评定标准。加快信用信息平台建设，积极引进和培育专业化的信用评估机构，征集整合企业信用信息，开展企业信用评估，实现企业信用等级分类管理，促进各类企业依法诚信经营。

此项工作由市发改委牵头。

（六）维护市场正常秩序。严厉打击影响企业及重点工程项目正常生产经营和建设的违法犯罪行为，重点打击敲诈勒索、强买强卖、欺行霸市、强揽工程和阻工闹事等严重违法行为。加强知识产权保护，严厉打击知识产权犯罪。加强对外商投资企业合法权益的保护，依法打击侵犯投资者人身权、财产权的行为。

此项工作由市公安局、工商局、外经局、科技局负责。

六、充分发挥政策效应，加快促进企业发展

（一）完善政策体系。抓住沈阳经济区新型工业化综合配套改革上升为国家战略的难得机遇，努力在优化发展环境相关政策上实现率先突破。进一步完善产业引导、市场准入、资金支持、重大项目引进等政策措施，从政府采购、建立本地产品示范工程、鼓励本地产品出口和企业走出去等方面支持本地企业发展。抓紧出台我市贯彻落实《国务院关于鼓励和引导民间投资健康发展的若干意见》（国发〔2010〕13号）、《国务院关于进一步促进中小企业发展的若干意见》（国发〔2009〕36号）的实施方案。

此项工作由市发改委、中小企业局负责。

（二）加强政策宣传。建立政策发布机制，多渠道、多形式及时发布政策信息。加强政策资源整合利用，定期汇编有关政策，及时送达企业和投资者。政府各相关部门要根据各自职能分工，主动做好政策宣传解读工作。

此项工作由市政府办公厅牵头。

（三）抓好政策落实。及时制定落实政策的具体措施，明确责任单位，加强协调配合，及时兑现相关政策。建立政策落实反馈制度，加大政策落实情况的跟踪、督促、检查力度，及时解决影响政策落实的突出问题。

此项工作由市优化办牵头，市委督查室、市政府督查室配合。

七、切实加强组织领导，有效保障工作落实

（一）强化组织协调。市优化发展环境工作领导小组定期、不定期召开会议，分析形势、研究情况、制定对策、提出处理意见。实行联席会议制度，建立及时解决突出问题的长效机制。市优化办负责优化发展环境的组织协调工作，各地区、各部门主要领导要对本地区、本部门优化发展环境工作负总责，及时协调解决企业生产经营中遇到的困难和问题。

此项工作由市优化办牵头。

（二）强化监督检查。进一步拓宽监督渠道，充分发挥政风行风热线、监察局举报网站、企业发展环境监测点和监督信息员作用。加大对各地区、各部门的监督检查力度，对行政不作为、损害经济发展环境的行为予以公开曝光。加强对优化发展环境工作的绩效考核，并将考核结果作为干部奖惩的重要依据。

此项工作由市委组织部和市纠风办、考核办负责。

（三）强化责任追究。严格实行问责，对因工作失职、监管不力，致使发生重大损害经济发展环境的事故、事件、案件，造成重大损失或者恶劣影响的，按照《关于实行党政领导干部问责的暂行规定》严肃问责，需要追究纪律责任的，依照有关规定给予党纪、政纪处分。

此项工作由市纪委、市监察局牵头。

中共沈阳市委关于制定全市国民经济和社会发展第十二个五年规划的建议

（2010年12月15日
中共沈阳市委十一届
十次全体会议通过）

沈阳市国民经济和社会发展第十二个五年规划（以下简称"十二五"规划），是沈阳经济区改革发展上升为国家战略后的第一个五年规划。科学地制定和实施"十二五"规划，对于推动沈阳老工业基地在科学发展道路上加快全面振兴具有重要意义。根据中央和省委的有关要求，结合沈阳实际，现就制定"十二五"规划提出如下建议。

一、沈阳"十一五"时期取得的成就和"十二五"时期面临的形势

"十二五"时期，是深入贯彻落实科学发展观、加快转变经济发展方式的攻坚时期，也是全面建设小康社会、实现沈阳老工业基地全面振兴的关键时期。在这个时期，沈阳既要加快发展，实现赶超，推动综合实力再上新台阶，又要协调发展，统筹兼顾，争创新一轮竞争新优势。立足新起点、谋求新发展、实现新跨越，需要对过去五年取得的成就作出正确的估价，对积累的宝贵经验进行认真的总结，对未来五年面临的形势、所处的环境有一个全面清醒而又深刻的认识。

1."十一五"时期沈阳振兴发展取得的重大成就。"十一五"期间，市委、市政府团结带领全市各族人民，深入贯彻落实科学发展观，坚持好字优先、好中求快、稳中求进，紧紧围绕全面完成"五大任务"、加快实现"三大目标"，抢抓发展机遇，积极应对挑战，圆满完成了"十一五"确定的各项目标和任务，在沈阳发展史上书写了崭新的篇章。经济持续快速发展，运行质量明显改善，经济总量迈上新的台阶，地区生产总值和全社会固定资产投资实现新的突破；产业升级进程加快，装备制造业的支撑作用进一步增强，现代服务业比重持续攀升，设施农业和高效特色农业发展迅速；发展空间显著优化，行政区划局部调整顺利实施，东南西北中各具特色的城市发展格局基本形成，沈阳经济区改革发展上升为国家战略；城市面貌发生重大变化，城乡基础设施日益改善，地铁一号线正式开通运营，生态市建设工作取得明显成效，全国环境建设样板城创建工作全面启动；改革开放迈出新步伐，重点领域和关键环节改革不断深化，非公有制经济快速发展，对内对外开放成效显著；和谐沈阳建设取得新成就，社会事业健康发展，人民生活水平逐年提高，平安沈阳建设扎实推进，人民群众的安全感和对社会治安状况的满意度显著提升，维护社会稳定工作开创新局面。"十一五"时期取得的重大成就，为加快沈阳老工业基地全面振兴奠定了坚实基础。

2."十一五"时期沈阳振兴发展积累的基本经验。"十一五"时期重大成

就的取得，根本在于我们始终紧紧围绕沈阳振兴发展的伟大实践，创造性地贯彻落实科学发展观，推动全市经济社会步入科学发展、创新发展、和谐发展的轨道。第一，始终坚持又好又快发展不动摇，不断优化空间布局，积极调整经济结构，加快转变发展方式，努力实现速度、质量和效益相统一；第二，始终坚持咬定目标不动摇，紧紧围绕完成“五大任务”和实现“三大目标”，保持发展激情，创新工作方式，以重点工作的突破带动全局工作的发展；第三，始终坚持对外开放不动摇，加大招商引资力度，着力引进一批具有牵动力的重大项目，以开放调结构、增后劲、促发展；第四，始终坚持以人为本不动摇，深入实施各项民生工程，认真解决人民群众最关心、最直接、最现实的利益问题，让广大人民群众共享沈阳振兴发展的成果；第五，始终坚持正确用人导向不动摇，注重在重大任务、重要工作中考察、识别和使用干部，切实营造求真务实、清正廉洁、干事创业的良好环境，凝聚共谋发展、共促振兴的强大力量。这些经验对沈阳未来的发展将发挥重要的指导作用。

3.“十二五”时期沈阳振兴发展面临的新形势。未来五年，沈阳所面临的机遇前所未有，所面对的挑战也前所未有。世界经济处于后金融危机时期，经济全球化继续加速推进，生产要素流动和产业转移步伐进一步加快，新科技革命迅猛发展，为沈阳发挥主导产业优势、承接新一轮国际产业和资本转移、提升自主创新能力提供了难得的机遇。我国仍处于可以大有作为的重要战略机遇期，改革开放积累的雄厚基础正在释放出巨大的发展潜能，工业化、城镇化和区域经济一体化的加速推进正在成为新的发展趋势，为沈阳加快结构调整，转变发展方式创造了良好的外部条件。沈阳正处于老工业基地全面振兴的关键时期，国家振兴东北地区等老工业基地战略深入实施、沈阳经济区改革发展上升为国家战略、第十二届全运会主会场设在沈阳，为沈阳提升知名度、扩大影响力、实现新跨越注入了新的动力。同时，也必须清醒地认识到，国际政治经济不确定因素增多，贸易波动与摩擦加剧，国内经济社会进入了以转型促发展的新阶段，粗放型增长模式难以为继，这些都给沈阳保持经济又好又快发展带来了新的挑战。特别是沈阳经济社会发展还存在一些深层次矛盾和问题，主要是：经济总量还不够大，经济结构不尽合理，自主创新能力还不够强，资源环境矛盾还较突出，人民群众整体生活水平有待进一步提高，维护社会稳定的压力较大，制约科学发展的体制机制障碍依然较多。我们必须不断增强机遇意识和忧患意识，主动适应环境变化，积极应对各种挑战，加快老工业基地全面振兴。

二、“十二五”时期沈阳经济社会发展的总体要求

科学确定“十二五”时期的发展目标，对于统一思想、凝聚力量，加快全面振兴至关重要。必须深入贯彻落实科学发展观，准确把握国内外发展大势，从基本市情出发，立足当前，着眼长远，统筹兼顾，科学安排。

1.“十二五”时期沈阳经济社会发展的指导思想。以邓小平理论和“三个代表”重要思想为指导，深入贯彻落实科学发展观，解放思想，抢抓机遇，以科学发展为主题，以加快转变经济发展方式为主线，以改革开放为动力，深入推进做优发展空间、做大中心城市、做强县域经济、加强生态建设和着力改善民生“五大任务”，继续保持经济社会又好又快发展的强劲势头，推动沈阳老工业基地在科学发展道路上实现全面振兴，建成更高水平的小康社会。

2.“十二五”时期必须坚持的基本原则。一是坚持加快发展与优化结构、提高效益相结合，把经济结构战略性调整作为加快转变经济发展方式的主攻方向，在发展中促转变、在转变中谋发展，建立扩大消费需求的长效机制，调整优化投资结构，做大做强优势产业，培育壮大新兴产业，实现好中求快、又好又快发展。二是坚持科技创新与社会创新、管理创新相促进，把科技进步和创新作为加快转变经济发展方式的重要支撑，积极推进新型工业化综合配套改革，大力提高自主创新能力，健全科技创新体系，加强和创新社会管理，努力培育竞争新优势，增强发展新活力。三是坚持经济建设与社会发展、改善民生相协调，把保障和改善民生作为加快转变经济发展方式的根本出发点和落脚点，更加注重发展社会事业，加大民生工程投入力度，始终不渝地实现好、维护好、发展好最广大人民的根本利益，切实让广大人民群众共享振兴发展成果。四是坚持经济效益与社会效益、生态效益相统一，把建设资源节约型、环境友好型社会作为加快转变经济发展方式的重要着力点，加大环境保护力度，大力发展绿色经济和循环经济，降低资源消耗，提高利用效率，减少环境污染，实现低碳发展，建设生态文明。五是坚持改革开放与经济发展、社会稳定相一致，把改革开放作为加快转变经济发展方式的强大动力，不断拓展对外开放的广度和深度，加快推进经济、文化和社会体制及其它重点领域改革，维护社会的总体稳定，切实提高发展的全面性、协调性和可持续性。

3.“十二五”时期沈阳经济社会发展的总体目标。建设国家中心城市、先进装备制造业基地、生态宜居之都，进而率先实现老工业基地的全面振兴。

建设国家中心城市。就是更加注重培育和提升城市服务功能和综合实力，大幅提高现代服务业比重，不断完善基础设施，扩大城市规模，提升城市品位，切实增强经济、文化、科技、教育等方面的集聚、辐射能力，把沈阳建设成为区域性的金融物流中心、交通信息枢纽、科教文化强市，成为立足东北、服务全国、面向东北亚的现代化大都市。

建设先进装备制造业基地。就是坚持走新型工业化道路，不断深化体制机制创新，进一步提高自主创新能力，加快培育一批拥有国际知名品牌和核心竞争力的世界级企业，优化产品结构，拉长产业链条，做大做强特色产业集群，显著增强成套配套能力，建设具有国际竞争力的先进装备制造业基地，同时大力发展战略性新兴产业、高新技术产业、现代建筑产业及其他优势产业，全面提升沈阳现代工业的整体实力和发展水平。

建设生态宜居之都。就是在加快老工业基地全面振兴的进程中，更加注重自然生态、社会生态和人文生态建设，进入国家生态市行列，基本建成全国环境建设样板城，生态环境和城市软实力居国内先进水平，人民群众的生活质量和健康状况显著改善，安全感、公平感和幸福感明显增强，人与人之间关系更加和谐，人们不同层面的精神需求得到充分满足。

三、做优发展空间，实现创新发展

空间是经济发展和城市竞争的关键要素。要以走新型工业化道路和调整经

济结构为主要内容，加快转变经济发展方式，实施主体功能区战略，进一步优化空间布局，完善区域功能特色，提升产业层次和水平，切实将空间优势转化为产业优势和竞争优势，实现创新发展。

1. 科学制定和严格执行规划。科学规划是提升城市综合竞争力、实现创新发展的重要前提和根本保证。根据城市的发展需要不断优化空间布局，以世界眼光、战略思维和超前意识，全面提升规划水平，进一步完善城市总体规划、控详规划、分区规划和专项规划，进一步健全各发展空间和各区县重点产业园区的重大基础设施和生活服务配套设施规划。实施主体功能区战略，完善绩效差异化考核办法，引导各地区严格按照主体功能定位推进发展，构筑区域经济优势互补、土地高效集约利用、人与自然和谐相处的区域发展格局。从城市长远发展的要求出发，完善城乡规划法规，健全和理顺规划管理体制，依法做好各类规划的组织实施，坚决克服重规划编制、轻规划实施的倾向，切实维护规划的稳定性和权威性，增强规划执行的严肃性，做到规划不经法定程序修订不变通、不走样，不因领导人的变更而变更，确保经济社会发展的连续性。

2. 加快调整产业结构。在做优发展空间中，要按照转变经济发展方式的要求，坚持在做大总量中优化产业结构、通过优化产业结构来扩大增量，提升产业的发展层次和水平，努力形成以现代农业为基础、先进制造业为主体、现代服务业为支撑、战略性新兴产业为先导的产业发展新格局。进一步明确产业结构调整的重点和方向，加快发展新能源、新材料、生物医药、节能环保、民用航空、电子信息、高端装备制造等战略性新兴产业，进一步壮大技术含量高、经济效益好、产业关联度大的高新技术产业，大力发展有利于提升城市功能和支撑装备制造业发展的现代服务业，积极培育和引进市场前景好、带动作用强的重大文化产业项目，做大做强高端文化产业，努力实现传统产业新型化、新兴产业规模化、服务业现代化、文化产业高端化。

3. 积极探索有沈阳特色的新型工业化发展模式。走新型工业化道路是全面振兴沈阳老工业基地的必由之路。按照“科技含量高、经济效益好、资源消耗低、环境污染少、人力资源优势得到充分发挥”的要求，创造性地落实国务院赋予的先行先试权，以提升装备制造业发展水平为主攻方向，以铁西、浑南、大东三大主体区和于洪、辽中两大配套区为重点，积极开展新型工业化综合配套改革，因地制宜地搞好各种专项改革试验，努力取得新突破，创造新经验。坚持以信息化带动工业化，以工业化促进信息化，全面提高自主创新能力，突破一批重大核心技术和关键共性技术，引导和支持创新要素向企业聚集，创造更多“沈阳标准”，不断增强装备制造业的持续创新能力与核心竞争力，基本建成具有国际竞争力的先进装备制造业基地。

4. 加快沈阳经济区一体化进程。沈阳经济区一体化是促进区域协调发展的客观要求。紧紧抓住沈阳经济区改革发展上升为国家战略的重大机遇，进一步完善有利于区域经济一体化发展的政策支持体系，切实推动沈阳经济区一体化建设向纵深发展。本着整合资源、优势互补、整体推进、协调联动的原则，大力加强沈抚、沈铁、沈本、沈阜、沈辽鞍营城际连接带建设，加快推进综合交通、通信信息、生态环境和市政公用设施建设，积极推动教育、医疗、文化、旅游和人才供求信息等资源共享。坚持把沈抚同城化作为沈阳经济区战略的重点和突破口，把沈抚连接带作为沈抚同城化规划建设的切入点和实践区，进一步强化工作推进机制，完善工作组织体系，加大工作推进力度，推动沈抚新城率先隆起，成为带动沈阳经济区建设的新引擎。

四、做大中心城市，实现率先发展

做大中心城市是促进区域协调发展的迫切要求。要以承办第十二届全运会为契机，以建设国家中心城市为目标，加快建设新城区，改造提升老城区，大力发展现代服务业，不断完善城市功能，切实增强中心城市的承载力、集聚力和辐射力，实现率先发展。

1. 推进大浑南开发建设。开发建设大浑南是完善城市功能、做大中心城市的重大举措。按照高新技术和新兴产业聚集区、城市空间和功能完善拓展区、城乡统筹首善区和科学发展示范区的定位，高水平、高标准推进大浑南建设。浑南新城要创新开发建设体制机制，以生态、低碳、环保为理念，加强重大基础设施建设，完善现代交通体系，力争建设成为第三代城市，成为沈阳未来的行政中心、科技中心和文化中心。高质量完成全运会比赛场馆和运动员村、媒体公寓、全民健身中心、市民广场等建设工程，全面提升城市品位。

2. 加快城乡基础设施建设。加快城乡基础设施建设是完善城市功能的重要支撑。高标准推进城乡重大基础设施、市政公用设施和公共服务设施建设，抓好城市桥梁、市政道路和地下管网建设，全面完成二环、三环改造和四环、五环建设，加快地铁工程及轨道交通建设，推进县域公路建设，形成便捷顺畅的现代化综合交通枢纽和城市公共交通系统，构建快速化、立体化的城乡道路交通新格局。着眼于建立城市管理的长效机制，努力构筑统一高效的数字化城市管理网络系统，形成各部门协调联动的大城管格局，不断提高城市现代化管理水平。

3. 大力发展现代服务业。现代服务业发展水平是一个城市综合实力和现代化程度的重要体现。立足于沈阳的基础和优势，在不断提高生活性服务业质量和水平的同时，大力发展面向装备制造业改造升级的金融、物流、科技研发、营销管理等生产性服务业，积极发展信息、旅游、会展等现代服务业，改造提升传统服务业，打造一批专业特色街区和传统街区。着眼于建设东北区域性金融中心，进一步加强金融商贸开发区和金融街建设，积极推进优化金融生态综合试验，营造良好的金融生态环境，切实增强金融辐射带动能力和综合服务功能。完善服务业发展政策体系和推进机制，大力吸引国内外知名服务业企业落户沈阳，支持老字号企业做优做强，努力打造“沈阳服务”品牌，逐步把沈阳建成以服务经济为主导的现代化大都市。

4. 提升城市文化软实力。提升文化软实力是扩大中心城市影响力、提高核心竞争力的必然要求。加快建设文化强市，注重丰富城市文化底蕴，弘扬传统文化，加强民族和地域文化资源的保护、挖掘和利用，促进历史文化积淀与现代城市发展有机融合，发掘整理丰富的文化遗存，打造更多影响力大、艺术性高的精品力作，形成鲜明的城市文化特色。加强社会主义核心价值体系建设，强化社会公德、职业道德、家庭美德和个人品德教育，深化“迎全运文明沈阳行动”，深入开展“双拥”活动，不断提升群众性精神文明创建水平，进入全国文明城市行列。繁荣文化事业,发展文化产业,实施重大文化产业项目带动战略,加快建设国家级文化产业示范区和区域性特色文化产业群,以文化软实力的大提升来巩固和突出中心城市地位。

五、做强县域经济,实现统筹发展

实现沈阳老工业基地全面振兴的差距在县域,潜力也在县域,县域兴则沈阳强。坚持工业反哺农业、城市支持农村和多予少取放活方针,以富民强县为目标,以工业化为主导,以农业产业化为基础,以城镇化为支撑,加快发展县域经济,努力形成城乡经济社会一体化新格局,实现统筹发展。

1. 加快推进县域工业化。工业是县域经济发展中最具牵动作用的力量。牢固树立工业强县理念,全力推进工业化,努力构建工业牵动发展、工农城乡协调并进的格局。加快推进工业园区建设,完善基础设施和配套服务功能,加快建成一批特色鲜明、定位清晰、错位发展的工业园区和优势特色产业集群,形成县域发展新的增长点。加大项目引进工作力度,积极引导市区工业向县域地区转移,鼓励各类企业到"一市三县"投资兴业,吸引项目和产业向县域工业园区集聚,以项目建设的大提速促进县域经济的大发展,支持新民、辽中加快向全国"百强县"的目标冲刺。

2. 加快推进农业产业化。转变农业发展方式的关键在于大力发展现代农业。按照"一乡一业、一县一业"的发展思路,调整和完善农业经济区发展规划,促进资金、技术、人才等生产要素向农业经济区倾斜。加快农业产业结构调整,提升设施农业、都市农业、生态农业发展水平,推进现代农业示范区建设,提高农产品深加工能力,打造一批名牌产品,建设一批优质农产品专业生产和加工基地,促进农业生产经营专业化、标准化、规模化、集约化。大力扶持和壮大龙头企业,形成完整的产业化链条,努力形成产加销一条龙、贸工农一体化的现代农业发展格局。充分发挥科技在现代农业建设中的促进作用,推进农业科技创新,加强生态技术的应用,促进农业经济转型升级。

3. 加快推进农村城镇化。城镇化是统筹城乡发展的重要载体。要以产业为支撑,以沈阳经济区城际连接带新城、新市镇为重点,以县城和现有建制镇为基础,加快郊区城市化和农村城镇化步伐。用城市的理念建设农村,强化城镇规划指导,加强农村基础设施建设,切实改善农村生产生活条件,形成城镇化和新农村建设的互促共进。按照均等化要求进一步推动公共服务向农村覆盖、社会事业向农村延伸,加快形成城乡统一的基本公共服务体系。坚持用一体化思路抓统筹,完善农村发展体制机制,加快农村综合配套改革,创新统筹城乡发展用地机制,按照保障农民权益的要求,积极稳妥地推进农村土地流转,加强农村宅基地和村庄整理,建设农民幸福生活的美好家园。

六、加强生态建设,实现可持续发展

加强生态建设事关人民群众的福祉,事关城市竞争力的提升。要以创建国家生态市和全国环境建设样板城为载体,全面加强生态环境保护与治理,提升全社会生态文明理念,努力建设资源节约型和环境友好型城市,实现可持续发展。

1. 深入推进节能减排。节能减排是加强生态建设的根本保证。积极推进以节能减排为主要目标的设备更新和技术改造,大力推广节能环保新设备、新工艺、新技术、新产品。健全政策体系,更好发挥市场调节作用,加快淘汰落后产能。认真落实节能环保目标责任制,建立和完善科学、完整、统一的节能减排指标体系、监测体系和考核体系,加大执法检查力度,坚决依法惩处各种违法违规行为。

2. 切实强化资源集约利用。资源集约利用是加强生态建设的重要基础。加快发展环保产业、静脉产业和新材料、新能源产业,促进产业的生态化转型。大力发展循环经济和低碳经济,积极开发和推广循环利用技术,加强新能源、新技术的推广应用,打造一批循环经济和低碳经济发展示范企业。加快现代环保产业园区和循环产业园区建设步伐,探索可持续发展的规模生产模式。积极倡导有利于环境保护、资源节约的生产、生活和消费方式。

3. 大力加强环境综合整治。环境综合整治是加强生态建设的关键环节。坚持统筹推进城乡环境建设,加大对郊区和城乡结合部等重点部位环境依法整治的力度,抓好绿化、美化、亮化工程和水系建设,建立绿化养护、道路清扫、市容整治等精细化、常态化的长效机制,使城乡环境更加优美,更加适宜人居和创业。加强防风阻沙带和重点生态保护区建设,加大流域治理力度,提升浑河景观带建设水平,加快蒲河流域生态廊道建设。加强水、大气、土壤等污染整治,加大污水处理、垃圾处理等环境保护基础设施建设投入,不断改善空气质量和城乡卫生环境。

七、着力改善民生,实现和谐发展

改善民生是"十二五"时期经济社会发展的根本出发点。要完善符合市情、比较完整、覆盖城乡、可持续的基本公共服务体系,深入实施各项民生工程,增加政府支出用于改善民生和社会事业的比重,着力解决人民群众最关心、最直接、最现实的利益问题,不断提高人民群众的福祉指数,使振兴发展成果更多地惠及全市人民,实现和谐发展。

1. 积极促进就业和构建和谐劳动关系。就业是民生之本,构建和谐劳动关系是促进社会和谐的基石。完善并落实促进就业和鼓励创业的政策措施,积极开发就业岗位,充分挖掘就业潜力,大力支持自主创业和自谋职业,建立健全失业预警监测体系,努力形成城乡就业援助长效机制,营造更加有利于城乡居民发展的就业创业环境。努力改进就业服务,加强劳动监察执法,完善争议仲裁处理机制,保障劳动者权益。发挥政府、工会和企业作用,努力形成企业和职工利益共享机制,建立和谐劳动关系。

2. 显著提高城乡居民收入水平。实现民富是"十二五"时期经济社会发展的重要目标。不断深化分配制度改革,合理调整收入分配关系,努力实现居民收入增长与经济发展同步,劳动者报酬增长与劳动生产率提高同步,低收入者收入明显增加。逐步提高最低工资标准,建立企业职工工资正常增长和支付机制,积极推行工资集体协商,推动职工收入与企业效益同步增长。落实国家支农惠农政策,提高农民职业技能和创收能力,不断增加农民的经营性收入、工资性收入和保障性收入。逐步完善落实公务员津贴补贴政策,推进事业单位收入分配制度改革。建立扩大消费需求的长效机制,完善消费政策,改善消费环境,保护消费者权益,促进消费结构升级,实现收入与消费互相促进、协调增长。

3. 完善社会保障体系。社会保障是

民生之基，是确保社会长治久安的根本性制度。坚持广覆盖、保基本、多层次、可持续的指导方针，切实采取有效措施，进一步完善城乡社会养老、医疗、工伤、失业、生育等保险制度，加快推进“五险合一”进程，健全城乡社会救助体系，大力发展社会福利、社会优抚和慈善事业，加快建立覆盖城乡全体居民的社会保障体系。着力解决低收入家庭住房困难问题，扩大政策性保障住房覆盖面，提高住房保障水平。

4. 优先发展社会事业。优先发展各项社会事业是实现“十二五”时期经济社会协调发展的关键所在。坚持统筹兼顾，大力发展各项社会事业，促进基本公共服务均等化。加快教育强市建设步伐，统筹城乡和区域教育发展，构建终身教育体系，提升各级各类教育发展水平，支持在沈高校发展，基本实现教育现代化。认真落实国家医改政策，完善公共卫生和医疗服务体系，建设东北地区医疗服务中心，新增医疗卫生资源重点向农村和城市社区倾斜，提高医疗卫生服务保障能力。巩固和扩大文化体制改革成果，健全完善公共文化服务体系，活跃城乡群众文化生活。大力发展体育事业，做大做强体育产业，加强竞技体育，活跃群众体育，承办好第十二届全运会。继续稳定适度的低生育水平，构建人口发展均衡型社会。培育壮大老龄服务事业和产业，发展妇女儿童事业，支持残疾人事业发展。

5. 推进社会管理创新。社会管理创新是维护社会和谐稳定的重要基础性工作。大力加强社区建设，健全新型社区管理和服务体制，推进社会管理重心向基层组织转移。完善突发事件应急管理体制，健全食品药品安全监管机制，完善重要生活必需品应急保障体系，推进城市安全和防灾减灾体系建设，全面加强安全生产工作。做好流动人口服务管理，加强特殊人群帮教管理和服务工作，加大社会管理薄弱环节整治力度。进一步完善用群众工作统揽信访工作的“沈阳模式”，畅通和规范群众诉求表达、利益协调、权益保障渠道。强化社会治安综合治理，深入开展平安沈阳创建活动，强力推进动态社会治安防控体系建设，确保社会大局长期持续稳定。

八、为完成“十二五”时期经济社会发展目标和任务提供坚强保障

“十二五”规划目标宏伟，任务艰巨。必须从实际出发，切实采取有力措施，全面激发经济社会又好又快发展的生机与活力，努力为完成“十二五”经济社会发展目标和任务提供坚强保障。

1. 不断深化改革开放。适应新一轮科学发展的更高要求，加快推进体制机制创新，形成更具活力、更加开放的体制环境。继续深化国有企业改革，健全现代企业制度，推进国有企业公司制股份制改造，加快国有企业战略重组，调整优化经济布局和结构，创新国有资产运营和监管模式，确保国有资产保值增值。大力支持和引导非公有制经济发展，拓宽非公有制经济准入范围和领域，强化服务体系和信用担保体系建设，推动非公有制经济又好又快发展。着力推进行政管理体制改革，努力建设服务政府、责任政府和法治政府，进一步优化发展环境。加快推进文化体制、社会体制改革，深化要素市场改革，为科学发展提供有力保障。要紧紧抓住经济全球化和世界经济格局纵深调整的战略机遇，以招商选资为重点，优化利用外资结构，提高利用外资的质量与水平，引导外资投向高端制造业、高新技术产业、战略性新兴产业等领域，努力在优化引资结构方面实现新突破。积极优化对外贸易结构，加快实施“走出去”战略，引导各类企业有序到境外投资合作。

2. 加快科技创新步伐。坚持围绕建设国家创新型城市提升城市核心竞争力，充分发挥沈阳高校和科研院所众多的优势，进一步完善以企业为主体、市场为导向、以发展高新技术为引领的科技创新体系，构建一批产业技术创新组织，健全激励保障机制，加快公共服务平台建设，大力实施以自主创新为核心的品牌战略，促进科技与产业融合，不断提升原始创新、集成创新和引进消化吸收再创新能力，最大限度发挥自主创新对经济社会发展的支撑和引领作用。

3. 加快建设人才强市。按照党管人才原则，坚持服务发展、人才优先、以用为本、创新机制、高端引领、整体开发的指导方针，为振兴发展建设数量充足、结构优化、布局合理、素质优良的人才队伍，加快进入全国人才强市“第一方阵”。大力实施重大人才工程，突出培养造就创新型科技人才，着力开发经济社会重点领域急需紧缺专门人才，统筹抓好党政人才、企业经营管理人才、专业技术人才、高技能人才、农村实用人才和社会工作人才队伍建设。创新人才工作体制机制，努力突破制约瓶颈，切实做到人才资源优先开发、人才结构优先调整、人才投入优先保证、人才制度优先创新，充分发挥人才在经济社会发展中的基础性、战略性和决定性作用。

4. 加强政治文明建设。坚持和完善人民代表大会制度，支持人大及其常委会依法履行各项职能。坚持和完善共产党领导的多党合作和政治协商制度，更好地发挥人民政协政治协商、民主监督和参政议政作用。加强同各民主党派、工商联和无党派人士的团结合作，认真做好民族宗教工作。充分发挥工会、共青团、妇联等人民团体的桥梁纽带和国家政权重要社会支柱作用。发展基层民主，保障人民群众享有更多更切实的民主权利。坚持依法治市，加强普法教育，不断提高全市人民特别是各级领导干部的法律意识和法制观念。深化司法改革，规范司法行为，维护社会公平正义。

5. 全面加强党的建设。全面推进党的建设新的伟大工程，不断提高党的建设科学化水平，为全面完成“十二五”各项任务提供坚强的思想、组织和作风保证。扎实推进学习型党组织建设，努力提高各级领导班子和领导干部领导科学发展、促进社会和谐的能力。深化干部人事制度改革，坚持正确用人导向，不断提高选人用人公信度。大力加强全市基层党组织建设和党员队伍建设，深入开展“创先争优”活动，更好地发挥基层党组织的战斗堡垒作用和共产党员的先锋模范作用。大兴开拓创新、求真务实和艰苦奋斗之风，引导广大干部讲实话、办实事、出实招、求实效，做出经得起实践、人民、历史检验的实绩。加强反腐倡廉建设，推进反腐倡廉制度创新，严格执行党风廉政建设责任制，深化党性党风党纪教育，加强领导干部廉洁自律和严格管理，严格权力运行制约和监督，加大查处违纪违法案件工作力度，努力营造风清气正、干事创业的良好环境。

全市各级党政组织和广大党员干部群众，要更加紧密地团结在以胡锦涛同志为总书记的党中央周围，深入贯彻落实科学发展观，在省委的正确领导下，同心同德，拼搏进取，扎实工作，为实现“十二五”宏伟目标、推动沈阳老工业基

地在科学发展道路上加快全面振兴而努力奋斗！

法规·规章

沈阳市学前教育管理规定

（沈阳市政府令第14号）

第一条 为了加强学前教育管理，促进学前教育事业的发展，保障学龄前儿童健康成长，根据《中华人民共和国教育法》、《中华人民共和国民办教育促进法》等有关规定，结合本市实际，制定本规定。

第二条 本市行政区域内的学前教育和管理，以及学前教育机构的工作，适用本规定。本规定所称学前教育是指对学龄前儿童实施的教育。本规定所称学前教育机构是指幼儿园以及其他对学龄前儿童实施的全日制、计时制、寄宿制保育和教育的机构。

第三条 鼓励社会组织和公民依法举办学前教育机构。鼓励境内外组织和个人以捐资赠物等形式支持学前教育事业发展。

第四条 各级人民政府应当加强对学前教育的领导，综合协调学前教育的发展，将学前教育纳入本地区国民经济和社会发展计划。

第五条 市教育行政部门负责本市的学前教育工作，对学前教育进行统筹规划和管理。区、县（市）教育行政部门负责本行政辖区内学前教育的管理工作，对各类学前教育机构进行监督指导。发改、财政、工商、物价、建设、规划、民政、卫生、人口计生、残联、妇联等部门，应当按照职责分工，做好相关的学前教育工作。

第六条 学前教育机构的设置地点、建筑设计、面积定额、人员配备、设施设备等必须符合国家规定的安全、卫生标准。

第七条 单位或者个人举办学前教育机构，应当向所在区、县（市）教育行政部门申请办理登记审批手续，教育行政部门应当自受理申请之日起20日内进行审查，对符合规定条件的，予以审批，颁发办学许可证，并按照规定向市教育行政部门备案。民办的学前教育机构经教育行政部门批准后，应当按照有关规定到民政部门办理法人登记手续。学前教育机构变更登记事项或者停办，举办者应当提前1个月到原审批机关办理变更或者停办手续。

第八条 学前教育机构场所不应与集贸市场、公共娱乐场所、医院、垃圾及污水处理站等环境喧闹、杂乱或者不利于儿童身心健康成长和危及儿童安全的场所毗邻。早期教育指导中心，不能在办公楼、商场、超市等处选址。学前教育咨询服务机构举办学前教育培训的，应当按照规定向教育行政部门申请，办理办学许可证。

第九条 单位或者个人申办学前教育机构，应当向教育行政部门提供以下材料：

（一）办理学前教育机构申请和方案；

（二）举办者和法人的资格证明；

（三）学前教育机构章程及理事会（或者董事会）名单；

（四）教职员工的资格证明、健康证明；

（五）房产和场地证明及必备资金证明；

（六）消防部门出具的消防安全证明、社区或者街道办事处的证明；

（七）餐饮服务许可证；

（八）其他需要的有关文件。

联合举办学前教育机构的，还应当提交联办协议书。

第十条 学前教育机构按照设施条件、管理水平、保育教育质量等实行定级管理。学前教育机构的级别标准由市教育行政部门和市卫生行政部门共同制定。

第十一条 学前教育机构应当建立安全防护、卫生保健及安全责任制度，防止发生食物中毒和传染病的流行，保障儿童的人身安全和健康。发生食物中毒、传染病疫情、意外伤害事故、儿童走失等情况时，应当及时报告卫生、公安、教育等有关部门，并立即采取应急处理措施。

第十二条 学前教育场所内不得设置威胁儿童安全的危险设施；不得使用有毒有害物质制作玩、教具。

第十三条 学前教育机构应当按照国家规定选择保育、教育的内容与方法，应当以游戏为基本活动。学前教育机构的教师及其他工作人员应当尊重、爱护学龄前儿童，不得歧视、侮辱、虐待、恐吓、体罚或者变相体罚学龄前儿童。

第十四条 学前教育机构的保育、教育、医务和其他工作人员应当符合下列条件：

（一）学前教育机构负责人、教师应当具备幼儿师范学校（包括中等职业技术学校幼儿教育专业）毕业及其以上学历，并取得教师资格；

（二）保健医生应当具有《托幼园所卫生保健人员任职资格证书》；

（三）保育员应当具有高中以上学历，并受过婴、幼儿保育职业技能培训；

（四）炊事员应当受过相应的职业技能培训，取得相应的职业资格证书；

（五）学前教育机构的工作人员应当取得身体健康证明后方可上岗工作。学前教育机构工作人员每年应当进行一次身体健康检查。

慢性传染病、精神病患者，不得从事学前教育工作。

第十五条 学前教育机构实行园、所长负责制，园、所长全面主持学前教育机构工作，其主要职责是：

（一）坚持正确的办园方向；

（二）主持学前教育机构的保育、教育工作；

（三）贯彻执行国家学前教育课程标准，促进儿童身心和谐发展；

（四）宣传正确的教育思想和科学育儿知识；

（五）其他管理等事项。

第十六条 各级人民政府应当加强学前教育管理，加大教育经费投入。任何组织和个人不得挪用、侵占、克扣教育经费。

第十七条 在城镇规划中应当合理

确定学前教育场所的布局和位置,在城镇改造和城市小区建设的过程中,应当建设与居住人口相适应的学前教育场所。新区建设和旧区改造的学前教育场所由政府统筹规划,利用各种资源安排。

第十八条 任何单位和个人不得侵占和破坏学前教育机构的房舍和设施,不得在学前教育机构周围设置有危险、有污染的建筑和设施,不得干扰学前教育机构的正常工作秩序。

第十九条 学前教育机构应当按照规定办理收费许可证,按照规定收取费用,不得乱收费。

第二十条 实行学前教育督导制度。市、区、县(市)人民政府教育督导机构对学前教育发展计划的落实、经费投入和使用、保育教育质量、管理水平、教师待遇等进行督查。

第二十一条 具有下列条件之一的单位和个人,由各级人民政府或者教育行政部门给予表彰:

(一)改善学前教育机构条件成绩显著的;

(二)保育、教育工作成绩显著的;

(三)学前教育机构管理工作成绩显著的。

第二十二条 学前教育机构具有下列情形之一的,由教育行政部门或者会同有关部门责令限期整顿或者停止招生、停止办园:

(一)未经登记注册,擅自举办学前教育机构的;

(二)园舍、设施不符合国家卫生标准、安全标准的;

(三)教育内容和方法损害儿童身心健康的。

第二十三条 单位或者个人具有下列情形之一的,由教育行政部门或者有关部门对直接责任人依照有关规定给予行政处罚;或者建议有关部门对责任人给予行政处分:

(一)因失职造成学龄前儿童伤害的;

(二)体罚或者变相体罚学龄前儿童的;

(三)克扣、挪用学前教育经费的;

(四)侵占、破坏学前教育机构房屋、设施设备的;

(五)干扰学前教育机构正常工作秩序的;

(六)在学前教育机构周围设置有危险、有污染建筑和设施的;

(七)无证收费、乱收费的;

(八)法律、法规、规章规定的其他情况。

第二十四条 本规定自2010年2月1日起施行。《沈阳市托幼工作管理规定》(沈政发〔1994〕5号)同时废止。

沈阳市事业单位登记管理办法

(沈阳市政府令第15号)

第一章 总　　则

第一条 为了规范事业单位登记管理,保障事业单位的合法权益,根据国务院《事业单位登记管理暂行条例》等有关规定,结合本市实际,制定本办法。

第二条 本办法所称事业单位,是指以社会公益为目的,由国家机关举办或者其他组织利用国有资产举办的,从事教育、科技、文化、卫生等活动的社会服务组织。

第三条 市和区、县(市)机构编制管理机关所属的事业单位登记管理机构(以下简称登记管理机关)负责对同级事业单位的登记管理。

市登记管理机关负责对区、县(市)登记管理机关事业单位登记管理工作的指导和监督。

第二章 登记事项与登记程序

第四条 事业单位登记事项包括:名称、场所、宗旨和业务范围、法定代表人、经费来源、开办资金、举办单位等。

第五条 申请登记的事业单位名称不得与已登记的事业单位名称和注销登记未满3年的事业单位名称相同或者相近似。事业单位一般使用一个名称。申请人申请登记多于一个名称,登记管理机关经审查确认必要的可以核准登记,并在《事业单位法人证书》上将第一名称之外的名称以加括号的形式显示在第一名称之后。单位印章、银行账户等使用的名称应当与经核准登记的名称相符。

第六条 市登记管理机关负责下列事业单位的登记管理:

(一)市直属事业单位;

(二)市委、市政府各部门举办的事业单位;

(三)直接或者间接使用市级财政经费的社会团体举办的事业单位;

(四)市国有资产监督管理机构履行出资人职责的企业举办的事业单位;

(五)国家事业单位登记管理局、省事业单位登记管理局授权登记管理的事业单位;

(六)依照有关规定,应当由市级登记管理机关登记管理的其他事业单位。

第七条 各区、县(市)登记管理机关登记冠"沈阳"、"沈阳市"字样的事业单位,应当按照规定登记后10个工作日内向市登记管理机关备案。

第八条 事业单位业务范围应当符合宗旨的要求,并与其资金、场地、设备、从业人员以及技术力量相适应。

第九条 事业单位的举办单位,是指举办事业单位的投资主体或者行政主管部门,投资主体和行政主管部门可以共同作为举办单位。事业单位法定代表人,是指按照法定程序产生,代表事业单位行使民事权利,履行民事义务的责任人,一般由本单位在职在编人员担任。

第十条 事业单位经费来源,分为财政全额拨款、差额拨款、自收自支等形式。事业单位开办资金,是指事业单位被核准登记时可以用于承担民事责任的全部财产的货币体现。事业单位开办资金包括举办单位或者出资人授予事业单位自主支配的财产和事业单位的自有财产,市属事业单位不得低于10万元,区、县(市)属事业单位不得低于5万元。

第十一条 事业单位依法登记、变更登记、注销登记按照下列程序进行:

(一)申请。申请人向登记管理机关提出书面申请或者通过网络提出申请,如实填写有关申请材料。

(二)受理。登记管理机关对申请人提交的申请材料进行初步审查,作出受理或者不予受理的决定。登记申请不属于本登记管理机关管辖范围的,应当即时作出不予受理的决定。登记申请不符合法定条件的,应当在5个工作日内作出不予受理的决定,并说明理由。

(三)审查。登记管理机关依照规定审查申请人是否符合规定的登记条件。

(四)核准。登记管理机关应当自收到申请材料之日起20日内,作出准予登记或者不予登记的决定。不予登记的,应当说明理由。

(五)发(缴)证、章。登记管理机关向准予设立登记的事业单位发给《事业单位法人证书》;向准予变更登记的事业单位发给变更后的《事业单位法人证书》,收缴变更前的《事业单位法人证书》,变更名称的还应当收缴变更前的单位印章;向准予注销登记的事业单位收缴《事业单位法人证书》和印章。

(六)公告。登记管理机关对核准登记的事业单位予以公告。

第三章　设立登记

第十二条　申请事业单位法人登记,应当具备下列条件:

(一)经审批机关批准设立;

(二)有规范的名称、组织机构;

(三)有相对稳定的场所;

(四)有与其业务活动相适应的从业人员;

(五)有与其业务活动相适应的经费来源;

(六)能够独立承担民事责任。

第十三条　申请事业单位法人登记,应当向登记管理机关提交下列文件:

(一)事业单位设立登记申请书;

(二)事业单位法定代表人登记申请表;

(三)事业单位章程;

(四)审批机关批准设立的文件;

(五)经费来源的相关证明文件;

(六)法定验资机构出具的资产证明;

(七)住所产权证明;

(八)拟任法定代表人的任职文件和居民身份证复印件;

(九)登记管理机关要求提交的其他相关文件。

企业、事业单位、社会团体等利用国有资产举办事业单位的,还应当提交举办单位的法人资格证明文件。业务范围中有涉及国家实行资质认可或者执业许可管理事项的,应当出示资质认可或者执业许可证明文件。

第十四条　已经办理其他类型法人登记的单位,应当在注销其他类型法人资格后,方可申请办理事业单位法人登记。因合并、分立而新设立的事业单位,应当申请设立登记。

第十五条　事业单位应当自领取《事业单位法人证书》之日起60日内,将单位印章式样、银行账户等报登记管理机关备案。

第四章　变更登记

第十六条　事业单位的登记事项需要变更的,或者因合并、分立改变登记事项的,应当向登记管理机关申请变更登记。未经核准变更登记,事业单位不得擅自改变登记事项。

事业单位应当在变更事项被有关部门批准或者变更决定作出之日起30日内,向登记管理机关申请变更登记。

第十七条　事业单位申请变更登记,应当向登记管理机关提交变更登记申请书和《事业单位法人证书》正本、副本。根据变更事项的不同,还应当提交下列文件:

(一)变更名称的,提交审批机关批准文件;

(二)变更住所的,提交新住所证明文件;

(三)变更宗旨和业务范围且内容涉及国家实行资质认可或者执业许可管理事项的,提交资质认可或者执业许可证明文件;

(四)变更法定代表人的,提交原法定代表人离任审计报告、拟任法定代表人的任职文件、事业单位法定代表人登记申请表和居民身份证复印件;

(五)变更经费来源的,提交经费来源改变的证明文件;

(六)变更开办资金的,提交法定验资机构出具的验资证明;

(七)变更举办单位的,提交审批机关批准文件。

第十八条　事业单位变更名称的,应当自领取《事业单位法人证书》之日起60日内,将变更后的单位印章式样、银行账户报登记管理机关备案。

第五章　注销登记

第十九条　事业单位有下列情形之一的,应当向登记管理机关申请注销登记:

(一)举办单位决定解散的;

(二)因合并、分立解散的;

(三)依照法律、法规和本单位章程,自行决定解散的;

(四)行政机关依照法律、行政法规责令撤销的;

(五)事业单位法人登记依法被撤销,或者《事业单位法人证书》被吊销的;

(六)法律、法规规定的应当注销登记的其他情形。

第二十条　事业单位办理注销登记前,应当在审批机关指导下成立清算组织,完成清算工作。清算组织应当自成立之日起10日内通知债权人,并于30日内至少发布三次拟申请注销登记的公告。债权人应当自第一次公告之日起90日内,向清算组织申报债权。清算期间事业单位不得开展有关清算以外的活动。

第二十一条　事业单位应当自清算结束之日起15日内,向登记管理机关提交下列文件,办理注销登记:

(一)法定代表人签署的事业单位法人注销登记申请书;

(二)撤销或者解散的证明文件;

(三)有关机关确认的清算报告;

(四)发布该单位拟申请注销登记公告的凭证;

(五)《事业单位法人证书》正、副本及单位印章;

(六)登记管理机关要求提交的其他相关文件。

第二十二条　经登记管理机关注销登记的事业单位,自核准注销登记之日起终止。

第六章　证书的管理和使用

第二十三条　《事业单位法人证书》是事业单位法人资格的合法凭证。分为正本和副本，正本应当置于事业单位住所的醒目位置。

第二十四条　事业单位进行下列活动时，应当向有关部门出示《事业单位法人证书》：

（一）刻制印章、办理机动车船牌照；

（二）申办有关社会保险；

（三）申请开立银行账户、贷款；

（四）申办税务登记、减免税收等事宜；

（五）申请从事经营活动，申领有关证照；

（六）办理国有资产登记、统计登记、土地登记、房产登记；

（七）申办收费许可证，购领收据、发票；

（八）办理机构编制事项；

（九）办理人事调动和工资基金管理事项；

（十）法律诉讼、公证事项；

（十一）申办海关事项；

（十二）其他事项。

第二十五　条任何单位和个人不得伪造、涂改、出租、出借、转让或者故意损毁《事业单位法人证书》。

第二十六　条除登记管理机关外，其他任何单位和个人不得收缴、扣留《事业单位法人证书》。法律、法规另有规定的，从其规定。

第二十七条　事业单位遗失、损毁《事业单位法人证书》的，应当按照规定发布公告声明作废后，向登记管理机关申请换领《事业单位法人证书》。

第七章　监督管理

第二十八条　事业单位必须执行国家有关财务、价格、人事等管理制度，接受财政、税务、价格、审计、人事部门的监督。

第二十九条　事业单位应当在经核准登记的业务范围内开展活动。事业单位开展活动，按照国家有关规定取得的合法收入，必须用于符合其宗旨和业务范围的活动。事业单位接受捐赠、资助，必须符合事业单位的宗旨和业务范围，根据与捐赠人、资助人约定的期限、方式和合法用途使用。

第三十条　登记管理机关对事业单位下列行为实施管理。

（一）事业单位按照规定办理登记和提交年度报告；

（二）事业单位按照登记事项开展活动；

（三）制止、纠正和查处事业单位违反法规、规章的行为。

第三十一条　事业单位应当于每年1月1日至3月31日，向登记管理机关报送上一年度工作报告。年度工作报告应当包括：开展业务活动情况；资产损益情况；绩效和受奖惩情况；涉及诉讼和社会投诉情况；登记事项年末的实际情况等。

第三十二条　事业单位在提交年度工作报告时，还应当提交下列文件：

（一）由事业单位法定代表人签署的《事业单位法人年度报告书》；

（二）《事业单位法人证书》正、副本；

（三）上一年度的审计报告或者主管部门确认的资产负债表、损益表；

（四）事业单位法人组织机构代码证；

（五）本年度工资基金管理手册；

（六）有行业管理要求的单位，提供资质认可和执业许可证书；

（七）登记管理机关根据情况要求提供的其他文件。

第三十三条　登记管理机关应当在收到事业单位年度报告和文件之日起30日内，按照国家有关规定进行审查，对审查合格的事业单位，在其《事业单位法人证书》正本、副本上作出合格标记。

第三十四条　事业单位未依法办理登记的，由登记管理机关责令限期补办登记手续；逾期不补办的，由登记管理机关建议对该单位的负责人和其他直接责任人员给予纪律处分。

第三十五条　事业单位有下列情形之一的，登记管理机关根据情况分别给予书面警告、通知其举办单位、暂扣《事业单位法人证书》和单位印章、责令限期改正、并可处1000元以上3000元以下罚款；情节严重的，经审批机关同意撤销登记并收缴《事业单位法人证书》及单位印章的处罚：

（一）不按照登记事项开展活动的；

（二）不按照规定报送年报的；

（三）不依法办理变更登记、注销登记的；

（四）涂改、出租、出借《事业单位法人证书》或者出租、出借印章的；

（五）违反规定接受、使用捐赠、资助的；

（六）转移开办资金的；

（七）拒不接受登记管理机关监督检查的；

（八）违反本办法规定的其他行为。

第三十六条　未经核准登记擅自以事业单位名义开展活动的，由登记管理机关责令停止活动，处1000元以上5000元以下罚款；构成犯罪的，依法追究刑事责任。

第三十七条　申请人以欺骗、贿赂等不正当手段被核准登记的，登记管理机关应当依法予以撤销登记；被撤销的登记属于直接关系公共安全、人身健康、生命财产安全事项的，申请人在3年内不得再次申请；构成犯罪的，依法追究刑事责任。

第八章　附　　则

第三十八条　本办法自2010年7月1日起施行。

沈阳市建设市场准入与违规处理规定

（沈阳市政府令第16号）

第一章　总　　则

第一条　为了规范建设市场秩序，保障建设工程的质量、安全，根据《中华人民共和国建筑法》、《中华人民共和国招标投标法》等法律、法规的规定，结合本市实际，制定本规定。

第二条 凡在本市行政区域内工程建设市场的准入与违规处理，适用本规定。

第三条 建设市场准入与违规处理应当遵循公开、公平、公正的原则。

第四条 市建设行政主管部门是本市建设市场准入与违规处理的主管部门。区、县（市）建设行政主管部门应当按照职责分工，做好建设市场准入与违规处理工作。发展和改革、监察、规划和国土资源、城建、财政、水利、交通、环保、工商、安全生产监督、城市管理行政执法等部门应当按照各自职责，做好建设市场准入与违规处理工作。

第五条 从事工程建设活动的勘察、设计、施工、监理、造价咨询、招标代理等单位必须取得相应的资质后，方可在许可的范围内从事相关的工程建设活动。

第六条 从事工程建设活动的各类企业应当具有下列条件：

（一）具有从事工程建设业务的营业执照；

（二）具有相应资质等级的工程建设资质证书；

（三）具有符合工程建设要求的人员、设备、资金、信用等方面的评价和证明；

（四）施工企业具有安全生产许可证及备案手续；

（五）外埠企业具有进沈备案材料；

（六）法律、法规、规章规定的其他条件。

第七条 从事工程建设活动的专业技术人员，应当具有相应的执业资格证书，按规定注册，未取得执业资格证书或者未按规定注册的，不得从事工程建设活动。

第八条 建设工程应当依法实施招标投标，按照国家规定取得施工许可证后，方可开工建设。

第九条 建立建设市场法人和自然人违法违规档案制度，法人和自然人有下列违法违规情形之一的，经查实处理，即建立其违法违规档案：

（一）在工程建设活动中，法人和自然人以不正当手段承揽工程，构成犯罪的；

（二）执业人员在工程建设活动中，未执行有关法律、法规、规章和工程建设强制性标准，造成较大以上工程质量安全事故，已被追究刑事责任，或者受到责令停止执业、吊销执业资格证书、不予注册等行政处罚的；

（三）与招标人或其他投标人串通投标，已被追究刑事责任或受到取消一定期限投标资格行政处罚的；

（四）以他人名义投标，或者以伪造业绩、证书等方式弄虚作假，骗取中标，已被追究刑事责任或者受到取消一定期限投标资格行政处罚的；

（五）勘察、设计、施工、监理、招标代理单位未按照法律、法规和工程建设强制性标准进行勘察、设计、施工、监理、招标代理等活动，造成较大以上工程质量安全事故，或者受到停业整顿、降低资质等级、吊销资质证书、暂停或取消招标代理资格等行政处罚的；

（六）施工企业低价获取中标后，非因不可抗力原因放弃中标，或者不按照与招标人订立的合同履行义务，情节严重，已受到取消一定期限投标资格行政处罚的；

（七）建设工程质量检测机构出具错误或者虚假检测结论，造成较大以上工程质量安全事故，已被追究刑事责任，或受到停业整顿、降低资质等级、吊销资质证书等行政处罚的；

（八）工程造价咨询单位在建筑工程计价活动中有意抬高、压低价格，或提供虚假报告的；

（九）有其他违法违规行为的。

第十条 建设市场违法违规档案建立由市建设行政主管部门及有关行政主管部门负责，具体管理办法另行制定。

第十一条 建设市场违法违规档案公布由市建设行政主管部门或者有关行政主管部门在沈阳建设工程信息网上或者有关行政主管部门工程信息网上公布，向社会提供查询。有关法人和自然人对公布的违法违规档案有异议的，可向市建设行政主管部门或者有关行政主管部门申请更正。

第十二条 在工程建设活动中，法人和自然人有下列严重违法违规行为之一的，区分以下不同情形，禁止其在一定期限内从事国有资金投资的建设工程及相关活动：

（一）法人、自然人以不正当手段等违法违规行为承揽工程达到追究刑事责任的，不得参与工程建设活动；

（二）勘察、设计、施工、监理招标人或其他投标人串通投标，投标人以向招标人或者评标委员会成员行贿的手段谋取中标，根据不同程度分别按 12 个月、18 个月和 24 个月三个档次，取消其参加工程建设的投标资格；

（三）勘察、设计、施工、监理单位以他人名义投标，或者以伪造业绩、证书等方式弄虚作假，骗取中标的，根据不同程度分别按 12 个月、18 个月、24 个月和 36 个月四个档次，取消其参加工程建设的投标资格；

（四）勘察、设计、施工、监理单位未按照法律、法规、规章和工程建设强制性标准进行勘察、设计、施工、监理，造成较大以上工程质量安全事故的，根据不同程度分别按 6 个月、12 个月、18 个月、24 个月四个档次，责令停业整顿，整顿期间不得承揽工程建设业务；

（五）中标人未按照与招标人订立的合同履行义务的，根据不同程度分别按 12 个月、24 个月、36 个月三个档次，取消其参加工程建设的投标资格；

（六）建设工程质量检测机构出具错误或虚假的检测结论，造成较大以上工程质量安全事故的，根据不同程度分别按 6 个月、12 个月、18 个月、24 个月四个档次，责令停业整顿，整顿期间不得承揽工程建设检测业务；

（七）工程造价咨询机构在建筑工程计价活动中有意抬高、压低价格或提供虚假报告的，根据不同程度分别按 12 个月、24 个月两个档次，禁止其承揽工程造价咨询业务；

（八）注册执业人员未执行法律、法

规和工程建设强制性标准,造成较大以上质量安全事故的,根据不同程度分别按3个月、6个月、12个月、24个月36个月五个档次,禁止在工程建设活动中执业;

(九)违反法律、法规、规章规定的其他行为,按有关规定处理。

第十三条 本规定自2010年7月1日起施行。

沈阳市政府债务管理办法

(沈阳市政府令第17号)

第一章 总 则

第一条 为了加强政府债务管理,提高政府债务资金使用效率,合理控制政府债务规模,防范和化解政府债务风险,根据《辽宁省政府债务管理办法》等规定,结合本市实际,制定本办法。

第二条 本办法所称政府债务,是指由政府及其所属部门、单位,经批准依法举借或者合法担保以及在特定情况下需由政府偿还的债务。包括政府内债和外债。

第三条 本办法适用于我市各级政府债务的举借、使用、偿还或者提供担保以及对政府债务的监督管理。国家、省对政府债务管理另有规定的,从其规定。

第四条 市和区、县(市)、开发区财政部门(以下称财政部门)统一管理本行政区域内政府债务工作。负责债务统计和上报;负责政府外债及上级财政部门转贷的政府内债的举借、使用和偿还的管理。市发展和改革部门负责政府债务项目的立项审批和项目申报等相关管理工作;负责协调国家开发银行和融资机构的合作;组织协调国家开发银行贷款项目的策划、筛选、可行性研究及申请贷款的借款评审、合同签订。市投融资管理中心负责编制我市年度政府融资计划,参与政府融资政策的制定及融资的概算、预算和决算;建立健全信用的、有效的还款机制和风险防范机制;指导区、县(市)和开发区的融资工作。市发展建设资金管理办公室(以下称资金办)是我市国家开发银行贷款资金专门监管机构,对全市国家开发银行贷款资金的借入、使用和偿还实行全过程的统一归口管理。具体负责国家开发银行贷款项目借款合同管理;国家开发银行贷款项目资金使用审批管理;组织编制国家开发银行贷款项目偿贷预算;国家开发银行贷款债务偿还管理等。市政府各部门应当按照职责分工,负责本部门政府债务项目的计划制定、可行性研究及项目申报;对本部门政府债务的举借、使用、偿还进行管理;按照有关规定上报债务统计数据和情况。各区、县(市)政府和开发区管委会负责本地区政府债务项目的计划制定、可行性研究及项目申报,制定本地区政府债务的管理制度和规定;设置专门机构对本地区政府债务的举借、使用、偿还进行管理,按照有关规定上报债务统计数据和情况。投融资机构是政府投融资项目的责任主体,负责政府项目和自主经营项目投资、建设、运营、偿债一体化管理,严格执行招投标、预决算审核等管理规定。各级审计、监察机关应当按照各自职责,做好政府债务的监督工作。市政府绩效考评工作领导小组办公室应当将政府债务偿还情况纳入市政府绩效考评工作中。

第五条 举借政府债务应当遵循统筹兼顾、合理举借、控制规模、优化结构、注重实效、明确责任、防范风险和依法决策的原则。

第六条 各级财政部门、发展和改革部门、资金办应当根据本地区国民经济和社会发展的需要以及财政状况,制定本地区政府债务举借规划,合理确定债务总量。政府债务举借规划报本级政府批准后执行。

第七条 政府债务规模应当与本地区国民经济发展和可支配财力相适应。政府债务资金重点用于基础性和公益性项目建设,严格控制用于非基础性和公益性项目建设,不得用于经常性支出。政府债务资金和偿债资金应当单独核算,专款专用,不得截留、挤占和挪用。使用政府债务资金的单位(以下称最终债务人)应当将偿债资金列入财务计划,专户管理。

第八条 除法律和国务院另有规定外,各级政府不得发行地方政府债券。

第九条 举借政府债务应当事先落实偿债资金来源和偿债责任以及抵御风险措施。

第十条 经本级政府批准,需用财政资金偿还的政府债务收入和支出,应当纳入财政预算。政府部门举借的政府债务收入和支出,应当纳入部门综合预算。财政部门应当按照批准的预算及时拨付偿债资金。

第十一条 除法律规定经国务院批准为使用外国政府贷款或者国际金融组织贷款进行转贷的外,各级政府及其所属部门不得做政府债务的担保人。

第十二条 投融资机构开展融资和担保应当执行国务院及省、市有关规定,规范融资行为。向银行业金融机构申请贷款应当落实到项目,以项目法人公司作为承贷主体,并符合有关贷款条件的规定。

第十三条 投融资机构因承担公益性项目建设举借的政府债务,项目本身应当有稳定经营性收入,并主要依靠自身收益偿还债务。对主要依靠财政性资金还款的公益性项目,不得通过投融资机构融资。投融资机构因承担非公益性项目建设举借的债务,不作为政府债务管理。

第十四条 各级政府设立投融资机构应当按照有关法律、法规的规定办理,足额注入资本金。学校、医院、公园等公益性资产不得作为资本注入投融资机构。各级政府在出资范围内对投融资机构承担有限责任。

第十五条 最终债务人的法定代表人,对偿还政府债务承担领导责任;最终债务人的本级政府主管领导,承担偿还政府债务工作的监督责任。

第十六条 申请举借政府债务的单位,应当通过主管部门向同级财政部门、发展和改革部门、资金办提供下列资料:

(一)举借政府债务申请书;

(二)财务报告;

（三）需要提供的其他资料。

政府债务申请书应当载明下列事项：

（一）项目名称、内容；

（二）举借债务数额、来源、期限、利率、用途；

（三）配套资金落实情况；

（四）还款计划和举借政府债务对财政预算、部门预算的影响；

（五）还款资金来源；

（六）最终债务人；

（七）其他应当提供的资料。

第十七条 各级财政部门、发展和改革部门、资金办对前条所列资料进行审核后，应当报同级政府批准。但债务率超过100%的，应当经上级财政部门审核后，报上级政府批准。对于需要上级政府或者财政部门、投融资机构转贷、担保的政府债务，应当由本级政府报上级政府审批。审批时，应当出具本级政府的还款承诺文件。重大政府债务举借，应当经政府审查同意后提请同级人大常委会审议批准。

第十八条 申请举借政府外债的单位，向财政部门提交申请前，应当按照国家有关规定向发展和改革部门申请纳入国外贷款规划。市发展和改革部门应当按照国家、省有关规定，办理纳入国外贷款规划项目的项目建议书、可行性研究报告和初步设计的审批手续。

第十九条 举借政府债务规模需要调整的，应当按照本办法规定程序办理。政府及其所属部门必须在批准的规模内举债。

第二十条 申请提供外债担保的，申请人应当向财政部门提供下列资料：

（一）担保申请书；

（二）经批准的可行性研究报告或者项目建议书；

（三）抵（质）押资产清单；

（四）财务报告；

（五）需要提供的其他资料。

财政部门对前款所列资料进行审核后，应当报同级政府批准，并报上一级政府备案。

第二十一条 符合下列要求的项目，可以批准举借或者提供外债担保：

（一）实施符合国家产业政策的项目；

（二）实施基础设施建设急需的项目；

（三）用于发展教育、科学、文化、卫生、体育等公益事业的项目；

（四）政府认为应当举借或者提供担保，并符合国家有关政策的政府债务。

第二十二条 有下列情形之一的，不予批准举借政府债务或者提供外债担保：

（一）偿还债务资金来源和责任没有落实的；

（二）举借或者提供担保的政府债务用于国家明令禁止项目的；

（三）超过财政承受能力容易引发债务风险的；

（四）国家规定的不予批准举借政府债务或者提供担保的其他情形。

第二十三条 最终债务人应当按照经批准的建设内容，认真组织项目实施，控制项目成本，确保项目资金的使用效率。

第二十四条 在政府债务项目建设过程中，凡工程、货物和服务标的额达到采购限额的，应当按照有关规定实行招标采购。

第二十五条 最终债务人应当按照借款合同编制偿债计划，优先落实偿债资金，按时偿还到期政府债务。属于转贷的，转贷机构应当按照转贷协议履行偿还债务的义务；有担保人的，担保人应当依法承担责任；转贷的机构和担保人代为偿还后，有权向最终债务人追偿。

第二十六条 最终债务人在签订借款合同后30日内，应当持借款合同副本到同级财政部门和资金办办理登记手续。举借政府外债的，应当按照有关规定办理登记手续。

第二十七条 使用政府债务资金的固定资产投资项目，应当实行项目法人责任制，项目法人应当对政府债务资金的使用效益负责。

第二十八条 最终债务人应当按照有关规定进行财务管理和会计核算，向同级财政部门、发展和改革部门、资金办、外汇管理部门、人民银行和审计机关报送项目财务报告、单位财务报告和偿债计划落实情况报告。

第二十九条 最终债务人的法定代表人发生变更时，其管理部门应当委托审计机关依法进行离任审计。新的法定代表人承担组织偿还全部政府债务的责任。审计机关应当在使用政府债务资金项目实施期内，对最终债务人的债务资金使用情况和偿债计划的落实情况进行年度审计。最终债务人应当在使用政府债务资金项目完成后30日内，向同级财政部门、审计机关、资金办提交使用政府债务资金项目终结报告。审计机关接到报告，应当对项目资金使用情况进行全面审计。政府债务情况应当列入领导干部经济责任审计范围，作为对领导干部的考核内容。

第三十条 对利用政府债务形成的国有资产，应当纳入国有资产管理范畴。

第三十一条 下列资金可以作为偿还政府债务资金的主要来源：

（一）企业税后利润和折旧；

（二）企业募集的股本金；

（三）配套资金中安排的偿债资金；

（四）处置国有资产的收入；

（五）财政预算安排的其他专项偿债资金；

（六）部门预算安排的偿债资金；

（七）最终债务人的其他收入；

（八）法律、法规规定的其他收入。

第三十二条 属于政府转贷的政府债务，应当通过财政部门逐级向转贷机构偿还。属于政府担保的政府债务，由债务人向转贷机构偿还。

第三十三条 各级政府应当按照政府债务余额的一定比例建立政府偿债准备金。政府偿债准备金由财政部门设立偿债准备金专户管理。

第三十四条 下列资金可以作为偿债准备金的来源：

（一）财政预算内拨款；

（二）专项用于偿还政府债务的非税收入；

（三）提前收回的政府债务资金；

（四）从配套资金中提取的资金；

（五）处置国有资产的收入；

（六）其他资金。

第三十五条 财政部门应当设立偿还政府债务专户。列入财政和部门综合预算的偿债资金，由财政部门或者有关部门按照预算直接拨入偿债专户，专门用于偿还政府债务。

第三十六条 对不偿还到期政府债务的最终债务人及相关责任人，财政部门和资金办有权根据其签订的借款合同、担保合同及承诺，追偿到期债务。

第三十七条 最终债务人应当每年向同级财政部门、发展和改革部门、资金办、外汇管理部门和人民银行报送政府债务资金使用报告，财政部门每年向本级政府报送政府债务报告。

第三十八条 企业转让、改制、重组等涉及政府债权的，应当征求财政部门和资金办的意见；涉及政府外债的，应当事先征得转贷机构对剩余债务偿还安排的书面认可，落实还贷责任，并将有关结果抄报发展和改革部门。

第三十九条 各级政府应当建立政府债务预警机制，根据政府债务风险情况，制定有效的防范和化解措施及应急预案。

第四十条 违反本办法规定，有下列行为之一的，按照国务院《财政违法行为处罚处分条例》有关规定予以处理：

（一）未按照规定原则和程序举借政府债务的；

（二）政府部门未将债务收入或者支出纳入部门综合预算的；

（三）违反规定，擅自出具担保的；

（四）虚报项目，骗取政府债务资金的；

（五）未及时到财政部门或者有关部门办理登记手续、向有关部门报送债务报告的；

（六）配套资金不落实的；

（七）截留、挤占、挪用政府债务资金和偿债资金的。

第四十一条 具有监督、检查职能的财政、发展和改革、审计、监察部门、资金办发现最终债务人有截留和挪用项目资金、未落实配套资金、弄虚作假骗取贷款和造成国有资产流失的，应当告知有关部门，停止办理资金提取手续，追回项目债务资金，并依法追究项目单位和有关人员的行政责任和法律责任，并由最终债务人承担由此造成的损失。

第四十二条 本办法自2010年11月15日起施行。

沈阳市重点建设项目稽察办法

（沈阳市政府令第18号）

第一章 总 则

第一条 为了加强对重点建设项目的监督管理，促进项目顺利实施，提高投资效益，根据《国家重大建设项目稽察办法》和有关法律、法规，结合本市实际，制定本办法。

第二条 本办法所称重点建设项目稽察，是指稽察机构依法监督重点建设项目贯彻执行国家、省、市有关法律、法规、规章及政策的情况，检查项目建设状况，评价项目效益等活动。

第三条 本办法所称重点建设项目包括：

（一）全部或部分使用财政性资金投资、融资的项目；

（二）全部或部分使用国家政策性贷款的项目；

（三）全部或部分使用国际组织或者外国政府贷款、援助资金的项目；

（四）基础设施、公用事业等关系社会公共利益、公众安全的项目；

（五）上级机关交办稽察的项目；

（六）群众举报确需稽察的项目；

（七）市政府确定的其他重点建设项目。

第四条 市发展和改革委员会（以下简称市发改委）负责市重点建设项目稽察工作。市重点建设项目稽察特派员办公室（以下简称市稽察办）负责具体工作。

第五条 重点建设项目稽察工作应当坚持依法办事、客观公正、实事求是的原则。

第二章 职责与权限

第六条 市稽察办的主要职责包括：

（一）组织开展对全市重点建设项目的稽察；

（二）跟踪检查相关行业贯彻执行国家和省、市投资政策及规定情况；

（三）组织开展对政府投资项目建设过程中的审批程序、建设进度、工程质量、招标投标、资金使用、概算调整和竣工验收等实施情况的监督和检查；

（四）对违规问题，按有关规定提出处理意见和建议；

（五）协助配合上级部门开展重点建设项目稽察和专项检查工作。

第七条 稽察人员应当由公务员担任，熟悉国家有关法律、法规和方针政策，具备与稽察工作相适应的专业知识和业务能力。市稽察办应当组织对稽察人员的培训。

第八条 稽察人员依法稽察受法律保护，任何组织和个人不得拒绝、阻碍稽察人员依法行使职权。稽察人员应当保守国家秘密和被稽察单位的商业秘密。

第九条 稽察人员办理稽察事项时，本人或者其近亲属与被稽察单位或者稽察事项有利害关系的，应当回避。

第十条 稽察人员在稽察工作中成绩突出，为维护国家利益做出重大贡献的，应当给予奖励。稽察人员在稽察工作中对重大违法违纪问题隐匿不报、与被稽察单位串通编造虚假材料的，在稽察工作中严重失职的，泄露被稽察单位商业秘密的，参与或者干预被稽察单位的正常建设和日常生产经营等业务活动的，依照有关规定给予处分；构成犯罪的，依法追究刑事责任。

第十一条 市稽察办可以对项目建设单位及其负责人的业绩和参建单位提出奖惩建议。

第十二条 稽察结果采用稽察报告、整改通知、通报等形式通知项目建设单位及其相关区、县(市)政府和部门。被稽察单位应当根据整改通知的内容和要求,认真整改,并在规定的时间内提交整改报告。市稽察办应当跟踪监测整改情况,并对项目整改情况进行复查,直至达到整改目标。

第十三条 稽察结束后,市稽察办应当按照档案管理要求建立稽察档案。

第三章 内容与方式

第十四条 重点建设项目稽察包括以下内容:

(一)城市规划、环境保护、土地利用及相关投资政策执行情况;

(二)投资建设程序的履行情况;

(三)国家批准的建设内容、建设规模、建设标准和工程投资的落实情况;

(四)资金到位和使用、建设进度、设备材料采购、工程质量等计划执行情况;

(五)财务核算、概算控制、交付使用资产的真实、合法、有效性;

(六)项目的竣工验收、投资效果情况;

(七)项目法人责任制、招标投标制、工程监理制、合同管理制等法律、法规执行情况;

(八)法律、法规、规章规定或者上级部门、本级人民政府确定的其他事项。

第十五条 重点建设项目发生重大变更或者概算调整以及在出具重点建设项目竣工验收意见前,市发改委应当进行稽察。

第十六条 稽察人员开展稽察工作,可以采取下列方式:

(一)听取被稽察单位有关项目建设情况的汇报,在被稽察单位召开与稽察事项有关的会议,参加被稽察单位与稽察事项有关的会议;

(二)查阅被稽察单位与建设项目有关的文件、工程技术资料、财务报告、会计凭证、会计账簿等财务会计资料以及其他有关资料;

(三)采用记录、录音、录像、照相和复制的方法取证;

(四)进入与建设项目相关的场所对有关工程和设备进行查验,对相关信息系统进行查验和取证,调查、核实建设项目的招标投标、合同、建设内容、建设标准、工程进度、设备材料质量与工程质量等情况;

(五)向与项目建设有关的单位或者人员了解与稽察事项相关的情况并取得有关资料;

(六)向其他单位和部门调查了解与稽察事项相关的情况,可以查询被稽察单位与项目建设有关的银行账户,并依法取得或者复制有关资料;

(七)市发改委根据需要,可以会同财政、监察、审计、建设、行政执法等有关部门进行联合稽察,也可以聘请有关专业技术人员或者委托有关单位对具体的稽察事项进行检验、鉴定、评估、审核和提供有关咨询服务。

监察、财政、审计、建设、行政执法等部门对重点建设项目依法进行检查作出的结论,市稽察办可以采用。

第十七条 市稽察办稽察前一般应当通知被稽察单位,特殊情况下,也可以采取不事先告知的方式进行。

第十八条 根据发现的问题,市稽察办有权对勘察、设计、施工、监理、材料及设备供应、建设代理、招标代理、咨询评估、检验等与项目建设有关的单位或者中介机构进行延伸稽察。

第十九条 被稽察单位、与稽察事项相关的单位和个人应当配合稽察人员的工作,并根据稽察人员的要求如实提供项目的相关文件和资料,报告建设和管理过程中的重大事项,不得拖延、拒绝、隐匿、伪报。

第二十条 建设项目主管部门和市政府各相关部门以及项目所在区、县(市)政府应当支持、配合稽察人员的工作,为稽察人员提供被稽察单位的有关情况和资料。

第二十一条 稽察人员对稽察工作中发现的问题,应当向被稽察单位核实情况,听取意见,被稽察单位有权进行陈述和申辩。稽察人员应当认真听取被稽察单位的意见,并对陈述、申辩的事项理由和证据进行核实。必要时由市稽察办进行复核。

第二十二条 稽察工作完成后,市稽察办应当自项目稽察结束之日的10个工作日内提交稽察报告。重大事项,市发改委应当向市政府报告。

第四章 制度建设

第二十三条 重点建设项目稽察应当建立重大建设事项报告制度。市稽察办在稽察工作中发现被稽察单位的行为有可能危及建设项目工程安全、造成国有资产流失或者侵害国有资产所有者权益以及市稽察办认为应当立即报告的其他紧急情况,可以向其项目主管部门和行政主管部门报告,必要时向市政府报告,并建议有关部门采取相应措施。

第二十四条 重点建设项目稽察应当建立并实行法人承诺制度。要求重点建设项目法人在项目建设开始时应当对项目建设全过程的合法、合规、效益性作出承诺。

第二十五条 重点建设项目稽察应当建立项目信息报送制度。重点建设项目法人应当定期通过报表、汇报材料等形式向市稽察办报送项目信息。

第二十六条 重点建设项目稽察应当建立稽察联络员制度。各区、县(市)发展和改革部门应当设立稽察联络员,项目建设单位应当设立项目联络员,在市稽察办指导下开展工作。

第二十七条 重点建设项目稽察应当建立举报受理制度。对于公众和新闻媒体有关建设项目违规问题的举报,各级发展和改革部门应当根据举报情况进行稽察,并将稽察结果通报举报人。

第五章 法律责任

第二十八条 重点建设项目参建单

位在建设过程中不得有下列行为：

（一）违反建设项目审批、建设程序规定，未经批准擅自开工建设或者进行重大设计变更、概算调整的；

（二）弄虚作假骗取政府投资、融资，国家政策性贷款及国际组织或者外国政府贷款、援助资金的；

（三）承诺的配套资金不按时落实到位的；

（四）资金使用不符合批准建设内容和违反国家财经制度，挤占、侵占、挪用项目建设资金的；

（五）违反勘察、设计、监理、规划和国土资源、环境保护和文物保护、消防、卫生防疫、建设工程质量、安全生产、竣工验收等法律、法规、规章规定的；

（六）违反法人责任制、招标投标制、监理制、合同制管理法律、法规、规章规定的；

（七）违反有关规定，造成工程概算增加、工程进度滞后、工程质量事故，或者发生重大质量事故未及时报告和妥善处理的；

（八）重点建设项目咨询、招标代理、造价、评估、会计、审计等中介服务机构违法违规服务，涉嫌造假，出具虚假或者错误结论和报告的；

（九）违反重点建设项目其他有关规定的。

第二十九条 重点建设项目单位有本办法第二十八条行为之一的，市发改委可视情节轻重依法作出下列单项或者多项的处理决定：

（一）责令限期改正；

（二）通报批评；

（三）暂停项目建设或者撤销项目；

（四）建议财政部门暂停拨付、冻结或者收回财政性建设资金；

（五）暂停相关区、县（市）、部门同类新项目的审批、核准；

（六）其他处理决定。

涉及其他部门处理的，市发改委以书面形式移交有关部门或者区、县（市）政府依法进行处罚处理，其处罚处理结果应当抄送市发改委备案。重大的处理决定，报市政府批准。

第三十条 被稽察单位、与稽察事项相关的单位和个人违反本办法，有下列行为之一的，由市发改委责令改正，并视情节轻重移交纪检监察部门调查处理；构成犯罪的，移交司法机关追究刑事责任：

（一）项目建设过程中出现违法违纪行为的；

（二）拒绝、阻碍、威胁稽察人员依法稽察的；

（三）拒绝、无故拖延向稽察人员提供稽察所需的有关情况和资料的；

（四）毁灭、隐匿、伪造有关证据和资料的；

（五）对整改通知作出的处罚处理决定和整改意见拒不执行或者无故拖延执行的；

（六）有妨碍稽察人员依法履行职责的其他行为的。

第六章 附 则

第三十一条 本办法自2010年11月15日起施行。

沈阳市企业信用信息归集和使用管理办法

（沈阳市政府令第19号）

第一条 为了加强企业信用信息管理，增强企业信用意识，营造诚实守信的市场环境，推进社会信用体系建设，根据国家、省有关规定，结合本市实际，制定本办法。

第二条 本办法所称企业信用信息，是指本市行政机关和有关单位（以下称信息提供单位）在依法履行职责过程中产生的，及企业在经营活动和社会活动中形成的，能反映企业信用状况的信息。

第三条 在本市行政区域内，市级行政机关对企业信用信息的归集、公布和使用，适用本办法。

第四条 市发展和改革委员会是本市企业信用信息的主管部门，负责企业信用信息的监督和管理。

第五条 市信用信息征集机构，负责全市的企业信用信息的归集、处理、公布，为社会提供服务。市和区、县（市）行政机关和有关单位在履行职责过程中依法归集和企业自主申报的信用信息应当及时、准确、完整地向市信用信息征集机构提供。

第六条 企业信用信息的归集、发布和使用，应当遵循客观、准确、公正、及时和谁提供谁负责的原则，依法保护国家利益、社会公共利益和企业合法权益，不得妨害公共安全和社会秩序，不得泄露企业商业秘密。

第七条 企业信用信息由企业身份信息、企业业绩信息、企业提示信息和企业警示信息构成。

第八条 下列信息记入企业身份信息：

（一）企业登记注册的名称、登记注册类型、注册地址、经营地址、成立日期；

（二）企业法定代表人、股东成员、经营范围；

（三）企业资本情况、增值税纳税人类型、组织代码；

（四）企业取得的专项行政许可、资质等级；

（五）企业纳税等情况；

（六）行政机关依法对企业进行专项或周期性检验的结果；

（七）其他应当记入企业身份信息的信息。

第九条 下列信息记入企业业绩信息：

（一）企业及其主要负责人受到各级行政机关或行业组织的表彰、授予的荣誉称号；

（二）企业在信贷、履约、纳税和产品质量等方面诚信经营的信息；

（三）其它应当记入企业业绩信息的信息。

第十条 下列信息记入企业提示信

息：

（一）企业因违法行为受到警告、罚没和责令停产停业行政处罚；

（二）企业未通过法定的专项或周期性检验；

（三）企业生产或销售的批次产品不符合产品标准和卫生标准、被依法检验定为不合格；

（四）企业未按照规定与劳动者签订劳动合同，未依法履行合同；

（五）企业有制假售假行为；

（六）企业拖欠税款、税务非正常户、发票流失；

（七）企业逃废各类债务；

（八）企业拖欠水、电、气费；

（九）企业拖欠法定社保费、住房公积金；

（十）企业排污超标；

（十一）其他应当记入企业提示信息的信息。

第十一条 下列信息记入企业警示信息：

（一）企业偷、逃、骗、抗税款；

（二）企业法定代表人、负责人因违法行为构成犯罪被追究刑事责任；

（三）企业被撤销或者吊销许可证、营业执照；

（四）企业因同一类违法行为受到两次以上行政处罚；

（五）企业产品不符合产品标准和卫生标准而造成不良后果；

（六）企业恶意逃废债务、骗汇；

（七）企业合同欺诈、商业欺诈；

（八）企业出具虚假资信、审计和有关证明文件；

（九）企业未按规定参加社会保险、故意拖欠保费；

（十）企业未按规定建立住房公积金账户、故意欠缴住房公积金；

（十一）企业拒不履行法院生效判决、裁定；

（十二）企业排污严重超标；

（十三）其他应当记入企业警示信息的信息。

第十二条 市信用信息征集机构应当通过政府网站或者政府指定的其他媒体，定期向社会公开企业信用信息。

第十三条 企业信用信息披露，应当客观、准确、公正，保证所披露信息的合法性、真实性。

第十四条 单位或者个人可以通过市信用信息征集机构取得相关企业信用信息。

第十五条 行政机关在作出下列行政决策前，应当根据需要使用相关企业信用信息：

（一）政府采购、项目招投标和征地审批；

（二）资质认定、年审、年检、评奖；

（三）审批财政支持的项目及其资金补助；

（四）向企业出借资金或者物品；

（五）与企业签订合同；

（六）审查股票、债券发行；

（七）其他需要使用企业信用信息的。

第十六条 企业身份信息中的信息记录期限至企业终止为止；企业业绩信息、企业提示信息、企业警示信息中的信息记录期限为5年，5年之后自动解除记录并转为永久保存信息。

第十七条 信息提供单位提交的信息确有错误的，该信息提供单位应当在知道之日起3个工作日内向市信用信息征集机构提出修改、删除的书面意见，市信用信息征集机构应当在收到书面意见后3个工作日内更正该信息。企业认为市信用信息征集机构发布的信用信息与事实不符的，可向市信用信息征集机构提出书面异议申请，市信用信息征集机构可暂停发布该异议信息，并在接到异议申请后3个工作日内向信息提供单位核实，信息提供单位应当在5个工作日内向市信用信息征集机构作出书面答复。市信用信息征集机构在收到该书面答复后3个工作日内完成信息更正，并告知该企业。

第十八条 企业应当对所提交的本企业信用信息真实性负责。对申报虚假信息的企业，市信用信息征集机构将依据有关规定将该行为记入警示信息，造成不良社会影响或其他严重后果的，由企业自行承担相应责任。

第十九条 行政机关和市信用信息征集机构及工作人员玩忽职守以及滥用职权，违法公布、利用企业信用信息，侵犯企业合法权益，损害企业信誉的，依法追究行政责任；涉嫌构成犯罪的，移送司法机关依法追究刑事责任。

第二十条 本办法自2011年1月1日起施行。

沈阳市机动车停车场管理办法

（沈阳市政府令第20号）

第一章 总 则

第一条 为了加强机动车停车场的管理，规范车辆停放，保障城市道路交通安全畅通，根据《中华人民共和国城乡规划法》、《中华人民共和国道路交通安全法》等法律、法规的规定，结合本市实际，制定本办法。

第二条 本市市区内机动车停车场（以下简称停车场）的规划、建设、经营、使用和管理，适用本办法。公共交通道路客运、货运停车场的规划、建设和管理，不适用本办法。

第三条 本办法所称停车场，是指供机动车停放的露天或者室内场所。包括公共停车场、专用停车场和道路停车泊位。公共停车场是指根据规划独立建设、为公共建筑配套建设以及通过临时占地等方式设置的机动车停放场所。专用停车场是指供本单位、本居民住宅区机动车停放的场所。道路停车泊位是指依法在城市道路上施划设置的机动车停车泊位。

第四条 市公安机关是停车场的主管部门，负责本办法组织实施。发展改革、规划、城乡建设、城建、工商、税务、物价、质监和人防等行政管理部门,应当在各自职责范围内,做好停车场管理工作。

第五条 市公安机关应当会同有关部门制定智能化停车场建设标准,组织停车引导系统等公共停车信息系统的建设,应用智能化、信息化等手段管理停车场。

第六条 市、区人民政府应当将由政府投资建设的公共停车场项目,纳入本级政府年度财政预算和投资计划。

第二章 停车场规划与建设

第七条 公共停车场建设应当遵循节约和集约利用土地的原则,充分利用地下空间和立体空间建设停车场。公共停车场建设应当合理配置并与城市交通体系建设相衔接。规划和建设公共停车场时,应当适应电动汽车等新能源汽车普及和推广的需要,建设或者预留充电等相关设施。

第八条 市城乡规划主管部门应当根据城市总体规划、城市道路交通专项规划和城市建设发展的需要,会同发展改革、公安、城乡建设等行政管理部门,编制停车场专项规划和建设项目停车设施配建标准,报市人民政府批准后实施。市城乡建设主管部门应当根据停车场专项规划,编制公共停车场近期建设规划及公共停车场年度建设计划,报市人民政府批准后实施。

停车场专项规划确定的停车场用地,未经法定程序调整,不得改变用途。

第九条 停车场的设计方案,应当符合国家和本市停车场的设置标准和设计规范。停车场设置标准和设计规范,由市城乡规划主管部门会同市公安机关制定。

第十条 市城乡规划主管部门在审查公共停车场和大(中)型建筑配建、增建停车场的规划设计方案时,应当征得公安机关同意。

第十一条 建设停车场应当根据需要配套建设照明、通讯、排水、通风、消防、技术防范等设施,并按照停车场设置标准和设计规范的规定,设置完善的标志、标线及交通安全设施。建设停车场,应当为残疾人自用车停放提供便利条件。

第十二条 停车场建设项目竣工后,市公安机关应当参加建设单位组织的工程验收。未经验收或者验收不合格的,不得投入使用。

第十三条 新建公共建筑、居民住宅区和商业街(区)、大(中)型建筑应当按照停车场的设置标准和设计规范,配套建设停车场。配套建设的停车场应当与主体工程同步设计、同步施工、同步验收、同步交付使用。停车场建设应当按照批准的设计方案施工,保证工程质量。对于建筑规模超过2万平方米的大型公共建筑项目及超过5万平方米的居住类项目,建设单位应当进行建筑项目交通影响评价的专项研究,确定停车配建要求。

第十四条 下列公共建筑未按照国家和本市停车场的设置标准和设计规范配套建设停车场的,应当在改建、扩建时按照规划同时补建:

(一)火车站、机场以及公共交通与自用车辆换乘的枢纽站;

(二)体育(场)馆、影(剧)院、图书馆、医院、学校、会展场所、旅游景点、商务办公楼以及对外承办行政事务的办公场所;

(三)建筑面积在5000平方米以上的商场、旅馆、餐饮、娱乐等经营性场所。

停车场因客观条件限制无法补建的,应当择地另建或者采取其他措施予以补救,停车泊位的数量不得低于配建标准。

第十五条 任何单位和个人不得将规划确定的公共停车场、专用停车场挪作他用或者擅自停止使用,不得擅自改变规划确定的公共停车泊位、专用停车泊位的数量。建筑物改变功能的,已配建停车场不得挪作他用;停车场达不到改变功能后标准的,应当按照标准配建。

第十六条 鼓励单位和个人投资建设公共停车场。

第三章 公共停车场管理

第十七条 政府投资建设的公共停车场应当通过经营权招标、拍卖的方式确定经营者,所得收入按照国家、省、市有关规定进行管理,用于城市基础设施建设。

第十八条 公共停车场向社会公众提供有偿服务的,经营者应当依法办理工商、税务、物价等手续,并在办理后10日内,向公安机关备案。向公安机关备案内容包括:停车场名称、土地使用权证明、交通组织图则、停车场平面图、开放泊位数量、开放服务时间、收费方式和标准、服务和投诉电话等。公共停车场经营者变更登记事项或者歇业的,应当按照规定向工商、税务部门办理相关手续,自变更、歇业之日起10日内向社会公告,并向公安机关备案。

第十九条 公共停车场的经营者应当遵守下列规定:

(一)制定车辆停放、安全保卫、消防等管理制度;

(二)在停车场出入口的显著位置设置统一的停车场标志,标明停车泊位数量、收费标准和监督电话;

(三)在停车场显著位置公示管理制度、营业执照和收费许可证、收费标准;

(四)保持停车场内交通标志和标线的清晰、准确、醒目、完好,按照规范配置监控、照明、消防等设施,保证其正常运行;

(五)配有相应的工作人员,引导车辆进出和停放,维护停车秩序。

第四章 专用停车场管理

第二十条 专用停车场在满足本单位、本居民住宅区停车需要的前提下,可以向社会提供经营性停车服务;向社会提供经营性停车服务的,按照本办法第十八条的规定办理相关手续,遵守本办法第十九条的规定。居民住宅区内属于业主共有的停车场,经业主大会决定,可以向社会提供经营性停车服务。

第二十一条 居民住宅区的停车场不能满足停车需求时,经业主大会决定,在不影响道路安全和畅通、不占用绿地以及消防通道的情况下,可以在住宅区内公共道路或者其他场地设置停车泊位;仍不能满足停车需求的,由公安机关会同市政设施主管部门,在居民住宅区周边支路及小街(巷)施划停车泊位,其收费标准由市价格主管部门确定。

第二十二条 专用停车场应当配备相应的工作人员,指挥车辆有序进出和停放,维护停车秩序,做好停车场防火、防盗等安全防范工作。

第二十三条 居民住宅区内的专用停车场按照物业管理的规定进行管理。对社会提供经营性停车服务的,应当执行价格管理的规定,实行明码标价,公示服务内容、收费标准、收费依据以及监督电话等。

第五章 道路停车泊位管理

第二十四条 市公安机关应当会同市政设施主管部门,施划设置道路停车泊位。

施划设置道路停车泊位应当符合下列要求:

(一)不影响行人、车辆的通行;

(二)符合区域道路停车总量控制要求;

(三)与区域停放车辆供求状况、车辆通行条件和道路承载能力相适应。

第二十五条 下列区域不得施划设置道路停车泊位:

(一)法律、法规规定禁止临时停车的地点;

(二)市区主干道和城市快速路;

(三)已建成能够提供充足停车泊位的公共停车场服务半径二百米内;

(四)消防通道、盲人专用通道;

(五)其他不宜施划设置的路段。

第二十六条 有下列情形之一的,公安机关应当对道路停车泊位予以撤销:

(一)道路交通状况发生变化,道路停车已影响车辆正常通行的;

(二)道路周边的公共停车场已经能够满足停车需求的;

(三)因城市基础设施建设或者其他公共项目建设需要的;

(四)其他需要撤销的情形。

道路停车泊位撤销后,公安机关应当及时恢复道路通行,设置相应的道路交通设施。

第二十七条 市公安机关定期对城市道路施划设置停车泊位路段的交通状况进行评估,根据道路交通状况、周边停车需求情况,对道路停车泊位进行及时调整,并向社会公布。

第二十八条 道路停车泊位可以采用招标、拍卖的方式确定经营者,由公安机关与经营者签订道路停车泊位有偿使用合同,并依法办理工商、税务、物价等手续,经营者缴纳的国有资源有偿使用费纳入非税收入管理,实行收支两条线,用于道路交通基础设施建设和管理。具体由公安机关组织实施。

第二十九条 道路停车泊位停车费收取标准,应当根据区域及地段繁华程度,按照同一区域地上停车高于地下停车、路内停车高于路外停车价格的原则,采取按时或者按次方式计收。采取计时收费的,可以实行累进计费的方法。收费标准由市价格主管部门制定。

第三十条 公安机关应当将道路停车泊位的数量、设置地点、使用时间、停车种类、收费标准、投诉电话等事项向社会公布。取得道路停车泊位经营权的经营者,应当遵守有关管理规范和制度,实行规范化管理,提高服务水平。

第三十一条 任何单位和个人不得擅自占用道路设置停车场或者擅自施划、撤销停车泊位;不得阻碍或者设置障碍影响停车泊位的使用。

第三十二条 超高、超宽、超长的车辆不得使用道路停车泊位;装载易燃、易爆、易污染、有放射性等危险物品的车辆不得使用道路停车泊位;军车、执行任务的警车、消防车、救护车、工程抢险车在道路停车泊位临时停放,免收费用。

第六章 法律责任

第三十三条 违反本办法第十三条、第十四条规定,未配建停车场、配建停车场达不到标准,或者未按照规定补建的,由城市管理行政执法部门责令限期补建;逾期不补建或者确实无法补建的,应当按照规划配建标准所需停车场建设工程造价征收停车场建设补偿费,可以并处建设工程造价百分之十的罚款。

第三十四条 违反本办法第十五条规定,将规划确定的公共停车场、专用停车场挪作他用或者停止使用,或者擅自改变规划确定的公共停车泊位、专用停车泊位数量的,由公安机关责令限期改正;逾期未改正的,按照挪作他用或者停止使用的停车泊位数量,每个泊位处1000元罚款。

第三十五条 违反本办法第十八条、第三十一条规定,擅自设立停车场的,由公安机关或者有关部门责令限期撤除,逾期未撤除的,处5000元以上2万元以下罚款;擅自施划或者撤销停车泊位,阻碍或者设置障碍影响停车泊位使用的,由公安机关责令改正,并按照泊位数量,每个泊位处200元罚款。

第三十六条 违反本办法第十九条规定的,由公安机关责令改正;逾期未改正的,处1000元罚款;情节严重的,处2000元罚款。

第三十七条 违反本办法规定构成治安管理处罚的,由公安机关依据《中华人民共和国治安管理处罚法》的规定给予处罚;构成犯罪的,依法追究刑事责任。

第三十八条 公安、规划、城乡建设等行政主管部门工作人员违反本办法规定,玩忽职守、滥用职权、徇私舞弊或者不履行本办法规定职责的,由其所在单位或者有关部门对直接责任人员和主要负责人给予行政处分。

第七章 附 则

第三十九条 新民市、辽中县、法库县、康平县机动车停车场管理,参照本办法执行。

第四十条 本办法自2011年1月1日起施行。《沈阳市停车场管理办法》(沈政令[2006]第54号)同时废止。

沈阳市人民政府废止和失效部分政府规章的决定

(沈阳市政府令第21号)

经市人民政府第44次常务会议通过,决定废止和失效下列政府规章:

一、沈阳市科学技术研究档案管理办法沈政发〔1987〕146号

二、沈阳市全民义务植树实施细则沈政发〔1988〕22号

三、沈阳市森林防火实施办法沈政发〔1988〕77号

四、沈阳市退休干部管理服务暂行规定沈政发〔1989〕12号

五、沈阳市星火奖实施办法沈政令〔1991〕6号

六、沈阳市房屋抵押管理暂行规定沈政令〔1991〕29号

七、沈阳市城市园林绿化管理规定沈政令〔1993〕4号

八、沈阳市国有土地有偿使用实施办法沈政发〔1993〕46号

九、沈阳市城市房屋拆迁行政委托管理办法沈政令〔1994〕31号

十、沈阳市城镇房屋产权产籍管理办法沈政发〔1994〕31号

十一、沈阳市行政事业单位国有资产管理办法沈政令〔1995〕13号

十二、沈阳市结核病防治管理办法沈政发〔1995〕21号

十三、沈阳市中心城区高层建筑上设置铁塔的规定沈政发〔1996〕27号

十四、沈阳市农业技术推广奖实施办法沈政发〔1996〕10号

十五、沈阳市收治危害社会治安精神病人办法沈政令〔1996〕19号

十六、沈阳市农林特产农业税征收管理办法沈政发〔1990〕61号

十七、沈阳市改善企业外部环境规定沈政令〔1998〕1号

十八、沈阳市科技振兴奖实施办法沈政令〔1998〕23号

十九、沈阳市城镇企业职工失业保险规定沈政令〔1999〕25号

二十、沈阳市农村五保供养办法沈政令〔2000〕54号

二十一、沈阳市生猪饲养、屠宰、检疫、销售管理办法沈政令〔2003〕26号

二十二、沈阳市土地储备办法沈政令〔2004〕32号

二十三、沈阳市小型公共汽车管理暂行规定沈政发〔1988〕101号

二十四、沈阳市禁止在公众贸易中使用杆秤的规定沈政令〔1997〕12号

二十五、沈阳市环境保护违法行为查处办法沈政令〔1998〕20号

二十六、沈阳市房地产价格调控管理规定沈政令〔2000〕46号

二十七、沈阳市防御雷电灾害管理办法沈政令〔2004〕29号

沈阳大事记(2010 年)

一　　月

1 日　沈阳、鞍山、抚顺、本溪等沈阳经济区 8 城市开始户籍改革,放宽户口迁移限制,实施"一元化"户口管理制度,取消农业和非农业户口性质划分,户口统一登记为"居民户口"。

4 日　沈阳市召开全市领导干部会议,宣布中央和省委关于沈阳市政府主要领导调整的决定。中央同意:李英杰不再担任辽宁省沈阳市市长职务;提名陈海波为辽宁省沈阳市市长候选人。省委决定:李英杰不再担任沈阳市委副书记、常委、委员职务;提名陈海波任沈阳市委委员、常委、副书记。省委书记王珉出席会议并作重要讲话,省委副书记张成寅,省委常委、市委书记曾维,省委常委、组织部部长唐军,陈海波、李英杰出席会议。

▲沈阳市铁西产业新城暨现代建筑产业园总体规划新闻发布会举行。铁西区规划建设以装备制造为主导产业,以现代建筑产业、化工产业为延伸,集生活居住、公共服务、科技研发等多功能于一体的现代产业新城。

6 日　沈阳市十四届人大常委会第十八次会议举行。会议任命陈海波为市政府副市长,并决定陈海波代理市长。会议审议通过关于接受李英杰辞去市政府市长职务的决定等。

10 日　2010 中国沈阳国际冰雪节暨盛京灯会、关东庙会在棋盘山开幕。

11 日　省委常委、市委书记曾维,市委副书记、代市长陈海波会见国家开发银行行长蒋超良。

11—14 日　政协市第十三届委员会第三次会议在辽宁人民会堂召开。来自 32 个界别的 600 多名市政协委员参加会议,为推动沈阳经济社会又好又快发展,完成"五大任务"、实现"三大目标"建言献策。

12—16 日　市第十四届人民代表大会第三次会议在辽宁人民会堂召开。大会补选陈海波为市长,增选初立生为市人大常委会副主任。

16 日　市长陈海波主持召开政府常务会议,就贯彻落实市十四届人大三次会议精神,认真办理好人大代表建议和政协提案,高起点谋划开局工作作出部署。会议听取关于人大代表建议和政协提案征集情况的汇报。"两会"期间,人大代表和政协委员提出代表建议 803 件、政协提案 588 件。

17 日　第五届中国地方政府创新奖选拔与颁奖大会在北京举行。市委、市政府申报的"信访工作新机制"项目,从全国 358 个申报项目中脱颖而出,最终获得"中国地方政府创新奖"。这是自 2000 年中国地方政府创新奖开设以来,首次在信访工作领域诞生的创新奖。

18 日　沈阳市召开全面完成 2010 年经济工作任务动员誓师大会。市委书记曾维作重要讲话,市长陈海波主持会议,市人大常委会主任赵长义、市政协主席刘雅琴出席会议。

20 日　沈阳鼓风机集团有限公司与世界 500 强企业 GE 公司(即美国通用电气公司),共同签订合资合作协议。根据协议,GE 公司将向沈鼓集团增资入股,并转让相关先进技术,携手开拓国内外压缩机产品市场。市长陈海波,GE 公司副总裁、中国区总裁、首席执行官罗邦民出席签字仪式。

▲市政府举行市文史研究馆新聘馆员聘书颁发仪式。聘任卢志学、王义胜、亓官良、孙丕任、王绵厚、张志强、李敬林、张惠中、肇乐群、武斌、赵奇等 11 人为馆员。

27—31 日　市长陈海波率市政府代表团赴香港开展招商推介活动。共推介项目 81 个,其中洽谈新项目 53 个,推进以金廊项目为主的港资项目 28 个。

28 日　辽宁陆军预备役高炮一师党委召开一届十四次全委扩大会议。会议表彰 2009 年度先进单位和先进个人。省委常委、市委书记、预备役高炮一师党委第一书记、第一政委曾维出席会议并讲话。

▲美国睿能有限公司与沈阳经济技术开发区签约,设立沈阳市第一家专门致力于现代建筑产业领域业务的外商投资性公司——睿能(中国)投资有限公司。省委常委、市委书记曾维出席签约仪式,并会见美国睿能有限公司董事长、总经理王军。

▲"沈阳南站"正式改名为"苏家屯站",恢复 10 多年前的老站名。

30 日　辽宁省暨沈阳市"文明交通行动计划"和"2010 年春运交通安全"启动仪式,在沈阳虎跃快客有限公司候车大厅举行。省政协副主席、公安厅厅长李文喜宣布仪式启动,副市级干部、市公安局局长许文有出席仪式。

二　　月

1 日　市长陈海波率市政府代表团赴深圳考察,推进重点招商引资项目。

3 日　市长陈海波为沈阳海关颁发"沈阳市政府 2009 年度对外开放工作特殊贡献奖",关长刘晓辉代表沈阳海关接受奖牌。副关长吴东权被授予"市长特别奖"。

4 日　辽宁省涉外医疗服务中心暨中国医科大学附属盛京医院门急诊病房楼(B 座)启用庆典仪式,在盛京医院南湖院区举行。

▲市长陈海波率沈阳市扶贫帮困慰问团前往阜新市,向阜新市捐赠 600 万元现金支票和价值 600 万元的物资。这是沈阳市自 2001 年以来连续第十年对阜新市进行对口帮扶。

6 日　市长陈海波到沈阳军区空军某部,向沈阳军区空军及驻沈部队全体指战员致以新春的祝福和慰问。沈阳军区空军司令员周来强、副司令员王国明、副市长邢凯参加慰问活动。

7日　沈阳公交历史上首次“十百千”优秀群体评选活动落幕，214路等10条线路荣获“模范公交线路”称号，李玲月等100名驾驶员荣获“模范公交驾驶员”称号，李岩等1000名驾驶员、调度员和维修工分别获“文明服务公交驾驶员”、“公交行业服务明星”称号。

9日　省委常委、市委书记曾维，市长陈海波、市人大常委会主任赵长义、市政协主席刘雅琴等分别带队，走访慰问部分劳动模范、困难职工、低保户、生活困难党员、农村五保户和副市级离退休老领导，代表市委、市人大常委会、市政府、市政协和全市人民向他们致以节日问候。

▲沈阳市举行颁奖仪式，隆重表彰2009年度全市纳税总额前100名单位。受表彰的百强纳税单位去年共缴纳税金184亿多元，占全市税收总收入的35.3%。市政府决定，授予华晨宝马汽车有限公司等纳税总额排名前十的企业（单位）“沈阳市2009年度纳税十强单位”荣誉称号，授予华润雪花啤酒等90户企业（单位）“沈阳市2009年度纳税百强单位”荣誉称号。

▲辽宁辉山控股（集团）有限公司与瑞士英雄集团就年产8万吨高端婴幼儿奶粉合作项目举行签约仪式。市长陈海波出席签约仪式并会见瑞士英雄集团董事会主席欧特克尔。

11日　农历腊月二十八，省委书记、省人大常委会主任王珉到沈阳市，看望慰问坚守岗位的生产一线职工、消防官兵，考察春节期间供暖、市场商品供应情况，代表省委、省政府向全省人民致以新春祝福和亲切问候。

▲省委常委、市委书记曾维出席沈阳市信访大厅迎春茶话会，亲切看望工作在信访战线的广大干部。

12日　省委常委、市委书记曾维，市长陈海波、市人大常委会主任赵长义、市政协主席刘雅琴分别带队走访慰问省市老领导，代表全市广大干部和人民群众，向各位老领导致以节日的问候和新春的祝福。

▲农历腊月二十九，市长陈海波先后到北站交通枢纽站、环卫汽车队、自来水厂，看望慰问坚守岗位的一线职工，并到家乐福超市文化路店，检查节日市场供应和公共、消防安全工作。

13日　农历除夕，省委常委、市委书记曾维到于洪区柳条湖街道和市消防局消防调度指挥中心，走访慰问敬老孝亲好少年马鹏飞和节日期间坚守岗位的消防官兵，向马鹏飞一家和全市广大消防官兵、公安干警致以节日的问候和新春的祝福。

21日　省政府发布消息，未来3－5年，沈阳经济区城际连接带将规划建设33个新城、新市镇，其中重要节点新城16个、连接带新城9个、新市镇8个，规划建设范围共涉及乡镇114个。其中，沈阳市将围绕沈抚、沈本、沈辽鞍营、沈铁、沈阜等五条城际连接带，建设13座新城和4个新市镇。

22－24日　市长陈海波率市政府代表团赴温州招商，代表团共洽谈推进项目94个，其中52个项目签约，一批工业、现代服务业、战略性新兴产业以及沈阳经济区城际连接带项目落户沈阳。

23日　沈阳市医保管理中心发布《关于调整沈阳市参保单位医疗保险最低缴费基数的通知》：从2010年1月1日起，调整沈阳市医疗保险参保单位的最低缴费基数，将原执行的2007年度职工月平均工资1980元，调整为以2008年度职工月平均工资2462元为基数。沈阳市职工医保单位缴费按照8%的比例缴纳，最低缴费基数提高后，单位每月为每位职工缴纳的最低医保费额度也由158.4元提高到196.96元。

25日　市长陈海波率市政府代表团赴杭州考察，推进中南卡通城重点招商引资项目等工作。

26日　沈阳市组织收听收看全省深化公安“三基”工程加速推进信息化建设总结表彰大会。2009年全省公安信息化建设与应用考核验收结果公布，沈阳市公安局在全省14个市公安局中排名第一，辽中县公安局在全省县（市）公安局中排名第一，大东公安分局在全省区公安分局中排名第一。

▲市长陈海波率市政府代表团，赴山东省济南市学习考察全运会筹备工作，参观考察济南市奥体中心等场馆设施，与济南市市长张建国等座谈，了解济南市筹备第十一届全运会的经验和做法。

27日　特变电工沈阳变压器集团有限公司获得印度国家电网公司8个765kV变电站的局部成套工程订单。此项工程包括73台765kV并联电抗器及中性点电抗器、避雷器、互感器等主要设备的供货，同时还承担设备安装、调试及相关土建施工等任务，合同总金额超过1亿美元。

28日　沈阳市召开东陵区、浑南新区、航高基地合署办公动员大会。省委常委、市委书记曾维作动员讲话，市长陈海波主持会议，并宣读《市委、市政府关于我市行政区划局部调整的决定》，市委副书记苏宏章宣读有关干部任职决定。市人大常委会主任赵长义、市政协主席刘雅琴出席会议。

三　月

1日　沈阳市行政区划局部调整：1、东陵区划出浑河站西街道和浑河以北土地后，与浑南新区、航高基地合署。2、沈河区向东扩，将东陵区泉园、丰乐街道以及五三、南塔、东陵、马官桥街道东三环以西、浑河以北地区土地划入。3、和平区向西南扩，划入东陵区浑河站西街道土地。4、皇姑区向东扩至长大铁路，划入于洪区陵东街道黄河北大街以东土地，北塔街道以及东陵区前进街道长大铁路以西土地，与北部四台子地区实现连接。5、大东区向北扩，划入东陵区前进街道长大铁路以东土地，英达街道三环以内土地，以及东贸路以北、高官台街以西土地，实现与欧盟开发区的连接。6、于洪区把陵东街道黄河北大街以东土地和北塔街道划出。7、棋盘山开发区，划入东陵区英达街道三环外土地管理权。8、铁西区、沈北新区、苏家屯区辖区基本不变。

5日　全省首家妇女儿童维权服务暨社会治安综合治理示范工作站在沈河区新北站街道凯旋社区启动。省委常委、政法委书记李峰，市总工会主席鞠秀礼出席启动仪式并为工作站揭牌。

7日　由浙江省委常委、杭州市委书记黄坤明率领的杭州市党政考察团一行，到沈阳市就工业经济、城市建设等情况进行考察。省委常委、市委书记曾维主持召开两市座谈会。

▲市民诉求专线主任高诚慧赴京，作为辽宁省“三八红旗集体”代表，参加

全国妇联组织的“纪念‘三八’国际劳动妇女节一百周年大会”并上台领奖。沈阳市信访大厅市民诉求专线办公室被全国妇联授予“全国三八红旗集体”荣誉称号。

9日 市政府与华能国际电力股份有限公司在北京签订能源合作框架协议，就华能公司在沈阳投资能源项目进行全面合作。市长陈海波，副市长邢凯，中国华能集团公司副总经理张廷克、华能国际电力股份有限公司总经理刘国跃出席签约仪式。

▲苏家屯区政府与中粮集团中国粮油控股有限公司在北京签约，中粮集团将投资3.4亿元，在苏家屯区建立年30万吨稻米的深加工基地。市长陈海波、中粮集团总裁于旭波，副市长邢凯出席签约仪式。

10日 市长陈海波在北京会见一批拟在沈投资企业负责人，洽谈推进中国铝业股份有限公司镍钛合金生产等4个重点项目。

▲沈阳地铁一号线在建工程实现历史性突破，全线轨道铺设完毕，为年内10月试运营提供重要保障。

11日 市长陈海波主持召开市长办公会议，研究确定年内全市将计划举办19项大型活动，包括辽宁省第十一届运动会、2010中国(沈阳)韩国周暨全球韩商大会、2010东北亚发展论坛、第九届装备制造业博览会等。

14日 市长陈海波会见香港新华集团董事局主席蔡冠深，双方就加快推进位于市府广场的新华国际金融中心项目交换意见。

17日 沈阳至丹东客运专线、丹东至大连铁路以及新建沈阳南站、大连站、沈阳站和沈阳北站改造等铁路重点工程“两线四站”建设动员大会在沈阳市东陵区白塔街道建设工地举行。省委书记、省人大常委会主任王珉，铁道部部长刘志军、省长陈政高、铁道部副部长卢春房，省委常委、秘书长周忠轩，副省长赵国红、市长陈海波参加动员大会。

19日 省长陈政高到沈阳市进行现场办公，专题研究解决沈阳经济社会发展中遇到的困难和问题。省委常委、常务副省长许卫国，省委常委、市委书记曾维，副省长赵国红，市长陈海波，市人大常委会主任赵长义，市政协主席刘雅琴参加现场办公。

▲省委常委、市委书记曾维会见日本安川电机株式会社社长中山真，就共同完成好即将在沈竣工的安川伺服电机项目及进一步扩大双方合作等事宜进行商谈。

23日 沈阳市召开2010年城乡绿化暨环境综合整治动员部署大会，正式打响今年城乡绿化、环境卫生、道路整修、交通秩序“四大战役”，全面提升沈阳城市建设管理水平，以全新姿态迎接2013年第十二届全运会。

24日 省委副书记张成寅就抓好全省县(市)委书记座谈会精神贯彻落实情况，深入到康平县、法库县调研，指导县域经济工作。市委副书记苏宏章，市委组织部部长姜宏陪同调研。

▲沈阳市政府、中航工业集团沈飞公司、加拿大庞巴迪公司共同建设的C系列商务飞机机身装配厂房开工奠基。市长陈海波出席项目奠基仪式。

25日 市委召开全市深入学习实践科学发展观活动总结大会。省委常委、市委书记曾维，省委学习实践活动巡回检查组组长李晓光出席会议并讲话。市人大常委会主任赵长义，市政协主席刘雅琴出席会议，市委副书记苏宏章主持会议。

▲国家税务总局局长肖捷来沈进行工作调研，考察东软集团股份有限公司、奥维通信股份有限公司、新松机器人自动化股份有限公司等三家高新技术企业。

▲市长陈海波在北京考察北京华旗资讯数码科技有限公司、中国化工集团公司、中国有色矿业集团有限公司，洽谈推进重点项目，并出席北京华旗资讯数码科技有限公司与沈北新区合作签约仪式等。华旗资讯决定投资1亿元在沈北新区投资建厂，生产爱国者MP6网络智能多媒体终端。

▲沈阳五爱市场被评为国家4A级旅游景区。这是辽宁省唯一的国家4A级购物旅游区。

26日 省委常委、市委书记曾维，市长陈海波在北京拜会中国海关总署署长盛光祖，就推进沈阳保税物流中心建设进行工作会谈。

27日 沈阳市全面启动爱国卫生月活动，全城93万党员群众投身全民卫生大清扫活动。省委常委、市委书记曾维，市长陈海波，市人大常委会主任赵长义，市政协主席刘雅琴等和四大班子机关干部分别在各自的劳动地点参加大清扫活动。全市共清理垃圾、残土7000余吨，清理二环沿线、铁路沿线、街心绿地及住宅小区等绿地1560余万平方米，清理小招贴、喷涂广告10万余条。对兴华街等19条主要街路路面进行了冲洗，擦拭清洗金廊沿线等51条主要道路边石22.6万延长米，擦洗果皮箱8000余个，清除居民小区及街巷路的三堆杂物1.8万处。

▲沈阳市第一家由村级农民合作社组建的“小韩村蔬菜工厂院士工作站”正式揭牌。

▲第二届IEEE高端计算机控制国际会议在沈召开。会议研讨内容包括信息科学与系统科学、计算机科学技术、航空航天科学技术等。

28日 国家发改委副主任、国家能源局局长张国宝一行来沈，对特变电工沈阳变压器集团有限公司、沈阳远大企业集团、沈阳鼓风机集团有限公司等重点企业进行考察调研。省委常委、常务副省长许卫国，省委常委、市委书记曾维，市长陈海波，常务副市长顾春明，副市长王英陪同考察。

▲中国·沈阳2010春季房地产展示交易会在奥体中心正式落下帷幕。展会期间共有8000余名购房百姓在房交会现场申领到百姓购房卡，63座百姓购房卡让利楼盘共发放宣传品139万份，接待百姓咨询8.9万人次，发出看房车1419辆次，接送1.2万组观展家庭到楼盘实地看房。

29日 市政府发布通告，对畜禽屠宰场小型屠宰点进行整顿。4月1日起，《辽宁省畜禽屠宰管理条例》实施，鸡牛羊实行定点屠宰。

30日 省第十一届运动会沈阳赛区组委会主任、市长陈海波主持召开省运会沈阳赛区组委会第一次会议，全面部署各项筹办任务。

▲于洪区政府与上海红星美凯龙签约合作，上海红星美凯龙国际家居连锁机构将投资20亿元在沈阳市于洪区投资建设第八代商场。省委常委、市委书记曾维会见红星美凯龙国际家居连锁机构董事长、总裁车建新，双方共同出席签约仪式。

▲“八面春风·关爱学子”2010年沈阳经济区人力资源市场一体化启动仪

式在沈阳举行。八城市将共同签署促进人才流动的合作协议，实现人才交流、就业服务和社会保障工作一体化。

四　月

1日　沈阳市蒲河生态廊道建设启动仪式在沈北新区道义桥段的蒲河岸边举行。省委常委、市委书记曾维宣布蒲河生态廊道建设启动，市长陈海波讲话，市人大常委会主任赵长义，市政协主席刘雅琴，市委秘书长马占春，副市长王翔坤，副市级干部蹇彪出席启动仪式。

3日　2010年中国足球甲级联赛在沈阳奥体中心开幕，国家体育总局副局长崔大林、中国足球运动管理中心主任韦迪、副市长王玲观看比赛。揭幕战上，沈阳足球队0比1负于湖南湘涛队。

5—16日　市人大常委会主任赵长义率沈阳市代表团赴德国、古巴、美国考察访问。代表团重点围绕推进沈阳市装备制造业领域合资合作项目，加强同当地议会和城市间友好交往等进行深入务实的洽谈，推进装备制造业领域深化合作，促成一批关键功能部件配套企业成功签约。

6日　省政府举行新闻发布会宣布：经国务院同意，国家发改委正式批复沈阳经济区为国家新型工业化综合配套改革试验区，这标志着沈阳经济区成为继上海浦东、天津滨海新区、成都、重庆、武汉城市圈、长株潭城市群和深圳等7个地区后，国务院批准设立的第八个国家综合配套改革试验区。省长陈政高讲话，副省长赵国红宣读国家发改委的批复。

6—9日　常务副市长顾春明率沈阳市政府代表团到福建、广东两地举行沈阳经济区城际连接带新城、新市镇规划和产业园区项目招商推介活动，此次招商推介活动，19个新城、新市镇负责人参加，并携带49个重点项目进行推介宣传。

7日　沈阳航天三菱汽车发动机制造有限公司第100万台4G6系列发动机下线。省委常委、市委书记曾维，市长陈海波，中国航天科工集团公司副总经理高红卫，日本三菱汽车工业株式会社社长益子修为第100万台发动机揭幕。

▲在建设大路与启工街口的世星酒店门前，铁西十字金廊西部商圈建设暨铁西龙之梦购物中心等21个服务业项目开复工仪式举行。省委常委、市委书记曾维，市长陈海波、市政协主席刘雅琴出席仪式。

9日　省委书记、省人大常委会主任王珉，省长陈政高，省政协主席岳福洪，沈阳军区副政委马丙泰，省委副书记张成寅，省委常委、政法委书记李峰，省委常委、常务副省长许卫国，省委常委、市委书记曾维，市长陈海波等军地领导来到沈阳市东陵区莫子山，与机关干部、驻辽部队和武警官兵及各界群众代表一起参加全民义务植树活动。

▲中国残联党组书记、理事长王新宪一行到沈阳市调研残疾人工作。在沈阳市残疾人服务中心，王新宪观看《一路春光向和谐——沈阳市残疾人工作20年纪实片》，并听取沈阳市近年来贯彻落实《中共中央国务院关于促进残疾人事业发展的实施意见》、残疾人社会保障和服务体系建设及创建“全国残疾人工作示范城市”的情况汇报，并视察沈阳市残疾人服务中心和沈阳市残疾人就业基地。

10日　沈阳市医改重点项目之一——市精神卫生中心门诊病房综合楼扩建项目奠基。

▲沈阳市第十一个“共产党员社区奉献日”。当日，全市共有23.3万余名社区党员和在职党员参加活动，共植树8000多株，清理垃圾杂物1.6万多吨。

12日　全国人大常委会副委员长桑国卫来沈参观考察，省委常委、市委书记曾维，市委常委、秘书长马占春，市人大常委会副主任连加诚陪同考察。

▲沈阳经济区新城、新市镇重点项目在沈北新区蒲河新城举行仪式，蒲河新城10个重大项目开工剪彩和总投资100亿元的沈阳华强文化科技产业基地二期工程奠基。省长陈政高，省委常委、市委书记曾维，副省长赵国红、市长陈海波等出席开工仪式。

▲省政府在沈北新区召开加快沈阳经济区新城新市镇建设、全面推进新型工业化综合配套改革工作会议。作为全国的综合改革试验区，沈阳经济区将发挥先行先试优势，以33个新城、新市镇作为先行区和试验田，用全新发展理念和工作方式，实现行政体制、用人机制、政府服务机制、投融资机制、土地管理机制等方面的创新，将沈阳经济区新城、新市镇建设成为综合配套改革的示范城和示范镇。

15日　正在辽宁考察工作的中共中央政治局常委、国务院副总理李克强，在省委书记、省人大常委会主任王珉，省长陈政高陪同下到沈阳铁路救灾物资转运站，亲切慰问正在抢运救灾物资的工作人员，亲自组织部署救灾物资调拨抢运工作。甘肃玉树地震灾情发生后，省委、省政府快速反应，紧急调拨救灾物资，捐赠500万元资金支援救灾工作。首批2万床棉被于14日19时从沈阳铁路救灾物资转运站发往灾区；第二批的3万件救援物资已筹备齐全，正紧急组织发运。卫生系统也组建了由700人组成的23支医疗队和由200余人组成的8个专家组，随时准备开往灾区开展医疗救助。

▲沈阳兆寰（日本）现代建筑产业园在沈阳铁西现代建筑产业园奠基，该项目由世界500强企业日本鹿岛建设株式会社与沈阳兆寰（日本）现代建筑产业园有限公司合作建设，总占地面积2平方公里，总投资额40亿元。包括该项目在内，铁西区当天共有20个项目同时举行开工仪式。省委常委、市委书记曾维，市长陈海波，日本国驻沈阳总领事馆总领事松本盛雄，日本鹿岛建设株式会社副社长金子宏等出席仪式为工程奠基。

16日　2010年东北四省区合作行政首长联席会议在沈阳召开。省委书记、省人大常委会主任王珉主持会议并致辞。黑龙江省委书记、省人大常委会主任吉炳轩，内蒙古自治区党委书记、人大常委会主任胡春华出席会议。吉林省省长王儒林，黑龙江省省长栗战书，内蒙古自治区主席巴特尔，省委常委、常务副省长许卫国代表各自省区在会议上讲话。

16—17日　内蒙古自治区党委书记、人大常委会主任胡春华，自治区党委副书记、自治区主席巴特尔率自治区党政考察团来沈考察。省长陈政高，省委副书记张成寅，省委常委、市委书记曾维陪同考察。

18—30日　以省委常委、市委书记曾维为团长的沈阳市经贸代表团对加拿大、美国进行友好访问和经贸考察。代表团先后访问加拿大的多伦多、蒙特利尔和美国的纽约、芝加哥等城市，共洽谈重点项目24个，其中世界500强企业7个，参加2010年理查德J戴利全球城市论坛，出席中美新能源领域最大合作项目——内华达州中国沈阳新能源工业城暨德克萨斯州风力发电厂项目启动仪式和新闻发布会。

22—29日 以市政协主席刘雅琴为团长，副市长祁鸣为副团长的沈阳市现代服务业考察团，在台湾开展经贸交流活动，进一步推进沈阳与台湾现代服务业企业的合作与交流。考察团考察和洽谈推进项目37个，取得丰硕成果。

23日 市直属机关干部群众分别举行捐款活动，向青海玉树灾区群众伸出援助之手。省委常委、市委书记曾维，市长陈海波，市人大常委会主任赵长义，市政协主席刘雅琴等市领导踊跃带头捐款。截至当天中午，全市各大机关共有2万多名干部群众参加捐款活动。共筹集善款400多万元，将通过市慈善总会送往灾区。

▲省公安厅举行纪念启工消防中队被公安部授予“模范消防中队”荣誉称号30周年活动。省政协副主席、省公安厅厅长李文喜，公安部消防局副政委尹俊士少将，副市级干部、市公安局局长许文有参加活动。

▲沈阳燃气有限公司将投资7亿元，建设大浑南主干燃气管网，形成“四横四纵”的大格局，并铺设大浑南燃气专供管线，确保“十二运”场馆和全运村的用气需求。“四横”为沿南堤路、浑南三路、浑南大道、远航中路铺设管线，“四纵”将在沈营路、天成街、朗云街、文汇街沿线铺设燃气管网。可满足未来100万民用户的燃气需要。

24日 市委、市政府举行仪式，欢送沈阳市2010年全国劳动模范和先进工作者进京受奖。沈阳有26位劳模赴京受奖。市总工会主席鞠秀礼代表市委、市政府，向沈阳市全国劳动模范和先进工作者表示热烈的祝贺和崇高的敬意。

26日 市委、市政府在辽宁人民会堂召开大会，隆重表彰2008年以来在积极应对挑战、推动科学发展、促进社会和谐中涌现出的先进集体和劳动模范。会上宣读《沈阳市人民政府关于表彰2010年市先进集体和劳动模范的决定》，分别授予东北制药集团有限责任公司等86个单位“沈阳市先进单位”、沈阳飞机工业（集团）有限公司37厂五工段六班等95个集体“沈阳市先进集体”、张腾蛟等10名同志“沈阳市特等劳动模范”、张贵兴等497名同志“沈阳市劳动模范”称号。

▲沈阳新松机器人自动化股份有限公司举办科技创新成果展，全面展出新松公司最新研发的科技创新技术和产品。这是新松公司最新机器人首次“全阵容”亮相。

▲《中共沈阳市委关于开展向陈新海同志学习活动的决定》下发。陈新海同志是沈阳机床（集团）有限责任公司齿轮分公司维修钳工、高级技师，共产党员。在28年的工作实践中，他勤奋学习，苦练技能，创造性地总结出了多种设备故障诊断方法，研究出10余种设备维修技术，取得技术创新成果150余项，尤其在部分设备核心部件国产化上取得了重大突破，为企业直接节省成本和间接创造价值超亿元。

27日 内华达州中国沈阳新能源工业城暨德克萨斯州风力发电场项目启动仪式在美国内华达州举行。美国内政部长萨拉查，中国驻美国大使馆公使张平，正在美国开展经贸活动的省委常委、市委书记曾维，副市长杨亚洲，美国第一能源集团（辽宁高科集团有限公司在美建立的上市企业）等投资企业代表出席仪式。

▲国家人力资源和社会保障部副部长孙宝树来沈调研，考察沈阳市人力资源市场建设情况，并听取市人力资源和社会保障局的工作汇报。

28日 “第六届著名闽商沈阳行”活动在沈启动，首批50多位福建企业家应邀来沈进行投资和商务项目考察。市长陈海波先后会见厦门厦工集团有限公司总经理许振明、台湾玉晶光电集团董事长陈天庆、香港中升集团总经理李钢等五批参加“著名闽商沈阳行”的企业家代表。

▲辽宁北方报刊零售发行有限责任公司在沈成立。省委宣传部部长张江、中国邮政集团公司副总经理李国华、中国邮政集团公司报刊发行局局长李永明、副市长邢凯出席成立仪式。

30日 由中海地产集团投资建设的“中海城”、“中海寰宇天下”城市综合体项目分别在原“荷兰村”、“车辆厂”启动建设，总投资逾500亿元。市长陈海波，副市长邢凯参加项目奠基仪式。

五　月

2日 由沈阳重机重矿机械设备制造有限公司自主研发、设计制造的国内首台5000吨自由锻造液压机一次性试生产成功，这标志着中国现代大型锻造液压机的设计制造水准达到世界先进水平。

7日 朝鲜劳动党总书记、国防委员会委员长金正日到沈阳参观考察。

▲公安部为“贾明哲文明执法示范中队”举行命名授牌仪式。“全国特级人民优秀警察”、市交警支队和平二大队二中队中队长贾明哲所在中队接受这份殊荣。

10日 沈阳经济区招商项目推介会在沈阳举行。这是沈阳经济区获批为国家新型工业化综合配套改革试验区后，由省政府主办的大型宣传推介活动。推介会现场共签约109个项目，总投资额2952.4亿元。沈阳市推出新城、新市镇重大招商项目100个，其中计划投资100亿元以上项目20个，计划投资50—100亿元项目25个。现场签约7个重点项目，预计总投资125.8亿美元。

11日 沈阳铁西装备制造业聚集区公共研发平台建设合作框架协议签约仪式在沈阳工业大学举行。省委常委、市委书记曾维，市长陈海波、市人大常委会主任赵长义、市政协主席刘雅琴出席仪式，共同为“沈阳铁西装备制造业聚集区公共研发促进中心”揭牌。以此为标志，铁西装备制造业聚集区的公共研发平台宣告建成启动。

14日 中国沈阳泗水科技城项目在沈抚城际连接带隆重开工。省委书记、省人大常委会主任王珉，省委常委、市委书记曾维共同为国家科技部授予沈阳泗水科技城的“国际科技合作基地”牌匾揭牌。

▲沈阳市蒲河流域道路工程暨重点公路建设项目开工仪式在沈北新区举行，包括蒲河景观路、环珍珠湖路和珍珠湖南连接线三条道路在内的蒲河流域道路工程，以及沈阜、沈彰两条开发大道的

一期工程同时开工。

▲由江苏省政协副主席、省委统战部部长周珉率领的江苏省非公有制企业家考察团来到辽宁进行投资考察。辽宁省政府组织召开江苏民营企业家来辽投资考察项目推介会暨项目签约和助学捐赠仪式。

15日 由江苏省政协副主席、省委统战部部长周珉率领的江苏省非公有制企业家考察团对沈阳市部分重点企业和重点项目进行投资考察。

17日 市政府召开绩效评估工作会议，总结过去一年全市政府绩效评估工作，奖励取得优胜的先进单位和个人，动员全市政府机关和广大公务员进一步坚定信心，保持激情，确保完成今年各项工作任务。李松林等10个部门和单位的主要领导被授予"市长特别奖"，这是沈阳市绩效评估工作首次设置这一奖项。铁西区政府等5个单位荣获2009年度政府绩效评估综合考评A类（各区县市、开发区）前3名，市政府办公厅等24个单位荣获B类（政府部门和驻沈单位）前3名，沈河区政府等15个单位荣获重点工作优胜奖。

▲由株洲市市长王群率领的株洲市政府考察团来沈，先后考察八王寺棚户区改造工程和东北制药股份有限公司，并与沈阳市有关部门进行座谈。市长陈海波会见考察团一行。

▲沈阳市市、区（市内五区、于洪区、大浑南地区）两级党政群检法机关和事业单位实行错时上下班，共涉及15万人。作息调整为：上班时间9：00点；下班时间：18：00（二、三季度）、17：30（一、四季度）。

▲营口港沈阳近海经济区陆港开业。

18日 沈阳浑河商务城项目集体开工暨沈阳五洲城奠基典礼，在苏家屯区沈营路与苏桃路交会处举行，共有现代服务业和基础设施建设的12个重点项目参加集体开工，总投资额达248.45亿元。

▲省委常委、市委书记曾维，市长陈海波、市政协主席刘雅琴会见来沈进行商务访问的美国民主党全国委员会前主席、克林顿基金会主席、美国GTA汽车公司主席泰瑞马克利夫一行。

▲2010年沈阳市县域招商洽谈会举行项目签约仪式，有16个项目现场签约，总投资额达222.3亿元。市长陈海波、副市长王翔坤出席签约仪式。

▲13时25分，一架空客A320客机降落在沈阳桃仙国际机场，并于下午14时30分从机场顺利起飞，飞向韩国。这标志着东方航空沈阳至韩国襄阳航线顺利首航。

20日 市政府与辽宁省电力有限公司签订《加快智能电网建设推进落实征地拆迁工作框架协议》，预计整个"十二五"期间电网建设投入将超过160亿元。省委常委、市委书记曾维，市长陈海波、常务副市长顾春明、副市长王英、省电力公司总经理燕福龙、党组书记焦保利出席签字仪式。

▲位于铁西区"西部十字金廊"的瑞典宜家家居沈阳商场开业。这是世界500强企业宜家家居在中国的第八家商场，也是目前亚洲最大的宜家商场。市长陈海波、市政协主席刘雅琴，市委常委、铁西区委书记李继安参加开业庆典。

21日 中共中央政治局委员、国务院副总理回良玉在辽宁考察农业生产期间，到辽中县考察了解水稻大棚集中育秧和机械化插秧情况，与农民算水稻种植的产量账、效益账，鼓励农民多种水稻，全面提高稻米生产能力。

▲沈阳热电厂1号、2号机组拆除工作正式启动。此举标志着沈阳热电厂基本完成"十一五"减排责任状二氧化硫削减任务。

22日 沈阳建筑大学建筑博物馆向市民免费开放，该馆占地面积达6000平方米，是集收藏、研究、展示、教学服务于一体的博物馆。

23日 第二届沈阳全民读书月闭幕式暨中外经典诗文音乐朗诵会在辽宁大剧院举行。朗诵会以重温经典的方式，让观众通过倾听名家名篇，共享精神盛宴。

▲国家防总秘书长、水利部副部长刘宁考察辽宁防汛工作，到浑河沈阳城市段考察。副省长陈超英、副市长王翔坤陪同考察。

24日 市政府与中国移动通信集团辽宁有限公司（简称辽宁移动）签署全面战略合作协议，同时启动"无线城市"项目。沈阳成为东北地区第一个启动"无线城市"项目的城市。

25日 美国通用电气（GE）公司中国东北区总部在沈阳浑南新区举行揭牌仪式。省委常委、市委书记曾维会见GE公司副董事长、GE技术基础设施集团全球总裁兼首席执行官约翰赖斯，双方共同出席揭牌仪式。

▲沈阳评剧院创排的大型现代评剧《我那呼兰河》在第九届中国艺术节上以排名第二的优异成绩一举摘取"文华大奖"，赢得新中国成立以来沈阳戏剧艺术的最高荣誉，填补多年来沈阳在"文华大奖"上的空白。沈阳评剧院副院长冯玉萍在"九艺节"上荣获2010年中国文化艺术政府奖——文华表演奖。

26日 沈阳市政府与日本积水房屋株式会社举行结成战略合作关系签字仪式，同时，和平区政府也与积水房屋签订合作协议。省委常委、市委书记曾维会见积水房屋株式会社会长和田勇一行，双方共同出席签字仪式。

▲中国世界遗产地政协主席联席会第十六次会议在沈阳召开。省委常委、市委书记曾维，民进中央副主席、省政协副主席贺旻，市政协主席刘雅琴以及来自全国25个世界遗产地城市的政协领导出席会议。

27日 沈阳铁西机床电气产业集群主题招商推介会召开，国内外110多家机床、电气企业的代表就加快推进铁西机床、电气等千亿产业集群建设进行深入探讨。

▲沈阳兆寰（日本）现代建筑产业园日本企业入园签约仪式在辽宁友谊宾馆举行，共有12家日本现代建筑企业集中签约入园。省长陈政高，市长陈海波，常务副市长顾春明，日本驻沈阳总领事松本盛雄参加签约仪式。

28日 在市总工会举行的"沈阳市六单位奖励2010年一线全国劳动模范中华轿车仪式"上，陈新海等六位劳动模范获赠"中华劳模车"。

28—29日 市长陈海波率市政府代表团赴上海市，参加上海世博会辽宁活动周系列活动。并向国内外投资者重点推介沈阳经济区建设情况。

29日 由沈阳经济技术开发区管委会与深圳鸿隆地产集团合作建设的沈阳鸿隆世纪商业地产项目——沈阳鸿隆世纪商业广场在铁西产业新城开工奠基，市政协主席刘雅琴，市委常委、铁西区委书记李继安，副市长祁鸣出席奠基仪式。

30日 在"六一"国际儿童节即将

到来之际，市长陈海波到沈阳市儿童福利院看望慰问生活在这里的孤残儿童，为他们送去党和政府的关爱，祝福他们与所有的孩子一道健康幸福成长。

31日 以“深化合作互利共赢”为主题的2010（沈阳）中日经济合作会议隆重召开。省委书记、省人大常委会主任王珉向大会发来贺信。省长陈政高、商务部副部长蒋耀平、日中经济协会副会长三村明夫、日本驻沈阳总领事松本盛雄，省委常委、常务副省长许卫国，省委常委、市委书记曾维，吉林省副省长陈伟根，内蒙古自治区副主席布小林，市长陈海波，黑龙江省省长助理孔令学，市领导马占春，杨亚洲出席会议。

▲省长陈政高到沈阳市和平区惠民幼儿园，与孩子们一起欢度节日，代表省委、省政府向全省少年儿童致以节日的祝贺，向广大幼教工作者表示诚挚慰问和衷心感谢。

▲沈阳市举行中日经济合作会议招待会。省委常委、市委书记曾维出席招待会，市长陈海波致辞，吉林省副省长陈伟根、内蒙古自治区副主席布小林、市人大常委会主任赵长义、市政协主席刘雅琴、市委秘书长马占春及长春、哈尔滨等城市有关领导，日中经济协会副会长三村明夫、日本驻沈阳总领事松本盛雄等嘉宾出席招待会。副市长杨亚洲主持招待会。

▲沈阳沈飞国际商用飞机有限公司成立。

六　月

1日 省委常委、市委书记曾维出席沈阳市庆祝“六一”国际儿童节暨沈阳市“文明小标兵”表彰大会。市委副书记苏宏章出席会议并向全市108万少年儿童致以节日的祝福，同时向全市的儿童工作者致以衷心的感谢。

▲2010（沈阳）中日经济合作会议市长论坛举行，来自中日两国九个城市的市长和政府官员，围绕深化东北亚区域经济合作，实现互利共赢、共同发展进行深入交流。市长陈海波做题为“沈阳经济区开启东北亚区域合作新篇章”的主旨演讲。日中经济协会副会长三村明夫、副市长杨亚洲参加论坛。

2日 华晨宝马新工厂开工仪式在沈阳经济技术开发区举行。省委书记、省人大常委会主任王珉，省长陈政高，省委常委、市委书记曾维，省委常委、秘书长周忠轩，副省长刘国强、中国机械工业联合会执行副会长张小虞、市长陈海波、市人大常委会主任赵长义、市政协主席刘雅琴、宝马集团董事长诺伯特雷瑟夫出席开工仪式。

▲东北制药异地改造建设项目二期奠基仪式在沈阳经济技术开发区化学工业园举行。省委常委、市委书记曾维，市长陈海波、市人大常委会主任赵长义、市政协主席刘雅琴出席奠基仪式。

▲市政府与国家开发银行辽宁省分行签订支持中小企业发展合作协议，共同搭建融资平台，为中小企业提供贷款和担保服务，国开行辽宁省分行一期将向沈阳中小企业提供信用贷款3亿元。市长陈海波出席签约仪式，副市长邹大挺代表市政府签约。

▲ 辽宁沈阳文化知识产权交易所有限责任公司挂牌成立。这是沈阳市建设多层次资本市场体系的重要成果，它的成立填补东北地区文化产权有形市场的空白。

3日 第十二届全国运动会组委会成立暨动员大会在沈阳举行。省委书记、省人大常委会主任王珉出席会议并为组委会揭牌。国家体育总局局长刘鹏、省长陈政高出席会议并讲话。市长陈海波出席会议并发言。会上宣布第十二届全运会组委会和纪律检查委员会成员名单，国家体育总局与省政府签订第十二届全运会委托承办协议书。

▲国家体育总局局长刘鹏来沈调研，考察沈阳奥体中心五里河体育场建设。副省长滕卫平、市长陈海波、副市长王玲陪同考察。

6日 2010世界行走日（中国）沈阳站活动暨“迎全运沈阳百万市民健身行”启动仪式在沈阳奥体中心南门广场上举行。中华全国体育总会副主席、国家体育总局党组成员吴奇，省、市领导曾维、张江、王专、滕卫平、程亚军、陈海波、赵长义、刘雅琴，以及国家体育总局有关部门领导出席启动仪式。奥运冠军张越红、丁美媛、孙福明出席启动仪式，并参加领走。张越红代表奥运冠军在启动仪式上宣读倡议书。

7日 加拿大驻东北贸易代表处在沈阳成立，这是加拿大在中国继青岛、成都、深圳、南京、武汉后成立的第六个官方贸易代表处，主要负责为加拿大企业在东北地区投资搭建沟通和交流的平台。

▲省委常委、市委书记曾维会见加拿大驻华大使马大维一行。

9日 沈阳市召开加快推进商标战略工作暨驰名商标表彰大会。经国家工商总局认定，沈阳华晨金杯汽车有限公司的“中华图形”商标、沈阳五爱实业有限公司的“五爱市场”商标、沈阳昊诚电气设备有限公司的“HAOCEN及图”商标、沈阳博宇有色金属炉料有限公司的“博宇”商标、沈阳荟华楼金店的“荟华楼”商标为2009—2010年度中国驰名商标。五家荣获2009—2010年度中国驰名商标的企业分别获得300万元奖励。

9—10日 由呼伦贝尔市委书记曹征海率领的内蒙古自治区呼伦贝尔市党政考察团一行来沈，实地参观考察沈阳鼓风机（集团）有限公司、沈阳北方重工集团有限公司、沈阳远大企业集团和沈阳机床（集团）有限责任公司等企业。

11-12日 市长陈海波率市政府代表团，赴南京考察招商推介重点项目。先后考察苏宁、雨润、绿地、高力、绿城、中豪威尔、弘阳、顺天、金鹰、天地等中国500强企业和当地知名企业，详细介绍沈阳广阔的发展前景和巨大的发展潜力，帮助其解决在沈投资遇到的具体问题。

13日 沈阳市首个应用“智能电网”技术的电力光纤到户试点小区——八王寺圣水源小区启动建设。市长陈海波参加项目开工仪式，并与国家电网公司副总经理郑宝森共同为项目揭牌。

17日 沈阳铁西装备制造业发展示范区招商会在北京举行。国家发改委副主任、国家能源局局长张国宝，省长陈政高出席会议并讲话，市长陈海波参加会议，副市长王英主持会议。

▲百胜餐饮（沈阳）有限公司（以下简称沈阳肯德基）工会与公司行政方签订集体合同。这是肯德基在中国签订的首个集体合同，标志着沈阳肯德基在建立职工工资共商共决机制上取得实质性的突破。沈阳肯德基包括必胜客在内，共有66家门店，拥有员工2350人。

18日 在铁西区兴华街北一路西南角沈阳重型厂区原址，随着红绸掀起、鞭炮齐鸣,高达26米的“持钎人”主题雕塑揭幕,备受关注的沈阳铁西重型文化广场全面竣工并正式开放。省委常委、市委书记曾维,市长陈海波,市人大常委会主任赵长义,市政协主席刘雅琴出席竣工典礼仪式。

▲沈阳市召开对口支援新疆工作会议。省委常委、市委书记曾维出席会议并讲话。市长陈海波主持会议,常务副市长顾春明传达中央新疆工作座谈会和全国、省对口支援新疆工作会议精神,市领导姜宏、王英参加会议。

▲市政府与中国外运股份有限公司、中铁集装箱运输有限责任公司、中铁特货运输有限责任公司、中铁快运股份有限公司签订战略合作协议。市长陈海波参加签约仪式,并会见国家发改委东北振兴司巡视员武士国。

▲北方重工集团为昆明钢铁公司研制的国内最大规格半自磨机和球磨机出厂。这是北方重工通过引进美国技术,经过消化吸收再创新研制成功的首台(套)大型磨矿设备,功率达到6500千瓦,创造国内行业之最,其制造工艺和性能水平国际领先。

19日 省委常委、市委书记曾维会见由朝鲜内阁国土环境保护相金昌龙率领的朝鲜劳动党友好考察团。朝鲜驻沈阳总领事馆总领事李基范,市委秘书长马占春、副市级干部黄凯参加会见。

▲由沈阳三一重装有限公司与铁法煤业集团联合开发的国内首套刨煤机成套开采设备在沈成功下线,并将前往铁法煤业集团进行工业性试验。三一刨煤机成套开采设备的使用,打破了长期以来国外产品的垄断局面。

21日 沈阳广播电视台成立大会举行。沈阳广播电视台由原沈阳人民广播电台和沈阳电视台合并组建,并出资组建沈阳广电传媒集团有限公司。整合后的沈阳广播电视台拥有6个广播频率、5个电视频道和一个网络电视台。沈阳广播电视台的正式成立,是沈阳文化体制改革推出的重大举措,标志着沈阳广电媒体资源整合成为现实。

22日 省委书记、省人大常委会主任王珉到沈阳市沈北新区和法库县就加快产业结构优化升级、推动县区经济跨越发展进行工作调研。省委常委、市委书记曾维,省委常委、秘书长周忠轩,市长陈海波参加调研。

23日 沈阳第四橡胶(厂)有限公司新工厂奠基开工仪式在沈阳经济技术开发区化学工业园举行。全国人大财政经济委员会副主任委员闻世震,省委常委、市委书记曾维,市委常委、铁西区委书记李继安出席开工仪式。

▲市长陈海波会见由山东省潍坊市市长许立全率领的潍坊市政府考察团一行。

26日 沈阳航空航天大学更名庆典暨国防科技学院揭牌仪式在蓝天剧场举行。会上,宣布中国工程院院士杨凤田出任沈阳航空航天大学校长。国家国防科工局副局长胡亚枫、省人大常委会副主任朱绍毅、副省长陈超英、副市长王玲出席庆典仪式。

▲位于沈河区中街步行街口的皇城恒隆广场开业。

28日 为纪念建党89周年,市直机关工委和沈阳广播电视台共同主办的大型红歌汇《红色交响》在省浑南体育训练基地网球馆隆重举行。省委常委、市委书记曾维,市长陈海波、市政协主席刘雅琴出席红歌汇,市直机关29个单位3000多名党员干部参加演出。

30日 市政府与中国科学院沈阳分院签署协议,结成产学研合作联盟,进行全面科技合作。“十二五”期间,中科院沈阳分院将参与沈阳市各类科技发展规划编制等;沈阳市将设立“市院合作专项资金”,每年筹集3000万元,重点支持中科院成果在沈转移转化及双方开展产学研合作等。

七　月

1日 沈阳市启动高校毕业生就业创业“百日攻坚”系列活动,通过政府推动、市场配置、双向选择,全面推进高校毕业生就业创业工作。市长陈海波、常务副市长顾春明、副市长祁鸣、沈阳大学党委书记李梦玲出席启动仪式。

▲沈阳地铁一号线进入试运行阶段,为“十一”通车做最后准备

▲经市政府同意,沈阳市最低工资标准进行调整并开始施行。和平区、沈河区、铁西区、皇姑区、大东区、东陵区(浑南新区)、于洪区、沈北新区、苏家屯区、棋盘山开发区,每月最低工资标准由700元调整为900元,每小时最低工资标准由7.2元调整为8.5元;新民市、辽中县、法库县、康平县每月最低工资标准由600元调整为750元,每小时最低工资标准由5.9元调整为7.0元。

3日 2010年第二届中国(沈阳)自行车展览会暨棋盘山自行车环湖赛开幕。

5日 沈阳市投资规模最大的外商独资单体项目——东北总部基地在沈北新区全面启动。省委书记、省人大常委会主任王珉,省长陈政高,省委常委、市委书记曾维,省委常委、秘书长周忠轩,市长陈海波、市人大常委会主任赵长义、市政协主席刘雅琴出席奠基仪式。

▲2010中国沈阳韩国周暨全球韩商大会举行招待会。韩国驻中国大使柳佑益,韩国总统特别辅佐官金德龙等韩国嘉宾,省委常委、市委书记曾维,市长陈海波、市人大常委会主任赵长义、市政协主席刘雅琴等共同出席招待会。

6日 由世界最大的伺服电机生产企业——日本安川电机株式会社投资建设的安川电机(沈阳)有限公司竣工投产。市长陈海波出席剪彩仪式并致辞。

▲由市政府、韩国驻沈阳总领事馆、中国韩国商会共同主办的2010中国沈阳韩国周暨全球韩商大会开幕。韩国总理郑云灿通过视频向大会表示祝贺。省委书记、省人大常委会主任王珉,韩国驻华大使柳佑益,省委常委、市委书记曾维,韩国总统特别辅佐官金德龙出席开幕式。

7日 辽宁省第十一届运动会组委会成立大会暨各代表团团长及联络员工作会议在辽宁大厦举行。副省长滕卫平、副市长王玲出席会议。

7—11日 中共中央政治局委员、全国人大常委会副委员长、中华全国总工会主席王兆国在辽宁考察工作。

8日 由市政府、中国珠宝玉石首饰行业协会、国土资源部珠宝玉石首饰管理中心共同主办的“2010中国沈阳国际珠宝展”,在辽宁工业展览馆开幕。中国珠宝玉石首饰行业协会会长孙文盛,市长陈海波、市政协主席刘雅琴、市人大常委会副主任温贵纯、副市长祁鸣出席开幕式。

9—10日 国家工业和信息化部部长李毅中一行到沈阳,对部分重点企业进行调研。省委常委、市委书记曾维,市

长陈海波分别陪同调研。

13 日 朝鲜血海歌剧团歌剧《红楼梦》在辽宁大剧院举行来华巡演沈阳站的第二场演出。朝鲜艺术家高水准的演出赢得观众的由衷赞誉。

14 日 中共沈阳市第十一届委员会第九次全体(扩大)会议举行。省委常委、市委书记曾维代表市委常委会作题为《满怀发展激情,坚定必胜信心,为全面完成今年各项任务而努力奋斗》的工作报告。

▲日本精工与沈阳经济技术开发区就日本精工株式会社投资1亿美元在沈阳建立大型轴承生产基地举行项目签字仪式。省委常委、市委书记曾维会见精工株式会社社长大塚纪男,双方共同出席项目签字仪式。

▲省委常委、市委书记曾维会见由江苏省南通市市委书记罗一民率领的南通市党政代表团一行。南通市党政代表团到沈重点围绕城市建设、园区建设和装备制造业发展进行考察。

15 日 蒲河国际论坛会议中心、玛雅岛酒店暨东北总部基地西区建设总承包签约仪式在沈北新区举行。省委常委、市委书记曾维,副市长王翔坤、副市级干部蹇彪、总部基地(中国)控股集团董事局主席许卫平出席签约仪式。

16 日 2010年中国沈阳国际旅游节在铁西体育馆开幕。本届旅游节以“清风千章韵,盛世沈阳情”为主题,由国家旅游局和辽宁省政府主办,沈阳市政府和省旅游局承办,沈阳经济区七城市协办。

▲首届中国(沈阳)国际树莓节在辽宁大厦开幕。

▲沈阳化工大学举行揭牌庆典大会。原全国人大常委会副委员长顾秀莲,原教育部副部长、中国高等教育学会会长周远清,省人大常委会副主任王专、副省长陈超英、省政协副主席李晓安、副市长王玲出席庆典。

19 日 中国医科大学新校区在沈北新区奠基。新校区占地147公顷,规划建筑面积57万平方米,将建设图书馆、综合楼、公共教学楼、科研楼、体育馆、会堂等,预计总投资15亿元。省委书记、省人大常委会主任王珉启动奠基仪式。卫生部副部长马晓伟,省委常委、市委书记曾维,省委常委、秘书长周忠轩,副省长滕卫平、陈超英,副市长邢凯、王玲,副市级干部蹇彪出席奠基仪式。

22 日 市长陈海波会见由塔城地委书记彭家瑞率领的新疆塔城地区党政代表团一行。代表团到辽宁省对接对口援疆工作,并在沈参观考察。

▲以“食得尚品,拾得安康”为主题,以打造东北食品第一展为目标的2010中国(沈阳)食品博览会在辽宁工业展览馆开幕。中国食品工业协会副会长张志祥、市政协主席刘雅琴、副市长祁鸣出席开幕式

▲由中国物流与采购联合会、中国物流学会主办的第八次全国物流园区交流研讨会在沈阳召开。来自全国各省市区物流工作牵头部门、物流园区和企业、行业协会、研究机构、大专院校和新闻单位500多名代表出席会议。

23—26 日 市长陈海波率市政府代表团赴香港招商。代表团共洽谈项目近50个,其中80%是新项目。

24—26 日 中共中央政治局委员、中央书记处书记、中组部部长李源潮在辽宁调研期间,考察沈阳远大集团、沈阳机床厂和莱茵河畔社区。

25 日 以“天辽地宁、薪火相传”为主题的辽宁省第十一届运动会火炬传递在沈阳进行。火炬传递活动的起点设在新乐遗址,终点设在沈阳奥体中心南广场。

26 日 东北地区部分城市人才工作座谈会在沈阳召开。中共中央政治局委员、中央书记处书记、中组部部长李源潮出席座谈会。

▲全国人大常委会原副委员长周光召一行在沈参观考察。

28 日 世界500强企业韩国浦项集团在沈设立的浦项(辽宁)汽车配件制造有限公司汽车钢板剪切中心项目,在大东区的沈阳—欧盟经济开发区举行竣工仪式。

29 日 省委常委、市委书记曾维会见由惠州市委书记、市人大常委会主任黄业斌率领的广东省惠州市党政考察团一行。

▲副省长滕卫平、赵国红率考察组到浑南新区,考察奥体中心周边环境的整治工作和全运村筹建情况,并提出具体建议。

▲全国最大的城市燃气储罐在铁西区大青地区竣工。该燃气储罐由沈阳燃气有限公司投资近2亿元建设,被列为2010年沈阳市重点建设项目。这一重点基础设施建设项目的完成,将使沈阳市的天然气储备能力增加50%。

31 日 由山东省委常委、济南市委书记焉荣竹率领的济南市党政考察团到沈考察。省委常委、市委书记曾维陪同考察,并主持召开两市座谈会。

八 月

1 日 市长陈海波会见由山东省委常委、济南市委书记焉荣竹率领的济南市党政考察团。

2 日 省长陈政高到沈阳市现场办公,研究解决沈阳经济社会发展中遇到的困难和问题。省委常委、常务副省长许卫国,省委常委、市委书记曾维,副省长陈超英、滕卫平、赵国红参加现场办公。

6 日 省委书记、省人大常委会主任王珉到沈阳市就城市建设工作进行调研。省委常委、市委书记曾维,省委常委、秘书长周忠轩,市长陈海波参加调研。

8 日 晚8时,辽宁省第十一届运动会开幕式在沈阳五里河公园内隆重举行。省委书记、省人大常委会主任王珉宣布省第十一届运动会开幕。

10 日 省委常委、市委书记曾维会见日本积水房屋株式会社会长和田勇,并共同出席沈阳市政府与积水房屋合作备忘录签字仪式。

11 日 中华全国总工会副主席、书记处书记倪健民来沈调研。市总工会主席鞠秀礼汇报工作并陪同调研。

12—16 日 省委常委、市委书记曾维率沈阳市党政代表团,赴新疆维吾尔自治区塔城地区塔城市,全面推进对口援疆工作。

13 日 以“缤纷动漫欢乐沈阳”为主题的2010中国沈阳(第二届)动漫电玩博览会暨中国青年动漫艺术大展,在辽宁工业展览馆开幕。

14 日 市交通局召开“双优”(公交优先、公交优质)动员大会,沈阳市计划新辟20条总计99.2公里的公交专用车道,并在专用车道上安装电子警察200个,跑在公交专用车道的100辆公交车也将安装电子眼。通过电子监控系统把

闯入公交专用车道的社会车辆按违规行为处理,这在沈阳尚属首次。

16日 辽宁省第十一届运动会闭幕仪式在辽宁大厦举行。沈阳代表团高居金牌榜、奖牌榜和团体总分榜首,再次包揽三项第一。

17—18日 省委常委、市委书记曾维率沈阳市党政代表团,赴西安考察文化产业和高新技术产业发展情况。陕西省委常委、西安市委书记、市人大常委会主任孙清云会见沈阳市党政代表团一行。

19日 由中央统战部组织的党外领导干部考察团一行,在中央统战部副部长楼志豪的带领下来沈进行考察。

20日 沈阳铁西万达广场隆重举行开业庆典。省委常委、市委书记曾维,全国政协常委、全国工商联副主席、万达集团董事长王健林,省政协副主席金国生、市人大常委会主任赵长义、市政协主席刘雅琴出席庆典。

▲省委常委、市委书记曾维会见韩国国会议员尹相现。韩国驻沈阳总领事馆总领事辛亨根,市委秘书长马占春,副市级干部黄凯参加会见。

21日 全国第二大综合食品企业——光明食品集团与辽中县签约,拟投资5亿元建设梅林正广和食品工业园项目。同时,湖北珩生集团拟投资25亿元,在辽中近海经济区建设沈阳生态水城商业综合体项目。

23日 2010东北金融高层论坛在沈开幕。与会嘉宾围绕"东北振兴与后金融危机时代东北亚金融合作"这一主题,深入开展学术交流和理论研讨,为沈阳加快建设东北区域金融中心提供更深层次的理论支撑。

26日 2010中国风险投资论坛——振兴东北投资高峰会在沈开幕。全国人大常委、民建中央副主席辜胜阻,科技部党组成员、科技日报社社长张景安,中国中小企业协会会长李子彬、市长陈海波,市领导徐璐、邹大挺、李峰出席开幕式。

▲第十一届中国美食节暨第九届国际美食博览会在沈阳开幕。商务部副部长姜增伟、中国饭店协会会长韩明、市长陈海波,市领导王凤波、温贵纯、祁鸣、韩晓言参加开幕式。

▲2010世界女子九球锦标赛开幕式在辽宁省浑南体育训练中心网球馆举行。国家体育总局副局长肖天,省、市领导陈超英、王玲、李卓然,世界花式撞球协会主席安德森出席开幕式。

27—28日 中共中央政治局委员、全国政协副主席王刚率全国政协调研组就加快转变经济发展方式等问题在沈阳调研。省委书记、省人大常委会主任王珉,省长陈政高、省政协主席岳福洪,省委常委、市委书记曾维,市长陈海波、市政协主席刘雅琴陪同调研。

28日 青海省委书记、省人大常委会主任强卫,省长骆惠宁,省政协主席白玛率青海省代表团来沈考察。省委常委、常务副省长许卫国,省委常委、市委书记曾维,市长陈海波、市委秘书长马占春陪同考察。

▲"让老人幸福、促社会和谐"2010沈阳慈善日翔凤之爱颁奖晚会在市文化宫举行。祁鸣副市长代表沈阳市慈善总会向全市12家农村中心敬老院捐赠600万元,用于推动发展老年慈善事业。

▲沈阳市与日本滨松市签署建立友好合作城市关系协议。常务副市长顾春明与滨松市市长铃木康友分别代表两市签约。

29日 2010东北亚发展论坛招待会在沈阳皇朝万鑫酒店举行。韩国前总理韩升洙,日本自民党前干事长武部勤等外国嘉宾,省委常委、市委书记曾维,市长陈海波、市人大常委会主任赵长义、市政协主席刘雅琴出席招待会。

▲省委常委、市委书记曾维,市长陈海波会见韩国前总理韩升洙一行。市委秘书长马占春、副市级干部黄凯、韩国驻沈阳总领事馆总领事辛亨根参加会见活动。

30日 以"新经济. 新合作. 新发展"为主题的2010东北亚发展论坛在沈阳开幕。全国人大常委会副委员长严隽琪、省长陈政高,中联部副部长、中国民间组织国际交流促进会常务副会长李进军,韩国前总理韩升洙、日本自民党前干事长武部勤、白俄罗斯驻华大使托吉克,科技部党组成员、科技日报社社长张景安,省委常委、市委书记曾维,副省长邴志刚、市长陈海波、市人大常委会主任赵长义、市政协主席刘雅琴出席开幕式。

▲沈阳—札幌建立友好城市关系30周年纪念招待会在皇朝万鑫酒店举行。省委常委、市委书记曾维和札幌市市长上田文雄代表两市互赠友谊纪念品。市长陈海波、市人大常委会主任赵长义、市政协主席刘雅琴出席纪念招待会。

▲省委常委、市委书记曾维,市长陈海波、市人大常委会主任赵长义、市政协主席刘雅琴会见以札幌市市长上田文雄为团长的札幌市代表团。

30—31日 全省企业廉洁文化建设现场经验交流会在沈阳召开。中纪委宣教室主任崔少鹏,省委常委、省纪委书记、省总工会主席王俊莲,省委常委、市委书记曾维,市纪委书记陈雍出席会议。

九　月

1日 第九届中国国际装备制造业博览会暨国家能源技术装备展在沈阳国际展览中心隆重开幕。全国政协副主席、民盟中央第一副主席张梅颖出席开幕式并宣布第九届中国国际装备制造业博览会开幕。国家发改委副主任、国家能源局局长张国宝,省长陈政高,省委常委、市委书记曾维,市长陈海波、市人大常委会主任赵长义、市政协主席刘雅琴出席开幕式。

3日 沈阳浑南新城暨第十二届全运会建设项目启动仪式在浑南新区莫子山村举行。省委书记、省人大常委会主任王珉,省长陈政高,省委常委、市委书记曾维,省委常委、秘书长周忠轩,省政协副主席胡晓华,市长陈海波、市人大常委会主任赵长义、市政协主席刘雅琴出席启动仪式。

▲经市政府同意,沈阳市地铁1号线票价为8站以内2元(不含起始站,下同),9-12站3元,13站以上4元。这一票价为试行票价,试行期自地铁1号线开通试运营起至地铁2号线开通时止。

4日 全国妇联副主席、书记处第一书记宋秀岩来沈调研指导工作。市总工会主席鞠秀礼陪同调研。

5日 由国家发改委副主任解振华任组长的国务院节能减排督查组来沈,监督检查沈阳市"十一五"节能减排任务完成情况。

▲国家教育部与沈阳市政府联合举办"国家装备制造业职业教育沈阳试验区"启动仪式。教育部副部长鲁昕出席

启动仪式并致辞。省委常委、常务副省长许卫国,省委常委、市委书记曾维出席启动仪式。

5—6日　首届“中国职业教育与装备制造业创新发展对接高峰论坛”在沈阳举行。本次论坛以“合作对接共赢”为主题。教育部副部长鲁昕发表主旨演讲,省委常委、常务副省长许卫国,副市长祁鸣出席论坛。

6—7日　市长陈海波率市政府代表团到厦门招商推介重点项目。通过深入洽谈,一批工业、现代服务业、基础设施项目得到进一步推进。

8日　由韩国锦湖韩亚集团投资2亿元兴建的锦湖石化沈阳有限公司在沈阳经济技术开发区竣工。这是该企业集团在中国建成的第七家生产企业。省委常委、市委书记曾维会见来沈出席竣工典礼的韩国锦湖石化株式会社社长朴赞求。韩国驻沈阳总领事馆总领事辛亨根,市领导李继安、邹大挺,副市级干部李松林出席竣工剪彩仪式。

9日　红塔辽宁烟草有限责任公司沈阳卷烟厂易地搬迁技术改造项目在苏家屯区举行奠基仪式。省委书记、省人大常委会主任王珉,国家烟草专卖局副局长李克明,省委常委、市委书记曾维,省委常委、秘书长周忠轩,副省长刘国强、市长陈海波、市人大常委会主任赵长义、市政协主席刘雅琴出席仪式。

▲由国务院国资委主办、沈阳市国资委承办的中国第二届城市国资委主任联席会议在沈举行,来自全国24个中心城市的国资委负责人就国有资产监管和国企改革发展进行经验交流、学习研讨。国务院国资委副主任邵宁、市长陈海波出席会议并讲话。

9—10日　沈阳市妇女第十二次代表大会召开。大会选举产生沈阳市妇联第十二届执行委员会主席、副主席、兼职副主席、常务委员,并召开市妇联第十二届执行委员会第一次全体会议。初立华当选为市妇联第十二届执委会主席。

10日　中国企业国际融资洽谈会第三届沈阳金融服务交易会开幕。中国银联董事长苏宁,中国保监会副主席魏迎宁,国务院发展研究中心金融研究所所长夏斌,全国工商联并购公会会长王巍等嘉宾,副省长陈超英、市长陈海波出席会议。

11日　沈阳轨道交通电气设备制造基地举行竣工暨投产庆典仪式。沈阳轨道交通电气设备制造基地由中国南车股份有限公司旗下的沈阳南车时代交通设备有限公司在沈阳经济技术开发区兴建,占地面积3万多平方米。

11—17日　以省委常委、市委书记曾维为团长的沈阳市经贸代表团对日本进行友好访问和经贸交流。代表团此次出访,积极推进一批重大项目,为全市始终保持又好又快发展势头注入强大动力。同时参加沈阳——札幌建立友好城市关系30周年纪念庆典等系列活动。

16日　2010年中国国际种业博览会暨中国沈阳国际农业博览会在辽宁工业展览馆隆重开幕。本届农博会由农业部农业贸易促进中心、省农委、沈阳市政府联合主办,展出面积达1.2万平方米,共设标准展位530个,包括美国、英国、巴西、以色列等17个国家和地区以及国内23个省、市、自治区的667家企业参展。

▲沈阳市光辉现代农业示范区和沈阳市农业良种示范展示基地正式揭牌。农业部副部长牛盾,中国农业国际交流协会副会长、原省人大常委会副主任杨新华,副市长王翔坤参加揭牌仪式。

17日　美国驻沈阳总领事馆农业贸易处成立,副省长陈超英、副市长王翔坤参加成立仪式,美国驻沈阳总领事馆总领事谭森参加仪式并讲话。

18日　在“九一八”历史博物馆广场残历碑前,省市举行了勿忘“九一八”撞钟鸣警仪式。省委常委、宣传部部长张江,市委宣传部部长王凤波主持仪式。省、市领导张林、陈超英、贺旻、徐学东、祁鸣、赵秋凤,省军区政治部副主任王维平、省国教办专职副主任宗维国,辽宁陆军预备役高炮一师师长胡德山和政委、市国教委副主任孙汉友,以及部队官兵、学生代表共600余人参加了撞钟鸣警仪式。

19日　总投资80亿元人民币的沈阳东北城项目在胡台新城开工。这是新民市迄今单体投资规模最大的城市综合体项目,也是首家进入胡台新城的大型商业项目。市长陈海波出席开工仪式。中国商业联合会副会长姜明、副市长祁鸣分别致辞。

20日　2010法库陶瓷博览交易会在法库国际会展中心开幕。副省长邴志刚、市长陈海波,中国建筑材料联合会专职副会长、中国建筑卫生陶瓷协会会长叶向阳,市领导鞠秀礼、王凤波、温贵纯、王翔坤、韩晓言出席开幕式。

▲2010法库陶瓷博览交易会举行东北瓷都现代陶瓷产业招商项目推介会,来自国内外的100多家企业参加会议。市长陈海波向与会企业家推介蓬勃发展的沈阳陶瓷产业。

20—29日　市人大常委会主任赵长义率沈阳市经贸代表团赴台湾进行经贸考察。通过深入洽谈,使一批项目实现成功签约或达成合作意向。

21日　环渤海区域合作市长联席会第十四次市长会议在沈阳召开。来自环渤海地区40个城市的政府领导齐聚沈阳,围绕“合作、发展、共赢”的主题,共商区域交流合作,推动经济协调发展。

24日　沈鼓集团新厂区落成庆典在皇朝万鑫酒店举行。

26日　市委创先争优活动领导小组下发通知,号召全市广大党员干部认真学习新时期的“雷锋传人”郭明义同志先进事迹,深入开展“与时俱进学雷锋,创先争优促振兴”主题实践活动,履职尽责创先进、立足岗位争优秀,为推动老工业基地振兴作出积极贡献。

27日　上午10时58分,沈阳地铁一号线通车仪式在位于沈阳经济技术开发区十三号街的沈阳地铁运营控制中心举行。沈阳地铁一号线是沈阳历史上规模最大的城建工程,也是东北地区建成的第一条地铁线路。线路全长27.8公里,每公里工程造价3.8亿元,由200多家参建单位、数万名地铁建设者历时四年多建设完成。沈阳地铁一号线的建成通车,标志着沈阳继北京、上海、广州、天津、深圳和南京之后,成为全国第七座地铁城市。

▲沈阳市召开2010年抗洪抢险总结表彰大会。96个地区、部门和单位获得“先进集体称号”,208人获得“先进个人”称号,其中3人获得“市长特别奖”。

28日　2010中国总部经济(蒲河)高层论坛在沈北新区蒲河之畔举行。

▲蒲河国际论坛会议中心项目奠基。这是总部基地(中国)控股集团继东北总部基地项目之后,在沈北新区投资建设的又一项重要工程。

▲“2010中国城市信息化发展论坛暨成果评选”活动在苏州市举行,北京、上海、沈阳等五个城市获“2010中国城

市信息化卓越成就奖。”

▲迎全运文明沈阳行动主题颁奖晚会在奥体中心南广场隆重举行，李栓良等三人被评为文明出行好市民标兵，获轿车大奖。

29日 沈阳铁西现代建筑产业招商推介会举行。招商推介会吸引百余家国内外著名现代建筑企业、130多名现代建筑企业负责人到会。

十 月

2日 沈阳市召开三环、四环公路项目征地拆迁工作新闻发布会，沈阳三、四环公路项目拆迁启动。

8日 省委常委、市委书记曾维，市长陈海波会见由全国政协教科文卫体委员会副主任、香港新恒基国际集团董事局主席高敬德率领的香港工商界考察团一行，双方共同出席沈阳市政府与香港新恒基国际集团战略合作协议签字仪式。

▲沈阳地铁6时起正式卖票迎客，市民可在22座车站内购买单程票或普通储值票乘车。

10日 第十二届全运会沈阳赛区全运村主体工程建设项目在浑南新城莫子山村附近举行开工仪式。

10—11日 市长陈海波率市政府代表团赴宁波开展招商推介活动。推介一批现代服务业、装备制造业和新兴产业项目。

12日 第64届中国国际医疗器械博览会在沈阳国际展览中心隆重开幕。省长陈政高，卫生部副部长、国家中医药管理局局长王国强，中国医药集团总公司党委书记、副董事长王丽峰，省委常委、市委书记曾维，副省长邴志刚、市长陈海波、市人大常委会主任赵长义、市政协主席刘雅琴出席开幕式并剪彩。

▲省长陈政高考察省残疾人康复中心和省残疾人中等职业技术学校，并现场办公，研究解决加快全省残疾人事业发展的有关工作。

13日 沈阳市城市规划展示馆正式落成开馆，成为目前全国最大的城市规划展示馆，并在高科技多媒体展示技术等领域创造6个全国第一。

▲2010年沈阳经济区书记市长联席会议在沈阳举行。省委书记、省人大常委会主任王珉，省长陈政高，省委常委、市委书记曾维，国家发改委经济体制综合改革司副司长徐善长，省委常委、秘书长周忠轩出席会议。

16日 2010年全民终身学习活动周全国总开幕式，在沈阳市儿童活动中心隆重举行。教育部副部长鲁昕，中国成人教育协会会长朱新，副省长滕卫平，市长陈海波，市委宣传部部长王凤波，副市长王玲出席开幕式。

18日 省委副书记陈希在沈阳进行工作调研。省委常委、市委书记曾维陪同调研并汇报沈阳市工作情况，市长陈海波参加汇报。

18—19日 拉脱维亚总统瓦尔迪斯扎特列尔斯一行在市长陈海波的陪同下，先后参观沈阳故宫博物院和沈阳机床集团。

20日 沈阳绕城高速公路改扩建和沈阳四环快速路新建工程在绕城高速公路石庙子站举行开工仪式。沈阳绕城高速公路改扩建工程长81.9公里，与沈山、沈大、沈丹、沈吉、沈铁、沈彰六条高速公路相衔接，按双向八车道标准建设。沈阳四环快速路新建工程长132公里，途经苏家屯、铁西、于洪、沈北、浑南、棋盘山等6个区，按双向十车道标准建设。

▲辽宁－拉脱维亚友好交流与合作论坛在沈阳举行。拉脱维亚总统瓦尔迪斯扎特列尔斯，省长陈政高出席会议并致辞。

▲沈阳市举行2010年重点公路项目竣工通车仪式，包括沈本开发大道机场路以北路段、蒲河流域道路工程、沈彰开发大道一期工程、沈阜开发大道一期工程、沈胡路跨线桥在内的五个重点项目竣工通车。

▲省委常委、市委书记曾维会见由县委副书记、县长王春光率领的新疆察布查尔锡伯自治县党政代表团一行。

25日 在沈阳市第20届“环卫工人节”前夕，市长陈海波带着深切关怀和殷殷牵挂，走进基层环卫管理所和一线环卫工人家中，实地了解他们的工作生活情况，代表全社会向全市3万余名环卫工人表示衷心感谢并致以节日问候。

▲市委、市政府举行欢迎会，欢迎来沈参加2010年全国台资企业协会会长座谈会、全国台企联第二届第二次全体理监事会议的嘉宾。

26日 第六届“振兴杯”全国青年职业技能大赛决赛在辽宁交通高等专科学校开幕。团中央书记处书记贺军科，省委常委、省总工会主席赵国红，市委副书记苏宏章共同点燃“振兴杯”主火炬。

▲由市城建局主办的“城市因我而美”沈阳市第二十届环卫工人节庆祝大会在辽宁大剧院举行。大会表彰10名“最佳城市美容师标兵”和30名“最佳城市美容师”。

27日 以省政协副主席、省委统战部部长高鹏为团长的驻辽全国政协委员考察团到沈阳，就沈阳经济区新型工业化综合配套改革战略实施情况进行考察。

28日 市政府与中国航空工业集团公司在沈阳签署全面战略合作协议。

▲沈阳市就业和社会保险服务大厅正式启动投入使用。省委常委、市委书记曾维，市长陈海波，市政协主席刘雅琴出席启动仪式，为服务大厅启动剪彩。

29日 由市文化广电新闻出版局、皇姑区政府共同主办，市群众艺术馆、市合唱协会、皇姑区文体广电新闻出版局承办的“百万市民艺术共享工程——沈阳市首届市民合唱节优秀成果汇报演出”在辽宁友谊宾馆国宾剧场隆重举行。

▲沈阳市召开地铁一号线工程建设表彰大会，总结工程建设取得的优异成绩，隆重表彰地铁一号线工程建设中涌现出的先进集体和先进个人。佟晶石等5名同志被授予“市长特别奖”。市地铁建设指挥部等28个单位和集体被授予“沈阳地铁一号线工程建设先进集体突出贡献奖”；市人防办等33个单位和集体被授予“先进集体贡献奖”。马强等51名同志被授予“先进个人突出贡献奖”。陈伟等57名同志被授予“先进个人贡献奖”。

十一月

1日 全市4万名人口普查员登门入户，正式开始沈阳市第六次全国人口普查登记工作。市长陈海波以一名普通市民身份完成普查登记。

2日 四平市委书记刘喜杰，市委

副书记、代市长石国祥率党政代表团到沈阳，考察沈阳市重点企业，并与沈阳市签订区域合作框架协议。省委常委、市委书记曾维主持召开两市座谈会并讲话。

2—5日 以人力资源和社会保障部党组成员、纪检组长袁彦鹏为组长的中央扩大内需促进经济增长政策落实检查工作领导小组暨治理工程建设领域突出问题工作领导小组第六检查组来沈，督促检查沈阳市贯彻落实中央扩大内需政策和治理工程建设领域突出问题情况。

2—12日 以市长陈海波为团长的沈阳市经贸代表团对新加坡、印度尼西亚和马来西亚三国进行友好访问和经贸考察。推进38个重大投资项目正式签约或进入实质性运作。

4日 省委书记、省人大常委会主任王珉到沈阳新民市和康平县进行工作调研。

▲省委常委、市委书记曾维会见由人力资源和社会保障部党组成员、纪检组长袁彦鹏率领的中央扩大内需促进经济增长政策落实检查工作领导小组暨治理工程建设领域突出问题工作领导小组第六检查组一行。

5日 江苏省委常委、苏州市委书记蒋宏坤一行来沈，先后考察沈阳市城市规划展示馆、沈阳远大集团、沈阳机床集团、沈阳故宫和张氏帅府。省委常委、市委书记曾维，省委常委、秘书长周忠轩，市领导李继安、马占春、王凤波参加考察。

▲市十四届人大常委会召开第二十五次会议进行人事任免事项。会议听取常务副市长顾春明作关于提请人事任免的说明。大会通过表决，决定免去王英、邹大挺的沈阳市人民政府副市长职务，张景辉的沈阳市人民政府秘书长职务，阎秉哲的沈阳市规划和国土资源局局长职务；决定任命吴汉圣、许文有为沈阳市人民政府副市长，阎秉哲为沈阳市人民政府秘书长，佟晶石为沈阳市城乡建设委员会主任，关志鸥为沈阳市规划和国土资源局局长。

6日 省委书记、省人大常委会主任王珉，省长陈政高在辽宁友谊宾馆会见朝鲜内阁总理崔永林。中国驻朝鲜大使刘洪才，省委常委、秘书长周忠轩，副省长邴志刚参加会见。

8日 以“腾飞新沈阳，人才筑辉煌”为主题的2010年沈阳市赴京招才引智系列活动启动仪式暨引进高端人才签约仪式在北京市人才中心隆重举行。人力资源和社会保障部副部长、国家外国专家局局长季允石，省委常委、市委书记曾维，国家外国专家局副局长张建国，常务副市长顾春明，市委组织部部长姜宏出席仪式。签约仪式上，6名院士与沈阳市现场签约，400余名高端人才与沈阳176家单位签订人才项目合作协议。

9日 由国家民委副主任吴仕民率领的中央国家机关联合督查组来沈，就贯彻落实中央关于维护民族团结决策部署情况进行督导检查。

10日 省委常委、市委书记曾维会见由市委副书记、市政府党组书记、代市长林铎率领的哈尔滨市政府考察团。考察团一行参观考察了沈北新区蒲河生态景观公园、东北总部基地、沈阳晨讯科技产业园、蒙牛乳业（沈阳）有限责任公司、大溪地生态公园等地。

▲沈阳机床集团举行普通机床OEM项目暨机床产业集群招商发布会。沈阳市装备制造业发展工作推进组组长、市人大常委会主任赵长义出席招商发布会并讲话。

12日 沈阳市糖尿病治疗中心在沈阳市第五人民医院挂牌成立。

14日 全省人民瞩目的大伙房水库输水二期工程通水仪式在大伙房水库隆重举行。省委书记、省人大常委会主任王珉启动大伙房水库输水二期工程通水按钮。水利部部长陈雷、省长陈政高，省委常委、常务副省长许卫国，省委常委、秘书长周忠轩，副省长赵化明出席通水仪式。市长陈海波代表受水七城市讲话。

15日 总投资42亿元的博尼斯（沈阳）硅业有限公司电子级多晶硅项目在沈阳经济技术开发区化学工业园奠基开工。

16日 沈阳市—清华大学人才合作协议签字仪式暨沈阳市高层次人才储备基地揭牌仪式举行。省委常委、市委书记曾维，清华大学党委书记胡和平共同为基地揭牌。市长陈海波，市委组织部部长姜宏出席签字暨揭牌仪式。

17日 省委常委、市委书记曾维会见由新疆生产建设兵团党委常委、八师石河子市党委书记、八师政委、石河子市人大常委会主任宋志国率领的兵团农八师石河子市党政考察团一行。

18日 省委常委、市委书记曾维，市长陈海波会见西藏自治区那曲地委书记、人大地区工委主任边巴扎西率领的那曲地区党政代表团一行。

▲市长陈海波率有关部门负责同志实地考察沈阳马术运动中心、高尔夫球场等部分“十二运”比赛场馆选址及规划建设情况。

19日 投资3亿元的德信泰克飞石户外运动手机产业园、投资17亿元的美的综合物流工业园项目落户沈北新区。市长陈海波出席两项目签约仪式，并分别会见德信集团董事长董德福和美的机电集团首席执行官蔡其武。

21日 总投资14.6亿美元的米其林沈阳轮胎有限公司高性能子午线轮胎环保搬迁改造及扩产项目奠基仪式在沈阳经济技术开发区隆重举行，这标志着米其林沈阳新工厂正式开工建设。

22日 沈阳水务集团与南京汽车集团联合开发的国内最大城市应急净水车抵达沈阳。净水车每小时净化水量5000升，一天12万升，按每人每天4升水计算，每天能供3万人同时饮用。

26日 沈阳市举办第十二届全运会沈阳赛区筹备工作专题报告会。上海体育学院教授、中国体育科学学会体育产业分会副秘书长刘清早在会上做《借鉴与创新成功举办“十二运”促进沈阳经济社会全面发展——对沈阳赛区组委会做好筹备工作的若干思考与建议》的报告。

▲由地委副书记、行署专员马宁再尼勒任团长的新疆塔城地区党政代表团一行14人来沈考察。市长陈海波会见代表团一行。

28日 由承德市市长张古江率领的承德市政府代表团来沈，就产业聚集区发展和城市新区建设进行参观考察。

十二月

2日 市政府举行隆重仪式，为在沈阳经济建设和社会发展中作出突出贡献的10名外国专家，颁发2010年度“沈阳玫瑰奖”。市长陈海波为获奖外国专家颁奖并讲话。常务副市长顾春明宣读表彰决定。

3日 第十九个国际残疾人日,市委宣传部、市残联共同主办“共享和谐”诗歌朗诵会。文艺表演开始前,市领导向残疾人朋友赠送轮椅、盲杖、闪光门铃、语音听书机、代步车等总价值112万元的用品、用具。

▲《东北装备制造业综合金融服务方案》首发仪式暨沈阳装备制造业高峰论坛在沈阳举行。

▲国务院稳定物价保障群众基本生活检查组来沈督查。当日,检查组一行实地察看沈阳家乐福超市(北站店),并听取沈阳市稳定物价情况的汇报。

8日 沈阳市隆重召开争做“人民满意公务员(集体)”表彰大会。市委、市政府决定,授予市纪委干部管理室等30个集体“沈阳市争做人民满意公务员先进集体”称号;授予李志民等100名同志“沈阳市争做人民满意公务员先进个人”称号。

▲EMC沈阳研发暨解决方案中心正式落户位于大浑南的沈阳国际软件园。省委常委、市委书记曾维,美国EMC全球高级副总裁及亚太区总裁史蒂夫雷纳德共同出席签约仪式,为EMC沈阳研发暨解决方案中心揭牌。

11日 《沈阳市国家新型工业化综合配套改革试验方案》专家论证会在北京召开,与会专家围绕方案提出许多有针对性的意见建议,对沈阳市开展综合配套改革试验以来取得的成果给予高度评价。

13日 “亚龙杯”2010年全国中等职业学校信息化教学大赛在沈阳落幕。教育部副部长鲁昕出席闭幕式,副省长邴志刚、副市长王玲等为获奖教师颁奖。

14日 沈阳市召开农业产业化暨农产品加工项目招商座谈会,并举行农产品加工项目签约仪式。共有24个投资亿元以上的农产品加工项目签约,总投资额达260亿元,其中有6个项目投资10亿元以上。

▲海尔集团与沈北新区签约,计划投资5亿元建设海尔(沈阳)工业园光电信息产业基地。

15日 中共沈阳市委举行十一届十次全会暨经济工作会议。省委常委、市委书记曾维代表市委常委会作题为《站在新起点,施展新作为,为全面完成“十二五”开局之年各项任务而奋斗》的工作报告,市委副书记、市长陈海波就明年经济工作作出部署。

16日 由省委创先争优活动领导小组办公室组织的郭明义同志先进事迹报告团在沈阳举行巡回报告。

24日 沈阳茂业百货金廊店开业。副省长邴志刚、市政协主席刘雅琴、副市长祁鸣出席开业仪式。沈阳茂业中心位于南北金廊黄金节点和五里河CBD核心位置,占地2.5万余平方米,总投资20亿元。

26日 由沈飞公司、沈飞民机公司研制的C919大型客机后机身部段样件前段和吊挂部段样件成功下线。

28日 随着新厂生产的首台隔膜泵产品运送出厂,中国有色(沈阳)泵业有限公司宣告新厂竣工落成,完成企业搬迁改造。

▲10时18分,经过七万多名建设者3年零130天的苦干拼搏,哈大铁路客运专线全线钢轨铺通仪式在沈阳文官屯特大桥工地举行。常务副省长许卫国、副市长邢凯出席仪式。哈大铁路客运专线纵贯辽宁、吉林、黑龙江三省。线路全长903.9公里,其中辽宁省境内553.1公里,吉林省境内269.7公里,黑龙江省境内81.1公里。全线共设24个车站,其中新建车站19个。

29日 由玖龙纸业集团投资15亿美元的玖龙纸业(沈阳)有限公司项目签约仪式在沈阳举行。省委书记、省人大常委会主任王珉,省委常委、常务副省长许卫国,省委常委、市委书记曾维,省委常委、秘书长周忠轩,市长陈海波、玖龙纸业集团董事长张茵,市领导马占春、王翔坤,副市级干部黄凯出席项目签约仪式。

附 录

2010年沈阳市新增国家驰名商标

单位名称	商标名称
沈阳华晨金杯汽车有限公司	“中华图形”商标
沈阳五爱实业有限公司	“五爱市场”商标
沈阳昊诚电气设备有限公司	“昊诚及图”商标
沈阳荟华楼金店	“荟华楼”商标
沈阳博宇有色金属炉料有限公司	“博宇”商标
辽宁成大方圆医药连锁有限公司	成大方圆商标
沈阳远大铝业工程有限公司	CNYD 及图商标
沈阳鼓风机集团有限公司	沈鼓 SBW 及图商标
沈阳北霸米业集团有限公司	北霸 BEIBA 及图商标

2010年沈阳市新增辽宁名牌产品

序号	注册商标	产品名称	单位名称
1	中华	轿车	沈阳华晨金杯汽车有限公司
2	中捷	方式加工中心	沈阳机床股份有限公司
3	九星	电线电缆	沈阳九星控股集团有限公司
4	九星	铜板带及电工圆铜杆、线	沈阳九星控股集团有限公司
5	沈重	球磨机	沈阳重型机械集团有限责任公司
6	金杯	轻型客车	沈阳华晨金杯汽车有限责任公司
7	金杯	轻型载货汽车	沈阳金杯车辆制造有限公司
8	沈鼓	通风机	沈阳鼓风机通风设备有限责任公司
9		高效球磨机	沈阳水泥机械有限公司
10	东北	铅酸蓄电池	沈阳东北蓄电池有限公司
11	乾鼎	减速机	沈阳冶重减速机制造有限公司
12	沈冶	混合机系列产品	中国有色(沈阳)冶金机械有限公司
13	吉水	散热器	沈阳市吉水暖气片厂
14	星塔	烧碱	沈阳化工股份有限公司
15	星塔	氯产品	沈阳化工股份有限公司
16	碧兰	环氧丙烷	沈阳金碧兰化工有限公司
17	新纪	荧光增白剂 CF-351	沈阳新纪化学有限公司

序号	注册商标	产品名称	单位名称
18		华美整流变压器系列	沈阳华美变压器制造有限公司
19	创浪	涂料	沈阳顺风新城建筑材料有限公司
20	天喜	内墙砖	沈阳日日顺陶瓷有限公司
21	久利	PVC 管材、型材	沈阳久利化学建材股份有限公司
22	久利	门窗用未增聚乙稀型材	沈阳久利化学建材股份有限公司
23	东软	磁共振成像系统	东软集团股份有限公司
24	图形	移动通信直放机	奥维通信股份有限公司
25	盛阳	旋转式压缩机	沈阳华润三洋压缩机有限公司
26		众友	沈阳众友饲料有限公司
27		NBM 饲料	辽宁华达牧业有限公司
28	惠好	家具	沈阳惠好家私有限公司
29	达蒙洋	西服套装	沈阳市达蒙服饰有限公司
30	德氏	系列冷饮	沈阳德氏企业集团有限公司
31	中街	冷饮	沈阳中街大果食品有限公司
32	康福	糕点	沈阳康福食品有限公司
33	阿美利卡	糕点	沈阳阿美莉卡食品有限公司
34	恒丰源	冷鲜肉	沈阳恒丰源食品有限公司
35	金鸡	鸡肉产品	沈阳华美畜禽有限公司
36	香肠	克拉古斯	沈阳克拉古斯食品有限公司
37	阿雷	酱卤鸡肉系列食品	沈阳阿雷食品有限公司
38	佳玉	大米	沈阳市第一粮库
39	万顺达	淀粉	沈阳成顺达集团公司
40	大清宝泉	矿泉水	沈阳大清宝泉矿泉水饮品有限公司

2010 年新增沈阳市名牌产品

产品名称	生产企业
雷明牌低压流体输送用焊接钢管	沈阳雷明钢管有限公司
图标牌电力、电缆、电气装备用电缆	沈阳沈缆四环电缆制造有限公司
利林牌 S－M 系列全密封节能变压器	沈阳全密封变压器股份有限公司
多维牌压型钢板	沈阳多维轻型钢彩板有限公司
银环牌电缆、电线	沈阳沈缆银环企业集团有限公司
沈防牌防爆电器	沈阳防爆电器制造有限公司
图标牌移动通信直放机系列产品	奥维通信股份有限公司
碧兰牌聚醚多元醇	沈阳金碧兰化工有限公司
新纪牌荧光增白剂 CF－351	沈阳新纪化学有限公司
黑鹤牌石油道路沥青	辽中县炼油厂有限公司
沈冶机械牌回转窑产品	中国有色(沈阳)冶金机械有限公司
顺赢牌低中压锅炉用无缝钢管	沈阳澳利无缝钢管有限公司
新华年牌饲料	沈阳华年饲料有限公司

产品名称	生产企业
克达牌鱼饲料	沈阳市克达饲料有限公司
众友牌饲料	辽宁众友饲料有限公司
方驰牌动物饲料	沈阳方正农牧科技有限公司
农大华康牌浓缩饲料和配合饲料	沈阳华康牧业有限公司
爱特杰牌牛饲料	沈阳爱特杰牧业有限公司
合兴众牌制造建筑节能检测系列产品	沈阳合兴检测设备有限公司
华光牌高强度气体放电灯	沈阳华光照明电器有限公司
晟瑞牌太阳能霓虹灯	辽宁太阳能研究应用有限公司
春蒙牌西装	沈阳春蒙服装服饰有限公司
鸿祥牌地板革	沈阳鸿祥塑胶制造有限公司
博雅思牌女鞋	沈阳市成盛鞋业有限公司
沈飞牌 SAC 全钢防静电通路地板	沈阳飞机工业(集团)有限公司
天格朗牌西服	沈阳市天格朗服饰有限公司
惠好牌家私实木家具	沈阳惠好家私有限公司
东北牌系列胶靴	沈阳华宁鞋业有限公司
美格牌家具	沈阳市名格家具制造有限公司
达蒙洋牌西服套装	沈阳市达蒙服饰定制有限公司
辉山牌系列乳制品	沈阳乳业有限责任公司
是牌系列大米	辽宁中稻股份有限公司
冬冬牌系列面食	辽宁冬冬食品有限公司
龙骋牌大米	沈阳市龙盛制米有限公司
郭小鸭牌秘制野鸭、野鸭蛋	沈阳千鹤野禽业有限责任公司
凯迪莱富牌寒富士苹果	沈阳康毓蔬菜果品贸易有限公司
福来牌非发酵性豆制品	沈阳福来食品实业有限公司
嘉益牌火腿肠	辽宁嘉益食品工贸有限公司
百事达牌百事达冷鲜肉	沈阳市恒丰源肉业有限公司
佳玉牌大米	沈阳市第一粮库
辽沈牌建筑用铝合金门窗幕墙型材	沈阳辽沈铝业有限公司
浩松牌仿古地砖	沈阳浩松陶瓷有限公司
亿友牌欧式连锁彩瓷瓦	沈阳亿友陶瓷有限公司

沈阳市旅游星级饭店一览表

五星级饭店(5家)

单位名称	电话	传真	地址	邮编
沈阳皇朝万豪酒店	23883456	23993991	和平区青年大街388号	110003
沈阳洲际酒店	23341999	23341198	和平区南京北街204－208号	110001
沈阳丽都喜来登饭店	23188888	23188000	和平区青年大街386号	110004

单位名称	电话	传真	地址	邮编
沈阳黎明国际酒店	24359999	24359000	大东区长安街 10 号	110042
沈阳凯宾斯基饭店	22988988	22988101	沈河区青年大街 109 号	110014

四星级饭店(22 家)

单位名称	电话	传真	地址	邮编
沈阳新世界酒店	23869888	23217017	和平区南京南街 2 号	110001
沈阳凯莱大酒店	22528855	22528301	沈河区北站迎宾街 32 号	110013
沈阳商贸饭店	23412288	23409406	和平区中华路 68 号	110001
沈阳格林大饭店	22576688	22522288	沈河区北站路 72 号	110013
沈阳金都饭店	23510888	23510580	和平区太原南街 189 号	110001
沈阳高登大酒店	22818888	22818866	沈河区青年大街 52 号	110014
沈阳假日酒店	23341888	23341188	和平区南京北街 204 号	110001
沈阳时代广场酒店	22532828	22531950	沈河区北站路 99 号	110013
沈阳世星国际饭店	62135555	62135888	铁西区启工街 8 号	110026
沈阳七宝山饭店	31602888	23227645	和平区十一纬路 79－81 号	110003
辽宁凤凰饭店	86105858	86105340	皇姑区黄河南大街 109 号	110031
辽宁大厦	86081166	86809355	皇姑区黄河南大街 105 号	110031
辽宁政协会馆	86293888	86293555	皇姑区崇山东路 73 号	110032
沈阳玫瑰大酒店	24898188	24898011	沈河区中街路 201 号	110011
沈阳房地产大厦	82978888	82978822	沈河区大西路 289 号	110014
沈阳皇城商务酒店	22853838	22856366	和平区十一纬路 82 号	110003
辽宁天都饭店	23296666	23296166	和平区南五马路 238 号	110006
辽宁瑞心国际城市酒店	88598588	88598599	沈河区敬宾街 3－3 号	110013
沈阳市华人大酒店	23900000	23910099	和平区青年大街 314 号	110003
辽宁荣富饭店	25117777	25111177	铁西区北二东路 17 号	110025
沈阳沈飞宾馆	86598999	86598881	皇姑区陵北街 1 号	110034
沈阳天伦瑞格酒店	24876666	24876999	沈河区朝阳街 23 号	110011

三星级饭店(57 家)

单位名称	电话	传真	地址	邮编
辽宁宾馆	23839166	23839103	和平区中山路 97 号	110001
沈阳鸿翔宾馆	24018888	24018855	沈河区万柳塘路 53 号	110015
辽宁省华峰宾馆	31519322	31207819	皇姑区崇山东路 32 号	110032
沈阳迎宾馆	22805588	22805603	沈河区北三经街 9 号	110013
沈阳亚泰大酒店	24897777	24897878	沈河区沈阳路 265 号	110011
沈阳空港来登饭店	89398866	89398948	东陵区沈阳桃仙国际机场	110169
沈阳鸿宇山庄	88055051	88055065	棋盘山风景区	110013
沈阳市紫薇仙庄	89591100	89591122	苏家屯区佟沟乡	110003
沈阳金海岸大酒店	25300688	25305688	于洪区黄海路 35 号	110141

单位名称	电话	传真	地址	邮编
沈阳市荣达饭店	24109999	24109000	沈河区南关路 116 号	110015
沈阳华苑大酒店	89135632	89135647	苏家屯区海棠街 39 号	110101
辽宁工会大厦	62235999	62234828	皇姑区崇山东路 40 号	110032
辽宁东盛大厦	62236666	62236565	沈河区北京街 9 号	110013
沈阳瑞心东方酒店	22583333	22583222	沈河区北站路 112 号	110013
沈阳民航宾馆	88291888	88291333	大东区小河沿路 3 号	110043
沈阳邮政大厦	22593333	22593077	沈河区北站路 78 号	110013
辽宁科技宾馆	62129088	62129087	沈河区文艺路 44 号	110016
辽宁省人民大厦	86681666	86223148	于洪区崇山东路 41 号	110032
南湖大酒店	23843939	23841129	和平区文化路 63 号	110003
辽宁金三角饭店	23292288	23292188	和平区中华路 43 号	110001
辽宁瑞心快捷北站酒店	62231888	62232888	沈河区北站路 102 号	110013
沈阳文华酒店	87888886	87898889	辽中县东环街 59 号	110200
沈阳金辉大厦	62256666	62256666	和平区南八马路 27 号	110005
辽宁省老道口大厦	62100399	23404508	和平区胜利北街 1 号	110001
沈阳正兴宾馆	22829988	22710513	沈河区一经街二纬路 23 号	110013
辽宁金剑宾馆	86686666	62269699	于洪区崇山东路 8 号	110032
沈阳市新城饭店	89819999	89119999	苏家屯区枫杨路 26 号	110101
沈后金辉宾馆	25688688	25688666	铁西区沈辽东路 34 号	110021
沈阳金山宾馆	31313333	31313399	和平区昆山北街 62 号	110001
沈阳雷格酒店	22946666	22919998	沈河区沈洲路 2 号	110011
辽宁金秋宾馆	62107777	23873576	和平区新华路 10 号	110005
辽宁瑞心商旅东旭酒店	23299188	23299088	和平区南京南街 40 号	110001
沈阳金杯汽车大厦	23868888	23879582	和平区中华路 57 号	110001
沈阳金星宾馆	62101111	62101187	和平区太原北街 9 号	110001
沈阳金城宾馆	23168888	23168777	和平区太原北街 1 号	110001
沈阳金利宾馆	23911171	23051690	沈河区文化路 83 号	110016
辽宁金科大厦	23898880	23907788	和平区文化路 19 号	110004
辽宁大剧院宾馆	22735688	22743953	沈河区市府大路 363 号	110013
辽宁国大酒店	86399000	86398898	皇姑区昆山东路 28 号	110032
新民市迎宾馆	87856427	87859928	新民市辽河大街 135 号	110300
沈阳科隆酒店	24896666	24896699	沈河区朝阳街 238 号	110011
沈阳兰亭宾馆	86395888	86395887	皇姑区北陵大街 37 号	110032
沈阳北辰大酒店	88522425	88556428	沈河区惠工街 169 号	110013
辽宁省柳湖宾馆	31015566	86895756	于洪区崇山东路 30 号	110032
沈阳市和平宾馆	23498888	23498000	和平区胜利北街 104 号	110001
沈阳毓英楼宾馆	31297888	31297888	沈河区六纬路 23 号	110014
辽宁东湖度假村	88050209	88050333	棋盘山风景区秀湖南岸	110163
辽宁杏林苑宾馆	88051238	88051258	东陵区高坎镇大夫村祝家沟	110163

单位名称	电话	传真	地址	邮编
沈阳中城商务酒店	31809777	31809808	铁西区景星南街 38 号	110021
沈阳军交大厦	22582666	22582699	沈河区北站路 110 号	110013
沈阳市共达宾馆	24344377	24327292	大东区东顺城街 17 号	110024
辽宁阳光宾馆	86198888	86198103	于洪区长江北街 56 号	110036
新民市丽景宾馆	0427－7560666	0427－7560744	新民市兴隆堡沈阳采油厂	110316
神鹏国际商务酒店	27037777	27039999－123	法库县南大街	110418
辽宁省玉龙山庄	88058008	88058805	棋盘山国际旅游开发区秀湖北岸 8 号	110164
沈阳圣有声大酒店	23300570	23328000	和平区砂山南路 5 号 5 甲	110005
沈阳军区金泉宾馆	28889666	25653097	铁西区云峰街 45 号	110021

二星级饭店(16 家)

单位名称	电话	传真	地址	邮编
沈阳汉城宾馆	23169999	23404326	和平区市府大路 31 号	110001
沈阳宾馆	86688888	86688007	皇姑区泰山路 2 号	110033
沈阳天源宾馆	88559988－6666	88530899	沈河区惠工街 235 号	110013
沈阳宁大宾馆	23297777	62100953	和平区市府大路 45 号	110001
沈阳榭园宾馆	88056088	89787172	棋盘山风景区秀湖北岸	110003
沈阳怪坡金源宾馆	89758158	89758277	新城子区怪坡风景区	110121
沈阳石化大厦	86298000	86241748	皇姑区长江街 17 号	110031
沈阳市康平宾馆	87325858		康平县康平镇建设街	110500
沈阳铁建宾馆	88530560	88556839	沈河区敬宾街 3－1 号	110013
沈阳市政府招待所	24849575	24845809	沈河区正阳街 212 号	110011
沈阳市德秀庄宾馆	23468385	23473348	和平区图门路 8 号	110002
沈阳市国兴大酒店	25305858	25308488	于洪区黄海路 46 号	110141
沈阳金碧大厦	25361188	25819406	于洪区沈新路 188 号	110141
沈阳市老天合宾馆二部	84183000	24807138	沈河区热闹路 62 号	110011
沈阳市老天合宾馆	24807158	24807138	沈河区热闹路 60 号	110011
沈阳翔云楼宾馆	28863335	86860145	皇姑区北陵大街 9 号	110032

一星级饭店(7 家)

单位名称	电话	传真	地址	邮编
沈阳市玲珑山庄	88055007	88055008	棋盘山风景区	110161
沈阳泉银宾馆	24839800	24314148	大东区小河沿路 68 号	110042
沈阳翰皇国际商务酒店	88596000	88596166	大东区北顺城路 188 号	110041
法库宾馆	87103555	87103555	法库镇兴法路吉祥街	110400
沈阳市梅杉宾馆	22735548	82720988	沈河区小西路 48 号	110013
辽宁红霞宾馆	23231099	23225503	和平区光荣街 26 号甲	110003
辽宁九州大厦	86858687	86830033	皇姑区昆山路 34 号	110031

沈阳市旅行社一览表

序号	单位名称	联系电话	传真	通讯地址	邮编
1	辽宁海外国际旅行社	86863959	86863977	皇姑区北陵大街26甲1	110031
2	沈阳市海外国际旅行社	31875808	23260580	和平区和平南大街39号嘉环3层	110003
3	辽宁省中国国际旅行社	86807339	86808772	皇姑区黄河南大街113号	110031
4	辽宁中辽国际旅行社	62180809	23257202	和平区光荣街35号	110003
5	沈阳市中国旅行社	22832092	22832092	沈河区市府大路189号1号楼	110013
6	辽宁省中国青年旅行社	22861908	22712971	和平区北四经街28号	110003
7	辽宁省中国旅行社	86869098	86869008	皇姑区岐山中路50号	110031
8	辽宁国际商务旅行社	22833399	22719676	和平区和平区十一纬12号	110001
9	沈阳青年国际旅行社	22872753	22895510	和平区中山路111号亚贸12层	110003
10	辽宁世纪国际旅行社	22877460	22877140	和平区广州街81号	110002
11	沈阳国际旅行社	22733348	22733395	沈河区市府大路290号摩根甲4	110013
12	辽宁康辉国际旅行社	22815566	22813087	和平区和平北大街69号C1408	110003
13	沈阳铁道国际旅行社	62027253	62103467	和平区新兴街19号	110005
14	沈阳金桥国际旅行社	22818373	22818383	沈河区中山路355号大厦602	110014
15	沈阳文教国际旅行社	22718220	22836199	沈河区青年大街48甲1号	110016
16	辽宁四方蓝天国际旅行社	22720598	22856727	沈河区北京街19－3号	110013
17	沈阳美景商务国际旅行社	22518558	22518998	沈河区北站路57号财富D22－2	110013
18	辽宁欧美亚国际旅行社	23250552	23251574	和平区绍兴街18号	110006
19	辽宁光大国际旅行社	22685600	22685699	沈河区奉天街340号甲1格林A	110013
20	辽宁和平国际旅行社	22500655	22502855	沈河区北京街7号1808	110013
21	中国国旅(辽宁)国际旅行社	23492020	23492110	和平区市府大路55号年华1－02	110003
22	辽宁招商国际旅行社	86286882	62158062	和平区十四纬路19号	110003
23	辽宁九洲假日国际旅行社	82721090	22729299	沈河区奉天街346号格林2408室	110013
24	辽宁省职工国际旅行社	22855597	22854723	和平区北五经街1号	110002
25	辽宁祥瑞国际旅行社	22520606	22501313	沈河区北站路55号C座2－7－2	110013
26	辽宁银洲国际旅行社	22520780	22526689	和平区市府大路228号	110002
27	辽宁省国际体育旅行社	62110111	62110111	和平区和平南大街24号	110001
28	辽宁新亚国际旅行社	88636000	86860734	皇姑区北陵大街45－6号6－2－1	110032
29	辽宁汇点国际旅行社	23252148	88663535	沈河区沈阳路68号216	110011
30	辽宁天兴国际旅行社	23924868	23903768	和平区文化路48－1号281	110013
31	沈阳招商国际旅行社	82720007	22740059	沈河区惠工街21号	110013
32	辽宁远洋国际旅行社	86206938	86275798	皇姑区宁山中路58号	110031
33	沈阳春秋国际旅行社	31502883	22877140	和平区广州街81号	110002

序号	单位名称	联系电话	传真	通讯地址	邮编
34	沈阳园林旅行社	24185009	24185009	和平区南一马路121号	110001
35	沈阳东方旅行社	24826663	24824176	东陵区文化东路52号	110015
36	辽宁北国旅行社	88515311	88562174	沈河区山东堡路11甲2号	110013
37	沈阳迎宾旅行社	22805666	22805666	沈河区北三经街9号迎宾南园2楼	110013
38	辽宁森林旅行社	86298213	86249349	皇姑区长江街126号富林605	110031
39	辽宁新力旅行社	23502499	23874189	和平区南京南街9号	110001
40	辽宁老年旅行社	22895992	22893579	沈河区北三经街51号	110014
41	沈阳天平旅行社	86858315	86272233	皇姑区北陵大街9号	110032
42	沈阳市金飞马旅行社	88590383	24856953	沈河区沈阳路40巷5号303	110013
43	沈阳友好旅行社	22871919	22879611	和平区北三经街66号	110003
44	沈阳市玉麒麟旅行社	22725799	22733733	沈河区南清真路52-3号济源11楼	110013
45	沈阳山水旅行社	22828659	22520953	沈河区中山路200号	110013
46	沈阳铁道青年国际旅行社	82711318	82711368	和平区南京北街113号和泰813	110003
47	沈阳市名流旅行社	31973113	86743255	沈河区友好街53号	110013
48	沈阳鸿宇旅行社	88568181	88509858	沈河区友好街19号奉天A1303	110013
49	沈阳市天合旅行社	24157386	24157386	沈河区热闹路60号	110011
50	沈阳华夏旅行社	22529301	22593015	沈河区北站路78号邮政大厦10层	110013
51	沈阳创信旅行社	25637282	25849792	铁西区兴工南街5号	110021
52	沈阳故宫旅行社	24850686	24847417	沈河区沈阳路171号	110011
53	沈阳天马旅行社	24843338	24865769	沈河区朝阳街238号	110011
54	沈阳安运旅行社	25935488	25935488	铁西区艳华街3号3门	110023
55	沈阳奉天旅行社	31005627	24868200	沈河区沈阳路61号金海岸317	110011
56	辽宁先锋旅行社	23257134	23257134	和平区南五马路228号党刊404	110006
57	沈阳市玫瑰花旅行社	22872228	22891118	沈河区北二经街87号	110014
58	辽宁友谊国际旅行社	86903066	26900177	皇姑区崇山东路48号	110032
59	沈阳风采旅行社	22959661	22959662	沈河区大西路1号	110014
60	沈阳纵横旅行社	31320116	31320119	和平区十一纬路云集东巷32号经纬A5	110003
61	沈阳市宏信旅行社	86899662	86901739	皇姑区陵东街29号	110032
62	沈阳长白山旅行社	31320055	31320058	和平区十一纬路51号皇城2313	110003
63	沈阳教育旅行社	24844815	24857936	和平区南五经街云集西巷32号	110003
64	沈阳金旅旅行社	22714055	22829058	沈河区十三纬路123号甲	110014
65	沈阳喜来多旅行社	24237777	24207820	东陵区文富北路42号	110015
66	沈阳佳信旅行社	24214400	24217733	东陵区长青街35号万泉商务1层	110015
67	沈阳沪春秋旅行社	24339980	24339959	大东区东顺城街137号	110042
68	辽宁地质旅行社	86026868	86860520	皇姑区北陵大街29号	110032

序号	单位名称	联系电话	传真	通讯地址	邮编
69	沈阳天一旅行社	62259198	62259178	和平区和平北大街28号10－1	110002
70	沈阳兰鹰旅行社	23260388	23260288	和平区十四纬路23号	110003
71	沈阳市阳光假期旅行社	22520068	22511955	沈河区北京街21号许兄弟503	110013
72	沈阳市康泰旅行社	24123450	24123450	大东区东顺城街152号中化4楼	110042
73	沈阳战友旅行社	62150018	62579013	沈河区奉天街346号自由城B320	110013
74	沈阳华远旅行社	23229699	23243532	和平区南京南街52号	110001
75	沈阳众合旅行社	88618050	88618051	东陵区泉园一路49－3号	110015
76	沈阳国泰旅行社	22507155	22513881	沈河区北京街19号先锋大厦905	110013
77	辽宁君安旅行社	31015631	31015631	于洪区崇山东路30号	110032
78	沈阳旅游集散中心	25874777	25874777	铁西区建设东路33号	110021
79	沈阳新联旅行社	62278922	62278911	新民市南市西路9号	110300
80	沈阳天下行旅行社	22858613	22851956	和平区和平北大街28号18－4	110002
81	沈阳海棠旅行社	22782818	22782877	沈河区小西路87甲号智慧1405	110013
82	沈阳春天旅行社	29818226	89812064	苏家屯区枫杨路139号	110101
83	沈阳卓越旅行社	23520846	23512171	铁西区建设东路57号爱都B1－14－6	110023
84	辽宁中桥旅行社	22518081	22518091	沈河区北站路55号财富C341	110013
85	沈阳神舟旅行社	88734543	88734563	大东区津桥路20号	110041
86	沈阳原野旅行社	22846056	22895380	和平区十一纬路94号	110003
87	沈阳四海旅行社	22723218	22723118	沈河区北京街19－3汇宝A441	110013
88	沈阳金运旅行社	31875808	23260580	和平区和平南大街39号	110003
89	沈阳一通旅行社	22740707	22766007	沈河区南清真路52－2号	110003
90	沈阳市光大旅行社	22724326	22702505	沈河区朝阳街192号	110014
91	沈阳好运旅行社	63903398	85619090	和平区中华路200号	110001
92	沈阳绿城假期旅行社	62634909	62634910	铁西区建设东路72号爱都912	110021
93	沈阳辽之旅旅行社	31581018	88615659	皇姑区泰山路17号	110032
94	沈阳誉湾旅行社	23242277	23872299	和平区十三纬路19号冶金406	110003
95	沈阳客运天天旅行社	22593585	22593587	沈河区北站路78号邮政751室	110013
96	沈阳市菁华旅行社	89376077	89372111	沈河区惠工东一街29号	110013
97	沈阳永安旅行社	22515557	22519993	沈河区北站路77－1号光达C836	110013
98	沈阳运通旅行社	22720405	22947409	沈河区青年大街35号国贸909	110014
99	沈阳嘉航旅行社	23869855	23890833	和平区文化路45号机械大厦805	110003
100	沈阳假期旅行社	28550966	88523088	沈河区友好街19号银座B1306	110013
101	沈阳怡乐阳光旅行社	22826778	22826778	和平区和平南大街56号	110005
102	沈阳市国奥旅行社	89819966	89122666	苏家屯区迎春街135号9门	110101
103	沈阳联合璧华旅行社	31290205	31290208	沈河区热闹路49号桓信410	110014

序号	单位名称	联系电话	传真	通讯地址	邮编
104	沈阳清风海岸旅行社	23417711	23400303	和平区市府大路 55 号年华 725	110002
105	辽宁海峡旅行社	22859710	22859710	和平区南五马路 17 号	110004
106	辽宁寰宇旅行社	22863966	22895398	和平区十一纬路 88 号皇城 702	110003
107	沈阳润博旅行社	22744453	22724421	沈河区奉天街 346 号格林 B1611	110013
108	沈阳浪漫假期旅行社	22533978	22533198	沈河区北站路 112 号东方 1136	110013
109	辽宁虎跃旅行社	88570377	88526655	沈河区友好街 21 - 4 号	110013
110	沈阳市鹏宇旅行社	87335995	87345666	康平县康平镇中心街 585 号	110500
111	辽宁神洲旅行社	24327169	22722905	大东区东顺城街 17 号 13 幢 4009	110011
112	辽宁华亿旅行社	22515544	31289110	沈河区北站路 77 - 1 号光达 1223	110013
113	沈阳枫林假期国际旅行社	62579045	62579046	铁西区凌空二街 59 号	110021
114	沈阳博客旅行社	22875333	22854111	铁西区南滑翔路 1 号	110021
115	沈阳鑫源旅行社	86906133	86906133	康平县中兴街客运站北巡警楼 4	110500
116	沈阳云升旅行社	62251280	62251279	和平区十三纬路 19 号冶金 809	110013
117	沈阳现代方向旅行社	62264888	62264990	皇姑区北陵大街 6 号 3 门	110032
118	沈阳美好时光旅行社	23852308	23240651	和平区中华路 121 号 SOHO1917	110001
119	沈阳市樱桃树旅行社	22944065	22942365	沈河区大西路 59 号	110014
120	沈阳洲际旅行社	82711182	82711183	和平区南京北街 109 号恒运 A1505	110003
121	沈阳太和旅行社	22730101	22733535	沈河区市府大路 433 号峰景 1604	110013
122	沈阳飞海包机旅行社	86201717	86204533	皇姑区崇山中路 63 号	110031
123	沈阳龙腾假期旅行社	62238857	62238907	沈河区市府大路 290 号摩根 A1610	110013
124	辽宁汇展旅行社	23214071	23214070	和平区和平南大街 39 号	110003
125	沈阳启顺旅行社	22518388	22534699	沈河区北站路 146 号嘉兴 1823	110013
126	沈阳海华国际旅行社	23492082	23492101	和平区市府大路 55 号年华 808	110002
127	沈阳远东旅行社	62467158	62467148	沈河区热闹路 60 号民政 312	110011
128	沈阳天然旅行社	86417161	86416896	皇姑区步云山路 26 巷 1 号 612	110031
129	沈阳大运通国际旅行社	22814116	22813087	和平区和平北大街 69 号 C 座	110003
130	沈阳市航管旅行社	88296767	88296953	沈河区万寿寺街 185 号	110001
131	沈阳新视野旅行社	23526085	23526685	和平区南五马路 17 号商巢 3114	110005
132	沈阳卓逸旅行社	86208910	86208910	皇姑区岐山中路 1 号东机 1310	110032
133	沈阳关东旅行社	23492838	62800111	和平区南京北街 18 号银调 1 - 25 - 2	110015
134	沈阳黄金海岸旅行社	62468699	68468699	沈河区沈阳路 61 号金黄岸 415B	110011
135	沈阳鑫世博国际旅行社	24532008	24852633	沈河区盛京路 28 号	110011
136	沈阳金盛旅行社	22525555	22961721	东陵区森林路 36 号	110000
137	沈阳新时代旅行社	22517573	22517573	沈河区北站路 146 号嘉兴 2023	110013
138	沈阳佳通旅行社	62660506	62589959	和平区中山路 111 号 1028	110001

序号	单位名称	联系电话	传真	通讯地址	邮编
139	沈阳海洋青年旅行社	31871611	31871610	和平区中山路70号	110001
140	沈阳嘉华旅行社	31301337	31301336	沈河区惠工街205号恒基1217	110013
141	沈阳恒通旅行社	23215181	23860143	和平区太原南街16－1号万达3－15	110001
142	沈阳华之信旅行社	62619360	62619560	大东区大北关街50－1号	110041
143	沈阳百信达旅行社	24895583	24895581	沈河区朝阳大街238号科隆8	110011
144	沈阳嘉艺旅行社	23988266	31500955	和平区三好街55号1009	110003
145	沈阳黑龙旅行社	22517459	22517459	沈河区北站路78号邮政624	110013
146	沈阳金玉满堂旅行社	22520547	22520841	和平区市府大路224号4－18－5	110002
147	辽宁诚盟旅行社	23842160	23842160	和平区文化路三巷3－1号131	110004
148	沈阳国宾旅行社	23842458	23842428	沈河区青年大街165－9号金廊A1716	110011
149	沈阳阳光祥云旅行社	86198899	86198103	于洪区长江北街56号	110036
150	辽宁天鸿国际旅行社	31875888	23260580	和平区市府大路200号	110003
151	沈阳金华旅行社	23500399	62106771	和平区太原南街97号	110001
152	沈阳金土地旅行社	23867771	23863000	和平区同泽南街37号	110000
153	沈阳中青国际旅行社	22514146	22514146	沈河区惠工街124号	110013
154	沈阳林苑旅行社	89811170	29816767	苏家屯区枫杨路186号	110101
155	沈阳福卡斯旅行社	24850618	24852080	沈河区沈阳路21号	110011
156	沈阳古城旅行社	23735583	23735583	和平区夹河路10－2号	110166
157	沈阳中意国际旅行社	23520200	23520200	和平区太原南街97号	110001
158	沈阳金之舟旅行社	22515690	22515680	沈河区北站路146号嘉兴2314	110013
159	沈阳明珠旅行社	23492649	23492949	和平区南京北街18号	110002
160	辽宁盛京国际旅行社	22741777	22723177	皇姑区北陵大街49号	110032
161	沈阳青华旅行社	22511208	22515100	沈河区北京街51号银河A1206	110013
162	辽宁辽之旅旅行社	25936565	22598655	沈河区团结路7－1华府1－27－9	110013
163	沈阳港中国际旅行社	31680688	61806188	和平区三好街87号	110004
164	沈阳乐游国际旅行社	24326551	24326331	沈河区北站路77号君悦2408	110013
165	沈阳仙梦旅行社	23491119	23492347	和平区市府大路55号年华1803	110002
166	沈阳远洋旅行社	31321532	31321341	和平区三好街54号	110006
167	沈阳天地之旅旅行社	62656106	62656107	铁西区建设东路43号和谐B513	110023
168	中国旅行社总社(辽宁)	31600218	31600909	和平区和平南大街43号	110003
169	辽宁春风假期旅行社	25135595	25135988	铁西区北二东路17号荣富	110025
170	沈阳江南假期旅行社	83502755	83502284	和平区南二马路33号	110011
171	沈阳永宏国际旅行社	22535399	22533788	沈河区北站路1246号1－18－3	110013
172	辽宁宝中国际旅行社	86286856	86286856	沈阳市沈河区惠工街10号卓越大厦15层10室	110013
173	辽宁海内外旅行社	88329858	88329858	沈阳市大东区上园路43－1－1门	110044

序号	单位名称	联系电话	传真	通讯地址	邮编
174	沈阳红枫旅行社	22858820	22858820	沈阳市沈河区南文会街22号512	110014
175	辽宁印象旅行社	86257888	86257888	沈阳市皇姑区黄河南大街70号	110032

沈阳市公共交通线路一览表

线路	起始站点	途经站点
环路	南一马路——沈阳站北	南一马路、市文化宫、体育广场、和平广场、中兴街、振兴街、南湖公园、盛京医院南湖院区、展览馆、陆军总院、南塔、省医院东门、大南边门、第二十七中学、大南街、大南门、故宫东华门、商业城(钟楼)、北中街、中街、小西门、市红十字会医院、一经街、辽宁日报社、和平北大街、中山广场、太原街北口、沈阳站北
101	弓匠小区——工业大学中央校区	弓匠小区、五号路、北方交通重工集团、沈鼓集团、中央大街地铁站、丽都新城、优诗美地、中央湖畔、熙湖公园、中央大街沈辽路、工业大学中央校区东门
103	长客西站——五爱市场	长客西站公交总站、长客西站、肇工南街(路官)、西部货运中心、齐贤街、艳粉街、沈阳工业大学东门、南十东路、兴华公园、铁西百货、铁西广场、云峰街、兴工街、南五马路、南一马路、太原街、中华路、马路湾、光荣街、五经街、十三纬路、大西菜行、顺通路、第七中学、五爱市场西区、五爱市场
105	嘉华新城——沈阳北站	嘉华新城、嘉华学校、文源街、文澜苑、坤泰新界、奥体中心、艺术家园、文萃路(富民桥)、出租汽车公司、富民街、泉园三路、泉园二路、东陵区医院、泉园一路、万泉实业公司、东方宾馆、翠园小区、先农坛路、大南门、小河沿、大东门、中街(小东门)、小津桥、横街、小北街、房产超市、惠工广场、沈阳北站
107	东方御景——黎明文化宫	东方御景、六一小学、三江紫香园、马宋路、农科院(马官桥)、辽宁省农业技术学校、榆树屯、东北汽贸(新立堡)、一汽福达、良城美景、辽宁奥通、新东安居小区、丰城公交公司、黎明文化宫
111	东北制药——松花江街南口	东北制药、昆明湖街、张士果品市场、巢湖街(沈新路)、开发大路东口、洪湖二街、洪湖小区、长客西站、肇工南街(路官)、西部货运中心、齐贤街、艳粉街、沈阳工业大学东门、云峰南街、沈辽东路、南七东路、云峰街、云峰北街北四东路、北三东路、北二东路、虹桥路、霁虹街、光明街(兴工北街)、天山路、华山路、珠江街、碧塘公园、第四医院、昆山东路、沈阳有线电视台、沈阳北站北、松花江街南口
112	保利花园——皇姑屯火车站	保利花园(双河城)、新宁街、东北汽贸(新立堡)、一汽福达、良城美景、辽宁奥通、二〇一、民贵家园、东贸库、东贸路、沈海热电厂、珠林桥、莱茵河畔、市骨科医院、辽沈二街、文华园小区、洮昌小区、沈阳大学南门、小北边门、省高法、敬宾街、沈阳北站北、沈阳有线电视台、昆山东路、第四医院、碧塘公园、珠江街、昆山中路、怒江街、皇姑屯火车站
113	观音村——富民街	观音村、观音、观音路、空训基地、鸭绿江北街、北陵开发区、西瓦窑(新锐防爆电器厂)、上岗子、城建北尚、富丽阳光、中驰汽贸(华普汽车)、鸭绿江街(剑苑小区)、梨园剧场、长客总站、北方客运公司、沈阳大学、望花南街、小北二库、小北边门、沈阳大学南门、八王寺、大北横街、横街、小津桥、中街(小东门)、大东门、小河沿、大南门、大南街、第二十七中学、大南边门、省医院东门、南塔鞋城、东陵区政府、出租汽车公司、沈阳客运集团、富民街
114	保利心语花园——北站站前	保利心语花园、铁西区体育中心、北四西路、肇工街、启工街、卫工街(假日蓝湾)、市交通技术学校、新北方装饰建材城、陶林居、贵和街、兴华北街北四东路、铁西区政府、云峰北街北三东路、北三东路、兴工北街、沈阳站北、太原街北口、中山广场、和平北大街、辽宁日报社、八一公园、市人大、北京街、北站站前

线路	起始站点	途经站点
115	望花工业园——新华路	望花工业园、侯家岗子、三五四七装具厂、望花新村、上海通用北盛汽车、海鲜市场、北大营街、上园路、华美英语学校(老瓜堡)、合作街、洮昌小区、沈阳大学南门、小北边门、省高法、家乐福超市、惠工广场、北京街、市人大、北三经街、八一公园西门、中山路、和平北大街、中山广场、医科大学、中华路、中山公园、体育广场、铁路中学、新华广场、和平法院、新华路
116	恒大城——大悦城	恒大城、桃源欣城、万科魅力之城、阳光尚城、亚都名苑、教师公寓、教师新村、红田地产、格林阳光、格林梦夏、怒江北街、市委党校、百鸟公园、辽宁大学、北行、宁山中路、地质局、北陵电影院、龙江广场、沈阳北站北、敬宾街、省高法、市物价局、天后宫、小北街、小北门、大北门、小津桥、小什字街(大东区政府)、大悦城
116(支线)	亚都名苑——绿地老街坊	亚都名苑、省武警总队、绿地老街坊
117	盛京医院滑翔院区——小北边门	腾飞二街、盛京医院滑翔院区、腾飞一街、生日城、滑翔公园、天华医药、诗波特小区、兴工南街、东北汽配商贸中心、太原南街、新华广场、沈阳急救中心、南湖公园西门、方型广场、南湖公园、盛京医院南湖院区、展览馆、陆军总院、地王国际花园、交通执法支队、五爱市场西区、五爱市场、大南街、大南门、故宫东华门、商业城(钟楼)、大北门、大北横街、八王寺、小北边门
118	沈阳出口加工区——北中街	沈阳出口加工区(浑南东路)、沈阳建筑大学、文汇街、沈音南校区、在水一方社区、和泰东方园、万科花园新城、金杯汽车制造有限公司、东陵加工厂、六〇六所、江东街、莲花街、万泉公园东门、四六三医院、大什字街(魁星楼路)、小河沿、大南门、故宫东华门、商业城(钟楼)、北中街
118(支线)	古城子——新生活广场长青店	古城子、古城子市场、麦子屯、中科院计算所(高精数控)、水家北、沈阳出口加工区西区、东亚国际城、浑南东路、沈阳建筑大学、沈音南校区、文汇街、南堤路、和泰东方园、万科花园新城、新生活广场长青店
123	揽军路五十中学	揽军路、南滑翔路、盛京医院滑翔院区、腾飞一街、飞翔路、第十五中学、沈辽东路、南七东路、云峰街、兴工街、南五马路、沈阳站、沈阳站北、太原街北口、中山广场、和平北大街、中山路、八一公园西门、北市场、总站路、市行政执法局、北京街、市建委、敬宾街、市消防局、小北二库、望花南街、沈阳大学、北方客运公司、五十中学
125	朝鲜一中——五爱市场	宏达家园、朝鲜一中、向工小学、前塔湾、塔湾、塔湾邮局、太平庄、汾河街、海华新居、昆山西路(延河街)、小白楼、怒江街、皇姑公安分局、珠江街、长江南街、华山路东口、皇寺广场、北市场西口、沈医二院、北六马路、中山广场、和平北大街、辽宁日报社、一经街、市红十字会医院、大西路、房地产大厦、热闹路、五爱市场西区、五爱市场、南通天街
126	奥体中心枢纽站——上园路望花南街	奥体中心枢纽站、泛华广场、沈营路浑河堡、三义街浦江苑、营盘北街新华社、五里河公园西、夏宫、五里河茂业中心、文萃路彩电中心、五爱街文萃路、陆军总院东门、五爱街地王国际花园、风雨坛街西滨河路、奉天街五爱市场西区、奉天街热闹路、奉天街房地产大厦、万寿寺街大西路、万寿寺街小西路、市信访大厅、令闻街教场路、令闻街天后宫、令闻街房产超市、小北关街市物价局、联合路小北边门、沈阳大学南门、联合路洮昌小区、联合路辽沈二街、沈铁路北方客运公司、上园小区东、上园小区、上园路合作街、上园路望花南街
129	金奥新城——药王庙路	金奥新城、仙女河北路、金龙湖街、大通湖街、吉力湖街、仙女河路、路官二街、西部货运中心、沈辽中路、路官一街、今日阳光家园、艳粉新村、艳璐街、家乐福铁西店、沈阳工业大学东门、南十东路、兴华公园、铁西百货、铁西广场、兴华北街北四东路、云峰北街北四东路、北四东路、北三东路、兴工北街、沈阳站北、太原街北口、中山广场、和平北大街、辽宁日报社、一经街、市红十字会医院、药王庙路
131	七三九医院——大东门	七三九医院(沈阳医学院)、沈飞一中(第十中学)、百花小区、辉山路、三台子、沈飞四中(第110中学)、沈飞集团、航空博览园、客运出租公司、金山小区、北陵东门、武功山小区、省游泳馆、省教育厅、北塔、长客总站、北方客运公司、沈阳大学、望花南街、小北二库、市物价局、天后宫、小北街、小北门、大北门、小津桥、中街(小东门)、大东门

线路	起始站点	途经站点
132	沈阳工贸学校——科普公园	沈阳工贸学校、东站街、大东科技园、沈阳东站北、明堂街、新生二街、市骨科医院、如意三路、工农路、草仓路、东边城街、市群众艺术馆、小什字街(大东区政府)、小津桥、大北门、小北门、中街、故宫西华门、市环保局、五爱市场、五爱市场西区、交通执法支队、地王国际花园、陆军总院、文萃路、科普公园
133	保利花园——砂阳路	保利花园、新宁街、东北汽贸(新立堡)、一汽福达、良城美景、辽宁奥通、二〇一、民贵家园、东贸库、东贸路、沈海热电厂、珠林桥、天江老龙口、市群众艺术馆、小什字街(大东区政府)、小津桥、中街(小东门)、大东门、小河沿、大南门、市环保局、沈州路、风雨坛、五爱市场西区、交通执法支队、地王国际花园(青年公园)、华润中心、彩塔街(鲁迅美术学院)、鲁迅公园、方型广场北、方型广场、南湖公园西门、砂阳路
134	路官一街——小河沿	路官一街、沈辽中路、南十四路、南十二路、南十中路、第五医院、中国家具城、兴华公园、铁西百货、铁西广场、云峰街、兴工街、胜利南大街、民族街、铁路中学、和平广场、中兴街、振兴街、方型广场、鲁迅公园、彩塔街(鲁迅美术学院)、华润中心、地王国际花园(青年公园)、交通执法支队、五爱市场西区、风雨坛、沈州路、市环保局、大南门、小河沿
135	和泰馨城——南塔客运站	和泰馨城、东平湖北街、北李官、巢湖街、太湖街、洪湖二街(省残中专)、于洪新村、铁西森林公园、康利汽车公司、肇工街、启工街、卫工街、保工街、兴顺街、铁西广场、云峰街、兴工街、胜利南大街、民族街、铁路中学、和平广场、中兴街、振兴街、南湖公园、盛京医院南湖院区、展览馆、陆军总院、南塔、南塔鞋城、万柳塘路、南塔客运站(早高峰有区间车:于洪新村——展览馆)
136	英守村——北站站前	英守村(丁香湖公园)、白山路、大芳士、保利上林湾、靓马新村、巴黎香榭、白山中路、万科四季花城、西江街、怒江北街、龙逸花园、北方医院、香炉山路、新乐宿舍、新乐遗址、凤凰饭店、辽宁大厦、北陵公园、辽宁中医、黑龙江街、松花江街、宁山路小学、省消防总队、市建委、沈阳北站、北站站前
138	沈阳医学院——马路湾	沈阳医学院、何氏眼科医院、百花山路、国奥现代城、赤山路、川江街、松山小区、黑山路、五彩新村、陵西二小区、四十中学、北方医院、香炉山路、新乐宿舍、新乐遗址、辽宁大厦、实验中学、宁山中路、岐山路、第四医院、皇寺广场、民族电影院、北市场、八一公园西门、中山路、市自来水公司、八纬路、九纬路、马路湾
140	新湖小区——上木厂	新湖小区、和平家园、虹桥路、霁虹街、光明街(兴工北街)、西塔、民族电影院、北市场、北三经街、市中级法院、清真寺、市信访大厅(太清宫)、小北门、中街、故宫西华门、市环保局、大南门、小河沿、大东门、大东车库、小什字街、大东边门、滂江街、长安小区、二四五医院、东塔机场、东塔、八里堡、凌云街、方凌路、上木厂
141	道义开发区——兴华公园	道义开发区、辽宁美术学院、正良村、正良二路、沈阳师范大学、四台子、四台子检车线、沈阳医学院、何氏眼科医院、国奥现代城、赤山路、川江街、松山小区、黑山路、五彩新村、陵西二小区、教师公寓、教师新村、红田地产、格林阳光、格林梦夏、怒江北街、市委党校、怒江广场、怒江街、小白楼、东北玩具城、天山路(淮河南街)、光明街、重型机械厂、兴华北街、铁西区政府、兴华北街北四东路、铁西广场、铁西百货、兴华公园
146	华瑞家园——奥体中心枢纽站	华瑞家园、营城子、后桑林子、璟悦香湾、上深沟建材市场、金水湾家园、大甸子、教场、文澜苑、坤泰新界、营盘、奥体中心、奥体中心枢纽站、新华社
147	小北一路——莲花街	小北一路、沈阳国际服装城、兴华北街(重型)、和平家园、虹桥路、霁虹、富云花都、克俭小区、珠江桥、天山路、华山路、珠江街、碧塘公园、第四医院、昆山东路、肇东街、北京街、家乐福超市、省高法、小北边门、沈阳大学南门、八王寺、大北横街、横街、大什字街、大悦城、小什字街、大东边门、世纪联华、滂江市场、莲花街

线路	起始站点	途　经　站　点
148	东陵公园——沈阳北站	东陵公园、前陵堡、东陵路(绕城高速)、沈阳农业大学、农科院(马官桥)、辽宁省农业技术学校、榆树屯、东北汽贸(新立堡)、一汽福达、八家子、水晶城、水暖城、观泉路、东毛君屯、世捷教育、铁路物资公司、东建街、沈阳东站、东辽街(山川喜悦都)、第一四一中学、北海街(工农路)、市骨科医院、大东工人俱乐部、辽沈二街(吉祥三路)、文华园小区、洮昌小区、沈阳大学南门、小北边门、省高法、家乐福超市、沈阳北站
149	陶林居——三菱发动机厂北门	陶林居、兴顺街、铁西广场、云峰街、兴工街、胜利南大街、民族街、太原南街、南十马路、新华路、砂川街南、砂山、玉屏路、胜利桥北、万科城、格林生活坊、长白西路、下夹河、中海国际社区、沙岗子、上夹河、金家湾东、前榆树台、三菱发动机厂北门
150	三菱发动机厂北门——大悦城	三菱发动机厂北门、三菱发动机厂、沈营路、东大软件园、变压器研究所、东海电子、海外学子园、亚泰花园、区政府、报业印务中心、21世纪广场、辽宁移动通信、彩霞街公铁桥、彩霞街、泛华广场、奥体中心、新华公寓、艺术家园、富民桥、出租汽车公司、沈阳客运集团、泉园广场、血磁医院、万柳塘公园、大南边门、第二十七中学、大南街、大南门、小河沿、大东门、大东路、大悦城
151	二台子街——十二纬路(第七医院)	二台子街总站、望花新村、二台子街、沈铁路、沈阳宝钢、钢花小区、东建街(化工设备厂)、东站街、康福食品、新颖宾馆、东辽街、北海街、文华园小区、辽沈二街、如意三路、工农路、草仓路、东边城街、市群众艺术馆、大悦城、小什字街(天龙家园)、大东路、大什字街(魁星楼路)、小河沿、大南门、市环保局、沈州路、风雨坛、五爱市场西区、第七中学、顺通路、大西菜行、十三纬路、十二纬路(第七医院)
152	沈阳理工大学——沈阳北站	沈阳理工大学、嘉华新城、嘉华学校、文源街、文澜苑、教场、飞云路、金辉街、市气象局、浑南交通局、会展中心、女人街、新华社、五里河公园、夏宫、五里河茂业中心、彩电中心、展览馆、盛京医院南湖院区、南湖公园、振兴街、省委、市体育局、体育广场、中山公园、市文化宫、沈阳站、沈阳站北、太原北街、西塔、北市场西口、皇寺广场、总站路、北京街、沈阳北站
153	胡台新城——和泰馨城停车场	胡台新城、繁荣三路、后胡台、宋岗、前七线、昂邦牛、集贤、诺木珲、沙坨、新蔡线、繁荣、爱国、西爱线、兴盛、后民屯、东民、宏发小学、宏发家具、和泰馨城、东平湖街
154	东软软件园——大润发和平店	东软软件园、变压器研究所、亿达唯美品格、东海电子、海外学子园、亚泰花园、区政府、报业印务中心、21世纪广场、彩霞街公铁桥、榆树路、豪华拉闸门厂、昌盛修配厂、浑南大道、伊丽雅特湾、铸造厂、上夹河、沙岗子、中海国际社区、下夹河、长白西路、特种电缆分厂、盛发花园、省体院、市第六医院、南七马路、和平广场、体育广场、市文化宫、大润发和平店
155	汪家——奥体中心	汪家、汪家新村、汪家鞋业园、汪家信用社、沈抚立交、石庙子、石庙子东街、刘付屯、东岗子、李巴彦、万家、杨官屯、沈阳出口加工区、水家屯、东亚国际城、浑南东路、沈阳建筑大学、沈音学院南校区、文汇街、南堤路、长青桥、万科金域蓝湾、朗月街、朗云街、河畔新城、艺术家园、新华公寓、奥体中心
156	中学堂路——沈阳北站北	中学堂路、小什字街(鸿基园小区)、大北关街(枫合万嘉)、八王寺街、甘泉路、小北街、天后宫、市物价局、第四十七中学、敬宾街、沈阳北站北
157	道义——五爱市场西区	道义、龙腾碧玉湾、瀚博皇家御湾、太湖国际花园、瀚博皇家御院、道义开发区、辽宁美术学院、正良村、沈阳师范大学、四台子、四台子检车线、沈阳医学院、七三九医院、何氏眼科医院、百花山路、松陵文化宫、三台子、沈飞集团、航空博览园、客运出租公司、金山小区、北陵东门、武功山小区、省游泳馆、松花江街、宁山路小学、省消防总队、敬宾街、省高法、市物价局、天后宫、太清宫、小西门、大西门、沈州路、风雨坛、五爱市场西区

线路	起始站点	途 经 站 点
157(支线)	雷明雅阁——五爱市场西区	雷明雅阁、诚信食品、辽宁美术学院、正良村、沈阳师范大学、四台子、四台子检车线、沈阳医学院、七三九医院、何氏眼科医院、百花山路、松陵文化宫、三台子、沈飞集团、航空博览园、客运出租公司、金山小区、北陵东门、武功山小区、省游泳馆、松花江街、宁山路小学、省消防总队、敬宾街、省高法、市物价局、天后宫、太清宫、小西门、大西门、沈州路、风雨坛、五爱市场西区
159	山水文园——皇寺广场	山水文园、毛望公路、东山嘴子、华晨汽车、陶瓷城、东陶路、沈阳宝钢(钢花小区)、东建街(化工设备厂)、东站街、康福食品、新颖宾馆、东辽街、北海街、市胸科医院、沈阳北方客运公司、北方客运公司、沈阳大学、望花南街、小北二库、市物价局、天后宫、太清宫、清真寺、市中级法院、市政府、北京街、皇寺广场
161	六号街——北行	张士六号街、丽水金阳、翟家、宁官市场、沈辽路(东方家园)、杨士、鹏程花园、山东堡、三隆碧桂园、新型建材厂、鼓风机一分厂、冶金机械公司、老年病院、肇工南街(路官)、劳动公园、工人村、南十西路、启工机械学校、卫工南街、保工南街、第五医院、中国家具城、兴华公园、铁西百货、铁西广场、云峰街、兴工街、建设东路、北四东路、北三东路、兴工北街、霁虹街、光明街(兴工北街)、天山路、华山路、北行
162	西三家子——铁西广场	西三家子、望花三小、东机正门、老年公寓、沈阳职业技术学院、劳动广场、西门、望花新村木材市场、东方欧博城、望花立交桥、金山路、城建北尚、富丽阳光、中驰汽贸、剑苑小区、梨园剧场、长客总站、北塔、省教育厅、华商晨报、黑龙江街、辽宁中医、市金融学校、辽宁大学、宁山路、北行、碧塘公园、华山路、天山路、光明街(兴工北街)、霁虹街、兴工北街、北三东路、北四东路、建设东路、兴工街、云峰街、铁西广场
163	汾河街——观泉路	汾河街、虹桥中学、太平庄、崇山西路、延河街、怒江街、荆江街、大渡河街、北行、北行(长江街)、碧塘公园、第四医院、昆山东路、北京街、沈阳北站、惠工广场、家乐福超市、省高法、小北二库、望花南街、沈阳大学、北方客运公司、九一八历史博物馆、通利汽车公司、上园路、上园小区、小二台子、三洋空调、沈铁路东、大二台子、观泉路(大二台子)
165	苏家屯沙柳路——家乐福铁西金牛店	苏家屯沙柳路、苏家屯客运站、民主路、牡丹街、铁路客车厂、山榆路、十里锦城、木材防腐厂、大官房、可济药业、玉皇药业、加工厂宿舍、馨丽康城、九洲湾景汇、环城高速、金家湾、新加坡城、马总屯、万科城、胜利桥北、玉屏路、砂山、砂山商店、滑翔路、生日城、腾飞一街、盛京医院滑翔院区、家乐福铁西金牛店
166	恒大绿洲——金杯汽车制造有限公司	恒大绿洲、南阳湖街(碧桂园银河城)、金龙湖街(汪河路)、大通湖街(汪河路)、于洪新城、阳光100新城、汪河路、凌空二街、生日城、滑翔路、砂阳桥、省妇婴医院、市第六医院南、省体院、盛发花园、文体西路、安全教育学校、东北大学、市交通局、三好街、市图书馆、五里河茂业中心、彩电中心、教育学院、宏伟新都、东宇电器、南塔鞋城(天坛一街)、天坛小区、富民桥、溪林花园、丰乐二街、长青街小学、和泰东方园、万科花园新城、文化东路、金杯汽车制造有限公司
167	永盛水调歌城——张士四号街	细河南路、永盛水调歌城、于洪新城、汪河路、凌空二街、生日城、滑翔路、滑翔公园、天华医药、诗波特小区、沈辽东路(八一仓库)、南六东路、铁西区中心医院、铁西百货、勋望街、兴顺街、南八中路、第五医院、南十二路、沈阳工业大学、南十三路、南十四路、西部货运中心、肇工南街(路官)、长客西站、洪湖小区、洪湖二街、水产市场、燕塞湖街、张士开发区管委会、大明湖街、沈辽路(东方家园)、宁官市场、家宁花园、广全中学、张士四号街
168(北线)	沈阳北站——秀湖广场	沈阳北站、市建委、敬宾街、省高法、小北边门、沈阳大学南门、八王寺、大北横街、横街、小津桥、小什字街(大东区政府)、市群众艺术馆、天江老龙口、珠林桥、沈海热电厂、一汽惠华、二〇一、辽宁奥通、良城美景、东北汽贸(新立堡)、榆树屯、辽宁省农业技术学校、农科院(马官桥)、沈阳农业大学、东陵路(绕城高速)、前陵堡、东陵公园、鸟岛、盛京高尔夫、欧陆风情小镇、桑提亚纳庄园、奥林匹克花园、世博园西门、世博园、海洋世界、上满堂、满族风情村、下木、中木、上木、清韵百园、棋盘山景区、冰川动物乐园、秀湖广场

线路	起始站点	途经站点
168(南线)	马路湾——秀湖广场	马路湾、招商银行、交通银行、二经街、大西边门、华新汽车租赁公司、沈州路、市环保局、大南门、小河沿、大东门、中街(小东门)、小津桥、小什字街(大东区政府)、市群众艺术馆、天江老龙口、珠林桥、沈海热电厂、一汽惠华、二〇一、辽宁奥通、良城美景、东北汽贸(新立堡)、榆树屯、辽宁省农业技术学校、农科院(马官桥)、沈阳农业大学、东陵路(绕城高速)、前陵堡、东陵公园、鸟岛、盛京高尔夫、欧陆风情小镇、桑提亚纳庄园、奥林匹克花园、世博园西门、世博园、海洋世界、上满堂、满族风情村、下木、中木、上木、清韵百园、棋盘山景区、冰川动物乐园、秀湖广场
168(支线)	秀湖广场——花果山神秘谷	秀湖广场、影视基地、棋盘山风景区北门、毛望路、望滨派出所、望滨办事处、花果山神秘谷
168(支线)	世博园——沈阳碧桂园	世博园、沈阳碧桂园
169	水晶城——长白港湾站	水晶城、八家子、一汽福达、良城美景、辽宁奥通、新东安居小区、八里堡小学、东陵环卫所、八里堡、凌云街、方凌路、上木厂、东陵油库、凌云公司、德氏冷饮、方芳园小区、方家栏、金杯汽车制造有限公司、文化东路、黄金学院、富民街、出租汽车公司、东陵区政府、南塔鞋城、南塔、陆军总院、彩电中心、青年大街、百脑汇、三好街、新世界花园、三好桥、丽湾体育公园、长白港湾站
175	包道屯——圣工街	包道屯、包道社区、辉山路川江街、川江街千山西路、川江街赤山路、赤山路川江街、长江街松山小区、长江街黑山路、长江街五彩新村、长江街陵西二小区、第四十中学、长江街北方医院、长江街铸铁管件厂、长江街第九印刷厂、长江街沙河子小区、长江街泰山路、长江街建赏欧洲、辽宁大学、长江街宁山路、岐山路北行、岐山路珠江街、岐山路荆江街、怒江街岐山路、昆山路怒江街、小白楼、中海寰宇天下、昆山路塔湾、昆山路塔湾西、昆山路前塔湾、向工一校、飞跃实验中学、向工街明廉路、卫工街北一路、卫工街北二路、卫工街北三路、北四路卫工街、圣工街
176	砂山街——家乐福塔湾店	砂山街、河北街、万和花园、砂山商店、滑翔路、生日城、盛京医院滑翔院区、万科花园、南滑翔路、艳粉新村、艳粉街、南十二路、南十中路(市第五医院)、九路市场、九路家具城、兴顺街、保工南街(香江大市场)、卫工南街、建设西路、建设中路、北四中路、卫工北街(红梅集团)、卫工北街北二中路、北一中路(铸造博物馆)、向工街、商业学校(明廉市场)、向工小学、前塔湾、塔湾、家乐福塔湾店
177	大溪地——沈阳北站	大溪地、东北育才、沈北路(新城路)、人和街、水木康桥、辽宁装备学院、蒲河新城管委会、通远街、闽南石材城、兴农路、奥森环境公司、赵家沟(回龙岗)、王家沟、上王家沟、八棵树、罗家沟、南赵家沟、祥和汽校、山水文园、东山嘴子、陶瓷城、观泉路、中铁物资集团、建筑机械厂、沈阳东站北、明堂街、联合路、东辽街、北海街、辽沈二街、洮昌小区、沈阳大学南门、小北边门、省高法、敬宾街、市建委、沈阳北站
178	郭七——长客总站	郭七、蒲昌路、郭七路口、沈北巴士、沈师大北门、正良村、正良二路、沈阳师范大学、四台子、四台子检车线、万山路、梅江街、北三台子、第九十七中学、三台子一校、辉山路、三台子、沈飞四中(第110中学)、沈飞集团、航空博览园、客(支线)郭七——蒲河大道郭七、沈北路(孝信)、尚小街、蒲河大道(碧桂园太阳城)
179	蒲河镇——五爱市场	蒲河镇、蒲河大路、禾丰牧业、黄泥河子、香雪面粉、安宁医院、飞龙包装、大志新村、大洼、沈阳机电市场、王家沟、东山公墓、大富豪家俬、榆林堡、省劳经学校、前进乡政府、化工油漆厂、大二台子、沈铁路东、三洋空调、小二台子、上园小区、有机玻璃厂、联合路、文华园小区、辽沈二街、莱茵河畔、天江老龙口、市群众艺术馆、小什字街(大东区政府)、小津桥、中街(小东门)、大东门、小河沿、大南门、五爱市场
180	北苑绿洲——育才双语学校	北苑绿洲、自来水五厂、弓匠屯、俪景小区、太湖国际、道义镇、道义开发区、沈北路、祥瑞小区(招商银行)、沈阳航空工业学院、辽宁美术学院正门、郭七、水晶蓝湾、孝信、光电产业园、小桥道口、经济干部学院、省城建技校、双楼子、市汽车工程学校、沈阳化工学校、虎石台大街、大古城子、矿务局中学、黄楼、虎石台镇政府、兴盛街、辽宁交通高等专科学校、省金融职业学院、省交校南门、虎石台管委会(詹屯)、蒙牛乳业、柳岗屯、欧盟工业园、捷众汽车配件、吉隆公司、新东方供热、辉山大街、冯道社区、翔宇中学、蒲河新城管委会、辽宁装备学院、水木康桥、人和街、沈阳二中辉山校区、育才双语学校、天时街、金河湾、棋盘山西门、宋家沟、沈棋路、上木匠、下木匠、满族风情村、满堂村、海洋世界、世博园

线路	起始站点	途 经 站 点
181	广业西路西湖俪景东——盛京医院滑翔院区	广业西路西湖俪景东、东平湖街世代书香、东平湖街第五十六中学、东平湖街红旗石材城、东平湖街姚家、东平湖街新塔湾钢材市场、东平湖街于洪职教中心、东平湖街于洪动监、东平湖街沈胡公路、东平湖街和泰馨城、东平湖街、北李官、巢湖街、太湖街、太湖街于洪家乐福、于洪广场、于洪南里、强工二街南十西路、南十二路铁西劳动局、南十二路重工南街、南十二路赞工街、南十二路劳动公园、南十二路卫工南街、南十三路保工南街、南十三路、沈阳工业大学、铁西万达广场、云峰南街、第十五中学、盛京医院滑翔院区
188	百荷湾——马路湾	百荷湾、白塔堡、白塔市场、阳光新嘉园、浑南开发区、沈营支路、万科新榆公馆、糖厂子、世纪路(亚泰花园)、区政府、报业印务中心、21 世纪广场、浑南新区医院、榆树路、豪华拉闸门厂、昌盛修配厂、浑南大道、伊丽雅特湾、临波路浦江御品、夹河村、滨堤路、翰逸华园、新世界花园、三好街、百脑汇、沈阳音乐学院、盛京医院南湖院区、鲁迅美术学院、领事馆、五经街、省水利厅、光荣街、马路湾
190	环北家园——皇姑屯火车站	环北家园、环际酒店、新北浅食品、沈阳计算机学校、方溪湖村、沈师大附属学校、沈师大学生公寓、四台子检车线、沈阳医学院、何氏眼科医院、国奥现代城、松山路、松山小区、黑山路、五彩新村、陵西二小区、四十中学、北方医院、第九印刷厂、沙河子小区、泰山路、长江街、辽宁大学、宁山路、北行、碧塘公园、华山路、珠江街、皇姑公安分局、怒江街、皇姑屯火车站
201	新湖小区——西部货运中心	新湖小区、北一东路、光明街、重型机械厂、兴华北街、铁西区政府、兴华北街北四东路、铁西广场、铁西百货、兴华公园、南十东路、沈阳工业大学东门、艳粉街、齐贤街、西部货运中心
202	河北街——塔南公园	河北街、万和花园、砂山商店、砂山体育场、南十马路、太原南街、东北汽配商贸中心、南五马路、沈阳站、沈阳站北、兴工北街、霁虹、富云花都、克俭小区、珠江桥、珠江街(新安江街)、皇姑屯火车站、天山路西口、同江街、小白楼、东北玩具城、昆山西路、崇山西路、太平庄、塔湾邮局、塔南公园
203	艳粉新村——沈阳北站	艳粉新村、南滑翔路、万科花园、盛京医院滑翔院区、滑翔二小区、天华医药、诗波特小区、兴工南街、东北汽配商贸中心、南五马路、沈阳站、太原街、中华路、马路湾、九纬路、八纬路、市自来水公司、中山路、八一公园西门、北市场、北京街、哈尔滨路、惠工广场、沈阳北站
204	和泰馨城——沈阳站北	和泰馨城、洪汇路、东平湖北街、北李官、巢湖街、太湖街、洪湖二街(省残中专)、于洪新村、南七西路、重工南街南十西路、肇工南街、启工街二校、卫工南街、保工南街、南八中路、香江大市场、市交通技术学校、北三路、保工北街北二中路、景星街、兴华北街、云峰北街、兴工北街、沈阳站北
205	富山花园——沈阳站北	富山花园、金山路(东窑)、鸭绿江街、鸭绿江街(富丽阳光)、陵东装饰材料市场、北陵东门、省军区北门、北陵公园、辽宁中医、市金融学校、辽宁大学、百鸟公园、市委党校、汾河街、太平庄、塔湾邮局、塔湾、肉食加工厂、第一粮库、保工北街北二中路、景星街、兴华北街、云峰北街、兴工北街、沈阳站北
206	沈阳化工学院——沈阳站	沈阳化工学院、化工学院东门、工业大学中央校区(北门)、开发区中央大街、翟家乡政府、翟家开发区、家宁花园、宁官市场、沈辽路(东方家园)、杨士、鹏程花园、山东堡、三隆碧桂园、新型建材厂、鼓风机一分厂、冶金机械公司、老年病院、肇工南街(路官)、西部货运中心、齐贤街、艳粉街、沈阳工业大学东门、云峰南街、沈后招待所、兴工南街、东北汽配商贸中心、南五马路、沈阳站
207	大悦城——沈阳工业大学	大悦城、小津桥、大北门、小北门、中街、小西门、大西门、沈州路、五爱市场西区、第七中学、大西菜行、十三纬路、五经街、光荣街、中山公园东门、马路湾、中华路、太原街、沈阳站、南五马路、兴工街、云峰街、铁西广场、兴顺街、南八中路、第五医院、沈阳工业大学

线路	起始站点	途经站点
208	保利上林湾——沈阳站北	保利上林湾、保利上林湾社区、大芳士、白山路、钢材市场、宠物市场、东北汽配市场、向工北小区、向工小学、商业学校(明廉市场)、向工街、明廉路、食品公司、保工北街、沈阳国际服装城、光明街、重型机械厂、兴华北街、云峰北街、兴工北街、沈阳站北
209	东北汽配城——沈阳北站	东北汽配城、向工北小区、向工一校、昆山路前塔湾、昆山路塔湾、中海寰宇天下、小白楼、昆山路怒江街、昆山路荆江街、昆山路珠江街、碧塘公园南、昆山路第四医院、皇寺广场、市检察院、北市场、北三经街市府大路、市人大、北京街、沈阳北站
210	金山小区——马路湾	金山小区、北陵东门、省军区北门、北陵公园、辽宁中医、市金融学校、辽宁大学、宁山路、北行、皇姑法院、华山路、天山路、光明街(兴工北街)、霁虹街、兴工北街、沈阳站北、太原街北口、医科大学、马路湾
211	大北门——陶瓷城	大北门、横街、枫合万嘉、第五中学、大北边门、市骨科医院、新生二街、明堂街、沈阳东站北、建筑机械厂、中铁物资集团、观泉路、东陶路、陶瓷城
212	普公园——东机正门	科普公园、文萃路、陆军总院、地王国际花园、交通执法支队、五爱市场西区、风雨坛、沈州路、大西门、小西门、太清宫、天后宫、市物价局、小北二库、望花南街、沈阳大学、北方客运公司、九一八历史博物馆、通利汽车公司、紫竹茗郡、圣淘沙家园、望花立交桥、东方欧博城、望花新村木材市场、西门、建新街、正新路、东机正门
213	南塔汽车公司——乐购超市	南塔汽车公司、纺织研究院、宏伟新都、南塔、省医院东门、大南边门、建设大厦、成城花园、小南街(南关路)、辽宁奉天中医院、五爱市场西区、五爱市场、大南街、大南门、故宫东华门、商业城(钟楼)、大北门、横街、枫合万嘉、第五中学、大北边门、市骨科医院、第二十八中学、市胸科医院、沈阳北方客运公司、长客总站、北塔、省教育厅、华商晨报、黑龙江街、辽宁中医、北陵公园、辽宁大厦、乐购超市
214	浑南管委会——龙江广场	浑南管委会、辽宁移动通信、彩霞街公铁桥、彩霞街、浑河堡南、泛华广场、浑河堡、浦江苑、新华社、五里河公园、夏宫、五里河茂业中心、彩电中心、华润中心、青年公园、彩电塔、大西菜行、市委、一经街、市府广场、市政府、北京街、沈阳有线电视台、龙江广场(214 路早晚高峰时期有区间车“泛华广场——龙江广场”)
214 支线	浑南管委会——环城高速下深北口	浑南管委会、LG 电子、环城高速下深北口
215	泰山路——莲花街	泰山路、长江街、辽宁大学、宁山路、北行、碧塘公园、第四医院、皇寺广场、民族电影院、北市场、北三经街、市府广场、小西路、小西门、中街、故宫西华门、市环保局、小河沿、大东车库、大东路、省肿瘤医院(四六三医院)、万泉公园东门、莲花街
216	保工南街(南十四路)——沈阳北站	保工南街(南十四路)、南十三路、艳粉街、沈阳工业大学东门、南十东路、兴华公园、铁西百货、铁西广场、云峰街、兴工街、南五马路、沈阳站、沈阳站北、太原北街、铁路局、西塔、民族电影院、北市场、北三经街、市政府、惠工广场、沈阳北站
217	北三台子——沈阳北站	北三台子、第九十七中学、三台子一校、辉山路、三台子、沈飞四中(第 110 中学)、松山路、二四二医院、省中医二院、新乐宿舍、凤凰饭店、辽宁大厦、北陵公园、辽宁中医、宁山东路、省公安厅、昆山东路、北京街、沈阳北站
218	东陵公园——大东门	东陵公园、前陵堡、东陵路(绕城高速)、沈阳农业大学、农科院(马官桥)、辽宁省农业技术学校、榆树屯、东北汽贸(新立堡)、良城美景、辽宁奥通、二〇一、一汽惠华、沈海热电厂、珠林桥、天江老龙口、市群众艺术馆、小什字街(大东区政府)、小津桥、中街(小东门)、大东门

线路	起始站点	途 经 站 点
219	王家沟——五爱市场	王家沟、东山公墓、大富豪家私、榆林堡、省劳经学校、前进乡政府、化工油漆厂、大二台子、沈铁路东、三洋空调、小二台子、上园小区、有机玻璃厂、第二十八中学、市骨科医院、莱茵河畔、天江老龙口、市群众艺术馆、小什字街(大东区政府)、小津桥、中街(小东门)、大东门、小河沿、大南门、五爱市场
219 区间	前进乡政府——五爱市场	前进乡政府、化工油漆厂、大二台子、沈铁路东、三洋空调、小二台子、上园小区、有机玻璃厂、第二十八中学、市骨科医院、莱茵河畔、天江老龙口、市群众艺术馆、小什字街(大东区政府)、小津桥、中街(小东门)、大东门、小河沿、大南门、五爱市场
220	金山小区——沈阳站	金山小区、北陵东门、省军区北门、北陵公园、辽宁中医、宁山东路、省公安厅、昆山东路、北京街、市人大、八一公园、辽宁日报社、和平北大街、中山广场、医科大学、太原街、沈阳站
221	沈阳东站——沈阳站	沈阳东站北、明堂街、新生二街、市骨科医院、大北边门、第五中学、枫合万嘉、横街、小北街、太清宫、清真寺、市中级法院、八一公园、辽宁日报社、沈阳日报社、交通银行、招商银行、马路湾、太原街、沈阳站
222	大北门——长白五路	大北门、小北门、中街、故宫西华门、市环保局、沈州路、风雨坛、五爱市场西区、交通执法支队、地王国际花园(青年公园)、华润中心、鲁迅美术学院、盛京医院南湖院区、沈阳音乐学院、百脑汇、华强广场(三好街)、新世界花园、三好桥、丽湾体育公园、格林生活坊、长白二街、长白五路
222 复线	大北门——胜利南街湾景汇	大北门、小北门、正阳街中街、故宫西华门、小南门市环保局、风雨坛街沈州路、风雨坛街热闹路、风雨坛街五爱西区、风雨坛街西滨河路、青年公园南、文艺路华润中心、三好街鲁美学院、三好街盛京医院、三好街音乐学院、三好街百脑汇、三好街华强广场、三好街新世界花园、三好桥北、长白西路丽湾国际、长白西路格林生活坊、长白二街长白西路、长白二街长白五路、胜利南街公交派出所、胜利南街新加坡城、胜利南街鲜族学校、胜利南街金家湾、胜利南街环城高速、胜利南街沙场、胜利南街公铁桥、胜利南街湾景汇北、胜利南街湾景汇
223	和泰东方园——南一马路	和泰东方园、万科花园新城、汽车制造厂、长青街、泉园一路、万泉实业公司、东方宾馆、翠园小区、大南街、五爱市场、五爱市场西区、第七中学、顺通路、大西菜行、十三纬路、五经街、光荣街、和平大街、体育广场、中山公园、市文化宫、南一马路
224	杨官屯——沈阳北站	杨官屯、杨官、沈阳出口加工区、水家屯、浑南东路、沈阳建筑大学、张官、沈音南校区、在水一方社区、和泰东方园、万科花园新城、汽车制造厂、黄金学院、富民街、出租汽车公司、东陵区政府、南塔鞋城、南塔、陆军总院、地王国际花园、交通执法支队、五爱市场西区、风雨坛、沈州路、大西门、小西门、太清宫、天后宫、房产超市、惠工广场、沈阳北站
224 区间	张官屯——沈阳北站	张官、沈音南校区、在水一方社区、和泰东方园、万科花园新城、汽车制造厂、黄金学院、富民街、出租汽车公司、东陵区政府、南塔鞋城、南塔、陆军总院、地王国际花园、交通执法支队、五爱市场西区、风雨坛、沈州路、大西门、小西门、太清宫、天后宫、房产超市、惠工广场、沈阳北站
225	东塔机场——南一马路	东塔机场、江东街、莲花街、四六三医院、省东方医院、煤炭设计院(荣昌集团)、科学家花园、万柳塘公园、省医院、小南边门、五爱街、地王国际花园、陆军总院、展览馆、盛京医院南湖院区、南湖公园、方型广场、光荣街、市体育局、中山公园、市文化宫、南一马路
226	于洪区委——和平广场	于洪区委、黄海路、于洪广场、于洪南里、轻工街、重工南街南十西路、肇工南街、启工街二校、卫工南街、保工南街、第五医院、中国家具城、兴华南街、云峰南街、沈后招待所、兴工南街、东北汽配商贸中心、太原南街、新华广场、和平广场
227	金山小区——煤炭设计院	金山小区、北陵东门、省军区北门、北陵公园、辽宁中医、黑龙江街、松花江街、宁山路小学、省消防总队、敬宾街、省高法、市物价局、天后宫、广宜街、太清宫、小西门、大西门、沈州路、风雨坛、五爱市场、大南街、先农坛路、煤炭设计院

线路	起始站点	途 经 站 点
228	宠物市场——小河沿	宠物市场、东北汽配市场、向工北小区、向工小学、前塔湾、塔湾、塔湾邮局、太平庄、汾河街、市委党校、怒江广场、辽宁大学(金沙江街)、北行、宁山中路、地质局、北陵电影院、宁山路小学、省消防总队、敬宾街、家乐福超市、惠工广场、市政府、小西路、小西门、中街、故宫西华门、市环保局、大南门、小河沿
229	沈阳东站——沈阳北站	沈阳东站、沈阳东站北、明堂街、新生二街、市骨科医院、第二十八中学、市胸科医院、沈阳北方客运公司、北方客运公司、沈阳大学、望花南街、小北二库、省高法、惠工广场、沈阳北站
230	新东安居小区——沈阳北站	新东安居小区、丰城公交公司、黎明文化宫、二〇四、和睦路、珠林桥、天江老龙口、市群众艺术馆、小什字街(大东区政府)、小津桥、大北门、小北门、市信访大厅(太清宫)、清真寺、市中级法院、市政府、惠工广场、沈阳北站
231	金山小区——天华医药	金山小区、北陵东门、省军区北门、北陵公园、辽宁大厦、实验中学、宁山中路、岐山路、第四医院、皇寺广场、北市场西口、沈医二院、北六马路、医科大学、中华路、中山公园、体育广场、铁路中学、新华广场、南十马路、南十二马路、省妇婴医院、砂阳桥、滑翔路、腾飞一街、滑翔公园、天华医药
232	三台子——沈阳站	三台子、松陵文化宫、松山路、二四二医院、省中医二院、新乐宿舍、新乐遗址、辽宁大厦、实验中学、宁山中路、岐山路、第四医院、皇寺广场、北市场西口、沈医二院、北六马路、太原街北口、沈阳站北、沈阳站
235	丁香湖畔新城——马路湾	丁香湖畔新城、丁香屯、丁香小学、广业西路、广业路、薄板厂、长城宾馆、东北制药厂、肇工北街、北启工街、卫工北街北二中路、电池厂、保工北街北二中路、景星街、兴华北街、云峰北街、兴工北街、沈阳站北、太原街、南京街、九纬路、马路湾
236	蒲河大道——沈阳北站	蒲河大道、瀚博皇家御湾、太湖国际花园、瀚博皇家御院、道义开发区、辽宁美术学院、正良村、正良二路、沈阳师范大学、四台子、四台子检车线、沈阳医学院、何氏眼科医院、国奥现代城、松山路、松山小区、黑山路、五彩新村、陵西二小区、四十中学、北方医院、第九印刷厂、沙河子小区、泰山路、长江街、辽宁大学、宁山路、北行、碧塘公园、第四医院、昆山东路、沈阳北站北、市建委、沈阳北站
237	和睦路——铁西广场	和睦路、二〇四、三家子、善邻路、航天新光集团、东塔、东塔机场、二四五医院、长安小区、滂江街、大东边门、小什字街、大东车库、大东门、小河沿、大南门、市环保局、沈州路、大西门、天光街、大西边门、二经街、交通银行、招商银行、马路湾、中华路、太原街、沈阳站、南一马路、南五马路、兴工街、云峰街、铁西广场
238	天泰翰宇苑——五爱市场西区	天泰翰宇苑、沈阳建筑大学、氧气厂宿舍、氧气厂、精神卫生中心、孤家子、金地国际花园、沈阳乐府艺术学校、坤泰新界、营盘、奥体中心、新华社、夏宫、五里河茂业中心、彩电中心、华润中心、青年公园、彩电塔、第七中学、五爱市场西区
239	康利汽车公司——泉园小区	康利汽车公司、肇工街、启工街、卫工街、保工街、兴顺街、铁西广场、云峰街、兴工街、胜利南大街、民族街、铁路中学、和平广场、中兴街、振兴街、南湖公园、盛京医院南湖院区、展览馆、陆军总院、南塔、南塔鞋城、东陵区政府、出租汽车公司、沈阳客运集团、泉园一路、泉园小区
240	世纪联华超市——马路湾	铁西教师新村、世纪联华超市、南十三西路、万聚隆超市、勋业三路、劳动公园、工人村、南十西路、肇工南街南七西路、肇工街、启工街、卫工街、保工街、兴顺街、铁西广场、云峰街、兴工街、南五马路、南一马路、沈阳站、太原街、马路湾、马路湾公交总站
241	广业路——长客西站	广业路、薄板厂、长城宾馆、东北制药厂、北三西路、水泵总厂、北四西路、第二水泵厂、南七西路、重工南街南十西路、南十二西路、南十三西路、西站桥头、长客西站
242	金山小区——南十四路	金山小区、北陵东门、省军区北门、北陵公园、辽宁大厦、泰山路、辽宁大学、宁山路、北行、碧塘公园、珠江街、昆山中路、怒江街、小白楼、车辆厂、塔湾、塔湾街、肉食加工厂、第一粮库、保工北街北二中路、北三路、市交通技术学校、香江大市场、南八中路、南十中路、南十二路、南十四路

线路	起始站点	途 经 站 点
243	东陵西路——沈阳站北	东陵西路、新东三街、丰城公交公司、黎明文化宫、二〇四、和睦路、珠林桥、天江老龙口、市群众艺术馆、小什字街(大东区政府)、小津桥、大北门、小北门、市信访大厅(太清宫)、清真寺、市中级法院、北三经街、北市场、民族电影院、西塔、市交通医院、沈阳站北
244	东北大学——沈阳北站	东北大学、安全教育学校、文体西路、盛发花园、省体院、市第六医院、南湖公园西门、方型广场、南湖公园、盛京医院南湖院区、展览馆、华润中心、青年公园、彩电塔、大西菜行、市委、一经街、市府广场、市政府、惠工广场、沈阳北站
245	北陵东门——南塔客运站	北陵东门、省军区北门、北陵公园、辽宁中医、黑龙江街、华商晨报、省教育厅、北塔、长客总站、沈阳北方客运公司、市胸科医院、第二十八中学、市骨科医院、工农路、莱茵河畔、珠林桥南、矿山机器厂、矿山文化宫、世纪联华、滂江市场、汽车装具厂、万莲路、万泉旅社、沈空司令部、南塔电子市场、南塔客运站
246	方凌路——沈阳站	方凌路(上木厂)、东陵油库、凌云公司、德氏冷饮、方芳园小区、方家栏、东陵加工厂、六〇六所、万莲小区、万莲路、东方宾馆、翠园小区、大南街、五爱市场、五爱市场西区、交通执法支队、彩电塔、鲁迅美术学院、领事馆、南五经街、省水利厅、光荣街、市体育局、中山公园、市文化宫、沈阳站
247	玉屏路——家乐福超市	玉屏路、万和花园、河北街二校、南京南街(砂山货运站)、省妇婴医院、市第六医院、南七马路、省委、中山公园东门、马路湾、九纬路、八纬路、市自来水公司、八一公园西门、北三经街、市人大、北京街、家乐福超市
248	大东门——东北玩具城	大东门、中街(小东门)、小津桥、大北门、小北门、市信访大厅(太清宫)、清真寺、市中级法院、北三经街、北市场、民族电影院、皇寺广场、长江南街、华山路、昆山中路、怒江街、小白楼、东北玩具城
249	万科四季花城——砂阳路	万科四季花城、皇姑热电厂、西江街、水榭花都、粮校、市委党校、怒江广场、昆山中路、珠江街、家具广场、储备局、西塔、铁路局、太原北街、太原街北口、中山广场、市自来水公司、物资局、沈阳日报社、第七医院、领事馆、南五经街、省水利厅、回民中学、方型广场、南湖公园西门、砂阳路
250	青阳四季园——龙江广场	青阳四季园、瑞丰嘉园、青阳四季园北门、方明街、中房凌云花园、民航南路江东街、六零六所、万莲小区、万莲路、市盲校万泉街、万泉公园西门、大什字街育才巷、大什字街大东路、大悦城、大什字街草仓路、横街、枫合万嘉、市第一医院、清泉路八王寺街、沈阳大学南门、小北边门、省高法、敬宾街、沈阳北站北、龙江广场
252	于洪新城管委会——沙河子	于洪新城管委会、大通湖街(惠泽园小区)、大通湖街、仙女河路、吉力湖街、细河路、东北机电五金城、南滑翔路、万科花园、凌空二街、生日城、滑翔公园、天华医药、诗波特小区、沈辽东路(八一仓库)、兴工街七马路、建设东路、北四东路、北三东路、兴工北街、北二马路、市交通医院、西塔、储备局、家具广场、碧塘公园、北行、宁山路、辽宁大学、市金融学校、实验中学、辽宁大厦、泰山路、沙河子小区、沙河子
253	辽宁美术印刷厂——市第六医院	辽宁美术印刷厂、北大营街、上园路、通利汽车公司、九一八历史博物馆、北方客运公司、沈阳大学、望花南街、小北二库、省高法、家乐福超市、惠工广场东、惠工广场、市府路、小西路、大西路、大西边门、二经街、第七医院、五经街、光荣街、和平大街、省委、南七马路、市第六医院
254	铁路局——新东安居小区	铁路局、太原北街、沈阳站北、北二马路、市交通医院、老道口、三洞桥、皇寺广场、北京街、哈尔滨路、友好街、令闻街、小北街、横街、大什字街、小什字街北口、东边城街、天江老龙口、珠林桥、沈海热电厂、一汽惠华、二〇一、辽宁奥通、新东安居小区
255	蒲河大道沈——沈阳站北	蒲河大道、瀚博皇家御湾、太湖国际花园、瀚博皇家御院、道义开发区、辽宁美术学院、正良村、正良二路、沈阳师范大学、四台子、四台子检车线、沈阳医学院、何氏眼科医院、国奥现代城、松山路、松山小区、固山路、阳光尚城、龙首山路、依云北郡、加州花园、大禹蘭庭花园、白山中路、万科四季花城、皇姑热电厂、西江街、水榭花都、粮校、昆山西路、小白楼、怒江街、珠江街、长江南街、储备局、西塔、铁路局、太原北街、沈阳站北

线路	起始站点	途 经 站 点
256	辽宁美术印刷厂——河北街	辽宁美术印刷厂、北大营街、上园路、上园小区、有机玻璃厂、辽沈二街、洮昌小区、沈阳大学南门、市物价局、天后宫、太清宫、清真寺、小西路、大西路、房地产大厦、热闹路、顺通路、大西菜行、十三纬路、五经街、省水利厅、回民中学、方型广场、南湖公园西门、市第六医院、市第六医院南、省妇婴医院、南京南街(砂山货运站)、砂山街、万和花园、河北街
257	家乐福铁西店——北中街	艳华街(家乐福铁西店)、艳粉街、艳粉新村、南滑翔路、万科花园、滑翔六小区、凌空二街、生日城、滑翔路、凌空一街、北滑翔路、沈辽路、东北汽配商贸中心、太原南街、南五马路、铁路中学、和平广场、中兴街、振兴街、方型广场、鲁迅公园、彩塔街(鲁迅美术学院)、华润中心、地王国际花园(青年公园)、五爱街、小南边门、省医院、大南边门、第二十七中学、大南街、大南门、故宫东华门、商业城(钟楼)、北中街
258	洮昌小区——艳粉新村	洮昌小区、第二十八中学、市骨科医院、大北边门、第五中学、枫合万嘉、横街、小津桥、大北门、小北门、太清宫、小西门、市红十字会医院、一经街、辽宁日报社、沈阳日报社、交通银行、第七医院、领事馆、鲁迅公园、方型广场北、方型广场、南湖公园西门、市第六医院南、省妇婴医院、砂阳桥、生日城、盛京医院滑翔院区、万科花园、南滑翔路、艳粉新村
259	望花新村——丰乐一街	望花新村、上海通用北盛汽车、海鲜市场、北大营街、上园路、华美英语学校(老瓜堡)、第二十八中学、市骨科医院、大北边门、第五中学、枫合万嘉、横街、小津桥、大悦城、小什字街(天龙家园)、大东路、省东方医院、先农坛路、科学家花园、万柳塘公园、南塔电子市场、南塔客运站、东陵区政府、出租汽车公司、富民街、黄金学院、文萃路(丰乐二街)、丰乐一街
260	中海城(北)——南通天街	中海城(北)、中海城、中海城(南)、西江街(白山中路)、大禹蘭庭花园、加州花园、教师新村、陵西二小区、四十中学、北方医院、第九印刷厂、沙河子小区、泰山路、长江街、辽宁大学、宁山路、北行、碧塘公园、第四医院、皇寺广场、民族电影院、北市场、北三经街、市中级法院、小西路、药王庙路、大西门、沈州路、市环保局、五爱市场、南通天街
261	曹后路——中山公园	曹后路、曹家屯、翟家开发区、家宁花园、宁官市场、沈辽路(东方家园)、杨士、鹏程花园、山东堡、三隆碧桂园、大通湖街(郑家)、仙女河北路、仙女河路、路官二街、西部货运中心、卫工南街(勋业三路)、劳动公园东门、南十西路(卫工街)、南九西路、保工南街、第五医院、中国家具城、兴华南街、沈辽东路、南七东路、兴工四校、兴工南街、东北汽配商贸中心、南五马路、沈阳站、太原街、中山公园
261 支	郎家圣新园——家宁花园	郎家圣新园、大于堡、小于堡、小于村委会、曹后路、曹家屯、翟家开发区、家宁花园
262	砂山——沈阳北站	砂山、砂川街、新华路、南九马路西、东北汽配商贸中心、南六马路、南五马路、沈阳站、沈阳站北、北二马路、市交通医院、老道口、西塔、北市场西口、皇寺广场、总站路、北京街、沈阳北站
263	御龙逸城——西塔	御龙逸城、方文路、方明街、方芳园小区、方家栏、汽车制造厂、黄金学院、富民街、沈阳客运集团、泉园广场、血磁医院、万柳塘公园、大南边门、建设大厦、南关小区、小南街(南关路)、辽宁奉天中医院、五爱市场西区、顺通路、大西菜行、十三纬路、五经街、光荣街、和平大街、中山公园东门、马路湾、中华路、太原街、沈阳站北、北二马路、市交通医院、西塔
264	长客西站——沈阳北站	长客西站公交总站、长客西站、南十三西路、南十二西路、重工南街南十西路、南七西路、肇工南街南七西路、市中心医院、卫工街、保工街(南七中路)、兴顺街、勋望街、铁西百货、铁西区中心医院、云峰街、兴工街、胜利南大街、市文化宫、中山公园、中华路、医科大学、北六马路、沈医二院、北市场西口、皇寺广场、总站路、北京街、沈阳北站
265	银山小区——丰乐二街	银山小区、北陵东门、省军区北门、北陵公园、辽宁中医、北陵电影院、宁山路小学、省消防总队、敬宾街、家乐福超市、惠工广场、市政府、八一公园、辽宁日报社、沈阳日报社、交通银行、第七医院、领事馆、鲁迅美术学院、盛京医院南湖院区、展览馆、陆军总院、教育学院、宏伟新都、东宇电器、南塔鞋城(天坛一街)、天坛小区、富民桥、溪林花园、丰乐二街

线路	起始站点	途经站点
266	人大附小沈阳分校——煤炭设计院	人大附小沈阳分校、于洪广场、于洪南里、轻工街、重工南街南十西路、南七西路、康利汽车公司、肇工街、启工街、卫工街、保工街、兴顺街、铁西广场、铁西百货、兴华公园、南十东路、沈阳工业大学东门、家乐福铁西店、盛京医院滑翔院区、生日城、滑翔路、砂阳桥、省妇婴医院、南十二马路、南十马路、新华广场、和平广场、省委、中山公园东门、招商银行、交通银行、二经街、大西边门、房地产大厦、五爱市场西区、五爱市场、大南街、先农坛路、煤炭设计院
267	丁香屯——沈阳北站	丁香屯、丁香小学、重工街广业路、北一路重工街、北一路肇工街、博宇金属贸易集团、北启工街北二西路、卫工北街北二路、向工街明廉路、飞跃实验中学、向工一校、昆山路前塔湾、昆山路塔湾西、中海寰宇天下、东北玩具城、小白楼、华山路怒江街、皇姑公安分局、华山路珠江街、华山路长江街、华山路东口、皇寺广场、哈尔滨路北京街、哈尔滨路华府天地、惠工广场、沈阳北站
267 支 A	薄板厂——大兴铸造厂	薄板厂、东药宿舍、丁红(丁香建材市场)、红旗台、第五十六中学、创奇游乐公司、双联电子公司、陈孤家子、大兴沙岗子、大兴街道、西桥、大兴学校、新光(新房子)、大兴铸造厂
267 支 B	薄板厂——援工村	薄板厂、东药宿舍、丁红(丁香建材市场)、红旗台、第五十六中学、创奇游乐公司、双联电子公司、陈孤家子、大兴沙岗子、大兴街道、西桥、大兴学校、新光(新房子)、大兴铸造厂、援工村
268	中海城(北)——砂山货运站	中海城(北)、中海城、中海城(南)、白山中路、万科四季花城、皇姑热电厂、西江街、水榭花都、粮校、昆山西路、小白楼、怒江街、皇姑公安分局、天山路、新湖小区、北一东路、光明街、重型机械厂、兴华北街、铁西区政府、兴华北街北四东路、铁西广场、云峰街、兴工街、兴工街七马路、沈辽东路(八一仓库)、沈辽路、北滑翔路、凌空一街、砂山商店、砂山货运站
269	于洪新城管委会——沈阳北站	于洪新城管委会、大通湖街(惠泽园小区)、于洪新城供暖公司、细河路、东北机电五金城、南滑翔路、万科花园、盛京医院滑翔院区、生日城、滑翔路、砂阳桥、省妇婴医院、市第六医院南、南湖公园西门、方型广场、方型广场北、回民中学、光荣街、二〇二医院、电业体育馆、七纬路、市自来水公司、中山路、八一公园西门、北三经街、市政府、惠工广场、沈阳北站
271	炮兵学院——沈阳站	炮兵学院、第三干休所、省行政学院、榆树屯、新立堡、高官台、水暖城、观泉路、东望街、沈阳宝钢(钢花小区)、东建街(化工设备厂)、东站街、康福食品、新颖宾馆、东辽街、北海街、市胸科医院、沈阳北方客运公司、长客总站、北塔、省教育厅、松花江街、宁山路小学、省消防总队、敬宾街、惠工广场、北京街、皇寺广场、华山路东口、储备局、西塔、太原北街、沈阳站
272	十三纬路——前榆新村	十三纬路、领事馆、鲁迅公园、方型广场、南湖公园、盛京医院南湖院区、展览馆、彩电中心、五里河茂业中心、市儿童活动中心、夏宫、五里河公园、浦江苑、浑河堡、昌盛修配厂、豪华拉闸门厂、榆树路(世纪新城)、柴油机厂、后榆村、铸造厂、前榆树、制控电机厂、前榆新村
273	沈阳东站——市第六医院	沈阳东站、东辽街(山川喜悦都)、第一四一中学、北海街(工农路)、工农路、草仓路、东边城街、大东交通分局、大悦城、小什字街(天龙家园)、小什字街、大东车库、大东门、小河沿、大南门、大南街、五爱市场、五爱市场西区、交通执法支队、彩电塔、鲁迅美术学院、鲁迅公园、方型广场北、方型广场、南湖公园西门、市第六医院
274	中房基安花园——五爱市场西区	中房基安花园、东陵西路、新东安居小区、丰城公交公司、黎明文化宫、二〇四、和睦路、善邻路(地坛街)、矿山机器厂、矿山文化宫、世纪联华、滂江市场、汽车装具厂、万莲路、东方宾馆、翠园小区、大南街、小南街、五爱市场西区
276	沈阳理工大学——辽沈二街	沈阳理工大学、观象台、罗官屯、中科院计算所(高精数控)、水家北、沈阳出口加工区西区、东亚国际城、沈阳出口加工区(浑南东路)、沈阳建筑大学、沈音南校区、在水一方社区、长青街小学、文萃路(丰乐二街)、摩托车城、黄金学院、富民街、沈阳客运集团、泉园广场、血磁医院、万柳塘公园、东滨河路(万柳塘公园)、科学家花园、先农坛路、大南街、大南门、故宫东华门、商业城(钟楼)、大北门、小北街、天后宫、市物价局、沈阳大学南门、洮昌小区、辽沈二街

线路	起始站点	途经站点
277	黄河汽车公司——五爱市场西区	东药宿舍、重工北街(薄板厂)、薄板厂(北一西路)、肇工北街北一西路、北启工街北一西路、卫工街公铁桥、粮食批发市场、北一中路、保工北街、沈阳国际服装城、北一中路兴华北街、北一东路、新湖小区、光明街(兴工北街)、霁虹街、兴工北街、沈阳站北、太原街、医科大学、中山广场、和平北大街、辽宁日报社、一经街、市红十字会医院、大西路、房地产大厦、五爱市场西区
278	北一西路——滑翔小区	北一西路、东药宿舍、重工北街(薄板厂)、长城宾馆、东北制药厂、水泵总厂、北四西路、建设西路(市装备制造工程学校)、肇工南街南七西路、南十西路、启工街二校、卫工南街、劳动公园东门、南十二路、南十三路、沈阳工业大学、艳粉街、艳粉新村、艳阳小区、盛京医院滑翔院区、腾飞一街、生日城、滑翔公园、滑翔小区
279	富山花园——兴华公园	富山花园、鸭绿江街、中驰汽贸(华普汽车)、剑苑小区、梨园剧场、陵园街(工会大厦)、省教育厅、华商晨报、黑龙江街、北陵电影院、地质局、宁山中路、岐山路、第四医院、皇寺广场、三洞桥、老道口、市交通医院、北二马路、沈阳站北、沈阳站、南五马路、兴工街、云峰街、铁西百货、兴华公园
280	陵东街金山小区————和平大街市第六医院	陵东街金山小区、陵东街北陵东门、陵东街武功山小区、陵东街省游泳馆、崇山路华商晨报、崇山路黑龙江街、黑龙江街北陵电影院、宁山路地质局、北陵大街省公安厅、北陵大街昆山东路、北京街、三经街市人大、三经街八一公园、三经街辽宁日报社、三经街沈阳日报社、三经街交通银行、三经街第七医院、五经街、光荣街、光荣街回民中学、方型广场、南湖公园西门、南八马路市急救中心、和平大街市第六医院
281	七二四文化宫——市交通医院	七二四文化宫、劳动广场、西门、市殡仪馆、观音屯、北陵开发区、省邮电仓库、上岗子、城建北尚、鸭绿江街、烈士陵园、金山小区、北陵东门、武功山小区、省游泳馆、华商晨报、黑龙江街、北陵电影院、龙江广场、省公安厅、北京街、市人大、北三经街、北市场、民族电影院、西塔、铁路局、太原北街、沈阳站北、北二马路、市交通医院
282	沈阳环科院——东北玩具城	沈阳环科院、纺织研究院、宏伟新都、南塔、陆军总院、展览馆、盛京医院南湖院区、南湖公园、方型广场、回民中学、光荣街、和平大街、体育广场、中山公园、中华路、医科大学、北六马路、沈医二院、西塔、光明街(兴工北街)、霁虹街、霁虹、富云花都、克俭小区、珠江桥、珠江街(新安江街)、皇姑屯火车站、天山路西口、同江街、小白楼、东北玩具城
283	工业大学中央校区——万科四季花城	工业大学中央校区(南门)、工业大学中央校区(东门)、开发区中央大街、翟家乡政府、翟家开发区、家宁花园、宁官市场、沈辽路(东方家园)、杨士、鹏程花园、山东堡、三隆碧桂园、新型建材厂、鼓风机一分厂、冶金机械公司、老年病院、肇工南街(路官)、西部货运中心、齐贤街、艳粉街、沈阳工业大学东门、南十东路、兴华公园、铁西百货、铁西广场、兴华北街北四东路、铁西区政府、兴华北街、重型机械厂、光明街、天山路(淮河南街)、东北玩具城、昆山西路、粮校、水榭花都、西江街、万科四季花城
284	张士开发区——龙江广场	张士开发区(金色高尔夫)、四号街、新民高中分校、花海路、云海路、抚仙湖街、沈新路、于洪区委、沈大路、太湖街、洪湖二街(省残中专)、于洪新村、康利汽车公司、肇工街、启工街、卫工北街北二中路、保工北街北二中路、景星街、兴华北街、云峰北街、兴工北街、北二马路、市交通医院、老道口、三洞桥、皇寺广场、第四医院、昆山东路、沈阳有线电视台、龙江广场
286	万科新榆公馆——大东广场	万科新榆公馆、糖厂子、昊诚集团、沈营路(榆树路)、浑南新区医院、彩霞街公铁桥、彩霞街、浑河堡南、泛华广场、浑河堡、浦江苑、新华社、五里河公园、夏宫、五里河茂业中心、彩电中心、教育学院、宏伟新都、南塔、省金秋医院、小南边门、省医院、大南边门、万柳塘公园、科学家花园、先农坛路、煤炭设计院(荣昌集团)、省东方医院、大什字街育才巷、大东路、大悦城、大什字街草仓路、大什字街、中学堂路、大东广场
287	天河家园——北中街	天河家园、下夹河、长白西路、特种电缆分厂、南十二马路、省妇婴医院、市第六医院南、南八马路(南湖公园西门)、中兴街、省委、中山公园东门、马路湾、招商银行、交通银行、二经街、大西边门、房地产大厦、华新汽车租赁公司、沈州路、市环保局、大南门、故宫东华门、商业城(钟楼)、北中街

线路	起始站点	途 经 站 点
288	长客西站——抚顺路	长客西站、沈新东路、勋业三路、勋业一路、南十二西路、南十西路、肇工南街、肇工南街南七西路、市中心医院、建设西路、卫工街北四西路、卫工北街(红梅集团)、电池厂、保工北街北二中路、第一粮库、保工北街、沈阳国际服装城、光明街、北一东路、新湖小区、西塔、延边街、抚顺路
289	新华壹品——华强广场	新华壹品、上园小区、联合路、东辽街、北海街、辽沈二街、洮昌小区、沈阳大学南门、市物价局、天后宫、广宜街、太清宫、小西门、大西门、天光街、大西边门、二经街、第七医院、领事馆、鲁迅美术学院、盛京医院南湖院区、沈阳音乐学院、百脑汇、华强广场(三好街)
290	包道社区 5:50——19:30 小河沿 6:00——19:50	包道社区、辉山西路、赤山路、川江街、松山小区、黑山路、五彩新村、陵西二小区、四十中学、北方医院、第九印刷厂、沙河子小区、泰山路、辽宁大厦、北陵公园、辽宁中医、北陵电影院、龙江广场、沈阳北站北、敬宾街、省高法、市物价局、天后宫、小北街、小北门、中街、故宫西华门、市环保局、大南门、小河沿
291	天泰翰宇苑——家乐福超市	天泰翰宇苑、沈阳建筑大学、沈音南校区、朗明街、慧缘馨村、朗日街、浑南三路、沈阳乐府艺术学校、河畔新城、富民桥、出租汽车公司、沈阳客运集团、泉园广场、血磁医院、万柳塘公园、大南边门、省医院、小南边门、五爱街、交通执法支队、热闹路、房地产大厦、大西门、小西门、小西路、市政府、惠工广场、家乐福超市
292	铜山路陵园街—— 方文路御龙逸城	铜山路陵园街、陵园街铜山路、陵园街锡山路、崇山路省教育厅、崇山路华商晨报、崇山路黑龙江街、黑龙江街北陵电影院、黑龙江街龙江广场、昆山路沈阳北站北、敬宾街、惠工街省高法、小北关街市物价局、小北关街天后宫、小北街白塔路、小北门、正阳街中街、故宫西华门、小南门市环保局、大南门、小河沿、魁星楼路万泉公园、小河沿路四六三医院、小河沿路莲花街、江东街小河沿路、江东街六〇六所、江东街东陵加工区、方家栏、方家栏路方方园小区、方兴路方明街、方文路、方文路御龙逸城
293	格林梦夏——佳园小区	格林梦夏、怒江北街、市委党校、怒江广场、辽宁大学(金沙江街)、北行、岐山路、第四医院、皇寺广场、北京街、市政府、市府广场、回民小区、小西路、房地产大厦、热闹路、五爱市场西区、五爱市场、五爱市场服装城(小南街)、南通天街
294	三台子—— 五爱市场(南乐郊路)	三台子、沈飞四中(第110中学)、松山路、松山小区、黑山路、白山路(五彩新村)、陵西二小区、四十中学、北方医院、香炉山路、新乐宿舍、新乐遗址、辽宁大厦、实验中学、宁山中路、岐山路、第四医院、皇寺广场、北京街、哈尔滨路、友好街、令闻街、小北街、小北门、中街、故宫西华门、市环保局、五爱市场(南乐郊路)
295	家乐福超市——西部货运中心	家乐福超市、惠工广场、市政府、北三经街、北市场、民族电影院、西塔、西塔(太原北街)、铁路局、太原北街、沈阳站北、兴工北街、云峰北街、兴华北街、铁西区政府、兴华北街北四东路、铁西广场、铁西百货、勋望街、兴顺街、南六中路、南八中路、南十中路、南十二路、西部货运中心
296	滑翔小区——北中街	滑翔小区、滑翔公园、滑翔路、砂阳桥、省妇婴医院、南十二马路、南十马路、新华广场、铁路中学、体育广场、市体育局、中山公园东门、马路湾、招商银行、交通银行、二经街、大西边门、房地产大厦、华新汽车租赁公司、沈州路、市环保局、大南门、故宫东华门、商业城(钟楼)、北中街
297	市工人文化宫—— 万柳塘公园北门	市工人文化宫、南八中路、香江大市场、新北方装饰建材城、陶林居、贵和街、兴华北街北四东路、云峰北街北四东路、北四东路、建设东路、胜利南大街、民族街、铁路中学、和平广场、中兴街、振兴街、方型广场、回民中学、省水利厅、南五经街、领事馆、十三纬路、大西菜行、第七中学、五爱市场西区、五爱市场、大南街、翠园小区、万柳塘公园北门
298	东机正门——大东路	东机正门、文官街、文体中心、劳动广场、西门、望花新村木材市场、东方欧博城、望花立交桥、圣淘沙家园、紫竹茗郡、通利汽车公司、九一八历史博物馆、沈阳北方客运公司、市胸科医院、第二十八中学、市骨科医院、大北边门、第五中学、枫合万嘉、横街、小津桥、中街(小东门)、大东门、大东路

线路	起始站点	途　经　站　点
299	卫士家园——淮河南街(东北玩具城)	卫士家园、联合路、上园小区、上园路、通利汽车公司、九一八历史博物馆、长客总站、北塔、省教育厅、华商晨报、黑龙江街、辽宁中医、市金融学校、辽宁大学、百鸟公园、市委党校、汾河街、昆山西路、淮河南街(东北玩具城)
324	苏家屯——龙江广场	苏家屯、新石代石材城、省血栓医院、迎春街、苏家屯区政府、中顺汽车、苏白路市场、辽宁中医职技学院、湖畔绿洲、吉水暖气公司、满融村、苏家屯区委党校、下河湾、民族开发区、浑河站、三山集团、马总屯、万科城、格林生活坊、远洋天地、特种电缆分厂、南十二马路、南十马路、新华广场、铁路中学、沈阳站、沈阳站北、太原北街、铁路局、西塔、储备局、家具广场、第四医院、昆山东路、龙江广场
325	虎石台——沈阳北站	虎石台(辽宁交通高等专科学校)、兴盛街、虎石台邮局、虎石台第一小学、老市场、市益民医院、矿务局中学、欧盟工业园(黄楼)、虎石台开发区、辽宁金融职业学院、詹屯、三〇一、朱尔屯、朱尔屯道口、西三家子、文官屯、西门、望花新村木材市场、东方欧博城、望花立交桥、圣淘沙家园、紫竹茗郡、通利汽车公司、九一八历史博物馆、长客总站、北塔、省教育厅、松花江街、宁山路小学、省消防总队、沈阳北站
326	五爱市场——新城子	五爱市场西区、风雨坛、大西门、小西门、市信访大厅(太清宫)、市中级法院、北市场、民族电影院、皇寺广场、第四医院、岐山路、宁山中路、实验中学、辽宁大厦、新乐宿舍、省中医二院、二四二医院、松山路、国奥现代城、何氏眼科医院、沈阳医学院、四台子、沈阳师范大学、正良村、辽宁美术学院、道义开发区、道义一路、道义市场(道义三路)、俪景嘉园(泰丰苑)、弓匠屯、自来水五厂、沈北新区、药厂、三家子(沈北)、检查站、全胜南、全胜北、大辛屯二村、姚家西、姚家东、财落堡二村、财落堡一村、七家子西、七家子东、道树子西、道树子东、五五村南、红楼小区、新城子中心大市场、新城子邮局(中央路)
327	苏家屯——沈阳站	碧桂园凤凰城、苏家屯工商局、青年桥、苏家屯客运站、民主路(玫瑰街)、苏家屯火车站、北九路、十里锦城、木材防腐厂、大官房、可济药业、有色金属加工厂、加工厂公园、施官屯、恒大名都、上河湾、王士村、榆树台、上夹河、沙岗子、中海国际社区、下夹河、特种电缆分厂、南十二马路、南十马路、新华广场、铁路中学、沈阳站
328	马路湾——新城子	马路湾、沈阳站、沈阳站北、太原北街、西塔、北市场西口、皇寺广场、北京街、惠工广场、家乐福超市、省消防总队、宁山路小学、松花江街、省教育厅、北塔、长客总站、九一八历史博物馆、紫竹茗郡、望花立交桥、望花新村木材市场、西门、文官屯、西三家子、朱尔屯、三〇一、詹屯、辽宁金融职业学院、虎石台、大古城子、吴三家子、小望、大望、孟家屯、崔公堡、西五旗、王驿屯、新星广场、沈北新区政府、新城子
329	北市百货大楼——马三家子	北市百货大楼、沈铁分局、第四医院、岐山路、北行、辽宁大学(金沙江街)、怒江广场、市委党校、粮校、太平庄、塔湾、前塔湾、大芳士屯、小转弯桥、大转弯桥、刘家窝棚、朝鲜小学、永安桥、小三家、兰屯、马三家子
329 支	塔湾——闸上	塔湾、前塔湾、大芳士屯、小转湾桥、大转湾桥、造化监狱、高力屯、闸上
333	苏家屯——沈阳北站	苏家屯沙柳路、苏家屯客运站、青年桥、公园商场、铁路医院、北九路、雪松路口、交通驾校考试场、快速路口、体育学院北门、小羊安工业园、建筑大学城建学院、塔南街、白塔市场、阳光新嘉园、浑南开发区、沈营支路、万科新榆公馆、糖厂子、昊诚集团、榆树路、豪华拉闸门厂、昌盛修配厂、泛华广场、浑河堡、浦江苑、新华社、夏宫、五里河茂业中心、彩电中心、陆军总院、交通执法支队、五爱市场西区、风雨坛、大西门、小西门、太清宫、天后宫、房产超市、沈阳北站
334	百荷湾——沈阳北站	百荷湾、白塔堡、白塔堡小学、东堡、高山村、青锥子、鸡冠屯、下深村、下深桥头、上深路口、金辉街、飞云路、教场、文澜苑、坤泰新界、奥体中心、会展中心、新华公寓、科普公园、文萃路、陆军总院、地王国际花园、交通执法支队、五爱市场西区、风雨坛、大西门、小西门、太清宫、天后宫、房产超市、惠工广场、沈阳北站

线路	起始站点	途 经 站 点
335	金宝台二手车市场——21世纪广场	金宝台二手车市场、金宝台村、金宝花园、三十中学、桂花市场、省血栓医院、公园商场、铁路医院、雪松路口、山榆路、大羊安村、毡匠村、毡匠路口、火石桥、东北花卉大世界、建筑大学城建学院、白塔堡、白塔市场、阳光新嘉园、浑南开发区、东软软件园、世纪路(理想新城)、高远路、环城高速(LG电子)、21世纪广场
381	石佛寺——大渡河街	石佛寺、孟家、立新、张家、鲁家、中心台、兴鲜村、兴隆台、救兵台、永丰村(粮库)、尹家(世家沈北新城)、纸板厂、下坎子、全胜、三家子(沈北)、道义工业新区、弓匠屯、瀚博小区、道义镇政府、道义中学、道义开发区、正良村、沈阳师范大学、四台子、沈阳医学院、国奥现代城、松山路、二四二医院、省中医二院、新乐宿舍、新乐遗址、辽宁大厦、实验中学、辽宁大学、宁山路、北行、大渡河街
382	新城子——大渡河街	新城子、五五村、道树子、七家子、德胜台、财落、七十五中学、姚家、大辛屯二村、全胜、三家子(沈北)、道义工业新区、弓匠屯、瀚博小区、道义镇政府、道义中学、道义开发区、正良村、沈阳师范大学、四台子、沈阳医学院、国奥现代城、松山路、二四二医院、省中医二院、新乐宿舍、辽宁大厦、实验中学、辽宁大学、宁山路、北行、大渡河街
383	依路——市骨科医院	依路、拥屯、怪坡风景区、阎家沟、万米、后腰堡、前腰堡、清水台、泥沟堡、二井、孙家洼子、蒿甸子、马家堡子、蒲河镇、邵家河子、黄泥河子、香雪面粉(沈北路转盘/百事可乐)、聚农路、宏业街(千禧鹤/雨润食品)、辉山畜牧场(阳光洛可可/沈北路)、冯道社区、翔宇中学、闽南石材城、奥森环境公司、赵家沟(中南陶瓷城)、王家沟、上王家沟、八棵树、罗家沟、南赵家沟、祥和汽校、山水文园(花园新城)、东山嘴子、陶瓷城、东陶路、观泉路、中铁物资集团、建筑机械厂、沈阳东站北、明堂街、新生二街、市骨科医院
384	棋盘山——白塔路	棋盘山、宋家、清韵百园、中木、下木、小东沟、上满堂、碧桂园、上水泉、中水泉、老年公寓、下水泉、英达桥头、英达、御湖开发区、后陵、东方御景、炮校东门、金家屯、农科院(马官桥)、辽宁省农业技术学校、榆树屯、东北汽贸(新立堡)、良城美景、辽宁奥通、二〇一、一汽惠华、沈海热电厂、珠林桥、天江老龙口、市群众艺术馆、小津桥、白塔路
385	下洼子——白塔路	下洼子村、大夫村、皇家极地海洋世界、晓仁镜村、砖瓦村、大仁镜村、化工厂、旧站、高坎镇桥头、三家子村、上马村、世博园南门、万科兰乔圣菲、烟台村、七间房、工人医院、司法干校、东陵公园、少林武校、前陵堡、东陵路(绕城高速)、沈阳农业大学、农科院(马官桥)、辽宁省农业技术学校、榆树屯、东北汽贸(新立堡)、良城美景、辽宁奥通、二〇一、一汽惠华、沈海热电厂、珠林桥、天江老龙口、市群众艺术馆、小津桥、白塔路
385区间	皇家极地海洋世界——白塔路	皇家极地海洋世界、晓仁镜村、砖瓦村、大仁镜村、化工厂、旧站、高坎镇桥头、三家子村、上马村、世博园南门、万科兰乔圣菲、烟台村、七间房、工人医院、司法干校、东陵公园、少林武校、前陵堡、东陵路(绕城高速)、沈阳农业大学、农科院(马官桥)、辽宁省农业技术学校、榆树屯、东北汽贸(新立堡)、良城美景、辽宁奥通、二〇一、一汽惠华、沈海热电厂、珠林桥、天江老龙口、市群众艺术馆、小津桥、白塔路
386	深井子——白塔路	深井子、大甸子村、小甸子、上伯、下伯、后汪家、前汪家、石庙子、东陵路(绕城高速)、沈阳农业大学、农科院(马官桥)、辽宁省农业技术学校、榆树屯、东北汽贸(新立堡)、良城美景、辽宁奥通、二〇一、一汽惠华、沈海热电厂、珠林桥、天江老龙口、市群众艺术馆、小津桥、白塔路
387	白清寨——南塔客运站	沈阳水洞、白清寨、顺山子、太平山、山城子、老瓜洼、上高士、下高士、祝家、常王寨、小常王寨、常家湾、红旗岭、畜牧场、李相、古城子、麦子屯、沈阳出口加工区、沈阳建筑大学、沈音南校区、在水一方社区、和泰东方园、万科花园新城、黄金学院、出租汽车公司、南塔客运站

线路	起始站点	途 经 站 点
387 区间	祝家——南塔客运站	祝家、常王寨、小常王寨、常家湾、红旗岭、畜牧场、李相、古城子、麦子屯、沈阳出口加工区、沈阳建筑大学、沈音南校区、在水一方社区、和泰东方园、万科花园新城、黄金学院、出租汽车公司、南塔客运站
388	老塘峪——南塔客运站	老塘峪、石官屯、杏树村、馒首山、李相、邦士台、得胜屯、高八寨、永安道口、保和、施加寨、元科蜡厂、东陵殡仪馆、下家道口、孙家寨、新大地公司、营城子、后桑林子、大甸子、教场、文澜苑、奥体中心、河畔花园、文萃路、陆军总院、南塔、南塔客运站
389	陈相——南塔客运站	陈相、公墓、皮家湾、下庙子、电池厂、刘后地、佟沟、佳地园、胜利、绿岛、信盟花园、荒山子、舞蹈学校、桃仙镇、万家岭、美地庄园、班家寨、前桑林子、营城子、后桑林子、大甸子、教场、文澜苑、奥体中心、河畔花园、文萃路、陆军总院、南塔、南塔客运站
390	桃仙——南塔客运站	桃仙、富家屯、荒山子、舞蹈学校、桃仙镇、万家岭、美地庄园、班家寨、前桑林子、营城子、后桑林子、大甸子、教场、文澜苑、奥体中心、河畔花园、文萃路、陆军总院、南塔、南塔客运站
392	瓦子峪——南塔客运站	莫子山、班家寨、荒山子、瓦子峪、阎家沟、上泉、下泉、南岭、营城子、后桑林子、上深沟建材市场、大甸子、教场、文澜苑、坤泰新界、营盘、奥体中心、河畔花园、科普公园、文萃路、陆军总院东门、陆军总院、南塔、南塔鞋城、南塔客运站
393	光荣——北陵公园	光荣、茨榆、曙光、马家、穆家、新农村、全胜、三家子检查站、沟子沿、平罗、上蒲河、黄土坎、道义中学、道义开发区、正良村、沈阳师范大学、四台子、沈阳医学院、国奥现代城、松山路、二四二医院、省中医二院、新乐宿舍、辽宁大厦、北陵公园
394	陈相——南塔客运站	陈相、柳匠屯、胡老屯、小东沟、前三道岗子、后长岭子、沙河堡佟古家子、于家道口、沙河堡、沙河桥北、后桑栏子、鲍家、毡匠路口、火石桥、东北花卉大世界、大羊安村、小羊安村、白塔市场、阳光新嘉园、浑南开发区、万科新榆公馆、糖厂子、昊诚集团、榆树路、豪华拉闸门厂、浑河堡、五里河公园、河畔花园、文萃路、陆军总院、南塔、南塔客运站
395	姚千——南塔客运站	姚千、上瓦房、朱家庄、刘千户、小堡屯、奉集、刘后地、佟沟、佳地园、胜利、绿岛、信盟花园、荒山子、舞蹈学校、桃仙镇、万家岭、美地庄园、班家寨、前桑林子、营城子、后桑林子、大甸子、教场、文澜苑、奥体中心、河畔花园、文萃路、陆军总院、南塔、南塔客运站
396	光辉农场——薄板厂	光辉农场、三台子市场、光辉乡政府、三台子养鸡场、高台子、门台加油站、集体、西大林子、东大林子、曹台、范家屯、大兴、新兴村、西桥、大兴乡政府、大兴沙岗子、陈孤家子、第五十六中学、红旗台、丁红、丁香屯、丁香小学、薄板厂
397	解放——大渡河街	解放、解放市场、于金台、万金台、大尚义、小尚义、达连屯、周家、陆家、青堆子、马家甸、监狱城、白辛台、北刘家、东二台子、西二台子、平罗镇政府、平罗市场、广告学院、关家、旺牛屯、白家、造化、中海城(北)、中海城、加州花园、教师新村、陵西二小区、四十中学、北方医院、第九印刷厂、沙河子小区、泰山路、长江街、辽宁大学、宁山路、北行、大渡河街
397 区间	监狱城——大渡河街	监狱城、白辛台、北刘家、东二台子、西二台子、平罗镇政府、平罗市场、广告学院、关家、旺牛屯、白家、造化、中海城(北)、中海城、加州花园、教师新村、陵西二小区、四十中学、北方医院、第九印刷厂、沙河子小区、泰山路、长江街、辽宁大学、宁山路、北行、大渡河街
398	新城子——北陵公园	新城子、福州路、高力屯、郎家寺、大桥村、佟古家子、前坟村、新华村、鸭子场、虎石台综合大市场、乾弘超市、虎石台镇政府、省金融学校、省交通学校、辽宁经济管理干部学院、小桥子村、万和汽校、消防训练基地、观音屯(沈阳德孚润滑油)、北陵开发区、省邮电仓库、上岗子、城建北尚、烈士陵园、金山小区、北陵公园

线路	起始站点	途 经 站 点
399	虎石台——沈阳站北	虎石台、老市场、矿务局中学、虎石台开发区、辽宁金融职业学院、詹屯、三〇一、朱尔屯、西三家子、新楼、西门、望花新村木材市场、东方欧博城、望花立交桥、圣淘沙家园、紫竹茗郡、通利汽车公司、九一八历史博物馆、长客总站、北塔、省教育厅、松花江街、宁山路小学、省消防总队、市建委、北京街、总站路、皇寺广场、北市场西口、沈医二院、西塔、铁路局、太原北街、沈阳站北
501	沙岭客运站——五爱市场西区	沙岭客运站、辽宁大成公司、永森木业、家具园管委会(雅枫地板)、沙岭老市场、沙岭小区、沙岭街道、粮旺集团、兰胜台、金威橡胶公司、高明台、共和社区、连云塔机、石材市场、天津汽贸、张士屯、沈新路、巢湖街、渤海路、于洪区委、于洪广场、于洪南里、轻工街、重工南街南十西路、肇工南街、启工机械学校、卫工南街、保工南街、兴顺街、勋望街、铁西百货、铁西广场、兴工街、南五马路、南一马路、太原街、中华路、二〇二医院、光荣街、五经街、十三纬路、大西菜行、顺通路、第七中学、五爱市场西区
503	五爱市场——沈阳北站	五爱市场(小南街)、五爱市场、风雨坛、沈州路、大西门、小西门、太清宫、天后宫、天后宫北、房产超市、惠工广场、沈阳北站
523	南一马路——东方威尼斯	南一马路、沈阳站、太原街、体育广场、和平大街、光荣街、五经街、十三纬路、大西菜行、顺通路、第七中学、五爱市场西区、五爱市场西区公交总站、辽宁奉天中医院、小南街(南关路)、南关小区、建设大厦、大南边门、省医院东门、南塔鞋城、东陵区政府、出租汽车公司、富民街、黄金学院、摩托车城、文萃路(丰乐二街)、东方威尼斯
721	东湖市场——前进	东湖市场、于洪广场、太湖街、于洪区委、巢湖街、北李官、东平湖北街、和泰馨城、沈胡公路、环城高速、东民、后民屯、兴盛、西爱线、爱国、繁荣、沙陀子、前进
721 支 1	东湖市场——静安	东湖市场、于洪广场、太湖街、于洪区委、巢湖街、北李官、东平湖北街、和泰馨城、沈胡公路、环城高速、东民、后民屯、兴盛、西爱线、爱国、繁荣、曹台、岔路、皮台、边台、静安
721 支 2	东湖市场——曹台	东湖市场、于洪广场、黄海路、于洪区委、巢湖街、北李官、东平湖北街、和泰馨城、沈胡公路、环东物流、宏发小学、东民、后民屯、兴盛、爱国家园、光辉、大兴、全胜、曹台
721 支 3	东湖市场——五金工业园	东湖市场、于洪广场、黄海路、于洪区委、和谐广场、东平湖北街、和泰馨城、环东物流、宏发家具、前民道口、交通执法大队、永裕街、永康街、永兴街、玻璃瓶厂
722	熊家岗路——和泰馨城尚东区	熊家岗路、于洪机场、东大智慧森邻北门、东大智慧森邻南门、舒丽雅、于洪建材市场、迎宾路北、迎宾路南、洪湖社区、东湖市场、于洪广场、于洪家乐福、渤海路、漾日华庭、沈新园、开发大路、巢湖街(沈新路)、海逸综合市场、海逸诗阁、海逸诗阁三期、和谐广场、于洪区委、沈大路、和泰尚东区正门、和泰尚东区
800	陵园西街——三好桥	陵园西街、金山路 91 号、金山小区、北陵东门、省军区北门、北陵公园、辽宁中医、北陵大街宁山路、省公安厅、北陵大街昆山东路、北站路北京街、友好街沈阳北站、惠工广场南、奉天街市府路、奉天街小西路、奉天街大西路、房地产大厦、风雨坛街沈州路、风雨坛街热闹路、风雨坛街五爱西区、风雨坛街西滨河路、地王国际花园、陆军总院东门、五爱街文萃路、文萃路彩电中心、五里河茂业中心、世贸百货、市交通局、新世界花园、三好桥
铁西新区 1 线	张士灯具城——西塔	张士灯具城、张士开发区管委会、燕塞湖街、水产市场、洪湖二街、洪湖小区、长客西站、南十三西路、南十二西路、重工南街南十西路、南七西路、肇工南街南七西路、肇工街、启工街、卫工街、保工街、兴顺街、铁西广场、云峰街、兴工街、南五马路、沈阳站、沈阳站北、太原北街、铁路局、西塔

线路	起始站点	途　经　站　点
铁西新区2线	久利建材——南湖公园西门	久利公司、七号街、六号街、五号街、四号街、开发大路、十一号路、十四号路、家宁花园、宁官市场、沈辽路（东方家园）、杨士、鹏程花园、山东堡、三隆碧桂园、新型建材厂、鼓风机一分厂、冶金机械公司、老年病院、肇工南街（路官）、西部货运中心、齐贤街、艳粉街、铁西万达广场、云峰南街、沈后招待所、兴工南街、东北汽配商贸中心、太原南街、新华广场、沈阳急救中心、南湖公园西门
铁西新区产业一线	大青村——长客西站	曹后路六合苑、曹后路大青村、浑河二十街积水房屋、细河四北街沈西燃气、细河四北街日本工业园、细河四北街中床物流、细河四北街橡胶四（厂）公司、开发大道安川电机、开发大道申克动力、开发大道特变电工、开发大道兴华电器、开发大道北车集团、开发大道地铁大厦、十三号街、十三号街远大集团、十一号路机床集团3号门、十一号路丽都新城、十一号路机床集团、十一号路高中压阀门、开发大道沈鼓集团、开发大路（中央大街）、开发大道施道克电力公司、七号街、久利公司、七号路、六号街、五号街、四号街、一号街、松花湖街、云海路（东北制药）、昆明湖街普力司通、昆明湖街（张士开发区管委会）、昆明湖街星海路、星海路、星海路澳海西湖印象、洪湖一街、沈新路（洪湖小区）、长客西站
浑南新区一线	理想新城——方荣路	理想新城、高远路东软软件园、变压器研究所、东海电子、海外学子园、亚泰花园、区政府、报业印务中心、21世纪广场、辽宁移动通信、彩霞街公铁桥、彩霞街、泛华广场、浑河堡、浦江苑、新华公寓、艺术家园、河畔新城、沈音乐府艺术学校、浑南三路、金海园、长青桥、南堤东路、文汇街、沈音学院南校区、在水一方社区、和泰东方园、万科花园新城、方青北路、青阳四季园、方荣路
沈抚一号线	沈阳站——抚顺南站	沈阳站、市交通医院、三洞桥、皇寺广场、珠林桥、二〇一、二〇五、保利花园、榆树屯、马官桥、沈阳农业大学、李石开发区、三宝屯、抚顺八纬路、石化大学、七百商店、石油研究院、海城街、大官屯、三道街、抚顺南站
沈抚二号线	沈阳站——抚顺长客总站	沈阳站、市交通医院、西塔、北市场、市中级法院、小津桥、珠林桥、二〇一、二〇五、保利花园、榆树屯、马官桥、沈阳农业大学、东陵公园、奥林匹克花园、世博园南门、皇家极地海洋世界、高湾区政府、紫龙商场、石化大学、七百商店、石油研究院、海城街、大官屯、三道街、抚顺南站
沈抚三号线	沈阳北站——抚顺南站	沈阳北站、惠工广场、珠林桥、二〇一、二〇五、保利花园、榆树屯、马官桥、沈阳农业大学、东陵公园、奥林匹克花园、世博园南门、皇家极地海洋世界、高湾区政府、紫龙商场、石化大学、七百商店、石油研究院、海城街、大官屯、三道街、抚顺南站
沈抚四号线	沈阳五爱市场——抚顺白云商场	沈阳五爱市场、鸿翔宾馆、莲花街、珠林桥、二〇一、二〇五、保利花园、榆树屯、马官桥、沈阳农业大学、李石开发区、三宝屯、抚顺八纬路、石化大学、七百商店、石油研究院、海城街、大官屯、三道街、抚顺白云商场
苏家屯东西环	新兴——新兴	新兴、新兴绿色家园、大淑市场、锦绣家园、富民小区、种子公司（林校）、香柏路、苏家屯消防中队、雪松开发区管委会、省血栓医院、公园商场、金色月光、朝鲜小学、铁路医院、苏家屯区教委、劳动公园、科圣花园、铁路俱乐部、沈阳南站、老圈楼（文化馆）、商业大厦、青年桥、广特超市、维康药房、丁香小区、苏家屯工商局、种子公司（林校）、富民小区、锦绣家园、大淑市场、新兴绿色家园、新兴
苏家屯南北环	花苑新村——花苑新村	花苑新村、圣为供热分公司、苏家屯客运站、苏家屯妇婴医院（民主市场）、598部队、老圈楼（文化馆）、沈阳南站、铁中铁小、苏白路、六库（人民路）、高楼子、湖畔绿洲、窑地、敬老院、金宝台道口、金宝花园、彩虹桥、路灯管理所、巡警大队、桂花市场、省血栓医院、公园商场、轻工市场东门、青年桥、广特超市、维康药房、176中学、工人村市场、花苑新村
苏家屯中环	苏家屯金山小区——苏家屯金山小区	苏家屯金山小区、路灯管理所、巡警大队、桂花市场、省血栓医院、苏家屯交通局、苏家屯公安局、苏家屯消防中队、苏家屯工商局、丁香小区、维康药房、枫杨路市场、青年桥、苏家屯客运站、海棠街、苏家屯妇婴医院（民主市场）、商业大厦、玫瑰街电业局、沈阳南站、军人招待所、铁中铁小、苏白路、六库（人民路）、带锯厂、苏白路市场西门、中顺汽车、苏家屯区教委、朝鲜小学、北青松路、苏家屯金山小区

线路	起始站点	途 经 站 点
苏家屯新环城	华天汽配维修中心 ——华天汽配维修中心	华天汽配维修中心、金昌石业、雪松开发区管委会、苏家屯消防中队、苏家屯工商局、河畔花城、苏家屯区房屋开发公司、圣为供热分公司、花苑新村、合力德电气设备厂、文成堡、沈阳通用航空公司、圣东波纹管制造公司、新生活实业有限公司、建材市场、富城国际花园西门、富城国际花园北门、598部队、民主派出所、沈阳南站、老圈楼(文化馆)、好乐多超市、华苑商场、苏家屯区医院、朝鲜小学、朝二中学、电业小区、苏家屯金山小区、青松中学、金宝花园、金宝花园北门、大川玻璃钢、隆康医疗器械、金宝台村、沈阳二手车交易市场、金宝台村、隆康医疗器械、大川玻璃钢、鹏达电气、华天汽配维修中心
通宵一线 (环一)	南一马路 23:00——4:30	南一马路、市文化宫、体育广场、和平广场、中兴街、振兴街、南湖公园、盛京医院南湖院区、展览馆、陆军总院、南塔、省医院东门、大南边门、第二十七中学、大南街、大南门、故宫东华门、商业城(钟楼)、北中街、中街、小西门、市红十字会医院、一经街、辽宁日报社、和平北大街、中山广场、太原街北口、沈阳站北
通宵二线 (环二)	沈阳站北 23:00——4:30	沈阳站北、太原街北口、中山广场、和平北大街、辽宁日报社、一经街、市红十字会医院、小西门、中街(鼓楼)、中街、故宫西华门、市环保局、大南门、大南街、第二十七中学、大南边门、省医院东门、南塔、陆军总院、展览馆、盛京医院南湖院区、南湖公园、振兴街、中兴街、和平广场、体育广场、市文化宫、南一马路
通宵三线 (209)	东北汽配城 22:00——4:40 沈阳北站 22:40——4:40	东北汽配城、向工北小区、向工一校、昆山路前塔湾、昆山路塔湾、中海寰宇天下、小白楼、昆山路怒江街、昆山路荆江街、昆山路珠江街、碧塘公园南、昆山路第四医院、皇寺广场、市检察院、北市场、北三经街市府大路、市人大、北京街、沈阳北站
通宵五线 (232)	三台子 22:20——4:00 沈阳站 22:50——4:30	三台子、松陵文化宫、松山路、二四二医院、省中医二院、新乐宿舍、新乐遗址、辽宁大厦、实验中学、宁山中路、岐山路、第四医院、皇寺广场、北市场西口、沈医二院、北六马路、太原街北口、沈阳站北、沈阳站
午夜一线 (129)	金奥新城 19:40——23:10 药王庙路 20:35——24:00	金奥新城、仙女河北路、金龙湖街、大通湖街、吉力湖街、仙女河路、路官二街、西部货运中心、沈辽中路、路官一街、今日阳光家园、艳粉新村、艳璐街、家乐福铁西店、沈阳工业大学东门、南十东路、兴华公园、铁西百货、铁西广场、兴华北街北四东路、云峰北街北四东路、北四东路、北三东路、兴工北街、沈阳站北、太原街北口、中山广场、和平北大街、辽宁日报社、一经街、市红十字会医院、药王庙路
午夜二线 (206)	沈阳化工学院 20:45——23:00 马路湾 21:40——24:00	沈阳化工学院、化工学院东门、工业大学中央校区(北门)、开发区中央大街、翟家乡政府、翟家开发区、家宁花园、宁官市场、沈辽路(东方家园)、杨士、鹏程花园、山东堡、三隆碧桂园、新型建材厂、鼓风机一分厂、冶金机械公司、老年病院、肇工南街(路官)、西部货运中心、齐贤街、艳粉街、沈阳工业大学东门、云峰南街、沈后招待所、兴工南街、东北汽配商贸中心、南五马路、沈阳站、太原街、中华路、马路湾
午夜三线 (214)	浑南管委会/泛华广场 20:14——23:00、 金山小区 21:20——24:00	浑南管委会、辽宁移动通信、彩霞街公铁桥、彩霞街、泛华广场、浑河堡、浦江苑、新华社、五里河公园、夏宫、五里河茂业中心、彩电中心、华润中心、青年公园、彩电塔、大西菜行、市委、一经街、市府广场、市政府、北京街、沈阳有线电视台、龙江广场、北陵电影院、黑龙江街、华商晨报、省游泳馆、武功山小区、北陵东门、金山小区
午夜四线 (221)	大二台子 20:06——23:14 沈阳站 21:04——24:00	大二台子、沈铁路东、沈阳工贸学校、沈阳东站北、明堂街、新生二街、市骨科医院、大北边门、第五中学、枫合万嘉、横街、小北街、太清宫、清真寺、市中级法院、八一公园、辽宁日报社、沈阳日报社、交通银行、招商银行、马路湾、太原街、沈阳站
午夜五线 (135)	和泰馨城 20:00——23:40 泉园小区 21:10——0:30	和泰馨城、东平湖北街、北李官、巢湖街、太湖街、洪湖二街(省残中专)、于洪新村、铁西森林公园、康利汽车公司、肇工街、启工街、卫工街、保工街、兴顺街、铁西广场、云峰街、兴工街、胜利南大街、民族街、铁路中学、和平广场、中兴街、振兴街、南湖公园、盛京医院南湖院区、展览馆、陆军总院、南塔、南塔鞋城、东陵区政府、出租汽车公司、沈阳客运集团、泉园一路、泉园小区
地铁一号线	十三号街 6:00——19:00 黎明广场 6:00——19:00	十三号街、中央大街、七号街、四号街、张士、开发大道、于洪广场、迎宾路、重工街、启工街、保工街、铁西广场、云峰北街、沈阳站、太原街、南市场、青年大街、怀远门、中街、东中街、滂江街、黎明广场

索　　引

一、本索引采用分析索引方法，按英语 26 个字母的顺序排列。

二、本索引依据编目、分目及主要条目所在的列序位置，分别注明页码（其中黑体字为编目），其后“a、b、c”表示所在栏目，供读者在检索时查阅。

E

F

G

T

W

X

Y

Z